MARIO SERGIO MILANI

LEI DE RECUPERAÇÃO JUDICIAL, RECUPERAÇÃO EXTRAJUDICIAL E FALÊNCIA COMENTADA

MALHEIROS EDITORES

LEI DE RECUPERAÇÃO JUDICIAL, RECUPERAÇÃO EXTRAJUDICIAL E FALÊNCIA COMENTADA

ISBN 978-85-392-0047-4

Direitos reservados desta edição por
MALHEIROS EDITORES LTDA.
Rua Paes de Araújo, 29, conjunto 171
CEP 04531-940 – São Paulo – SP
Tel.: (11) 3078-7205 – Fax: (11) 3168-5495
URL: www.malheiroseditores.com.br
e-mail: malheiroseditores@terra.com.br

Composição
PC Editorial Ltda.

Capa
Criação: Vânia Lúcia Amato
Arte: PC Editorial Ltda.

Impresso no Brasil
Printed in Brazil
02.2011

Um livro só é desculpável na medida
em que ensina alguma coisa.
Voltaire

PREFÁCIO

O livro de Mario Sergio Milani *Lei de Recuperação Judicial, Recuperação Extrajudicial e Falência, Comentada* (Comentários à Lei n. 11.101, de 9 de fevereiro de 2005), agora publicado, é uma importante contribuição para o debate e análise do tema entre nós. A Lei 11.101 de 2005 dispõe sobre "a recuperação judicial, a extrajudicial e a falência do empresário e da sociedade empresária". O Decreto-lei 7.661/45, antiga lei de falência, visava, essencialmente, a retirar do mercado a empresa que, no curso do tempo, se revelou inviável ou que tenha apresentado administração ruinosa, causando inegáveis malefícios à economia nacional.

Usada em larga medida para a cobrança de dívidas, não obstante com escassos resultados práticos, a lei falimentar se mostrou incompatível com as exigências derivadas do processo de industrialização, marca das décadas posteriores ao seu advento, e à inserção do Brasil no mundo globalizado. Por esse motivo, era imprescindível aprovar uma lei que, ao invés de eliminar a empresa do mercado, propiciasse a sua recuperação, na esteira dos países desenvolvidos. Ninguém desconhece que a empresa concorre para criar empregos, suprir as necessidades econômicas internas e arrecadar divisas em conseqüência do aumento das exportações.

É forçoso admitir que, nessas condições, os institutos concebidos pela antiga lei falimentar, como a concordata, não mais se ajustavam ao novo cenário da economia. A concordata, diga-se de passagem, beneficiava principalmente os detentores de estoques consideráveis e grande passivo quirografário, não proporcionando verdadeira utilidade aos fornecedores de serviços. Mais do que satisfazer os interesses dos credores, a Lei 11.101/2005 pretendeu, antes de mais nada, garantir a preservação da empresa, fator crucial para a vitalidade da economia.

O valor irrisório de uma duplicata facultava ao credor, sob o regime do Decreto-lei 7.661/45, requerer a falência da empresa que não cumprisse pontualmente as suas obrigações. No presente, a falência por impontualidade só pode ser requerida por aquele que possuir título de crédito cujo valor seja, pelo menos, igual a 40 salários mínimos. Uma das mais notáveis alterações introduzidas pela Lei 11.101/2005 foi a extinção das concordatas preventivas e suspensivas, substituídas por um procedimento denominado *recuperação judicial ou extrajudicial*, que antecede à falência. O objetivo perseguido foi preservar a empresa, a sua função social e estimular a atividade econômica.

O devedor goza da possibilidade de propor, para superar a insolvência que se avizinha, um plano de recuperação da empresa que necessitará da aprovação dos credores. A homologação judicial do plano anteriormente elaborado assinala, apenas, a reduzida participação do Estado nessa fase do procedimento.

Se fracassarem as tentativas de composição amigável, terá lugar a recuperação judicial, com maior participação do juiz para o reerguimento da empresa deficitária.

A falência ocorrerá quando for pedida pelo próprio devedor, pelo credor ou por obra de decisão que julgue improcedente o pedido de recuperação judicial. Verificar-se-á, também, se não for aprovado o plano de recuperação judicial e se houver a conversão de um processo de recuperação judicial em falência devido ao descumprimento de uma obrigação essencial. É o que sucede quando não for oportunamente apresentado o plano de recuperação judicial. A nova lei inovou, ainda, ao criar a cessão da empresa, assegurando a persistência da atividade, independentemente do passivo tributário ou trabalhista. Convém lembrar que não se submetem à nova disciplina pertinente à recuperação de empresas e à falência a empresa pública e a sociedade de economia mista; a instituição financeira pública ou privada, a cooperativa de crédito, o consórcio, as entidades de previdência complementar, a sociedade operadora de plano de assistência à saúde, a sociedade seguradora, a sociedade de capitalização e outras entidades legalmente equiparadas às anteriores.

Os comentários de Mario Sergio Milani, que tenho o privilégio de prefaciar, são um exemplo de clareza, profundidade e didatismo. Com um estilo fluente, o autor, advogado militante e jurista de refinada percepção analítica, aborda os principais problemas e dúvidas que cercam a lei sobre recuperação judicial, extrajudicial e falência. Compara os dispositivos do texto legal em vigor com aqueles constantes do Decreto-lei 7.661/45 e menciona a repercussão, sobre a matéria ora comentada, da legislação existente que, de alguma forma, possa influir na compreensão dos artigos analisados.

Um dos aspectos proeminentes da obra, merecedor de justificada ênfase, é a cuidadosa pesquisa jurisprudencial, numa clara exaltação ao direito vivo, tal como interpretado pelos Tribunais. O autor efetuou, também, extensa pesquisa doutrinária sobre o assunto. Os livros e artigos mais relevantes escritos sobre a Lei 11.101/2005 foram compulsados e citados de maneira apropriada, sem o exibicionismo pirotécnico da erudição vazia. Não foram esquecidas as imprescindíveis referências aos acontecimentos que marcaram a história do nascimento da Lei 11.101/2005, fundamentais para a boa interpretação, capaz de permitir o entendimento das razões que ditaram o aparecimento dos comandos legais.

É necessário destacar o espírito prático que inspira o presente livro. Mario Milani não se perde em discussões doutrinárias de natureza formalista que não trazem ajuda concreta ao operador do direito na resolução das dificuldades cotidianas. Com a sagacidade do advogado e a lucidez do professor capta, com admirável perspicácia, os temas de maior importância para os profissionais que atuam na área jurídica. Esta é, pois, uma obra indispensável aos estudiosos do Direito, cuja leitura vivamente recomendo.

Alberto do Amaral Júnior
Professor da Faculdade de Direito da Universidade de São Paulo
Janeiro de 2011.

SUMÁRIO

INTRODUÇÃO AOS COMENTÁRIOS ... 41

LEI N. 11.101, DE 9 DE FEVEREIRO DE 2005

Capítulo I – Disposições Preliminares

Art. 1º. ... 51
1. *Recuperação judicial* ... 51
2. *Recuperação extrajudicial* ... 52
3. *Falência* ... 53
4. *Empresário* ... 53
5. *Sociedade empresária* ... 54
6. *Tipos societários comerciais ou mercantis antes do advento do Código Civil de 2002* 54
7. *Tipos societários empresários após o advento do Código Civil de 2002* ... 55
8. *A sociedade simples (que engloba a sociedade cooperativa) pode ser beneficiária da recuperação judicial ou extrajudicial ou ver sua quebra decretada?* ... 56
9. *Crítica à exclusão das sociedades simples (que englobam a sociedade cooperativa) do âmbito da Lei 11.101/2005* ... 58
10. *"Doravante simplesmente referidos como devedor"* ... 58

Art. 2º. ... 59
11. *"Esta Lei não se aplica"* ... 59
12. *Empresa pública* ... 60
13. *Sociedade de economia mista* ... 61
14. *Após a revogação do art. 242 da Lei 6.404/1976 (Lei das S/A) pela Lei 10.303/2001 a sociedade de economia mista deixou de estar imune à falência?* ... 61
15. *E após a Lei 11.101, de 9.2.2005? A sociedade de economia mista voltou a ficar imune à falência?* ... 61
16. *Afinal, a exclusão das sociedades de economia mista do âmbito da falência não gerou privilégio legal sem compensação?* ... 62
17. *E a empresa pública? Após o advento da 11.101/2005 está, ou não, imune à falência?* 62
18. *Opinião de Celso Antônio Bandeira de Mello: antes e depois do advento da Lei 11.101/2005* ... 62
19. *Inconstitucionalidade do art. 2º, I, da Lei 11.101/2005?* ... 64
20. *Instituição financeira pública e privada* ... 65
21. *Cooperativa de crédito. Consórcio. Sociedade operadora de plano de assistência à saúde. Sociedade seguradora. Sociedade de capitalização. Outras entidades legalmente equiparadas às anteriores* ... 65
22. *Entidade de previdência complementar* ... 66

Art. 3º. ... 67
23. *Competência. Varas e Câmara Especial de Falências e Recuperações Judiciais* ... 67
24. *Homologar, deferir ou decretar* ... 68
25. *Local do principal estabelecimento* ... 68
26. *Opiniões doutrinárias clássicas sobre "principal estabelecimento" à luz do Decreto-lei 7.661/1945* ... 68

27. Algumas ementas jurisprudenciais sobre "principal estabelecimento" à luz do Decreto-lei 7.661/1945 ... 70
28. Tentativas de chicanas jurídicas ... 70
29. Recomendação para neutralizar chicanas jurídicas ... 71
30. Filial de sociedade estrangeira ... 72

Art. 4º. ... 73
31. Redução das atribuições do Ministério Público ... 73
32. Em sede de ação civil pública, o Ministério Público tem legitimidade para requerer a falência do devedor? ... 75

Capítulo II – Disposições Comuns à Recuperação Judicial e à Falência

Seção I – Disposições Gerais

Art. 5º. ... 76
33. Inexigibilidade de obrigações e despesas ... 76
34. Prestações alimentícias no âmbito da falência e da recuperação judicial ... 76
35. Penas pecuniárias no âmbito da falência e da recuperação judicial ... 77
36. As prestações alimentícias e as penas pecuniárias são exigíveis na recuperação extrajudicial? ... 77
37. Obrigações a título gratuito ... 78
38. Os créditos das doações remuneratórias e gravadas com encargos são exigíveis no âmbito da falência e da recuperação judicial? ... 78
39. Aval, fiança, cessão, comodato e usufruto podem ser considerados atos gratuitos? .. 79
40. As participações ou gratificações a dirigentes e de empregados podem ser consideradas atos gratuitos? ... 80
41. Os atos gratuitos são ineficazes em relação à massa falida? ... 80
42. E os presentes e atos praticados no cumprimento de um dever moral ou com escopo de utilidade pública? Tais atos gratuitos têm eficácia? ... 80
43. Recomendação aos juízes para verificação da gratuidade ... 81
44. Despesas com obtenção de documentos e honorários advocatícios incorridas pelo credor para tomar parte na falência podem ser exigidas? ... 81
45. Como são classificadas as custas judiciais decorrentes de litígios com a massa falida? ... 82

Art. 6º. ... 82
46. Suspensão do curso da prescrição ... 83
47. Crítica quanto ao termo inicial da suspensão do curso da prescrição em relação à recuperação judicial ... 83
48. Termo final da suspensão das ações e execuções: recomeço da contagem do prazo prescricional ... 84
49. Suspensão de todas as ações e execuções intentadas em face do devedor: justificativa e exceções ... 84
50. Inclusive aquelas dos credores particulares do sócio solidário ... 88
51. Prosseguimento de ação que demandar quantia ilíquida ... 88
52. Habilitação, exclusão ou modificação de créditos trabalhistas junto ao administrador judicial ... 89
53. Qual é o valor do crédito trabalhista a ser inscrito no quadro geral de credores? 91
54. Reserva de importância ... 91
55. Qual é o modus operandi *da reserva?* ... 92
56. Suspensão por 180 dias ... 92
57. Aplicação à recuperação judicial do § 2º do art. 6º ... 94
58. Comunicação ao juízo da falência ou da recuperação judicial ... 95

59. *Não suspensão das execuções fiscais* ... 96
60. *Prevenção de jurisdição* ... 98
61. *Há prevenção em relação à distribuição do pedido de recuperação extrajudicial?* ... 99

Seção II – Da Verificação e da Habilitação de Créditos

Art. 7º. ... 100
62. *A quem devem ser endereçadas as habilitações de créditos? Quem realizará a verificação dos créditos?* ... 100
63. *Em quê o administrador judicial se baseará para realizar a verificação dos créditos?* ... 102
64. *Quais são os livros contábeis?* ... 102
65. *O administrador judicial, para fins de verificação dos créditos, poderá contar com o auxílio de terceiros?* ... 102
66. *O credor pode apresentar diretamente tanto sua habilitação de crédito quanto sua divergência, ou tem de contratar advogado para fazê-lo?* ... 102
67. *Qual o prazo e qual o respectivo termo inicial para os credores habilitarem seus créditos ou apresentarem divergências?* ... 103
68. *Publicação de edital da relação dos credores* ... 104
69. *Qual o prazo e qual o respectivo termo inicial que o administrador judicial tem para fazer publicar o edital contendo a relação dos credores?* ... 105
70. *Além da relação dos credores, o que mais deverá constar do edital que o administrador judicial fará publicar?* ... 105
71. *Temas omissos na Lei 11.101/2005* ... 105

Art. 8º. ... 106
72. *Prazo para apresentação de impugnação e respectiva legitimidade* ... 106
73. *Qualquer credor pode apresentar impugnação, ou somente aqueles que habilitaram seus créditos?* ... 106
74. *Podem os credores particulares dos sócios ilimitadamente responsáveis impugnar os créditos na falência da sociedade?* ... 107
75. *O impugnante pode desistir da sua impugnação?* ... 107
76. *Fundamentos da impugnação:* numerus clausus *ou* apertus*?* ... 107
77. *A impugnação será autuada em separado?* ... 108
78. *Como será processada a impugnação?* ... 108
79. *Marco inicial da intervenção judicial* ... 108
80. *Segundo momento para os credores se manifestarem sobre os créditos* ... 109
81. *O credor pode apresentar diretamente impugnação contra a relação de credores, ou tem de contratar advogado para fazê-lo?* ... 109

Art. 9º. ... 109
82. *O credor pode apresentar diretamente sua habilitação de crédito, ou tem de contratar advogado para fazê-lo?* ... 110
83. *O credor fiscal está obrigado a apresentar sua habilitação?* ... 110
84. *Uma sociedade de fato pode habilitar seu crédito?* ... 110
85. *Requisitos da habilitação de crédito* ... 110
86. *Remanesce a necessidade de apresentação de habilitação de crédito em duas vias e com firma reconhecida na primeira via?* ... 110
87. *É possível um credor incluir numa só habilitação diversos créditos?* ... 111
88. *São devidas custas na habilitação? E quanto aos honorários sucumbenciais?* ... 111
89. *Qual o prazo e qual o respectivo termo inicial para os credores habilitarem seus créditos ou apresentarem divergências?* ... 113
90. *E se os credores não se habilitarem no prazo?* ... 113
91. *Existe sanção para quem apresenta habilitação ilegal de crédito?* ... 113

92. *É necessário declarar a origem do crédito na habilitação de crédito?* 113
93. *Os títulos e documentos que legitimam os créditos têm de ser exibidos no original?* 114

Art. 10. 114
94. *Quando uma habilitação de crédito se torna retardatária?* 115
95. *E quanto à divergência? Também é possível formulá-la de modo retardatário?* 115
96. *Qual é o efeito decorrente da habilitação retardatária em recuperação judicial?* 116
97. *Quais são os efeitos decorrentes da habilitação retardatária em falência?* 116
98. *O titular de crédito retardatário, seja em recuperação judicial, seja em falência, ficará* ad aeternum *privado de votar nas deliberações da assembléia-geral de credores?* 116
99. *O credor retardatário em falência tem direito de pedir reserva de valor para satisfação do seu crédito?* 117
100. *Há prazo-limite para o credor apresentar sua habilitação de crédito?* 117

Art. 11. 118
101. *Ampliação do prazo para contestar a impugnação* 118
102. *Havendo contestação à impugnação, cabe a condenação em honorários advocatícios?* 118

Art. 12. 119
103. *Duas inovações* 119
104. *A juntada do laudo é obrigatória?* 119

Art. 13. 120
105. *A quem será endereçada a impugnação? Cabe pedido de antecipação da tutela?* 120
106. *A impugnação deverá ser apresentada por meio de advogado?* 120
107. *Como serão autuadas as impugnações?* 120
108. *Como serão autuadas as várias impugnações sobre o mesmo crédito?* 120

Art. 14. 121
109. *Inexistência de impugnações* 121

Art. 15. 121
110. *Habilitações não impugnadas* 121
111. *Habilitações impugnadas: dois caminhos* 121

Art. 16. 122
112. *Comando legal imperativo da reserva de valor* 122
113. Modus operandi *da reserva de valor* 122
114. *Impugnação parcial: pagamento da parte incontroversa* 123

Art. 17. 123
115. *Qual o recurso cabível da decisão que julga a impugnação de crédito?* 123
116. *Termo inicial para interposição do agravo* 124
117. *Crítica ao termo inicial para interposição do agravo* 124
118. *Elogio ao termo inicial para interposição do agravo* 124
119. *Efeito suspensivo* 124

Art. 18. 124
120. *Quem é o responsável pela consolidação do quadro geral de credores?* 125
121. *Os credores particulares de cada sócio solidário serão incluídos no quadro geral de credores?* 125
122. *Se houver divergência entre o quadro geral de credores e os outros dados?* 125
123. *A consolidação do quadro geral de credores será homologada pelo juiz?* 125
124. *Com base em quê será efetuada a consolidação do quadro geral de credores?* 125
125. *Quem assina o quadro geral de credores?* 125

126. O que será mencionado no quadro geral de credores? 125
127. Qual o prazo para publicação do quadro geral de credores no órgão oficial? 125
128. Quando se encerra o procedimento de verificação de créditos? 125

Art. 19. 125
129. Pedido judicial de exclusão, reclassificação ou retificação de qualquer crédito 126
130. Quem tem legitimidade ativa para propor tal ação? 126
131. Qual o termo final para propositura da ação retromencionada? 126
132. Qual o juízo competente para conhecer, processar e julgar a referida ação? 126
133. Pagamento condicionado à prestação de caução 127
134. E se o credor, com dolo ou má-fé, já houver recebido o crédito? 127
135. Qual o recurso cabível da sentença prolatada na ação judicial supracitada? 127

Art. 20. 127
136. Credores particulares do sócio ilimitadamente responsável 127
137. Quem são os sócios ilimitadamente responsáveis? 127
138. A decretação da falência da sociedade empresária implica também falência de todos os seus sócios? 127

Seção III – Do Administrador Judicial e do Comitê de Credores

Art. 21. 128
139. Qual é a natureza jurídica do administrador judicial? 128
140. O administrador judicial corresponde ao síndico, na falência, e ao comissário, na concordata? 128
141. Impedimentos para exercer a função de administrador judicial 129
142. Quando será nomeado o administrador judicial? 129
143. O administrador judicial tem o dever de assinar compromisso? 129
144. Quem poderá ser administrador judicial? 129
145. Se se tratar de administrador judicial pessoa jurídica, como será formalizado o termo de compromisso? 131
146. Quem está autorizado a substituir o administrador judicial? 131

Art. 22. 131
147. O administrador poderá delegar suas funções? 134
148. Quem pagará os honorários dos advogados contratados pelo administrador judicial? 134
149. Quem fiscalizará o administrador judicial (e o devedor)? 135
150. Como estão partilhadas as atribuições do administrador judicial? 135
151. Quais são as atribuições do administrador judicial? 135
152. Quais serão os critérios para fixação das remunerações dos auxiliares do administrador judicial? 142
153. Quais serão as conseqüências decorrentes da recusa em prestar as informações referidas na alínea "d" do inciso I do art. 22? 142
154. O administrador judicial é livre para transigir sobre obrigações e direitos da massa falida e conceder abatimento? 142
155. O Ministério Público precisa ser intimado do teor do relatório do administrador judicial? 143
156. Constitucionalidade duvidosa do § 4º do art. 22 143

Art. 23. 143
157. Quais serão as conseqüências decorrentes da não apresentação das contas ou relatórios pelo administrador judicial? 143
158. O administrador judicial responde pelos prejuízos causados à massa falida, ao devedor ou aos credores? 144

159. Qual é o tipo penal mais adequado: "crime de desobediência" ou "crime de prevaricação"? 144

Art. 24. 145

160. Qual é a classificação da remuneração do administrador judicial? 145
161. Cabe recurso da decisão que fixa remuneração do administrador judicial? 146
162. Quais são os critérios para fixação da remuneração do administrador judicial? 146
163. Qual é a forma de pagamento da remuneração do administrador judicial? 146
164. Foi previsto algum limite para a remuneração do administrador judicial? 147
165. Foi prevista alguma reserva do montante devido ao administrador judicial? 148
166. A reserva aplica-se tanto à recuperação judicial quanto à falência? Quando tal reserva deve ser paga? 148
167. Qual é a forma de remuneração do administrador substituído? 149
168. O administrador judicial será sempre remunerado? 149

Art. 25. 149

169. A quem caberá arcar com as remunerações do administrador judicial e das pessoas por ele contratadas? 150

Art. 26. 150

170. Comitê de credores: inovação? 151
171. A constituição do comitê de credores é obrigatória ou facultativa? 152
172. É viável a constituição do comitê de credores em processos de menor complexidade? 152
173. Como será constituído o comitê de credores? 153
174. Qual será a composição do comitê de credores? 153
175. Critério de distribuição de classes dos credores para fins de composição do comitê de credores 153
176. A falta de indicação de representante por quaisquer das classes prejudicará a constituição do comitê de credores? 153
177. Depende de assembléia a nomeação ou substituição do representante e dos suplentes? 153
178. Hierarquização dos suplentes 154
179. Como se dará a indicação do presidente do comitê de credores? 154
180. Se houver empate quanto à indicação do presidente do comitê de credores, quem decide? 154

Art. 27. 154

181. Como estão partilhadas as atribuições do comitê de credores? 155
182. Quais são as atribuições do comitê de credores? 155
183. Duas atribuições não conferidas ao comitê de credores: apresentação de plano de recuperação alternativo e legitimidade para pedir a convolação em falência 156
184. Qual é o quorum *de deliberações no comitê de credores?* 156
185. Como tais deliberações serão formalizadas? 157
186. Se o quorum *não for atingido?* 157
187. E se o administrador judicial estiver impedido? 157

Art. 28. 157

188. Quem exercerá as atribuições do comitê de credores se ele não for constituído? 157
189. E se o administrador estiver impedido? 157

Art. 29. 158

190. O devedor ou a massa falida custearão a remuneração dos membros do comitê de credores? 158
191. E quanto às despesas incorridas pelo comitê de credores em face da prática de atos previstos na lei? 158

Art. 30. 158
192. Quais são os impedimentos para integrar o comitê de credores ou exercer as funções de administrador judicial? 159
193. Outras hipóteses de impedimento 159
194. Quem tem legitimidade para requerer a substituição do administrador judicial ou dos membros do comitê de credores? 160
195. Foi fixado prazo para o juiz decidir o requerimento de substituição supracitado? 160

Art. 31. 160
196. Quem destitui o administrador judicial ou qualquer membro do comitê de credores? 160
197. Quais as hipóteses que justificam a destituição seja do administrador judicial, seja de um membro do comitê de credores? 162
198. Quais os efeitos decorrentes da destituição? 162
199. Se todos os integrantes do comitê de credores forem responsáveis por irregularidades, qual procedimento deverá ser adotado? 162
200. O que ocorre no ato da destituição? 162
201. O administrador judicial substituído tem de prestar contas? 162

Art. 32. 162
202. O administrador judicial e os membros do comitê de credores respondem pelos prejuízos causados? 163
203. Um membro do comitê pode eximir-se da responsabilidade? 163
204. Forma da discordância 163

Art. 33. 164
205. O administrador judicial e os membros do comitê de credores assinam algum termo? 164

Art. 34. 164
206. Qual será a conseqüência da inobservância do prazo previsto no art. 33? 164

Seção IV – Da Assembléia-Geral de Credores

Art. 35. 165
207. Conceito de "assembléia-geral de credores" 165
208. Assembléia-geral de credores: inovação? 165
209. Crítica à assembléia-geral de credores. Conflito entre deliberações da assembléia-geral de credores e da assembléia-geral dos acionistas 166
210. A assembléia-geral de credores é obrigatória ou facultativa? 168
211. Existe hierarquia entre juiz, assembléia-geral de credores, comitê de credores e administrador judicial? 169
212. O juiz pode deixar de acatar as deliberações da assembléia-geral? 170
213. Como estão partilhadas as atribuições da assembléia-geral de credores? 170
214. Quais são as atribuições da assembléia-geral de credores? 170

Art. 36. 173
215. Qual é a forma de convocação da assembléia-geral de credores? 173
216. O que deverá conter o edital? 174
217. Qual deve ser o local da realização da assembléia-geral de credores? 174
218. Há previsão de interstício entre a primeira e a segunda convocação da assembléia-geral de credores? 175
219. Há previsão de providência complementar? 175
220. Credores de uma só classe podem convocar a assembléia-geral de credores? 175
221. Quem arcará com as despesas relativas à convocação e realização da assembléia-geral de credores? 175

Art. 37. ... 176
222. *Quem presidirá a assembléia-geral de credores?* ... 177
223. *Como será escolhido o secretário para auxiliar o presidente?* ... 177
224. *Em que hipóteses um credor presente à assembléia-geral assumirá a presidência?* ... 177
225. *Qual é o* quorum *de instalação da assembléia-geral de credores?* ... 177
226. *O juiz, o Ministério Público e o advogado têm a prerrogativa de comparecer à assembléia-geral?* ... 177
227. *Qual é o requisito para o credor participar da assembléia-geral?* ... 178
228. *O credor poderá ser representado na assembléia-geral?* ... 178
229. *Como se desenvolverão os trabalhos na assembléia-geral de credores?* ... 180
230. *Como restarão formalizadas as deliberações tomadas na assembléia-geral de credores?* ... 181

Art. 38. ... 182
231. *Como serão apurados os votos dos credores?* ... 182
232. *Qual será o tratamento a ser dispensado aos créditos em moeda estrangeira para fins de votação em assembléia-geral de credores na recuperação judicial e na falência?* ... 182

Art. 39. ... 183
233. *Quem terá direito a voto na assembléia-geral de credores?* ... 183
234. *Quem não for credor tem direito de comparecer à assembléia-geral de credores?* ... 185
235. *Quem não terá direito a voto na assembléia-geral de credores?* ... 186
236. *As deliberações da assembléia-geral são passíveis de invalidação?* ... 186
237. *Quais serão os efeitos da invalidação das deliberações da assembléia-geral?* ... 188

Art. 40. ... 188
238. *O credor que discute a existência, o "quantum" e a classificação do seu crédito poderá obter provimento liminar para suspensão ou adiamento de assembléia-geral de credores?* ... 188
239. *Distinção entre os comandos veiculados no art. 40 e no parágrafo único do art. 17* . 190

Art. 41. ... 190
240. *Qual será a composição da assembléia-geral?* ... 190
241. *Como será a forma de votação?* ... 190
242. *Crítica à distribuição dos credores em classe* ... 191

Art. 42. ... 191
243. *Qual é o* quorum *comum de deliberação da assembléia-geral de credores?* ... 191
244. *Qual é o* quorum *especial de deliberação da assembléia-geral de credores?* ... 192
245. *E se houver empate nas deliberações na assembléia-geral de credores?* ... 192

Art. 43. ... 193
246. *Quem poderá participar da assembléia-geral de credores, sem votar?* ... 193
247. *Qual é o fundamento para impedir as pessoas mencionadas no art. 43 e seu parágrafo único de votar?* ... 194

Art. 44. ... 194
248. *Quem tem legitimidade para votar a escolha dos membros de cada classe do comitê de credores?* ... 194

Art. 45. ... 194
249. *Quais classes deverão aprovar o plano de recuperação judicial?* ... 194
250. *Para fins de apuração dos votos, há critérios distintos entre as classes?* ... 195
251. *Credor cujo crédito e condições originais de pagamento não forem alterados terá direito a voto?* ... 196

Art. 46. 196
252. Quais são as modalidades de realização do ativo? 196
253. Qual é o quorum *para deliberação sobre forma alternativa de realização do ativo?* 197

Capítulo III – Da Recuperação Judicial

Seção I – Disposições Gerais

Art. 47. 198
254. Conceito de "recuperação judicial" 198
255. Natureza jurídica da recuperação judicial 199
256. Viabilidade da empresa 200
257. Crise econômico-financeira 201
258. Função social da empresa 202
259. A recuperação judicial no cenário internacional 202

Art. 48. 203
260. Quem tem legitimidade para requerer a recuperação judicial? 203
261. Requisitos da recuperação judicial 206
262. Qual será o efeito do indeferimento do processamento da recuperação judicial? 209

Art. 49. 210
263. Todos os credores estão sujeitos à recuperação judicial? 211
264. Quais credores estavam sujeitos à concordata? 212
265. Comparativamente com a concordata, o universo de credores se ampliou no tocante à recuperação judicial? 212
266. Os credores podem exigir dos coobrigados créditos objeto de recuperação judicial? 212
267. As obrigações anteriores à recuperação judicial, inclusive encargos, serão respeitadas ou poderão ser alteradas? 213
268. Crítica ao § 2º do art. 49 214
269. Os credores mencionados no § 3º do art. 49 estão proibidos de ser incluídos no plano de recuperação judicial? 214
270. Os credores mencionados no § 3º do art. 49 podem vender ou retirar do estabelecimento do devedor os bens de capital essenciais à sua atividade empresarial? 215
271. Crítica ao § 3º do art. 49 216
272. Adiantamento a contrato de câmbio para exportação/ACC 217
273. Crítica ao § 4º do art. 49 217
274. Substituição ou renovação de garantia 218

Art. 50. 218
275. Quais são os meios de recuperação judicial? 218
276. O devedor tem de escolher um único meio de recuperação judicial, ou pode cumulá-los? 226
277. Os meios de recuperação judicial encerram numerus clausus *ou* numerus apertus*?* 226
278. Alienação de bem. Supressão ou substituição de garantia. Aquiescência do credor 227
279. Créditos em moeda estrangeira 228

Seção II – Do Pedido e do Processamento da Recuperação Judicial

Art. 51. 229
280. Qual é a natureza jurídica da ação de recuperação judicial? 230
281. As fases do processamento da recuperação judicial 230
282. Quais os requisitos comuns da petição inicial de recuperação judicial? 230
283. Quais os requisitos específicos da petição inicial de recuperação judicial? 231
284. Há previsão de prazo adicional para o devedor apresentar os documentos que devem instruir a petição inicial? 239

285. Os documentos de escrituração contábil têm de ser depositados em cartório? 239

Art. 52. 240

286. Distinção entre o despacho de deferimento do processamento da recuperação judicial e o despacho de concessão da recuperação judicial 241
287. Qual é a condição sine qua non *ao deferimento do processamento da recuperação judicial?* 242
288. Conteúdo do despacho de deferimento do processamento da recuperação judicial ... 242
289. O que deverá constar do edital para publicação no órgão oficial? 245
290. A partir de quando os credores poderão convocar a assembléia-geral para constituição do comitê de credores? 245
291. A quem caberá comunicar a suspensão das ações ou execuções aos juízos competentes? 245
292. O devedor poderá desistir do pedido de recuperação judicial? 246

Seção III – Do Plano de Recuperação Judicial

Art. 53. 247

293. Inspiração do art. 53 247
294. Plano de recuperação judicial: a peça fundamental 247
295. Qual é o prazo para apresentação do plano de recuperação judicial? 248
296. Qual será a conseqüência da inobservância do prazo? 249
297. O que deverá constar do plano de recuperação judicial? 249
298. O que deverá constar do edital respectivo? 251

Art. 54. 252

299. Quais são os prazos-limites fixados imperativamente pelo art. 54? 252
300. Há prazo-limite para pagamento dos créditos trabalhistas ou acidentários vencidos após o plano? 252
301. E se a assembléia aprovar prazos maiores de pagamento? 253
302. Como ficam os créditos trabalhistas ou acidentários objeto de demandas judiciais? 253

Seção IV – Do Procedimento de Recuperação Judicial

Art. 55. 254

303. Quais credores podem objetar o plano de recuperação judicial? 254
304. Qual é o prazo fixado para os credores apresentarem suas objeções? 254
305. Crítica sobre a fixação do prazo para objeção ao plano de recuperação judicial 254

Art. 56. 255

306. Se houver objeção de qualquer credor ao plano de recuperação, qual deverá ser a conduta do juiz? 255
307. Há prazo-limite para convocação da assembléia-geral de credores? 256
308. A assembléia-geral de credores poderá indicar os membros do comitê de credores? 256
309. A assembléia-geral de credores poderá promover alterações no plano de recuperação? 256
310. E se a assembléia-geral de credores rejeitar o plano de recuperação? 257

Art. 57. 258

311. Crítica ao art. 57 258
312. Quando o devedor deverá apresentar as certidões negativas de débitos tributários? 259
313. As certidões positivas com efeitos de negativas são aceitas? 259
314. Qual é o prazo para apresentação das certidões? 259
315. Qual deverá ser a conduta do juiz caso o devedor não apresente as certidões? 260

Art. 58. 264

316. Em que hipóteses o juiz concederá a recuperação judicial? 264

317. Qual é a natureza jurídica da decisão que concede a recuperação judicial? 265
318. Qual o recurso cabível da decisão que concede a recuperação judicial? 265
319. O juiz poderá deixar de conceder a recuperação judicial do devedor cujo plano foi aprovado pela assembléia-geral de credores? 265
320. O juiz poderá conceder a recuperação judicial com base em plano que não obteve aprovação da assembléia-geral de credores? 266

Art. 59. 267
321. O plano de recuperação judicial implica novação dos créditos? 267
322. O art. 364, primeira parte, do CC aplica-se ao instituto da recuperação judicial? 267
323. Um exemplo de preservação de garantia pessoal 267
324. O devedor pode substituir ou suprimir a garantia real no plano de recuperação? 268
325. A decisão judicial que conceder a recuperação judicial constituirá título executivo judicial? 268
326. O credor, diante da inadimplência do devedor durante o biênio de recuperação judicial poderá intentar a ação executiva? 268
327. Qual o recurso cabível da decisão que conceder ou denegar a recuperação judicial? 268

Art. 60. 269
328. Crítica à terminologia adotada pelo legislador 269
329. Quais são as modalidades de alienação do ativo do devedor? 270
330. A venda direta a terceiro é permitida? 270
331. Quais são os requisitos a serem adotados para realização da alienação do ativo do devedor? 270
332. Alienação sem ônus e/ou sucessão tributária, trabalhista e acidentária? 270
333. Aquiescência e oposição do credor quanto à substituição da garantia 275

Art. 61. 276
334. Há prazo-limite para a recuperação judicial? 276
335. O plano de recuperação judicial poderá ser revisto? 277
336. O credor, diante da inadimplência do devedor durante o biênio de recuperação judicial, poderá intentar a ação executiva? 277
337. À luz do § 2º do art. 61, as garantias reais suprimidas serão restabelecidas? 278
338. Crítica ao § 2º do art. 61 278

Art. 62. 278
339. O credor, diante da inadimplência do devedor durante o biênio de recuperação judicial, poderá intentar a ação executiva? 278

Art. 63. 279
340. Quando o juiz decretará, por sentença,o encerramento da recuperação judicial? 279
341. E se o juiz constatar o descumprimento do plano de recuperação judicial? 279
342. O que o juiz determinará na sentença de encerramento da recuperação judicial? 279

Art. 64. 280
343. Qual é o alcance da expressão "seus administradores"? 280
344. O devedor e seus administradores são afastados da atividade empresarial durante a recuperação judicial? 281
345. Afinal, a constituição do comitê de credores é obrigatória ou facultativa? 281
346. Responsabilidade do acionista controlador 281
347. Quais as hipóteses de afastamento do devedor ou dos seus administradores da condução da atividade empresarial? 281
348. Como se opera o afastamento do devedor ou dos seus administradores da condução da atividade empresarial? 282

Art. 65. 283
349. *A figura do gestor judicial constitui uma inovação?* 283
350. *Em que hipóteses ocorrerá o afastamento do devedor?* 283
351. *Havendo afastamento do devedor, qual deve ser a atitude do juiz?* 283
352. *Quais serão as atribuições do gestor judicial?* 283
353. *Quais são as normas aplicáveis ao gestor judicial?* 284
354. *Há previsão de substituição temporária enquanto a assembléia-geral não deliberar a escolha do gestor?* 284
355. *E se houver recusa ou impedimento do gestor judicial escolhido pela assembléia-geral?* 284

Art. 66. 284
356. *O devedor sofre restrição quanto à alienação ou oneração de bens ou direitos de seu ativo permanente?* 285
357. *A regra restritiva* supra *comporta exceção?* 285
358. *A manifestação do comitê vincula o juiz?* 285
359. *Quais bens compõem o ativo permanente?* 285
360. *Crítica ao art. 66* 285
361. *Qual a sanção a ser aplicada em caso de descumprimento da regra restritiva?* 286

Art. 67. 286
362. *O que são "créditos extraconcursais"?* 286
363. *Qual a finalidade da previsão veiculada no art. 67?* 287
364. *Os créditos fiscais estão abrangidos no campo de aplicação do art. 67?* 287
365. *Uma advertência em relação ao art. 67* 287
366. *Em caso de decretação de falência, qual será o tratamento dos créditos quirografários gerados após o deferimento da recuperação judicial?* 288

Art. 68. 288
367. *Quais os parâmetros estabelecidos pelo Código Tributário Nacional para deferimento de parcelamento de créditos tributários a devedor em recuperação judicial?* 288
368. *O direito ao parcelamento está assegurado ao devedor independentemente de lei específica?* 288
369. *Breve notícia sobre projeto de lei referente ao parcelamento de créditos tributários de devedor em recuperação judicial* 290

Art. 69. 291
370. *É obrigatório o acréscimo da expressão "em Recuperação Judicial" no nome empresarial?* 291
371. *Qual deve ser o termo inicial de inserção da expressão "em Recuperação Judicial"?* 291
372. *Qual a sanção aplicável em caso de descumprimento do art. 69?* 292
373. *A obrigatoriedade de menção da expressão "em Recuperação Judicial" estende-se aos anúncios e material de publicidade?* 292
374. *O Registro Público de Empresas deverá anotar a recuperação judicial do devedor?* 293

Seção V – Do Plano de Recuperação Judicial para Microempresas e Empresas de Pequeno Porte

Art. 70. 294
375. *Quem são as pessoas tratadas pelo art. 1º?* 294
376. *Qual o conceito de "microempresa"?* 294
377. *Qual o conceito de "empresa de pequeno porte"?* 294
378. *Previsão constitucional das microempresas e empresas de pequeno porte* 294

379. *Importância das microempresas e empresas de pequeno porte no cenário econômico brasileiro* ... 294
380. *As microempresas e as empresas de pequeno porte podem optar pela recuperação judicial ordinária?* ... 295
381. *Prevalecerá o pedido de recuperação judicial especial ainda que a microempresa ou a empresa de pequeno porte sejam desenquadradas como tais?* ... 295
382. *Plano especial de recuperação judicial* ... 296
383. *Breve notícia sobre regimes internacionais diferenciados relativos às microempresas e às empresas de pequeno porte* ... 296
384. *Quais são os créditos não abrangidos pelo plano especial de recuperação judicial?* 296

Art. 71. ... 297
385. *Qual é o prazo para apresentação do plano especial de recuperação judicial?* ... 297
386. *Quais são as condições do plano especial de recuperação judicial?* ... 297
387. *Quais são os créditos abrangidos pelo plano especial de recuperação judicial?* ... 297
388. *Qual é o prazo máximo de parcelamento do plano especial de recuperação judicial?* 298
389. *As parcelas são corrigidas monetariamente?* ... 298
390. *Incidem juros sobre as referidas parcelas?* ... 298
391. *Qual é o prazo máximo para pagamento da primeira parcela?* ... 298
392. *O devedor necessita de autorização para aumentar a despesa ou para contratar empregados?* ... 298
393. *O pedido de recuperação judicial acarreta suspensão da prescrição das ações e execuções?* ... 299

Art. 72. ... 299
394. *Opção pela recuperação judicial especial ou ordinária* ... 299
395. *Será convocada assembléia-geral de credores para aprovar o plano especial de recuperação judicial?* ... 299
396. *As objeções formuladas por mais da metade dos credores quirografários implicam necessariamente decretação da falência do devedor?* ... 299

Capítulo IV – Da Convolação da Recuperação Judicial em Falência

Art. 73. ... 301
397. *O indeferimento de processamento da recuperação judicial constitui hipótese de convolação da recuperação judicial em falência?* ... 301
398. *Quais são as hipóteses que ensejam convolação da recuperação judicial em falência?* ... 301
399. *Interpretação das hipóteses do art. 73 conforme o art. 47* ... 304
400. *Decretação de falência, e não convolação em falência* ... 304

Art. 74. ... 304
401. *Convolada a recuperação judicial em falência, qual deve ser o tratamento em relação aos atos até então praticados?* ... 304

Capítulo V – Da Falência

Seção I – Disposições Gerais

Art. 75. ... 306
402. *Falência. Conceito. Natureza jurídica* ... 306
403. *Critérios adotados pelos diversos sistemas normativos para configuração da falência* ... 306
404. *Pressupostos do estado de falência* ... 307
405. *Afastamento do devedor de suas atividades* ... 307

406. Finalidades: falência e recuperação ... 308
407. Princípio da celeridade processual ... 309
408. Princípio da economia processual ... 309

Art. 76. ... 309
409. Juízo indivisível ... 310
410. Dúvida quanto à competência ... 310
411. O juízo indivisível admite exceções? ... 311
412. Causas trabalhistas ... 311
413. Causas fiscais ... 311
414. Causas não reguladas na lei em que o falido figurar como autor ou litisconsorte ativo ... 312
415. Causas que demandem quantia ilíquida ... 312
416. Causas em que a União, entidades autárquicas e empresa pública federal forem partes ou interessadas ... 313
417. Intimação do administrador judicial ... 313

Art. 77. ... 313
418. Vencimento antecipado das dívidas ... 313
419. As obrigações sujeitas a condição suspensiva têm vencimento antecipado? ... 314
420. Devedor e sócios ilimitadamente responsáveis ... 314
421. Abatimento proporcional dos juros ... 314
422. Conversão dos créditos em moeda estrangeira ... 314
423. Qual taxa de câmbio deve ser aplicada caso a mesma flutue no mesmo dia? ... 315
424. E se não houver cotação da moeda estrangeira no mesmo dia? ... 315

Art. 78. ... 315
425. Prisma histórico da distribuição obrigatória ... 315
426. Distribuição por dependência ... 316

Art. 79. ... 316
427. Preferência do processo falimentar ... 316

Art. 80. ... 316
428. Habilitação automática ... 317

Art. 81. ... 317
429. Sócios ilimitadamente responsáveis ... 317
430. A decisão que decreta a falência também acarreta a falência dos sócios ilimitadamente responsáveis? ... 318
431. Instaura-se litisconsórcio passivo necessário entre os sócios ilimitadamente responsáveis? ... 319
432. É extensiva a falência da sociedade a sócio de responsabilidade ilimitada que dela se retirou ou dela foi excluído há menos de dois anos? ... 320
433. Representação das sociedades falidas por administradores ou liquidantes ... 320

Art. 82. ... 321
434. Sócios de responsabilidade limitada ... 321
435. Controladores ... 321
436. Administradores ... 321
437. "Estabelecida nas respectivas leis" ... 322
438. Desconsideração da personalidade jurídica ... 323
439. "No próprio juízo da falência" ... 324
440. Procedimento ordinário previsto no Código de Processo Civil ... 324
441. Prescrição da pretensão jurisdicional (ação de responsabilidade dos sócios de responsabilidade limitada, dos controladores e administradores da sociedade falida) ... 324

442. Indisponibilidade de bens particulares dos sócios de responsabilidade limitada, dos controladores e administradores da sociedade falida ... 325

Seção II – Da Classificação dos Créditos

Art. 83. ... 326
443. Classificação dos créditos ... 327
444. Créditos derivados da legislação do trabalho. Limite a 150 salários mínimos ... 328
445. Créditos equiparados aos créditos trabalhistas: titularizados pelos representantes comerciais autônomos e pela Caixa Econômica Federal (FGTS) ... 331
446. Crítica à equiparação dos créditos dos representantes comerciais autônomos ... 332
447. Qual é o valor do salário mínimo a ser considerado: o da data da decretação da falência ou o da data do efetivo pagamento? ... 333
448. Créditos decorrentes de acidentes do trabalho ... 333
449. Créditos com garantia real até o limite do valor do bem gravado ... 334
450. Crítica à pressão das instituições financeiras ... 335
451. Créditos tributários ... 336
452. Créditos com privilégio especial ... 338
453. Créditos com privilégio geral ... 338
454. Créditos quirografários ... 340
455. Multas contratuais e as penas pecuniárias por infração das leis penais ou administrativas, inclusive as multas tributárias ... 340
456. Créditos subordinados ... 341
457. Inoponibilidade de valores decorrentes de direito de sócio ... 341
458. Cláusulas penais em contratos unilaterais ... 341

Art. 84. ... 342
459. O que são "créditos extraconcursais"? ... 342
460. Quais são os créditos extraconcursais? ... 343
461. O elenco do art. 84 encerra numerus clausus? ... 345
462. Há rateio entre os créditos extraconcursais? ... 345

Seção III – Do Pedido de Restituição

Art. 85. ... 346
463. Sistemática da arrecadação de bens no processo de falência ... 346
464. Quem formula pedido de restituição é credor? ... 347
465. A efetivação da restituição está condicionada à confecção do quadro geral de credores? ... 347
466. Cabe pedido de restituição no âmbito da recuperação judicial? ... 348
467. Legitimidade para formular pedido de restituição de bens arrecadados (art. 85, primeira parte) ... 348
468. Ratio legis *do pedido de restituição de bens arrecadados (art. 85, primeira parte)* ... 348
469. Bem que se encontra em poder do devedor na data da decretação da falência mas que não foi arrecadado (art. 85, segunda parte) ... 349
470. Ratio legis *do pedido de restituição de bem que se encontre em poder do devedor na data da decretação da falência mas que não foi arrecadado (art. 85)* ... 350
471. Restituição em face de ineficácia ou de procedência de ação revocatória? ... 350
472. E se após a restituição da coisa apurar-se que o falido era o titular do domínio? ... 350
473. E se o bem de terceiro não for arrecadado, nem se encontrar em poder do devedor (art. 85)? ... 350
474. E se o bem não mais existir ou tiver sido vendido ao tempo do pedido de restituição (art. 85)? ... 350
475. Qual é o tratamento a ser dispensado aos bens objeto de mandato e comissão? ... 350

476. *Qual é o tratamento a ser dispensado aos bens alienados fiduciariamente?* 350
477. *Qual é o tratamento a ser dispensado aos bens objeto de comodato?* 352
478. *Qual é o tratamento a ser dispensado aos bens objeto de arrendamento mercantil (leasing)?* 352
479. *Qual é o tratamento a ser dispensado aos bens objeto de contrato estimatório?* 352
480. *Restituição de coisa vendida a crédito mas ainda não alienada (parágrafo único do art. 85)* 352
481. *Como se dá a contagem do prazo de 15 dias (parágrafo único do art. 85)?* 353
482. Ratio legis *do pedido de restituição de coisa vendida a crédito (parágrafo único do art. 85)* 354
483. *O vendedor pode exercer o direito ao* stoppage in transitu *(parágrafo único do art. 85)?* 354
484. *E se a coisa já tiver sido alienada antes da decretação da falência (parágrafo único do art. 85)?* 354

Art. 86. 355
485. *Quais são as hipóteses de restituição em dinheiro?* 355
486. *Restituição em dinheiro se o bem não mais existir ao tempo do pedido de sua restituição* 355
487. *Restituição em dinheiro se tiver ocorrido a venda do bem* 356
488. *Remanesce a possibilidade de pedido de restituição por sub-rogação?* 356
489. *Restituição em dinheiro decorrente de adiantamento a contrato de câmbio para exportação/ACC* 356
490. *Restituição em dinheiro: revogação ou ineficácia do contrato celebrado de boa-fé* .. 357
491. *Uma quarta hipótese de restituição em dinheiro: contribuição previdenciária descontada do empregado* 357
492. *Quando as restituições em dinheiro serão efetuadas?* 357
493. *E se não existir saldo suficiente para pagamento integral em dinheiro a todos os requerentes?* 358

Art. 87. 358
494. *O pedido de restituição deverá ser fundamentado e descreverá a coisa reclamada* ... 358
495. *Cabe tutela antecipada no bojo do pedido de restituição?* 359
496. *Autuação em separado do requerimento e dos documentos que o instruírem* 359
497. *Intimação do falido, do comitê, dos credores e do administrador judicial* 359
498. *Prazo sucessivo de cinco dias para manifestação* 360
499. *Manifestação contrária à restituição vale como contestação* 360
500. *Designação de audiência de instrução e julgamento* 360
501. *Conclusos para sentença* 360

Art. 88. 361
502. *Qual será o comando da sentença que reconhecer o direito do requerente?* 361
503. *Quando haverá condenação da massa ao pagamento de honorários advocatícios?* .. 361

Art. 89. 362
504. *Qual será o comando da sentença que negar a restituição?* 362

Art. 90. 362
505. *Qual será o recurso cabível da sentença que julgar o pedido de restituição?* 363
506. *Há respaldo legal para a pretensão de recebimento do bem ou da quantia antes do trânsito em julgado da sentença?* 363

Art. 91. 363
507. *O pedido de restituição suspende a disponibilidade da coisa?* 363
508. *E se inexistir saldo suficiente para pagamento, em dinheiro, a diversos requerentes?* 363

Art. 92. ... 364
509. *Quem ressarcirá as despesas de conservação da coisa reclamada?* ... 364

Art. 93. ... 364
510. *Qual é o remédio processual a ser adotado caso o pedido de restituição não seja cabível?* ... 365
511. *Distinção básica entre "pedido de restituição" e "embargos de terceiro"* ... 365
512. *O cônjuge de empresário individual pode manejar embargos de terceiros?* ... 365

Seção IV – Do Procedimento para a Decretação da Falência

Art. 94. ... 366
513. *Primeira hipótese para decretação da falência (impontualidade injustificada)* ... 367
514. *Impontualidade injustificada. Insolvência jurídica, e não econômica* ... 367
515. *Impontualidade injustificada. Liquidez específica* ... 368
516. *Impontualidade injustificada. Limite mínimo* ... 369
517. *Impontualidade injustificada. Relevantes razões de direito* ... 371
518. *Impontualidade injustificada. Protesto necessário* ... 371
519. *Impontualidade injustificada. Duplicata não aceita* ... 373
520. *Impontualidade injustificada. Duplicata virtual* ... 374
521. *Impontualidade injustificada. Duplicata de serviços* ... 374
522. *Impontualidade injustificada. Títulos de crédito emitidos no Exterior* ... 375
523. *Segunda hipótese para decretação da falência (tríplice omissão)* ... 375
524. *Tríplice omissão. Princípios da celeridade e economia processual* ... 376
525. *Tríplice omissão. Inexistência de limite mínimo* ... 377
526. *Tríplice omissão. Protesto desnecessário* ... 378
527. *Tríplice omissão. Insolvência jurídica, e não econômica* ... 378
528. *Crítica à expressão "exceto se fizer parte de plano de recuperação judicial"* ... 379
529. *Outras hipóteses para decretação da falência (atos de falência)* ... 379
530. *Atos de falência. Insolvência jurídica, e não econômica* ... 383
531. *Atos de falência. Inexistência de limite mínimo* ... 383
532. *Atos de falência. Protesto e certidão desnecessários* ... 383
533. *Reunião em litisconsórcio para perfazer o limite mínimo para o pedido de falência* . 383
534. *Ainda que líquidos, não legitimam o pedido de falência os créditos que nela não possam ser reclamados* ... 383
535. *O pedido de falência será instruído com os títulos executivos protestados e/ou com certidão expedida pelo juízo em que se processa a execução?* ... 383
536. *Descrição dos fatos, provas e respectiva especificação* ... 385

Art. 95. ... 385
537. *Contestação. Pleito de recuperação judicial* ... 386
538. *O pleito de recuperação judicial configura razão relevante* ... 386
539. *O pleito de recuperação judicial obsta a todas as hipóteses de falência?* ... 386
540. *Para a elisão da falência basta o despacho de processamento da recuperação judicial?* ... 387

Art. 96. ... 388
541. *O que são "relevantes razões de direito"?* ... 388
542. *Quais são as relevantes razões de direito?* ... 388
543. *O elenco do art. 96 e seus incisos é exemplificativo ou taxativo?* ... 394
544. *As razões relevantes somente são aplicáveis ao pedido de falência baseado na impontualidade injustificada?* ... 394
545. *Liquidação e partilha do ativo de sociedade anônima* ... 394
546. *Espólio após um ano da morte do devedor* ... 395

547. *Obrigações remanescentes não atingidas pelas defesas* 395

Art. 97. 395
548. *Sistema dispositivo* versus *sistema inquisitório* 396
549. *Quem está legitimado a requerer falência?* 396
550. *A Fazenda Pública está legitimada a requerer falência?* 400
551. *O credor empresário tem de comprovar a regularidade de suas atividades?* 402
552. *O que deve fazer o credor que não for domiciliado no Brasil?* 402

Art. 98. 403
553. *Citado o devedor, quais alternativas lhe restam?* 403
554. *Qual é o prazo para o devedor apresentar contestação ao pedido de falência?* 404
555. *Cabe outra modalidade de resposta do devedor, além da contestação?* 405
556. *Quais são os requisitos do depósito para evitar o decreto da falência?* 406
557. *Basta o depósito do principal para conferir eficácia à elisão da falência?* 407
558. *Efetuado o depósito, a falência não será decretada* 408
559. *E se for julgado procedente o pedido de falência?* 408
560. *E se for acolhida a defesa do devedor?* 408

Art. 99. 408
561. *A sentença que decreta a falência tem natureza declaratória ou constitutiva?* 410
562. *O que deverá constar da sentença que decreta a falência?* 410
563. *Publicação de edital: integra da decisão que decreta a falência e relação de credores* 417

Art. 100. 417
564. *Qual é o recurso cabível da decisão que decreta a falência?* 417
565. *É possível o juiz julgar parcialmente procedente o pedido de falência?* 418
566. *Qual é o recurso cabível da sentença que julga improcedente o pedido de falência?* 418
567. *Em que hipóteses o juiz denegará o pedido de falência?* 418
568. *Quem tem legitimidade para recorrer?* 419
569. *Quando será aplicada a sucumbência?* 419
570. *A coisa julgada poderá ser argüida pelo devedor?* 419

Art. 101. 420
571. *Dolo* 420
572. *Perdas e danos* 421
573. *Liquidação de sentença* 421
574. *Responsabilidade solidária pela indenização* 422
575. *Indenização por ação própria* 422

Seção V – Da Inabilitação Empresarial, dos Direitos e Deveres do Falido

Art. 102. 423
576. *Inabilitação empresarial* 423
577. *Justificativa da inabilitação empresarial* 423
578. *Exercício ilegal de atividade* 423
579. *Termo inicial da inabilitação empresarial* 424
580. *Termo final da inabilitação empresarial* 424
581. *Crítica ao termo final da inabilitação empresarial* 424
582. *Anotação do fim do período de inabilitação* 424

Art. 103. 425
583. *A partir de quando o devedor perde o direito de administrar seus bens ou deles dispor?* 425

584. Justificativa da perda, pelo falido, do direito de administrar seus bens ... 425
585. Posse direta e posse indireta dos bens. Perda da propriedade? ... 425
586. Quais bens devem ser arrecadados? ... 426
587. O juiz deve mencionar na sentença a hora em que foi decretada a falência? ... 426
588. Quem assume a administração? ... 426
589. Quais são os direitos que remanescem ao devedor? ... 426

Art. 104. ... 427
590. Quem são os destinatários dos deveres veiculados no art. 104? ... 429
591. Quais são os deveres que a decretação da falência impõe ao devedor? ... 429
592. Qual é a sanção aplicável ao devedor por descumprimento dos deveres legais? ... 433

Seção VI – Da Falência Requerida pelo Próprio Devedor

Art. 105. ... 434
593. Devedor ... 434
594. Crise econômico-financeira ... 435
595. Não atendimento aos requisitos para pleitear sua recuperação judicial ... 435
596. Deverá requerer ao juízo sua falência ... 436
597. Exposição das razões da impossibilidade de prosseguimento da atividade empresarial ... 437
598. O juiz está obrigado a deferir a autofalência? ... 437
599. Demonstrações contábeis ... 437
600. Relatório do fluxo de caixa ... 437
601. Relação nominal dos credores ... 438
602. Relação dos bens e direitos que compõem o ativo ... 438
603. Prova da condição de empresário ... 438
604. Livros obrigatórios e documentos contábeis ... 439
605. Relação de seus administradores nos últimos cinco anos ... 439

Art. 106. ... 439
606. Emenda da petição inicial ... 440

Art. 107. ... 440
607. Efeitos falimentares independem de quem requereu a falência ... 441

Seção VII – Da Arrecadação e da Custódia dos Bens

Art. 108. ... 442
608. "Ato contínuo", proceder-se-á à arrecadação ... 442
609. Termo de compromisso ... 443
610. Arrecadação ... 443
611. Bens ... 444
612. Documentos ... 444
613. Avaliação ... 445
614. Produto dos bens penhorados ou apreendidos. No local onde se encontrem. Medidas necessárias ... 445
615. Guarda dos bens arrecadados ... 445
616. O falido poderá acompanhar a arrecadação e a avaliação? ... 446
617. O Ministério Público tem de participar da arrecadação? ... 446
618. Não serão arrecadados os bens absolutamente impenhoráveis ... 446
619. Avaliação separada de bem objeto de garantia real ... 446

Art. 109. ... 447
620. Quando o estabelecimento será lacrado? ... 447

Art. 110. ... 448
621. Quais são os documentos que compõem o auto de arrecadação? ... 449
622. Quem deverá assinar o auto de arrecadação? ... 449
623. E se não for possível a avaliação no ato da arrecadação? ... 449
624. O que deve ser referido no inventário? ... 449
625. Os bens referidos no § 2º serão sempre individualizados? ... 450
626. Quais são as providências complementares que deverão ser tomadas em relação aos bens imóveis? ... 450

Art. 111. ... 450
627. Em quais contextos pode o juiz autorizar a aquisição ou a adjudicação imediata dos bens arrecadados? ... 450
628. Aquisição versus *adjudicação* ... 451
629. A aquisição deve ser de todos os bens arrecadados ... 451
630. Quem deverá ser ouvido? ... 451
631. Quem tem legitimidade para requerer a autorização judicial para a realização sumária dos bens arrecadados? ... 451
632. Qual é o modus procedendi *da realização sumária dos bens arrecadados?* ... 451
633. Crítica ao dispositivo ... 452
634. Elogio ao dispositivo ... 452

Art. 112. ... 452
635. Em que contexto os bens arrecadados poderão ser removidos? ... 452
636. Ocorrendo a remoção, onde permanecerão os bens? ... 452
637. Quem remanescerá responsável? ... 452

Art. 113. ... 452
638. Quais são os bens que poderão ser vendidos antecipadamente? ... 453
639. Como se operará a venda? ... 453
640. Quem tem legitimidade para requerer a autorização judicial para venda antecipada dos bens arrecadados? ... 453
641. Quais são os requisitos para que a venda antecipada dos bens seja válida e eficaz? 453

Art. 114. ... 454
642. Locação ou outro negócio jurídico que vise a produzir renda à massa falida ... 454
643. Autorização do comitê ... 454
644. Inexistência de direito de preferência na compra ou de disposição dos bens ... 455
645. Alienação do bem a qualquer tempo mediante rescisão sem multa, salvo anuência do adquirente ... 455

Seção VIII – Dos Efeitos da Decretação da Falência sobre as Obrigações do Devedor

Art. 115. ... 456
646. A decretação da falência sujeita todos os credores? ... 456
647. A decretação da falência forma a massa falida subjetiva ... 456

Art. 116. ... 456
648. Quais são os direitos suspensos pela decretação da falência? ... 457

Art. 117. ... 459
649. Contratos bilaterais ... 459
650. "Não se resolvem pela falência" ... 459
651. Prevalece a cláusula resolutória expressa no âmbito da falência? ... 460
652. O princípio da exceptio non adimpleti contractus *(art. 476 do CC) aplica-se no âmbito da falência?* ... 461

653. A recusa da prestação (art. 447 do CC) aplica-se no âmbito da falência? ... 461
654. "Podem ser cumpridos pelo administrador judicial" ... 461
655. Como será classificado o crédito do contratante caso o administrador judicial opte pelo cumprimento do contrato bilateral? ... 462
656. Situações fáticas alternativas que devem informar a decisão do administrador judicial ... 462
657. "Mediante autorização do comitê" ... 462
658. Interpelação do administrador judicial ... 463
659. A declaração negativa ou o silêncio do administrador judicial enseja direito à indenização ... 463
660. E se o critério de apuração da indenização já tiver sido prefixado no contrato? ... 464
661. Por que o valor deverá ser apurado em processo ordinário? ... 464
662. Como será classificado o crédito oriundo da indenização? ... 464

Art. 118. ... 464
663. "Mediante autorização do comitê" ... 464
664. Contrato unilateral ... 465
665. Contrato unilateral à luz do regime anterior ... 465
666. Exemplos de contratos unilaterais ... 465
667. Situações fáticas alternativas que devem informar a decisão do administrador judicial ... 465
668. Há necessidade de o credor interpelar o administrador judicial? ... 465
669. "Realizando o pagamento da prestação" ... 465
670. Cláusulas penais dos contratos unilaterais são exigíveis na falência? ... 466

Art. 119. ... 466
671. Contratos de trabalho ... 467
672. Concessão de serviço público ... 467
673. Contrato de conta corrente ... 467
674. Contrato de mandato e de comissão ... 467
675. Condomínio indivisível ... 468
676. Contrato de sociedade ... 468
677. Contratos de consumo ... 469
678. Contrato de alienação fiduciária ... 469
679. Contrato de comodato ... 470
*680. Contrato de arrendamento mercantil (*leasing*)* ... 470
681. Contrato estimatório ... 470
682. O vendedor pode obstar à entrega das coisas expedidas ao devedor? ... 470
683. O comprador poderá pôr à disposição da massa falida as coisas compostas? ... 471
684. Não entrega de coisa móvel ou de serviço pelo devedor. O valor pago deve ser habilitado ... 471
685. Coisa móvel comprada pelo devedor com reserva de domínio ... 472
686. Coisas vendidas a termo ... 473
687. Promessa de compra e venda de imóveis ... 473
688. Contrato de locação. Falência do locador e do locatário ... 475
689. Obrigações no âmbito do sistema financeiro nacional ... 476
690. Patrimônios de afetação ... 476

Art. 120. ... 477
691. Conceito de "mandato" ... 477
692. Mandato para realização de negócios conferido pelo devedor antes da falência ... 478
693. Procuração em causa própria ... 478
694. Mandato judicial conferido pelo devedor antes da falência ... 478

695. Conceito de "comissão" ... 479
696. Qual é a classificação do crédito do comissário? ... 479
697. O comissário tem direito de retenção? ... 479
698. Mandato ou comissão recebidos pelo falido antes da falência ... 479

Art. 121. ... 479
699. Conceito de "contrato de conta corrente" ... 479
700. Distinção entre o "contrato de conta corrente" e a "conta corrente bancária" ... 480
701. Exceção à regra dos contratos bilaterais: encerramento da conta corrente ... 480
702. Verificação do respectivo saldo ... 480
703. A conta corrente bancária pode receber lançamentos após a decretação da falência? 480
704. O cheque emitido pelo devedor antes da falência e apresentado após sua decretação deve ser pago? ... 481

Art. 122. ... 481
705. Compensação. Exceção ao princípio da par conditio creditorum ... 481
706. Como se efetiva a compensação? ... 482
707. Vencimento antecipado das dívidas ... 482
708. Não se compensam ... 482
709. Também não se compensam ... 483

Art. 123. ... 483
710. Sócio comanditário (sociedade em comandita simples) ... 484
711. Acionista (sociedade em comandita por ações) ... 484
712. Sócio-cotista (sociedades limitadas e sociedade em nome coletivo) ... 485
713. Sócio ostensivo e participante (sociedade em conta de participação) ... 485
714. Sócio de sociedade simples ... 485
715. Único impacto no patrimônio da sociedade em comandita simples, limitada e em nome coletivo ... 485
716. Apuração de haveres extrajudicial ... 486
717. Apuração de haveres judicial ... 486
718. E se por lei, pelo contrato ou estatuto a sociedade tiver de liquidar-se? ... 487
719. Condomínio indivisível ... 487

Art. 124. ... 487
720. Os juros, legais ou contratuais, vencidos antes da decretação da falência são exigíveis? ... 487
721. Os juros das debêntures e dos créditos com garantia real têm tratamento diferenciado? 488
722. Todos os titulares de debêntures terão tratamento diferenciado? ... 488
723. Crítica ao tratamento diferenciado previsto no parágrafo único do art. 124 ... 489
724. Advertência ao administrador judicial ... 489

Art. 125. ... 489
725. Pressuposto da decretação da falência do espólio ... 489
726. Suspensão do processo de inventário ... 490
727. Como se classificam os créditos por despesas com funeral, luto, doença, manutenção? ... 490

Art. 126. ... 490
728. Diretrizes legais para decisão do juiz em caso de lacuna da lei ... 490
729. Elogio ao comando do art. 126 ... 491

Art. 127. ... 491
730. Coobrigação ... 492
731. Fiança ... 492

732. Aval ... 492
733. Solidariedade ... 492
734. Decretação da falência de um dos devedores coobrigados ... 492
735. Decretação da falência de alguns dos devedores coobrigados ... 492
736. Decretação da falência de todos os devedores coobrigados ... 492
737. Regime falimentar (art. 127 versus *regime de direito comum, art. 275 do CC)* ... 493
738. Comunicação ao(s) juízo(s) da falência ... 493
739. Restituição em dobro (art. 152) ... 493
740. Crítica ao § 1º do art. 127 ... 493
741. Art. 127, § 2º ... 494
742. Art. 127, § 3º ... 494
743. Art. 127, § 4º ... 494

Art. 128. ... 494
744. Habilitação de quantia paga ou devida ... 494
745. Por que o art. 128 também assegura a habilitação de crédito cuja quantia ainda não foi paga? ... 495
746. Por que o art. 128 condiciona a habilitação dos coobrigados e garantes à ausência de habilitação tempestiva do credor? ... 495
747. Se o credor habilitar seu crédito, mas nada receber? ... 495

Seção IX – Da Ineficácia e da Revogação de Atos Praticados Antes da Falência

Art. 129. ... 496
748. "Da Ineficácia e da Revogação de Atos Praticados Antes da Falência" ... 496
749. Ineficácia ... 497
750. Irrelevância do conhecimento do estado de crise econômico-financeira do devedor . 498
751. Irrelevância da intenção do devedor de fraudar credores ... 498
752. Os atos e negócios arrolados no art. 129 encerram numerus clausus *ou* apertus? ... 498
753. A presunção de que estão revestidos os atos e os negócios elencados no art. 129 é absoluta ou relativa? ... 499
754. Atos ou negócios jurídicos arrolados no art. 129 como ineficazes ... 499
755. Ineficácia do reembolso ao acionista ... 509
756. A ineficácia poderá ser declarada, alegada em defesa ou pleiteada em ação própria? ... 510
757. Crítica à possibilidade de declaração da ineficácia de ofício pelo juiz ... 510

Art. 130. ... 511
758. Ineficácia (art. 129) vs. *revogabilidade (art. 130)* ... 511
759. Relevância da intenção de fraudar credores. Prova do conluio ... 512
760. Necessidade de propositura da ação revocatória ... 513
761. Quais são os meios de prova da fraude? ... 513
762. Efetivo prejuízo à massa falida ... 513
763. Crítica à expressão "efetivo prejuízo à massa falida" ... 513
764. Exemplos de atos revogáveis ... 514

Art. 131. ... 514
765. Quais são os atos referidos nos incisos I a III e VI do art. 129? ... 514
766. O art. 131 abrange também os atos praticados na recuperação extrajudicial? ... 514
767. Ratio *do comando do art. 131* ... 515
768. Crítica ao comando do art. 131 ... 515
769. Elogio ao comando do art. 131 ... 515

Art. 132. ... 516
770. Quem tem legitimação ativa em sede de ação revocatória? ... 516

771. O administrador judicial poderá ser responsabilizado no caso de decadência do direito de propor a ação revocatória? 516
772. Quem tem legitimação passiva em sede de ação revocatória? 516
773. Recomendação aos juízes 517
774. Qual é o prazo para propositura da ação revocatória? 517
775. Qual é a natureza jurídica do prazo trienal? 517
776. Crítica ao comando do art. 132 517

Art. 133. 518
777. Quem tem legitimação passiva em sede de ação revocatória? 518
778. Quem tem legitimação ativa em sede de ação revocatória? 518

Art. 134. 518
779. Qual é o juízo competente para processar e julgar a ação revocatória? 518
780. Sob qual procedimento processar-se-á a ação revocatória? 518
781. O réu pode argüir compensação ou oferecer reconvenção na ação revocatória? 519

Art. 135. 519
782. Quais são os efeitos da procedência da ação revocatória prevista no art. 130? 519
783. Quais são os efeitos da declaração de ineficácia prevista no art. 129? 519
784. Qual é o recurso interponível da sentença revocatória? 520
785. Qual é o recurso interponível da decisão declaratória de ineficácia do art. 129? 520

Art. 136. 520
786. As partes retornarão ao estado anterior 520
787. O contratante de boa-fé terá direito à restituição 520
788. Exemplo da hipótese prevista no art. 136 520
789. No que consiste a securitização de crédito? 521
790. Por que não será declarada a ineficácia ou revogado o ato de cessão dos créditos ocorrido na securitização de créditos? 521
791. Alerta sobre possibilidade de fraude na securitização de crédito 522
792. Ação por perdas e danos 522

Art. 137. 522
793. O autor da ação revocatória pode lançar mão do seqüestro em relação a terceiros? 522
794. No que consiste o seqüestro? 523
795. O seqüestro pode ser requerido no bojo da ação revocatória ou em medida cautelar em separado? 523
796. Qual é o recurso cabível da decisão que defere ou indefere o seqüestro? 523

Art. 138. 523
797. Exemplos da hipótese prevista no art. 138 523
798. Advertência sobre a aplicação do art. 138 524
799. "Observado o disposto no art. 131" 524
800. Rescisão da sentença 524

Seção X – Da Realização do Ativo

Art. 139. 525
801. Arrecadação e avaliação dos bens 525
802. Auto de arrecadação 525
803. Quando poderá ser iniciada a realização do ativo? 525
804. Termo inicial da realização do ativo. Inovação 525
805. Recomendação sobre a necessidade de celeridade da realização do ativo 526
806. Maximização do valor dos ativos do falido 526

807. *Os bens perecíveis ou deterioráveis podem ser vendidos antecipadamente?* 526

Art. 140. 526

808. *Quais são as formas de alienação dos bens do falido? Há ordem de preferência?* 527

809. *As formas de alienação dos bens do falido elencadas no art. 140 encerram* numerus clausus *ou* apertus? 527

810. *Alienação conjunta ou separada de ativos não gera sucessão tributária e trabalhista* 527

811. *Alienação da empresa, com a venda de seus estabelecimentos em bloco* 528

812. *Alienação da empresa, com a venda de suas filiais ou unidades produtivas isoladamente* 529

813. *Quem poderá utilizar o título do estabelecimento no caso de alienação em bloco dos bens que integram cada um dos estabelecimentos do devedor?* 529

814. *Alienação em bloco dos bens que integram cada um dos estabelecimentos do devedor* 530

815. *Alienação dos bens individualmente considerados* 530

816. *É possível a adoção de mais de uma forma de alienação do ativo?* 530

817. *A realização do ativo depende da formação do quadro geral de credores?* 530

818. *Qual é o objeto da alienação da empresa?* 531

819. *Qual será o título aquisitivo a ser levado a registro?* 532

Art. 141. 532

820. *Alienação conjunta ou separada de ativos, inclusive da empresa ou de suas filiais* ... 532

821. *Ordem de preferência definida no art. 83* 532

822. *Sub-rogação no produto da realização do ativo* 533

823. *Alienação sem ônus e/ou sucessão tributária e trabalhista em seara falimentar?* 533

824. *Exceções ao comando legal da não sucessão tributária e trabalhista* 536

825. *Novos contratos de trabalho sem responsabilidade pelas obrigações do contrato anterior* 537

Art. 142. 537

826. *O juiz pode ordenar diretamente a alienação do ativo?* 538

827. *Quais são as modalidades "ordinárias" de alienação do ativo?* 539

828. *Leilão por lances orais* 539

829. *Proposta fechada* 539

830. *Pregão* 539

831. *Requisito formal prévio para realização do ativo: publicação em jornal* 539

832. *Por qual valor será feita a alienação?* 540

833. *Qual é o* modus procedendi *da alienação via leilão por lances orais?* 541

834. *Qual é o* modus procedendi *da alienação por propostas fechadas?* 542

835. *Quais são as fases da venda por pregão?* 542

836. *Qual é o* modus procedendi *da alienação por pregão?* 542

837. *O Ministério Público tem de ser intimado da alienação do ativo?* 543

Art. 143. 543

838. *Poderão ser apresentadas impugnações às modalidades de alienação?* 543

839. *Quem tem legitimidade para apresentar impugnação às modalidades de alienação?* 543

840. *Qual é o prazo para apresentação da impugnação às modalidades de alienação? E o respectivo termo inicial?* 544

841. *Qual, então, será o procedimento?* 544

842. *Qual será a conseqüência da improcedência da impugnação?* 544

843. *Qual será a conseqüência da procedência da impugnação?* 544

844. *Cabe recurso da decisão que julga a impugnação?* 544

Art. 144. 544

845. *Há previsão de outras modalidades de alienação do ativo ("extraordinárias")?* 544

846. Quais são os requisitos para concessão da respectiva autorização judicial? 545
847. Poderão ser apresentadas impugnações às modalidades extraordinárias de alienação? 545
848. Haverá sucessão tributária e trabalhista nas modalidades extraordinárias de alienação? 546

Art. 145. 547
849. Há previsão de outras modalidades de alienação do ativo ("extraordinárias")? 547
850. Qual é o requisito para a obtenção da respectiva homologação judicial? 547
851. Sociedade de credores 547
852. Sociedade dos empregados do próprio devedor 548
853. A aprovação pela assembléia-geral de constituição de sociedade de credores ou empregados vincula todos credores, inclusive os dissidentes? 548
854. A aplicação do art. 141 à sociedade de credores ou de empregados evita a sucessão tributária e trabalhista? 549
855. Podem os empregados utilizar seus créditos trabalhistas para aquisição ou arrendamento da empresa falida? 549
856. Qual será a conseqüência da não aprovação, pela assembléia-geral, da forma alternativa? 550
857. Poderão ser apresentadas impugnações às modalidades extraordinárias? 550

Art. 146. 550
858. Quais são as modalidades de alienação do ativo? 551
859. Dispensa da apresentação de certidões negativas 551

Art. 147. 551
860. Modus procedendi *no regime anterior* 551
861. Modus procedendi *no atual regime* 551
862. "Normas de organização judiciária" 552

Art. 148. 552
863. Art. 22, III, "p" 552
864. Relatório. Valores. Distribuição 552
865. Crítica ao art. 148 552

Seção XI – Do Pagamento aos Credores

Art. 149. 554
866. "Realizadas as restituições" 555
867. Pagos os créditos extraconcursais (art. 84) 555
868. Consolidado o quadro geral de credores 556
869. "Pagamento dos credores, atendendo à classificação prevista no art. 83" 556
870. Resumo da ordem de pagamento 557
871. Reserva de importância 557
872. Conseqüência do não reconhecimento da importância da reserva como crédito 557
873. Conseqüência do não levantamento de valores que couberem aos credores por rateio 558

Art. 150. 559
874. Pagamento antecipado de despesas indispensáveis à administração da falência 559
875. As custas judiciais subsomem-se ao conceito de "despesas cujo pagamento antecipado seja indispensável à administração da falência"? 559
876. Continuação provisória das atividades (inciso XI do caput *do art. 99)* 559
877. Pagamento com os recursos disponíveis em caixa 560
878. Elogio ao comando do art. 150 560

Art. 151. ... 560
879. Créditos trabalhistas de natureza estritamente salarial ... 561
880. Qual é a razão da limitação imposta pelo art. 151? ... 561
881. Dedução dos pagamentos efetuados ... 561
882. Serão pagos tão logo haja disponibilidade em caixa ... 561

Art. 152. ... 561
883. Restituição em dobro ... 562
884. "Acrescidas dos juros legais" ... 562
885. Dolo ou má-fé na constituição do crédito ou garantia ... 562
886. Habilitação ilegal de crédito ... 562

Art. 153. ... 562
887. Hipótese rara ... 562

Seção XII – Do Encerramento da Falência e da Extinção das Obrigações do Falido

Art. 154. ... 564
888. Quando o administrador judicial terá de prestar contas finais ao juiz? ... 564
889. Qual é o procedimento para a prestação de contas? ... 565
890. Os interessados serão avisados da prestação de contas? ... 565
891. O Ministério Público será intimado? ... 565
892. Quando o juiz julgará as contas? ... 566
893. O que constará da sentença que rejeitar as contas do administrador judicial? ... 566
894. Qual é o recurso cabível da sentença que julga as contas do administrador judicial? ... 566

Art. 155. ... 566
895. Quando e em que prazo o administrador judicial apresentará o relatório final da falência? ... 567
896. O que deverá constar no relatório final da falência? ... 567

Art. 156. ... 567
897. Quando o juiz encerrará a falência? ... 568
898. Quais são os efeitos da sentença de encerramento da falência? ... 569
899. Qual será a forma de publicação da sentença de encerramento da falência? ... 570
900. Qual é o recurso cabível da sentença de encerramento da falência? ... 570

Art. 157. ... 570
901. Suspensão do curso da prescrição ... 570
902. Qual é o termo inicial do recomeço da contagem do prazo prescricional? ... 571

Art. 158. ... 571
903. Quais são as modalidades de extinção das obrigações do falido? ... 571

Art. 159. ... 573
904. O falido pode requerer que suas obrigações sejam declaradas extintas por sentença? 574
905. Como se processará o requerimento do falido? ... 574
906. Os credores poderão se opor ao requerimento do falido? ... 574
907. Quando o juiz proferirá a sentença extintiva das obrigações do falido? ... 574
908. E se o requerimento do falido, de extinção das suas obrigações, for anterior ao encerramento da falência? ... 574
909. Quem deverá ser informado da sentença extintiva das obrigações do falido? ... 574
910. Qual é o recurso cabível da sentença extintiva das obrigações do falido? ... 575
911. O que acontecerá com o requerimento formulado pelo falido após o trânsito em julgado da sentença extintiva das suas obrigações? ... 575

Art. 160. 575
912. *O sócio de responsabilidade ilimitada também pode requerer que suas obrigações sejam declaradas extintas por sentença?* 575

Capítulo VI – Da Recuperação Extrajudicial

Art. 161. 576
913. *Encômios à criação do instituto da recuperação extrajudicial* 576
914. *A principal vantagem da recuperação extrajudicial foi suprimida?* 576
915. *Remanesce a "concordata branca" como motivo de pedido de falência?* 577
916. *Extinção da concordata preventiva e da suspensiva* 578
917. *A recuperação extrajudicial à luz do parecer do senador Ramez Tebet* 578
918. *Conceito de "recuperação extrajudicial"* 579
919. *Natureza jurídica da recuperação extrajudicial* 579
920. *Elementos teleológicos comuns à recuperação judicial e à extrajudicial* 579
921. *A recuperação extrajudicial à luz do Direito Norte-Americano* 580
922. *Quem pode ser considerado devedor para fins de recuperação extrajudicial?* 580
923. *Requisitos do art. 48* 580
924. *E se os requisitos do art. 48 e do § 3º do art. 161 não forem preenchidos?* 581
925. *Qual é o órgão competente para autorizar o requerimento da recuperação extrajudicial?* 582
926. *Não abrangência dos créditos tributários, trabalhistas e acidentários e daqueles dos arts. 49, § 3º, e 86, II* 583
927. *Proibição de pagamento antecipado e/ou tratamento diferenciado entre credores* 583
928. *Requisito (negativo) complementar* 584
929. *Não suspensão de direitos, ações, execuções e pedido de falência* 584
930. *Há prevenção em relação à distribuição do pedido de recuperação extrajudicial?* ... 585
931. *Impossibilidade de o credor aderente ao plano dele desistir após a distribuição do pedido de homologação* 585
932. *Sentença homologatória: título executivo judicial* 585

Art. 162. 586
933. *Distinção entre os arts. 162 e 163: dois tipos de planos de recuperação extrajudicial* 586
934. *Documentação a ser juntada: recuperação extrajudicial do art. 162 e do art. 163* ... 587

Art. 163. 587
935. *Distinção entre a recuperação extrajudicial do art. 162 e a do art. 163* 588
936. *Vinculação de todos os credores abrangidos pelo plano, desde que assinado por mais de três quintos de todos os créditos de cada espécie por ele abrangidos* 588
937. *Exemplos do critério de apuração da fração superior a três quintos* 589
938. *Abrangência da totalidade de uma ou mais espécies de créditos ou grupo de credores da mesma natureza* 590
939. *Crédito excluído do cômputo dos três quintos (§ 2º do art. 163)* 591
940. *Conversão de crédito em moeda estrangeira* 591
941. *Crédito excluído do cômputo dos três quintos (inciso II do § 3º do art. 163)* 592
942. *Alienação de bem com garantia real, supressão ou substituição da garantia necessitam da aquiescência do credor* 592
943. *Créditos em moeda estrangeira* 592
944. *Documentação necessária para homologação da recuperação extrajudicial vinculante* 592
945. *A Lei 6.404/1976 prevê a demonstração de fluxo de caixa e a demonstração de valor adicionado?* 593

Art. 164. 594
946. *Recebimento do pedido de homologação* 594

947. *Irregularidade no pedido de homologação do plano de recuperação extrajudicial ou na instrução documental* 595
948. *Publicação do edital* 595
949. *A existência de credores estrangeiros implica dever de publicação de edital no Exterior?* 595
950. *Se houver comprovação de que todos os credores abrangidos pelo plano de recuperação extrajudicial foram cientificados, torna-se dispensável a publicação do edital?* . 595
951. *Publicação cumulativa: no órgão oficial e em jornal de grande circulação nacional ou local* 596
952. *Quem arcará com as despesas de publicação do edital?* 596
953. *Comprovação de envio de carta* 596
954. *Como serão informados os credores não domiciliados no País?* 597
955. *Prazo para impugnação ao plano de recuperação extrajudicial* 597
956. *Qualquer credor pode impugnar o plano, ou apenas aqueles que a ele se sujeitarem?* 597
957. *O credor deverá provar seu crédito?* 598
958. *O processamento das impugnações dar-se-á em autos apartados?* 598
959. *Matéria para impugnação* 598
960. *Prazo para o devedor se manifestar sobre as impugnações* 598
961. *Da decisão que apreciar a impugnação cabe recurso?* 598
962. *E o direito à ampla defesa do credor?* 598
963. *Decisão judicial: homologação ou rejeição* 598
964. *E se houver simulação de crédito ou vício de representação dos credores?* 599
965. *Qual é o recurso cabível da sentença que homologa ou rejeita o plano de recuperação extrajudicial?* 599
966. *A rejeição do plano de recuperação extrajudicial implica decretação da falência?* .. 599
967. *O devedor poderá renovar o pedido de homologação extrajudicial?* 599

Art. 165. 600
968. *Eficácia. Homologação judicial. Segurança jurídica* 600
969. *Eficácia jurídica antecipada, mas condicionada à homologação judicial* 600
970. *Recomposição dos créditos* 600
971. *Ineficácia jurídica antecipada* 601

Art. 166. 601
972. *Alienação judicial de filiais ou unidades produtivas isoladas* 601
973. *A não configuração de sucessão tributária é extensiva à recuperação extrajudicial?* 601
974. *Mesmo em seara de recuperação extrajudicial, o Ministério Público tem de ser intimado para intervir nas operações de alienação judicial?* 602

Art. 167. 602
975. *Possibilidade de outras modalidades de acordo* 602
976. *Inutilidade do art. 167?* 603

Capítulo VII – Disposições Penais

Seção I – Dos Crimes em Espécie

977. *Ponderações de Waldemar Ferreira* 604
978. *Ponderações do senador Ramez Tebet* 604
979. *Crítica de Waldo Fazzio Jr.* 604
980. *Crítica de Júlio Kahan Mandel* 605
981. *Conceito de "crime falimentar"* 605
982. *Natureza jurídica do crime falimentar* 605
983. *Penas* 606

984. Os crimes falimentares admitem tentativa? ... 606
985. Recomendações de Antônio Sérgio Altieri de Moraes Pitombo ... 606

Art. 168. ... 607
986. Antes da decretação da falência ... 607
987. O crime de fraude a credores admite tentativa? ... 608
988. Ato fraudulento ... 608
989. "Elabora escrituração contábil ou balanço com dados inexatos". Sujeito ativo. Elemento subjetivo ... 609
990. "Omite, na escrituração contábil ou no balanço, lançamento que deles deveria constar, ou altera escrituração ou balanço verdadeiros". Sujeito ativo. Elemento subjetivo ... 610
991. Dados contábeis ou negociais ... 610
992. "Destrói, apaga ou corrompe dados contábeis ou negociais armazenados em computador ou sistema informatizado". Elemento subjetivo ... 611
993. "Simula a composição do capital social" ... 611
994. "Destrói, oculta ou inutiliza documentos de escrituração contábil obrigatórios" ... 611
995. Contabilidade paralela ... 612
996. Concurso de pessoas ... 612
997. Falência de microempresa e de empresa de pequeno porte ... 613

Art. 169. ... 613
998. Violação de sigilo empresarial. Sujeito ativo ... 613

Art. 170. ... 614
999. Divulgação de informações falsas. Sujeito ativo ... 614

Art. 171. ... 614
1.000. Indução a erro. Sujeito ativo ... 615

Art. 172. ... 615
1.001. Favorecimento de credores. Sujeito ativo ... 616

Art. 173. ... 616
1.002. Desvio, ocultação ou apropriação de bens. Sujeito ativo ... 616

Art. 174. ... 617
1.003. Aquisição, recebimento ou uso ilegal de bens. Sujeito ativo ... 618

Art. 175. ... 618
1.004. Habilitação ilegal de crédito. Sujeito ativo ... 619

Art. 176. ... 620
1.005. Exercício ilegal de atividade. Sujeito ativo ... 620

Art. 177. ... 621
1.006. Violação de impedimento. Sujeito ativo ... 621

Art. 178. ... 622
1.007. Omissão dos documentos contábeis obrigatórios. Sujeito ativo ... 622

Seção II – Disposições Comuns

Art. 179. ... 624
1.008. Equiparação ao devedor. Situação de fato e de direito ... 624
1.009. "Na medida de sua culpabilidade" ... 624

Art. 180. ... 625
1.010. Conditio sine qua non*: sentença judicial. "Condição objetiva de punibilidade"* ... 626

Art. 181. ... 626
1.011. *Efeitos de natureza extrapenal* ... 627
1.012. *Quais são os efeitos específicos da sentença por crime falimentar?* ... 627
1.013. *Quais são os efeitos genéricos dos crimes falimentares?* ... 627
1.014. *Os efeitos da sentença são automáticos?* ... 627
1.015. *Termos inicial e final da inabilitação* ... 628
1.016. *Os efeitos da referida sentença perdurarão por quanto tempo?* ... 628
1.017. *Os efeitos poderão cessar antes do qüinqüênio? Como?* ... 628
1.018. *Notificação ao Registro Público de Empresas* ... 628

Art. 182. ... 628
1.019. *Prescrição* ... 629
1.020. *Termo inicial* ... 629
1.021. *Interrupção da prescrição* ... 629

Seção III – Do Procedimento Penal

Art. 183. ... 630
1.022. *A quem será oferecida a denúncia: ao juízo da falência ou ao juízo criminal?* ... 630
1.023. *Inconstitucionalidade do art. 183?* ... 631

Art. 184. ... 631
1.024. *Ação penal pública incondicionada* ... 631
1.025. *Ação penal privada subsidiária da pública* ... 632

Art. 185. ... 632
1.026. *Denúncia ou queixa?* ... 632
1.027. *Crítica ou elogio à menção ao rito dos arts. 531 a 540 do CPP?* ... 632

Art. 186. ... 633
1.028. *Relatório do administrador judicial* ... 634
1.029. *Instrução com laudo do contador* ... 634
1.030. *Contador, contabilista ou técnico em contabilidade?* ... 634

Art. 187. ... 634
1.031. *Falir não é crime* ... 635
1.032. *Substituição do inquérito judicial pelo inquérito policial* ... 635
1.033. *Relatório do administrador judicial* ... 635
1.034. *Ação penal pública incondicionada* ... 635
1.035. *Indícios de crime e recuperação judicial e extrajudicial* ... 636

Art. 188. ... 636
1.036. *Subsidiariedade do Código de Processo Penal* ... 637

Capítulo VIII – Disposições Finais e Transitórias

Art. 189. ... 638
1.037. *Subsidiariedade do Código de Processo Civil* ... 638
1.038. *A subsidiariedade aplica-se também aos tipos de recursos previstos na Lei 11.101/2005?* ... 639

Art. 190. ... 640
1.039. *Classificação dos tipos societários quanto à responsabilidade dos sócios perante terceiros* ... 640
1.040. *"Sócios ilimitadamente responsáveis"* ... 641
1.041. *"Sócios limitadamente responsáveis"* ... 641

Art. 191. 641
1.042. "Preferencialmente". Regra geral. Imprensa Oficial 642
1.043. Publicações cumulativas. Exceções 642
1.044. Publicação em jornal ou revista de circulação regional ou nacional e periódicos que circulem em todo o País 642
1.045. Publicação: uma ou duas vezes? 643
1.046. Inserção das epígrafes "Recuperação Judicial de", "Recuperação Extrajudicial de" ou "Falência de" 643

Art. 192. 644
1.047. Quando e como surge o conflito de leis no tempo? 644
1.048. Direito Intertemporal, in casu 645
1.049. Autorização judicial para locação ou arrendamento de bens 646

Art. 193. 647
1.050. Não afetação das obrigações assumidas 647
1.051. Câmaras ou prestadoras de serviços de compensação 647

Art. 194. 648
1.052. Destinação do produto da realização das garantias prestadas e outros ativos 648

Art. 195. 648
1.053. Conceito de "concessão de serviço público" 649
1.054. Transferência da concessão 649
1.055. Lei 8.987/1995, art. 35, VI 649
1.056. Extinção da concessão pela falência 650
1.057. Extinção da concessão pela recuperação judicial 650

Art. 196. 651
1.058. Registro Público de Empresas 651
1.059. Utilidade da previsão de bancos de dados públicos 651
1.060. Omissão no tocante à relação dos devedores em recuperação extrajudicial 652

Art. 197. 652
1.061. "Enquanto não forem aprovadas as respectivas leis específicas" 652
1.062. Subsidiariedade da legislação falimentar 652

Art. 198. 653
1.063. Quais devedores já estavam proibidos de requerer concordata antes da Lei 11.101/2005? 653
1.064. Quais devedores remanesceram proibidos de requerer a homologação de recuperação extrajudicial e o deferimento de recuperação judicial? 653
1.065. E as companhias aéreas e de infra-estrutura aeronáutica? 654

Art. 199. 654
1.066. Art. 198 654
1.067. Lei 7.565/1986 (Código Brasileiro de Aeronáutica), art. 187 654
1.068. Decreto-lei 669/1969, art. 1º 654
1.069. Companhias aéreas e de infra-estrutura aeronáutica 655
1.070. Direitos decorrentes de contratos: locação e arrendamento mercantil de aeronaves . 655
1.071. Histórico e crítica à inserção do parágrafo único no art. 199 (atual § 1º) 656
1.072. Art. 199, § 2º 657
1.073. Art. 199, § 3º 657

Art. 200. 658
1.074. Antes da Lei Complementar 95/1998 658

1.075. Após a edição da Lei Complementar 95/1998 658
1.076. O art. 192 658
1.077. Revogação expressa 658
1.078. Revogação tácita 658

Art. 201. 659
1.079. Vacatio legis 659
1.080. Como se computa a vacatio legis? 659
1.081. Qual é a vacatio legis *da Lei 11.101, de 9.2.2005?* 659
1.082. Então, quando entrou em vigor a Lei 11.101, de 9.2.2005? 660

ANEXOS

Anexo I
SÚMULAS EDITADAS NA VIGÊNCIA DO DECRETO-LEI 7.661/1945 661
SUPREMO TRIBUNAL FEDERAL 661
SUPERIOR TRIBUNAL DE JUSTIÇA 661
TRIBUNAL SUPERIOR DO TRABALHO 662
TRIBUNAL FEDERAL DE RECURSOS (extinto) 662

Anexo II
PARECER N. 534, DE 2004 663

Anexo III
MENSAGEM DE VETO PRESIDENCIAL 690

REFERÊNCIAS BIBLIOGRÁFICAS 693

INTRODUÇÃO AOS COMENTÁRIOS

Antes de tecermos comentários à Lei 11.101, de 9.2.2005, reputamos adequado, a título introdutório, apontar as modificações mais relevantes por ela promovidas.[1-2-3-4]

1. A edição da Lei 11.101/2005, que regula os institutos da recuperação judicial e extrajudicial e a falência do empresário e da sociedade empresária, excetuando-se algumas questões pontuais (por exemplo: a sociedade simples remanesceu fora do seu âmbito[5] e a vedação de pedido de falência da

1. Sobre a eventual fonte inspiradora desta lei, o deputado Oswaldo Biolchi aduz: "Na condição de Relator do Projeto de Recuperação de Empresa em crise, sempre fui questionado se havia me inspirado em outra legislação estrangeira. Não houve tal preocupação; a nossa proposta foi o resultado de ampla e profunda discussão com toda a sociedade brasileira" ("Apresentação", in Carlos Henrique Abrão e Paulo Fernando Campos Salles de Toledo (coords.), *Lei de Recuperação de Empresas e Falência*, São Paulo, Saraiva, 2005, p. IX).

2. Para Sebastião José Roque a fonte inspiradora foi a legislação francesa: "É patente a influência da lei concursal francesa em nossa lei. A Comissão nomeada para elaboração da nova lei, no governo Collor, sob a coordenação do Dr. Raul Bernardo Nelson de Senna, solicitou a muitas pessoas colaboração para os trabalhos iniciais. O autor deste compêndio apresentou à douta Comissão dois anteprojetos: um baseado na lei italiana e outro na francesa. (...). Após exaustivos estudos, os membros dessa Comissão decidiram colocar de lado o anteprojeto alicerçado na lei italiana e tomaram por base o anteprojeto de conteúdo francês. Os motivos alegados pela Comissão foram os de que nossa antiga lei, o Decreto-lei 7.661/1945, já era calcado na lei italiana (...) e havia necessidade de profunda reformulação do Direito Brasileiro nesse ramo. (...). Elaboraram então projeto baseado no anteprojeto apresentado pelo autor deste compêndio, calcado rigidamente no sistema francês. (...). Com o novo Governo Federal, presidido por Itamar Franco, nova Comissão foi nomeada (...) coordenada pelo Dr. Alfredo Buchamar Filho; novo projeto surgiu (...). Entretanto, manteve a base francesa do antigo, inclusive os termos 'recuperação judicial' (...)" (*Direito de Recuperação de Empresas*, São Paulo, Ícone, 2005, pp. 19-20).

3. Para Júlio Kahan Mandel a fonte inspiradora foi a legislação norte-americana: "Vale lembrar que nos Estados Unidos, com certeza o berço e fonte de inspiração da nova lei (...)" (*Nova Lei de Falências e Recuperação de Empresas Anotada: Lei 11.101, de 9.2.2005*, São Paulo, Saraiva, 2005, p. 13).

4. Sobre a adoção do instituto da recuperação de empresas em nível internacional, noticia Fábio Ulhoa Coelho: "Nos Estados Unidos, o primeiro diploma estatutário dispondo sobre recuperação judicial de empresas surgiu em 1934, visando a atenuar os efeitos da crise provocada pela quebra da Bolsa de Valores de Nova York em 1929. Em França o instituto foi introduzido na lei em 1967 e aperfeiçoado em 1985 e 1995. Na Itália, sob a denominação 'administração extraordinária', ele apareceu nos fins do ano 1970. Em Portugal, em 1976, criou-se a 'declaração da empresa em situação economicamente difícil', embrião do 'Código dos Processos Especiais de Recuperação da Empresa e de Falência', de 1993. Áustria (1982), Reino Unido (1986), Colômbia (1989), Irlanda (1990), Austrália (1992), Espanha (1992) e Argentina (1994) são outros Países que, no fim do século passado, introduziram mudanças no direito falimentar com o objetivo de criar mecanismos mais eficientes de preservação das empresas viáveis diante das crises" (*Curso de Direito Comercial*, 5ª ed., revista e atualizada de acordo com o Código Civil/2002 e a nova Lei de Falências, vol. 3, São Paulo, Saraiva, 2005, p. 233).

5. Uma questão pontual que reputamos relevantíssima consiste no fato de a atual lei ter deixado de incluir a sociedade simples no seu bojo. Por isso, concordamos com a crítica de José Marcelo Martins Proença: "(...) pela análise do art. 1º da Lei de Recuperação de Empresas e Falências, todos os não empresários (incluindo aí, exemplificativamente, as sociedades simples e as cooperativas) não são destinatários das prerrogativas nela constantes, como a transferência de estabelecimento sem a sucessão tributária com vistas à recuperação em caso de crise econômico-financeira (...). Aí talvez resida, ao nosso ver, a principal crítica que se deve fazer à Lei 11.101/2005. Se os não empresários podem configurar relevantes agentes econômicos, por que

sociedade de economia mista e da empresa pública[6]), é digna de encômios,[7-8] vez que traz em seu bojo um irretorquível avanço no ordenamento jurídico nacional.

Registre-se que dita lei vem ao encontro dos anseios tão clamados, de há muito, pelos operadores do Direito e também de seus destinatários.[9-10-11]

eles devem ser excluídos da possibilidade de pleitear a recuperação da sua atividade por motivo de crise econômico-financeira? A exclusão dos não empresários das prerrogativas constantes na legislação em comento não parece condizente com os objetivos perseguidos por ela, estampados nos princípios numerados pelo próprio legislador (...). Ao contrário da justificativa do Senado, entendemos que, como um dos objetivos da legislação é a preservação da atividade produtiva, ele deve, em razão da sua função social, sempre que possível, ser buscado, por ser gerador de riqueza econômica, de emprego e de renda, contribuindo para o crescimento e o desenvolvimento econômico e social do País (...). Não se verifica, assim, correta a exclusão da sociedade simples e das cooperativas, dentre inúmeros outros agentes econômicos não empresários, como destinatários das prerrogativas constantes da Lei de Recuperação de Empresas e Falências. Pregando a preservação da empresa, a manutenção das fontes produtoras e dos postos de trabalho, qualquer atividade – empresária ou não – deveria ser destinatária das prerrogativas citadas" ("Disposições preliminares – Aplicação da legislação, competência e intervenção do Ministério Público", in Rubens Approbato Machado (coord.), *Comentários à Nova Lei de Falências e Recuperação de Empresas*, São Paulo, Quartier Latin, 2005, pp. 60-62).

6. Outra questão pontual que reputamos relevantíssima consiste no fato de a lei ter excluído a possibilidade de se requerer a falência da sociedade de economia mista e da empresa pública (art. 2º, I), mesmo diante do comando do art. 173, § 1º, II, da CF (o qual estabelece a aplicação à sociedade de economia mista e à empresa pública do "regime jurídico próprio das empresas privadas, inclusive quanto aos direitos e obrigações civis, *comerciais*, ..."), ainda que a sociedade de economia mista e empresa pública explorem atividade econômica.

7. Newton de Lucca, com acerto, afirma: "(...) a nova Lei Falimentar, independentemente de sua real motivação, e sejam quais forem suas limitações, haverá de trazer muitos benefícios à sociedade brasileira. Dir-se-á, com razão, não se tratar da *lei dos nossos sonhos* (...). Não é, pelo menos, dos *meus* sonhos (...). Mas ela está aí, e será com ela que precisamos trabalhar. Acertos e erros, afinal de contas, fazem parte de toda obra humana (...)" ("Uma reflexão inicial", in Fátima Bayma Oliveira (coord.), *Recuperação de Empresa: uma Múltipla Visão da Nova Lei*, São Paulo, Person Prentice Hall, 2006, p. 6).

8. Théophilo de Azeredo Santos, no "Prefácio" da obra intitulada *Nova Lei de Falências: Lei 11.101, de 9.2.2005 – Comentada*, organizada por Érica Guerra e Maria Cristina Frascari Litrento (Campinas/SP, LZN Editora, 2005, p. 3), invoca a opinião de Newton de Lucca: "Claro está que uma nova Lei de Falências, independentemente de seus méritos e desacertos, sempre provocará acaloradas discussões, pois ela regula os mais evidentes conflitos de interesses entre credores de um lado e devedores de outro".

9. Nelson Abrão aduz: "Defasada desde a sua promulgação (...) a Lei de Falências de 1945 divorciou-se cada vez mais de nossa realidade socioeconômica, razão pela qual são incontidos os clamores pela sua reformulação, não só da parte dos juristas, como também daqueles que mais sofrem com sua total inadequação aos tempos de hoje: os próprios empresários" (*O Novo Direito Falimentar: Nova Disciplina Jurídica da Crise Econômica da Empresa*, São Paulo, Ed. RT, 1985, p. 176).

10. Fábio Konder Comparato, já na década de 1970, dissera: "O mínimo que se pode dizer nessa matéria é que o dualismo no qual encerrou o nosso direito falimentar – proteger o interesse pessoal do devedor ou o interesse dos credores – não é de molde a propiciar soluções harmoniosas no plano geral da economia. O legislador parece desconhecer totalmente a realidade da empresa, como centro de múltiplos interesses – do empresário, dos empregados, dos sócios capitalistas, dos credores, do Fisco, da região, do mercado em geral –, desvinculando-se da pessoa do empresário. De nossa parte, consideramos que uma legislação moderna da falência deveria dar lugar à necessidade econômica da permanência da empresa. A vida econômica tem imperativos e dependências que o Direito não pode, nem deve, desconhecer. A continuidade e a permanência das empresas são um desses imperativos, por motivos de interesse tanto social quanto econômico" (*Aspectos Jurídicos da Macroempresa*, São Paulo, Ed. RT, 1970, p. 102).

11. Lembra Newton de Lucca que Rubens Requião, no Rio de Janeiro, em conferência proferida no Instituto dos Advogados do Brasil em 8.3.1974, destacara: "Muito mais que o Código Civil e que o Código de Processo Civil, o Código Penal e o Código de Processo Penal, se evidencia e se impõe a reforma da Lei Falimentar. A falência e a concordata, como institutos jurídicos afins, na denúncia de empresários e juristas, se transformaram em nosso País, pela obsolescência de seus sistemas legais, mais que nunca, em instrumentos de perfídia e de fraude inescrupulosos. As autoridades permanecem, infelizmente, insensí-

A despeito de a atual lei ter vindo ao encontro dos anseios da doutrina, registra, acertadamente, Newton de Lucca: "Mesmo agora – é necessário que se diga a verdade – a nova lei não foi resultado de uma reivindicação doutrinária, fruto de candentes apelos oriundos dos mais expressivos juristas nacionais, mas sim de uma opção feita pelos dirigentes da política econômica do governo Lula. Não fosse isso, a subsistência do Decreto-lei 7.661/1945 por mais alguns anos seria absolutamente inevitável, consoante mostrou a história recente, a despeito dos reclamos doutrinários em sentido contrário (...)".[12]

2. O Decreto-lei 7.661, de 21.6.1945, não resta dúvida, cumpriu importante papel na regulação das falências e das concordatas das sociedades mercantis. Todavia, em face da celeridade inexorável da economia de mercado, das mutações e do dinamismo das relações jurídicas empresariais, ele, precocemente, envelheceu.[13]

O aludido decreto-lei – frise-se – não previu qualquer consulta aos credores,[14] tampouco a apresentação de plano de recuperação[15-16] de que as firmas individuais e

veis a este clamor, como se o País, em esplêndida explosão de sua atividade mercantil e capacidade empresarial, não necessitasse de modernos e funcionais instrumentos e mecanismos legais e técnicos adequados à tutela do crédito, fator essencial para o seguro desenvolvimento nacional" ("Uma reflexão inicial", cit., in Fátima Bayma Oliveira (coord.), *Recuperação de Empresa: uma Múltipla Visão da Nova Lei*, p. 3).

12. Newton de Lucca, "Uma reflexão inicial", cit., in Fátima Bayma Oliveira (coord.), *Recuperação de Empresa: uma Múltipla Visão da Nova Lei*, p. 2. No mesmo sentido: "Teoria geral", in Newton de Lucca e Adalberto Simão Filho (coords.), *Comentários à Nova Lei de Recuperação de Empresas e de Falências*, São Paulo, Quartier Latin, 2005, p. 18.

13. O senador Ramez Tebet esclarece: "O PLC n. 71, de 2003, tem por objetivo ab-rogar e substituir a atual Lei de Falências, posta em vigor pelo quase sexagenário Decreto-lei n. 7.661, de 21.6.1945, que, muito embora tenha, por seus reconhecidos méritos, servido durante tanto tempo à disciplina da matéria, não é mais adequado às necessidades da sociedade e economia brasileiras, dadas as numerosas e profundas alterações que ocorreram nas práticas empresariais no Brasil e no mundo nas últimas seis décadas. (...). A proposição que originou o PLC n. 71, de 2003, foi trazida pelo Executivo à apreciação do Congresso Nacional em razão da relativa obsolescência da Lei de Falências, motivada por profundas alterações ocorridas no panorama econômico desde a sua entrada em vigor em 1945. Seria de surpreender que diploma tão longevo ainda fosse capaz de reger a complexa temática da insolvência e da falência. (...). A realidade sobre a qual se debruçou Trajano de Miranda Valverde para erigir esse verdadeiro monumento do Direito pátrio, que é a Lei de Falências de 1945, não mais existe. Como toda obra humana, a Lei de Falências é histórica, tem lugar em um tempo específico e deve ter a funcionalidade constantemente avaliada à luz da realidade presente" (parecer na íntegra: Anexo II desta obra).

14. O Decreto-lei 7.661/1945, quando muito, possibilitou aos credores, pelo *quorum* de dois terços dos créditos, organizar sociedade para continuação do negócio do falido, visando a liquidar o ativo (art. 123, § 1º).

15. Paulo Sérgio Restiffe ressalta: "A mudança de denominação do instituto de reestruturação empresarial ocorrida entre a anterior Lei de Falências e a nova, em que pese a ter sentido de forjar o viés da novel orientação legislativa, na verdade marca uma ironia: quando antes não havia acordo de vontades, denomina-se 'concordata'; e hoje, quando há a faculdade de ocorrer acordo de vontades, abortou-se a denominação 'concordata'. Em outras palavras: o que se denominava 'concordata' – cujo vocábulo ressalta o aspecto de acordo de vontades –, embora não guardasse caráter contratual algum, na atualidade, quando há aspecto negocial, e, portanto acordo de vontades, e que bem expressaria o sentido do instituto adotado, abandonou-se" (*Recuperação de Empresas: de Acordo com a Lei 11.101, de 9.2.2005*, São Paulo, Manole, 2008, p. XXI).

16. Nelson Abrão, à luz do regime anterior, aduz: "Voltando à matéria em sua derradeira obra publicada postumamente, reitera Waldemar Ferreira seus conceitos, asseverando que: 'Rompendo com o regime geral da concordata, mantido por leis estrangeiras recentes – a italiana de 1942 e a francesa de 1955 –, o Decreto-lei 7.661 criou a concordata sem acordo com os credores, com o mesmo nome tradicional mas esvaziado de sentido'". Arremata Nelson Abrão, citando novamente Waldemar Ferreira: "O erro fundamental do sistema da concordata preventiva e mesmo da concordata suspensiva, em nossa Lei de Falências, é permitir sua concessão atendidos apenas alguns pressupostos formais. Não se cogita de saber as verdadeiras causas da insolvência do devedor; não se cogita sequer de indagar se ele tem projeto viável para reorganização de sua empresa, não se indaga se ele foi inepto ou incompetente. Atendidos os pressupostos legais e formais, os juízes, geralmente com-

as sociedades comerciais pudessem lançar mão objetivando preservar a empresa na sua acepção polifacética ou poliédrica, de que fala o eminente professor Alberto Asquini.[17]

Em outras palavras, o legislador, ensimesmado na literalidade do *pacta sunt servanda* (se o devedor contraiu débito, tem de pagá-lo a todo custo), esqueceu-se de que a empresa, assim como a propriedade e o contrato, também exerce uma função social, uma vez que ela gera empregos, paga tributos, movimenta a economia etc.[18]

3. A Lei 11.101/2005, em sentido diametralmente oposto ao do Decreto-lei 7.661/1945, previu os institutos da recuperação judicial e recuperação extrajudicial, propiciando aos devedores (empresários e sociedades empresárias) mecanismo de "reoxigenação" imprescindível à sobrevivência da empresa.

Dentre outros, foram expungidos do sistema concursal dois obstáculos que dificultavam, diuturnamente, a higidez das empresas, quais sejam: (1) a ausência de títulos protestados por falta de pagamento como condição para impetração da concordata preventiva (art. 158, IV);[19] (2) a convocação dos credores para lhes propor dilação, remissão de créditos ou cessão de bens como uma das hipóteses que caracterizavam a falência (art. 2º, III).[20]

No tocante à ausência de títulos protestados por falta de pagamento como condição para impetração de concordata preventiva, o egrégio STF, ao editar a Súmula 190 – "O não pagamento de título vencido há mais de 30 dias sem protesto não impede a concordata preventiva" –, minimizou o obstáculo mas não o superou, nem poderia fazê-lo, sob pena de decidir *contra legem*, usurpando a função do Poder Legislativo.

Ora, se, de um lado, a concordata preventiva, como o próprio nome induz, era um favor legal preventivo para evitar a falência e, se, de outro lado, um devedor comercial, quando está em "apuros financeiros", mui provavelmente (para não dizer "fatalmente"), tem títulos protestados, exsurgia, infalivelmente, a indagação: qual seria a lógica jurídica de impedi-lo de impetrar concordata?

Felizmente livramo-nos deste famigerado obstáculo no âmbito da recuperação judicial e extrajudicial.[21]

Quanto à convocação extrajudicial dos credores como um dos casos que caracterizam a falência, o clássico e saudoso comercialista Bento de Faria, com sensibilidade e acuidade de jurista, em 1947, já tecia suas críticas: "Esses expedientes dilatórios sempre utilizados com o propósito de retardar a ação de credores devem ser considerados como fatos reveladores do estado de insolvabilidade. Assim não deve ser entendido, porém, quando o devedor convoca todos os seus credores para demonstrar-lhes, *com sinceridade*, a suficiência do seu ativo comercial e propor a todos ou a alguns deles os referidos meios de dilatar a exigibilidade dos

placentes, estão dispostos a fazer vista grossa sobre os desmandos econômicos e financeiros evidentes, para conceder logo a concordata" (*O Novo Direito Falimentar: Nova Disciplina Jurídica da Crise Econômica da Empresa*, cit., pp. 173-174).

17. Alberto Asquini, "Perfis da empresa", trad. de Fábio Konder Comparato, *RDM* (*Revista de Direito Mercantil, Industrial, Econômico e Financeiro*) 104/109-126, Ano 35, São Paulo, Ed. RT, outubro-dezembro/1996.

18. O Decreto-lei 7.661/1945, quando muito, possibilitou aos credores, pelo *quorum* de dois terços dos créditos, organizar sociedade para continuação do negócio do falido, visando a liquidar o ativo (art. 123, § 1º).

19. "Art. 158. (...) cumpre ao devedor satisfazer as seguintes condições: (...) IV – não ter título protestado por falta de pagamento."

20. "Art. 2º. Caracteriza-se também a falência, se o comerciante: (...) III – convoca credores e lhes propõe dilação, remissão de créditos ou cessão de bens."

21. Lídia Valério Marzagão ressalta: "Avanço positivo da nova lei diz respeito à dispensa de apresentação de certidão negativa de títulos de protestos. Essa orientação já se refletia na jurisprudência de nossos tribunais especializados. Vemos hoje que, ao contrário do que dispunha a lei anterior, a certidão de protestos, ainda que positiva, será um elemento nas mãos do devedor para comprovar a crise financeira e/ou econômica que o assola, justificando a necessidade do acolhimento do pedido de recuperação judicial" ("A recuperação judicial", in Rubens Approbato Machado (coord.), *Comentários à Nova Lei de Falências e Recuperação de Empresas*, São Paulo, Quartier Latin, 2005, p. 85).

respectivos créditos, como meio de conjurar um embaraço momentâneo (...) removível em breve prazo".[22]

Pois bem, o que significa o instituto da recuperação extrajudicial – e por que não também o da recuperação judicial – senão a possibilidade de convocar credores para lhes propor, frise-se, com sinceridade, um plano de recuperação, visando a viabilizar a superação da situação de crise econômico-financeira momentânea do devedor, permitindo, com isso, a manutenção da fonte produtora, do emprego dos trabalhadores e dos interesses dos credores, promovendo, conseqüentemente, a preservação da empresa, sua função social e o estímulo à atividade econômica?

Com efeito, a Lei 11.101/2005, ao revogar o Decreto-lei 7.661/1945, deixou de reproduzir a nefasta vedação de convocação extrajudicial de credores (art. 2º, III, do Decreto-lei 7.661/1945), agasalhou o instituto da recuperação extrajudicial e acabou extinguindo, definitivamente, o expediente da "concordata branca".

Enfim, foi justamente a superação deste odioso obstáculo[23] que rendeu ensejo à criação do instituto da recuperação extrajudicial e até mesmo ao da recuperação judicial.[24-25-26]

4. Outro ponto relevantíssimo que urge ser encarecido é o relativo às sucessões tributária e trabalhista do arrematante judicial em seara de concordata e de falência. Ambas as sucessões, apesar de sempre terem sido encaradas como uma questão de honra, imutável, genuíno dogma,[27] foram defenestradas pelo novo sistema implantado pela Lei 11.101/2005.

A lei ora comentada possibilitou ao devedor, em fase de recuperação judicial[28] ou em

22. Bento de Faria, *Direito Comercial: Falência e Concordatas*, vol. IV, Parte Primeira, Rio de Janeiro, A. Coelho Branco, 1947, pp. 115- 116.

23. O deputado Oswaldo Biolchi, Relator do Projeto de Lei de Recuperação de Empresas e Falências, lembra: "A Lei de Concordata e Falências era mais um procedimento liquidatário que um meio solutório de recuperação de empresas em crise. E tanto é verdade que o art. 2º do Decreto-lei 7.661/1945 conferia a possibilidade de quebra do comerciante que convocava os seus credores para lhes propor acordo de qualquer espécie, desde prazos até remissão de créditos ou cessão de bens (...)" ("Apresentação", in Carlos Henrique Abrão e Paulo Fernando Campos Salles de Toledo (coords.), *Lei de Recuperação de Empresas e Falência*, São Paulo, Saraiva, 2005, p. XII).

24. Donaldo Armelin, no "Prefácio" da obra intitulada *Recuperação de Empresas: de Acordo com a Lei 11.101, de 9.2.2005*, cit. (p. XVIII), de autoria de Paulo Sérgio Restiffe, enfatiza: "No campo da recuperação extrajudicial emerge toda a alteração da mentalidade a respeito da matéria. O que antes era considerado um ato de falência agora não só é permitido como incentivado, na busca de uma solução que satisfaça a maioria dos credores e seja homologada judicialmente".

25. No mesmo sentido, Waldo Fazzio Jr.: "Se no regime da LFC a convocação de credores, pelo devedor, para apresentação de proposta de recuperação era um ótimo indutor da falência (art. 2º, III, da LFC), pela LRE, referida conduta não mais induz à quebra. Como se vê, o que no regime da LFC era um dos atos enumerados em lei a autorizar o pedido de quebra do agente econômico, agora, pela LRE, é uma tentativa válida de implementar o soerguimento da empresa e debelar o risco da falência" (*Nova Lei de Falência e de Recuperação de Empresas*, São Paulo, Atlas, 2005, p. 117).

26. Theóphilo de Azeredo Santos, no "Prefácio" da obra intitulada *Nova Lei de Falências: Lei 11.101, de 9.2.2005 – Comentada*, cit., organizada por Érica Guerra e Maria Cristina Frascari Litrento (p. 3), lembra um trecho da Exposição de Motivos do Decreto-lei 132/1993, que disciplina esse assunto no Direito Português: "Os programas de recuperação econômica da empresa não são planos de caridade evangélica aplicados aos que dela dependem, porque não é essa a vertente da vida social em que a caridade evangélica encontra o seu lugar próprio. Só a real viabilidade econômica da empresa em dificuldade pode legitimar, sobretudo numa economia de mercado, como a que vigora no espaço comunitário europeu, o cerceamento da reação legal daqueles cujos direitos foram violados".

27. O deputado Oswaldo Biolchi, Relator do Projeto de Lei de Recuperação de Empresas e Falências, esclarece: "(...) o Diploma 7.661/1945 permitia a continuação do negócio, a pedido do devedor, ou a concordata suspensiva, mas ambos os institutos se revelam inócuos, por causa da responsabilidade trabalhista e da sucessão tributária, afora as incertezas do percurso" ("Apresentação", cit., in Carlos Henrique Abrão e Paulo Fernando Campos Salles de Toledo (coords.), *Lei de Recuperação de Empresas e Falência*, p. X).

28. O capítulo que trata da recuperação *extrajudicial* é omisso quanto à não configuração do arre-

falência, alienar seus ativos, inclusive filiais e unidades de produção, livres de quaisquer ônus e sem configuração de sucessão do arrematante nas obrigações, ainda que tenham natureza tributária, trabalhista e de acidente do trabalho (art. 60, parágrafo único,[29] c/c o art. 141, II,[30] e § 2º[31]).

No tocante à superação da indigitada sucessão tributária, o legislador, com o *desideratum* precípuo de afastar qualquer questionamento futuro sobre o novo regime legal e ciente de que o Código Tributário Nacional, apesar de ser formalmente lei ordinária, materialmente tem *status* de lei complementar, fez tramitar simultaneamente ao projeto de lei que redundou na Lei 11.101/2005 outro projeto de lei, que foi aprovado na mesma data daquela (9.2.2005) como Lei Complementar 118, a qual alterou o art. 133 do referido CTN.[32]

Quanto à superação da apontada sucessão trabalhista, o legislador da Lei 11.101/2005 entendeu desnecessário alterar a Consolidação das Leis do Trabalho, uma vez que ambas têm *status*, material e formal, de lei ordinária. Por isso, disciplinou a matéria no seu art. 141, § 2º.[33]

5. É de ser frisado outro ponto de grande relevância. Trata-se da alteração da classificação dos créditos: (1) os créditos de acidentes do trabalho passam a concorrer com créditos trabalhistas; (2) os créditos com garantia real passam a ter preferência sobre os créditos fiscais; (3) foram criados os créditos subordinados (incisos I a III e VIII do art. 83).[34]

matante como sucessor nas obrigações do devedor; apenas, no art. 166, determina que seja observado, no que couber, o disposto no art. 142, que declina as modalidades de alienação.

29. "Art. 60. Se o plano de recuperação judicial aprovado envolver alienação judicial de filiais ou de unidades produtivas isoladas do devedor, o juiz ordenará a sua realização, observado o disposto no art. 142 desta Lei.

"Parágrafo único. O objeto da alienação estará livre de qualquer ônus e não haverá sucessão do arrematante nas obrigações do devedor, inclusive as de natureza tributária, observado o disposto no § 1º do art. 141 desta Lei."

30. "Art. 141. Na alienação conjunta ou separada de ativos, inclusive da empresa ou de suas filiais, promovida sob qualquer das modalidades de que trata este artigo: (...) II – o objeto da alienação estará livre de qualquer ônus e não haverá sucessão do arrematante nas obrigações do devedor, inclusive as de natureza tributária, as derivadas da legislação do trabalho e as decorrentes de acidentes de trabalho."

31. "Art. 141. (...).

"(...).

"§ 2º. Empregados do devedor contratados pelo arrematante serão admitidos mediante novos contratos de trabalho e o arrematante não responde por obrigações decorrentes do contrato anterior."

32. CTN, art. 133:

"Art. 133. A pessoa natural ou jurídica de direito privado que adquirir de outra, por qualquer título, fundo de comércio ou estabelecimento comercial, industrial ou profissional, e continuar a respectiva exploração, sob a mesma ou outra razão social ou sob firma ou nome individual, responde pelos tributos, relativos ao fundo ou estabelecimento adquirido, devidos até a data do ato.

"§ 1º. O disposto no *caput* deste artigo não se aplica na hipótese de alienação judicial: I – em processo de falência; II – de filial ou unidade produtiva isolada, em processo de recuperação judicial.

"§ 2º. Não se aplica o disposto no § 1º deste artigo quando o adquirente for: I – sócio da sociedade falida ou em recuperação judicial, ou sociedade controlada pelo devedor falido ou em recuperação judicial; II – parente, em linha reta ou colateral até o quarto grau, consangüíneo ou afim, do devedor falido ou em recuperação judicial ou de qualquer de seus sócios; ou III – identificado como agente do falido ou do devedor em recuperação judicial com o objetivo de fraudar a sucessão tributária.

"§ 3º. Em processo de falência, o produto da alienação judicial de empresa, filial ou unidade produtiva isolada permanecerá em conta de depósito à disposição do juízo de falência pelo prazo de 1 (um) ano, contado da data de alienação, somente podendo ser utilizado para o pagamento de créditos extraconcursais ou de créditos que preferem ao tributário."

33. "Art. 141. (...).

"(...).

"§ 2º. Empregados do devedor contratados pelo arrematante serão admitidos mediante novos contratos de trabalho e o arrematante não responde por obrigações decorrentes do contrato anterior."

34. "Art. 83. A classificação dos créditos na falência obedece à seguinte ordem: I – os créditos derivados da legislação do trabalho, limitados a 150 (...) salários mínimo por credor, e os decorrentes de acidente de trabalho; II – os créditos com garantia real até o limite do valor do bem gravado; III – crédi-

5.1 As justificativas da mudança da classificação dos créditos com garantia real em relação aos créditos tributários estão consubstanciadas em dois aspectos: (1) o primeiro, no fato de que, regra geral, são os bancos os titulares dos créditos com garantia real; e (2) o segundo, no fato de que, com a alteração na classificação dos créditos, se estimulará os bancos a diminuírem o *spread* na concessão dos empréstimos.[35-36]

6. Somem-se a isso outras modificações e inovações relevantes implantadas pela Lei 11.101/2005.

6.1 Com relação à *recuperação judicial*: (1) o elemento teleológico do instituto da recuperação judicial está declarado expressamente no art. 47: viabilizar a superação da situação de crise econômico-financeira do devedor, permitindo a manutenção da fonte produtora, do emprego dos trabalhadores e dos interesses dos credores, promovendo a preservação da empresa, sua função social e o estímulo à atividade econômica. Em resumo: o objetivo último da recuperação judicial é o de evitar a decretação da falência do devedor, com fratura dos perfis da empresa (unidade de produção, geração de empregos, contribuinte de tributos etc.);[37]

tos tributários, independentemente da sua natureza e tempo de constituição, excetuadas as multas tributárias; (...) VIII – créditos subordinados (...)."

35. Noticia Manoel Justino Bezerra Filho: "De 1993 até mais ou menos o ano de 2000, o Projeto trazia uma série de proposições que demonstravam preocupação efetiva com a situação da sociedade empresária, com institutos que teriam, talvez, condições de propiciar recuperação. A partir de 2000/2001, as pressões que passaram a se fazer cada vez mais presentes na elaboração da lei trouxeram a correção de rumo que levou a uma verdadeira mudança do ponto de vista filosófico, de tal forma que o texto foi cada vez mais se distanciando das metas originais. Tanto que no meio jurídico passou-se a comentar, de forma jocosa certamente, que a lei não seria mais 'Lei de Recuperação de Empresas', e sim 'Lei de Recuperação de Crédito Bancário', ou ainda 'Lei Febraban' (...) esta corrente conseguiu tornar verdade a afirmação de que a Lei de Recuperação, para propiciar efetivamente recuperação, deveria propiciar condições privilegiadas de retorno do capital investido na sociedade empresária em recuperação ou em falência, de tal forma que a diminuição do risco propiciaria a baixa de juros. Este foi o núcleo central do pensamento imperante. E, a partir deste pensamento, a lei deixou de ser 'Lei de Recuperação de Empresa' e passou a ser 'Lei de Recuperação do Capital Financeiro'. A idéia foi encampada – como não poderia deixar de ser – pelas instituições bancárias sediadas no País, bem como pelo Banco Central do Brasil, que conseguiu, desta forma, introduzir no Projeto diversas reformas que o afastaram da filosofia original que o norteava. O resultado prático de tal atividade redundou em artigos espalhados pela lei, sendo exemplo máximo o art. 49, que estabelece: 'Todos os créditos existentes na data do pedido de recuperação estão sujeitos aos seus efeitos'. Logo em seguida, o § 3º estabelece que 'não se submeterá aos efeitos da recuperação judicial' o credor por alienação fiduciária, o credor por arrendamento mercantil, o credor por contrato com reserva de domínio, entre outros, completando o § 4º o privilégio, ao excluir da recuperação o valor devido a título de adiantamento de contrato de câmbio (...). Aliás, a pressão do capital financeiro foi tão acentuada que conseguiu superar até os privilégios fiscais; a última mudança feita no Projeto, relativamente ao quadro geral de credores na falência, tirou o crédito tributário do segundo lugar na lista e passou-o para terceiro; em sua frente ficaram os créditos com garantia real. Na mesma linha de privilégio ao capital financeiro, o art. 161 exclui também estes mesmos créditos do plano de recuperação extrajudicial" (*Nova Lei de Recuperação e de Falências Comentada. Lei 11.101, de 9.2.2005, Comentário Artigo por Artigo*, 3ª ed., São Paulo, Ed. RT, 2005, pp. 45-46).

36. Théophilo de Azeredo Santos, no "Prefácio" da obra intitulada *Nova Lei de Falências: Lei 11.101, de 9.2.2005 – Comentada*, cit., organizada por Érica Guerra e Maria Cristina Frascari Litrento (p. 3), aduz: "Finalmente, gostaríamos de contestar a tese de alguns economistas e de autoridades monetárias no sentido de que esse novo diploma legal determinará a queda dos *spreads* bancários (diferença entre os custos de aplicação e os de captação), pois a chamada 'Taxa Selic', os juros básicos da economia, é fixada pelo Comitê de Política Monetária do Banco Central do Brasil, comprometido com metas inflacionárias futuras. Até os grandes bancos comerciais reconhecem a necessidade da redução dos encargos financeiros que oneram a produção. Entretanto, o Governo gasta mais do que arrecada, pressiona fortemente o mercado financeiro para cobrir suas obrigações, mantém recolhimento compulsório em taxas excessivamente elevadas, bem como os encargos tributários que impedem a queda dos juros".

37. Declara Manoel Justino Bezerra Filho: "(...) o art. 47 da nova lei, que merece ser transcrito, como verdadeira declaração de princípios (...). Esta declaração de princípios está de acordo exatamente com a preocupação de todos os mestres cujos pen-

(2) na dicção do art. 49, a recuperação judicial produz efeitos com relação a todos os credores; todavia, dita recuperação, conforme seus §§ 3º e 4º, não atinge os créditos decorrentes: (2.1) da propriedade fiduciária; (2.2) do arrendamento mercantil (*leasing*); (2.3) da propriedade ou do compromisso de compra e venda com cláusula de irrevogabilidade ou irretratabilidade ou de reserva de domínio; (2.4) de adiantamento a contrato de câmbio/ACC; (3) não há possibilidade de formulação de pedido de restituição; (4) criou-se a figura do administrador judicial (art. 22, I e II), equivalente à de comissário na concordata (e de síndico na falência); (5) o administrador judicial será, preferencialmente, advogado, economista, administrador de empresa ou pessoa jurídica especializada (art. 21), diferentemente do que ocorria na concordata: o comissário era nomeado entre os maiores credores (art. 160, § 1º, IV, c/c o art. 60, do Decreto-lei 7.661/1945); (6) implica novação (art. 59), contrariamente ao regime anterior, que não a admitia (art. 148 do Decreto-lei 7.661/1945); (7) foram elencados os meios de implantá-la (art. 50).

6.2 Com relação à *recuperação extrajudicial*: apesar de o legislador não ter reproduzido expressamente o aludido elemento teleológico constante do art. 47, acima transcrito, para a recuperação extrajudicial, salta aos olhos que este instituto é, indubitavelmente, informado pelo mesmo elemento teleológico;[38] (1) se o pedido for rejeitado, poderá ser novamente formulado (§ 8º do art. 164), o que não ocorria nem na concordata (art. 161 do Decreto-lei 7.661/1945), tampouco ocorre com o novo instituto da recuperação judicial (§ 4º do art. 56); (3) a sentença de homologação constitui título executivo extrajudicial (§ 6º do art. 161); (4) o devedor deverá apresentar ao juiz sua justificativa e documento (plano) que contenha seus termos e condições, com as assinaturas dos credores que a ele aderiram (art. 162), bem como exposição da sua situação patrimonial, as demonstrações contábeis e respectivos documentos comprobatórios (§ 6º do art. 163); (5) o plano poderá abranger a totalidade de uma ou mais espécies de créditos: garantia real, com privilégio especial, com privilégio geral, quirografários e subordinados (§ 1º do art. 163); (6) seus efeitos somente se produzem após sua homologação judicial (art. 165).

6.3 Com relação à falência: (1) somente crédito superior ao valor de 40 salários mínimos poderá ensejar pedido de falência (art. 94, I); (2) credores podem reunir-se em litisconsórcio a fim de perfazer o limite mínimo para o pedido de falência (§ 1º do art. 94); (3) dentro do prazo de contestação – que, aliás, não é mais de 24 horas (§ 1º do art. 12 do Decreto-lei 7.661/1945), mas sim de 10 dias – o devedor poderá pleitear sua recuperação judicial (art. 95); (4) o termo legal foi ampliado "de até 60 (sessenta) dias" (inciso III do parágrafo único do art. 14) para até "90 (noventa) dias" (inciso II do art. 99); (5) o crédito trabalhista tem privilégio até 150 salários mínimos por credor (inciso I do art. 83); ultrapassado tal limite, passa a ter natureza quirografária (inciso VI, "c", do art. 83); (6) o prazo para propositura da ação revocatória foi ampliado de um ano, contado da publicação do aviso de início da realização do ativo (§ 1º do art. 56 do Decreto-lei 7.661/1945) para três anos, contados da decretação da falência (art. 132); (7) a legitimidade ativa para ajuizamento da ação revocatória, outrossim, foi ampliada, já que, além do síndico (doravante, administrador judicial) e de qualquer credor (§ 1º do art. 56 do Decreto-lei 7.661/1945), também foi incluído o Ministério Público (art. 132); (8) a realização do ativo dar-se-á logo após a arrecadação dos bens (art. 139), e não mais depois da confecção e publicação do quadro

samentos foram acima lembrados (...)" (*Nova Lei de Recuperação e de Falências Comentada. Lei 11.101, de 9.2.2005, Comentário Artigo por Artigo*, cit., 3ª ed., p. 43).

38. Quanto à aplicação do art. 47 à recuperação extrajudicial, afirma Paulo Sérgio Restiffe: "O princípio da preservação da empresa, ante sua função social, vem estatuído no *art. 47 da Lei 11.101/2005, que regulamentou a recuperação judicial e extrajudicial* dos empresários e das sociedades empresárias" (*Recuperação de Empresas: de Acordo com a Lei 11.101, de 9.2.2005*, cit., p. 5).

geral de credores (art. 114 do Decreto-lei 7.661/1945); (9) explicitação de que o depósito elisivo compreenderá o valor total do crédito, acrescido de atualização monetária, juros e honorários advocatícios (parágrafo único do art. 98); no regime do Decreto-lei 7.661/1945 (art. 11, § 2º) havia previsão apenas de "depósito da quantia correspondente ao crédito reclamado" – o que levou o egrégio STJ editar a Súmula 29;[39] (10) criação de formas mais ágeis e alternativas para alienação dos bens (arts. 140 e 141), inclusive mediante constituição de sociedade formada por empregados do próprio devedor ou arrendamento do estabelecimento com aproveitamento dos seus créditos (§ 2º do art. 145); (11) extinção da concessão administrativa no caso de decretação da falência (art. 195); (12) substituição do inquérito judicial (art. 103 do Decreto-lei 7.661/1945) pelo inquérito policial (art. 187); (13) o rito processual dos crimes falimentares foi alterado de ordinário para sumário (art. 185, c/c o art. 200).

7. Visando a complementar nossas considerações, auguramos que a pesquisa realizada pelo Instituto Brasileiro de Gestão Turnaround/IBGT – "se a nova Lei de Falências já tivesse sido aprovada, 90% das empresas que fecharam as portas no ano de 2002, em São Paulo, teriam chances reais de sobrevivência"[40] – se torne realidade pelas décadas vindouras e em todo o território nacional.

Para arrematar, registramos nossa expectativa no sentido de que os operadores do Direito, mormente os magistrados, possam, com sensibilidade e acuidade, interpretar e aplicar a lei sob comento de modo a evitar – sempre que possível – a decretação da "pena de morte empresarial", qual seja: a falência.

Mario Sergio Milani

39. Súmula 29 do STJ: "No pagamento em juízo para elidir falência, são devidos correção monetária, juros e honorários de advogado".

40. *Apud* Celso Marcelo Oliveira, *Comentários à Nova Lei de Falências*, São Paulo, IOB-Thomson, 2005, p. 13.

LEI N. 11.101, DE 9 DE FEVEREIRO DE 2005

Regula a recuperação judicial, a extrajudicial e a falência do empresário e da sociedade empresária.

Capítulo I – ***Disposições Preliminares***

Art. 1º. Esta Lei disciplina a recuperação judicial,[1] a recuperação extrajudicial[2] e a falência[3] do empresário[4] e da sociedade empresária,[5-6-7-8-9] doravante referidos simplesmente como devedor.[10]

LEGISLAÇÃO ANTERIOR

Artigo sem correspondência no Decreto-lei 7.661/1945.

COMENTÁRIOS

*1. **Recuperação judicial*** – O senador Ramez Tebet, no seu parecer, esclarece: "Em lugar da atual concordata – um regime ao qual poucas empresas conseguem sobreviver e que tem como desfecho mais freqüente a decretação da falência – criam-se as opções da recuperação extrajudicial e da recuperação judicial. (...). Na recuperação judicial, um processo mais formal e realizado sob o controle da Justiça, os credores devem formar maioria em torno do plano de recuperação. Se o plano não for aprovado ou não atingir suas metas de recuperação, aí sim caberá ao juiz decretar a falência".[1-2]

Dispõe o art. 47 da Lei 11.101/2005: "*Art. 47.* A recuperação judicial tem por objetivo viabilizar a superação da situação de crise econômico-financeira do devedor, a fim de permitir a manutenção da fonte produtora, do emprego dos trabalhadores e dos interesses dos credores, promovendo, assim, a preservação da empresa, sua função social e o estímulo à atividade econômica".[3-4-5]

1. O senador Ramez Tebet, na medida em que procedeu a uma profunda análise jurídico-econômica do Projeto que criou os institutos da recuperação judicial e extrajudicial e remodelou o instituto da falência, emitiu parecer deveras relevante para o intérprete detectar a *voluntas legislatoris*. Por isso, nós nos valeremos do referido parecer ao longo dos nossos comentários. A íntegra do parecer está estampada nesta obra como Anexo II.

2. Newton de Lucca, resumidamente, afirma: "A recuperação judicial – instituto novo no Direito Brasileiro e sucedâneo de nossa malsucedida concordata preventiva – está prevista nos arts. 47 e ss. da nova lei" ("Comentários aos arts. 1º ao 4º", in Osmar Brina Corrêa-Lima e Sérgio Mourão Corrêa-Lima (coords.), *Comentários à Nova Lei de Falência e Recuperação de Empresas: Lei 11.101, de 9.2.2005*, Rio de Janeiro, Forense, 2009, p. 29).

3. Segundo Jorge Lobo: "Recuperação judicial é o instituto jurídico fundado na ética da solidariedade, que visa a sanar o estado de crise econômico-financeira do empresário e da sociedade empresária com a finalidade de preservar os negócios sociais e estimular a atividade empresarial, garantir a continuidade do emprego e fomentar o trabalho humano, assegurar a satisfação, ainda que parcial e em diferentes condições, dos direitos e interesses dos credores e impulsionar a economia creditícia, mediante a apresentação, nos autos da recuperação judicial, de um plano de reestruturação e reerguimento, o qual, aprovado pelos credores, expressa ou tacitamente, e homologado pelo juiz, implica novação dos créditos anteriores ao ajuizamento da demanda e obriga todos os credores a ela sujeitos, inclusive os ausentes, os dissidentes e os que se abstiveram de participar das deliberações da assembléia-geral" ("Comentários aos arts. 35 ao 69", in Carlos Henrique Abrão e Paulo Fernando Campos Salles de Toledo (coords.), *Lei de Recuperação de Empresas e Falência*, São Paulo, Saraiva, 2005, pp. 104-105).

4. Aduz Sérgio Campinho: "A recuperação judicial, segundo o perfil que lhe reservou o ordenamento jurídico, apresenta-se como o somatório de providências de ordem econômico-financeiras,

Com efeito, o art. 47 veicula comando teleológico de vital importância na interpretação e aplicação do instituto da recuperação judicial.

Acreditamos que o art. 47 deverá funcionar no âmbito da recuperação judicial como o art. 5º do Decreto-lei 4.657/1942 (Lei de Introdução ao Código Civil) funciona (ou deveria funcionar) no âmbito civil; vale dizer, o juiz, ao se debruçar sobre questões atinentes ao instituto da recuperação judicial, deverá decidi-las tendo em vista a preservação da empresa, sua função social e o estímulo à atividade econômica.

As disposições comuns relativas à recuperação judicial e à falência estão vazadas nos arts. 5º a 46; já as disposições exclusivas pertinentes à recuperação judicial estão veiculadas nos arts. 47 a 72.

2. Recuperação extrajudicial – Na ausência de definição legal do instituto da recuperação judicial, valemo-nos das palavras do senador Ramez Tebet, que propôs: "(...) um modelo em que não seja compulsória a participação de todos os credores e em que apenas os mais relevantes sejam chamados a renegociar seus créditos, de forma a permitir a reestruturação da empresa sem comprometimento das características, prazos e valores dos créditos pertencentes aos demais credores" [6-7]

Para Rachel Sztajn, *recuperação extrajudicial* "(...) é negócio consensual entre devedor e uma ou algumas classes de credores, um negócio de cooperação, de repactuação na divisão de riscos, que, em alguma medida, se assemelha aos negócios plurilaterais". [8-9-10-11]

econômico-produtivas, organizacionais e jurídicas, por meio das quais a capacidade produtiva de uma empresa possa, da melhor forma, ser reestruturada e aproveitada, alcançando uma rentabilidade autossustentável, superando, com isso, a situação de crise econômico-financeira em que se encontra o seu titular – o empresário –, permitindo a manutenção da fonte produtora, do emprego e a composição dos interesses dos credores (cf. art. 47). Nesta perspectiva, é um instituto de direito econômico. Sob a óptica processual, a medida se implementa por meio de uma ação judicial, de iniciativa do devedor, com o escopo de viabilizar a superação de sua situação de crise. Mas dita pretensão somente pode ser exercida até a declaração de sua falência (art. 48, I)" (*Falência e Recuperação de Empresa: o Novo Regime da Insolvência Empresarial*, Rio de Janeiro, Renovar, 2006, pp. 10-11).

5. Para Paulo Sérgio Restiffe: "A recuperação judicial é a ação para prevenir a decretação da falência, isentando o devedor-requerente da abertura do concurso falencial, de forma que o devedor continua o negócio e busca superar a crise econômico-financeira" (*Recuperação de Empresas: de Acordo com a Lei 11.101, de 9.2.2005*, São Paulo, Manole, 2008, p. 243).

6. A íntegra do parecer está estampada nesta obra como Anexo II.

7. Newton de Lucca, resumidamente, afirma: "A recuperação extrajudicial, por sua vez – instituto igualmente novo e espécie de substituto para o que se acostumou chamar de 'concordata branca', na linguagem empresarial corrente –, vem regulada nos arts. 161 a 163" ("Comentários aos arts. 1º ao 4º", cit., in Osmar Brina Corrêa-Lima e Sérgio Mourão Corrêa-Lima (coords.), *Comentários à Nova Lei de Falência e Recuperação de Empresas: Lei 11.101, de 9.2.2005*, p. 29).

8. Rachel Sztajn, "Comentários aos arts. 139 ao 167", in Carlos Henrique Abrão e Paulo Fernando Campos Salles de Toledo (coords.), *Lei de Recuperação de Empresas e Falência*, São Paulo, Saraiva, 2005, p. 418.

9. Conceitua Francisco Satiro de Sousa Jr.: "A recuperação extrajudicial é, basicamente, um meio formal de acordo especial com certos credores, que pode eventualmente ser imposto a uma minoria resistente" ("Comentários aos arts. 161-165", in Francisco Satiro de Sousa Jr. e Antônio Sérgio Altieri de Moraes Pitombo (coords.), *Comentários à Lei de Recuperação de Empresas e Falência: Lei 11.101/2005*, São Paulo, Ed. RT, 2005, p. 511).

10. Segundo Waldo Fazzio Jr.: "A recuperação extrajudicial é um negócio, um acordo que pode ser celebrado entre o devedor e alguns credores ou entre o devedor e todos os credores" (*Nova Lei de Falência e de Recuperação de Empresas*, São Paulo, Atlas, 2005, p. 117).

11. Para Paulo Sérgio Restiffe: "A recuperação extrajudicial é procedimento de jurisdição voluntária, estabelecido em legislação extravagante, em que se dá a administração pública de interesses particulares, ante a intervenção do Poder Judiciário em negócios jurídicos envolvendo direitos privados, destinado a constituir estado jurídico novo, desde que presentes os requisitos expressamente estabelecidos na legislação falimentar" (*Recuperação de Empresas: de Acordo com a Lei 11.101, de 9.2.2005*, cit., p. 375).

Não temos dúvida em afirmar que a recuperação extrajudicial persegue, *in totum*, as mesmas finalidades da recuperação judicial, quais sejam: preservação da empresa, sua função social e o estímulo à atividade econômica.

Por conseguinte, a despeito de o legislador não ter reproduzido o conteúdo do art. 47 no campo da recuperação extrajudicial, para nós resta cristalino ser ele plenamente aplicável a tal instituto, inclusive com sua função hermenêutico-teleológica, ressaltada no item anterior.

As disposições exclusivas referentes à recuperação extrajudicial estão consubstanciadas nos arts. 161 a 167.

3. Falência – Walter T. Álvares conceitua: "Tecnicamente, a falência é um instituto, um mecanismo jurídico, um engenho jurídico, um artifício, uma criação legal que visa substancialmente a liquidar obrigações do devedor inadimplente ou insolvente, que quer mas não pode satisfazê-las, lançando mão de um processo coletivo, para fins de proteção ao crédito público".[12-13]

Frise-se que, enquanto no âmbito da recuperação a *voluntas legis* visa a promover a preservação da empresa, sua função social e o estímulo à atividade econômica (art. 47), em seara falimentar tal *voluntas* visa a preservar e otimizar a utilização produtiva dos bens, ativos e recursos produtivos, inclusive intangíveis, da empresa (art. 75).[14]

As disposições comuns no tocante à falência e à recuperação judicial estão plasmadas nos arts. 5º a 46; já, as disposições exclusivas atinentes à falência estão articuladas nos arts. 75 a 160.

4. Empresário – **[CC]** "*Art. 966.* Considera-se empresário quem exerce profissionalmente atividade econômica organizada para a produção ou a circulação de bens ou de serviços".

Jurisprudência[15]

Eis duas ementas pertinentes:

[TJSP] (...). Ainda que se possa discutir a caracterização como empresário do sócio controlador da sociedade empresária e como tal reconhecer consequências jurídicas que disso lhe decorram (...) *para o efeito do art. 1º da NLF, acima referido, empresário individual com titularidade para pleitear a recuperação judicial é o que exerça a empresarialidade em nome próprio, e não como representante ou controlador de pessoa jurídica empresária.* Nesse sentido, a definição dada pelo art. 966, *caput*, do CC há de ser lida, para o fim do art. 1º da NLF, com pequeno acréscimo: "Considera-se empresário quem exerce profissionalmente, *em nome próprio*, atividade econômica organizada para a produção ou circulação de bens ou de serviços" (...)". [*AI 582.621-4/4-00, rel. Des. Lino Machado, j. 17.12.2008*]

[TJSP] Precisos, a esse respeito, são os escólios de J. X. Carvalho de Mendonça: "Usando uma firma para exercer o comércio e mantendo seu nome civil para os atos civis, o comerciante, pessoa natural, não se investe de dupla personalidade; por outra, não há duas personalidades, uma civil e outra comercial. As obrigações contratadas sob firma individual ligam a pessoa civil do comerciante e vice-versa. *Se ele incide em falência, não se formam duas massas: uma comercial, compreensiva dos atos praticados sob a firma mercantil, e outra civil, relativa aos atos praticados sob o nome civil, mas uma só massa,*

12. Walter T. Álvares, *Direito Falimentar*, vol. I, São Paulo, Sugestões Literárias, 1966, p. 37.

13. Explica Darcy Bessone: "Do ponto de vista econômico, a quebra reflete um estado patológico da empresa (...). Juridicamente, Bonelli conceitua a falência como sendo 'l'organizzazione legale e procedurale della difesa colletiva dei creditori di fronte alla insolvenza del commerciante'. Ainda que o conceito seja alvo de reparos, o [*rectius: ou*] que não sirva precisamente ao nosso Direito, que adota como elemento genérico de caracterização a impontualidade (não a insolvência), ele pode ser aceito em princípio e com a conveniente adaptação" (*Instituições de Direito Falimentar*, São Paulo, Saraiva, 1995, p. 8).

14. Marcus Elidius Michelli de Almeida, ao anotar o art. 1º, ressalta: "A colocação preliminar da recuperação e posteriormente da falência foi proposital, no sentido de sinalizar que o objetivo maior a ser buscado é a recuperação da empresa e somente quando não for possível a falência" (*Nova Lei de Falências e Recuperação de Empresas: Confrontada e Breves Anotações*, São Paulo, Quartier Latin, 2005, p. 17).

15. Cristiano Imhof, *Lei de Falências e de Recuperação de Empresas e sua Interpretação Jurisprudencial: Anotado Artigo por Artigo*, Florianópolis, Conceito Editorial, 2009, pp. 23-24.

à qual concorrem todos os credores. (...)". Na mesma esteira já houve manifestação do extinto egrégio 1º TACivSP: "*A firma individual não tem personalidade jurídica ou judiciária própria e independente da do seu titular, tratando-se de uma pessoa.* De fato, não há que se confundir pessoa jurídica, no sentido de sociedade comercial, com firma individual, tanto que o próprio Estatuto da Microempresa, Lei n. 7.256/1984, em seu art. 2º, conceitua: 'Considera-se microempresa, para os fins desta Lei, as pessoas jurídicas e *as firmas individuais* (...). Dessa forma, *a firma individual, quando em regime de concordata ou falência, sujeita todo o patrimônio da pessoa natural do seu titular. Portanto, não há possibilidade de se executar a pessoa natural individual separadamente da empresa individual por ela constituída*' (extinto 1º TACivSP, *RT* 645/105, rel. Juiz Sílvio Marques)". [*AI 7.180.812-3, rel. Des. José Marcos Marrone, j. 5.3.2008*]

***5. Sociedade empresária* – [CC]** "*Art. 982.* Salvo as exceções expressas, considera-se empresária a sociedade que tem por objeto o exercício de atividade própria de empresário sujeito a registro (art. 967); e, simples, as demais".

Jurisprudência

Eis quatro ementas pertinentes:

[TJSP] Nos termos do art. 966 do CC, "considera-se empresário quem exerce profissionalmente atividade econômica organizada para a produção ou circulação de bens ou serviços". Dispõe, ainda, seu parágrafo único que "não se considera empresário quem exerce profissão intelectual, de natureza científica, literária ou artística, ainda com o concurso de auxiliares ou colaboradores, salvo se o exercício da profissão constituir elemento da empresa". *A partir da vigência do novo Código, o fundamento legal da qualificação do empresário não é, como antes, "o exercício profissional da mercancia" (art. 4º do CComercial de 1850). Agora, não há dúvida de que a definição de empresário-comerciante deve ser extraída do conceito de "empresa", esta entendida como atividade econômica organizada de produção e circulação de bens ou serviços para o mercado, exercida habitualmente*". [*ACi 458.202-4/2-00, rel. Des. Elliot Akel, j. 27.6.2007*][16]

[TJMG] (...). *Não é a forma em que constitui a sociedade que a torna empresária ou simples, mas a atividade, se é de empresário, fatalmente a sociedade é empresária*; se não é de empresário, ou seja, atividades previstas no parágrafo único do art. 966, a sociedade é simples". [*AI 1.0024.05.812057-7/001, rel. Des. Fernando Bráulio, j. 14.9.2006*][17]

[TJSP] Devedora sociedade prestadora de serviços de vigilância e segurança, constituída sob a égide do Código Civil de 1916 e Código Comercial – *Natureza de sociedade empresária a partir da vigência do atual Código Civil* – Inteligência dos arts. 966 e 982 – Sujeição à falência – Preliminar de impossibilidade jurídica do pedido rejeitada – (...)". [*ACi c/revisão 401.927-4/9-00, rel. Des. Pereira Calças, j. 31.8.2005*][18]

[TJSP] Falência – Sociedade civil limitada prestadora de serviços de Medicina, especialização em Cardiologia e Exames Complementares – Sociedade-ré não se sujeita à falência sob a óptica do Código Civil, que a considera sociedade simples, bem como sob a disciplina do Decreto-lei n. 7.661/1945 e sob o regime da Lei n. 11.101/2005. *A sociedade prestadora de serviços intelectuais-científicos (Medicina), mesmo na forma de atividade econômica organizada e com auxílio de colaboradores e empregados, ainda que adote o modelo de sociedade empresária, no caso vertente, sociedade limitada, não está sujeita a falência, seja o pedido formulado com fundamento no Decreto-lei n. 7.661/1945, seja com supedâneo na Lei de Recuperação e Falências.* A circunstância de a sociedade exercer atividade econômica com finalidade lucrativa, só por si, não confere a ela a qualidade de sociedade empresária. Impende ressaltar que a sociedade simples que tem por objeto social a prestação de serviços intelectuais só sujeitar-se-á à falência quando a atividade intelectual constituir elemento de empresa – Inteligência dos arts. 966, parágrafo único, 982, 983 e 1.150, todos do CC; art. 1º do Decreto-lei n. 7.661/1945 e Lei 11.101/2005". [*ACi c/revisão 360.281-4/2-00, rel. Des. Pereira Calças, j. 24.8.2005*][19]

6. Tipos societários comerciais ou mercantis antes do advento do Código Civil de

16. Cristiano Imhof, *Lei de Falências e de Recuperação de Empresas e sua Interpretação Jurisprudencial: Anotado Artigo por Artigo*, cit., p. 23.

17. Idem, ibidem.

18. Manoel Justino Bezerra Filho, *Jurisprudência da Nova Lei de Recuperação de Empresas e Falências/Decisões, Ofícios Judiciais, Resoluções, Sentenças, Acórdãos, Dentre Outros Documentos*, São Paulo, Ed. RT, 2006, p. 22.

19. Idem, ibidem.

2002 – Antes do advento do Código Civil de 2002, sete eram os tipos societários comerciais ou mercantis, a saber: (1) *previstos no Código Comercial*: (1.1) sociedade em comandita (arts. 311-314); (1.2) sociedade em nome coletivo (arts. 315 e 316); (1.3) sociedade de capital e indústria (arts. 317-324); (1.4) sociedade em conta de participação (arts. 325-328); (2) *previstos na Lei 6.404/1976* (Lei das S/A): (2.1) sociedade anônima (arts. 1º-279 e 285-300); (2.2) sociedade em comandita por ações (arts. 280-284); (3) *previsto no Decreto 3.708/1919*: (3.1) sociedade por quotas de responsabilidade limitada.

7. Tipos societários empresários após o advento do Código Civil de 2002 – Com exceção da sociedade de capital e indústria, que foi expungida do ordenamento jurídico civil,[20] todos os demais tipos societários mencionados no tópico anterior remanescem vigentes no Código Civil de 2002.

Em outras palavras, com o advento do Código Civil de 2002 passamos a ter seis tipos societários empresários,[21-22] a saber: (1) *previstos no próprio Código Civil*: (1.1) sociedade em conta de participação (arts. 991-996); (1.2) sociedade em nome coletivo (arts. 1.039-1.044); (1.3) sociedade em comandita simples (arts. 1.045-1.051); (1.4) sociedade limitada (arts. 1.052-1.087); (2) *previstos na Lei 6.404/1976* (Lei das S/A): (2.1) sociedade anônima (arts. 1º-279 e 285-300); (2.2) sociedade em comandita por ações (arts. 280-284).

Registre-se que o Código Civil inovou ao acolher em seu bojo a sociedade simples (arts. 997-1.038).

8. A sociedade simples (que engloba a sociedade cooperativa)[23-24] pode ser beneficiária da recuperação judicial ou extrajudicial ou ver sua quebra decretada? – Ora, considerando, de um lado, que o Código Civil distinguiu as sociedades empresárias das sociedades simples (arts. 966,[25] 982[26] e 983[27]), de outro lado, enumerou a falência como causa exclusiva de dissolução da sociedade empresária (art. 1.044[28-29]) e, por fim, a Lei 11.101/2005 dispôs apenas e tão-somente

20. No mesmo sentido Marcelo M. Bertoldi e Márcia Carla Pereira Ribeiro: "Deixa de existir, como sociedade empresária, a chamada sociedade de capital e indústria (...)" (*Curso Avançado de Direito Comercial*, 4ª ed., São Paulo, Ed. RT, 2008, p. 175).

21. A sociedade cooperativa é considerada sociedade simples (parágrafo único do art. 982 do CC) e reger-se-á pelo Código Civil e pela legislação especial (art. 1.093 do CC).

22. Apesar de estarmos tratando de sociedade, ressaltamos que o empresário rural (pessoa física) pode requerer inscrição no Registro Público de Empresas Mercantis da respectiva sede e, uma vez feita a opção, ficará equiparado, para todos os efeitos, ao empresário sujeito a registro (art. 971 do CC).

23. Ressalte-se que a sociedade cooperativa é considerada sociedade simples (parágrafo único do art. 982 do CC) e reger-se-á pelo Código Civil e pela legislação especial (art. 1.093 do CC).

24. O empresário rural também está excluído do regime da Lei 11.101/2005, exceto se ele requerer sua inscrição no Registro Público de Empresas Mercantis, quando, então, ficará equiparado, para todos os efeitos, ao empresário sujeito a registro (art. 971 do CC).

25. "Art. 966. Considera-se empresário quem exerce profissionalmente atividade econômica organizada para a produção ou a circulação de bens ou de serviços."

26. "Art. 982. Considera-se empresária a sociedade que tem por objeto o exercício de atividade própria de empresário sujeito a registro; e, *simples, as demais*" (grifamos).

27. "Art. 983. A sociedade empresária deve constituir-se segundo um dos tipos regulados nos arts. 1.039 a 1.092; a sociedade simples pode constituir-se de conformidade com um desses tipos, e, não o fazendo, subordina-se às normas que lhe são próprias."

28. "Art. 1.044. A sociedade se dissolve de pleno direito por qualquer das causas enumeradas no art. 1.033 e, se, empresária, também pela declaração da falência."

29. "Ação de dissolução de sociedade – Extinção do feito, sem resolução do mérito – Art. 267, VI, do CPC – Carência de ação – Decretação da falência da empresa demandada – Possibilidade jurídica do pedido – Questão já decidida em segundo grau de jurisdição – Ausência de interesse de agir – Objeto da lide que constitui efeito automático da decisão de quebra (arts. 1.044 e 1.087 do CC) – Desnecessidade da demanda – Sentença mantida" (TJPR, 18ª Câmara Cível, ACi 587.694-4, Curitiba-PR, rel. Des. Ruy Muggiati, j. 23.9.2009, v.u – *Boletim da AASP* 2.681/1.846-1.847, 24-30.5.2010).

sobre a falência de empresário e da sociedade empresária (art. 1º[30]), salta aos olhos que a sociedade simples não pode lançar mão da recuperação judicial ou da recuperação extrajudicial, nem ver sua quebra decretada, exceto quando ela exercer atividade própria de empresário.

No tocante à referida exceção – quando a sociedade simples exercer atividade própria de empresário –, esclarece Newton de Lucca: "Talvez seja próprio acrescentar-se, neste rol, aquelas sociedades que, independentemente da forma assumida, tenham objeto empresarial, prevalecendo, destarte, a essência sobre a forma. No regime anterior ao Código Civil de 2002 uma antiga sociedade por quotas de responsabilidade limitada, por exemplo, embora registrada no Registro Civil das Pessoas Jurídicas – e, portanto, S/C Ltda. –. teria sua falência decretada caso ficassem comprovados a prática de "atos de comércio" ou o exercício da mercancia, assim como, após o novo Código Civil, fosse caracterizado o exercício empresarial. [A contrapartida era, igualmente, verdadeira. Ainda que uma sociedade por quotas de responsabilidade limitada se registrasse na Junta Comercial, mas não praticasse efetivamente os atos de comércio previstos em seu contrato social, não obteria o benefício legal da concordata, dado o caráter meramente declaratório desse registro na Junta Comercial. Tal situação de prevalência da essência sob [*sic*] a forma não terá sido alterada, quer pelo Código Civil, quer pela nova Lei Falimentar.[31] (...) Suponha-se, por exemplo, que uma sociedade leve seus atos constitutivos ao Registro Público de Empresas Mercantis sem, contudo, exercer atividade organizada para a produção ou circulação de bens e de serviços. Em outras palavras: existe sociedade, mas não existe empresa. Faria sentido que tal sociedade fosse considerada empresária a fim de que pudesse desfrutar do instituto da recuperação judicial ou extrajudicial? A resposta só pode ser negativa".[32]

Complementa Newton de Lucca: "De toda sorte, insista-se no seguinte ponto, não de todo compreendido por alguns que já discorreram sobre o presente tema: *não é verdade* que a *sociedade limitada simples* esteja subordinada às normas da NLF, isto é, *não é verdade* que ela se sujeita à falência, ainda que insolvente, assim como não tem direito de socorrer-se do instituto da recuperação. Se se trata, porém, de sociedade limitada empresária a solução será diversa, pois, em tal hipótese, o seu enquadramento no art. 1º da NLF será indubitável. Inteira razão assiste ao citado professor Fábio Ulhoa Coelho ao ensinar que as sociedades simples, em seu sentido lato, podem adotar um dos tipos de sociedade empresária (nome coletivo, comandita simples e limitada), mas isso não significa dizer que elas, como sociedades simples que são, transformam-se em sociedades empresárias e, em conseqüência, passam a submeter-se ao regime jurídico da NLF".[33-34-35-36-37-38]

30. "Art. 1º. Esta Lei disciplina a recuperação judicial, a recuperação extrajudicial e a falência do empresário e da sociedade empresária, doravante referidos simplesmente como devedor."

31. Newton de Lucca, "Comentários aos arts. 1º ao 4º", cit., in Osmar Brina Corrêa-Lima e Sérgio Mourão Corrêa-Lima (coords.), *Comentários à Nova Lei de Falência e Recuperação de Empresas: Lei 11.101, de 9.2.2005*, p. 31.

32. Idem, p. 45.

33. Newton de Lucca, "Comentários aos arts. 1º ao 6º", in Newton de Lucca e Adalberto Simão Filho (coords.), *Comentários à Nova Lei de Recuperação de Empresas e de Falências*, São Paulo, Quartier Latin, 2005, p. 95.

34. Mauro Rodrigues Penteado ressalta: "Mesmo que vinculada ao Registro Civil das Pessoas Jurídicas, será a sociedade simples reputada sociedade empresária, para os efeitos da lei comentada, e só no que tange à falência, se, de fato, exercer atividade própria de empresário, cuja liquidação, via execução coletiva, não se coaduna com preceitos rígidos e formais que o Código de Processo Civil estabelece para a execução por quantia certa contra devedor insolvente, pessoa natural ou sociedade simples. Reitere-se que a prevalência da substância da atividade empresarial sobre a forma e a inscrição já vinha sendo reconhecida pela jurisprudência sob a égide do decreto-lei revogado, tendência que deverá doravante ser acentuada (...)" ("Comentários aos arts. 1º ao 6º", in Francisco Satiro de Sousa Jr. e Sérgio A. de Moraes Pitombo (coords.), *Comentários à Lei de Recuperação de Empresas e*

A título de elucidação, lembramos que, *ab initio*, o PLC 71 inseria, no seu âmbito, as sociedades simples. Entretanto, posteriormente foram excluídas, como esclarece o senador Ramez Tebet no seu parecer, nos seguintes termos: "O art. 1º do PLC 71, de 2003, prevê a aplicação da lei à sociedade empresária, à sociedade simples e ao empresário que exerça profissionalmente atividade econômica organizada para a produção ou circulação de bens ou de serviços. O parágrafo único, no entanto, exclui do regime da lei o artesão, o indivíduo que exerce atividade profissional com o trabalho próprio ou da família, para fins de subsistência, o profissional liberal e sua sociedade civil de trabalho (...). Vê-se, portanto, que, muito embora o art. 1º do PLC 71, de 2003, preveja a aplicação do regime de falência e de recuperação para as sociedades simples, seu parágrafo único exclui a grande maioria delas, especialmente quando menciona os profissionais liberais e suas sociedades. Dessa forma, parece mais adequado, a fim de evitar interpretações equivocadas, aproveitar a definição do Código Civil, que é mais precisa, para restringir os regimes disciplinados na lei aos empresários e às sociedades empresárias".[39-40]

Falência: Lei 11.101/2005, São Paulo, Ed. RT, 2005, pp. 95-96).

35. Alfredo de Assis Gonçalves Neto compartilha do mesmo entendimento: "O Código Civil reservou a falência exclusivamente para as sociedades empresárias, o que já foi anteriormente criticado, já que o regime jurídico da insolvência não é por ele determinado e há probabilidade de a reforma da legislação falimentar incluir as sociedades simples entre as pessoas jurídicas sujeitas à falência. De qualquer forma, pelas regras atuais a falência não é causa de dissolução da sociedade simples, ainda que adote o tipo de sociedade empresária. E a essa conclusão se chega por não ter o Código estabelecido que a sociedade, nesse caso, passa a ser considerada empresária, apenas sujeitando-se às disposições especiais do tipo adotado. Nessa hipótese, porém, a sociedade simples sob roupagem de sociedade limitada terá como causa de dissolução a sua insolvência civil, decretada nos termos das disposições contidas nos arts. 747 e ss. do CPC" (*Lições de Direito Societário: Regime Vigente e Inovações do Novo Código Civil*, 2ª ed., São Paulo, Juarez de Oliveira, 2004, p. 334).

36. Fábio Ulhoa Coelho assevera: "Também não terá nunca sua falência decretada o exercente de atividade econômica civil, não empresarial, como as sociedades simples (...)" (*Comentários à Nova Lei de Falências e de Recuperação de Empresas*, São Paulo, Saraiva, 2005, p. 197).

37. Waldo Fazzio Jr. opina no mesmo sentido: "O art. 982 do CC define como empresária a sociedade que tem por objeto o exercício de atividade própria de empresário sujeito a registro. Simples são todas as demais. Estas estão excluídas da LRE" (*Nova Lei de Falência e de Recuperação de Empresas*, cit., p. 47).

38. Aduz Rubens Requião: "(...). *Natureza mercantil da falência.* Sobre a amplitude da falência, dois sistemas se firmaram nas legislações modernas. Um sistema, conhecido por latino ou francês, mantém a falência como instituto exclusivo para tratar da insolvência do comerciante, não a aplicando aos não-comerciantes; o outro sistema, adotado pelos Países anglo-saxões, não distingue entre comerciantes e não-comerciantes, sujeitando-os às regras falimentares. (...). As empresas civis, por outro lado, desempenham ampla atividade econômica, que não justifica tratamento diferente ao concedido pela lei às empresas comerciais. De há muito, por todos os motivos, e sobretudo pelo princípio constitucional da igualdade de todos perante a lei, a idéia de extensão da falência aos não-comerciantes domina o pensamento dos comercialistas. Esse movimento de opinião cresceu com a posição assumida de Inglês de Sousa (...). Não lhe ficou atrás J. X. Carvalho de Mendonça, pois não via razão para que, nos tempos modernos, a falência fosse contida nos limites do direito comercial. (...). A corrente se avulta mais ainda com a participação de Waldemar Ferreira (...). Não é só. Entre os antigos autores, Otávio Mendes (...). Novos elementos surgem, atualmente, no debate do assunto. O direito privado brasileiro está na iminência de sofrer profundas transformações em sua codificação. O Projeto do Código Civil pretende a implantação entre nós da unificação formal do direito civil e comercial, na parte das obrigações e da atividade negocial. Esta seria, pois, a grande oportunidade de instalarmos entre nós a extensão da falência aos não-comerciantes" (*Curso de Direito Falimentar*, 16ª ed., vol. 1, São Paulo, Saraiva, 1995, pp. 30-34).

39. A íntegra do parecer está estampada nesta obra como Anexo II.

40. A propósito do Projeto de Lei 71/2003 posicionaram-se Rubens Aprobbato Machado, Maria Odete Duque Bertasi e Lídia Valério Marzagão: "Em virtude do texto literal do art. 1º do Projeto, o benefício da recuperação judicial cinge-se aos empresários e às sociedades empresárias. Isso nos leva a concluir que não terão direito à recuperação judicial as sociedades simples, aquelas ligadas às atividades intelectuais definidas no parágrafo único do art. 966

9. Crítica à exclusão das sociedades simples (que englobam a sociedade cooperativa)[41-42-43] ***do âmbito da Lei 11.101/2005*** – Vera Helena de Mello Franco e Rachel Sztajn ressaltam: "Nem todos os sistemas seguem a mesma orientação. Nos assim ditos sistemas latinos, de que é exemplo o Direito Italiano, sujeito passivo seria só o empresário comerciante. Esta, aliás, era a orientação do Direito Brasileiro durante a vigência do Decreto-lei 7.661/1945. Já, nos sistemas chamados germânicos, de que são exemplos o Direito Alemão, Austríaco e Suíço, sujeito passivo é o empresário, civil ou comercial, e, inclusive, a pessoa física natural. Atente-se a que esta é a tendência atual do Direito Comparado, no qual a grande maioria dos Países optou por estender a falência, igualmente, para os não-comerciantes e, inclusive, pessoas físicas não-comerciantes".[44]

Com o escopo de melhor expormos nossa opinião, permitimo-nos formular a seguinte indagação, sob o prisma histórico: se a doutrina falimentar clássica (Otávio Mendes, Inglês de Souza, J. X. Carvalho de Mendonça e Waldemar Ferreira), como noticia Rubens Requião,[45] mesmo à luz do Código Civil de 1916, que acolhia a dicotomia entre obrigações civis e comerciais, já sustentava (aliás, com bons argumentos) a necessidade de se estender o instituto da falência – *e nós incluímos também, agora, os institutos da recuperação judicial e extrajudicial* – aos não comerciantes, por que o legislador, após o advento do Código Civil de 2002, que unificou o direito das obrigações (comerciais e civis), editou a lei sob comento, rechaçando as recomendações doutrinárias?

No tocante especificamente aos institutos da recuperação judicial e extrajudicial, frisamos: na medida em que nosso ordenamento jurídico agasalhou o brocardo latino *ubi eadem est, ibi idem jus*, vale dizer, se a razão fática é a mesma – superação da crise econômico-financeira com manutenção da fonte produtora, do emprego e dos interesses dos credores –, o mesmo Direito haveria de ser aplicado, ou seja, os institutos da recuperação judicial e da recuperação extrajudicial haveriam de ser estendidos a qualquer agente econômico, independentemente de ser empresarial ou não, o que, *ipso facto*, incluiria a sociedade simples como beneficiária do regime.[46]

10. "Doravante simplesmente referidos como devedor" – O legislador, para evitar a

do CC, que, apesar de terem objetivo de lucro, executam atividades de 'natureza científica, literária ou artística, ainda que com o concurso de auxiliares ou colaboradores, salvo se o exercício da profissão constituir elemento de empresa'. Tais empresas devem ter seus atos inscritos no Registro Civil de Pessoas Jurídicas e somente poderão ser declaradas insolventes" ("Recuperação da empresa: considerações sobre o Projeto de Lei 71/2003", *Revista do Instituto dos Advogados de São Paulo* 14/27, Ano 7, São Paulo, julho-dezembro/2004).

41. Ressalte-se que a sociedade cooperativa é considerada sociedade simples (parágrafo único do art. 982 do CC) e reger-se-á pelo Código Civil e pela legislação especial (art. 1.093 do CC).

42. A propósito, especificamente, da sociedade cooperativa, decidiu o TJSP: "Falência – Requerimento formulado contra sociedade cooperativa. (...). Cooperativa, considerada sociedade simples pelo Código Civil, não se sujeita a falência, consoante o art. 1º da Lei n. 11.101/2005. (...)" (Câmara Especial de Falência e de Recuperações Judiciais, AI 429.472-4/6-00, rel. Des. Pereira Calças, j. 22.2.2006) (Manoel Justino Bezerra Filho, *Jurisprudência da Nova Lei de Recuperação de Empresas e Falências/ Decisões, Ofícios Judiciais, Resoluções, Sentenças, Acórdãos, Dentre Outros Documentos*, cit., p. 24).

43. O empresário rural também está excluído do regime da Lei 11.101/2005, exceto se ele requerer sua inscrição no Registro Público de Empresas Mercantis, quando, então, ficará equiparado, para todos os efeitos, ao empresário sujeito a registro (art. 971 do CC).

44. Vera Helena de Mello Franco e Rachel Sztajn, *Falência e Recuperação da Empresa em Crise: Comparação com as Posições do Direito Europeu*, Rio de Janeiro, Elsevier, 2008, pp. 9-10.

45. Rubens Requião, *Curso de Direito Falimentar*, 16ª ed., vol. 1, São Paulo, Saraiva, 1995, pp. 30-34.

46. Por reputarmos pertinente e adequada a crítica formulada por José Marcelo Martins Proença, a transcrevemos: "(...) pela análise do art. 1º da Lei de Recuperação de Empresas e Falência, todos os não empresários (incluindo aí, exemplificativamente, as sociedades simples e as cooperativas) não são destinatários das prerrogativas nela constantes, como a transferência de estabelecimento sem a sucessão

repetição enfadonha das expressões "empresário" e "sociedade empresária", resolveu simplificá-las adotando um único vocábulo, qual seja: "devedor".

Ressalte-se, por outro lado, que todas as vezes que a lei sob comento se referir a "devedor" ou "falido" compreender-se-á que a disposição também se aplica aos sócios ilimitadamente responsáveis (art. 190), já que estes, em decorrência da decretação da falência da sociedade, serão considerados falidos (art. 81).

Art. 2º. Esta Lei não se aplica[11] a: I – empresa pública[12-19] e sociedade de economia mista;[13-14-15-16-17-18] II – instituição financeira pública ou privada,[20] cooperativa de crédito,[21] consórcio,[21] entidade de previdência complementar,[22] sociedade operadora de plano de assistência à saúde,[21] sociedade seguradora,[21] sociedade de capitalização[21] e outras entidades legalmente equiparadas às anteriores.[2]

LEGISLAÇÃO ANTERIOR

Artigo sem correspondência no Decreto-lei 7.661/1945.

COMENTÁRIOS

11. "Esta Lei não se aplica" – A expressão epigrafada significa que os institutos da recuperação judicial, da recuperação extrajudicial e da falência não se aplicam diretamente às pessoas jurídicas declinadas nos incisos I e II do art. 2º, o que não afasta, todavia, a eventual aplicação subsidiária ou supletiva de tais institutos.[47]

A sociedade simples, a despeito de não ter sido elencada neste art. 2º, também está excluída do regime da Lei 11.101/2005, como já ressaltamos nos nossos comentários ao art. 1º.[48]

tributária com vistas à recuperação em caso de crise econômico-financeira (...). Aí talvez resida, ao nosso ver, a principal crítica que se deve fazer à Lei 11.101/2005. Se os não empresários podem configurar relevantes agentes econômicos, por que eles devem ser excluídos da possibilidade de pleitear a recuperação da sua atividade por motivo de crise econômico-financeira? A exclusão dos não empresários das prerrogativas constantes na legislação em comento não parece condizente com os objetivos perseguidos por ela, estampados nos princípios numerados pelo próprio legislador (...). Ao contrário da justificativa do Senado, entendemos que, como um dos objetivos da legislação é a preservação da atividade produtiva, ele deve, em razão da sua função social, sempre que possível, ser buscado, por ser gerador de riqueza econômica, de emprego e de renda, contribuindo para o crescimento e o desenvolvimento econômico e social do País (...). Não se verifica, assim, correta a exclusão da sociedade simples e das cooperativas, dentre inúmeros outros agentes econômicos não empresários, como destinatários das prerrogativas constantes da Lei de Recuperação de Empresas e Falências. Pregando a preservação da empresa, a manutenção das fontes produtoras e dos postos de trabalho, qualquer atividade – empresária ou não – deveria ser destinatária das prerrogativas citadas" ("Disposições preliminares – Aplicação da legislação, competência e intervenção do Ministério Público", in Rubens Approbato Machado (coord.), *Comentários à Nova Lei de Falências e Recuperação de Empresas*, São Paulo, Quartier Latin, 2005, pp. 60-62).

47. No mesmo sentido, Paulo Fernando Campos Salles de Toledo: "A lei, ao dispor que não se aplica às empresas elencadas, implicitamente diz que serão elas submetidas a regime específico. Isto não quer dizer, entretanto, que as normas da LRE não possam ser aplicadas supletivamente, sempre que legislação própria deixar de prever soluções. A disciplina da falência e da recuperação judicial ou extrajudicial representa, com efeito, um microssistema, apto a suplementar as regras, nem sempre tão completas e sistematizadas, relativas às situações assemelhadas e objeto de legislação específica" ("Comentários aos arts. 1º ao 34", in Carlos Henrique Abrão e Paulo Fernando Campos Salles de Toledo (coords.), *Lei de Recuperação de Empresas e Falência*, São Paulo, Saraiva, 2005, p. 6).

48. Explica Newton de Lucca: "Não cabe argumentar, penso eu, que as sociedades simples não foram expressamente mencionadas no rol das exclusões previsto nos dois incisos do art. 2º da NLF. Só se exclui, eventualmente, aquilo que, em princípio, já está ou possa estar incluído (...). As sociedades simples não estavam incluídas no art. 1º da lei, para que pudessem ser excluídas no art. 2º (...). De toda sorte, fico com a impressão de que teria sido preferível – ainda que, a meu ver, desnecessário fosse – mencionar as sociedades simples no elenco das

Reprise-se: a sociedade cooperativa, por ser considerada simples, *ex vi* do parágrafo único do art. 982 do CC, outrossim, está fora do âmbito da Lei 11.101/2005.[49]

Jurisprudência[50]

Eis um julgado pertinente prolatado à luz do atual regime:

[TJSP] Falência – Requerimento formulado contra sociedade cooperativa (...) *Cooperativa, considerada sociedade simples pelo Código Civil, não se sujeita a falência, consoante o art. 1º da Lei n. 11.101/2005* (...). [*Câmara Especial de Falências e Recuperações Judiciais, AI 429.472-4/6-00, rel. Des. Pereira Calças, j. 22.2.2006*]

O empresário rural também está excluído do regime da Lei 11.101/2005, exceto se ele requerer sua inscrição no Registro Público de Empresas Mercantis, quando, então, ficará equiparado, para todos os efeitos, ao empresário sujeito a registro (art. 971 do CC).[51]

Quanto às companhias aéreas e de infraestrutura aeronáutica faz-se mister enfatizar que a lei sob comento, no seu art. 199, ao excepcionar o comando geral plasmado no art. 198, *incidenter tantum*, revogou tacitamente o art. 1º do Decreto-lei 669/1969 e o art. 187 da Lei 7.565/1986. Por conseguinte, tais companhias passaram a ter legitimidade para requerer a homologação da recuperação extrajudicial e o deferimento da recuperação judicial.[52]

12. Empresa pública – Conceitua o inciso II do art. 5º do Decreto-lei 200, de 25.2.1967, com a redação que lhe foi dada pelo art. 1º do Decreto-lei 900, de 29.9.1969: "(...) II – empresa pública é a entidade dotada de personalidade jurídica de direito privado, com patrimônio próprio e capital exclusivo da União, criada por lei para a exploração de atividade econômica que o Governo seja levado a exercer por força de contingência ou conveniência administrativa, podendo revestir-se de qualquer das formas admitidas em Direito".[53-54-55]

sociedades excluídas do campo de aplicação da NLF, a fim de que nenhuma dúvida pairasse sobre o tema, como está ocorrendo (...)" ("Comentários aos arts. 1º ao 6º", in Newton de Lucca e Adalberto Simão Filho (coords.), *Comentários à Nova Lei de Recuperação de Empresas e de Falências*, São Paulo, Quartier Latin, 2005, pp. 73-74).

49. No mesmo sentido: Sérgio Campinho, *Falência e Recuperação de Empresa: o Novo Regime da Insolvência Empresarial*, Rio de Janeiro, Renovar, 2006, p. 30.

50. Manoel Justino Bezerra Filho, *Jurisprudência da Nova Lei de Recuperação de Empresas e Falências/Decisões, Ofícios Judiciais, Resoluções, Sentenças, Acórdãos, Dentre Outros Documentos*, São Paulo, Ed. RT, 2006, p. 24.

51. Nas palavras de Newton de Lucca: "A subsunção do empresário rural ao regime da Lei 11.101/2005 dependerá, portanto, de ter ele optado ou não pela qualificação empresarial do exercício de sua atividade" ("Comentários aos arts. 1º ao 4º", in Osmar Brina Corrêa-Lima e Sérgio Mourão Corrêa-Lima (coords.), *Comentários à Nova Lei de Falência e Recuperação de Empresas: Lei 11.101, de 9.2.2005*, Rio de Janeiro, Forense, 2009, p. 31).

52. Pedimos vênia para remeter o leitor aos comentários aos arts. 198 e 199.

53. Lei específica poderá autorizar a instituição de empresa pública, bem como estabelecerá seu estatuto jurídico, dispondo sobre sua sujeição ao regime próprio das empresas privadas, *inclusive quanto aos direitos e obrigações* civis, *comerciais*, trabalhistas e tributárias (art. 37, XIX, e art. 173, § 1º, II, da CF).

54. São empresas públicas, por exemplo: Caixa Econômica Federal/CEF e Empresa Brasileira de Correios e Telégrafos/EBCT.

55. Celso Antônio Bandeira de Mello critica o conceito de "empresa pública":

"Conceito legal: impropriedade

"(...).

"Ocorre que este mesmo Decreto-lei 900, em outro artigo – e que não se fez integrante do corpo do Decreto-lei 200 –, alude a composições de capitais em empresas federais que implicam alterar a noção que acabara de formular no art. 1º. De fato, seu art. 5º estatui: 'Desde que a maioria do capital votante permaneça de propriedade da União, será admitida, no capital da empresa pública (art. 5º, II, do Decreto-lei 200, de 25.2.67), a participação de outras pessoas jurídicas de direito público interno, bem como de entidades da Administração indireta da União, dos Estados, Distrito Federal e Municípios'. Assim, fica visível que, ao contrário da definição com tanta incompetência formulada pelo 'legislador' do Executivo, empresas públicas não são apenas as que se constituírem de capital 'integralmente da União'" (*Curso de Direito Administrativo*, 26ª ed., São Paulo, Malheiros Editores, 2009, p. 187).

13. Sociedade de economia mista – Conceitua o inciso III do art. 5º do Decreto-lei 200, de 25.2.1967, com a redação que lhe foi dada pelo art. 1º do Decreto-lei 900, de 29.9.1969: "(...) III – sociedade de economia mista é a entidade dotada de personalidade jurídica de direito privado, criada por lei para exploração de atividade econômica sob a forma de sociedade anônima, cujas ações com direito a voto pertençam, em sua maioria, à União ou entidade da Administração indireta".[56-57-58]

14. Após a revogação do art. 242 da Lei 6.404/1976 (Lei das S/A) pela Lei 10.303/2001 a sociedade de economia mista deixou de estar imune à falência? – Dispunha o art. 242 da Lei das S/A (Lei 6.404/1976): "As companhias de economia mista não estão sujeitas a falência mas os seus bens são penhoráveis e executáveis, e a pessoa jurídica que a controla responde, subsidiariamente, pela suas obrigações".

Ora, na medida em que a Lei 10.303/2001 revogou, de forma expressa, o aludido art. 242, sem estabelecer qualquer outra regra relativa à sociedade de economia mista, passou-se a entender que tal sociedade deixara de estar imune à falência.[59]

15. E após a Lei 11.101, de 9.2.2005? A sociedade de economia mista voltou a ficar imune à falência? – Sim, a sociedade de economia mista, por força do inciso I do art. 2º da Lei 11.101/2005, que revogou tacitamente o art. 10 da Lei 10.303/2001, que, por sua vez, revogara expressamente o art. 242 da Lei das S/A, voltou a ficar imune à falência.[60-61-62]

56. Lei específica poderá autorizar a instituição de sociedade de economia mista, bem como estabelecerá seu estatuto jurídico, dispondo sobre sua sujeição ao regime próprio das empresas privadas, *inclusive quanto aos direitos e obrigações* civis, *comerciais*, trabalhistas e tributárias (art. 37, XIX, e art. 173, § 1º, II, da CF).

57. São sociedades de economia mista, por exemplo: Banco do Brasil, Petrobrás, CESP e SABESP.

58. Celso Antônio Bandeira de Mello também critica o conceito de *sociedade de economia mista*:

"Conceito legal: impropriedade

"(...).

"(...) a noção de sociedade de economia mista demanda – e não apenas por força da tradição, mas também para ajustar-se ao espírito de comandos constitucionais – conjugação de capitais de pessoas governamentais com capitais particulares (...). Daí a necessidade de incluir-se tal referência, indispensável em qualquer conceito que dela se formule, pena de ensejar lamentáveis confusões" (*Curso de Direito Administrativo*, cit., 26ª ed., p. 191).

59. Modesto Carvalhosa e Nelson Eizirik têm o mesmo entendimento: "O art. 242 da Lei 6.404 estabelecia o princípio da imunidade das sociedades de economia mista ao processo de falência, justificado, na Exposição de Motivos da lei, pelo fato de o interesse público que enseja a criação, por lei, de uma sociedade de economia mista não permitir que sua administração possa ser transferida a terceiros, credores, por meio de síndico, como ocorre na falência (...). Para compensar tal privilégio legal, o art. 242 da Lei das S/A previa a penhorabilidade dos bens da sociedade de economia mista e a responsabilidade subsidiária ilimitada de seu acionista controlador. A imunidade falimentar não comprometia a tutela dos credores por obrigações das sociedades de economia mista, na medida em que estavam garantidos pela executabilidade de suas dívidas, pela penhorabilidade de seus bens, assim como pela responsabilidade subsidiária do acionista controlador (...). Com a revogação do art. 242 da Lei 6.404/1976, as sociedades de economia mista passam, inequivocamente, a submeter-se ao processo de execução coletiva, sem qualquer imunidade. A revogação do art. 242 não ocasionou maiores discussões no Congresso (...) basicamente pela existência de questionamentos em face da constitucionalidade do privilégio de não estarem sujeitas à falência as sociedades de economia mista que desempenham atividades econômicas, diante do disposto no art. 173, § 1º, II, da CF (...)" (*A Nova Lei das Sociedades Anônimas*, São Paulo, Saraiva, 2002, pp. 365-367).

60. *Lex posterior* (Lei 11.101/2005) *derogat priori* (Lei 10.303/2001); *Lex specialis* (Lei 11.101/2005) *derogat generalis* (Lei 10.303/2001).

61. No mesmo sentido, Manoel Justino Bezerra Filho: "O legislador entendeu por bem excluir as sociedades de economia mista que de 2001, com a revogação do art. 242 da Lei das S/A, até a vigência da nova Lei Falimentar estavam sujeitos à falência" (*Nova Lei de Recuperação e de Falências Comentada. Lei 11.101, de 9.2.2005, Comentário Artigo por Artigo*, 3ª ed., São Paulo, Ed. RT, 2005, p. 52).

62. Para Luiz Antônio Soares Hentz: "No âmbito da LFRE, pelo menos um retrocesso ocorreu. As sociedades de economia mista, sujeitas à falência desde a revogação do art. 242 da Lei 6.404/1976, por força da Lei 10.303/2001, contou [*sic*] com o 'cochilo do legislador', que as excluiu da aplicação da lei (art. 2º,

16. Afinal, a exclusão das sociedades de economia mista do âmbito da falência não gerou privilégio legal sem compensação? – Na vigência do art. 242 a não sujeição das sociedades de economia mista à falência era compensada pela responsabilidade subsidiária do acionista controlador.

Após a revogação do art. 242 as sociedades de economia mista passaram a se sujeitar à falência.

Com o advento da Lei 11.101/2005 as sociedades de economia mista voltaram a ficar imunes à falência; no entanto, não foi restabelecida a responsabilidade subsidiária do acionista controlador.[63]

17. E a empresa pública? Após o advento da 11.101/2005 está, ou não, imune à falência? – Sob a égide do art. 242 da Lei das S/A, justamente porque ele só excluía a sociedade de economia mista da falência, discutia-se a possibilidade de se estender à empresa pública a imunidade da falência.

Com a disposição expressa de não aplicação da Lei 11.101/2005 (art. 2º, I) à empresa pública, cessou a controvérsia.

18. Opinião de Celso Antônio Bandeira de Mello: antes e depois do advento da Lei 11.101/2005 – *Antes* do advento da lei epigrafada, Celso Antônio Bandeira de Mello, ao examinar a possibilidade de decretação de falência das empresas públicas e das sociedades de economia mista, assim se posicionava:

"Põe-se, aqui, o problema de saber se, tendo forma mercantil, podem vir a desaparecer em decorrência da falência (...). A Lei das S/A (Lei 6.404, de 15.12.1976), em seu art. 242, estabelece que *as sociedades de economia mista não estão sujeitas a falência*, mas seus bens são penhoráveis e executáveis, *respondendo a pessoa controladora, subsidiariamente, por suas obrigações*.

"Cremos, entretanto, que a solução do problema não pode ser dada uniformemente, nem para as sociedades de economia mista – como pretendeu fazê-lo a lei citada –, nem para as empresas públicas. Entre tais entidades é necessário distinguir as que são prestadoras de serviço público das exploradoras de atividade econômica.

"Com relação às exploradoras de atividade econômica, nem a lei poderia excluí-las da sujeição à falência, assim como não poderia estabelecer responsabilidade subsidiária do Poder Público. Isto porque, quando a Constituição atribuiu-lhes regime correspondente ao das empresas privadas, inclusive quanto ao direito das obrigações (§ 1º do art. 173), pretendeu evitar que tais sujeitos desfrutassem de uma situação jurídica suscetível de colocá-las em vantagem em relação às empresas privadas em geral.[64]

"Ora, é isto que sucederia – e não pode suceder – se o Estado respondesse subsidiariamente por elas. Se lhes fosse dada a possibilidade de se eximirem da falência, vindo o Poder Público a respaldá-las para garantir os créditos de terceiros, quando a entidade ficasse insolvente, é bem de ver que, graças

I)" (*Manual de Falência e Recuperação de Empresas: Lei 11.101, de 9.2.2005*, São Paulo, Juarez de Oliveira, 2005, p. 9).

63. Paulo Fernando Campos Salles de Toledo critica tal situação: "(...) com a revogação do art. 242 da Lei das S/A, não mais se prevê de modo expresso que os bens da sociedade de economia mista são penhoráveis e executáveis (embora se possa chegar a esta conclusão por meio da interpretação sistemática), nem se estabelece que o ente estatal controlador responde subsidiariamente pelas obrigações sociais. A responsabilidade subsidiária do Estado, apesar das críticas quanto ao novo texto legal, servia como contraponto à não sujeição dessas empresas à atividade econômica" ("Comentários aos arts. 1º ao 34", cit., in Carlos Henrique Abrão e Paulo Fernando Campos Salles de Toledo (coords.), *Lei de Recuperação de Empresas e Falência*, p. 6).

64. Paulo Fernando Campos Salles de Toledo, na mesma linha interpretativa, faz sua crítica: "Quanto à sociedade de economia mista, entretanto, a solução encontrada significa um retrocesso (...) essas sociedades atuam no mercado ao lado das empresas privadas, concorrendo com estas. Por que motivo, em caso de insucesso empresarial, não seriam submetidas às mesmas conseqüências jurídicas e econômicas a que estão sujeitas as demais empresas?" ("Comentários aos arts. 1º ao 34", cit., in Carlos Henrique Abrão e Paulo Fernando Campos Salles de Toledo (coords.), *Lei de Recuperação de Empresas e Falência*, p. 6).

a tal respaldo juridicamente assegurado, aquele que com elas negociasse estaria em todo e qualquer caso garantido por alguém que é sempre solvente. Seriam, pois, mais confiáveis que as demais empresas privadas. Destarte, as estatais desfrutariam de situação privilegiada no mercado – precisamente o que quer a Constituição interditar.

"Em síntese: tanto as empresas públicas como as sociedades mistas *exploradoras de atividade econômica* podem vir a falir.

"Já no que atina às *prestadoras de serviço público* a situação é outra. Se forem sociedades de economia mista, ainda que se tornem insolventes, não se assujeitarão à falência e o Poder Público *responderá subsidiariamente*, perante terceiros, procedendo-se na forma disposta no recitado art. 242 da Lei das S/A (...).

"Tratando-se de *empresa pública*, não haverá impediente à falência, porquanto o diploma em causa só ressalva da quebra as que hajam sido constituídas na conformidade do referido modelo tipológico, pois só delas cogita."[65-66]

Após o advento das leis retromencionadas, Celso Antônio Bandeira de Mello continua posicionando-se no mesmo sentido:

"A Lei de Falências (Lei 11.101, de 9.2.2005), em seu art. 2º, declara não se aplicar a empresas públicas e sociedades de economia mista – isto é, às empresas estatais. Sem embargo, este dispositivo há de ser recebido *cum grano salis*. É que (...) se o art. 173, § 1º, II, da Constituição as equiparou às empresas privadas, aludindo expressamente ao direito comercial, a Lei Falimentar não poderia estabelecer tal discriminação excludente sem incidir em inconstitucionalidade. Sem embargo, cumpre dizer que o dispositivo constitucional mencionado se refere expressamente às 'exploradoras de atividade econômica'. Logo, a exclusão não pode alcançar estas últimas, mas pode, sem incidir em inconstitucionalidade, atingir as "prestadoras de serviço público", obra pública ou atividades públicas em geral.

"***64.*** Quando se tratar de exploradoras de atividade econômica, então, a falência terá curso absolutamente normal, como se de outra entidade mercantil qualquer se tratara. É que, como dito, a Constituição, no art. 173, § 1º, II, atribuiu-lhes sujeição ao 'regime jurídico próprio das empresas privadas inclusive quanto aos direitos e obrigações civis, *comerciais* (...)'. Disto se deduz, também, que o Estado não poderia responder subsidiariamente pelos créditos de terceiros que ficassem a descoberto, pois, se o fizesse, estaria oferecendo-lhes um respaldo de que não desfrutam as demais empresas privadas."[67-68-69]

65. Celso Antônio Bandeira de Mello, *Elementos de Direito Administrativo*, 3ª ed., São Paulo, Malheiros Editores, 1992, p. 103.

66. Antes também do advento da Lei 10.303/2001 e da Lei 11.101/2005, concluía Lúcia Valle Figueiredo: "Em não sendo possível decretar a falência de sociedade de economia mista exploradora de atividade comercial (art. 242 da Lei 6.404/1976), por maioria de razão, não se poderia decretar a de uma prestadora de serviços públicos. Esta interpretação, a nosso ver, estender-se-ia também às empresas públicas" (*Empresas Públicas e Sociedades de Economia Mista*, São Paulo, Ed. RT, 1978, p. 84).

Relata Diogo de Figueiredo Moreira Neto: "Outro ponto controvertido diz respeito à possibilidade de falência das empresas púbicas e das sociedades de economia mista. A Lei das S/A, n. 6.404, de 15.12.1976, no art. 242, estabelece que as *sociedades de economia mista* não estão sujeitas ao processo falimentar, mas inexiste dispositivo semelhante no que se refere às *empresas públicas*. A doutrina se divide a respeito. De um lado, os intérpretes que consideram revogado o dispositivo da Lei das S/A, em razão do art. 173, § 1º, II, da CF, que contém proibição ao intérprete de distinguir qualquer regime ou tratamento para essas empresas que não o 'próprio' das empresas privadas, e, por certo, não é 'próprio' das empresas privadas estarem imunes à falência. De outro lado estão os que estendem às empresas públicas o privilégio que a Lei das S/A atribui apenas às sociedades de economia mista (...) argumentando que a falência poderia comprometer a continuidade do serviço público ou dar prevalência aos interesses dos credores, em detrimento das razões que justificam a criação dessas empresas estatais (...)" (*Curso de Direito Administrativo: Parte Introdutória, Parte Geral e Parte Especial*, Rio de Janeiro, Forense, 2001, p. 257).

67. Celso Antônio Bandeira de Mello, *Curso de Direito Administrativo*, cit., 26ª ed., pp. 205-206.

68. No mesmo diapasão Newton de Lucca: "Não há razão plausível para que uma empresa estatal exercente de atividade econômica – seja ela pública,

19. Inconstitucionalidade do art. 2º, I, da Lei 11.101/2005? – Registramos nossa concordância com a opinião do publicista Celso Antônio Bandeira de Mello, acima externada, no sentido de que primeiramente é necessário distinguir, de um lado, as sociedades de economia mista e as empresas públicas que prestam serviço público e, de outro lado, aquelas que exploram atividade econômica de produção ou comercialização de bens ou prestação de serviços, para depois concluir que estas não poderiam ser excluídas da sujeição à falência, já que a Constituição lhes atribui regime correspondente ao das empresas privadas, inclusive quanto ao direito das *obrigações comerciais*, nos termos do art.173, § 1º, II, da CF, evitando que desfrutassem de uma situação jurídica suscetível de colocá-los em vantagem em relação às empresas privadas em geral.

Em resumo, à luz do inciso I do art. 2º da Lei 11.101/2005, indubitavelmente, as sociedades de economia mista e as empresas púbicas (quer sejam prestadoras de serviço público, quer sejam exploradoras de atividade econômica) estão imunes à falência. Todavia, sob o prisma do inciso II do § 1º do art. 173 da CF, somente aquelas que prestam serviço público é que efetivamente gozam de imunidade falimentar, pois as demais – vale dizer, aquelas que exploram atividade econômica de produção ou comercialização de bens ou prestação de serviços – remanescem sujeitas à falência.[70-71-72]

de economia mista ou simplesmente controlada pelo Poder Público – não se subordine às mesmas normas das empresas privadas, de acordo com o comando constitucional do § 1º do art. 173. (...). Parece-me que as sociedades de economia mista, quando exercentes de atividade econômica, deveriam efetivamente ficar sujeitas às disposições do regime comum de recuperação judicial e de liquidação contemplado na lei em tela e não ser dele excluídas, desde logo, como constou no art. 2º da NLF. *Deveriam* ficar, é certo, mas não ficarão. É que a lei optou por excluí-las, sem nenhuma distinção entre sociedades de economia mista que exercem atividade econômica e sociedades de economia mista que prestam serviço público, resolvendo-se a dúvida com o princípio hermenêutico segundo o qual não caberá ao intérprete distinguir onde o legislador não o fez (...)" ("Comentários aos arts. 1º ao 6º", in Newton de Lucca e Adalberto Simão Filho (coords.), *Comentários à Nova Lei de Recuperação de Empresas e de Falências*, cit., pp. 61 e 68).

69. Compartilha do mesmo entendimento Maria Sylvia Zanella Di Pietro: "Só cabe fazer uma observação: a lei falhou ao dar tratamento igual a todas as empresas estatais, sem distinguir as que prestam serviço público (com fundamento no art. 175 da Constituição) e as que exercem atividade econômica a título de intervenção (com base no art. 173 da Constituição). Estas últimas não podem ter tratamento privilegiado em relação às empresas do setor privado, porque o referido dispositivo constitucional determina que elas se sujeitem ao mesmo regime das empresas privadas, inclusive quanto aos direitos e obrigações civis, comerciais, trabalhistas e tributários" ("Comentários ao art. 195", in Osmar Brina Corrêa-Lima e Sérgio Mourão Corrêa-Lima (coords.), *Comentários à Nova Lei de Falência e Recuperação de Empresas: Lei 11.101, de 9.2.2005*, Rio de Janeiro, Forense, 2009, p. 1.289).

70. José Marcelo Martins Proença também afirma ser de constitucionalidade duvidosa a exclusão das sociedades de economia mista e das empresas públicas do atual sistema concursal brasileiro, "devendo ser, por certo, questionada no STF. Isso porque o art. 173, § 1º, II, da CF prevê que essas empresas estão sujeitas ao regime jurídico próprio das empresas privadas, 'inclusive quanto aos direitos e obrigações civis, comerciais, trabalhistas e tributárias'" ("Disposições preliminares – Aplicação da legislação, competência e intervenção do Ministério Público", in Rubens Approbato Machado (coord.), *Comentários à Nova Lei de Falências e Recuperação de Empresas*, São Paulo, Quartier Latin, 2005, p. 67).

71. Haroldo Malheiros Duclerc Verçosa é categórico: "Em conclusão, (i) percebe-se que já se revelava inconstitucional o art. 242 da Lei 6.404/1976, na parte em que afastava a possibilidade da falência das sociedades de economia mista, embora mantivesse acertadamente a responsabilidade subsidiária do Estado por suas obrigações; (ii) também é inconstitucional o inciso I do art. 2º da Lei 11.101, de 9.2.2005, porque afronta o art. 173, §§ 1º e 2º, da Magna Carta" ("Das pessoas sujeitas e não sujeitas aos regimes de recuperação de empresa e falência", in Luiz Fernando Valente de Paiva (coord.), *Direito Falimentar e a Nova Lei de Falências e Recuperação de Empresas*, São Paulo, Quartier Latin, 2005, pp. 102-103).

72. Renato Ventura Ribeiro também é categórico: "É inconstitucional o disposto no art. 2º, I, da Lei 11.101/2005, que exclui as empresas públicas e sociedades de economia mista do regime falimentar, por contrariar o art. 173, § 1º, II, da Carta Magna, que determina a sujeição das referidas sociedades às leis

20. Instituição financeira pública e privada – Prescreve a Lei 4.595/1964:

"*Art. 17.* Consideram-se instituições financeiras, para os efeitos da legislação em vigor, as pessoas jurídicas públicas e privadas, que tenham como atividade principal ou acessória a coleta, intermediação ou aplicação de recursos próprios ou de terceiros, em moeda nacional ou estrangeira, e a custódia de valor de propriedade de terceiros.

"Parágrafo único. Para os efeitos desta Lei e da legislação em vigor, equiparam-se às instituições financeiras as pessoas físicas que exerçam qualquer das atividades referidas neste artigo, de forma permanente ou eventual."[73-74-75]

Sustenta Newton de Lucca: "(...) seja em razão da peculiaridade do funcionamento de tais empresas, seja em função do interesse público nelas envolvido, seja, ainda, por simples opção do legislador, sem que haja qualquer relevância axiológica, o fato é que se justifica, para elas, uma disciplina jurídica específica".[76]

21. Cooperativa de crédito. Consórcio. Sociedade operadora de plano de assistência à saúde. Sociedade seguradora. Sociedade de capitalização. Outras entidades legalmente equiparadas às anteriores – Conceitua Celso Marcelo de Oliveira: "*Cooperativas de crédito.* (...) são instituições financeiras, constituídas como sociedade de pessoas, com forma e natureza jurídica próprias, de natureza civil, sem fins lucrativos e não sujeitas à falência, com o objetivo de propiciar crédito e prestar serviços aos seus associados".[77]

Jurisprudência[78]

Eis duas ementas pertinentes:

comerciais aplicáveis às empresas privadas, inclusive às falências" ("O regime de insolvência das empresas estatais", in Rodrigo R. Monteiro de Castro e Leandro dos Santos de Aragão (coords.), *Direito Societário e a Nova Lei de Falências e Recuperação de Empresas*, São Paulo, Quartier Latin, 2006, p. 126).

73. A Lei 7.492/1986, que define os crimes contra o Sistema Financeiro Nacional, no seu art. 1º, conceitua: "Considera-se instituição financeira, para o efeito desta Lei, a pessoa jurídica de direito público ou privado que tenha como atividade principal ou acessória, cumulativamente ou não, a captação, intermediação ou aplicação de recursos financeiros (*vetado*) de terceiros, em moeda nacional ou estrangeira, ou a custódia, emissão, distribuição, negociação, intermediação ou administração de valores mobiliários". Já o parágrafo único do mesmo art. 1º faz a seguinte equiparação: "Equipara-se à instituição financeira: I – a pessoa jurídica que capte ou administre seguros, câmbio, consórcio, capitalização ou qualquer tipo de poupança, ou recursos de terceiros; II – a pessoa natural que exerça quaisquer das atividades referidas neste artigo, ainda que de forma eventual".

74. Fábio Ulhoa Coelho aduz: "Também entre as sociedades empresárias parcialmente excluídas do regime falimentar estão, por fim, as instituições financeiras, às quais destinou o processo de liquidação extrajudicial previsto na Lei 6.024/1974. A exclusão dessas sociedades é parcial, na medida em que elas, quando se encontram no exercício regular da atividade financeira, sujeitam-se à decretação da falência como qualquer outro empresário. Mas se o Banco Central decreta a intervenção ou liquidação extrajudicial de certa instituição, esta não pode mais falir a pedido do credor. Nesses casos a quebra somente pode verificar-se a pedido do interventor (na intervenção) ou do liquidante (na liquidação extrajudicial), devidamente outorgados pelo Banco Central" (*Comentários à Nova Lei de Falências e de Recuperação de Empresas*, São Paulo, Saraiva, 2005, p. 199).

75. Segundo Celso Marcelo de Oliveira: "(...) são considerados instituições financeiras os bancos comerciais, os bancos múltiplos, as caixas econômicas, os bancos de investimento, os bancos de desenvolvimento, as sociedades de crédito imobiliário, as sociedades de crédito ao consumidor, as companhias hipotecárias, as sociedades de arrendamento mercantil e as agências de fomento" (*Comentários à Nova Lei de Falências*, São Paulo, IOB-Thomson, 2005, p. 94).

76. Newton de Lucca, "Comentários aos arts. 1º ao 4º", cit., in Osmar Brina Corrêa-Lima e Sérgio Mourão Corrêa-Lima (coords.), *Comentários à Nova Lei de Falência e Recuperação de Empresas: Lei 11.101, de 9.2.2005*, p. 31.

77. Tais cooperativas são regidas pelas Leis 10.406/2002, 5.764/1971 e 4.595/1964. Segundo o art. 1º da Lei 6.024/1974, ditas cooperativas estão sujeitas a intervenção ou liquidação extrajudicial, em ambos os casos efetuada e decretada pelo Banco Central do Brasil, podendo, como as instituições financeiras, ter suas falências decretadas.

78. Cristiano Imhof, *Lei de Falências e de Recuperação de Empresas e sua Interpretação Jurisprudencial: Anotado Artigo por Artigo*, Florianópolis, Conceito Editorial, 2009, p. 32.

[TJMT] Em outras palavras, *a "falência" das cooperativas de crédito não é regida pela Lei n. 11.101/2005, mas, sim, por lei especial* (...). [*AI 43.635/2008, rela. Desa. Guiomar Teodoro Borges, j. 18.8.2008*]

[TJSP] *Nenhuma dúvida há na doutrina ou na jurisprudência no sentido de que as instituições financeiras, dentre as quais as cooperativas de crédito, sujeitam-se ao regime da intervenção e liquidação extrajudicial, previsto na Lei n. 6.024/1974, que será decretada* ***ex officio*** *pelo Banco Central do Brasil ou por solicitação dos administradores da instituição* (...). Portanto, pedido de falência de cooperativa de crédito só poderá ser formulado se o Banco Central do Brasil autorizar o interventor ou o liquidante, nos casos taxativamente previstos na legislação especial, a requerer, perante a Justiça Estadual, a falência daquela instituição financeira. [*ACi 4445-466-4/6-00, rel. Des. Pereira Calças, j. 1.8.2007*]

Celso Marcelo de Oliveira afirma:

"*Consórcio.* É a modalidade de acesso ao mercado de consumo baseada na união de pessoas físicas ou jurídicas, em grupo fechado, cuja finalidade é formar poupança destinada à compra de bens móveis duráveis, imóveis e serviço turístico, por meio de autofinanciamento.[79]

"*Sociedade operadora de plano médico de assistência à saúde.* (...) pode ser constituída como uma pessoa jurídica sob a modalidade de sociedade civil ou empresarial, cooperativa ou entidade de autogestão, que opere produto, serviço ou contrato.[80]

"*Sociedade seguradora.* São as companhias de seguro que, nos termos do art. 26 do Decreto-lei 73/1966, estão sujeitas aos procedimentos de execução coletiva consistente na liquidação compulsória (...)."

Jurisprudência[81]

Eis uma ementa pertinente:

[TJPR] Segundo Fábio Ulhoa Coelho (...). As companhias de seguro (sociedades anônimas), nos termos do art. 26 do Decreto-lei n. 73/1966, estão sujeitas a procedimentos específicos de execução concursal, denominado liquidação compulsória, promovido pela SUSEP (...). Até 1999 era essa uma hipótese de exclusão total. Desde aquele ano (inicialmente, por medida provisória; a partir de 2002, pela Lei n. 10.190), *cabe a decretação da falência das seguradoras quando a liquidação compulsória, que passou a chamar-se extrajudicial, se frustra porque o ativo da companhia em liquidação não é suficiente para o pagamento de pelo menos metade do passivo quirografário* (...). [*ACi 0354475-4, rela. Desa. Rosana Amara Girardi Fachin, j. 9.11.2006*]

Celso Marcelo de Oliveira doutrina:

"*Sociedade de capitalização.* As sociedades de capitalização, necessariamente brasileiras e anônimas, estão sujeitas a um regime de execução coletiva consistente na liquidação extrajudicial disciplinada no Decreto 22.456/1933.

"*Outras entidades legalmente equiparadas às anteriores.* Podemos ainda expor que a Lei Falimentar não se aplica às entidades legalmente equiparadas, enumeradas a seguir: (a) usinas de açúcar, que se sujeitam à intervenção provisória do art. 28 do Decreto-lei 3.855; (b) as sociedades arrendadoras que tenham por objeto exclusivo a exploração do *leasing*, pois estão sujeitas ao mesmo regime de liquidação extrajudicial previsto para as instituições financeiras, consoante norma estatuída na Resolução 351/1975 do Banco Central; (c) as cooperativas, por serem sociedades civis e não se sujeitarem à falência (...): (c.1) as cooperativas de crédito, pois entram em liquidação pelo Banco Central (Lei 6.024/1974); e (c.2) as mistas, por terem sua seção de crédito submissa à mesma autarquia (...)."[82]

22. Entidade de previdência complementar – Tal entidade foi prevista no art. 202 da CF, e em cumprimento ao disposto no § 1º desse artigo foram editadas as Leis Complementares 108 e 109, ambas de 29.5.2001.

79. Regida pela Lei 5.768, de 9.8.1972, que foi regulamentada pelo Decreto 70.951/1972.

80. A Lei 9.656, de 3.6.1998, delimita, no seu art. 23, que os planos privados de assistência à saúde não podem requerer concordata nem estão sujeitos à falência, mas tão-somente ao regime de liquidação extrajudicial previsto no Decreto-lei 73, de 21.11.1966.

81. Cristiano Imhof, *Lei de Falências e de Recuperação de Empresas e sua Interpretação Jurisprudencial: Anotado Artigo por Artigo*, cit., p. 32.

82. Celso Marcelo de Oliveira, *Comentários à Nova Lei de Falências*, cit., pp. 97-98 e 101-102.

Note-se que o art. 79 da Lei Complementar 109/2001, além de ter revogado a Lei 6.435/1977, previu a intervenção e liquidação extrajudicial da referida entidade e vedou-lhe a aplicação da concordata e a excluiu da falência.

Art. 3º. É competente[23] para homologar[24] o plano de recuperação extrajudicial, deferir[24] a recuperação judicial ou decretar[24] a falência o juízo do local do principal estabelecimento do devedor[25-26-27-28-29] ou da filial de empresa que tenha sede fora do Brasil.[30]

LEGISLAÇÃO ANTERIOR

Lei de Falências (DL 7.661/1945): *Art. 7º.* É competente para declarar a falência o juiz em cuja jurisdição o devedor tem o seu principal estabelecimento ou casa filial de outra situada fora do Brasil.

COMENTÁRIOS

23. Competência. Varas e Câmara Especial de Falências e Recuperações Judiciais – Conceitua Moacyr Amaral Santos: (...). Competência (...) é o poder de exercer a jurisdição nos limites estabelecidos pela lei. Ou, conforme conceituação generalizada, é o âmbito dentro do qual o juiz pode exercer a jurisdição (...).[83-84-85]

Registramos que o TJSP criou três Varas de Falências e Recuperações Judiciais com competência para a comarca de São Paulo (Resolução 200/2005)[86] e uma Câmara Especial de Falências e Recuperações Judiciais (Resolução 207/2005).[87]

83. Moacyr Amaral Santos, *Primeiras Linhas de Direito Processual Civil: Adaptadas ao Novo Código de Processo Civil*, 5ª ed., vol. 1, São Paulo, Saraiva, 1977, pp. 169-170.

84. Ensina José Frederico Marques: "Dizem, por isso, os autores que a competência é a medida da jurisdição" (*Instituições de Direito Processual Civil*, vol. 5, Campinas, Millennium, 2000, p. 320).

85. Segundo Arruda Alvim: "Competência é a atribuição a um dado órgão do Poder Judiciário daquilo que lhe está afeto, em decorrência da sua atividade jurisdicional específica, dentro do Poder Judiciário (...). Competência é atributo do órgão (juízo, tribunal, câmara etc.) e não do agente (juiz)" (*Manual de Direito Processual Civil: Parte Geral*, 9ª ed., vol. 1, São Paulo, Ed. RT, 2005, p. 238).

86. Paulo Sérgio Restiffe traça o seguinte histórico: "Há leis locais que estabelecem, para os casos da Lei de Falências, juízos privativos próprios para julgamentos de falências e recuperação de empresas. No Estado de São Paulo, o TJSP, por meio da Resolução 200, de 23.3.2005, tendo em conta a necessidade de especialização do serviço judiciário, em especial pelo advento da atual Lei de Falências, resolveu criar, por remanejamento, Varas de Falências e Recuperação Judiciais na comarca da Capital, com competência para processar, julgar e executar feitos relativos a falência, recuperação judicial e extrajudicial, principais, acessórios e seus incidentes, incluídas aí as ações penais. Ademais, ficou resolvido, igualmente, o acervo de feitos referentes a falências e concordatas, que tramitam sob a égide do Decreto-lei 7.661/1945, permanecer nas Varas Cíveis do Foro Central da comarca da Capital. Observe-se que, embora ainda não instalada, a Resolução 200 remanejou a antiga 50ª Vara Cível do Foro Central da Capital/SP para ser a 3ª Vara de Falências e Recuperações Judiciais da comarca da Capital do Estado de São Paulo. Os primeiros magistrados a atuarem nas Varas de Falências e Recuperação Judiciais na comarca da Capital do Estado de São Paulo são o Juiz Alexandre Alves Lazzarini (da 1ª Vara) e o Juiz Caio Marcelo Mendes de Oliveira (da 2ª Vara)" (*Recuperação de Empresas: de Acordo com a Lei 11.101, de 9.2.2005*, São Paulo, Manole, 2008, pp. 101-102).

87. Continua Paulo Sérgio Restiffe: "Por meio da Resolução 207, de 4.5.2005, o TJSP, tendo em conta a necessidade de especialização do serviço judiciário, criou a Câmara Especial de Falências e Recuperações Judiciais, com competência para processar e julgar recursos e ações originárias relativas a falência e recuperação judicial e extrajudicial, relativas a feitos principais ou acessórios, conexos e atraídos pelo juízo universal, salvo os de natureza penal, que continuam afetos à Seção Criminal. Os primeiros integrantes da Câmara Especial de Falências e Recuperações Judiciais do TJSP são os Des. Sidnei Benetti, Bóris Kauffmann, Elliot Akel, Pereira Calças e Romeu Ricupero. Atualmente, a Câmara Especial de Falências e Recuperações Judiciais do TJSP é composta pelos Des. Bóris Padron Kauffmann, Hamilton Elliot Akel, Manoel de Queiroz Pereira Calças, Jorge Roberto Lino Machado e Romeu Ricupero, e como suplente o Des. José Araldo de Costa Telles. Todos atuam sem prejuízo de suas respectivas Câmaras e Seções"

24. Homologar, deferir ou decretar – Os verbos eleitos pelo legislador para os institutos da recuperação extrajudicial, recuperação judicial e da falência foram, respectivamente, "homologar", "deferir" e "decretar".

25. Local do principal estabelecimento – Estabelece o Código Civil:

"*Art. 1.142.* Considera-se estabelecimento todo o complexo de bens organizado, para o exercício da empresa, por empresários ou por sociedade empresária.

"*Art. 969.* O empresário que instituir sucursal, filial ou agência, em lugar sujeito à jurisdição de outro Registro Público de Empresas Mercantis, neste deverá também inscrevê-la, com a prova da inscrição originária.

"Parágrafo único. Em qualquer caso, a constituição do estabelecimento secundário deverá ser averbada no Registro Público de Empresas Mercantis da respectiva sede."

Da mera leitura dos dispositivos retromencionados poder-se-ia concluir que a sede da sociedade empresária se situa no estabelecimento principal e a filial no estabelecimento secundário. Entretanto, para fins falimentares tal conclusão não espelha a realidade.

Por quê? Porque nem a Lei Falimentar anterior (art. 7º do Decreto-lei 7.661/1945) nem a atual (art. 3º da Lei 11.101/2005) identificaram o "principal estabelecimento" como sendo a sede.

Exemplifique-se: a sede da companhia aérea Varig, conforme seus estatuto social, é em Porto Alegre; no entanto, sua recuperação judicial tramitou na comarca do Rio de Janeiro, local do seu principal estabelecimento.[88]

Jurisprudência[89]

Eis três ementas pertinentes:

[TJSP] Competência – Foro – *Pedido de recuperação judicial – Propositura na comarca onde estabelecido o escritório comercial da recuperanda – Sede em comarca diversa – Irrelevância – Requerimento que deve ser distribuído no juízo do principal estabelecimento, sob o ponto de vista econômico* – Incidência do art. 3º da Lei n. 11.101/2005 – *Agravo provido para manter os autos no foro onde distribuído o pedido de recuperação.* [*AI 620.554-4/3-00, rel. Des. Elliot Akel, j. 4.3.2009*]

[TJMG] É competente para o processamento e julgamento do processo falimentar o juízo onde se situa o principal estabelecimento da empresa, *independentemente do local indicado como sede em seu contrato social.* [*AI 1.00024.07.515411-2/001, rel. Des. Dorival Guimarães Rosa, j. 6.3.2008*]

[TJDF] I – É competente para declarar a falência o juízo do local em cuja jurisdição o devedor tem o seu principal estabelecimento ou filial de empresa que tenha fora do Brasil – Inteligência do art. 3º da Lei n. 11.101/2005. II – Consoante entendimento jurisprudencial, respaldado em abalizada doutrina, "estabelecimento principal é o local onde a atividade se mantém centralizada", *não sendo, de outra parte, aquele a que os estatutos conferem o título de principal*, mas o corpo vivo, o centro vital das principais atividades do devedor. [*AI 2007.00.007081-3, rel. Des. José Divino de Oliveira, j. 8.8.2007*]

Aliás, na vigência do Decreto-lei 7.661/1945 (art. 7º) o conteúdo, o sentido e o alcance da expressão "principal estabelecimento" foram debatidos freqüentemente.

A redação do texto legal anterior é deveras semelhante à do texto atual. Por isso, acreditamos que tanto a doutrina quanto a jurisprudência já construídas sob a égide do Decreto-lei 7.661/1945 (art. 7º) são plenamente aplicáveis no império da Lei 11.101/2005.

Ipso facto, reproduziremos nos tópicos subseqüentes as opiniões de juristas clássicos, bem como alguns posicionamentos pretorianos já firmados.

26. Opiniões doutrinárias clássicas sobre "principal estabelecimento" à luz do

(*Recuperação de Empresas: de Acordo com a Lei 11.101, de 9.2.2005*, cit., p. 102).

88. Luiz Inácio Vigil Neto, *Teoria Falimentar e Regimes Recuperatórios: Estudos sobre a Lei 11.101/2005*, Porto Alegre, Livraria do Advogado, 2008, p. 88.

89. Cristiano Imhof, *Lei de Falências e de Recuperação de Empresas e sua Interpretação Jurisprudencial: Anotado Artigo por Artigo*, Florianópolis, Conceito Editorial, 2009, pp. 37-38.

Decreto-lei 7.661/1945 – Waldemar Martins Ferreira: "A fim de determinar a competência do juiz comarcano é de mister, em face do texto legal, verificar qual dos estabelecimentos é o principal (...) *no estabelecimento em que se encontre o centro dos negócios, sua direção e contabilidade* é que se instala a sindicância da massa. É onde juiz, representante do Ministério Público e síndico encontram os elementos indispensáveis ao processo da falência. É onde se têm os livros e a contabilidade".[90]

J. X. Carvalho de Mendonça:

"'Principal estabelecimento' é o lugar onde o devedor, comerciante ou a sociedade anônima, centraliza a sua atividade e influência econômica; onde tôdas as suas operações recebem o impulso diretor; onde, enfim, se acham reunidos normal e permanentemente todos os elementos constitutivos do seu crédito. É, em resumo, o lugar da sede da vida ativa, o lugar onde reside o *govêrno dos negócios do devedor*. Pouco importa que o devedor tenha em outro lugar depósito de mercadorias, ou mesmo fábricas que manufaturem os produtos que mais tarde alimentem o giro comercial. Também indiferente é que cada uma das suas sucursais prospere, ou pelo menos não tenha faltado ao pagamento da dívida mercantil.

"No estabelecimento principal é que existe o termômetro do crédito do comerciante põe aí estão absorvidos todos os seus negócios, e o patrimônio do devedor é único e indivisível, constituindo em qualquer lugar em que esteja a garantia comum dos credores."[91]

Trajano de Miranda Valverde:

"O princípio da pluralidade de domicílios desaparece diante da Lei de Falências, que dá ao comerciante um único domicílio, o lugar onde tem o seu 'principal estabelecimento'. A universalidade do estado de falência, situação jurídica legal, que não decorre, mas pressupõe a unidade do juízo que dele conhece, opõe-se à possibilidade de serem decretadas tantas falências do mesmo comerciante quantos forem os seus estabelecimentos, situados em jurisdições diferentes. Dentro do território nacional, o princípio da universalidade vigora em tôda a sua plenitude (...).

"Se o comerciante, pessoa natural ou jurídica, tiver vários estabelecimentos em jurisdições diferentes, o seu domicílio, para os efeitos da Lei de Falências, *é o lugar onde estiver a sede administrativa* dos negócios. Pouco importa, quanto às pessoas jurídicas, que os estatutos, contrato ou ato constitutivo hajam fixado em outro lugar um domicílio, chamado especial. No domicílio real, (...) *na sede da administração, perante o juízo, em cuja jurisdição ela se localiza, é que se abrirá a falência do devedor*.

"Outro não é, certamente, o espírito da lei. *A sede administrativa é, com efeito, o ponto central dos negócios, de onde partem tôdas as ordens, que imprimem e regularizam o movimento econômico dos estabelecimentos produtores*. As relações externas, com fornecedores, clientes, bancos etc., realizam-se por seu intermédio. *Na sede da administração* é que se faz a contabilidade geral das operações, onde, por isso, devem estar os livros legais da escrituração, os quais, mais que o valor pecuniário, ou a importância do estabelecimento produtor, interessam, na falência ou concordata, à Justiça."[92]

Rubens Requião: "Todas as regras [*do Código de Processo Civil*] são proscritas pelo direito falimentar, que, abandonando o conceito de "sede estatutária", elege a competência de juízo pela determinação do lugar onde o devedor, seja pessoa física ou pessoa jurídica, possui o seu principal estabelecimento (...). A questão, pois, da *determinação de principal estabelecimento* de uma empresa que os possua vários *constitui questão de*

90. Waldemar Martins Ferreira, *Instituições de Direito Comercial*, vol. 5, Rio de Janeiro, Freitas Bastos, 1951, pp. 108-109.

91. J. X. Carvalho de Mendonça, *Tratado de Direito Comercial Brasileiro*, 7ª ed., vol. VII, Rio de Janeiro, Freitas Bastos, 1964, pp. 272-274.

92. Trajano de Miranda Valverde, *Comentários à Lei de Falências*, 2ª ed., vol. I, Rio de Janeiro, Revista Forense, 1955, pp. 95-96 e 98-99.

fato, a ser apreciada em cada caso pelo juiz, ao aceitar a competência do seu foro".[93-94]

As opiniões retromencionadas – reitere-se, uma vez que a lei sob comento não inovou o tema – remanescem pertinentes.

27. Algumas ementas jurisprudenciais sobre "principal estabelecimento" à luz do Decreto-lei 7.661/1945 – **[TJSP]** Pedido de falência (Decreto-lei n. 7.661/1945, art. 1º) – Competência – Requerida com sede em Curitiba/PR e filial em São Paulo – Elementos que conduzem à conclusão de ser a filial o estabelecimento principal – Competência do juízo da comarca de São Paulo admitida (...). [*Câmara Especial de Falências e Recuperações Judiciais, ACi 418745-4/7-00, rel. Des. Bóris Kauffmann, j. 30.11.2005*][95]

[STJ] O juízo competente para processar e julgar pedido de falência e, por conseguinte, de concordata é o da *comarca onde se encontra o "centro vital das principais atividades do devedor"*, conforme o disposto no art. 7º da Lei de Falências (Decreto-lei n. 7.661/1945) e o firme entendimento do STJ a respeito do tema. [*2ª Seção, CC 37.736-SP, rela. Min. Nancy Adrighi, j. 11.6.2003, DJU 16.8.2004, p. 130*]

[STJ] Foro competente para a concordata preventiva é o local em que o comerciante tem seu principal estabelecimento, isto é, onde se encontra a verdadeira sede administrativa, o comando dos negócios. [*2ª Seção, CC 21.775-DF, rel. Min. Bueno de Sousa, j. 24.6.1998, DJU 4.6.2001, p. 53*]

[TJSP] *Estabelecimento principal*, para os efeitos do art. 7º da Lei de Falências, *não é aquele a que os estatutos da sociedade conferem o título de principal, mas o que forma concretamente o corpo vivo, o centro vital das principais atividades comerciais do devedor, a sede ou núcleo dos negócios, em sua palpitante vivência material.* [*Câmara Especial, AI 3.540-0, rel. Des. César de Moraes, v.u., RT 589/105. No mesmo sentido: RSTJ 143/206; STJ, RT 714/244; STJ, RJ 254/57*]

[STJ] Competência – Falência – Foro do estabelecimento principal do devedor. I – A competência para o processo e julgamento da falência é do juízo onde o devedor tem o seu *principal estabelecimento*, e este *é o local onde a atividade se mantém centralizada, não sendo, de outra parte, aquele a que os estatutos conferem o título de principal, mas o que forma o corpo vivo, o centro vital das principais atividades do devedor* (CC 21.896-MG, rel. Min. Sálvio de Figueiredo). II – Conflito conhecido para declarar competente o Juízo de Direito da 8ª Vara Cível de São Paulo/SP, suscitado. [*CC 27.835-DF, DJU 9.4.2001*]

[STJ] Processa-se a concordata no *local do estabelecimento principal*, entendendo-se como tal onde se acha *a sede administrativa da empresa, isto é, o comando dos negócios* – Conflito conhecido e declarado competente o suscitado. [*CC 1.779-PR, rel. Min. Nilson Naves, DJU 9.9.1991*]

[STF] 1. Foro competente para declarar a falência nos termos do art. 7º, *caput*, da Lei Falencial – De como se define o estabelecimento básico mencionado na sobredita regra. *Não é aquele a que os estatutos da sociedade conferem o título de principal, mas o que forma concretamente o corpo vivo, o centro vital das principais atividades comerciais do devedor, a sede ou núcleo dos negócios em sua palpitante vivência material.* 2. Conflito de competência decidido pelo STF na consideração do que acima é definido como estabelecimento principal ou básico do devedor. [*CJ 6.025-SP, rel. Min.Antônio Neder, DJU 16.2.1997*]

28. Tentativas de chicanas jurídicas – Rubens Requião relata, *in concreto*, uma tentativa de chicana jurídica: "Já assistimos a caso semelhante à hipótese levantada, ocorrido com determinada empresa que, tendo sua sede estatutária e estabelecimento principal situados numa comarca, cujo Juiz se revelava de extrema severidade, ao pressentir o requerimento de sua falência, mudou precipitadamente de sede, com alteração de

93. Rubens Requião, *Curso de Direito Falimentar*, 16ª ed., vol. 1, São Paulo, Saraiva, 1995, pp. 81-82.

94. Manoel Justino Bezerra Filho lembra: "Oscar Barreto Filho anota que a questão da fixação do principal estabelecimento carece de interesse jurídico na falência; propõe que na conceituação de 'principal estabelecimento' deve sempre preponderar o critério quantitativo econômico, ou seja, é 'aquele em que o comerciante exerce maior atividade mercantil, e que, portanto, é mais expressivo em termos patrimoniais'. Sylvio Marcondes diz ser aquele no qual melhor se atendam os fins da falência, possibilitando a melhor forma de liquidação do ativo e do passivo" (*Nova Lei de Recuperação e de Falências Comentada. Lei 11.101, de 9.2.2005, Comentário Artigo por Artigo*, 3ª ed., São Paulo, Ed. RT, 2005, pp. 54-55).

95. Manoel Justino Bezerra Filho, *Jurisprudência da Nova Lei de Recuperação de Empresas e Falências/Decisões, Ofícios Judiciais, Resoluções, Sentenças, Acórdãos, Dentre Outros Documentos*, São Paulo, Ed. RT, 2006, p. 23.

seus estatutos, para outra comarca (...). Nesse Juízo confessou sua falência. Debalde, credores denunciaram a fraude, sustentando, ademais, a prevenção da jurisdição do foro da antiga sede do estabelecimento principal. Nem a lei nem a reação dos credores de porte chegaram a sensibilizar o Juiz e o Tribunal a quem se recorreu (...). Fatos desse naipe é que desmoralizam e enfraquecem o instituto da falência (...)".[96-97-98]

96. Rubens Requião, *Curso de Direito Falimentar*, cit., 16ª ed., vol. 1, p. 83.

97. Manoel Justino Bezerra Filho, por sua vez, relata, *in abstracto*, duas outras tentativas de chicanas jurídicas: "A propósito, tal aspecto tem se prestado a possibilitar inúmeras tentativas de chicanas jurídicas e medidas protelatórias. Ou seja, já preparando uma futura falência fraudulenta, o empresário abre diversos estabelecimentos e em todos exerce finalidades determinantes e de peso, de tal forma que, não importa em qual juízo será requerida a sua falência, sempre argumentará que seu principal estabelecimento não é aquele, e sim outro. Portanto, pode-se perceber desde já a importância de se determinar o principal estabelecimento. Também não parece recomendável admitir-se que principal estabelecimento seria aquele assim declarado no contrato social (ou estatuto) arquivado na Junta Comercial, pois isso permitiria ao empresário desonesto fixar sede contratual em local de difícil acesso a credores. Imagine-se, por exemplo, o caso de uma sociedade empresária com todos os estabelecimentos em determinada unidade da Federação e que abrisse pequeno escritório em unidade da Federação distante, apenas para dificultar qualquer pedido de falência contra ela" (*Nova Lei de Recuperação e de Falências Comentada. Lei 11.101, de 9.2.2005, Comentário Artigo por Artigo*, cit., 3ª ed., p. 54).

98. Na mesma linha, aduz Newton de Lucca: "Não foram poucos os casos de empresários inescrupulosos que arquivaram na Junta Comercial de uma determinada unidade da Federação o contrato social de uma limitada, ou o estatuto de uma sociedade anônima, por eles controladas, mas a sede da administração era transferida sub-repticiamente para outra unidade, já com o propósito adrede de procrastinar eventual requerimento de falência que viesse a ser proposto contra tal sociedade. (...). Mas houve, por certo, coisas piores. Às vezes a transferência da sede da empresa ocorria mesmo depois de distribuído o primeiro requerimento de falência, na pitoresca tentativa de conspurcar o princípio da *perpetuatio jurisdictionis* e o da prevenção" ("Comentários aos arts. 1º ao 6º", in Newton de Lucca e Adalberto Simão Filho (coords.), *Comentários à Nova Lei de Recuperação de Empresas e de Falências*, São Paulo, Quartier Latin, 2005, pp. 98-99).

29. Recomendação para neutralizar chicanas jurídicas – Manoel Justino Bezerra Filho, ao tratar dos estratagemas pertinentes ao "principal estabelecimento" adotados pelos devedores, recomenda: "Sem embargo, se o juiz experimentado percebe que se trata de medida protelatória, a melhor opção é desde logo reconhecer tal fato e declarar a falência no processo que tem em mãos, como correta medida de política judiciária, sem embargo de a competência do juízo do principal estabelecimento, embora territorial, ser de natureza absoluta".[99]

À luz do parágrafo único do art. 75, que alude aos princípios da celeridade e economia processual em sede de falência, talvez se justifique a recomendação supracitada.

Qual será o juízo competente caso o pedido de falência se refira a empresário ou a sociedade empresária cujas atividades se encontram definitivamente encerradas?

Entendemos que tal pedido deva ser formulado perante o juízo do foro que se tenha declarado como sede dos negócios no Registro Público de Empresas Mercantis.[100]

Jurisprudência[101]

O STJ tem o mesmo entendimento:

[STJ] Conflito de competência – Foro de eleição – Empresa que encerrou as atividades tanto na sede quanto na filial. *Se a empresa cuja falência foi requerida encerrou suas atividades tanto na sede quanto na filial*, nada se sabendo a respeito da localização dos respectivos bens e sócios, *prevalece o foro do local em que, de acordo com o contrato, mantinha o seu estabelecimento*

99. Manoel Justino Bezerra Filho, *Nova Lei de Recuperação e de Falências Comentada. Lei 11.101, de 9.2.2005, Comentário Artigo por Artigo*, cit., 3ª ed., p. 54.

100. No mesmo sentido: Sérgio Campinho, *Falência e Recuperação de Empresa: o Novo Regime da Insolvência Empresarial*, Rio de Janeiro, Renovar, 2006, p. 37.

101. Manoel Justino Bezerra Filho, *Jurisprudência da Nova Lei de Recuperação de Empresas e Falências/Decisões, Ofícios Judiciais, Resoluções, Sentenças, Acórdãos, Dentre Outros Documentos*, cit., pp. 30-31.

principal. (...). [*2ª Seção, CC 29.712-SP, rel. Min. Ari Pargendler, DJU 25.9.2000, p. 62*]

Eis algumas ementas que rechaçaram tentativas de chicanas jurídicas:

[TJDF] Agravo de instrumento – Competência – Conflito – Foro do principal estabelecimento da empresa – *Alteração posterior à propositura de várias ações no Rio de Janeiro* – Domicílio real – Prevenção configurada – Decisão singular mantida. 1. A fixação da competência para o conhecimento e julgamento de ações falimentares se opera quando da distribuição da primeira ação manejada com esse mister, estando prevento o juízo que primeiro cuidou da matéria. 2. *A transferência da sede da empresa após a indisponibilização de seus bens, a paralisação de suas atividades empresariais e a ocorrência de sucessivas derrotas judiciais no Estado onde se situava a antiga sede não pode ter o condão de deslocar a competência para a apreciação do pedido de recuperação judicial no novel logradouro, sob pena de ferir-se o princípio do juiz natural, de prejudicar-se o direito dos credores e de se permitir a utilização do Judiciário como instrumento de fraude e tumulto processual*. 3. Agravo improvido. [*2ª Turma, AI 2005.00.2.007098-9, rel. Des. J. J. Costa Carvalho, j. 12.12.2005*]

[TJSP] Pedido de falência – Sede da requerida em Porto Alegre – Remessa dos autos para aquela comarca – (...) Decisão reconhecendo que a requerida tinha seu principal estabelecimento em São Paulo/SP. (...) – *Irrelevância de eventual mudança posterior na situação jurídica, com fechamento da filial em São Paulo, porquanto a competência fixa-se no momento do ajuizamento da ação* – Agravo de instrumento provido, preservando-se a coisa julgada. [*AI 404.759-4/3-00, rel. Des. Romeu Ricupero, j. 24.8.2005*]

[STJ Competência – Conflito – Falência – Foro do estabelecimento principal da ré – Precedentes – *Mudança de domicílio – Intenção de fraudar* – Conflito conhecido. I – Segundo o art. 7º do Decreto-lei n. 7.661/1945, é competente para declarar a falência o juiz em cuja jurisdição o devedor tem o seu principal estabelecimento ou casa filial de outra situada fora do Brasil. II – Consoante entendimento jurisprudencial, respaldado em abalizada doutrina, "estabelecimento principal é o local onde a atividade se mantém centralizada", não sendo, de outra parte, "aquele a que os estatutos conferem o título principal, mas o que forma o corpo vivo, o centro vital das principais atividades do devedor". III – *A transferência da sede da empresa do Rio de Janeiro/RJ, onde manteve seus negócios por muitos anos, para Caucaia/CE, depois de mais de 300 títulos protestados e 6 pedidos de falência distribuídos na comarca fluminense e o subseqüente pedido de autofalência no domicílio cearense evidenciam a pretensão de fraudar credores e garantir o deferimento da continuidade dos negócios em antecipação a qualquer interessado*. [*CC 32.988, rel. Min. Sálvio de Figueiredo Teixeira, j. 14.11.2001, DJU 4.2.2002, p. 269*]

30. Filial de sociedade estrangeira – Tratando-se de sociedade estrangeira, a competência será fixada em razão da localização da sua filial no território nacional. [102-103-104-105]

102. Tal critério, por analogia, tem respaldo tanto no Código Civil quanto no Código de Processo Civil. No primeiro diploma, no § 2º do art. 75: "§ 2º. Se a administração, ou diretoria, tiver a sede no estrangeiro, haver-se-á por domicílio da pessoa jurídica, no tocante às obrigações contraídas por cada uma das suas agências, o lugar do estabelecimento, sito no Brasil, a que ela corresponder". No segundo diploma, no art. 88, I: "Art. 88. É competente a autoridade judiciária brasileira quando: I – o réu, qualquer que seja a sua nacionalidade, estiver domiciliado no Brasil"; bem como no respectivo parágrafo único: "Para o fim do disposto no n. I, reputa-se domiciliada no Brasil a pessoa jurídica estrangeira que aqui tiver agência, filial ou sucursal".

103. Lembra Sérgio Campinho: "Consoante anotava Nelson Abrão, a matéria deve ser enfocada no âmbito do direito internacional privado, posto tratar-se de empresários que desenvolvem atividades em vários Países – as denominadas empresas transnacionais. Mas, enquanto não vigorar convenção internacional a respeito, continuam a prevalecer as soluções locais, como se verifica no art. 3º em questão" (*Falência e Recuperação de Empresa: o Novo Regime da Insolvência Empresarial*, cit., p. 41).

104. Paulo Fernando Campos Salles de Toledo afirma: "(...) em se tratando de empresa estrangeira, é competente para decretar a falência *de sua filial* o juízo do local onde estiver situada. A sentença ou decisão será eficaz tão-somente no território nacional" ("Comentários aos arts. 1º ao 34", in Carlos Henrique Abrão e Paulo Fernando Campos Salles de Toledo (coords.), *Lei de Recuperação de Empresas e Falência*, São Paulo, Saraiva, 2005, p. 11).

105. Luiz Antônio Soares Hentz aduz: "Trata-se de questão de soberania, que afasta a aplicação do Direito estrangeiro e dos órgãos judiciais não nacionais nos negócios aqui realizados. Há críticas a esse sistema (...). Melhor seria que o Governo Brasileiro se dispusesse a firmar acordos de cooperação entre diversos Países, facilitando acesso a informações

Jurisprudência[106]

Eis uma ementa pertinente:

[TJDF] I – *É competente para declarar a falência o juízo do local em cuja jurisdição o devedor tem o seu principal estabelecimento ou filial de empresa que tenha fora do Brasil* – Inteligência do art. 3º da Lei n. 11.101/2005. II – Consoante entendimento jurisprudencial, respaldado em abalizada doutrina, "estabelecimento principal é o local onde a atividade se mantém centralizada", *não sendo, de outra parte, aquele a que os estatutos conferem o título de principal*, mas o corpo vivo, o centro vital das principais atividades do devedor. [*AI 2007.00.007081-3, rel. Des. José Divino de Oliveira, j. 8.8.2007*]

É evidente que, se muitas forem as filiais da sociedade estrangeira instaladas no território brasileiro, se deflagrará a mesma problemática que ocorre com a sociedade empresária brasileira com sede e diversas filiais no Brasil, aplicando-se, por conseguinte, os mesmos critérios retromencionados para determinação do "principal estabelecimento".[107]

Lembramos, por oportuno, que a sociedade estrangeira autorizada a funcionar é obrigada a ter, permanentemente, representante no Brasil com poderes para resolver quaisquer questões e receber citação judicial da sociedade (art. 1.138 do CC).[108]

Art. 4º. O representante do Ministério Público intervirá nos processos de recuperação judicial e de falência.[31] (*vetado*)

Parágrafo único. Além das disposições previstas nesta Lei, o representante do Ministério Público intervirá em toda ação proposta pela massa falida ou contra esta.[32] (*vetado*)

LEGISLAÇÃO ANTERIOR

Lei de Falências (DL 7.661/1945): *Art. 210.* O representante do Ministério Público, além das atribuições expressas na presente Lei, será ouvido em toda ação proposta pela massa ou contra esta. Caber-lhe-á o dever, em qualquer fase do processo, de requerer o que for necessário aos interesses da Justiça, tendo o direito, em qualquer tempo, de examinar todos os livros, papéis e atos relativos à falência ou à concordata.

COMENTÁRIOS

31. Redução das atribuições do Ministério Público – De conformidade com o art. 210 do Decreto-lei 7.661/1945, o representante do Ministério Público era ouvido em toda ação proposta pela ou contra a massa falida.

O Presidente da República, fundado no § 1º do art. 66 da CF, decidiu vetar totalmente, por ser contrário ao interesse público, o art. 4º e seu parágrafo único, acima transcritos.

Eis as razões do veto presidencial:

"O dispositivo reproduz a atual Lei de Falências – Decreto-Lei n. 7.661, de 21 de junho de 1945, que obriga a intervenção do *Parquet* não apenas no processo falimentar,

judiciais. Caso recente, envolvendo o conglomerado Parmalat, com comando central na Itália e estabelecimentos e coligadas situados no Brasil e em outros Países, poderia ser melhor equacionado, perante o Poder Judiciário, em franco benefício aos credores" (*Manual de Falência e Recuperação de Empresas: Lei 11.101, de 9.2.2005*, São Paulo, Juarez de Oliveira, 2005, p. 18-19).

106. Cristiano Imhof, *Lei de Falências e de Recuperação de Empresas e sua Interpretação Jurisprudencial: Anotado Artigo por Artigo*, cit., p. 37.

107. Sérgio Campinho posiciona-se sobre o tema nos seguintes termos: "Por derradeiro, cumpre enfrentar a hipótese de existirem diversas casas filiais sob jurisdições diferentes no País. Qual será o juízo competente? Dois sistemas se apresentam como resposta: o da prevenção e o da filial principal. Pelo primeiro, estaria prevento o juízo no qual primeiro ingressou o pedido; pelo segundo, prevaleceria a jurisdição do local de situação da filial principal da matriz estrangeira. (...) preferimos este último critério, por ser aquele que se amolda à regra de competência traçada pela lei" (*Falência e Recuperação de Empresa: o Novo Regime da Insolvência Empresarial*, cit., p. 41).

108. Quanto ao acionista residente e domiciliado no Exterior, deverá manter no País representante com poderes para receber citação em ações contra ele propostas com fundamento nos preceitos dessa lei (art. 119 da Lei das S/A).

mas também em todas as ações que envolvam a massa falida, ainda que irrelevantes, *e.g.*, execuções fiscais, ações de cobrança, mesmo as de pequeno valor, reclamatórias trabalhistas etc., sobrecarregando a Instituição e reduzindo sua importância institucional.

"Importante ressaltar que no autógrafo da nova Lei de Falências enviado ao Presidente da República são previstas hipóteses, absolutamente razoáveis, de intervenção obrigatória do Ministério Público, além daquelas de natureza penal. Se não, veja-se: 'Art. 52. Estando em termos a documentação exigida no art. 51 desta Lei, o juiz deferirá o processamento da recuperação judicial e, no mesmo ato: (...) V – ordenará a intimação do Ministério Público e a comunicação por carta às Fazendas Públicas Federal e de todos os Estados e Municípios em que o devedor tiver estabelecimento'; 'Art. 99. A sentença que decretar a falência do devedor, dentre outras determinações: (...) XIII – ordenará a intimação do Ministério Público e a comunicação por carta às Fazendas Públicas Federal e de todos os Estados e Municípios em que o devedor tiver estabelecimento, para que tomem conhecimento da falência'; 'Art. 142 (...). § 7º. Em qualquer modalidade de alienação, o Ministério Público será intimado pessoalmente, sob pena de nulidade'; 'Art. 154. Concluída a realização de todo o ativo, e distribuído o produto entre os credores, o administrador judicial apresentará suas contas ao juiz no prazo de 30 (trinta) dias. (...) § 3º. Decorrido o prazo do aviso e realizadas as diligências necessárias à apuração dos fatos, o juiz intimará o Ministério Público para manifestar-se no prazo de 5 (cinco) dias, findo o qual o administrador judicial será ouvido se houver impugnação ou parecer contrário do Ministério Público'.

"O Ministério Público é, portanto, comunicado a respeito dos principais atos processuais e nestes terá a possibilidade de intervir. Por isso, é estreme de dúvidas que o representante da Instituição poderá requerer, quando de sua intimação inicial, a intimação dos demais atos do processo, de modo que possa intervir sempre que entender necessário e cabível.

"A mesma providência poderá ser adotada pelo *Parquet* nos processos em que a massa falida seja parte. Pode-se destacar que o Ministério Público é intimado da decretação de falência e do deferimento do processamento da recuperação judicial, ficando claro que sua atuação ocorrerá *pari passu* ao andamento do feito.

"Ademais, o Projeto de Lei não afasta as disposições dos arts. 82 e 83 do Código de Processo Civil, os quais prevêem a possibilidade de o Ministério Público intervir em qualquer processo, no qual entenda haver interesse público, e, neste processo específico, requerer o que entender de direito." [109-110-111-112-113-114]

109. A íntegra da mensagem de todos os vetos está estampada nesta obra como Anexo III.

110. Marcus Elidius Michelli de Almeida noticia: "O veto deste artigo já vem causando polêmica, sendo certo que o Procurador-Geral de Justiça do Estado de São Paulo já fez publicar recomendação aos Membros do Ministério Público no sentido de que 'continuem ou passem a oficiar nos autos dos pedidos de falência, recuperação judicial ou extrajudicial e ações em que sejam partes ou interessadas empresas em recuperação ou falidas'" (*Nova Lei de Falências e Recuperação de Empresas: Confrontada e Breves Anotações*, São Paulo, Quartier Latin, 2005, p. 19).

111. Luiz Inácio Vigil Neto também noticia: "O Ministério Público do Estado do Rio Grande do Sul, através de sua Corregedoria-Geral, vem orientando os promotores de justiça a intervir em todos os processos decorrentes da aplicação da Lei 11.101/2005" (*Teoria Falimentar e Regimes Recuperatórios: Estudos sobre a Lei 11.101/2005*, Porto Alegre, Livraria do Advogado, 2008, p. 91).

112. Fábio Ulhoa Coelho, em apoio ao veto, comenta: "Não se justificavam as inúmeras manifestações reservadas a esse órgão pela lei anterior. Serviam, na maioria das vezes, unicamente para retardar o andamento do processo. A cultura forense associada à sistemática da Lei de 1945 deve ser, por isso, diluída, de forma a prestigiar a atuação minimalista do Ministério Público prevista pela nova lei. Isso será bom para todos: otimização do tempo do promotor de justiça, menor demora no andamento dos processos de falência e de recuperação judicial, menos distorção às funções constitucionais do órgão" (*Comentários à Nova Lei de Falências e de Recuperação de Empresas*, São Paulo, Saraiva, 2005, p. 30).

113. Manoel Justino Bezerra Filho opina: "É verdade que o veto concede ao juiz um poder de direção maior no processamento das ações, não sendo obriga-

Além dos dispositivos mencionados na mensagem presidencial de veto (art. 52, V, art. 99, XIII, art. 142, § 7º, e art. 154, § 3º), declinamos, a título exemplificativo, outros atos que envolvem a participação do Ministério Público: (1) art. 8º (impugnação à relação dos credores); (2) art. 22, § 4º (conhecimento do relatório com menção de responsabilidade penal); (3) art. 30, § 2º (pedido de substituição do administrador judicial e dos membros do comitê de credores); (4) art. 43 (impugnação da modalidade de alienação); (5) art. 54, § 3º (intimação para manifestação sobre a prestação de contas apresentada pelo administrador judicial); (6) art. 104, VI (pedido de explicação ao falido sobre circunstâncias e fatos que interessem à falência); (7) art. 132 (legitimidade para ajuizar ação revocatória); (8) art. 187, *caput* (legitimidade para propor ação penal ou requisitar abertura de inquérito policial); (9) art. 187, § 2º (ciência de indícios da prática de crimes).

Por isso, conclui Newton de Lucca:

"Verifica-se, destarte, que o elenco – não obstante o veto presidencial retrotranscrito – continua bastante extenso. Com já tive oportunidade de destacar anteriormente – em homenagem à dialética que permeia toda a Ciência Jurídica –, talvez devesse ser relembrada, um pouco mais, aquela lição de Carvalho de Mendonça, para quem, 'em rigor, a intervenção do Ministério Público deveria limitar-se à parte penal da falência'.

"Não me atreveria a chegar a tanto, por certo, mas já me satisfaria se o Ministério Público se ativesse ao balizamento constitucional dado pelo *caput* do art. 127 – já de amplíssimo espectro –, isto é, 'a defesa da ordem pública, do regime democrático e dos interesses sociais e individuais indisponíveis'."[115]

32. Em sede de ação civil pública, o Ministério Público tem legitimidade para requerer a falência do devedor? – Responde Sérgio Campinho:

"(...) dadas as novas prerrogativas do Ministério Público, notadamente no âmbito da ação civil pública, intrincada questão se põe à análise dos estudiosos: pode ele, como legitimado a propô-la e executar eventual crédito que nela for apurado, requerer, aí como credor, ainda que credor impróprio, a falência do devedor empresário?

"Analisando o sistema vigente, somos inclinados a responder afirmativamente. (...) por exemplo, citada uma sociedade empresária na execução por quantia certa promovida pelo Ministério Público sem que no prazo legal promova o pagamento ou nomeie bens à penhora e, diligenciando o *Parquet*, não se descobre [*sic*] bens livres e desembaraçados a garantir a execução, não lhe restará outra providência senão, comprovando o fato, requerer a falência da sociedade devedora, nos moldes do art. 94, inciso II, da Lei 11.101/2005. O que não se lhe permite, em razão da sua missão institucional, é fazer uso do pedido de falência como ação de cobrança."[116]

Diante do contexto fático delineado pelo doutrinador, sua opinião nos parece perfeitamente sustentável.

do a necessariamente remeter os autos ao Ministério Público. Até porque – neste ponto a crítica era procedente – a constante remessa dos autos ao Ministério Público era motivo de maior atraso no andamento do feito" (*Nova Lei de Recuperação e de Falências Comentada. Lei 11.101, de 9.2.2005, Comentário Artigo por Artigo*, 3ª ed., São Paulo, Ed. RT, 2005, p. 56).

114. Newton de Lucca complementa: "Não obstante a louvável contribuição que sempre foi dada pelo *Parquet* – Curadoria de Massas Falidas, no caso do Estado de São Paulo – nos processos de falências e de concordatas, essa redução do seu papel, em razão do veto presidencial, revelou-se de todo conveniente. É que o andamento célere do processo, de um lado, e a natureza predominante privada dos interesses em conflito, de outro lado, recomendavam a oitiva do Ministério Público somente nos casos expressamente previstos em lei e naqueles em que houver relevante interesse público" ("Comentários aos arts. 1º ao 6º", in Newton de Lucca e Adalberto Simão Filho (coords.), *Comentários à Nova Lei de Recuperação de Empresas e de Falências*, São Paulo, Quartier Latin, 2005, p. 101).

115. Newton de Lucca, "Comentários aos arts. 1º ao 4º", in Osmar Brina Corrêa-Lima e Sérgio Romão Corrêa-Lima (coords.), *Comentários à Nova Lei de Falência e Recuperação de Empresas: Lei 11.101, de 9.2.2005*, Rio de Janeiro, Forense, 2009, p. 72.

116. Sérgio Campinho, *Falência e Recuperação de Empresa: o Novo Regime da Insolvência Empresarial*, Rio de Janeiro, Renovar, 2006, pp. 50-51 e 53.

Capítulo II – *Disposições Comuns à Recuperação Judicial e à Falência*

Seção I – *Disposições Gerais*

Art. 5º. Não são exigíveis do devedor, na recuperação judicial ou na falência:[33-34-35-36] I – as obrigações a título gratuito;[37-38-39-40-41-42-43] II – as despesas que os credores fizerem para tomar parte na recuperação judicial ou na falência, salvo as custas judiciais decorrentes de litígio com o devedor.[44-45]

LEGISLAÇÃO ANTERIOR

Lei de Falências (DL 7.661/1945): *Art. 23.* (...).

Parágrafo único. Não podem ser reclamados na falência: I – as obrigações a título gratuito e as prestações alimentícias; II – as despesas que os credores individualmente fizerem para tomar parte na falência, salvo custas judiciais em litígio com a massa; III – as penas pecuniárias por infração das leis penais e administrativas.

COMENTÁRIOS

33. Inexigibilidade de obrigações e despesas – Os regimes de inexigibilidade de obrigações, prestações, despesas e penas nos âmbitos do Decreto-lei 7.661/1945 e da Lei 11.101/2005 têm pontos comuns e distintos.

Os pontos comuns – *as obrigações a título gratuito e as despesas que os credores fizerem para tomar parte na falência, salvo custas judiciais decorrentes de litígio com o devedor* – não eram e continuam não sendo exigíveis.

Quanto aos pontos distintos, há de se encarecer que a Lei 11.101/2005 passou a permitir a *exigibilidade das prestações alimentícias e das penas pecuniárias por infração das leis penais e administrativas* no bojo da falência e também da recuperação judicial.

No tocante ao prazo de inexigibilidade, aduz Newton de Lucca: "Assim, resta saber se a inexigibilidade imposta pelo *caput* do art. 5º perdura até o integral cumprimento das obrigações previstas no plano ou está limitada aos dois anos nos quais o devedor permanecerá em recuperação judicial. (...) não parece acertado que a inexigibilidade dos débitos descritos nos incisos I e II do art. 5º, que não está restrita a 180 dias, perdure por apenas 2 anos. A vedação à cobrança de tais obrigações (inexigibilidade) deve perdurar até o vencimento dos prazos previstos no plano para satisfação dos demais créditos".[1]

34. Prestações alimentícias no âmbito da falência e da recuperação judicial – A permissão de exigibilidade das prestações alimentícias no âmbito da falência – e também da recuperação judicial – decorre da sua própria natureza (alimentos), assim como da cláusula geral de Direito[2] que contém o princípio da dignidade humana como um dos pilares da República do Brasil (art. 1º, III, da CF).[3]

Assim sendo, restaram superadas as controvérsias que imperavam no regime anterior, sobretudo no tocante à exigibilidade, ou não, no âmbito da falência, das indenizações judiciais decorrentes da prática de atos ilícitos que fixavam pensões alimentícias mensais.[4] Com efeito, doravante elas são exigíveis.

1. Newton de Lucca, "Comentários aos arts. 1º ao 4º", in Osmar Brina Corrêa-Lima e Sérgio Mourão Corrêa-Lima (coords.), *Comentários à Nova Lei de Falência e Recuperação de Empresas: Lei 11.101, de 9.2.2005*, Rio de Janeiro, Forense, 2009, p. 77.

2. Teresa Ancona Lopes conceitua *cláusula geral de Direito*: "são normas extremamente genéricas que se aplicam a todo e qualquer caso que se subsuma aos seus requisitos, ao contrário das outras normas que trabalham com hipóteses de incidência previstas na lei (*fattispecie*), e de uma certa forma mais casuística e geralmente para determinado assunto" ("Princípios contratuais", in Wanderley Fernandes (coord.), *Fundamentos e Princípios dos Contratos Empresariais*, São Paulo, Saraiva, 2007, p. 6).

3. Mauro Rodrigues Penteado afirma: "Não poderia ser outra a regra, posto que um dos fundamentos da República é a 'dignidade da pessoa humana' (Constituição, art. 1º, III) (...)" ("Comentários aos arts. 1º ao 6º", in Francisco Satiro de Sousa Jr. e Antônio Sérgio Altieri de Moraes Pitombo (coords.), *Comentários à Lei de Recuperação de Empresas e Falência: Lei 11.101/2005*, São Paulo, Ed. RT, 2005, p. 132).

4. Manoel Justino Bezerra Filho adverte que a exigibilidade de prestações alimentícias, "indireta-

35. Penas pecuniárias no âmbito da falência e da recuperação judicial – De acordo com o inciso III do parágrafo único do art. 23 do Decreto-lei 7.661/1945 não podiam ser reclamadas na falência as penas pecuniárias por infração às leis penais e administrativas.

Quanto aos créditos da União decorrentes de multas ou penalidades pecuniárias de natureza fiscal, até a data da decretação da falência, constituíam encargos da massa falida, nos termos do art. 9º do Decreto-lei 1.893/1981.[5]

Jurisprudência

Sobre a matéria, o STF editou as seguintes Súmulas:

[STF] *Súmula 191.* Inclui-se no crédito habilitado em falência a multa fiscal simplesmente moratória.

Súmula 192. Não se inclui no credito habilitado em falência a multa fiscal com efeito de pena administrativa.

Súmula 565. A multa fiscal moratória constitui pena administrativa, não se incluindo no crédito habilitado em falência.

E o STJ, em seara de concordata, editou a seguinte Súmula:

[STJ] *Súmula 250.* É legítima a cobrança de multa fiscal de empresa em regime de concordata.

Adverte Rubens Requião no sentido de que as penas pecuniárias por infração às leis penais e administrativas: "(...) sendo penalidade que o infrator pessoalmente deve sofrer, não seria justo que se transmitisse, ferindo o direito de outrem, com o conseqüente enfraquecimento do patrimônio do devedor".[6]

Newton de Lucca reaviva a discussão: "Independentemente de qual seja o partido que se queira tomar em tão delicada discussão, uma coisa é certa: as perplexidades, infelizmente, ainda não cessaram. Que conclusões podem ser tiradas de situação de tal jaez? Deve prevalecer a tese de que a multa fiscal – não obstante a impossibilidade de sua inclusão nos créditos habilitados na falência, por força da própria Súmula 565 do colendo STF – pode ser cobrada em execução fiscal, a partir do que dispõem os arts. 187 do CTN e 29 da Lei 6.830/1980, ou, ao revés, fundados no espírito dessa mesma Súmula 565 e na consideração de que não parece ser justo ou razoável que uma penalidade seja imposta a quem não a cometeu, deve-se afastar de vez a possibilidade de que a multa recaia sobre os credores habilitados no processo falimentar?".[7]

Não obstante as opiniões supracitadas – com as quais concordamos –, o fato é que, com o advento da atual lei, as penas pecuniárias penais e administrativas passaram a ser exigíveis, na falência e na recuperação judicial, juntamente com as multas tributárias e contratuais e a ter classificação própria (art. 83, VII), logo após os créditos quirografários (art. 83, VI) e antes dos créditos subordinados (art. 83, VIII).

36. As prestações alimentícias e as penas pecuniárias são exigíveis na recuperação extrajudicial? – Na medida em que até mesmo na falência – e também na recuperação judicial – passou a ser permitida a exigibilidade das prestações alimentícias e das penas pecuniárias, não vislumbramos qualquer

mente, poderá atingir também qualquer empresa, na medida em que, no momento do decreto de falência ou durante o andamento da recuperação judicial, poderá haver atrasos em pagamento de salários, sobre os quais haveria desconto de prestação alimentícia. Em tal caso, nada impediria que o beneficiário da pensão viesse a exigir o pagamento deste valor diretamente nos autos do procedimento falimentar" (*Nova Lei de Recuperação e de Falências Comentada. Lei 11.101, de 9.2.2005, Comentário Artigo por Artigo*, 3ª ed., São Paulo, Ed. RT, 2005, p. 57).

5. Celso Marcelo de Oliveira esclarece que tal classificação (encargos da massa falida) se impunha tão-somente quando se tratava de multas e penalidades pecuniárias aplicadas pela União (Fazenda Federal) (*Comentários à Nova Lei de Falências*, São Paulo, IOB-Thomson, 2005, p. 129).

6. Rubens Requião, *Curso de Direito Falimentar*, 16ª ed., vol. 1, São Paulo, Saraiva, 1995, pp. 129-130.

7. Newton de Lucca, "Comentários aos arts. 1º ao 6º", in Newton de Lucca e Adalberto Simão Filho (coords.), *Comentários à Nova Lei de Recuperação de Empresas e de Falências*, São Paulo, Quartier Latin, 2005, p. 110.

justificativa que impeça a inclusão de ambas no plano de recuperação extrajudicial.[8]

37. Obrigações a título gratuito – Rubens Requião ensina: "Se a situação da empresa for de dificuldades financeiras e econômicas por ocasião da doação, não se justifica venha o donatário, na falência do doador, reclamar o benefício (...). O preceito legal, bem entendido, não proíbe aos empresários praticarem atos de benemerência, ou liberalidade (...). Mas é de se compreender que somente as empresas em normal situação econômico-financeira hão de se dar ao gosto de praticar atos meritórios, sem enfraquecer a garantia dos credores".[9]

Em outras palavras, aduz Nelson Abrão ser incompreensível que o insolvente faça cortesia à custa do direito alheio.[10]

Segundo Trajano de Miranda Valverde: "Por *ato gratuito* deve entender-se, sob o regime falimentar, tôda e qualquer disposição do devedor, pouco importando o meio ou processo empregado, que se converte em um sacrifício para o seu patrimônio, por não ter o devedor recebido o equivalente do que concedeu ou só aparentemente recebeu".[11]

Fábio Ulhoa Coelho exemplifica: "Se a sociedade empresária havia, por exemplo, se obrigado a patrocinar um evento cultural e vem a falir, o atendimento a essa obrigação subtrairia da massa recursos em prejuízo do pagamento dos demais credores. O promotor do evento não pode reclamar a verba do patrocínio na falência, porque a lei considera injusto *tirar* dos credores por título oneroso (vendedor de mercadorias, prestador de serviços, mutuante etc.) para *dar* aos beneficiários de obrigação por título gratuito".[12]

Em apertada síntese, podemos afirmar que as obrigações gratuitas são atos de mera liberalidade que implicam, simultânea e respectivamente, diminuição e acréscimo nos patrimônios das partes envolvidas.[13]

38. Os créditos das doações remuneratórias[14] e gravadas com encargos[15] são exigíveis no âmbito da falência e da recuperação judicial? – Os autores, em geral, elegem a doação[16] como exemplo, por excelência, de uma obrigação gratuita.

Enquanto o doador sofre diminuição em seu patrimônio, o donatário tem um aumento ou vantagem patrimonial, sem dar nada em troca do que recebe.

Não obstante isso, há modalidades de doações cujos créditos são exigíveis da massa falida – e também na recuperação judicial –, vez que há contraprestação por parte do donatário.

O crédito decorrente da doação remuneratória, segundo ensina Trajano de Miranda Valverde, é exigível, pois em tal modalidade de doação não há ato de mera liberalidade, mas pagamento de uma dívida em função dos serviços prestados, que podem ser economicamente estimados. Outrossim, o crédito derivado da doação gravada. Apenas

8. No mesmo sentido: Fábio Ulhoa Coelho, *Comentários à Nova Lei de Falências e de Recuperação de Empresas*, São Paulo, Saraiva, 2005, p. 34.

9. Rubens Requião, *Curso de Direito Falimentar*, cit., 16ª ed., vol. 1, p. 129.

10. Nelson Abrão, *O Novo Direito Falimentar: Nova Disciplina Jurídica da Crise Econômica da Empresa*, São Paulo, Ed. RT, 1985, p. 178.

11. Trajano de Miranda Valverde, *Comentários à Lei de Falências*, 2ª ed., vol. I, Rio de Janeiro, Revista Forense, 1955, p. 187.

12. Fábio Ulhoa Coelho, *Comentários à Nova Lei de Falências e de Recuperação de Empresas*, cit., p. 309.

13. Segundo Celso Marcelo de Oliveira, são "obrigações a título gratuito aquelas a que o empresário falido ou em recuperação judicial outorga benefício patrimonial para terceiros, sem obter contraprestação" (*Comentários à Nova Lei de Falências*, cit., p. 127).

14. São aquelas que se destinam a recompensar serviços executados pelos beneficiados, estimáveis economicamente.

15. São aquelas em que os doadores impõem aos donatários encargos, contraprestações, resultando benefícios aos próprios doadores ou a terceiros.

16. O art. 538 do CC dispõe: "Considera-se doação o contrato em que uma pessoa, por liberalidade, transfere do seu patrimônio bens ou vantagens para o de outra".

os excessos podem ser impugnados, para que sejam reduzidos a valores justos.[17]

Vale dizer: a gratuidade encontra-se, tão-somente, naquilo que exceder o valor dos serviços remuneratórios ou o encargo imposto.[18]

Por conseguinte, o disposto no art. 540 do CC, que prescreve não perder o caráter de liberalidade a doação remuneratória, nem a doação gravada, no que exceder o valor dos serviços remunerados ou o encargo imposto, não prevalece no âmbito da falência e também da recuperação judicial, diante da especificidade de tais institutos.

Em resumo, no campo da falência e da recuperação judicial:[19] (1) não são exigíveis os créditos decorrentes: (1.1) das doações puras, nas quais a liberalidade é completa; (1.2) das doações remuneratórias excedentes aos serviços prestados; (1.3) das doações gravadas excedentes aos encargos impostos;[20] (2) *a contrario sensu*, são exigíveis os créditos decorrentes: (2.1) das doações remuneratórias não excedentes aos serviços prestados;[21] (2.2) das doações gravadas não excedentes aos encargos impostos.

39. Aval, fiança, cessão, comodato e usufruto podem ser considerados atos gratuitos? – Segundo José da Silva Pacheco, o aval também pode ser ato de mera liberalidade, como o podem ser a fiança ou qualquer outro contrato, inclusive de cessão.[22-23]

Manoel Justino Bezerra Filho, no mesmo diapasão, afirma que poderão também ser considerados obrigação a título gratuito o aval prestado sem interesse econômico direto para a empresa, a fiança, cessão, comodato etc.[24]

E Amador Paes de Almeida inclui o usufruto como ato gratuito.[25]

Apesar de concordamos com os posicionamentos doutrinários acima expostos, acreditamos que somente uma análise acurada e casuística é que propiciará segurança ao intérprete para aplicar o respectivo diagnóstico jurídico.

Jurisprudência[26]

Eis uma ementa pertinente:

[TJSP] Recuperação judicial – Convênio celebrado entre a empresa, antes concordatária e agora recuperanda, e o Banco do Brasil, com o objetivo de assistir com recursos internos aos clientes da conveniada na aquisição de tanques de resfriamento de leite a serem financiados/produzidos pela conveniada e comercializados por ela e/ou através de suas revendas autorizadas – Pacto acessório (carta de fiança global) pelo qual a ora recuperanda, "*na qualidade de principal pagadora solidariamente responsável, se obriga como fiadora*, em caráter irretratável e irrevogável, pelo exato, fiel e cabal cumprimento de todas as obrigações principais e acessórias decorrentes dos financiamentos concedidos pelo Banco do Brasil S/A (...) até o montante de R$ 3.700.000,00 (...)" – *Garantia pessoal que*

17. Trajano de Miranda Valverde, *Comentários à Lei de Falências*, cit., 2ª ed., vol. I, pp. 188-189.

18. No mesmo sentido: Ricardo José Negrão Nogueira, "Ineficácia e revogação de atos praticados antes da falência", in Luiz Fernando Valente de Paiva (coord.), *Direito Falimentar e a Nova Lei de Falências e Recuperação de Empresas*, São Paulo, Quartier Latin, 2005, p. 502.

19. Com relação à recuperação extrajudicial as obrigações a título gratuito são exigíveis. No mesmo sentido: Newton de Lucca, "Comentários aos arts. 1º ao 4º", cit., in Osmar Brina Corrêa-Lima e Sérgio Mourão Corrêa-Lima (coords.), *Comentários à Nova Lei de Falência e Recuperação de Empresas: Lei 11.101, de 9.2.2005*, p. 78.

20. José da Silva Pacheco, in *Falências e Concordatas. Comentários à Lei de Falências: Doutrina, Legislação e Jurisprudência*, 2ª ed., São Paulo, LTr, 1996, p. 307.

21. Idem, ibidem.

22. Idem, p. 259.

23. Afirma Waldemar M. Ferreira: "(...) aval prestado pelo falido. Trata-se, evidentemente, de obrigação a título gratuito" (*Instituições de Direito Comercial*, vol. 5, Rio de Janeiro, Freitas Bastos, 1951, p. 230).

24. Manoel Justino Bezerra Filho, *Nova Lei de Recuperação e de Falências Comentada. Lei 11.101, de 9.2.2005, Comentário Artigo por Artigo*, cit., 3ª ed., p. 57.

25. Amador Paes de Almeida, *Curso de Falência e Concordata*, 10ª ed., São Paulo, Saraiva, 1991, p. 209.

26. Cristiano Imhof, *Lei de Falências e de Recuperação de Empresas e sua Interpretação Jurisprudencial: Anotado Artigo por Artigo*, Florianópolis, Conceito Editorial, 2009, p. 44.

não pode ser considerada obrigação a título gratuito (art. 5º, I, da Lei n. 11.101/2005). Não é ato gratuito aquele em relação ao qual é possível identificar contraprestação, ainda que intangível; não é ato gratuito aquele que não está isolado da atividade empresarial; se a relação existente entre o devedor e o garante aponta para uma comunhão de interesses comercias, decorrente de determinada sinergia, a garantia produzirá seus regulares efeitos; em suma, a garantia pode ser ato gratuito quando nenhum interesse tinha o garante no ato praticado, o que se presume se o ato não tem o caráter comercial ou dele nenhuma vantagem era possível resultar para o devedor, o que não é o caso. [*AI 555.225-4/4-00, rel. Des. Romeu Ricupero, j. 30.7.2008*]

40. As participações ou gratificações a dirigentes e de empregados podem ser consideradas atos gratuitos? – Rubens Requião responde: "Observe-se que não se consideram atos de natureza gratuita as participações que as empresas dão aos seus dirigentes e empregados, no semestre ou no fim de ano, após a verificação de balanços positivos, muitas vezes previstos no contrato social ou nos estatutos".[27-28]

A opinião do saudoso jurista parece-nos plenamente adequada, uma vez que ditas participações e gratificações, indubitavelmente, têm a natureza jurídica de remuneração.

Jurisprudência[29]

Eis uma ementa jurisprudencial que, apesar de ter vindo a lume sob o regime anterior, continua plenamente aplicável sob a égide da lei ora comentada:

[**TJRJ**] Falência – Pedido de restituição fundado em documento particular através do qual ex-acionistas ajustaram o recebimento de haveres a receber da companhia falida, além da transferência de ações ao acionista remanescente – Negócio jurídico ineficaz perante a falida e a massa; logo, a estas inoponível. *A massa falida não está obrigada a cumprir compromissos a título gratuito, em afronta aos legítimos interesses dos credores, consoante o art. 23, parágrafo único, I, do estatuto falencial* (...). [*9ª Câmara Cível, ACi 16.304/2000-RJ, rel. Des. Laerson Mauro, j. 6.2.2001, v.u., Boletim da AASP 2.255/524*]

41. Os atos gratuitos são ineficazes em relação à massa falida? – Os atos gratuitos são ineficazes em relação à massa falida, tenha ou não o contratante conhecimento do estado de crise econômico-financeira do devedor, seja ou não intenção deste fraudar credores (art. 129, IV).[30]

42. E os presentes e atos praticados no cumprimento de um dever moral ou com escopo de utilidade pública? Tais atos gratuitos têm eficácia? – Nelson Abrão explica:

"Não estabelecendo a lei brasileira quaisquer restrições, e não sendo a matéria suficientemente esclarecida pela doutrina, podemos adotar, por analogia, não sendo conflitante com a nossa lei, a norma contida no art. 64 do diploma falimentar italiano: não deixam de ter eficácia os presentes usuais (...) enquanto a liberalidade seja proporcional ao patrimônio do doador, mesmo igual ou superior a mil cruzeiros.

"Entre os presentes usuais incluímos os de festas, aniversários, noivados, formaturas etc. Em cumprimento do dever moral alinham-se as práticas filantrópicas ou de solidariedade humana. De utilidade pública são os atos que, de qualquer maneira, beneficiam uma comunidade, um grande número de pessoas: a doação de um terreno, guardada a proporcionalidade com o patrimônio do doa-

27. Rubens Requião, *Curso de Direito Falimentar*, cit., 16ª ed., vol. 1, p. 129.

28. No mesmo sentido ensina Nelson Abrão: "Também não têm caráter de liberalidade as gratificações feitas a diretores e empregados de sociedades mercantis, dado o seu aspecto eminentemente remuneratório" (*O Novo Direito Falimentar: Nova Disciplina Jurídica da Crise Econômica da Empresa*, cit., p. 179).

29. *Apud* Manoel Justino Bezerra Filho, *Jurisprudência da Nova Lei de Recuperação de Empresas e Falências/Decisões, Ofícios Judiciais, Resoluções, Sentenças, Acórdãos, Dentre Outros Documentos*, São Paulo, Ed. RT, 2006, p. 30.

30. "Art. 129. São ineficazes em relação à massa falida, tenha ou não o contratante conhecimento do estado de crise econômico-financeira do devedor, seja ou não intenção deste fraudar credores: (...) IV – a prática de atos a título gratuito, desde 2 (dois) anos antes da decretação da falência; (...)."

dor, para uma obra viária oficial, de interesse coletivo, não incide em ineficácia.

"Percebe-se que, acima dos deveres para com os credores, se o ato não discrepa das posses do doador, estão os do indivíduo para com as pessoas às quais está ligado por liames familiares, morais e cívicos."[31]

Apesar de concordamos com o posicionamento doutrinário acima exposto, acreditamos que somente uma análise acurada e casuística é que propiciará segurança ao intérprete para aplicar o respectivo diagnóstico jurídico.

43. Recomendação aos juízes para verificação da gratuidade – Recomenda José da Silva Pacheco: "Para se verificar se há gratuidade, o juiz deve investigar a correspondente prestação por parte de quem recebeu o benefício do devedor. Se este deu alguma coisa ou prometeu dá-la, mas recebeu uma contraprestação, gratuito não pode ser o ato. Assim, não basta a mera impugnação do falido de que o ato é de favor para se excluir o crédito. O falido pode ter recebido benefícios com a prestação do ato, que bem pode significar pagamento ou contraprestação.[32] Neste caso, não há de se considerar gratuito o ato do falido".[33]

Reputamos tal recomendação deveras salutar.

44. Despesas com obtenção de documentos e honorários advocatícios incorridas pelo credor para tomar parte na falência podem ser exigidas? – Posicionam-se Wilson de Souza Campos Batalha e Sílvia Maria Labate Batalha: são inexigíveis no juízo falimentar as despesas com obtenção de documentos e honorários advocatícios.[34]

Fábio Ulhoa Coelho exemplifica as custas reclamáveis e não reclamáveis nos feitos falimentares e na recuperação judicial: "Se determinado credor precisou, por ação de conhecimento, obter inicialmente a declaração da existência e extensão de seu crédito, as custas judiciais desse processo ele pode habilitar na massa falida, mas não poderá reclamar as despesas e honorários de advogado que pagar para promover a habilitação".[35-36]

Sérgio Campinho opina: "Embora a lei mencione a expressão 'custas judiciais', sustentamos que sua interpretação deve ser feita à luz do conceito geral previsto pelo Código de Processo Civil para despesas judiciais, que abrangem não só as custas dos atos do processo, como também indenização de viagem, diária de testemunha e remuneração de assistente técnico (arts. 19 e 20, *caput* e § 1º, todos do CPC). Não haveria sentido em se tratar desigualmente rubricas que constituem o conceito de despesas relativas a atos judiciais, as quais são imputadas ao perdedor da demanda, a título de verba sucumbencial".[37]

Ressaltamos que, agora, com a atual Lei, também são inexigíveis tais verbas na recuperação judicial.

31. Nelson Abrão, *O Novo Direito Falimentar: Nova Disciplina Jurídica da Crise Econômica Da Empresa*, cit., p. 179.

32. Por exemplo, a doação remuneratória, ou seja, aquela que se faz para recompensar serviços prestados.

33. José da Silva Pacheco, in *Falências e Concordatas. Comentários à Lei de Falências: Doutrina, Legislação e Jurisprudência*, cit., 2ª ed., p. 259.

34. Wilson de Souza Campos Batalha e Sílvia Maria Labate Batalha, in *Falências e Concordatas. Comentários à Lei de Falências: Doutrina, Legislação e Jurisprudência*, 2ª ed., São Paulo, LTr, 1996, p. 307.

35. Fábio Ulhoa Coelho, *Comentários à Nova Lei de Falências e de Recuperação de Empresas*, cit., p. 35.

36. Waldemar M. Ferreira, por sua vez, dá exemplos apenas de despesas não reclamáveis nos feitos falimentares: "Para ingressar na falência, cumpre ao credor comprovar cabalmente seu crédito. As despesas que, para isso, seja forçado a fazer são de seu interêsse e conta. Assim, as de protesto do título. As de reconhecimento de firmas. As de outorga de procurações. As de sêlo. As de certidões, que tenha que pedir, de seus documentos, quando existentes em autos arquivados em cartórios judiciais. Todas são de sua exclusiva responsabilidade" (*Instituições de Direito Comercial*, cit., vol. 5, p. 231).

37. Sérgio Campinho, *Falência e Recuperação de Empresa: o Novo Regime da Insolvência Empresarial*, Rio de Janeiro, Renovar, 2006, p. 143.

Jurisprudência[38]

Eis duas ementas pertinentes:

[TJRJ] Assim, fácil perceber que o dispositivo legal acima transcrito *não exime a sucumbência decorrente do litígio com o devedor, cujo ônus é uma conseqüência lógica que deve suportar a parte vencida em processos judiciais.* [*Ag Inominado 25.777/2008, rel. Des. Reinaldo Pinto Alberto Filho, j. 21.10.2008*]

[TJSP] Nele ficou claro que o sentido da expressão "custas judiciais decorrentes de litígio com o devedor", constante do art. 5º, II, da Lei n. 11.101/2005, *indica aquelas devidas por força da sucumbência, e não as despendidas pelo simples ajuizamento da execução.* [*ED 484.925-4/9-01, rel. Des. Bóris Kauffmann, j. 29.8.2007*]

45. Como são classificadas as custas judiciais decorrentes de litígios com a massa falida? – As custas judiciais relativas às ações e execuções em que a massa falida tenha sido vencida são classificadas como crédito extraconcursal, nos termos do art. 84, IV.

Art. 6º. A decretação da falência ou o deferimento do processamento da recuperação judicial suspende o curso da prescrição[46-47] e de todas as ações e execuções[48-49] em face do devedor, inclusive aquelas dos credores particulares do sócio solidário.[50]

§ 1º. Terá prosseguimento no juízo no qual estiver se processando a ação que demandar quantia ilíquida.[51]

§ 2º. É permitido pleitear, perante o administrador judicial, habilitação, exclusão ou modificação de créditos derivados da relação de trabalho, mas as ações de natureza trabalhista, inclusive as impugnações a que se refere o art. 8º desta Lei, serão processadas perante a Justiça Especializada até a apuração do respectivo crédito, que será inscrito no quadro geral de credores pelo valor determinado em sentença.[52-53]

§ 3º. O juiz competente para as ações referidas nos §§ 1º e 2º deste artigo poderá determinar a reserva da importância que estimar devida na recuperação judicial ou na falência, e, uma vez reconhecido líquido o direito, será o crédito incluído na classe própria.[54-55]

§ 4º. Na recuperação judicial, a suspensão de que trata o *caput* deste artigo em hipótese nenhuma excederá o prazo improrrogável de 180 (cento e oitenta) dias contado do deferimento do processamento da recuperação, restabelecendo-se, após o decurso do prazo, o direito dos credores de iniciar ou continuar suas ações e execuções, independentemente de pronunciamento judicial.[56]

§ 5º. Aplica-se o disposto no § 2º deste artigo à recuperação judicial durante o período de suspensão de que trata o § 4º deste artigo, mas, após o fim da suspensão, as execuções trabalhistas poderão ser normalmente concluídas, ainda que o crédito já esteja inscrito no quadro geral de credores.[57]

§ 6º. Independentemente da verificação periódica perante os cartórios de distribuição, as ações que venham a ser propostas contra o devedor deverão ser comunicadas ao juízo da falência ou da recuperação judicial:[58] I – pelo juiz competente, quando do recebimento da petição inicial; II – pelo devedor, imediatamente após a citação.

§ 7º. As execuções de natureza fiscal não são suspensas pelo deferimento da recuperação judicial,[59] ressalvada a concessão de parcelamento nos termos do Código Tributário Nacional e da legislação ordinária específica.

§ 8º. A distribuição do pedido de falência ou de recuperação judicial previne a jurisdição para qualquer outro pedido de recuperação judicial ou de falência, relativo ao mesmo devedor.[60-61]

LEGISLAÇÃO ANTERIOR

Lei de Falências (DL 7.661/1945): *Art. 24.* As ações ou execuções individuais dos credores, sobre direitos e interesses relativos à massa falida, inclusive as dos credores particulares de sócio solidário da sociedade

38. Cristiano Imhof, *Lei de Falências e de Recuperação de Empresas e sua Interpretação Jurisprudencial: Anotado Artigo por Artigo*, cit., p. 44.

falida, ficam suspensas, desde que seja declarada a falência até o seu encerramento.

§ 1º. Achando-se os bens já em praça, com dia definitivo para arrematação, fixado por editais, far-se-á esta, entrando o produto para a massa. Se, porém, os bens já tiverem sido arrematados ao tempo da declaração da falência, somente entrará para a massa a sobra, depois de pago o exeqüente.

§ 2º. Não se compreendem nas disposições deste artigo, e terão prosseguimento com o síndico, as ações e execuções que, antes da falência, hajam iniciado: I – os credores por títulos não sujeitos a rateio; II – os que demandarem quantia ilíquida, coisa certa, prestação ou abstenção de fato.

§ 3º. Aos credores referidos no n. II fica assegurado o direito de pedir a reserva de que trata o art. 130, e, uma vez tornado líquido o seu direito, serão, se for o caso, incluídos na falência, na classe que lhes for própria.

Art. 47. Durante o processo de falência fica suspenso o curso de prescrição relativa a obrigações de responsabilidade do falido.

Art. 130. O juiz, a requerimento dos interessados, ordenará a reserva, em favor destes, até que sejam decididas as suas reclamações ou ações, das importâncias dos créditos por cuja preferência pugnarem, ou dos rateios que lhes possam caber.

Art. 202. (...).

§ 1º. A distribuição do pedido previne a jurisdição para qualquer outro da mesma natureza, relativo ao mesmo devedor. A verificação de conta (art. 1º, § 1º) e a execução (art. 2º, n. 1) não previnem a jurisdição para conhecimento do pedido de falência contra o devedor.

COMENTÁRIOS

46. Suspensão do curso da prescrição – O art. 47 do Decreto-lei 7.661/1945 determinava a suspensão do curso da prescrição relativa às obrigações do falido durante o processo de falência.

O art. 6º da lei ora comentada também prevê a suspensão (e não a interrupção) do curso da prescrição, bem como de todas as ações e execuções, em razão da decretação da falência[39] ou do deferimento do processamento da recuperação judicial.

Jurisprudência[40]

Eis uma ementa pertinente:

[TJMG] *O simples ajuizamento de ação de recuperação judicial não tem o condão de produzir os efeitos previstos pelo art. 6º da Lei n. 11.101/2005, pois o dispositivo exige o deferimento do processamento da medida como condição da suspensão das execuções movidas contra a sociedade em recuperação e sócio solidário* – Benefício que não alcança sócio que integra sociedade por cotas, pois sua responsabilidade, em regra, é subsidiária e limitada. [*AI 1.0024.05.879187-2/001, rel. Des. Viçoso Rodrigues, j. 27.2.2007*]

Lembramos, por oportuno, que, enquanto a suspensão da prescrição implica restituição do prazo por tempo igual ao que faltava para sua complementação (art. 180 do CPC), a interrupção provoca o reinício da contagem do prazo (art. 202, parágrafo único, do CC).

Fábio Ulhoa Coelho exemplifica: "(...) se um devedor era o sacado de uma duplicata mercantil, vencida há seis meses antes da sentença de falência ou despacho de processamento da recuperação judicial, susta-se a fluência da prescrição, que no caso é de três anos, a contar do vencimento. Proferida a sentença de encerramento (...) de um (...) processo, os dois anos e seis meses restantes passam a fluir do trânsito em julgado desta. Caso se encontrem bens do falido (...) durante esse prazo, o credor pode executá-los singularmente, já que a duplicata ainda não prescreveu".[41]

47. Crítica quanto ao termo inicial da suspensão do curso da prescrição em relação à recuperação judicial – A grande

39. Trajano de Miranda Valverde afirma que a suspensão das ações e execuções opera desde o momento da abertura da falência (art. 40 do Decreto-lei 7.661/1945, correspondente ao art. 103 da Lei 11.101/2005), e não da data da publicação da sentença, sendo nulos os atos posteriormente praticados no processo (*Comentários à Lei de Falências*, 2ª ed., vol. I, Rio de Janeiro, Revista Forense, 1955, p. 196).

40. Cristiano Imhof, *Lei de Falências e de Recuperação de Empresas e sua Interpretação Jurisprudencial: Anotado Artigo por Artigo*, Florianópolis, Conceito Editorial, 2009, p. 80.

41. Fábio Ulhoa Coelho, *Comentários à Nova Lei de Falências e de Recuperação de Empresas*, São Paulo, Saraiva, 2005, p. 37.

crítica que se faz no tocante à suspensão do prazo prescricional pelo deferimento da recuperação judicial, segundo Júlio Kahan Mandel: "(...) diz respeito à forma de contagem do prazo em que se inicia a suspensão (...). Note que a suspensão começa a ser contada do dia do despacho que manda processar a recuperação, e não do dia da impetração do benefício. Ou seja, há um interregno de tempo durante o qual o devedor não fica, em tese, protegido contra as execuções. Se o deferimento do processamento demorar a ocorrer, até mesmo por razões que fogem das possibilidades de ação do devedor, a situação fática expressa no plano apresentado pelos credores e ao magistrado poderá ser alterada com a penhora de algum bem".[42]

Não resta dúvida de que a crítica formulada é pertinente e adequada, sobretudo em nosso País, onde é consabido que o emperramento da máquina judiciária é patente.

48. Termo final da suspensão das ações e execuções: recomeço da contagem do prazo prescricional – Quando recomeça a contagem do prazo prescricional?

No âmbito da falência, o art. 157 estabelece que o prazo prescricional relativo às obrigações do falido – ou seja, o prazo por tempo igual ao que faltava para a sua complementação – recomeça a correr a partir do dia em que transitar em julgado a sentença de encerramento da falência.

Já, em relação à recuperação judicial o prazo prescricional recomeça a correr após o decurso do prazo improrrogável de 180 dias contado do despacho de deferimento do processamento da recuperação judicial (§ 4º do art. 6º e art. 52), e não da sua distribuição, nem do despacho que a defere (art. 58).[43]

49. Suspensão de todas as ações e execuções intentadas em face do devedor: justificativa e exceções – A suspensão em tela, em relação à falência, é consectário do princípio da universalidade do juízo falimentar (art. 76).[44-45]

Lembra J. C. Sampaio Lacerda que a suspensão em tela, no âmbito da falência, tem a seguinte justificativa: o exercício da execução singular é incompatível com a falência (*concursus sistit processus*).[46]

Explicita Fábio Ulhoa Coelho: "Seria de fato despropositado que os credores continuassem exercendo individualmente seu direito à cobrança judicial concomitante à tramitação do concurso. Estariam, nesse caso, sendo desenvolvidas duas medidas judiciais de idênticas finalidades, a execução individual e a concursal. Por essa razão suspendem-se as execuções em que seja executado o falido (aquelas em que ele é credor continuam)".[47]

O art. 99, no seu inciso V, em harmonia com o art. 6º, prescreve que *a sentença que decretar a falência ordenará* a suspensão de todas as ações ou execuções intentadas em face do falido, *exceto*: (1) as ações que demandam quantia ilíquida (§ 1º do art. 6º); (2) as ações de natureza trabalhista (§ 2º do art. 6º).

Jurisprudência[48]

Eis uma ementa pertinente:

42. Júlio Kahan Mandel, "Das disposições comuns", in Luiz Fernando Valente de Paiva (coord.), *Direito Falimentar e a Nova Lei de Falências e Recuperação de Empresas*, São Paulo, Quartier Latin, 2005, p. 131.

43. No mesmo sentido: Paulo Fernando Campos Salles de Toledo, "Comentários aos arts. 1º ao 34", in Carlos Henrique Abrão e Paulo Fernando Campos Salles de Toledo (coords.), *Lei de Recuperação de Empresas e Falência*, São Paulo, Saraiva, 2005, p. 16.

44. No mesmo sentido: Marcus Elidius Michelli de Almeida, *Nova Lei de Falências e Recuperação de Empresas: Confrontada e Breves Anotações*, São Paulo, Quartier Latin, 2005, p. 21.

45. Esclarece Trajano de Miranda Valverde que a suspensão de todas as ações e execuções intentadas contra o devedor se opera a bem da coletividade de credores (*Comentários à Lei de Falências*, cit., 2ª ed., vol. I, p. 195).

46. J. C. Sampaio Lacerda, *Manual de Direito Falimentar*, 10ª ed., Rio de Janeiro, Freitas Bastos, 1978, p. 180.

47. Fábio Ulhoa Coelho, *Comentários à Nova Lei de Falências e de Recuperação de Empresas*, cit., p. 38.

48. Manoel Justino Bezerra Filho, *Jurisprudência da Nova Lei de Recuperação de Empresas e Falências/Decisões, Ofícios Judiciais, Resoluções,*

[TJRJ] Agravo de instrumento – Recuperação de empresa – Suspensão das ações e execuções – Art. 6º da Lei n. 11.101/2005. *As ações e execuções suspensas quando do deferimento da recuperação judicial são apenas aquelas em que o falido ou recuperando são devedores, ou seja, as ações e execuções em que estes figurem no pólo passivo.* Por interpretação *a contrario sensu*, aquelas ações em que o falido ou recuperando é credor, figurando no pólo ativo da relação processual, como é o caso dos autos, em que busca o agravado o ressarcimento pela indenização já paga a terceiro, não são suspensas pela superveniência da recuperação judicial ou da falência. *Suspender uma execução em que o recuperando figura no pólo como exeqüente e com depósito em dinheiro nos autos a garanti-la significa frustrar o objetivo da recuperação, pois é retardar ainda mais um crédito necessário à organização da empresa.* – Provimento do recurso. [*18ª Câmara Cível, AI 2005.002.22119, rela. Desa. Célia Meliga Pessoa, j. 6.2.2005*]

No tocante às ações trabalhistas, pondera Marcelo Papaléo de Souza: "Portanto, pergunta-se: as ações trabalhistas serão atingidas pela falência do devedor? A resposta é negativa. O art. 6º, § 2º, da LRF estabelece que a competência trabalhista será até a quantificação dos valores, sendo que após haverá a necessidade de habilitação no juízo falimentar. Verifica-se, destarte, que não há qualquer interferência quanto à ação no processo de conhecimento, somente tendo a exigência da participação do administrador judicial como representante legal da massa falida".[49]

Quanto à eventual suspensão de um procedimento arbitral já instaurado – ou seja, em curso – em razão da decretação da falência de uma das partes, Marcos Rolim F. Fontes, debruçado sobre acórdão prolatado pela Câmara Especial de Falências e Recuperações Judiciais do TJSP (AI 531.020.4/3, rel. Des. Pereira Calças, j. 25.6.2008, v.u.), cuja ementa segue abaixo transcrita, comenta:

"A decisão em comento (...) estabeleceu o primeiro precedente acerca de importante questão: a decretação da falência de uma das partes no curso de um procedimento arbitral invalida o procedimento por completo, tornando sem qualquer valor legal e inexeqüível o laudo arbitral, impedindo que eventual crédito decorrente desse laudo seja habilitado no processo concursal?

"Embora a legislação brasileira (falimentar, arbitral e eventualmente outra aplicável) não traga uma resposta explícita a essa indagação, a resposta dada pela Corte foi negativa, vale dizer, a decretação da falência de uma das partes no curso do procedimento não o invalida, devendo eventual crédito reconhecido na sentença arbitral ser habilitado no processo falimentar. (...). O crédito decorrente de um laudo arbitral pode inclusive aparelhar pedido de falência, como já havia decidido a mesma Câmara Especial de Falências e Recuperações Judiciais do TJSP (AI 493.783-4/9-00, j. 1.8.2007, v.u., rel. Des. Pereira Calças). (...). De outra banda, o princípio do juízo universal da falência comporta exceção quando se trata de ação de conhecimento em curso ao tempo da decretação da quebra (art. 6º, § 1º, da Lei 11.101/2005), ou quando a ação tramita perante jurisdição específica (art. 76 da Lei 11.101/2005).

"Nesse sentido, necessário destacar que o processo arbitral em que as partes buscam a declaração de um eventual crédito de uma contra outra é procedimento análogo ao de uma ação de conhecimento, e a ela deve ser equiparado para fins do disposto no art. art. 6º, § 1º, da Lei 11.101/2005. Além disso, o processo arbitral é procedimento que corre perante jurisdição especial, subsumindo-se também, por analogia, às exceções previstas no art. 76 da Lei 11.101/2005.

"Seja pelo disposto no art. 6º, § 1º, ou no art. 76 da Lei 11.101/2005, o procedimento arbitral deve seguir até o fim, mesmo com a falência superveniente de uma das partes."[50]

Sentenças, Acórdãos, Dentre Outros Documentos, São Paulo, Ed. RT, 2006, p. 35.

49. Marcelo Papaléo de Souza, *A Lei de Recuperação e Falência e as suas Conseqüências no Direito e no Processo do Trabalho*, 3ª ed., São Paulo, LTr, 2009, p. 269.

50. Marcos Rolim F. Fontes, "A arbitragem e a decretação da falência no curso do procedimento arbitral", *Revista do Instituto dos Advogados de*

Jurisprudência[51]

Eis a ementa referida acima:

[TJSP] Verifica-se, assim, sob a óptica da doutrina e jurisprudência invocadas, que *não há qualquer óbice ao prosseguimento de procedimento arbitral derivado de cláusula compromissória válida e eficazmente pactuada, em virtude de superveniente decreto de falência de uma das partes*, que não implica a perda retroativa da capacidade da empresa contratante, que é sucedida pela massa falida, representada pelo administrador judicial, cabendo ao tribunal arbitral a apreciação da questão, imprimindo regular processamento à demanda arbitral, sob a égide da Lei n. 9.307/1996. [*AI 531.020.4/3, rel. Des. Pereira Calças, j. 25.6.2008, v.u.*]

Registre-se que, em relação aos créditos tributários, o art. 187 do CTN prescreve que sua cobrança judicial não está sujeita a falência, vale dizer, tais créditos devem ser comunicados ao juízo da falência, para pagamento na ordem estabelecida pela lei.[52]

A *ratio legis* da suspensão em tela no tocante à recuperação judicial é a seguinte: conceder ao devedor um interregno para negociar sua recuperação.[53-54]

O art. 52, no seu inciso III, outrossim, em harmonia com o art. 6º, determina que a *decisão judicial que defere o processamento da recuperação judicial* ordenará a suspensão de todas as ações ou execuções intentadas em face do devedor, exceto:

1) As ações que demandam quantia ilíquida (§ 1º do art. 6º).

2) As ações de natureza trabalhista (§ 2º do art. 6º).

No tocante à inserção no plano de recuperação judicial de bens penhorados em execução trabalhista, opina Marcelo Papaléo de Souza:

"No entanto, há de se analisar os efeitos da penhora de bens na execução trabalhista, caso estes estejam incluídos no plano de recuperação trabalhista. (...). Com relação à recuperação judicial, em que pese a ter sido introduzida na legislação nacional junto com as novas regras da falência, não conduz a um juízo universal. Existem várias disposições semelhantes às adotadas nas execuções coletivas; mas a recuperação judicial não representa modalidade destas, não ocasionando a desconstituição da penhora, com a formação de massa objetiva. Portanto, não há como aceitar todas as conseqüências advindas do juízo coletivo, pois assim não determinou a legislação, não existindo a desconstituição da penhora com a recuperação judicial.

"A situação de suspensão do curso da execução resta superada, pois há previsão específica na lei, devendo ser observada pelo juízo trabalhista. Mas, com relação aos bens penhorados, não há como ser aceita a alienação destes para pagamento dos demais credores e não ao credor que promove a execução. A recuperação judicial não tem o condão da desconstituição das penhoras existentes."[55]

Já, em relação ao depósito recursal trabalhista, ainda no âmbito da recuperação judicial, aduz o referido autor: "Com o trânsito em julgado da decisão recorrida e sucum-

São Paulo 23/308-309, Ano 12, São Paulo, janeiro-junho/2009.

51. Idem, pp. 297-308.

52. No mesmo sentido: Manoel Justino Bezerra Filho, *Nova Lei de Recuperação e de Falências Comentada. Lei 11.101, de 9.2.2005, Comentário Artigo por Artigo*, 3ª ed., São Paulo, Ed. RT, 2005, p. 65.

53. O senador Ramez Tebet, no seu parecer, esclarece: "A suspensão das ações é medida gravíssima em relação aos direitos dos credores, que só se justifica excepcionalmente, pela necessidade de conceder ao devedor alguma tranqüilidade para negociar sua recuperação". A íntegra do parecer está estampada nesta obra como Anexo II.

54. Explica Fábio Ulhoa Coelho: "(...) na recuperação judicial o fundamento é diverso. Suspendem-se as execuções individuais contra o empresário individual ou sociedade empresária que requereu a recuperação judicial para que eles tenham o fôlego necessário para atingir o objetivo pretendido da reorganização da empresa. A recuperação judicial não é execução concursal e, por isso, não se sobrepõe às execuções individuais em curso. A suspensão, aqui, tem fundamento diferente. Se as execuções continuassem, o devedor poderia ver frustrados os objetivos da recuperação judicial, em prejuízo, em última análise, da comunhão dos credores" (*Comentários à Nova Lei de Falências e de Recuperação de Empresas*, cit., p. 38).

55. Marcelo Papaléo de Souza, *A Lei de Recuperação e Falência e as suas Conseqüências no*

bente o recorrente, o depósito recursal passa a pertencer ao reclamante, nos termos da parte final do § 1º do art. 899 da CLT. Para efeito de liberação do depósito recursal, não importa a recuperação judicial da empresa, pois os efeitos da suspensão da execução não o atingem, devendo ser liberado ao trabalhador o valor, na forma do § 1º do art. 899 da CLT".[56]

Por outro lado, em seara de falência, noticiam João Otávio de Noronha e Sérgio Mourão Corrêa-Lima:

"Em recente julgado, a 2ª Seção do STJ, no exercício da competência que lhe foi outorgada pelo art. 105, I, "d", da Constituição da República de 1988, apreciando reclamação contra juiz do trabalho que, descumprindo ordem superior, determinou a liberação de quantia objeto de depósito recursal ao reclamante, decidiu: Reclamação 2.188-AM, rel. Min. Ari Pargendler, data de julgamento 9.5.2007: '*O prejudicado, a massa falida, pode se valer da ação prevista no art. 133 do CPC se entender que os respectivos pressupostos estão implementados*. O STJ deve comunicar o fato ao Corregedor-Geral da Justiça do Trabalho'."[57]

Quanto à inscrição do nome do devedor nos cadastros de restrição ao crédito, decidiram o TJPR e o TJMG, respectivamente:[58]

[TJPR] I – No presente caso, o agravante fundamenta o seu direito de ação no conteúdo do art. 6º, *caput*, da Lei n. 11.101/2005. Entretanto, conforme bem enunciou o nobre Representante do Ministério Público, "(...) o citado dispositivo legal faz referência exclusivamente à suspensão da prescrição e de todas as ações e execuções em face do devedor e do sócio solidário (ou seja, medidas de âmbito judicial), nada mencionando acerca da impossibilidade de realização pelo credor de medidas extrajudiciais ante o inadimplemento, tais como inscrição do nome do devedor em cadastros de proteção ao crédito". II – Deve-se considerar que a ação proposta versa acerca de matéria de conhecimento, não incidindo o benefício do art. 6º da Lei de Falências (...). [*AI 425.466-2, rel. Des. Gamaliel Seme Scaff, j. 9.7.2008*]

[TJMG] *Se o período disposto no § 4º do art. 6º já se esgotou*, regular a adoção de medidas protetivas, por parte dos credores, em busca da satisfação de seus créditos, e, assim sendo, se possível a continuidade de ações de execução que se encontravam suspensas, *possível a inscrição da empresa no rol dos órgãos protetores de crédito*. [*AI 1.0439.05.0476663-9/001, rel. Des. Eduardo Andrade, j. 20.3.2007*]

No que diz respeito à execução de honorários advocatícios sucumbenciais, também no âmbito da recuperação judicial, decidiu o TJSP:

[TJSP] (...) Estando a executada em recuperação judicial, hipótese em que a execução dos honorários advocatícios não deve ter prosseguimento, nos termos do art. 475-J do CPC. O valor exigido no título de verbas de sucumbência deverá ser habilitado, no grau de preferência que o título couber, no juízo universal da recuperação judicial. [*AI 7.258.159-6, rel. Des. Paulo Haranada, j. 13.10.2008*][59]

Jurisprudência[60]

Eis uma ementa pertinente:

[TJRS] Tratando-se de crédito quirografário corporificando título de crédito, cuja execução restou proposta anteriormente ao deferimento do processamento da recuperação judicial, *o feito executivo deve ser suspenso, na forma do que determina a regra do art. 6º, caput e § 4º, da Lei n. 11.101/2005, uma vez que o crédito em execução, por anterior ao pedido recuperatório, deve se submeter ao favor estabelecido na nova Lei Falimentar, consoante determina o art. 49, caput, da Lei de Falências e Recuperação de Empresas* (...). [*ACi 70022289755, rela. Desa. Liege Puricelli Pires, j. 24.7.2008*]

Direito e no Processo do Trabalho, cit., 3ª ed., pp. 216-218.

56. Idem, p. 219.

57. João Otávio de Noronha e Sérgio Mourão Corrêa-Lima, "Comentários aos arts. 5º e 6º", in Osmar Brina Corrêa-Lima e Sérgio Mourão Corrêa-Lima (coords.), *Comentários à Nova Lei de Falência e Recuperação de Empresas: Lei 11.101, de 9.2.2005*, Rio de Janeiro, Forense, 2009, p. 93.

58. Cristiano Imhof, *Lei de Falências e de Recuperação de Empresas e sua Interpretação Jurisprudencial: Anotado Artigo por Artigo*, cit., pp. 76-77.

59. Idem, p. 77.

60. Idem, pp. 78-79.

3) As execuções de natureza fiscal (§ 7º do art. 6º).

Jurisprudência[61]

Eis uma ementa pertinente:

[TJDF] *O crédito tributário – cuja cobrança judicial se faz por meio de procedimento próprio, a execução fiscal – não é sujeito a concurso de credores ou habilitação em falência.* No entanto, poderá a Fazenda Pública optar pela habilitação de seu crédito na falência, caso em que a competência para eventual impugnação será do juízo falimentar. [*AI 2008.00.2.001657-8, rel. Des. Jair Soares, j. 12.3.2008*]

4) As ações relativas a créditos do proprietário fiduciário (de bens móveis ou imóveis); arrendador mercantil; proprietário ou promitente vendedor (cujo contrato contenha cláusula de irrevogabilidade ou irretratabilidade), inclusive em incorporações imobiliárias; proprietário em contrato com reserva de domínio (§ 3º do art. 49).

5) As ações relativas a adiantamento a contrato de câmbio para a exportação (§ 4º do art. 49).

50. Inclusive aquelas dos credores particulares do sócio solidário – Este comando – a decretação da falência suspende o curso da prescrição e de todas as ações e execuções em face do devedor, *inclusive aquelas dos credores particulares do sócio solidário* – tem plena justificativa, na medida em que, consoante dispõe o art. 81, a decisão que decreta a falência da sociedade com sócios ilimitadamente responsáveis também acarreta a falência destes.[62]

Jurisprudência

Eis quatro ementas pertinentes:

[TJPR] (...). Pode-se concluir, portanto, que a redação do art. 6º da Lei n. 11.101/2005 (...) não quis se referir a sócio-cotista de empresa falida, mas sim ao sócio ilimitadamente responsável ou ao sócio que não tenha integralizado o capital social ou tenha praticado ato com excesso de poderes ou infração da lei ou do contrato social, conforme antes mencionado. [*AI 0496243-4, rel. Des. Shiroshi Yendo, j. 6.8.2008*][63]

[TJMG] O simples ajuizamento de ação de recuperação judicial não tem o condão de produzir os efeitos previstos pelo art. 6º da Lei n. 11.101/2005, pois o dispositivo exige o deferimento do processamento da medida como condição da suspensão das execuções movidas contra a sociedade em recuperação e sócio solidário – Benefício que não alcança sócio que integra sociedade por cotas, pois sua responsabilidade, em regra, é subsidiária e limitada. [*AI 1.0024.05.879187-2/001, rel. Des. Viçoso Rodrigues, j. 27.2. 2007*][64]

[TJRS] Agravo interno – Execução – Falência – Prosseguimento contra os sócios. *Tendo sido decretada a falência da empresa no curso da demanda, impõe-se a suspensão do feito, descabendo o prosseguimento contra os sócios da empresa* – Art. 24 da Lei Falimentar e art. 6º da nova Lei de Falências – Agravo interno desprovido. [*11ª Câmara Cível, Ag 70014091052, rel. Des. Bayard Ney de Freitas Barcellos, j. 31.5.2006*][65]

[TJSP] (...). Assim, salvo na hipótese de sócios com responsabilidade solidária e ilimitada, o procedimento de pedido de recuperação e o decreto falimentar não produzem efeitos sobre as ações e execuções movidas contra sócios, acionistas ou cotistas de sociedade sujeitas a estes regimes. O tratamento a eles dispensado pela legislação falimentar – atual e a revogada – é o do regime comum das obrigações. [*AI 7.053.221-3, rel. Des. Ricardo Negrão, j. 21.2.2006*][66]

51. Prosseguimento de ação que demandar quantia ilíquida – O § 1º do art. 6º, excepcionando a regra geral da suspensão das ações e execuções (art. 6º, *caput*), estabelece que a ação que demanda quantia ilíquida

61. Idem, p. 90.

62. "Art. 81. A decisão que decreta a falência da sociedade com sócios ilimitadamente responsáveis também acarreta a falência destes, que ficam sujeitos aos mesmos efeitos jurídicos produzidos em relação à sociedade falida e, por isso, deverão ser citados para apresentar contestação, se assim o desejarem."

63. Cristiano Imhof, *Lei de Falências e de Recuperação de Empresas e sua Interpretação Jurisprudencial: Anotado Artigo por Artigo*, cit., pp. 64-65.

64. Idem, p. 80.

65. Manoel Justino Bezerra Filho, *Jurisprudência da Nova Lei de Recuperação de Empresas e Falências/Decisões, Ofícios Judiciais, Resoluções, Sentenças, Acórdãos, Dentre Outros Documentos*, cit., p. 39.

66. Cristiano Imhof, *Lei de Falências e de Recuperação de Empresas e sua Interpretação Jurisprudencial: Anotado Artigo por Artigo*, cit., p. 65.

terá seguimento perante o juízo que a estiver processando.

Jurisprudência[67]

Eis seis ementas pertinentes:

[TJSP] Competência recursal – Ação objetivando condenação à abstenção de importação, comercialização ou oferta de produto protegido por patente – Concessão à ré de recuperação judicial – Julgado da 8ª Câmara de Direito Privado não conhecendo do recurso por entender que a concessão do benefício atrai o recurso para a Câmara Especial de Falências e Recuperações Judiciais – Inocorrência – *Obrigação não sujeita a recuperação judicial* – Competência da 8ª Câmara de Direito Privado – Inteligência do art. 6º da Lei n. 11.101/2005. *A concessão de recuperação judicial não atrai, para o mesmo juízo, as ações que demandem obrigação de fazer ou não fazer.* [*AI 583.710.4/8-00, rel. Des. Bóris Kauffmann, j. 4.3.2009*]

[TJRS] Consoante o disposto no art. 6º, § 1º, da Lei n. 11.101/2005, prossegue no juízo no qual se estiver processando a ação que demandar quantia ilíquida, haja vista que, na forma do disposto no art. 49 da mesma lei, *submetem-se à recuperação judicial os créditos "existentes" na data do pedido, e não os que dependem de apuração em processo de conhecimento, não havendo assim como cogitar de suspensão do processo.* [*Turmas Recursais, RI 71001619030, rel. Des. Heleno Tregnago Saraiva, j. 16.10.2008*]

[TJSP] O entendimento da expressão "quantia ilíquida" aqui se extrai a partir do significado da expressão "obrigação líquida", constante do art. 618 do CPC, isto é, *não é ilíquida a obrigação que, sem mencionar diretamente o total da dívida, contém em si todos os elementos necessários à sua apuração, mediante simples cálculo aritmético* (*RT* 613/148, 677/163; *JTJ* 158/181), ou seja, *a dívida não deixa de ser líquida se precisa, para saber em quanto importa, de simples operação aritmética* (STF, *RePro* 57/246; *RSTJ* 21/397; STJ, *RT* 670/181). [*ACi 485.839-4/1-00, rel. Des. Lino Machado, j. 24.9.2008*]

[TJRS] Nos termos do disposto no art. 6º, § 1º, da Lei n. 11.101/2005: *prossegue no juízo no qual se estiver processando a ação que demandar quantia ilíquida, não havendo assim como cogitar de incompetência do Juizado Especial.* [*Turmas Recursais, RI 71001369339, rel. Des. Ricardo Torres Hermann, j. 6.11.2007*]

[TJMG] O processamento e julgamento de ação ordinária objetivando indenização e rescisão de contrato de fornecimento de produtos, com a incidência de multa, cujo *quantum* devido não pôde ser apontado de plano, ante a iliquidez do contrato, *competem ao Juízo da Vara Cível a que fora distribuída a demanda, haja vista incidir na hipótese a exceção legal emanada do art. 6º, § 1º, da Lei n. 11.101/2005, não a regra do art. 76 da mesma lei.* [*AI 1.0223.05.169240-6/002, rel. Des. Guilherme Luciano Baeta Nunes, j. 20.3.2007*]

[TJMG] (...). Portanto, nos termos do art. 6º, § 1º, da Lei n. 11.101/2005, a decretação de falência *não suspende o curso de ações e execuções individuais que versarem sobre quantia ilíquida, que terão prosseguimento no juízo perante o qual estiverem sendo processadas.* [*CComp 1.0000.06.440759-6/000, rel. Des. Orlando Carvalho, j. 13.9.2006*]

Por pertinente, lembramos que, com a decretação da falência, o devedor perde o direito de administrar seus bens e deles dispor (art. 103); logo, o administrador judicial deverá assumir a respectiva representação processual junto às ações pendentes (art. 22, III, "c"). Já, no âmbito da recuperação judicial, uma vez que o devedor não perde o referido direito (art. 64), ele remanesce legitimado a defender seus interesses.

Enfatize-se que o credor, valendo-se do disposto no § 3º do mesmo art. 6º, poderá pedir reserva da importância relativa ao seu crédito, estimando-a.

Uma vez reconhecido líquido o direito do credor, será seu crédito incluído na classe própria, desde que o credor informe o juízo e comprove tal fato.

52. Habilitação, exclusão ou modificação de créditos trabalhistas junto ao administrador judicial – O § 2º do art. 6º permite o pleito de habilitação, exclusão ou modificação de créditos derivados da relação de trabalho perante o administrador judicial, mas ressalva a competência da Justiça especializada para processar ações de natureza trabalhista e as impugnações referidas no art. 8º.[68]

67. Idem, pp. 65, 70, 79 e 83-84.

68. Quanto às impugnações, registra Mauro Rodrigues Penteado: "Se não forem adequadamente

Explica Manoel Justino Bezerra Filho: "Surge aqui uma modificação em relação ao Decreto-lei 7.661/1945, na medida em que objetiva 'desprocessualizar' ou 'desjudicializar' (...) os incidentes de verificação de créditos e, talvez, atribuir maior celeridade nos seus julgamentos, principalmente aqueles derivados da relação do trabalho".[69]

Assim sendo, dois são os caminhos relativos aos créditos trabalhistas: o primeiro consiste no pleito de habilitação, exclusão ou modificação dos mesmos diretamente ao administrador judicial; o segundo consiste no ajuizamento de ação trabalhista perante a Justiça especializada.[70-71]

O primeiro caminho encerra uma inovação, cujo intuito, indubitavelmente, é salutar; todavia, somente se poderá elogiá-la ou criticá-la após sua aplicação prática.

No tocante à suspensão das execuções trabalhistas em razão do comando imperativo da inscrição do respectivo crédito trabalhista no quadro geral de credores, explicam João Otávio de Noronha e Sérgio Mourão Corrêa-Lima: "É comum que as ações dos diversos credores trabalhistas estejam em fases processuais distintas no momento da decretação da falência. Caso não houvesse a suspensão das execuções trabalhistas após a quebra, alguns credores poderiam receber integralmente seus créditos, em detrimento de outros, que não receberiam um centavo sequer. Por esta razão a Lei de Falências impõe a instalação do juízo universal, ao qual se sujeita a coletividade dos credores tratados de forma isonômica".[72]

Jurisprudência[73]

Eis três ementas pertinentes, duas do STJ e uma do TST:

[STJ] Competência – Crédito trabalhista – Falência. A decisão do litígio trabalhista far-se-á na Justiça do Trabalho. *O pagamento aos credores, entretanto, haverá de proceder-se no juízo falimentar, onde se efetuará o eventual rateio entre os da mesma classe.* [*CComp 8.892-RJ, rel. Min. Eduardo Ribeiro*]

[STJ] 1 – Decretada a quebra, as reclamatórias trabalhistas prosseguirão na Justiça do Trabalho, mas *os atos de execução de seus julgados iniciar-se-ão ou terão seguimento no juízo falimentar, ainda que já efetuada a penhora.* (...). [*CComp 10.014-PR, rel. Min. Ruy Rosado de Aguiar*]

atendidos na relação de credores a ser elaborada e publicada pelo administrador judicial nos termos do art. 7º, § 2º, cabe-lhes reclamar perante o juízo universal, apresentando impugnação de crédito (art. 8º). Mas tais impugnações serão processadas perante a Justiça especializada, até a apuração do respectivo crédito, que será inscrito no quadro geral de credores, pelo valor determinado na sentença (art. 6º, § 2º), ressalvado o pedido de reserva (art. 6º, § 3º). Trata-se, portanto, de ação reclamatória trabalhista atípica, que tem início no juízo universal mas que prossegue na Justiça especializada, se houver impugnação do crédito" ("Comentários aos arts. 1º ao 6º", in Francisco Satiro de Sousa Jr. e Antônio Sérgio Altieri de Moraes Pitombo (coords.), *Comentários à Lei de Recuperação de Empresas e Falência: Lei 11.101/2005*, São Paulo, Ed. RT, 2005, p. 139).

69. Manoel Justino Bezerra Filho, *Nova Lei de Recuperação e de Falências Comentada. Lei 11.101, de 9.2.2005, Comentário Artigo por Artigo*, cit., 3ª ed., p. 61.

70. No mesmo sentido: Mauro Rodrigues Penteado, "Comentários aos arts. 1º ao 6º", cit., in Francisco Satiro de Sousa Jr. e Antônio Sérgio Altieri de Moraes Pitombo (coords.), *Comentários à Lei de Recuperação de Empresas e Falência: Lei 11.101/2005*, p. 139.

71. Paulo Fernando Campos Salles de Toledo complementa: "Fica (...) expressamente permitido ao interessado 'pleitear, perante o administrador judicial, habilitação, exclusão ou modificação de créditos derivados da relação de trabalho'. Isto não afeta a competência da Justiça do Trabalho. Apenas se estabelece, de um lado, que, para melhor formalização processual, poderá o credor habilitar seu crédito, sem que se possa, no entanto, discutir seu valor. Por outro lado, sem que isso implique questionamento relativo à relação de trabalho entre credor e devedor, pode-se submeter ao juízo da falência ou recuperação judicial qualquer fato que leve à exclusão ou modificação do crédito trabalhista. Assim, por exemplo, se houve pagamento em parte ou no todo, ou se o valor não confere com o reconhecido na jurisdição própria" ("Comentários aos arts. 1º ao 34", in Carlos Henrique Abrão e Paulo Fernando Campos Salles de Toledo (coords.), *Lei de Recuperação de Empresas e Falência*, São Paulo, Saraiva, 2005, pp. 18-19).

72. João Otávio de Noronha e Sérgio Mourão Corrêa-Lima, "Comentários aos arts. 5º e 6º", cit., in Osmar Brina Corrêa-Lima e Sérgio Mourão Corrêa-Lima (coords.), *Comentários à Nova Lei de Falência e Recuperação de Empresas: Lei 11.101, de 9.2.2005*, p. 92.

73. Idem, pp. 92-93.

[TST] Decretada a falência, todos os bens passam a compor a massa falida e, via de conseqüência, *as execuções dos credores, mesmo que trabalhistas, deverão ser suspensas, procedendo-se à competente habilitação perante o juízo universal falimentar* – Recurso em mandado de segurança provido. [*Pleno, ROC-MS 117-86, rel. Min. Nelson Tapajós*]

53. Qual é o valor do crédito trabalhista a ser inscrito no quadro geral de credores?[74] – O *quantum debeatur* relativo ao crédito trabalhista nunca se pacificou no regime legal anterior.

Uns entendiam que o valor deveria corresponder àquele apurado na Justiça do Trabalho. Outros defendiam que dito valor deveria sofrer os abatimentos permitidos em lei, tais como multas e juros, após o decreto falimentar.

A lei em comento espancou a questão ao determinar que o *quantum debeatur* relativo ao crédito trabalhista será aquele apurado na sentença homologatória da Justiça especializada.[75]

Na classificação dos créditos prevista no art. 83, os trabalhistas, até 150 salários mínimos, figuram em primeiro lugar (inciso I); os valores excedentes são classificados como quirografários (inciso VI, "c").

74. O senador Ramez Tebet, no seu parecer, noticia a seguinte emenda do senador Eduardo Suplicy: "A Emenda n. 97 modifica o § 2º do art. 6º do Substitutivo, para que seja possível, na falência, a execução na própria Justiça do Trabalho de seus julgados, sem necessidade de habilitação ou de inscrição no quadro geral de credores". A íntegra do parecer está estampada nesta obra como Anexo II.

75. Paulo Fernando Campos Salles de Toledo aduz: "O processamento é, pois, bifronte. A apuração se faz por meio das reclamações ajuizadas na Justiça do Trabalho, mas o crédito sujeita-se aos efeitos concursais, tanto que deve ser inserido no quadro geral de credores. Cumpre notar que mesmo as impugnações de crédito não serão julgadas, como as demais, pelo juízo da falência ou da recuperação judicial, mas sim pela Justiça especializada. A disposição é nova, e coerente com a competência da Justiça do Trabalho para julgamento de controvérsias decorrentes da relação de trabalho" ("Comentários aos arts. 1º ao 34", cit., in Carlos Henrique Abrão e Paulo Fernando Campos Salles de Toledo (coords.), *Lei de Recuperação de Empresas e Falência*, p. 18).

54. Reserva de importância – No regime anterior a reserva estava disciplinada em dois dispositivos.

1) No § 3º do art. 24 do Decreto-lei 7.661/1945:

"*Art. 24.* (...).

"(...).

"§ 3º. Aos credores referidos no inciso II [*que demandarem quantia ilíquida, coisa certa, prestação ou abstenção de fato*] fica assegurado o direito de pedir a reserva de que trata o art. 130, e, uma vez tornado líquido o seu direito, serão incluídos na falência, na classe que lhes for própria."

2) No art. 130 do Decreto-lei 7.661/1945: "*Art. 130.* O juiz, a requerimento dos interessados, ordenará a reserva, em favor destes, até que sejam decididas as suas reclamações ou ações, das importâncias dos créditos por cuja preferência pugnarem, ou dos rateios que lhes possam caber".

No atual regime a reserva de valor é tratada no § 3º do art. 6º bem como no § 1º do art. 149.

Jurisprudência

Eis duas ementas pertinentes:

[STJ] Em comentário ao dispositivo em análise, ensina Fábio Ulhoa Coelho: (...). Nas reclamações trabalhistas e nas ações que não se suspendem, cabe a reserva do valor em discussão. *Prevê a lei atual – diferentemente da anterior – que a competência para determinar a reserva é a do juiz perante o qual tramita a reclamação ou a ação não suspensa.* [*CComp 95.627-SP (2008/0094341-8), rel. Min. Fernando Gonçalves, j. 26.11.2008*][76]

[TJSP] Recuperação judicial – Crédito trabalhista – Impugnação judicial com base no art. 8º da Lei n. 11.101/2005 – *Pedido de reserva – Incompetência da Vara Especializada em Falências e Recuperações – Competência absoluta da Justiça do Trabalho*, tanto para julgar as impugnações *como os pedidos de reserva* – Inteligência dos arts. 8º e 6º, §§ 2º e 3º, da LRF. [*Câmara Especial de Falências e de Recuperações Judiciais,*

76. Cristiano Imhof, *Lei de Falências e de Recuperação de Empresas e sua Interpretação Jurisprudencial: Anotado Artigo por Artigo*, cit., p. 66.

AI 450.689-4/5-00, rel. Des. Pereira Calças, j. 7.6.2006][77]

Apesar de o § 3º do art. 6º prescrever que "o juiz competente poderá determinar a reserva da importância que estimar devida na recuperação judicial ou na falência" (por exemplo, via ofício judicial), Júlio Kahan Mandel vislumbra outra modalidade para efetivação da reserva, qual seja: o próprio credor, diretamente, reivindicá-la mediante petição instruída com os respectivos documentos.[78-79]

O pedido de reserva, se abusivo, pode: (a) no âmbito criminal, configurar os crimes falimentares tipificados nos arts. 168 e 175 da Lei de Falências; (b) no campo civil, indenização por perdas e danos; (c) em seara processual, a condenação por litigância de má-fé.[80]

55. Qual é o* modus operandi *da reserva? – O *modus operandi* da reserva de importância está previsto no § 1º do artigo 149: os valores a ela relativos ficarão depositados até o julgamento definitivo do crédito; e, no caso de não ser este finalmente reconhecido, no todo ou em parte, os recursos depositados serão objeto de rateios suplementares entre os credores remanescentes.

56. Suspensão por 180 dias – O § 4º do art. 6º limita, na recuperação judicial, a suspensão de que trata o *caput* do artigo ao prazo improrrogável de 180 dias,[81] contado

77. Manoel Justino Bezerra Filho, *Jurisprudência da Nova Lei de Recuperação de Empresas e Falências/Decisões, Ofícios Judiciais, Resoluções, Sentenças, Acórdãos, Dentre Outros Documentos*, cit., p. 48.

78. Júlio Kahan Mandel opina: "Não há previsão de como se processará o pedido de reserva de crédito. Presumimos que o pedido poderá então ser efetuado através de petição simples dirigida ao juiz da recuperação ou falência, devendo a peça vir acompanhada de cópias da ação ou certidão que demonstrem a existência da ação e do valor discutido. Um problema que poderá existir, por exemplo, será o pedido de reserva de valores cuja existência do próprio crédito é totalmente negada pelo devedor. Este pedido de reserva pode atrapalhar o andamento do plano de recuperação, pois a reserva de um crédito de grande valor, não reconhecido pelo devedor na apresentação do plano, poderá atrapalhar e retardar o rateio. O juiz da recuperação poderá deixar de reservar o crédito, nos termos da lei, ou estimar sua reserva por um valor que não agrade a uma das partes. A decisão sobre a quantia é de competência de outro magistrado e a lei não prevê parâmetros e nem formas de reservar o crédito na recuperação, apenas concedendo ao juiz o poder de fazê-lo, o que poderá gerar recursos ao tribunal. O professor Bezerra Filho, ao comentar a lei de 1945, admitia que o juiz poderia reduzir o valor da reserva (p. 138). Na lei de 2005 esta possibilidade permanece. Contudo, como não há uma regra bem clara para aplicação da redução, sua decisão certamente será contestada pela parte insatisfeita e, dependendo do caso, pelas duas partes, o que certamente trará prejuízos ao bom andamento do pagamento dos credores" ("Das disposições comuns", cit., in Luiz Fernando Valente de Paiva (coord.), *Direito Falimentar e a Nova Lei de Falências e Recuperação de Empresas*, pp. 135-136).

79. Complementam João Otávio de Noronha e Sérgio Mourão Corrêa-Lima: "Também nesse ponto não se admite duplicidade de requerimentos. O titular do crédito deve optar entre pleitear a reserva (a) ao juízo perante o qual o processo de conhecimento está tramitando ou (b) ao juízo falimentar" ("Comentários aos arts. 5º e 6º", cit., in Osmar Brina Corrêa-Lima e Sérgio Mourão Corrêa-Lima (coords.), *Comentários à Nova Lei de Falência e Recuperação de Empresas: Lei 11.101, de 9.2.2005*, p. 94).

80. No mesmo sentido: João Otávio de Noronha e Sérgio Mourão Corrêa-Lima, "Comentários aos arts. 5º e 6º", cit., in Osmar Brina Corrêa-Lima e Sérgio Mourão Corrêa-Lima (coords.), *Comentários à Nova Lei de Falência e Recuperação de Empresas: Lei 11.101, de 9.2.2005*, p. 95.

81. O senador Ramez Tebet, no seu parecer, esclarece: "Modificamos, ainda, a redação do § 5º do art. 7º do PLC, de 2003, não só para torná-lo mais objetivo, mas também e principalmente para dar-lhe redação que deixe mais claro que o prazo de 180 dias de suspensão das ações e execuções na recuperação judicial é absolutamente improrrogável, mesmo que o atraso na aprovação do plano não se dê por responsabilidade do devedor. A suspensão das ações é medida gravíssima em relação aos direitos dos credores, que só se justifica excepcionalmente, pela necessidade de conceder ao devedor alguma tranqüilidade para negociar sua recuperação. Abrir a mínima possibilidade de que uma decisão judicial, dessintonizada dos objetivos de eficiência econômica da lei, prorrogue a suspensão – em um processo que seja – significa prejudicar a credibilidade e a avaliação do risco de todas as empresas brasileiras, pois jamais se saberia com certeza por quanto tempo essa suspensão de cunho legal poderia arrastar-se. (...).

do respectivo deferimento do processamento da recuperação.

Qual é o termo inicial do prazo de 180 dias: a data do despacho de deferimento do processamento da recuperação ou a data da sua publicação no órgão oficial?

Responde, adequadamente, Sérgio Campinho: "A despeito da literalidade do preceito, que faz menção ao prazo de 180 dias 'contado do processamento da recuperação', sustentamos que o início da contagem se realiza não da data da decisão, mas sim daquela em que ganhou publicidade, o que se verifica com o edital de publicação no órgão oficial. Interpretação contrária viria a vulnerar o sistema da própria legislação, porquanto o prazo de habilitação dos credores se conta desta publicação (§ 1º do art. 7º), a qual servirá, de forma indireta, para o cômputo do prazo para que o administrador judicial anuncie, por edital, a relação de credores elaborada (§ 2º do art. 7º), do qual se conta o prazo para os credores objetarem o plano de recuperação apresentado (art. 55), cuja ocorrência enseja a convocação da assembléia-geral de credores para sobre ele deliberar (art. 56). Outrossim, é a partir dela que também flui o prazo para o devedor apresentar seu plano de recuperação em juízo. Ora, como adiante se demonstrará, o prazo de suspensão das ações encontra-se intimamente ligado com o procedimento de apresentação do plano e sua análise pela assembléia-geral de credores, caso sofra impugnação. Portanto, o interregno de 180 dias não pode ter como termo *a quo* senão o da publicação da decisão de processamento da recuperação, sob pena de se romper o sistema".[82]

Após o decurso de tal prazo restabelece-se o direito dos credores de iniciar ou continuar suas ações, independentemente de pronunciamento judicial.

Jurisprudência[83]

Eis sete ementas pertinentes:

[TJRS] A regra em questão tem objetivo inequívoco: *viabilizar à empresa em situação de crise econômica se reestruturar, mediante uma negociação coletiva com o conjunto de seus credores, possibilitando o prosseguimento da atividade empresarial.* [*AI 70026256131, rela. Desa. Elaine Harzheim Macedo, j. 6.11.2008*]

[TJRS] Ação de cobrança – Empresa em recuperação judicial – Suspensão da ação. *O prazo da suspensão da ação ou execução "em hipótese nenhuma excederá o prazo de 180 (...) dias contados do deferimento do processamento da recuperação" – Art. 6º, § 4º, da Lei n. 11.101/2005. Como já expirou o prazo legal, deve a ação de cobrança seguir o curso normal.* [*Decisão monocrática no AI 70026142208, rel. Des. Ergio Roque Menine, j. 31.10.2008*]

[TJMG] Conforme determina o preceito contido no § 4º do art. 6º da Lei n. 11.101/2005, o deferimento do pedido de processamento da recuperação judicial de sociedade limitada suspende, por apenas 180 (...) dias, todas as ações e execuções então propostas em desfavor do devedor, as quais retomam seu curso uma vez decorrido aquele prazo, *que não comporta qualquer espécie de prorrogação, nem mesmo ante o manejo de recurso contra decisão que nega pedido de habilitação e correção do quadro de credores.* [*AI 1.0079.07.342104-6/001, rel. Des. Guilherme Luciano Baeta Nunes, j. 23.9.2008*]

[TJSP] Falência decretada na vigência da Lei n. 11.101/2005 – *Praças designadas em execução individual – Realização e transferência do produto da arrematação ao juízo universal – Princípios da celeridade e da economia processual (art. 75, parágrafo único).* (...). Conforme elucidativa lição de Fábio Ulhoa Coelho, "a instauração da falência importa suspensão das execuções individuais em trâmite contra a sociedade falida, exceto as fiscais. *Convém, de outro lado, que o juiz determine o prosseguimento das execuções com hasta já designada ou realizada*" (*Curso* ...).

Dessa maneira, a lei estimula a conduta diligente do devedor, que deverá apresentar a seus credores um plano viável e envidar seus melhores esforços para que seja aprovado em 180 dias, já que, se não o for, as ações e execuções iniciarão ou continuarão seu curso, reabrindo-se a possibilidade de decretação da falência por inadimplemento de obrigações anteriores ao pedido de recuperação". A íntegra do parecer está estampada nesta obra como Anexo II.

82. Sérgio Campinho, *Falência e Recuperação de Empresa: o Novo Regime da Insolvência Empresarial*, Rio de Janeiro, Renovar, 2006, p. 144.

83. Cristiano Imhof, *Lei de Falências e de Recuperação de Empresas e sua Interpretação Jurisprudencial: Anotado Artigo por Artigo*, cit., pp. 66-69, 72, 76, 78 e 82.

Se a finalidade da falência é a alienação dos bens do falido para satisfação dos credores, *não seria razoável a suspensão da execução individual nesta fase. Portanto, a realização das praças e a transferência do produto da arrecadação ao juízo universal vão ao encontro dos princípios da Lei de Falências.* [*MS 1.156.388-0/4, rela. Desa. Beatriz Braga, j. 1.7.2008*]

[TJSP] (...). Em suma, *aprovado o plano de recuperação dentro do prazo legal, há novação e não há possibilidade de início e/ou continuação de execução individual; contudo, se a aprovação ocorrer fora do prazo legal, decorrido este, não há novação e existe o direito de os credores iniciarem e/ou continuarem com as execuções individuais.* [*AI 526.513-4/1-00, rel. Des. Romeu Ricupero, j. 30.1.2008*]

[TJMG] *Se o período disposto no § 4º do art. 6º já se esgotou*, regular a adoção de medidas protetivas, por parte dos credores, em busca da satisfação de seus créditos, e, assim sendo, se possível a continuidade de ações de execução que se encontravam suspensas, *possível a inscrição da empresa no rol dos órgãos protetores de crédito.* [*AI 1.0439.05.0476663-9/001, rel. Des. Eduardo Andrade, j. 20.3.2007*]

[TJRN] *Mérito*: Decisão que ordena o prosseguimento da execução contra o sócio – Impossibilidade – Ausentes as hipóteses de desconsideração da personalidade jurídica – Aplicação do art. 6º, § 4º, da Lei n. 11.101/2005 – *Imposição de suspensão dos atos executórios, inclusive aqueles dos credores particulares do sócio solidário* – Reforma da decisão que se impõe – Recurso conhecido e provido. [*AI 2006.007634-4, rel. Des. Expedito Ferreira, j. 26.2.2007*]

Por fim, encarecemos que durante o prazo de suspensão ficam vedadas a venda ou retirada do estabelecimento do devedor dos bens de capital essenciais à sua atividade empresarial (§ 3º do art. 49).

Jurisprudência[84]

Eis três ementas pertinentes:

[TJMG] Em face do que dispõe o art. 6º, § 4º, c/c o art. 49, § 3º, da Lei n. 11.101/2005, durante o prazo de 180 (...) dias, contados do deferimento do processamento da recuperação, *não é permitida a venda ou retirada do estabelecimento do devedor dos bens de capital essenciais à sua atividade econômica. Correta, portanto, a r. decisão que determinou o recolhimento do mandado de busca e apreensão das referidas sacas e deferiu o pedido de suspensão do andamento da ação de busca e apreensão.* [*AI 1.0035.08.124940-7/002, rel. Alberto Henrique, j. 31.7.2008*]

[TJMT] Recuperação judicial – Arrendamento mercantil – Reintegração de posse – Liminar deferida após o prazo do art. 6º, § 4º, da Lei n. 11.101/2005 – Cabimento – Imprescindibilidade dos bens para a atividade empresarial não comprovada – Recurso desprovido. *Justifica-se a proibição de retirada dos bens de capital essenciais à atividade empresarial, objetos de arrendamento mercantil, do estabelecimento do devedor tão-somente durante o prazo improrrogável de 180 dias do deferimento do processamento da recuperação judicial, conforme o disposto no art. 49, § 3º, da Lei n. 11.101/2005.* Concede-se a retirada dos bens arrendados e objetos de reintegração de posse, do estabelecimento do devedor, se não comprovada a imprescindibilidade deles para o funcionamento da empresa. [*AI 59934/2007, rel. Des. Juracy Persiani, j. 12.12.2007*]

[TJPR] (...). 2. Embora os titulares de créditos oriundos de contratos de venda com reserva de domínio não se sujeitem aos efeitos da recuperação judicial, prevalecendo em relação aos mesmos os direitos de propriedade sobre a coisa e as condições contratuais, *não lhes será permitido "durante o prazo de suspensão a que se refere o § 4º do art. 6º da legislação específica, a venda ou retirada do estabelecimento do devedor dos bens de capital essenciais à sua atividade empresarial" (art. 49, § 3º, da Lei n. 11.101/2005).* [*AI 370.646-3, rel. Des. Lauri Caetano da Silva, j. 4.10.2006*]

57. Aplicação à recuperação judicial do § 2º do art. 6º – Paulo Fernando Campos Salles de Toledo explica, com clareza, o procedimento:

"Dispõe o § 5º do art. 6º da LRE, em *aparente* confronto com a regra do § 2º, que na recuperação judicial, *durante o prazo de suspensão* das ações e execuções, aplica-se a disciplina acima enunciada. Ou seja: continuam em andamento as reclamações trabalhistas e as impugnações referentes a créditos derivados da relação de trabalho, não se suspendendo, ao contrário da regra geral aplicável aos demais feitos. Acrescenta a norma do § 5º que, '*após o fim da suspensão, as execuções* trabalhistas poderão ser

84. Idem, pp. 69, 78 e 80-81.

normalmente concluídas', isto é, 'ainda que o crédito esteja inscrito no quadro geral de credores'.

"Daí se depreende que, embora prossigam, sem serem afetadas pelo processamento da recuperação judicial, as impugnações e reclamações trabalhistas, até a apuração do crédito, não se pode, no prazo da suspensão, executá-lo. Findo esse período, entretanto, no qual é de se esperar que devedor e credores tenham chegado a um ponto comum quanto ao plano de recuperação da empresa, poderá o trabalhador insatisfeito promover a execução de seu crédito.

"Note-se, a propósito, que o juiz, ao deferir o processamento da recuperação judicial, ordenará a suspensão das ações e execuções contra o devedor, ressalvadas, entre outras, as de natureza trabalhista (art. 52, III). No tocante às falências aplica-se a regra do § 2º, em tela. Os processos poderão ser ajuizados ou ter seqüência, mas os pagamentos deverão ser feitos com obediência às regras constantes da Seção XI do Capítulo V."[85-86]

Em resumo, o despacho que defere o processamento da recuperação judicial não tem o condão de suspender as ações de natureza trabalhista (art. 52, III, *in fine*), exceto quando elas já estiverem em fase de execução (§ 5º do art. 6º).

A inclusão do § 5º no art. 6º – noticia Manoel Justino Bezerra Filho – decorreu da influência exercida tanto pelo direito concursal francês quanto pelo norte-americano no que se convencionou chamar de "suspensão provisória das demandas", ou *stop actions*.[87]

58. Comunicação ao juízo da falência ou da recuperação judicial – O § 6º do art. 6º veicula o dever – ao juiz competente, quando receber a petição inicial, e ao devedor, imediatamente após a citação – de comunicar ao juízo da falência ou da recuperação judicial as ações que venham a ser propostas contra o devedor, independentemente da verificação periódica perante os cartórios de distribuição.

João Otávio de Noronha e Sérgio Mourão Corrêa-Lima aduzem: "A comunicação implementada por outro magistrado (inciso I), que deve ocorrer logo após a distribuição da ação, traz dificuldade prática. É que nem sempre é possível ao juiz verificar se qualquer das partes da ação submetida a processo de falência ou recuperação judicial, principalmente se em curso perante outro Estado. Mas, mesmo diante da complexidade prática, o mandamento legal é louvável, porque propicia que eventuais discussões acerca da competência, inclusive através de conflitos suscitados pelos próprios magistrados ou pelas partes, possam ser dirimidas no início do curso processual. Tais questões, que podem resultar nulidade, quando apontadas tardiamente, prejudicam a celeridade e a economia processual".[88]

85. Paulo Fernando Campos Salles de Toledo, "Comentários aos arts. 1º ao 34", cit., in Carlos Henrique Abrão e Paulo Fernando Campos Salles de Toledo (coords.), *Lei de Recuperação de Empresas e Falência*, p. 19.

86. Mauro Rodrigues Penteado critica o § 5º do art. 6º: "Reitere-se que o legislador não foi muito feliz ao aprovar o texto do dispositivo comentado, prenhe de parágrafos desarticulados, sem encadeamento e desdobramento lógico, com inúmeras remissões – e, o que é pior, com remissões a remissões. (...) o parágrafo comentado, que é aplicável somente à recuperação judicial, dispõe – considerando as remissões e as remissões a remissões – que os créditos trabalhistas ajuizados e já em fase de execução prosseguem 'após o fim da suspensão', até serem 'normalmente concluídas, ainda que o crédito já esteja inscrito no quadro geral dos credores'. O que vale dizer que tais demandas já corriam contra o devedor, sob a supervisão do administrador judicial, prosseguem em fase de execução até solução final" ("Comentários aos arts. 1º ao 6º", in Francisco Satiro de Sousa Jr. e Antônio Sérgio Altieri de Moraes Pitombo (coords.), *Comentários à Lei de Recuperação de Empresas e Falência: Lei 11.101/2005*, cit., pp. 139-140).

87. Manoel Justino Bezerra Filho, *Nova Lei de Recuperação e de Falências Comentada. Lei 11.101, de 9.2.2005, Comentário Artigo por Artigo*, cit., 3ª ed., p. 64.

88. João Otávio de Noronha e Sérgio Mourão Corrêa-Lima, "Comentários aos arts. 5º e 6º", cit., in Osmar Brina Corrêa-Lima e Sérgio Mourão Corrêa-Lima (coords.), *Comentários à Nova Lei de Falência e Recuperação de Empresas: Lei n. 11.101, de 9.2.2005*, p. 101.

Jurisprudência[89]

Eis uma ementa pertinente:

[TJRS] O juízo *a quo* é competente para o regular processamento da ação de execução, por força do art. 575, II, do CPC. O deferimento da recuperação judicial não implica a extinção da ação de execução, pois, *além de o art. 6º, § 6º, da Lei n. 11.101/2005 se limitar a determinar a comunicação do juízo onde tramita a recuperação judicial do ingresso desta demanda*, o eventual reconhecimento da incompetência absoluta do juízo não implicaria a pretendida extinção da demanda, por força do art. 113, § 2º, do CPC (...). [*Decisão monocrática no AI 70021639166, rel. Des. Vicente Barroco de Vasconcellos, j. 14.11.2007*]

59. Não suspensão das execuções fiscais – Dispõe o art. 187 do CTN: "*Art. 187.* A cobrança judicial do crédito tributário não é sujeita a concurso de credores ou habilitação em falência, recuperação judicial, concordata, inventário ou arrolamento".[90]

Por isso, tornar-se-ia dispensável o § 7º do art. 6º estabelecer que as execuções de natureza fiscal não são suspensas pelo deferimento da recuperação judicial.

Todavia, dadas as peculiaridades do instituto da recuperação judicial – previsão de suspensão de ações e execuções por 180 dias e possibilidade de concessão de parcelamento ao devedor –. justifica-se a redação do § 7º do art. 6º.

Note-se que, se nem mesmo o despacho de deferimento da recuperação judicial tem o condão de suspender as execuções fiscais, o mero despacho de processamento, *a fortiori*, também não o terá.

Misabel de Abreu Derzi e Raphael Frattari, debruçados sobre o art. 187 do CTN ("A cobrança judicial do crédito tributário não é sujeita a concurso de credores ou habilitação em falência, recuperação judicial, concordata, inventário ou arrolamento"), explicam:

"O dispositivo mantém a opção por não sujeitar a Fazenda Pública ao juízo universal para o processamento da exigência tributária. Isso quer dizer que o Fisco não precisa habilitar seus créditos perante o juízo falimentar, lhe permitindo o manejo da execução fiscal em juízo próprio, geralmente. É privilégio de natureza processual, e, portanto, só poderia ser tratado por norma geral, de caráter nacional, que obriga a todos os entes políticos. Nem poderia ser diferente, uma vez que a matéria é de competência exclusiva da União Federal.

"A não-sujeição ao juízo falimentar para o acertamento de seus créditos não quer dizer que o Fisco esteja liberto de outras prescrições da legislação falimentar, especialmente da submissão ao concurso de credores. É que no antigo regime falimentar muitas vezes a Fazenda Pública alegava que estava sujeita a dispensar multas tributárias (inexigíveis naquele regime) se optasse por habilitar o seu crédito na falência, mas poderia exigi-las livremente se as cobrasse pela execução fiscal. Obviamente, isso decorre da visão míope da Administração Tributária, que não compreendia tratar-se apenas de privilégio processual a garantia prevista no art. 187 do CTN. A faculdade é para que o Fisco continue a exigir os seus créditos através da execução fiscal; só isso.

"Por isso, deve restar claro que a Fazenda Pública sequer poderá receber o fruto de eventual bem penhorado em execução fiscal antes da declaração da quebra. Já restou decidido pelo STJ que os bens penhorados anteriormente à declaração de falência não devem ser liberados para compor a universalidade arrecadada pelo síndico, agora administrador judicial. Devem continuar garantindo a execução fiscal. No entanto, o produto de sua alienação não pode ser revertido ao Fisco diretamente, senão remetido ao juízo falimentar, para que ele salde a dívida, se for o caso. Isso porque o pagamento da Fazenda Pública após a alienação de bem penhorado antes da falência poderá frustrar a ordem de preferência estabelecida

89. Cristiano Imhof, *Lei de Falências e de Recuperação de Empresas e sua Interpretação Jurisprudencial: Anotado Artigo por Artigo*, cit., p. 79.

90. Adverte Manoel Justino Bezerra Filho que basta comunicar o crédito tributário ao juízo da falência, para pagamento na ordem estabelecida pela lei (*Nova Lei de Recuperação e de Falências Comentada. Lei 11.101, de 9.2.2005, Comentário Artigo por Artigo*, cit., 3ª ed., p. 65).

na legislação falimentar, daí a necessidade de serem concentrados no juízo da falência. (...). Bem se vê que o privilégio é meramente processual."[91]

Sérgio Mourão Corrêa Lima e João Otávio de Noronha analisam, minudentemente, as hipóteses possíveis: "Sob o enfoque material, os órgãos fazendários estatais estão sujeitos ao concurso de credores; não podem receber seus créditos antes da satisfação dos credores mais privilegiados. Contudo, sob o aspecto processual, não estão adstritos à competência universal do foro pelo qual tramita o processo de falência".[92]

A sistemática permanece a mesma na atual Lei de Falências: "*Se a execução for manejada após a quebra*, a citação da massa falida ocorrerá na pessoa do administrador judicial (art. 76, parágrafo único). Após, a penhora será feita nos rosto dos autos da falência, propiciando a interposição de embargos; *se a execução já estava em curso antes da quebra, mas sem data designada para leilão*, o administrador judicial será cientificado (art. 76, parágrafo único) e os bens penhorados serão disponibilizados para a massa falida, em atenção ao concurso material ou obrigacional. Em substituição, implementa-se a penhora no rosto dos autos da falência; *se a execução já estava em curso antes da quebra, mas com data designada para leilão*, o administrador judicial será cientificado (art. 76, parágrafo único) e a venda ocorrerá, mas o proveito será disponibilizado para a massa falida, em atenção ao concurso material ou obrigacional. Em substituição, implementa-se a penhora no rosto dos autos da falência; *se a execução fiscal já estava em curso e o proveito dos bens penhorados havia sido convertido em renda do exeqüente antes da quebra*, o crédito será considerado pago (ato jurídico perfeito). Nesta hipótese, a transferência dos bens penhorados somente será declarada ineficaz se configuradas as hipóteses dos arts. 129 e 130 da nova Lei de Falências".[93]

Jurisprudência

Eis duas ementas pertinentes (a primeira redigida à luz do regime legal anterior, e a segunda sob o regime legal atual):

[STJ] Agravo regimental em embargos de divergência – Execução fiscal – Falência posterior à penhora de bens – Massa – Direito ao produto da alienação dos bens – Divergência superada (...). Dessa forma, *deve-se prosseguir a execução fiscal até a alienação dos bens penhorados, quando entrará o produto da alienação para a massa, uma vez que devem ser respeitados os créditos preferenciais, quais sejam, os créditos decorrentes de acidente de trabalho e os créditos trabalhistas.* (...). *Satisfeitos tais créditos preferenciais, a exeqüente, por ter aparelhado execução fiscal, passará então a ter preferência perante os demais créditos, no que tange ao produto da execução fiscal.* [*1ª Seção, AgR nos EREsp 463.558-RS, rel. Min. Rel. Franciulli Netto, DJU 16.5.2005, p. 224*]

[TJPR] *Não sendo hipótese de parcelamento ou refinanciamento do débito tributário, inexiste amparo legal que justifique a suspensão da execução fiscal em decorrência do deferimento do plano de recuperação judicial. Aliás, há previsão em sentido contrário na lei* (art. 6º, § 7º, da Lei n. 11.101/2005). [*AI 0388574-7/0, rela. Desa. Denise Kruger Pereira, j. 6.3.2007*][94]

Por outro lado, se antes da formulação do pedido de recuperação judicial o devedor obteve da Fazenda a concessão de parcelamen-

91. Misabel de Abreu Machado Derzi e Raphael Frattari, "Dispositivos do Código Tributário Nacional alterados por ocasião da Lei 11.101/2005", in Osmar Brina Corrêa-Lima e Sérgio Mourão Corrêa-Lima (coords.), *Comentários à Nova Lei de Falência e Recuperação de Empresas: Lei 11.101, de 9.2.2005*, Rio de Janeiro, Forense, 2009, pp. 1.361-1.362.

92. Sérgio Mourão Corrêa Lima, "Introdução", in Osmar Brina Corrêa-Lima e Sérgio Mourão Corrêa-Lima (coords.), *Comentários à Nova Lei de Falência e Recuperação de Empresas: Lei 11.101, de 9.2.2005*, Rio de Janeiro, Forense, 2009, pp. 16-17.

93. João Otávio de Noronha e Sérgio Mourão Corrêa Lima, "Comentários aos arts. 5º e 6º", cit., in Osmar Brina Corrêa-Lima e Sérgio Mourão Corrêa-Lima (coords.), *Comentários à Nova Lei de Falência e Recuperação de Empresas: Lei 11.101, de 9.2.2005*, p. 103.

94. Cristiano Imhof, *Lei de Falências e de Recuperação de Empresas e sua Interpretação Jurisprudencial: Anotado Artigo por Artigo*, cit., p. 77.

to, entendemos perfeitamente sustentável, que, neste caso, haverá suspensão, pelo prazo de 180 dias, da cobrança das respectivas parcelas vincendas.[95-96]

Júlio Kahan Mandel formula a seguinte crítica ao comando legal veiculado no § 7º: "(...) se sabe que uma das maiores causas da ruína das empresas é justamente a alta carga tributária, e que não há empresa em dificuldades financeiras que esteja com todos os seus impostos em dia. Prosseguindo a execução fiscal e penhorando-se os bens da empresa devedora durante a negociação do plano de recuperação com os demais credores, o plano apresentado correrá riscos de ser inviabilizado. Soma-se a isso o previsto no art. 57, que obriga a empresa em recuperação a apresentar certidões negativas fiscais. O "Fisco" deveria dar sua contribuição para a recuperação da empresa, abrindo mão de seus privilégios, pois em tese Fazenda/Governo são os maiores interessados na manutenção de uma unidade produtiva, devendo oferecer maior dose de sacrifício para apoiar a recuperação, e não ao contrário".[97]

A crítica do referido autor, com efeito, aponta para um aspecto deveras sensível à viabilização do instituto da recuperação judicial. Contudo, faz-se mister sopesá-la à luz do princípio da supremacia do interesse público sobre o interesse privado: será que os interesses privados da coletividade dos credores são superiores aos interesses da coletividade de pessoas não credoras?

60. Prevenção de jurisdição[98] – No regime anterior a regra da prevenção da jurisdição aplicável tanto ao pedido de falência quanto ao de concordata preventiva estava veiculada no § 1º do art. 202:

"*Art. 202.* (...).

"§ 1º. A distribuição do pedido previne a jurisdição para qualquer outro da mesma natureza, relativo ao mesmo devedor (...)."

O atual regime, no § 8º do art. 6º, adota a mesma regra em relação à falência e ao instituto da recuperação judicial.

Frise-se que o aludido § 8º, ao estabelecer que a distribuição do pedido de falência ou de recuperação judicial é o ato que previne a jurisdição, excepciona tanto o art. 219 do CPC – segundo o qual é a citação válida que torna prevento o juízo (competência de foro) – quanto o art. 106 do mesmo *Codex*, que determina prevento aquele juiz que despachou em primeiro lugar, tratando-se de ações conexas (competência do juízo).[99]

Jurisprudência[100]

Eis uma ementa pertinente:

[TJGO] 1. *Uma vez proposta e deferida pela Justiça Estadual de Santa Catarina a recuperação*

95. No mesmo sentido: Marcus Elidius Michelli de Almeida, *Nova Lei de Falências e Recuperação de Empresas: Confrontada e Breves Anotações*, cit., p. 24.

96. Paulo Marcondes Brincas lembra: "Os créditos de natureza tributária, na falência, em razão do disposto no art. 187 do CTN, dispensam habilitação. A satisfação destes créditos deve ser realizada através de penhora no rosto dos autos do processo falimentar. Na recuperação os créditos tributários também não serão habilitados, tendo em vista não serem atingidos pelo plano (§ 7º do art. 6º)" ("Comentários aos arts. 7º ao 20", in Newton de Lucca e Adalberto Simão Filho (coords.), *Comentários à Nova Lei de Recuperação de Empresas e de Falências*, São Paulo, Quartier Latin, 2005, pp. 130-131).

97. Júlio Kahan Mandel, *Nova Lei de Falências e Recuperação de Empresas Anotada: Lei 11.101, de 9.2.2005*, São Paulo, Saraiva, 2005, p. 28.

98. Lembramos que os foros regionais na comarca de São Paulo não têm competência para processar e julgar pedidos de falência.

99. Daniele Riegermann suscita a seguinte questão: "A divergência existe quanto à ocorrência ou não da prevenção quando o devedor já tiver sido processado e julgado, com a respectiva extinção da ação pela quitação do débito; estaria ou não o primeiro juízo prevento para novo pedido de falência? 1ª Corrente: não gera prevenção (STJ, 1ª Turma, RMS 95-0-ES, rel. Min. Humberto Gomes de Barros, j. 6.6.1994, negaram provimento, v.u., *DJU* 27.6.1994, p. 16.877) (*RJTJSP* 22/373, 30/293). 2ª Corrente: gera prevenção (*RJTJSP* 30/258, *Boletim da AASP* 842/168)" ("Comentários aos arts. 5º ao 7º", in Érica Guerra e Maria Cristina Frascari Litrento (orgs.), *Nova Lei de Falências: Lei 11.101, de 9.2.2005 – Comentada*, Campinas/SP, LZN Editora, 2005, pp. 32-33).

100. Cristiano Imhof, *Lei de Falências e de Recuperação de Empresas e sua Interpretação Jurisprudencial: Anotado Artigo por Artigo*, cit., p. 82.

judicial da empresa/apelante, tornou-se aquela preventa para qualquer outro pedido da mesma natureza em relação ao mesmo devedor – Inteligência do § 8º do art. 6º da Lei n. 11.101/2005. 2. Proferida sentença por juízo absolutamente incompetente, sua cassação é medida que se impõe, assim como a remessa dos autos àquele devido. [*ACi 101.164-5/1988 (200602128069), rel. Des. Stenka I. Neto, j. 14.12.2006*]

61. Há prevenção em relação à distribuição do pedido de recuperação extrajudicial? – Na medida em que a lei é omissa em relação à prevenção no âmbito da recuperação extrajudicial, surgem duas alternativas: ou se aplica a ela, por *analogia legis*, o disposto no § 8º do art. 6º, ou se conclui que no tocante a ela não se opera a prevenção.[101]

101. Fábio Ulhoa Coelho opina no sentido de que se deve considerar que a distribuição da recuperação extrajudicial não previne a jurisdição (*Comentários à Nova Lei de Falências e de Recuperação de Empresas*, cit., p. 41).

Seção II – Da Verificação e da Habilitação de Créditos

Art. 7º. A verificação dos créditos será realizada pelo administrador judicial,[62] com base nos livros contábeis e documentos comerciais e fiscais do devedor e nos documentos que lhe forem apresentados pelos credores,[63-64] podendo contar com o auxílio de profissionais ou empresas especializadas.[65]

§ 1º. Publicado o edital previsto no art. 52, § 1º, ou no parágrafo único do art. 99 desta Lei, os credores[66] terão o prazo de 15 (quinze) dias para apresentar ao administrador judicial suas habilitações ou suas divergências quanto aos créditos relacionados.[67]

§ 2º. O administrador judicial, com base nas informações e documentos colhidos na forma do *caput* e do § 1º deste artigo, fará publicar edital contendo a relação de credores[68] no prazo de 45 (quarenta e cinco) dias, contado do fim do prazo do § 1º deste artigo,[69] devendo indicar o local, o horário e o prazo comum em que as pessoas indicadas no art. 8º desta Lei terão acesso aos documentos que fundamentaram a elaboração dessa relação.[70-71]

LEGISLAÇÃO ANTERIOR

Artigo sem correspondência no Decreto-lei 7.661/1945.

COMENTÁRIOS

62. A quem devem ser endereçadas as habilitações de créditos? Quem realizará a verificação dos créditos? – No regime atual as habilitações de créditos[1] devem ser endereçadas diretamente ao administrador judicial.

Ronaldo Vasconcelos ressalta: "(...) o próprio administrador judicial será o responsável por seu recebimento, geralmente no seu escritório, mediante recibo. No entanto, é curioso anotar que nas Varas Especializadas do Foro Central de São Paulo os juízes competentes estão determinando que os pedidos sejam protocolados no próprio foro, certamente como medida de controle mais efetivo dos prazos das habilitações. Embora protocolado [*sic*] no próprio foro, as habilitações são regiamente [*sic*] enviadas para análise do administrador judicial e acatamento das providências exigidas por lei".[2-3-4]

No regime anterior, diferentemente, elas eram apresentadas em cartório (arts. 80 e 82).

A verificação de créditos[5-6-7] será realizada pelo administrador judicial.[8]

1. Diferentemente do Decreto-lei 7.661/1945, que utilizava a expressão "declaração de crédito", a Lei 11.101/2005 consolidou a expressão "habilitação de crédito".

2. Ronaldo Vasconcelos, *Direito Processual Falimentar*, São Paulo, Quartier Latin, 2008, p. 245.

3. Paulo Marcondes Brincas adverte: "A lei é clara ao dizer que as habilitações serão entregues ao administrador, e não protocolizadas em juízo (art. 7º, § 1º) (...)" ("Comentários aos arts. 7º ao 20", in Newton de Lucca e Adalberto Simão Filho (coords.), *Comentários à Nova Lei de Recuperação de Empresas e de Falências*, São Paulo, Quartier Latin, 2005, pp. 129-130).

4. Lembram Andréa Salles e Rachel Bruno: "Havia divergência se o procedimento das declarações de crédito pela LF era administrativo ou judicial. A melhor doutrina se inclinava em considerá-las como ações de natureza incidental em relação ao processo principal da falência. Com a NLF esta discussão tornar-se-á obsoleta. O procedimento de habilitação dos créditos tem cunho eminentemente administrativo, uma vez que não houve reprodução do art. 80 da LF. As habilitações de crédito serão endereçadas para o administrador judicial e não mais ao juiz" ("Comentários aos arts. 7º ao 20", in Érica Guerra e Maria Cristina Frascari Litrento (orgs.), *Nova Lei de Falências: Lei 11.101, de 9.2.2005 – Comentada*, Campinas/SP, LZN Editora, 2005, p. 37).

5. Sobre a verificação dos créditos, assim se manifestava J . X. Carvalho de Mendonça: "O cancro que infeccionava até agora as falências e que tanto desânimo trazia aos credores honestos era a defeituosa verificação dos créditos, onde se ocultavam tantas e tantas vêzes a fraude e o conluio dos *compadres*, sendo de notar que as concordatas eram, as mais das vêzes, votadas e aceitas sem se saber ao certo quais eram os verdadeiros credores. Esse mal parece que, se não ficou extirpado, ao menos já não pode ser temido, desde que por parte do síndico, dos credores legítimos, do juiz e do Ministério Público haja a necessária diligência no descobrimento da verdade e na punição dos que tiveram usado falsidades e simulações" (*Tratado de Direito Comercial Brasileiro*,

Jurisprudência[9]

Eis uma ementa pertinente:

[TJMG] 1. Segundo dispõe a Lei n. 11.101/2005, a verificação e habilitação de créditos devem ser feitas junto ao administrador (art. 7º), *cabendo ao juiz julgar as impugnações apresentadas e, não havendo impugnações, homologar a relação apresentada por aquele administrador.*

2. Preliminar rejeitada e recurso provido. [*AI 1.0024.06.134741-5/001, rel. Des. Edgard Penna Amorim, j. 7.8.2008*]

Quanto ao procedimento da verificação de créditos, explica Paulo Sérgio Restiffe:

"A atual Lei de Falências silenciou quanto aos detalhes do procedimento a ser seguido pelo administrador judicial a fim de proceder à verificação dos créditos. Desse modo, a maneira do procedimento de verificação de créditos é livre, devendo adaptar-se a cada empresa em recuperação judicial. De qualquer forma, indica-se o procedimento que pode ser seguido pelo administrador judicial para verificação dos créditos, dividido em duas fases bem nítidas, uma inicial ou analítica e outra conclusiva.

"A fase inicial ou analítica é composta de três etapas: organização das habilitações de crédito, conferência dos créditos habilitados e elaboração do relatório individual dos créditos habilitados.

"Na organização das habilitações de crédito, cabe ao administrador judicial dar ordem às habilitações de crédito apresentadas, bem como seus respectivos documentos colacionados.

"Na conferência dos créditos habilitados, cabe ao administrador judicial analisar e confrontar as informações prestadas pelo devedor com a documentação apresentada pelos credores em suas habilitações de crédito.

"E na elaboração de relatório individual dos créditos habilitados, cabe ao administrador judicial, à vista de todas as informações e documentos, dar parecer relativo a cada crédito habilitado, quanto à legitimidade e à importância do crédito.

"Depois de completado o procedimento inicial de verificação dos créditos, o administrador judicial, já na fase procedimental conclusiva, está apto a elaborar a relação de credores, que é a base do quadro geral de credores a ser apresentado ao juiz da recuperação de empresas para homologação."[10]

7ª ed., vol. VII, Rio de Janeiro, Freitas Bastos, 1964, p. 113).

6. J. C. Sampaio Lacerda afirma: "A verificação dos créditos, no processo falimentar, tem por finalidade pôr a claro os direitos respectivos dos credores e a quota pertencente a cada um sobre o ativo comum, esclarece Calamandrei, e por isso deve ser feita prontamente. Sua função é a de não só estabelecer quais sejam os credores, como por que somas, quais as garantias reais, quais os créditos simples ou quais os subordinados a condição ou termo. Por isso Bolaffio afirmava que a verificação de créditos poderia ser considerada como um instituto de interesse público, como o que visasse a impedir fraudes e abusos, que diretamente atingem a moralidade pública, mas, que, evidentemente, visa mais de perto ao interesse da massa de credores, por isso que, excluindo da futura distribuição do ativo os credores que não possuam títulos considerados suficientemente válidos, faz aumentar a quota distribuída aos credores admitidos após julgados habilitados através da verificação" (*Manual de Direito Falimentar*, 10ª ed., Rio de Janeiro, Freitas Bastos, 1978, pp. 186-187).

7. Segundo Waldo Fazzio Jr.: "A LRE optou por estabelecer o mesmo regramento da verificação dos créditos para a recuperação e para a falência. Portanto, quer seja de cunho recuperatório, quer seja liquidatório, o tratamento das habilitações dos créditos observa disciplina idêntica. Em outras palavras, tanto no processo de raiz preventiva como no de extinção empresarial os créditos submetem-se à mesma liturgia para a sua depuração" (*Nova Lei de Falência e de Recuperação de Empresas*, São Paulo, Atlas, 2005, p. 78).

8. Paulo Fernando Campos Salles de Toledo esclarece: "A solução adotada não é nova em nosso Direito. Lembre-se, a propósito, que nas liquidações extrajudiciais de instituições financeiras é o liquidante que julga as declarações de créditos, com recurso ao Banco Central" ("Comentários aos arts. 1º ao 34", in Carlos Henrique Abrão e Paulo Fernando Campos Salles de Toledo (coords.), *Lei de Recuperação de Empresas e Falência*, São Paulo, Saraiva, 2005, p. 22).

9. Cristiano Imhof, *Lei de Falências e de Recuperação de Empresas e sua Interpretação Jurisprudencial: Anotado Artigo por Artigo*, Florianópolis, Conceito Editorial, 2009, pp. 88-89.

10. Paulo Sérgio Restiffe, *Recuperação de Empresas: de Acordo com a Lei 11.101, de 9.2.2005*, São Paulo, Manole, 2008, pp. 268-269.

63. Em quê o administrador judicial se baseará para realizar a verificação dos créditos? – O administrador judicial, para realização da verificação dos créditos, basear-se-á nos livros contábeis e documentos comerciais e fiscais do devedor em confronto com os documentos que lhe forem apresentados pelos credores.

Jurisprudência[11]

Eis uma ementa pertinente:

[TJSP] Portanto, compete ao administrador judicial levar em conta, também, os documentos, isto é, os títulos de crédito, que lhe forem apresentados pelos credores que pretendem habilitar-se na recuperação judicial ou na falência. [*AI 479.146-4/0-00, rel. Des. Pereira Calças, j 17.1.2007*]

64. Quais são os livros contábeis? – Os livros, em geral, podem ser classificados em:[12] (1) obrigatórios comuns; (2) obrigatórios especiais; (3) auxiliares ou facultativos; (4) fiscais.

Os livros obrigatórios comuns são aqueles que, independentemente da atividade que a pessoa física (empresário) ou jurídica (sociedade empresária) escolher ou do tipo societário eleito, têm de ser forçosamente adotados e escriturados. Exemplo: "Diário".

Os livros obrigatórios especiais são aqueles que, em razão do tipo societário eleito ou da atividade exercida, têm de ser, outrossim, forçosamente adotados e escriturados. Exemplifiquemos: em face do tipo societário adotado, têm-se os livros elencados no art. 100 da Lei das S/A (Lei 6.404/1976), tais como: livro de "Atas das Reuniões da Diretoria", livro de "Atas das Assembléias-Gerais" e livro de "Presença dos Acionistas"; já, tendo em vista a atividade exercida, tem-se o livro de "Registro das Duplicatas", previsto no art. 19 da Lei 5.474/1968.

Os livros auxiliares ou facultativos são aqueles que, a despeito de não serem instituídos por vontade da lei, auxiliam a pessoa física ou jurídica na sua contabilidade, tais como: "Razão", que funciona como um índice do "Diário", facilitando o rápido encontro dos lançamentos que nele se fazem, e "Caixa", destinado às operações que se realizam em dinheiro de contado, isto é, pagamentos e recebimentos em dinheiro.

Os livros fiscais são aqueles instituídos pela legislação tributária federal, estadual e municipal. Por exemplo: "Apuração do Lucro Real" (imposto sobre a renda e proventos de qualquer natureza), "Registro de Entradas", "Registro de Saídas" e "Registro de Apuração" (ICMS).

À luz do Código Comercial,[13] os livros obrigatórios comuns – vale dizer, aqueles que todos os comerciantes, individuais ou coletivos (sociedades), deviam adotar – eram dois: o "Diário" e o "Copiador de Cartas". No entanto, com a abolição deste último (cf. art. 11 do Decreto-lei 486/1969), o único livro obrigatório comum ao comerciante passou a ser o livro "Diário".

Com o advento do Código Civil de 2002 o livro "Diário" remanesceu sendo o único livro obrigatório comum aos empresários e às sociedades empresárias.[14]

65. O administrador judicial, para fins de verificação dos créditos, poderá contar com o auxílio de terceiros? – Sim, poderá contar com o auxílio de profissionais ou empresas especializadas.[15]

66. O credor pode apresentar diretamente tanto sua habilitação de crédito[16] ***quanto sua divergência, ou tem de contratar advogado para fazê-lo?*** – Tendo em vista que

11. Cristiano Imhof, *Lei de Falências e de Recuperação de Empresas e sua Interpretação Jurisprudencial: Anotado Artigo por Artigo*, cit., p. 85.

12. Pedimos vênia para remeter o leitor à nossa obra intitulada *Da Escrituração no Novo Código Civil: Comentários aos Arts. 1.179 a 1.195 do Código Civil Aprovado pela Lei 10.406, de 10.1.2002*, São Paulo, Juarez de Oliveira, 2004, p. 55.

13. O art. 2.045 do CC revogou a parte primeira do Código Comercial (Lei 556, de 25.6.1850).

14. "Art. 1.180. Além dos demais livros exigidos por lei, é indispensável o livro 'Diário', que pode ser substituído por fichas no caso de escrituração mecanizada ou eletrônica."

15. A remuneração dos auxiliares do administrador judicial está prevista no § 1º do art. 22.

16. Diferentemente do Decreto-lei 7.661/1945, que utilizava a expressão "declaração de crédito", a Lei 11.101/2005 consolidou a expressão "habilitação de crédito".

a habilitação ou a divergência devem ser apresentadas ao administrador judicial, e não perante o juiz, o credor poderá fazê-lo diretamente – o que torna facultativa a intervenção do advogado.[17-18-19]

Em outras palavras, a apresentação de habilitação de crédito ou de divergência perante o administrador judicial, nos termos do § 1º do art. 7º, justamente por se tratar de âmbito administrativo, independe de atuação de advogado.[20] Todavia, a impugnação contra a relação de credores, a que alude o art. 8º, deve ser apresentada perante o juiz, exigindo, por conseguinte, a intervenção de advogado.[21]

17. Aduz Waldo Fazzio Jr.: "Registre-se que o credor postulante da inclusão não necessita de advogado para encetar a declaração. Entretanto, ocorrendo a impugnação, e se excluído o crédito, na eventualidade de recurso, o credor precisará de advogado, ante a necessidade de capacidade postulatória para recorrer. Também o credor extemporâneo necessita da assistência de advogado, já que a LRE determina que aquele declare seu crédito por petição" (*Nova Lei de Falência e de Recuperação de Empresas*, cit., pp. 81-82).

18. Aduz José Alexandre Tavares Guerreiro: "As divergências são dirigidas ao administrador judicial e, por isso, não necessitam de representação por advogado, ao contrário das impugnações, que, dirigidas ao juiz (art. 8º), já constituem exercício da Advocacia" ("Comentários aos arts. 7º ao 20", in Francisco Satiro de Sousa Jr. e Antônio Sérgio Altieri de Moraes Pitombo (coords.), *Comentários à Lei de Recuperação de Empresas e Falência: Lei 11.101/2005*, São Paulo, Ed. RT, 2005, p. 146).

19. No mesmo sentido: Fábio Ulhoa Coelho, *Comentários à Nova Lei de Falências e de Recuperação de Empresas*, São Paulo, Saraiva, 2005, p. 43; Sérgio Campinho, *Falência e Recuperação de Empresa: o Novo Regime da Insolvência Empresarial*, Rio de Janeiro, Renovar, 2006, p. 100.

20. Andréa Salles e Rachel Bruno: "Na LF não havia necessidade de advogado para representar o credor neste procedimento. Apesar de o dispositivo não ter sido repetido, entendemos pela permanência desta faculdade ao credor, já que este é um ato administrativo" ("Comentários aos arts. 7º ao 20", cit., in Érica Guerra e Maria Cristina Frascari Litrento (orgs.), *Nova Lei de Falências: Lei 11.101, de 9.2.2005 – Comentada*, p. 39).

21. Em sentido contrário, Júlio Kahan Mandel: "Pela lei anterior, o credor poderia até mesmo habilitar seu crédito sem advogado, o que entendo não ser mais possível. O advogado é essencial à administração da justiça, para defesa dos direitos dos envolvidos e para o acompanhamento do processo" (*Nova Lei de Falências e Recuperação de Empresas Anotada: Lei 11.101, de 9.2.2005*, São Paulo, Saraiva, 2005, p. 34).

67. Qual o prazo e qual o respectivo termo inicial para os credores habilitarem seus créditos ou apresentarem divergências? – No tocante à *recuperação judicial*, antes de respondermos à indagação, faz-se mister esclarecer, com estribo nos arts. 7º, §§ 1º e 2º, e 52, § 1º, II e III, primeira parte, o seguinte: (a) os credores que constarem da relação nominal completa de credores, que instruirá a petição inicial de recuperação judicial (art. 51, III), cujos valores dos créditos e respectivas classificações sejam exatos devem aguardar a relação nominal de credores publicada por edital (art. 52, § 1º, II). Se os respectivos créditos forem incluídos, estão dispensados de apresentar habilitações de crédito, pois estarão automaticamente habilitados, bastando aguardar as respectivas inclusões no quadro geral de credores; caso contrário, terão de apresentá-las; (b) os credores – ainda que omitidos da relação nominal completa de credores, que instruirá a petição inicial de recuperação judicial (art. 51, III) – que constarem da relação nominal de credores publicada por edital (art. 52, § 1º, II) cujos valores dos créditos e respectivas classificações sejam exatos estão dispensados de apresentar habilitações de crédito, já que estarão automaticamente habilitados, bastando aguardar as respectivas inclusões no quadro geral de credores; (c) os credores que constarem seja da relação nominal de credores, que instruirá a petição inicial de recuperação judicial (art. 51, III), seja da relação nominal de credores publicada por edital (art. 52, § 1º, II), cujos valores dos créditos e/ou respectivas classificações sejam inexatos devem apresentar suas respectivas divergências; (d) os credores que, apesar de constarem da relação nominal completa de credores acostada à petição inicial de recuperação judicial (art. 51, III), não constarem da relação nominal de credores publicada por edital (art. 52, § 1º, II), ou que sequer forem mencionados em ambas as relações nominais de credores, devem apresentar suas respectivas habilitações de crédito.[22-23]

Jurisprudência[24]

Eis uma ementa pertinente:

[TJSP] Lista de credores elaborada pelo administrador judicial deve ser confeccionada com base nos livros contábeis e documentos comerciais e fiscais do devedor e nos documentos apresentados pelos credores – Interpretação do art. 7º da Lei n. 11.101/2005 – *Impugnação/habilitação de crédito formulada por endossatário de nota promissória – Inclusão no quadro geral de credores, devendo ser excluído o endossante, independentemente de pedido expresso do endossatário.* (...). [*AI 479.14.6-4/0-00, rel. Des. Pereira Calças, j. 17.1.2007*]

Frise-se que o mesmo procedimento veiculado nas letras "a" a "c" do parágrafo anterior relativo à recuperação judicial também se aplicará à falência quando a relação nominal dos credores (com importância, natureza e classificação) já se encontrar encartada nos autos (art. 99, III, *in fine*).

Caso contrário – vale dizer, se dita relação nominal não estiver juntada aos autos – o juiz ordenará ao falido que apresente a relação nominal dos credores (com importância, natureza e classificação) no prazo máximo de cinco dias. Neste caso os credores terão de habilitar seus respectivos créditos.[25]

De conformidade com o § 1º do art. 7º, o prazo para os credores apresentarem suas habilitações de crédito ou suas divergências é de 15 dias.[26]

O respectivo termo inicial será: (1) tratando-se de *recuperação judicial*, a publicação do edital a que alude o § 1º do art. 52, o qual conterá o resumo do pedido do devedor, a decisão de deferimento do processamento, a relação nominal dos credores e a advertência dos prazos para habilitação e apresentação de objeção ao plano; (2) se se tratar de *falência*, a publicação do edital, a que se refere o parágrafo único do art. 99, o qual conterá a íntegra da decisão que decreta a falência e a relação de credores.

68. Publicação de edital da relação dos credores – O § 2º do art. 7º prescreve ao administrador judicial o dever de fazer publicar edital contendo a relação de credores com base nas informações e documentos até então colhidos.[27-28]

22. Paulo Marcondes Brincas explica: "Na recuperação apenas devem habilitar-se credores que não tenham sido relacionados pelo devedor na lista entregue juntamente com a petição inicial e publicada com o despacho que autorizou o prosseguimento do feito. Aqueles que já constam da lista, se estiverem de acordo com o valor e classificação do crédito informados pelo devedor, podem permanecer inertes, pois sua inclusão na relação subseqüente será automática. Na falência, como não há publicação de lista de credores, todos devem realizar sua habilitação" ("Comentários aos arts. 7º ao 20", cit., in Newton de Lucca e Adalberto Simão Filho (coords.), *Comentários à Nova Lei de Recuperação de Empresas e de Falências*, p. 131).

23. Sérgio Campinho doutrina: "O credor que figurar na listagem, com exatidão do valor do crédito e da classificação a que faz jus, já estará automaticamente habilitado, não tendo que tomar qualquer outra iniciativa, senão aguardar sua inclusão, por sentença, no quadro geral de credores. Aquele que não constar da listagem apresentada, ou dela fizer parte mas com inexatidão de valor do crédito ou sua classificação, deverá apresentar ao administrador judicial, conforme o caso, sua habilitação ou divergência quanto ao crédito relacionado (§ 1º do art. 7º)" (*Falência e Recuperação de Empresa: o Novo Regime da Insolvência Empresarial*, cit., p. 99).

24. Cristiano Imhof, *Lei de Falências e de Recuperação de Empresas e sua Interpretação Jurisprudencial: Anotado Artigo por Artigo*, cit., pp. 89-90.

25. Paulo Marcondes Brincas opina: "Na falência, como não há publicação de lista de credores, todos devem realizar sua habilitação" ("Comentários aos arts. 7º ao 20", cit., in Newton de Lucca e Adalberto Simão Filho (coords.), *Comentários à Nova Lei de Recuperação de Empresas e de Falências*, p. 131).

26. No regime do Decreto-lei 7.661/1945 o prazo, fixado pela sentença de quebra, para apresentação de habilitações de crédito variava entre 10 dias, no mínimo, e 20, no máximo (art. 80).

27. Note-se que no regime do Decreto-lei 7.661/1945 o síndico exarava seu parecer à vista dos livros, papéis e assentos do falido (art. 84, § 1º).

28. Adverte Paulo Marcondes Brincas: "O administrador deverá elaborar relação nominal dos credores (...) que obedecerá a certos requisitos intrínsecos e um extrínseco. Os requisitos intrínsecos são: a relação deverá conter a identificação do credor, o valor histórico do crédito, a data de vencimento, o valor da atualização monetária e incidência de juros (contratuais ou, na sua ausência, legais) até a data do requerimento da recuperação ou a sentença que

Sob a égide do Decreto-lei 7.661/1945 o *modus procedendi* era distinto: o síndico tinha o dever de expedir circulares, via correio ou telegrama, aos credores que constassem da escrituração do falido (art. 81, § 1º).

A mudança de procedimento atende aos princípios da celeridade e da economia processual, veiculados no parágrafo único do art. 75.

69. Qual o prazo e qual o respectivo termo inicial que o administrador judicial tem para fazer publicar o edital contendo a relação dos credores? – O § 2º do art. 7º, outrossim, fixa ao administrador judicial o prazo de 45 dias – contados do término da quinzena fixada no § 1º do mesmo artigo, isto é, do fim do prazo para os credores apresentarem suas respectivas habilitações ou divergências – para fazer publicar edital contendo a relação dos credores.

70. Além da relação dos credores, o que mais deverá constar do edital que o administrador judicial fará publicar? – Ainda de acordo com o § 2º do art. 7º, o edital também indicará o local, o horário e o prazo comum em que o comitê, qualquer credor, o devedor ou seus sócios ou o Ministério Público terão acesso aos documentos que fundamentaram a elaboração da relação de credores.

71. Temas omissos na Lei 11.101/2005 – Giuliano Colombo e Patrícia Barbi Costa afirmam: "Embora mais clara em muitos aspectos quanto ao procedimento de verificação de créditos, a nova Lei de Falências acabou silenciando em outros tantos aspectos relevantes – já consolidados pela prática doutrinária e pela jurisprudência – que aos nossos olhos deveriam ser mencionados e consolidados na Seção II do Capítulo I da nova lei, de forma a evitar indesejáveis lacunas e incertezas que nada contribuem para a almejada celeridade e eficiência dos processos falimentares e de recuperação judicial. Passemos a examinar, ainda que em apertada síntese, essas questões. (...). *Habilitação de crédito dos debenturistas ou portadores de títulos de emissão do devedor*. (...). Neste contexto, embora a nova Lei de Falências seja silente a esse respeito, diferentemente do que ocorria com o Decreto-lei 7.661/1945, parece-nos correto que o agente fiduciário – não apenas aquele representante dos debenturistas, mas todos aqueles que representem portadores de títulos emitidos por determinada empresa –, desde que autorizado por escritura específica, na forma da lei reguladora da emissão, possui legitimidade para apresentar habilitações de crédito em nome próprio e em benefício dos portadores de títulos, em caso de falência ou de recuperação judicial da empresa emissora (...). *Habilitação de crédito simultânea contra os coobrigados falidos ou em recuperação judicial*. A nova Lei de Falências regula expressamente em seus arts. 127 e ss. o direito do credor de coobrigados solidários de concorrer, em caso de falência dos devedores, pela totalidade do seu crédito em cada massa. Deixou de regular, contudo, tal possibilidade em caso de recuperação judicial de quaisquer dos devedores solidários. A esse respeito, parece-nos correto afirmar que o credor pode cobrar simultaneamente dos devedores solidários – em falência, em recuperação judicial ou no curso normal de suas atividades – a integralidade do seu crédito, enquanto não for integralmente pago, consoante o posicionamento dominante da doutrina (...)".[29]

decretou a falência, a classe na qual se insere cada crédito e a especificação da garantia, se houver. Já, o requisito extrínseco é a publicação desta relação. A necessidade de rigorosa observância destes requisitos é que, a partir desta relação, abrir-se-á a oportunidade adequada para impugnação ou suscitação de divergência. Se a relação, por exemplo, deixar de contemplar o valor da atualização monetária e incidência de juros, estará cerceando o direito de impugnar ou suscitar divergência quanto a este aspecto, o que resultará na sua nulidade, sanável apenas através de sua correção, republicação e, evidentemente, reabertura de prazo para impugnações ou divergências" ("Comentários aos arts. 7º ao 20", cit., in Newton de Lucca e Adalberto Simão Filho (coords.), *Comentários à Nova Lei de Recuperação de Empresas e de Falências*, p. 132).

29. Giuliano Colombo e Patrícia Barbi Costa, "Da verificação e habilitação de créditos", in Luiz Fernando Valente de Paiva (coord.), *Direito Falimentar e a Nova Lei de Falências e Recuperação de Empresas*, São Paulo, Quartier Latin, 2005, pp. 160-163.

Art. 8º. No prazo de 10 (dez) dias, contado da publicação da relação referida no art. 7º, § 2º, desta Lei, o comitê, qualquer credor, o devedor ou seus sócios ou o Ministério Público podem apresentar ao juiz impugnação contra a relação de credores,[72-73-74-75] apontando a ausência de qualquer crédito ou manifestando-se contra a legitimidade, importância ou classificação de crédito relacionado.[76]

Parágrafo único. Autuada em separado, a impugnação será processada nos termos dos arts. 13 a 15 desta Lei.[77-78-79-80-81]

LEGISLAÇÃO ANTERIOR

Lei de Falências (DL 7.661/1945): *Art. 87.* Findo o prazo do artigo anterior, as declarações de crédito poderão ser impugnadas, dentro dos 5 (cinco) dias seguintes, quanto à sua legitimidade, importância ou classificação.

Parágrafo único. Têm qualidade para impugnar todos os credores que declararam seu crédito e os sócios ou acionistas da sociedade falida.

Art. 91. Findo o prazo do artigo anterior, será imediatamente aberta vista, ao representante do Ministério Público, dos autos das declarações do crédito e das impugnações para que, no prazo de 5 (cinco) dias, dê o seu parecer.

COMENTÁRIOS

72. ***Prazo para apresentação de impugnação e respectiva legitimidade*** – De conformidade com o art. 8º, após a publicação do edital abre-se prazo de 10 dias para o comitê, qualquer credor,[30] o devedor[31] ou seus sócios ou o Ministério Público apresentarem impugnação à relação de credores.

Jurisprudência[32]

Eis uma ementa pertinente:

[TJSP] Com efeito, como corretamente afirma o professor Paulo Fernando Campos Salles de Toledo, *não tem o administrador judicial legitimidade para apresentar impugnação prevista no art. 8º da Lei n. 11.101/2005*, que, ao elencar os legitimados para "apresentar ao juiz impugnação contra a relação de credores, aponta a ausência de qualquer crédito ou manifestando-se contra a legitimidade, importância ou classificação de crédito" o faz em *numerus clausus. É óbvio que o administrador não tem legitimidade para formular impugnação contra lista que ele próprio elaborou, com base no art. 7º, § 2º, da Lei n. 11.101/2005.* [*AI 480.422-4/2-00, rel. Des. Pereira Calças, j. 30.1.2008*]

O prazo para impugnação fixado pela lei ora comentada, tanto na recuperação judicial quanto no campo da falência, é de 10 dias. No regime anterior (Decreto-lei 7.661/1945) dito prazo, em relação à falência, era de 5 dias (art. 87); no tocante à concordata era de 20 dias (art. 173, § 1º).

73. ***Qualquer credor pode apresentar impugnação, ou somente aqueles que habilitaram seus créditos?*** – A atual lei atribui legitimidade para apresentar impugnação a qualquer credor.[33-34] Já, o Decreto-lei

30. Lembra Fábio Ulhoa Coelho: "Aquele credor que suscitara divergência (na forma do § 1º do art. 7º, acrescentamos) e constata, ao checar a relação republicada, que seu ponto de vista não foi acolhido deve apresentar impugnação. É este o instrumento processual adequado para aduzir judicialmente a pretensão de ingressar no quadro de credores ou ver o valor do crédito ou sua classificação alterados. Como a divergência suscitada perante o administrador judicial não teve acolhida, o assunto é, pela impugnação, submetida ao juiz" (*Comentários à Nova Lei de Falências e de Recuperação de Empresas*, São Paulo, Saraiva, 2005, p. 45).

31. Explica Waldo Fazzio Jr.: "Sobre a manifestação do devedor, necessário se faz esclarecer que, na verdade, o devedor não impugna. Sua eventual oposição a determinados créditos funciona como se fosse uma impugnação, razão pela qual a lei o legitima. É contrariedade no sentido de rejeição. Não é, rigorosamente, uma impugnação, já que esta é própria de quem concorre, quer dizer, dos demais credores" (*Nova Lei de Falência e de Recuperação de Empresas*, São Paulo, Atlas, 2005, p. 85).

32. Cristiano Imhof, *Lei de Falências e de Recuperação de Empresas e sua Interpretação Jurisprudencial: Anotado Artigo por Artigo*, Florianópolis, Conceito Editorial, 2009, p. 91.

33. Afirma Fábio Ulhoa Coelho: "O credor que discorda da classificação dada ao crédito alheio pode também impugnar a relação. Ele tem legitimidade para impugnar a admissão, quantificação ou

7.661/1945 adstringia tal legitimidade apenas àqueles credores que tivessem declarado seus créditos (art. 87, parágrafo único).

Note-se que os sócios e acionistas também têm interesse em impugnar, já que, segundo o art. 153: "*Art. 153.* Pagos todos os credores, o saldo, se houver, será entregue ao falido".

74. Podem os credores particulares dos sócios ilimitadamente responsáveis impugnar os créditos na falência da sociedade? – Ora, na medida em que o art. 20 prevê, de forma expressa, as habilitações dos credores particulares dos sócios ilimitadamente responsáveis, não vislumbramos qualquer óbice para que tais credores possam impugnar créditos na falência.[35]

75. O impugnante pode desistir da sua impugnação? – O Decreto-lei 7.661/1945, no seu art. 89, era expresso quanto à possibilidade de o impugnante desistir da sua impugnação.

A atual lei, no entanto, é omissa. A despeito disso, não vislumbramos qualquer óbice lógico-jurídico à implementação da desistência da impugnação à luz do atual regime.[36]

76. Fundamentos da impugnação:* numerus clausus *ou* apertus*? – O art. 8º, *in fine*, arrola as matérias que podem fundamentar a impugnação, a saber: ausência de qualquer crédito, legitimidade, importância e classificação dos créditos.[37]

classificação do crédito de outrem porque eventual pagamento indevido implica redução dos parcos recursos da massa e maior risco de não recebimento. Igualmente estão legitimados, pela mesma razão, o falido ou qualquer dos seus membros (sócio ou acionista)" (*Comentários à Nova Lei de Falências e de Recuperação de Empresas*, cit., p. 45).

34. Waldemar M. Ferreira, à luz do regime anterior, com plena lucidez, asseverava: "Pertence o direito de impugnar, como é de ver, aos próprios credores. Estabelece-se entre eles a porfia. Sabe-se, em regra, quais os credores legítimos do falido, mercê de troca contínua de informações e do seu ramo de negócios. Conhecidos são os seus fornecedores. Notórias são as suas transações de crédito, a despeito do sigilo que nelas põem os bancos. Tudo isso transpira. Não se ignora, até, quando o comerciante recorre ao crédito particular. Quando, pois, a falência se decreta ou, antes dela, o seu estado se revela, os nomes dos credores e o montante provável do passivo se tornam notórios. Contrariando a expectativa, deparam-se credores imprevistos, muitos quase desconhecidos, outros sem recursos aptos para empréstimos. Todos munidos de letras de câmbio ou notas promissórias, aceitas ou emitidas pelo falido. Geram-se suspeitas. Indícios veementes de falsidade ideológica daquêles títulos denunciam o intento de fraudar os credores legítimos. Nessa perspectiva, abre-se, para estes, oportunidade e meio de combate aos credores fantásticos. E também para os sócios e acionistas da sociedade falida" (*Instituições de Direito Comercial*, vol. 5, Rio de Janeiro, Freitas Bastos, 1951, p. 239).

35. No mesmo sentido, aduz Waldo Fazzio Jr.: "A resposta deve ser afirmativa, porque, como explica Miranda Valverde (1955:2-123), 'se os credores sociais, pelo saldo de seus créditos, vão concorrer nas massas particulares dos sócios, é manifesto que os seus credores têm interesse, têm qualidade para atacar um provável credor concorrente, se fundamentam a impugnação em exceções pessoais'" (*Nova Lei de Falência e de Recuperação de Empresas*, cit., p. 85).

36. No mesmo sentido: Giuliano Colombo e Patrícia Barbi Costa, "Da verificação e habilitação de créditos", in Luiz Fernando Valente de Paiva (coord.), *Direito Falimentar e a Nova Lei de Falências e Recuperação de Empresas*, São Paulo, Quartier Latin, 2005, p. 153.

37. Trajano de Miranda Valverde, ao comentar o art. 87 do regime anterior, que corresponde ao art. 8º do atual, doutrinava: "Os fundamentos da impugnação podem ser reunidos em dois grupos: os que se relacionam com os pressupostos processuais, e motivam as questões preliminares, e os que se relacionam com o conteúdo material ou substancial da declaração, em que se assentam as questões de mérito. É a mesma distinção do processo comum. O impugnante pode levantar uma preliminar, referente, *v.g.*, à falta de capacidade do credor declarante para estar em juízo, à ilegitimidade do seu representante ou à inobservância das formalidades prescritas para o processo declaratório (...). Levanta o impugnante uma questão sobre o mérito quando ataca o pedido do declarante, a sua pretensão de figurar na falência como credor, ou por certa soma ou em determinada graduação (...). O fundamento da nulidade tanto pode referir-se à própria dívida ou obrigação como ao instrumento em que foi vazada (...). A impugnação versará sobre a classificação quando o credor declarante pretende, injustificadamente, para o seu crédito um privilégio geral ou especial, ou se arroga titular de um direito real de garantia sobre os bens do falido ou, ainda, quando pleiteia a qualidade de credor social, sendo-o

Afinal, as matérias que ensejam a impugnação encerram *numerus clausus* ou *apertus*?

Responde José Alexandre Tavares Guerreiro: "Com efeito, não parece razoável, e tampouco decorre de qualquer preceito de ordem pública, restringir-se a possível fundamentação das impugnações de que ora se trata apenas às hipóteses capituladas no art. 8º. O que se requer, nesse particular, é amplificar, e não reduzir, os motivos de contestação válida dos créditos relacionados. Da mesma forma, a interpretação desses motivos legais deve ser ampla, para que interesses legítimos não fiquem sem tutela. Assim, por exemplo, devem ser francamente admitidos aqueles motivos que o Código Civil vigente (art. 956), à semelhança do anterior (art. 1.555), erigiu à condição de razões invocáveis entre os credores (ou no concurso de credores, na lei civil revogada): preferência, nulidade, simulação, fraude ou falsidade das dívidas e contratos. Nesse sentido, a anterior Lei de Falências optara por melhor solução, ao não enumerar taxativamente os fundamentos da impugnação".[38]

Concordamos com a posição do autor, sobretudo se analisarmos a questão à luz dos princípios da inafastabilidade da jurisdição, do contraditório e da ampla defesa (art. 5º, XXXV e LV, da CF).

77. A impugnação será autuada em separado? – Sim, segundo o parágrafo único do art. 8º.

78. Como será processada a impugnação? – O processamento dar-se-á em conformidade com os arts. 13 a 15.

No tocante a créditos trabalhistas, ressalta Marcelo Papaléo de Souza: "Em se tratando de habilitação com base em decisão judicial ou acordo homologado pelo juízo trabalhista, a competência para apreciar tal impugnação, superada a fase do art. 7º, § 1º, da LRF, também será da Justiça do Trabalho. (...). Com relação à competência do juízo para a análise da impugnação, primeiro ou segundo grau, dependerá da matéria alegada. Em se tratando de matéria relacionada à execução (como, por exemplo, quantificação da obrigação contida no título) a competência será sempre de primeiro grau, pois no processo trabalhista é deste a competência para a execução (art. 877 da CLT). Mas existindo a análise do próprio título executivo, ou seja, a regularidade na constituição da sentença ou do acordo, será sempre de desconstituição deste, equiparando-se aos casos da ação rescisória (tanto na hipótese do art. 8º quanto na do art. 19 da LRF)".[39]

Jurisprudência[40]

Eis uma ementa pertinente:

[TJSP] Recuperação judicial – Crédito trabalhista – *Impugnação judicial com base no art. 8º da Lei n. 11.101/2005* – Pedido de reserva – *Incompetência da Vara Especializada em Falências e Recuperações – Competência absoluta da Justiça do Trabalho, tanto para julgar as impugnações* como os pedidos de reserva – Inteligência dos arts. 8º e 6º, §§ 2º e 3º, da LRF. [*Câmara Especial de Falências e de Recuperações Judiciais, AI 450.689-4/5-00, rel. Des. Pereira Calças, j. 7.6.2006*]

79. Marco inicial da intervenção judicial – Uma vez que a apresentação da impugnação à relação de credores, ou o apontamento da ausência de qualquer crédito ou a manifestação contra a legitimidade, importância ou classificação dos créditos relacionados devem ser efetuados perante

particular de um dos sócios solidários" (*Comentários à Lei de Falências*, 2ª ed., vol. II, Rio de Janeiro, Revista Forense, 1955, pp. 244-246).

38. José Alexandre Tavares Guerreiro, "Comentários aos arts. 7º ao 20", in Francisco Satiro de Sousa Jr. e Antônio Sérgio Altieri de Moraes Pitombo (coords.), *Comentários à Lei de Recuperação de Empresas e Falência: Lei 11.101/2005*, São Paulo, Ed. RT, 2005, pp. 147-148.

39. Marcelo Papaléo de Souza, *A Lei de Recuperação e Falência e as suas Conseqüências no Direito e no Processo do Trabalho*, 3ª ed., São Paulo, LTr, 2009, pp. 214-215.

40. Manoel Justino Bezerra Filho, *Jurisprudência da Nova Lei de Recuperação de Empresas e Falências/Decisões, Ofícios Judiciais, Resoluções, Sentenças, Acórdãos, Dentre Outros Documentos*, São Paulo, Ed. RT, 2006, p. 48.

o juiz, constata-se que somente a partir daí é que ocorre a intervenção judicial, pois até então todos os atos dos credores foram praticados junto ao administrador judicial.[41-42-43-44]

80. Segundo momento para os credores se manifestarem sobre os créditos – O primeiro momento para os credores se manifestarem sobre os créditos acontece diante do administrador judicial (§ 1º do art. 7º). Já, o segundo momento ocorre perante o juiz (art. 8º).

81. O credor pode apresentar diretamente impugnação contra a relação de credores, ou tem de contratar advogado para fazê-lo? – A apresentação de habilitação de crédito ou de divergência perante o administrador judicial, nos termos do § 1º do art. 7º, justamente por se tratar de âmbito administrativo, independe de atuação de advogado. Todavia, na medida em que a impugnação contra a relação de credores deve ser apresentada perante o juiz (o que denota litigiosidade), exige-se a intervenção de advogado.

Art. 9º. A habilitação de crédito realizada pelo credor[82-83-84] nos termos do art. 7º, § 1º, desta Lei deverá conter:[85-86-87-88-89-90-91] I – o nome, o endereço do credor e o endereço em que receberá comunicação de qualquer ato do processo; II – o valor do crédito, atualizado até a data da decretação da falência ou do pedido de recuperação judicial, sua origem[92] e classificação; III – os documentos comprobatórios do crédito e a indicação das demais provas a serem produzidas; IV – a indicação da garantia prestada pelo devedor, se houver, e o respectivo instrumento; V – a especificação do objeto da garantia que estiver na posse do credor.

Parágrafo único. Os títulos e documentos que legitimam os créditos deverão ser exibidos no original ou por cópias autenticadas se estiverem juntados em outro processo.[93]

LEGISLAÇÃO ANTERIOR

Lei de Falências (DL 7.661/1945): *Art. 82.* Dentro do prazo marcado pelo juiz, os credores comerciais e civis do falido e, em se tratando de sociedade, os particulares dos sócios solidariamente responsáveis são

41. Rubens Requião doutrina: "Mesmo os juristas que consideram a habilitação de crédito um procedimento administrativo ou de jurisdição voluntária não se negam a reconhecer no processo de impugnação um verdadeiro processo contencioso" (*Curso de Direito Falimentar*, 16ª ed., vol. 1, São Paulo, Saraiva, 1995, p. 268).

42. Aduzem Giuliano Colombo e Patrícia Barbi Costa: "(...) impende observar desde logo que a impugnação, se e quando ofertada por quem tenha legítimo interesse, dará início ao que a doutrina, liderada pelo saudoso Rubens Requião, convencionou reconhecer como 'verdadeiro processo contencioso', na medida em que as partes contenderão, perante juiz de direito com competência para dirimir controvérsia, sobre a existência, legitimidade, valor e classificação do crédito ausente ou constante da relação de credores elaborada pelo administrador judicial" ("Da verificação e habilitação de créditos", in Luiz Fernando Valente de Paiva (coord.), *Direito Falimentar e a Nova Lei de Falências e Recuperação de Empresas*, São Paulo, Quartier Latin, 2005, p. 148).

43. Paulo Marcondes Brincas opina: "*Natureza jurídica:* importante identificar natureza jurídica da impugnação para melhor compreender a legitimidade ativa e passiva, os limites à sua cognição e a natureza do provimento jurisdicional que a decide. Tratando-se de ação incidental ao processo no qual o credor habilitou-se visando ao recebimento de seu crédito, a impugnação tem a mesma natureza jurídica da ação de embargos do devedor no processo de execução singular, e desta natureza resultam as normas que regulam o seu funcionamento" ("Comentários aos arts. 7º ao 20", in Newton de Lucca e Adalberto Simão Filho (coords.), *Comentários à Nova Lei de Recuperação de Empresas e de Falências*, São Paulo, Quartier Latin, 2005, p. 133).

44. José Alexandre Tavares Guerreiro assevera: "A partir desse momento (art. 8º) cessa a atividade puramente administrativa do procedimento de verificação de créditos, para então iniciar-se sua fase contenciosa, que só se encerra por sentença (art. 15), consolidando-se o quadro geral de credores, a ser homologado pelo juiz" ("Comentários aos arts. 7º ao 20", cit., in Francisco Satiro de Sousa Jr. e Antônio Sérgio Altieri de Moraes Pitombo (coords.), *Comentários à Lei de Recuperação de Empresas e Falência: Lei 11.101/2005*, pp. 146-147).

obrigados a apresentar, em cartório, declarações por escrito, em duas vias, com a firma reconhecida na primeira, que mencionem as suas residências ou as dos seus representantes ou procuradores no lugar da falência, a importância exata do crédito, a sua origem, a classificação que, por direito, lhes cabe, as garantias que lhes tiverem sido dadas, e as respectivas datas, e que especifique, minuciosamente, os bens e títulos do falido em seu poder, os pagamentos recebidos por conta e o saldo definitivo na data da declaração da falência, observando-se o disposto no art. 25.

§ 1º. À primeira via da declaração, o credor juntará o título ou títulos do crédito, em original, ou quaisquer documentos. Se os títulos comprobatórios do crédito estiverem juntos a outro processo, poderão ser substituídos por certidões de inteiro teor, extraídas dos respectivos autos.

§ 2º. Diversos créditos do mesmo titular podem ser compreendidos numa só declaração, especificando-se, porém, cada um deles.

§ 3º. O representante dos debenturistas será dispensado da exibição de todos os títulos originais, quando fizer declaração coletiva do crédito.

§ 4º. O escrivão dará sempre recibo das declarações de crédito e documentos recebidos.

COMENTÁRIOS

82. O credor pode apresentar diretamente sua habilitação de crédito, ou tem de contratar advogado para fazê-lo? – Sim, o credor poderá apresentar diretamente sua habilitação de crédito. O fundamento desta resposta está inserto nos nossos comentários ao art. 7º, aos quais pedimos vênia para remeter o leitor.

83. O credor fiscal está obrigado a apresentar sua habilitação? – O Fisco, em razão de não participar do concurso de credores, está desobrigado de apresentar sua habilitação de crédito.[45-46]

84. Uma sociedade de fato pode habilitar seu crédito? – Sim, pois tal sociedade, mesmo não tendo personalidade jurídica, tem personalidade judiciária, assegurada pelo art. 12, VII, do CPC.[47]

85. Requisitos da habilitação de crédito – O art. 9º arrola os requisitos da habilitação de crédito. O dispositivo correspondente na lei anterior é o art. 82, e seus §§.

Por oportuno, ressaltamos que o administrador judicial tem os deveres, tanto na recuperação judicial quanto na falência, de fornecer, com presteza, todas as informações pedidas pelos credores interessados, bem como dar extratos dos livros do devedor, que merecerão fé de ofício, a fim de servirem de fundamento nas habilitações de créditos (art. 22, I, "b" e "c").

86. Remanesce a necessidade de apresentação de habilitação de crédito em duas vias e com firma reconhecida na primeira via? – Diferentemente do que dispunha o art. 82 do Decreto-lei 7.661/1945, a atual lei não exige mais habilitação de crédito em duas vias,[48] nem reconhecimento de firma.[49]

45. Paulo Marcondes Brincas lembra: "Os créditos de natureza tributária, na falência, em razão do disposto no art. 187 do CTN, dispensam habilitação. A satisfação destes créditos deve ser realizada através de penhora no rosto dos autos do processo falimentar. Na recuperação os créditos tributários também não serão habilitados, tendo em vista não serem atingidos pelo plano (§ 7º do art. 6º)" ("Comentários aos arts. 7º ao 20", cit., in Newton de Lucca e Adalberto Simão Filho (coords.), *Comentários à Nova Lei de Recuperação de Empresas e de Falências*, São Paulo, Quartier Latin, 2005, pp. 130-131).

46. Também estão dispensados da habilitação os titulares de créditos remanescentes da recuperação judicial se tinham sido definitivamente incluídos no quadro geral de credores dessa quando da convolação em falência. No mesmo sentido: Fábio Ulhoa Coelho, *Comentários à Nova Lei de Falências e de Recuperação de Empresas*, São Paulo, Saraiva, 2005, p. 43.

47. Waldo Fazzio Jr. explica: "A habilitação de crédito de uma sociedade irregular pode ser feita por ela própria, posto que, se a terceiros é dado provar, em juízo, a existência de uma sociedade de fato que chegou a operar, reclamando-lhe seus direitos, indiscutível é que a mesma sociedade poderá figurar ativamente em juízo, para litigar contra terceiros, salvo se a questão versar sobre sua existência" (*Nova Lei de Falência e de Recuperação de Empresas*, São Paulo, Atlas, 2005, p. 81).

48. No mesmo sentido, Andréa Salles e Rachel Bruno: "(...) é desnecessária a entrega da habilitação

87. É possível um credor incluir numa só habilitação diversos créditos? – O § 2º do art. 82 do Decreto-lei 7.661/1945 permitia expressamente tal cumulação.

A despeito de a Lei 11.101/2005 não ter reprisado a mesma permissão, entendemos, com estribo nos princípios da celeridade e da economia processual, veiculados no parágrafo único do art. 75, ser plenamente possível a inclusão numa só habilitação de diversos créditos do mesmo titular.[50-51-52-53]

88. São devidas custas na habilitação? E quanto aos honorários sucumbenciais? – As custas judiciais são devidas *na falência* apenas pelos credores retardatários, e não pelos credores que apresentaram tempestivamente as suas respectivas habilitações de créditos. Esta conclusão decorre da interpretação *a contrario sensu* do § 3º do art. 10.[54]

Ronaldo Vasconcelos complementa: "(...) o procedimento de habilitação de créditos da Lei de Recuperação e Falências nada mais é que a apresentação dos documentos demonstrativos do crédito diretamente ao administrador judicial, não sendo por isso devidas quaisquer custas, seja para a distribuição, seja para a interposição de recursos. Ainda mais se considerarmos que o próprio administrador judicial será o responsável por

em duas vias, como ocorria na LF, pois não há mais a necessidade de uma via cartorária e outra para o síndico. A alteração se justifica, uma vez que a habilitação, pela NLF, será endereçada diretamente ao administrador judicial" ("Comentários aos arts. 7º ao 20", in Érica Guerra e Maria Cristina Frascari Litrento (orgs.), *Nova Lei de Falências: Lei 11.101, de 9.2.2005 – Comentada*, Campinas/SP, LZN Editora, 2005, p. 39).

49. Aduzem Andréa Salles e Rachel Bruno: "Era indispensável o reconhecimento de firma do credor habilitante na declaração, de acordo com a LF. Tal regra, ao nosso sentir, não permanece na NLF, já que o art. [*sic*] 133 e 2.035, ambos do CC/2002, trazem os postulados da boa-fé objetiva e a função social dos contratos, que limitam a autonomia da vontade, tornando os atos presumivelmente verossímeis" ("Comentários aos arts. 7º ao 20", in Érica Guerra e Maria Cristina Frascari Litrento (orgs.), *Nova Lei de Falências: Lei 11.101, de 9.2.2005 – Comentada*, pp. 39-40).

50. José Alexandre Tavares Guerreiro explica: "A lei vigente não reproduziu o dispositivo da lei anterior, que permitia que diversos créditos do mesmo titular pudessem ser compreendidos numa só declaração, desde que especificasse cada um deles (art. 82, § 2º, da lei revogada). Nada obsta, no entanto, a que se aplique a mesma regra na vigência da lei nova" ("Comentários aos arts. 7º ao 20", in Francisco Satiro de Sousa Jr. e Antônio Sérgio Altieri de Moraes Pitombo (coords.), *Comentários à Lei de Recuperação de Empresas e Falência: Lei 11.101/2005*, São Paulo, Ed. RT, 2005, pp. 151-152).

51. Waldo Fazzio Jr. esclarece: "O que não se admite é a declaração em conjunto de créditos de titulares distintos, visto que pode ocorrer tumulto na eventualidade da impugnação dos créditos de um dos credores, ante a impossibilidade de se desentranhar o crédito impugnado inserto na mesma declaração de outros não impugnados. A exceção é conferida ao representante dos debenturistas que poderá fazer declaração coletiva de crédito" (*Nova Lei de Falência e de Recuperação de Empresas*, cit., p. 81).

52. Paulo Marcondes Brincas aduz: "Vários créditos podem ser apresentados numa única declaração se o seu titular for o mesmo. Mas não é possível a apresentação de vários credores numa mesma declaração contra o devedor comum" ("Comentários aos arts. 7º ao 20", cit., in Newton de Lucca e Adalberto Simão Filho (coords.), *Comentários à Nova Lei de Recuperação de Empresas e de Falências*, p. 136).

53. Giuliano Colombo e Patrícia Barbi Costa afirmam: "*Habilitação de crédito dos debenturistas ou portadores de títulos de emissão do devedor.* (...). Neste contexto, embora a nova Lei de Falências seja silente a esse respeito, diferentemente do que ocorria com o Decreto-lei 7.661/1945, parece-nos correto que o agente fiduciário – não apenas aquele representante dos debenturistas, mas todos aqueles que representem portadores de títulos emitidos por determinada empresa –, desde que autorizado por escritura específica, na forma da lei reguladora da emissão, possui legitimidade para apresentar habilitações de crédito em nome próprio e em benefício dos portadores de títulos, em caso de falência ou de recuperação judicial da empresa emissora (...)" ("Da verificação e habilitação de créditos", in Luiz Fernando Valente de Paiva (coord.), *Direito Falimentar e a Nova Lei de Falências e Recuperação de Empresas*, São Paulo, Quartier Latin, 2005, pp. 160-162).

54. No mesmo sentido, Marcus Elidius Michelli de Almeida: "Da interpretação do presente dispositivo entendemos que somente os credores retardatários estão sujeitos ao pagamento de custas, sendo que aqueles que observaram os prazos legais estarão isentos de tal recolhimento" (*Nova Lei de Falências e Recuperação de Empresas: Confrontada e Breves Anotações*, São Paulo, Quartier Latin, 2005, p. 30).

seu recebimento, geralmente no seu escritório, mediante recibo".[55]

No tocante à habilitação de crédito retardatária *em sede de recuperação judicial*, Manoel Justino Bezerra Filho enfatiza: "(...) a habilitação é um mero incidente processual, não configurando tecnicamente um "processo", não sendo por isso devidas quaisquer custas, seja para distribuição, seja para interposição de recursos, o que mais se reforça ante o fato de que o próprio administrador judicial será o responsável por seu recebimento. No entanto, especificamente no Estado de São Paulo, o § 8º do art. 4º da Lei estadual 11.608/2003 (Lei de Custas do Estado) prevê ser devida a taxa judiciária em caso de habilitação retardatária de crédito em processo de concordata, agora substituída pela recuperação judicial".[56]

No tocante aos honorários advocatícios, duas correntes se descortinam:

– *A primeira* sustenta que as habilitações de créditos – tempestivas ou retardatárias –, precisamente por terem natureza de mero incidente processual, mesmo quando impugnadas, não há que se cogitar de condenação ao pagamento de honorários advocatícios à parte vencedora.

– *A segunda* advoga que somente no caso de habilitações de créditos tempestivas deverá haver condenação ao pagamento de honorários advocatícios à parte vencedora, já que, tratando-se de habilitações de créditos retardatárias, a condenação ao pagamento de honorários advocatícios quando a parte vencedora for o credor prestigiaria o credor moroso, em preterição ao credor tempestivo.[57]

Parece-nos ser assente na processualística o entendimento segundo o qual o critério para definição sobre o cabimento da condenação ao pagamento de honorários sucumbenciais está jungido à litigiosidade do procedimento.

Portanto, a resposta à indagação em tela dependerá da classificação que se atribuir à impugnação às habilitações de crédito, tempestivas ou retardatárias.

Na medida em que a habilitação de crédito desafia impugnação e, *ipso facto*, implica provocação da atividade jurisdicional, entendemos que a litigiosidade é inerente ao procedimento (*habilitação de crédito* ***versus*** *impugnação*) e, por isso, a condenação ao pagamento de honorários sucumbenciais se impõe.[58]

Jurisprudência[59]

Eis algumas ementas jurisprudenciais conflitantes sobre o tema:

[TJSP] Concordata preventiva – Habilitação de crédito – Impugnação do comissário, contrário à inclusão de honorários advocatícios. *São devidos honorários advocatícios em habilitação de crédito* em processo de falência ou concordata, *desde que instaurada a litigiosidade, por meio de impugnação* – Apelação provida. [*ACi c/ revisão 291.936-4/5-00, rel. Des. Romeu Ricupero, j. 31.8.2005*]

[TJMG] Direito empresarial – Falência – Habilitação de crédito – Título executivo judi-

55. Ronaldo Vasconcelos, *Direito Processual Falimentar*, São Paulo, Quartier Latin, 2008, p. 245.

56. Manoel Justino Bezerra Filho, *Nova Lei de Recuperação e de Falências Comentada. Lei 11.101, de 9.2.2005, Comentário Artigo por Artigo*, 3ª ed., São Paulo, Ed. RT, 2005, p. 69.

57. Posiciona-se Paulo Marcondes Brincas: "As habilitações retardatárias, sendo promovidas por via de ações incidentais de natureza contenciosa, deverão recolher custas judiciais, mas não haverá sucumbência no deferimento do pedido, que implicaria uma vantagem do credor moroso em relação ao que tempestivamente habilitou-se, de forma a violar a *par conditio creditorum*" ("Comentários aos arts. 7º ao 20", cit., in Newton de Lucca e Adalberto Simão Filho (coords.), *Comentários à Nova Lei de Recuperação de Empresas e de Falências*, p. 141).

58. No mesmo sentido, Sérgio Campinho: "(...) a impugnação de crédito tem natureza litigiosa, havendo, em conseqüência, o exercício da função jurisdicional, com obrigatoriedade, inclusive, da presença de advogado. Daí não se ter como não condenar o vencido nos honorários da sucumbência. A respeito, vinha majoritariamente se formando jurisprudência do STJ, tendo por pano-de-fundo o Decreto-lei 7.661/1945, revogado" (*Falência e Recuperação de Empresa: o Novo Regime da Insolvência Empresarial*, Rio de Janeiro, Renovar, 2006, p. 106).

59. Manoel Justino Bezerra Filho, *Jurisprudência da Nova Lei de Recuperação de Empresas e Falências/Decisões, Ofícios Judiciais, Resoluções, Sentenças, Acórdãos, Dentre Outros Documentos*, São Paulo, Ed. RT, 2006, pp. 56, 58 e 317.

cial – Juros de mora – Honorários advocatícios. O crédito que se pretende habilitar, referente a valor arbitrado na ação de indenização, deve ser calculado com base na decisão proferida na ação rescisória, e não na ação originária, de indenização, esta, rescindida. Os juros de mora devem ser computados apenas até a data da decretação da falência, a menos que o ativo da executada suporte tal pagamento, o que deverá ser avaliado posteriormente à liquidação final dos débitos da massa falida, tudo em consonância com o disposto nos arts. 25 e 26 da Lei Falimentar. *São devidos honorários advocatícios em habilitação de crédito em processo de falência, desde que instaurada a litigiosidade, por meio de impugnação à habilitação.* [*ACi 1.0024.01.556223-4/001, rel. Des Carreira Machado, j. 22.9.2005*]

[STJ] Honorários na habilitação impugnada – Falência – Habilitação de crédito. *Não são devidos honorários advocatícios na habilitação de crédito em falência, ainda quando haja impugnação* – Recurso conhecido e provido. [*3ª Turma, REsp 108.299-SP, rel. Min. Waldemar Zveiter, j. 30.9.1999*]

89. Qual o prazo e qual o respectivo termo inicial para os credores habilitarem seus créditos ou apresentarem divergências? – O prazo é de 15 dias, conforme o § 1º do art. 7º. O termo inicial será, tratando-se de recuperação judicial, a publicação do edital a que se refere o § 1º do art. 52; se se tratar de falência, a publicação do edital a que se refere o parágrafo único do art. 99.

90. E se os credores não se habilitarem no prazo? – Em consonância com o art. 10, poderão fazê-lo intempestivamente, mas como habilitação retardatária.[60]

91. Existe sanção para quem apresenta habilitação ilegal de crédito? – Sim, uma vez que o art. 175 dispõe: "Apresentar, em falência, recuperação judicial ou recuperação extrajudicial, relação de créditos, habilitação de créditos ou reclamação falsas, ou juntar a elas título falso ou simulado: Pena – reclusão, de 2 (dois) a 4 (quatro) anos, e multa".

92. É necessário declarar a origem do crédito na habilitação de crédito? – Para a habilitação de crédito, quer no âmbito da recuperação judicial, quer no campo da falência, é necessário declarar a origem do crédito.

Paulo Fernando Campos Salles de Toledo explica: "Trata-se de uma especificidade do direito concursal, uma vez que, no tocante aos títulos de crédito (que, em muitos casos, documentam as habilitações), não cabe, em regra, discutir a causa da obrigação. Aqui, no entanto, impõe-se que todos saibam qual a origem do crédito. No dizer de Trajano de Miranda Valverde, este 'é um meio fácil de controlar a legitimidade dos créditos'".[61-62]

Exemplifica Fábio Ulhoa Coelho: "Note-se que o habilitante deve informar a origem do seu direito creditório em qualquer hipótese. Se é credor, por exemplo, de uma nota promissória devida pelo falido que titula por endosso, deve esclarecer na habilitação os negócios jurídicos subjacentes a esses atos cambiários, quando houver".[63]

Por conseguinte, operar-se-á a relativização do princípio cambiário da autonomia

60. Segundo Waldo Fazzio Jr.: "Também o credor extemporâneo necessita da assistência de advogado, já que a LRE determina que aquele declare seu crédito por petição" (*Nova Lei de Falência e de Recuperação de Empresas*, cit., p. 82).

61. Paulo Fernando Campos Salles de Toledo, "Comentários aos art. 1º ao 34", in Carlos Henrique Abrão e Paulo Fernando Campos Salles de Toledo (coords.), *Lei de Recuperação de Empresas e Falência*, São Paulo, Saraiva, 2005, p. 27.

62. Paulo Marcondes Brincas assevera: "(...) a origem do crédito também deverá ser declinada mesmo pelos credores titulares de cambiais amparadas pelo princípio da abstração. (...). Mencionar a origem não significa a possibilidade da discussão da *causa debendi* do título se a circulação ocorreu, o que seria, isto, sim, violação da abstração sem nenhum benefício à transparência e lisura do processo. Pelo contrário, mencionar a origem é uma obrigação imposta pela lei e significa declinar o negócio jurídico do qual o título resultou, ou pelo qual foi adquirido (em caso de endosso)" ("Comentários aos arts. 7º ao 20", cit., in Newton de Lucca e Adalberto Simão Filho (coords.), *Comentários à Nova lei de Recuperação de Empresas e de Falências*, p. 137).

63. Fábio Ulhoa Coelho, *Comentários à Nova Lei de Falências e de Recuperação de Empresas*, cit., p. 47.

sempre que o comando legal veiculado no inciso II do art. 9º – *a habilitação de crédito deve conter a origem do crédito* – se aplicar a título de crédito que foi posto em circulação, ou seja, cuja titularidade foi transferida a terceiro de boa-fé.[64]

Por outro lado, é de ser frisado que para se requerer a falência é dispensável a menção da origem do crédito (art. 94).

Ora, na nossa opinião, o confronto entre o inciso II do art. 9º e o art. 94 é paradoxal e, por isso, encerra uma *contradictio in adjeto*.

Jurisprudência[65]

Eis uma ementa pertinente:

[TJSC] (...) os títulos de crédito adquirem eficácia cambiária, independentemente da *causa debendi*, numa completa abstração do negócio que lhe deu origem. (...). Todavia, *no processo falimentar tal princípio não prevalece, impondo-se ao credor fazer expressa menção ao negócio subjacente, isto é, à causa da dívida, ainda que representada por cambiais* (Amador Paes de Almeida, *Curso de Falência e Recuperação de Empresas: de Acordo com a Lei n. 11.1011/2005*, 21ª ed., São Paulo, Saraiva, 2005, pp. 237-238). [*AI 2007.009164-8, rel. Des. Salim Schead dos Santos, j. 6.3.2008*]

93. Os títulos e documentos que legitimam os créditos têm de ser exibidos no original? – Sim, exceto se eles estiverem juntados em outros processos, quando, então, serão admitidas as respectivas cópias autenticadas, de acordo com o parágrafo único do art. 9º.[66-67-68]

Jurisprudência[69]

Eis uma ementa pertinente:

[TJSP] Recuperação judicial – Habilitação de crédito – Cheques emitidos em favor da agravada e endossados à agravante e que são objetos de ações de execução contra os emitentes – Determinação de juntada dos cheques em originais – Inadmissibilidade – Possibilidade de juntada de cópias autenticadas, exatamente quando estiverem juntados em outros autos (art. 9º, parágrafo único, da Lei n. 11.101/2005) – Necessidade também de certidões extraídas dos processos de execução para comprovação do não-recebimento em duplicidade do mesmo crédito. [*AI 502.904-4/0-00, rel. Des. Romeu Ricupero, j. 31.10.2007*]

Art. 10. Não observado o prazo estipulado no art. 7º, § 1º, desta Lei, as habilitações de crédito serão recebidas como retardatárias.[94-95]

§ 1º. Na recuperação judicial, os titulares de créditos retardatários, excetuados os titulares de créditos derivados da relação de trabalho, não terão direito a voto nas deliberações da assembléia-geral de credores.[96-97]

64. No mesmo sentido: Moacyr Lobato, *Falência e Recuperação*, Belo Horizonte, Del Rey, 2006, pp. 60-61.

65. Cristiano Imhof, *Lei de Falências e de Recuperação de Empresas e sua Interpretação Jurisprudencial: Anotado Artigo por Artigo*, Florianópolis, Conceito Editorial, 2009, p.101.

66. Paulo Fernando Campos Salles de Toledo lembra: "(...) circulando por simples endosso os títulos de crédito, seria obviamente inseguro permitir habilitações por meras cópias. Note-se que o habilitante, para que não haja dúvidas, deve demonstrar que os originais encontram-se instruindo outro processo" ("Comentários aos arts. 1º ao 34", cit., in Carlos Henrique Abrão e Paulo Fernando Campos Salles de Toledo (coords.), *Lei de Recuperação de Empresas e Falência*, p. 28).

67. Paulo Marcondes Brincas aduz: "Se o título de crédito for de origem cambiária, a informalidade do procedimento de verificação de créditos estabelece uma flexibilização da cartularidade, segundo a qual somente exibindo-se o original do título é possível comprovar a condição de credor. A lei permite, no entanto, que se anexe cópia do título se o título foi juntado a outro processo (parágrafo único do art. 9º). Tratando-se de títulos escriturais, basta a declaração da instituição custodiante para instruir o pedido" ("Comentários aos arts. 7º ao 20", cit., in Newton de Lucca e Adalberto Simão Filho (coords.), *Comentários à Nova lei de Recuperação de Empresas e de Falências*, p. 137).

68. Sérgio Campinho esclarece: "Não havendo título propriamente dito, dispondo o credor apenas de início de prova escrita, pode, anexando-a, protestar pela produção da sua comprovação definitiva, mediante o exame dos livros empresariais do devedor" (*Falência e Recuperação de Empresa: o Novo Regime da Insolvência Empresarial*, cit., p. 101).

69. Cristiano Imhof, *Lei de Falências e de Recuperação de Empresas e sua Interpretação Jurisprudencial: Anotado Artigo por Artigo*, cit., pp. 101-102.

§ 2º. Aplica-se o disposto no § 1º deste artigo ao processo de falência, salvo se, na data da realização da assembléia-geral, já houver sido homologado o quadro geral de credores contendo o crédito retardatário.[98]

§ 3º. Na falência, os créditos retardatários perderão o direito a rateios eventualmente realizados e ficarão sujeitos ao pagamento de custas, não se computando os acessórios compreendidos entre o término do prazo e a data do pedido de habilitação.[98]

§ 4º. Na hipótese prevista no § 3º deste artigo, o credor poderá requerer a reserva de valor para satisfação de seu crédito.[99]

§ 5º. As habilitações de crédito retardatárias, se apresentadas antes da homologação do quadro geral de credores, serão recebidas como impugnação e processadas na forma dos arts. 13 a 15 desta Lei.[100]

§ 6º. Após a homologação do quadro geral de credores, aqueles que não habilitaram seu crédito poderão, observado, no que couber, o procedimento ordinário previsto no Código de Processo Civil, requerer ao juízo da falência ou da recuperação judicial a retificação do quadro geral para inclusão do respectivo crédito.[100]

LEGISLAÇÃO ANTERIOR

Lei de Falências (DL 7.661/1945): *Art. 98.* O credor que se não habilitar no prazo determinado pelo juiz pode declarar o seu crédito por petição em que atenderá às exigências do art. 82, instruindo-a com os documentos referidos no § 1º do mesmo artigo.

§ 1º. O juiz determinará a intimação pessoal do falido e do síndico, os quais, com observância do disposto no art. 84 e no prazo de 3 (três) dias para cada um, se manifestarão sobre o pedido, em seguida ao quê o escrivão fará publicar aviso para que os interessados apresentem, dentro do prazo de 10 (dez) dias, as impugnações que entenderem.

§ 2º. Decorrido o prazo para impugnação dos interessados, o escrivão fará vista dos autos ao representante do Ministério Público, que, no prazo de 3 (três) dias, dará o seu parecer.

§ 3º. Com o parecer do representante do Ministério Público, os autos serão conclusos ao juiz para os fins previstos no art. 92, cabendo, da sentença que julgar o crédito, recurso de apelação, que não terá efeito suspensivo.

§ 4º. Os credores retardatários não têm direitos aos rateios anteriormente distribuídos.

COMENTÁRIOS

94. Quando uma habilitação de crédito se torna retardatária? – Quando ela não observar o prazo previsto no § 1º do art. 7º, qual seja: de 15 dias, contados, tratando-se de recuperação judicial, da publicação do edital a que se refere o § 1º do art. 52; se se tratar de falência, da publicação do edital a que alude o parágrafo único do art. 99.[70]

95. E quanto à divergência? Também é possível formulá-la de modo retardatário? – Esta indagação é formulada por Fábio Ulhoa Coelho e por ele respondida: "A resposta parece-me simples. Por medida de isonomia, deve-se aplicar o disposto no artigo aqui comentado também para o caso de divergência. Em outros termos, não se pode rejeitar a divergência retardatária, porque isso significaria tratar de forma discriminatória o credor que foi incorretamente mencionado na relação ou omitido. Se admitida a declaração retardatária em favor desse último, não cabe negar-se a apresentação da divergência extemporânea em favor do primeiro. Não há fundamento para a discriminação. A interpretação do art. 10 da LF *conforme a Constituição* impõe, a partir do princípio constitucional da igualdade,

70. Lembra, oportunamente, Paulo Marcondes Brincas: "(...) as sanções aplicáveis aos credores retardatários não se aplicam àqueles que demandam em processos cognitivos e não detêm títulos executivos (art. 6º, § 1º). A reserva (...) assegura ao seu titular o direito de votar nas assembléias de credores (art. 39), e, no caso de rateio na falência, terão suas importâncias reclamadas destacadas até o encerramento das demandas" ("Comentários aos arts. 7º ao 20", in Newton de Lucca e Adalberto Simão Filho (coords.), *Comentários à Nova Lei de Recuperação de Empresas e de Falências*, São Paulo, Quartier Latin, 2005, p. 140).

a conclusão pela admissão da divergência temporária".[71]

Externamos nossa concordância com a opinião do autor.

96. Qual é o efeito decorrente da habilitação retardatária em recuperação judicial? – O efeito é o seguinte: os titulares de créditos retardatários não terão direito a voto nas deliberações da assembléia-geral de credores, exceto os titulares de créditos trabalhistas (§ 1º do art. 10).

97. Quais são os efeitos decorrentes da habilitação retardatária em falência? – Basicamente, são quatro os efeitos, a saber: (1) os titulares de créditos retardatários que não tenham sido incluídos no quadro geral de credores homologado não terão direito a voto nas deliberações da assembléia-geral de credores, exceto os titulares de créditos trabalhistas (§ 2º do art. 10);[72] (2) outrossim, eles perderão o direito a rateios (§ 3º do art. 10); (3) além disso, sujeitar-se-ão ao pagamento das custas (§ 3º do art. 10);[73] (4) por fim, também não terão direito aos acessórios[74-75] incorridos entre o término do prazo e a data do pedido de habilitação (§ 3º do art. 10).[76]

98. O titular de crédito retardatário, seja em recuperação judicial, seja em falência, ficará* ad aeternum *privado de votar nas deliberações da assembléia-geral de credores? – Em sede de recuperação judicial a resposta é absolutamente afirmativa; já, em seara falimentar a resposta dependerá do contexto casuístico.

Isso porque o legislador conferiu tratamento distinto a ambos os institutos.

Em relação ao credor retardatário em falência, o § 2º do art. 10 prevê a seguinte ressalva:

"*Art. 10.* (...).

"(...).

71. Fábio Ulhoa Coelho, *Comentários à Nova Lei de Falências e de Recuperação de Empresas*, São Paulo, Saraiva, 2005, p. 49.

72. De conformidade com o art. 39, *in fine*, os credores que obtiveram reservas de importâncias têm assegurado o direito de voto na assembléia-geral de credores, dentre os quais se incluem aqueles que demandam quantia ilíquida (art. 6º, § 3º).

73. Lembra Manoel Justino Bezerra Filho que "a habilitação é um mero incidente processual, não configurando tecnicamente um 'processo', não sendo por isso devidas quaisquer custas, seja para distribuição, seja para interposição de recursos, o que mais se reforça ante o fato de que o próprio administrador judicial será o responsável por seu recebimento. No entanto, especificamente no Estado de São Paulo, o § 8º do art. 4º da Lei estadual 11.608/2003 (Lei de Custas do Estado) prevê ser devida a taxa judiciária em caso de habilitação retardatária de crédito em processo de concordata, agora substituída pela recuperação judicial. O § 3º do art. 10 desta lei também prevê o pagamento de custas para aquele que se habilita retardatariamente" (*Nova Lei de Recuperação e de Falências Comentada. Lei 11.101, de 9.2.2005, Comentário Artigo por Artigo*, 3ª ed., São Paulo, Ed. RT, 2005, p. 69).

74. O que são "acessórios"? Entendemos que *acessórios* são os juros e a multa, e não a correção monetária, na medida em que esta nada mais representa que a mera reposição da perda do poder aquisitivo da moeda. O mesmo entendimento é compartilhado por Paulo Marcondes Brincas, "Comentários aos arts. 7º ao 20", cit., in Newton de Lucca e Adalberto Simão Filho (coords.), *Comentários à Nova Lei de Recuperação de Empresas e de Falências*, p. 140).

75. Frise-se que as multas contratuais são classificadas abaixo dos créditos quirografários (art. 83, VII). Os juros, previstos em lei ou contrato, não são exigíveis da massa falida após a decretação da falência se o ativo apurado não bastar para o pagamento dos credores subordinados (art. 124). *A contrario sensu*, dessome-se que os juros gerados até a data da decretação da falência serão exigíveis juntamente com o principal na mesma classe em que este se classificar.

76. Ressaltam Andréa Salles e Rachel Bruno: "Esta novidade legal está em consonância com o princípio falimentar da participação ativa dos credores contida na nova lei, tendo em vista que tal regra tem caráter sancionatório ao credor desidioso. Contudo, poderá haver discussões sobre a matéria, tendo em vista que, pelos princípios gerais de direito civil, há vedação do enriquecimento sem causa (vedação do retrocesso legal). Inclusive, o credor intempestivo já terá outras restrições suficientes para penalizá-lo" ("Comentários aos arts. 7º ao 20", in Érica Guerra e Maria Cristina Frascari Litrento (orgs.), *Nova Lei de Falências: Lei 11.101, de 9.2.2005 – Comentada*, Campinas/SP, LZN Editora, 2005, p. 41).

§ 2º. (...) salvo se na data da assembléia-geral houver sido homologado o quadro geral de credores contendo o crédito retardatário."

Quanto ao credor em recuperação judicial inexiste qualquer ressalva efetuada no § 1º do mesmo artigo.

Por conseguinte, respondamos, em outros termos, à indagação: (1) na recuperação judicial o credor retardatário nunca poderá ter direito a voto na assembléia-geral;[77-78] (2) na falência o credor retardatário terá direito a voto na assembléia-geral se seu crédito foi inserido no quadro geral de credores previamente ao conclave; caso contrário ele não terá direito a voto.[79]

99. O credor retardatário em falência tem direito de pedir reserva de valor para satisfação do seu crédito? – Sim, consoante dispõe o § 4º do art. 10.[80]

100. Há prazo-limite para o credor apresentar sua habilitação de crédito? – O § 5º do art. 10 estabelece que as habilitações de crédito apresentadas antes da homologação do quadro geral de credores serão recebidas e processadas como impugnações.

Já, o § 6º do mesmo artigo prescreve que, uma vez homologado o quadro geral de credores, aqueles que não tiverem apresentado suas habilitações poderão requerer ao juízo da falência ou da recuperação judicial a retificação do referido quadro, para inclusão dos seus respectivos créditos, observado o procedimento ordinário previsto no Código de Processo Civil, no que couber.

Logo, conclui, acertadamente, Manoel Justino Bezerra Filho: "(...) a rigor, a lei não estabelece limite temporal para a habilitação retardatária, de tal forma que, em tese, até o momento da extinção da recuperação ou falência é possível receber habilitações (como habilitação ou como resultado de julgamento em ação de rito ordinário), as quais serão normalmente processadas, para fins de inclusão no quadro geral de credores, na categoria que a lei reserva para aquele crédito. Tanto isso é verdade, que o próprio § 6º menciona a possibilidade de ajuizamento de ação ordinária para tal fim".[81-82]

77. Arremata Manoel Justino Bezerra Filho: "Nem seria correto que fosse de forma diferente, pois a homologação com a inclusão faz com que desapareça a condição de retardatário, devendo ser assim equiparado ao credor não retardatário" (*Nova Lei de Recuperação e de Falências Comentada. Lei 11.101, de 9.2.2005, Comentário Artigo por Artigo*, cit., 3ª ed., p. 73).

78. No mesmo sentido, Paulo Marcondes Brincas: "*Credores retardatários na recuperação judicial:* na recuperação, a lei estabelece uma sanção aos retardatários: a perda do direito a voto nas assembléias-gerais de credores. Esta sanção persistirá definitivamente, ainda que em momento posterior o crédito venha a ser incluído no quadro geral de credores. Tal característica justifica-se na medida em que é necessário firmar-se um *quorum* de deliberação para as assembléias que não será alterado posteriormente em razão do ingresso de qualquer credor na relação" ("Comentários aos arts. 7º ao 20", cit., in Newton de Lucca e Adalberto Simão Filho (coords.), *Comentários à Nova Lei de Recuperação de Empresas e de Falências*, pp. 128-140).

79. No mesmo sentido, Paulo Marcondes Brincas: "*Credores retardatários na falência*: (...). Inicialmente, credores retardatários não poderão participar e votar nas assembléias-gerais, a exemplo do que ocorre com a recuperação, mas esta sanção cessará se o credor estiver incluído no quadro geral de credores quando da sua homologação. Se a inclusão ocorrer após a homologação, novamente em razão da necessidade de estabilização do *quorum* de credores na assembléia, o direito de voto não lhe será concedido. Na verdade, o processo falimentar não pode ocorrer sob a condição resolutiva da existência de algum crédito não habilitado retardatário. Portanto, somente os primeiros credores retardatários terão chance de reverter a sanção e participar ativamente das assembléias-gerais a partir da homologação do quadro" ("Comentários aos arts. 7º ao 20", cit., in Newton de Lucca e Adalberto Simão Filho (coords.), *Comentários à Nova Lei de Recuperação de Empresas e de Falências*, pp. 128-140).

80. O *modus operandi* da reserva de importância está previsto no § 1º do art. 149: os valores a ela relativos ficarão depositados até o julgamento definitivo do crédito; e, no caso de não ser este finalmente reconhecido, no todo ou em parte, os recursos depositados serão objeto de rateios suplementares entre os credores remanescentes.

81. Manoel Justino Bezerra Filho, *Nova Lei de Recuperação e de Falências Comentada. Lei 11.101, de 9.2.2005, Comentário Artigo por Artigo*, cit., 3ª ed., p. 73.

Art. 11. Os credores cujos créditos forem impugnados serão intimados para contestar[101] a impugnação, no prazo de 5 (cinco) dias,[102] juntando os documentos que tiverem e indicando outras provas que reputem necessárias.

LEGISLAÇÃO ANTERIOR

Lei de Falências (DL 7.661/1945): *Art. 90.* Decorridos os cinco dias marcados no art. 87 os credores impugnados terão o prazo de 3 (três) dias para contestar a impugnação, juntando os documentos que tiverem e indicando outros meios de prova que reputem necessários.

COMENTÁRIOS

101. Ampliação do prazo para contestar a impugnação – O prazo previsto no art. 90 do Decreto-lei 7.661/1945 era de três dias; a atual lei o aumentou para cinco dias.

102. Havendo contestação à impugnação, cabe a condenação em honorários advocatícios? – Quando da análise sobre o cabimento (ou não) da condenação ao pagamento dos honorários advocatícios no caso de apresentação de *impugnação à habilitação de crédito*, afirmamos que duas correntes se descortinavam:

– *A primeira* sustenta que as habilitações de créditos, tempestivas ou retardatárias, precisamente por terem natureza de mero incidente processual, mesmo quando impugnadas, não há que se cogitar de condenação ao pagamento de honorários advocatícios à parte vencedora.

– *A segunda* advoga que somente no caso de habilitações de créditos tempestivas deverá haver condenação ao pagamento de honorários advocatícios à parte vencedora, já que tratando-se de habilitações de créditos retardatárias a condenação ao pagamento de honorários advocatícios quando a parte vencedora for o credor prestigiaria o credor moroso, em preterição ao credor tempestivo.[83]

Afirmamos, também, que nos parecia ser assente na processualística o entendimento segundo o qual o critério para definição sobre o cabimento da condenação ao pagamento de honorários sucumbenciais está jungido à litigiosidade do procedimento.

Portanto, aduzimos que o cabimento (ou não) da condenação ao pagamento dos honorários advocatícios dependeria da classificação que se atribuísse à impugnação ofertada pelo credor à habilitação de crédito.

Então, concluímos: a *impugnação à habilitação de crédito* implica provocação da atividade jurisdicional e, *ipso facto*, a litigiosidade é inerente ao procedimento (*habilitação de crédito vs. impugnação*), e, por isso, a condenação ao pagamento de honorários sucumbenciais se impõe.[84-85]

82. Jairo Saddi, na mesma linha, afirma: "A lei não estabelece prazo máximo para a apresentação de habilitação retardatária. Até o final da recuperação judicial ou mesmo da falência pode-se processar o pedido de inclusão de créditos retardatários" ("Suspensão e invalidação da assembléia de credores na nova Lei de Falências", in Rodrigo R. Monteiro de Castro e Leandro dos Santos de Aragão (coords.), *Direito Societário e a Nova Lei de Falências e Recuperação de Empresas*, São Paulo, Quartier Latin, 2006, p. 36).

83. Posiciona-se Paulo Marcondes Brincas: "As habilitações retardatárias, sendo promovidas por via de ações incidentais de natureza contenciosa, deverão recolher custas judiciais, mas não haverá sucumbência no deferimento do pedido, que implicaria uma vantagem do credor moroso em relação ao que tempestivamente habilitou-se, de forma a violar a *par conditio creditorum*" ("Comentários aos arts. 7º ao 20", in Newton de Lucca e Adalberto Simão Filho (coords.), *Comentários à Nova Lei de Recuperação de Empresas e de Falências*, São Paulo, Quartier Latin, 2005, p. 141).

84. "Concordata preventiva – Habilitação de crédito – Impugnação do comissário, contrário à inclusão de honorários advocatícios. São devidos honorários advocatícios em habilitação de crédito em processo de falência ou concordata, desde que instaurada a litigiosidade, por meio de impugnação – Apelação provida" (TJSP, ACi c/ revisão 291.936-4/5-00, rel. Des. Romeu Ricupero, j. 31.8.2005) (Manoel Justino Bezerra Filho, *Jurisprudência da Nova Lei de Recuperação de Empresas e Falências/ Decisões, Ofícios Judiciais, Resoluções, Sentenças, Acórdãos, Dentre Outros Documentos*, São Paulo, Ed. RT, 2006, p. 56).

Ora, *a fortiori*, concluímos que, na medida em que *a impugnação desafia contestação*[86] e, portanto, também provoca a atividade jurisdicional, a litigiosidade é, outrossim, inexorável ao procedimento (impugnação *versus* contestação); e, portanto, a condenação ao pagamento de honorários sucumbenciais se impõe.

Art. 12. Transcorrido o prazo do art. 11 desta Lei, o devedor e o comitê, se houver, serão intimados pelo juiz para se manifestar sobre ela no prazo comum de 5 (cinco) dias.[103]

Parágrafo único. Findo o prazo a que se refere o *caput* deste artigo, o administrador judicial será intimado pelo juiz para emitir parecer no prazo de 5 (cinco) dias, devendo juntar à sua manifestação o laudo elaborado pelo profissional ou empresa especializada, se for o caso,[104] e todas as informações existentes nos livros fiscais e demais documentos do devedor acerca do crédito, constante ou não da relação de credores, objeto da impugnação.

LEGISLAÇÃO ANTERIOR

Artigo sem correspondência no Decreto-lei 7.661/1945.

COMENTÁRIOS

103. Duas inovações – As duas inovações são as seguintes: (1) o Decreto-lei 7.661/1945, no art. 91, previa a manifestação do Ministério Público; a Lei 11.101/2005 prevê a manifestação do devedor e do comitê, se houver;[87] (2) segundo o mesmo decreto-lei, o juiz nomearia perito, se entendesse necessário (art. 92, II, "b", c/c o art. 93); já, a citada lei adota outro procedimento: parecer do administrador judicial e, se entender necessário, juntada do respectivo laudo.

104. A juntada do laudo é obrigatória? – Na medida em que o parágrafo único do art. 12 utiliza a expressão "se for o caso", conclui-se que a juntada do laudo é facultativa, e não obrigatória.[88]

85. No mesmo sentido, Sérgio Campinho: "(...) a impugnação de crédito tem natureza litigiosa, havendo, em conseqüência, o exercício da função jurisdicional, com obrigatoriedade, inclusive, da presença de advogado. Daí não se ter como não condenar o vencido nos honorários da sucumbência. A respeito, vinha majoritariamente se formando jurisprudência do STJ, tendo por pano-de-fundo o Decreto-lei 7.661/1945, revogado" (*Falência e Recuperação de Empresa: o Novo Regime da Insolvência Empresarial*, Rio de Janeiro, Renovar, 2006, p. 106).

86. Trajano de Miranda Valverde esclarece: "Tecnicamente, a contestação à impugnação é uma réplica, isto é, a refutação da contrariedade apresentada pelo impugnante à pretensão do declarante do crédito" (*Comentários à Lei de Falências*, 2ª ed., vol. II, Rio de Janeiro, Revista Forense, 1955, p. 260). No mesmo sentido, José Alexandre Tavares Guerreiro: "A contestação da impugnação, a que se refere o artigo, equivale a uma réplica do credor titular do crédito em vias de habilitação (...)" ("Comentários aos arts. 7º ao 20", in Francisco Satiro de Sousa Jr. e Antônio Sérgio Altieri de Moraes Pitombo (coords.), *Comentários à Lei de Recuperação de Empresas e Falência: Lei 11.101/2005*, São Paulo, Ed. RT, 2005, p. 154).

87. Giuliano Colombo e Patrícia Barbi Costa entendem que: "Embora o legislador tenha restringido ao devedor e ao comitê a possibilidade de manifestação nessa fase processual, a nós parece que os demais credores, sócios do devedor e Ministério Público também poderão manifestar-se, no prazo comum, como entenderem de direito" ("Da verificação e habilitação de créditos", in Luiz Fernando Valente de Paiva (coord.), *Direito Falimentar e a Nova Lei de Falências e Recuperação de Empresas*, São Paulo, Quartier Latin, 2005, p. 152).

88. Esclarece Manoel Justino Bezerra Filho: "(...) não há qualquer necessidade de, automaticamente, elaborar-se o laudo confeccionado por profissional especializado, o que sempre é demorado e dispendioso. O laudo apenas deverá ser confeccionado se necessário para o esclarecimento da dúvida ocorrente no processo de habilitação" (*Nova Lei de Recuperação e de Falências Comentada. Lei 11.101, de 9.2.2005, Comentário Artigo por Artigo*, 3ª ed., São Paulo, Ed. RT, 2005, p. 76).

Art. 13. A impugnação será dirigida ao juiz[105-106] por meio de petição, instruída com os documentos que tiver o impugnante, o qual indicará as provas consideradas necessárias.

Parágrafo único. Cada impugnação será autuada em separado,[107] com os documentos a ela relativos, mas terão uma só autuação as diversas impugnações versando sobre o mesmo crédito.[108]

LEGISLAÇÃO ANTERIOR

Lei de Falências (DL 7.661/1945): *Art. 88.* A impugnação será dirigida ao juiz por meio de petição, instruída com os documentos que tenha o impugnante, o qual indicará as outras provas consideradas necessárias.

§ 1º. Cada impugnação será autuada em separado, com as duas vias da declaração e os documentos a ela relativos, para esse fim desentranhados dos autos das declarações de crédito.

§ 2º. Terão uma só autuação as diversas impugnações ao mesmo crédito.

COMENTÁRIOS

105. A quem será endereçada a impugnação? Cabe pedido de antecipação da tutela? – Antes de responder às indagações, ponderamos, por oportuno, que o administrador judicial tem os deveres, tanto na recuperação judicial quanto na falência, de fornecer, com presteza, todas as informações pedidas pelos credores interessados, bem como dar extratos dos livros do devedor, que merecerão fé de ofício, a fim de servirem de fundamento nas impugnações de créditos (art. 22, I, "b" e "c").

A impugnação será dirigida ao juiz por meio de petição.

Quanto ao pedido de antecipação da tutela, aduz Paulo Marcondes Brincas: "Poderá o autor da impugnação, na própria inicial, pleitear antecipação dos efeitos da tutela, com base no art. 273 do estatuto processual. O dano irreparável pode estar caracterizado pela proximidade de uma assembléia-geral de credores, da qual o credor impugnado participará, e votará conforme o valor alegado do seu crédito. Uma liminar, neste caso, poderá definir se o credor impugnado poderá participar na assembléia, em qual classe e por qual valor seu voto será contado. Mas não poderá a liminar suspender ou adiar a assembléia (art. 40). E, se a liminar for cassada após a assembléia, o resultado do conclave não será alterado (art. 39, § 2º)".[89]

A posição do autor parece-nos defensável, sobretudo se examinarmos a questão sob a ótica constitucional – vale dizer, à luz do princípio constitucional da universalidade ou da inafastabilidade da jurisdição, consagrado no inciso XXXV do art. 5º da Magna Carta.

106. A impugnação deverá ser apresentada por meio de advogado? – Como já ressaltamos, tanto ao comentar o art. 7º quanto o art. 8º, a apresentação de habilitação de crédito ou de divergência perante o administrador judicial, nos termos do § 1º do art. 7º, justamente por se tratar de âmbito administrativo, independe de atuação de advogado. Contudo, a impugnação contra a relação de credores, a que alude o art. 8º, deve ser apresentada perante o juiz, exigindo, por conseguinte, a intervenção de advogado.[90]

107. Como serão autuadas as impugnações? – As impugnações serão autuadas em separado.

108. Como serão autuadas as várias impugnações sobre o mesmo crédito? – Neste caso as impugnações terão uma única autuação.

89. Paulo Marcondes Brincas, "Comentários aos arts. 7º ao 20", in Newton de Lucca e Adalberto Simão Filho (coords.), *Comentários à Nova Lei de Recuperação de Empresas e de Falências*, São Paulo, Quartier Latin, 2005, p. 141.

90. No mesmo sentido: Fábio Ulhoa Coelho, *Comentários à Nova Lei de Falências e de Recuperação de Empresas*, São Paulo, Saraiva, 2005, p. 51.

Art. 14. Caso não haja impugnações, o juiz homologará, como quadro geral de credores, a relação dos credores constante do edital de que trata o art. 7º, § 2º, desta Lei, dispensada a publicação de que trata o art. 18 desta Lei.[109]

LEGISLAÇÃO ANTERIOR

Artigo sem correspondência no Decreto-lei 7.661/1945.

COMENTÁRIOS

109. Inexistência de impugnações – Este art. 14 veicula hipótese raríssima de acontecer, qual seja: todos os credores, sem exceção, bem como o devedor se satisfazem plenamente com a relação elaborada pelo administrador judicial e, por conseguinte, não apresentam impugnações.[91]

Caso tal hipótese se concretize, indubitavelmente haverá celeridade no andamento da recuperação judicial ou da falência.

Art. 15. Transcorridos os prazos previstos nos arts. 11 e 12 desta Lei, os autos de impugnação serão conclusos ao juiz, que: I – determinará a inclusão no quadro geral de credores das habilitações de créditos não impugnadas, no valor constante da relação referida no § 2º do art. 7º desta Lei;[110] II – julgará as impugnações que entender suficientemente esclarecidas pelas alegações e provas apresentadas pelas partes, mencionando, de cada crédito, o valor e a classificação; III – fixará, em cada uma das restantes impugnações, os aspectos controvertidos e decidirá as questões processuais pendentes; IV – determinará as provas a serem produzidas, designando audiência de instrução e julgamento, se necessário.[111]

LEGISLAÇÃO ANTERIOR

Lei de Falências (DL 7.661/1945): *Art. 92.* Voltando os autos, o escrivão os fará imediatamente conclusos ao juiz, que, no prazo de 5 (cinco) dias: I – julgará os créditos não impugnados, e as impugnações que entender suficientemente esclarecidas pelas alegações e provas apresentadas pelas partes, mencionando, de cada crédito, o valor e a classificação; II – proferirá, em cada uma das restantes impugnações, despacho em que: a) designará audiência de verificação de crédito, a ser realizada dentro dos 20 (vinte) dias seguintes, que não poderão ser ultrapassados, determinando, se houver necessidade, expediente extraordinário para a sua realização; b) deferirá, ou não, as provas indicadas, determinando, de ofício, as que entender convenientes e nomeando perito, se for o caso.

COMENTÁRIOS

110. Habilitações não impugnadas – Com relação a tais habilitações, o juiz determinará as respectivas inclusões no quadro geral de credores, em estrita consonância com a relação elaborada pelo administrador judicial (art. 15, I).

111. Habilitações impugnadas: dois caminhos – O primeiro caminho no tocante às habilitações impugnadas é o do julgamento direto pelo juiz, se ele entender que as impugnações estão suficientemente esclarecidas pelas alegações e provas apresentadas (art. 15, II).[92]

91. Lembra Paulo Marcondes Brincas: "Na recuperação devem habilitar-se os credores que não tenham sido relacionados pelo devedor na lista entregue juntamente com a petição inicial, e publicada com o despacho que autorizou o prosseguimento do feito. Aqueles que já constam da lista, se estiverem de acordo com o valor e a classificação informados pelo devedor, podem permanecer inertes, pois sua inclusão na relação subseqüente será automática. Na falência, como não há publicação de lista de credores, todos devem realizar sua habilitação" ("Comentários aos arts. 7º ao 20", in Newton de Lucca e Adalberto Simão Filho (coords.), *Comentários à Nova Lei de Recuperação de Empresas e de Falências*, São Paulo, Quartier Latin, 2005, p. 130).

92. Tal situação, segundo Andréa Salles e Rachel Bruno, aproxima-se do julgamento antecipado da

O segundo caminho quanto às habilitações impugnadas (art. 15, III e IV) é o da: (1) fixação dos pontos controvertidos; (2) decisão das questões processuais pendentes; (3) determinação das provas a serem produzidas; e (4) designação de audiência de instrução e julgamento.[93-94-95-96]

Art. 16. O juiz determinará, para fins de rateio, a reserva de valor para satisfação do crédito impugnado.[112-113]

Parágrafo único. Sendo parcial, a impugnação não impedirá o pagamento da parte incontroversa.[114]

LEGISLAÇÃO ANTERIOR

Artigo sem correspondência no Decreto-lei 7.661/1945.

COMENTÁRIOS

112. Comando legal imperativo da reserva de valor – A redação do art. 16 é inequívoca: a reserva de valor de crédito é imperativa ao juiz; vale dizer, ao titular de crédito será assegurada dita reserva independentemente de requerimento.

A despeito disso, visando a acautelar-se de que a referida reserva não será esquecida, é de bom alvitre o titular do crédito impugnado formular o respectivo pedido.

113. Modus operandi da reserva de valor – O *modus operandi* da reserva de importância, como já frisamos nos comentários ao art. 6º, está previsto no § 1º do art. 149: os valores a ela relativos ficarão depositados até o julgamento definitivo do crédito; e, no caso de não ser este finalmente reconhecido, no todo ou em parte, os recursos depositados serão objeto de rateios suplementares entre os credores remanescentes.[97-98]

lide, previsto no art. 330, I, do CPC ("Comentários aos arts. 7º ao 20", in Érica Guerra e Maria Cristina Frascari Litrento (orgs.), *Nova Lei de Falências: Lei 11.101, de 9.2.2005 – Comentada*, Campinas/SP, LZN Editora, 2005, p. 43).

93. As situações arroladas nos ns. 1 a 4, na opinião de Andréa Salles e Rachel Bruno, reproduzem as regras atinentes ao despacho saneador presentes nos arts. 331, *caput*, e 2º do CPC ("Comentários aos arts. 7º ao 20", cit., in Érica Guerra e Maria Cristina Frascari Litrento (orgs.), *Nova Lei de Falências: Lei 11.101, de 9.2.2005 – Comentada*, p. 44).

94. Paulo Marcondes Brincas sustenta: "Esta sistemática difere daquela adotada pelo Código de Processo Civil em seu art. 332, porque lá as mesmas providências devem ocorrer em audiência preliminar, enquanto no direito falimentar elas acontecem em gabinete por despacho" ("Comentários aos arts. 7º ao 20", in Newton de Lucca e Adalberto Simão Filho (coords.), *Comentários à Nova Lei de Recuperação de Empresas e de Falências*, São Paulo, Quartier Latin, 2005, p. 143).

95. Note-se que a audiência referida no art. 92 do Decreto-lei 7.661/1945 – que corresponde ao art. 15, em tela – era de verificação de créditos.

96. Manoel Justino Bezerra Filho esclarece: "(...) o que se observa na prática é que, na quase maioria absoluta dos casos, o julgamento das impugnações é possível apenas com o exame dos documentos apresentados pelas partes (...). Excepcionalmente é que haverá necessidade de colheita de provas em audiência" (*Nova Lei de Recuperação e de Falências Comentada. Lei 11.101, de 9.2.2005, Comentário Artigo por Artigo*, 3ª ed., São Paulo, Ed. RT, 2005, p. 77).

97. José Alexandre Tavares Guerreiro sustenta: "A reserva de valor, de que trata o art.16, deve ser ordenada pelo juiz mesmo na hipótese de a impugnação versar exclusivamente sobre a classificação do crédito. Se vem a ser julgada improcedente a impugnação, nesse caso, deverão ser asseguradas ao credor as preferências ou vantagem de sua categoria. Não o diz expressamente a lei, mas, a toda evidência, tal garantia decorre do próprio princípio que embasa o dispositivo legal, que assegura direitos do credor, titular do crédito impugnado,enquanto se ache pendente da decisão final a impugnação" ("Comentários aos arts. 7º ao 20", in Francisco Satiro de Sousa Jr. e Antônio Sérgio Altieri de Moraes Pitombo (coords.), *Comentários à Lei de Recuperação de Empresas e Falência: Lei 11.101/2005*, São Paulo, Ed. RT, 2005, p. 159).

98. Paulo Fernando Campos Salles de Toledo adverte: "O art. 30, parágrafo único, da antiga LF dispunha que, 'se o interessado a favor do qual foi ordenada a reserva' deixasse 'correr os prazos processuais da reclamação ou da ação' (ou, acrescente-se, da impugnação), ou se protelasse ou criasse qualquer

114. Impugnação parcial: pagamento da parte incontroversa – A determinação do parágrafo único do art. 16 – a impugnação parcial não impedirá o pagamento da parte incontroversa – é uma inovação salutar e está em estrita consonância com os princípios da celeridade e da economia processual veiculados no parágrafo único do art. 75.

Art. 17. Da decisão judicial sobre a impugnação caberá agravo.[115-116-117-118]

Parágrafo único. Recebido o agravo, o relator poderá conceder efeito suspensivo[119] à decisão que reconhece o crédito ou determinar a inscrição ou modificação do seu valor ou classificação no quadro geral de credores, para fins de exercício de direito de voto em assembléia-geral.

LEGISLAÇÃO ANTERIOR

Lei de Falências (DL 7.661/1945): *Art. 97.* Da sentença do juiz, na verificação do crédito, cabe apelação ao prejudicado, ao síndico, ao falido e a qualquer credor, ainda que não tenha sido impugnante.

§ 1º. A apelação, que não terá efeito suspensivo, pode ser interposta até 15 (quinze) dias depois daquele em que for publicado o quadro geral dos credores, e será processada nos autos da impugnação.

§ 2º. Se não for interposto recurso da decisão do juiz na impugnação de créditos, os respectivos autos serão apensados aos das declarações de crédito.

COMENTÁRIOS

115. Qual o recurso cabível da decisão que julga a impugnação de crédito? – O recurso cabível da decisão que julga a impugnação de crédito é o de agravo – ou, melhor, de agravo de instrumento[99] –, que seguirá o rito previsto no Código de Processo Civil, por força da sua aplicação subsidiária prevista no art. 207.

Jurisprudência[100]

Eis uma ementa sobre o tema:

[TJMG] Inadequado o recurso de apelação contra decisão que decide habilitação de crédito em recuperação judicial – Aplicação do art. 17 da Lei n. 11.101/2005. Acolhe-se a preliminar de não conhecimento do recurso, suscitada em contrarazões. [*3ª Câmara Cível, ACi 1.0024.448375-1/001, rel. Des. Kildare Carvalho, j. 19.11.2009, v.u.*]

Ressalte-se que o art. 97 do regime anterior, correspondente ao art. 17 em tela, previa o recurso de apelação.[101]

No tocante a créditos trabalhistas, ressalta Marcelo Papaléo de Souza: "Prevê o art. 17 da LRF que à decisão da impugnação poderá ser interposto agravo. Tal situação não será adotada no juízo trabalhista, haja vista a sistemática do processo trabalhista. Entendemos que da decisão do juiz do trabalho cabe recurso ordinário quando tratar de matéria relacionada à desconstituição do título judi-

embaraço ao processo falimentar, o juiz, a requerimento do síndico, consideraria sem efeito a reserva. A disposição saudável mereceria constar igualmente da LRE" ("Comentários aos arts. 1º ao 34", in Carlos Henrique Abrão e Paulo Fernando Campos Salles de Toledo (coords.), *Lei de Recuperação de Empresas e Falência*, São Paulo, Saraiva, 2005, p. 37).

99. Paulo Fernando Campos Salles de Toledo bem ressalta: "Poderia ter sido mais explícito e dito *agravo de instrumento*, uma vez que não faria sentido, no caso, falar em *agravo retido* (não se trata de questão processual, que possa ser objeto de preliminar por ocasião de futuro julgamento)" ("Comentários aos arts. 1º a 34", in Carlos Henrique Abrão e Paulo Fernando Campos Salles de Toledo (coords.), *Lei de Recuperação de Empresas e Falência*, São Paulo, Saraiva, 2005, p. 38).

100. *Boletim da AASP* 2.680/5.590, 17-23.5.2010.

101. Diz José Alexandre Tavares Guerreiro: "A lei nova substituiu a apelação sem efeito suspensivo, que a lei antiga reservava à sentença de verificação (art. 97), pelo agravo, com a clara finalidade de permitir maior rapidez e funcionalidade ao procedimento concursal" ("Comentários aos arts. 7º ao 20", in Francisco Satiro de Sousa Jr. e Antônio Sérgio Altieri de Moraes Pitombo (coords.), *Comentários à Lei de Recuperação de Empresas e Falência: Lei 11.101/2005*, São Paulo, Ed. RT, 2005, p. 159).

cial, e o agravo de petição quando se tratar da importância do crédito".[102]

*116. **Termo inicial para interposição do agravo*** – O termo inicial para interposição do agravo de instrumento é a publicação da decisão. No regime anterior o termo inicial era a publicação do quadro geral de credores.

*117. **Crítica ao termo inicial para interposição do agravo*** – Fábio Ulhoa Coelho critica o novo termo inicial para interposição de recurso: "A disciplina anterior, nesse ponto, era melhor. A definição da publicação do QGC como termo inicial do prazo para recurso contra admissão de crédito possibilitava aos interessados avaliarem a pertinência da medida. Somente após o QGC tem o habilitante ou o impugnante plenas condições de saber se aquele crédito admitido ou rejeitado pela decisão contrária à sua postulação afetará, no final, o direito que titulariza. Se, pelo quadro, o habilitante percebe que não irá receber mesmo nada na falência, ele pode optar por não recorrer; se o impugnante, por seu turno, avalia que, mesmo com o crédito contra o qual se insurgira, seu pagamento está garantido ou comprometido, ele também pode concluir por não apresentar o recurso. Com a nova sistemática, o habilitante ou impugnante devem apresentar seu recurso mesmo sem ter eventualmente a visão geral do quadro de credores e a avaliação quanto ao futuro de seu crédito".[103]

*118. **Elogio ao termo inicial para interposição do agravo*** – Manoel Justino Bezerra Filho elogia o novo termo inicial para interposição de recurso: "Também neste ponto a lei atual é superior à lei anterior. O art. 97 da anterior estabelecia sistema confuso, pois fixava o cabimento de apelação contra a sentença que julgava crédito impugnado, mandando, porém, que o prazo para o recurso fosse contado do dia em que viesse a ser publicado o quadro geral de credores, o que poderia ocorrer anos depois da prolação da sentença".[104]

*119. **Efeito suspensivo*** – A concessão de efeito suspensivo previsto no parágrafo único do art. 17 tem a finalidade precípua de assegurar ao credor o exercício do direito de voto na assembléia-geral.

Em outras palavras, *para fins de exercício de direito de voto em assembléia-geral*, o relator poderá atribuir efeito suspensivo à decisão que reconhece o crédito ou determina a inscrição ou modificação do seu valor ou classificação no quadro geral de credores.

Art. 18. O administrador judicial será responsável pela consolidação do quadro geral de credores,[120-121-122] a ser homologado pelo juiz,[123] com base na relação dos credores a que se refere o art. 7º, § 2º, desta Lei e nas decisões proferidas nas impugnações oferecidas.[124]

Parágrafo único. O quadro geral, assinado pelo juiz e pelo administrador judicial,[125] mencionará a importância e a classificação de cada crédito na data do requerimento da recuperação judicial ou da decretação da falência,[126] será juntado aos autos e publicado no órgão oficial, no prazo de 5 (cinco) dias, contado da data da sentença que houver julgado as impugnações.[127-128]

LEGISLAÇÃO ANTERIOR

Lei de Falências (DL 7.661/1945): *Art. 96.* Na conformidade das decisões do juiz, o síndico imediatamente organizará o quadro geral dos credores admitidos à falência, mencionando as importâncias dos créditos e a sua classificação, na ordem estabelecida na art. 102 e seu § 1º.

102. Marcelo Papaléo de Souza, *A Lei de Recuperação e Falência e as suas Conseqüências no Direito e no Processo do Trabalho*, 3ª ed., São Paulo, LTr, 2009, p. 215.

103. Fábio Ulhoa Coelho, *Comentários à Nova Lei de Falências e de Recuperação de Empresas*, São Paulo, Saraiva, 2005, p. 54.

104. Manoel Justino Bezerra Filho, *Nova Lei de Recuperação e de Falências Comentada. Lei 11.101, de 9.2.2005, Comentário Artigo por Artigo*, 3ª ed., São Paulo, Ed. RT, 2005, p. 79.

(...).

§ 2º. O quadro, assinado pelo juiz e pelo síndico, será junto aos autos da falência e publicado no órgão oficial dentro do prazo de 5 (cinco) dias, contados da data da sentença que haja ultimado a verificação dos créditos.

COMENTÁRIOS

120. Quem é o responsável pela consolidação do quadro geral de credores? – O responsável é o administrador judicial.

121. Os credores particulares de cada sócio solidário serão incluídos no quadro geral de credores? – Paulo Fernando Campos Salles de Toledo responde: "Na antiga LF previa-se igualmente que seriam incluídos no quadro geral os credores particulares de cada sócio solidário, e isto 'em seguida aos credores sociais, na mesma ordem' (art. 96, § 1º). A determinação não foi mantida pela LRE. Mesmo assim, esses credores poderiam ser incluídos no quadro geral? Parece que sim, apesar da falta de previsão expressa, uma vez que se estendem a eles todas as disposições da lei relativas 'a devedor ou falido', e, principalmente, das habilitações de seus credores particulares seguirem as disposições previstas na Seção II do Capítulo II da LRE. No entanto, a omissão pode gerar dúvidas, pois a responsabilidade dos sócios solidários é subsidiária, e os credores particulares deles irão concorrer com os credores sociais".[105]

Reputamos adequada a posição do autor.

122. Se houver divergência entre o quadro geral de credores e os outros dados? – Evidentemente, a prevalência de um sobre o outro dependerá da análise do caso concreto. Todavia, *prima facie*, inclinamo-nos em favor dos outros dados, os quais, regra geral, contêm mais informações detalhadas.[106]

123. A consolidação do quadro geral de credores será homologada pelo juiz? – Sim, a consolidação do quadro geral de credores será homologada pelo juiz.

124. Com base em quê será efetuada a consolidação do quadro geral de credores? – Com base na relação de credores elaborada pelo administrador judicial (§ 2º do art. 7º) e nas decisões proferidas nas impugnações oferecidas.

125. Quem assina o quadro geral de credores? – O juiz e o administrador judicial.

126. O que será mencionado no quadro geral de credores? – Serão mencionadas a importância e a classificação de cada crédito na data do requerimento da recuperação judicial ou da decretação da falência.[107]

127. Qual o prazo para publicação do quadro geral de credores no órgão oficial? – O prazo é de cinco dias, contado da data da sentença que houver julgado as impugnações.

128. Quando se encerra o procedimento de verificação de créditos? – Encerra-se o procedimento de verificação de créditos com a publicação do quadro geral de credores.[108]

Art. 19. O administrador judicial, o comitê, qualquer credor ou o representante do Ministério Público poderá, até o encerramento da recuperação judicial ou da falência, observado, no que couber, o procedimento ordinário previsto no Código de Processo

105. Paulo Fernando Campos Salles de Toledo, "Comentários aos arts. 1º ao 34", in Carlos Henrique Abrão e Paulo Fernando Campos Salles de Toledo (coords.), *Lei de Recuperação de Empresas e Falência*, São Paulo, Saraiva, 2005, p. 41.

106. Para Manoel Justino Bezerra Filho: prevalecerão os dados (*Nova Lei de Recuperação e de Falências Comentada. Lei 11.101, de 9.2.2005, Comentário Artigo por Artigo*, 3ª ed., São Paulo, Ed. RT, 2005, p. 80).

107. No caso de falência a ordem a ser seguida é aquela prevista no art. 83.

108. No mesmo sentido: Fábio Ulhoa Coelho, *Comentários à Nova Lei de Falências e de Recuperação de Empresas*, São Paulo, Saraiva, 2005, p. 55.

Civil, pedir a exclusão, outra classificação ou a retificação de qualquer crédito, nos casos de descoberta de falsidade, dolo, simulação, fraude, erro essencial ou, ainda, documentos ignorados na época do julgamento do crédito ou da inclusão no quadro geral de credores.[129-130-131]

§ 1º. A ação prevista neste artigo será proposta exclusivamente perante o juízo da recuperação judicial ou da falência ou, nas hipóteses previstas no art. 6º, §§ 1º e 2º, desta Lei, perante o juízo que tenha originariamente reconhecido o crédito.[132]

§ 2º. Proposta a ação de que trata este artigo, o pagamento ao titular do crédito por ela atingido somente poderá ser realizado mediante a prestação de caução no mesmo valor do crédito questionado.[133-134-135]

LEGISLAÇÃO ANTERIOR

Lei de Falências (DL 7.661/1945): *Art. 99.* O síndico ou qualquer credor admitido podem, até o encerramento da falência, pedir a exclusão, outra classificação, ou simples retificação de quaisquer créditos nos casos de descoberta de falsidade, dolo, simulação, fraude, erro essencial ou de documentos ignorados na época do julgamento do crédito.

Parágrafo único. Esse pedido obedecerá ao processo ordinário, cabendo da sentença o recurso de apelação.

COMENTÁRIOS

129. Pedido judicial de exclusão, reclassificação ou retificação de qualquer crédito – Em razão de falsidade, dolo,[109] simulação,[110] fraude, erro essencial[111] ou documentos ignorados na época do julgamento do crédito ou na inclusão no quadro geral de credores, poder-se-á ajuizar ação de procedimento ordinário[112] visando à exclusão, reclassificação ou retificação de crédito.

Os motivos supracitados encerram um elenco exemplificativo ou taxativo?

Responde José Alexandre Tavares Guerreiro: "A exemplo do que ocorria na lei anterior (art. 99), essa ação não admite outros motivos além dos taxativamente enumerados".[113]

130. Quem tem legitimidade ativa para propor tal ação? – No regime anterior a legitimidade ativa estava adstrita ao síndico e a qualquer credor.

No atual regime, além de se ter preservado tal legitimidade ao administrador judicial (correspondente ao síndico no regime anterior) e a qualquer credor, ela foi estendida ao comitê de credores[114] e ao Ministério Público.

131. Qual o termo final para propositura da ação retromencionada? – O termo final é o encerramento da recuperação judicial (art. 63) ou da falência (art. 156).

132. Qual o juízo competente para conhecer, processar e julgar a referida ação? – Com relação à ação prevista no art. 19, o juízo da recuperação judicial ou da falência.

No tocante às hipóteses previstas nos §§ 1º e 2º do art. 6º – crédito ilíquido e de natureza trabalhista –, o juízo competente será aquele que tenha originariamente reconhecido o crédito.

109. Modalidade de defeito do negócio jurídico prevista nos arts. 145 e ss. do CC.

110. Invalida o negócio jurídico, conforme o art. 167 do CC.

111. Modalidade de defeito do negócio jurídico prevista nos arts. 138 e 139 do CC.

112. Paulo Marcondes Brincas explica a natureza dessa ação: "A hipótese retratada no art. 19 é a de rescisão da sentença que homologa o quadro geral de credores. Não sendo sentença de mérito, a ação rescisória de que trata o CPC no art. 485 está afastada. Resta a ação de nulidade de sentenças homologatórias, constante do art. 486 do estatuto processual, e que, no direito falimentar, é substituída pelas disposições constantes do art. 19" ("Comentários aos arts. 7º ao 20", in Newton de Lucca e Adalberto Simão Filho (coords.), *Comentários à Nova Lei de Recuperação de Empresas e de Falências*, São Paulo, Quartier Latin, 2005, p. 149).

113. José Alexandre Tavares Guerreiro, "Comentários aos arts. 7º ao 20", in Francisco Satiro de Sousa Jr. e Antônio Sérgio Altieri de Moraes Pitombo (coords.), *Comentários à Lei de Recuperação de Empresas e Falência: Lei 11.101/2005*, São Paulo, Ed. RT, 2005, p. 161.

114. As decisões do comitê de credores são tomadas por maioria de seus membros (§ 1º do art. 27).

133. Pagamento condicionado à prestação de caução – Uma vez proposta a ação prevista no art. 19, o pagamento ao titular do crédito por ela atingido está condicionado à prestação de caução no mesmo valor do crédito questionado.[115-116]

134. E se o credor, com dolo ou má-fé, já houver recebido o crédito? – Se ficarem evidenciados dolo ou má-fé do credor na constituição do crédito ou da garantia, o credor restituirá em dobro as quantias recebidas, acrescidas de juros legais (art. 152).

135. Qual o recurso cabível da sentença prolatada na ação judicial supracitada? – O Decreto-lei 7.661/1945, no parágrafo único do art. 99, previa o recurso de apelação. A atual lei é silente. Entretanto, parece-nos não restar dúvida de que o recurso cabível continua a ser o de apelação.[117]

Art. 20. As habilitações dos credores particulares do sócio ilimitadamente responsável[136-137-138] processar-se-ão de acordo com as disposições desta Seção.

LEGISLAÇÃO ANTERIOR

Lei de Falências (DL 7.661/1945): *Art. 96.* (...).

§ 1º. Os credores particulares de cada um dos sócios solidários serão incluídos no quadro, em seguida aos credores sociais, na mesma ordem.

COMENTÁRIOS

136. Credores particulares do sócio ilimitadamente responsável – Faz-se mister esclarecer que os credores mencionados no art. 20 não são credores sociais – vale dizer, da sociedade –, mas sim credores particulares do sócio ilimitadamente responsável.

137. Quem são os sócios ilimitadamente responsáveis? – Os sócios ilimitadamente responsáveis são: na sociedade em nome coletivo, todos (art. 1.039 do CC); na sociedade em comandita simples, os comanditados (art. 1.045 do CC); na sociedade em comandita por ações, os acionistas diretores (art. 282 da Lei das S/A);[118] e, na sociedade não personificada em comum, todos os sócios (art. 990 do CC).

O Decreto-lei 7.661/1945, no § 1º do art. 96, utilizava a expressão "sócios solidários"; a atual lei substituiu dita expressão por "sócios ilimitadamente responsáveis".[119]

138. A decretação da falência da sociedade empresária implica também falência de todos os seus sócios? – Não. Somente dos sócios de responsabilidade ilimitada, nos termos do art. 81, que dispõe: "A decisão que decreta a falência da sociedade com sócios ilimitadamente responsáveis também acarreta a falência destes, que ficam sujeitos aos mesmos efeitos jurídicos produzidos em relação à sociedade falida e, por isso, deverão ser citados para apresentarem contestação, se assim o desejarem".

115. Esse procedimento assemelha-se àquele previsto para a execução provisória (art. 475-O, III, do CPC).

116. Destaca José Alexandre Tavares Guerreiro: "A lei não determina que a caução seja prestada em dinheiro, aplicando-se à hipótese, no caso, o art. 827 da lei processual" ("Comentários aos arts. 7º ao 20", cit., in Francisco Satiro de Sousa Jr. e Antônio Sérgio Altieri de Moraes Pitombo (coords.), *Comentários à Lei de Recuperação de Empresas e Falência: Lei 11.101/2005*, p. 161).

117. No mesmo sentido: Manoel Justino Bezerra Filho, *Nova Lei de Recuperação e de Falências Comentada. Lei 11.101, de 9.2.2005, Comentário Artigo por Artigo*, 3ª ed., São Paulo, Ed. RT, 2005, p. 81.

118. No mesmo sentido: José Alexandre Tavares Guerreiro, "Comentários aos arts. 7º ao 20", in Francisco Satiro de Sousa Jr. e Antônio Sérgio Altieri de Moraes Pitombo (coords.), *Comentários à Lei de Recuperação de Empresas e Falência: Lei 11.101/2005*. São Paulo, Ed. RT, 2005, pp. 161-162.

119. Poder-se-ia sustentar que ambas as expressões, *lato sensu*, se equivalem, todavia, do ponto de vista estritamente técnico-jurídico, é sabido que elas representam realidades distintas.

Seção III – Do Administrador Judicial e do Comitê de Credores

Art. 21. O administrador judicial[139-140-141-142-143-144] será profissional idôneo, preferencialmente advogado, economista, administrador de empresas ou contador, ou pessoa jurídica especializada.[145]

Parágrafo único. Se o administrador judicial nomeado for pessoa jurídica, declarar-se-á, no termo de que trata o art. 33 desta Lei, o nome de profissional responsável pela condução do processo de falência ou de recuperação judicial,[145] que não poderá ser substituído sem autorização do juiz.[146]

LEGISLAÇÃO ANTERIOR

Lei de Falências (DL 7.661/1945): *Art. 59.* A administração da falência é exercida por um síndico, sob a imediata direção e superintendência do juiz.

Art. 60. O síndico será escolhido entre os maiores credores do falido, residentes ou domiciliados no foro da falência, de reconhecida idoneidade moral e financeira.

§ 1º. Não constando dos autos a relação dos credores, o juiz mandará intimar pessoalmente o devedor, se estiver presente, para apresentá-la em cartório dentro de duas horas, sob pena de prisão até 30 (trinta) dias.

§ 2º. Se credores, sucessivamente nomeados, não aceitarem o cargo, o juiz, após a terceira recusa, poderá nomear pessoa estranha, idônea e de boa fama, de preferência comerciante.

§ 3º. Não pode servir de síndico: I – o que tiver parentesco ou afinidade até o terceiro grau com o falido ou com os representantes da sociedade falida, ou deles for amigo, inimigo ou dependente; II – o cessionário de créditos, que o for desde 3 (três) meses antes de requerida a falência; III – o que tenha exercido cargo de síndico em outra falência, ou de comissário em concordata preventiva, foi destituído, ou deixar de prestar contas dentro dos prazos legais, ou, havendo-as prestado, as teve julgadas más; IV – o que já houver sido nomeado pelo mesmo juiz síndico de outra falência há menos de 1 (um) ano, sendo, em ambos os casos, pessoa estranha à falência; V – o que, há menos de 6 (seis) meses, recusou igual cargo em falência de que era credor.

§ 4º. Até 48 (quarenta e oito) horas após a publicação do aviso referido no art. 63, n. I, qualquer interessado pode reclamar contra a nomeação do síndico em desobediência a esta Lei. O juiz, atendendo às alegações e provas, decidirá dentro de 24 (vinte e quatro) horas, e do despacho cabe agravo de instrumento.

§ 5º. Se o síndico nomeado for pessoa jurídica, declarar-se-á no termo de que trata o art. 62 o nome de seu representante, que não poderá ser substituído sem licença do juiz.

COMENTÁRIOS

139. Qual é a natureza jurídica do administrador judicial? – Responde Manoel Justino Bezerra Filho: "Muitas foram as teorias desenvolvidas no sentido de caracterizar a natureza jurídica da administração concursal. Para uns, *o administrador era o representante dos credores*, entrando na posse da administração dos bens, atuando ativa ou passivamente em todos os negócios e interesses relativos à massa falida (Ferrara, p. 239). Para outros, diante da pluralidade de atribuições que podem ser simultaneamente desempenhadas pelo administrador, afirmou-se que *seria representante do devedor e dos credores* (Pajardi, p. 207). Pode-se admitir que *o administrador é órgão do procedimento concursal ou do juízo*. Sob o aspecto exclusivamente processual, o conceito de órgão é contraposto ao de parte; partes são sujeitos ou pessoas interessadas no feito (na falência, o devedor e os credores), enquanto os órgãos (pessoas físicas para isso predeterminadas) constituem instrumentos mediante os quais o processo se opera e se desenvolve".[1]

140. O administrador judicial corresponde ao síndico, na falência, e ao comissário, na concordata? – *Mutatis mutandis*, a resposta é afirmativa – vale dizer, tirantes as alterações promovidas pelo atual regime,

1. Manoel Justino Bezerra Filho, *Nova Lei de Recuperação e de Falências Comentada. Lei 11.101, de 9.3.2005, Comentário Artigo por Artigo*, 3ª ed., São Paulo, Ed. RT, 2005, p. 86.

o administrador judicial corresponde, no regime anterior, ao síndico que administrava a falência (art. 59) e ao comissário que fiscalizava a concordata (art. 167).[2-3-4]

141. Impedimentos para exercer a função de administrador judicial – Estão impedidos de exercer a função de administrador judicial: quem, nos últimos cinco anos, no exercício do cargo de administrador judicial, foi destituído, deixou de prestar contas dentro dos prazos legais ou teve a prestação de contas desaprovada, bem como quem tiver relação de parentesco ou afinidade até o terceiro grau com o devedor, seus administradores, controladores ou representantes legais ou deles for amigo, inimigo ou dependente (art. 30, § 1º).

142. Quando será nomeado o administrador judicial? – O administrador judicial será nomeado na sentença que decretar a falência (art. 99, IX) ou no despacho que deferir o processamento da recuperação judicial (art. 52, I).

2. O senador Ramez Tebet, no seu parecer, esclarece que a Emenda n. 108 do senador César Borges "substitui a expressão 'síndico', constante do art. 120 do Substitutivo, por 'administrador judicial' (...). A Emenda n. 108 corrige erro material que consta do parágrafo único do art. 120 do Substitutivo. O PLC n. 71, de 2003, realmente substitui a figura do síndico, prevista no Decreto-lei n. 7.661, de 21.6.1945, pela de administrador judicial. É preciso corrigir o equívoco, aprovando-se a Emenda" (v. parecer na íntegra: Anexo II desta obra).

3. No mesmo sentido, Celso Marcelo de Oliveira: "O Projeto de Lei Complementar 71/2003 substitui a figura do comissário e do síndico, prevista no Decreto-lei 7.661, de 21.6.1945, pela do administrador judicial (...). A Emenda 108 substituiu a expressão 'síndico', constante do art. 120 do Substitutivo, por 'administrador judicial'" (*Comentários à Nova Lei de Falências*, São Paulo, IOB-Thomson, 2005, p. 179).

4. Afirma Manoel Justino Bezerra Filho: "A lei atual optou por sistema diferente, prevendo a nomeação do administrador judicial, que, *mutatis mutandis*, exercerá o trabalho do antigo síndico ou do antigo comissário, respectivamente na falência (...) ou na recuperação judicial (concordata preventiva)" (*Nova Lei de Recuperação e de Falências Comentada. Lei 11.101, de 9.2.2005, Comentário Artigo por Artigo*, cit., 3ª ed., p. 83).

143. O administrador judicial tem o dever de assinar compromisso? – Sim, o administrador judicial, tão logo seja nomeado, será intimado pessoalmente para, dentro de 48 horas, assinar, na sede do juízo, o termo de compromisso de bem e fielmente desempenhar o cargo e assumir todas as responsabilidades a ele inerentes (art. 33).

No regime anterior também havia previsão de assinatura de compromisso: "*Art. 62*. O síndico, logo que nomeado, será intimado pessoalmente, pelo escrivão, a assinar em cartório dentro de 24 (vinte e quatro) horas, termo de compromisso de bem e fielmente desempenhar o cargo e de assumir todas as responsabilidades inerentes à qualidade de administrador".

144. Quem poderá ser administrador judicial? – Preferencialmente, advogado,[5-6] economista, administrador de empresas, contador ou pessoa jurídica especializada.[7-8-9]

5. Fábio Ulhoa Coelho aduz: "Note-se que o advogado não é necessariamente o profissional mais indicado para a função, visto que muitas das atribuições do administrador judicial dependem, para seu bom desempenho, mais de conhecimentos de administração de empresas que jurídicos. O ideal é a escolha recair sobre pessoa com conhecimentos ou experiência na administração de empresas do porte da devedora e, quando necessário, autorizar a contratação de advogado para assisti-la ou à massa" (*Comentários à Nova Lei de Falências e de Recuperação de Empresas*, São Paulo, Saraiva, 2005, p. 58).

6. Sebastião José Roque, em sentido contrário à opinião de Fábio Ulhoa Coelho, assevera: "De nossa parte, temos dúvidas quanto à atuação do administrador judicial não advogado; não só ele fiscaliza e controla o comportamento da empresa, mas aciona o processo. É imperioso o conhecimento de normas processuais e das práticas judiciárias, que só atraem advogados. Além do mais, só o advogado tem capacidade postulatória; quem não tiver terá que contratar advogado para tanto" (*Direito de Recuperação de Empresas*, São Paulo, Ícone, 2005, p. 135).

7. Rachel Sztajn adverte: "Ao dizer 'profissional', prevê-se que o nomeado atua na área de especialização e faz do exercício daquela atividade meio de vida. Logo, não pode ser nomeado administrador quem, ainda que tenha formação em qualquer das especialidades previstas, atue de forma esporádica, eventual, na área" ("Comentários aos arts. 47 a 54", in Francisco Satiro de Sousa Jr. e Antônio Sérgio

Frederico Augusto Monte Simionato formula contundente crítica sobre certos "candidatos a administrador judicial":

"O que precisa ficar bem claro é que para ser administrador judicial não poderá ser nomeado qualquer infeliz que viva cercando os juízos falimentares e implorando a sua nomeação como 'síndico profissional', atividade corriqueira na prática falimentar. Se isto ocorrer será dado o primeiro passo para a falência da sociedade empresária. (...).

"Então, é evidente que um administrador judicial corrupto e vendido ao interesse de credores poderia, com repercussão civil, administrativa e penal, ludibriar o convencimento do magistrado, e, por exemplo, partir para a falência. Outra hipótese, que poderia ocorrer, seria o conluio criminoso entre o devedor que apresenta o plano de recuperação (o qual pode ser nada mais que uma cortina-de-fumaça, até porque o papel aceita tudo) e o administrador judicial corrupto, agora para atender aos interesses do devedor e postergar a decretação da falência, lesando o interesse dos credores."[10]

Frise-se que no regime anterior o síndico da falência (administrador judicial no atual regime) era escolhido entre os maiores credores do falido residentes ou domiciliados no foro da falência e deveria gozar de reconhecida idoneidade moral e financeira (art. 60).[11-12]

No tocante à exigência de o síndico residir no foro da falência, alertam Vera Helena de Mello Franco e Rachel Sztajn: "Anteriormente exigia-se para o síndico residência no fórum da falência, tendo em vista a função ser indelegável, portanto devendo os atos ser cumpridos pessoalmente. A nova lei não

Altieri de Moraes Pitombo (coords.), *Comentários à Lei de Recuperação de Empresas e Falência: Lei 11.101/2005*, São Paulo, Ed. RT, 2005, p. 257).

8. Ézio Carlos S. Baptista afirma: "A lei atual indica, de forma exemplificativa, os profissionais liberais que poderiam ser alçados à condição de administradores judiciais, não sendo uma ordem gradativa, nem pretende a lei excluir aqueles que não detêm diploma universitário, tais como: os empresários individuais ou sócios de sociedades empresárias" ("Comentários aos arts. 8º ao 34", in Newton de Lucca e Adalberto Simão Filho (coords.), *Comentários à Nova Lei de Recuperação de Empresas e de Falências*, São Paulo, Quartier Latin, 2005, p. 153).

9. Haroldo Malheiros Duclerc Verçosa exemplifica: "Mas, se o juiz tem a liberdade mencionada, sabe ele que um advogado especializado em direito de família, um economista acostumado a tratar tão-somente de complexas questões orçamentárias, um administrador de empresas que cuide de uma galeria de arte, ou um contador que somente faça imposto de renda da pessoa física, todos eles estarão mal-preparados para cuidar da recuperação de uma empresa ou do andamento de uma falência, sendo preferível fazer recair a escolha sobre outras pessoas providas de um nível razoável de conhecimento e de bom senso" ("Comentários aos arts. 21 ao 34", in Francisco Satiro de Sousa Jr. e Antônio Sérgio Altieri de Moraes Pitombo (coords.), *Comentários à Lei de Recuperação de Empresas e Falência: Lei 11.101/2005*, São Paulo, Ed. RT, 2005, pp. 165-166).

10. Frederico Augusto Monte Simionato, *Tratado de Direito Falimentar*, Rio de Janeiro, Forense, 2008, p. 73.

11. Segundo Rachel Bruno: "Em verdade, na prática, o síndico já não era, em regra, um dos maiores credores, mas sim um síndico dativo, ou seja, alguém até então estranho ao quadro de credores, mas de confiança do juízo competente. Tal se dava, não obstante o decreto-lei fizesse menção ao síndico como um dos maiores credores, por entender que estes seriam os maiores interessados na boa administração da massa falida; também admitia que o juiz nomeasse pessoa estranha ao quadro de credores após a terceira recusa feita por credores sucessivamente nomeados. Com o passar do tempo a exceção passou a ser a regra, e eram raros os casos em que o magistrado nomeava um dos maiores credores para a função de síndico" ("Comentários aos arts. 21 a 34", in Érica Guerra e Maria Cristina Frascari Litrento (orgs.), *Nova Lei de Falências: Lei 11.101, de 9.2.2005 – Comentada*, Campinas/SP, LZN Editora, 2005, p. 55).

12. Waldo Fazzio Jr., no mesmo diapasão, esclarece: "(...) as dificuldades encontradas pelos magistrados, no cotidiano dos processos falimentares, relativizou o atendimento àqueles requisitos. A leitura do art. 60 da LFC deixou, paulatinamente, de ser ortodoxa. Passou a comportar diversas alternativas satisfatórias. Preferiu-se o atendimento prático das necessidades materiais e processuais da execução coletiva, permitindo-se que em face de sucessivas recusas para a sindicatura pudesse o juiz nomear administrador estranho à falência, desde que idôneo. Realmente, a necessidade de rapidez das medidas liquidatórias tinha de ficar acima dos pressupostos formais de difícil e de duvidosa observância. Na prática os juízes terminavam por designar síndicos dativos com formação jurídica" (*Nova Lei de Falência e de Recuperação de Empresas*, São Paulo, Atlas, 2005, p. 327).

repete esta exigência para o administrador judicial e, tendo em vista a rapidez dos atuais meios de transporte e/ou comunicação, não parece constituir impedimento o fato de o administrador judicial não ter residência no foro da falência".[13]

145. Se se tratar de administrador judicial pessoa jurídica, como será formalizado o termo de compromisso? – Antes de responder à indagação, faz-se mister esclarecer que a pessoa jurídica, já no regime anterior, podia ser nomeada síndico, nos termos do § 5º do art. 60.[14]

Na atual lei a previsão está vazada no parágrafo único do art. 21: "Declarar-se-á no termo de compromisso o nome do profissional que ficará responsável pela recuperação judicial ou falência".[15]

146. Quem está autorizado a substituir o administrador judicial? – Apenas o juiz, de ofício ou a requerimento de qualquer interessado, quando verificar desobediência a preceitos da lei, descumprimento de deveres, omissão, negligência ou prática de ato lesivo às atividades do devedor ou a terceiros (art. 31).

Art. 22. Ao administrador judicial compete, sob a fiscalização do juiz e do comitê, além de outros deveres que esta Lei lhe impõe:[147-148-149] I – na recuperação judicial e na falência:[150-151] a) enviar correspondência aos credores constantes na relação de que trata o inciso III do *caput* do art. 51, o inciso III do *caput* do art. 99 ou o inciso II do *caput* do art. 105 desta Lei, comunicando a data do pedido de recuperação judicial ou da decretação da falência, a natureza, o valor e a classificação dada ao crédito; b) fornecer, com presteza, todas as informações pedidas pelos credores interessados; c) dar extratos dos livros do devedor, que merecerão fé de ofício, a fim de servirem de fundamento nas habilitações e impugnações de créditos; d) exigir dos credores, do devedor ou seus administradores quaisquer informações; e) elaborar a relação de credores de que trata o § 2º do art. 7º desta Lei; f) consolidar o quadro geral de credores nos termos do art. 18 desta Lei; g) requerer ao juiz convocação da assembléia-geral de credores nos casos previstos nesta Lei ou quando entender necessária sua ouvida para a tomada de decisões; h) contratar, mediante autorização judicial, profissionais ou empresas especializadas para, quando necessário, auxiliá-lo no exercício de suas funções; i) manifestar-se nos casos previstos nesta Lei; II – na recuperação judicial:[150-151] a) fiscalizar as atividades do devedor e o cumprimento do plano de recuperação judicial; b) requerer a falência no caso de descumprimento de obrigação assumida no plano de recuperação; c) apresentar ao juiz, para juntada aos autos, relatório mensal das atividades do devedor; d) apresentar o relatório sobre a execução do plano de recuperação, de que trata o inciso III do *caput* do art. 63 desta Lei; III – na falência:[150-151] a) avisar, pelo órgão oficial, o lugar e hora em que, diariamente, os credores terão à sua disposição os livros e documentos do falido; b) examinar a escrituração do devedor; c) relacionar os processos e assumir a representação judicial da massa falida; d) receber e abrir a correspondência dirigida ao devedor, entregando a ele o que não for assunto de interesse

13. Vera Helena de Mello Franco e Rachel Sztajn, *Falência e Recuperação da Empresa em Crise: Comparação com as Posições do Direito Europeu*, Rio de Janeiro, Elsevier, 2008, p. 61.

14. "§ 5º. Se o síndico nomeado for pessoa jurídica, declarar-se-á no termo de que trata o art. 62 o nome de seu representante, que não poderá ser substituído sem licença do juiz."

15. Haroldo Malheiros Duclerc Verçosa adverte: "Considerando que o dispositivo legal em apreço não estabelece como critério que o *profissional responsável* seja sócio ou administrador da pessoa jurídica designada administrador judicial (diretor, membro do seu Conselho de Administração), isto implica dizer que ele poderá ser um empregado ou um profissional liberal, como tal contratado para prestar serviços correspondentes à outra parte na relação jurídica em causa" ("Comentários aos arts. 21 ao 34", cit., in Francisco Satiro de Sousa Jr. e Antônio Sérgio Altieri de Moraes Pitombo (coords.), *Comentários à Lei de Recuperação de Empresas e Falência: Lei 11.101/2005*, p. 166).

da massa; e) apresentar, no prazo de 40 (quarenta) dias, contado da assinatura do termo de compromisso, prorrogável por igual período, relatório sobre as causas e circunstâncias que conduziram à situação de falência, no qual apontará a responsabilidade civil e penal dos envolvidos, observado o disposto no art. 186 desta Lei; f) arrecadar os bens e documentos do devedor e elaborar o auto de arrecadação, nos termos dos arts. 108 e 110 desta Lei; g) avaliar os bens arrecadados; h) contratar avaliadores, de preferência oficiais, mediante autorização judicial, para a avaliação dos bens caso entenda não ter condições técnicas para a tarefa; i) praticar os atos necessários à realização do ativo e ao pagamento dos credores; j) requerer ao juiz a venda antecipada de bens perecíveis, deterioráveis ou sujeitos a considerável desvalorização ou de conservação arriscada ou dispendiosa, nos termos do art. 113 desta Lei; l) praticar todos os atos conservatórios de direitos e ações, diligenciar a cobrança de dívidas e dar a respectiva quitação; m) remir, em benefício da massa e mediante autorização judicial, bens apenhados, penhorados ou legalmente retidos; n) representar a massa falida em juízo, contratando, se necessário, advogado, cujos honorários serão previamente ajustados e aprovados pelo comitê de credores; o) requerer todas as medidas e diligências que forem necessárias para o cumprimento desta Lei, a proteção da massa ou a eficiência da administração; p) apresentar ao juiz para juntada aos autos, até o décimo dia do mês seguinte ao vencido, conta demonstrativa da administração, que especifique com clareza a receita e a despesa; q) entregar ao seu substituto todos os bens e documentos da massa em seu poder, sob pena de responsabilidade; r) prestar contas ao final do processo, quando for substituído, destituído ou renunciar ao cargo.

§ 1º. As remunerações dos auxiliares do administrador judicial serão fixadas pelo juiz, que considerará a complexidade dos trabalhos a serem executados e os valores praticados no mercado para o desempenho de atividades semelhantes.[152]

§ 2º. Na hipótese da alínea "d" do inciso I do *caput* deste artigo, se houver recusa, o juiz, a requerimento do administrador judicial, intimará aquelas pessoas para que compareçam à sede do juízo, sob pena de desobediência, oportunidade em que as interrogará na presença do administrador judicial, tomando seus depoimentos por escrito.[153]

§ 3º. Na falência, o administrador judicial não poderá, sem autorização judicial, após ouvidos o comitê e o devedor no prazo comum de 2 (dois) dias, transigir sobre obrigações e direitos da massa falida e conceder abatimento de dívidas, ainda que sejam consideradas de difícil recebimento.[154]

§ 4º. Se o relatório de que trata a alínea "e" do inciso III do *caput* deste artigo apontar responsabilidade penal de qualquer dos envolvidos, o Ministério Público será intimado para tomar conhecimento de seu teor.[155-156]

LEGISLAÇÃO ANTERIOR

Lei de Falências (DL 7.661/1945): *Art. 169.* Ao comissário incumbe: I – avisar, pelo órgão oficial, que se acha à disposição dos interessados, declarando o lugar e a hora em que será encontrado; II – comunicar aos credores constantes da lista mencionada nos incisos V e VI do parágrafo único do art. 159 desta Lei a data do ajuizamento da concordata, a natureza e o valor do crédito, e proceder, quanto aos demais, pela forma regulada no art. 173; III – verificar a ocorrência dos fatos mencionados nos ns. I, II e III do art. 162, requerendo a falência se for o caso; IV – fiscalizar o procedimento do devedor na administração dos seus haveres, enquanto se processa a concordata, visando, até o dia 10 (dez) de cada mês, seguinte ao vencido, conta demonstrativa, apresentada pelo concordatário, que especifique com clareza a receita e a despesa; a conta, rubricada pelo juiz, será junta aos autos; V – examinar os livros e papéis do devedor, verificar o ativo e o passivo e solicitar dos interessados as informações que entender úteis; VI – designar perito contador, para os trabalhos referidos no art. 63, n. V, e, se necessário, chamar avaliadores que o auxiliem, mediante salários contratados de acordo com o devedor, ou, se não houver acordo, arbitrados pelo juiz; VII – averiguar e estudar quaisquer reclamações dos interessados e emitir parecer sobre as mesmas; VIII – verificar se o devedor praticou atos suscetíveis de revogação em caso de falência; IX – promover a efetivação da garantia porventura oferecida pelo devedor, recebendo-a, quando necessário, em nome dos credores e com a assistência do representante do Ministério Público; X – apresentar em cartório, até 5 (cinco) dias após a publicação do quadro de credores, acompanhado do laudo do perito, relatório circunstanciado em que examinará: a) o estado econômico do devedor, as razões com que tiver justificado o pedido, a correspondência entre o ativo e o passivo para os efeitos da exigência contida no n. II do art. 158, as garantias porventura oferecidas e as probabilidades que tem o devedor de cumprir a concordata; b) o procedimento do devedor, antes e depois do pedido da concordata, e, se houver, os atos revogáveis em caso de falência e os que constituam crime falimentar, indicando os responsáveis bem como, em relação a cada um, os dispositivos penais aplicáveis.

Art. 63. Cumpre ao síndico, além de outros deveres que a presente Lei lhe impõe: I – dar a maior publicidade à sentença declaratória da falência e avisar, imediatamente, pelo órgão oficial, o lugar e hora em que, diariamente, os credores terão à sua disposição os livros e papéis do falido e em que os interessados serão atendidos; II – receber a correspondência dirigida ao falido, abri-la em presença deste ou de pessoa por ele designada, fazendo entrega daquela que se não referir a assunto de interesse da massa; III – arrecadar os bens e livros do falido e tê-los sob a sua guarda, conforme se dispõe no Título IV, fazendo as necessárias averiguações, inclusive quanto aos contratos de locação do falido, para os efeitos do art. 44, n. VII, e dos parágrafos do art. 116; IV – recolher, em 24 (vinte e quatro) horas, ao estabelecimento que for designado nos termos do art. 209, as quantias pertencentes à massa, e movimentá-las na forma do parágrafo único do mesmo artigo; V – designar, comunicando ao juiz, perito contador, para proceder ao exame da escrituração do falido, e ao qual caberá fornecer os extratos necessários à verificação dos créditos, bem como apresentar, em duas vias, o laudo do exame procedido na contabilidade; VI – chamar avaliadores, oficiais onde houver, para avaliação dos bens, quando desta o síndico não possa desempenhar-se; VII – escolher para os serviços de administração os auxiliares necessários, cujos salários serão previamente ajustados, mediante aprovação do juiz, atendendo-se aos trabalhos e à importância da massa; VIII – fornecer, com presteza, todas as informações pedidas pelos interessados sobre a falência e administração da massa, e dar extratos dos livros do falido, para prova, nas verificações ou impugnações de crédito; os extratos merecerão fé, ficando salvo à parte prejudicada provar-lhes a inexatidão; IX – exigir dos credores, e dos prepostos que serviram com o falido, quaisquer informações verbais ou por escrito; em caso de recusa, o juiz, a requerimento do síndico, mandará vir à sua presença essas pessoas, sob pena de desobediência, e as interrogará, tomando-se os depoimentos por escrito; X – preparar a verificação e classificação dos créditos, pela forma regulada no Título VI; XI – comunicar ao juiz, para os fins do art. 200, por petição levada a despacho nas 24 (vinte e quatro) horas seguintes ao vencimento do prazo do art. 14, parágrafo único, n. V, o montante total dos créditos declarados; XII – apresentar em cartório, no prazo marcado no art. 103, a exposição ali referida; XIII – representar ao juiz sobre a necessidade da venda de bens sujeitos a fácil deterioração ou de guarda dispendiosa; XIV – praticar todos os atos conservatórios de direitos e ações, diligenciar a cobrança de dívidas ativas e passar a respectiva quitação; XV – remir penhores e objetos legalmente retidos, com autorização do juiz e em benefício da massa; XVI – representar a massa em juízo como autora, mesmo em processos penais, como ré ou como assistente, contratando, se necessário, advogado cujos honorários serão previamente ajustados e submetidos à aprovação do juiz; XVII – requerer todas as medidas e diligências que forem necessárias para completar e indenizar a massa ou em benefício da sua administração, dos interesses dos credores e do cumprimento das disposições desta Lei; XVIII – transigir sobre dívidas e negócios da massa, ouvindo o falido, se presente, e com licença do juiz; XIX – apresentar, depois da publicação do quadro geral de credores (art. 96, § 2º) e do despacho que decidir o inquérito judicial (art. 109 e § 2º), e no prazo de 5 (cinco) dias contados da ocorrência que entre aquelas se verificar por último, relatório em que: a) exporá os atos da administração da massa, justificando as medidas postas em prática; b) dará o valor do passivo e o do ativo, analisando a natureza deste; c) informará sobre as ações em que a massa seja interessada, inclusive pedidos de restituição e embargos de terceiro; d) especificará os atos suscetíveis de revogação, indicando os fundamentos legais respectivos; XX – promover a efetivação da garantia oferecida, no caso do parágrafo único do art. 181; XXI – apresentar, até o dia 10 (dez) de cada mês seguinte ao vencido, sempre que haja recebimento ou pagamento, conta demonstrativa da administração que especifique com clareza a receita e a despesa; a conta, rubricada pelo juiz, será junta aos autos; XXII – entregar ao seu substituto, ou ao devedor concordatário, todos os bens da massa em seu poder, livros e assentos da sua administração, sob pena de prisão até 60 (sessenta) dias.

Art. 121. O síndico não pode, sem ordem judicial, cobrar dívidas com abatimento, ainda que as considere de difícil liquidação.

COMENTÁRIOS

147. O administrador poderá delegar suas funções? – O art. 61 do Decreto-lei 7.661/1945 estabelecia expressamente: "*Art. 61.* A função de síndico é indelegável, podendo ele, entretanto, constituir advogado quando exigida a intervenção deste em juízo".

A atual lei é omissa quanto à indelegabilidade.

O art. 7º, *in fine*, possibilita ao administrador judicial "contar com o auxílio de profissionais ou empresas especializadas".

O art. 22, I, "h", por sua vez, prevê a contratação de profissionais ou empresas especializadas para auxiliar o administrador judicial.

O § 1º do art. 22, por fim, trata das remunerações dos auxiliares do administrador judicial.

Ora, a faculdade legal do administrador judicial de "contar com o auxílio de profissionais ou empresas especializadas", "contratar profissionais e empresas especializadas" e, por conseguinte, "remunerá-los, como auxiliares", evidentemente, não significa delegar funções – que são, frise-se, personalíssimas –, mas, sim, obter assessoria para o desempenho das respectivas funções, e pagar por isso.

Destarte, na nossa opinião, a resposta à indagação epigrafada é negativa.[16-17]

148. Quem pagará os honorários dos advogados contratados pelo administrador judicial? – Depende: se o administrador judicial contratar advogado para representá-lo, ele mesmo responderá pelo pagamento dos respectivos honorários; no entanto, se o administrador, com aprovação do juiz, contratar advogado para defesa dos interesses da falência, será a própria massa que suportará o pagamento dos honorários advocatícios.[18]

16. No mesmo sentido, Fábio Ulhoa Coelho: "A função do administrador judicial é indelegável. Isso significa que ele não pode transferir para ninguém, no todo ou em parte, a tarefa que legalmente lhe foi reservada. Mesmo quando ele é pessoa jurídica especializada, o profissional indicado para responder pela função não pode transferir qualquer incumbência a outrem. Não pode fazê-lo ainda que delegue função a outro profissional vinculado à mesma pessoa jurídica nomeada administrador judicial. Da indelegabilidade da função, porém, não se segue a proibição de contratar auxiliares. O administrador judicial pode contratar profissionais para auxiliá-lo, desde que solicite e obtenha prévia aprovação do juiz, inclusive quanto à remuneração (salários e honorários)" (*Comentários à Nova Lei de Falências e de Recuperação de Empresas*, São Paulo, Saraiva, 2005, p. 65).

17. Waldo Fazzio Jr. opina: "(...) a delegação funcional não pode ser a regra. Afinal de contas, o administrador judicial não pode delegar aquilo que não tem. Excepcionalmente, para atos determinados, a LRE enseja transmissão de poderes administrativos, mas mesmo nesses casos esporádicos é necessária a prévia autorização pretoriana. Essa indelegabilidade não impede o administrador judicial, quando não formado em Direito, de constituir advogado (...)" (*Nova Lei de Falência e de Recuperação de Empresas*, São Paulo, Atlas, 2005, p. 328).

18. Waldo Fazzio Jr. afirma: "(...). Essa indelegabilidade não impede o administrador judicial, quando não formado em Direito, de constituir advogado, sendo certo que deve ficar sob sua inteira responsabilidade o pagamento dos respectivos honorários profissionais. Nesse caso não há delegação, mas mero suprimento de capacidade postulatória. É necessário distinguir duas situações: o administrador judicial responde pelos honorários do advogado que o representar; a massa suporta os honorários do advogado contratado pelo administrador judicial, com aprovação do juiz, para a defesa dos interesses da falência" (*Nova Lei de Falência e de Recuperação de Empresas*, cit., p. 328).

149. Quem fiscalizará o administrador judicial (e o devedor)? – O juiz[19] e o comitê de credores (se houver) fiscalizarão o administrador judicial.[20]

Na recuperação judicial o comitê de credores (se houver) e o administrador judicial fiscalizarão o devedor (art. 64). No regime anterior (concordata) o devedor era fiscalizado pelo comissário (art. 167).

150. Como estão partilhadas as atribuições do administrador judicial? – As atribuições do administrador judicial[21] estão partilhadas do seguinte modo: (1) na recuperação judicial e na falência (art. 22, I); (2) na recuperação judicial (art. 22, II); (3) na falência (art. 22, III).

É preciso lembrar que o administrador tem obrigações de meio, e não de resultado.[22]

151. Quais são as atribuições do administrador judicial? – As atribuições do administrador judicial, como já ressaltado acima, estão previstas nas alíneas dos incisos I a III do art. 22.

O administrador judicial tem as seguintes atribuições na recuperação judicial e na falência (art. 22, I):

1) *Enviar correspondência aos credores*. Para tanto, o administrador judicial lançará mão das relações nominais dos credores que instruíram a petição inicial da recuperação judicial (art. 51, III) e da autofalência (art. 105, II), bem como da relação nominal apresentada pelo devedor por determinação da sentença que decretar a falência (art. 99, III).[23]

No tocante à decretação da falência (e não da autofalência) faz-se mister encarecer que o universo dos credores, evidentemente, é desconhecido. Tal universo somente será conhecido após a apresentação pelo devedor (falido) da relação nominal dos credores, por determinação judicial (art. 99, III). No entanto, diante da eventual desorganização contábil do devedor ou até mesmo da exigüidade do prazo para fazê-lo (cinco dias), é plenamente factível que alguns credores sejam omitidos. Tais credores poderão, contudo, tomar ciência da decretação da falência por meio do edital aludido no parágrafo único do art. 99.

2) *Fornecer todas as informações pedidas pelos credores interessados*.[24]

19. Segundo Manoel Justino Bezerra Filho: "Nessa fiscalização o juiz não age diretamente, isto é, não pratica o ato, mas examina os praticados pelo administrador e demais pessoas interessadas na falência ou na recuperação judicial, para, depois, aprová-los, ou não. Há várias situações nas quais o administrador judicial, antes de tomar a medida pretendida, deve colher antecipadamente a autorização judicial" (*Nova Lei de Recuperação e de Falências Comentada. Lei 11.101, de 9.2.2005, Comentário Artigo por Artigo*, 3ª ed., São Paulo, Ed. RT, 2005, p. 85).

20. Waldo Fazzio Jr. sustenta que: "Não está expresso na LRE, mas fica implícito, no conjunto de suas normas, que o devedor, os credores e terceiros interessados também detêm a capacidade de fiscalização em relação ao administrador judicial" (*Nova Lei de Falência e de Recuperação de Empresas*, cit., p. 327).

21. Destaca Rachel Sztajn: "A função do administrador judicial é mais complexa que a do administrador da sociedade que não enfrente crise econômica. De um lado porque, além de tomar decisões cujos efeitos recairão sobre a sociedade diretamente e, indiretamente, sobre credores e sócios, deve gerir a empresa de modo a, cumprindo as propostas do plano, sugerir mudanças sempre que eventos externos e não previstos, ainda que previsíveis, possam afetar de maneira negativa o planejado" ("Comentários aos arts. 47 a 54", in Francisco Satiro de Sousa Jr. e Antônio Sérgio Altieri de Moraes Pitombo (coords.), *Comentários à Lei de Recuperação de Empresas e Falência: Lei 11.101/2005*, São Paulo, Ed. RT, 2005, p. 257).

22. Rachel Sztajn explicita: "A obrigação desse profissional é de meios, não de resultados; porém, dada a especialidade requerida, espera-se domínio ou aptidão para levar adiante a singular tarefa que lhe venha atribuída" ("Comentários aos arts. 47 a 54", cit., in Francisco Satiro de Sousa Jr. e Antônio Sérgio Altieri de Moraes Pitombo (coords.), *Comentários à Lei de Recuperação de Empresas e Falência: Lei 11.101/2005*, p. 257).

23. Paulo Fernando Campos Salles de Toledo profetiza: "Não será demasiado esperar que essa comunicação se faça, também, sempre que possível, por *e-mail*" ("Comentários aos arts. 1º ao 34", in Carlos Henrique Abrão e Paulo Fernando Campos Salles de Toledo (coords.), *Lei de Recuperação de Empresas e Falência*, São Paulo, Saraiva, 2005, p. 52).

24. Haroldo Malheiros Duclerc Verçosa adverte: "(...) entende-se que se trata de informações perti-

3) *Dar extrato dos livros do devedor, que merecerão fé de ofício, a fim de servirem de fundamento nas habilitações e impugnações de crédito.*

Vera Helena de Mello Franco e Rachel Sztajn ressaltam: "(...) aqui têm-se em vista não somente os livros comerciais obrigatórios (arts. 1.180 e 1.185 do CCB), mas, igualmente, os facultativos, os fiscais e aqueles cuja existência se impõe em virtude da Justiça do Trabalho".[25]

Note-se que, sendo o administrador judicial órgão auxiliar da Justiça, seus extratos merecem fé pública.

Lembramos que o devedor tem o dever de entregar todos os seus livros, além de documentos e papéis, ao administrador judicial (art. 104, V).

O descumprimento deste dever pelo devedor poderá configurar crime de desobediência (art. 104, parágrafo único) – o que demonstra, de forma inequívoca, a relevância conferida pelo legislador ao referido dever.

4) *Exigir quaisquer informações dos credores, do devedor ou seus administradores.* Ressalte-se que o administrador judicial poderá fazer tal exigência sem prévia autorização judicial.

Se houver recusa, o juiz intimará os renitentes a prestarem depoimentos por escrito (art. 22, § 2º).[26]

Luiz Inácio Vigil Neto sustenta entendimento diverso: "Para cumprimento das obrigações indiretas (alínea "d" do art. 22, I) o administrador deverá relatar e requerer ao juiz para que este expeça judicialmente a ordem. Deve-se observar que o administrador judicial é equiparado a funcionário público de modo não pleno. Logo, suas determinações e exigências para o devedor e credores não têm caráter oficial".[27]

Tratando-se de recuperação judicial, a recalcitrância quanto às informações implicará afastamento do devedor e do administrador da condução da atividade empresarial (art. 64, V).

5) *Elaborar a relação de credores* (art. 7º, § 2º).

6) *Consolidar o quadro geral de credores* (art. 18).

7) *Requerer ao juiz a convocação da assembléia-geral de credores* (arts. 35 e 36).

Paulo Fernando Campos Salles de Toledo comenta: "Observe-se que, por se cuidar de processo judicial, não cabe ao administrador diretamente convocar a assembléia-geral de credores, e sim ao juiz. A convocação também pode ser pleiteada quando o administrador judicial 'entender necessária sua ouvida para tomada de decisões'. As particularidades do caso concreto é que dirão da necessidade de se ouvir a assembléia. Submetido o requerimento ao juiz, a este competirá deferi-lo ou não, sendo indeferido se a providência for inútil ou descabida. O prudente arbítrio do juiz ditará a melhor solução".[28-29]

nentes aos interesses em jogo, devendo deixar de ser atendidos pedidos eventualmente despropositados e abusivos, feitos por qualquer credor" ("Comentários aos arts. 21 ao 34", in Francisco Satiro de Sousa Jr. e Antônio Sérgio Altieri de Moraes Pitombo (coords.), *Comentários à Lei de Recuperação de Empresas e Falência: Lei 11.101/2005*, São Paulo, Ed. RT, 2005, p. 169).

25. Vera Helena de Mello Franco e Rachel Sztajn, *Falência e Recuperação da Empresa em Crise: Comparação com as Posições do Direito Europeu*, Rio de Janeiro, Elsevier, 2008, p. 62.

26. V., abaixo, a resposta à seguinte indagação: "Quais serão as conseqüências decorrentes da recusa em prestar as informações referidas na alínea 'd' do inciso I do art. 22?".

27. Luiz Inácio Vigil Neto, *Teoria Falimentar e Regimes Recuperatórios: Estudos sobre a Lei 11.101/2005*, Porto Alegre, Livraria do Advogado, 2008, p. 98.

28. Paulo Fernando Campos Salles de Toledo, "Comentários aos arts. 1º ao 34", cit., in Carlos Henrique Abrão e Paulo Fernando Campos Salles de Toledo (coords.), *Lei de Recuperação de Empresas e Falência*, p. 53.

29. Segundo Haroldo Malheiros Duclerc Verçosa: "A fim de evitar mais este ato de natureza *burocrática* que acarretará a perda de tempo precioso, melhor teria feito a lei se houvesse outorgado tal competência ao próprio administrador judicial, comunicando-se o juiz a esse respeito" ("Comentários aos arts. 21 ao 34", cit., in Francisco Satiro de Sousa Jr. e Antônio Sérgio Altieri de Moraes Pitombo (coords.), *Comentários à Lei de Recuperação de Empresas e Falência: Lei 11.101/2005*, p. 170).

8) *Contratar profissionais ou empresas especializadas para auxiliá-lo.* Como já comentamos, tal contratação não implica delegação pelo administrador judicial de suas atribuições, as quais – reitere-se – são personalíssimas.

9) *Manifestar-se nos casos previstos em lei.* Um exemplo: responder à interpelação feita sobre o cumprimento de contratos (art. 117, § 2º).

O administrador judicial tem as seguintes atribuições na recuperação judicial (art. 22, II):

1) *Fiscalizar as atividades do devedor e o cumprimento do plano de recuperação judicial.* Paulo Fernando Campos Salles de Toledo opina: "A ele cabe, como auxiliar do juízo, atuar junto à empresa em recuperação judicial, sem ingerir em seus negócios, sem substituir-se a seus administradores, mas sempre atento ao que acontece, e pronto a informar o que tiver constatado. *Deverá*, para isso, *ter acesso pleno aos estabelecimentos da devedora* e a seus livros, mas sempre com o cuidado de não atrapalhar o fluxo normal de suas atividades".[30]

Júlio Kahan Mandel diverge: "Que fique bem claro que o administrador judicial *fiscalizará* as atividades do devedor, o que *não lhe dá poderes* para interferir nos atos administrativos sem o devido processo legal e autorização judicial, *nem ao menos ter livre acesso à sede da empresa e reuniões internas ou externas dos administradores com os acionistas, fornecedores, clientes e até credores.* (...). A fiscalização, se não houver disposição em contrário, deve ocorrer pelo acompanhamento de balancetes mensais e/ou relatórios confeccionados pelo devedor e juntados aos autos, que demonstrem estarem sendo cumpridas as metas do plano aprovado. Constatações, *visitas* e novos ou outros documentos *devem ser solicitados ao devedor ou somente ser efetuados com autorização judicial*, que por sua vez também não pode invadir os direitos de propriedade e de sigilo garantidos ao devedor sem o devido processo legal e fundamentação".[31]

Com efeito, o sentido, o conteúdo e o alcance da indigitada atribuição do administrador judicial serão fixados pela jurisprudência.

2) *Requerer a falência no caso de descumprimento de qualquer obrigação assumida no plano de recuperação.* Frise-se que as obrigações em tela são aquelas que se vencerem até dois anos contados do despacho que conceder a recuperação judicial.

O descumprimento de tal dever acarretará a convolação da recuperação em falência (art. 61, § 1º, c/c o art. 73, IV).

3) *Apresentar ao juiz relatório mensal das atividades do devedor.* Este dever é prescrito ao administrador judicial e não poderá ser suprido por aquele imposto ao devedor de apresentar contas demonstrativas mensais, sob pena de destituição dos administradores (art. 52, IV).

Haroldo Malheiros Duclerc Verçosa adverte: "A exigência de relatório mensal a ser apresentado pelo juiz em processos de grande porte poderá apresentar o efeito negativo de desviar a atenção do administrador judicial de outras tarefas, podendo tornar mais moroso o seu andamento".[32]

Concordamos com o prognóstico do autor.

4) *Apresentar ao juiz relatório sobre a execução do plano de recuperação.* O administrador judicial somente terá de se desincumbir deste dever após o juiz decretar por sentença o encerramento da recuperação judicial (art. 63, III).

Por fim, ressaltamos que o legislador, no âmbito da recuperação judicial, não fixou ao

30. Paulo Fernando Campos Salles de Toledo, "Comentários aos arts. 1º ao 34", cit., in Carlos Henrique Abrão e Paulo Fernando Campos Salles de Toledo (coords.), *Lei de Recuperação de Empresas e Falência*, p. 54.

31. Júlio Kahan Mandel, *Nova Lei de Falências e Recuperação de Empresas Anotada: Lei n. 11.101, de 9.2.2005*, São Paulo, Saraiva, 2005, pp. 51-52.

32. Haroldo Malheiros Duclerc Verçosa, "Comentários aos arts. 21 ao 34", cit., in Francisco Satiro de Sousa Jr. e Antônio Sérgio Altieri de Moraes Pitombo (coords.), *Comentários à Lei de Recuperação de Empresas e Falência: Lei 11.101/2005*, p. 171.

administrador judicial o dever de assumir a representação judicial do devedor. Nem poderia fazê-lo, na medida em que – diferentemente da falência (art. 103) – o devedor não perde o direito de administrar seus bens (art. 64), remanescendo legitimado a defender seus interesses.[33]

O administrador judicial tem os seguintes deveres na falência (art. 22, III):

1) *Avisar, pelo órgão oficial, o lugar e hora em que, diariamente, os credores terão à sua disposição os livros e documentos do falido.*

Aduz Luiz Inácio Vigil Neto:

"Dentre os diversos efeitos decorrentes da decretação da falência observa-se, nessa hipótese, a relativização do princípio da inviolabilidade dos livros e documentos obrigatórios da empresa. Estes terão seu acesso fraqueado aos credores e também ao comitê, sob pena de responsabilidade do administrador judicial, que tem a obrigação de informar dias, horários e local onde poderão ser examinados.

"Essa regra não se aplica ao perito e ao Ministério Público, que requererão diretamente ao juiz a entrega dos livros e documentos para exame, período em que assumem individualmente a responsabilidade pela manutenção e conservação dos mesmos."[34]

Complementa Júlio Kahan Mandel: "Quanto aos livros, não é de se supor que todo administrador judicial deverá ter espaço em seu escritório para armazenar os livros e uma sala de consulta para os credores que desejem consultá-los. Em várias ocasiões os livros estarão depositados em cartório, com o perito contador ou até mesmo em depositários. A solicitação de acesso aos livros também poderá ser efetuada nos autos, determinando o juiz dia e hora em que ficarão à disposição, quem terá poderes para acessá-los no local ou retirá-los para análise".[35]

2) *Examinar a escrituração do devedor.* Ressalta Paulo Fernando Campos Salles de Toledo: "Com isso, não somente estará apto a prestar informações acerca dos créditos, mas também poderá apurar as causas da falência e detectar as irregularidades eventualmente ocorridas".[36]

3) *Relacionar os processos e assumir a representação judicial da massa falida.* Note-se, de um lado, que o devedor, desde a decretação da falência (ou do seqüestro), perde o direito de administrar seus bens (art. 103) e, de outro lado, que o administrador judicial deverá ser intimado para representar a massa falida em todas as ações, sob pena de nulidade (art. 76, parágrafo único).[37]

Jurisprudência[38]

Eis uma ementa sobre o tema:

[TJRJ] Embargos à execução – Embargos propostos pelo falido em execução movida contra a massa falida – *Ilegitimidade* ad causam *do falido para propor ações em nome próprio na defesa dos interesses pertinentes à massa falida.* Segundo o art. 12, III, do CPC, cumulado com o art. 63,

33. No mesmo sentido Marcelo Papaléo de Souza, que complementa: "Contudo, incumbe ao administrador judicial fiscalizar tal tarefa e informar ao juízo qualquer tentativa de prejudicar os credores" (*A Lei de Recuperação e Falência e as suas Conseqüências no Direito e no Processo do Trabalho*, 3ª ed., São Paulo, LTr, 2009, p. 203).

34. Luiz Inácio Vigil Neto, *Teoria Falimentar e Regimes Recuperatórios: Estudos sobre a Lei 11.101/2005*, cit., p. 100.

35. Júlio Kahan Mandel, *Nova Lei de Falências e Recuperação de Empresas Anotada: Lei 11.101, de 9.2.2005*, cit., p. 53.

36. Paulo Fernando Campos Salles de Toledo, "Comentários aos arts. 1º ao 34", cit., in Carlos Henrique Abrão e Paulo Fernando Campos Salles de Toledo (coords.), *Lei de Recuperação de Empresas e Falência*, p. 55.

37. Paulo Fernando Campos Salles de Toledo lembra: "A massa não poderá, naturalmente, ser representada em juízo pelo devedor, mesmo porque este perdeu, desde a sentença de quebra, 'o direito de administrar os seus bens'. Esta incumbência é do administrador judicial" ("Comentários aos arts. 1º ao 34", cit., in Carlos Henrique Abrão e Paulo Fernando Campos Salles de Toledo (coords.), *Lei de Recuperação de Empresas e Falência*, p. 55).

38. Manoel Justino Bezerra Filho, *Jurisprudência da Nova Lei de Recuperação de Empresas e Falências/Decisões, Ofícios Judiciais, Resoluções, Sentenças, Acórdãos, Dentre Outros Documentos*, São Paulo, Ed. RT, 2006, p. 67.

XVI, da antiga Lei de Falências, que corresponde ao art. 22, III, "c", da nova lei, *compete ao síndico representar os interesses da massa falida em juízo.* Os arts. 36 e 40 da antiga Lei de Falências e o art. 103 da nova lei, *embora permitam ao falido praticar atos de conservação dos bens da massa falida, bem como intervir no processo em que ela seja parte ou interessada, não lhe conferem legitimidade extraordinária para propor demandas como os embargos à execução em defesa de seus interesses* – Precedentes do STJ – Sentença que se mantém. [*1ª Câmara Cível, ACi 2005.001.48250, rela. Desa. Maria Augusta Vaz, j. 4.4.2006*]

4) *Receber e abrir a correspondência dirigida ao devedor, entregando a ele o que não for assunto de interesse da massa.* Ressalte-se que a atual lei, diferentemente da anterior, não reproduziu a exigência de abertura da correspondência na presença do falido ou de alguém por ele designado (art. 63, II).

Vera Helena de Mello Franco e Rachel Sztajn formulam a seguinte crítica: "A atual não repetiu a exigência – no que andou mal, tendo em vista a possibilidade de abusos, já que não é facultado ao administrador judicial estender-se, por pura curiosidade, sobre o teor de missivas que versem interesses particulares do devedor. Com relação a estas a discrição é a regra e devem, prontamente, ser entregues ao falido".[39]

Quanto à discussão sobre a constitucionalidade de tal prerrogativa, Paulo Fernando Campos Salles de Toledo sustenta: "Pode-se discutir a constitucionalidade dessa atribuição legal. O sigilo de correspondência é, por expresso ditame constitucional, inviolável, e estaria, apesar disso, sendo violado pelo administrador ao exercer a atribuição de que ora se cogita. Ocorre, entretanto, que *o sigilo protegido é estritamente pessoal. Assim, a correspondência endereçada ao devedor não poderia ser aberta por outra pessoa que não ele mesmo. Cumpre levar em conta, no entanto, que o destinatário da correspondência é, aqui, um empresário ou sociedade empresária cuja falência foi decretada.* Não mais pode, por isso, administrar seus bens. Desse modo, a correspondência empresarial a ele destinada só pode mesmo ser aberta por quem tenha poderes para cuidar dos interesses nela consignados. E esta pessoa é o administrador judicial, e não o falido. *Não está sendo desrespeitada, pois, a garantia constitucional.* É claro que no meio da correspondência empresarial, encontrada no estabelecimento do devedor, pode-se achar alguma que, embora endereçada à empresa, tenha um conteúdo pessoal. Não haveria como, contudo, o administrador deixar de abri-la, porque só desse modo terá sido possível saber que não se tratava de assunto da massa. Nessa hipótese, em que outra conduta não pode ser exigida do administrador judicial, deve ele de imediato providenciar a entrega da carta ao falido. Também aqui, ante as circunstâncias apontadas, não terá havido quebra de sigilo".[40]

Concordamos com a opinião do autor.

5) *Apresentar, no prazo de 40 dias, contado da assinatura do termo de compromisso, prorrogável por igual período, relatório sobre as causas e circunstâncias que conduziram à situação de falência, no qual apontará a responsabilidade civil e penal dos envolvidos, observado o disposto no art. 186 da lei.*[41] Caso não o faça, será intimado

39. Vera Helena de Mello Franco e Rachel Sztajn, *Falência e Recuperação da Empresa em Crise: Comparação com as Posições do Direito Europeu*, cit., p. 64.

40. Paulo Fernando Campos Salles de Toledo, "Comentários aos arts. 1º ao 34", cit., in Carlos Henrique Abrão e Paulo Fernando Campos Salles de Toledo (coords.), *Lei de Recuperação de Empresas e Falência*, p. 56.

41. O senador Ramez Tebet, no seu relatório, afirma que a Emenda 114 da senadora Lúcia Vânia "altera a redação do art. 22, III, 'e', do Substitutivo, para excluir do relatório do administrador judicial o apontamento da responsabilidade civil e penal dos envolvidos. (...). Não somos favoráveis à proposta da Emenda n. 114, pois não há incompatibilidade entre as funções do administrador judicial e a apresentação de relatório contendo a responsabilidade civil e penal dos envolvidos. Ao contrário, por ser a pessoa que acompanha mais de perto e com maior profundidade o processo de falência ou de recuperação judicial, o administrador judicial, constatando a prática de crime ou de ato lesivo que implique responsabilidade civil, é a pessoa mais indicada para relatar esses fatos ao juiz, a fim de facilitar a punição dos culpados" (v. parecer na íntegra no Anexo II desta obra).

pessoalmente a fazê-lo no prazo de cinco dias, sob pena de desobediência (art. 23).[42]

O apontamento da responsabilidade civil dos envolvidos encerra uma inovação legal, a qual – segundo Paulo Fernando Campos Salles de Toledo –, "sempre que se justificar, será, se se efetivar, poderoso meio de satisfação dos interesses lesados. Terá, também, uma força didática, ao mostrar que os causadores de prejuízo, quando tiverem praticado ilícitos ou irregularidades, responderão por seus atos com seus patrimônios individuais".[43]

6) *Arrecadar os bens e documentos do devedor e elaborar o auto de arrecadação, nos termos dos arts. 108 e 110 da lei.*

7) *Avaliar os bens arrecadados, também nos termos do art. 108, supracitado.*

8) *Contratar avaliadores, de preferência oficiais,*[44] *mediante autorização judicial, para a avaliação dos bens, caso entenda não ter condições técnicas para a tarefa.* Haroldo Malheiros Duclerc Verçosa opina: "Deve ser destacado que a contratação de avaliadores deverá ser feita sempre em relação a bens que não tenham preço conhecido no mercado, diferentemente do que acontece com veículos, por exemplo, cuja cotação é realizada por diversos órgãos da imprensa".[45]

9) *Praticar os atos necessários à realização do ativo e ao pagamento dos credores.* Explica Fábio Ulhoa Coelho: "Para abreviar e facilitar a realização do ativo exigível, o administrador judicial, desde que autorizado pelo juiz da falência (após ouvir o comitê e o falido), pode oferecer abatimento ao devedor, quando for crédito de difícil liquidação. Assim, se reputar que será infrutífera a cobrança judicial, porque insolvente o devedor, ou arriscada, por duvidoso o título da falida, o administrador judicial deve requerer fundamentadamente ao juiz da falência autorização para entabular negociações. O requerimento deve mencionar o percentual máximo de abatimento autorizado, mas não deve ser juntado aos autos da falência senão após concluídas as negociações, e mesmo assim se não houver inconveniente em tornar públicas as balizas da transação entabulada pelo administrador judicial. Se ainda houver outros negócios em curso ou o administrador judicial conseguir negociar abatimento menor que o autorizado pelo juiz, não é do interesse da massa que se divulguem os parâmetros cogitados na origem das tratativas. Será suficiente para a plena validade do desconto e da quitação pelo administrador judicial do devido à falida que o juiz aprove os termos finais da transação".[46]

10) *Requerer ao juiz a venda antecipada de bens perecíveis, deterioráveis ou sujeitos a considerável desvalorização ou de conservação arriscada ou dispendiosa,*

42. Segundo Manoel Justino Bezerra Filho: "Quem conhece a prática do processamento falimentar no dia-a-dia dos foros certamente afirmará que este exíguo prazo não terá condições de ser observado; com efeito, 40 ou 80 dias não parece tempo suficiente para que se possa ter informações para relatar as causas que conduziram à situação da falência e, principalmente, para que se aponte responsabilidade civil ou penal dos envolvidos" (*Nova Lei de Recuperação e de Falências Comentada. Lei 11.101, de 9.2.2005, Comentário Artigo por Artigo*, cit., 3ª ed., p. 92).

43. Paulo Fernando Campos Salles de Toledo, "Comentários aos arts. 1º ao 34", cit., in Carlos Henrique Abrão e Paulo Fernando Campos Salles de Toledo (coords.), *Lei de Recuperação de Empresas e Falência*, p. 57.

44. Paulo Fernando Campos Salles de Toledo critica a expressão "de preferência oficiais": "Consignou-se, ainda, que os avaliadores serão 'de preferência oficiais'. Não se percebe muita justificativa para essa preferência. Serão melhores os avaliadores se exerceram oficialmente essa função? Inexiste experiência prática a respeito, uma vez que, normalmente, os avaliadores, nos diversos processos em que atuam, são peritos de confiança do juízo. A alusão ao qualificativo 'oficiais' pode deixar de ter repercussão concreta" ("Comentários aos arts. 1º ao 34", cit., in Carlos Henrique Abrão e Paulo Fernando Campos Salles de Toledo (coords.), *Lei de Recuperação de Empresas e Falência*, p. 57).

45. Haroldo Malheiros Duclerc Verçosa, "Comentários aos arts. 21 ao 34", cit., in Francisco Satiro de Sousa Jr. e Antônio Sérgio Altieri de Moraes Pitombo (coords.), *Comentários à Lei de Recuperação de Empresas e Falência: Lei 11.101/2005*, p. 174.

46. Fábio Ulhoa Coelho, *Comentários à Nova Lei de Falências e de Recuperação de Empresas*, cit., p. 66.

nos termos do art. 113 da lei.[47] Haroldo Malheiros Duclerc Verçosa exemplifica: "Os conceitos de bens 'perecíveis' ou 'deterioráveis' devem ser tomados em sentido econômico mais amplo. *Um rebanho de bois de corte*, por exemplo, deve ser abatido para venda da carne em determinado período de sua vida, a fim de que não haja prejuízo correspondente ao aumento desnecessário do preço de sua alimentação e, também, para qualidade da carne. Segundo se sabe, *frangos de corte* devem ser abatidos até 45 dias de vida, caso contrário o lucro na sua venda começará imediatamente a decair, até chegar ao prejuízo. Em todos esses casos, bem como naqueles em que *produtos hortifrutigranjeiros* passam do consumo, deve ser requerida sua venda antecipada. O mesmo se diga em relação à desvalorização rápida que ocorre quanto a *aparelhos eletro-eletrônicos*, especialmente computadores e suas partes, considerando que os avanços da tecnologia os tornam superados em pequeno espaço de tempo".[48]

11) *Praticar todos os atos conservatórios de direitos e ações, diligenciar a cobrança – acrescentamos: judicial ou extrajudicial – de dívidas*[49] *e dar a respectiva quitação.*

12) *Remir, em benefício da massa e mediante autorização judicial, bens apenhados, penhorados ou legalmente retidos.*

13) *Representar a massa falida em juízo, contratando, se necessário, advogado, cujos honorários serão previamente ajustados e aprovados pelo comitê de credores (acrescentamos: se houver).*

Comenta Luiz Inácio Vigil Neto: "O moderno gerenciamento de uma empresa não mais se resume ao controle das demandas econômicas e financeiras, inclui também o chamado "risco jurídico", que poderá, muitas vezes, elevar o risco ou inviabilizar uma empresa. Muitos casos de falência decorreram de uma falta de organização mínima na administração de demandas judiciais. Uma vez decretada a falência, essa tarefa incumbe ao administrador judicial, que deverá organizá-la estrategicamente para que possa, pessoalmente, se for advogado, ou através de profissional contratado (...) fazer a representação judicial da massa falida (...)".[50]

Jurisprudência[51]

Eis uma ementa pertinente:

[STJ] *Pode o síndico, em sendo advogado, representar a massa falida, pessoalmente*, com a vantagem de melhor dirimir as dúvidas e defender coerentemente os direitos e interesses a ela

47. Paulo Fernando Campos Salles de Toledo elogia a atual Lei: "Note-se que, por força da nova sistemática, a realização do ativo não precisará mais aguardar, como antes, um momento processual posterior, só atingido normalmente depois de passado muito tempo" ("Comentários aos arts. 1º ao 34", cit., in Carlos Henrique Abrão e Paulo Fernando Campos Salles de Toledo (coords.), *Lei de Recuperação de Empresas e Falência*, p. 58).

48. Haroldo Malheiros Duclerc Verçosa, "Comentários aos arts. 21 ao 34", cit., in Francisco Satiro de Sousa Jr. e Antônio Sérgio Altieri de Moraes Pitombo (coords.). *Comentários à Lei de Recuperação de Empresas e Falência: Lei 11.101/2005*, p. 175.

49. Explica Fábio Ulhoa Coelho: "Para abreviar e facilitar a realização do ativo exigível, o administrador judicial, desde que autorizado pelo juiz da falência (após ouvir o comitê e o falido), pode oferecer abatimento ao devedor, quando for crédito de difícil liquidação. Assim, se reputar que será infrutífera a cobrança judicial, porque insolvente o devedor, ou arriscada, por duvidoso o título da falida, o administrador judicial deve requerer fundamentadamente ao juiz da falência autorização para entabular negociações. O requerimento deve mencionar o percentual máximo de abatimento autorizado, mas não deve ser juntado aos autos da falência senão após concluídas as negociações, e mesmo assim se não houver inconveniente em tornar públicas as balizas da transação entabuladas pelo administrador judicial. Se ainda houver outros negócios em curso ou o administrador judicial conseguir negociar abatimento menor que o autorizado pelo juiz, não é do interesse da massa que se divulguem os parâmetros cogitados na origem das tratativas. Será suficiente para a plena validade do desconto e da quitação pelo administrador judicial do devido à falida que o juiz aprove os termos finais da transação" (*Comentários à Nova Lei de Falências e de Recuperação de Empresas*, cit., p. 66).

50. Luiz Inácio Vigil Neto, *Teoria Falimentar e Regimes Recuperatórios: Estudos sobre a Lei 11.101/2005*, cit., p. 100.

51. Manoel Justino Bezerra Filho, *Jurisprudência da Nova Lei de Recuperação de Empresas e Falências/Decisões, Ofícios Judiciais, Resoluções, Sentenças, Acórdãos, Dentre Outros Documentos*, cit., p. 67.

(massa) assegurados, fazendo-o até com inegável economia [*REsp 39.450-SP, 1ª T., rel. Min. Democrito Reinaldo, j 15.8.94*].

14) *Requerer todas as medidas e diligências que forem necessárias para o cumprimento da lei, a proteção da massa ou a eficiência da administração.*

15) *Apresentar ao juiz para juntada aos autos, até o décimo dia do mês seguinte ao vencido, conta demonstrativa da administração, que especifique com clareza a receita e a despesa.* Este dever, é óbvio, somente poderá ser cumprido e exigido no caso de falência em que foi autorizada a continuação dos negócios.

Frise-se que, caso o administrador judicial deixe de cumprir tal dever, será intimado pessoalmente a fazê-lo no prazo de cinco dias, sob pena de desobediência (art. 23).

16) *Entregar ao seu substituto todos os bens e documentos da massa em seu poder, sob pena de responsabilidade.*

17) *Prestar contas ao final do processo, quando for substituído, destituído ou renunciar ao cargo.*

152. Quais serão os critérios para fixação das remunerações dos auxiliares do administrador judicial? – De conformidade com o § 1º do art. 22, os critérios serão os seguintes: complexidade dos trabalhos a serem executados e os valores praticados no mercado para o desempenho de atividades semelhantes.[52]

Note-se que a "capacidade financeira do devedor" foi adotada como um dos critérios para fixação da remuneração do administrador judicial (art. 24). No entanto, dito critério não foi previsto para fixação da remuneração dos seus auxiliares.

Não obstante isso, Paulo Fernando Campos Salles de Toledo entende que o referido critério não pode ser desconsiderado na fixação da remuneração dos auxiliares do administrador judicial.[53]

Entendemos que a posição do referido autor é plenamente sustentável.

153. Quais serão as conseqüências decorrentes da recusa em prestar as informações referidas na alínea "d" do inciso I do art. 22? – O § 2º do art. 22 estabelece que, havendo recusa pelos credores, pelo devedor ou pelos seus administradores em prestar informações, o juiz, a requerimento do administrador judicial, os intimará para que compareçam em juízo, a fim de prestar depoimento por escrito, sob pena de desobediência.

Adverte Manoel Justino Bezerra Filho: "A Súmula 280 do STJ, publicada em 17.12.2003, entendeu que a prisão administrativa na antiga Lei de Falências não havia sido recepcionada pela Constituição de 1988; esta lei estava em fase final de elaboração quando da publicação de tal Súmula, tendo então sido substituída, no Projeto, a prisão administrativa pela estipulação segundo a qual caracteriza-se aqui crime de desobediência".[54]

154. O administrador judicial é livre para transigir sobre obrigações e direitos da massa falida e conceder abatimento? – Não, pois o § 3º do art. 22 preceitua que, para tanto, haverá necessidade de autorização judicial, após ouvidos o comitê (se houver) e o devedor no prazo comum de dois dias.

Haroldo Malheiros Duclerc Verçosa aduz: "Estas condições devem ser observadas mesmo que se trate de créditos da massa consi-

52. Manoel Justino Bezerra Filho esclarece: "Na prática forense se tem observado o hábito de o perito requerer seja arbitrado o valor que entende correto, a partir do trabalho efetivamente exercido. Ante tal pedido, o juiz manda ouvir o administrador, o Ministério Público, os interessados, fixando a seguir o valor a ser pago, com o poder de direção que mantém no processo" (*Nova Lei de Recuperação e de Falências Comentada. Lei 11.101, de 9.2.2005, Comentário Artigo por Artigo*, cit., 3ª ed., p. 95).

53. Paulo Fernando Campos Salles de Toledo, "Comentários aos arts. 1º ao 34", cit., in Carlos Henrique Abrão e Paulo Fernando Campos Salles de Toledo (coords.), *Lei de Recuperação de Empresas e Falência*, p. 64.

54. Manoel Justino Bezerra Filho, *Nova Lei de Recuperação e de Falências Comentada. Lei 11.101, de 9.2.2005, Comentário Artigo por Artigo*, cit., 3ª ed., p. 96.

derados de difícil recebimento. O texto não faz referência expressa, mas deve entender-se que o pedido de autorização feito pelo administrador judicial para uma das finalidades ali previstas deverá ser acompanhado pela justificação que julgar cabível".[55]

155. O Ministério Público precisa ser intimado do teor do relatório do administrador judicial? – De conformidade com o § 4º do art. 22, desde que o relatório de que trata a alínea "e" do inciso III do *caput* deste artigo aponte responsabilidade penal de qualquer dos envolvidos, o Ministério Público deverá ser intimado para tomar conhecimento de seu teor.

156. Constitucionalidade duvidosa do § 4º do art. 22 – Paulo Fernando Campos Salles de Toledo levanta a questão nos seguintes termos: "Também seu conteúdo é criticável (...). Dois motivos de perplexidade logo se evidenciam. O primeiro é o de que se cuida de peça processual relevante (...) justificando plenamente, pois, que o Ministério Público seja cientificado de seu teor, quer se aponte responsabilidade penal, quer não. Em segundo lugar, estar-se-á dando ao administrador judicial o poder de sumariamente impedir a responsabilização penal de quem tenha, em tese, cometido um crime (...). De tudo se depreende que o § 4º do art. 22 da LRE é de questionável constitucionalidade".[56]

Diante do elemento finalístico da atual lei – alterar, propositadamente, algumas atribuições do Ministério Público –, provavelmente, a posição do autor não vingará.

Art. 23. O administrador judicial que não apresentar, no prazo estabelecido, suas contas ou qualquer dos relatórios previstos nesta Lei será intimado pessoalmente a fazê-lo no prazo de 5 (cinco) dias, sob pena de desobediência.

Parágrafo único. Decorrido o prazo do *caput* deste artigo, o juiz destituirá o administrador judicial e nomeará substituto para elaborar relatórios ou organizar as contas, explicitando as responsabilidades de seu antecessor.[157-158-159]

LEGISLAÇÃO ANTERIOR

Artigo sem correspondência no Decreto-lei 7.661/1945.

COMENTÁRIOS

157. Quais serão as conseqüências decorrentes da não apresentação das contas ou relatórios pelo administrador judicial? – O administrador judicial será intimado pessoalmente a fazê-lo dentro do prazo de cinco dias, sob pena de desobediência.

Se, ainda assim, recalcitrar, o juiz o destituirá[57-58] e nomeará substituto, que elaborará

55. Haroldo Malheiros Duclerc Verçosa, "Comentários aos arts. 21 ao 34", cit., in Francisco Satiro de Sousa Jr. e Antônio Sérgio Altieri de Moraes Pitombo (coords.), *Comentários à Lei de Recuperação de Empresas e Falência: Lei 11.101/2005*, p. 177.

56. Paulo Fernando Campos Salles de Toledo, "Comentários aos arts. 1º ao 34", cit., in Carlos Henrique Abrão e Paulo Fernando Campos Salles de Toledo (coords.), *Lei de Recuperação de Empresas e Falência*, p. 62.

57. Lembramos que a atual lei prevê outras hipóteses de destituição do administrador judicial: desídia, culpa, dolo e descumprimento das obrigações legais (art. 24, § 3º), bem como omissão, negligência e prática de ato lesivo às atividades do devedor e a terceiros (art. 31).

58. Fábio Ulhoa Coelho faz a distinção entre *substituição* e *destituição*: "O administrador judicial pode deixar suas funções por *substituição* ou *destituição*, que são figuras distintas. No primeiro caso não se configura sanção infligida a ele, tratando-se apenas de providência prevista em lei, tendo em vista a melhor administração da falência ou mesmo continuidade do processo falimentar. Já, a destituição é sanção imposta ao que não cumpriu a contento as obrigações inerentes à função ou passou a ter interesses conflitantes com a massa. São causas para a substituição a renúncia justificada, morte, incapacidade civil, falência etc.; são motivos de destituição a inobservância de prazo legal, renúncia injustificada ou interesse conflitante com o da massa" (*Comentários à Nova*

relatórios ou organizará as contas, bem como explicitará as responsabilidades de seu antecessor.

Caso o administrador judicial justifique seu atraso, o juiz, sopesando as razões declinadas, poderá relevar a substituição decretada.

158. O administrador judicial responde pelos prejuízos causados à massa falida, ao devedor ou aos credores? – Sim, pois o art. 32 dispõe que o administrador judicial responderá pelos prejuízos causados à massa falida, ao devedor ou aos credores por dolo ou culpa.

159. Qual é o tipo penal mais adequado: "crime de desobediência" ou "crime de prevaricação"? – Paulo Fernando Campos Salles de Toledo responde:

"A intimação se fará sob pena de desobediência. Seria essa a sanção adequada? O administrador não estaria, ao permanecer omisso, propriamente descumprido uma ordem judicial, e sim um dever funcional. Lembre-se que desobediência é crime, tipificado no Código Penal, [*art. 330*] de modo que o reconhecimento do caráter delituoso da conduta deve preencher os estritos cânones jurídico-penais.

"Observa, a propósito, Magalhães Noronha que, para configurar-se o crime, é preciso que a ordem recebida não se refira a funções do sujeito ativo, pois em tal hipótese o delito será o do art. 319 do CP (prevaricação). Para que este ocorra, cabe acrescentar, impõe-se que o agente tenha pretendido 'satisfazer interesse pessoal'.

"Assim, a omissão do administrador judicial, do ponto de vista penal, seria mais bem qualificada, evidentemente, se presentes todos os elementos do tipo, como prevaricação, e não desobediência."[59]

Luiz Inácio Vigil Neto sustenta posição distinta:

"Um dos problemas da lei é ter disposições semelhantes redigidas de forma diferente. Note-se que o art. 23 afirma que o não-cumprimento da ordem judicial implica desobediência. Já, o art. 104, parágrafo único, que trata dos deveres impostos ao falido, afirma que o não-cumprimento destes, após intimação pessoal, fará com que responda por crime de desobediência. Nesta última hipótese a lei fala em crime; na primeira não. Seria o caso de desobediência no âmbito civil? Não é absurdo assim raciocinar, uma vez que o parágrafo único do art. 23 impõe uma sanção de natureza não-penal ao administrador que desobedecer a ordem judicial, a sua destituição, que implica perda de qualquer direito remuneratório, bem como o impedimento, durante cinco anos, de ser administrador judicial. Logo, é possível sustentar que a desobediência prevista no art. 23, *caput*, não tem a mesma natureza jurídica prevista no art. 104, parágrafo único, seja por serem as disposições redigidas de forma diversa, seja pelo fato de a desobediência do administrador judicial ter um sancionamento específico, diferentemente do que ocorre com a disposição que regula a desobediência do falido.

"Em que pese a tratar-se de uma tese factível, vislumbra-se um outro encaminhamento à questão. Nota-se que o tipo penal "desobediência" tem como elementos de sua configuração a desobediência à ordem legal de funcionário público. Levando-se em conta a regra do art. 327 do CP, se o administrador judicial não cumpre a determinação do magistrado, após pessoalmente intimado, está configurado o delito, pois o processo de adequação típica apenas exigia a existência de ordem legal, emanada de agente oficial – no caso, o representante do Poder Judiciário. O tipo penal é a desobediência, mas seus elementos mínimos de adequação

Lei de Falências e de Recuperação de Empresas, São Paulo, Saraiva, 2005, p. 67).

59. Paulo Fernando Campos Salles de Toledo, "Comentários aos arts. 1º ao 34", in Carlos Henrique Abrão e Paulo Fernando Campos Salles de Toledo (coords.), *Lei de Recuperação de Empresas e Falência*, São Paulo, Saraiva, 2005, p. 63.

são a ordem legal, a autoridade legítima e não-obediência.

"Em sentido contrário há uma posição defendida pelo STJ no RHC 4.250/1994, pelo voto do Min. Francisco de Assis Toledo, em que se sustenta a necessidade de expressa ressalva em lei para a caracterização do crime de desobediência."[60]

Art. 24. O juiz fixará o valor e a forma de pagamento da remuneração do administrador judicial,[160-161] observados a capacidade de pagamento do devedor, o grau de complexidade do trabalho e os valores praticados no mercado para o desempenho de atividades semelhantes.[162-163]

§ 1º. Em qualquer hipótese, o total pago ao administrador judicial não excederá 5% (cinco por cento) do valor devido aos credores submetidos à recuperação judicial ou do valor de venda dos bens na falência.[164]

§ 2º. Será reservado 40% (quarenta por cento) do montante devido ao administrador judicial para pagamento após atendimento do previsto nos arts. 154 e 155 desta Lei.[165-166]

§ 3º. O administrador judicial substituído será remunerado proporcionalmente ao trabalho realizado, salvo se renunciar sem relevante razão ou for destituído de suas funções por desídia, culpa, dolo ou descumprimento das obrigações fixadas nesta Lei, hipóteses em que não terá direito à remuneração.[167-168]

§ 4º. Também não terá direito a remuneração o administrador que tiver suas contas desaprovadas.[168]

LEGISLAÇÃO ANTERIOR

Lei de Falências (DL 7.661/1945): *Art. 67.* O síndico tem direito a uma remuneração, que o juiz deve arbitrar, atendendo à sua diligência, ao trabalho e à responsabilidade da função e à importância da massa, mas sem ultrapassar de 6% (seis por cento) até Cr$ 100.000,00; de 5% (cinco por cento) sobre o excedente até Cr$ 200.000,00; de 4% (quatro por cento) sobre o excedente até Cr$ 500.000,00; de 3% (três por cento) sobre o excedente até Cr$ 1.000.000,00; de 2% (dois por cento) sobre o que exceder de Cr$ 1.000.000,00.

§ 1º. A remuneração é calculada sobre o produto dos bens ou valores da massa, vendidos ou liquidados pelo síndico. Em relação aos bens que constituir em objeto de garantia real, o síndico perceberá comissão igual à que, em conformidade com a lei, for devida ao depositário nas execuções judiciais.

§ 2º. No caso de concordata, a percentagem não pode exceder a metade das taxas estabelecidas neste artigo, e é calculada somente sobre a quantia a ser paga aos credores quirografários.

§ 3º. A remuneração será paga ao síndico depois de julgadas suas contas.

§ 4º. Não cabe remuneração alguma ao síndico nomeado contra as disposições desta Lei, ou que haja renunciado ou sido destituído, ou cujas contas não tenham sido julgadas boas.

Art. 170. O comissário tem direito a uma remuneração, que o juiz deve arbitrar atendendo à sua diligência, ao trabalho, à responsabilidade da função e à importância da concordata, calculando-a sobre o valor do pagamento prometido aos credores quirografários e sendo ela limitada à terça parte das porcentagens previstas no art. 67.

§ 1º. Não cabe remuneração alguma ao comissário nomeado contra as disposições desta Lei, ou que haja renunciado ou sido destituído.

§ 2º. Do despacho que arbitrar a remuneração cabe agravo de instrumento, que poderá ser interposto pelo concordatário e pelo comissário.

§ 3º. Nos casos em que o comissário passe a exercer o cargo de síndico, perderá a remuneração regulada neste artigo, cabendo-lhe a que é atribuída ao novo cargo.

COMENTÁRIOS

160. Qual é a classificação da remuneração do administrador judicial? – Tal

60. Luiz Inácio Vigil Neto, *Teoria Falimentar e Regimes Recuperatórios: Estudos sobre a Lei 11.101/2005*, Porto Alegre, Livraria do Advogado, 2008, pp. 106-107.

remuneração será classificada como crédito extraconcursal, vale dizer, será paga antes dos créditos mencionados no art. 83 (art. 84, I).

Ressalta, adequadamente, Fábio Ulhoa Coelho: "Assim é porque ele não pode correr o risco de trabalhar sem remuneração, fato que se verificaria se a massa consumisse todos os seus recursos no pagamento dos credores com preferência em relação à remuneração do administrador judicial".[61]

Jurisprudência

Lembramos que, sob a égide do regime anterior, foi editada a seguinte Súmula pelo egrégio STJ:

[STJ] *Súmula 219*. Os créditos decorrentes de serviços prestados à massa falida, inclusive a remuneração do síndico, gozam dos privilégios próprios dos trabalhistas.[62] [*DJU 25.3.1999*]

161. Cabe recurso da decisão que fixa remuneração do administrador judicial? – A atual lei é omissa. Waldo Fazzio Jr. opina: "A decisão que arbitra a remuneração do administrador judicial é agravável, sendo legitimados o devedor, o Ministério Público ou qualquer credor. A LRE não cogita de recurso contra tal decisão judicial, mas, como se aplica supletivamente o Código de Processo Civil, a solução não pode ser outra".[63]

Já, Fábio Ulhoa Coelho, por entender aplicável o ensinamento do saudoso comercialista Rubens Requião à atual lei, transcreve-o: "A Lei de Falências organizou um sistema recursal próprio, que não deve nem pode ser aplicado por invocação subsidiária do processo comum. Em matéria de recursos, a Lei de Falências é auto-suficiente, e a exaure em suas previsões. Não cabe, pois, ampliar os recursos nela previstos".[64]

Inclinamo-nos pela posição de Rubens Requião, secundada por Fábio Ulhoa Coelho.

162. Quais são os critérios para fixação da remuneração do administrador judicial? – O § 1º do art. 22 adota os seguintes critérios para fixação das remunerações dos auxiliares do administrador judicial: complexidade dos trabalhos a serem executados e valores praticados no mercado para o desempenho de atividades semelhantes.

Já, no tocante aos critérios para fixação da remuneração do administrador judicial, o art. 24, além de reprisar os mesmos critérios supracitados, acrescenta um terceiro: a capacidade de pagamento do devedor.

No regime anterior os critérios para fixação da remuneração, quer do síndico, quer do comissário, eram os seguintes: diligência, trabalho e responsabilidade da função e importância da massa/concordata (arts. 66 e 170).

163. Qual é a forma de pagamento da remuneração do administrador judicial? – A forma de pagamento da remuneração do administrador judicial propriamente dita não está prevista na atual lei.

61. Fábio Ulhoa Coelho, *Comentários à Nova Lei de Falências e de Recuperação de Empresas*, São Paulo, Saraiva, 2005, p. 69.

62. Lembra Ézio Carlos S. Baptista: "A remuneração devida ao administrador judicial na legislação anterior suscitava acalorados debates (...) visto que, embora houvesse o comando legal para que o pagamento devido ao 'síndico' fosse enquadrado como encargos da massa, havia uma relativa construção doutrinária e jurisprudencial indicando que a remuneração do administrador judicial tinha caráter de trabalho, portanto enquadrava-se como crédito trabalhista. A nova sistemática adotada resolve a questão ao colocar o crédito do administrador judicial como crédito extraconcursal, ou seja, não concorrerá com os demais créditos concursais (art. 83) (...) restando abandonada a concepção da lei anterior em que poderia resultar em não receber nada no término do processo. Assim, havia na lei anterior um claro desestímulo à atividade de 'síndico' e 'comissário', o qual não se espera que ocorra diante da atual redação dos artigos enfrentados" ("Comentários aos arts. 8º ao 34", in Newton de Lucca e Adalberto Simão Filho (coords.), *Comentários à Nova Lei de Recuperação de Empresas e de Falências*, São Paulo, Quartier Latin, 2005, p. 163).

63. Waldo Fazzio Jr., *Nova Lei de Falência e de Recuperação de Empresas*, São Paulo, Atlas, 2005, p. 332.

64. Fábio Ulhoa Coelho, *Comentários à Nova Lei de Falências e de Recuperação de Empresas*, cit., p. 416.

Logo, com estribo no princípio ontológico aplicável ao direito privado – *o que não está proibido está permitido* –, acreditamos que a periodicidade do pagamento da remuneração do administrador judicial pode ser mensal, bimensal, trimestral etc.[65]

Por outro lado, o texto legal estabeleceu que do montante devido ao administrador serão reservados 40% para pagamento após o atendimento ao disposto nos arts. 154[66] e 155.[67]

Em outras palavras, 40% do montante devido ao administrador serão pagos após: (1) a apresentação das suas contas ao juiz no prazo de 30 dias depois de concluída a realização de todo o ativo e distribuído o produto entre os credores; (2) a apresentação do relatório final da falência, no prazo de 10 dias depois de serem julgadas suas contas, indicando o valor do ativo e o do produto de sua realização, o valor do passivo e o dos pagamentos feitos aos credores, e especificará justificadamente as responsabilidades com que continuará o falido.

Por conseguinte, 60% da remuneração do administrador judicial deverão ser pagos ao longo da tramitação processual e 40% a final, ou seja, após apresentação de suas contas ao juiz (o que pressupõe a realização de todo o ativo e a distribuição do produto aos credores) e do relatório final (o que pressupõe o julgamento de suas contas).[68]

164. Foi previsto algum limite para a remuneração do administrador judicial? – Sim, o limite previsto é de 5% do valor devido aos credores submetidos a recuperação judicial ou do valor da venda dos bens na falência (§ 1º do art. 24).[69-70]

65. No mesmo sentido, Haroldo Malheiros Duclerc Verçosa: "Nada impede, a exemplo da lei anterior, que o juiz estipule o pagamento de uma parcela mensal ao administrador, a título de remuneração, desde que observe os parâmetros estabelecidos neste parágrafo e no que se lhe segue" ("Comentários aos arts. 21 ao 34", in Francisco Satiro de Sousa Jr. e Antônio Sérgio Altieri de Moraes Pitombo (coords.). *Comentários à Lei de Recuperação de Empresas e Falência: Lei 11.101/2005*, São Paulo, Ed. RT, 2005, p. 178).

66. Dispõe o art. 154: "Concluída a realização de todo o ativo, e distribuído o produto entre os credores, o administrador judicial apresentará suas contas ao juiz no prazo de 30 (trinta) dias".

67. Prescreve o art. 155: "Julgadas as contas do administrador judicial, ele apresentará o relatório final da falência no prazo de 10 (dez) dias, indicando o valor do ativo e o do produto de sua realização, o valor do passivo e o dos pagamentos feitos aos credores, e especificará justificadamente as responsabilidades com que continuará o falido".

68. A despeito disso, Ézio Carlos S. Baptista afirma: "A inovação da forma de pagamento indica que a remuneração do administrador judicial deverá ser separada em dois montantes. O primeiro de 40%, a ser pago durante o processo, e o segundo montante, de 60%, a ser pago quando do término do processo falimentar, ao ser entregue o último relatório do administrador judicial (art. 155). Oportuno salientar que, embora não haja disposição expressa sobre o momento de pagamento dos honorários do administrador judicial na recuperação, o magistrado deverá igualmente destacar dois montantes, como indicado para a falência, visto a possibilidade da convolação da recuperação em falência. Acredito que os valores devidos aos administradores antes do encerramento do processo falimentar (art. 155) poderiam ser pagos em parcelas mensais sucessivas, mesmo que a título de adiantamento, devendo apenas ser separado o montante de 60% para o final do processo" ("Comentários aos arts. 8º ao 34", cit., in Newton de Lucca e Adalberto Simão Filho (coords.), *Comentários à Nova Lei de Recuperação de Empresas e de Falências*, p. 164).

69. Paulo Fernando Campos Salles de Toledo lembra: "O prudente arbítrio do juiz saberá encontrar um montante justo e adequado às especificidades da hipótese. (...). Quanto maior o passivo, na recuperação da empresa, e quanto maior o produto da realização do ativo, na falência, maior terá sido o trabalho do administrador, e igualmente seu mérito, se ele tiver levado a bom termo sua incumbência" ("Comentários aos arts. 1º ao 34", in Carlos Henrique Abrão e Paulo Fernando Campos Salles de Toledo (coords.), *Lei de Recuperação de Empresas e Falência*, São Paulo, Saraiva, 2005, p. 64).

70. Ézio Carlos S. Baptista esclarece: "No caso de recuperação judicial o valor máximo a ser pago ao administrador judicial é observado logo no início do processo, o que não deve ocorrer no processo falimentar, visto que, embora a arrecadação de bens do falido venha a seguir da sentença que decreta a falência, a eventual apuração de bens extraviados por meio de ações revocatórias, cobrança de obrigações, execuções de créditos serão observadas [*sic*] em

Calixto Salomão Filho critica a limitação legal: "Administradores judiciais são, na experiência internacional de recuperação de empresas, profissionais altamente gabaritados que assumem riscos e devem ser remunerados por isso. Sua remuneração não deve se limitar aos percentuais fixos legais, devendo incluir também percentual variável em ações e opções de ações. Só assim será possível profissionalizar o processo de recuperação, retirando o aspecto personalista que a opção (criticável) do legislador pela manutenção de poderes do controlador após a decretação de recuperação judicial ajudou a criar".[71]

No regime anterior também havia previsão de limites: (1) para o síndico – 6% até Cr$ 100.000,00; 5% sobre o excedente até Cr$ 200.000,00; 4% sobre o excedente até Cr$ 500.000,00; 3% sobre o excedente até Cr$ 1.000.000,00; 2% sobre o que exceder de Cr$ 1.000.000,00 (art. 67); (2) para o comissário de concordata preventiva – remuneração limitada à terça parte das porcentagens previstas no art. 67 (art. 170); (3) para o comissário de concordata suspensiva – remuneração limitada à metade das mesmas porcentagens previstas no art. 67 (§ 2º).

165. Foi prevista alguma reserva do montante devido ao administrador judicial? – Sim, a reserva prevista é de 40%, conforme o § 2º do art. 24.

166. A reserva aplica-se tanto à recuperação judicial quanto à falência? Quando tal reserva deve ser paga? – Paulo Fernando Campos Salles de Toledo responde: "A norma se refere expressamente a dois artigos relativos ao processo de falência. [*Arts. 154 e 155 – acrescentamos*] Daí se depreender que a LRE não adotou reserva para os casos de recuperação judicial. Talvez tenha entendido que, aí, o próprio devedor poderia defender seus interesses, sem necessidade de proteção legal diferenciada. Melhor, contudo, a solução prevista no art. 71, § 1º, da redação final do Projeto de Lei da Câmara. Previa-se, então, que o devedor faria, com os pagamentos aos credores, também o da remuneração devida ao administrador judicial, reservando-se 20% para serem pagos somente após o oferecimento de prestação de contas e apresentação do relatório da execução do plano. Agora, sem expressa previsão legal, ficará difícil ao devedor em recuperação judicial reservar uma parcela da remuneração ao administrador para pagamento após a apresentação do relatório a que se refere o art. 22, II, 'd', da LRE, a não ser que obtenha, nesse sentido, ordem judicial em seu favor. Note-se que o cumprimento desse dever é do interesse de todos, e não somente do devedor".[72]

Na nossa opinião, a despeito da ausência de previsão expressa da aludida reserva em seara de recuperação judicial, ela existe implicitamente nas dobras do art. 63, I.

Tal dispositivo prevê a determinação do pagamento do saldo de honorários do administrador judicial na sentença de encerramento da recuperação judicial.

Assim sendo, tem-se que a reserva deve ser paga: (1) em seara falimentar, após o atendimento do disposto nos arts. 154[73] e

processos legais separados, e após o esgotamento da busca destes bens é que haverá certeza sobre o ativo falimentar objeto de alienação em que será calculado o teto da remuneração do administrador judicial" ("Comentários aos arts. 8º ao 34", cit., in Newton de Lucca e Adalberto Simão Filho (coords.), *Comentários à Nova Lei de Recuperação de Empresas e de Falências*, p. 164).

71. Calixto Salomão Filho, "Introdução", in Francisco Satiro de Sousa Jr. e Antônio Sérgio Altieri de Moraes Pitombo (coords.), *Comentários à Lei de Recuperação de Empresas e Falência: Lei 11.101/2005*, São Paulo, Ed. RT, 2005, pp. 50-51.

72. Paulo Fernando Campos Salles de Toledo, "Comentários aos arts. 1º ao 34", cit., in Carlos Henrique Abrão e Paulo Fernando Campos Salles de Toledo (coords.), *Lei de Recuperação de Empresas e Falência*, p. 65.

73. Dispõe o art. 154: "Concluída a realização de todo o ativo, e distribuído o produto entre os credores, o administrador judicial apresentará suas contas ao juiz no prazo de 30 (trinta) dias".

155,[74] de conformidade com o § 2º do art. 24[75] – vale dizer, o pagamento dar-se-á após o julgamento das contas do administrador judicial e a apresentação do relatório final da falência; (2) tratando-se de recuperação judicial, após o cumprimento do preceituado no art. 63, I – ou seja, o pagamento operar-se-á após a prestação de contas e aprovação do relatório circunstanciado relativo à execução do plano de recuperação do devedor.

167. Qual é a forma de remuneração do administrador substituído? – A forma é a da proporcionalidade relativa ao trabalho realizado (§ 3º do art. 24).

168. O administrador judicial será sempre remunerado? – Não, pois se ele renunciar sem relevante razão[76] ou for destituído de suas funções por desídia, culpa, dolo ou descumprimento das obrigações legais (§ 3º do art. 24), ou tiver suas contas desaprovadas (§ 4º do art. 24), não terá direito à remuneração.[77]

De conformidade com o regime anterior, não cabia remuneração alguma ao síndico nomeado contra as disposições legais, que houvesse renunciado, sido destituído ou cujas contas não houvessem sido julgadas boas (§ 3º do art. 67), nem ao comissário que tivesse sido nomeado contra as disposições legais ou que houvesse renunciado ou sido destituído (§ 1º do art. 170).

Art. 25. Caberá ao devedor ou à massa falida arcar com as despesas relativas à remuneração do administrador judicial e das pessoas eventualmente contratadas para auxiliá-lo.[169]

LEGISLAÇÃO ANTERIOR

Lei de Falências (DL 7.661/1945): *Art. 212.* Para a remuneração das pessoas referidas neste artigo observar-se-á o seguinte: I – o perito designado pelo síndico (art. 63, n. V) perceberá, por todos os serviços que prestar, o salário que for arbitrado pelo juiz, até o máximo de duas vezes o salário mínimo vigente na região; tratando-se de trabalho excepcional, o síndico poderá, se a massa comportar e o juiz autorizar, ajustar o salário do perito além daquele máximo; II – os peritos nomeados para a verificação de contas de que trata o art. 1º, § 1º, perceberão o salário máximo de valor igual à metade do salário mínimo vigente na região; III – o depositário de que trata o § 4º do art. 12 perceberá a quarta parte das taxas estipuladas no regimento de custas para os depositários judiciais, e nada perceberá se tiver sido o requerente da falência ou a pessoa sobre a qual tenha recaído a nomeação de síndico; IV – o avaliador, oficial ou não, perceberá as custas na conformidade do estabelecido no respectivo regimento; V – o leiloeiro não perceberá da massa, na venda dos bens desta, nenhuma comissão,

74. Prescreve o art. 155: "Julgadas as contas do administrador judicial, ele apresentará o relatório final da falência no prazo de 10 (dez) dias, indicando o valor do ativo e o do produto de sua realização, o valor do passivo e o dos pagamentos feitos aos credores, e especificará justificadamente as responsabilidades com que continuará o falido".

75. No entanto, como ressalta Fábio Ulhoa Coelho: "(...) no mesmo ato em que se procede ao pagamento da primeira parcela da remuneração devida ao administrador também se faz a devida reserva do numerário correspondente à segunda parcela. Sem essa reserva a remuneração do administrador judicial perderia a natureza de crédito extraconcursal" (*Comentários à Nova Lei de Falências e de Recuperação de Empresas*, cit., pp. 69-70).

76. Paulo Fernando Campos Salles de Toledo explica: "A função de administrador judicial constitui *munus* público importante, de modo que sua renúncia imotivada, após haver aceito o encargo e se comprometido a bem exercer os deveres a ele relativos, representa desrespeito à Justiça e à coletividade de credores. Acertada, pois, a sanção prevista" ("Comentários aos arts. 1º ao 34", cit., in Carlos Henrique Abrão e Paulo Fernando Campos Salles de Toledo (coords.), *Lei de Recuperação de Empresas e Falência*, p. 66).

77. Aliás, a sentença que rejeitar as contas do administrador judicial fixará suas responsabilidades, poderá determinar a indisponibilidade ou seqüestro de bens e servirá como título executivo para indenização da massa (art. 154, § 5º).

cabendo-lhe, apenas, a comissão que, na forma da lei, for devida pelo comprador.

Art. 211. Os exames e verificações periciais de que trata esta Lei devem ser feitos por contadores habilitados na forma da legislação em vigor. Onde não os houver, serão nomeadas pessoas de notória idoneidade, versadas na matéria.

Art. 61. (...).

Parágrafo único. A massa não responde por quaisquer honorários de advogados que funcionarem no processo da falência como procuradores do síndico.

COMENTÁRIOS

169. A quem caberá arcar com as remunerações do administrador judicial e das pessoas por ele contratadas? – No caso de recuperação judicial, ao devedor;[78] se se tratar de falência, à massa.[79]

Haroldo Malheiros Duclerc Verçosa, pertinentemente, adverte: "Caso o devedor na recuperação judicial não tenha recursos para o pagamento em tela, revela-se a inviabilidade do projeto. Na falência, mostra-se que ela não poderá prosseguir, pois não haverá recursos para seu custeio. Verifica-se que, a propósito deste tema, a nova lei apresenta uma lacuna, por não haver adotado regra equivalente à do art. 75 do Decreto-lei 7.661/1945. Naquele texto verifica-se que, não havendo o síndico encontrado, durante a arrecadação, bens suficientes para as despesas do processo, o fato seria levado ao conhecimento dos credores, para que estes requeressem o que entendessem conveniente a seus direitos. (...). Embora não previsto pela nova lei, entende-se que não estaria vedado o adiantamento feito por credores, na esperança do ingresso de eventuais recursos para a massa, originados de algum fato superveniente. Mas tal possibilidade revela-se tão improvável no regime da nova lei quanto o foi no da anterior".[80]

Quanto aos honorários advocatícios, é necessário fazer a seguinte ressalva: o administrador judicial responderá pelos honorários do advogado que o representar; a massa suportará os honorários do advogado contratado pelo administrador judicial, com aprovação do juiz, para a defesa dos interesses da falência.

Art. 26. O comitê de credores[170-171-172] será constituído por deliberação de qualquer das classes de credores na assembléia-geral[173] e terá a seguinte composição;[174-175] I – 1 (um) representante indicado pela classe de credores trabalhistas, com 2 (dois) suplentes; II – 1 (um) representante indicado pela classe de credores com direitos reais de garantia ou privilégios especiais, com 2 (dois) suplentes; III – 1 (um) representante indicado pela classe de credores quirografários e com privilégios gerais, com 2 (dois) suplentes.

§ 1º. A falta de indicação de representante por quaisquer das classes não prejudicará a constituição do comitê, que poderá funcionar com número inferior ao previsto no *caput* deste artigo.[176]

§ 2º. O juiz determinará, mediante requerimento subscrito por credores que representem a maioria dos créditos de uma classe, independentemente da realização de assembléia:[177] I – a nomeação do representante e dos suplentes[178] da respectiva classe ainda não representada no comitê; ou II – a substituição do representante ou dos suplentes[178] da respectiva classe.

78. A mesma regra existia no regime anterior no tocante à concordata (art. 175, § 1º, II).

79. Lembra Ézio Carlos S. Baptista: "(...) no processo falimentar pode ocorrer que inexista ativo, ou que o valor deste seja irrisório, ficando o administrador judicial e seus auxiliares sem receber nada pelos trabalhos desempenhados" ("Comentários aos arts. 8º ao 34", in Newton de Lucca e Adalberto Simão Filho (coords.), *Comentários à Nova Lei de Recuperação de Empresas e de Falências*, São Paulo, Quartier Latin, 2005, p. 164).

80. Haroldo Malheiros Duclerc Verçosa, "Comentários aos arts. 21 ao 34", in Francisco Satiro de Sousa Jr. e Antônio Sérgio Altieri de Moraes Pitombo (coords.), *Comentários à Lei de Recuperação de Empresas e Falência: Lei 11.101/2005*, São Paulo, Ed. RT, 2005, p. 179.

§ 3º. Caberá aos próprios membros do comitê indicar, entre eles, quem irá presidi-lo.[179-180]

LEGISLAÇÃO ANTERIOR

Artigo sem correspondência no Decreto-lei 7.661/1945.

COMENTÁRIOS

170. Comitê de credores: inovação? – Com efeito, o comitê de credores é uma inovação – aliás, saudável, na medida em que, como ressalta Maria Odete Duque Bertasi: "Mesmo sendo facultativa, a constituição do comitê de credores é uma das principais inovações introduzidas pelo legislador, que certamente visou a uma participação mais ativa dos credores nos processos de recuperação judicial e falência. Na defesa de seu interesse maior, que é exatamente o recebimento do crédito, o credor poderá acompanhar mais de perto as atividades do devedor, a administração por ele desenvolvida, a efetiva utilização dos recursos financeiros e o cumprimento do plano de recuperação proposto. (...). Se no sistema atual o juiz é soberano nos destinos dos devedores concordatários, com a nova Lei de Recuperação e de Falências os credores passarão a ter maior participação em todo o processo, desde o seu nascedouro, principalmente no que se refere ao plano de recuperação, cuja execução será fiscalizada diretamente pelo comitê".[81]

Para Manoel Justino Bezerra Filho o comitê de credores não é uma inovação: "O comitê de credores não é figura nova em nosso diploma falimentar, pois existe na lei anterior, desde 1945, como se pode ver dos arts. 122 e 123 daquele diploma, que previam exatamente um comitê de credores para liquidar ou administrar a massa falida, da forma que viessem propor ao juiz. No entanto – e a observação é válida também para a presente lei –, não houve interesse em usar tal prerrogativa legal, porque a recuperação da empresa por meio de comitês é um fenômeno de natureza econômica e não jurídica. Ou seja, embora já houvesse previsão legal, não houve interesse econômico e, por isto mesmo, o sistema de comitês não funcionou na legislação anterior".[82]

Entendemos que o comitê de credores é, sim, uma inovação.[83] Logo, discordamos da opinião de Manoel Justino Bezerra Filho, pelas seguintes razões:

1) O art. 122 do regime anterior tratava exclusivamente de deliberação dos credores da falência, em *assembléia-geral*, sobre a liquidação do ativo. Note-se que tal artigo não faz qualquer alusão à administração da falência, nem ao comitê de credores.

2) O art. 123, também do regime anterior, autorizava outra forma de liquidação do ativo, desde que deliberada por credores que representassem dois terços dos créditos, inclusive mediante constituição de *sociedade* para continuação do negócio do falido. Tampouco este dispositivo faz qualquer alusão ao comitê de credores, apenas prevê a constituição de *sociedade* para administrar o negócio do falido.

3) O art. 35, II, "a" da atual lei, reprisando o art. 122, supracitado, prevê como atribuição da *assembléia-geral de credores* da falência a adoção de outras modalidades de realização do ativo, na forma do art. 145. Frise-se: a *assembléia-geral de credores*, e não o comitê de credores.

81. Maria Odete Duque Bertasi, "Administrador judicial. Comitê de credores e assembléia-geral de credores na Lei de Recuperação de Empresas e Falência", in Rubens Approbato Machado (coord.), *Comentários à Nova Lei de Falências e Recuperação de Empresas*, São Paulo, Quartier Latin, 2005, p. 131.

82. Manoel Justino Bezerra Filho, *Nova Lei de Recuperação e de Falências Comentada. Lei 11.101, de 9.2.2005, Comentário Artigo por Artigo*, 3ª ed., São Paulo, Ed. RT, 2005, p. 100.

83. Jairo Saddi entende que o comitê de credores, assim como a assembléia-geral de credores, constituem incentivo à governança corporativa ("Suspensão e invalidação da assembléia de credores na nova Lei de Falências", in Rodrigo R. Monteiro de Castro e Leandro dos Santos de Aragão (coords.), *Direito Societário e a Nova Lei de Falências e Recuperação de Empresas*, São Paulo, Quartier Latin, 2006, p. 55).

4) O art. 145 da atual lei estabelece que o juiz homologará qualquer outra modalidade de realização do ativo, desde que aprovada pela *assembléia de credores*, inclusive mediante constituição de sociedade de credores. Ressalte-se: a *assembléia-geral de credores*, e não o comitê de credores.

5) O § 3º do referido art. 145 prescreve que, não sendo aprovada pela assembléia-geral a proposta alternativa para realização do ativo, caberá ao juiz decidir a forma que será adotada, levando em consideração a manifestação do administrador judicial e do comitê de credores. Enfatize-se: a *assembléia-geral de credores* delibera, e somente se não aprovar a referida proposta é que o comitê de credores se manifesta.

6) O art. 27 da atual lei, que fixa as atribuições do comitê de credores, não elencou a deliberação sobre a modalidade de realização ao ativo do devedor como sua atribuição; nem poderia fazê-lo, pois tal atribuição pertence à *assembléia-geral de credores*, nos termos do art. 35, II, "a", e do art. 145, retromencionados.

171. A constituição do comitê de credores é obrigatória ou facultativa? – Na nossa opinião a constituição do comitê de credores é facultativa: (1) seja porque o art. 28 é expresso: "*Não havendo comitê de credores*, caberá ao administrador judicial ou, na incompatibilidade deste, ao juiz exercer suas atribuições"; (2) seja porque a redação do art. 12 estabelece que "o devedor e o comitê, *se houver*, serão intimados"; (3) seja, por fim, porque o art. 64 reza: "*Art. 64.* (...) o devedor ou seus administradores serão mantidos na condução da atividade empresarial, sob fiscalização do comitê de credores, *se houver* (...)".[84-85-86]

172. É viável a constituição do comitê de credores em processos de menor complexidade? – Tirante o plano especial de recuperação judicial aplicável às microempresas e empresas de pequeno porte (arts. 70-72), a lei sob comento não classifica os processos de recuperação judicial ordinária em "de maior e de menor complexidade".

Assim sendo, em todas as recuperações judiciais ordinárias poderá ser constituído o comitê de credores.

A despeito disso, o bom senso aponta para o fato de que tratando-se de recuperação judicial de menor porte, ou até mesmo de menor complexidade, torna-se desnecessária a constituição do comitê de credores.[87-88]

84. No excerto doutrinário transcrito no tópico anterior de autoria de Maria Odete Duque Bertasi ela também se posiciona no sentido de que a constituição do comitê de credores é facultativa (v. nota de rodapé 1, acima).

85. Júlio Kahan Mandel, no mesmo diapasão, assevera: "O comitê de credores não será obrigatoriamente constituído, mas somente se houver deliberação nesse sentido por parte da assembléia-geral" (*Nova Lei de Falências e Recuperação de Empresas Anotada: Lei 11.101, de 9.2.2005*, São Paulo, Saraiva, 2005, p. 64).

86. Waldo Fazzio Jr. tem entendimento distinto: "A facilidade com que a LRE confunde, aleatoriamente, os verbos *poder* e *dever* coloca o intérprete, num primeiro momento, em dúvida sobre o caráter facultativo ou obrigatório do comitê de credores nos processos falimentares. (...) alguns dispositivos da LRE dizem que 'os credores poderão', 'a assembléia-geral poderá', requerer a constituição do comitê de credores. Por exemplo, no art. 99, ao decretar a falência do devedor, o juiz proíbe ato dispositivo de bens, submetendo-o à autorização do comitê, 'se houver'. (...). O exame mais atento e contextual da LRE leva a concluir que o comitê de credores é, praticamente, compulsório. Os exemplos de dispositivos que induzem a essa compreensão são inúmeros, bastando a menção de alguns: no art. 66 (...); no art. 113 (...); no art. 114; no art. 118. (...). Parece-nos que a LRE tem a intenção de possibilitar a criação de um comitê de credores sempre que o volume da massa falida seja de vulto ou o contingente de credores e a complexidade das relações contratuais envolvidas o justifiquem. Por desatenta redação, não se deve interpretar rigidamente diversos dispositivos da LRE, adotando-se exegese razoável no sentido de que, nas falências pequenas, o administrador judicial, substituto qualificado do antigo síndico, pode dar conta das funções que seriam da alçada do comitê, se existisse. Não há motivo para entendimento diverso, a partir da própria intenção do legislador, dirigida à desburocratização dos processos falitários" (*Nova Lei de Falência e de Recuperação de Empresas*, São Paulo, Atlas, 2005, pp. 336-337).

87. Segundo Manoel Justino Bezerra Filho: "Pelas formalidades que cercam a formação do comitê de credores e pelo tipo de atribuição a ele fixado, constata-se que sua existência apenas deverá se dar

173. Como será constituído o comitê de credores? – Dito comitê somente poderá ser constituído, no âmbito da falência ou da recuperação judicial, mediante deliberação de qualquer das classes de credores em assembléia-geral (art. 35, I, "b", e II, "b").

174. Qual será a composição do comitê de credores? – A composição do comitê de credores será efetuada mediante a indicação de um representante e dois suplentes por cada uma das seguintes classes: (1) credores trabalhistas; (2) credores com direitos reais de garantia ou privilégios especiais; (3) de credores quirografários e com privilégios gerais.

175. Critério de distribuição de classes dos credores para fins de composição do comitê de credores – A despeito de já existir um critério de distribuição de classes de credores fixado no art. 41, o legislador, para fins de composição do comitê de credores, adotou outro critério de distribuição.[89-90]

176. A falta de indicação de representante por quaisquer das classes prejudicará a constituição do comitê de credores? – Não, pois o referido comitê poderá funcionar com número inferior ao previsto no art. 26.[91]

177. Depende de assembléia a nomeação ou substituição do representante e dos suplentes? – Não. Tanto para a nomeação

em recuperações ou falências de grande porte. Em processos nos quais os valores em discussão sejam mais modestos certamente não haverá interesse em formação de comitê de credores, que, aliás, pressupõe a existência anterior de assembléia-geral convocada (...) o comitê de credores é órgão de criação facultativa e que, certamente, apenas será criado – se o for – em recuperações judiciais e falências de grande espectro, pois as formalidades que cercam tanto a convocação da assembléia-geral quanto o funcionamento do comitê mostram que a lei não pretendeu destiná-lo para feitos de pequena expressão econômica" (*Nova Lei de Recuperação e de Falências Comentada. Lei 11.101, de 9.2.2005, Comentário Artigo por Artigo*, cit., 3ª ed., pp. 103-105).

88. No mesmo sentido opina Paulo Fernando Campos Salles de Toledo: "Cumpre anotar que o comitê existe, potencialmente, em todas as recuperações judiciais e falências. Sua implementação, no entanto, depende de iniciativa da assembléia-geral de credores. Nos processos de menor complexidade normalmente não se justificará a constituição do comitê de credores" ("Comentários aos arts. 1º ao 34", in Carlos Henrique Abrão e Paulo Fernando Campos Salles de Toledo (coords.), *Lei de Recuperação de Empresas e Falência*, São Paulo, Saraiva, 2005, p. 68).

89. Alerta Fábio Ulhoa Coelho: "Na distribuição dos credores em classes a lei contém uma incongruência. Na constituição da instância classista em assembléia (para fins de votar o plano de recuperação judicial, por exemplo), os credores com privilégio especial integram a mesma dos quirografários e subordinados (art. 41). Já, na eleição dos membros do comitê, esses credores se unem aos titulares de garantia real. Essa incongruência deveu-se à imprecisão da Emenda 57, apresentada em Plenário pela senadora Ideli Salvatti quando da votação do Projeto pelo Senado, em julho/2004. A Emenda alterou a redação do art. 41, para isolar numa única classe de credores com garantia real, mas se esqueceu de fazer igual mudança no art. 26" (*Comentários à Nova Lei de Falências e de Recuperação de Empresas*, São Paulo, Saraiva, 2005, p. 74).

90. Paulo Fernando Campos Salles de Toledo, compartilhando da mesma opinião de Fábio Ulhoa Coelho, alvitra uma solução: "A solução talvez esteja em, desconsiderando os incisos I a III do art. 26 – e, com isso, superando as incongruências acima apontadas –, entender que o comitê será formado por um representante e dois suplentes de cada classe, como estas se encontram definidas no dispositivo específico sobre a matéria (art. 41 da LRE). É claro que o aplicador da lei, ao assim agir, estará pondo de lado o princípio segundo o qual a norma jurídica não tem palavras inúteis. Ele estará, no entanto, desse modo, levando em conta a finalidade do dispositivo e dando-lhe interpretação sistemática e, com isso, acima de tudo, tornando-o aplicável. Lembre-se, a respeito, que o juiz não pode deixar de sentenciar ou despachar alegando lacuna ou obscuridade da lei" ("Comentários aos arts. 1º ao 34", cit., in Carlos Henrique Abrão e Paulo Fernando Campos Salles de Toledo (coords.), *Lei de Recuperação de Empresas e Falência*, p. 69).

91. O senador Ramez Tebet, no seu parecer, esclarece que a Emenda 116 da senadora Lúcia Vânia "prevê que no § 1º do art. 26 explicite-se que o comitê de credores poderá funcionar com apenas um representante. (...). Não vislumbramos a utilidade da alteração proposta pela Emenda n. 116. Se o *caput* do art. 26 dispõe que o comitê será constituído por três membros e o seu § 1º já prevê que poderá funcionar com número inferior, é dispensável explicitar ser possível que funcione com apenas um representante" (v. parecer na íntegra: Anexo II desta obra).

do representante e dos suplentes da respectiva classe ainda não representada no comitê quanto para a substituição do representante ou dos suplentes bastará que se formule um requerimento ao juiz, subscrito por credores que representem a maioria dos créditos de uma classe.

178. Hierarquização dos suplentes – Com relação aos suplentes, lembra Fábio Ulhoa Coelho: "Entre os suplentes, convém hierarquizar os eleitos (1º suplente e 2º suplente), para que não haja dúvidas acerca de quem integra o órgão na ausência ou impedimento do titular. Se a assembléia não estabeleceu a hierarquia dos suplentes, o que – entre os dois – titularizar o crédito de maior valor será o 1º, e o de menor, o 2º".[92]

Acreditamos que o critério alvitrado pelo autor é de bom senso.

179. Como se dará a indicação do presidente do comitê de credores? – Caberá aos próprios membros do comitê indicar, entre eles, quem irá presidi-lo.[93]

180. Se houver empate quanto à indicação do presidente do comitê de credores, quem decide? – Responde Manoel Justino Bezerra Filho: "Considerando que o comitê de credores constitui-se, em princípio, de três membros e que cada membro possui liberdade para escolher quem irá presidi-lo, podendo votar em si mesmo, existe a possibilidade de ocorrência de empate na eleição do presidente, e, em tal caso, será aplicado o § 2º do art. 27, que prevê a solução de qualquer impasse pelo administrador judicial e, em caso de incompatibilidade deste, pelo juiz da causa. O juiz, porém, sempre deverá levar em conta o conflito de interesses existentes, tendo em vista que o comitê tem entre suas atribuições a de fiscalizar as atividades do administrador judicial (alínea 'a' do inciso I do art. 27)".[94]

Reputamos adequada a solução alvitrada pelo autor.

Art. 27. O comitê de credores terá as seguintes atribuições, além de outras previstas nesta Lei:[181-182-183] I – na recuperação judicial e na falência:[181-182-183] a) fiscalizar as atividades e examinar as contas do administrador judicial; b) zelar pelo bom andamento do processo e pelo cumprimento da lei; c) comunicar ao juiz, caso detecte violação dos direitos ou prejuízo aos interesses dos credores; d) apurar e emitir parecer sobre quaisquer reclamações dos interessados; e) requerer ao juiz a convocação da assembléia-geral de credores; f) manifestar-se nas hipóteses previstas nesta Lei; II – na recuperação judicial:[181-182-183] a) fiscalizar a administração das atividades do devedor, apresentando, a cada 30 (trinta) dias, relatório de sua situação; b) fiscalizar a execução do plano de recuperação judicial; c) submeter à autorização do juiz, quando ocorrer o afastamento do devedor nas hipóteses previstas nesta Lei, a alienação de bens do ativo permanente, a constituição de ônus reais e outras garantias, bem como atos de endividamento necessários à continuação da atividade empresarial durante o período que antecede a aprovação do plano de recuperação judicial.

§ 1º. As decisões do comitê, tomadas por maioria,[184] serão consignadas em livro de atas, rubricado pelo juízo,[185] que ficará à disposição do administrador judicial, dos credores e do devedor.

92. Fábio Ulhoa Coelho, *Comentários à Nova Lei de Falências e de Recuperação de Empresas*, cit., p. 73.

93. Noticia Paulo Fernando Campos Salles de Toledo: "Durante a tramitação do processo legislativo chegou-se a cogitar de ser o comitê presidido pelo administrador judicial, mas a idéia felizmente não prosperou, uma vez que o órgão perderia representatividade, com a participação de elemento estranho à categoria dos credores" ("Comentários aos arts. 1º ao 34", cit., in Carlos Henrique Abrão e Paulo Fernando Campos Salles de Toledo (coords.), *Lei de Recuperação de Empresas e Falência*, pp. 69-70).

94. Manoel Justino Bezerra Filho, *Nova Lei de Recuperação e de Falências Comentada. Lei 11.101, de 9.2.2005, Comentário Artigo por Artigo*, cit., 3ª ed., p. 102.

§ 2º. Caso não seja possível a obtenção de maioria em deliberação do comitê, o impasse será resolvido pelo administrador judicial[186] ou, na incompatibilidade deste, pelo juiz.[187]

LEGISLAÇÃO ANTERIOR

Artigo sem correspondência no Decreto-lei 7.661/1945.

COMENTÁRIOS

181. Como estão partilhadas as atribuições do comitê de credores? – As atribuições do comitê de credores estão partilhadas do seguinte modo: (1) na recuperação judicial e na falência (art. 27, I); (2) na recuperação judicial (art. 27, II).

182. Quais são as atribuições do comitê de credores? – As atribuições do comitê de credores, como já ressaltado acima, estão previstas nas alíneas dos incisos I a II do art. 27.

O comitê de credores tem as seguintes atribuições na recuperação judicial e na falência (art. 27, I):

1) *Fiscalizar as atividades e examinar as contas do administrador judicial.*[95]

2) *Zelar pelo bom andamento do processo e pelo cumprimento da lei.*[96]

3) *Comunicar ao juiz caso detecte violação dos direitos ou prejuízo aos interesses dos credores.*

4) *Apurar e emitir parecer sobre quaisquer reclamações dos interessados.*[97]

5) *Requerer ao juiz a convocação da assembléia-geral de credores.*

6) *Manifestar-se nas hipóteses previstas na lei.*[98-99]

95. Aduz Paulo Fernando Campos Salles de Toledo: "Se estabelecermos uma graduação das atividades do administrador e do comitê em relação aos fatos, na falência e na recuperação judicial, notaremos que aquele está, sem dúvida, mais próximo das ocorrências. Evidente, pois, o interesse dos credores em fiscalizar essa atuação, sendo o comitê o órgão incumbido da função. Além disso, o comitê deve, também, examinar as contas do administrador judicial. É claro que todos os credores terão esse *direito*. A diferença está em que para o comitê este é um *dever*. Suas atribuições possibilitam o cumprimento dessa tarefa, que não seria viável para todos os credores. O comitê estará, neste ponto, agindo como *longa manus* dos credores, fazendo o que eles, em conjunto, não teriam condições de fazer" ("Comentários aos arts. 1º ao 34", in Carlos Henrique Abrão e Paulo Fernando Campos Salles de Toledo (coords.), *Lei de Recuperação de Empresas e Falência*, São Paulo, Saraiva, 2005, p. 71).

96. Assevera Paulo Fernando Campos Salles de Toledo: "Tais atribuições, até certo ponto, assemelham-se às do Ministério Público quando este atua como *custos legis*. A distinção está em que o Ministério Público, intervindo como fiscal da lei nos processos concursais, atua na 'defesa da ordem jurídica', e não em benefício de determinada parte, ao passo que o comitê, ao propugnar pela observância da lei, age na defesa dos interesses dos credores" ("Comentários aos arts. 1º ao 34", cit., in Carlos Henrique Abrão e Paulo Fernando Campos Salles de Toledo (coords.), *Lei de Recuperação de Empresas e Falência*, p. 72).

97. Fábio Ulhoa Coelho exemplifica: "Se (...) um credor acha que a sociedade empresária está adquirindo estoques de mercadorias acima da capacidade de escoamento estimada como base para o plano de reorganização, ele pode levar sua preocupação ao comitê. Tomando-a por pertinente, após a investigação dos fatos indicados na reclamação, o comitê dá o seu parecer conclusivo e o encaminha ao juiz da recuperação judicial, para que sejam tomadas as medidas tendentes à correção do rumo" (*Comentários à Nova Lei de Falências e de Recuperação de Empresas*, São Paulo, Saraiva, 2005, pp. 76-77).

98. Lembra Haroldo Malheiros Duclerc Verçosa: "Em momentos específicos do processamento da recuperação judicial ou da falência foi determinado ao comitê que se manifeste em relação às matérias correspondentes. Isto se dá, por exemplo, na autorização para cumprimento dos contratos bilaterais do falido (art. 117, *caput*) ou quanto à forma de alienação do ativo (art. 145, § 1º)" ("Comentários aos arts. 21 ao 34", in Francisco Satiro de Sousa Jr. e Antônio Sérgio Altieri de Moraes Pitombo (coords.), *Comentários à Lei de Recuperação de Empresas e Falência: Lei 11.101/2005*, São Paulo, Ed. RT, 2005, p. 182).

99. Afirma José Alexandre Tavares Guerreiro: "O comitê, disciplinado nos arts. 26 e ss., deve, na falência, manifestar-se nas hipóteses previstas em lei (art. 26, I, 'f'). [*rectius: art. 27, I, "f"*] De sua competência, fixada no art. 26, [*rectius: art. 27*] não consta a impugnação da relação de credores, mas a letra do art. 8º lhe confere expressamente essa prer-

O comitê de credores tem as seguintes atribuições exclusivas na recuperação judicial (art. 27, II):

1) *Fiscalizar a administração das atividades do devedor, apresentando, a cada 30 dias, relatório de sua situação.* Note-se, de um lado, que cabe ao comitê, se houver, fiscalizar não só devedor, como também seus administradores, na recuperação judicial (art. 64), e, de outro lado, que o relatório mensal das atividades do devedor também é imposto ao administrador judicial (art. 22, II, "c").

Por isso, lembra Paulo Fernando Campos Salles de Toledo: "A duplicidade de visões só enriquece o acervo de informações posto à disposição dos credores, do Ministério Público e do juiz. Contribuirá, desse modo, para o melhor equacionamento da hipótese *sub judice*".[100]

2) *Fiscalizar a execução do plano de recuperação judicial.* Fábio Ulhoa exemplifica: "Se o órgão (...) considera que o devedor não está fazendo a provisão de caixa ou cortes de custos indicados no plano de reorganização aprovado, deve apenas requerer ao juiz que determine a adoção das medidas administrativas aptas à eliminação das distorções".[101]

3) *Submeter à autorização do juiz, quando ocorrer o afastamento do devedor nas hipóteses previstas na lei (art. 64, I-VI), a alienação de bens do ativo permanente, a constituição de ônus reais e outras garantias, bem como atos de endividamento necessários à continuação da atividade empresarial durante o período que antecede a aprovação do plano de recuperação judicial.*

183. Duas atribuições não conferidas ao comitê de credores: apresentação de plano de recuperação alternativo e legitimidade para pedir a convolação em falência – Paulo Fernando Campos Salles de Toledo ressalta duas atribuições não conferidas ao comitê de credores:

"A primeira refere-se à possibilidade, prevista na redação final do Projeto da Câmara, de que o comitê elaborasse um plano de recuperação alternativo, instruído com estudo fundamentado que demonstrasse a inviabilidade do plano apresentado pelo devedor. Este plano deveria ser submetido à assembléia-geral de credores e por ela aprovado (Projeto de Lei 4.376-B/1993, art. 67, § 1º, I). A idéia não foi encampada pelo Senado, que não incluiu a atribuição na redação final do Substitutivo. Prevaleceu a idéia de que a assembléia-geral de credores é que tem poderes para, discutindo o tema com o devedor, propor alterações ao plano original (LRE, art. 56, § 3º).

"Também não se atribuiu ao comitê de credores legitimidade para requerer a convolação em falência. A função, com efeito, extrapolaria o caráter fiscalizador das atribuições conferidas ao comitê. Não haverá, contudo, prejuízo à boa aplicação da lei, uma vez que a convolação pode ser requerida pelo administrador judicial (LRE, art. 22, II, 'b') e, além disso, poderá o comitê pleitear a convocação de assembléia-geral, que poderá deliberar a respeito (LRE, art. 73, I)."[102]

184. Qual é o* quorum *de deliberações no comitê de credores? – As deliberações do comitê de credores serão tomadas por maioria (§ 1º do art. 27).

rogativa. Não há, pois, dever legal de impugnação que incumba ao comitê, que não é representante dos credores, não podendo agir em seu nome. Mas pode ele contestar créditos declarados, exercendo, nesse caso, simples faculdade" ("Comentários aos arts. 7º ao 20", in Francisco Satiro de Sousa Jr. e Antônio Sérgio Altieri de Moraes Pitombo (coords.), *Comentários à Lei de Recuperação de Empresas e Falência: Lei 11.101/2005*, São Paulo, Ed. RT, 2005, p. 149).

100. Paulo Fernando Campos Salles de Toledo, "Comentários aos arts. 1º ao 34", cit., in Carlos Henrique Abrão e Paulo Fernando Campos Salles de Toledo (coords.), *Lei de Recuperação de Empresas e Falência*, p. 73.

101. Fábio Ulhoa Coelho, *Comentários à Nova Lei de Falências e de Recuperação de Empresas*, cit., p. 76.

102. Paulo Fernando Campos Salles de Toledo, "Comentários aos arts. 1º ao 34", cit., in Carlos Henrique Abrão e Paulo Fernando Campos Salles de Toledo (coords.), *Lei de Recuperação de Empresas e Falência*, pp. 74-75.

185. Como tais deliberações serão formalizadas? – As deliberações serão consignadas em livro de atas, rubricado pelo juízo, que ficará à disposição do administrador judicial, dos credores e do devedor (§ 1º do art. 27).

O livro de atas das reuniões do comitê de credores precisa ser autenticado pela Junta Comercial?

Opina afirmativamente Fábio Ulhoa Coelho: "(...) como livro mercantil, deve respeitar as normas aplicadas ao instituto, inclusive no que diz respeito à forma de escrituração e *arquivamento na Junta Comercial*".[103]

Jurisprudência[104]

Decidiu negativamente o Juiz da 1ª Vara de Falências e Recuperações Judiciais, Alexandre Alves Lazzarini, em sede de recuperação judicial:

[1ª Vara de Falências e Recuperações Judiciais] Vistos (...). O comitê de credores da Parmalat do Brasil S/A – Indústria de Alimentos, em recuperação judicial, encaminhou atas de suas reuniões, tendo em vista o determinado no art. 27, § 1º, da Lei n. 11.101/2005 (...).

Trata-se de livro específico da empresa em recuperação judicial (...). Por outro lado, *desnecessário*, também, *o registro desse livro na Junta Comercial, pois não é livro de empresa, mas é livro de recuperação judicial, com característica pública, pois deve ser rubricado pelo juízo.*

Nesse tópico, há que se destacar que o livro deve ser rubricado pelo *juízo*, e não pelo *juiz*, razão pela qual podem aplicar-se as regras destinadas aos livros obrigatórios dos ofícios da Justiça, disciplinada nas Normas de Serviço da Corregedoria-Geral da Justiça (NSCGJ) em seu item 5.2 (...). [*Juiz Alexandre Alves Lazzarini*]

186. Se o* quorum *não for atingido? – O impasse será resolvido pelo administrador judicial (§ 2º do art. 27).[105-106]

187. E se o administrador judicial estiver impedido? – O juiz decidirá (§ 2º do art. 27).

Art. 28. Não havendo comitê de credores, caberá ao administrador judicial[188] ou, na incompatibilidade deste, ao juiz exercer suas atribuições.[189]

LEGISLAÇÃO ANTERIOR

Artigo sem correspondência no Decreto-lei 7.661/1945.

COMENTÁRIOS

188. Quem exercerá as atribuições do comitê de credores se ele não for constituído? – As atribuições serão exercidas pelo administrador judicial.

189. E se o administrador estiver impedido? – Então, as atribuições serão exercidas pelo juiz.

103. Complementa o autor: "Por outro lado, seu conteúdo tem eficácia probatória prevista no Código Civil (art. 226) e legislação processual (CPC, arts. 378 e 379)" (Fábio Ulhoa Coelho, *Comentários à Nova Lei de Falências e de Recuperação de Empresas*, cit., p. 78).

104. Manoel Justino Bezerra Filho, *Jurisprudência da Nova Lei de Recuperação de Empresas e Falências/Decisões, Ofícios Judiciais, Resoluções, Sentenças, Acórdãos, Dentre Outros Documentos*, São Paulo, Ed. RT, 2006, pp. 71-72.

105. Paulo Fernando Campos Salles de Toledo diz que "a solução é adequada, na medida em que o administrador, órgão auxiliar do juízo, não está vinculado às partes e tem por missão contribuir para o êxito do processo de recuperação judicial" ("Comentários aos arts. 1º ao 34", cit., in Carlos Henrique Abrão e Paulo Fernando Campos Salles de Toledo (coords.), *Lei de Recuperação de Empresas e Falência*, p. 75).

106. Manoel Justino Bezerra Filho afirma que, "embora o inciso II ora sob exame diga respeito exclusivamente a autos de recuperação judicial, este critério de solução de impasse pode ser aplicado também para os casos de falência" (*Nova Lei de Recuperação e de Falências Comentada. Lei 11.101, de 9.2.2005, Comentário Artigo por Artigo*, 3ª ed., São Paulo, Ed. RT, 2005, p. 104).

Art. 29. Os membros do comitê não terão sua remuneração custeada pelo devedor ou pela massa falida,[190] mas as despesas realizadas para a realização de ato previsto nesta Lei, se devidamente comprovadas e com a autorização do juiz, serão ressarcidas atendendo às disponibilidades de caixa.[191]

LEGISLAÇÃO ANTERIOR

Artigo sem correspondência no Decreto-lei 7.661/1945.

COMENTÁRIOS

190. O devedor ou a massa falida custearão a remuneração dos membros do comitê de credores? – O comando do art. 29 é cristalino: nem o devedor tampouco a massa falida custearão a remuneração dos membros do comitê de credores.[107-108]

Ézio Carlos S. Baptista formula sua crítica ao disposto no art. 29: "A lei posiciona-se no voluntarismo dos membros do comitê para o exercício de seu mister, porém a mesma lei indica as responsabilidades civis e penais a que estes irão se submeter, sem mencionar uma sanção premial a estes. (...). Neste tocante, o legislador caminhou mal, deveria ter previsto uma forma de compensação pelo empenho na função de membros do comitê, atribuindo pelo menos vantagem no posicionamento e recebimento dos créditos, o que não ofenderia a idéia de igualdade de credores, visto a disposição legal de créditos concursais e extraconcursais dos arts. 83 e 84".[109]

191. E quanto às despesas incorridas pelo comitê de credores em face da prática de atos previstos na lei? – Serão ressarcidas, desde que devidamente comprovadas e autorizadas pelo juiz, na medida da disponibilidade do caixa.

Ressalta Paulo Fernando Campos Salles de Toledo: "Não se determina que essa autorização seja prévia, embora convenha que o seja, para evitar surpresas desagradáveis ao membro do comitê. Em caso de urgência, entretanto, nada impede que o ressarcimento seja autorizado *a posteriori*".[110]

O entendimento do autor nos parece lógico e adequado.

Art. 30. Não poderá integrar o comitê ou exercer as funções de administrador judicial quem, nos últimos 5 (cinco) anos, no exercício do cargo de administrador judicial ou de

107. Fábio Ulhoa Coelho esclarece: "A função dos membros do comitê pode ou não ser remunerada. Depende de deliberação adotada pela assembléia dos credores. Se deliberado que a função é gratuita, aquele que não se interessar por exercê-la nessas condições deve simplesmente não aceitar a indicação para compor o órgão. Se, por outro lado, a assembléia dos credores aprovar alguma remuneração aos membros do comitê, ela deve também votar o valor e quem deverá arcar com o pagamento. Quanto a este último aspecto, proíbe a lei que a remuneração dos membros do comitê seja paga pelo devedor em recuperação ou pela massa falida. Quer dizer, os credores devem se cotizar para levantar os recursos necessários ao pagamento que a assembléia aprovou. Mesmo o credor que votou vencido é obrigado a entrar com sua parte, a menos que o valor aprovado pela maioria não seja razoável tendo em vista a importância do passivo ou o trabalho dos membros do comitê" (*Comentários à Nova Lei de Falências e de Recuperação de Empresas*, São Paulo, Saraiva, 2005, p. 79).

108. Júlio Kahan Mandel complementa: "Quem deliberar sobre a criação do comitê já deverá estar ciente de que arcará sozinho (ou somente junto com o seu grupo) com todas as despesas dos representantes do comitê, seja na falência, seja na recuperação. (...). Será mais fácil não formar o comitê e deixar as atividades para o administrador judicial, que tem seus custos pagos pela massa falida ou pelo devedor" (*Nova Lei de Falências e Recuperação de Empresas Anotada: Lei 11.101, de 9.2.2005*, São Paulo, Saraiva, 2005, p. 69).

109. Ézio Carlos S. Baptista, "Comentários aos arts. 8º ao 34", in Newton de Lucca e Adalberto Simão Filho (coords.), *Comentários à Nova Lei de Recuperação de Empresas e de Falências*, São Paulo, Quartier Latin, 2005, p. 169.

110. Paulo Fernando Campos Salles de Toledo, "Comentários aos arts. 1º ao 34", in Carlos Henrique Abrão e Paulo Fernando Campos Salles de Toledo (coords.), *Lei de Recuperação de Empresas e Falência*, São Paulo, Saraiva, 2005, p. 77.

membro do comitê em falência ou recuperação judicial anterior, foi destituído, deixou de prestar contas dentro dos prazos legais ou teve a prestação de contas desaprovada.[192]

§ 1º. Ficará também impedido de integrar o comitê ou exercer a função de administrador judicial quem tiver relação de parentesco ou afinidade até o terceiro grau com o devedor, seus administradores, controladores ou representantes legais ou deles for amigo, inimigo ou dependente.[192-193]

§ 2º. O devedor, qualquer credor ou o Ministério Público poderá requerer ao juiz a substituição do administrador judicial ou dos membros do comitê nomeados em desobediência aos preceitos desta Lei.[194]

§ 3º. O juiz decidirá, no prazo de 24 (vinte e quatro) horas, sobre o requerimento do § 2º deste artigo.[195]

LEGISLAÇÃO ANTERIOR

Artigo sem correspondência no Decreto-lei 7.661/1945.

COMENTÁRIOS

192. Quais são os impedimentos para integrar o comitê de credores ou exercer as funções de administrador judicial? – Destacamos, previamente, que a disciplina veiculada no regime anterior sobre impedimentos relativos ao comissário e ao síndico (art. 60, § 3º, c/c o art. 161, § 1º, IV) se assemelha à disciplina estabelecida pelo atual regime.

Os impedimentos são para quem no último qüinqüênio, na qualidade de administrador judicial ou membro do comitê de credores, em falência ou recuperação judicial anterior: (1) foi destituído; (2) deixou de prestar contas dentro dos prazos legais; (3) teve a prestação de contas desaprovada.

193. Outras hipóteses de impedimento[111] – Ficará também impedido de integrar o comitê de credores ou exercer a função de administrador judicial quem tiver relação de parentesco ou afinidade até o terceiro grau com o devedor, seus administradores,[112] controladores ou representantes legais ou deles for amigo, inimigo ou dependente (art. 30, § 1º).

Vera Helena de Mello Franco e Rachel Sztajn sugerem outros impedimentos: "É lídimo concluir que, dada a possibilidade de conflito de interesses, embora a lei não o diga, não podem exercer a função aqueles que ocupam cargos públicos; os credores com interesses contrários à massa; o insolvente, por faltar-lhe idoneidade financeira; e outros que a realidade se encarregará de identificar, levando à conclusão de que o elenco arrolado nesta norma não é taxativo".[113]

Paulo Fernando Campos Salles de Toledo formula crítica pertinente: "Poderia a LRE ter ido um pouco adiante e ter previsto, além do referencial subjetivo às pessoas enunciadas, *também uma explicitação temporal*. A norma, como está redigida, reporta-se exclusivamente ao momento da falência ou do pedido de recuperação judicial. *Teria sido conveniente que se estendesse aos 12 meses anteriores a uma dessas ocorrências*, do mesmo modo que, ainda que para fins de delimitação dos atingidos pela indisponibilidade de bens, prevê a Lei 6.024, de 13.3.1974, referente à intervenção e liquidação extrajudicial de instituições financeiras. Com isso, *evitar-se-ia que alguém deixasse uma das condições apontadas, antes do processo con-*

111. Fábio Ulhoa Coelho lembra também dos impedidos por lei especial: juiz, promotor de justiça, delegado de polícia, funcionários públicos etc. (*Comentários à Nova Lei de Falências e de Recuperação de Empresas*, São Paulo, Saraiva, 2005, p. 80).

112. Segundo Paulo Fernando Campos Salles de Toledo, o vocábulo "administradores" abrange tanto os diretores em geral quanto os membros do conselho de administração ("Comentários aos arts. 1º ao 34", in Carlos Henrique Abrão e Paulo Fernando Campos Salles de Toledo (coords.), *Lei de Recuperação de Empresas e Falência*, São Paulo, Saraiva, 2005, p. 78).

113. Vera Helena de Mello Franco e Rachel Sztajn, *Falência e Recuperação da Empresa em Crise: Comparação com as Posições do Direito Europeu*, Rio de Janeiro, Elsevier, 2008, p. 61.

cursal, já sabedor da inevitabilidade ou previsibilidade deste, ensejando assim que uma pessoa estreitamente ligada fosse nomeada, sem que se pudesse invocar impedimentos, para as funções de administrador judicial ou membro do comitê".[114]

194. Quem tem legitimidade para requerer a substituição do administrador judicial ou dos membros do comitê de credores? – Os legitimados são: o devedor, qualquer credor ou o Ministério Público (art. 30, § 2º).

Adverte, adequadamente, Manoel Justino Bezerra Filho: "O juiz deve examinar com bastante cuidado o pedido de substituição do administrador judicial, pois pode ocorrer de haver reclamação do devedor ou do credor conluiado, exatamente por conhecer o administrador judicial como pessoa correta e rigorosa e temer pelas conseqüências da fiscalização que será feita".[115]

195. Foi fixado prazo para o juiz decidir o requerimento de substituição supracitado? – Sim, o prazo é de 24 horas (art. 30, § 3º).

A exigüidade do prazo é justificada por Marcus Elidius Michelli de Almeida: "O prazo extremamente curto concedido ao juiz deve-se à importância da questão, uma vez que poderá pôr em risco a administração da falência ou da recuperação".[116]

Art. 31. O juiz, de ofício ou a requerimento fundamentado de qualquer interessado, poderá determinar a destituição do administrador judicial ou de quaisquer dos membros do comitê de credores[196] quando verificar desobediência aos preceitos desta Lei, descumprimento de deveres, omissão, negligência ou prática de ato lesivo às atividades do devedor ou a terceiros.[197-198-199]

§ 1º. No ato de destituição, o juiz nomeará novo administrador judicial ou convocará os suplentes para recompor o comitê.[200]

§ 2º. Na falência, o administrador judicial substituído prestará contas no prazo de 10 (dez) dias, nos termos dos §§ 1º a 6º do art. 154 desta Lei.[201]

LEGISLAÇÃO ANTERIOR

Lei de Falências (DL 7.661/1945): *Art. 66.* O síndico será destituído pelo juiz, de ofício, ou a requerimento do representante do Ministério Público ou de qualquer credor, no caso de exceder qualquer dos prazos que lhe são marcados nesta Lei, de infringir quaisquer outros deveres que lhe incumbem ou de ter interesses contrários aos da massa.

§ 1º. O síndico e o representante do Ministério Público serão ouvidos antes do despacho do juiz, salvo quando a destituição tenha por fundamento excesso de prazo pelo síndico, caso em que será decretada em face da simples verificação do fato.

§ 2º. Destituindo o síndico, o juiz nomeará o seu substituto, e do despacho que decretar a destituição, ou deixar de fazê-lo, cabe agravo de instrumento.

Art. 171. O comissário será substituído ou destituído nos mesmos casos em que o síndico, observando-se, respectivamente, o disposto nos arts. 65 e 66 e seus parágrafos.

COMENTÁRIOS

196. Quem destitui o administrador judicial ou qualquer membro do comitê de credores? – O juiz, de ofício ou a requerimento fundamentado de qualquer interessado.

No regime anterior assegurava-se o direito de defesa do síndico, já que ele era ouvido

114. Paulo Fernando Campos Salles de Toledo, "Comentários aos arts. 1º ao 34", cit., in Carlos Henrique Abrão e Paulo Fernando Campos Salles de Toledo (coords.), *Lei de Recuperação de Empresas e Falência*, pp. 78-79.

115. Manoel Justino Bezerra Filho, *Nova Lei de Recuperação e de Falências Comentada. Lei 11.101, de 9.2.2005, Comentário Artigo por Artigo*, 3ª ed., São Paulo, Ed. RT, 2005, p. 106.

116. Marcus Elidius Michelli de Almeida, *Nova Lei de Falências e Recuperação de Empresas: Confrontada e Breves Anotações*, São Paulo, Quartier Latin, 2005, p. 52.

antes do despacho judicial (art. 66, § 1º, do Decreto-lei 7.661/1945).

No atual regime, a despeito de inexistir tal previsão, em homenagem ao princípio constitucional da ampla defesa, é evidente que o juiz, antes de decidir sobre a destituição, deve assegurar, quer ao administrador judicial, quer ao membro do comitê de credores, o direito de defesa.[117-118-119]

117. No mesmo sentido, Paulo Fernando Campos Salles de Toledo: "O juiz (...) deverá ouvir o administrador ou o membro do comitê ao qual se imputa a falta, não se lhe podendo recusar o direito de defesa. Poderá ele, em seu prol, esclarecer circunstâncias e afastar imputações. A antiga LF dispunha, quanto à destituição do síndico, que ele seria ouvido, bem como o Ministério Público, antes da decisão judicial, a não ser que se tratasse de excesso de prazo, caso em que o juiz decidiria 'em face da simples verificação do fato'. Melhor, porque mais completa, a disposição do diploma revogado" ("Comentários aos arts. 1º ao 34", in Carlos Henrique Abrão e Paulo Fernando Campos Salles de Toledo (coords.), *Lei de Recuperação de Empresas e Falência*, São Paulo, Saraiva, 2005, p. 80).

118. Fábio Ulhoa Coelho também assim entende: "Observe-se que, por se tratar a destituição de uma penalidade, tem o administrador judicial direito constitucional à ampla defesa, que deve ser assegurada pelo juiz antes da decisão" (*Comentários à Nova Lei de Falências e de Recuperação de Empresas*, São Paulo, Saraiva, 2005, pp. 81-82).

119. Haroldo Malheiros Duclerc Verçosa ressalta: "Tendo sido encaminhado ao juiz pedido de substituição do administrador judicial ou de membro do comitê de credores (...) deverá o juiz tomar decisão a respeito no prazo de 24 horas, não prevista a defesa do acusado. No entanto, em atendimento ao princípio constitucional do contraditório, deveria ser dada oportunidade de defesa à pessoa acusada, dentro do mesmo prazo. A falta de previsão neste sentido acarretará discussões judiciais por quebra do inciso LV do art. 5º da CF, que prevê o direito ao contraditório e à ampla defesa *aos acusados em geral*. (...). A lei não indicou os caminhos a serem tomados no caso em que o juiz se negue a atender ao pedido de substituição. Também não ficou esclarecido se, dando-se a substituição, a pessoa substituída teria direito a alguma medida de defesa objetivando a sua recondução à função anteriormente exercida. Deve-se entender que qualquer interessado poderá interpor agravo contra a decisão do juiz, seja a favor ou contra a destituição pretendida ou efetuada, na forma do art. 522 do CPC. O problema é que o agravante tem o prazo de 10 dias para tomar iniciativa neste sentido, o qual se verifica incompatível com a estrutura da lei sob comentário. Suponha-se, por outro lado, que a decisão do juiz em favor da substituição revele-se infundada à luz das provas trazidas pelo interessado, conforme o julgamento do agravo por ele interposto. Em regra, deveria a pessoa indevidamente acusada ser reconduzida à função da qual foi injustamente dispensada. No entanto, este fato prejudicaria sensivelmente o processo em curso, principalmente quando se tratar de administrador judicial, pois acarretaria uma indesejável nova mudança na administração, com prejuízo para a continuidade do trabalho que vinha sendo exercido pelo substituto. Veja-se, do lado do administrador injustamente substituído, que ele veio a perder em conseqüência deste fato a remuneração a que teria direito no final do processo. Diante do exposto, duas soluções são possíveis: (i) recondução do administrador judicial, com direito ao recebimento da remuneração calculada proporcionalmente ao tempo anterior à substituição e ao que viesse a exercer depois do retorno; ou (ii) recebimento de indenização equivalente ao prejuízo por ele sofrido, a cargo de quem injustamente o ofendeu, na forma do art. 186 do novo Código Civil. Esta última solução, que melhor atenderia aos interesses em jogo, apresentaria freqüentemente o problema da incapacidade de pagamento por parte de quem deu causa a uma substituição injusta. A substituição injusta de membro do comitê de credores traria efeitos menos graves para o acusado, uma vez que os membros daquele órgão não são remunerados. No entanto, existiria dano moral, a ser devidamente reparado por quem lhes deu causa" ("Comentários aos arts. 21 ao 34", in Francisco Satiro de Sousa Jr. e Antônio Sérgio Altieri de Moraes Pitombo (coords.), *Comentários à Lei de Recuperação de Empresas e Falência: Lei 11.101/2005*, São Paulo, Ed. RT, 2005, pp. 184-185).

Paulo Sérgio Restiffe opina:

"O incidente de destituição do administrador judicial por requerimento de qualquer interessado deve ser feito por meio de petição, atendendo-se, pois, aos requisitos dos arts. 282 e 283 do CPC, em que se alega, justificadamente, e prova as causas para a destituição.

"O procedimento de incidente de destituição de administrador judicial pode seguir o trâmite da argüição de impedimento ou suspeição estabelecido no art. 138, §§ 1º e 2º, do CPC.

"A decisão do incidente de destituição do administrador judicial é recorrível por meio de agravo de instrumento (art. 522 *et seq.* do CPC)."[120]

197. Quais as hipóteses que justificam a destituição seja do administrador judicial, seja de um membro do comitê de credores? – As hipóteses são as seguintes: (1) desobediência aos preceitos da lei; (2) descumprimento de deveres; (3) omissão; (4) negligência; (5) prática de ato lesivo às atividades do devedor ou a terceiros.

198. Quais os efeitos decorrentes da destituição? – Segundo Fábio Ulhoa Coelho, os efeitos da destituição do administrador judicial são os seguintes: (1) perda do direito à remuneração; (2) impedimento para nova nomeação em outro processo de falência ou recuperação judicial; (3) impedimento para ser nomeado membro do comitê de credores de outros feitos falimentares.[121]

Por oportuno, lembramos que o administrador judicial destituído deverá entregar ao seu substituto todos os bens e documentos da massa em seu poder, sob pena de responsabilidade (art. 22, III, "q").

199. Se todos os integrantes do comitê de credores forem responsáveis por irregularidades, qual procedimento deverá ser adotado? – Fábio Ulhoa Coelho responde: "(...) o comitê será dissolvido".[122]

Na medida em que a lei sob comento é omissa, entendemos pertinente invocar, por *analogia legis*, os §§ 1º e 2º do art. 15 da Lei 6.404/1976 (Lei das S/A), que prevêem a convocação da assembléia-geral no caso de vacância de todos os cargos do conselho de administração ou da diretoria.

Por isso, concordamos com a solução do autor – o comitê de credores será dissolvido –, e acrescentamos: convocando-se, ato contínuo, a assembléia-geral de credores (art. 35, I, "b", e II, "b").

200. O que ocorre no ato da destituição? – O juiz nomeia novo administrador judicial ou convoca os suplentes para recompor o comitê de credores, de conformidade com o § 1º do art. 31.[123]

201. O administrador judicial substituído tem de prestar contas? – Sim, o administrador judicial substituído, conforme o § 2º do art. 31, prestará contas no prazo de 10 dias, nos termos dos §§ 1º a 6º do art. 154 da lei.

Paulo Fernando Campos Salles de Toledo esclarece: "O administrador judicial destituído, quando se tratar de falência, terá, provavelmente, movimentado recursos da massa falida que estavam a seu encargo. Naturalmente, como todo administrador de bens de terceiros, deve prestar contas de sua gestão. Deveria fazê-lo ao fim do processo, mas sua destituição apressa, para ele, o cumprimento desse dever (...). A prestação de contas, a ser apresentada no prazo de 10 dias a contar da destituição (ou, mais especificamente, da intimação do destituído), segue rito procedimental próprio, previsto no art. 154 e seus §§ da LRE, sendo autuada em apartado e processando-se perante o juiz da falência".[124]

Art. 32. O administrador judicial e os membros do comitê responderão pelos prejuízos causados à massa falida, ao devedor ou aos credores por dolo ou culpa,[202] devendo

120. Paulo Sérgio Restiffe, *Recuperação de Empresas: de Acordo com a Lei 11.101, de 9.2.2005*, São Paulo, Manole, 2008, pp. 329-330.

121. Fábio Ulhoa Coelho, *Comentários à Nova Lei de Falências e de Recuperação de Empresas*, cit., p. 81.

122. Idem, p. 82.

123. Paulo Fernando Campos Salles de Toledo aduz: "A razão de ser é evidente: não pode haver solução de continuidade; as funções são relevantes e não podem deixar de ser exercidas" ("Comentários aos arts. 1º ao 34", cit., in Carlos Henrique Abrão e Paulo Fernando Campos Salles de Toledo (coords.), *Lei de Recuperação de Empresas e Falência*, p. 80).

124. Paulo Fernando Campos Salles de Toledo, "Comentários aos arts. 1º ao 34", cit., in Carlos Henrique Abrão e Paulo Fernando Campos Salles de Toledo (coords.), *Lei de Recuperação de Empresas e Falência*, p. 81.

o dissidente em deliberação do comitê consignar sua discordância em ata para eximir-se da responsabilidade.[203-204]

LEGISLAÇÃO ANTERIOR

Lei de Falências (DL 7.661/1945): *Art. 68.* O síndico responde pelos prejuízos que causar à massa, por sua má administração ou por infringir qualquer disposição da presente Lei.

COMENTÁRIOS

202. O administrador judicial e os membros do comitê de credores respondem pelos prejuízos causados? – Sim, tanto o administrador judicial quanto os membros do comitê de credores respondem pelos prejuízos causados à massa falida, ao devedor ou aos credores por dolo ou culpa.[125-126]

203. Um membro do comitê pode eximir-se da responsabilidade? – Sim, desde que consigne sua discordância em ata.[127]

A previsão de consignação de discordância em ata para afastar responsabilidade constante do art. 32 assemelha-se àquela constante do § 1º, *in fine*, do art. 158 da Lei 6.404/1976 (Lei das S/A), segundo o qual: "§ 1º. (...). Exime-se de responsabilidade o administrador dissidente que faça consignar sua divergência em ata da reunião do órgão de administração ou, não sendo possível, dela dê ciência imediata e por escrito ao órgão de administração, ao Conselho Fiscal, se em funcionamento, ou à assembléia-geral".

204. Forma da discordância – No tocante à forma da discordância, explica Fábio Ulhoa Coelho: "O registro deve ser minucioso, de modo a circunscrever claramente

125. Lembra Écio Perin Jr.: "Originalmente, o Projeto de Lei 4.357/1993 definia apenas a responsabilidade do administrador judicial, respondendo por dolo ou na medida de sua culpabilidade (negligência, imprudência e imperícia), na exata medida das atribuições que a lei lhe conferia. Por outro lado, a responsabilidade dos membros do comitê de credores não era devidamente abordada, o que geraria uma série de indagações quanto à extensão e amplitude desta em relação aos interessados em exercer a função. Pelo Projeto original, os membros do comitê de credores estariam sujeitos a responsabilidade civil por atos ilícitos, nos exatos termos do art. 927 do CC, e poderiam ser responsabilizados por seus atos, especialmente aqueles que extrapolassem os limites de suas atribuições e deveres, estes bem definidos no projeto de lei. Contudo, a dúvida que se levantava é se estariam ou não sujeitos à responsabilidade solidária entre eles, uma vez que estamos diante de um órgão colegiado, composto por três representantes, cujas deliberações são tomadas por maioria. Em princípio, a solidariedade não se presume, ou seja, resulta da lei ou da vontade das partes, nos termos do art. 265 do CC. Tanto a redação do art. 32 da Lei 11.101/2005 quanto a Lei de Falências anterior (Decreto-lei 7.661/1945) não dispõem expressamente sobre a responsabilidade solidária entre os membros do comitê de credores" ("O administrador judicial e o comitê de credores", in Luiz Fernando Valente de Paiva (coord.), *Direito Falimentar e a Nova Lei de Falências e Recuperação de Empresas*, São Paulo, Quartier Latin, 2005, pp. 194-195).

126. Paulo Fernando Campos Salles de Toledo adverte: "A previsão legal, como se vê, corresponde à hipótese clássica de responsabilização, de modo que, mesmo se estivesse ausente a disposição específica, poderiam os administradores e integrantes do comitê ser responsabilizados a esse título" ("Comentários aos arts. 1º ao 34", in Carlos Henrique Abrão e Paulo Fernando Campos Salles de Toledo (coords.), *Lei de Recuperação de Empresas e Falência*, São Paulo, Saraiva, 2005, p. 81).

127. Elogia Écio Perin Jr.: "O art. 32 da LRE, corretamente, estabelece a possibilidade de qualquer membro do comitê dissidir em deliberação e consignar sua discordância em ata para eximir-se da responsabilidade. Assim, haverá a possibilidade de limitar a responsabilidade dos membros do comitê, trazendo maior segurança jurídica àquele que exercer essa função. Em realidade, haverá uma grande chance de os membros do comitê serem responsabilizados por omissão, ou seja, caso deixem de fiscalizar o ato de irregularidade do devedor e do administrador judicial, razão pela qual é preponderante a diligente e ativa participação destes junto ao comitê. Por fim, foi correta a medida do legislador quando estabeleceu o limite de responsabilidade através de eventual manifestação contrária à maioria, diferentemente do projeto original, estimulando profissionais interessados em exercer aquela função" ("O administrador judicial e o comitê de credores", cit., in Luiz Fernando Valente de Paiva (coord.), *Direito Falimentar e a Nova Lei de Falências e Recuperação de Empresas*, p. 195).

o voto proferido pelo membro discordante. Se a discordância, por exemplo, dizia respeito a aspecto marginal da deliberação, a ressalva pode não ser suficiente para eximir o vencido de responsabilidade. Para operar a exoneração legal, o registro em ata deve necessariamente conter todos os elementos capazes de demonstrar – ou pelo menos sugerir – que a eventual prevalência do entendimento do membro vencido teria afastado a lesão aos interesses ou direitos do devedor ou seus credores".[128]

Art. 33. O administrador judicial e os membros do comitê de credores, logo que nomeados, serão intimados pessoalmente para, em 48 (quarenta e oito) horas, assinar, na sede do juízo, o termo de compromisso de bem e fielmente desempenhar o cargo e assumir todas as responsabilidades a ele inerentes.[205]

LEGISLAÇÃO ANTERIOR

Artigo sem correspondência no Decreto-lei 7.661/1945.

COMENTÁRIOS

205. O administrador judicial e os membros do comitê de credores assinam algum termo? – Sim, tão logo nomeados, serão intimados pessoalmente para, dentro de 48 horas, na sede do juízo, assinar o termo de compromisso de bem e fielmente desempenhar o cargo e assumir todas as responsabilidades a ele inerentes.

Manoel Justino Bezerra Filho afirma que o termo: "(...) deve ser assinado pessoalmente pelo responsável, não podendo ser assinado por advogado ou representante".[129]

Art. 34. Não assinado o termo de compromisso no prazo previsto no art. 33 desta Lei, o juiz nomeará outro administrador judicial.[206]

LEGISLAÇÃO ANTERIOR

Artigo sem correspondência no Decreto-lei 7.661/1945.

COMENTÁRIOS

206. Qual será a conseqüência da inobservância do prazo previsto no art. 33? – O art. 34 somente prevê a conseqüência no tocante ao administrador judicial: o juiz nomeará outro.[130]

Em relação ao membro do comitê de credores o referido artigo é omisso.[131] Então, *quid juris*?

Acreditamos que o juiz poderá aplicar, por analogia, o disposto no § 1º do art. 31: "convocará os suplentes para recompor o comitê".[132]

128. Fábio Ulhoa Coelho, *Comentários à Nova lei de Falências e de Recuperação de Empresas*, São Paulo: Saraiva, 2005, p. 84.

129. Manoel Justino Bezerra Filho, *Nova Lei de Recuperação e de Falências Comentada. Lei 11.101, de 9.2.2005, Comentário Artigo por Artigo*, 3ª ed., São Paulo, Ed. RT, 2005, p. 109.

130. Sugere Fábio Ulhoa Coelho: "Na aplicação desse preceito, deve o juiz ser tolerante. Se a inobservância do prazo deu-se por motivos justificáveis, inclusive desconhecimento dos efeitos da omissão, é o caso de se relevar a falta. É melhor para todos e para o bom andamento do processo a assinatura extemporânea em vez de outra nomeação ou eleição" (*Comentários à Nova Lei de Falências e de Recuperação de Empresas*, São Paulo, Saraiva, 2005, p. 85).

131. Marcus Elidius Michelli de Almeida ressalta: "Chama atenção que a imposição ora prevista alcança somente a figura do administrador, não fazendo menção ao membro do comitê que não tenha observado o prazo para a assinatura do termo. Neste caso, portanto, o juiz nada poderá fazer" (*Nova Lei de Falências e Recuperação de Empresas: Confrontada e Breves Anotações*, São Paulo, Quartier Latin, 2005, p. 53).

132. Marcus Elidius Michelli de Almeida alvitra: "Poderá, entretanto, o comitê funcionar com o número inferior, conforme previsto no § 1º do art. 26" (*Nova Lei de Falências e Recuperação de Empresas: Confrontada e Breves Anotações*, cit., p. 53).

Seção IV – Da Assembléia-Geral de Credores

Art. 35. A assembléia-geral de credores[207-208-209-210-211-212] terá por atribuições deliberar sobre: I – na recuperação judicial:[213-214] a) aprovação, rejeição ou modificação do plano de recuperação judicial apresentado pelo devedor; b) a constituição do comitê de credores, a escolha de seus membros e sua substituição; c) a substituição do administrador judicial e a indicação do substituto *(vetado)*; d) o pedido de desistência do devedor, nos termos do § 4º do art. 52 desta Lei; e) o nome do gestor judicial, quando do afastamento do devedor; f) qualquer outra matéria que possa afetar os interesses dos credores; II – na falência:[213-214] a) a substituição do administrador judicial e a indicação do substituto *(vetado)*; b) a constituição do comitê de credores, a escolha de seus membros e sua substituição; c) a adoção de outras modalidades de realização do ativo, na forma do art. 145 desta Lei; d) qualquer outra matéria que possa afetar os interesses dos credores.

LEGISLAÇÃO ANTERIOR

Lei de Falências (DL 7.661/1945): *Art. 122.* Credores que representem mais de um quarto do passivo habilitado podem requerer ao juiz a convocação de assembléia que delibere em termos precisos sobre o modo de realização do ativo, desde que não contrários ao disposto na presente Lei, e sem prejuízo dos atos já praticados pelo síndico na forma dos artigos anteriores, sustando-se o prosseguimento da liquidação ou o decurso de prazos até a deliberação final.

COMENTÁRIOS

207. Conceito de "assembléia-geral de credores" – Segundo Jorge Lobo: "A assembléia-geral é um órgão colegiado deliberativo, convocado e instalado na forma da lei, que tem a função de examinar, debater e decidir as matérias de sua atribuição exclusiva, discriminadas no art. 35, I e II, da LRE".[1-2]

208. Assembléia-geral de credores: inovação? – No regime anterior os arts. 122 e 123 já previam a possibilidade de convocação de assembléia-geral de credores.

Enquanto o art. 122 previa a possibilidade de os credores (desde que representassem mais de um quarto do passivo habilitado) requererem ao juiz a convocação da assembléia-geral para deliberar sobre o modo de realização do ativo, por sua vez, o art. 123, § 3º, previa a deliberação em assembléia-geral de credores (desde que representassem dois terços dos créditos) sobre qualquer outra forma de liquidação do ativo.

Por isso, a assembléia-geral de credores, *per se*, não constitui propriamente uma inovação.[3] Todavia, pode-se afirmar, com segurança, que foi ampliado deveras seu feixe de atribuições pela Lei 11.101/2005.[4]

1. Jorge Lobo, "Comentários aos arts. 36 ao 69", in Carlos Henrique Abrão e Paulo Fernando Campos Salles de Toledo (coords.), *Lei de Recuperação de Empresas e Falência*, São Paulo, Saraiva, 2005, p. 86.

2. Jairo Saddi entende que a assembléia-geral de credores assim como o comitê de credores constituem incentivo à governança corporativa ("Suspensão e invalidação da assembléia de credores na nova Lei de Falências", in Rodrigo R. Monteiro de Castro e Leandro dos Santos de Aragão (coords.), *Direito Societário e a Nova Lei de Falências e Recuperação de Empresas*, São Paulo, Quartier Latin, 2006, p. 55).

3. No mesmo sentido, Manoel Justino Bezerra Filho: "Esta tentativa de introdução da assembléia de credores na Lei de Recuperação e Falências não traz, em verdade, uma novidade, pois a lei anterior já previa, desde a sua promulgação em 1945, a formação de assembléia-geral de credores, como se pode verificar dos arts. 122 e 123" (*Nova Lei de Recuperação e de Falências Comentada. Lei 11.101, de 9.2.2005, Comentário Artigo por Artigo*, 3ª ed., São Paulo, Ed. RT, 2005, p. 110).

4. Maria Odete Duque Bertasi compartilha do mesmo entendimento: "A lei que regula a recuperação judicial, a extrajudicial e a falência deu tratamento especial à questão, ampliando consideravelmente as atribuições da assembléia-geral de credores, que deixou de ser mero veículo para deliberação das formas de realização do ativo, na falência, e passou a ter competência abrangente para as principais questões (...)" ("Administrador judicial. Comitê de credores e assembléia-geral de credores na Lei de Recuperação de Empresas e Falência", in Rubens Approbato Ma-

209. Crítica à assembléia-geral de credores. Conflito entre deliberações da assembléia-geral de credores e da assembléia-geral dos acionistas – Em relação à crítica à assembléia-geral de credores, relata Jorge Lobo:

"A assembléia-geral de credores sempre foi um órgão contestado, em virtude: (a) da inconcussa autotutela, inspirada no Direito Romano, dos próprios direitos e interesses; (b) das dificuldades práticas de reunir expressivo número de credores, sobretudo quando têm domicílio e sede fora do juízo da falência e da concordata; (c) da indiferença da maioria dos credores, o que leva a um absenteísmo crônico; (d) da incapacidade dos credores de exercer uma eficiente verificação dos atos dos administradores da falida e da concordatária e até mesmo do cumprimento, pelo síndico e pelo comissário, de suas relevantes funções e atribuições; (e) das vultosas despesas de convocação, instalação e realização; (f) dos pífios resultados dos conclaves etc.

"As acerbas e reiteradas críticas à assembléia-geral de credores repercutiram nas legislações de diversos países, como, por exemplo, na França, em que o interesse coletivo do reerguimento prevalece sobre os individuais dos credores e pode ser exercido pelo "representante dos credores" (*mandataire*), após ouvir, individualmente, cada credor; na Itália, em que a participação dos credores é mínima no procedimento administrativo extraordinário de grandes empresas (Decreto-lei 270, de 8.7.1999, e Lei 39, de 18.2.2004); no México, que dispensa a reunião dos credores, quando for assinado o convênio (*Ley de Concursos Mercantiles*, de 12.5.2000, art. 156); na Argentina, em que a aprovação pela *junta de acreedores* do acordo preventivo foi suprimida pela Lei 24.522, de 20.7.1995.

"A LRE afastou-se da orientação do Decreto-lei 7.661, de 1945, e resgatou, em parte, a sistemática do Decreto 5.746, de 1929, arts. 101, §§ 4º a 7º, 102, §§ 3º e 4º, e art. 154, que a regulava e lhe conferia amplos poderes, elencando (a LRE), no art. 35, I, as matérias de sua atribuição exclusiva na ação de recuperação judicial e, no inciso II, no processo de falência."[5-6]

Frederico Augusto Monte Simionato formula incisa crítica:

"Na verdade, a assembléia-geral de credores, nos termos atuais, é uma medida manifestamente inviável, e a 'nova' lei retroagiu aos idos de 1929, quando o Decreto 5.746, de 9.12.1929, via na concordata um grande 'acordo de vontades' entre o devedor e seus credores, numa visão contratual da concordata de maioria, vencida pelos tempos.

"Foi o Decreto-lei 7.661/1945 que estabeleceu a concordata como um 'favor legal', ou seja, se fossem verificados os requisitos legais, o devedor teria direito ao deferimento da concordata, ou seja, passava, de maneira pioneira, a ser um poder-dever, deferido pelo magistrado em nome da manutenção da atividade, relegando ao segundo plano (com o sentido de ausência de manifestação de vontade) o interesse direto dos credores quirografários. Ademais, podem ocorrer fraudes para a formação das maiorias dentro das classes de credores, o que afetaria o resultado da votação e da própria sorte da empresa.[7]

Quanto ao conflito entre deliberações da assembléia-geral de credores e da assembléia-geral de acionistas, sustenta Nelson Marcondes Machado:

chado (coord.), *Comentários à Nova Lei de Falências e Recuperação de Empresas*, São Paulo, Quartier Latin, 2005, p. 139).

5. Jorge Lobo, "Comentários aos arts. 36 ao 69", cit., in Carlos Henrique Abrão e Paulo Fernando Campos Salles de Toledo (coords.), *Lei de Recuperação de Empresas e Falência*, p. 84.

6. Manoel Justino Bezerra Filho também formula sua crítica: "(...) como se pode verificar dos arts. 122 e 123 daquele diploma. No entanto, o desinteresse dos credores sempre foi tão acentuado em formação de assembléias, que estes artigos caíram no esquecimento, sendo desconhecidos até por muitos daqueles que atuavam neste campo do Direito" (*Nova Lei de Recuperação e de Falências Comentada. Lei 11.101, de 9.2.2005, Comentário Artigo por Artigo*, cit., 3ª ed., p. 110).

7. Frederico Augusto Monte Simionato, *Tratado de Direito Falimentar*, Rio de Janeiro, Forense, 2008, p. 100.

"Como se viu, o plano de recuperação pode prever medidas que a Lei das S/A entende como de competência privativa da assembléia-geral de acionistas, a teor do que prescrevem os arts. 121 e 122 da Lei 6.404/1976 (...). Se alguma providência a ser tomada no curso do processo (aprovação do plano de recuperação, nomeação ou afastamento de administrador etc.) demandar a coleta do referendo de ambas as assembléias (a de credores e a de acionistas), poderá ocorrer situação não prevista na nova Lei Falimentar.

"De fato, é possível, em determinadas circunstâncias, que a decisão aprovada por um colegiado seja rechaçada pelo outro, e nos parece importante oferecer um exemplo para ilustrar a questão. Imagine-se um plano de recuperação, devidamente sancionado pela assembléia de credores, que previsse a cisão da companhia para posterior venda da nova empresa dali resultante, de tal maneira a angariar recursos para o pagamento dos credores e a injeção de capital de giro na sua operação empresarial. (...).

"Esta medida (a cisão), entretanto, só poderia ter lugar se consentida pela assembléia de acionistas, porquanto é tema de sua competência privativa, conforme demonstram os citados dispositivos da Lei das S/A. (...). É razoável, portanto, imaginar-se a possibilidade de discordância do colegiado de acionistas com a proposta de cisão apresentada pela direção da empresa no bojo do plano de recuperação e acatada pela assembléia de credores. Esta eventual contraposição entre as duas assembléias é, na verdade, parte da exteriorização da antinomia entre duas legislações (a falimentar e a societária) (...).

"Instalado o desacordo, surge a inevitável questão: se o plano de recuperação apresentado em juízo, muito embora aprovado pela comunidade de credores reunidos em assembléia, não o for pelos acionistas da companhia, deve o juiz declarar a falência da empresa ou desprezar as diretrizes da Lei das S/A, acatando o projeto e deferindo a sua execução?

"Parece-nos que a segunda alternativa é a mais acertada, por ser mais compatível com o espírito que o direito falencial busca semear, sempre com vistas ao interesse não apenas daquela sociedade, daqueles credores ou daqueles acionistas, mas de um benefício social de mais amplo alcance. (...). Assim é que a submissão à legislação falimentar torna imperioso que se observem regras específicas por ela impostas, ainda que isso signifique a colisão com determinadas prescrições das normas societárias.

"Se a Lei de Falências supõe que o processo de recuperação judicial pode contemplar medidas de caráter excepcional e impositivo – como a destituição de administradores, o estancamento das ações dos credores ou até a decretação da paralisação das atividades da empresa –, é perfeitamente possível concluir que o juiz da Corte falimentar pode também determinar e impor as providências reformadoras delineadas pelos dirigentes da companhia e pelos seus credores (como, no exemplo, a cisão), queiram ou não os acionistas, sejam eles majoritários ou minoritários.

"É o interesse social, repita-se, que está em questão, fazendo sobrepor a Lei Falencial à norma societária ou, eventualmente, até ao estatuto social, ainda que esses últimos tracem diferentes procedimentos para a consecução das medidas inseridas no plano de recuperação.

"É, pois, imperativo que as normas da Lei Societária – ainda que sejam, em situações normais, impositivas – não podem se sobrepor aos ditames da Lei de Falências, tal a excepcionalidade encerrada no processo de recuperação judicial. Podem os credores, portanto, tomar as medidas à revelia da comunidade de acionistas, desde que destinadas a sublimar as condições de soerguimento da companhia devedora."[8]

Ressaltamos que o conflito entre ambas as decisões assembleares – de credores e de acionistas – pode surgir em decorrência da

8. Nelson Marcondes Machado, "A assembléia-geral de credores e seus conflitos com a assembléia-geral de acionistas", in Rodrigo R. Monteiro de Castro e Leandro dos Santos de Aragão (coords.), *Direito Societário e a Nova Lei de Falências e Recuperação de Empresas*, São Paulo, Quartier Latin, 2006, pp. 147-162.

aplicação do § 3º do art. 56, segundo o qual o plano de recuperação judicial poderá sofrer alterações na assembléia-geral de credores, desde que haja expressa concordância do devedor (da companhia, no caso hipotético cogitado pelo autor).

Em abono à proposta do autor para solução do indigitado conflito – prevalência da Lei Falimentar sobre a Lei Societária, uma vez que o interesse social dos credores deve sobrepujar o interesse dos acionistas – invocaríamos o princípio da preservação da empresa, veiculado no art. 47.

Com efeito, o art. 47 veicula comando teleológico de vital importância na interpretação e aplicação do instituto da recuperação judicial.[9]

Acreditamos que o art. 47 deverá funcionar no âmbito da recuperação judicial como o art. 5º do Decreto-lei 4.657/1942 (Lei de Introdução ao Código Civil) funciona (ou deveria funcionar) no âmbito civil; vale dizer: o juiz, ao se debruçar sobre questões derivadas do instituto da recuperação judicial, deverá promover a preservação da empresa, sua função social e o estímulo à atividade econômica.

A propósito do texto doutrinário acima transcrito, reputamos oportuno lembrar que:

1) *Os administradores não podem formular, mesmo em caso de urgência, o pedido de recuperação judicial sem obterem, previamente, autorização dos acionistas*. Prescreve o art. 122, IX, da Lei 6.404/1976 que compete privativamente à assembléia-geral dos acionistas autorizar os administradores a pedir concordata (atualmente, recuperação judicial), mediante o *quorum* da maioria absoluta dos acionistas presentes à assembléia, não se computando os votos em branco (art. 129 da Lei 6.404/1976), exceto se maior *quorum* for exigido pelo estatuto social.[10]

Mesmo excepcionalmente, ou seja, em caso de urgência, os administradores da sociedade anônima têm de obter, de acordo com o art. 122, parágrafo único, da Lei 6.404/1976, *prévia e necessariamente*, a concordância do acionista controlador, se houver, para a formulação de requerimento de recuperação judicial, convocando-se imediatamente a assembléia-geral.[11]

2) *A discriminação pormenorizada dos meios de recuperação a serem empregados (art. 50) não é requisito da petição inicial de recuperação judicial (art. 51, I-IX)*.

3) *A referida discriminação pormenorizada dos meios de recuperação só precisa constar do plano de recuperação, que deverá ser apresentado no prazo de 60 dias da publicação da decisão que deferir seu processamento (art. 53, I)*.

210. A assembléia-geral de credores é obrigatória ou facultativa? – Trata-se de matéria controvertida.

Fábio Ulhoa Coelho sustenta: "Como se percebe, as mais relevantes questões relacionadas ao processo de recuperação judicial inserem-se na esfera de competência da assembléia-geral de credores. *Se a falência pode-se processar sem a assembléia-geral dos credores, a recuperação judicial (ressalvadas as microempresas ou empresas de pequeno porte) simplesmente não tramita sem a atuação desse colegiado*".[12-13]

9. Frederico Augusto Monte Simionato aduz: "Os magistrados devem se atentar que reside aqui, art. 47 da nova lei, a fonte de interpretação e aplicação do novo direito falimentar, como norma definidora de deveres, funções e paradigmas de hermenêutica jurídica, fazendo valer o interesse público sobre o interesse individual dos credores e, portanto, repercutindo sobre a análise de viabilidade econômica do plano de recuperação judicial" (*Tratado de Direito Falimentar*, cit., p. 122).

10. Registramos, por oportuno, que o regime da sociedade limitada é assemelhado (art. 1.071, VIII, c/c o art. 1.076, II, do CC).

11. No tocante à sociedade limitada, em caso de urgência, os administradores podem requerer diretamente – isto é, sem a realização da assembléia-geral dos sócios – a recuperação judicial, desde que, previamente, obtenham autorização de titulares de mais da metade do capital social (art. 1.072, § 4º, do CC). Frise-se que tal regra possibilita apenas a dispensa da realização da assembléia ou reunião dos sócios para deliberação sobre requerimento da recuperação judicial, mas não excepciona o *quorum*; ao contrário, o ratifica.

12. Fábio Ulhoa Coelho, *Comentários à Nova Lei de Falências e de Recuperação de Empresas*, São Paulo, Saraiva, 2005, p. 88.

Sérgio Campinho advoga: "O juiz, o Ministério Público e o administrador judicial (...) são órgãos sempre presentes nos processos de falência e de recuperação judicial, sem os quais tais processos não se desenvolvem. São, pois, órgãos obrigatórios ou necessários. *Mas a assembléia-geral de credores não o é.* (...). *Mesmo no processo de recuperação judicial a assertiva não sofre exceção.* (...). *É, em conclusão, um órgão não obrigatório*, mas que, em nosso sentir, na prática se fará correntemente presente nos processos falimentares e recuperatórios, por representar efetivo poder de interferência e influência disposto a favor dos credores".[14]

Jorge Lobo doutrina: "A assembléia-geral de credores, na ação de recuperação judicial, só se torna indispensável, portanto, obrigatória, quando houver objeção ao plano, na forma e para os fins do art. 56; na falência também é facultativa, só se realizando nas hipóteses do art. 35, II, ou quando o juiz entender conveniente (art. 99, XII)".[15]

Para nós a assembléia-geral de credores é obrigatória, tanto no âmbito da recuperação judicial quanto no campo da falência, exceto em uma hipótese.

Do feixe de atribuições conferidas à assembléia-geral pelos incisos I e II do art. 35 vislumbramos apenas uma, aliás, em sede de recuperação judicial, que pode tornar sua convocação facultativa, desde que preenchida determinada condição. Estamos nos referindo à atribuição insculpida na alínea "a" do inciso I do art. 35: "aprovação, rejeição ou modificação do plano de recuperação apresentado pelo devedor".

Isto porque, se não houver objeção de qualquer credor ao plano de recuperação judicial apresentado pelo devedor, o juiz concederá a recuperação judicial independentemente de convocação da assembléia-geral de credores (art. 58).

211. Existe hierarquia entre juiz, assembléia-geral de credores, comitê de credores e administrador judicial? – O art. 22, ao fixar a competência do administrador judicial, deixou consignado que ele será *fiscalizado* pelo juiz e pelo comitê de credores. Tal preceito pode ensejar a conclusão de que o juiz e o comitê de credores são superiores hierárquicos do administrador judicial.

O art. 31 conferiu ao juiz a competência para *destituir* o administrador judicial e os membros do comitê de credores. Esta previsão legal, por sua vez, pode levar à conclusão de que o juiz é superior hierárquico tanto do administrador judicial quanto do comitê de credores.

O art. 35 atribui competência à assembléia-geral de credores para *constituir* comitê de credores na recuperação judicial (inciso I, "b") e na falência (inciso II, "b"). Dita competência pode induzir o intérprete a concluir que a assembléia-geral de credores é superior, hierarquicamente, ao comitê de credores.

O § 3º do art. 58 possibilita ao juiz conceder recuperação judicial com base em plano rejeitado pela assembléia-geral de credores. Por isso, poder-se-ia concluir que o juiz é superior hierárquico da assembléia-geral de credores.

Não obstante as situações acima arroladas, não vislumbramos na lei sob comento uma hierarquia propriamente dita entre juiz, assembléia-geral de credores, comitê de credores e administrador judicial.

O que ocorre é que para cada um desses órgãos o legislador fixou um feixe de atribuições que deve ser respeitado.[16-17]

13. Leda Maria Guimarães assevera: "A assembléia-geral de credores é órgão de deliberação obrigatória e permanente (...). Inicia-se com a instalação da assembléia-geral de credores a governança corporativa, por meio de gestão controlada da atividade empresarial, nela residindo a mais significativa vertente de todo o novo sistema" ("Comentários aos arts. 35 ao 46", in Érica Guerra e Maria Cristina Frascari Litrento (orgs.), *Nova Lei de Falências: Lei 11.101, de 9.2.2005 – Comentada*, Campinas/SP, LZN Editora, 2005, pp. 71-72).

14. Sérgio Campinho, *Falência e Recuperação de Empresa: o Novo Regime da Insolvência Empresarial*, Rio de Janeiro, Renovar, 2006, p. 89.

15. Jorge Lobo, "Comentários aos arts. 36 ao 69", cit., in Carlos Henrique Abrão e Paulo Fernando Campos Salles de Toledo (coords.), *Lei de Recuperação de Empresas e Falência*, p. 86.

16. Erasmo Valladão A. e Novaes França assim se posiciona: "A assembléia-geral de credores é um

212. O juiz pode deixar de acatar as deliberações da assembléia-geral? – Sim, em dois casos: (1) quando houver previsão expressa da própria lei (por exemplo, o juiz poderá conceder recuperação judicial com base em plano rejeitado pela assembléia-geral de credores, conforme o § 3º do art. 58); (2) quando a lei for violada.[18-19]

213. Como estão partilhadas as atribuições da assembléia-geral de credores? – As atribuições da assembléia-geral de credores estão partilhadas do seguinte modo: (1) na recuperação judicial (art. 35, I); (2) na falência (art. 35, II).

214. Quais são as atribuições da assembléia-geral de credores? – As atribuições da assembléia-geral de credores, como já ressaltado acima, estão previstas nas alíneas dos incisos I a II do art. 35.

A assembléia-geral de credores tem as seguintes atribuições na recuperação judicial (art. 35, I):

1) *Aprovação, rejeição ou modificação do plano de recuperação judicial apresentado pelo devedor*. Com efeito, no regime anterior o deferimento do processamento da concordata se dava *ope legis*, vale dizer, estava condicionado, basicamente, ao preenchimento dos requisitos legais formais, independentemente da opinião dos credores.

A partir da vigência da atual lei os credores passam a participar efetivamente do plano de recuperação judicial, seja objetando-o, individualmente (art. 55), seja aprovando-o, rejeitando-o ou modificando-o, coletivamente, ou seja, via assembléia-geral (art. 35, I, c/c o art. 56).

Lembra o senador Ramez Tebet, no seu parecer: "O Projeto também acerta ao apontar os credores – que participam do mercado em que está inserido o devedor e são, afinal, os maiores interessados no êxito do processo – como as pessoas mais indicadas para decidir acerca da viabilidade do plano de recuperação preparado pelo devedor".[20]

Como já ressaltamos anteriormente, se não houver objeção de qualquer credor ao

órgão hierarquicamente superior, que *constitui* dois outros órgãos, que igualmente agem em prol do interesse coletivo dos credores: o *comitê de credores* na recuperação e na falência (...). Mas a assembléia não tem preponderância hierárquica sobre o administrador judicial, que está subordinado exclusivamente ao juiz. Exatamente por isso, aliás, foram vetadas a alínea 'c' do inciso I e a alínea 'a' do inciso II do art. 35, que atribuíam à assembléia de credores o poder de substituir o administrador judicial – poder que compete unicamente ao magistrado (...). Mas, embora sem qualquer subordinação hierárquica, o juiz estará adstrito a observar o resultado da deliberação assemblear, se tomada com observância das prescrições legais (v., contudo, o art. 58, § 1º, que autoriza o juiz a conceder a recuperação judicial mesmo em face da deliberação contrária da assembléia de credores, desde que preenchidos certos requisitos)" ("Comentários aos arts. 35 ao 46", in Francisco Satiro de Sousa Jr. e Antônio Sérgio Altieri de Moraes Pitombo (coords.), *Comentários à Lei de Recuperação de Empresas e Falência: Lei 11.101/2005*, São Paulo, Ed. RT, 2005, p. 189).

17. Manoel Justino Bezerra Filho sustenta, de forma cautelosa, posição parcialmente diferente: "Se se pudesse falar aqui em hierarquia, seria possível dizer que a assembléia-geral seria o órgão superior em relação ao comitê de credores, que, por sua vez, estaria em posição de superioridade relativamente ao administrador judicial" (*Nova Lei de Recuperação e de Falências Comentada. Lei 11.101, de 9.2.2005, Comentário Artigo por Artigo*, cit., 3ª ed., p. 110).

18. Manoel Justino Bezerra Filho opina: "Em que pese a que determine a lei a participação dos credores na maioria dos casos, o juiz, pelo poder que lhe é conferido, pode deixar de acatar decisões da assembléia-geral se atentarem contra as disposições e princípios da lei ou se tiver qualquer outro motivo para entender de forma diversa, sempre evidentemente fundamentando sua disposição, conforme determina o art. 165 do CPC, com específico fundamento constitucional no inciso IX do art. 93 da CF" (*Nova Lei de Recuperação e de Falências Comentada. Lei 11.101, de 9.2.2005, Comentário Artigo por Artigo*, cit., 3ª ed., p. 113).

19. Ronaldo Alves de Andrade aduz: "(...) ainda que não ocorrendo as hipóteses do art. 58, e mesmo com deliberação em contrário da assembléia de credores, pensamos que com fundamento no art. 47 o juiz poderá conceder recuperação judicial se entender ser essa a solução que melhor atenda ao princípio da função social da empresa" ("Comentários aos arts. 35 ao 46", in Newton de Lucca e Adalberto Simão Filho (coords.), *Comentários à Nova Lei de Recuperação de Empresas e de Falências*, São Paulo, Quartier Latin, 2005, pp. 176-200).

20. Parecer na íntegra: Anexo II desta obra.

plano de recuperação judicial apresentado pelo devedor, o juiz o deferirá sem convocação da assembléia-geral de credores para aprová-lo (art. 58).

Por outro lado, o plano de recuperação judicial poderá sofrer alterações na assembléia-geral, desde que haja expressa concordância do devedor e em termos que não impliquem diminuição dos direitos exclusivamente dos credores ausentes (art. 56, § 3º).[21]

2) *A constituição do comitê de credores, a escolha de seus membros e sua substituição.* Já nos posicionamos no sentido de que dito comitê é de constituição facultativa.

3) *A substituição do administrador judicial e a indicação do substituto (vetado).* O Presidente da República, fundado no § 1º do art. 66 da CF, decidiu vetar totalmente a alínea "c" do inciso I (acima transcrita) e a alínea "a" do inciso II do art. 35, por serem contrárias ao interesse público.

Eis as razões do veto presidencial:

"As alíneas 'a' (inciso II) e 'c' (inciso I) atribuem à assembléia-geral de credores, dentre outras competências, a de deliberar sobre a substituição do administrador judicial e a indicação do seu substituto. Todavia, tais disposições conflitam com o art. 52, que estabelece: 'Art. 52. Estando em termos a documentação exigida no art. 51 desta Lei, o juiz deferirá o processamento da recuperação judicial e, no mesmo ato: I – nomeará o administrador judicial, observado o disposto no art. 21 desta Lei; (...)'.

"Verifica-se o conflito, também, no confronto entre esses dispositivos e o parágrafo único do art. 23, que dispõe: 'Parágrafo único. Decorrido o prazo do *caput* deste artigo, o juiz destituirá o administrador judicial e nomeará substituto para elaborar relatórios ou organizar as contas, explicitando as responsabilidades de seu antecessor'.

"Ao que parece, houve um equívoco do legislador ao mencionar o 'administrador judicial', parecendo que pretendeu se referir ao 'gestor judicial', uma vez que, ao prever a convocação da assembléia-geral de credores para deliberar sobre nomes, o Projeto refere-se a este último, como se atesta da leitura do art. 65, *verbis*: 'Art. 65. Quando do afastamento do devedor, nas hipóteses previstas no art. 64 desta Lei, o juiz convocará a assembléia-geral de credores para deliberar sobre o nome do gestor judicial que assumirá a administração das atividades do devedor, aplicando-se-lhe, no que couber, todas as normas sobre deveres, impedimentos e remuneração do administrador judicial'.

"Há, portanto, no texto legal um equívoco que merece ser sanado, elidindo-se a possibilidade de a lei vir a atribuir competências idênticas à assembléia-geral de credores e ao juiz da recuperação judicial ou da falência, o que ensejaria a inaplicabilidade do dispositivo, com inequívocos prejuízos para a sociedade, que almeja a celeridade do processo, e para o próprio Governo Federal, que tem adotado ações que possibilitem alcançar esse desiderato.

"Finalmente, impõe-se registrar que o veto afastará, de plano, a possibilidade de que seja nomeada para o encargo pessoa que não seja da confiança do juízo."[22]

Entendemos que o veto visou a fortalecer a posição do juiz.

4) *O pedido de desistência do devedor, nos termos do § 4º do art. 52 da lei.* Antes do deferimento do processamento da recuperação judicial o devedor poderá desistir do pedido, independentemente de aprovação da assembléia-geral de credores. No entanto, após o deferimento a desistência fica condicionada à respectiva aprovação assemblear.[23-24]

21. Júlio Kahan Mandel lembra: "(...) uma vez preenchidos os requisitos da Lei de Falências de 1945, a concordata era imposta aos credores. Não é mais o que acontece na atual Lei Falimentar. Conforme o item I, alínea 'a', os credores, após deliberarem em assembléia, podem rejeitar ou modificar o plano de recuperação apresentado pelo devedor" (*Nova Lei de Falências e Recuperação de Empresas Anotada: Lei 11.101, de 9.2.2005*, São Paulo, Saraiva, 2005, p. 78).

22. A íntegra das mensagens de todos os vetos está estampada nesta obra como Anexo II.

23. Júlio Kahan Mandel ressalta que o pedido de desistência "é uma inovação desta lei, que absor-

5) *O nome do gestor judicial, quando do afastamento do devedor*. A figura do gestor judicial surge quando o devedor é afastado nas hipóteses do art. 64, assumindo a administração das suas atividades (art. 65).

6) *Qualquer outra matéria que possa afetar os interesses dos credores, como, por exemplo, a convolação da recuperação judicial em falência (art. 73, I)*. Leda Maria Guimarães explica: "Por não poder o legislador prever as diversas situações que podem surgir no curso da recuperação judicial da empresa, que repercutirão direta ou indiretamente nos interesses dos credores, não seria prudente fechar o leque de das matérias a serem levadas à deliberação dos credores".[25]

A assembléia-geral de credores tem as seguintes atribuições na falência (art. 35, II):

1) *A substituição do administrador judicial e a indicação do substituto (vetado)*. Tal como na recuperação judicial, a assembléia dos credores na falência teria esta como sua primeira atribuição – o que, no entanto, foi também vetado, com as mesmas razões de veto da alínea "c" do inc. I do art. 35 (transcritas no n. 3 do comentário acima).

2) *A constituição do comitê de credores, a escolha de seus membros e sua substituição.*

3) *A adoção de outras modalidades de realização do ativo, na forma do art. 145 da lei*. O art. 145 prescreve que o juiz homologará qualquer outra modalidade de realização do ativo (além daquelas elencadas no art. 140), inclusive com a constituição de sociedade de credores ou dos empregados do próprio devedor, com a participação, se necessário, dos atuais sócios ou terceiros.[26]

Exemplifica Manoel Justino Bezerra Filho: "No Foro Central de São Paulo ocorreram na vigência da legislação anterior diversos casos de falência de empresas construtoras de imóveis em incorporação, nos quais os adquirentes de apartamentos no prédio em construção formavam comissões e decidiam em assembléias terminar a construção do prédio, com fundamento no art. 122 do Decreto-lei 7.661/1945, c/c o art. 43 da Lei 4.591/1964 – experiência que trouxe resultados positivos, permitindo aos interessados a finalização da construção, com a conseqüente diminuição dos prejuízos. Atualmente este sistema tornou-se muito comum na falência da Encol, construtora cuja quebra trouxe profunda repercussão nacional".[27]

4) *Qualquer outra matéria que possa afetar os interesses dos credores.*

veu as tradicionais e consolidadas jurisprudências existentes nesse sentido, criadas no silêncio da lei anterior" (*Nova Lei de Falências e Recuperação de Empresas Anotada: Lei 11.101, de 9.2.2005*, cit., p. 79).

24. Ronaldo Alves de Andrade discorda deste entendimento: "Como já nos manifestamos (...) a atividade empresarial não interessa somente à empresa em crise e aos seus credores. A atividade empresarial integra a ordem econômica, que nos termos do art. 170 da CF deve obedecer aos princípios ali estabelecidos, dentre os quais o da função social da propriedade, a defesa do consumidor e a busca do pleno emprego. Assim, de acordo com esses princípios constitucionais e com o firmado no art. 47 desta lei, entendemos que o juiz poderá homologar a desistência que não tiver sido aprovada pela assembléia-geral de credores" ("Comentários aos arts. 35 ao 46", cit., in Newton de Lucca e Adalberto Simão Filho (coords.), *Comentários à Nova Lei de Recuperação de Empresas e de Falências*, pp. 179-180).

25. Leda Maria Guimarães, "Comentários aos arts. 35 ao 46", cit., in Érica Guerra e Maria Cristina Frascari Litrento (orgs.), *Nova Lei de Falências: Lei 11.101, de 9.2.2005 – Comentada*, p. 74.

26. Leda Maria Guimarães afirma: "A aprovação de qualquer outra modalidade de realização do ativo pela assembléia de credores tem como fundamento impedir que a *par conditio creditorum* seja fraudada por qualquer interesse egoístico de credor que ocupe posição de destaque, decorrente de expressivo crédito. A salvaguarda dos créditos está assegurada na medida em que todos são convocados a discutir sobre a sua efetivação" ("Comentários aos arts. 35 ao 46", cit., in Érica Guerra e Maria Cristina Frascari Litrento (orgs.), *Nova Lei de Falências: Lei 11.101, de 9.2.2005 – Comentada*, p. 75).

27. Manoel Justino Bezerra Filho, *Nova Lei de Recuperação e de Falências Comentada. Lei 11.101, de 9.2.2005, Comentário Artigo por Artigo* cit., 3ª ed., p. 114.

Art. 36. A assembléia-geral de credores será convocada pelo juiz por edital publicado no órgão oficial e em jornais de grande circulação nas localidades da sede e filiais, com antecedência mínima de 15 (quinze) dias,[215] o qual conterá:[216] I – local,[217] data e hora da assembléia em primeira e em segunda convocação, não podendo esta ser realizada menos de 5 (cinco) dias depois da primeira;[218] II – a ordem-do-dia; III – local onde os credores poderão, se for o caso, obter cópia do plano de recuperação judicial a ser submetido à deliberação da assembléia.[217]

§ 1º. Cópia do aviso de convocação da assembléia deverá ser afixada de forma ostensiva na sede e filiais do devedor.[219]

§ 2º. Além dos casos expressamente previstos nesta Lei, credores que representem no mínimo 25% (vinte e cinco por cento) do valor total dos créditos de uma determinada classe poderão requerer ao juiz a convocação de assembléia-geral.[220]

§ 3º. As despesas com a convocação e a realização da assembléia-geral correm por conta do devedor ou da massa falida, salvo se convocada em virtude de requerimento do comitê de credores ou na hipótese do § 2º deste artigo.[221]

LEGISLAÇÃO ANTERIOR

Lei de Falências (DL 7.661/1945): *Art. 122.* (...).

§ 1º. A convocação dos credores será feita por edital, mandado publicar pelo síndico, com a antecedência de 8 (oito) dias, e do qual constarão lugar, dia e hora designados.

COMENTÁRIOS

215. Qual é a forma de convocação da assembléia-geral de credores? – A convocação[28] será efetuada pelo juiz mediante edital publicado no órgão oficial e em jornais de grande circulação nas localidades da sede e filiais com antecedência mínima de 15 dias (art. 36).

Erasmo Valladão A. e Novaes França explica: "O prazo previsto para a convocação da assembléia-geral de credores é de direito *material*, e não de direito processual. (...). O prazo de 15 dias será contado, assim, de acordo com a regra do art. 132, *caput*, do CC, excluído o dia do começo e computado o do vencimento. (que poderá ser o da própria assembléia), sempre da primeira publicação do anúncio de convocação (art. 1.152, § 3º, do CC). O início do prazo, que flui continuamente, dá-se, outrossim, mesmo em domingos e feriados (exemplificativamente, se a publicação for feita no sábado, o prazo começa a correr no domingo), eis que regra diversa vige exclusivamente para os prazos processuais, por razões peculiares aos processos judiciais (inexistência de expediente forense naqueles dias). Não há impedimento, ademais, para que a assembléia se realize também em domingos e feriados – o que poderá até facilitar o comparecimento do maior número de credores".[29]

Saliente-se que o comando específico do art. 36 ("A assembléia-geral de credores será convocada pelo juiz por edital *publicado no órgão oficial e em jornais de grande cir-*

28. Erasmo Valladão A. e Novaes França esclarece: "O ato inicial e imprescindível deste procedimento é a *convocação*. Imprescindível porque as deliberações coletivas vinculam todo o grupo – inclusive os ausentes. Esta é a regra, claramente estabelecida no direito comum, no § 5º do art. 1.072 do CC: 'As deliberações tomadas de conformidade com a lei e o contrato vinculam todos os sócios, ainda que ausentes ou dissidentes'. Na hipótese da comunhão de credores, idêntico efeito se verificará: os credores ausentes ou dissidentes ficarão vinculados às deliberações da assembléia-geral de credores (arts. 42, 44 c/c 26, 45 e 46 da Lei 11.101). Mas, para tanto, devem ser convocados, pois, como obtempera Fábio Konder Comparato, 'seria, com efeito, *aberrante* que todos os componentes do *collegium* (...) ficassem vinculados por declarações coletivas de vontade às quais não tiveram acesso'" ("Comentários aos arts. 35 ao 46", in Francisco Satiro de Sousa Jr. e Antônio Sérgio Altieri de Moraes Pitombo (coords.), *Comentários à Lei de Recuperação de Empresas e Falência: Lei 11.101/2005*, São Paulo, Ed. RT, 2005, p. 199).

29. Erasmo Valladão A. e Novaes França, "Comentários aos arts. 35 ao 46", cit., in Francisco Satiro de Sousa Jr. e Antônio Sérgio Altieri de Moraes Pitombo (coords.), *Comentários à Lei de Recuperação de Empresas e Falência: Lei 11.101/2005*, p. 200.

culação nas localidades da sede e filiais") prevalece sobre o comando genérico veiculado no art. 191 ("*As publicações ordenadas serão feitas preferencialmente na imprensa oficial e, se o devedor ou a massa falida comportar, em jornal ou revista de circulação regional ou nacional, bem como em quaisquer outros periódicos que circulem em todo o País*").[30-31]

Em outras palavras, o comando específico constante do art. 36 constitui justamente uma das ressalvas previstas no próprio art. 191.

216. O que deverá conter o edital? – Local, data, hora da assembléia em primeira e em segunda convocação, a ordem-do-dia,[32] local onde os credores poderão, se for o caso, obter cópia do plano de recuperação judicial a ser submetido à deliberação da assembléia.

Visando a evitar embaraços aos credores em relação ao acesso ao plano de recuperação judicial, Júlio Kahan Mandel formula sugestões práticas: "Para facilitar o acesso ao plano em cartório e não atrapalhar o andamento do processo com sucessivos envios dos autos ao *xerox*, deve o magistrado ordenar ao escrivão que providencie uma cópia do plano para que os credores interessados possam retirá-la por 30 minutos para extração de cópia no próprio Fórum, sem maiores burocracias. O devedor pode auxiliar o cartório, fornecendo uma 2ª via do plano, quando de sua apresentação em juízo. Antes mesmo da vigência da nova lei foi apresentado um plano de recuperação perante a 27ª Vara Cível (Concordata Villanova Engenharia e Construções Ltda.), cuja devedora colocava à disposição um endereço de *e-mail* para atender a dúvidas. O representante do Ministério Público, na ocasião, salutarmente sugeriu a criação de um *site* para a exposição do plano, idéia que somente não foi aceita na época por questão de custos. Hoje, com grande parte das empresas possuindo *site* próprio, nada impede que tal recurso seja implementado".[33-34]

As sugestões alvitradas pelo autor nos parecem adequadas.

217. Qual deve ser o local da realização da assembléia-geral de credores? – A atual lei é omissa quanto ao local da realização da assembléia-geral de credores. No entanto,

30. No mesmo sentido, Erasmo Valladão A. e Novaes França: "A convocação se dá por edital publicado no órgão oficial e em jornais de grande circulação, prevalecendo, aqui, a regra especial do art. 36, *caput*, em face daquela estabelecida no art. 191, *caput*, eis que o intento do legislador é dar mais ampla publicidade possível da realização da assembléia para os credores" ("Comentários aos arts. 35 ao 46", cit., in Francisco Satiro de Sousa Jr. e Antônio Sérgio Altieri de Moraes Pitombo (coords.), *Comentários à Lei de Recuperação de Empresas e Falência: Lei 11.101/2005*, p. 199).

31. Jorge Lobo compartilha da mesma opinião: "A norma especial do art. 36, *caput*, afasta a regra geral do art. 191, que dá ao devedor e à massa falida a faculdade de 'preferirem' outro meio de divulgação na imprensa" ("Comentários aos arts. 35 ao 69", in Carlos Henrique Abrão e Paulo Fernando Campos Salles de Toledo (coords.), *Lei de Recuperação de Empresas e Falência*, São Paulo, Saraiva, 2005, p. 88).

32. Lembra Júlio Kahan Mandel: "Da ordem-do-dia poderá constar o famoso item 'Diversos', que flexibiliza o alcance das discussões. Mas esse expediente deve ser adotado com extrema cautela, pois decisões fundamentais, como a forma de venda do ativo ou a substituição do administrador, não podem ser debatidas sem que a convocação preveja expressamente esse importante tópico, sob pena de algum credor que não compareceu à assembléia impugnar a decisão tomada" (*Nova Lei de Falências e Recuperação de Empresas Anotada: Lei 11.101, de 9.2.2005*, São Paulo, Saraiva, 2005, p. 81).

33. Júlio Kahan Mandel, *Nova Lei de Falências e Recuperação de Empresas Anotada: Lei 11.101, de 9.2.2005*, cit., p. 83.

34. Ronaldo Alves de Andrade também formula sua sugestão: "Evidentemente que os credores poderão ter acesso ao plano juntado aos autos do processo judicial; entretanto, se muitos forem os credores essa tarefa será difícil, de maneira que o ideal é que sejam colocadas à disposição várias cópias e em vários locais, para proporcionar o mais amplo e pleno conhecimento e discussão do plano, de maneira a possibilitar não só críticas, como também o aperfeiçoamento, visando realmente a recuperar a empresa, principal objetivo de qualquer plano de recuperação" ("Comentários aos arts. 35 ao 46", in Newton de Lucca e Adalberto Simão Filho (coords.), *Comentários à Nova Lei de Recuperação de Empresas e de Falências*, São Paulo, Quartier Latin, 2005, pp. 183-184).

acreditamos ser intuitivo que tal local deva ser a própria sede do devedor.[35]

Diante da omissão legal, entendemos ser aplicável, por *analogia legis*, o § 2º do art. 124 da Lei 6.404/1976 (Lei das S/A), que prescreve:

"*Art. 124.* (...).

"(...).

"§ 2º. Salvo motivo de força maior, *a assembléia-geral realizar-se-á no edifício onde a companhia tiver a sede*; quando houver de efetuar-se em outro, os anúncios indicarão, com clareza, o lugar da reunião, que em nenhum caso poderá realizar-se fora da localidade da sede."

218. Há previsão de interstício entre a primeira e a segunda convocação da assembléia-geral de credores? – Sim; o interstício é de cinco dias.[36]

219. Há previsão de providência complementar? – Sim; cópia do aviso de convocação da assembléia-geral deverá ser afixada de forma ostensiva na sede e nas filiais do devedor.

220. Credores de uma só classe podem convocar a assembléia-geral de credores? – Além dos casos expressamente previstos na lei (por exemplo, *o administrador judicial* – art. 22, I, "g" – e *o comitê de credores* – art. 27, I, "e"), credores que representem, no mínimo, 25% do valor total dos créditos de determinada classe (*trabalhista, com garantia real, privilegiada especial, privilegiada geral, quirografária* e *subordinada* – art. 41) poderão requerer a convocação da assembléia-geral de credores.

221. Quem arcará com as despesas relativas à convocação e realização da assembléia-geral de credores? – O devedor ou a massa falida arcarão com tais despesas. Todavia, há duas exceções: (1) quando assembléia-geral de credores for convocada por requerimento do comitê de credores; (2) dita convocação for efetuada por credores que representem, no mínimo, 25% do total de créditos de determinada classe.[37]

Jairo Saddi explica a *ratio* de tais regras: "As despesas com a convocação e a realização da assembléia-geral correm por conta do devedor e da massa falida, salvo se convocada em virtude de requerimento dos credores, *exatamente para não impor maiores ônus ao credor, além dos prejuízos da inadimplência*, exceto quando são os próprios credores quem provocam a convocação. Uma segunda hipótese em que o credor arca com tais custos é quando o comitê de credores, por qualquer razão, resolve convocar a assembléia. *Essa previsão é sensata e acertada, uma vez que desestimula a convocação a expensas do devedor por motivo pouco relevante.* Mesmo na convocação do credor que represente 25% dos créditos de uma classe, é ele quem arca com os custos de convocação".[38]

35. No mesmo sentido, Maria Odete Duque Bertasi: "A lei não estabelece o local de realização da AGC, porém é razoável afirmar que ela se realize na localidade da sede do devedor" ("Administrador judicial. Comitê de credores e assembléia-geral de credores na Lei de Recuperação de Empresas e Falência", in Rubens Approbato Machado (coord.), *Comentários à Nova Lei de Falências e Recuperação de Empresas*, São Paulo, Quartier Latin, 2005, p. 142).

36. Lembra Fábio Ulhoa Coelho: "Não se admite, portanto, na assembléia de credores da falência ou da recuperação judicial, a praxe largamente utilizada em outros eventos assembleares (como em condomínio edilício, associações e clubes etc.) de realizar-se a segunda convocação no mesmo dia da primeira, iniciando-a nos 30 minutos seguintes" (*Comentários à Nova Lei de Falências e de Recuperação de Empresas*, São Paulo, Saraiva, 2005, p. 94).

37. No mesmo sentido, Manoel Justino Bezerra Filho: "O devedor sempre responderá pelas despesas de convocação e realização da assembléia-geral em caso de recuperação, e em caso de falência por conta da massa, a menos que seja convocada pelo comitê de credores ou por 25% do total dos créditos, caso em que as despesas serão de responsabilidade de quem tomou a iniciativa da convocação" (*Nova Lei de Recuperação e de Falências Comentada. Lei 11.101, de 9.2.2005, Comentário Artigo por Artigo*, 3ª ed., São Paulo, Ed. RT, 2005, p. 116).

38. Jairo Saddi, "O comitê e a assembléia-geral de credores na nova Lei Falimentar", in Luiz Fernando Valente de Paiva (coord.), *Direito Falimentar e a Nova Lei de Falências e Recuperação de Empresas*, São Paulo, Quartier Latin, 2005, pp. 205-206.

Quanto à convocação da assembléia-geral de credores pelo comitê de credores, lembramos o disposto no art. 29, *in fine*: "*Art. 29.* [...] as despesas realizadas para a realização de ato previsto nesta Lei, se devidamente comprovadas e com a autorização do juiz, serão ressarcidas atendendo às disponibilidades de caixa".

Ora, assim sendo, entendemos que a assertiva de Jorge Lobo no sentido de que "se a convocação tiver sido requerida: (...) (b) pelo comitê de credores, as despesas correrão por conta da totalidade dos credores (art. 36, § 3º)"[39] é passível da seguinte complementação: "os quais poderão ser ressarcidos nos termos do art. 29, *in fine*".

Art. 37. A assembléia será presidida pelo administrador judicial,[222] que designará 1 (um) secretário dentre os credores presentes.[223]

§ 1º. Nas deliberações sobre o afastamento do administrador judicial ou em outras em que haja incompatibilidade deste, a assembléia será presidida pelo credor presente que seja titular do maior crédito.[224]

§ 2º. A assembléia instalar-se-á, em primeira convocação, com a presença de credores titulares de mais da metade dos créditos de cada classe, computados pelo valor, e, em segunda convocação, com qualquer número.[225-226]

§ 3º. Para participar da assembléia, cada credor deverá assinar a lista de presença, que será encerrada no momento da instalação.[227]

§ 4º. O credor poderá ser representado na assembléia-geral por mandatário ou representante legal, desde que entregue ao administrador judicial, até 24 (vinte e quatro) horas antes da data prevista no aviso de convocação, documento hábil que comprove seus poderes ou a indicação das folhas dos autos do processo em que se encontre o documento.[228]

§ 5º. Os sindicatos de trabalhadores poderão representar seus associados titulares de créditos derivados da legislação do trabalho ou decorrentes de acidente de trabalho que não comparecerem, pessoalmente ou por procurador, à assembléia.[228]

§ 6º. Para exercer a prerrogativa prevista no § 5º deste artigo, o sindicato deverá: I – apresentar ao administrador judicial, até 10 (dez) dias antes da assembléia, a relação dos associados que pretende representar, e o trabalhador que conste da relação de mais de um sindicato deverá esclarecer, até 24 (vinte e quatro) horas antes da assembléia, qual sindicato o representa, sob pena de não ser representado em assembléia por nenhum deles;[228] e II – *(vetado)* comunicar aos associados por carta que pretende exercer a prerrogativa do § 5º deste artigo.[228]

§ 7º. Do ocorrido na assembléia, lavrar-se-á ata que conterá o nome dos presentes e as assinaturas do presidente, do devedor e de 2 (dois) membros de cada uma das classes votantes, e que será entregue ao juiz, juntamente com a lista de presença, no prazo de 48 (quarenta e oito) horas.[229-230]

LEGISLAÇÃO ANTERIOR

Lei de Falências (DL 7.661/1945): *Art. 122.* Credores que representem mais de um quarto do passivo habilitado podem requerer ao juiz a convocação de assembléia que delibere em termos precisos sobre o modo de realização do ativo, desde que não contrários ao disposto na presente Lei, e sem prejuízo dos atos já praticados pelo síndico na forma dos artigos anteriores, sustando-se o prosseguimento da liquidação ou o decurso de prazos até a deliberação final..

§ 2º. Na assembléia, a que deve estar presente o síndico, o juiz presidirá os trabalhos, cabendo-lhe vetar as deliberações dos credores contrários às disposições desta Lei.

§ 3º. As deliberações serão tomadas por maioria calculada sobre a importância dos créditos dos credores presentes. No caso de

39. Jorge Lobo, "Comentários aos arts. 35 ao 69", cit., in Carlos Henrique Abrão e Paulo Fernando Campos Salles de Toledo (coords.), *Lei de Recuperação de Empresas e Falência*, p. 89.

empate, prevalecerá a decisão do grupo que reunir maior número de credores.

§ 4º. Nas deliberações relativas ao patrimônio social, somente tomarão parte os credores sociais; nas que se relacionarem com o patrimônio individual de cada sócio, concorrerão os respectivos credores particulares e os credores sociais.

§ 5º. Do ocorrido na assembléia, o escrivão lavrará ata que conterá o nome dos presentes e será assinada pelo juiz. Os credores assinarão lista de presença que, com a ata, será junta aos autos da falência.

COMENTÁRIOS

222. Quem presidirá a assembléia-geral de credores? – O presidente será o administrador judicial. No regime anterior quem presidia a assembléia-geral de credores era o juiz (art. 122, § 2º).[40]

223. Como será escolhido o secretário para auxiliar o presidente? – O administrador judicial designará um secretário dentre os presentes.[41]

224. Em que hipóteses um credor presente à assembléia-geral assumirá a presidência? – Em duas hipóteses: (1) quando a deliberação se referir ao afastamento do administrador judicial; (2) quando a deliberação implicar incompatibilidade do administrador judicial.[42]

O substituto do administrador judicial será o credor presente que seja titular do maior crédito.

Se tal credor declinar da função? Ou se a assembléia entender que outra pessoa reúne melhores condições para conduzir os trabalhos? Fábio Ulhoa Coelho responde: "(...) nada impede que exerça a presidência outro credor ou mesmo o advogado de um dos credores".[43]

225. Qual é o* quorum *de instalação da assembléia-geral de credores? – Em primeira convocação, com a presença de credores titulares de mais da metade dos créditos de cada classe, computados pelo valor (e não pelo número de credores); em segunda convocação, com qualquer número.

226. O juiz, o Ministério Público e o advogado têm a prerrogativa de comparecer à assembléia-geral? – Responde Jorge Lobo: "O juiz e o órgão do Ministério Público têm a prerrogativa de comparecer e assistir aos trabalhos da assembléia-geral, sem, entretan-

40. Júlio Kahan Mandel opina: "(...) entendo que a participação do juiz nas assembléias deveria ser prevista, especialmente assumindo a presidência da reunião quando achasse necessário. Os que são contra a 'intromissão' do Judiciário têm fortes argumentos, como o despreparo técnico do juiz e a própria falta de estrutura do tribunal para receber a assembléia, além da questão da lentidão do Judiciário (...). Concordo com esses argumentos (...), mas existem centenas de juízes capazes e preparados para exercer a função de mediador de assembléias, com conhecimentos de direito comercial e até noções de contabilidade e administração" (*Nova Lei de Falências e Recuperação de Empresas Anotada: Lei 11.101, de 9.2.2005*, São Paulo, Saraiva, 2005, p. 84).

41. Ronaldo Alves de Andrade complementa: "A secretaria é um cargo extremamente importante, correspondente ao de escrivão nas audiências, na medida que [*sic*] o secretário deverá elaborar uma ata da reunião, nela fazendo constar todas as ocorrências relevantes, inclusive no tocante à atuação do presidente" ("Comentários aos arts. 35 ao 46", in Newton de Lucca e Adalberto Simão Filho (coords.), *Comentários à Nova Lei de Recuperação de Empresas e de Falências*, São Paulo, Quartier Latin, 2005, p. 185).

42. No tocante à primeira hipótese – quando a deliberação se referir ao afastamento do administrador judicial –, adverte Erasmo Valladão A. e Novaes França: "(...) em razão de um cochilo do Executivo, ao exercer o direito de veto com relação aos incisos I, alínea 'c', e II, alínea 'a', do art. 35, que previam serem da competência da assembléia-geral de credores a substituição do administrador judicial e a eleição de seu substituto, na recuperação judicial e na falência, respectivamente. Com o veto àqueles dispositivos, inexistem deliberações da assembléia de credores sobre o afastamento do administrador judicial, eis que tal ato compete exclusivamente ao juiz (...)" ("Comentários aos arts. 35 ao 46", in Francisco Satiro de Sousa Jr. e Antônio Sérgio Altieri de Moraes Pitombo (coords.), *Comentários à Lei de Recuperação de Empresas e Falência: Lei 11.101/2005*, São Paulo, Ed. RT, 2005, p. 204).

43. Fábio Ulhoa Coelho, *Comentários à Nova Lei de Falências e de Recuperação de Empresas*, São Paulo, Saraiva, 2005, p. 91.

to, interferir ou influenciar nos debates e na votação (...)".[44-45]

Com relação ao advogado, afirma Fábio Ulhoa Coelho: "Por três fundamentos diferentes o advogado tem o direito de ingressar no recinto em que se realiza a assembléia de credores na falência ou na recuperação judicial. Em primeiro lugar, se ele é credor do empresário individual ou sociedade empresária (...). Em segundo lugar, ele participa do evento como procurador. Por fim, o advogado participa da assembléia como assessor do credor. Como é sua prerrogativa profissional "ingressar livremente em qualquer assembléia ou reunião de que participe ou possa participar seu cliente" (Lei 8.906/1994, art. 7º, VI, 'd') (...)".[46]

Concordamos com as opiniões dos autores.

227. Qual é o requisito para o credor participar da assembléia-geral? – O requisito é o seguinte: cada credor deverá assinar a lista de presença.[47]

Adverte, oportunamente, Erasmo Valladão A. e Novaes França: "Não pode ser admitido, assim, o voto por correspondência, telegrama, telefone, fax, *e-mail* etc. Não cuidou a lei, outrossim – poderia tê-lo feito, como ocorreu com a reforma do direito societário italiano –, da possibilidade de realização de assembléia por videoconferência, muito embora a eventualidade de fraudes seja maior aí".[48]

Note-se que a lista de presença será encerrada no momento da instalação da assembléia. Logo, o credor que não a assinou poderá permanecer no conclave, mas não terá o direito de votar.

A razão do encerramento da referida lista é destacada por Fábio Ulhoa Coelho: "Se depois de encerrada a lista de presença fosse admissível o ingresso de outros credores, a base de cálculo para os quóruns e o próprio resultado das votações poderiam ser alterados".[49]

Compartilhamos da opinião do autor.

228. O credor poderá ser representado na assembléia-geral? – Sim, quer por mandatário, quer por representante legal.

Para tanto, deve entregar ao administrador judicial, até 24 horas antes da data inserida na convocação da assembléia, documento hábil que comprove os poderes outorgados ou indicar as folhas dos autos do processo em que se ele se encontra.

Ora, assim sendo, conclui-se, de um lado, que resta descartado, *in totum*, o mandato verbal e, de outro lado, que não basta o representante legal ou o mandatário do credor titularizar "poderes ordinários de adminis-

44. Jorge Lobo, "Comentários aos arts. 35 ao 69", in Carlos Henrique Abrão e Paulo Fernando Campos Salles de Toledo (coords.), *Lei de Recuperação de Empresas e Falência*, São Paulo, Saraiva, 2005, p. 93.

45. Júlio Kahan Mandel aduz: "(...) sem a presença mediadora do juiz, a assembléia pode-se tornar uma daquelas reuniões de condomínio onde ninguém se entende. Portanto, dentro do espírito da lei, nada impede que a assembléia seja realizada com a presença do promotor e do juiz, que poderá presidir a assembléia" (*Nova Lei de Falências e Recuperação de Empresas Anotada: Lei n. 11.101, de 9.2.2005*, cit., p. 83).

46. Fábio Ulhoa Coelho, *Comentários à Nova Lei de Falências e de Recuperação de Empresas*, cit., p. 96.

47. Lembra Jorge Lobo: "Imediatamente após o encerramento do processo de assinatura da lista de presença e antes de iniciados os trabalhos, o administrador judicial deverá verificar quais os credores têm direito de participar e votar na assembléia-geral e aqueles que apenas podem participar sem, todavia, votar (...) para conhecimento dos presentes e verificação do *quorum* de instalação e de deliberação. Para evitar fraude e eventual ação de nulidade da deliberação assemblear (art. 39, § 3º), os credores deverão declarar, por escrito, que não estão nas condições do art. 43 da LRE" ("Comentários aos arts. 35 ao 69", cit., in Carlos Henrique Abrão e Paulo Fernando Campos Salles de Toledo (coords.), *Lei de Recuperação de Empresas e Falência*, p. 91).

48. Erasmo Valladão A. e Novaes França, "Comentários aos arts. 35 ao 46", cit., in Francisco Satiro de Sousa Jr. e Antônio Sérgio Altieri de Moraes Pitombo (coords.), *Comentários à Lei de Recuperação de Empresas e Falência: Lei 11.101/2005*, p. 205.

49. Fábio Ulhoa Coelho, *Comentários à Nova Lei de Falências e de Recuperação de Empresas*, cit., p. 91.

tração" e/ou *ad judicia*; ele deve ostentar *poderes expressos e especiais*, sobretudo o de *transigir* (art. 661, § 1º, do CC, c/c o art. 38 do CPC).[50-51-52-53]

Adalberto Simão Filho – após formular a seguinte questão: seria lícito ao administrador não deixar ingressar em assembléia de credores e votar um credor que não tenha realizado a providência de comunicação, nas 24 horas anteriores à assembléia, da representatividade a terceiros mas que esteja, no ato, portando a prova da representatividade e, inclusive, indicando as folhas dos autos nos quais se encontra o mandato, quando for o caso? – responde: "Parece-nos que, se os documentos que comprovam a representatividade para assembléias-gerais de credores já se encontram nos autos, passíveis de consulta por parte do administrador ou de qualquer interessado, o fato de não ter indicado no prazo de 24 (...) horas as folhas dos autos onde se encontra o documento probante da representatividade é aspecto facilmente suprível, mesmo quando da assembléia, haja vista que a verdade real é que uma manifestação de vontade foi exarada pelo credor anteriormente ao ato e, como se encontra entranhada em processo público, deve ser considerada em toda a sua extensão. Portanto, não deve este fato representar óbice de qualquer natureza à legítima participação do credor por representação em assembléia-geral, inclusive com direito a voto se o mesmo não estiver no rol de excludências previsto em lei".[54]

Por fim, destaca-se que os sindicatos também poderão representar seus associados titulares de créditos oriundos da legislação trabalhista ou de acidente do trabalho que não comparecerem, pessoalmente ou por procurador, à assembléia.

Jurisprudência[55]

Eis uma decisão pertinente:

50. Ressalta Manoel Justino Bezerra Filho: "O § 1º do art. 661 do CC estabelece a necessidade de poderes especiais para alienar, hipotecar, transigir ou praticar atos que exorbitem da administração ordinária. Como, em tese, alguns destes atos podem ser decididos em assembléia, é de todo recomendável a outorga da procuração com poderes específicos para representação em assembléia, discriminando poderes especiais" (*Nova Lei de Recuperação e de Falências Comentada. Lei 11.101, de 9.2.2005, Comentário Artigo por Artigo*, 3ª ed., São Paulo, Ed. RT, 2005, p. 117).

51. Erasmo Valladão A. e Novaes França explica: "(...) mandatário, que pode ser qualquer um, maior e capaz, constituído para tal, ou o advogado do credor, um e outro, a nosso ver, *com poderes especiais para transigir ou renunciar*, se isso for necessário (na aprovação do plano de recuperação judicial, por exemplo, a transigência será praticamente inevitável, não podendo o voto ser exercido, assim, por mandatário com poderes gerais – art. 661, § 1º, do CC – nem simplesmente *ad judicia* – art. 692 do CC c/c o art. 38 do CPC e § 5º do art. 2º do Estatuto da Advocacia, Lei 8.906/1994)" ("Comentários aos arts. 35 ao 46", cit., in Francisco Satiro de Sousa Jr. e Antônio Sérgio Altieri de Moraes Pitombo (coords.), *Comentários à Lei de Recuperação de Empresas e Falência: Lei 11.101/2005*, p. 205).

52. Explica Jorge Lobo: "(...) (a) entregar ao administrador (...), se se tratar de procurador, o instrumento de mandato, público ou particular, este com firma reconhecida, conferindo-lhe poderes especiais e expressos para votar, acordando, discordando, transigindo, firmando compromissos, renunciando a direitos e privilégios ou quaisquer outros atos que exorbitem a administração ordinária (CC, arts. 653 e 661, § 1º), ou, se se tratar de representante legal, documento hábil que prove sua qualidade e a extensão de seus poderes (...)" ("Comentários aos arts. 35 ao 69", cit., in Carlos Henrique Abrão e Paulo Fernando Campos Salles de Toledo (coords.), *Lei de Recuperação de Empresas e Falência*, p. 92).

53. Opina Fábio Ulhoa Coelho: "A lei fala, no § 4º, que a formalidade e antecedência nele indicadas para o procurador também se exigem do 'representante legal'. Deve-se entender essa expressão no seu sentido técnico específico, delineado no Código Civil (arts. 115 a 120). Quero dizer, o preceito não é aplicável aos *presentantes* das pessoas jurídicas, isto é, seus diretores e administradores" (*Comentários à Nova Lei de Falências e de Recuperação de Empresas*, cit., p. 95).

54. Adalberto Simão Filho, "Interesses transindividuais dos credores nas assembléias-gerais e sistemas de aprovação do plano de recuperação judicial", in Newton de Lucca e Alessandra de Azevedo Domingues (coords.), *Direito Recuperacional: Aspetos Práticos e Teóricos*, São Paulo, Quartier Latin, 2009, p. 44.

55. Manoel Justino Bezerra Filho, *Jurisprudência da Nova Lei de Recuperação de Empresas e Falências/Decisões, Ofícios Judiciais, Resoluções,*

[8ª Vara Empresarial da Comarca da Capital – "Caso Varig"] Acolho os embargos na medida em que, aparentemente, há decisões em conflito. Com efeito, a petição datada de 14.9.2005, da lavra do digno Dr. Jorge Lobo, contou com o deferimento judicial do pedido que pugnou pelo reconhecimento da *legitimidade do sindicato para representar, tão-somente, os associados ausentes*. Nada obstante, em atendimento ao requerimento do ilustre administrador judicial, Dr. João Cysneiro, o Juízo igualmente reconheceu a *legitimidade dos ausentes não associados*, ao deferir pedido na petição datada de 22 de setembro do corrente ano.

Assim, em razão do aparente conflito, faz-se necessário dizer que, à luz das disposições legal e constitucional, respectivamente art. 37, § 5º, da Lei n. 11.101/2005 e art. 8º, III, da CF, *não há possibilidade de reconhecer a legitimidade dos sindicatos para representarem os ausentes não associados*. Não fosse o bastante a previsão restritiva da lei, cujo dispositivo fora antes declinado, a jurisprudência do egrégio STJ trilha pelo caminho da exclusão dos não associados. Veja-se, para tanto, o aresto REsp n. 464.179-BA, j. 12.5.2005, cuja relatoria coube ao Min. Castro Meira, que, ao narrar seu voto, *a contrario sensu, esclarece a legitimidade para representar, tão-só, os associados*.

Ante o exposto, conheço dos embargos e dou-lhes provimento para declarar que *sindicatos têm legitimidade para representar os associados não presentes à assembléia*.

Rio de Janeiro, 23 de setembro de 2005. [*Processo 2005.001.072887-7, Juiz de Direito Luiz Roberto Ayoub*]

A condição de procedibilidade para tais entidades agirem é a seguinte: apresentação ao administrador judicial, até 10 dias antes da assembléia, da relação dos associados que pretendem representar.

Se o trabalhador figurar na relação de mais um sindicato, deverá, até 24 horas antes da assembléia, fazer sua opção pela representação por uma das entidades, sob pena de não ser representado por nenhuma delas.

No tocante ao inciso II do § 6º do art. 37 – "comunicar aos associados por carta que pretende exercer a prerrogativa do § 5º deste artigo" –, o Presidente da República, fundado no § 1º do art. 66 da CF, decidiu vetá-lo totalmente, por ser contrário ao interesse público.

Eis as razões do veto presidencial:

"Merece atenção o disposto no art. 37, §§ 5º e 6º, que confere aos sindicatos a legitimidade para representarem seus associados titulares de crédito trabalhista na assembléia-geral de credores, desde que apresentem ao administrador judicial a relação dos trabalhadores e comuniquem aos associados por carta que pretendem representá-los. Considerando-se que tal assembléia tem atribuições fundamentais, tais como a deliberação a respeito do plano de recuperação judicial, a constituição do comitê de credores, a eventual substituição do administrador judicial, em caso de falência, os dispositivos citados apresentam problemas.

"Com efeito, a disposição contida no art. 37, § 6º, II, que condiciona a representação sindical à prévia comunicação a seus associados, por carta, da intenção de representá-los, é burocrática e desnecessária, servindo apenas para restringir ainda mais a atuação sindical, uma vez que o § 5º do mesmo artigo determina que o sindicato representará somente os trabalhadores que não comparecerem à assembléia, garantindo, pois, a participação direta daqueles que não desejarem ser representados por sua entidade sindical.

"Ademais, o dispositivo abre perigosa possibilidade de impugnação da legitimidade da representação dos sindicatos e, por conseqüência, da própria assembléia-geral, pois será difícil ter em mão milhares de comprovantes de recebimento ou de postagem para provar que todos os milhares de trabalhadores foram devidamente comunicados por carta de que o sindicato pretende cumprir seu dever de defender os interesses da categoria."[56]

229. Como se desenvolverão os trabalhos na assembléia-geral de credores? – Jorge

Sentenças, Acórdãos, Dentre Outros Documentos, São Paulo, Ed. RT, 2006, pp. 80-81.

56. A íntegra das mensagens de todos os vetos está estampada nesta obra como Anexo III.

Lobo explica será o desenvolvimento dos trabalhos na assembléia-geral de credores:

"Abertos os trabalhos da assembléia e lida a ordem-do-dia, o presidente deverá informar: (a) o número de credores presentes, caso se vá deliberar sobre as matérias previstas no art. 35, I, 'a',[57] c/c o art. 45, *caput*;[58] (b) o valor total dos créditos dos credores presentes; (c) o *quorum* de deliberação de cada classe de credores; (d) a forma de votação; e (e) o *quorum* de deliberação para apuração do resultado final.

"A seguir, se a assembléia-geral houver sido convocada com fundamento no art. 56,[59] o secretário fará uma síntese da objeção oposta com respaldo no art. 55,[60] facultado a qualquer credor pleitear a leitura integral e dos documentos que a instruem, devendo o administrador judicial, no exercício da presidência dos trabalhos, conceder a palavra aos credores, que desejarem manifestar-se, e ao devedor, para que responda à objeção.

"Encerrados os debates, o presidente deverá pôr em votação a matéria para deliberação da assembléia, na forma dos arts. 38,[61] 39[62] e 42.[63]

"Igual procedimento deverá ser observado na hipótese de haver sido apresentada proposta de alteração do plano de recuperação (art. 56, § 3º) e nos casos especificados no art. 35, I, 'b' a 'f', e II,[64] da LRE."[65]

230. Como restarão formalizadas as deliberações tomadas na assembléia-geral de credores? – Por meio de lavratura de ata, a qual conterá o nome dos presentes e as assinaturas do presidente, do devedor e de dois membros de cada uma das classes votantes e deverá ser entregue ao juiz juntamente com a lista de presença, no prazo de 48 horas do encerramento dos trabalhos (§ 7º do art. 37).

A lei sob comento é omissa no tocante à forma da lavratura da ata. Por isso, não vis-

57. "Art. 35. A assembléia-geral de credores terá por atribuições deliberar sobre: I – na recuperação judicial: a) aprovação, rejeição ou modificação do plano de recuperação judicial apresentado pelo devedor; (...)."

58. "Art. 45. Nas deliberações sobre o plano de recuperação judicial, todas as classes de credores referidas no art. 41 desta Lei deverão aprovar a proposta."

59. "Art. 56. Havendo objeção de qualquer credor ao plano de recuperação judicial, o juiz convocará a assembléia-geral de credores para deliberar sobre o plano de recuperação."

60. "Art. 55. Qualquer credor poderá manifestar ao juiz sua objeção ao plano de recuperação judicial no prazo de 30 (trinta) dias contado da publicação da relação de credores de que trata o § 2º do art. 7º desta Lei."

61. "Art. 38. O voto do credor será proporcional ao valor de seu crédito, ressalvado, nas deliberações sobre o plano de recuperação judicial, o disposto no § 2º do art. 45 desta Lei."

62. "Art. 39. Terão direito a voto na assembléia-geral as pessoas arroladas no quadro geral de credores ou, na sua falta, na relação de credores apresentada pelo administrador judicial na forma do art. 7º, § 2º, desta Lei, ou, ainda, na falta desta, na relação apresentada pelo próprio devedor nos termos dos arts. 51, incisos III e IV do *caput*, 99, inciso III do *caput*, ou 105, inciso II do *caput*, desta Lei, acrescidas, em qualquer caso, das que estejam habilitadas na data da realização da assembléia ou que tenham créditos admitidos ou alterados por decisão judicial, inclusive as que tenham obtido reserva de importâncias, observado o disposto nos §§ 1º e 2º do art. 10 desta Lei."

63. "Art. 42. Considerar-se-á aprovada a proposta que obtiver votos favoráveis de credores que representem mais da metade do valor total dos créditos presentes à assembléia-geral, exceto nas deliberações sobre o plano de recuperação judicial nos termos da alínea 'a' do inciso I do *caput* do art. 35 desta Lei, a composição do comitê de credores ou forma alternativa de realização do ativo nos termos do art. 145 desta Lei."

64. "Art. 35. A assembléia-geral de credores terá por atribuições deliberar sobre: I – na recuperação judicial: (...) b) a constituição do comitê de credores, a escolha de seus membros e sua substituição; c) a substituição do administrador judicial e a indicação do substituto (*vetado*); d) o pedido de desistência do devedor, nos termos do § 4º do art. 52 desta Lei; e) o nome do gestor judicial, quando do afastamento do devedor; f) qualquer outra matéria que possa afetar os interesses dos credores; II – na falência: a) a substituição do administrador judicial e a indicação do substituto (*vetado*); b) a constituição do comitê de credores, a escolha de seus membros e sua substituição; c) a adoção de outras modalidades de realização do ativo, na forma do art. 145 desta Lei; d) qualquer outra matéria que possa afetar os interesses dos credores."

65. Jorge Lobo, "Comentários aos arts. 35 ao 69", cit., in Carlos Henrique Abrão e Paulo Fernando Campos Salles de Toledo (coords.), *Lei de Recuperação de Empresas e Falência*, p. 91.

lumbramos qualquer óbice quanto à adoção da forma sumária.[66]

Acreditamos ter havido um cochilo do legislador quanto à omissão relativa à assinatura do secretário na ata da assembléia, uma vez que cabe a ele redigi-la, registrando as deliberações e os eventuais incidentes relevantes.[67]

Art. 38. O voto do credor será proporcional ao valor de seu crédito, ressalvado, nas deliberações sobre o plano de recuperação judicial, o disposto no § 2º do art. 45 desta Lei.[231]

Parágrafo único. Na recuperação judicial, para fins exclusivos de votação em assembléia-geral, o crédito em moeda estrangeira será convertido para moeda nacional pelo câmbio da véspera da data de realização da assembléia.[232]

LEGISLAÇÃO ANTERIOR

Artigo sem correspondência no Decreto-lei 7.661/1945.

COMENTÁRIOS

231. Como serão apurados os votos dos credores? – A regra geral é a seguinte: os votos dos credores serão proporcionais aos valores dos seus créditos admitidos quer na falência, quer na recuperação judicial, dentro das respectivas classes (art. 38).[68]

66. No mesmo sentido, Erasmo Valladão A. e Novaes França: "A Lei 11.101 não determina muito claramente de que forma se lavrará a ata, em especial se o poderá ser sob a forma de sumário dos fatos ocorridos (...). A nosso ver, contudo, nada impede a lavratura da ata sob forma de sumário, que se destina a facilitar e agilizar os trabalhos do conclave e não traz prejuízo a ninguém" ("Comentários aos arts. 35 ao 46", cit., in Francisco Satiro de Sousa Jr. e Antônio Sérgio Altieri de Moraes Pitombo (coords.), *Comentários à Lei de Recuperação de Empresas e Falência: Lei 11.101/2005*, p. 207).

67. No mesmo sentido, Ronaldo Alves de Andrade: "Note-se que o dispositivo não demanda assinatura do secretário, mas cremos que deva ela constar, na medida em que é natural constar de toda ata o nome de quem a elaborou" ("Comentários aos arts. 35 ao 46", cit., in Newton de Lucca e Adalberto Simão Filho (coords.), *Comentários à Nova Lei de Recuperação de Empresas e de Falências*, p. 188).

68. Fábio Ulhoa Coelho exemplifica: "Assim, se a assembléia acontece quando o administrador judicial já fez publicar a sua relação de credores, e dela consta que *Antônio* titulariza crédito de $ 100 e *Benedito* $ 50, àquele será dado proporcionalmente o dobro concedido a este último" (*Comentários à Nova Lei de Falências e de Recuperação de Empresas*, São Paulo, Saraiva, 2005, p. 97).

A exceção se dá em relação à aprovação do plano de recuperação judicial no tocante aos votos dos credores titulares de créditos decorrentes da legislação do trabalho ou oriundos de acidentes do trabalho, quando, então, tais votos serão apurados pela maioria simples dos credores presentes, independentemente dos valores dos créditos envolvidos (§ 2º do art. 45).

Em outras palavras, cada credor da referida classe (trabalhista/acidentário) presente à assembléia terá direito a um voto, ou seja, seus votos serão computados por cabeça (*one man, one vote*), e não pelo valor de seus créditos.

232. Qual será o tratamento a ser dispensado aos créditos em moeda estrangeira para fins de votação em assembléia-geral de credores na recuperação judicial e na falência? – O tratamento em sede de recuperação judicial é o seguinte: o crédito será convertido para moeda nacional pelo câmbio da véspera da data da realização da assembléia-geral.

Júlio Kahan Mandel formula crítica no tocante à data de conversão da moeda estrangeira: "Mantém-se o equívoco da lei anterior, no sentido de somente fechar o câmbio em momento posterior à impetração do benefício. O correto seria efetuar a conversão pela data da impetração do benefício, preservando todos contra uma posterior flutuação cambial, favorável de forma injusta ao devedor ou ao credor".[69]

69. Júlio Kahan Mandel, *Nova Lei de Falências e Recuperação de Empresas Anotada: Lei 11.101, de 9.2.2005*, São Paulo, Saraiva, 2005, p. 87.

Reputamos adequada a crítica formulada pelo autor.

Fábio Ulhoa Coelho critica a omissão legal sobre a especificação da taxa de câmbio: "A lei, em sua vagueza, não esclarece com precisão que taxa deve ser adotada. Como vigora no Brasil, desde 1999, o regime de flutuação do câmbio, não existe por assim dizer uma taxa *oficial*, fixada ou praticada pelo Banco Central do Brasil. Cada banco e operador do mercado de câmbio pratica suas próprias taxas, vendendo ou comprando moeda estrangeira por quanto lhe pareça mais conveniente. (...). Em razão disso, a dicção da lei resulta por demais vaga. A definição da taxa de câmbio não pode ser feita de modo suficiente pela indicação do dia (véspera da assembléia), mas pressupõe indicação de um agente financeiro e de um momento preciso a considerar. Como a lei não desceu a esse detalhe, deve o juiz, na convocação, estabelecer de modo preciso o critério a ser obedecido pelo administrador judicial. Quando houver credor com crédito em moeda estrangeira, convém, por exemplo, o juiz consignar na convocação que, para fins de *quorum* e votação, será adotada a taxa de câmbio do fechamento do dia imediatamente anterior do banco por ele indicado (...) ou a que for divulgada pelo veículo jornalístico que ele escolher".[70]

Reputamos, outrossim, oportuna a crítica formulada pelo autor.

Em seara falimentar o critério é diferente: além de a taxa de câmbio ser aquela vigente no dia da decretação da falência, não haverá alteração percentual de voto em razão da variação cambial (art. 77).

Art. 39. Terão direito a voto na assembléia-geral as pessoas arroladas no quadro geral de credores ou, na sua falta, na relação de credores apresentada pelo administrador judicial na forma do art. 7º, § 2º, desta Lei, ou, ainda, na falta desta, na relação apresentada pelo próprio devedor nos termos dos arts. 51, incisos III e IV do *caput*, 99, inciso III do *caput*, ou 105, inciso II do *caput*, desta Lei, acrescidas, em qualquer caso, das que estejam habilitadas na data da realização da assembléia ou que tenham créditos admitidos ou alterados por decisão judicial, inclusive as que tenham obtido reserva de importâncias, observado o disposto nos §§ 1º e 2º do art. 10 desta Lei.[233-234]

§ 1º. Não terão direito a voto e não serão considerados para fins de verificação do *quorum* de instalação e de deliberação os titulares de créditos excetuados na forma dos §§ 3º e 4º do art. 49 desta Lei.[235]

§ 2º. As deliberações da assembléia-geral não serão invalidadas em razão de posterior decisão judicial acerca da existência, quantificação ou classificação de créditos.[236]

§ 3º. No caso de posterior invalidação de deliberação da assembléia, ficam resguardados os direitos de terceiros de boa-fé, respondendo os credores que aprovarem a deliberação pelos prejuízos comprovados causados por dolo ou culpa.[237]

LEGISLAÇÃO ANTERIOR

Artigo sem correspondência no Decreto-lei 7.661/1945.

COMENTÁRIOS

233. Quem terá direito a voto na assembléia-geral de credores? – Não obstante todos os credores do devedor poderem participar da assembléia-geral,[71] apenas e tão-somente as seguintes pessoas terão direito a voto na assembléia-geral de credores:

1) *As pessoas arroladas no quadro geral de credores*. De conformidade com o dispos-

70. Fábio Ulhoa Coelho, *Comentários à Nova Lei de Falências e de Recuperação de Empresas*, cit., p. 98.

71. No mesmo sentido, Jorge Lobo: "Todos os credores do devedor poderão participar da assembléia-geral (arts. 39 § 1º, *a contrario sensu*, e 43, *caput* e parágrafo único)" ("Comentários aos arts. 35 ao 69", in Carlos Henrique Abrão e Paulo Fernando Campos Salles de Toledo (coords.), *Lei de Recuperação de Empresas e Falência*, São Paulo, Saraiva, 2005, p. 95).

to no art. 18, o administrador judicial será responsável pela consolidação do quadro geral de credores, a ser homologado pelo juiz, com base na relação dos credores a que se refere o art. 7º, § 2º, e nas decisões proferidas nas impugnações oferecidas.

O quadro geral de credores, assinado pelo juiz e pelo administrador judicial, mencionará a importância e a classificação de cada crédito na data do requerimento da recuperação judicial ou da decretação da falência, será juntado aos autos e publicado no órgão oficial, no prazo de cinco dias, contado da data da sentença que houver julgado as impugnações (art. 18, parágrafo único).

Ressalte-se que as pessoas titulares de créditos retardatários no âmbito da recuperação judicial, desde que exclusivamente derivados da relação de trabalho, poderão votar na assembléia-geral de credores (§ 1º do art. 10).[72-73]

Já, em falência os titulares de créditos retardatários de qualquer classe poderão votar na assembléia-geral de credores desde que, na data da sua realização, o quadro geral de credores tenha sido homologado contendo tais créditos (§ 2º do art. 10).[74]

2) *Na falta do quadro geral de credores, as pessoas mencionadas na relação de credores apresentada pelo administrador judicial, na forma do art. 7º, § 2º.*[75] Manoel Justino Bezerra Filho critica, adequadamente, tal previsão legal: "Existe aí um risco muito grande, pois eventualmente pode ser decisivo o voto de alguém que se apresentou como credor e que, posteriormente, vem a se verificar não ter qualquer crédito. De qualquer forma, parece que é um risco que a lei resolveu correr, para viabilizar a realização da assembléia".[76]

3) *Ou, ainda, na falta da relação de credores apresentada pelo administrador judicial*:

3.1) As pessoas inseridas na relação nominal apresentada pelo próprio devedor nos termos dos arts. 51, III e IV (recuperação judicial),[77] 99, III (falência),[78] ou 105, II (autofalência).[79]

72. "§ 1º. Na recuperação judicial, os titulares de créditos retardatários, excetuados os titulares de créditos derivados da relação de trabalho, não terão direito a voto nas deliberações da assembléia-geral de credores."

73. Ressalta Fábio Ulhoa Coelho o tratamento diferenciado entre os credores retardatários em falência e em recuperação judicial: "Já, os retardatários na recuperação judicial nunca adquirem o direito de voto na assembléia-geral de credores, mesmo depois de admitido o seu crédito. Isso porque os dois dispositivos em foco devem ser interpretados sistematicamente. Não haveria sentido em prever a ressalva no término do § 2º (em virtude da qual o retardatário na falência adquire o direito de voto após a homologação do QGC) se ela também fosse pertinente à hipótese do § 1º" (*Comentários à Nova Lei de Falências e de Recuperação de Empresas*, São Paulo, Saraiva, 2005, p. 104).

74. "§ 2º. Aplica-se o disposto no § 1º deste artigo ao processo de falência, salvo se, na data da realização da assembléia-geral, já houver sido homologado o quadro geral de credores contendo o crédito retardatário."

75. Art. 7º, § 2º: "§ 2º. O administrador judicial, com base nas informações e documentos colhidos na forma do *caput* e do § 1º deste artigo, fará publicar edital contendo a relação de credores no prazo de 45 (quarenta e cinco) dias, contado do fim do prazo do § 1º deste artigo, devendo indicar o local, o horário e o prazo comum em que as pessoas indicadas no art. 8º desta Lei terão acesso aos documentos que fundamentaram a elaboração dessa relação".

76. Manoel Justino Bezerra Filho, *Nova Lei de Recuperação e de Falências Comentada. Lei 11.101, de 9.2.2005, Comentário Artigo por Artigo*, 3ª ed., São Paulo, Ed. RT, 2005, p. 120.

77. "Art. 51. A petição inicial de recuperação judicial será instruída com: (...) III – a relação nominal completa dos credores, inclusive aqueles por obrigação de fazer ou de dar, com a indicação do endereço de cada um, a natureza, a classificação e o valor atualizado do crédito, discriminando sua origem, o regime dos respectivos vencimentos e a indicação dos registros contábeis de cada transação pendente; IV – a relação integral dos empregados, em que constem as respectivas funções, salários, indenizações e outras parcelas a que têm direito, com o correspondente mês de competência, e a discriminação dos valores pendentes de pagamento; (...)."

78. "Art. 99. A sentença que decretar a falência do devedor, dentre outras determinações: (...) III – ordenará ao falido que apresente, no prazo máximo de 5 (cinco) dias, relação nominal dos credores, indicando endereço, importância, natureza e classificação dos respectivos créditos, se esta já não se encontrar nos autos, sob pena de desobediência; (...)."

79. "Art. 105. O devedor em crise econômico-financeira que julgue não atender aos requisitos para pleitear sua recuperação judicial deverá requerer ao

3.2) As pessoas que estejam habilitadas na data da realização da assembléia (art. 9º).[80] Fábio Ulhoa Coelho esclarece: "(...) também podem participar da assembléia, para nela discutir e votar as matérias da ordem-do-dia, os habilitados, isto é, aqueles que não constam da relação publicada e apresentaram *tempestivamente* a habilitação de crédito. No cômputo dos quóruns de instalação, de deliberação e dos resultados dos trabalhos da assembléia deve adotar o mesmo critério. Os valores e classificações dos créditos são, em princípio, os constantes da última relação publicada. Se, porém, estiver em andamento a habilitação de crédito ou divergência tempestiva, o pleiteado pelo credor deve prevalecer sobre o constante da relação".[81]

Jurisprudência

Eis dois julgados pertinentes:

[TJSP] Recuperação judicial – Assembléia de credores – Participação de credor cujo nome não constou da relação elaborada pelo administrador judicial, mas que postulou sua habilitação na recuperação – Agravo provido para *reconhecer o direito do credor de participar e votar na assembléia, cuja habilitação de crédito ainda não foi decidida pelo juiz.* [*Câmara Especial de Falências e Recuperações Judiciais, AI 431.595-4/7-00, rel. Des. Pereira Calças, j. 15.3.2006, v.u.*][82]

[TJSP] Agravo de instrumento – Recuperação judicial – Endossatário de títulos de créditos (notas promissórias). O endosso transmite todos os direitos emergentes da cambial – Possibilidade de apresentação de cambial autenticada, se o título estiver juntado em outro processo – Direito de participar da assembléia-geral de credores com voz e voto, esta na proporção do valor do crédito transferido, *bastando, para tanto, que tenha pedido sua habilitação, formulado divergência ou deduzido impugnação judicial, até que esta seja definitivamente julgada* – Agravo provido. [*Câmara Especial de Falências e Recuperações Judiciais, AI 429.473.4/0-00, rel. Des. Pereira Calças*][83]

3.3) As pessoas que tenham créditos admitidos ou alterados por decisão judicial, inclusive aquelas que, em sede de agravo, tenham obtido decisão judicial que determine a inscrição ou modificação do valor do crédito ou sua classificação no quadro geral de credores, para fins de exercício de voto na assembléia-geral de credores (parágrafo único do art. 17).[84]

3.4) As pessoas que tenham obtido reserva de importâncias (§ 4º do art. 10).[85]

234. Quem não for credor tem direito de comparecer à assembléia-geral de credores? – Além do juiz, do Ministério Público e do advogado, também poderão participar na assembléia-geral de credores, sem direito a voto[86] e sem serem considerados para fins

juízo sua falência, expondo as razões da impossibilidade de prosseguimento da atividade empresarial, acompanhadas dos seguintes documentos: (...) II – relação nominal dos credores, indicando endereço, importância, natureza e classificação dos respectivos créditos: (...)."

80. "Art. 9º. A habilitação de crédito realizada pelo credor nos termos do art. 7º, § 1º, desta Lei deverá conter: I – o nome, o endereço do credor e o endereço em que receberá comunicação de qualquer ato do processo; II – o valor do crédito, atualizado até a data da decretação da falência ou do pedido de recuperação judicial, sua origem e classificação; III – os documentos comprobatórios do crédito e a indicação das demais provas a serem produzidas; IV – a indicação da garantia prestada pelo devedor, se houver, e o respectivo instrumento; V – a especificação do objeto da garantia que estiver na posse do credor."

81. Fábio Ulhoa Coelho, *Comentários à Nova Lei de Falências e de Recuperação de Empresas*, cit., p. 100.

82. *Boletim da Associação dos Advogados de São Paulo* 2.503/457, 25-31.12.2006.

83. Manoel Justino Bezerra Filho, *Jurisprudência da Nova Lei de Recuperação de Empresas e Falências/Decisões, Ofícios Judiciais, Resoluções, Sentenças, Acórdãos, Dentre Outros Documentos*, São Paulo, Ed. RT, 2006, p. 84.

84. Art. 17, parágrafo único: "Parágrafo único. Recebido o agravo, o relator poderá conceder efeito suspensivo à decisão que reconhece o crédito ou determinar a inscrição ou modificação do seu valor ou classificação no quadro geral de credores, para fins de exercício de direito de voto em assembléia-geral".

85. Art. 10, § 4º: "§ 4º. Na hipótese prevista no § 3º deste artigo, o credor poderá requerer a reserva de valor para satisfação de seu crédito".

86. Lembra Manoel Justino Bezerra Filho: "A lei não dá o direito de voto e nada fala sobre o direito de voz; no entanto, como o artigo garante não simplesmente a 'presença' e sim a 'participação', terão tais pessoas o direito de manifestação, evidentemente

de verificação de *quorum* de instalação e de deliberação, segundo o art.43 e seu parágrafo único: (1) os sócios do devedor, as sociedades coligadas, controladoras, controladas ou as que tenham sócio ou acionista com participação superior a 10% do capital social do devedor ou em que o devedor ou algum de seus sócios detenham participação superior a 10% do capital social (art. 43); (2) o cônjuge ou parente, consangüíneo ou afim, colateral até o segundo grau, ascendente ou descendente do devedor, de administrador, do sócio controlador, de membro dos conselhos consultivo, fiscal ou semelhantes da sociedade devedora e à sociedade em que quaisquer dessas pessoas exerçam essas funções (art. 43, parágrafo único).[87]

235. Quem não terá direito a voto na assembléia-geral de credores? – Aqueles que não se sujeitam à recuperação judicial – vale dizer, os titulares dos créditos oriundos: (1) de propriedade fiduciária de bens móveis ou imóveis; (2) de arrendamento mercantil (*leasing*); (3) de propriedade ou de promessa de compra e venda clausulada com irrevogabilidade ou irretratabilidade, inclusive em incorporações imobiliárias; (4) de propriedade objeto de contrato de reserva de domínio; (5) de adiantamento a contrato de câmbio.

Observe-se que os titulares dos créditos retromencionados, além de não terem direito a voto, por coerência, também não serão considerados para fins de verificação do *quorum* de instalação e de deliberação.[88]

236. As deliberações da assembléia-geral são passíveis de invalidação? – Consoante o disposto no § 2º do art. 39, as deliberações da assembléia-geral não serão invalidadas em razão de posterior decisão judicial acerca da existência, quantificação ou classificação de créditos.

Dentre os autores que criticam o comando veiculado no § 2º do art. 39, destacamos:

Manoel Justino Bezerra Filho: "O exame detalhado do sistema de formação do colégio eleitoral da assembléia-geral demonstra grande possibilidade de prática de fraudes, com credores "fabricados" (...), levados à assembléia apenas para alterar o resultado da deliberação em determinado favor. *A lei, de forma condenável*, ao invés de solucionar esta questão, preferiu estabelecer uma fórmula que, se aplicada, consolidará qualquer fraude. *Evidentemente, à luz dos princípios gerais de Direito, principalmente ante o princípio da boa-fé, a este artigo será dada a correta aplicação pela jurisprudência, pois nem a própria lei positiva tem poderes para convalidar o ato fraudulento e prejudicial à comunidade dos credores*".[89]

Erasmo Valladão A. e Novaes França: "O que se deve entender é que as deliberações da assembléia-geral não serão invalidadas pelo só fato de ocorrer uma decisão judicial posterior acerca da existência, quantificação ou classificação dos créditos. O que não quer dizer que, *verificada poste-*

submetido às regras da assembléia" (*Nova Lei de Recuperação e de Falências Comentada. Lei 11.101, de 9.2.2005, Comentário Artigo por Artigo*, cit., 3ª ed., p. 124).

87. Para Fábio Ulhoa Coelho: "Afora os integrantes do conclave assemblear, (...) só podem entrar e permanecer no local dos trabalhos o administrador judicial, os profissionais por ele contratados para o auxiliarem na oportunidade, devidamente identificados por crachás, e, por força das prerrogativas legais da profissão, os advogados dos credores (Lei 8.906/1994, art. 7º, VI, 'd'). Por fim, os representantes legais da sociedade empresária requerente da recuperação judicial, mesmo que não titularizem créditos perante ela, têm direito de participar da assembléia dos credores. Como a lei determina que eles assinem a ata, por certo permite sua presença no evento. Não obstante todos os credores do devedor poderem participar da assembléia-geral" (*Comentários à Nova Lei de Falências e de Recuperação de Empresas*, cit., p. 102).

88. No mesmo sentido, Fábio Ulhoa Coelho: "De fato, como esses credores não são minimamente atingidos pela recuperação judicial, e podem continuar exercendo seus direitos reais e contratuais nos termos da lei própria, não se justifica legitimá-los à participação no evento. Nem, por outro lado, se deve contar o valor de seus créditos na apuração dos quóruns de instalação ou deliberação" (*Comentários à Nova Lei de Falências e de Recuperação de Empresas*, cit., p. 101).

89. Manoel Justino Bezerra Filho, *Nova Lei de Recuperação e de Falências Comentada. Lei 11.101, de 9.2.2005, Comentário Artigo por Artigo*, cit., 3ª ed., p. 121.

riormente, por decisão judicial, a existência, por exemplo, de um crédito forjado, que tenha sido determinante para a deliberação de aprovação de uma recuperação judicial absolutamente inviável, com a nomeação de um gestor judicial conluiado com o devedor etc., não possam os interessados requerer a anulação da deliberação".[90]

Ronaldo Alves de Andrade: "(...) não podemos descurar que o sistema de nulidades não acolhe a realização de ato ou negócio jurídico por quem não é titular do direito, sendo inaceitável que uma pessoa que não era credor participe de assembléia e vote de forma a prejudicar os verdadeiros credores. *Assim,* [*se*] *quem não era credor participou da assembléia-geral efetivamente e seu voto for de significativa proporção, de maneira a prejudicar os reais credores, a assembléia deverá ser considerada inválida, bem como as decisões nela tomadas*".[91]

Jairo Saddi: "Enquanto se entende a preocupação de avançar nas providências operacionais, não pode a lei afastar da apreciação do Poder Judiciário lesão ou ameaça de lesão a que determinados credores possam estar sujeitos. Essa é uma típica provisão que não deveria estar contida na lei".[92]

Já, do universo de autores que sustentam a higidez do comando insculpido no § 2º do art. 39 citamos: "Essa determinação da lei visa a conferir segurança às deliberações assembleares. Se tais decisões pudessem interferir no resultado das assembléias passadas, o processo de recuperação judicial estaria exposto a significativos entraves. *Claro está, por outro lado, que nada impede seja revista qualquer deliberação da assembléia em novo conclave quando se alterar, por decisão judicial, o perfil do quadro de credores*".[93]

Leda Maria Guimarães: "A disposição ora em análise não afronta e nem macula o princípio da inafastabilidade da jurisdição, consagrado no inciso XXXV do art. 5º da CF. Ao estipular que posterior decisão não invalidará as deliberações já tomadas, em razão do direito a crédito, quis a lei resguardar a decisão dos credores e não o crédito em si mesmo considerado. Certos de que as suas decisões têm força vinculante e serão implementadas, fortalece o respeito e a confiança de todos os envolvidos no processo de recuperação da empresa e repercute na própria comunidade de credores, na medida em *que privilegia o conteúdo material da deliberação e relega o aspecto formal do crédito a um segundo plano*".[94]

Com efeito, todos os argumentos retromencionados, indubitavelmente, são relevantes e pertinentes.

Não obstante isso, na nossa opinião o comando veiculado no § 2º do art. 39: (1) poderá ser plenamente aplicado, desde que o voto proferido pelo credor em questão – cujo crédito foi posteriormente declarado inexistente, reduzido ou reclassificado desfavoravelmente – não tenha, cumulativamente, sido determinante no *quorum* de deliberações tomadas na assembléia-geral, tampouco gerado prejuízo aos demais credores; (2) caso contrário as deliberações da assembléia poderão ser invalidadas, à luz do princípio constitucional da universalidade ou da inafastabilidade da jurisdição, insculpido no inciso XXXV do art. 5º da Magna Carta.

90. Erasmo Valladão A. e Novaes França, "Comentários aos arts. 35 ao 46", in Francisco Satiro de Sousa Jr. e Antônio Sérgio Altieri de Moraes Pitombo (coords.), *Comentários à Lei de Recuperação de Empresas e Falência: Lei 11.101/2005*, São Paulo, Ed. RT, 2005, p. 210.

91. Ronaldo Alves de Andrade, "Comentários aos arts. 35 ao 46", in Newton de Lucca e Adalberto Simão Filho (coords.), *Comentários à Nova Lei de Recuperação de Empresas e de Falências*, São Paulo, Quartier Latin, 2005, p. 191.

92. Jairo Saddi, "O comitê e a assembléia-geral de credores na nova Lei Falimentar", in Luiz Fernando Valente de Paiva (coord.), *Direito Falimentar e a Nova Lei de Falências e Recuperação de Empresas*, São Paulo, Quartier Latin, 2005, p. 216.

93. Fábio Ulhoa Coelho, *Comentários à Nova Lei de Falências e de Recuperação de Empresas*, cit., p. 102.

94. Leda Maria Guimarães, "Comentários aos arts. 35 a 46", in Érica Guerra e Maria Cristina Frascari Litrento (orgs.), *Nova Lei de Falências: Lei 11.101, de 9.2.2005 – Comentada*, Campinas/SP, LZN Editora, 2005, p. 82.

Em resumo, entendemos que a solução casuística é a mais adequada.

237. Quais serão os efeitos da invalidação das deliberações da assembléia-geral? – No caso de posterior invalidação de deliberação da assembléia, ficam resguardados os direitos de terceiros de boa-fé, respondendo os credores que aprovaram a deliberação pelos prejuízos comprovados causados por dolo ou culpa.[95]

Ora, na medida em que o § 2º do art. 39 prescreve que "as deliberações da assembléia-geral não serão invalidadas" e no § 3º do mesmo artigo consta "no caso de posterior invalidação de deliberação da assembléia", instala-se uma *contradictio in adjeto*.[96-97]

Art. 40. Não será deferido provimento liminar, de caráter cautelar ou antecipatório dos efeitos da tutela [*v. nota 98 de rodapé, abaixo*], para a suspensão ou adiamento da assembléia-geral de credores em razão de pendência de discussão acerca da existência, da quantificação ou da classificação de créditos.[238-239]

LEGISLAÇÃO ANTERIOR

Artigo sem correspondência no Decreto-lei 7.661/1945.

COMENTÁRIOS

238. O credor que discute a existência, o "quantum" e a classificação do seu crédito poderá obter provimento liminar para suspensão ou adiamento de assembléia-geral de credores? – De conformidade com o disposto no art. 40, não será deferido provimento liminar (cautelar ou antecipatório) para suspender as deliberações da assembléia-geral de credores em razão de pendência de discussão judicial sobre a existência, quantificação ou classificação de créditos.

95. Erasmo Valladão A. e Novaes França aduz: "Este dispositivo está em consonância com as mais modernas concepções a respeito dos efeitos de invalidade das deliberações assembleares perante terceiros, de há muito consagrada, por exemplo, na legislação societária de diversos países (CC italiano, arts. 2.377 e 2.379; Lei das Sociedades Comerciais portuguesa, art. 61º, n.2). Como se sabe, no direito comum vige solução oposta: a boa-fé do terceiro não tem relevância para o efeito de impedir a invalidação do negócio jurídico. (...). Pois em se tratando de deliberações assembleares a solução é outra: se o terceiro agiu de boa-fé não será atingido com base em atos praticados em decorrência da execução da deliberação anulada" ("Comentários aos arts. 35 ao 46", cit., in Francisco Satiro de Sousa Jr. e Antônio Sérgio Altieri de Moraes Pitombo (coords.), *Comentários à Lei de Recuperação de Empresas e Falência: Lei 11.101/2005*, pp. 210-211).

96. Manoel Justino Bezerra Filho destaca: "A própria lei, certamente percebendo a insustentabilidade do disposto no § 2º, acima, traz aqui disposição que se choca frontalmente com aquela, admitindo invalidação de deliberações de assembléia tomadas por votos dados por quem não poderia ter votado (...)" (*Nova Lei de Recuperação e de Falências Comentada. Lei 11.101, de 9.2.2005, Comentário Artigo por Artigo*, cit., 3ª ed., p. 121).

97. Frederico Augusto Monte Simionato sustenta opinião distinta: "São situações distintas. No § 2º a lei se refere às deliberações da assembléia que tiveram participação de credores que, habilitados inicialmente, foram excluídos em via recursal. O § 3º estabelece outra situação, ou seja, aquela na qual a invalidação de ato deliberado em assembléia-geral, por exemplo, venda de ativo da sociedade empresária, não será anulada, em virtude do princípio da inoponibilidade das exceções ao terceiro de boa-fé, caso seja anulada a respectiva deliberação, por qualquer motivo, como corrupção, vício formal ou deliberação que contou com credor excluído posteriormente" (*Tratado de Direito Falimentar*, Rio de Janeiro, Forense, 2008, p. 112).

98. O senador Ramez Tebet, no seu relatório, afirma que a Emenda 115 da senadora Lúcia Vânia "visa a aperfeiçoar a redação do art. 40 do Substitutivo, substituindo a oração 'não será deferido provimento liminar, de caráter cautelar ou antecipatório dos efeitos da tutela' por 'é vedado o deferimento de liminar, de caráter cautelar ou antecipatório dos efeitos da tutela'. (...). A Emenda n. 115 também deve ser rejeitada, pois não dá melhor redação ao art. 40. Procedemos, contudo, a pequenas alterações para aprimorar a redação desse artigo" (v. parecer na íntegra: Anexo II desta obra).

Alguns autores sustentam a plena eficácia do comando veiculado no art. 40.

Leda Maria Guimarães obtempera: "A assembléia, como órgão máximo de deliberação dos credores, não pode ter sua convocação prejudicada, sendo adiada a pauta de suas deliberações por provimentos liminares, não definitivos, cujos efeitos antecipatórios podem ocasionar danos de difícil reparação ou, até mesmo, irreversíveis. Entendeu por bem o legislador que o direito a crédito, que titularizam os credores, não deve vir em primeiro plano, mas sim a implementação das decisões tomadas com o intuito de soerguer a atividade empresarial, posto que, ao final, todos serão beneficiados, e de forma especial os próprios credores. Por isso, não deve a assembléia, após a convocação dos credores, que tem, inclusive, um custo, ser suspensa ou adiada em decorrência de provimentos provisórios e que versam sobre direito a crédito. O custo da publicação de editais e com a realização da própria assembléia é alto, considerando tratar-se de empresa em dificuldade financeira e que necessita do apoio dos credores para se soerguer".[99]

Fábio Ulhoa Coelho: "Considera a lei que a suspensão ou adiamento da assembléia dos credores são medidas incompatíveis, de um lado, com os breves prazos estabelecidos para a recuperação judicial e, de outro, com o princípio da celeridade do processo de falência. Ao circunscrever o provimento liminar referente a conflitos de interesses pertinentes à existência, valor e natureza de um crédito ao recolhimento em separado de votos, dá-se integral acolhida aos direitos eventualmente lesados de um ou outro credor, sem prejudicar a comunhão de credores".[100]

Outros autores criticam o comando veiculado no art. 40: "Errou, todavia, ao prever a negativa de provimento liminar de caráter cautelar ou antecipatório, para suspensão ou adiamento da assembléia-geral de credores em razão da pendência de discussão acerca da existência, da quantificação ou da classificação de créditos, pois que evidente a afronta aos princípios legais e constitucionais que asseguram o dever estatal de prestar a tutela jurisdicional".[101-102]

Ronaldo Alves de Andrade: "Embora a presente lei encerre um microssistema, com normas de direito material e processual, não é autopoiético e recebe elementos dos sistemas de direito material e processual, de maneira que, não concebendo o sistema a possibilidade de realização e validação de atos e negócios jurídicos nulos, estabelecendo que a nulidade não é passível de convalescimento – art. 169 do CC –, não o pode fazer o microssistema, até porque nenhum sistema jurídico pode ser considerado seguro se admitir, mesmo que por hipótese, a validade de ato ou negócio jurídico nulo".[103]

Frederico Augusto Monte Simionato: "No meu entender o art. 40 da lei é manifestamente inconstitucional, impedindo o acesso à Justiça, cerceando o direito de defesa e petição, impondo tratamento jurisdicional desigual entre as partes".[104]

Júlio Kahan Mandel: "A situação é injusta ao credor e não pode, em tese, ficar sem proteção legal. Imagine um caso em que o maior credor da empresa não foi sequer re-

99. Leda Maria Guimarães, "Comentários aos arts. 35 ao 46", in Érica Guerra e Maria Cristina Frascari Litrento (orgs.), *Nova Lei de Falências: Lei 11.101, de 9.2.2005 – Comentada*, Campinas/SP, LZN Editora, 2005, p. 82.

100. Fábio Ulhoa Coelho, *Comentários à Nova Lei de Falências e de Recuperação de Empresas*, São Paulo, Saraiva, 2005, p. 104.

101. Maria Odete Duque Bertasi, "Administrador judicial. Comitê de credores e assembléia-geral de credores na Lei de Recuperação de Empresas e Falência", in Rubens Approbato Machado (coord.), *Comentários à Nova Lei de Falências e Recuperação de Empresas*, São Paulo, Quartier Latin, 2005, p. 149.

102. No mesmo sentido: Manoel Justino Bezerra Filho, *Nova Lei de Recuperação e de Falências Comentada. Lei 11.101, de 9.2.2005, Comentário Artigo por Artigo*, 3ª ed., São Paulo, Ed. RT, 2005, p. 121.

103. Ronaldo Alves de Andrade, "Comentários aos arts. 35 ao 46", in Newton de Lucca e Adalberto Simão Filho (coords.), *Comentários à Nova Lei de Recuperação de Empresas e de Falências*, São Paulo, Quartier Latin, 2005, pp. 192-193.

104. Frederico Augusto Monte Simionato, *Tratado de Direito Falimentar*, Rio de Janeiro, Forense, 2008, p. 113.

lacionado pelo devedor e pelo administrador judicial em virtude de má-fé ou mesmo porque há divergência sobre a existência desse crédito. A assembléia é constituída mesmo assim, e deliberações relevantes são adotadas sem a participação daquele credor. Posteriormente ele é reconhecido como o maior credor da empresa. Como fica a sua situação se as deliberações aprovadas lhe são danosas e não podem mais ser modificadas, a não ser convocando outra assembléia, o que muitas vezes não evitará o dano? Resta ao credor promover ação ordinária comum, até mesmo contra os credores e o Estado, pois a Lei de Falências não prevê diretamente a proteção de seus direitos".[105]

As interpretações acima transcritas, não resta dúvida, são dotadas de lógica e relevância.

Todavia, para mantermos coerência com nosso comentário ao § 2º do art. 39, opinamos pela higidez do art. 40, exceto se o voto que deixou de ser proferido, à época da deliberação pela assembléia-geral, pelo credor em questão – cujo crédito foi posteriormente declarado existente, majorado ou reclassificado favoravelmente –, tivesse, cumulativamente, sido determinante e lhe causado prejuízo.

Em resumo, entendemos que a solução casuística é a mais adequada.

239. Distinção entre os comandos veiculados no art. 40 e no parágrafo único do art. 17 – Por oportuno, lembramos que os comandos veiculados no art. 40 e no parágrafo único do art. 17 são distintos, já que o primeiro dispositivo se refere ao provimento judicial visando à "suspensão ou adiamento de assembléia-geral de credores" e o segundo dispositivo faz alusão ao provimento judicial concessivo de "efeito suspensivo para fins de *exercício de direito de voto na assembléia-geral*".[106]

Art. 41. A assembléia-geral será composta pelas seguintes classes de credores:[240-242] I – titulares de créditos derivados da legislação do trabalho ou decorrentes de acidentes de trabalho; II – titulares de créditos com garantia real; III – titulares de créditos quirografários, com privilégio especial, com privilégio geral ou subordinados.

§ 1º. Os titulares de créditos derivados da legislação do trabalho votam com a classe prevista no inciso I do *caput* deste artigo com o total de seu crédito, independentemente do valor.[241]

§ 2º. Os titulares de créditos com garantia real votam com a classe prevista no inciso II do *caput* deste artigo até o limite do valor do bem gravado e com a classe prevista no inciso III do *caput* deste artigo pelo restante do valor de seu crédito.[241]

LEGISLAÇÃO ANTERIOR

Artigo sem correspondência no Decreto-lei 7.661/1945.

COMENTÁRIOS

240. Qual será a composição da assembléia-geral? – A assembléia-geral será composta pelas seguintes classes de credores: (1) trabalhistas e acidentários; (2) com garantia real; (3) quirografários, com privilégio especial, com privilégio geral ou subordinados.

241. Como será a forma de votação? – Na classe 1 – *credores trabalhistas e acidentários* votarão em conjunto, independentemente do valor dos créditos, ou seja, votação por cabeça.

Ressalte-se que, apesar de os saldos dos créditos trabalhistas excedentes a 150 salários mínimos serem considerados quirografários para fins de classificação na falência

105. Júlio Kahan Mandel, *Nova Lei de Falências e Recuperação de Empresas Anotada: Lei 11.101, de 9.2.2005*, São Paulo, Saraiva, 2005, p. 89.

106. No mesmo sentido: Jorge Lobo, "Comentários aos arts. 35 ao 69", in Carlos Henrique Abrão e Paulo Fernando Campos Salles de Toledo (coords.), *Lei de Recuperação de Empresas e Falência*, São Paulo, Saraiva, 2005, p. 97.

(art. 83, VI, "c"), para fins de votação na assembléia-geral de credores tal critério é desprezado – vale dizer, os titulares de tais saldos continuarão a votar na classe 1, vez que o legislador, no § 1º do art. 41, não fez qualquer ressalva, tal qual procedeu no § 2º do mesmo art. 41 em relação ao titulares de créditos com garantia real.[107]

Lembramos, por oportuno, que os créditos trabalhistas cedidos a terceiros serão considerados quirografários (§ 4º do art. 83). Logo, os cessionários passam a votar com a classe 3, abaixo mencionada.

Na classe 2 – *credores com garantia real* votarão até o limite do valor do bem gravado e com a classe 3 pelo restante do valor do crédito.[108]

Na classe 3 – *credores quirografários, com privilégio especial, com privilégio geral ou subordinados* votarão de conformidade com o respectivo valor de seus créditos.

Esclarece Jorge Lobo: "A votação poderá ser nominal, por aceno, por aclamação e secreta, vedado o voto por correspondência postal ou telegráfica e por *e-mail*".[109]

242. Crítica à distribuição dos credores em classe – Fábio Ulhoa Coelho critica a distribuição dos credores em classe: "Ao distribuir os credores em classe, a lei incorreu num gravíssimo erro. Falo da inclusão, na mesma classe, dos credores quirografários e dos titulares de privilégio geral. Em tese, as classes deveriam agrupar os credores com interesses convergentes. (...). Os credores quirografários têm interesses diversos dos titulares de privilégio, especial ou geral. Enquanto estes últimos, exatamente por gozarem de preferências na falência, tendem a ser menos receptivos às propostas de alteração, novação ou renegociação de seus créditos, no âmbito da recuperação judicial, os quirografários em geral se abrem mais facilmente a tais propostas. (...). O mais correto seria classificar os titulares de privilégio geral junto com os credores com garantia real e privilégio especial. Há maior convergência de interesses entre esses credores do que entre qualquer um deles e os quirografários".[110]

Por pertinente, compartilhamos da crítica formulada por Fábio Ulhoa Coelho.

Art. 42. Considerar-se-á aprovada a proposta que obtiver votos favoráveis de credores que representem mais da metade do valor total dos créditos presentes à assembléia-geral,[243] exceto nas deliberações sobre o plano de recuperação judicial nos termos da alínea "a" do inciso I do *caput* do art. 35 desta Lei, a composição do comitê de credores ou forma alternativa de realização do ativo nos termos do art. 145 desta Lei.[244-245]

LEGISLAÇÃO ANTERIOR

Artigo sem correspondência no Decreto-lei 7.661/1945.

COMENTÁRIOS

243. Qual é o quorum comum de deliberação da assembléia-geral de credores?

107. No mesmo sentido, Moacyr Lobato: "Os créditos decorrentes da legislação trabalhista integram, por inteiro, a primeira das classes declinadas, juntamente com os que decorrem de acidentes de trabalho, independentemente de seu valor, isto é, não se bipartem, como ocorre na classificação dos créditos estabelecida no art. 83" (*Falência e Recuperação*, Belo Horizonte, Del Rey, 2006, p. 138).

108. Manoel Justino Bezerra Filho exemplifica: "(...) imagine-se que se trata de um credor por título no valor de R$ 100.000,00, havendo uma garantia hipotecária no valor de R$ 60.000,00. Este credor vota com R$ 60.000,00 na classe dos credores com garantia e vota com R$ 40.000,00 na classe seguinte, dos credores quirografários" (*Nova Lei de Recuperação e de Falências Comentada. Lei 11.101, de 9.2.2005, Comentário Artigo por Artigo*, 3ª ed., São Paulo, Ed. RT, 2005, p. 123).

109. Jorge Lobo, "Comentários aos arts. 35 ao 69", in Carlos Henrique Abrão e Paulo Fernando Campos Salles de Toledo (coords.), *Lei de Recuperação de Empresas e Falência*, São Paulo, Saraiva, 2005, p. 99.

110. Fábio Ulhoa Coelho, *Comentários à Nova Lei de Falências e de Recuperação de Empresas*, São Paulo, Saraiva, 2005, pp. 106-107.

– Como regra geral, o *quorum* de deliberações seguirá o princípio majoritário, ou seja, considerar-se-á aprovada a proposta que obtiver votos favoráveis de credores presentes à assembléia-geral de credores que representem mais da metade do valor dos créditos.[111]

Em outras palavras, o *quorum* comum de deliberação da assembléia-geral de credores é o da maioria simples.

244. Qual é o* quorum *especial de deliberação da assembléia-geral de credores? – O *quorum* especial aplica-se para: (1) as deliberações sobre o plano de recuperação judicial; (2) a composição do comitê de credores; (3) a forma alternativa de realização do ativo.

No tocante às deliberações sobre o plano de recuperação judicial, ressaltamos que no regime anterior o deferimento do processamento da concordata se dava *ope legis* – vale dizer, estava condicionado, basicamente, ao preenchimento dos requisitos legais formais, independentemente da opinião dos credores.

A partir da vigência da atual lei os credores passam a participar efetivamente do plano de recuperação judicial, seja objetando-o individualmente (art. 55), seja aprovando-o, rejeitando-o ou modificando-o coletivamente, ou seja, via assembléia-geral (art. 35, I, c/c o art. 56).

Lembra o senador Ramez Tebet, no seu parecer: "O projeto também acerta ao apontar os credores – que participam do mercado em que está inserido o devedor e são, afinal, os maiores interessados no êxito do processo – como as pessoas mais indicadas para decidir acerca da viabilidade do plano de recuperação preparado pelo devedor".[112]

Nas deliberações sobre o plano de recuperação judicial o *quorum* especial é o seguinte: (1) em relação aos credores da classe 1 (*trabalhistas e acidentários*) considerar-se-á aprovada a proposta que obtiver votos da maioria simples dos credores presentes à assembléia-geral, independentemente do valor do crédito; ou seja: o voto será por cabeça (art. 45, § 2º); (2) em relação aos credores da classe 2 (*com garantia real*) e da classe 3 (*quirografários, com privilégio especial, com privilégio geral e subordinados*) considerar-se-á aprovada a proposta que obtiver votos daqueles que representem mais da metade do valor total dos créditos presentes à assembléia-geral e, cumulativamente, pela maioria simples dos credores presentes (art. 45, § 1º).

Frise-se que nas deliberações atinentes ao plano de recuperação judicial todas as classes supracitadas deverão aprovar a proposta (art. 45).

Nas deliberações sobre a composição do comitê de credores o *quorum* especial é o seguinte: mais da metade de qualquer das classes de credores presentes à assembléia-geral (art. 26).

Nas deliberações sobre a forma alternativa de realização do ativo[113] o *quorum* especial é o seguinte: dois terços dos créditos presentes à assembléia-geral (art. 46).

245. E se houver empate nas deliberações na assembléia-geral de credores? – Responde Jorge Lobo: "Ocorrendo empate, deve prevalecer a decisão tomada pelo maior número de credores, tal qual assentava o art. 122, § 3º, da revogada Lei de Falências,[114] só

111. Fábio Ulhoa Coelho exemplifica: "(...) se o evento assemblear se realiza, por exemplo, em segunda convocação, com a presença de apenas 10 credores, somam-se os créditos deles e calcula-se o peso proporcional do direito creditório de cada um na soma. (...). Se, por força desse cálculo, um deles titularizar sozinho 51% da soma dos créditos presentes, então, ele compõe isolado a maioria e faz prevalecer sua vontade e interesse, mesmo contra os dos demais. Assim será, inclusive, mesmo que seu crédito represente parcela ínfima do passivo, se os credores ausentes titularizarem a parte substancial deste" (*Comentários à Nova Lei de Falências e de Recuperação de Empresas*, São Paulo, Saraiva, 2005, p. 108).

112. Parecer na íntegra: Anexo II desta obra.

113. As modalidades de realização do ativo previstas no art. 142 são as seguintes: (1) leilão, por lances orais; (2) propostas fechadas; e (3) pregão.

114. Art. 122, § 3º: "§ 3º. As deliberações serão tomadas por maioria calculada sobre a importância dos créditos dos credores presentes. No caso de empate, prevalecerá a decisão do grupo que reunir maior número de credores".

se socorrendo ao Poder Judiciário no caso de persistir o empate".[115]

Vislumbramos outra *analogia legis*, desta feita com o direito positivo: o § 2º do art. 129 da Lei 6.404/1976 (Lei das S/A), que aponta para caminho assemelhado: "(...); se permanecer o empate e os acionistas não concordarem em cometer a decisão a um terceiro, caberá ao Poder Judiciário decidir, no interesse da companhia".

Art. 43. Os sócios do devedor, bem como as sociedades coligadas, controladoras, controladas ou as que tenham sócio ou acionista com participação superior a 10% (dez por cento) do capital social do devedor ou em que o devedor ou algum de seus sócios detenham participação superior a 10% (dez por cento) do capital social, poderão participar da assembléia-geral de credores, sem ter direito a voto e não serão considerados para fins de verificação do *quorum* de instalação e de deliberação.[246]

Parágrafo único. O disposto neste artigo também se aplica ao cônjuge ou parente, consangüíneo ou afim, colateral até o segundo grau, ascendente ou descendente do devedor, de administrador, do sócio controlador, de membro dos conselhos consultivo, fiscal ou semelhantes da sociedade devedora e à sociedade em que quaisquer dessas pessoas exerçam essas funções.[246-247]

LEGISLAÇÃO ANTERIOR

Artigo sem correspondência no Decreto-lei 7.661/1945.

COMENTÁRIOS

246. Quem poderá participar da assembléia-geral de credores, sem votar? – Além do juiz, do Ministério Público e do advogado, também poderão participar na assembléia-geral de credores, sem ter direito a voto e sem serem considerados para fins de verificação de *quorum* de instalação e de deliberação: (1) os sócios do devedor, as sociedades coligadas, controladoras, controladas ou as que tenham sócio ou acionista com participação superior a 10% do capital social do devedor ou em que o devedor ou algum de seus sócios detenham participação superior a 10% do capital social; (2) o cônjuge ou parente, consangüíneo ou afim, colateral até o segundo grau, ascendente ou descendente do devedor, de administrador, do sócio controlador, de membro dos conselhos consultivo, fiscal ou semelhantes da sociedade devedora e a sociedade em que quaisquer dessas pessoas exerçam essas funções.

Aqueles que mantêm união estável – ou seja, o companheiro e a companheira (conviventes) – podem participar na assembléia-geral de credores, sem ter direito a voto e sem serem considerados para fins de verificação de *quorum* de instalação e de deliberação?

Na medida em que tanto a Constituição Federal (art. 226, § 3º) quanto o Código Civil (art. 1.723) reconhecem a união estável como entidade familiar, e tendo em vista a máxima latina *ubi eadem ratio, ibi eadem legis dispositio*, respondemos afirmativamente à indagação.[116]

Lembra, oportunamente, Manoel Justino Bezerra Filho: "A lei não dá o direito de voto e nada fala sobre o direito de voz; no

115. Jorge Lobo, "Comentários aos arts. 35 ao 69", in Carlos Henrique Abrão e Paulo Fernando Campos Salles de Toledo (coords.), *Lei de Recuperação de Empresas e Falência*, São Paulo, Saraiva, 2005, p. 100.

116. No mesmo sentido, Ronaldo Alves de Andrade: "Embora a lei não o faça de maneira clara e direta, cremos que a mesma regra se aplica ao companheiro ou convivente, na medida em que as mesmas razões que inspiram a suspeição do cônjuge, decorrente da relação de casamento, também estão presentes na união estável, onde um convivente é cúmplice de outro, de maneira que é de se legitimamente esperar que não aja de maneira a prejudicar o outro" ("Comentários aos arts. 35 ao 46", in Newton de Lucca e Adalberto Simão Filho (coords.), *Comentários à Nova Lei de Recuperação de Empresas e de Falências*, São Paulo, Quartier Latin, 2005, p. 196).

entanto, como o artigo garante não simplesmente a 'presença' e sim a 'participação', terão tais pessoas o direito de manifestação, evidentemente submetidos às regras da assembléia".[117]

247. Qual é o fundamento para impedir as pessoas mencionadas no art. 43 e seu parágrafo único de votar? – Responde Fábio Ulhoa Coelho: "A limitação dos direitos desses credores na assembléia decorre do conflito de interesses patente na simultaneidade das condições de investidores da sociedade devedora (ou pessoas a ela ligadas) e credores dessa. O conflito de interesses impede que seu voto contribua para a formação da vontade geral dos credores".[118-119]

Com efeito, o conflito de interesses é motivo impediente do direito de voto. Por isso, concordamos com a opinião do autor.

Art. 44. Na escolha dos representantes de cada classe no comitê de credores, somente os respectivos membros poderão votar.[248]

LEGISLAÇÃO ANTERIOR

Artigo sem correspondência no Decreto-lei 7.661/1945.

COMENTÁRIOS

248. Quem tem legitimidade para votar a escolha dos membros de cada classe do comitê de credores? – Têm legitimidade para votar apenas os membros de cada classe.

Ressalte-se que se trata de deliberação que refoge do alcance da assembléia-geral (art. 26, I-III).

Art. 45. Nas deliberações sobre o plano de recuperação judicial, todas as classes de credores referidas no art. 41 desta Lei deverão aprovar a proposta.[249]

§ 1º. Em cada uma das classes referidas nos incisos II e III do art. 41 desta Lei, a proposta deverá ser aprovada por credores que representem mais da metade do valor total dos créditos presentes à assembléia e, cumulativamente, pela maioria simples dos credores presentes.[250]

§ 2º. Na classe prevista no inciso I do art. 41 desta Lei, a proposta deverá ser aprovada pela maioria simples dos credores presentes, independentemente do valor de seu crédito.[250]

§ 3º. O credor não terá direito a voto e não será considerado para fins de verificação de *quorum* de deliberação se o plano de recuperação judicial não alterar o valor ou as condições originais de pagamento de seu crédito.[251]

LEGISLAÇÃO ANTERIOR

Artigo sem correspondência no Decreto-lei 7.661/1945.

COMENTÁRIOS

249. Quais classes deverão aprovar o plano de recuperação judicial? – Todas as classes referidas no art. 41 deverão aprovar o plano de recuperação judicial.

Reiteramos que no regime anterior o deferimento do processamento da concordata se dava *ope legis* – vale dizer, estava condi-

117. Manoel Justino Bezerra Filho, *Nova Lei de Recuperação e de Falências Comentada. Lei 11.101, de 9.2.2005, Comentário Artigo por Artigo*, 3ª ed., São Paulo, Ed. RT, 2005, p. 124.

118. Fábio Ulhoa Coelho, *Comentários à Nova Lei de Falências e de Recuperação de Empresas*, São Paulo, Saraiva, 2005, p. 110.

119. No mesmo sentido: Manoel Justino Bezerra Filho, *Nova Lei de Recuperação e de Falências Comentada. Lei 11.101, de 9.2.2005, Comentário Artigo por Artigo*, cit., 3ª ed., p. 124.

cionado, basicamente, ao preenchimento dos requisitos legais formais, independentemente da opinião dos credores.

A partir da vigência da atual lei os credores passam a participar efetivamente do plano de recuperação judicial, seja objetando-o individualmente (art. 55), seja aprovando-o, rejeitando-o ou modificando-o coletivamente, ou seja, via assembléia-geral (art. 35, I, c/c o art. 56).

Lembra o senador Ramez Tebet, no seu parecer: "O projeto também acerta ao apontar os credores – que participam do mercado em que está inserido o devedor e são, afinal, os maiores interessados no êxito do processo – como as pessoas mais indicadas para decidir acerca da viabilidade do plano de recuperação preparado pelo devedor".[120]

250. Para fins de apuração dos votos, há critérios distintos entre as classes? – Sim. A distinção é a seguinte: para as classes dos credores com garantia real (art. 41, II) e quirografários (art. 41, III) o plano de recuperação judicial deverá ser aprovado por dupla maioria – vale dizer, por aqueles que representem mais da metade do valor total dos créditos presentes à assembléia-geral e, cumulativamente, pela maioria simples dos credores presentes.

Jorge Lobo exemplifica: "Portanto, se o 'valor total dos créditos com garantia real presentes' somar, por exemplo, R$ 100.000,00 e for detido por três credores hipotecários ou pignoratícios, é necessário, no mínimo, que dois deles, totalizando R$ 50.001,00, aprovem a proposta, ou, por exemplo, se a proposta contar apenas com o voto favorável de um credor, ainda que titular de 'mais da metade do valor total dos créditos presentes', não será considerada aprovada, porque não foram atendidos, cumulativamente, ambos os requisitos – 'maioria do capital' e 'maioria das pessoas' (...)".[121-122]

Para as classes dos credores trabalhistas e acidentários (art. 41, I) o plano de recuperação judicial deverá ser aprovado por maioria simples dos credores presentes, independentemente do valor dos créditos – isto é, o critério de voto será por cabeça.

O senador Ramez Tebet, no seu parecer, explica: "(...). *3) Votação por cabeça na classe dos trabalhadores:* (...). Na classe dos trabalhadores, as diferenças entre os credores podem implicar inadmissível detrimento dos pequenos, que têm maior capacidade econômica para aceitar descontos ou diferimentos no recebimento, dado que o caráter alimentar das parcelas trabalhistas é tanto maior quanto menor for o crédito. Propomos, assim, que os votos dos trabalhadores nas votações por classe sejam tomados na proporção de um voto por trabalhador, e não em função do valor do crédito de cada um. Com essa medida, a todos os trabalhadores é dado igual peso na votação, o que protege os humildes".[123-124]

120. Parecer na íntegra: Anexo II desta obra.

121. Jorge Lobo, "Comentários aos arts. 35 ao 69", in Carlos Henrique Abrão e Paulo Fernando Campos Salles de Toledo (coords.), *Lei de Recuperação de Empresas e Falência*, São Paulo, Saraiva, 2005, p. 103.

122. Leda Maria Guimarães formula outro exemplo: "Se estão presentes 10 credores titulares de direito de crédito que somam R$ 1.000.000,00, será necessário que, pelo menos, credores que titularizem *mais* de R$ 500.000,00 votem favoravelmente. Além de ser necessário que, dos 10 credores presentes, pelo menos 6 aprovem a deliberação" ("Comentários aos arts. 35 ao 46", in Érica Guerra e Maria Cristina Frascari Litrento (orgs.), *Nova Lei de Falências: Lei 11.101, de 9.2.2005 – Comentada*, Campinas/SP, LZN Editora, 2005, p. 86).

123. Parecer na íntegra: Anexo II desta obra.

124. Manoel Justino Bezerra Filho justifica a distinção *supra*: "O legislador, com vistas a evitar a manipulação por credores majoritários, preferiu condicionar a aprovação do plano às diferentes classes de credores. Cada classe possui, presumivelmente, interesses convergentes e, neste sentido, exerceriam controle sobre as demais classes, obrigando os credores ao consenso para a efetiva recuperação do empresário, sem comprometer demasiadamente credores titulares de determinada classe" (*Nova Lei de Recuperação e de Falências Comentada. Lei 11.101, de 9.2.2005, Comentário Artigo por Artigo*, 3ª ed., São Paulo, Ed. RT, 2005, p. 126).

251. Credor cujo crédito e condições originais de pagamento não forem alterados terá direito a voto? – Além de não ter direito a voto, por lhe faltar legitimidade, também não será considerado para fins de verificação de *quorum* de deliberação.

Adalberto Simão Filho formula a seguinte crítica ao comando veiculado no § 3º do art. 45: "(...) o fato pode gerar uma distorção sistêmica crítica no que tange à interpretação da regra, onde se poderia chegar ao absurdo no sentido de que toda e qualquer vez que um plano de recuperação judicial não modificar o valor de crédito os credores não teriam o direito de voto por faltar-lhes interesse. (...). Se se entender que a quem não teve posição financeira alterada em razão do plano não lhe assistirá direito de voto é pretender que os destinos da empresa fiquem por completo nas mãos da classe dos credores que sofreu alguma alteração substancial no valor de seu crédito ou nas condições liquidatórias, o que não parece razoável e refoge do espírito da própria norma. (...) principalmente quando o mesmo possuísse garantia real sobre determinado bem, afetada de alguma maneira pelo plano apresentado. (...). Portanto, parece-nos que a melhor interpretação que se faz ao dispositivo em comento se dá em caráter restritivo, de modo a possibilitar a votação a todos os credores que demonstrarem de alguma forma seu interesse, mesmo não tendo havido modificação no valor do seu crédito ou nas condições de pagamento".[125]

Jorge Lobo, com argúcia, pondera: "Não obstante o plano, sem 'alterar o valor ou as condições originais de pagamento' de seus créditos (...), possa afetar ou pôr em risco os direitos e interesses do credor, quando, por exemplo, estabelecer a alienação de estabelecimento e venda parcial de bens (arts. 50, VII e XI). O credor que se sentir prejudicado, por considerar que a diminuição de bens do ativo do devedor desfalca as garantias gerais, embora não possa votar na assembléia-geral, está legitimado a 'manifestar ao juiz sua objeção ao plano' (art. 55, *caput*)".[126-127]

Art. 46. A aprovação de forma alternativa de realização do ativo na falência, prevista no art. 145 desta Lei,[252] dependerá do voto favorável de credores que representem dois terços dos créditos presentes à assembléia.[253]

LEGISLAÇÃO ANTERIOR

Artigo sem correspondência no Decreto-lei 7.661/1945.

COMENTÁRIOS

252. Quais são as modalidades de realização do ativo? – As modalidades de realização do ativo estão previstas no art. 142:

125. Adalberto Simão Filho, "Interesses transindividuais dos credores nas assembléias-gerais e sistemas de aprovação do plano de recuperação judicial", in Newton de Lucca e Alessandra de Azevedo Domingues (coords.), *Direito Recuperacional: Aspetos Práticos e Teóricos*, São Paulo, Quartier Latin, 2009, pp. 42-43.

126. Jorge Lobo, "Comentários aos arts. 35 ao 69", cit., in Carlos Henrique Abrão e Paulo Fernando Campos Salles de Toledo (coords.), *Lei de Recuperação de Empresas e Falência*, p. 103.

127. Fábio Ulhoa Coelho critica o comando do § 3º do art. 45: "Essa exclusão da base de cálculo do *quorum* de deliberação do plano justifica-se no pressuposto da lei de que o credor não atingido pela proposta de reorganização da empresa não teria nenhum interesse no resultado da votação. Tal pressuposto é questionável,porque, mesmo não sendo atingido diretamente pela proposta em votação, é claro que o credor pode ter seu direito ameaçado na hipótese de aprovação de um plano inconsistente, que não leve à efetiva recuperação do devedor" (*Comentários à Nova Lei de Falências e de Recuperação de Empresas*, São Paulo, Saraiva, 2005, p. 112).

(1) leilão, por lances orais; (2) propostas fechadas; e (3) pregão.

Na medida em que o art. 144 possibilita ao juiz autorizar modalidades de alienação judicial diversas das previstas no art. 142, o art. 145 cogita de outras modalidades, tais como: (1) constituição de sociedade de credores; (2) constituição de sociedade de empregados do próprio devedor, que poderão utilizar seus créditos derivados da legislação do trabalho para aquisição ou arrendamento da empresa.

253. Qual é o* quorum *para deliberação sobre forma alternativa de realização do ativo? – O *quorum* será de dois terços dos créditos presentes à assembléia-geral, ressalte-se, independentemente de classe.

*Capítulo III – **Da Recuperação Judicial***

Seção I – Disposições Gerais

Art. 47. A recuperação judicial[254-255] tem por objetivo viabilizar[256] a superação da situação de crise econômico-financeira do devedor,[257] a fim de permitir a manutenção da fonte produtora, do emprego dos trabalhadores e dos interesses dos credores, promovendo, assim, a preservação da empresa, sua função social[258] e o estímulo à atividade econômica.[259]

LEGISLAÇÃO ANTERIOR

Artigo sem correspondência no Decreto-lei 7.661/1945.

COMENTÁRIOS

254. Conceito de "recuperação judicial" – O senador Ramez Tebet, no seu parecer, esclarece: "Em lugar da atual concordata – um regime ao qual poucas empresas conseguem sobreviver e que tem como desfecho mais freqüente a decretação da falência – criam-se as opções da recuperação extrajudicial e da recuperação judicial. (...). Na recuperação judicial, um processo mais formal e realizado sob o controle da Justiça, os credores devem formar maioria em torno do plano de recuperação. Se o plano não for aprovado ou não atingir suas metas de recuperação, aí, sim, caberá ao juiz decretar a falência".[1-2-3-4]

Com efeito, o art. 47 veicula comando teleológico de vital importância na interpretação e aplicação do instituto da recuperação judicial.[5]

1. Parecer na íntegra: Anexo II desta obra.

2. Newton de Lucca, resumidamente, afirma: "A recuperação judicial – instituto novo no Direito Brasileiro e sucedâneo de nossa malsucedida concordata preventiva – está prevista nos arts. 47 e ss. da nova lei" ("Comentários aos arts. 1º ao 4º", in Osmar Brina Corrêa-Lima e Sérgio Mourão Corrêa-Lima (coords.), *Comentários à Nova Lei de Falência e Recuperação de Empresas: Lei 11.101, de 9.2.2005*, Rio de Janeiro, Forense, 2009, p. 29).

3. Segundo Jorge Lobo: "Recuperação judicial é o instituto jurídico fundado na ética da solidariedade, que visa a sanar o estado de crise econômico-financeira do empresário e da sociedade empresária com a finalidade de preservar os negócios sociais e estimular a atividade empresarial, garantir a continuidade do emprego e fomentar o trabalho humano, assegurar a satisfação, ainda que parcial e em diferentes condições, dos direitos e interesses dos credores e impulsionar a economia creditícia, mediante a apresentação, nos autos da recuperação judicial, de um plano de reestruturação e reerguimento, o qual, aprovado pelos credores, expressa ou tacitamente, e homologado pelo juiz, implica novação dos créditos anteriores ao ajuizamento da demanda e obriga todos os credores a ela sujeitos, inclusive os ausentes, os dissidentes e os que se abstiveram de participar das deliberações da assembléia-geral" ("Comentários aos arts. 35 ao 69", in Carlos Henrique Abrão e Paulo Fernando Campos Salles de Toledo (coords.), *Lei de Recuperação de Empresas e Falência*, São Paulo, Saraiva, 2005, pp. 104-105).

4. Aduz Sérgio Campinho: "A recuperação judicial, segundo perfil que lhe reservou o ordenamento jurídico, apresenta-se como o somatório de providências de ordem econômico-financeiras, econômico-produtivas, organizacionais e jurídicas por meio das quais a capacidade produtiva de uma empresa possa, da melhor forma, ser reestruturada e aproveitada, alcançando uma rentabilidade autossustentável, superando, com isso, a situação de crise econômico-financeira em que se encontra o seu titular – o empresário –, permitindo a manutenção da fonte produtora, do emprego e a composição dos interesses dos credores (cf. art. 47). Nesta perspectiva, é um instituto de direito econômico. Sob a óptica processual, a medida se implementa por meio de uma ação judicial, de iniciativa do devedor, com o escopo de viabilizar a superação de sua situação de crise. Mas dita pretensão somente pode ser exercida até a declaração de sua falência (art. 48, I)" (*Falência e Recuperação de Empresa: o Novo Regime da Insolvência Empresarial*, Rio de Janeiro, Renovar, 2006, pp. 10-11).

5. Frederico Augusto Monte Simionato aduz: "Os magistrados devem se atentar que reside aqui, art. 47 da nova lei, a fonte de interpretação e aplicação do novo direito falimentar, como norma definidora de deveres, funções e paradigmas de hermenêutica jurídica, fazendo valer o interesse público sobre o

Acreditamos que o art. 47 deverá funcionar no âmbito da recuperação judicial como o art. 5º do Decreto-lei 4.657/1942 (Lei de Introdução ao Código Civil) funciona (ou deveria funcionar) no âmbito civil; vale dizer, o juiz, ao se debruçar sobre questões derivadas do instituto da recuperação judicial, deverá promover a preservação da empresa, sua função social e o estímulo à atividade econômica.

Misabel de Abreu Machado Derzi e Raphael Frattari ressaltam: "O princípio da preservação da empresa que informa a lei é imprescindível à compreensão da recuperação judicial, *guia* as decisões tomadas entre os diversos interesses internos que nela se compõem, *representa* importante parâmetro que deve pautar a aplicação da lei em cada caso e, finalmente, *deverá ser* o guia de interpretação, norteador das decisões judiciais".[6]

Jurisprudência[7]

Eis um julgado pertinente:

[TJRJ] Agravo de instrumento – Reintegração de posse – Contrato de subarrendamento mercantil tendo como objeto aeronaves e turbinas – Liminar – Impossibilidade na hipótese dos autos – Empresa ré que teve sua recuperação judicial deferida – R. julgado *a quo* que bem analisou os fatos diante da nova legislação que rege a matéria – *Retomada das aeronaves e turbinas que comprometeria o desenvolvimento da devedora e a própria recuperação pretendida – Cancelamento dos vôos agendados que ensejaria a desconfiança dos passageiros e proporcionando uma avalanche de lides indenizatórias decorrentes do não cumprimento das obrigações contratuais assumidas – Aspecto de âmbito nacional e social – Exegese dos arts.* 47, 48 e 49, *caput* e §§ 2º e 5º, *da Lei 11.101, de 9.2.2005* (...). [*4ª Câmara Cível, AI 2005.002.23394, rel. Des. Reinaldo P. Alberto Filho*]

255. Natureza jurídica da recuperação judicial – Lídia Valério Marzagão afirma:

"Após a edição do Decreto-lei 7.661/1945 várias teorias procuraram explicar a natureza jurídica da concordata, na medida em que, apesar de entenderem presente o caráter de contrato, os credores, em verdade, se encontravam numa posição de sujeição apenas, ou seja, ausentes de qualquer manifestação de vontade, já que o deferimento cabia única e exclusivamente ao comando judicial. (...) verifica-se, a partir da vigência desta nova lei, estaremos resgatando um sistema já adotado no País no século passado e não haverá mais dúvida quanto à *natureza contratualista* da recuperação judicial, que, a princípio, obriga a participação efetiva de todos os credores representados em assembléia-geral de credores, que terão o poder de aprovar ou não o plano de recuperação apresentado pelo devedor.

"Tem-se, portanto, que, não obstante o pedido de recuperação judicial estar sujeito a direção e homologação da autoridade judiciária competente, a fundamental representatividade e participação dos credores na decisão de aprovação do plano de recuperação da empresa imprime-lhe uma *natureza contratual*."[8]

Sérgio Campinho sustenta: "(...) trata-se de um *contrato judicial, com feição novativa*, realizável através de um plano de recuperação, obedecidas, por parte do devedor, determinadas condições de ordens objetiva e subjetiva para sua implantação. (...). A perspectiva de acordo vem resgatada pela Lei 11.101/2005, restabelecendo a tradição do Direito Brasileiro, consentânea, de resto,

interesse individual dos credores, e, portanto, repercutindo sobre a análise de viabilidade econômica do plano de recuperação judicial" (*Tratado de Direito Falimentar*, Rio de Janeiro, Forense, 2008, p. 122).

6. Misabel de Abreu Machado Derzi e Raphael Frattari, "Dispositivos do Código Tributário Nacional alterados por ocasião da Lei 11.101/2005", in Osmar Brina Corrêa-Lima e Sérgio Mourão Corrêa-Lima (coords.), *Comentários à Nova Lei de Falência e Recuperação de Empresas: Lei 11.101, de 9.2.2005*, Rio de Janeiro, Forense, 2009, pp. 1.323-1.369.

7. Manoel Justino Bezerra Filho, *Jurisprudência da Nova Lei de Recuperação de Empresas e Falências/Decisões, Ofícios Judiciais, Resoluções, Sentenças, Acórdãos, Dentre Outros Documentos*, São Paulo, Ed. RT, 2006, pp. 90-91.

8. Lídia Valério Marzagão, "A recuperação judicial", in Rubens Approbato Machado (coord.), *Comentários à Nova Lei de Falências e Recuperação de Empresas*, São Paulo, Quartier Latin, 2005, pp. 93-94.

com todo o Direito contemporâneo, mas sob nova denominação de recuperação judicial".[9]

Jorge Lobo, por sua vez, entende, quanto à natureza jurídica da recuperação judicial: "(...) é um *ato complexo*, uma vez que pode ser considerada sob vários aspectos, pois abrange um ato coletivo processual, um favor legal e uma obrigação *ex lege*. (...) é um ato coletivo processual, porque as vontades do devedor, manifestada na petição inicial, e de seus credores, declaradas expressa ou tacitamente, 'marcham paralelas', se 'completam' e se 'fundem em uma só', 'formando uma e única vontade unitária', sob a direção e fiscalização do Poder Judiciário (LRE, arts. 35, I; 42; 45; 47; 51, III; 55; 56; 58; e 59). (...) é um favor legal porque garante ao devedor, atendidos determinados pressupostos e requisitos, formais e materiais, o direito de sanear o estado de crise econômico-financeira em que se encontra. (...) é uma obrigação *ex lege* porque, concedida pelo juiz, por sentença (art. 58), 'implica novação dos créditos anteriores ao pedido, e obriga o devedor e todos os credores a ela sujeitos, sem prejuízo das garantias', que possuam (art. 59, *caput*)".[10]

Paulo Sérgio Restiffe, por fim, assevera: "(...) a vigente Lei de Falências tem, quanto à recuperação de empresas, natureza jurídica dual: *contenciosa*, na qual há lide (*recuperação judicial de empresas*), e *voluntária, graciosa ou administrativa*, na qual inexiste lide (*recuperação extrajudicial de empresas*)".[11]

256. Viabilidade da empresa – Assevera Fábio Ulhoa Coelho:

"*Nem toda empresa merece ou deve ser recuperada*. A reorganização de atividades econômicas é custosa. Alguém há de pagar pela recuperação, seja na forma de investimentos no negócio em crise, seja nas perdas parciais ou totais de crédito. Em última análise, como os principais agentes econômicos acabam repassando aos seus respectivos preços as taxas de riscos associados à recuperação judicial ou extrajudicial do devedor, *o ônus da reorganização das empresas no Brasil recai sobre na sociedade brasileira como um todo*.

"O crédito bancário e os produtos e serviços oferecidos e consumidos ficam mais caros porque parte dos juros e preços se destina a socializar os efeitos da recuperação das empresas. (...). Mas, se é a sociedade brasileira como um todo que arca, em última instância, com os custos da recuperação das empresas, é necessário que o Judiciário seja criterioso ao definir quais merecem ser recuperadas.

"*Não se pode erigir a recuperação das empresas a um valor absoluto. Não é qualquer empresa que deve ser salva a qualquer custo*. Em outros termos, *somente as empresas viáveis devem ser objeto de recuperação judicial ou extrajudicial* (...) a sociedade empresária deve mostrar-se digna do benefício. Deve mostrar (...) que tem condições de devolver à sociedade brasileira, se e quando recuperada, pelo menos em parte o sacrifício feito para salvá-la. Essas condições agrupam-se no conceito de viabilidade da empresa, a ser aferida no decorrer do processo de recuperação judicial ou na homologação da recuperação extrajudicial. O exame da viabilidade deve ser feito, pelo Judiciário, em função de vetores como os seguintes: (a) *Importância social* (...). (b) *Mão-de-obra e tecnologia empregadas* (...). (c) *Volume do ativo e passivo*. (...). (d) *Tempo de empresa* (...). (e) *Porte econômico* (...)."[12-13-14]

9. Sérgio Campinho, *Falência e Recuperação de Empresa: o Novo Regime da Insolvência Empresarial*, cit., pp. 12-13 e 123.

10. Jorge Lobo, "Comentários aos arts. 35 ao 69", cit., in Carlos Henrique Abrão e Paulo Fernando Campos Salles de Toledo (coords.), *Lei de Recuperação de Empresas e Falência*, pp. 105-106.

11. Paulo Sérgio Restiffe, *Recuperação de Empresas: de Acordo com a Lei 11.101, de 9.2.2005*, São Paulo, Manole, 2008, p. 45.

12. Fábio Ulhoa Coelho, *Curso de Direito Comercial*, 5ª ed., vol. 3, São Paulo, Saraiva, 2005, pp. 382-385.

13. Manoel Justino Bezerra Filho, na mesma linha de pensamento de Fábio Ulhoa Coelho, aduz: "A recuperação judicial destina-se às empresas que estejam em situação de crise econômico-financeira, com possibilidade, porém, de superação, pois aquelas em

257. ***Crise econômico-financeira*** – Doutrina Jorge Lobo: "A verificação se a empresa se encontra em 'estado de crise econômico-financeira' deve dar-se caso a caso, por ser uma questão puramente de fato, embora com conseqüências jurídicas e legais; o seu conceito, como acentuei alhures, é 'metajurídico, aberto e cambiante' e abarca as noções clássicas, de índole essencialmente financeira, de (a) inadimplemento de obrigação pecuniária, (b) iliquidez e (c) insolvência, embora nelas não se esgote, visto que as dificuldades da empresa podem ser de ordem administrativa, gerencial, estrutural, operacional, societária, sucessória etc., as quais, a curto e médio prazos, podem converter-se em crise financeira de nefastas conseqüências (...)".[15-16-17]

Marcelo Guedes Nunes e Marco Aurélio Freire Barreto destacam alguns fatores e causas mais comuns geradores de crise financeira:

"*Descasamento entre prazos da indústria e estrutura de capital da empresa.* Aqui, a crise econômico-financeira decorre da necessidade imposta pelo mercado de atuação, que exige um alto investimento em capital de giro, fazendo com que os ativos circulantes montem valor maior que os passivos circulantes. Se a empresa não tem recursos para financiar este descasamento, nasce a crise.

"*Competitividade na indústria e margens operacionais.* Indústrias que atuam em mercados muito competitivos reprimem mar-

tal estado, porém em *crise de natureza insuperável, devem ter sua falência decretada, até para que não se tornem elemento de perturbação do bom andamento das relações econômicas do mercado*. Tal tentativa de recuperação prende-se (...) ao valor social da empresa em funcionamento, que deve ser preservado não só pelo incremento da produção como, principalmente, pela manutenção do emprego, elemento de paz social" (*Nova Lei de Recuperação e de Falências Comentada. Lei 11.101, de 9.2.2005, Comentário Artigo por Artigo*, 3ª ed., São Paulo, Ed. RT, 2005, p. 130).

14. Waldo Fazzio Jr. aduz: "Há parâmetros objetivos para aferição da viabilidade de recuperação empresarial. São os verdadeiros pressupostos, embora não declarados expressamente, da ação de recuperação judicial, quer dizer, fatores que precisam estar presentes para que a recuperação seja entrevista como recomendável: importância social e econômica da atividade do devedor no contexto local, regional ou nacional; mão-de-obra e tecnologia empregadas; volume do ativo e do passivo; tempo de constituição e funcionamento do negócio; e faturamento anual e nível de endividamento da empresa" (*Nova Lei de Falência e de Recuperação de Empresas*, São Paulo, Atlas, 2005, p. 139).

15. Jorge Lobo, "Comentários aos arts. 35 ao 69", cit., in Carlos Henrique Abrão e Paulo Fernando Campos Salles de Toledo (coords.), *Lei de Recuperação de Empresas e Falência*, p. 106.

16. Lembra Waldo Fazzio Jr.: "A LRE não define o que chama de crise econômico-financeira. E faz muito bem. Não é da lei a expressão de definições. Declina seus elementos e, nesse esforço, desperta algumas dificuldades práticas e conceituais. Mistura aleatoriamente noções diversas ou pelo menos estágios diversos de uma determinada conjuntura patrimonial negativa. (...). A própria LRE utiliza a expressão *crise econômico-financeira*, certa de que, na maioria dos casos, o econômico e o financeiro declinam em conjunto. As diferenças entre situação econômica e financeira são muito frágeis e de interesse técnico particular da empresa. Externamente, tanto uma como outra servem para justificar o concurso" (*Nova Lei de Falência e de Recuperação de Empresas*, cit., pp. 131 e 133).

17. Sérgio Campinho explica: "As causas de inadimplemento podem ser episódicas ou não; podem ser voluntárias ou involuntárias. Episódicas são aquelas geralmente motivadas por falta de liquidez momentânea, mas de fácil solução. Muitas vezes, nessas circunstâncias, a cessação do pagamento é voluntária, fazendo parte de uma estratégia financeira do empresário, que prefere atrasar o cumprimento de certas obrigações para evitar endividamento motivado pela busca de recursos a um custo pouco razoável. Ao lado dessa modalidade de crise convivem aquelas mais agudas, nas quais o empresário se depara com a falta de recursos pela impossibilidade de seu ativo gerar rendas tendentes a possibilitar o pagamento de suas dívidas, e a falta do pagamento, nessas condições, é involuntária. Ele não paga porque não tem condições de fazê-lo e não desfruta mais de crédito no mercado. Essa impotência de seu ativo revela um estado de crise mais aguda, na qual se vê mergulhado. Em todas essas situações pode-se dizer que o devedor empresário se encontra submerso em uma situação de crise econômico-financeira. (...). Em última análise, a crise econômico-financeira constitui-se um fenômeno tradutor de um desequilíbrio entre valores realizáveis pelo devedor e as prestações que lhe são exigidas pelos credores" (*Falência e Recuperação de Empresa: o Novo Regime da Insolvência Empresarial*, cit., pp. 119-120).

gens. Empresas com baixos níveis de escala na produção e poucas vantagens competitivas dificilmente operarão com rentabilidade suficiente para sobreviver no mercado.

"*Estrutura de gestão*. Determinada empresa pode sofrer financeiramente por apresentar uma gestão de estrutura obsoleta, com excesso de cargos executivos, altos custos administrativos, executivos pouco qualificados, processos de decisão pouco eficientes e falta de instrumentos modernos de gestão.

"*Diversificação*. Empresas que atuam em mais de um segmento de mercado podem sofrer economicamente quando um destes segmentos está deficitário. Nestes casos, todo equilíbrio da empresa se deteriora, muito embora os outros segmentos estejam saudáveis.

"*Custo de capital*. Empresas com estrutura de financiamento baseada em capitais de curto prazo e alto custo podem ter suas margens consumidas e tornarem-se inviáveis economicamente.

"*Crise com os sócios controladores*. Em muitos casos a crise da empresa nasce entre seus próprios sócios. Seja por conflitos societários ou crise financeira de sócios, a empresa pode sofrer por drenagem de recursos, divergências na gestão, indefinições financeiras e/ou estratégicas, sendo, assim, levada à crise financeira.

"*Contingências fiscais e trabalhistas*. Passivos fiscais e trabalhistas relevantes podem tornar a empresa irrecuperável."[18]

258. Função social da empresa – Rachel Sztajn ressalta:

"A função social da empresa presente na redação do artigo indica, ainda, visão atual referentemente à organização empresarial, cuja existência está estribada na atuação responsável no domínio econômico, não para cumprir as obrigações típicas do Estado nem substituí-lo, mas sim no sentido de que, socialmente, sua existência deve ser balizada pela criação de postos de trabalho, respeito ao meio ambiente e à coletividade, e neste sentido é que se busca preservá-la. (...).

"A função social da empresa só será preenchida se for lucrativa, para o quê deve ser eficiente. Eficiência, nesse caso, não é apenas produzir os efeitos previstos, mas é cumprir a função despendendo pouco ou nenhum esforço; significa operar eficientemente no plano econômico, produzir rendimento, exercer a atividade de forma a obter os melhores resultados. Se deixar de observar a regra da eficiência, metajurídica, dificilmente, atuando em mercados competitivos, alguma empresa sobreviverá."[19-20]

259. A recuperação judicial no cenário internacional – Afirma Fábio Ulhoa Coelho:

"Até o momento, por exemplo, não está em pauta na Comunidade Européia nenhuma proposta de harmonização da disciplina jurídica sobre a matéria (...).

"Em França, desde meados dos anos 1980, procura-se criar mecanismos que *previnam* a crise (...).

"Na Itália, o instituto ligado à recuperação de empresa é a *administração controlada*, em que a gestão e reorganização da atividade econômica são orientadas e fiscalizadas por um comissário nomeado pelo juiz. (...).

18. Marcelo Guedes Nunes e Marco Aurélio Freire Barreto, "Alguns apontamentos sobre comunhão de credores e viabilidade econômica", in Rodrigo R. Monteiro de Castro e Leandro dos Santos de Aragão (coords.), *Direito Societário e a Nova Lei de Falências e Recuperação de Empresas*, São Paulo, Quartier Latin, 2006, pp. 323-324.

19. Rachel Sztajn, "Comentários aos arts. 47 ao 54", in Francisco Satiro de Sousa Jr. e Antônio Sérgio Altieri de Moraes Pitombo (coords.), *Comentários à Lei de Recuperação de Empresas e Falência: Lei 11.101/2005*, São Paulo, Ed. RT, 2005, pp. 221-222.

20. Fábio Konder Comparato, à luz do regime legal anterior, já afirmava: "Na verdade, a implementação dos princípios constitucionais de desenvolvimento nacional e justiça social impõe a completa reforma do direito falimentar, partindo-se da distinção básica entre empresas de interesse social e de interesse particular. A insolvabilidade das primeiras deve ser tratada com o objetivo de reerguimento econômico e financeiro, sacrificando-se o interesse de todos os credores não trabalhistas, inclusive o Poder Público, aos fins que devam orientar a atividade empresarial. É somente no tocante às empresas de interesse particular que se justifica tratar a insolvência como questão meramente creditória" (*Direito Empresarial: Estudos e Pareceres*, São Paulo, Saraiva, 1995, p. 15).

"Na Alemanha, a lei admite que o insolvente ou o administrador judicial apresente, no processo de insolvência instaurado, um plano de solução das obrigações, que pode compreender ou pressupor a reorganização da empresa. (...).

"Nos Estados Unidos, o Capítulo 11 do *Bankruptcy Code*, cujas raízes se encontram na crise no setor ferroviário da segunda metade do século XIX, preocupa-se com um cenário propício às negociações entre os interessados. (...).

"No Japão, os mecanismos de recuperação voltados exclusivamente às pequenas e médias empresas são mais comumente empregados que os destinados às grandes."[21]

Art. 48. Poderá requerer recuperação judicial o devedor[260] que, no momento do pedido, exerça regularmente suas atividades há mais de 2 (dois) anos e que atenda aos seguintes requisitos, cumulativamente:[261-262] I – não ser falido e, se o foi, estejam declaradas extintas, por sentença transitada em julgado, as responsabilidades daí decorrentes;[261] II – não ter, há menos de 5 (cinco) anos, obtido concessão de recuperação judicial;[261] III – não ter, há menos de 8 (oito) anos, obtido concessão de recuperação judicial com base no plano especial de que trata a Seção V deste Capítulo;[261] IV – não ter sido condenado ou não ter, como administrador ou sócio controlador, pessoa condenada por qualquer dos crimes previstos nesta Lei.[261]

Parágrafo único. A recuperação judicial também poderá ser requerida pelo cônjuge sobrevivente, herdeiros do devedor, inventariante ou sócio remanescente.[260]

LEGISLAÇÃO ANTERIOR

Lei de Falências (DL 7.661/1945): *Art. 140.* Não pode impetrar concordata: I – o devedor que deixou de arquivar, registrar, ou inscrever no registro do comércio os documentos e livros indispensáveis ao exercício legal do comércio; II – o devedor que deixou de requerer a falência no prazo do art. 8º; III – o devedor condenado por crime falimentar, furto, roubo, apropriação indébita, estelionato e outras fraudes, concorrência desleal, falsidade, peculato, contrabando, crime contra o privilégio de invenção ou marcas de indústria e comércio e crime contra a economia popular; IV – o devedor que há menos de 5 (cinco) anos houver impetrado igual favor ou não tiver cumprido concordata há mais tempo requerida.

Art. 158. Não ocorrendo os impedimentos enumerados no art. 140, cumpre ao devedor satisfazer as seguintes condições: I – exercer regularmente o comércio há mais de 2 (dois) anos; II – possuir ativo cujo valor corresponda a mais de 50% (cinqüenta por cento) do seu passivo quirografário; na apuração desse ativo, o valor dos bens que constituam objeto de garantia será computado tão-somente pelo que exceder da importância dos créditos garantidos; III – não ser falido ou, se o foi, estarem declaradas extintas as suas responsabilidades; IV – não ter título protestado por falta de pagamento.

COMENTÁRIOS

260. Quem tem legitimidade para requerer a recuperação judicial? – As pessoas legitimadas para requerer a recuperação judicial são:

1) *O próprio devedor*. Waldo Fazzio Jr. formula a seguinte crítica: "A LRE só prevê a abertura do processo de recuperação judicial por instância do devedor. Segue, nesse ponto, o mesmo sistema que era adotado na LFC, onde a concordata era um favor legal requerido pelo credor [*sic*] ao Poder Judiciário. Todavia, como um dos objetivos do processo de recuperação é proporcionar aos credores a oportunidade de realizar o valor dos créditos mediante a recuperação da empresa e o prosseguimento dos seus negócios,

21. Fábio Ulhoa Coelho, *Comentários à Nova Lei de Falências e de Recuperação de Empresas*, São Paulo, Saraiva, 2005, p. 115.

seria desejável que a faculdade de postular a recuperação judicial do devedor não fosse exclusivamente dele”.[22]

A crítica do autor, *a priori*, parece-nos pertinente. No entanto, não podemos deixar de reconhecer que seria muito difícil – se não impossível – os credores, sem ter acesso, *interna corporis*, à real situação econômico-financeira do devedor, se arvorarem a postular sua recuperação judicial.

Por oportuno, verifiquemos as regras relativas à competência e ao respectivo *quorum* para autorizar o requerimento da recuperação judicial:

i) *Na sociedade limitada a competência é dos sócios e o* quorum *necessário corresponde a mais da metade do capital social (art. 1.071, VIII, c/c o art. 1.076, II, do CC), exceto se maior* quorum *for exigido pelo contrato social*. Em caso de urgência, os administradores podem requerer diretamente, isto é, sem a realização da assembléia-geral dos sócios, a recuperação judicial, desde que, previamente, obtenham autorização de titulares de mais da metade do capital social (art. 1.072, § 4º, do CC). Frise-se que tal regra possibilita apenas a dispensa da realização da assembléia ou reunião dos sócios para deliberação sobre requerimento da recuperação judicial, mas não excepciona o *quorum*; ao contrário, o ratifica.

ii) *Na sociedade anônima a competência é privativa da assembléia-geral e o* quorum *é o da maioria absoluta dos acionistas presentes à assembléia, não se computando os votos em branco (art. 122, IX, c/c o art. 129, da Lei 6.404/1976), exceto se maior* quorum *for exigido pelo estatuto social*. *Ad instar* do que ocorre na sociedade limitada, em caso de urgência os administradores da sociedade anônima, desde que obtenham a concordância do acionista controlador, poderão formular diretamente o requerimento de recuperação judicial, convocando-se imediatamente a assembléia-geral (art. 122, parágrafo único, da Lei 6.404/1976).

22. Waldo Fazzio Jr., *Nova Lei de Falência e de Recuperação de Empresas*, São Paulo, Atlas, 2005, p. 155.

O mesmo regime da sociedade anônima aplica-se à sociedade em comandita por ações (art. 1.090 do CC).

Na sociedade em comandita simples (art. 1.046 do CC) e na sociedade em nome coletivo (art. 1.040 do CC) a competência é dos sócios e o *quorum* é o da maioria de votos, contados segundo o valor das quotas de cada um (art. 1.010, parágrafo único, do CC), exceto se maior *quorum* for exigido pelo contrato social.

2) *O cônjuge sobrevivente*. Numa união estável, o convivente sobrevivente tem legitimidade para requerer recuperação judicial?

Ora, se a própria Constituição Federal (art. 226, § 3º) assim como o Código Civil (art. 1.723) reconhecem a união estável como entidade familiar, diante da máxima latina *ubi eadem ratio, ibi eadem legis dispositio*, não detectamos qualquer impedimento para estender ao convivente sobrevivente a legitimidade para formular pedido de recuperação judicial.[23]

3) *Os herdeiros do devedor*.

4) *O inventariante*.

5) *O sócio remanescente*. Lembramos que a expressão “sócio remanescente” não se refere apenas àquele sócio que remanesceu só na sociedade, em função de os demais sócios a terem abandonado, mas também aquele que, numa sociedade de duas pessoas, remanesceu só em razão da morte de seu sócio.

23. Marcos Andrey de Sousa tem o mesmo entendimento: “(...) muito embora a lei mencione *cônjuge sobrevivente*, teria a mesma legitimidade o sobrevivente no caso de *união estável*? A resposta nos parece positiva na hipótese de o concubino, no caso concreto, possuir interesse legítimo no patrimônio do empresário falecido. Nesta hipótese, como a união estável é reconhecida legalmente, e a medida visa a atender também a outros interesses sociais ligados à empresas, não vislumbramos, a princípio, prejuízo nem demora no requerimento de recuperação judicial na hipótese mencionada” (“Comentários aos arts. 48 e 49”, in Newton de Lucca e Adalberto Simão Filho (coords.), *Comentários à Nova Lei de Recuperação de Empresas e de Falências*, São Paulo, Quartier Latin, 2005, p. 221).

Sustenta Fábio Ulhoa Coelho:

"Se, na reunião ou assembléia eventualmente realizada para discussão da matéria, rejeitou-se por maioria a proposta de requerer a recuperação judicial, o sócio ou sócios minoritários vencidos podem aduzir em juízo o pedido de recuperação judicial. Em ocorrendo, o juiz deve, por cautela, antes de qualquer outra providência, ouvir os sócios majoritários ou o controlador e, caso se convença de que se trata de manipulação fraudulenta do requerente, cujo objetivo é obter vantagens indevidas no interior da sociedade, deve simplesmente indeferir o requerimento, sem, claro, decretar a falência da sociedade empresária.

"Percebendo, contudo, que se trata de abuso de poder dos majoritários ou do controlador, e que a sociedade empresária necessita realmente do benefício da recuperação judicial, pode o juiz determinar a tramitação do processo. A lei fala, com evidente imprecisão, em sócio 'remanescente', como se restringisse a legitimação à hipótese de abandono da sociedade por todos os demais. O correto seria mencionar os adjetivos 'dissidente' ou 'minoritário' na identificação daquele que discordou, em reunião ou assembléia, da rejeição da proposta de pleito de recuperação judicial. A interpretação doutrinária e jurisprudencial, uma vez mais, acabará corrigindo o equívoco do legislador."[24]

Em sentido contrário, aduz Marcos Andrey de Sousa:

"(...) *sócio remanescente*. A esta expressão pode-se entender a hipótese de sociedade em que o sócio majoritário venha a falecer, restando apenas um ou mais sócios remanescentes, porém minoritários. Para esta hipótese a lei atribui a estes legitimidade para postular a recuperação judicial.

"Esclareça-se: se vier a falecer um sócio minoritário, não há necessidade de se invocar o parágrafo único do art. 48 da nova Lei de Falências, eis que os remanescentes, por si só, manteriam a possibilidade de atingir o *quorum* mínimo exigido pela lei ou pelos estatutos para deliberar a postulação de recuperação judicial.

"Todavia, caso venha falecer o sócio majoritário, numa hipótese em que, seja pelo tipo societário ou pelas regras dos estatutos sociais, as cotas ou ações não sejam extintas, mas ficam à disposição dos herdeiros até que seja concluído o inventário, o sócio ou sócios remanescentes não alcançariam o *quorum* mínimo exigido por lei para deliberar pela recuperação judicial. A eles vem em socorro a nova Lei de Falências, legitimando-os a requerer o benefício judicialmente. (...).

"Todavia, há que se considerar a autorizada opinião de Fábio Ulhoa Coelho a este respeito, contrária à ora esposada. (...).

"Possibilitar que os sócios dissidentes da assembléia ou reunião que deliberou, pela maioria, não requerer a recuperação judicial ou extrajudicial pode tornar letra morta as regras sobre deliberações das sociedades, acima mencionadas. Não nos parece, por conseguinte, que o disposto no parágrafo único do art. 48 da nova Lei de Falências veio derrogar as regras de deliberação das sociedades empresárias para postular judicialmente as medidas preventivas e de recuperação de empresas."[25]

Partilhamos da mesma opinião de Marcos Andrey de Sousa.

Em razão de o rol de pessoas legitimadas encerrar *numerus clausus*, dessome-se que nem o Ministério Público ou a Fazenda Pública, tampouco os credores, podem requerer a recuperação judicial.[26]

24. Fábio Ulhoa Coelho, *Comentários à Nova Lei de Falências e de Recuperação de Empresas*, São Paulo, Saraiva, 2005, p. 126.

25. Marcos Andrey de Sousa, "Comentários aos arts. 48 e 49", cit., in Newton de Lucca e Adalberto Simão Filho (coords.), *Comentários à Nova Lei de Recuperação de Empresas e de Falências*, pp. 221-223.

26. Afirma Fábio Ulhoa Coelho: "Se credores, trabalhadores, sindicatos ou órgão governamental tiverem um plano para reorganização da atividade econômica em estado pré-falencial, não poderão dar início ao processo de recuperação judicial caso o devedor não tenha interesse ou vontade de fazê-lo" (*Comentários à Nova Lei de Falências e de Recuperação de Empresas*, cit., p. 124).

261. Requisitos da recuperação judicial – Os requisitos da recuperação judicial são:

1) *Exercício regular da atividade há mais de dois anos.*[27] Aduz Manoel Justino Bezerra Filho: "A prova de tal exigência é de extrema simplicidade, bastando juntar certidão da Junta Comercial, comprovando a regularidade da empresa. *Caso não esteja regularmente registrada na Junta Comercial, não poderá pleitear a recuperação, e, se pleiteá-la, o juiz deve conceder o prazo do art. 284 do CPC para sanar a irregularidade em 10 dias, sob pena de indeferimento.* A lei anterior não previa a possibilidade de indeferimento do pedido de concordata, pois, se a inicial não estivesse regularmente instruída, seria decretada a falência. No entanto, *a lei atual optou por outro caminho, pois não prevê o decreto de falência em caso de instrução documental insuficiente.* Não há dúvida de que esta foi a opção do legislador, tanto que, até as últimas versões do Projeto, havia um inciso V no art. 73 estabelecendo que, se o juiz julgasse improcedente o pedido inicial, deveria decretar a falência. Este inciso foi suprimido e não há qualquer previsão de falência para o caso de instrução deficiente".[28]

O senador Ramez Tebet, no seu parecer, declina a *ratio* desse requisito: "(...) inserimos a obrigatoriedade de comprovação da regularidade do empresário para o pedido de recuperação judicial, a fim de desestimular o exercício de empresa irregular e reduzir a possibilidade de utilização desse instituto para fraudar credores".[29-30]

Assim sendo, conclui-se, a todas as luzes, que os empresários ou as sociedades empresárias de fato ou irregulares – vale dizer, não personificadas em comum, segundo terminologia adotada pelo Código Civil (art. 986) – não podem requerer a recuperação judicial.[31]

Complementa Amador Paes de Almeida: "(...) esse prazo de carência visa a evitar que aventureiros ou empresários inescrupulosos possam utilizar-se dos favores da recuperação judicial".[32-33]

Qual deverá ser o termo inicial da contagem do prazo mínimo de dois anos?

Responde Júlio Kahan Mandel:

"Trajano Miranda Valverde (...) defendia que a contagem do prazo se daria da data do arquivamento dos atos constitutivos da pessoa jurídica. Porém, logo depois defendia que a concordata poderia ser aceita pela Justiça se o devedor comprovasse que já vinha atuando como comerciante há mais de dois anos, mas que somente havia regularizado sua situação em tempo inferior aos dois anos determinados.

"O professor Valverde, um visionário do Direito e um dos maiores autores sobre direito falimentar, já defendia que o princípio

27. Note-se que tal vedação já existia no regime anterior (art. 158, I, do Decreto-lei 7.661/1945).

28. Manoel Justino Bezerra Filho, *Nova Lei de Recuperação e de Falências Comentada. Lei 11.101, de 9.2.2005, Comentário Artigo por Artigo*, 3ª ed., São Paulo, Ed. RT, 2005, p. 131.

29. Parecer na íntegra: Anexo II desta obra.

30. Rachel Sztajn sustenta: "A expressão 'há mais de dois anos', entendo, deve ser interpretada no sentido de prazo igual ou superior a dois anos. Não há razoabilidade em negar a pretensão do devedor que há exatos 24 meses exerça a atividade e se o faça em relação a quem exerça há 24 meses e 1 dia" ("Comentários aos arts. 47 ao 54", in Francisco Satiro de Sousa Jr. e Antônio Sérgio Altieri de Moraes Pitombo (coords.), *Comentários à Lei de Recuperação de Empresas e Falência: Lei 11.101/2005*, São Paulo, Ed. RT, 2005, p. 222).

31. Note-se que tal vedação já existia no regime anterior (art. 140, I, do Decreto-lei 7.661/1945).

32. Amador Paes de Almeida, *Curso de Falência e Recuperação de Empresa*, 23ª ed., São Paulo, Saraiva, 2005, p. 303.

33. Assevera Fábio Ulhoa Coelho: "Não concede a lei o acesso à recuperação judicial aos que exploram empresa há menos tempo, por presumir que a importância desta para a economia local, regional ou nacional ainda pode não ter-se consolidado. Não teria havido tempo suficiente para configurar-se a contribuição devida daquela atividade como significativa a ponto de merecer o sacrifício derivado de qualquer recuperação judicial" (*Comentários à Nova Lei de Falências e de Recuperação de Empresas*, cit., p. 125).

da preservação da empresa suplantaria as formalidades. Defendo também essa tese, mesmo porque a burocracia para o arquivamento definitivo de uma empresa é grande, e, se a empresa se mostrar viável, não há por que não permitir sua recuperação. Rubens Requião discorda desse entendimento (...), citando inclusive decisões jurisprudenciais que exigiam a legalização da empresa por dois anos."[34-35]

Como se percebe, a questão, ainda que levantada sob o regime anterior, remanesce passível de ser suscitada no atual regime, sobretudo diante do disposto no art. 47.

2) *Não ser falido e, se o foi, estejam declaradas extintas, por sentença transitada em julgado, as responsabilidades daí decorrentes.*[36] Note-se que o requisito é "não ser falido". Logo, nada impede a um empresário ou a uma sociedade empresária cuja falência foi apenas requerida – e não decretada – pleitear a recuperação judicial.

Aliás, a própria lei em comento, no seu art. 95, dispõe: "*Art. 95.* Dentro do prazo de contestação, o devedor poderá pleitear sua recuperação judicial".

3) *Não ter, há menos de cinco anos, obtido concessão de recuperação judicial*[37] Júlio Kahan Mandel critica este requisito: "Discordo totalmente dessa assertiva, pois atendi em minha vida profissional a mais de um devedor honesto que necessitou de nova concordata para preservar a empresa. Se os motivos forem justos, se a empresa for viável e se os credores anuírem, não vejo por que o Estado deva presumir má-fé no novo pedido e punir credores, empregados e a sociedade".[38]

Do ponto de vista do direito positivo (*de lege lata*) não vislumbramos alternativa interpretativa que possa respaldar a redução do qüinqüênio. No entanto, *de lege ferenda*, concordamos com o autor.

4) *Não ter, há menos de oito anos, obtido concessão de recuperação judicial com base no plano especial de que trata a Seção V do Capítulo III da lei, ou seja, recuperação judicial de microempresas e empresas de pequeno porte.*

5) *Não ter sido condenado ou não ter, como administrador ou sócio controlador,*[39]

34. Júlio Kahan Mandel, *Nova Lei de Falências e Recuperação de Empresas Anotada: Lei 11.101, de 9.2.2005*, São Paulo, Saraiva, 2005, p. 98.

35. Sérgio Campinho opina: "Ainda após a cessação da inabilitação deverá, no seu retorno à atividade empresarial, observar o prazo de exercício regular por mais de dois anos, a fim de atender à condição anteriormente explanada, porquanto o tempo de exercício interronpido pela falência não pode ser levado em conta" (*Falência e Recuperação de Empresa: o Novo Regime da Insolvência Empresarial*, Rio de Janeiro, Renovar, 2006, pp. 128-129).

36. Lembra Manoel Justino Bezerra Filho: "O óbice não existirá se, apesar de falido, as obrigações foram declaradas extintas por sentença transitada em julgado (art. 160). No entanto, a possibilidade de serem declaradas extintas as obrigações é extremamente problemática (ou impossível), tendo em vista que o art. 191-A do CTN, com a redação dada pela Lei Complementar 118, que foi promulgada em 9.2.2005, no mesmo dia desta nova Lei de Recuperação e Falência, estabelece que 'a extinção das obrigações do falido requer prova da quitação de todos os tributos'" (*Nova Lei de Recuperação e de Falências Comentada. Lei 11.101, de 9.2.2005, Comentário Artigo por Artigo*, cit., 3ª ed., p. 132).

37. Sob o regime anterior também havia previsão do mesmo requisito (art. 140, IV, do Decreto-lei 7.661/1945).

38. Júlio Kahan Mandel, *Nova Lei de Falências e Recuperação de Empresas Anotada: Lei 11.101, de 9.2.2005*, cit., p. 100.

39. Ressalta Rachel Sztajn: "O controle externo exercido por terceiros não sócios está expressamente excluído como requisito para a concessão da recuperação. Exclusão lógica que não elide a responsabilidade desse controlador pela crise da empresa. A idéia não é estranha ao operador do Direito. Veja-se que, ao impor a instituições financeiras responsabilidade por danos causados na execução de obras por tomadores de crédito, está-se a transferir a elas o dever de acompanhar e fiscalizar o uso dos recursos ou do crédito concedido. Se a instituição financeira, profissional de intermediação da circulação de moeda e crédito, responde por ato de terceiro, seu devedor, por que não impor ao controlador externo

pessoa condenada por qualquer dos crimes previstos na lei.[40-41-42-43]

Lídia Valério Marzagão formula a seguinte crítica a este requisito:

"Considerando os vários objetivos assentados no art. 47 da lei, os quais de forma indelével visam a dar prioridade à fonte produtiva e aos empregos de forma indireta, ou seja, preservar a empresa – pessoa jurídica – em detrimento da pessoa física dos seus sócios, acionistas ou controladores, adotando-se os novos conceitos do Código Civil de 2002, no sentido de distinguir o empresário e a sociedade empresária da empresa, traz estranheza a brusca mudança de entendimento do legislador em operar a confusão entre a pessoa jurídica e a pessoa física de seus dirigentes e sócios, conforme o inciso IV do art. 48. (...).

"Ora, há evidente punição à pessoa jurídica pela eventual prática de crime por parte de seus dirigentes e sócios, a qual, salvo melhor juízo, não se justificaria quando em confronto com o art. 47 da lei, que consagra a preservação da empresa, acima de tudo, podendo esses dirigentes ou sócios ser afastados da administração da empresa. Aqui se observa evidente manutenção da característica do anterior sistema brasileiro, concebendo confusão entre empresa e empresário e, mais, punindo-se a empresa por atos que não são dela e sim do empresário. Não é essa a idéia nuclear que norteia a nova lei em vigor em nosso País, que é a preservação da empresa independentemente da pessoa do empresário."[44]

responsabilidade pela crise da empresa? A lógica é a mesma" ("Comentários aos arts. 47 ao 54", cit., in Francisco Satiro de Sousa Jr. e Antônio Sérgio Altieri de Moraes Pitombo (coords.), *Comentários à Lei de Recuperação de Empresas e Falência: Lei 11.101/2005*, pp. 224-225).

40. Afirma Fábio Ulhoa Coelho: "Considera a lei que o controle ou a administração da empresa em crise por criminoso é indicativo de potencial uso indevido do instituto. Evidentemente, uma vez reabilitado o sócio controlador ou o administrador condenado, tem-se por cumprido o requisito (...)" (*Comentários à Nova Lei de Falências e de Recuperação de Empresas*, cit., p. 125).

41. No mesmo sentido, Manoel Justino Bezerra Filho: "Este inciso IV repete parte do que vinha estipulado no inciso III do art. 140 da lei anterior, e que mereceu sempre severas críticas, pelo que se convencionou chamar de 'pessoalidade' da Lei Falimentar. Ou seja, dizia-se que a lei anterior, além de não privilegiar a manutenção da empresa em funcionamento, ainda impedia que a sociedade empresarial, mesmo que saneada e em boas condições, porém em crise passageira, pudesse se valer então da concordata, ante os problemas pessoas [*sic*] que atingiam determinado administrador ou sócio controlador. No entanto, a nova lei manteve tal tipo de restrição, merecendo as mesmas críticas que eram dirigidas à lei anterior" (*Nova Lei de Recuperação e de Falências Comentada. Lei 11.101, de 9.2.2005, Comentário Artigo por Artigo*, cit., 3ª ed., p. 133).

42. Ainda no mesmo sentido, Jorge Lobo: "O art. 48, IV, (...) contém uma contradição teleológica e valorativa: teleológica porque, se viável, econômica e financeiramente, a empresa, a LRE deveria permitir sua recuperação, pois esta é a sua finalidade precípua; valorativa porque, ao atribuir maior peso à eventual condenação de administradores ou controladores, a LRE dá maior valor à punição (que acaba recaindo sobre a empresa, seus empregados, credores e consumidores) que ao saneamento e à recuperação, valores básicos que a inspiraram, conforme resta induvidoso do art. 47 (...). Ademais, o art. 48, IV, parte final, representa retrocesso, porquanto confunde empresa com seus administradores e despreza o fato inconteste de que a empresa é um centro de atividades e um centro de interesses, autônomo e independente (...)" ("Comentários aos arts. 35 ao 69", in Carlos Henrique Abrão e Paulo Fernando Campos Salles de Toledo (coords.), *Lei de Recuperação de Empresas e Falência*, São Paulo, Saraiva, 2005, p. 114).

43. Também no mesmo sentido, Sérgio Campinho: "A opção do legislador, quanto à extensão dos efeitos da condenação criminal definitiva anterior de administrador ou sócio controlador, de modo a impedir a pessoa jurídica de obter a recuperação, não nos agradou. (...). Os indivíduos sem idoneidade para continuar no controle ou na administração da sociedade devem ser afastados, mas a empresa por eles desenvolvida deve prosseguir enquanto viável, visto que os interesses nela envolvidos superam a condição pessoal de sócio ou administrador. A liberdade na confecção do plano de recuperação permite esse afastamento (arts. 50, III e IV, e 64, VI), razão pela qual vimos uma involução à regra legal" (*Falência e Recuperação de Empresa: o Novo Regime da Insolvência Empresarial*, cit., p. 130).

44. Lídia Valério Marzagão, "A recuperação judicial", in Rubens Approbato Machado (coord.),

O art. 47, como já ressaltamos anteriormente, veicula comando teleológico de vital importância na interpretação e aplicação do instituto da recuperação judicial.[45]

Como já dissemos, acreditamos que o art. 47 deverá funcionar no âmbito da recuperação judicial como o art. 5º do Decreto-lei 4.657/1942 (Lei de Introdução ao Código Civil) funciona (ou deveria funcionar) no âmbito civil; vale dizer, o juiz, ao se debruçar sobre questões derivadas do instituto da recuperação judicial, deverá promover a preservação da empresa, sua função social e o estímulo à atividade econômica.

Ora, assim sendo, a crítica da autora nos parece adequada, já que, diante da antinomia entre o comando impeditivo do inciso IV do art. 48 e o comando teleológico veiculado no art. 47, acreditamos que este deve prevalecer.

Ressalte-se, por outro lado, que, enquanto o art. 48, IV, da atual lei menciona apenas "crimes previstos nesta Lei",[46] o art. 140, III, do Decreto-lei 7.661/1945 incluía também os seguintes crimes: "furto, roubo, apropriação indébita, estelionato e outras fraudes, concorrência desleal, falsidade, peculato, contrabando, crime contra o privilégio de invenção ou marcas de indústria e comércio e crime contra a economia popular".

Por fim, urge ser ressaltado que, diferentemente do antigo regime (art. 158, IV, do Decreto-lei 7.661/1945), o atual regime não faz alusão à existência de protesto como fator impediente do requerimento da recuperação judicial.

Lembramos que, no tocante à ausência de títulos protestados por falta de pagamento como condição para impetração de concordata preventiva, o egrégio STF, ao editar a Súmula 190 – "O não pagamento de título vencido há mais de 30 dias sem protesto não impede a concordata preventiva" –, minimizou o obstáculo mas não o superou, nem poderia fazê-lo, sob pena de decidir *contra legem*, usurpando a função do Poder Legislativo.

Ora, se, de um lado, a concordata preventiva, como o próprio nome induz, era um favor legal preventivo para evitar a falência e, se, de outro lado, um devedor comercial, quando está em "apuros financeiros", mui provavelmente (para não dizer "fatalmente") terá títulos protestados, exsurgia, infalivelmente, a indagação: qual seria a lógica jurídica de impedi-lo de impetrar concordata?

Felizmente, com o atual regime livramonos deste famigerado obstáculo.[47]

262. Qual será o efeito do indeferimento do processamento da recuperação judicial? – Manoel Justino Bezerra Filho responde: "A lei optou por abandonar o sistema que estava mantendo até as últimas versões do

Comentários à Nova Lei de Falências e Recuperação de Empresas, São Paulo, Quartier Latin, 2005, p. 85.

45. Frederico Augusto Monte Simionato aduz: "Os magistrados devem se atentar a que reside aqui, art. 47 da nova lei, a fonte de interpretação e aplicação do novo direito falimentar, como norma definidora de deveres, funções e paradigmas de hermenêutica jurídica, fazendo valer o interesse público sobre o interesse individual dos credores, e, portanto, repercutindo sobre a análise de viabilidade econômica do plano de recuperação judicial" (*Tratado de Direito Falimentar*, Rio de Janeiro, Forense, 2008, p. 122).

46. Tais crimes são: fraude a credores (art. 168); contabilidade paralela (§ 2º do art. 168); violação de sigilo empresarial (art. 169); divulgação de informações falsas (art. 170); indução a erro (art. 171); favorecimento de credores (art. 172); desvio, ocultação ou apropriação de bens (art. 173); aquisição, recebimento ou uso ilegal de bens (art. 174); habilitação ilegal de crédito (art. 175); exercício ilegal de atividade (art. 176); violação de impedimento (art. 177); omissão de documentos contábeis obrigatórios (art. 178).

47. Lídia Valério Marzagão ressalta: "Avanço positivo da nova lei diz respeito à dispensa de apresentação de certidão negativa de títulos de protestos. Essa orientação já se refletia na jurisprudência de nossos tribunais especializados. Vemos hoje que, ao contrário do que dispunha a lei anterior, a certidão de protestos, ainda que positiva, será um elemento nas mãos do devedor para comprovar a crise financeira e/ou econômica que o assola, justificando a necessidade do acolhimento do pedido de recuperação judicial" ("A recuperação judicial", cit., in Rubens Approbato Machado (coord.), *Comentários à Nova Lei de Falências e Recuperação de Empresas*, p. 85).

Projeto, que previa que, se não deferido o processamento, seria decretada a falência do devedor. Havia nas redações anteriores um inciso V no art. 73 que estipulava que: 'Se o juiz julgar improcedente o pedido inicial, por qualquer motivo, decretará a falência'. Este inciso foi suprimido, de tal forma que o pedido inicial, se não estiver em termos, será indeferido, sem que haja o decreto de falência, ao contrário do que ocorria na lei anterior. O art. 161 da lei revogada previa que, se o pedido inicial da concordata preventiva não estivesse em termos, o juiz decretaria a falência".[48-49-50]

Por pertinente, frisamos que, se se tratasse de rejeição do plano de recuperação judicial pela assembléia-geral de credores, o juiz decretaria a falência do devedor (art. 56, § 4º, c/c o art. 73, III).

Logo, conclui-se: (1) havendo indeferimento do pedido (inicial) de processamento da recuperação judicial, o juiz não decretará a falência e julgará extinto o processo sem resolução do mérito; (2) por outro lado, se o juiz já deferiu o processamento da recuperação judicial mas a assembléia-geral de credores, posteriormente, rejeitar o respectivo plano, aí, sim, o juiz decretará a falência (art. 56, § 4º, c/c o art. 73, III).

Jurisprudência[51]

Eis um julgado pertinente:

[TJSP] Recuperação judicial – Indeferimento em primeira instância. Vencido o Relator, que não conhecia do agravo porque cabível a apelação, bem como não admitia a fungibilidade entre ambos os recursos, passa-se ao exame do recurso. O processamento da recuperação judicial é determinado tão-só pelo cumprimento dos requisitos formais para tanto previstos em lei, sem apreciação do eventual direito da devedora ao benefício pleiteado. *Faltante alguma providência em lei prevista para o processamento da recuperação judicial, deve ser dada à parte possibilidade de supri-la em prazo predeterminado* – Agravo parcialmente provido. [*Câmara Especial de Falências e Recuperações Judiciais, AI 426.678-4/4-00, São Carlos/SP, rel. Des José Roberto Lino Machado, j. 3.5.2006*]

Art. 49. Estão sujeitos à recuperação judicial todos os créditos existentes na data do pedido, ainda que não vencidos.[263-264-265]

§ 1º. Os credores do devedor em recuperação judicial conservam seus direitos e privilégios contra os coobrigados, fiadores e obrigados de regresso.[266]

§ 2º. As obrigações anteriores à recuperação judicial observarão as condições originalmente contratadas ou definidas em lei, inclusive no que diz respeito aos encargos, salvo se de modo diverso ficar estabelecido no plano de recuperação judicial.[267-268]

§ 3º. Tratando-se de credor titular da posição de proprietário fiduciário de bens móveis ou imóveis, de arrendador mercantil, de proprietário ou promitente vendedor de imóvel cujos respectivos contratos contenham cláusula de irrevogabilidade ou irretratabilidade, inclusive em incorporações imobiliárias, ou de proprietário em contrato de ven-

48. Manoel Justino Bezerra Filho, *Nova Lei de Recuperação e de Falências Comentada. Lei 11.101, de 9.2.2005, Comentário Artigo por Artigo*, cit., 3ª ed., p. 127.

49. Sérgio Campinho segue a mesma linha de pensamento: "Sustentamos (...) não poder o juiz, ao indeferir o processamento da recuperação judicial, decretar a falência, ante a inexistência de previsão legal. A decretação da falência ou a convolação da recuperação judicial em falência têm natureza sancionatória e, destarte, não se pode admiti-las senão nas situações expressamente cominadas em lei" (*Falência e Recuperação de Empresa: o Novo Regime da Insolvência Empresarial*, cit., p. 138).

50. Sidnei Agostinho Benetti recomenda: "Pode ser determinada a emenda da petição inicial, mas, lembre-se, o início do processo de recuperação judicial é sempre urgente, de maneira que, entrevista a viabilidade no essencial, eventuais determinações de sanação de pontos específicos devem ser realizadas sem prejuízo do deferimento do processamento – quer dizer: defere-se o processamento e determinam-se as correções e sanções sem paralisar o procedimento no tocante ao principal" ("O processo de recuperação judicial", in Luiz Fernando Valente de Paiva (coord.), *Direito Falimentar e a Nova Lei de Falências e Recuperação de Empresas*, São Paulo, Quartier Latin, 2005, p. 235).

51. *Boletim da AASP* 2.503/457, 25-31.12.2006.

da com reserva de domínio, seu crédito não se submeterá aos efeitos da recuperação judicial e prevalecerão os direitos de propriedade sobre a coisa e as condições contratuais, observada a legislação respectiva, não se permitindo, contudo, durante o prazo de suspensão a que se refere o § 4º do art. 6º desta Lei, a venda ou a retirada do estabelecimento do devedor dos bens de capital essenciais à sua atividade empresarial.[269-270-271]

§ 4º. Não se sujeitará aos efeitos da recuperação judicial a importância a que se refere o inciso II do art. 86 desta Lei.[272-273]

§ 5º. Tratando-se de crédito garantido por penhor sobre títulos de crédito, direitos creditórios, aplicações financeiras ou valores mobiliários, poderão ser substituídas ou renovadas as garantias liquidadas ou vencidas durante a recuperação judicial e, enquanto não renovadas ou substituídas, o valor eventualmente recebido em pagamento das garantias permanecerá em conta vinculada durante o período de suspensão de que trata o § 4º do art. 6º desta Lei.[274]

LEGISLAÇÃO ANTERIOR

Lei de Falências (DL 7.661/1945): *Art. 147.* A concordata concedida obriga a todos os credores quirografários, comerciais ou civis, admitidos ou não ao passivo, residentes no País ou fora dele, ausentes ou embargantes.

Art. 148. A concordata não produz novação, não desonera os coobrigados com o devedor, nem os fiadores deste e os responsáveis por via de regresso.

COMENTÁRIOS

263. Todos os credores estão sujeitos à recuperação judicial? – Numa leitura isolada e assistemática da atual lei, poder-se-ia afirmar, peremptoriamente, com estribo no art. 49, que *todos os créditos* e, por conseguinte, *todos os credores* existentes na data do pedido de recuperação judicial[52] a ela estão sujeitos.

Todavia, à luz de uma interpretação sistemática, constata-se que tal assertiva não é verdadeira, uma vez que os seguintes credores não se sujeitam ao instituto da recuperação judicial:[53] (1) por obrigações gratuitas (art. 5º, I); (2) por despesas que fizerem para tomar parte da recuperação judicial, salvo as custas judiciais[54] decorrentes de litígio com

52. José da Silva Pacheco ressalta: "Em face de o art. 49 mencionar como termo inicial da sujeição dos créditos a data do pedido, que literalmente seria a constante da petição inicial, normalmente anterior ao ajuizamento do pedido e do deferimento do processamento da recuperação judicial, que antes não havia, surgirá, por certo, a questão: prevalece a data que consta na petição inicial, quando ainda não havia processo de recuperação, ou a data do ajuizamento, ou do deferimento. O normal seria que fosse a deste, quando acolhido o pedido e, conseqüentemente, o processo de recuperação. (...) Entretanto, considerando que o devedor, desde o momento em que concluiu a petição inicial e seu advogado a assinou, já contava que todos os créditos se sujeitassem à recuperação que ele pleiteava perante a Justiça, e considerando que se o pedido estava em ordem e, diante disso, o juiz veio a deferi-lo, mandando processar a recuperação, nada impede que o termo inicial para a sujeição dos credores seja a data do pedido, quando o devedor pleiteou a recuperação, de modo semelhante ao que ocorria com a fixação do termo legal da falência no sistema do Decreto-lei 7.661/1945" (*Processo de Recuperação Judicial, Extrajudicial e Falência*, Rio de Janeiro, Forense, 2006, pp. 115-116).

53. Lembra Jorge Lobo que a ação de recuperação judicial "é coletiva, mas não universal, pois não sujeita à ação de recuperação *todos* os credores existentes na data do pedido (...)" ("Comentários aos arts. 36 ao 69", in Carlos Henrique Abrão e Paulo Fernando Campos Salles de Toledo (coords.), *Lei de Recuperação de Empresas e Falência*, São Paulo, Saraiva, 2005, p. 116).

54. Para Sérgio Campinho: "Embora a lei mencione a expressão 'custas judiciais', sustentamos que sua interpretação deve ser feita à luz do conceito geral previsto pelo Código de Processo Civil para despesas judiciais, que abrangem não só as custas dos atos do processo, como também indenização de viagem, diária de testemunha e remuneração de assistente técnico (arts. 19 e 20, *caput* e § 1º, todos do CPC). Não haveria sentido em se tratar desigualmente rubricas que constituem o conceito de despesas relativas a atos judiciais, as quais são imputadas ao perdedor da demanda, a título de verba sucumbencial" (*Falência e Recuperação de Empresa: o Novo Regime da Insolvência Empresarial*, Rio de Janeiro, Renovar, 2006, p. 143).

o devedor (art. 5º, II); (3) União, Estados, Municípios e INSS por créditos fiscais (art. 6º, § 7º, c/c o art. 52, III, e art. 187 do CTN); (4) proprietário fiduciário (art. 49, § 3º); (5) arrendador mercantil (art. 49, § 3º); (6) proprietário ou promitente vendedor de imóveis cujos respectivos contratos contenham cláusula de irrevogabilidade ou irretratabilidade, inclusive em incorporações imobiliárias (art. 49, § 3º); (7) proprietário em contrato de venda com reserva de domínio (art. 49, § 3º); (8) de adiantamento a contrato de câmbio para exportação (art. 49, § 4º, c/c o art. 86, II);[55-56-57] (9) de quantia ilíquida (art. 6º, § 1º, c/c o art. 52, III); (10) cujos créditos foram constituídos após a distribuição do pedido de recuperação judicial (art. 67);[58] (11) de obrigações assumidas no âmbito das câmaras de compensação e liquidação financeira (art. 193).

Lembramos, por oportuno, que os créditos contraídos pelo devedor após o pedido de recuperação judicial são classificados como extraconcursais – vale dizer, não se sujeitam à recuperação judicial (art. 67).

Por conseguinte, fica afastada, *in totum*, a interpretação literal do comando veiculado no *caput* do art. 49: "*Art. 49.* Estão sujeitos à recuperação judicial *todos os créditos* existentes na data do pedido, (...)". [*grifamos*]

Em outras palavras, pode-se afirmar, categoricamente, que nem todos os credores estão sujeitos à recuperação judicial.

264. Quais credores estavam sujeitos à concordata? – Lembramos que no regime anterior (Decreto-lei 7.661/1945) a concordata obrigava apenas os *credores quirografários* (art. 147).

265. Comparativamente com a concordata, o universo de credores se ampliou no tocante à recuperação judicial? – Sim, na medida em que, diferentemente da concordata – a qual somente obrigava os credores quirografários –, a recuperação judicial, além dos quirografários, passou a abranger também os seguintes credores:[59] (1) trabalhistas;[60] (2) acidentários; (3) com direitos reais de garantia; (4) com privilégio especial; (5) com privilégio geral; (6) por multas contratuais; (7) os sócios ou acionistas.

266. Os credores podem exigir dos coobrigados créditos objeto de recuperação judicial? – Sim, pois os credores conservam seus direitos e privilégios contra coobrigados, fiadores e obrigados de regresso, tais como: avalistas e endossantes (art. 49, § 1º).[61]

55. Afirma Lídia Valério Marzagão: "No adiantamento a contrato de câmbio para exportação, ou ACC, o exportador, após contratar a venda de seu produto ao Exterior, procura o agente financeiro e fecha contrato de câmbio, obtendo em moeda nacional o valor que receberia, após a entrega do produto. Entregue o produto no Exterior, o importador paga diretamente ao banco, liquidando-se a operação. Caso o exportador não entregue o produto e sua falência seja decretada, o banco pode pedir a restituição da importância adiantada" ("A recuperação judicial", in Rubens Approbato Machado (coord.), *Comentários à Nova Lei de Falências e Recuperação de Empresas*, São Paulo, Quartier Latin, 2005, p. 89).

56. Súmula 133 do STJ: "A restituição da importância adiantada, a conta de contrato de câmbio, independe de ter sido a antecipação efetuada nos 15 dias anteriores ao requerimento da concordata" (*DJU* 5.5.1995).

57. Súmula 307 do STJ: "A restituição de adiantamento de contrato de câmbio, na falência, deve ser atendida antes de qualquer crédito" (*DJU* 15.12.2004).

58. Segundo Fábio Ulhoa Coelho: "Os credores posteriores à distribuição do pedido estão excluídos porque, se assim não fosse, o devedor não conseguiria mais acesso nenhum a crédito comercial ou bancário, inviabilizando-se o objetivo da recuperação" (*Comentários à Nova Lei de Falências e de Recuperação de Empresas*, São Paulo, Saraiva, 2005, p. 132).

59. No mesmo sentido: Jorge Lobo, "Comentários aos arts. 36 ao 69", cit., in Carlos Henrique Abrão e Paulo Fernando Campos Salles de Toledo (coords.), *Lei de Recuperação de Empresas e Falência*, p. 116.

60. É preciso distinguir: apesar de os créditos trabalhistas se sujeitarem ao instituto da recuperação, as respectivas impugnações e reclamações trabalhistas serão processadas e julgadas na Justiça do Trabalho (art. 6º, § 2º).

61. Júlio Kahan Mandel critica a regra: "Essa situação pode atrapalhar o andamento da recuperação. Saliente-se que na maioria dos casos é o crédito bancário que possui garantias de terceiros, como o

Vale dizer: os credores podem exigir de tais pessoas os respectivos créditos, sendo certo que estas não poderão opor àqueles a recuperação judicial para se eximirem de suas obrigações.[62]

Os credores que receberem seus créditos dos coobrigados, parcial ou integralmente, devem informar ao juízo da falência, a fim de evitar recebimento em duplicidade.

Por outro lado, os coobrigados que pagarem diretamente aos credores, se desejarem ressarcir-se, devem habilitar-se na recuperação judicial, podendo, inclusive, pedir reserva da importância.

Note-se que no regime anterior havia regra assemelhada, transcrita acima: "A concordata (...) não desonera os coobrigados com o devedor, nem os fiadores deste e os responsáveis por direito de regresso" (art. 148 do Decreto-lei 7.661/1945).

Jurisprudência[63]

Eis alguns julgados pertinentes:

[TRT-3ª Região] O fato de a primeira demandada encontrar-se em processo de recuperação judicial não implica suspensão da execução contra ela, devedora subsidiária, uma vez que, nos termos do § 1º do art. 49 da Lei n. 11.101/2005, os credores do devedor em recuperação judicial conservam seus direitos e privilégios contra os coobrigados, fiadores e obrigados de regresso. Portanto, mostra-se legítima a execução da agravante, que figura na relação jurídica exclusivamente para garantir o integral cumprimento do crédito trabalhista, porquanto teve sua responsabilidade subsidiária expressamente declarada pela decisão exeqüenda, não podendo imiscuir-se no cumprimento da obrigação que lhe foi judicialmente imposta. [*AP 384-2007-065-03-00, rel. Des. Rodrigo Ribeiro Bueno, j. 7.8.2008*]

[TRT-3ª Região] Devedor principal em processo de recuperação judicial – Prosseguimento da execução em face do responsável subsidiário – Possibilidade. É sabido que a decretação da falência ou o deferimento do processamento da recuperação judicial provocam a suspensão da execução (art. 6º, *caput*, da Lei n. 11.101/2005). Entretanto, essa regra comporta exceção quando figura nos autos devedor subsidiário, exatamente para garantir a integral satisfação do credor. Isto porque não se pode submeter o exeqüente à espera, quando existente responsável subsidiário capaz de quitar a obrigação trabalhista com maior rapidez; tampouco cabe sujeitar o obreiro à morosidade de eventual execução perante o juízo falimentar, dada a natureza do crédito alimentar, que prefere a qualquer outro e é pautado pela observância aos princípios da economia e celeridade processuais. [*AP 00478-2006-068-03-00, rel. Des. Jorge Berg de Mendonça, j. 17.6.2008*]

[TJSP] Execução por quantia certa fundada em título executivo extrajudicial movida contra sociedade empresária e sócios, estes como cogarantidores do débito – Falência da sociedade que acarreta suspensão da execução contra ela, prosseguindo-se contra os demais co-devedores. [*AgPet 461.065.4/3-00, rel. Des. Pereira Calças*]

[TJSP] Execução – Recuperação judicial da devedora principal – Plano de recuperação judicial aprovado pelos credores – Homologação pelo juízo – Fiadores – Prosseguimento da execução – Obrigação autônoma – Arts. 49, § 1º, e 59 da Lei n. 11.101/2005. [*AI 7.180.757-7, rel. Des. Roberto Bedaque, j. 27.11.2007*]

267. As obrigações anteriores à recuperação judicial, inclusive encargos, serão respeitadas ou poderão ser alteradas? – No regime anterior o art. 163 estabelecia que os juros dos créditos sujeitos à concordata e vencidos até sua impetração deveriam ser calculados a uma taxa de até 12% ao ano, a critério do juiz.

De conformidade com o § 2º do art. 49 da atual lei, a regra geral é no sentido de que as

aval dos sócios ou de seus parentes, não entrando no mérito da necessária autonomia das garantias efetuadas por terceiros ao não estender a proteção da recuperação aos coobrigados mais uma garantia ao crédito bancário foi mantida" (*Nova Lei de Falências e Recuperação de Empresas Anotada: Lei 11.101, de 9.2.2005*, São Paulo, Saraiva, 2005, p. 102).

62. Manoel Justino Bezerra Filho exemplifica: "Um exemplo facilitará o entendimento: suponha-se uma limitada que emitiu uma nota promissória em favor de qualquer credor, tendo o sócio desta limitada (ou qualquer terceiro) avalizado o título. Mesmo que o crédito esteja sujeito aos efeitos da recuperação, o credor pode executar o avalista" (*Nova Lei de Recuperação e de Falências Comentada. Lei 11.101, de 9.2.2005, Comentário Artigo por Artigo*, 3ª ed., São Paulo, Ed. RT, 2005, p. 134).

63. Marcelo Papaléo de Souza, *A Lei de Recuperação e Falência e as suas Conseqüências no Direito e no Processo do Trabalho*, 3ª ed., São Paulo, LTr, 2009, pp. 222-223.

obrigações anteriores à recuperação judicial, inclusive encargos,[64] deverão ser respeitadas.

Por isso, a recuperação judicial não afeta os contratos bilaterais do devedor; as obrigações não se vencem antecipadamente e os juros continuam fluindo, sendo exigíveis os vencidos durante a recuperação judicial.[65]

As exceções são as seguintes: (1) se o plano apresentado dispuser de modo diferente e não for impugnado pelos credores (art. 58); ou (2) se ele for aprovado pela assembléia-geral de credores com modificação (art. 35, I, "a").[66-67]

64. Júlio Kahan Mandel dá ênfase aos encargos: "Note-se que se faz referência específica aos encargos, ou seja, eventuais juros bancários elevados permanecerão correndo contra o devedor se a proposta constante do plano não previr alterações, as quais por sua vez ficarão dependendo de aprovação dos credores. Contudo, nada impede que o juiz analise a legalidade dos juros contratados e vede o anatocismo, que não somente prejudica a recuperação da empresa como cria uma situação extremamente desigual entre bancos e credores. (...). Na antiga concordata, todos os credores, após o deferimento do processamento do favor legal ou da impetração (conforme interpretação divergente que existia à época), eram remunerados da mesma forma. Mas a atual lei preferiu por proteger o crédito bancário" (*Nova Lei de Falências e Recuperação de Empresas Anotada: Lei 11.101, de 9.2.2005*, cit., p. 103).

65. Nas palavras de Jorge Lobo: "A ação de recuperação judicial não é causa de resilição unilateral de contrato assinado com o devedor, mesmo que haja cláusula resolutória expressa prevendo a denúncia em caso de recuperação judicial ou falência (...)" ("Comentários aos arts. 36 ao 69", cit., in Carlos Henrique Abrão e Paulo Fernando Campos Salles de Toledo (coords.), *Lei de Recuperação de Empresas e Falência*, pp. 118-119).

66. No mesmo sentido: Jorge Lobo, "Comentários aos arts. 36 ao 69", cit., in Carlos Henrique Abrão e Paulo Fernando Campos Salles de Toledo (coords.), *Lei de Recuperação de Empresas e Falência*, p. 118.

67. Aduz Waldo Fazzio Jr.: "O § 2º contém regra que autoriza a incidência de encargos sobre débitos objetivados no plano de recuperação. Recairão sobre o valor nominal de cada prestação. Deverão, é óbvio, estar contemplados no plano, e serão contados a partir do ajuizamento da ação de recuperação judicial. Tudo isso se de modo diverso não ficar estabelecido no plano aprovado" (*Nova Lei de Falência e de Recuperação de Empresas*, São Paulo, Atlas, 2005, p. 141).

268. Crítica ao § 2º do art. 49 – Manoel Justino Bezerra Filho formula a seguinte crítica ao § 2º do art. 49: "Este parágrafo denota mais uma vez que esta lei não traz elementos que permitam supor a possibilidade de recuperação da empresa (...). Com os juros altíssimos cobrados dos empresários em geral, dos mais elevados do mundo, a concordata da lei anterior muitas vezes era a única possibilidade de salvação da empresa, pois o art. 163 daquela lei estabelecia que os juros das dívidas da empresa ficavam limitados a 12% ao ano. Era comum a concessão de juros inferiores a este patamar, pois a lei dizia que os juros seriam até 12% ao ano, e grande número de decisões entendia correto fixar juros de 6% ao ano ou, no máximo, juros iguais aos da poupança (em torno de 8% ao ano no momento da promulgação desta nova lei). No entanto, este § 2º conserva inalteradas todas as obrigações, afastando aquele caminho aberto pelo art. 163 da lei anterior".[68]

A crítica do autor prende-se à primeira parte do § 2º do art. 49. Entretanto, a segunda parte, ao possibilitar que as condições originariamente contratadas, inclusive os encargos, sejam afastadas pelo plano de recuperação judicial, a atenua ou até mesmo a neutraliza.

269. Os credores mencionados no § 3º do art. 49 estão proibidos de ser incluídos no plano de recuperação judicial? – Nada impede que tais credores – (1) proprietário fiduciário; (2) arrendador mercantil; (3) proprietário ou promitente vendedor de imóveis cujos respectivos contratos contenham cláusula de irrevogabilidade ou irretratabilidade, inclusive em incorporações imobiliárias; (4) proprietário em contrato de venda com reserva de domínio; e (5) de adiantamento a contrato de câmbio para exportação – sejam incluídos pelo devedor no plano de recuperação, até porque, tratando-se de direito

68. Manoel Justino Bezerra Filho, *Nova Lei de Recuperação e de Falências Comentada. Lei 11.101, de 9.2.2005, Comentário Artigo por Artigo*, cit., 3ª ed., p. 135.

disponível, se eles não se opuserem, o juiz concederá a recuperação judicial, englobando-os (art. 58).[69]

Por outro lado, pondera o senador Ramez Tebet, no seu parecer: "Como essas obrigações não se sujeitam à recuperação judicial, naturalmente o plano aprovado deverá prever o pagamento desses credores em condições satisfatórias, sob pena de estes exercerem o direito de retirada dos bens e inviabilizarem a empresa".[70]

270. Os credores mencionados no § 3º do art. 49 podem vender ou retirar do estabelecimento do devedor os bens de capital essenciais à sua atividade empresarial? – Com efeito, poderão fazer valer seus direitos de propriedade sobre a coisa e as condições contratuais, observada a legislação específica (§ 3º do art. 49),[71] os seguintes credores: (1) proprietário fiduciário; (2) arrendador mercantil; (3) proprietário ou promitente vendedor de imóveis cujos respectivos contratos contenham cláusula de irrevogabilidade ou irretratabilidade, inclusive em incorporações imobiliárias; (4) proprietário em contrato de venda com reserva de domínio; e (5) de adiantamento a contrato de câmbio para exportação.

Não obstante isso, urge ser enfatizado que durante o prazo de suspensão a que se refere o § 4º do art. 6º – ou seja, durante 180 dias contados da data do deferimento do processamento da recuperação judicial (art. 52) – não se permite a venda ou retirada do estabelecimento do devedor dos bens de capital essenciais à sua atividade empresarial (§ 3º, *in fine*, do art. 49).[72]

O senador Ramez Tebet, no seu parecer, explica:

"(...) faculta-se a esses credores a busca e apreensão de bens de sua propriedade que se encontrem em poder do devedor. Essa situação prejudica as chances de empresas que dependam desses bens para a continuação de suas atividades. Tome-se, por exemplo, uma indústria gráfica que tenha arrendado as máquinas impressoras com as quais trabalha. Se se der direito ao arrendador de retirar essas máquinas durante o período de suspensão que caracteriza o início da recuperação judicial, fica inviabilizado o soerguimento da empresa, pois nenhum plano de recuperação será viável se a empresa não contar nem mesmo com a maquinaria indispensável à sua produção.

"Por outro lado, não se pode negar aos credores proprietários o direito de reaver seus bens, sob pena de se comprometer a segurança que caracteriza esses contratos e, assim, reduzir a efetividade de instrumentos que, reconheça-se, têm proporcionado, nas modalidades de crédito com garantia mais segura, como a alienação fiduciária, taxas de juros bastante inferiores à média praticada no mercado.

"Do ponto de vista prático, essa conciliação de interesses exige do legislador parcimônia na utilização de remédios extremos. No caso da alienação fiduciária e de outras formas de negócio jurídico em que a propriedade não é do devedor, mas do credor, é preciso sopesar a proteção ao direito de propriedade e a exigência social de proporcionar meios efetivos de recuperação às empresas em dificuldades.

"Por isso, propomos uma solução de equilíbrio: não se suspendem as ações relativas aos direitos dos credores proprietários, mas

69. No mesmo sentido: Manoel Justino Bezerra Filho, *Nova Lei de Recuperação e de Falências Comentada. Lei 11.101, de 9.2.2005, Comentário Artigo por Artigo*, cit., 3ª ed., p. 137.

70. Parecer na íntegra: Anexo II desta obra.

71. O senador Ramez Tebet, no seu parecer, noticia a posição do senador Demóstenes Torres: "A Emenda n. 89 elimina a expressão 'e as condições contratuais' do § 3º do art. 48, para que não haja tratamento privilegiado, na recuperação judicial, dos contratos de alienação fiduciária, *leasing*, de promessa de compra e venda, inclusive em incorporações imobiliárias, ou em contratos com reserva de domínio pelo credor. A Emenda n. 89 deve ser rejeitada (...)" (v. parecer na íntegra: Anexo II desta obra).

72. Segundo Manoel Justino Bezerra Filho, trata-se "de prazo exíguo, insuficiente para qualquer recuperação de crise que tenha exigido o pedido de recuperação" (*Nova Lei de Recuperação e de Falências Comentada. Lei 11.101, de 9.2.2005, Comentário Artigo por Artigo*, cit., 3ª ed., p. 136).

elimina-se a possibilidade de venda ou retirada dos bens durante os 180 dias de suspensão, para que haja tempo hábil para formulação e aprovação do plano de recuperação judicial. Encerrado o período de suspensão, todos os direitos relativos à propriedade são devolvidos ao seu titular."[73]

No tocante aos direitos derivados de arrendamento mercantil de aeronaves e suas partes, remetemos o leitor aos comentários ao art. 199, parágrafo único, onde discutimos o eventual conflito entre esse dispositivo e o § 3º do art. 49.

271. Crítica ao § 3º do art. 49 – Manoel Justino Bezerra Filho formula outra crítica ao § 3º do art. 49:

"De 1993 até mais ou menos o ano de 2000 o Projeto trazia uma série de proposições que demonstravam preocupação efetiva com a situação da sociedade empresária, com institutos que teriam, talvez, condições de propiciar recuperação.

"A partir de 2000/2001, as pressões que passaram a se fazer cada vez mais presentes na elaboração da lei trouxeram a correção de rumo que levou a uma verdadeira mudança do ponto de vista filosófico, de tal forma que o texto foi cada vez mais se distanciando das metas originais. Tanto que no meio jurídico passou-se a comentar, de forma jocosa certamente, que a lei não seria mais 'Lei de Recuperação de Empresas', e sim de 'Lei de Recuperação de Crédito Bancário', ou ainda 'Lei Febraban' (...) esta corrente conseguiu tornar verdade a afirmação de que a lei de recuperação, para propiciar efetivamente recuperação, deveria propiciar condições privilegiadas de retorno do capital investido na sociedade empresária em recuperação ou em falência, de tal forma que a diminuição do risco propiciaria a baixa de juros.

"Este foi o núcleo central do pensamento imperante. E, a partir deste pensamento, a lei deixou de ser 'Lei de Recuperação de Empresa' e passou a ser 'Lei de Recuperação do Capital Financeiro'. A idéia foi encampada – como não poderia deixar de ser – pelas instituições bancárias sediadas no País, bem como pelo Banco Central do Brasil, que conseguiu, desta forma, introduzir no Projeto diversas reformas que o afastaram da filosofia original que o norteava. O resultado prático de tal atividade redundou em artigos espalhados pela lei, sendo exemplo máximo o art. 49 (...) o § 3º estabelece que 'não se submeterá aos efeitos da recuperação judicial' o credor por alienação fiduciária, o credor por arrendamento mercantil, o credor por contrato com reserva de domínio, entre outros, completando o § 4º o privilégio, ao excluir da recuperação o valor devido a título de adiantamento de contrato de câmbio (...)."[74]

O autor, com riqueza de detalhes, aponta o desvirtuamento da concepção originária que imperava no Projeto.

Marcelo Papaléo de Souza, sob o enfoque constitucional-trabalhista, formula a seguinte crítica:

"Por que a *exclusão* de todos os credores referidos nos §§ 3º e 4º do art. 49 da LRF, cuja proteção é patrimonial, e a *inclusão* dos trabalhadores, cujos créditos representam alimentos, direitos fundamentais na forma do art. 7º da CF? Por que não foi igualada essa proteção ao patrimônio desses credores (art. 49, §§ 3º e 4º, da LRF)? Esses credores protegidos contra a recuperação do devedor têm direitos que prevalecem em relação aos trabalhadores?

"Com fundamento do [*sic*] princípio da proporcionalidade, haja vista a preponderância de proteção do patrimônio de alguns credores (inclusive o Estado) em detrimento dos demais, parecem-nos de não difícil solução as indagações relacionadas.

"Primeiro, observando o critério da adequação (...). Pelo segundo critério, ou seja, o da necessidade: foi o menos oneroso o utilizado pelo legislador de restringir direitos dos credores em geral, somente beneficiando alguns, principalmente instituições de crédito e

73. Parecer na íntegra: Anexo II desta obra.

74. Manoel Justino Bezerra Filho, *Nova Lei de Recuperação e de Falências Comentada. Lei 11.101, de 9.2.2005, Comentário Artigo por Artigo*, cit., 3ª ed., pp. 45-46.

o Estado? Concluímos pelo desatendimento desse critério, pois não se pode exigir sacrifícios diferenciados, ainda mais considerando o privilégio do crédito trabalhista em relação aos demais. Inclusive referidos como direitos fundamentais na Constituição Federal. E o último critério, o da proporcionalidade em sentido estrito, também, em nosso entender, não foi atendido, pois beneficia somente uma parte de credores e não há uma relação entre o sucesso da recuperação e tal benefício. Dessa forma, sob o enfoque do princípio da proporcionalidade, a inclusão dos trabalhadores na recuperação judicial e a exclusão dos credores (instituições de crédito e Estado) não se apresentam constitucionais.

"No entanto, acreditamos na dificuldade do acolhimento dos nossos argumentos pelo STF, Corte competente para apreciar em última instância a constitucionalidade."[75]

272. Adiantamento a contrato de câmbio para exportação/ACC – Lídia Valério Marzagão descreve, sinteticamente, o mecanismo do adiantamento a contrato de câmbio para exportação/ACC: "No adiantamento a contrato de câmbio para exportação, ou ACC, o exportador, após contratar a venda de seu produto ao Exterior, procura o agente financeiro e fecha contrato de câmbio, obtendo em moeda nacional o valor que receberia, após a entrega do produto. Entregue o produto no Exterior, o importador paga diretamente ao banco, liquidando-se a operação. Caso o exportador não entregue o produto e sua falência seja decretada, o banco pode pedir a restituição da importância adiantada".[76]

O adiantamento a contrato de câmbio para exportação não se sujeita ao instituto da recuperação judicial (art. 49, § 4º, c/c o art. 86, II).[77-78-79]

Frise-se que a formulação do *pedido de restituição* do adiantamento a contrato de câmbio para exportação somente é possível em sede de falência (art. 86, II), pois em relação à recuperação judicial inexiste previsão legal.[80]

273. Crítica ao § 4º do art. 49 – Manoel Justino Bezerra Filho também critica o § 4º do art. 49: "O § 4º também será um sério óbice à possibilidade de se conseguir uma efetiva recuperação. Com a inserção do País no processo de globalização, que pelo menos parece irreversível, houve um esforço e um incentivo muito grande no sentido de produção para exportação. E, em contrato de exportação, a grande possibilidade de capitalização da empresa nacional surge da concessão, por parte dos bancos, do adiantamento por conta do contrato de câmbio".[81]

Concordamos com a crítica do autor.

75. Marcelo Papaléo de Souza, *A Lei de Recuperação e Falência e as suas Conseqüências no Direito e no Processo do Trabalho*, cit., 3ª ed., pp. 192-193.

76. Lídia Valério Marzagão, "A recuperação judicial", cit., in Rubens Approbato Machado (coord.), *Comentários à Nova Lei de Falências e Recuperação de Empresas*, p. 89.

77. O senador Ramez Tebet, no seu relatório, afirma que as Emendas 111 e 112 da senadora Lúcia Vânia "propõem, respectivamente, a modificação do § 4º do art. 6º e a inserção de um inserção de um parágrafo ao art. 49 do Substitutivo para esclarecer que a recuperação judicial não alcança as importâncias relativas a adiantamentos a contratos de câmbio para exportação. (...). As Emendas de ns. 111 e 112 estão prejudicadas, pois seus objetivos já se encontram atendidos com o acolhimento da Emenda n. 106, que deixa claro que os efeitos da recuperação judicial não se estendem aos adiantamentos a contratos de câmbio" (v. parecer na íntegra: Anexo II desta obra).

78. Súmula 133 do STJ: "A restituição da importância adiantada, a conta de contrato de câmbio, independe de ter sido a antecipação efetuada nos 15 dias anteriores ao requerimento da concordata" (*DJU* 5.5.1995).

79. Súmula 307 do STJ: "A restituição de adiantamento de contrato de câmbio, na falência, deve ser atendida antes de qualquer crédito" (*DJU* 15.12.2004).

80. No mesmo sentido: Manoel Justino Bezerra Filho, *Nova Lei de Recuperação e de Falências Comentada. Lei 11.101, de 9.2.2005, Comentário Artigo por Artigo*, cit., 3ª ed., p. 137.

81. Manoel Justino Bezerra Filho, *Nova Lei de Recuperação e de Falências Comentada. Lei 11.101, de 9.2.2005, Comentário Artigo por Artigo*, cit., 3ª ed., p. 136.

274. Substituição ou renovação de garantia – A propósito do § 5º do art. 49, Júlio Kahan Mandel aduz: "Uma nova criação desta lei, que se preocupou com novos contratos criados pelo mercado, como o penhor de recebíveis. E não deixou de proteger o crédito, mesmo dispondo que os valores recebidos no resgate dos títulos permanecerão em conta vinculada por seis meses".[82]

Art. 50. Constituem meios de recuperação judicial, observada a legislação pertinente a cada caso, dentre outros:[275-276-277] I – concessão de prazos e condições especiais para pagamento das obrigações vencidas ou vincendas; II – cisão, incorporação, fusão ou transformação de sociedade, constituição de subsidiária integral, ou cessão de cotas ou ações, respeitados os direitos dos sócios, nos termos da legislação vigente; III – alteração do controle societário; IV – substituição total ou parcial dos administradores do devedor ou modificação de seus órgãos administrativos; V – concessão aos credores de direito de eleição em separado de administradores e de poder de veto em relação às matérias que o plano especificar; VI – aumento de capital social; VII – trespasse ou arrendamento de estabelecimento, inclusive à sociedade constituída pelos próprios empregados; VIII – redução salarial, compensação de horários e redução da jornada, mediante acordo ou convenção coletiva; IX – dação em pagamento ou novação de dívidas do passivo, com ou sem constituição de garantia própria ou de terceiro; X – constituição de sociedade de credores; XI – venda parcial dos bens; XII – equalização de encargos financeiros relativos a débitos de qualquer natureza, tendo como termo inicial a data da distribuição do pedido de recuperação judicial, aplicando-se inclusive aos contratos de crédito rural, sem prejuízo do disposto em legislação específica; XIII – usufruto da empresa; XIV – administração compartilhada; XV – emissão de valores mobiliários; XVI – constituição de sociedade de propósito específico para adjudicar, em pagamento dos créditos, os ativos do devedor.

§ 1º. Na alienação de bem objeto de garantia real, a supressão da garantia ou sua substituição somente serão admitidas mediante aprovação expressa do credor titular da respectiva garantia.[278]

§ 2º. Nos créditos em moeda estrangeira, a variação cambial será conservada como parâmetro de indexação da correspondente obrigação e só poderá ser afastada se o credor titular do respectivo crédito aprovar expressamente previsão diversa no plano de recuperação judicial.[279]

LEGISLAÇÃO ANTERIOR

Artigo sem correspondência no Decreto-lei 7.661/1945.

COMENTÁRIOS

275. Quais são os meios de recuperação judicial? – Antes de declinarmos quais são os meios de recuperação judicial, lembramos, por oportuno, que, segundo o art.53, I, eles deverão ser pormenorizadamente discriminados no respectivo plano.

De conformidade com o art. 50, os meios de recuperação, dentre outros, são os seguintes:[83]

I – Concessão de prazos e condições especiais para pagamento das obrigações vencidas ou vincendas. A concessão de prazos e condições especiais para pagamento das obrigações já era utilizada no regime da

82. Júlio Kahan Mandel, *Nova Lei de Falências e Recuperação de Empresas Anotada: Lei 11.101, de 9.2.2005*, cit., p. 106.

83. Júlio Kahan Mandel assevera: "Muitas das inovações trazidas neste artigo (...) já eram aplicadas por alguns magistrados, e sua adoção expressa pela legislação traz segurança jurídica às partes" (*Nova Lei de Falências e Recuperação de Empresas Anotada: Lei 11.101, de 9.2.2005*, São Paulo, Saraiva, 2005, p. 106).

concordata e, por isso, era denominada ora de "concordata dilatória", ora de "concordata remissória", ora de "concordata mista".[84-85]

II – Cisão, incorporação, fusão ou transformação de sociedade, constituição de subsidiária integral, ou cessão de cotas ou ações, respeitados os direitos dos sócios, nos termos da legislação vigente. A cisão, incorporação, fusão e transformação são conhecidas como "modalidades de reestruturação societária".[86-87]

De acordo com a Lei 6.404/1976 (Lei das S/A):

"*Art. 229.* A cisão é a operação pela qual a companhia transfere parcelas do seu patrimônio para uma ou mais sociedades, constituídas para esse fim ou já existentes, extinguindo-se a companhia cindida, se houver versão de todo o seu patrimônio, ou dividindo-se o seu capital, se parcial a versão."

"*Art. 227.* A incorporação é a operação pela qual uma ou mais sociedades são absorvidas por outra, que lhes sucede em todos os direitos e obrigações."

"*Art. 228.* A fusão é a operação pela qual se unem duas ou mais sociedades para formar sociedade nova, que lhes sucederá em todos os direitos e obrigações." [*CC, arts. 1.119 a 1.122*]

"*Art. 220.* A transformação é a operação pela qual a sociedade passa, independentemente de dissolução e liquidação, de um tipo para outro." [*CC, arts. 1.113 a 1.115 e 1.122*]

De conformidade com o Código Civil:

"*Art. 1.116.* Na incorporação, uma ou várias sociedades são absorvidas por outra, que lhes sucede em todos os direitos e obrigações, (...)".

"*Art. 1.119.* A fusão determina a extinção das sociedades que se unem, para formar sociedade nova, que a elas sucederá nos direitos e obrigações."

É de se ressaltar que antes do Código Civil de 2002 aplicavam-se às sociedades em geral, por *analogia legis*, os dispositivos da Lei 6.404/1976 (Lei das S/A).

Após a vigência do Código Civil dita lei somente passou a ser aplicável às sociedades por ações (anônimas e em comandita por ações).

84. No mesmo sentido: Fábio Ulhoa Coelho, *Comentários à Nova Lei de Falências e de Recuperação de Empresas*, São Paulo, Saraiva, 2005, p. 135.

85. Rachel Sztajn aduz: "(...) inciso I, ao prever a dilação do prazo para pagamento das obrigações, tanto as vencidas quanto as vincendas, aproxima-se da concordata, dela diferindo uma vez que não restringe a ampliação do prazo para o pagamento aos credores quirografários, todas as dívidas, sem exceção, serão englobadas no esquema se este vier a ser aprovado" ("Comentários aos arts. 47 ao 54", in Francisco Satiro de Sousa Jr. e Antônio Sérgio Altieri de Moraes Pitombo (coords.), *Comentários à Lei de Recuperação de Empresas e Falência: Lei 11.101/2005*, São Paulo, Ed. RT, 2005, p. 231).

86. Fábio Ulhoa Coelho: "Se o devedor pleiteia o benefício de recuperação judicial mencionando genericamente que esta se dará por meio duma operação societária qualquer ('incorporação da sociedade devedora por outra economicamente bem posicionada', por exemplo), isso não é minimamente suficiente para demonstrar a viabilidade do plano. É imprescindível que esclareça os lineamentos gerais da operação. Normalmente, ele não terá, ao tempo de agravamento da crise que justifica o pedido de recuperação, condições de apontar a outra parte envolvida (eventual incorporador ou adquirente), seja porque ainda precisa ser prospectada, seja porque estão em curso complexas e confidenciais negociações. Mas o plano deve revelar que a operação proposta é realista, no contexto econômico em que se insere a empresa em crise" (*Comentários à Nova Lei de Falências e de Recuperação de Empresas*, cit., p. 135).

87. Ressalta Rachel Sztajn: "Dessas alternativas, salvo a transformação, única que pode ser adotada por deliberação exclusiva dos sócios ou acionistas, as demais exigirão o concurso de membros de outra sociedade. (...). Qualquer plano de recuperação baseado em uma das alternativas acima, excluída, repita-se, a cisão com a criação de novas sociedades sem participação de terceiros estranhos ao quadro da cindida, ou a transformação da sociedade, dependerá, para sua implementação, de aprovação de sócios ou acionistas de outra(s) sociedade(s) que tenham interesse na atividade desenvolvida pela sociedade em crise. Parece razoável, portanto, ter em mente que, ao submeter o plano aos credores e ao magistrado, haja, na medida do possível, manifestação de interesse de sócios das sociedades que venham ou possam ser parte na operação" ("Comentários aos arts. 47 ao 54", cit., in Francisco Satiro de Sousa Jr. e Antônio Sérgio Altieri de Moraes Pitombo (coords.), *Comentários à Lei de Recuperação de Empresas e Falência: Lei 11.101/2005*, p. 232).

A fusão e a incorporação, por configurarem operações de concentração empresarial, no bojo da recuperação judicial, estão sujeitas a prévia aprovação pelo CADE?

Responde Sérgio Campinho:

"Pensamos que não. A excepcionalidade do estado do devedor e a especialidade do procedimento de recuperação judicial não amparam conclusão diversa. (...) no âmbito do processo de recuperação judicial, caberá ao magistrado – Estado-juiz –, como guardião da legalidade do plano de recuperação, avaliar se as condições legais, quando envolver fusão ou incorporação, por exemplo, encontram-se atendidas. As condições legais aqui abordadas são tanto aquelas da Lei Societária para validade formal e material da operação (CC, arts. 1.116 a 1.120, para as sociedades contratuais, e Lei 6.404/1976, arts. 223 a 228, para as sociedades por ações) como as que repelem os atos de concentração incriminados por lei (Lei 8.884/1994, art. 54).

"Não há espaço no processo de recuperação para submeter a avaliação da operação ao CADE. A competência da verificação da legalidade é do juiz. O rito próprio revela impossível atingir os fins da recuperação com a submissão da operação à prévia aprovação pelo CADE. (...). Contudo, sem prejuízo dessa conclusão, nada impede, pensamos, possa o juiz da recuperação ouvir o CADE acerca do ato. A iniciativa é mesmo recomendável, em caso de dúvida. A autarquia atua, outrossim, como um órgão consultivo. (...). Mas o pronunciamento é técnico e o juiz deve examiná-lo como examina um laudo pericial."[88-89-90]

A constituição de subsidiária integral está prevista no art. 251 da Lei 6.404/1976 (Lei das S/A).

88. Sérgio Campinho, *Falência e Recuperação de Empresa: o Novo Regime da Insolvência Empresarial*, Rio de Janeiro, Renovar, 2006, p. 158.

89. Rachel Sztajn assume posição mais cautelosa: "Por derradeiro, há que se observar que tanto a fusão quanto a incorporação, assim como a compra de controle societário, configuram operações de concentração empresarial, o que, em alguns casos, implicará a aprovação das autoridades responsáveis pelo sistema de concorrência no País" ("Comentários aos arts. 47 ao 54", cit., in Francisco Satiro de Sousa Jr. e Antônio Sérgio Altieri de Moraes Pitombo (coords.), *Comentários à Lei de Recuperação de Empresas e Falência: Lei 11.101/2005*, p. 233).

90. Glauco Martins Guerra e Rodrigo R. Monteiro de Castro assumem posição mais contundente: "As partes envolvidas, empresa de recuperação judicial e o terceiro que com ela contratar um dos meios de reorganização societária, devem considerar previamente que seu ato societário exigirá ampla avaliação, não só no ambiente da Lei 11.101/2005, como também e especialmente no que toca à Lei 8.884/1994. Por isso, os dados econômicos, as informações sobre negócios, posições de mercado etc. serão parte inexorável da demonstração de viabilidade econômica e do laudo econômico-financeiro do 'plano de recuperação judicial', ao mesmo tempo em que submetido o ato societário aos órgãos de controle da concorrência. Na inércia ou omissão das partes, o vácuo de legalidade será corrigido pelo juiz, que mandará oficiar à Secretaria de Direito Econômico/SDE e ao Conselho Administrativo de Defesa Econômica/CADE, para que exerçam a função regulatória de proteção concorrencial sobre atos societários previstos em 'plano de recuperação judicial' que representem risco antitruste. (...). De modo que, ao adotar a incorporação ou a fusão, como meio de recuperação, o devedor deverá observar as normas que incidirão sobre o ato, como aquelas constantes do Capítulo XVIII da Lei 6.404/1976, mas também outras, como as da Lei 8.884/1994. (...). Motivo pelo qual não há fundamento que suporte a desnecessidade de apresentação de ato societário ao CADE quando presentes os requisitos da Lei 8.884/1994. Felizmente; caso contrário o instituto da recuperação judicial correria o risco de desvirtuamento, podendo inclusive ser utilizado como *planejamento* para evitar a incidência da legislação antitruste. (...). Por isso, a inteligência maior do art. 47 da Lei 11.101/2005, que ampara a viabilização ou superação de crise econômico-financeira de um grande agente do mercado (o devedor), mas não ignora que essa tutela deve promover estímulo à atividade econômica. Eis o fundamento legal para que o Poder Judiciário, ao amparar uma recuperação empresarial, ordene a concretude dos instrumentos do 'plano de recuperação judicial' em interconexão com o controle das práticas antitruste, remetendo à SDE e ao CADE, na inércia dos agentes interessados nos atos societários passíveis de análise concorrencial, elementos necessários para o exercício da função protetiva à ordem econômica pelo agente regulador" ("Intervenção do Estado no domínio econômico e recuperação judicial", in Rodrigo R. Monteiro de Castro e Leandro dos Santos de Aragão (coords.), *Direito Societário e a Nova Lei de Falências e Recuperação de Empresas*, São Paulo, Quartier Latin, 2006, pp. 258-259, 264-265 e 268).

Rachel Sztajn ressalta: "Vantagem na constituição de subsidiária integral seria a possibilidade de alienação das ações a terceiros. Desvantagem é que com a transferência de ativos de uma para outra sociedade pode-se perder capacidade de exercer parte das atividades".[91]

Ricardo Tepedino sustenta: "O inciso II do art. 50 inclui a "constituição de subsidiária integral" como um dos *meios de recuperação judicial*. (...). Ao referir-se à constituição de subsidiária integral como meio de recuperação judicial, quis o legislador com toda certeza aludir a uma operação societária atípica: o chamado *drop down*, onde a subsidiária integral é constituída com a finalidade de receber o estabelecimento empresarial da sociedade que a cria".[92]

A cessão de quotas está prevista no art. 1.057 do CC, e de ações na Lei 6.404/1976 (Lei das S/A).[93]

O deferimento do processamento da recuperação judicial suspende o direito de retirada dos sócios?

Responde Júlio Kahan Mandel:

"(...) no art. 116, a decretação da falência suspende o direito de retirada dos sócios ou acionistas da empresa devedora, mas a lei é silente em relação à recuperação judicial.

"A jurisprudência deverá decidir como aplicará este direito garantido por lei específica. Se ele for exercido livremente, inviabilizará muitos casos de recuperação, pois dificultará as reorganizações societárias, na medida em que a empresa não terá caixa para remunerar imediatamente os dissidentes quando for aplicado este inciso."[94]

III – Alteração do controle societário. O § 1º do art. 254-A da Lei 6.404/1976, com a redação da Lei 10.303/2001, dispõe:

"*Art. 254-A*. (...).

"§ 1º. Entende-se como alienação de controle a transferência, de forma direta ou indireta, de ações integrantes do bloco de controle, de ações vinculadas a acordos de acionistas e de valores mobiliários conversíveis em ações com direito a voto, cessão de direitos de subscrição de ações e de outros títulos ou direitos relativos a valores mobiliários conversíveis em ações que venham a resultar na alienação do controle acionário da sociedade."

Oportuna é a ponderação de Fábio Ulhoa Coelho: "Espera-se, de qualquer forma, que a alteração seja acompanhada de medidas de revitalização da empresa, como aumento do capital e mudanças na administração. Sem elas é improvável que a simples mudança no controle societário leve à superação da crise".[95-96-97]

91. Rachel Sztajn, "Comentários aos arts. 47 ao 54", cit., in Francisco Satiro de Sousa Jr. e Antônio Sérgio Altieri de Moraes Pitombo (coords.), *Comentários à Lei de Recuperação de Empresas e Falência: Lei 11.101/2005*, p. 234.

92. Ricardo Tepedino, "O trespasse para subsidiária (*drop down*)", in Rodrigo R. Monteiro de Castro e Leandro dos Santos de Aragão (coords.), *Direito Societário e a Nova Lei de Falências e Recuperação de Empresas*, São Paulo, Quartier Latin, 2006, p. 63.

93. Rachel Sztajn adverte: "A cessão de participações representa apenas mudança dos membros da sociedade,o que, por ser medida que afeta apenas as relações internas, sem aportes de fundos para o caixa da sociedade, é permissão de pouco efeito" ("Comentários aos arts. 47 ao 54", cit., in Francisco Satiro de Sousa Jr. e Antônio Sérgio Altieri de Moraes Pitombo (coords.), *Comentários à Lei de Recuperação de Empresas e Falência: Lei 11.101/2005*, p. 234).

94. Júlio Kahan Mandel, *Nova Lei de Falências e Recuperação de Empresas Anotada: Lei 11.101, de 9.2.2005*, cit., p. 107.

95. Fábio Ulhoa Coelho, *Comentários à Nova Lei de Falências e de Recuperação de Empresas*, cit., p. 136.

96. Explica Jorge Lobo: "Se a crise decorrer, por exemplo, de litígios entre sócios ou acionistas, a solução poderá estar na aquisição de quotas ou ações de propriedade do sócio ou acionista minoritário ou, até mesmo, de quotas ou ações detidas pelo sócio ou acionista controlador, por outro sócio ou acionista, e na saída do alienante, consolidando-se o poder de controle em uma só pessoa ou grupo de pessoas, físicas ou jurídicas" ("Comentários aos arts. 35 ao 69", in Carlos Henrique Abrão e Paulo Fernando Campos Salles de Toledo (coords.), *Lei de Recuperação de Empresas e Falência*, São Paulo, Saraiva, 2005, p. 123).

97. Manoel Alonso opina: "Este inciso III deverá ser interpretado em conjunto com a regra do inciso IV da lei, posto que a faculdade da alteração do controle está compulsoriamente ligada à perspectiva de vantagens que essa operação possa carrear para a empresa

IV – Substituição total ou parcial dos administradores do devedor ou modificação de seus órgãos administrativos. Tirantes fatores exógenos que desequilibram a situação econômico-financeira da empresa, a substituição de seus administradores é medida de largo uso em sede de recuperação de empresas.

Manoel Alonso sugere: "Caso o devedor, dentro de 60 dias *improrrogáveis* que a lei lhe cometeu – em nossa ótica, prazo exíguo e asfixiante –, não disponha de bons nomes, quer sejam pessoas físicas ou jurídicas, na petição em que requer a juntada do *plano*, poderá constar, *além de outros incisos já maturados* e *negociados com seus credores*, o seguinte: 'A impetrante, para fiel cumprimento da Lei 11.101/2005, em especial ao comando do art. 53, oferece discriminação pormenorizada dos *meios de recuperação* anexa, de que irá utilizar-se, ressalvando-se expressamente que se valerá da faculdade inserida no inciso IV do art.50, após a conclusão dos entendimentos que vem mantendo com terceiros interessados'".[98-99-100]

V – Concessão aos credores de direito de eleição em separado de administradores e de poder de veto em relação às matérias que o plano especificar. Esse meio confere direito extrapatrimonial (direito de voto e de veto) aos credores.[101]

VI – Aumento de capital social.[102] No CC o aumento do capital está previsto no art. 1.081; a redução, nos arts. 1.082 a 1.084.

Na Lei 6.404/1976 (Lei das S/A) o aumento do capital social está previsto nos arts. 166 a 170; a redução, nos arts. 173 e 174.[103-104]

devedora. Quer seja na melhoria da qualificação dos novos sócios/associados, por habilitação tecnológica, maior concentração e disponibilização de recursos financeiros, quer por planos estratégicos e *know-how* de reconhecida valia, posto que trocar-se 'x' por 'z', que nada acrescentaria de útil ou vantajoso para a empresa devedora, por certo, não se constituiria em meio adequado à recuperação eleita pelo legislador de 2005" ("Comentários ao art. 50", in Newton de Lucca e Adalberto Simão Filho (coords.), *Comentários à Nova Lei de Recuperação de Empresas e de Falências*, São Paulo, Quartier Latin, 2005, p. 258).

98. Manoel Alonso, "Comentários ao art. 50", cit., in Newton de Lucca e Adalberto Simão Filho (coords.), *Comentários à Nova Lei de Recuperação de Empresas e de Falências*, p. 259.

99. Afirma Fábio Ulhoa Coelho: "Além da substituição dos administradores, pode ser mais útil à reorganização da atividade econômica a modificação dos órgãos societários (por exemplo: criação de comitês especializados nos conselhos de administração ou de conselhos consultivos) ou mesmo algum grau de ingerência dos credores na administração da sociedade empresária em crise, com poderes de indicar diretores ou obstar a determinadas decisões. Por se tratar também de matéria sensível aos interesses do controlador e dos diretores da devedora, é medida de recuperação mais comum em planos alternativos" (*Comentários à Nova Lei de Falências e de Recuperação de Empresas*, cit., p. 137).

100. Aduz José da Silva Pacheco: "Embora seja medida importante, não pode, jamais, ser a única, devendo aliar-se a outras num plano coordenado a fim de, reestruturando-se, possibilitar a recuperação empresarial" (*Processo de Recuperação Judicial, Extrajudicial e Falência*, Rio de Janeiro, Forense, 2006, p. 136).

101. Rachel Sztajn ressalta: "O exercício de poder de veto (...) equivale a controle externo, usual em muitos casos no que concerne a limites de endividamento da sociedade. Órgãos como o BNDES, FINEP, entre outros, costumam prever, contratualmente, para a concessão de empréstimos ou financiamentos de longo prazo, regras para prevenir futura incapacidade de pagamento. Dir-se-á, talvez, que a cláusula denota cautela no repasse de recursos públicos e, portanto, é razoável. (...). Quanto ao poder de veto, não poderá ser exercido de forma arbitrária. Fundamentar o veto, que só se justificará se em benefício da boa administração da sociedade, reduz custos de transação presos ao poder de ingerência nas relações internas da sociedade" ("Comentários aos arts. 47 ao 54", cit., in Francisco Satiro de Sousa Jr. e Antônio Sérgio Altieri de Moraes Pitombo (coords.), *Comentários à Lei de Recuperação de Empresas e Falência: Lei 11.101/2005*, p. 237).

102. Respeitando-se, evidentemente, a regra de que o aumento do capital social não poderá implicar diluição injustificada da participação societária, conforme o art. 170, § 1º, da Lei das S/A.

103. Rachel Sztajn adverte: "O inciso VI, ao considerar o aumento do capital um dos meios de recuperação da sociedade em crise, deveria explicitar que isso pode ser feito tanto por aporte de recursos de sócios, de novos investidores, quanto pela conversão da dívida em capital. É que tanto o aporte de novos recursos quanto a conversão de dívida em capital (medida contábil) podem ter como resultado a modificação das relações de poder internas da sociedade" ("Comentários aos arts. 47 ao 54", cit.,

VII – Trespasse ou arrendamento de estabelecimento, inclusive à sociedade constituída pelos próprios empregados. O art. 1.143 do CC, na medida em que possibilita ser o estabelecimento objeto unitário de direitos e negócios jurídicos, translativos ou constitutivos, admite, *ipso facto*, sua alienação, permuta, doação, usufruto, trepasse ou locação.

Tendo em vista que entre a alienação judicial de estabelecimento e seu arrendamento há identidade de razão – superação da crise econômico-financeira –, acreditamos ser sustentável invocar para o segundo caso (arrendamento), por *analogia legis* ao parágrafo único do art. 60, c/c o inciso II do 141, a não sucessão tributária e trabalhista.[105]

No tocante à constituição de sociedade de empregados, adverte, oportunamente, Fábio Ulhoa Coelho: "A alternativa legal, contudo, somente deve ser adotada se pelo menos alguns líderes dos empregados demonstrarem ter espírito empreendedor. Caso contrário faltará [*sic*] à sociedade dos empregados as condições essenciais para promover a viabilização da empresa".[106]

VIII – Redução salarial, compensação de horários e redução da jornada, mediante acordo ou convenção coletiva. Este meio de recuperação fere o princípio constitucional da irredutibilidade salarial?

Não, pois o princípio da irredutibilidade salarial, previsto no inciso VI do art. 7º da Magna Carta, admite exceção: "VI – salvo o disposto em convenção ou acordo coletivo".

E é exatamente estribado nesta exceção que o legislador arrolou a negociação coletiva como meio de recuperação judicial.

IX – Dação em pagamento ou novação de dívidas do passivo, com ou sem constituição de garantia própria ou de terceiro. Apesar de o art. 313 do CC ser expresso no sentido de que o credor não é obrigado a receber prestação diversa da que lhe é devida, ainda que mais valiosa, o credor, sobretudo no âmbito da recuperação judicial, poderá concordar com a dação em pagamento, nos termos do art. 356 do mesmo Código.

A dação em pagamento está disciplinada nos arts. 356 a 359 e a novação nos arts. 360 a 367, todos do CC.[107]

X – Constituição de sociedade de credores. Fábio Ulhoa Coelho explica o *modus operandi* da constituição de sociedade de credores:

"Ao fazê-lo, substituem seus direitos de credores pelos de sócios; quer dizer, em vez de titularizarem o direito a crédito e aos

in Francisco Satiro de Sousa Jr. e Antônio Sérgio Altieri de Moraes Pitombo (coords.), *Comentários à Lei de Recuperação de Empresas e Falência: Lei 11.101/2005*, p. 237).

104. Aduz Fábio Ulhoa Coelho: "A reestruturação do capital é, assim, o meio por excelência para a recuperação da generalidade das empresas em estado crítico" (*Comentários à Nova Lei de Falências e de Recuperação de Empresas*, cit., p. 137).

105. No mesmo sentido, Júlio Kahan Mandel: "Quanto ao arrendamento do estabelecimento ou mesmo parte do estabelecimento (que também é permitido), a medida somente será amplamente aplicada se a Fazenda respeitar os princípios desta lei, no sentido de não considerar o arrendador sucessor das responsabilidades fiscais do devedor. Nesse mesmo sentido, os juízes trabalhistas não devem impingir ao arrendador as responsabilidades trabalhistas do arrendatário, caso contrário os empregados do devedor dificilmente conseguirão manter seus empregos e os interessados na operação serão escassos" (*Nova Lei de Falências e Recuperação de Empresas Anotada: Lei 11.101, de 9.2.2005*, cit., pp. 108-109). Diante dos elementos teleológicos veiculados no art. 47 – *manutenção da fonte produtora, do emprego dos trabalhadores e dos interesses dos credores, preservação da empresa, sua função social e o estímulo à atividade econômica* –, que são vitais à interpretação e aplicação da atual lei, a advertência do autor nos parece adequada.

106. Fábio Ulhoa Coelho, *Comentários à Nova Lei de Falências e de Recuperação de Empresas*, cit., p. 138.

107. Ressalta Fábio Ulhoa Coelho: "(...) são instrumentos jurídicos que, por si sós, não levam à recuperação judicial e precisam, por tal razão, ser contextualizados num plano de consistência econômica. Apenas a precisão do objeto da dação em pagamento em favor de credor ou credores identificados ou especificação em seus detalhes todos da novação pretendida podem convencer os órgãos da recuperação judicial da recuperabilidade da atividade econômica por meio desses instrumentos jurídicos" (*Comentários à Nova Lei de Falências e de Recuperação de Empresas*, cit., p. 139).

consectários derivados do inadimplemento, passam a ter expectativa de lucros na hipótese de sucesso do plano reorganizacional.

"Uma variação desse meio é a capitalização de crédito, ou seja, o ingresso de credor ou credores na sociedade devedora como sócios. Nesse caso, o credor concorda em substituir o crédito titulado perante a sociedade por participação societária. Reduz-se o passivo da sociedade ao mesmo tempo em que aumenta seu capital social."[108-109]

XI – Venda parcial dos bens. Note-se que a venda parcial dos bens propiciará, concomitantemente, obtenção imediata de recursos ao devedor e continuidade de sua atividade empresarial.[110]

No tocante à venda de bens penhorados em execução trabalhista, opina Marcelo Papaléo de Souza:

"No entanto, há de se analisar os efeitos da penhora de bens na execução trabalhista, caso estes estejam incluídos no plano de recuperação trabalhista. (...). Com relação à recuperação judicial, em que pese a ter sido introduzida na legislação nacional junto com as novas regras da falência, não conduz a um juízo universal. Existem várias disposições semelhantes às adotadas nas execuções coletivas; mas a recuperação judicial não representa modalidade destas, não ocasionando a desconstituição da penhora, com a formação de massa objetiva. Portanto, não há como aceitar todas as conseqüências advindas do juízo coletivo, pois assim não determinou a legislação, não existindo a desconstituição da penhora com a recuperação judicial.

"A situação de suspensão do curso da execução resta superada, pois há previsão específica na lei, devendo ser observada pelo juízo trabalhista. Mas, com relação aos bens penhorados, não há como ser aceita a alienação destes para pagamento dos demais credores e não ao credor que promove a execução. A recuperação judicial não tem o condão da desconstituição das penhoras existentes."[111]

XII – Equalização de encargos financeiros relativos a débitos de qualquer natureza, tendo como termo inicial a data da distribuição do pedido de recuperação judicial, aplicando-se inclusive aos contratos de crédito rural, sem prejuízo do disposto em legislação específica.[112]

XIII – Usufruto da empresa. Explica Jorge Lobo: "O plano de recuperação poderá, ainda, prever o usufruto de quotas ou ações, especificando no ato de constituição do gravame a quem caberá exercer o direito de voto,

108. Fábio Ulhoa Coelho, *Comentários à Nova Lei de Falências e de Recuperação de Empresas*, cit., pp. 139-140.

109. Rachel Sztajn explica: "(...) o capital social seria integralizado com os créditos contra o devedor e, portanto, os credores subscritores seriam responsáveis solidariamente pela solvência do devedor. Surrealista imaginar que alguém, cujo crédito já é de realização duvidosa, aceite esse novo risco, sem alguma garantia; essa garantia pode estar na obrigatoriedade de a sociedade em crise fazer dação em pagamento de alguns bens que permitam operar a nova sociedade, ou que se siga à matrícula o trespasse do estabelecimento ou, após aprovar a cisão da sociedade, a versão da parcela cindida naquela organizada pelos credores. Em qualquer hipótese é preciso que a nova sociedade possa operar, exercer atividade e buscar lucros" ("Comentários aos arts. 47 ao 54", cit., in Francisco Satiro de Sousa Jr. e Antônio Sérgio Altieri de Moraes Pitombo (coords.), *Comentários à Lei de Recuperação de Empresas e Falência: Lei 11.101/2005*, p. 241).

110. Um exemplo que pode dar efetividade a esse meio de recuperação judicial, lembrado por Fábio Ulhoa Coelho, é a venda do imóvel onde está situado o estabelecimento empresarial vinculada à subseqüente locação ao devedor com cláusula de vigência em caso de alienação a terceiros (*Comentários à Nova Lei de Falências e de Recuperação de Empresas*, cit., p. 140).

111. Marcelo Papaléo de Souza, *A Lei de Recuperação e Falência e as suas Conseqüências no Direito e no Processo do Trabalho*, 3ª ed., São Paulo, LTr, 2009, pp. 216-218.

112. Assevera Manoel Justino Bezerra Filho: "(...) lendo-se o inciso não é possível afirmar-se com certeza o que pretendeu a lei afirmar, ao contrário do inciso VIII; mais ainda, parece que a lei efetivamente quis deixar a matéria numa penumbra, pois o dispositivo é de difícil, se não impossível, intelecção" (*Nova Lei de Recuperação e de Falências Comentada. Lei 11.101, de 9.2.2005, Comentário Artigo por Artigo*, cit., p. 143).

se ao proprietário ou ao usufrutuário; no silêncio, se se tratar de sociedade anônima, o direito de voto será exercido mediante prévio acordo entre o proprietário e o usufrutuário (Lei das S/A, art. 114), e, se se cuidar da sociedade limitada, pelo usufrutuário (CC, art. 1.394), ambas as modalidades interferindo no exercício do poder de controle".[113-114-115]

XIV – Administração compartilhada. Esse meio de recuperação judicial, na nossa opinião, está jungido ao outro meio previsto no inciso IV, *supra* ("substituição total ou parcial dos administradores do devedor ou modificação de seus órgãos administrativos").[116]

XV – Emissão de valores mobiliários. De acordo com o art. 2º da Lei 6.385/1976, com a redação dada pela Lei 10.303/2001, são valores mobiliários: (1) as ações; (2) debêntures; (3) bônus de subscrição; (4) os cupons, direitos, recibos de subscrição e certificados de desdobramento; (5) certificados de depósito de valores mobiliários; (6) as cédulas de debêntures; (7) as cotas de fundo de investimento em valores mobiliários ou de clubes de investimento; (8) as notas comerciais; (9) os contratos futuros, de opções e outros derivativos; (10) outros contratos derivativos; (11) outros títulos ou contratos de investimento coletivo, que gerem direitos de participação, de parceria ou de remuneração, quando ofertados publicamente.

Júlio Kahan Mandel elogia, com razão, esse meio de recuperação judicial: "O inciso XV, criado para empresas de maior porte e que tenham a confiança do mercado, veio criar uma modalidade nova, muito bem-vinda, de meio de recuperação, assim como a própria conversão de dívidas em participação acionária".[117-118]

XVI – Constituição de sociedade de propósito específico para adjudicar, em pagamento dos créditos, os ativos do devedor.[119] Esse meio de recuperação judicial, na

113. Jorge Lobo, "Comentários aos arts. 35 ao 69", cit., in Carlos Henrique Abrão e Paulo Fernando Campos Salles de Toledo (coords.). *Lei de Recuperação de Empresas e Falência*, p. 125.

114. José da Silva Pacheco explica: "(...) em nosso sistema jurídico, destacam-se: I – o usufruto real (convencional ou legal), regulado pelos arts. 1.390 a 1.411 do CC; II – o usufruto judicial: (a) regulado pelos arts. 716 a 729, c/c os arts. 677 a 678 do CCP; (b) previsto no art. 50, XIII, da Lei 11.101, de 2005, em relação ao processo de recuperação judicial" (*Processo de Recuperação Judicial, Extrajudicial e Falência*, cit., p. 142).

115. Afirma Manoel Justino Bezerra Filho: "Podem ainda os credores assumir a posição de usufrutuários de estabelecimento do devedor (arts. 1.144 e ss. do CC), desta forma gerando recursos suficientes para a recuperação" (*Nova Lei de Recuperação e de Falências Comentada. Lei 11.101, de 9.2.2005, Comentário Artigo por Artigo*, 3ª ed., São Paulo, Ed. RT, 2005, p. 143).

116. Aduz Jorge Lobo: "O plano de recuperação poderá prever que os órgãos administrativos sejam integrados por representantes de diversas categorias, como, por exemplo, pessoas indicadas pelos sócios ou acionistas, por credores e por empregados, de reconhecida idoneidade moral e competência profissional" ("Comentários aos arts. 35 ao 69", cit., in Carlos Henrique Abrão e Paulo Fernando Campos Salles de Toledo (coords.), *Lei de Recuperação de Empresas e Falência*, p. 128).

117. Júlio Kahan Mandel, *Nova Lei de Falências e Recuperação de Empresas Anotada: Lei 11.101, de 9.2.2005*, cit., p. 109.

118. Jorge Lobo explica: "O plano de recuperação poderá prever a capitalização da empresa mediante a emissão de valores mobiliários, em especial emissão de debêntures: (a) conversíveis em ações (Lei das S/A, art. 57); (b) com garantia real ou flutuante; (c) sem preferência; ou (d) subordinadas (Lei das S/A, art. 58, *caput*), bem como a transformação de dívidas em debêntures conversíveis em ações da empresa em crise ou de empresa que venha a ser constituída e, ainda, entre outros, o lançamento de um Fundo de Investimento em Direitos Creditórios (FIDC), eficiente mecanismo de captação de recursos financeiros a custo menor que os empréstimos e financiamentos bancários, que pressupõe, obrigatoriamente, novos e melhores processos de gestão, fundados no princípio da transparência, e análise do *rating*" ("Comentários aos arts. 35 ao 69", cit., in Carlos Henrique Abrão e Paulo Fernando Campos Salles de Toledo (coords.), *Lei de Recuperação de Empresas e Falência*, p. 126).

119. Rachel Sztajn explica: "Uma das mais conhecidas aplicações da criação de SPE está presente nos processos de securitização de dívidas ou créditos. Os créditos são transferidos a uma SPE, com o quê ficam separados dos demais ativos da sociedade que os gerou. Em seguida a SPE emite títulos cujo lastro são aquelas obrigações e os distribui no mercado. Desse procedimento surgem dois efeitos: (a) os créditos (ou contas a receber) são separados das atividades da

medida em que se utiliza da figura da "adjudicação de ativos do devedor em pagamento de créditos", está reprisando outro meio de recuperação previsto no inciso IX, *supra* – qual seja: dação em pagamento.[120]

José da Silva Pacheco critica esse meio de recuperação: "A constituição de sociedade com esse objetivo não só nos parece desnecessária, como também uma forma onerosa, procrastinante e de duvidosa eficácia recuperatória da empresa".[121]

276. O devedor tem de escolher um único meio de recuperação judicial, ou pode cumulá-los? – O legislador, ciente de que, muitas vezes, a eleição pelo devedor de um único meio de recuperação empresarial é insuficiente para suportar o reerguimento da sua crise econômico-financeira, além de ter elencado vários meios de recuperação judicial, não vedou a cumulação dos mesmos.

Ipso facto, caberá ao devedor eleger, individual ou cumulativamente, os meios de recuperação judicial que mais se ajustem às peculiaridades da sua crise econômico-financeira.[122-123-124]

***277. Os meios de recuperação judicial encerram* numerus clausus *ou* numerus apertus?** – A expressão "dentre outros" constante da parte final do art. 50 não deixa dúvida ao intérprete no sentido de que os meios de recuperação encerram *numerus apertus*; vale dizer, tais meios foram arrolados pelo legislador em caráter exemplificativo, e não exaustivo.[125-126-127-128]

sociedade, não sendo mais afetados pelos resultados operacionais daquela; (b) integrados no ativo da SPE, os créditos suportam a emissão de outros títulos, as *securities*, usualmente debêntures. Como as debêntures são valores mobiliários representativos de parcelas de um mútuo, a securitização de recebíveis mobiliza recursos de médio ou longo prazo de maturação, mediante a pulverização do montante total dos créditos que servem de base à operação. Assim, a emissão de valores mobiliários, prevista no inciso XV do art. 50, permitirá operações de securitização com créditos da sociedade em crise, obtenção de recurso de mais longo prazo, melhorando o perfil da dívida. Nesse caso específico, qualquer tipo de sociedade pode ser a originadora, constituindo-se uma SPE sob forma de anônima e, em seguida, transferindo a esta sociedade os créditos. Distribuídas as debêntures, as duas sociedades ajustarão entre si a forma pela qual a SPE emprestará os recursos para a originadora. Engenhosa operação para levantar recursos de forma pulverizada junto ao mercado. As SPEs, em geral, são sociedades transitórias, quase que *unius negotiationes*, não havendo interesse em mantê-las depois de resgatadas as debêntures" ("Comentários aos arts. 47 ao 54", cit., in Francisco Satiro de Sousa Jr. e Antônio Sérgio Altieri de Moraes Pitombo (coords.), *Comentários à Lei de Recuperação de Empresas e Falência: Lei 11.101/2005*, p. 244).

120. Fábio Ulhoa Coelho declara que os bens do ativo da sociedade empresária devedora "devem ter sido previamente transferidos a título de integralização de capital social ou venda" (*Comentários à Nova Lei de Falências e de Recuperação de Empresas*, cit., p. 142).

121. José da Silva Pacheco, *Processo de Recuperação Judicial, Extrajudicial e Falência*, cit., p. 143.

122. No mesmo sentido, Fábio Ulhoa Coelho: "Normalmente, aliás, os planos deverão combinar dois ou mais meios, tendo em vista a complexidade que cerca as recuperações empresariais" (*Comentários à Nova Lei de Falências e de Recuperação de Empresas*, cit., p. 134).

123. Também Waldo Fazzio Jr.: "Desde logo, é bom consignar que as modalidades de recuperação alvitradas não são excludentes umas das outras. A relação entre elas é de interação, na medida em podem ser combinadas duas ou mais modalidades, conforme o caso e desde que compatíveis. Aliás, é da própria índole da recuperação judicial que os diversos meios legais sejam fungíveis, de acordo com as peculiaridades de cada caso" (*Nova Lei de Falência e de Recuperação de Empresas*, São Paulo, Atlas, 2005, p. 142).

124. Rachel Sztajn compartilha da mesma opinião: "(...) podendo ser encontradas outras medidas, além, por óbvio, da eventual combinação de duas ou mais das relacionadas nos vários incisos, que atendam ao desiderato – preservar as empresas em crise" ("Comentários aos arts. 47 ao 54", cit., in Francisco Satiro de Sousa Jr. e Antônio Sérgio Altieri de Moraes Pitombo (coords.), *Comentários à Lei de Recuperação de Empresas e Falência: Lei 11.101/2005*, p. 231).

125. No mesmo sentido, Sidnei Agostinho Benetti: "Não será fácil imaginar outros meios de recuperação da empresa que não se ajustem, total ou parcialmente, a alguns dos meios acima enumerados. Relembre-se que a enumeração é apenas exemplificativa, não é *numerus clausus*, de maneira que outros meios podem ser imaginados e criados. E anote-se que podem eles ser combinados entre si, não necessitando de incidência à moda de figurino integral. Os

278. Alienação de bem. Supressão ou substituição de garantia. Aquiescência do credor – No caso de alienação de bem objeto de garantia real, o § 1º do art. 50 prestigia o brocardo latino *pacta sunt servanda*, uma vez que condiciona a supressão de tal garantia ou a respectiva substituição do bem à expressa aprovação do credor.[129-130-131]

E se o credor se opuser à substituição da garantia?

instrumentos jurídicos de viabilização dos meios de recuperação podem variar (por exemplo, contratos de compra e venda ou de cessão, arrendamento, dação em pagamento etc.). A matéria, como se vê, é aberta à criatividade do empresário e do jurista" ("O processo de recuperação judicial", in Luiz Fernando Valente de Paiva (coord.), *Direito Falimentar e a Nova Lei de Falências e Recuperação de Empresas*, São Paulo, Quartier Latin, 2005, p. 226).

126. Manoel Justino Bezerra Filho tem o mesmo entendimento: "A rigor estes 16 incisos seriam até desnecessários. No entanto, a lei, de forma louvável, optou por trazer indicações de meios a serem utilizados, repita-se, como meros indicativos" (*Nova Lei de Recuperação e de Falências Comentada. Lei 11.101, de 9.2.2005, Comentário Artigo por Artigo*, cit., 3ª ed., p. 138).

127. Fábio Ulhoa Coelho segue a mesma posição: "A lei contempla lista exemplificativa dos meios de recuperação da atividade econômica. (...). Como se trata de lista exemplificativa, outros meios de recuperação da empresa em crise podem ser examinados e considerados no plano de recuperação. Normalmente, aliás, os planos deverão combinar dois ou mais meios, tendo em vista a complexidade que cerca as recuperações empresariais" (*Comentários à Nova Lei de Falências e de Recuperação de Empresas*, cit., p. 134).

128. Luiz Ernesto Aceturi de Oliveira alvitra: "Neste contexto, o *trust* é uma forma de viabilizar a recuperação, principalmente pela sua flexibilidade e capacidade de, ao mesmo tempo, profissionalizar a administração da recuperação judicial e oferecer uma estrutura de captação de novos investidores/financiadores. Naturalmente a constituição de um *trust* envolve custos e remuneração do *trustee* também é algo a ser considerado na formulação de um plano de recuperação a ser implementado através de um *trust*. Pequenas empresas dificilmente utilizariam esta estrutura. Se previsto na legislação brasileira, o *trust* traria mais uma boa opção para fins do art. 50 da LRE, principalmente porque já é utilizado em outros Países e as figuras afins existentes na legislação pátria não apresentam as mesmas vantagens do *trust*" ("Os meios de recuperação judicial: *o trust*", in Rodrigo R. Monteiro de Castro e Leandro dos Santos de Aragão (coords.), *Direito Societário e a Nova Lei de Falências e Recuperação de Empresas*, São Paulo, Quartier Latin, 2006, p. 238).

129. Em relação à recuperação extrajudicial há dispositivo equivalente: § 4º do art. 163.

130. Segundo Jorge Lobo: "*Quanto ao bem objeto de alienação fiduciária*, hoje, no nosso Direito, ao lado do penhor, hipoteca e anticrese, um direito real de garantia, a sua alienação, se se tratar de bem imóvel, não obedecerá à LRE (art. 50, § 1º), mas ao Código Civil e à Lei 9.514, de 1997; se se cuidar de bem móvel, o devedor pode 'transmitir, com anuência do fiduciário, os direitos de que seja titular sobre o imóvel [*sic*] objeto de alienação fiduciária em garantia, assumindo o adquirente as respectivas obrigações'. *Quanto ao bem objeto de arrendamento mercantil* (*leasing*), anote-se o escólio de Fernando Netto Boiteaux: 'Do contrato devem constar obrigatoriamente (...) *a faculdade de a arrendatária transferir a terceiros* no País, desde que haja anuência da entidade arrendadora, *os seus direitos e obrigações* decorrentes do contrato, com ou sem co-responsabilidade solidária'. *Se o bem a ser alienado estiver gravado com ônus judicial* (*v.g.*, penhora, arresto, seqüestro, hipoteca judiciária), em demanda proposta por 'credores não sujeitos à recuperação judicial' ou por 'credores não atingidos pela recuperação judicial', a substituição ou supressão do ônus judicial dependerá de expressa concordância do credor (art. 60, parágrafo único); se em ação ajuizada por 'credor sujeito à recuperação judicial' a ação ou a execução, suspensa por força do art. 6º, perderão objeto se aprovado o plano pela assembléia-geral de credores e homologado pelo juízo, sem prejuízo do direito do credor de executar de novo a dívida ou requerer a falência do devedor, se verificada a hipótese do art. 62" ("Comentários aos arts. 35 ao 69", cit., in Carlos Henrique Abrão e Paulo Fernando Campos Salles de Toledo (coords.), *Lei de Recuperação de Empresas e Falência*, p. 162).

131. Fábio Ulhoa Coelho explica: "Entre as hipóteses de revisão das condições de pagamento como meio de recuperação inclui-se a *substituição de garantias*. Mostra-se esse meio de recuperação uma modalidade específica de renegociação do crédito. Se um credor hipotecário ou pignoratício concordar em abrir mão de sua garantia, ou substituí-la por outra, é evidente que o devedor passa a contar com os bens em seu patrimônio liberados de ônus. Ficam esses bens, portanto, aptos a ser oferecidos em garantia em novas operações de financiamento. Além disso, desonerados, eles podem ser objeto de alienação em melhores condições" (*Comentários à Nova Lei de Falências e de Recuperação de Empresas*, cit., p. 135).

Responde, com razão, Jorge Lobo: "(...) o devedor deverá pleiteá-la judicialmente, desde que a substitua por bem imóvel, móvel ou semovente de valor equivalente e, até mesmo, por fiança idônea, que assegure, se e quando necessário, o recebimento do crédito".[132]

*279. **Créditos em moeda estrangeira*** – O § 2º do artigo 50 prestigia, outrossim, o brocardo latino *pacta sunt servanda*, na medida em que condiciona o afastamento da variação cambial do plano de recuperação à aprovação expressa do credor.[133-134-135]

132. Jorge Lobo, "Comentários aos arts. 35 ao 69", cit., in Carlos Henrique Abrão e Paulo Fernando Campos Salles de Toledo (coords.), *Lei de Recuperação de Empresas e Falência*, p. 162.

133. O senador Ramez Tebet, no seu relatório, afirma que a Emenda 140 do senador Tasso Jereissati "acrescenta parágrafo ao art. 50 do Substitutivo, dispondo que, 'nos contratos em moeda estrangeira, a variação cambial será conservada como parâmetro de indexação da correspondente obrigação'. (...). A Emenda n. 140 deve ser acolhida, com pequenas adaptações em sua redação, pois explicita a regra em relação aos créditos em moeda estrangeira na recuperação judicial. Como a empresa continua em atividade, a conversão antecipada, nos moldes do que ocorre na falência, atentaria contra a segurança jurídica dos contratantes" (v. parecer na íntegra: Anexo II desta obra).

134. Em relação à recuperação extrajudicial há dispositivo equivalente: § 5º do art. 163.

135. Manoel Justino Bezerra Filho adverte: "A lei, para efetivamente permitir possibilidade de recuperação, teria que talvez ter sido mais incisiva, possibilitando uma interferência mais direta nas relações estabelecidas entre devedor e credores na recuperação. Perdeu a possibilidade de ser incisiva, não trouxe qualquer artigo com a força determinante, por exemplo, do art. 163 da antiga lei (...) ficou a meio-caminho, favoreceu o capital financeiro de forma acentuada e desigual, não se apresentando com efetividade para o fim que alardeava perseguir, nos termos ao art. 47" (*Nova Lei de Recuperação e de Falências Comentada. Lei 11.101, de 9.2.2005, Comentário Artigo por Artigo*, cit., 3ª ed., pp. 144-145).

Seção II – Do Pedido e do Processamento da Recuperação Judicial

Art. 51. A petição inicial de recuperação judicial será instruída com:[280-281-282-283-284] I – a exposição das causas concretas da situação patrimonial do devedor e das razões da crise econômico-financeira; II – as demonstrações contábeis relativas aos 3 (três) últimos exercícios sociais e as levantadas especialmente para instruir o pedido, confeccionadas com estrita observância da legislação societária aplicável e compostas obrigatoriamente de: a) balanço patrimonial; b) demonstração de resultados acumulados; c) demonstração do resultado desde o último exercício social; d) relatório gerencial de fluxo de caixa e de sua projeção; III – a relação nominal completa dos credores, inclusive aqueles por obrigação de fazer ou de dar, com a indicação do endereço de cada um, a natureza, a classificação e o valor atualizado do crédito, discriminando sua origem, o regime dos respectivos vencimentos e a indicação dos registros contábeis de cada transação pendente; IV – a relação integral dos empregados, em que constem as respectivas funções, salários, indenizações e outras parcelas a que têm direito, com o correspondente mês de competência, e a discriminação dos valores pendentes de pagamento; V – certidão de regularidade do devedor no Registro Público de Empresas, o ato constitutivo atualizado e as atas de nomeação dos atuais administradores; VI – a relação dos bens particulares dos sócios controladores e dos administradores do devedor; VII – os extratos atualizados das contas bancárias do devedor e de suas eventuais aplicações financeiras de qualquer modalidade, inclusive em fundos de investimento ou em bolsas de valores, emitidos pelas respectivas instituições financeiras; VIII – certidões dos cartórios de protestos situados na comarca do domicílio ou sede do devedor e naquelas onde possui filial; IX – a relação, subscrita pelo devedor, de todas as ações judiciais em que este figure como parte, inclusive as de natureza trabalhista, com a estimativa dos respectivos valores demandados.

§ 1º. Os documentos de escrituração contábil e demais relatórios auxiliares, na forma e no suporte previstos em lei, permanecerão à disposição do juízo, do administrador judicial e, mediante autorização judicial, de qualquer interessado.[285]

§ 2º. Com relação à exigência prevista no inciso II do *caput* deste artigo, as microempresas e empresas de pequeno porte poderão apresentar livros e escrituração contábil simplificados nos termos da legislação específica.

§ 3º. O juiz poderá determinar o depósito em cartório dos documentos a que se referem os §§ 1º e 2º deste artigo ou de cópia destes.[285]

LEGISLAÇÃO ANTERIOR

Lei de Falências (DL 7.661/1945): *Art. 159.* O devedor fundamentará a petição inicial explicando, minuciosamente, o seu estado econômico e as razões que justificam o pedido.

§ 1º. A petição será instruída com os seguintes documentos: I – prova de que não ocorre o impedimento do n. I do art. 140; II – prova do requisito exigido no n. I do artigo anterior; III – contrato social, ou documento equivalente, em vigor; IV – demonstrações financeiras referentes ao último exercício social e as levantadas especialmente para instruir o pedido, confeccionadas com estrita observância da legislação societária aplicável e composta obrigatoriamente de: a) balanço patrimonial; b) demonstração de lucros ou prejuízos acumulados; c) demonstração do resultado desde o último exercício social; V – inventário de todos os bens e a relação das dívidas ativas; VI – lista nominativa de todos os credores, com domicílio e residência de cada um, a natureza e o valor dos respectivos créditos; VII – outros elementos de informação, a critério do órgão do Ministério Público.

§ 2º. Às demonstrações financeiras especialmente levantadas para instruir o pedido aplicam-se, ainda, os preceitos dos §§ 2º, 4º e 5º do art. 176 e os dos arts. 189 a 200 da Lei n. 6.404, de 15 de dezembro de 1976, independentemente da forma societária do devedor.

§ 3º. Às demonstrações financeiras referidas no inciso IV do § 1º deste artigo aplica-se a sistemática de correção monetária prevista na Lei n. 7.999, de 10 de julho de 1989, e, no caso das companhias abertas, a decorrente das normas baixadas pela Comissão de Valores Mobiliários.

Art. 160. Com a petição inicial, o devedor apresentará os livros obrigatórios, que serão encerrados pelo escrivão, por termos assinados pelo juiz.

§ 1º. O escrivão certificará nos autos a formalidade de encerramento dos livros, os quais ficarão depositados em cartório para serem entregues ao devedor, se deferida a concordata.

§ 2º. No mesmo ato, o devedor depositará em mãos do escrivão, mediante recibo, a quantia necessária para as custas e despesas até a publicação do edital a que se refere o n. I do § 1º do artigo seguinte.

Art. 161. Cumpridas as formalidades do artigo anterior, o escrivão fará, imediatamente, os autos conclusos ao Juiz, que, se o pedido não estiver formulado nos termos da lei, não vier devidamente instruído, ou quando estiver inequivocamente caracterizada a fraude, declarará, dentro de 24 (vinte e quatro) horas, aberta a falência, observado o disposto no parágrafo único do art. 14 desta Lei.

§ 1º. Estando em têrmos o pedido, o juiz determinará seja processado, proferindo despacho em que: I – mandará expedir edital de que constem o pedido do devedor, a íntegra do despacho e a lista dos credores a que se referem os incisos V e VI do parágrafo único do art. 159 desta Lei, para que seja publicado no órgão oficial, nos termos do § 2º do art. 206, e mantido no Cartório à disposição dos interessados. (...)

COMENTÁRIOS

280. Qual é a natureza jurídica da ação de recuperação judicial? – Responde Jorge Lobo: "(...) é constitutiva, porque cria nova situação jurídica para o devedor e os credores a ela sujeitos (art. 49), quer no plano processual (art. 6º), quer no do direito material (art. 59), podendo afirmar-se, como, aliás, se diz em França, ser um autêntico 'procedimento de sacrifício'".[1]

1. Jorge Lobo, "Comentários aos arts. 35 ao 69", in Carlos Henrique Abrão e Paulo Fernando Campos Salles de Toledo (coords.), *Lei de Recuperação de Empresas e Falência*, São Paulo, Saraiva, 2005, pp. 130-131.

281. As fases do processamento da recuperação judicial – Fábio Ulhoa Coelho divide o processamento da recuperação judicial em três fases:

"Na primeira, que se pode chamar de *fase postulatória*, o empresário individual ou a sociedade empresária em crise apresenta seu requerimento de benefício. Ela se inicia com a petição inicial de recuperação judicial e se encerra com o despacho judicial mandando processar o pedido (art. 52).

"Na segunda fase, a que se pode referir como *deliberativa*, após a verificação de crédito (arts. 7º a 20), discute-se e aprova-se um plano de reorganização (art. 53). Tem início com o despacho que manda processar a recuperação judicial e se conclui com a decisão concessiva do benefício (art. 58).

"A derradeira etapa do processo, chamada *fase de execução*, compreende a fiscalização do cumprimento do plano aprovado. Começa com a decisão concessiva da recuperação judicial e termina com a sentença de encerramento do processo (art. 63)."[2]

282. Quais os requisitos comuns da petição inicial de recuperação judicial? – Os requisitos comuns da petição inicial estão previstos art. 282 do CPC.[3-4]

2. Fábio Ulhoa Coelho, *Comentários à Nova Lei de Falências e de Recuperação de Empresas*, São Paulo, Saraiva, 2005, p. 145.

3. De conformidade com o art. 282 do CPC, os requisitos da petição inicial são os seguintes: "I – o juiz ou tribunal, a que é dirigida; II – os nomes, prenomes, estado civil, profissão, domicílio e residência do autor e do réu; III – o fato e os fundamentos jurídicos do pedido; IV – o pedido, com as suas especificações; V – o valor da causa; VI – as provas com que o autor pretende demonstrar a verdade dos fatos alegados; VII – o requerimento para a citação do réu".

4. Explica Paulo Sérgio Restiffe: "*Requisitos estruturais.* O *primeiro* requisito estrutural da petição inicial é a indicação do juízo competente destinatário, isto é, a quem deve ser dirigida (art. 282, I, do CPC) (...). Dessa forma, o pedido de recuperação judicial de empresas deve ser dirigido ao juízo competente para decretar a abertura da falência do devedor e ser livremente distribuída (arts. 3º, 6º, § 3º, 76, *caput*, e 78, parágrafo único, da Lei 11.101/2005). (...). O *segundo* requisito estrutural (...) é a indi-

283. Quais os requisitos específicos da petição inicial de recuperação judicial? – Não obstante o legislador ter arrolado os requisitos específicos da petição inicial da recuperação judicial no art. 51, o devedor também deverá comprovar, simultaneamente, os requisitos previstos no art. 48.[5]

Antes de analisarmos os requisitos específicos da petição inicial da recuperação judicial arrolados no art. 51, urge ser ressaltado que dentre eles não há qualquer referência à obrigatoriedade de se instruir a petição inicial com o respectivo plano, nem alusão à necessidade de mencionar seus termos.

A razão é simples: o plano de recuperação, de conformidade com o art. 53, somente deverá ser apresentado em juízo posteriormente, vale dizer, no prazo de 60 dias contados da publicação da decisão que deferir o processamento da recuperação judicial.[6]

Os requisitos específicos da petição inicial são os seguintes (art. 51):

I – A exposição das causas concretas da situação patrimonial do devedor e das razões da crise econômico-financeira.[7-8-9-10-11]

vidualização das partes, de forma a satisfazer os elementos subjetivos da demanda (art. 282, II, do CPC). (...). O requerente da ação de recuperação judicial de empresas, sendo empresário que exerce individualmente o comércio, deve indicar seu nome completo (...) e devendo ter seus atos arquivados no Registro Público de Empresas Mercantis, o número de identificação de registro de empresa – NIRE (...). Tratando-se de sociedade empresária, (...) o número de identificação de registro de empresa – NIRE (...). O *terceiro* requisito estrutural (...) é a indicação de sua causa de pedir, ou *causa petendi*, que são os fatos e os fundamentos jurídicos do pedido (art. 282, III, do CPC). (...) o fundamento de fato que compõe a causa de pedir próxima, ou imediata, é o evitamento da ruína econômica, inclusive para impedir o pedido de falência. E a causa de pedir remota, ou mediata, que é o fundamento jurídico autorizando o pedido de recuperação judicial, é a própria criação, constitutiva positiva, portanto, do estado jurídico de recuperação empresarial, como forma de evitamento da ruína e de renovação econômico-financeira . O *quarto* requisito estrutural (...) é o pedido com sua especificações (art. 282, IV, do CPC). (...). O pedido pode ser imediato e corresponde à sentença, ao provimento jurisdicional almejado; também pode ser mediato, correspondente ao bem da vida perseguido (...). O pedido imediato na ação de recuperação judicial de empresas é a sentença constitutiva concessiva desse estado jurídico, ao passo que o pedido mediato, isto é, o bem da vida almejado, é a recuperação jurídico-econômica da atividade empresarial. O *quinto* requisito estrutural (...) é a exposição justificada das causas concretas da situação patrimonial e as razões da crise econômico-financeira (arts. 51, I, e 162 da Lei 11.101/2005). O art. 51, I, da Lei 11.101/2005 estabelece como requisito da petição inicial da pretensão de recuperação judicial a exposição das causas concretas da situação patrimonial e as razões da crise econômico-financeira. O *sexto* requisito (...) é o plano de recuperação (art. 50 da Lei 11.101/2005) (...). Observe-se o plano, na recuperação judicial, ser apresentado em momento distinto da inicial, mas sempre antes da formação da triangulação processual (*actum trium personarum*). Na verdade, sua apresentação é diferida para o momento posterior, qual seja, no prazo improrrogável de 60 dias após a publicação do despacho que defere o processamento da recuperação judicial (art. 53, *caput*, da Lei 11.101/2005). O *sétimo* requisito (...) é o valor da causa (arts. 258, 259, *caput*, e 282, V, do CPC). (...). O *oitavo* requisito (...) é o protesto pela produção de provas (art. 282, VI, do CPC). (...) valor da causa (arts. 258, 259, *caput*, e 282, V, do CPC). (...). Por fim, o último requisito (...) é o requerimento de citação (art. 282, VII, do CPC). (...). No âmbito da recuperação judicial de empresas, entenda-se o requerimento de citação como o edital disposto no art. 52, § 1º, da Lei 11.101/2005, que dá a amplitude e a publicidade necessárias ao ato processual" (*Recuperação de Empresas: de Acordo com a Lei 11.101, de 9.2.2005*, São Paulo, Manole, 2008, pp. 115-121).

5. No mesmo sentido: Rachel Sztajn, "Comentários aos arts. 47 ao 54", in Francisco Satiro de Sousa Jr. e Antônio Sérgio Altieri de Moraes Pitombo (coords.), *Comentários à Lei de Recuperação de Empresas e Falência: Lei 11.101/2005*, São Paulo, Ed. RT, 2005, p. 248.

6. No mesmo sentido: Marcos Andrey de Sousa, "Comentários aos arts. 51 ao 54", in Newton de Lucca e Adalberto Simão Filho (coords.), *Comentários à Nova Lei de Recuperação de Empresas e de Falências*, São Paulo, Quartier Latin, 2005, p. 275.

7. Rachel Sztajn esclarece: "Esse relatório deve compor o corpo da petição inicial, não se trata de documento ou anexo. Porque, se assim fora, seria nada mais que a repetição dos fatos que explicam a pretensão, repetição dos motivos pelos quais a crise se instalou. (...) exigir, tal como formulado no inciso I, que o relato apresente causas concretas da crise não impedirá que o empresário impute a terceiros as razões de fato. Dificilmente, por conta da responsabilidade penal, assumirá alguém que os atos de gestão nem sempre seguiram os padrões de diligência e

Com efeito, no regime anterior o deferimento do processamento da concordata se dava *ope legis*, vale dizer, estava condicionado, basicamente, ao preenchimento dos requisitos legais formais, independentemente da opinião dos credores.

Por isso, o devedor lançava mão de uma *exposição estereotipada*, e os juízes, regra geral, aplicavam o comando veiculado no *caput* do art. 159 (exposição minuciosa do estado econômico na petição inicial) com certa temperança.

A partir da vigência da atual lei, ainda que os juízes continuem adotando certa temperança, de nada adiantará uma *exposição estereotipada*, na medida em que os credores passam a participar efetivamente do plano de recuperação judicial, seja objetando-o individualmente (art. 55), seja aprovando-o, rejeitando-o ou modificando-o coletivamente, ou seja, via assembléia-geral (art. 35, I, c/c o art. 56). Frise-se: se dito plano for rejeitado, o juiz decretará a falência do devedor (art. 56, § 4º).

Justamente por isso, concordamos com Fábio Ulhoa Coelho:

"Quer a lei que a exposição mencione as causas 'concretas', devendo-se entender como tais as que atingem diretamente a requerente. Não atende à exigência legal uma exposição vaga, com difusas referências a dados macroeconômicos nacionais ou mundiais. Quando indicados estes, deve a exposição indicar com precisão em que medida provocaram ou acentuaram a crise da empresa cuja recuperação judicial se pleiteia. Afirmações genéricas que lembram a recessão da economia planetária e brasileira, os altos juros praticados pelos bancos ou redução do consumo em função do aumento do desemprego não bastam à exposição das causas indispensável à adequada instrução da petição inicial do pedido de recuperação.

cautela requeridos ou que providências deixaram de ser adotadas em tempo hábil para evitar ou minorar a crise" ("Comentários aos arts. 47 ao 54", cit., in Francisco Satiro de Sousa Jr. e Antônio Sérgio Altieri de Moraes Pitombo (coords.), *Comentários à Lei de Recuperação de Empresas e Falência: Lei 11.101/2005*, p. 249).

8. José da Silva Pacheco tem entendimento distinto: "Quanto às causas concretas da situação patrimonial e às razões da crise econômico-financeiras, devem elas ser expostas de forma clara, precisa e concisa. Podem ser resumidas no texto da petição (...). Pormenorizadamente deve conter-se em exposição anexa à petição inicial, por precisar de um desenvolvimento maior. (...) deve a petição, em documento anexo, detalhar as causas da situação patrimonial do devedor e as causas da crise econômico-financeira" (*Processo de Recuperação Judicial, Extrajudicial e Falência*, Rio de Janeiro, Forense, 2006, pp. 145-146).

9. Jorge Lobo adverte: "(...) parecendo aconselhável que sua elaboração fique a cargo e sob a responsabilidade de técnico ou empresa de consultoria especializada no ramo de atividade do devedor (art. 53, III, por extensão), porquanto a fórmula de um plano de recuperação (art. 53) consistente vai depender de preciso e detalhado diagnóstico das razões de sua situação patrimonial e de percuciente estudo de viabilidade (art. 53, II)" ("Comentários aos arts. 35 ao 69", cit., in Carlos Henrique Abrão e Paulo Fernando Campos Salles de Toledo (coords.), *Lei de Recuperação de Empresas e Falência*, p. 132).

10. Lembra Manoel Justino Bezerra Filho: "O art. 159 da lei anterior trazia estipulação semelhante à presente; no entanto, na prática, estabeleceu-se o sistema de ser feita uma exposição estereotipada, normalmente, dizendo, de forma bastante genérica, que a situação que o País atravessa, os problemas da inflação (ou da globalização, ou do aumento do petróleo, ou da diminuição do poder aquisitivo da população como um todo etc.) é que haviam levado o devedor à situação que o obrigou a pedir o favor legal. Sem embargo, sempre será recomendável que o devedor preste, de forma efetiva e clara, as informações que a lei exige" (*Nova Lei de Recuperação e de Falências Comentada. Lei 11.101, de 9.2.2005, Comentário Artigo por Artigo*, 3ª ed., São Paulo, Ed. RT, 2005, p. 146).

11. José da Silva Pacheco tem a mesma opinião: "Não adianta falar em crise, sem esclarecer o exato significado. Há de se caracterizar, precisamente, a situação anormal em que se encontra a empresa. Não bastam referências difusas e manchetes de jornais sobre tendências macroeconômicas na região, no País ou no mundo. Há de: (1º) descobrir e analisar as dificuldades por que passa a empresa, e não outras; (2º) caracterizá-las com precisão e destemor; (3º) procurar e verificar as causas das mesmas e as razões que a levaram ao surgimento delas; (4º) classificá-las por sua natureza administrativa, econômica, financeira, técnica (atraso tecnológico), patrimonial etc." (*Processo de Recuperação Judicial, Extrajudicial e Falência*, cit., p. 153).

Se eventualmente a crise se enraíza em fatores macroeconômicos, deve a exposição demonstrar como eles atingiram especificamente o requerente.

"De qualquer forma, o juiz não está em condições de adentrar o mérito da exposição ao despachar a petição inicial de pedido de recuperação judicial. Desde que apresentado o diagnóstico, atende-se à lei. Se é verdadeiro ou falso, consistente ou vazio, isto somente no transcorrer do processo se poderá verificar. A veracidade e consistência da exposição das causas são, na verdade, condições necessárias ao convencimento dos órgãos de recuperação judicial acerca da viabilidade do plano. Se o requerente não se preocupou com a qualidade do diagnóstico apresentado ou sabia de suas insuficiências, a única conseqüência é a desmoralização de seu plano de recuperação, que pode não receber a aprovação dos credores, frustrando-se assim o objetivo do pedido."[12]

II – As demonstrações contábeis relativas aos três últimos exercícios sociais e as levantadas especialmente para instruir o pedido, confeccionadas com estrita observância da legislação societária aplicável e compostas obrigatoriamente de: (a) balanço patrimonial; (b) demonstração de resultados acumulados; (c) demonstração do resultado desde o último exercício social; (d) relatório gerencial de fluxo de caixa e de sua projeção.[13] O art. 159, § 1º, IV, da lei anterior previa a instrução da petição inicial com as demonstrações financeiras referentes ao último exercício social e as levantadas especialmente para instruir o pedido, confeccionadas com estrita observância da legislação societária aplicável e composta obrigatoriamente de: (a) balanço patrimonial; (b) demonstração de lucros ou prejuízos acumulados; (c) demonstração do resultado desde o último exercício social.

O § 2º do mesmo art. 159 estabelecia que às demonstrações financeiras especialmente levantadas para instruir o pedido aplicavam-se, ainda, os preceitos dos §§ 2º, 4º e 5º do art. 176 e os dos arts. 189 a 200 da Lei 6.404, de 15.12.1976, independentemente da forma societária do devedor.

Apontemos uma inovação: enquanto a lei anterior exigia a apresentação das demonstrações financeiras referentes ao último exercício e das levantadas especialmente para instruir o pedido de concordata, a atual lei passou a exigir as demonstrações contábeis relativas aos três últimos exercícios sociais, além daquelas levantadas especialmente para instruir o pedido de recuperação judicial.[14]

A inovação parece-nos salutar, já que para aferir a viabilidade do empreendimento do devedor não basta um exame mais recente da situação econômico-financeira, mas é imprescindível a análise do histórico do devedor.

Há também outra inovação: instruir a petição inicial com o relatório gerencial de fluxo de caixa e de sua projeção.[15-16]

12. Fábio Ulhoa Coelho, *Comentários à Nova Lei de Falências e de Recuperação de Empresas*, cit., pp. 146-147.

13. Segundo Fábio Ulhoa Coelho: "Em relação ao relatório gerencial de fluxo de caixa (...) não há que se falar senão na apresentação do relatório levantado por ocasião do requerimento do benefício. Os fluxos anteriores, tenham sido ou não confirmados, não servem para mais nada, em vista de sua natureza de estimação" (*Comentários à Nova Lei de Falências e de Recuperação de Empresas*, cit., p. 148).

14. No tocante às demonstrações contábeis levantadas especialmente para instruir o pedido de recuperação judicial, aduz Fábio Ulhoa Coelho: "(...) com data de no máximo de 30 dias anteriores à petição inicial (penso assim porque essa é a solução normalmente empregada pela lei em situações análogas, tendo em vista a impossibilidade material de se levantar o balanço no mesmo dia em que o instrumento contábil será datado)" (*Comentários à Nova Lei de Falências e de Recuperação de Empresas*, cit., p. 147).

15. Isidoro Fabbrini, em artigo intitulado "Inovações contábeis da Lei de Falências", ao examinar o relatório gerencial de fluxo de caixa e de sua projeção, aduz: "Portanto, fica bem caracterizado o objetivo do legislador, e este o fez com sucesso, introduzindo um instrumento que, se bem utilizado, poderá significar o termômetro financeiro da empresa, às vistas do juiz, do administrador judicial e do

O senador Ramez Tebet, no seu parecer, explica a razão desse requisito: "(...) acrescentamos um item à relação dos documentos que devem acompanhar o pedido de recuperação judicial: o relatório gerencial de caixa da empresa e sua projeção. Esse documento talvez seja o mais importante para se avaliar a viabilidade do plano, pois espelha a capacidade de pagamento do devedor e permite a avaliação econômica da empresa como um todo".[17]

A Lei 6.404/1976 prevê a demonstração de fluxo de caixa e a demonstração de valor adicionado?

À luz da redação originária do art. 176 da Lei 6.404/1976 (Lei das S/A) a resposta é negativa, vez que tal dispositivo previa as seguintes demonstrações financeiras (terminologia utilizada pela Lei das S/A) ou contábeis (terminologia preferida pelos contadores):[18] (1) balanço patrimonial; (2) demonstração de resultado do exercício; (3) demonstração de lucros ou prejuízos acumulados; (4) demonstração de origens e aplicações de recursos.

Já, diante da redação do art. 176, supracitado, dada pelo art. 1º da Lei 11.638, de 28.12.2007, a resposta é positiva, pois as demonstrações financeiras passaram a ser as seguintes: (1) balanço patrimonial; (2) demonstração de resultado do exercício; (3) demonstração de lucros ou prejuízos acumulados; (4) *demonstração de fluxos de caixa*; (5) *demonstração do valor adicionado, se companhia aberta.*[19]

Assim sendo, antes do advento da Lei 11.638, de 28.12.2007, podia-se, perfeitamente, sustentar o entendimento de que o "relatório gerencial de fluxo de caixa e de sua projeção" – apesar de estar mencionado na alínea "d" do inciso II do art. 51 (e, por remissão, também no § 6º do artigo 163) como demonstração contábil de juntada obrigatória à petição inicial – não era, tecnicamente, uma demonstração financeira ou contábil.[20]

No tocante especificamente à projeção do fluxo de caixa, pondera Fábio Ulhoa Coelho: "Em relação ao relatório gerencial de fluxo

comitê de credores, durante todo curso do processo. O fluxo de caixa deverá ter correspondência direta e refletir a situação estática do balanço especial, representado por seu ativo circulante e pelo passivo exigível a curto e longo prazo, que obrigatoriamente estará demonstrando a situação de inadimplência que originou seu pedido de recuperação financeira. Neste fluxo de caixa deverá estar consignada como projeção a expectativa de receitas, custos e despesas e, ao mesmo tempo, coerentemente, ressaltar os números resultantes da implantação dos meios (art. 50) adotados, e finalmente demonstrar a expectativa dos resultados a serem alcançados, refletindo a eficácia destes meios utilizados e o êxito de sua recuperação financeira. Embora não esteja prevista no texto da lei, a prática processual deverá tornar necessária a apresentação periódica (ideal trimestralmente), pelo devedor, dos ajustes necessários no fluxo de caixa, devidamente comprovados, com as devidas correções dos números projetados, em relação aos efetivamente ocorridos. Isto dará oportunidade de se fazer um acompanhamento atualizado das possibilidades de sucesso, ou não, da recuperação financeira da empresa, bem como da eficiência da gestão administrativa do devedor no decorrer do processo" (*Gazeta Mercantil*, ed. de 14.4.2005, Caderno Legal & Jurisprudência. Inovações Contábeis da Lei de Falências, p. 1).

16. Para Fábio Ulhoa Coelho o relatório gerencial de fluxo de caixa "é imprescindível à avaliação do potencial de reerguimento da empresa em crise" (*Comentários à Nova Lei de Falências e de Recuperação de Empresas*, cit., p. 148).

17. Parecer na íntegra: Anexo II desta obra.

18. Tal distinção é efetuada por José Carlos Marion na sua obra intitulada *Contabilidade Empresarial*, 11ª ed., São Paulo, Atlas, 2005, p. 2.

19. Note-se que a demonstração de origens e aplicações de recursos foi extinta como demonstração financeira no âmbito da Lei das S/A.

20. Isidoro Fabbrini, antes da publicação da Lei 11.638, de 28.12.2007, que alterou a redação do art. 176 da Lei das S/A, escreveu um artigo intitulado "Inovações contábeis da Lei de Falências", no qual analisou o relatório gerencial de fluxo de caixa e de sua projeção, nos seguintes termos: "Este demonstrativo não é parte integrante das demonstrações financeiras criadas pelo art. 176 da Lei 6.404/1976 – Lei das S/A –, como também não integra as demonstrações contábeis estabelecidas pelo CFC através da Resolução 686/1990, mas simplesmente é uma peça contábil definida neste texto legal como relatório gerencial. Contabilmente, estaria melhor definido como demonstrativo gerencial" (*Gazeta Mercantil*, ed. de 14.4.2005, Caderno Legal & Jurisprudência. Inovações Contábeis da Lei de Falências, p. 1).

de caixa (...) não é apropriado classificá-lo como demonstração contábil, posto que os fatos apropriados segundo as normas de contabilidade são sempre pretéritos e não projetados".[21]

Lembramos, por fim – e por oportuno –, que o art. 1.179 do CC/2002 prevê apenas duas demonstrações: (1) balanço patrimonial; (2) balanço de resultado econômico.

III – A relação nominal completa dos credores, inclusive aqueles por obrigação de fazer ou de dar, com a indicação do endereço de cada um, a natureza, a classificação e o valor atualizado do crédito, discriminando sua origem, o regime dos respectivos vencimentos e a indicação dos registros contábeis de cada transação pendente. Note-se que a relação deve abranger: (1) todos os credores, sujeitos ou não aos efeitos da recuperação judicial, na medida em que qualquer credor poderá objetar o plano de recuperação (art. 55);[22] (2) os credores por obrigação de dar (credores pecuniários), bem como os credores de obrigações de fazer.

Quanto à natureza do crédito, lembramos que para a habilitação também é necessário declarar a origem do crédito;[23-24-25] todavia, para requerer a falência é dispensável (art. 94) – o que, na nossa opinião, é paradoxal e, por isso, encerra uma *contradictio in adjeto.*

Enfatize-se que, apesar de o inciso sob comento exigir a atualização do valor do crédito, não elege o índice a ser aplicado, o que poderá gerar impugnações pelos credores.[26-27]

Por fim, ressaltamos que a apresentação pelo devedor de relação de credores mediante sonegação ou omissão de informações ou prestação de informações falsas pode configurar o tipo penal "indução a erro", previsto no art. 171 da atual lei.

21. Fábio Ulhoa Coelho, *Comentários à Nova Lei de Falências e de Recuperação de Empresas*, cit., p. 148.

22. No mesmo sentido: Manoel Justino Bezerra Filho, *Nova Lei de Recuperação e de Falências Comentada. Lei 11.101, de 9.2.2005, Comentário Artigo por Artigo*, cit., 3ª ed., pp. 147-148; e Marcos Andrey de Sousa, "Comentários aos arts. 51 ao 54", cit., in Newton de Lucca e Adalberto Simão Filho (coords.), *Comentários à Nova Lei de Recuperação de Empresas e de Falências*, p. 278.

23. Exemplifica Fábio Ulhoa Coelho: "Note-se que o habilitante deve informar a origem do seu direito creditório em qualquer hipótese. Se é credor, por exemplo, de uma nota promissória devida pelo falido que titula por endosso, deve esclarecer na habilitação os negócios jurídicos subjacentes a esses atos cambiários, quando houver" (*Comentários à Nova Lei de Falências e de Recuperação de Empresas*, cit., p. 47).

24. Paulo Fernando Campos Salles de Toledo aduz: "Trata-se de uma especificidade do direito concursal, uma vez que, no tocante aos títulos de crédito (que, em muitos casos, documentam as habilitações), não cabe, em regra, discutir a causa da obrigação. Aqui, no entanto, impõe-se que todos saibam qual a origem do crédito. No dizer de Trajano de Miranda Valverde, este 'é um meio fácil de controlar a legitimidade dos créditos'" (Paulo Fernando Campos Salles de Toledo, "Comentários aos arts. 1º ao 34", in Carlos Henrique Abrão e Paulo Fernando Campos Salles de Toledo (coords.), *Lei de Recuperação de Empresas e Falência*, São Paulo, Saraiva, 2005, p. 27).

25. Ressalta Rachel Sztajn: "A indicação do registro contábil significa que há documentos válidos que suportam o lançamento, que não se trata de operação forjada para aumentar um dos lados do balanço" ("Comentários aos arts. 47 ao 54", cit., in Francisco Satiro de Sousa Jr. e Antônio Sérgio Altieri de Moraes Pitombo (coords.), *Comentários à Lei de Recuperação de Empresas e Falência: Lei 11.101/2005*, p. 253).

26. Segundo Júlio Kahan Mandel: "Quanto ao valor atualizado, não há menção de um índice de correção, em tese prevalecendo o disposto no contrato, se houver essa previsão. Em casos omissos, será algum índice oficial, o que poderá provocar contestação por parte dos credores. O mais sensato seria definir a forma de atualização dos valores vencidos na data da apresentação do plano de recuperação, quando há previsão para o credor apresentar sua insatisfação à proposta de atualização e a assembléia ser convocada para deliberar sobre o plano" (*Nova Lei de Falências e Recuperação de Empresas Anotada: Lei 11.101, de 9.2.2005*, São Paulo, Saraiva, 2005, p. 114).

27. Segundo Fábio Ulhoa Coelho: "A data da relação de credores deve corresponder à da distribuição do pedido em juízo (ou ao anterior, se materialmente impossível a coincidência). Poderá haver, portanto, alguma diferença entre os números apresentados no balanço patrimonial especialmente levantado para a recuperação judicial e os consolidados na relação de credores. Desde que essa diferença seja contabilmente justificável, não há problemas" (*Comentários à Nova Lei de Falências e de Recuperação de Empresas*, cit., p. 148).

IV – A relação integral dos empregados, em que constem as respectivas funções, salários, indenizações e outras parcelas a que têm direito, com o correspondente mês de competência, e a discriminação dos valores pendentes de pagamento. Frise-se que os destinatários do comando deste inciso IV são, apenas e tão-somente, os empregados.[28]

Tal relação é de fundamental importância para que os credores possam avaliar o passivo trabalhista do devedor.

É relevante destacar que dita relação somente terá plena valia se os valores nela discriminados tiverem sido adequadamente provisionados na respectiva escrituração.[29]

V – Certidão de regularidade do devedor no Registro Público de Empresas, o ato constitutivo atualizado e as atas de nomeação dos atuais administradores. Como já enfatizamos alhures, os empresários ou as sociedades empresárias de fato ou irregulares – vale dizer, não personificadas em comum, segundo terminologia adotada pelo art. 986 do CC – não podem requerer recuperação judicial.[30-31]

A expressão "ato constitutivo atualizado" refere-se, inclusive, à adaptação dos atos constitutivos dos empresários e das sociedades empresárias determinada pelo art. 2.031 do CC.[32]

VI – A relação dos bens particulares dos sócios controladores e dos administradores do devedor. Enfatize-se que a petição inicial deve ser instruída com a relação dos bens particulares dos sócios controladores e dos administradores. No entanto, não obriga tais pessoas a prestarem garantias com seus patrimônios às dívidas do devedor.[33]

Rachel Sztajn critica tal dispositivo: "Uma exigência que parece descabida tem que ver com a relação dos bens particulares dos sócios e administradores (inciso VI) em virtude da separação patrimonial entre sócios e a sociedade de que são membros. (...).

28. Lembra Rachel Sztajn: "(...) são arrolados apenas os empregados cujo vínculo laboral seja regido pela Consolidação das Leis do Trabalho. Os prestadores de serviços eventuais, autônomos, cooperados ou que não tenham vínculo reconhecido pela legislação trabalhista em vigor ficam fora desse quadro, devendo ser inseridos entre os credores quirografários" ("Comentários aos arts. 47 ao 54", cit., in Francisco Satiro de Sousa Jr. e Antônio Sérgio Altieri de Moraes Pitombo (coords.), *Comentários à Lei de Recuperação de Empresas e Falência: Lei 11.101/2005*, pp. 253-254).

29. No mesmo sentido: Fábio Ulhoa Coelho, *Comentários à Nova Lei de Falências e de Recuperação de Empresas*, cit., p. 148.

30. Note-se que tal vedação já existia no regime anterior (art. 140, I, do Decreto-lei 7.661/1945).

31. Amélia de Pádua explica: "Desestimulando o exercício de atividade empresarial de forma irregular e na tentativa de reduzir as chances de uso da recuperação judicial para fraudar credores, o inciso V do art. 51 impõe como condição a apresentação de certidão de regularidade do devedor no Registro Público de Empresas, do ato constitutivo atualizado e das atas de nomeação dos atuais administradores" ("Comentários aos arts. 51 e 52", in Érica Guerra e Maria Cristina Frascari Litrento (orgs.), *Nova Lei de Falências: Lei 11.101, de 9.2.2005 – Comentada*, Campinas/SP, LZN Editora, 2005, p. 106).

32. No mesmo sentido, Sérgio Campinho: "A menção legal a 'ato constitutivo atualizado' deve ser entendida não apenas como tradutora daquele que se encontre em vigor, mas também daquele conformado com as exigências da legislação vigente. Esse é um ponto de aferição da regularidade da pessoa jurídica requerente. Portanto, após vencido o prazo para as sociedades empresárias adaptarem seus atos constitutivos às disposições do Código Civil de 2002 (*caput* do art. 2.031), sem que tenha assim procedido a requerente, estará ela a inobservar um requisito formal do pedido, o qual deve ser suprido, sob pena de seu indeferimento" (*Falência e Recuperação de Empresa: o Novo Regime da Insolvência Empresarial*, Rio de Janeiro, Renovar, 2006, p. 131).

33. Fábio Ulhoa Coelho exemplifica: "Se, por exemplo, o acionista controlador da companhia que explora a empresa em crise possui, em seu patrimônio, um bem que pode ser dado em garantia na obtenção de um empréstimo bancário, essa é uma alternativa que somente se pode verificar quando prestada aos credores a informação correspondente. Claro que a efetiva outorga da garantia real dependerá sempre da expressa concordância do titular do bem. Não há meios de constrangê-lo à celebração da obrigação contra sua vontade. (...). A lei determina que seja prestada a informação, nada mais; da apresentação da relação dos bens, ademais, não segue nenhuma obrigação do sócio, acionista controlador ou do administrador relativamente à recuperação judicial ou mesmo na hipótese de convolação desta em falência" (*Comentários à Nova Lei de Falências e de Recuperação de Empresas*, cit., p. 149).

Como o pedido de recuperação não tramita em sigilo de justiça, a publicidade decorrente da relação de bens dos sócios e administradores permitirá que os credores exerçam pressões para obterem a satisfação de seus créditos. (...) na vigência da legislação anterior era comum que os bens particulares dos sócios fossem blindados contra o exercício de pretensões por parte dos credores. A nova regra poderá antecipar o procedimento e criar escudos mais precocemente. Se, como afirmam alguns, a combinação do disposto nesse inciso com a regra do § 2º do art. 82 é salutar, melhor seria que essa relação fosse feita em autos apartados e trazidos para o processo de recuperação judicial se, e quando, estivessem presentes no mínimo indícios fortes de comportamento omissivo ou comissivo causador de danos à sociedade".[34]

A exigência da relação dos bens dos sócios controladores e dos administradores é constitucional? Responde negativamente Fábio Ulhoa Coelho: "Questão interessante a analisar diz respeito à recusa do sócio, acionista controlador ou administrador de apresentar a relação de seus bens. Como a Constituição Federal garante a inviolabilidade da vida privada (art. 5º, X), é plenamente válida a negativa de fornecimento da relação de bens. Nada pode, com efeito, forçar o sócio, controlador ou administrador à apresentação da informação, que, de resto, não consta dos arquivos da sociedade empresária. No caso dessa recusa, porém, não seria justo vedar o acesso da sociedade requerente ao benefício da recuperação, por se tratar de ato de terceiro que ela simplesmente não pode impedir, judicial ou extrajudicialmente. A mencionada relação dos bens pode, assim, ser substituída por declaração de exercício de direito constitucional à privacidade pelo sócio, controlador ou administrador".[35-36]

Responde positivamente José da Silva Pacheco: "A inviolabilidade da intimidade da vida privada, da honra e da imagem das pessoas, assegurada no art. 5º, X, da Constituição, não constitui óbice ao fornecimento dessa relação que visa a dar transparência à atuação dos administradores da sociedade empresária ou de seus controladores, em face da função social da empresa, principalmente num momento de crise, que envolve, às vezes, milhares de pessoas interessadas, além do sistema econômico geral. Numa sociedade em que, amiúde, se encontram sócios e administradores ricos, com imóveis principescos e até fortunas em paraísos fiscais, e empresas decrépitas, a relação acima prevista apresenta-se como razoável demonstração da lisura e honestidade dos administradores controladores, que, a bem da empresa e de todos, não se recusam a demonstrar o que possuem ou têm em seu poder".[37]

Entendemos que somente se poderá extrair a norma veiculada neste inciso VI após sopesar valores conflitantes: de um lado, o direito à intimidade ou à vida privada dos sócios controladores e dos administradores do devedor (art. 5º, X, da CF) e, de outro lado, a preservação da empresa, sua função social e o estímulo à atividade econômica (art. 47).

VII – Os extratos atualizados das contas bancárias do devedor e de suas eventuais aplicações financeiras de qualquer modalidade, inclusive em fundos de investimento ou em bolsas de valores, emitidos pelas respectivas instituições financeiras. Na medida em que o dispositivo alude a "extratos atualizados", surge a seguinte dúvida: tais extratos são aqueles que só apontam os respectivos saldos, ou são aqueles que apontam as respectivas movimentações?

Fábio Ulhoa Coelho aduz: "O extrato de movimento (...) não é documento necessário

34. Rachel Sztajn, "Comentários aos arts. 47 ao 54", cit., in Francisco Satiro de Sousa Jr. e Antônio Sérgio Altieri de Moraes Pitombo (coords.), *Comentários à Lei de Recuperação de Empresas e Falência: Lei 11.101/2005*, pp. 254-255.

35. Fábio Ulhoa Coelho, *Comentários à Nova Lei de Falências e de Recuperação de Empresas*, cit., pp. 149-150.

36. Júlio Kahan Mandel opina: "Uma exigência descabida e até inconstitucional, a meu ver, a quebra do sigilo fiscal dos administradores e dos sócios da empresa, sem motivo e preliminarmente" (*Nova Lei de Falências e Recuperação de Empresas Anotada: Lei 11.101, de 9.2.2005*, cit., p. 114).

37. José da Silva Pacheco, *Processo de Recuperação Judicial, Extrajudicial e Falência*, cit., p. 147.

à instrução da petição inicial; só o do saldo ou posição atual".[38]

José da Silva Pacheco, contrariamente, sustenta: "Trata-se de extratos de movimentos de contas, no último mês, com os respectivos saldos. Embora a lei não mencione o tempo, nem esclareça se deve se referir ao último ano, semestre, trimestre ou mês, ao se referir a extratos atualizados, há de se entender que se refere, pelo menos, ao último mês, até as vésperas do requerimento".[39]

Os extratos de movimentação das contas bancárias e aplicações financeiras são mais completos, já que, além de apontarem as mutações ocorridas, também acusam os respectivos saldos finais atuais.

VIII – Certidões dos cartórios de protestos situados na comarca do domicílio ou sede do devedor e naquelas onde possui filial. À luz do regime anterior, a ausência de títulos protestados por falta de pagamento era condição para a impetração da concordata preventiva.[40]

O egrégio STF, ao editar a Súmula 190 – "O não pagamento de título vencido há mais de 30 dias sem protesto não impede a concordata preventiva" –, minimizou o obstáculo mas não o superou, nem poderia fazê-lo, sob pena de decidir *contra legem*, usurpando a função do Poder Legislativo.

Ora, se, de um lado, a concordata preventiva, como o próprio nome induz, era um favor legal preventivo para evitar a falência e se, de outro lado, um devedor comercial, quando está em "apuros financeiros", mui provavelmente (para não dizer "fatalmente") terá títulos protestados, exsurgia, infalivelmente, a indagação: qual seria a lógica jurídica de impedi-lo de impetrar concordata?

Com o advento da atual lei, que prestigia com veemência a manutenção da empresa (art. 47), felizmente, livramo-nos deste famigerado obstáculo.[41-42]

Não obstante isso, frisamos que as informações constantes das aludidas certidões, sobretudo as positivas, são deveras relevantes para se aferir o eventual êxito da recuperação judicial.[43]

IX – A relação, subscrita pelo devedor, de todas as ações judiciais em que este figure como parte, inclusive as de natureza trabalhista, com a estimativa dos respectivos valores demandados. Frise-se que o inciso alude à relação, e não à certidão judicial.[44]

38. Fábio Ulhoa Coelho, *Comentários à Nova Lei de Falências e de Recuperação de Empresas*, cit., p. 150.

39. José da Silva Pacheco, *Processo de Recuperação Judicial, Extrajudicial e Falência*, cit., p. 148.

40. "Art. 158. (...) cumpre ao devedor satisfazer as seguintes condições: (...) IV – não ter título protestado por falta de pagamento."

41. Ressalta Lídia Valério Marzagão: "Avanço positivo da nova lei diz respeito à dispensa de apresentação de certidão negativa de títulos de protestos. Essa orientação já se refletia na jurisprudência de nossos tribunais especializados. Vemos, hoje, que, ao contrário do que dispunha a lei anterior, a certidão de protestos, ainda que positiva, será um elemento nas mãos do devedor para comprovar a crise financeira e/ou econômica que o assola, justificando a necessidade do acolhimento do pedido de recuperação judicial" ("A recuperação judicial", in Rubens Approbato Machado (coord.), *Comentários à Nova Lei de Falências e Recuperação de Empresas*, São Paulo, Quartier Latin, 2005, p. 85).

42. Explica Amador Paes de Almeida: "Ao contrário do que ocorria sob a égide da antiga legislação, que vedava a concordata preventiva a quem tivesse título protestado, a atual legislação não impede a recuperação judicial ao empresário ou sociedade empresária nessas condições. Todavia, ainda assim, deve o interessado apresentar, com a petição inicial, certidões dos cartórios de protesto da localidade em que se situa a sede dos negócios e filiais, se houver. Tais certidões têm por fim dar uma visão da real possibilidade de recuperação econômico-financeira do devedor" (*Curso de Falência e Recuperação de Empresa*, 23ª ed., São Paulo, Saraiva, 2005, p. 328).

43. No mesmo sentido: Rachel Sztajn, "Comentários aos arts. 47 ao 54", cit., in Francisco Satiro de Sousa Jr. e Antônio Sérgio Altieri de Moraes Pitombo (coords.), *Comentários à Lei de Recuperação de Empresas e Falência: Lei 11.101/2005*, p. 255.

44. Júlio Kahan Mandel ressalta: "A apresentação de certidões judiciais pode suprir a exigência dessa lista subscrita pelo devedor, mas encarecerá o procedimento, pois também os tribunais cobram pela emissão do documento. (...) nesse caso não somente foi abolida a necessidade de certidão oficial como também não há previsão de se juntar uma certidão de objeto e pé daquelas ações ou cópias do processo para que se permita entender a natureza e valores en-

Tal relação é de fundamental importância para que os credores possam avaliar, ainda que de forma estimada, o contencioso ativo e passivo do devedor.

284. Há previsão de prazo adicional para o devedor apresentar os documentos que devem instruir a petição inicial? – No regime anterior, segundo o art. 161, caso o pedido de concordata preventiva não estivesse devidamente instruído, o juiz deveria decretar a falência.

A despeito desse comando legal, a jurisprudência e a doutrina, sensíveis aos efeitos funestos de uma falência, temperaram a inteligência do citado dispositivo legal e passaram a admitir prazo adicional para apresentação de documentos.

A atual lei – para alívio dos empresários, das sociedades empresárias e dos operadores do Direito – deixou de prever a decretação da falência para o caso de insuficiência da instrução da petição inicial. Todavia, ao invés de sacramentar os entendimentos jurisprudencial e doutrinário no sentido de admitir prazo suplementar, simplesmente quedou-se silente.[45-46-47-48-49-50]

285. Os documentos de escrituração contábil têm de ser depositados em cartó-

volvidos na lide, numa inexplicável flexibilização das exigências, em sentido contrário às outras imposições desta lei, sempre tão rigorosas para com o devedor" (*Nova Lei de Falências e Recuperação de Empresas Anotada: Lei 11.101, de 9.2.2005*, cit., p. 116).

45. Júlio Kahan Mandel critica a omissão: "Os legisladores perderam a oportunidade de suprir uma das maiores omissões da lei anterior, e que já estava totalmente suplantada pela jurisprudência: a concessão de prazo ao devedor para apresentar os documentos que devem acompanhar a petição inicial do plano de recuperação. Fixar um prazo igual para todo tipo de empresa realmente não seria salutar, em virtude da diferença de problemas e porte dos devedores; mas ao menos a nova legislação deveria prever que o juiz estabeleceria um prazo conveniente, a pedido do devedor, para que pudesse suprir a falta de documentos. (...). Tendo em mente que o procedimento quase sempre é emergencial e que, portanto, o devedor de boa-fé normalmente não possui os documentos necessários para instrução do pedido no dia em que necessitar se socorrer da moratória, não se pode puni-lo por isso, mesmo porque a punição afetaria a todos os credores e se voltaria contra o espírito da lei, que é de recuperar a empresa merecedora desse favor legal" (*Nova Lei de Falências e Recuperação de Empresas Anotada: Lei 11.101, de 9.2.2005*, cit., pp. 111-112).

46. Sidnei Agostinho Benetti recomenda: "Pode ser determinada a emenda da petição inicial, mas, lembre-se, o início do processo de recuperação judicial é sempre urgente, de maneira que, entrevista a viabilidade no essencial, eventuais determinações de sanação de pontos específicos devem ser realizadas sem prejuízo do deferimento do processamento – quer dizer: defere-se o processamento e determinam-se as correções e sanções sem paralisar o procedimento no tocante ao principal" ("O processo de recuperação judicial", in Luiz Fernando Valente de Paiva (coord.), *Direito Falimentar e a Nova Lei de Falências e Recuperação de Empresas*, São Paulo, Quartier Latin, 2005, p. 235).

47. Amador Paes de Almeida aduz: "Não estando a petição inicial acompanhada da documentação exigida no art. 51, pode e deve o advogado solicitar prazo para a complementação, ou o juiz, de ofício, conceder-lhe-á o prazo de 10 dias para fazê-lo, nos termos do art. 284 do CPC" (*Curso de Falência e Recuperação de Empresa*, cit., 23ª ed., p. 329).

48. Sérgio Campinho doutrina: "Faltando qualquer desses documentos necessários à instrução do pedido, não deverá o juiz indeferir a petição, mas sim determinar que o requerente a complete em 10 dias, aplicando-se o estatuído no art. 284 do CPC, por força do que dispõe o art. 189 da Lei 11.101/2005. A jurisprudência consolidada no STJ é clara a respeito: 'Em obséquio ao princípio da instrumentalidade do processo, não estando a inicial acompanhada dos documentos indispensáveis, deve o juiz determinar o suprimento, e não o indeferir de plano a inicial'" (*Falência e Recuperação de Empresa: o Novo Regime da Insolvência Empresarial*, cit., p. 132).

49. No mesmo sentido, José da Silva Pacheco: "O juiz, ao receber a petição, se verificar que não preenche os requisitos exigidos pelo art. 51, poderá determinar que o autor a complete, no prazo máximo de 10 dias, como preceitua o art. 284, invocável nos termos do art. 189 da Lei 11.101, de 2005" (*Processo de Recuperação Judicial, Extrajudicial e Falência*, cit., p. 149).

50. Marcos Andrey de Sousa complementa: "Ao receber determinação de emenda da inicial, o devedor terá duas alternativas: cumprir a exigência do juiz e insistir na postulação do processamento da recuperação; ou então desistir da ação, nos termos do art. 267, VIII, do CPC. Esta possibilidade é evidente, já que a nova Lei de Falências não proíbe a desistência do pedido nesta fase" ("Comentários aos arts. 51 ao 54", cit., in Newton de Lucca e Adalberto Simão Filho (coords.), *Comentários à Nova Lei de Recuperação de Empresas e de Falências*, p. 278).

rio? – O § 1º do artigo 160 do texto legal anterior estabelecia que os livros do devedor deveriam ser depositados em cartório.

O § 1º do art. 51 da atual lei prescreve que os documentos de escrituração contábil e demais relatórios auxiliares "permanecerão à disposição do juízo, do administrador judicial e, mediante autorização judicial, de qualquer interessado".

Lembramos que ao administrador judicial, sob fiscalização do juiz e do comitê de credores, compete dar extratos dos livros do devedor, que merecerão fé de ofício, a fim de servirem de fundamento para habilitações e impugnações de crédito (art. 22, I, "c").

O § 2º do art. 51 permite às microempresas e às empresas de pequeno porte a apresentação de livros e escrituração contábil simplificados, nos termos da legislação vigente.

O § 3º do artigo 51 determina que tais documentos somente terão de ser depositados, caso o juiz assim determine.[51]

Manoel Justino Bezerra Filho pondera: "O § 1º (...) embora não reproduza os termos expressos da lei anterior, ainda assim obriga que o devedor entregue em juízo os livros, que deverão ser encerrados pelo escrivão, sob rubrica do juiz. (...). Assim, o devedor deverá providenciar a abertura de novos livros para os lançamentos normais e, em caso de fiscalização, informará, comprovando que os livros anteriores estão à disposição do juízo, não podendo, por óbvio, vir a sofrer qualquer tipo de autuação pelo fato de ter iniciado novos livros antes que os anteriores estivessem terminados".[52]

Fábio Ulhoa Coelho opina: "Normalmente, o juiz não deve determinar o depósito, que significa unicamente transtornos para os serviços do cartório, sem real proveito para realização dos objetivos da recuperação judicial. A ordem de depósito só deve ser emitida se houver risco de adulteração ou perda da escrituração mercantil. (...). O juiz deve ficar atento, porém, à indiscutível necessidade de preservação das informações estratégicas da requerente. Se elas caírem em mãos da concorrência, o resultado será desastroso: ao invés de se recuperar, a empresa em dificuldade provavelmente irá à ruína. Se houver risco de devassa de tais informações, o juiz deve indeferir o requerimento do interessado na consulta à escrituração mercantil. Igual cuidado deve empregar ao decidir se determina ou não o depósito dos livros em cartório".[53]

Diante dos comandos veiculados nos §§ 1º e 3º, a ponderação de Manoel Justino Bezerra Filho nos parece exacerbada; já, a opinião de Fábio Ulhoa Coelho nos parece adequada.

Art. 52. Estando em termos a documentação exigida no art. 51 desta Lei, o juiz deferirá o processamento da recuperação judicial[286] e, no mesmo ato:[287-288] I – nomeará o administrador judicial, observado o disposto no art. 21 desta Lei; II – determinará a dispensa da apresentação de certidões negativas para que o devedor exerça suas atividades, exceto para contratação com o Poder Público ou para recebimento de benefícios ou incentivos fiscais ou creditícios, observando o disposto no art. 69 desta Lei; III – ordenará a suspensão de todas as ações ou execuções contra o devedor, na forma do art. 6º desta Lei, permanecendo os respectivos autos no juízo onde se processam, ressalvadas as ações previstas nos §§ 1º, 2º e 7º do art. 6º desta Lei e as relativas a créditos excetuados na forma dos §§ 3º e 4º do art. 49 desta Lei; IV – determinará ao devedor

51. Amador Paes de Almeida compartilha do mesmo entendimento: "Os livros de escrituração contábil e os documentos pertinentes permanecem à disposição do juízo durante o tempo de recuperação, mas não necessariamente no cartório da Vara respectiva" (*Curso de Falência e Recuperação de Empresa*, cit., 23ª ed., p. 328).

52. Manoel Justino Bezerra Filho, *Nova Lei de Recuperação e de Falências Comentada. Lei 11.101, de 9.2.2005, Comentário Artigo por Artigo*, cit., 3ª ed., pp. 151-152.

53. Fábio Ulhoa Coelho, *Comentários à Nova Lei de Falências e de Recuperação de Empresas*, cit., p. 151.

a apresentação de contas demonstrativas mensais enquanto perdurar a recuperação judicial, sob pena de destituição de seus administradores; V – ordenará a intimação do Ministério Público e a comunicação por carta às Fazendas Públicas Federal e de todos os Estados e Municípios em que o devedor tiver estabelecimento.

§ 1º. O juiz ordenará a expedição de edital, para publicação no órgão oficial, que conterá:[289] I – o resumo do pedido do devedor e da decisão que defere o processamento da recuperação judicial; II – a relação nominal de credores, em que se discrimine o valor atualizado e a classificação de cada crédito; III – a advertência acerca dos prazos para habilitação dos créditos, na forma do art. 7º, § 1º, desta Lei, e para que os credores apresentem objeção ao plano de recuperação judicial apresentado pelo devedor nos termos do art. 55 desta Lei.

§ 2º. Deferido o processamento da recuperação judicial, os credores poderão, a qualquer tempo, requerer a convocação de assembléia-geral para a constituição do comitê de credores ou substituição de seus membros, observado o disposto no § 2º do art. 36 desta Lei.[290]

§ 3º. No caso do inciso III do *caput* deste artigo, caberá ao devedor comunicar a suspensão aos juízos competentes.[291]

§ 4º. O devedor não poderá desistir do pedido de recuperação judicial após o deferimento de seu processamento, salvo se obtiver aprovação da desistência na assembléia-geral de credores.[292]

LEGISLAÇÃO ANTERIOR

Lei de Falências (DL 7.661/1945): *Art. 161.* Cumpridas as formalidades do artigo anterior, o escrivão fará, imediatamente, os autos conclusos ao juiz, que, se o pedido não estiver formulado nos termos da lei, não vier devidamente instruído, ou quando estiver inequivocamente caracterizada a fraude, declarará, dentro de 24 (vinte e quatro) horas, aberta a falência, observado o disposto no parágrafo único do art. 14 desta Lei.

§ 1º. Estando em termos o pedido, o juiz determinará seja processado, proferindo despacho em que: I – mandará expedir edital de que constem o pedido do devedor, a íntegra do despacho e a lista dos credores a que se referem os incisos V e VI do parágrafo único do art. 159 desta Lei, para que seja publicado no órgão oficial, nos termos do § 2º do art. 206, e mantido no cartório à disposição dos interessados; II – ordenará a suspensão de ações e execuções contra o devedor, por créditos sujeitos aos efeitos da concordata; III – marcará, observado o disposto no art. 80 desta Lei, prazo para os credores sujeitos aos efeitos da concordata que não constarem, por qualquer motivo, na lista a que se referem os incisos V e VI do parágrafo único do art. 159 apresentarem as declarações e documentos justificativos de seus créditos; IV – nomeará comissário, com observância do disposto no art. 60 e seus parágrafos; V – marcará prazo para que o devedor torne efetiva a garantia porventura oferecida.

§ 2º. Excluem-se da disposição do n. II do parágrafo anterior as ações e execuções que não tiverem por objeto o cumprimento de obrigação líquida, cujos credores serão incluídos, se for o caso, na classe que lhes for própria, uma vez tornado líquido o seu direito.

COMENTÁRIOS

286. Distinção entre o despacho de deferimento do processamento da recuperação judicial e o despacho de concessão da recuperação judicial – Enquanto o art. 52 trata do despacho de deferimento do processamento da recuperação judicial, o art. 58 disciplina o despacho de concessão da recuperação judicial propriamente dita.[54-55-56-57-58-59]

54. O art. 63, por sua vez, trata da sentença de encerramento da recuperação judicial.

55. Explica Fábio Ulhoa Coelho: "O despacho de processamento não se confunde também com a decisão concessiva da recuperação judicial. O pedido de tramitação é acolhido no despacho de processamento, em vista apenas de dois fatores – a legitimidade ativa da parte requerente e a instrução nos termos da lei. Ainda não está definido, porém, que a empresa do devedor é viável e, portanto, ele tem direito ao benefício. Só na tramitação do processo, ao longo da fase deliberativa, fornecerá os elementos para a concessão

Ressaltamos que o despacho de deferimento do processamento da recuperação judicial depende apenas da apreciação judicial – vale dizer, o juiz examinará o pedido formulado independentemente da ouvida dos terceiros (credores, Ministério Público etc.).[60-61]

287. Qual é a condição* sine qua non *ao deferimento do processamento da recuperação judicial? – Estar em termos – vale dizer, completa a documentação exigida no art. 51.

288. Conteúdo do despacho de deferimento do processamento da recuperação judicial – No despacho de deferimento do processamento da recuperação judicial deverão constar:

I – A nomeação do administrador judicial. O juiz nomeará administrador "profissional idôneo, preferencialmente advogado, economista, administrador de empresas ou contador ou pessoa jurídica especializada" (art. 21).

Note-se que, diferentemente do que ocorre na falência (art. 103), na recuperação judicial o devedor ou seus administradores continuam na condução da atividade empresarial, porém sob a fiscalização do comitê de credores, se houver, e do administrador judicial (art. 64).

II – A dispensa da apresentação de certidões negativas, exceto para contratação com o Poder Público ou para recebimento de benefícios ou incentivos fiscais ou creditícios. Manoel Justino Bezerra Filho critica esse dispositivo: "(...) dependendo do tipo de empresa, este inciso pode determinar a inviabilidade da continuação das atividades.

da recuperação judicial" (*Comentários à Nova Lei de Falências e de Recuperação de Empresas*, São Paulo, Saraiva, 2005, pp. 154-155).

56. Marcos Andrey de Sousa recorda: "O processamento da concordata se dá por despacho, e estará sujeito apenas à decisão do juiz, sem qualquer interferência ou vontade tácita ou expressa dos credores. Assemelha-se, portanto, à sistemática do Decreto-lei 7.661/1945 (...)" ("Comentários aos arts. 51 ao 54", in Newton de Lucca e Adalberto Simão Filho (coords.), *Comentários à Nova lei de Recuperação de Empresas e de Falências*, São Paulo, Quartier Latin, 2005, p. 280).

57. No tocante ao despacho de deferimento do processamento da recuperação judicial, adverte Júlio Kahan Mandel: "(...) a rápida decisão de processamento permitirá a suspensão das ações e execuções contra o devedor, que, se não acontecer rapidamente, poderá levar a empresa à ruína. Estando formalmente instruído o pedido e preenchidos os requisitos da Lei de Falências, deverá ser deferido o processamento do benefício legal requerido, sem maiores delongas" (*Nova Lei de Falências e Recuperação de Empresas Anotada: Lei 11.101, de 9.2.2005*, São Paulo, Saraiva, 2005, p. 117).

58. Reprisamos as lições de Sidnei Agostinho Benetti: "Pode ser determinada a emenda da petição inicial, mas, lembre-se, o início do processo de recuperação judicial é sempre urgente, de maneira que, entrevista a viabilidade no essencial, eventuais determinações de sanação de pontos específicos devem ser realizadas sem prejuízo do deferimento do processamento – quer dizer: defere-se o processamento e determinam-se as correções e sanções sem paralisar o procedimento no tocante ao principal" ("O processo de recuperação judicial", in Luiz Fernando Valente de Paiva (coord.), *Direito Falimentar e a Nova Lei de Falências e Recuperação de Empresas*, São Paulo, Quartier Latin, 2005, p. 235).

59. Aduz Luiz Inácio Vigil Neto: "Deve ficar claro que o deferimento da petição inicial não significa a concessão do regime recuperatório judicial nem a assunção de qualquer compromisso por parte do magistrado em concedê-lo no futuro. O deferimento da petição inicial significa, tão-só, a autorização de tramitação do processo, por parte do magistrado" (*Teoria Falimentar e Regimes Recuperatórios: Estudos sobre a Lei 11.101/2005*, Porto Alegre, Livraria do Advogado, 2008, p. 163).

60. Marcos Andrey de Sousa também destaca: "O processamento da recuperação judicial se dá por despacho, sem qualquer interferência ou vontade tácita ou expressa dos credores" ("Comentários aos arts. 51 ao 54", cit., in Newton de Lucca e Adalberto Simão Filho (coords.), *Comentários à Nova Lei de Recuperação de Empresas e de Falências*, p. 280).

61. Informa Luiz Inácio Vigil Neto: "A intimação do Ministério Público quando do deferimento da petição inicial determina, segundo o enunciado do Ofício 12/2005 proveniente da Corregedoria do Ministério Público do Estado do Rio Grande do Sul, a intervenção obrigatória do promotor de justiça no processo a partir daquele ato" (*Teoria Falimentar e Regimes Recuperatórios: Estudos sobre a Lei 11.101/2005*, cit., p. 165).

Com efeito, imagine-se uma empresa que tem grandes contratos com o Poder Público e que, no momento em que pede sua recuperação, fica proibida de continuar tais contratos, a menos que apresente certidões negativas".[62-63]

A crítica do autor parece-nos adequada, até porque, num contexto de recuperação judicial, todos os envolvidos têm de assumir uma parcela de sacrifício.

A dispensa da apresentação das certidões negativas de débitos tributários ou positivas com efeitos de negativas é – frise-se – limitada temporalmente, já que após a juntada do plano de recuperação aprovado pela assembléia-geral de credores o devedor deverá apresentá-las (art. 57).[64]

III – A suspensão de todas as ações ou execuções contra o devedor, ressalvadas as ações previstas nos §§ 1º, 2º e 7º do art. 6º da lei, e as relativas a créditos excetuados na forma dos §§ 3º e 4º do art. 49 da lei. O art. 52, no seu inciso III, em harmonia com o art. 6º, determina que a sentença que defere o processamento da recuperação judicial ordenará a suspensão de todas as ações ou execuções intentadas em face do devedor, ressalvando as ações que demandam quantia ilíquida, o pleito perante o administrador judicial de créditos derivados das relações de trabalho e as execuções fiscais.

Esclarece Trajano de Miranda Valverde que a suspensão de todas as ações e execuções intentadas contra o devedor se opera a bem da coletividade de credores.[65-66]

62. Manoel Justino Bezerra Filho, *Nova Lei de Recuperação e de Falências Comentada. Lei 11.101, de 9.2.2005, Comentário Artigo por Artigo*, 3ª ed., São Paulo, Ed. RT, 2005, p. 153.

63. Amélia de Pádua também formula sua crítica: "Neste ponto parece ter contrariado, o legislador, o princípio da celeridade e eficiência do processo, tornando inócuos todos os atos praticados a partir do deferimento do processamento da recuperação judicial até a tempestiva apresentação dessas certidões. O senador Arthur Virgílio, na Emenda de n. 11, propôs a supressão do art. 57 do Substitutivo, eliminando a exigência das certidões tributárias para a concessão da recuperação judicial, sendo rejeitada pela Comissão de Constituição e Justiça sob o argumento de que constituía medida para evitar que o instituto sirva como expediente para livrar-se da sucessão tributária na venda de unidades da empresa em dificuldades. Ressaltou-se, ainda, que a certidão positiva com efeitos de negativa não obstará à recuperação judicial (...). Não perde razão referida crítica com a aprovação do PL 70/2003, que altera a Lei 5.172/1966 (Código Tributário Nacional), dando nova redação ao art. 155-A através da inclusão dos §§ 3º e 4º, pois o que compromete o prosseguimento da recuperação judicial é a juntada tempestiva das certidões e não, necessariamente, a situação do devedor por elas traduzida, criando empecilho e fazendo perderem-se todos os atos até então praticados. Não resta dúvida, portanto, de que tal construção compromete a celeridade do processo, pois se há uma possibilidade de cessar o benefício da recuperação, apesar de tudo o mais ter ocorrido a contento da lei, sua exigência deveria estar prevista no art. 51 como requisito para deferimento do processamento da recuperação judicial" ("Comentários aos arts. 51 e 52", in Érica Guerra e Maria Cristina Frascari Litrento (orgs.), *Nova Lei de Falências: Lei 11.101, de 9.2.2005 – Comentada*, Campinas/SP, LZN Editora, 2005, pp. 108-109).

64. A necessidade de apresentação das certidões *a posteriori* é denominada por Júlio Kahan Mandel de "armadilha dos privilégios fiscais" (*Nova Lei de Falências e Recuperação de Empresas Anotada: Lei 11.101, de 9.2.2005*, cit., p. 118).

65. Trajano de Miranda Valverde, *Comentários à Lei de Falências*, 2ª ed., vol. I, Rio de Janeiro, Revista Forense, 1955, p. 195.

66. Como ensina Fábio Ulhoa Coelho: "Seria de fato despropositado que os credores continuassem exercendo individualmente seu direito à cobrança judicial concomitante à tramitação do concurso. Estariam, nesse caso, sendo desenvolvidas duas medidas judiciais de idênticas finalidades, a execução individual e a concursal. Por essa razão suspendem-se as execuções em que seja executado o falido (aquelas em que ele é credor continuam) (...) na recuperação judicial o fundamento é diverso. Suspendem-se as execuções individuais contra o empresário individual ou sociedade empresária que requereu a recuperação judicial para que eles tenham o fôlego necessário para atingir o objetivo pretendido da reorganização da empresa. A recuperação judicial não é execução concursal e, por isso, não se sobrepõe às execuções individuais em curso. A suspensão, aqui, tem fundamento diferente. Se as execuções continuassem, o devedor poderia ver frustrados os objetivos da recuperação judicial, em prejuízo, em última análise, da comunhão dos credores" (*Comentários à Nova Lei de Falências e de Recuperação de Empresas*, cit., p. 38).

Jurisprudência[67]

Eis um julgado pertinente:

[TJRJ] Agravo de instrumento – Recuperação de empresa – Suspensão das ações e execuções – Art. 6º da Lei n. 11.101/2005. *As ações e execuções suspensas quando do deferimento da recuperação judicial são apenas aquelas em que o falido ou recuperando são devedores, ou seja, as ações e execuções em que estes figurem no pólo passivo.* Por interpretação *a contrario sensu*, aquelas ações em que o falido ou recuperando é credor, figurando no pólo ativo da relação processual, como é o caso dos autos, em que busca o agravado o ressarcimento pela indenização já paga por terceiro, não são suspensas pela superveniência da recuperação judicial ou falência. Suspender uma ação em que o recuperando figura como exeqüente e com depósito em dinheiro nos autos a garanti-la significa frustrar o objetivo da recuperação, pois é retardar ainda mais um crédito necessário à reorganização da empresa – Provimento do recurso. [*18ª Câmara Cível, AI 2005.002.22119, rela. Desa. Célia Meliga Pessoa, j. 6.12.2005*]

No tocante ao termo inicial da suspensão das ações e execuções, é de ser esclarecido que o prazo improrrogável de 180 dias relativo à suspensão de todas as ações e execuções intentadas em face do devedor, fixado no § 4º do art. 6º, é contado do despacho de deferimento do processamento da recuperação judicial (art. 52), e não do despacho em que o juiz a concede (art. 58).

Qual é o termo inicial do prazo de 180 dias: a data do despacho de deferimento do processamento da recuperação ou a data da sua publicação no órgão oficial?

Responde, adequadamente, Sérgio Campinho: "A despeito da literalidade do preceito, que faz menção ao prazo de 180 dias 'contado do processamento da recuperação', sustentamos que o início da contagem se realiza não da data da decisão, mas sim daquela em que ganhou publicidade, o que se verifica com o edital de publicação no órgão oficial. Interpretação contrária viria a vulnerar o sistema da própria legislação, porquanto o prazo de habilitação dos credores se conta desta publicação (§ 1º do art. 7º), a qual servirá, de forma indireta, para o cômputo do prazo para que o administrador judicial anuncie, por edital, a relação de credores elaborada (§ 2º do art. 7º), do qual se conta o prazo para os credores objetarem o plano de recuperação apresentado (art. 55), cuja ocorrência enseja a convocação da assembléia-geral de credores para sobre ele deliberar (art. 56). Outrossim, é a partir dela que também flui o prazo para o devedor apresentar seu plano de recuperação em juízo. Ora, como adiante se demonstrará, o prazo de suspensão das ações encontra-se intimamente ligado com o procedimento de apresentação do plano e sua análise pela assembléia-geral de credores, caso sofra impugnação. Portanto, o interregno de 180 dias não pode ter como termo *a quo* senão o da publicação da decisão de processamento da recuperação, sob pena de se romper o sistema".[68]

Por fim – enfatize-se –, após o decurso dos 180 dias restabelecer-se-á o direito dos credores de continuar suas ações e execuções, independentemente de pronunciamento judicial (§ 4º do art. 6º).

IV – A determinação ao devedor da apresentação de contas demonstrativas mensais enquanto perdurar a recuperação judicial, sob pena de destituição de seus administradores. Considerando que o dispositivo prescreve "enquanto perdurar a recuperação judicial", indaga-se: será também necessária a apresentação de contas demonstrativas mensais logo após o deferimento do processamento da recuperação judicial?

Responde Manoel Justino Bezerra Filho: "(...) está claro que, a partir do presente momento, o devedor deve apresentar contas demonstrativas mensais, embora haja o risco de eventualmente não ser concedida a recuperação".[69]

67. Manoel Justino Bezerra Filho, *Jurisprudência da Nova Lei de Recuperação de Empresas e Falências/Decisões, Ofícios Judiciais, Resoluções, Sentenças, Acórdãos, Dentre Outros Documentos*, São Paulo, Ed. RT, 2006, pp. 113-114.

68. Sérgio Campinho, *Falência e Recuperação de Empresa: o Novo Regime da Insolvência Empresarial*, Rio de Janeiro, Renovar, 2006, p. 144.

69. Manoel Justino Bezerra Filho, *Nova Lei de Recuperação e de Falências Comentada. Lei 11.101,*

A posição do autor é discutível, na medida em que se pode sustentar que a recuperação judicial, propriamente dita, somente passa a existir a partir do despacho que a concede (art. 58), e não do despacho que defere seu processamento.

V – Ordenará a intimação do Ministério Público e a comunicação por carta às Fazendas Públicas Federal e de todos os Estados e Municípios em que o devedor tiver estabelecimento. O senador Ramez Tebet, no seu relatório, explica: "Além disso, na recuperação judicial é mais adequado que o Fisco e o Ministério Público sejam informados do deferimento de seu processamento – e não da sentença de concessão –, para que possam conhecer com maior antecedência a situação do devedor. Dessa forma, é preciso suprimir o § 2º do art. 59 do Substitutivo e transformá-lo em um inciso do art. 52".[70]

E a Junta Comercial também será comunicada? Sim, o juiz determinará ao Registro Público de Empresas a anotação da recuperação judicial (parágrafo único do art. 69).

289. O que deverá constar do edital para publicação no órgão oficial? – Visando a dar maior amplitude à publicidade do despacho de deferimento da recuperação judicial, a lei determina a expedição de edital.

Neste edital deverão constar: (1) o resumo do pedido do devedor e da decisão que defere o processamento da recuperação judicial; (2) a relação nominal de credores, em que se discrimine o valor atualizado e a classificação de cada crédito; (3) a advertência acerca dos prazos para habilitação dos créditos, na forma do art. 7º, § 1º, da lei, e para que os credores manifestem objeção ao plano de recuperação judicial apresentado pelo devedor nos termos do art. 55 da lei.

290. A partir de quando os credores poderão convocar a assembléia-geral para constituição do comitê de credores? – Deferido o processamento da recuperação judicial, os credores poderão, a qualquer tempo, requerer a convocação de assembléia-geral para a constituição do comitê de credores ou substituição de seus membros (§ 2º do art. 52).

Em relação ao *quorum* de convocação da assembléia-geral para constituição do comitê de credores, é de, no mínimo, 25% do valor total de uma determinada classe (§ 2º do art. 36).

291. A quem caberá comunicar a suspensão das ações ou execuções aos juízos competentes? – Caberá ao próprio devedor comunicar a suspensão das ações e execuções aos juízos competentes (§ 3º do art. 52).

Caso ele deixe de proceder à referida comunicação, haverá sanção? Responde Marcos Andrey de Sousa:

"Não o fazendo, todos os atos processuais, ainda que praticados após o despacho de processamento, surtirão os efeitos devidos. (...). A suspensão das ações é *ope legis* e a informação por parte do devedor tem natureza meramente administrativa, mas jamais constitutiva de direitos.

"O problema ocorrerá quando o devedor for desidioso e se demorar exacerbadamente para informar o outro juízo acerca da suspensão. Nesta hipótese, tal demora não implicará o reconhecimento dos efeitos produzidos pelos atos processuais praticados entre a data do despacho que deferiu o processamento da recuperação judicial até a efetiva comunicação do devedor, já que a suspensão, como exposto, ocorre *ope legis*. Porém, o devedor pode se sujeitar a eventuais perdas e danos caso sua demora, que deve ser entendida como decurso de prazo razoável para a apresentação da informação, venha a provocar prejuízos a terceiros ou até mesmo custas processuais, aplicando-se, no que couber, o disposto no art. 35 do CPC."[71]

Concordamos com a opinião do autor.

de 9.2.2005, Comentário Artigo por Artigo, cit., 3ª ed., p. 154.

70. Parecer na íntegra: Anexo II desta obra.

71. Marcos Andrey de Sousa, "Comentários aos arts. 51 ao 54", cit., in Newton de Lucca e Adalberto Simão Filho (coords.), *Comentários à Nova Lei de Recuperação de Empresas e de Falências*, pp. 284-285.

292. O devedor poderá desistir do pedido de recuperação judicial? – O devedor não poderá desistir do pedido de recuperação judicial após o deferimento de seu processamento, salvo se obtiver aprovação da desistência na assembléia-geral de credores (§ 4º do art. 52).[72-73-74]

E após a concessão da recuperação judicial propriamente dita? Ora, se a concessão da recuperação judicial pressupõe seu deferimento prévio, dessome-se que o devedor também não poderá formular desistência da recuperação mesmo após sua concessão.

Jorge Lobo resume: "Entre o ajuizamento da petição inicial e o deferimento do processamento da recuperação, o devedor tem assegurado o direito potestativo de desistir da ação".[75-76]

Fábio Ulhoa Coelho critica o dispositivo: "Após obter o despacho de processamento da recuperação judicial, o devedor interessado unicamente em se locupletar às custas dos credores – e não propriamente em usufruir dos benefícios da lei com intuito de proteger a empresa – pode contratar um comissário para negociar suas obrigações passivas com deságio. Os credores serão procurados por essa pessoa que age em nome próprio, mas por conta do comitente (no caso, o devedor). Ficarão tentados a ceder seus direitos creditórios a despeito do significativo desconto, para salvarem pelo menos parte deles.

"Quando o comissário já tiver negociado mais da metade dos créditos, a anuência da assembléia para a desistência está garantida e os objetivos reais e ilícitos do devedor terão sido alcançados. Se a lei exigisse a quitação de todos os credores (e não da maioria dos presentes na assembléia), esse uso fraudulento do instituto seria mais difícil."[77]

Com efeito, a crítica do autor parece-nos pertinente.

72. Marcos Andrey de Sousa lembra: "Era muito comum (...) a apresentação de desistência de concordata antes da data de apresentação das certidões negativas fiscais, a fim de desonerar o concordatário de tal obrigação. A construção partiu das regras gerais de processo civil, que confere ao autor a possibilidade de desistir da ação. Todavia, no intuito de evitar que a concordata fosse má [*sic*] utilizada, a jurisprudência predominante passou a entender que a desistência era possível desde que não representasse prejuízos aos credores" (*Comentários à Nova Lei de Recuperação de Empresas e de Falências*, cit., p. 287).

73. Fábio Ulhoa Coelho afirma: "Em minhas contribuições ao aperfeiçoamento do Projeto de Lei (...) sugeri que a desistência do pedido ficasse condicionada à quitação de todas as obrigações vencidas. Preferiu-se, contudo, estabelecer condição diversa, que é a aprovação pela assembléia-geral dos credores" (*Comentários à Nova Lei de Falências e de Recuperação de Empresas*, cit., p. 157).

74. Rachel Sztajn alerta: "Se o pedido de recuperação judicial constitui uma estratégia destinada a facilitar a preservação dos negócios, a desistência deve ser entendida como nova estratégia, daí o interesse em indagar o que teria ocorrido, entre o momento que o pedido de recuperação judicial foi apresentado e seu deferimento, que justifique (ou explique) a mudança de rumo. A composição da crise empresarial mediante a obtenção de prazo e/ou condições menos rigorosas para cumprimento das obrigações é o que enseja o pedido de recuperação, portanto a desistência há de ter como fundamento ou a piora extremada da situação, e, nesse caso, se chegar à falência, ou, então, alvíssaras, há fatos novos que permitem supor que a proteção judicial da recuperação pode ser dispensada" ("Comentários aos arts. 47 ao 54", in Francisco Satiro de Sousa Jr. e Antônio Sérgio Altieri de Moraes Pitombo (coords.), *Comentários à Lei de Recuperação de Empresas e Falência: Lei 11.101/2005*, São Paulo, Ed. RT, 2005, p. 263).

75. Jorge Lobo, "Comentários aos arts. 35 ao 59", in Carlos Henrique Abrão e Paulo Fernando Campos Salles de Toledo (coords.), *Lei de Recuperação de Empresas e Falência*, São Paulo, Saraiva, 2005, p. 137.

76. No mesmo sentido, Sérgio Campinho: "(...) a desistência, em aplicação dos princípios gerais que norteiam o processo civil comum, só deverá ser admitida até o final do processamento da recuperação. Concedida por sentença, não há mais espaço para a iniciativa, porquanto a decisão, ainda que com perfil homologatório, representa julgamento de mérito" (*Falência e Recuperação de Empresa: o Novo Regime da Insolvência Empresarial*, cit., p. 139).

77. Fábio Ulhoa Coelho, *Comentários à Nova Lei de Falências e de Recuperação de Empresas*, cit., p. 158.

Seção III – Do Plano de Recuperação Judicial

Art. 53. O plano de recuperação[293-294] será apresentado pelo devedor em juízo no prazo improrrogável de 60 (sessenta) dias[295] da publicação da decisão que deferir o processamento da recuperação judicial, sob pena de convolação em falência,[296] e deverá conter:[297] I – discriminação pormenorizada dos meios de recuperação a ser empregados, conforme o art. 50 desta Lei, e seu resumo;[295] II – demonstração de sua viabilidade econômica; e III – laudo econômico-financeiro e de avaliação dos bens e ativos do devedor, subscrito por profissional legalmente habilitado ou empresa especializada.

Parágrafo único. O juiz ordenará a publicação de edital contendo aviso aos credores sobre o recebimento do plano de recuperação e fixando o prazo para a manifestação de eventuais objeções, observado o art. 55 desta Lei.[298]

LEGISLAÇÃO ANTERIOR

Artigo sem correspondência no Decreto-lei 7.661/1945.

COMENTÁRIOS

293. Inspiração do art. 53 – Jorge Lobo afirma que o art. 53 se inspirou no Capítulo 11, Seção 1.121, do Código de Bancarrota dos Estados Unidos da América, de 1978.[1]

294. Plano de recuperação judicial: a peça fundamental[2] – Aduz Fábio Ulhoa Coelho:

"A mais importante peça de recuperação judicial é, sem sombra de dúvidas, o plano de

1. Complementa o autor: "A Subemenda Substitutiva às Emendas de Plenário ao Substitutivo adotado pela Comissão Especial ao PL n. 4.376-B/1993, de autoria do eminente deputado Oswaldo Biolchi, oriunda da Câmara dos Deputados, ao tratar do plano de recuperação (então art. 51), inspirava-se, sem dúvida, na Lei francesa 85-1998. O Substitutivo (Emenda I – CAE), do senador Ramez Tebet, ao cuidar do plano, no art. 53, baseou-se na lei norte-americana, especificamente no Capítulo 11, Seção 1.121, USC de 1978" (Jorge Lobo, "Comentários aos arts. 35 ao 69", in Carlos Henrique Abrão e Paulo Fernando Campos Salles de Toledo (coords.), *Lei de Recuperação de Empresas e Falência*, São Paulo, Saraiva, 2005, pp. 140-142).

2. Cientes de que o plano de recuperação, apesar de seu cunho jurídico, implica interdisciplinaridade, transcrevemos abaixo o enfoque administrativo-financeiro-operacional concebido por Donald MacNicol e Murched Badih Sanna, respectivamente administrador de empresas e engenheiro de produção:

"**1. Os principais passos de um plano de recuperação.** *A viabilidade da empresa.* (...) deverá, inicialmente, analisar a viabilidade do ramo de atividade em que a empresa está inserida (...). *A importância da empresa na economia.* (...) o impacto socioeconômico da empresa na economia local (...). *Planejamento mercadológico.* (...) análise da sua adequação no mercado, necessidade de publicidade (...). *Pré-análise dos recursos disponíveis e dos recursos necessários.* (...) quais produtos, ou até mesmo setores ou filiais, terão continuidade ou serão expandidos ou acrescidos (...), quais unidades poderão ser desativadas ou vendidas, estabelecer parcerias. *Governança.* (...) análise do perfil dos profissionais que deverão compor a governança da empresa, podendo, inclusive, haver substituição de seus executivos (...). *Avaliação da empresa em si/Fluxo de caixa.* (...) localização, proximidade de fornecedores, rotas de distribuição dos produtos e logística. (...) vendas, tributações, custos das mercadorias, mão-de-obra direta, despesas com vendas, despesas com administração, despesas financeiras, depreciações (...). *Capacidade de pagamento.* (...) previsão da capacidade de pagamento aos credores, ou seja, em que valor e de que forma poderão receber seus créditos. *A negociação do plano de recuperação.* (...) deverá ter um papel de importância vital no plano de recuperação (...). Isto significa que o profissional que irá conduzir as negociações com os credores deve participar do desenvolvimento do plano de recuperação desde o início, para assegurar que as premissas da negociação tenham sido analisadas em detalhe e corretamente incluídas no plano. *A interatividade entre o advogado e o administrador/negociador.* O advogado deverá ter pleno conhecimento do plano de recuperação elaborado pelos técnicos especializados em projetos desta natureza. Estará com a responsabilidade de assinar uma petição ao juiz, que incluirá o referido plano de recuperação, garantindo desta forma a sua integridade. O plano de recuperação deve conter proposições que não estejam em desacordo com a nova lei, o que deverá ser devidamente pré-aprovado pelo advogado. O advogado não deverá ser necessariamente um *expert* em Administração, chegando ao detalhe dos cálculos contidos num plano de recuperação, mas deverá estar muito a par das proposituras do plano e da sua exeqüibilidade.

recuperação judicial (ou de 'reorganização da empresa'). Depende exclusivamente dele a realização ou não dos objetivos associados ao instituto, quais sejam, a preservação da atividade econômica e cumprimento de sua função social. Se o plano de recuperação é consistente, há chances de a empresa se reestruturar e superar a crise em que mergulhara. Terá, nesse caso, valido a pena o sacrifício imposto diretamente aos credores e, indiretamente, a toda a sociedade brasileira. Mas, se o plano for inconsistente, limitar-se a um papelório destinado a cumprir mera formalidade processual, então, o futuro do instituto é a completa desmoralização.

"Note-se que um bom plano não é, por si só, garantia absoluta de reerguimento da empresa em crise. (...). Mas um plano ruim é garantia absoluta de fracasso da recuperação judicial. (...). A consistência econômica do plano está diretamente relacionada ao adequado diagnóstico das razões da crise e da sua natureza (se econômica, financeira e patrimonial) e à adequação dos remédios indicados para o caso."[3-4]

295. Qual é o prazo para apresentação do plano de recuperação judicial? – O prazo improrrogável para apresentação do plano de recuperação judicial é de 60 dias, contado

Deverá ser plena a participação dos advogados nas principais negociações (...).

"**2. Preparação do plano de recuperação.** O plano de recuperação resulta de um trabalho conjunto entre os executivos da empresa, que aportam conhecimento de sua operação e do ramo de negócio, e os seus consultores, que contribuem com experiência especializada em recuperação de empresas e negociações (...).

"**3. Conteúdo do plano de recuperação.** O plano de recuperação tem como peça fundamental a projeção de fluxo de caixa da empresa para os anos seguintes, de maneira a permitir visualizar como a empresa irá reunir condições para continuar a operar (...).

"**3. [*rectius,* 4] Providências de caráter operacional.** (...). 3.1.1 [***rectius,*** 4.1.1] *Projeção de receitas.* Analisamos aqui os principais aspectos relacionados às receitas, entendidas como entradas no caixa da empresa (...). A venda é normalmente a fonte principal de entrada de recursos no caixa de qualquer empresa. As receitas têm dois componentes importantes, que são o volume de vendas e a qualidade da venda (...). 3.1.2 [***rectius,*** 4.1.2] *Projeção de custos.* (...). O plano de recuperação deve incluir a projeção de gastos, alguns dos quais, como impostos sobre vendas, são calculados como mera porcentagem sobre o valor das vendas, enquanto as despesas operacionais devem indicar seu valor a cada período, bem como para sua base de cálculo (...). 3.1.3 [***rectius,*** 4.1.3] *Investimentos e liberação de ativos.* O plano de recuperação pode incluir a previsão de liberação de edifícios e equipamentos (...) pode considerar também a necessidade de investimento em novos equipamentos e na ampliação de instalações para permitir o cumprimento dos volumes de venda projetados. Nesses casos, devem ser claramente indicadas as fontes de financiamento previstas para essas aquisições. *3.2* [***rectius,*** *4.2*] *Providências de caráter corporativo.* (...). Gestão de capital humano (...). Condições técnicas do nível gerencial para cumprimento de suas atribuições (...).

"**4. [*rectius,* 5] Gestão do plano de recuperação.** (...). A gestão do plano é de exclusiva responsabilidade dos executivos da empresa em recuperação (...). Uma vez aprovado o plano, a empresa deve apresentar relatórios mensais de seus resultados e comentários sobre suas operações, de maneira a comprovar que este está sendo seguido e que os resultados esperados estão sendo alcançados (...).

"**5. [*rectius,* 6] Acompanhamento do plano de recuperação.** (...). É fundamental que a equipe que participou do desenvolvimento do plano de recuperação faça uma análise cuidadosa dos resultados mensais e das variações em relação ao plano para identificar problemas em tempo hábil e permitir sua solução de forma a não comprometer a execução.

"**6. [*rectius,* 7] Providências para o sucesso do plano.** Entendemos que o plano de recuperação deve estar em fase adiantada de desenvolvimento antes da propositura de ação de recuperação, permitindo, inclusive, que a empresa possa decidir claramente qual opção seguir em termos de se enquadrar em uma recuperação judicial ou extrajudicial (...)" (Donald MacNicol e Murched Badih Sanna, "Plano de recuperação", in Rubens Approbato Machado (coord.),*Comentários à Nova Lei de Falências e Recuperação de Empresas*, São Paulo, Quartier Latin, 2005, pp. 167-177).

3. Fábio Ulhoa Coelho, *Comentários à Nova Lei de Falências e de Recuperação de Empresas*, São Paulo, Saraiva, 2005, p. 159.

4. Aristides Malheiros adverte: "Convém evitar a tentação de enveredar soluções fantasiosas, projeções irrealistas e otimismo exacerbado. Não adianta apresentar um plano *pro forma*, pois sua inexecução significará a morte da empresa" ("Plano de recuperação – Isso funciona?", *Revista do Advogado* 105/22, Ano XXIX, São Paulo, setembro/2009).

da publicação da decisão que deferir seu processamento (art. 53).[5-6]

296. Qual será a conseqüência da inobservância do prazo? – A conseqüência será a convolação do pedido de recuperação judicial em falência (art. 53), exceto quando o juiz acolher a comprovação da ocorrência de força maior ou caso fortuito.[7]

Waldo Fazzio Jr., no entanto, assevera: "É que o prazo de 60 dias fixado na lei, após o despacho de processamento, é obviamente exíguo. Fatalmente será prorrogado, apesar do caráter improrrogável que lhe imprime a LRE. Ninguém deseja a falência do devedor. Por isso, haverá com certeza alguma tolerância judicial em face da eventual solicitação de prazo suplementar razoável. Pressa e certeza não convivem bem".[8-9-10-11]

297. O que deverá constar do plano de recuperação judicial? – Do plano de recuperação deverão constar:

I – Discriminação pormenorizada dos meios de recuperação a serem empregados,

5. Aduz Marcos Andrey de Sousa: "O prazo acima referido é decadencial, razão pela qual o devedor deve tomar cuidado com a contagem. Assim, caso o fim do prazo venha a cair em fim de semana, feriados ou dias sem expediente, não será prorrogado para o primeiro dia útil, a exemplo do que ocorre com os prazos prescricionais. Ademais, tal prazo não poderá ser elastecido nem mesmo com a concordância dos credores, pelo que se extrai da expressão improrrogável contida no *caput* do art. 53, e sua desobediência implicará a convolação da recuperação judicial em falência, pelo que dispõe o art. 73, II. A norma é imperativa, não restando maiores flexibilidades para julgamento pelo magistrado caso provocado por algum interessado" ("Comentários aos arts. 51 ao 54", in Newton de Lucca e Adalberto Simão Filho (coords.), *Comentários à Nova Lei de Recuperação de Empresas e de Falências*, São Paulo, Quartier Latin, 2005, pp. 290-291).

6. Rachel Sztajn pondera: "Melhor seria que se entregasse, com o pedido, uma proposta, um esquema do plano e que, no prazo de 30 dias da publicação do deferimento do pedido, se juntasse aos autos seu detalhamento. Afinal, quem, para protocolar o pedido de recuperação, deve apresentar documentos relacionados nos vários incisos do art. 51, notadamente o determinado no inciso I, tem, ou deveria ter, um projeto de ajustes para reverter a crise" ("Comentários aos arts. 47 ao 54", in Francisco Satiro de Sousa Jr. e Antônio Sérgio Altieri de Moraes Pitombo (coords.), *Comentários à Lei de Recuperação de Empresas e Falência: Lei 11.101/2005*, São Paulo, Ed. RT, 2005, p. 265).

7. No mesmo sentido: Carlos Henrique Abrão, "Comentários aos arts. 70 ao 104", in Carlos Henrique Abrão e Paulo Fernando Campos Salles de Toledo (coords.), *Lei de Recuperação de Empresas e Falência*, São Paulo, Saraiva, 2005, p. 188.

8. Waldo Fazzio Jr., *Nova Lei de Falência e de Recuperação de Empresas*, São Paulo, Atlas, 2005, pp. 168-169.

9. Aristides Malheiros adverte: "Sessenta dias é suficiente? Novamente, a resposta é "depende". Muitas vezes, quando o consultor tem seu primeiro contato com a empresa em dificuldade, vê-se obrigado a elaborar um plano em questão de horas. A situação já degringolou de tal forma que não há matéria-prima, os funcionários se recusam a trabalhar e a energia será cortada nas próximas 24 horas. Nessas condições, não há possibilidade de se aguardar mais de uma semana, ou mesmo dois ou três dias, até que se levantem dados e se elabore um plano. A emergência obriga a um planejamento quase instantâneo, longe do ideal, mas suficiente a impedir a paralisação das atividades. Por outro lado, a elaboração de um plano estratégico, em uma empresa que nunca o praticou, pode demorar um ano ou até mais" ("Plano de recuperação – Isso funciona?", cit., *Revista do Advogado* 105/24-25).

10. Manoel Justino Bezerra Filho adverte: "Evidentemente, os advogados e técnicos que vierem a trabalhar com este novo diploma tentarão encontrar a melhor forma de levar a bom termo seus pedidos. No entanto, desde já é possível perceber que será de boa cautela já ter o plano projetado inteiramente (ou quase inteiramente) no momento em que for ajuizado o pedido, para que não se corra o risco de se tornar impossível cumprir o prazo de 60 dias aqui estabelecido" (*Nova Lei de Recuperação e de Falências Comentada. Lei 11.101, de 9.2.2005, Comentário Artigo por Artigo*, 3ª ed., São Paulo, Ed. RT, 2005, p. 159).

11. Carlos Klein Zanini complementa: "Particularmente, não vemos motivos para suprimir-se a possibilidade de o juiz decretar sua prorrogação, até mesmo porque prevista na lei (art. 189) a aplicação subsidiária do Código de Processo Civil, que contém regramento específico sobre o cabimento de prorrogação dos prazos processuais" ("Comentários aos arts. 70 ao 82", in Francisco Satiro de Sousa Jr. e Antônio Sérgio Altieri de Moraes Pitombo (coords.), *Comentários à Lei de Recuperação de Empresas e Falência: Lei 11.101/2005*, São Paulo, Ed. RT, 2005, p. 325).

conforme o art. 50 da lei, e seu resumo.[12-13] Reiteramos o que fora afirmado nos comentários ao art. 50: os meios de recuperação nele elencados constituem um rol exemplificativo (*numerus apertus*), e não exaustivo (*numerus clausus*).

O legislador, ciente de que, muitas vezes, a eleição pelo devedor de um único meio de recuperação empresarial é insuficiente para suportar o reerguimento da sua crise econômico-financeira, além de ter elencado vários meios de recuperação judicial, não vedou a cumulação dos mesmos.

II – Demonstração de sua viabilidade econômica.[14] Quanto à viabilidade econômica, adverte Waldo Fazzio Jr.: "Há parâmetros objetivos para aferição da viabilidade de recuperação empresarial. São os verdadeiros pressupostos, embora não declarados expressamente, da ação de recuperação judicial, quer dizer, fatores que precisam estar presentes para que a recuperação seja entrevista como recomendável: importância social e econômica da atividade do devedor no contexto local, regional ou nacional; mão-de-obra e tecnologia empregadas; volume do ativo e do passivo; tempo de constituição e funcionamento do negócio; e faturamento anual e nível de endividamento da empresa".[15]

Fábio Ulhoa Coelho arremata:

"Nem toda empresa merece ser recuperada. A reorganização de atividades econômicas é custosa. Alguém há de pagar pela recuperação, seja na forma de investimentos no negócio em crise, seja na de perdas parciais ou totais de crédito. Em última análise, como os principais agentes econômicos acabam repassando aos seus respectivos preços as taxas de riscos associados à recuperação judicial ou extrajudicial do devedor, o ônus da reorganização das empresas no Brasil recai na sociedade brasileira como um todo. O crédito bancário e os produtos ficam mais caros porque parte dos juros e preços se destina a socializar os efeitos da recuperação das empresas. (...). Mas, se é a sociedade brasileira como um todo que arca com, em última instância, os custos da recuperação das empresas, é necessário que o Judiciário seja criterioso ao definir quais merecem ser recuperadas. Não se pode erigir a recuperação de empresas a um valor absoluto.

"Não é qualquer empresa que deve ser salva a qualquer custo. Em muitos casos – eu diria, na expressiva maioria deles –, se a crise não encontrou solução de mercado, o melhor para todos é a falência, com realocação em outras atividades econômicas produtivas dos recursos materiais e humanos anteriormente empregados na da falida.

"O exame da viabilidade deve ser feito pelo Judiciário, em função de vetores como

12. Rachel Sztajn indaga: "Como o plano não pode ser sugestivo das medidas que serão adotadas, conforme determina o inciso I do art. 53, devendo expor, de maneira pormenorizada, detalhada, a quais meios se pretender recorrer, será que 60 dias é prazo suficiente? Quando, por exemplo, se propuser a cisão e incorporação da parcela cindida do patrimônio social em outra sociedade, seria necessário indicar não apenas esse procedimento, mas também a sociedade receptora da parcela cindida? E quando se tratar de alienação de bens ou do estabelecimento, interessa saber o valor que se imagina receber? O que fazer quando não houver interessados? A segunda melhor opção deve ser contemplada?" ("Comentários aos arts. 47 ao 54", cit., in Francisco Satiro de Sousa Jr. e Antônio Sérgio Altieri de Moraes Pitombo (coords.), *Comentários à Lei de Recuperação de Empresas e Falência: Lei 11.101/2005*, p. 265).

13. Por outro lado, pondera Marcos Andrey de Sousa: "(...) o devedor não está obrigado a tornar públicas informações sigilosas, que representem segredos do seu negócio, pois tal conduta poderia não só colocar em risco a continuidade da atividade, a sua recuperação, como até mesmo implicar a sua quebra, diante do conhecimento por parte de terceiros, especialmente concorrentes" ("Comentários aos arts. 51 ao 54", cit., in Newton de Lucca e Adalberto Simão Filho (coords.), *Comentários à Nova Lei de Recuperação de Empresas e de Falências*, p. 292).

14. Rachel Sztajn lembra: "(...) o que se requer é uma demonstração matemática, não jurídica, de que, aplicadas as medidas saneadoras desenhadas no plano, a crise será superada" ("Comentários aos arts. 47 ao 54", cit., in Francisco Satiro de Sousa Jr. e Antônio Sérgio Altieri de Moraes Pitombo (coords.), *Comentários à Lei de Recuperação de Empresas e Falência: Lei 11.101/2005*, p. 266).

15. Waldo Fazzio Jr., *Nova Lei de Falência e de Recuperação de Empresas*, cit., p. 139.

os seguintes: (a) *importância social* (...); (b) *mão-de-obra e tecnologia empregadas* (...); (c) *volume do ativo e passivo* (...); (d) *tempo de empresa* (...); (e) *porte econômico* (...)."[16-17]

III – Laudo econômico-financeiro e de avaliação dos bens e ativos do devedor, subscrito por profissional legalmente habilitado ou empresa especializada. O senador Ramez Tebet, no seu parecer, destaca: "(...) eliminamos a necessidade de recebimento de propostas pelo juízo e da designação de perito para avaliação dos bens. Contudo, para garantir aos credores o acesso à informação, previmos como requisito obrigatório do plano 'laudo econômico-financeiro e de avaliação dos bens e ativos do devedor subscrito por contador ou empresa especializada'".[18]

Marcos Andrey de Sousa, adequadamente, ressalta: "Quanto à exigência de apresentação de laudo-econômico e de avaliação dos bens e ativos do devedor, é de notar, ao contrário do regime anterior, que a lei atual não condiciona a possibilidade de recuperação a porcentagens mínimas de ativos em relação a passivo. (...). Há de se ressaltar também a ampla possibilidade de que os critérios de avaliação sejam os mais diversos, inclusive com adoção do valor patrimonial pelo valor real ou de determinação, valor econômico, levando-se em consideração a capacidade de lucratividade, além do cômputo dos bens intangíveis, inclusive marca, patentes, fundo de empresa, além dos outros que não constam regularmente na contabilidade em decorrência das normas que regulam a elaboração e conteúdo das demonstrações financeiras e balanços patrimoniais".[19]

Quanto ao fato de que o laudo econômico-financeiro e de avaliação dos bens e ativos do devedor não deve adstringir-se aos dados contábeis, reiteramos o que dissemos em outra obra[20] no sentido de que se faz mister encarecer que os próprios contabilistas – assim entendidos os contadores e os técnicos em contabilidade – não só suscitam as limitações do método contábil como afirmam que, em razão de tais limitações, "os relatórios contábeis podem não expressar totalmente a realidade econômica da entidade (...)" e que a maior limitação da contabilidade "está no fato de o balanço não representar o valor de mercado da empresa (...)". Ou, em outras palavras, "o balanço tem por finalidade apresentar a posição financeira e patrimonial da empresa em determinada data, representando, portanto, uma posição estática".

Lembramos que a sonegação ou omissão de informações ou a prestação de informações falsas no processo de falência e de recuperação podem configurar o crime previsto no art. 171 da lei ora comentada.

298. O que deverá constar do edital respectivo? – Do edital deverão constar:

1) *Aviso aos credores sobre o recebimento do plano de recuperação.* Note-se que o comando legal é o de constar do edital o aviso referente ao plano de recuperação, e não a íntegra do plano propriamente dito, até porque

16. Fábio Ulhoa Coelho, *Curso de Direito Comercial*, 5ª ed., vol. 3, São Paulo, Saraiva, 2005, pp. 382-385.

17. Manoel Justino Bezerra Filho, na mesma linha de pensamento de Fábio Ulhoa Coelho, aduz: "A recuperação judicial destina-se às empresas que estejam em situação de crise econômico-financeira com possibilidade, porém, de superação, pois aquelas em tal estado porém em crise de natureza insuperável devem ter sua falência decretada, até para que não se tornem elemento de perturbação do bom andamento das relações econômicas do mercado. Tal tentativa de recuperação prende-se (...) ao valor social da empresa em funcionamento, que deve ser preservado não só pelo incremento da produção, como, principalmente, pela manutenção do emprego, elemento de paz social" (*Nova Lei de Recuperação e de Falências Comentada. Lei 11.101, de 9.2.2005, Comentário Artigo por Artigo*, cit., 3ª ed., p. 130).

18. Parecer na íntegra: Anexo II desta obra.

19. Marcos Andrey de Sousa, "Comentários aos arts. 51 ao 54", cit., in Newton de Lucca e Adalberto Simão Filho (coords.), *Comentários à Nova Lei de Recuperação de Empresas e de Falências*, p. 292.

20. Mario Sergio Milani, *Da Escrituração no Novo Código Civil: Comentários aos Arts. 1.179 a 1.195 do Código Civil Aprovado pela Lei 10.406, de 10.1.2002*, São Paulo, Juarez de Oliveira, 2004, p. 102.

o custo da respectiva publicação tornar-se-ia deveras elevado.

2) *Prazo para a manifestação de eventuais objeções, observado o art. 55 da lei.*

Art. 54. O plano de recuperação judicial não poderá prever prazo superior a 1 (um) ano para pagamento dos créditos derivados da legislação do trabalho ou decorrentes de acidentes de trabalho vencidos até a data do pedido de recuperação judicial.

Parágrafo único. O plano não poderá, ainda, prever prazo superior a 30 (trinta) dias para o pagamento, até o limite de 5 (cinco) salários mínimos por trabalhador, dos créditos de natureza estritamente salarial vencidos nos 3 (três) meses anteriores ao pedido de recuperação judicial.[299-300-301-302]

LEGISLAÇÃO ANTERIOR

Artigo sem correspondência no Decreto-lei 7.661/1945.

COMENTÁRIOS

299. Quais são os prazos-limites fixados imperativamente pelo art. 54? – Dois são os prazos-limites fixados pelo art. 54: (1) um ano, para pagamento dos créditos derivados da legislação do trabalho ou decorrentes de acidentes de trabalho vencidos até a data do pedido de recuperação judicial;[21] (2) cinco dias, para o pagamento, até o limite de cinco salários mínimos por trabalhador, dos créditos de natureza estritamente salarial vencidos nos três meses anteriores ao pedido de recuperação judicial.

Por pertinente, indaga-se: qual será o termo inicial da contagem dos prazos supracitados: (1) do vencimento da obrigação; (2) do ajuizamento do pedido; (3) do deferimento do processamento da recuperação; ou (4) do deferimento da recuperação? Responde José da Silva Pacheco: "Diante da suspensão de 180 dias prevista no § 4º do art. 6º, parece-nos que (...). Seria razoável que fosse do deferimento do processamento ou do ajuizamento do pedido".[22]

Por entendermos mais coerente com a sistemática da lei ora comentada, opinamos pela data da publicação do despacho de deferimento como termo *a quo* do prazo de pagamento.

300. Há prazo-limite para pagamento dos créditos trabalhistas ou acidentários vencidos após o plano? – Não, na medida em que a lei, apenas e tão-somente, se adstringiu a limitar os prazos nas hipóteses mencionadas no art. 54, aplicando-se, por conseguinte, a máxima latina *exceptiones sunt strictissimae interpretationis*.[23]

21. O senador Ramez Tebet, no seu parecer, noticia a posição do senador Eduardo Suplicy: "A Emenda n. 98 modifica o art. 54 do Substitutivo e reduz o prazo para pagamento dos créditos trabalhistas vencidos antes do pedido de recuperação judicial, de um ano para três meses. A Emenda n. 98 também deve ser rejeitada, pois a nova Lei de Falências pressupõe que os trabalhadores poderão, por acordo, contribuir para a recuperação das empresas brasileiras. Claro que deve haver uma limitação da possibilidade de postergação do pagamento do passivo trabalhista no plano de recuperação judicial, a fim de se evitarem abusos. No entanto, entendemos que os dois prazos estabelecidos no Substitutivo – 30 dias para pagar salários vencidos nos 3 meses anteriores ao pedido de recuperação no limite de 5 salários mínimos (art. 54, parágrafo único) e 1 ano para pagar os demais créditos trabalhistas – representa a configuração mais equilibrada para, ao mesmo tempo, proteger os trabalhadores e permitir-lhes participar do esforço de recuperação" (v. parecer na íntegra: Anexo II desta obra).

22. José da Silva Pacheco, *Processo de Recuperação Judicial, Extrajudicial e Falência*, Rio de Janeiro, Forense, 2006, p. 156.

23. No mesmo sentido, Fábio Ulhoa Coelho: "*A contrario sensu*, o plano pode estabelecer quaisquer condições para as obrigações trabalhistas que se vencerem após a distribuição do plano de recuperação judicial, mesmo desconsideras as balizas acima. Se forem aprovadas pelas instâncias da assembléia dos credores, elas valem como se integrassem o contrato de trabalho" (*Comentários à Nova Lei de Falências e de Recuperação de Empresas*, São Paulo, Saraiva, 2005, p. 164).

301. E se a assembléia aprovar prazos maiores de pagamento? – A deliberação não será válida, uma vez que o art. 54 veicula norma imperativa.[24]

302. Como ficam os créditos trabalhistas ou acidentários objeto de demandas judiciais? – Os créditos referidos no art. 54 são aqueles reconhecidos pelo devedor na relação integral dos empregados aludida no inciso IV do art. 51, que deve instruir a petição inicial da recuperação judicial.

Os créditos trabalhistas ou acidentários objeto de demandas judiciais devem ser inseridos na relação mencionada no inciso IX do art. 51. Para preservação de direitos, os respectivos credores podem pedir perante o juízo trabalhista reserva das importâncias envolvidas (art. 6º, § 3º).[25]

24. No mesmo sentido, Júlio Kahan Mandel: "Os créditos trabalhistas incontroversos não poderão ser pagos em parcelamentos que durem mais de um ano, mesmo se aprovado o plano pela maioria dos credores com disposição que preveja prazo maior para esse pagamento" (*Nova Lei de Falências e Recuperação de Empresas Anotada: Lei 11.101, de 9.2.2005*, São Paulo, Saraiva, 2005, p. 123).

25. No mesmo sentido: Jorge Lobo, "Comentários aos arts. 36 ao 69", in Carlos Henrique Abrão e Paulo Fernando Campos Salles de Toledo (coords.), *Lei de Recuperação de Empresas e Falência*, São Paulo, Saraiva, 2005, p. 146).

Seção IV – Do Procedimento de Recuperação Judicial

Art. 55. Qualquer credor[303] poderá manifestar ao juiz sua objeção ao plano de recuperação judicial no prazo de 30 (trinta) dias contado da publicação da relação de credores de que trata o § 2º do art. 7º desta Lei.[304-305]

Parágrafo único. Caso, na data da publicação da relação de que trata o *caput* deste artigo, não tenha sido publicado o aviso previsto no art. 53, parágrafo único, desta Lei, contar-se-á da publicação deste o prazo para as objeções.[305]

LEGISLAÇÃO ANTERIOR

Lei de Falências (DL 7.661/1945): *Art. 142.* No prazo do aviso do n. II do art. 174, ou do edital do art. 181, os credores podem opor embargos ao pedido de concordata, por petição fundamentada, em que indicarão as provas que entendam necessárias.

Art. 143. São fundamentos de embargos à concordata: I – sacrifício dos credores maior do que a liquidação na falência ou impossibilidade evidente de ser cumprida a concordata, atendendo-se, em qualquer dos casos, entre outros elementos, à proporção entre o valor do ativo e a percentagem oferecida; II – inexatidão do relatório, laudo ou informações do síndico, ou do comissário, que facilite a concessão da concordata; III – qualquer ato de fraude ou de má-fé que influa na formação da concordata.

Parágrafo único. Tratando-se de concordata preventiva, constituirá fundamento para os embargos a ocorrência de fato que caracterize crime falimentar.

COMENTÁRIOS

303. Quais credores podem objetar o plano de recuperação judicial? – Qualquer credor.

304. Qual é o prazo fixado para os credores apresentarem suas objeções?[1] – Trinta dias, contados da publicação da relação de credores de que trata o § 2º do art. 7º da lei.

Caso na data da publicação da relação de que trata o *caput* do artigo não tenha sido publicado o aviso previsto no art. 53, parágrafo único, contar-se-á da publicação deste o prazo para as objeções.

305. Crítica sobre a fixação do prazo para objeção ao plano de recuperação judicial – Fábio Ulhoa Coelho critica, com razão, a definição do prazo para apresentação da objeção ao plano de recuperação:

"De início, estabeleceu que o prazo será fixado pelo juiz ao mandar publicar por edital o plano de recuperação apresentado pelo devedor (art. 53, parágrafo único). Em seguida, fixou-o em 30 dias contados da publicação da relação dos credores que deve acompanhar a do edital do despacho de processamento da recuperação judicial (*caput* do artigo aqui comentado). É estranha a previsão, porque, nesse momento, ainda não venceu o prazo para apresentação do plano pelo devedor, que é de 60 dias daquela publicação (art. 53). Não há, então, via de regra, nos 30 dias mencionados nenhum plano para ser objetado. Mas a trapalhada com o prazo ainda continua. No parágrafo único a lei fala que ele se conta da publicação do aviso da apresentação do plano pelo devedor, *caso* na data deste ainda não tenha sido feita a publicação da relação dos credores. A hipótese é impossível. Sem a apresentação da relação dos credores o juiz não pode determinar o processamento da recuperação judicial, já que se trata de documento indispensável à instrução da petição inicial (art. 51, III). Por outro lado, o despacho de processamento é

1. No tocante às causas da objeção, Jorge Lobo alude à legislação argentina: "Na Argentina, a Lei 24.522, de 1995, exige que a objeção seja justificada, e, em seu art. 50, especifica, sob a forma de *numerus clausus*, as causas de impugnação ao plano de recuperação: erro no cômputo da maioria, falta de representação dos credores que formaram a maioria, aumento fraudulento do passivo, ocultação ou aumento fraudulento do ativo e inobservância das regras de celebração do acordo" ("Comentários aos arts. 35 ao 69", in Carlos Henrique Abrão e Paulo Fernando Campos Salles de Toledo (coords.), *Lei de Recuperação de Empresas e Falência*, São Paulo, Saraiva, 2005, p. 147).

publicado junto com essa relação (art. 51, § 1º, 'a'), e antes dele não tem início o prazo para a apresentação do plano, e muito menos do aviso de que foi apresentado. Enfim, por dispor sobre fato inexistente, o parágrafo único do art. 55 deve ser simplesmente ignorado pelo intérprete. E o *caput* desse dispositivo, no que diz respeito ao prazo para a objeção, deve ser aplicado apenas se do despacho do juiz mandando avisar os credores da apresentação do plano de recuperação não constar determinação diversa."[2-3]

Art. 56. Havendo objeção de qualquer credor ao plano de recuperação judicial, o juiz convocará a assembléia-geral de credores para deliberar sobre o plano de recuperação.[306]

§ 1º. A data designada para a realização da assembléia-geral não excederá 150 (cento e cinqüenta) dias contados do deferimento do processamento da recuperação judicial.[307]

§ 2º. A assembléia-geral que aprovar o plano de recuperação judicial poderá indicar os membros do comitê de credores, na forma do art. 26 desta Lei, se já não estiver constituído.[308]

§ 3º. O plano de recuperação judicial poderá sofrer alterações na assembléia-geral, desde que haja expressa concordância do devedor e em termos que não impliquem diminuição dos direitos exclusivamente dos credores ausentes.[309]

§ 4º. Rejeitado o plano de recuperação pela assembléia-geral de credores, o juiz decretará a falência do devedor.[310]

LEGISLAÇÃO ANTERIOR

Artigo sem correspondência no Decreto-lei 7.661/1945.

COMENTÁRIOS

306. Se houver objeção de qualquer credor ao plano de recuperação, qual deverá

2. Fábio Ulhoa Coelho, *Comentários à Nova Lei de Falências e de Recuperação de Empresas*, São Paulo, Saraiva, 2005, p. 165.

3. Manoel Justino Bezerra Filho também formula sua crítica: "Como se vê, ao determinar a contagem de prazos diferentes, para providências diferentes, a partir de momentos diferentes, bem como mais de um prazo para a mesma providência, tudo ao mesmo tempo, a lei criou uma fonte certa de tumultuo processual. Caberá ao intérprete tentar encontrar na lei a forma correta de aplicação, sob pena de chegar a um impasse processual e frustrar-se até o simples andamento do pedido. Certamente a jurisprudência aplainará o impasse; no entanto, ao juiz, obviamente, caberá dar andamento ao feito de imediato e, como sugestão para evitar qualquer impasse e para aplicar a determinação legal, até que a jurisprudência se forme, um caminho possível seria o seguinte: (a) deferido o processamento da recuperação judicial (art. 52) e apresentado o plano de recuperação no prazo de 60 dias a contar da publicação dessa decisão (art. 53), o juiz deverá despachar esclarecendo que o prazo para objeções ao plano (art. 55) apenas se iniciará a partir da publicação do edital do § 2º do art. 7º; (b) para afastar o impasse processual que se formaria, o juiz deve esclarecer também que torna sem efeito o prazo concedido no inciso III do § 1º do art. 52 no que diz respeito à habilitação de créditos, e que fica reaberto o prazo geral para todas as habilitações, a partir da publicação do edital do § 2º do art. 7º; (c) desta forma, a partir da publicação do edital do § 2º do art. 7º começam a correr os prazos para objeção ao plano (art. 55) e para impugnação à relação de credores (art. 8º); (d) haverá sempre o risco de estar sendo dado andamento a uma objeção apresentada por alguém que, eventualmente, depois se verificará que não é credor, pois estão correndo concomitantemente as objeções e as habilitações; no entanto, se se aguardar a decisão de todos os créditos para só após se dar início ao andamento das objeções, seguramente o feito se arrastará por muito tempo sem solução; (f) finalmente, todas as arestas de natureza processual que forem surgindo serão aparadas pela atividade jurisdicional, para que se evite qualquer impasse e para que o processamento não sofra solução de continuidade, sempre com vistas aos princípios da celeridade e da economia processual. Sem embargo, teria sido recomendável que o legislador atentasse para o fato de que a busca da celeridade a qualquer custo pode levar a impasses que provocam exatamente o efeito contrário" (*Nova Lei de Recuperação e de Falências Comentada. Lei 11.101, de 9.2.2005, Comentário Artigo por Artigo*, 3ª ed., São Paulo, Ed. RT, 2005, pp. 164-165).

ser a conduta do juiz? – Registre-se que a legitimação para manifestar objeção ao plano de recuperação judicial, segundo o art. 55, é conferida a qualquer credor, diferentemente do regime anterior, que atribuía legitimação apenas aos credores quirografários, que eram os únicos atingidos pela concordata.

Se houver objeção de qualquer credor ao plano, o juiz deverá convocar a assembléia-geral de credores para deliberar sobre o plano apresentado pelo devedor.[4-5]

A contrario sensu, se for apresentado um plano de recuperação que atenda às exigências legais e nenhum credor formular objeção, o juiz a concederá, isto é, exarará despacho de deferimento da recuperação judicial (art. 58).

307. Há prazo-limite para convocação da assembléia-geral de credores? – Sim, o prazo-limite é de 150 dias, contados do despacho de deferimento do processamento da recuperação judicial.

Qual será a sanção em caso de inobservância desse prazo? Responde, com objetividade, Eduardo Secchi Munhoz: "A lei não estabeleceu, porém, nenhuma sanção para a hipótese de não ocorrer a assembléia dentro desse prazo, como, por exemplo, a imediata decretação da falência do devedor. (...). Há de se relacionar, contudo, o prazo para realização da assembléia com o de suspensão das ações e execuções contra o devedor. (...). Assim, se a assembléia-geral não se realizar em 180 dias do deferimento do processamento da recuperação judicial, ainda que a falência não possa ser decretada (o plano não foi rejeitado), o devedor perderá uma das principais proteções que lhe são oferecidas pelo processo de recuperação judicial, qual seja, a suspensão das ações e execuções dos credores".[6]

308. A assembléia-geral de credores poderá indicar os membros do comitê de credores? – Sim, desde que o comitê de credores já não esteja constituído.

309. A assembléia-geral de credores poderá promover alterações no plano de recuperação? – Sim, desde que haja expressa concordância do devedor[7] e em termos que não impliquem diminuição dos direitos exclusivamente dos credores ausentes.[8]

Eduardo Secchi Munhoz formula a seguinte crítica em relação à expressa concordância do devedor: "De uma perspectiva voltada para a função social da empresa, e, por conseqüência, para a tutela interesses em jogo em torno dela, que vão muito além

4. Fábio Ulhoa Coelho adverte: "Na verdade, não cabe ao juiz apreciar o conteúdo da objeção ou decidi-la. A competência para tanto é de outro órgão da recuperação judicial: a assembléia dos credores" (*Comentários à Nova Lei de Falências e de Recuperação de Empresas*, São Paulo, Saraiva, 2005, p. 166).

5. Júlio Kahan Mandel sugere: "(...) antes de convocar a assembléia, pode o magistrado intimar o devedor a apresentar resposta e esclarecimentos à impugnação apresentadas por credores isolados; com isso se dará oportunidade a uma rápida aprovação do plano já aprovado tacitamente pela maioria dos credores" (*Nova Lei de Falências e Recuperação de Empresas Anotada: Lei 11.101, de 9.2.2005*, São Paulo, Saraiva, 2005, p. 117).

6. Eduardo Secchi Munhoz, "Comentários aos arts. 55 ao 69", in Francisco Satiro de Sousa Jr. e Antônio Sérgio Altieri de Moraes Pitombo (coords.), *Comentários à Lei de Recuperação de Empresas e Falência: Lei 11.101/2005*, São Paulo, Ed. RT, 2005, p. 271.

7. Jorge Lobo declara: "A concordância do devedor poderá ser manifestada mediante: (a) documento escrito, particular ou público; e (b) aposição de sua assinatura na ata dos trabalhos da assembléia-geral ou no plano de recuperação consolidado, após sofrer alterações" ("Comentários aos arts. 35 ao 69", in Carlos Henrique Abrão e Paulo Fernando Campos Salles de Toledo (coords.), *Lei de Recuperação de Empresas e Falência*, São Paulo, Saraiva, 2005, p. 149).

8. Lembra Jorge Lobo: "O plano de recuperação, modificado pela maioria dos credores com a concordância do devedor, obriga os credores dissidentes, os que se abstiveram de votar e os que se retiraram do conclave após o início dos trabalhos, mesmo que as modificações impliquem diminuição dos seus direitos, e não produzirá efeitos aos credores que não compareceram, quando impuser redução exclusivamente dos seus direitos" ("Comentários aos arts. 35 ao 69", cit., in Carlos Henrique Abrão e Paulo Fernando Campos Salles de Toledo (coords.), *Lei de Recuperação de Empresas e Falência*, p. 149).

do interesse dos sócios e administradores, seria de se admitir a aprovação de um plano de recuperação que se demonstrasse viável economicamente e que, além disso, contasse com amplo apoio do conjunto do *stakeholders* (credores, trabalhadores etc.), ainda que o *devedor* (ou, melhor dizendo, sócios ou administradores do devedor) discordasse de sua implantação. Ao vedar essa possibilidade de forma absoluta, exigindo que o plano eventualmente modificado pela assembléia-geral conte necessariamente com a anuência do devedor, a lei brasileira pode levar a situações incompatíveis com a função social da empresa. Assim, entre proteger o interesse pessoal do empresário (sócios ou administradores do devedor) e salvar a empresa (havida como centro de múltiplos interesses), a lei brasileira preferiu a primeira solução".[9]

Concordarmos com a crítica formulada pelo autor (aliás, bem fundamentada na função social da empresa). No entanto, diante do texto legal expresso – "desde que haja expressa concordância do devedor" –, ela somente tem guarida *de lege ferenda*.

A despeito disso, não podemos deixar de reconhecer a coerência do legislador: se os credores não têm legitimidade para requerer a recuperação judicial, mas apenas o devedor (art. 48), inclusive de dela desistir antes do deferimento do respectivo processamento (art. 52, § 4º), a promoção de alterações por terceiro (assembléia-geral de credores) no plano de recuperação por ele apresentado, naturalmente, necessitará da sua aquiescência expressa (art. 56, § 3º).

310. E se a assembléia-geral de credores rejeitar o plano de recuperação? – O juiz decretará a falência do devedor (art. 56, § 4º, c/c o art. 73, III),[10] exceto na hipótese do § 1º do art. 58.[11]

Não obstante isso, a doutrina, pondera – a nosso perceber, com razão – que o juiz poderá deixar de decretar a falência, por exemplo, se a decisão da assembléia ferir regras e princípios da lei sob comento,[12] atentar contra o interesse público e encerrar indisfarçável fraude,[13] configurar abuso de direito ou mero

9. Eduardo Secchi Munhoz, "Comentários aos arts. 55 ao 69", cit., in Francisco Satiro de Sousa Jr. e Antônio Sérgio Altieri de Moraes Pitombo (coords.), *Comentários à Lei de Recuperação de Empresas e Falência: Lei 11.101/2005*, pp. 276-277.

10. Lembra Amador Paes de Almeida: "A recuperação judicial, como se vê, não é um favor legal, como ocorria com a concordata na legislação falimentar revogada. Sua concessão está na dependência dos credores. Só o tempo dirá da conveniência ou não da nova sistemática, convindo lembrar que tal princípio já foi adotado no Brasil e, não tendo dado certo, foi substituído pelo Decreto-lei 7.661/1945, assumindo a concordata a feição de favor judicial concedido pelo juiz, independentemente da vontade dos credores" (*Curso de Falência e Recuperação de Empresa*, 23ª ed., São Paulo, Saraiva, 2005, p. 331).

11. Luiz Antônio Soares Hentz: "(...) decretação da falência do devedor (art. 56, § 4º). Trata-se de medida drástica, mas não cabe ao juiz considerar seu mérito, eis que a decisão sobre a rejeição do plano compete exclusivamente à assembléia-geral. Todavia, resta-lhe, por autorização do § 1º do art. 58, a possibilidade de conceder a recuperação judicial com base em plano que não obteve aprovação (...)" (*Manual de Falência e Recuperação de Empresas: Lei 11.101, de 9.2.2005*, São Paulo, Juarez de Oliveira, 2005, p. 57).

12. Manoel Justino Bezerra Filho:"Em que pese determine a lei a participação dos credores na maioria dos casos, o juiz, pelo poder que lhe é conferido, pode deixar de acatar decisões da assembléia-geral se atentarem contra as disposições e princípios da lei ou se tiver qualquer outro motivo para entender de forma diversa, sempre evidentemente fundamentando sua disposição, conforme determina o art. 165 do CPC, com específico fundamento constitucional no inciso IX do art. 93 da CF" (*Nova Lei de Recuperação e de Falências Comentada. Lei 11.101, de 9.2.2005, Comentário Artigo por Artigo*, 3ª ed., São Paulo, Ed. RT, 2005, p. 113).

13. Jorge Lobo: "A meu ver, a interpretação sistemática, teleológica e pragmática (...) leva à conclusão de que o juízo não pode ser privado dos poderes e atribuições que lhe são assegurados por norma constitucional e pela LOMAN, nem impedido de exercer o controle da legalidade formal e substancial e, conforme o caso, o controle de mérito e decidir se a rejeição do plano pela assembléia-geral de credores: (a) atenta contra o interesse público; (b) encerra indisfarçável fraude; (c) importa violação da LRE etc., o que obrigará o juízo a ir contra a 'letra' do art. 56, § 4º, e a não decretar a falência" ("Comentários aos arts. 35 ao 69", cit., in Carlos Henrique Abrão e Paulo Fernando Campos Salles de Toledo (coords.), *Lei de Recuperação de Empresas e Falência*, p. 150).

capricho[14] e contrariar o princípio da preservação da unidade econômica produtiva.[15]

A exceção ao comando do § 4º do art. 56 está veiculada no § 1º do art. 58, a cujos comentários pedimos vênia para remeter o leitor.

No tocante a eventual conflito entre deliberações da assembléia-geral de credores e da assembléia-geral dos acionistas, outrossim, pedimos vênia para remeter o leitor, desta feita, aos comentários ao art. 35.

Art. 57. Após a juntada aos autos do plano aprovado pela assembléia-geral de credores ou decorrido o prazo previsto no art. 55 desta Lei sem objeção de credores, o devedor apresentará certidões negativas de débitos tributários nos termos dos arts. 151, 205, 206 da Lei n. 5.172, de 25 de outubro de 1966 – Código Tributário Nacional.[311-312-313-314-315]

LEGISLAÇÃO ANTERIOR

Artigo sem correspondência no Decreto-lei 7.661/1945.

COMENTÁRIOS

311. Crítica ao art. 57 – Manoel Justino Bezerra Filho formula a seguinte crítica:

"Na realidade, verifica-se que o objetivo do legislador é o de obrigar o devedor a quitar suas dívidas fiscais antes do ajuizamento da recuperação judicial, ou, ao menos, providenciar o seu parcelamento, nos termos da legislação tributária aplicável.

"Note-se, no entanto, que isso pode inviabilizar a recuperação de inúmeras empresas em situação de crise econômico-financeira, na medida em que, na maioria das vezes, os encargos fiscais, ao lado das dívidas com financiamento bancário, são os maiores responsáveis pela própria crise em que a empresa se encontra. (...). Sendo obrigada a regularizar sua situação fiscal, perdendo, após 180 dias, as máquinas e veículos financiados (art. 49, § 3º) e tendo de pagar os adiantamentos por contrato de câmbio (art. 49, § 4º), haverá extremada dificuldade, se não certa impossibilidade, de se conseguir levar

14. Sidnei Agostinho Benetti: "Questão da maior relevância é a de decisão da assembléia ser ou não vinculante para o juiz. Parece que a lei realmente pretende que a atividade do juiz seja homologatória da decisão da assembléia, restando abroquelada pelo caráter *interna corporis* típico das deliberações assembleares. Mas não se pode olvidar que questões formais podem merecer controle jurisdicional, da mesma forma que situações em que se patenteie direcionamento da deliberação assemblear por abuso de direito ou mero capricho costumam chamar à incidência o princípio constitucional da inafastabilidade da tutela jurisdicional para nulificar a lesão a direito (CF, art. 5º, XXXV); no caso de a objeção fundar-se em motivos absolutamente aberrantes, evidentemente infundados, de mero capricho, ou por abuso de poder interno na assembléia, poderá surgir a questão do controle jurisdicional – mas essa matéria terá de aguardar a interpretação jurisdicional" ("O processo de recuperação judicial", in Luiz Fernando Valente de Paiva (coord.), *Direito Falimentar e a Nova Lei de Falências e Recuperação de Empresas*, São Paulo, Quartier Latin, 2005, pp. 237-238).

15. Newton de Lucca: "Embora o verbo 'decretar' esteja empregado no futuro do indicativo ('decretará'), a falência do devedor, a sugerir que se trata de uma *obrigação* e não de uma *faculdade*, não significa que o magistrado deverá *decretar* a falência. Se assim se entendesse e a falência fosse decretada, conspurcado estaria sendo o princípio da preservação da empresa, expressamente consagrado pelo legislador de 2005. Mais adequado teria sido se na lei constasse a expressão 'o juiz decidirá sobre a falência ou não do devedor'. Mas o cochilo do legislador há de ser reparado com a interpretação calcada em princípios. E o princípio da preservação da unidade econômica produtiva deverá, sempre que possível, ser preferencialmente aplicado. Mas não se duvide que alguns juízes mais distantes da realidade empresarial de nossos dias e aferrados ao texto literal da lei possam ter medo de pensar em outros caminhos que não o da decretação da falência (...)" ("Teoria geral", in Newton de Lucca e Adalberto Simão Filho (coords.), *Comentários à Nova Lei de Recuperação de Empresas e de Falências*, São Paulo, Quartier Latin, 2005, pp. 32-33).

a empresa à recuperação pleiteada. (...). Sem embargo de tudo isto, este art. 57, acoplado ao art. 49, repete o erro de trazer obrigações de impossível cumprimento para sociedades empresárias em crise. Uma possível solução será apresentar certidões na forma do art. 206 do CTN, ou pleitear parcelamento, na forma do art. 68 desta lei."[16-17]

A crítica do autor parece-nos acertada.

312. Quando o devedor deverá apresentar as certidões negativas de débitos tributários? – Após a juntada aos autos do plano aprovado pela assembléia-geral de credores ou decorrido o prazo previsto no art. 55 sem objeção dos credores.

Ressalte-se que o art. 191-A do CTN condiciona a concessão da recuperação judicial à comprovação da quitação dos tributos.[18]

313. As certidões positivas com efeitos de negativas são aceitas? – Sim, são aceitas, na medida em que o art. 57 faz remissão expressa ao art. 206 do CTN, que atribui os mesmos efeitos das certidões negativas às certidões em que conste a existência de créditos em curso de cobrança executiva em que tenha sido efetivada a penhora ou a exigibilidade esteja suspensa.

Misabel de Abreu Machado Derzi e Raphael Frattari explicam: "De se ressaltar que a penhora de bens em execução fiscal não é causa da suspensão da exigibilidade do crédito tributário. No entanto, se o crédito exigido judicialmente pela Fazenda Pública está garantido por penhora regular e suficiente, o contribuinte não pode ser considerado devedor e insolvente enquanto perdurar a discussão feita nos embargos. Em apertada síntese: débito garantido elide a condição jurídica de devedor do contribuinte e, com ela, todos os efeitos fiscais que lhe são decorrentes".[19]

314. Qual é o prazo para apresentação das certidões? – Se se aplicar o art. 185 do CPC, por força do art. 189 da lei sob comento, o prazo é de 5 dias. Todavia, se se adotar o parágrafo único do art. 205 do CTN, o prazo é de 10 dias.

Ricardo José Negrão Nogueira sugere 15 dias.[20]

16. Manoel Justino Bezerra Filho, *Nova Lei de Recuperação e de Falências Comentada. Lei 11.101, de 9.2.2005, Comentário Artigo por Artigo*, 3ª ed., São Paulo, Ed. RT, 2005, p. 167.

17. Eduardo Secchi Munhoz, sensível à problemática, assevera: "Diante desse quadro, considerando as formas de parcelamento de débitos tributários atualmente em vigor, a regra constante do art. 57, ora examinado, pode levar à completa inviabilização da recuperação da empresa. A análise da realidade econômica brasileira demonstra que as empresas em crise financeira normalmente apresentam dívidas tributárias vultosas, sendo as obrigações tributárias, normalmente, as que em primeiro lugar deixam de ser pagas pelo devedor. Isso se explica em virtude do menor poder de constrangimento à atividade do devedor detido pelo Fisco comparativamente aos demais credores. A falta de pagamento de tributos não gera para o devedor risco de ser pedida a sua falência, não leva ao risco de descontinuidade da atividade, como ocorre, por exemplo, no caso de falta de pagamentos devidos a fornecedores (matérias-primas e insumos) ou aos empregados (greve), contando o devedor, ainda, com a ineficiência e morosidade do sistema fiscal de cobrança. (...). Paradoxalmente, ao observar os critérios definidos na legislação em vigor e negar o parcelamento, o Fisco poderá inviabilizar a recuperação e, em conseqüência, atuar contra o seu próprio interesse, na medida em que a falência poderá significar a completa impossibilidade de recebimento de seu crédito, em virtude da posição privilegiada dos empregados e dos credores com garantia real. (...) caberá unicamente à jurisprudência interpretar o art. 57 de sorte a não inviabilizar o regime de recuperação preconizado pela nova lei" ("Comentários aos arts. 55 ao 69", in Francisco Satiro de Sousa Jr. e Antônio Sérgio Altieri de Moraes Pitombo (coords.), *Comentários à Lei de Recuperação de Empresas e Falência: Lei 11.101/2005*, São Paulo, Ed. RT, 2005, pp. 281-282).

18. "Art. 191-A. A concessão de recuperação judicial depende da prova de quitação de todos os tributos, observado o disposto nos arts. 151, 205 e 206 desta Lei."

19. Misabel de Abreu Machado Derzi e Raphael Frattari, "Dispositivos do Código Tributário Nacional alterados por ocasião da Lei 11.101/2005", in Osmar Brina Corrêa-Lima e Sérgio Mourão Corrêa-Lima (coords.), *Comentários à Nova Lei de Falência e Recuperação de Empresas: Lei 11.101, de 9.2.2005*, Rio de Janeiro, Forense, 2009, p. 1.369.

20. Ricardo Negrão: "A Lei Falimentar não fixa prazo para essa juntada, devendo o magistrado con-

315. Qual deverá ser a conduta do juiz caso o devedor não apresente as certidões? – Diante da literalidade do disposto no art. 191-A do CTN – "a concessão de recuperação judicial depende da apresentação da prova de quitação de todos os tributos" –, o juiz indeferirá o pedido de recuperação judicial.[21-22-23]

Sérgio Campinho, por sua vez, pondera: "O *caput* do art. 155-A já traz previsão de que 'o parcelamento será concedido na forma e condição estabelecidas em lei específica'. Quando o § 3º que lhe acresce determina que lei especial disporá sobre as condições de parcelamento, naquela situação especialmente tratada, há que se extrair o seguinte efeito: o parcelamento já se encontra assegurado ao devedor em recuperação judicial, cabendo à lei específica, pelo preceito ordenada, apenas disciplinar as respectivas condições. Do contrário seria inócua a previsão, pois sua enunciação já se encontra no *caput*. Reforça o argumento o § 4º do mesmo art. 155-A do CTN, igualmente introduzido pela Lei Complementar 118/2005, ao prescrever: 'A inexistência da lei específica a que se refere o § 3º deste artigo importa aplicação das leis gerais de parcelamento do ente da Federação ao devedor em recuperação judicial, não podendo, neste caso, ser o prazo de parcelamento inferior ao concedido pela lei federal específica'.

"A inexistência, assim, de legislação específica não prejudica o parcelamento que já se encontra garantido, eis que a ele serão aplicáveis as leis gerais de parcelamento de cada ente da Federação, com apenas o limitador de que o prazo não poderá ser inferior ao da lei específica editada pela União. Ainda que haja mora na edição da lei federal específica, o fato não prejudicará o devedor postulante à

siderar que o Código Tributário Nacional dispõe que o fornecimento da certidão deverá ser feito em 10 dias da data de entrada do requerimento na repartição fiscal (art. 205, parágrafo único). É razoável, portanto, fixar em 15 dias, desde a data da deliberação favorável da assembléia-geral ou do decurso do prazo de 30 dias previsto no art. 55, o prazo-limite para apresentação, salvo motivo idôneo apresentado pelo devedor, alheio à sua vontade, que não configure desídia ou inadimplemento das obrigações tributárias" (*Aspectos Objetivos da Lei de Recuperação de Empresas e Falências: Lei 11.101, de 9.2.2005*, São Paulo, Saraiva, 2005, p. 196).

21. Com isso, complementa Fábio Ulhoa Coelho, "deixa de produzir seus efeitos o despacho de processamento anteriormente exarado – quer dizer, as ações, execuções e pedidos de falência que se encontravam suspensos voltam a correr normalmente" (*Comentários à Nova Lei de Falências e de Recuperação de Empresas*, São Paulo, Saraiva, 2005, p. 166).

22. Lídia Valério Marzagão, no entanto, aduz: "(...) nos termos do art. 57, o devedor deverá apresentar as competentes certidões negativas de débitos tributários. Embora o texto da norma sugira imperatividade, habilmente, a nova regra não prevê qualquer sanção para o seu descumprimento, ao contrário do projeto original, que estabelecia a pena capital ao devedor quando não juntasse as referidas certidões, prevendo a sua liquidação imediata em apenas cinco dias. Não obstante a ausência de sanção no novo diploma, o art. 191-A do CTN, com a nova redação da Lei Complementar 118, de 9.2.2005, prescreve que a concessão de recuperação judicial depende de apresentação da prova de quitação de todos os tributos, observadas as disposições constantes do Código Tributário Nacional, que trata da suspensão da exigibilidade dos créditos tributários pelo parcelamento e expedição de certidões negativas. Certamente que a questão passará a receber interpretações variadas, quando alguns entenderão que a ausência de seu cumprimento será motivo para a não concessão do pedido de recuperação, outros a considerarão uma 'norma em branco' cujo descumprimento não provocará gravame ao descumpridor. (...). Ante a circunstância de que o fim colimado é a preservação da empresa, nada obsta a que o juiz defira a concessão da recuperação judicial, suspendendo ou mesmo dispensando, neste momento, a apresentação das referidas certidões pelo devedor, que poderá oportunamente fazer prova de sua regularidade tributária através da comprovação de parcelamentos dos débitos já deferidos ou solicitados" ("A recuperação judicial", in Rubens Approbato Machado (coord.), *Comentários à Nova Lei de Falências e Recuperação de Empresas*, São Paulo, Quartier Latin, 2005, p. 107).

23. Eduardo Secchi Munhoz aduz: "Esse dispositivo, porém, é destituído de toda e qualquer eficácia, pois não assegura ao devedor o direito de obter parcelamento de seus débitos tributários, nem por outro lado obriga os entes tributantes a editar leis específicas a respeito do tema" ("Comentários aos arts. 55 ao 69", cit., in Francisco Satiro de Sousa Jr. e Antônio Sérgio Altieri de Moraes Pitombo (coords.), *Comentários à Lei de Recuperação de Empresas e Falência: Lei 11.101/2005*, p. 312).

recuperação judicial, porque para os créditos tributários da União vigorará o parcelamento preconizado na lei geral, previsto no *caput* do art. 19 da Lei 10.522/2002, na redação dada pela Lei 10.637/2002, fruto da conversão da Medida Provisória 75/2002, que assim preceitua: 'Os débitos de qualquer natureza para com a Fazenda Nacional poderão ser parcelados em até 60 (sessenta) parcelas mensais, a exclusivo critério da autoridade fazendária, na forma e condições previstas em lei'. Desse modo, não havendo a decantada lei específica para dispor, em qualquer esfera da Federação, sobre as condições de parcelamento dos créditos tributários do devedor em recuperação judicial, vigorarão para esse fim as leis gerais da União, Estados e Municípios.

"Sustentamos, portanto, que em favor do devedor contribuinte na recuperação judicial há um direito subjetivo ao parcelamento, porquanto caberá à lei especial apenas dispor sobre suas condições, ordenada pelo § 3º do art. 155-A. (...). Sendo assim, requerendo o devedor o parcelamento e sendo esse negado sob o argumento de falta de lei especial, por exemplo, incorrerá a administração em flagrante ilegalidade, não podendo o juiz deixar de conceder a recuperação judicial pela ausência da apresentação da certidão positiva com efeito negativo do art. 206 do CTN. Igualmente, correndo mora injustificável na concessão do parcelamento e na expedição da respectiva certidão, deverá o juiz também logo conceder a recuperação judicial. (...). Em outras palavras: 'A solução para sua crise implica uma ponderação lúcida e equilibrada dos interesses públicos, coletivos e privados que nela confluem (...). Vislumbramos a exibição das certidões em apreço como uma exigência formal que deve ser equilibrada em face dos interesses maiores a serem protegidos'."[24]

Eduardo Secchi Munhoz também formula sua crítica:

"Esse dispositivo, porém, é destituído de toda e qualquer eficácia, pois não assegura ao devedor o direito de obter parcelamento de seus débitos tributários, nem por outro lado obriga os entes tributantes a editar leis específicas a respeito do tema".[25]

"Para a completude do sistema de reorganização da empresa, é fundamental que a Lei de Recuperação seja secundada pela lei tributária, na medida em que cabe a esta estabelecer as condições especiais de parcelamento dos débitos de tributos para efeito de recuperação, conforme prescreve o art. 68.

"Diante do maior rigor adotado pela lei atual, que transforma a apresentação das certidões em requisito para a própria concessão do regime especial, não será de causar surpresa o fato de a jurisprudência vir a manter a orientação anterior, de modo a conceder-se a recuperação judicial a despeito da falta de certidões negativas apresentadas pelo devedor. A flexibilização da regra pela jurisprudência talvez seja a única forma de evitar a total inviabilização do sistema de recuperação que pode decorrer da aplicação isolada do art. 57, pelas razões anteriormente destacadas.

"Desde o início da lei, verifica-se que, de fato, a jurisprudência tem se orientado no sentido de conceder a recuperação judicial mesmo ante a ausência de certidões negativas, ou positivas com efeito de negativas. Os fundamentos adotados para tais decisões são desde a não-aprovação, até a presente data, da lei destinada a prever programas especiais de parcelamento para empresas em recuperação até o interesse público na recuperação, que encontraria fundamento constitucional."[26]

Além dos argumentos articulados por Sérgio Campinho – com os quais concordamos –, para solução da *vexata quaestio* invocamos o art. 47, justamente por veicular

24. Sérgio Campinho, *Falência e Recuperação de Empresa: o Novo Regime da Insolvência Empresarial*, Rio de Janeiro, Renovar, 2006, pp. 165, 167 e 168.

25. Eduardo Secchi Munhoz, "Comentários aos arts. 55 ao 69", cit., in Francisco Satiro de Sousa Jr. e Antônio Sérgio Altieri de Moraes Pitombo (coords.), *Comentários à Lei de Recuperação de Empresas e Falência: Lei 11.101/2005*, p. 312.

26. Idem, pp. 284-285.

comando teleológico de vital importância na interpretação e aplicação do instituto da recuperação judicial.

Isso porque o art. 47 deverá funcionar no âmbito da recuperação judicial como o art. 5º do Decreto-lei 4.657/1942 (Lei de Introdução ao Código Civil) funciona (ou deveria funcionar) no âmbito civil – vale dizer, o juiz, ao se debruçar sobre questões derivadas do instituto da recuperação judicial, deverá promover a preservação da empresa, sua função social e o estímulo à atividade econômica.

Destarte, o apego às formalidades legais (apresentação das certidões negativas) não poderá jamais sobrepujar o elemento finalístico maior da lei.

Jurisprudência[27]

Eis três julgados pertinentes:

[TJSP] Recuperação judicial – Aprovação do plano de recuperação judicial – Decisão que concede a recuperação judicial, com dispensa da apresentação de certidões negativas de débitos tributários exigidas pelo art. 47 [*rectius: 57*] da Lei n. 11.101/2005 e o art. 191-A do CTN – Recurso interposto pelo INSS – Reconhecimento da legitimidade e interesse em recorrer, como terceiro prejudicado, mesmo não [*estando*] os créditos tributários sujeitos à habilitação em recuperação judicial – Exigência do art. 57 da LRF que configura antinomia jurídica com outras normas que integram a Lei n. 11.101/2005, em especial o art. 47 – Abusividade da exigência enquanto não for cumprido o art. 68 da nova lei, que prevê a edição de lei especial sobre o parcelamento do crédito tributário para devedores em recuperação judicial – Dispensa da juntada das certidões negativas ou das positivas com efeito de negativas mantida – Agravo desprovido. [*Câmara Especial de Falências, AI 5169824200, rel. Des. Pereira Calças, j. 30.1.2008, DJE 31.1.2008*]

[TJSP] Recuperação judicial – Certidões negativas de débitos tributários exigidas pelo art. 57 da Lei n. 11.101/2005 – Inadmissibilidade – Exigência abusiva e inócua – Meio coercitivo de cobrança – Necessidade de se adequar, para o cumprimento do art. 57, a legislação específica a que faz referência o art. 68 da nova lei, a respeito do parcelamento de crédito da Fazenda Pública e do INSS – Dispensa da juntada de tais certidões – Agravo de instrumento provido. [*Câmara Especial de Falências, AI 4563934800, rel. Des. Romeu Ricupero, DJE 22.11.2006*]

[TJMG] Empresarial, tributário e processual civil – Agravo de instrumento – Recuperação judicial – Deferimento – Ausência de certidão fiscal negativa – Possibilidade – Inexistência de lei complementar sobre parcelamento do débito tributário – Risco de lesão ao princípio norteador da recuperação judicial – Improvimento da irresignação – Inteligência dos arts. 47, 57 e 68, todos da Lei n. 11.101/2005, e art. 155-A, §§ 2º e 3º, do CTN. A recuperação judicial deve ser concedida, a despeito da ausência de certidões fiscais negativas, até que seja elaborada lei complementar que regule o parcelamento do débito tributário procedente de tal natureza, sob risco de sepultar a aplicação no novel instituto e, por conseqüência, negar vigência ao princípio que lhe é norteador. [*5ª Câmara Cível, AI 1.0079.06.288873-4/001, Contagem/MG, rel. Des. Dorival Guimarães Pereira, j. 29.5.2008, v.u.*]

Transcrevemos, por oportuno, excertos do brilhante parecer do Promotor de Justiça Alberto Caminã Moreira lançado, em 28.1.2006, na recuperação judicial da Parmalat Brasil S/A Indústria de Alimentos:

"Deferido o processamento da recuperação no dia 4.7.2005, a devedora apresentou seu plano de recuperação judicial no dia 1.9.2005. (...). Sobreveio o requerimento de fls., que, em síntese, pede a dispensa da apresentação das certidões negativas dos créditos tributários, tal como exigida pelo art. 57 da Lei n. 11.101. (...) o art. 31 da Lei

27. Gilmara Santos noticia que o Juiz da 1ª Vara de Recuperação e Falência de Empresas do TJSP, Alexandre Alves Lazzarini, homologou, no dia 2.2.2006, o plano de recuperação da Parmalat independentemente de apresentação de certidão negativa de débitos fiscais/CND. A matéria jornalística aduz, ainda, que uma empresa do setor madeireiro paranaense foi a primeira a obter homologação de seu plano de recuperação sem apresentação da referida certidão e que a Varig, no Rio de Janeiro, também obteve decisão semelhante do Juiz Luiz Roberto Ayoub, segundo o qual "não faz sentido impedir a possibilidade de a companhia se reorganizar por falta de CND. A recuperação judicial não envolve o Fisco. Exigir uma CND e barrar todo o processo pela falta dela não é correto, já que o Fisco tem meios para cobrar" (Gilmara Santos, "Justiça homologa plano de recuperação da Parmalat sem a CND", *Gazeta Mercantil*, ed. de 3.2.2006, "Legislação", p. A-9").

n. 6.830/1980, a Lei de Execução Fiscal, estabelece que: 'Nos processos de falência, concordata, liquidação, inventário, arrolamento ou concurso de credores nenhuma alienação será judicialmente autorizada sem a prova da quitação da Dívida Ativa ou da concordância da Fazenda Pública'. Também essa irreal exigência foi dispensada pela jurisprudência. (...). O STJ foi mais incisivo: 'Não é absoluta a proibição contida no art. 31 da Lei n. 6.830/1980, por isso mesmo que a norma nela inserta deve ser interpretada com temperamento' (...).

"Exposto, muito sumariamente, o pensamento jurídico brasileiro acerca da temática na vigência da lei anterior, fica o registro de que sempre acabou prevalecendo a orientação em prol da empresa, em prol do desenvolvimento social, representado pela preservação das atividades produtivas; *é a jurisprudência que nos ilumina*. E isso quando a lei era manifestamente distinta da lei em vigor, sem aquela preocupação expressa de preservação da empresa. Se assim foi no regime revogado, com muito mais razão deve prevalecer na vigência da Lei n. 11.101/2005.

"*O art. 57 da Lei n. 11.101/2005 como sanção política*. (...). Trata-se, na verdade, da chamada *sanção política*, repudiada pela doutrina e jurisprudência. (...). A esse respeito escreve Hugo de Brito Machado: 'Prática antiga, que, no Brasil, remonta aos tempos da ditadura de Vargas, sanções políticas, que consistem nas mais diversas formas de restrições a direito do contribuinte como forma oblíqua de obrigá-lo ao pagamento de tributos' (...).

"*Sob a aparência de se exigir uma certidão, exige-se, na realidade, o pagamento de tributos*. Acendrada ingenuidade acreditaria que se trata de mera obrigação de fazer – entrega de papéis –, e não obrigação de dar – dinheiro aos cofres públicos. (...).

"É válido, antes de mais nada, o registro do que ocorreu no Congresso Nacional acerca desse dispositivo. Quando o Projeto foi aprovado no Senado Federal, a redação que se dava ao dispositivo era a seguinte:

"'(...).

"'Art. 57. Após a juntada (...), o devedor apresentará, em 5 (cinco) dias, certidões negativas de débitos tributários (...).

"'Parágrafo único. Decorrido o prazo sem apresentação de certidões, o juiz decretará a falência.'

"De volta à Câmara dos Deputados, por força da inúmeras alterações levadas a efeito na Câmara Alta, *entenderam os Srs. Deputados de afastar a previsão de falência*. Tanto que na Lei n. 11.101/2005 não há parágrafo único. (...). Pretenderam os representantes do povo afastar a possibilidade de falência se as certidões fiscais não forem apresentadas pelo devedor, e afastaram o parágrafo único, que continha tal previsão. Desapareceu a sanção que se pretendia inserir. Outro aspecto é que desapareceu do *caput* do dispositivo o prazo para a apresentação das certidões. Previam-se cinco dias. E na norma editada *não há prazo para o cumprimento dessa obrigação*. A decretação de falência por descumprimento de obrigações processuais depende de expressa previsão legal e não merece interpretação ampliativa.

"*A pretensa exigência do art. 57 não merece ser levada em conta, pois é inconstitucional, como a seguir tentaremos demonstrar*. (...).

"A recuperação judicial, que se pode definir como mera oferta do devedor aos credores, é, em relação ao crédito público, *res inter alios*, não lhe diz respeito. O plano aceito pelos credores nenhuma influência poderá exercer na classificação dos créditos fazendários. Mantêm-se todas as prerrogativas substancias e processuais estabelecidas pelas leis.

"Continua a Fazenda Pública dotada das prerrogativas de cobrança do crédito, pela via da execução fiscal, ainda quando a sociedade devedora acha-se submetida à recuperação judicial. É o que resulta do disposto no § 7º do art. 6º da Lei n. 11.101/2005: (...). *Ora, se não há o sobrestamento da execução fiscal por força do ajuizamento da recuperação, que razão haveria para exigir do devedor a obtenção de certidões negativas?*

"A regra de exigência estabelecida no art. 57 não se afeiçoa ao princípio constitucional do devido processo legal substancial, consagrado no art. 5º, LIV, da CF. Ou ao princípio da proporcionalidade – relação de adequação entre meio e fim –, também agasalhado no mesmo dispositivo. (...).

"Diante do exposto, é preciso verificar se o art. 57 da Lei n. 11.101/2005 passa pelo *teste da proporcionalidade*. E ele está reprovado, como se pretende demonstrar. (...). O art. 57 é um 'estranho no ninho', pois a relação entre devedor e credores submetidos à recuperação passa ao largo dos interesses da Fazenda Pública. (...).

"A regra é abusiva, ultrapassa o limite do razoável. Sua inadequação fica atestada pela possibilidade que encerra de, a se cumprir à risca, propiciar o pagamento antecipado do Fisco, em detrimento de todos os demais credores (...). Ora, pagar os fornecedores de matéria-prima (leite) e os fornecedores de crédito é decisivo para o soerguimento da sociedade devedora. Pagar todo o passivo tributário (...) neste instante, decididamente, não é medida apropriada para a solução da crise da empresa. Não passa o art. 57 pelo teste de adequação. (...).

"*Exigência de certidão, com possibilidade de decretação de falência* (...) *em caso de não apresentação, é usar do meio mais gravoso ao contribuinte*. (...).

"*Conclusão* – Em relação à exigência do art. 57 da Lei n. 11.101/2005 e art. 191-A do CTN: (a) trata-se de sanção política, profligada pela jurisprudência dos tribunais; (b) fere o princípio da proporcionalidade, e, por isso, são insubsistentes; (c) o descumprimento não acarreta falência, conseqüência não deseja pela lei; (d) a jurisprudência de nossos tribunais, historicamente, desprezou exigências fiscais de empresas em crise econômica, sem que isso represente proibição de cobrança pelas vias próprias. (...).

"Propõe, então, a homologação do plano de recuperação judicial da Parmalat, reconhecida a inconstitucionalidade dos artigos referidos, tanto da LRF como do Código Tributário Nacional." [*1ª Vara de Recuperações e Falências de São Paulo, Autos 05.068090-1*][28]

Art. 58. Cumpridas as exigências desta Lei, o juiz concederá a recuperação judicial do devedor cujo plano não tenha sofrido objeção de credor nos termos do art. 55 desta Lei ou tenha sido aprovado pela assembléia-geral de credores na forma do art. 45 desta Lei.[316-317-318-319]

§ 1º. O juiz poderá conceder a recuperação judicial com base em plano que não obteve aprovação na forma do art. 45 desta Lei, desde que, na mesma assembléia, tenha obtido, de forma cumulativa:[320] I – o voto favorável de credores que representem mais da metade do valor de todos os créditos presentes à assembléia, independentemente de classes; II – a aprovação de duas das classes de credores nos termos do art. 45 desta Lei ou, caso haja somente duas classes com credores votantes, a aprovação de pelo menos uma delas; III – na classe que o houver rejeitado, o voto favorável de mais de um terço dos credores, computados na forma dos §§ 1º e 2º do art. 45 desta Lei.

§ 2º. A recuperação judicial somente poderá ser concedida com base no § 1º deste artigo se o plano não implicar tratamento diferenciado entre os credores da classe que o houver rejeitado.[320]

LEGISLAÇÃO ANTERIOR

Artigo sem correspondência no Decreto-lei 7.661/1945.

COMENTÁRIOS

316. Em que hipóteses o juiz concederá a recuperação judicial? – Desde que cumpridas as exigências da lei, o juiz concederá a recuperação judicial do devedor cujo plano não tenha sofrido objeção de credor, nos termos do art. 55 da lei, ou tenha sido aprovado

28. Manoel Justino Bezerra Filho, *Jurisprudência da Nova Lei de Recuperação de Empresas e Falências/Decisões, Ofícios Judiciais, Resoluções, Sentenças, Acórdãos, Dentre Outros Documentos*, São Paulo, Ed. RT, 2006, pp. 132-143.

pela assembléia-geral de credores, na forma do art. 45 da lei.[29]

317. Qual é a natureza jurídica da decisão que concede a recuperação judicial? – Segundo Jorge Lobo[30] e Sidnei Agostinho Benetti,[31] a natureza jurídica da sentença concessiva da recuperação judicial é constitutiva, vez que, além de criar novo estado jurídico para o devedor e suas obrigações via novação (art. 59), constituirá título executivo judicial (art. 59, § 1º).

318. Qual o recurso cabível da decisão que concede a recuperação judicial? – Contra a decisão que conceder a recuperação judicial caberá agravo, que poderá ser interposto por qualquer credor e pelo Ministério Público (art. 59, § 2º).

319. O juiz poderá deixar de conceder a recuperação judicial do devedor cujo plano foi aprovado pela assembléia-geral de credores? – Fábio Ulhoa Coelho responde afirmativamente:

"Pressupõe a lei que a possibilidade de aprovação de um plano inconsistente está afastada porque são os credores que o aprovam, em assembléia. Esse pressuposto, porém, é falso. E por três razões. Em primeiro lugar, porque a tendência no mundo todo é a do absenteísmo (...). Em segundo lugar, porque os credores, mesmo querendo participar, não têm todas as informações necessárias para elaborar um plano alternativo (...). Em terceiro lugar, porque a lei, ao vincular o indeferimento da recuperação judicial à decretação da falência, reduz enormemente as alternativas do devedor. Ou ele vota pela aprovação de qualquer plano – mesmo percebendo sua evidente inconsistência –, ou amargará o prejuízo certo pela falência do devedor.

"Pela lei brasileira, os juízes, em tese, não poderiam deixar de homologar os planos aprovados pela assembléia-geral de credores, quando alcançado o *quorum* qualificado da lei. Mas, como a aprovação de planos inconsistentes levará à desmoralização do instituto, entendo que, sendo o instrumento aprovado um *blablablá* inconteste, o juiz pode deixar de homologá-lo e incumbir o administrador judicial, por exemplo, de procurar construir com o devedor e os credores mais interessados um plano alternativo."[32]

Newton de Lucca, na mesma linha, expõe: "Imagine-se um plano visivelmente inconsistente que venha a ser aprovado pela assembléia de credores (não por convicção íntima destes no êxito do plano, de resto um grotesco mistifório, mas sim à míngua de alguma alternativa para eles que não a declaração da falência do devedor (...). Estaria o juiz obrigado a aceitá-lo? (...). Não vejo como possa entender-se que o magistrado, convencido da inconsistência do plano, esteja obrigado a fazer o papel de *inocente útil*, referendando uma solução que, de antemão, sabe ser absolutamente inadequada (...)".[33]

29. Eduardo Secchi Munhoz aduz: "Não cabe, portanto, ao juiz nenhuma margem de *discricionariedade* a respeito da matéria, ou, em outras palavras mais precisas, não há na lei, quanto a esse aspecto, conceitos abertos (chamados conceitos indeterminados) que confiram ao juiz margem ampla de interpretação para a emissão dos respectivos *juízos de legalidade*. Assim, uma vez preenchidos os requisitos da lei, que nesse aspecto não adota nenhuma cláusula aberta ou conceito indeterminado, e aprovado o plano pelos credores, cumpre ao juiz conceder a recuperação; se, por outro lado, não se configurar tal hipótese, cabe ao juiz decretar a falência" ("Comentários aos arts. 55 ao 69", in Francisco Satiro de Sousa Jr. e Antônio Sérgio Altieri de Moraes Pitombo (coords.), *Comentários à Lei de Recuperação de Empresas e Falência: Lei 11.101/2005*, São Paulo, Ed. RT, 2005, p. 284).

30. Jorge Lobo, "Comentários aos arts. 35 ao 69", in Carlos Henrique Abrão e Paulo Fernando Campos Salles de Toledo (coords.), *Lei de Recuperação de Empresas e Falência*, São Paulo, Saraiva, 2005, p. 154.

31. Sidnei Agostinho Benetti, "O processo de recuperação judicial", in Luiz Fernando Valente de Paiva (coord.), *Direito Falimentar e a Nova Lei de Falências e Recuperação de Empresas*, São Paulo, Quartier Latin, 2005, p. 238.

32. Fábio Ulhoa Coelho, *Comentários à Nova Lei de Falências e de Recuperação de Empresas*, São Paulo, Saraiva, 2005, pp. 162-163.

33. Newton de Lucca, "Teoria geral", in Newton de Lucca e Adalberto Simão Filho (coords.), *Comentários à Nova Lei de Recuperação de Empresas e de Falências*, São Paulo, Quartier Latin, 2005, p. 33.

A despeito de as opiniões dos autores serem consistentes, é relevante frisar que o legislador utilizou a expressão "o juiz concederá a recuperação judicial", conferindo caráter imperativo à norma.

Logo, caberá à jurisprudência posicionar-se.

320. O juiz poderá conceder a recuperação judicial com base em plano que não obteve aprovação da assembléia-geral de credores? – De conformidade com os §§ 1º e 2º do art. 58, a resposta é afirmativa.[34-35-36]

Vale dizer: o juiz poderá[37] conceder a recuperação judicial com base em plano não aprovado, desde que:[38] (a) "na mesma assembléia, tenha obtido, de forma cumulativa: I – o voto favorável de credores que representem mais da metade do valor de todos os créditos presentes à assembléia, independentemente de classes; II – a aprovação de duas das classes de credores nos termos do art. 45 desta Lei ou, caso haja somente duas classes com credores votantes, a aprovação de pelo menos uma delas; III – na classe que houver rejeitado, o voto favorável de mais de um terço dos credores, computados na forma dos §§ 1º e 2º do art. 45 desta Lei"; (b) o plano não implique "tratamento diferenciado entre os credores da classe que o houver rejeitado".[39]

34. Segundo Jorge Lobo: "Para evitar o 'abuso da minoria', a LRE prevê, sabiamente, no art. 58, § 1º, que o juiz concederá a recuperação judicial contra a deliberação da assembléia-geral (...)" ("Comentários aos arts. 35 ao 69", cit., in Carlos Henrique Abrão e Paulo Fernando Campos Salles de Toledo (coords.), *Lei de Recuperação de Empresas e Falência*, p. 155).

35. Fábio Ulhoa Coelho resume: "Em suma, três podem ser os resultados da votação na assembléia-geral: (a) aprovação do plano de recuperação, por deliberação que atendeu ao *quorum* qualificado da lei; (b) apoio ao plano, por deliberação que quase atendeu a esse *quorum* qualificado; (c) rejeição de todos os planos discutidos. Em qualquer caso, o resultado será submetido ao juiz, mas variam as decisões judiciais possíveis em cada um deles. No primeiro, o juiz limita-se a homologar a aprovação do plano pelos credores; no segundo, ele terá a discricionariedade para aprovar ou não o plano que alcançou o *quorum* qualificado; no terceiro, deve decretar a falência do requerente" (*Comentários à Nova Lei de Falências e de Recuperação de Empresas*, cit., pp. 168-169).

36. Já, para Amador Paes de Almeida: "Fácil é verificar cinco situações distintas: (a) não havendo qualquer objeção dos credores, o pedido de recuperação será, obviamente, deferido; (b) havendo aprovação expressa pelo *quorum* qualificado (art. 45), o pedido será, igualmente, deferido; (c) ainda que não se obtenha o *quorum* qualificado, mas obtidos os percentuais declinados no art. 58, § 1º, I, II e III, o pedido será deferido, desde que não implique tratamento diferenciado para os credores que hajam rejeitado o plano; (d) havendo alteração do plano pelos credores, de comum acordo com o devedor, o pedido de recuperação, da mesma forma, será deferido; (e) rejeitado o plano pela assembléia-geral de credores, *o juiz decretará a falência*" (*Curso de Falência e Recuperação de Empresa*, 23ª ed., São Paulo, Saraiva, 2005, p. 331).

37. Adverte Calixto Salomão Filho: "Parece imperioso então que a jurisprudência venha a interpretar essa faculdade (no art. 58, § 1º, a expressão utilizada é 'o juiz poderá') de forma sistemática e teleológica, não admitindo e exigindo a adaptação de planos que não contem com a aprovação de uma das votações em separado (em especial a dos trabalhadores), se esse plano não contiver garantias suficientes de preservação da empresa" ("Introdução", in Francisco Satiro de Sousa Jr. e Antônio Sérgio Altieri de Moraes Pitombo (coords.), *Comentários à Lei de Recuperação de Empresas e Falência: Lei 11.101/2005*, São Paulo, Ed. RT, 2005, p. 49).

38. Assevera Luiz Inácio Vigil Neto: "Não obstante, o magistrado tem o poder de impor o plano, evitando o decreto falencial, se reconhecer o desempenho de função social pela empresa em crise. Dentro das diversas propostas debatidas no Congresso brasileiro, prevaleceu a que mitiga o poder do juiz de contrariar a vontade manifestada pelos credores da assembléia. Logo, a imposição do plano rejeitado pelos credores em assembléia não constitui um ato de vontade absoluta do juiz, mas vinculado a alguns critérios objetivos. Somente com a presença de todos esses requisitos poderá o juiz examinar, de forma subjetiva, se a empresa é estrategicamente importante no seu contexto social. Esses requisitos, previstos no art. 58, §§ 1º e 2º, são (...). Na idéia de função social, adotou-se o princípio de relevância do ente econômico em seu contexto social. Dessa forma, a função social não se mede por atividades sociais ou filantrópicas, mas pela importância da empresa no contexto de sua operação econômica, nacional, estadual regional ou local, na geração de emprego e riqueza" (*Teoria Falimentar e Regimes Recuperatórios: Estudos sobre a Lei 11.101/2005*, Porto Alegre, Livraria do Advogado, 2008, pp. 172-173).

39. Jorge Lobo exemplifica: "(...) *v.g.*, classe III, credores quirografários – recebam, por exemplo, 50% do total do seu crédito; outros 60%; outros 70%; etc." ("Comentários aos arts. 35 ao 69", cit., in Carlos Henrique Abrão e Paulo Fernando Campos Salles de

Art. 59. O plano de recuperação judicial implica novação dos créditos anteriores ao pedido,[321] e obriga o devedor e todos os credores a ele sujeitos, sem prejuízo das garantias,[322-323] observado o disposto no § 1º do art. 50 desta Lei.[324]

§ 1º. A decisão judicial que conceder a recuperação judicial constituirá título executivo judicial, nos termos do art. 584, inciso III, do *caput* da Lei n. 5.869, de 11 de janeiro de 1973 – Código de Processo Civil.[325-326]

§ 2º. Contra a decisão que conceder a recuperação judicial caberá agravo, que poderá ser interposto por qualquer credor e pelo Ministério Público.[327]

LEGISLAÇÃO ANTERIOR

Lei de Falências (DL 7.661/1945): *Art. 146.* Da sentença que conceder ou não a concordata, os embargantes ou o devedor podem interpor agravo de instrumento, contando-se o prazo da data da sentença.

Art. 148. A concordata não produz novação, não desonera os coobrigados com o devedor, nem os fiadores destes e os responsáveis por via de regresso.

COMENTÁRIOS

321. O plano de recuperação judicial implica novação dos créditos? – Diferentemente do regime anterior, que previa expressamente que a concordata não produzia novação (art. 148), o regime atual prevê, também expressamente, que o plano de recuperação judicial implica novação[40] dos créditos (art. 59).

322. O art. 364, primeira parte, do CC aplica-se ao instituto da recuperação judicial? – Dispõe a primeira parte do art. 364 do CC: "*Art. 364.* A novação extingue os acessórios e *garantias da dívida*, sempre que não houver estipulação em contrário. (...)".

Jorge Lobo responde, adequada e detalhadamente, à indagação: "*In casu*, todavia, embora não tenha havido acordo entre o devedor principal, seu fiador e o credor quanto à subsistência da garantia fidejussória na hipótese de novação da obrigação ou dívida afiançada, as normas que devem prevalecer são as dos arts. 49, § 1º, e 59, *caput*, da LRE, e não as do art. 364 do CC, a uma porque, não obstante a doutrina, ao tratar do período 'sempre que não houver estipulação em contrário', enfatizada pelo art. 364, costume trabalhar com a hipótese de cláusula acordada, por mútuo consentimento, em contrato sinalagmático, pelo devedor, credor e fiador, é legítimo entendê-la como estipulação prevista em lei, como sói ser a constante dos arts. 49, § 1º, e 59, *caput*, da LRE; a duas porque, como é curial, a solução corriqueira do conflito de leis deriva da aplicação do critério hierárquico e/ou cronológico e/ou da especialização, os quais, no caso em tela, levam à conclusão que, desprezado o da hierarquia, pois ambas as leis – o Código Civil e a LRE – têm igual hierarquia, os outros dois penderiam para a LRE, porque ela é posterior e porque trata especificamente da subsistência da fiança na hipótese de novação de obrigação afiançada; a três porque a LRE é de ordem pública, devendo prevalecer o seu comando; a quatro porque, *ex vi* do art. 61, § 2º, se convolada em falência a recuperação judicial, 'os credores terão reconstituídos os direitos e garantias nas condições originalmente contratadas', o que seria defeso se houvessem perecido na forma do art. 364".[41]

323. Um exemplo de preservação de garantia pessoal – Exemplifica Fábio Ulhoa

Toledo (coords.), *Lei de Recuperação de Empresas e Falência*, p. 155).

40. Dispõe o art. 360 do CC: "Dá-se novação: I – quando o devedor contrai com o credor nova dívida para extinguir e substituir a anterior; II – quando o novo devedor sucede ao antigo, ficando este quite com o credor; III – quando, em virtude de obrigação nova, outro credor é substituído ao antigo, ficando o devedor quite com este".

41. Jorge Lobo, "Comentários aos arts. 35 ao 69", in Carlos Henrique Abrão e Paulo Fernando Campos Salles de Toledo (coords.), *Lei de Recuperação de Empresas e Falência*, São Paulo, Saraiva, 2005, p. 158.

Coelho: "Desse modo, o portador de nota promissória firmada pelo empresário em recuperação pode executar o avalista desse título de crédito, como se não houvesse o benefício. Cabe ao avalista suportar, nessa situação, o sacrifício direto representado pela recuperação judicial".[42]

Jurisprudência[43]

Transcrevemos, abaixo, dois julgados prolatados sob a égide do regime anterior (Decreto-lei 7.661/1945), porém integralmente aplicáveis ao atual regime (Lei 11.101/2005):

Concordata preventiva – Habilitação de crédito privilegiado – *Fato que não impede a ação executiva do credor contra os avalistas do concordatário, conforme interpretação dos arts. 147 e 148 da Lei Falimentar, sob pena de negar-se a própria autonomia do aval.* [*RF 301/162*]

[1º TACivSP] Execução por título extrajudicial – Ajuizamento contra avalistas proprietários de firma em regime de concordata preventiva – *Admissibilidade, dada a autonomia do aval* – Embargos do devedor improcedentes. [*5ª Câmara, ACi 3.858, Processo 000390-0/26, rel. Juiz Scarance Fernandes, j. 22.6.1988, publicação MF 141/120*]

324. O devedor pode substituir ou suprimir a garantia real no plano de recuperação? – O devedor não pode alienar bem objeto de garantia real, nem suprimi-la ou substituí-la, sem a aprovação expressa do respectivo credor (§ 1º do art. 50).

325. A decisão judicial que conceder a recuperação judicial constituirá título executivo judicial? – Sim, nos termos do art. 584, III, do CPC (Lei 5.869, de 11.1.1973).

Ressalta Jorge Lobo: "A sentença concessiva da recuperação judicial constitui título executivo judicial (art. 584 do CPC), que substitui o título, judicial ou extrajudicial, que possuía o credor (...)".[44]

326. O credor, diante da inadimplência do devedor durante o biênio de recuperação judicial poderá intentar a ação executiva? – Não, pois durante o biênio de recuperação judicial (art. 61) o descumprimento de qualquer obrigação prevista no respectivo plano acarretará sua convolação em falência (§ 1º do art. 61, c/c o art. 73, IV).

Uma vez decorrido o biênio e remanescendo o inadimplemento do devedor, aí, sim, o credor poderá intentar-lhe a ação executiva ou requerer-lhe a falência (art. 62).[45-46]

Fábio Ulhoa Coelho sustenta entendimento distinto: "A decisão concessiva da recuperação é título executivo judicial. Desse modo, se no plano de recuperação é, por exemplo, previsto que o credor *Carlos* será pago em seis meses da concessão do benefício, vencido este prazo, caberá àquele credor mover a cobrança executiva contra o empresário em recuperação. Instruirá a execução com o plano de recuperação, por ser este o título judicial apto a promovê-la".[47]

327. Qual o recurso cabível da decisão que conceder ou denegar a recuperação judicial? – O recurso cabível da decisão que conceder a recuperação judicial é o agravo,

42. Fábio Ulhoa Coelho, *Comentários à Nova Lei de Falências e de Recuperação de Empresas*, São Paulo, Saraiva, 2005, p. 170.

43. Manoel Justino Bezerra Filho, *Jurisprudência da Nova Lei de Recuperação de Empresas e Falências/Decisões, Ofícios Judiciais, Resoluções, Sentenças, Acórdãos, Dentre Outros Documentos*, São Paulo, Ed. RT, 2006, p. 172.

44. Jorge Lobo, "Comentários aos arts. 35 ao 69", cit., in Carlos Henrique Abrão e Paulo Fernando Campos Salles de Toledo (coords.), *Lei de Recuperação de Empresas e Falência*, p. 159.

45. No mesmo sentido: Jorge Lobo, "Comentários aos arts. 35 ao 69", cit., in Carlos Henrique Abrão e Paulo Fernando Campos Salles de Toledo (coords.), *Lei de Recuperação de Empresas e Falência*, p. 159.

46. Compartilha também deste entendimento Ricardo Negrão: "Decorrido o prazo de dois anos, as ações dos credores, por descumprimento das obrigações previstas no plano, deverão ser realizadas individualmente, mediante execução da obrigação assumida ou requerimento de falência, fundado no art. 94 da Lei de Falências" (*Aspectos Objetivos da Lei de Recuperação de Empresas e Falências: Lei 11.101, de 9.2.2005*, São Paulo, Saraiva, 2005, p. 198).

47. Fábio Ulhoa Coelho, *Comentários à Nova Lei de Falências e de Recuperação de Empresas*, cit., p. 171.

que poderá ser interposto por qualquer credor e pelo Ministério Público.[48]

O regime anterior também previa o recurso de agravo da decisão (sentença) que concedia a concordata (art. 146).

Não obstante a lei ser omissa em relação ao recurso cabível da decisão denegatória de recuperação judicial, tendo em vista que sua natureza é de decisão interlocutória, o recurso cabível também é o de agravo.[49]

Art. 60. Se o plano de recuperação judicial aprovado envolver alienação judicial de filiais ou de unidades produtivas isoladas do devedor,[328] o juiz ordenará a sua realização, observado o disposto no art. 142 desta Lei.[329-330-331]

Parágrafo único. O objeto da alienação estará livre de qualquer ônus e não haverá sucessão do arrematante nas obrigações do devedor, inclusive as de natureza tributária, observado o disposto no § 1º do art. 141 desta Lei.[332-333]

LEGISLAÇÃO ANTERIOR

Artigo sem correspondência no Decreto-lei 7.661/1945.

COMENTÁRIOS

328. Crítica à terminologia adotada pelo legislador – Jorge Lobo formula crítica à palavra "filiais" e à expressão "unidades produtivas isoladas do devedor", já que, em verdade, o dispositivo trata do decantado "trespasse de estabelecimento empresarial".[50-51]

Silvânio Covas, por sua vez, sustenta:

"Por 'unidade produtiva isolada' deve-se entender a parcela da atividade empresarial que, embora não apresente distinção jurídico-societária, como ocorre com as filiais, são dotadas [*sic*] de autonomia operacional.

"Apenas para ilustrar, poderíamos imaginar uma indústria de tecidos que no mesmo parque fabril conta com uma unidade destinada à produção de tecidos e outra de beneficiamento da produção da primeira, cada qual em uma estrutura própria do mesmo parque fabril, ambas com plena autonomia operacional."[52-53-54]

48. Segundo Fábio Ulhoa Coelho: "O objeto do recurso só pode dizer respeito ao desatendimento das normas legais sobre a convocação e instalação da assembléia ou *quorum* de deliberação. Nenhuma outra matéria pode ser questionada nesse recurso, nem mesmo o mérito do plano de recuperação" (*Comentários à Nova Lei de Falências e de Recuperação de Empresas*, cit., pp. 170-171).

49. No mesmo sentido, Eduardo Secchi Munhoz: "Embora a lei não o diga, evidentemente, também a decisão que negar a recuperação judicial pode ser atacada por meio de recurso de agravo" ("Comentários aos arts. 55 ao 69", in Francisco Satiro de Sousa Jr. e Antônio Sérgio Altieri de Moraes Pitombo (coords.), *Comentários à Lei de Recuperação de Empresas e Falência: Lei 11.101/2005*, São Paulo, Ed. RT, 2005, p. 293).

50. Jorge Lobo complementa: "(...) cabendo destacar que a LRE peca, às vezes, por desprezar vocábulos e expressões consagradas, como ocorre *in casu* ao empregar a palavra 'filiais' e a expressão 'unidades produtivas isoladas' em vez da clássica 'estabelecimento', hoje, inclusive, objeto de minuciosa disciplina no CC, arts. 1.142 e s." ("Comentários aos arts. 35 ao 69", in Carlos Henrique Abrão e Paulo Fernando Campos Salles de Toledo (coords.), *Lei de Recuperação de Empresas e Falência*, São Paulo, Saraiva, 2005, p. 160).

51. Eduardo Secchi Munhoz, compartilhando da mesma opinião, assevera: "(...) cumpre observar que a redação do dispositivo, ao mencionar 'unidades produtivas' ou 'filiais', não adotou a melhor técnica, na medida em que essas expressões não possuem significado jurídico próprio; melhor seria o emprego da expressão 'estabelecimento', cujo conceito foi amplamente desenvolvido pela doutrina, encontrando-se positivado no art. 1.142 do CC" ("Comentários aos arts. 55 ao 69", in Francisco Satiro de Sousa Jr. e Antônio Sérgio Altieri de Moraes Pitombo (coords.), *Comentários à Lei de Recuperação de Empresas e Falência: Lei 11.101/2005*, São Paulo, Ed. RT, 2005, p. 295).

52. Silvânio Covas, "Comentários aos arts. 55 ao 69", in Newton de Lucca e Adalberto Simão Filho (coords.), *Comentários à Nova Lei de Recuperação de Empresas e de Falências*, São Paulo, Quartier Latin, 2005, p. 310.

53. Eduardo Domingos Bottallo segue no mesmo diapasão: "(...) a consideração sistemática dos preceitos do Código Civil e da NLF autoriza-nos a entender

329. Quais são as modalidades de alienação do ativo do devedor? – As modalidades são as seguintes: (1) leilão, por lances orais; (2) propostas fechadas; (3) pregão.

330. A venda direta a terceiro é permitida? – Não poderá a venda ser direta a terceiro, na medida em que as modalidades de alienação do ativo – leilão, por lances orais, propostas fechadas e pregão – deverão ser precedidas de publicação de anúncio em jornal de ampla circulação (art. 142, § 1º).[55]

331. Quais são os requisitos a serem adotados para realização da alienação do ativo do devedor? – Os requisitos são aqueles previstos no art. 142 e seus §§ 1º a 7º.[56]

A título de exemplificação, lembramos alguns dos requisitos: (1) o administrador será ouvido e o comitê de credores, se houver, orientará; (2) publicação prévia de anúncio (15 e 30 dias, respectivamente, para alienação de bens móveis e imóveis), em jornal de grande circulação; (3) a alienação dar-se-á pelo maior valor, ainda que inferior ao valor da avaliação; (4) no leilão por lances aplica-se, no que couber, o Código de Processo Civil; (5) seja qual for a modalidade de alienação, o Ministério Público deve ser intimado pessoalmente, sob pena de nulidade.

332. Alienação sem ônus e/ou sucessão tributária, trabalhista e acidentária? – Trata-se de ponto relevantíssimo. Para melhor compreensão da matéria, faz-se mister traçar um paralelo entre o regime da recuperação judicial e o da falência.

Quanto à recuperação judicial, dispõem o art. 60 e seu parágrafo único: se o plano aprovado envolver *alienação judicial de filiais ou de unidades produtivas isoladas do devedor, o objeto da alienação estará livre de qualquer ônus e não haverá sucessão do arrematante nas obrigações do devedor, inclusive as de natureza tributária.*

Note-se que tais dispositivos são omissos em relação às sucessões trabalhista e acidentária. Além disso, o objeto da alienação judicial está restrito a filiais ou unidades produtivas isoladas.[57]

por 'unidade produtiva isolada' o estabelecimento apto a possibilitar, de per si, o desempenho de atividades econômicas, embora não se trate de pessoa jurídica, ou de filial de pessoa jurídica, formalmente constituída" ("Reflexos tributários da nova Lei de Falências", *Revista do Advogado* 83/31, Ano XXV, São Paulo, setembro/2005).

54. Alberto Caminã Moreira exemplifica: "Uma fábrica de bebidas, por exemplo, pode manter várias unidades produtivas; a alienação de uma das plantas industriais, unidade produtiva isolada, não configura alienação do estabelecimento comercial, mas parte dele" ("Comentários aos arts. 60 ao 63", in Osmar Brina Corrêa-Lima e Sérgio Mourão Corrêa-Lima (coords.), *Comentários à Nova Lei de Falência e Recuperação de Empresas: Lei 11.101, de 9.2.2005*, Rio de Janeiro, Forense, 2009, p. 402).

55. No mesmo sentido, Fábio Ulhoa Coelho: "(...) a venda será obrigatoriamente feita mediante hasta pública (leilão, propostas e pregão). Não pode o plano estabelecer – mesmo que com isso consintam todos os credores e o devedor – a venda direta a terceiro nele identificado. A obrigatoriedade da hasta pública visa a otimizar o procedimento e assegurar a recuperação da empresa em crise" (*Comentários à Nova Lei de Falências e de Recuperação de Empresas*, São Paulo, Saraiva, 2005, p. 171).

56. Alberto Caminã Moreira ressalva: "A alienação não decorre de ato de império do Estado, mas de opção do devedor, obtida a anuência dos credores. A referência ao art. 142, por isso, deve ser compreendida com a devida cautela. Inserido no "Capítulo V – Da Falência" –, o art. 142 trata da alienação coativa, o que não se passa com o artigo em comento (60), cuja iniciativa, de regra, virá do próprio devedor titular dos bens, ou mesmo dos credores, por modificação do plano de recuperação. Deve ser observado o art. 142 no que couber; com essa ressalva, a alienação voluntária será feita em juízo. Assim, os §§ 1º, 3º, 4º, 5º, 6º e 7º são aplicáveis" ("Comentários aos arts. 60 ao 63", cit., in Osmar Brina Corrêa-Lima e Sérgio Mourão Corrêa-Lima (coords.), *Comentários à Nova Lei de Falência e Recuperação de Empresas: Lei 11.101, de 9.2.2005*, p. 399).

57. Alberto Caminã Moreira aduz: "Temática própria de lei complementar, restringiu-se a inaplicabilidade da sucessão tributária à hipótese de alienação judicial de filial ou unidade produtiva isolada, em processo de recuperação judicial. Por elementar interpretação *a contrario*, sobre a alienação de estabelecimento (na sua totalidade) de devedor em recuperação judicial incide a sucessão tributária" ("Comentários aos arts. 60 ao 63", cit., in Osmar Brina Corrêa-Lima e Sérgio Mourão Corrêa-Lima (coords.), *Comen-*

No tocante à falência, prescrevem o art. 141 e seu inciso I: *na alienação conjunta ou separada de ativos, inclusive da empresa ou de suas filiais, o objeto da alienação estará livre de qualquer ônus e não haverá sucessão do arrematante nas obrigações do devedor, inclusive as de natureza tributária, as derivadas da legislação do trabalho e as decorrentes de acidentes do trabalho.*

Frise-se que referidos dispositivos fazem expressa menção à inexistência de sucessão tributária, trabalhista e acidentária. Some-se a isso que o objeto da alienação judicial no âmbito falimentar é mais amplo, pois abrange ativos em geral.

Afinal, em seara de recuperação judicial haverá, ou não, sucessão trabalhista e acidentária?

Há autores que: (1) advogam que não haverá sucessões trabalhista e acidentária no âmbito da recuperação judicial, apesar de inexistir previsão expressa;[58-59-60-61] (2) apontam a dificuldade na aplicação da atual lei, justamente porque tais sucessões (tra-

tários à Nova Lei de Falência e Recuperação de Empresas: Lei 11.101, de 9.2.2005, p. 407).

58. Sérgio Campinho sustenta: "*Apesar da omissão, sustentamos que a isenção quanto à sucessão do arrematante é ampla e atinge todas as obrigações, inclusive aquelas de feição trabalhista.* O texto, ao se referir tão-somente às de natureza tributária, traduz uma oração explicativa. Qualquer limitação de obrigação deveria ser expressa. Por outro lado, a forma de quitação dos créditos trabalhistas será objeto de disposição no plano de recuperação, não tendo sentido criar-se sucessão do arrematante. A alienação judicial em tela tem por escopo justamente a obtenção de recursos para cumprimento das obrigações contidas no plano, frustrando-se o intento caso o arrematante herde os débitos trabalhistas do devedor, porquanto perderá atrativo e cairá de preço o bem a ser alienado. A explicitação em relação àquelas de origem tributária, de outra feita, decorre do fato de que os créditos tributários não se submetem ao processo de recuperação" (*Falência e Recuperação de Empresa: o Novo Regime da Insolvência Empresarial*, Rio de Janeiro, Renovar, 2006, p. 173).

59. João Bosco Cascardo de Gouvêa sustenta: "O fato de o legislador haver feito neste dispositivo, a título de exemplo, menção expressa apenas às tributárias não significa tenha excluído as trabalhistas, tanto assim que o artigo ora comentado fala 'e não haverá sucessão do arrematante nas obrigações do devedor'. Tal exemplo teve apenas a finalidade de não deixar dúvida de que mesmo nas tributárias não correrá sucessão, embora, no plano hierárquico das normas fosse necessária a edição de uma lei complementar concretizando essa exclusão, dada a natureza também de lei complementar do Código Tributário Nacional. Para isso foi promulgada a Lei Complementar 118/2005, que acrescentou o inciso II ao § 1º do art. 133 do CTN. (...). Sem sentido é querer-se converter o arrematante em sucessor do alienante nas obrigações trabalhistas e nas relativas a acidentes do trabalho apenas porque o legislador não reproduziu por inteiro a redação do art. 141, II. Tal leitura não tem a mínima sustentação, inclusive no histórico da redação desse dispositivo legal, quando ainda se discutia o projeto que veio a resultar na Lei 11.101/2005. *Data venia*, essa pretensa responsabilidade não passa de deturpação do sentido da norma. O pior é que, não obstante insustentável já à primeira vista, acaba produzindo um 'estrago' considerável; isto ao que penso, pela falta de verdadeiro juízo universal, o detentor do comando único. (...). Não pode haver a menor dúvida de que esse avanço foi notoriamente querido e promovido pelo legislador, quando da tramitação do projeto, em que pese a possa ter cometido um pequeno pecadilho na linguagem, na hora da sua conversão em lei. Mas, lembrando-me de São Paulo Apóstolo, não fiquemos só na linguagem, que mata, mas no espírito, que vivifica" (*Recuperação e Falência: Lei 11.101/2005: Comentários Artigo por Artigo*, Rio de Janeiro, Forense, 2009, pp. 171-174).

60. José da Silva Pacheco aduz: "II – De acordo com o expressamente determinado pelo parágrafo único do art. 60, a filial ou unidade produtiva isolada que for alienada a terceiro em hasta pública será por este recebida livre de qualquer ônus. Não sucede o arrematante nas obrigações do devedor, ainda que se trate de obrigação tributária, de acidente de trabalho ou decorrente da legislação trabalhista" (*Processo de Recuperação Judicial, Extrajudicial e Falência*, Rio de Janeiro, Forense, 2006, p. 167).

61. Eduardo Secchi Munhoz assevera: "*O fim da sucessão das obrigações do devedor nas alienações realizadas no âmbito de processo de recuperação* ou de falência permite a transferência da *empresa* para um novo *empresário*, obtendo-se dessa forma recursos que podem ser utilizados para pagamento das obrigações do devedor, inclusive as trabalhistas e tributárias. Ademais, a transferência do complexo de bens para terceiro com capacidade de continuar o exercício da empresa assegura a manutenção de empregos, o pagamento de tributos e a geração de riqueza para todos os participantes dessa atividade. Sob todos os aspectos, portanto, a eliminação da sucessão dos ônus e obrigações na alienação de unidades produtivas isoladas do devedor deve ser havida

balhista e acidentária), diferentemente da sucessão tributária, não foram ressalvadas no âmbito da recuperação judicial;[62] (3) só admitem a não-sucessão trabalhista e acidentária no âmbito da recuperação judicial quando o arrematante não for qualquer das pessoas elencadas no inciso I do art. 141;[63] (4) só admitem a não-sucessão trabalhista e acidentária no âmbito da recuperação judicial caso os trabalhadores abrangidos no respectivo plano o aceitem;[64] (5) só admitem – aliás, incondicionalmente – a sucessão trabalhista e acidentária.[65]

Se se adotar uma interpretação literal, concluir-se-á que as sucessões trabalhista e acidentária se aplicam à recuperação judicial, uma vez que o legislador, com efeito, quando quis excluí-las, o fez expressamente, tal qual ocorreu no âmbito da falência (art. 141, II).

Todavia, se se adotar uma interpretação à luz dos elementos teleológicos do instituto da recuperação judicial, positivados no art. 47[66] (preservação da empresa, sua função social e o estímulo à atividade econômica), concluir-se-á que não haverá sucessões trabalhista e acidentária em sede de recuperação judicial.[67-68]

como positiva" ("Comentários aos arts. 55 ao 69", cit., in Francisco Satiro de Sousa Jr. e Antônio Sérgio Altieri de Moraes Pitombo (coords.), *Comentários à Lei de Recuperação de Empresas e Falência: Lei 11.101/2005*, pp. 294-295).

62. Silvânio Covas afirma: "Se por um lado ressalta-se a clareza com que a sucessão das obrigações tributárias é tratada na Lei de Falências e na Lei Complementar 118/2005, o mesmo não se pode dizer em relação à sucessão trabalhista, haja vista a inexistência de iniciativa regulatória, por exemplo, em relação ao art. 448 da Consolidação das Leis do Trabalho/CLT, o que pode ensejar certa dificuldade na aplicação da lei, notadamente quando se tratar de conflitos que tenham como pano-de-fundo a alienação de filiais ou unidades produtivas isoladas" ("Comentários aos arts. 55 ao 69", cit., in Newton de Lucca e Adalberto Simão Filho (coords.), *Comentários à Nova Lei de Recuperação de Empresas e de Falências*, pp. 311-312).

63. Celso Marcelo de Oliveira sustenta: "Deve ser observado que o objeto da alienação estará livre de qualquer ônus e não haverá sucessão do arrematante nas obrigações do devedor, inclusive nas de natureza tributária; nas derivadas da legislação do trabalho e nas decorrentes de acidentes do trabalho não se aplica quando o arrematante for: I – parente em linha reta ou colateral até o quarto grau; II – pessoa jurídica controlada ou controladora da pessoa jurídica falida; ou III – identificado como agente do falido com o objetivo de fraudar a sucessão" (*Comentários à Nova Lei de Falências*, São Paulo, IOB-Thomson, 2005, p. 301).

64. Alberto Caminã Moreira aduz: "A questão da sucessão não se põe em relação aos trabalhadores envolvidos no plano de recuperação e que o aceitaram. Aliás, isso vale para qualquer credor submetido ao plano. Não dispõem eles de interesse na alegação de sucessão do arrematante, exceto na hipótese do § 1º do art. 141, aplicável, evidentemente, à alienação na recuperação judicial. A concordância com a alienação implica aceitação da substituição de um ativo – a unidade produtiva isolada – por expressão monetária equivalente, dinheiro que terá ingressado na sociedade em recuperação. (...). Como exposto acima, o parágrafo único em comento é regra especial, de interpretação restrita. Trata-se de silêncio eloqüente da lei, que pretendeu excluir a sucessão trabalhista, à evidência, na falência, e não se esqueceu de assim providenciar, na redação do inciso II do art. 141, mas em relação à recuperação judicial preferiu outra sistemática" ("Comentários aos arts. 60 ao 63", cit., in Osmar Brina Corrêa Lima e Sérgio Mourão Corrêa-Lima (coords.), *Comentários à Nova Lei de Falência e Recuperação de Empresas: Lei 11.101, de 9.2.2005*, pp. 407 e 409).

65. Rudi Alberto Lehmann Jr. noticia: "Notável a posição dominante na jurisprudência dos TRTs de todo o País, a fazer prevalecer interpretação restritiva do art. 60 da Lei 11.101/2005, por força dos preceitos que informam a Justiça do Trabalho, sendo exemplos: o princípio da norma mais favorável ao empregado, o *in dubio pro operario* e o princípio da irrenunciabilidade dos direitos trabalhistas" ("Breves considerações acerca da inocorrência de sucessão trabalhista no âmbito da recuperação de empresas", *Revista do Instituto dos Advogados de São Paulo* 24/257, Ano 12, São Paulo, julho-dezembro/2009).

66. "Art. 47. A recuperação judicial tem por objetivo viabilizar a superação da situação de crise econômico-financeira do devedor, a fim de permitir a manutenção da fonte produtora, do emprego dos trabalhadores e dos interesses dos credores, promovendo, assim, a preservação da empresa, sua função social e o estímulo à atividade econômica."

67. No mesmo sentido Rudi Alberto Lehmann Jr.: "Em um primeiro momento, contrapondo os comandos previstos nas referidas normas do art. 60 e a disciplina tradicional da sucessão trabalhista, a conclusão interpretativa poderá ser de que o disposto no § 1º do

Com efeito, o art. 47 veicula comando teleológico de vital importância na interpretação e aplicação do instituto da recuperação judicial.

Acreditamos que o art. 47 deverá funcionar no âmbito da recuperação judicial como o art. 5º do Decreto-lei 4.657/1942 (Lei de Introdução ao Código Civil) funciona (ou deveria funcionar) no âmbito civil; vale dizer, o juiz, ao se debruçar sobre questões derivadas do instituto da recuperação judicial, deverá promover a preservação da empresa, sua função social e o estímulo à atividade econômica.

Por isso, entendemos plenamente sustentável que não haverá sucessões trabalhista e acidentária no âmbito da recuperação judicial.

Apesar de as sucessões tributária e trabalhista do arrematante judicial, em seara de concordata e de falência, sempre terem sido encaradas como uma questão de honra, imutável, genuíno dogma,[69] ambas as sucessões foram defenestradas pelo sistema implantado pela Lei 11.101/2005.[70-71]

Com efeito, a atual lei possibilitou ao devedor em fase de recuperação judicial[72] ou em falência alienar seus ativos, inclusive filiais e unidades de produção, livres de quaisquer ônus e sem configuração de sucessão do arrematante nas obrigações, ainda que tenham natureza tributária, trabalhista e de acidente do trabalho (art. 60, parágrafo único, c/c o art. 141, II).[73]

art. 60 da Lei 11.101/2005 não se aplica à sucessão trabalhista (norma de natureza restritiva). Todavia, ao se considerar a *ratio legis* estampada no art. 47 da Lei 11.101/2005, observa-se o desejado alcance que o sistema normativo em questão – da recuperação judicial de empresas – confere e impõe ao intérprete considerar amplamente em todos os seus comandos" ("Breves considerações acerca da inocorrência de sucessão trabalhista no âmbito da recuperação de empresas", cit., *Revista do Instituto dos Advogados de São Paulo* 24/260).

68. Alberto Caminã Moreira sustenta posição contrária: "Não nos pareceu cabível invocar o art. 47 para dizer que está claro o afastamento da sucessão trabalhista" ("Comentários aos arts. 60 ao 63", cit., in Osmar Brina Corrêa-Lima e Sérgio Mourão Corrêa-Lima (coords.), *Comentários à Nova Lei de Falência e Recuperação de Empresas: Lei 11.101, de 9.2.2005*, p. 407).

69. O deputado Oswaldo Biolchi, Relator do Projeto de Lei de Recuperação de Empresas e Falência, esclarece: "(...) o Diploma 7.661/1945 permitia a continuação do negócio, a pedido do devedor, ou a concordata suspensiva, mas ambos os institutos se revelam inócuos, por causa da responsabilidade trabalhista e da sucessão tributária, afora as incertezas do percurso" ("Apresentação", in Carlos Henrique Abrão e Paulo Fernando Campos Salles de Toledo (coords.), *Lei de Recuperação de Empresas e Falência*, São Paulo, Saraiva, 2005, p. X).

70. Fábio Ulhoa Coelho adverte: "Aparentemente, trata-se de medida contrária aos interesses dos credores, mas, de verdade, não é. Se a lei não ressalvasse de modo expresso a sucessão do adquirente, o mais provável é que simplesmente *ninguém* se interessasse por adquirir a filial ou unidade posta à venda. E, nesse caso, a recuperação não seria alcançada e perderiam todos os credores (...)" (*Comentários à Nova Lei de Falências e de Recuperação de Empresas*, cit., p. 172).

71. Manoel Justino Bezerra Filho, na mesma linha, assevera: "Como incentivo à existência de interessados na compra (...), afasta o bem de quaisquer ônus ou sucessão, criando o que no jargão jurídico-econômico se convencionou chamar de 'blindagem', ou seja, cercar o bem de todas as garantias de que não será atingido por qualquer tipo de ônus, incluindo expressamente os de natureza tributária" (*Nova Lei de Recuperação e de Falências Comentada. Lei 11.101, de 9.2.2005, Comentário Artigo por Artigo*, 3ª ed., São Paulo, Ed. RT, 2005, pp. 171-172).

72. O capítulo que trata da recuperação extrajudicial é omisso quanto à não configuração do arrematante como sucessor nas obrigações do devedor; apenas, no art. 166 determina que seja observado, no que couber, o disposto no art. 142, que declina as modalidades de alienação.

73. "Art. 60. Se o plano de recuperação judicial aprovado envolver alienação judicial de filiais ou de unidades produtivas isoladas do devedor, o juiz ordenará a sua realização, observado o disposto no art. 142 desta Lei.

"Parágrafo único. O objeto da alienação estará livre de qualquer ônus e não haverá sucessão do arrematante nas obrigações do devedor, inclusive as de natureza tributária, observado o disposto no § 1º do art. 141 desta Lei."

"Art. 141. Na alienação conjunta ou separada de ativos, inclusive da empresa ou de suas filiais, promovida sob qualquer das modalidades de que trata este artigo: (...) II – o objeto da alienação estará livre de qualquer ônus e não haverá sucessão do arrematante nas obrigações do devedor, inclusive as

No tocante à superação da indigitada sucessão tributária, o legislador, com o *desideratum* precípuo de afastar qualquer questionamento futuro sobre o atual regime legal e ciente de que o Código Tributário Nacional, apesar de ser formalmente lei ordinária, materialmente tem *status* de lei complementar, fez tramitar, simultaneamente ao Projeto de Lei que redundou na Lei 11.101/2005, outro Projeto de Lei que foi aprovado na mesma data daquela (9.2.2005) como Lei Complementar 118, que alterou o art. 133 do referido CTN.[74]

Quanto à superação da apontada sucessão trabalhista, o legislador da Lei 11.101/2005 entendeu desnecessário alterar a Consolidação das Leis do Trabalho, uma vez que ambas têm *status*, material e formal, de lei ordinária. Por isso, disciplinou a matéria no seu art. 141, § 2º.[75]

O entendimento pretoriano trabalhista, nada obstante ser majoritário em favor da sucessão trabalhista em sede de recuperação judicial, não se pacificou. Exemplificativamente: enquanto na recuperação judicial da Varig prevaleceu o entendimento de que há sucessão trabalhista por força da cessão da marca,[76] na recuperação judicial da Gol Linhas Aéreas foi afastada a sucessão trabalhista.[77]

O STF, ao apreciar a matéria aventada na ADI 3.934, proposta pelo Partido Democrático Trabalhista/PDT, sob a relatoria do Min. Ricardo Levandowski, posicionou-se no sentido de ser constitucional a não-ocorrência de sucessão trabalhista nas hipóteses de aquisição de ativos ou unidades produtivas dos devedores em recuperação judicial: "(...) os arts. 60, parágrafo único, e 141, II, do texto legal em comento mostram-se constitucionalmente hígidos no aspecto em que estabelecem a inocorrência de sucessão dos créditos trabalhistas, particularmente porque o legislador ordinário, ao concebê-los, optou por dar concreção a determinados valores constitucionais, a saber, a livre iniciativa e a

de natureza tributária, as derivadas da legislação do trabalho e as decorrentes de acidentes de trabalho."

74. CTN, art. 133:

"Art. 133. A pessoa natural ou jurídica de direito privado que adquirir de outra, por qualquer título, fundo de comércio ou estabelecimento comercial, industrial ou profissional, e continuar a respectiva exploração, sob a mesma ou outra razão social ou sob firma ou nome individual, responde pelos tributos, relativos ao fundo ou estabelecimento adquirido, devidos até a data do ato.

"§ 1º. O disposto no *caput* deste artigo não se aplica na hipótese de alienação judicial: I – em processo de falência; II – de filial ou unidade produtiva isolada, em processo de recuperação judicial.

"§ 2º. Não se aplica o disposto no § 1º deste artigo quando o adquirente for: I – sócio da sociedade falida ou em recuperação judicial, ou sociedade controlada pelo devedor falido ou em recuperação judicial; II – parente, em linha reta ou colateral até o quarto grau, consangüíneo ou afim, do devedor falido ou em recuperação judicial ou de qualquer de seus sócios; ou III – identificado como agente do falido ou do devedor em recuperação judicial com o objetivo de fraudar a sucessão tributária.

"§ 3º. Em processo da falência, o produto da alienação judicial de empresa, filial ou unidade produtiva isolada permanecerá em conta de depósito à disposição do juízo de falência pelo prazo de 1 (um) ano, contado da data de alienação, somente podendo ser utilizado para o pagamento de créditos extraconcursais ou de créditos que preferem ao tributário."

75. Art. 141, § 2º: "§ 2º. Empregados do devedor contratados pelo arrematante serão admitidos mediante novos contratos de trabalho e o arrematante não responde por obrigações decorrentes do contrato anterior".

76. "Sucessão trabalhista. A transação havida em ação de recuperação judicial para fins de aquisição de complexo de bens e direitos relacionados às marcas de titularidade das empresas recuperandas que tivessem a marca 'Varig' em suas formas figurativa, nominativa e mista e em todas as formas e classes, bem como as demais marcas de propriedade da Varig, implica a conclusão de que as recorrentes assumiram o passivo da 1ª reclamada, manteve a prestação de serviço dos empregados, recebeu e transferiu bens desta última para sua sede, passando a ser a responsável por sua manutenção" (TRT-2ª Região, 8ª Turma, Ac 20080959070, Proc. 01021-2007-02-00-5, rela. Desa. Lilian Lygia Ortega Mazzeu, *DJU* 11.11.2008).

77. "Bens adquiridos de recuperação judicial – Impossibilidade de sucessão trabalhista – Inexistência de grupo econômico. A recuperação judicial com submissão da Lei n. 11.101/2005, e a participação de outras empresas em decorrência desse procedimento coletivo, não possibilita a existência da sucessão de empresas e/ou grupo econômico, em virtude desse fato" (TRT-2ª Região, 4ª Turma, Acórdão 20080657146, Proc. 01916-2007-008-02-0, rel. Juiz Carlos Alberto Husek, *DJU* 19.8.2008).

função social da propriedade – de cujas manifestações a empresa é uma das mais conspícuas – em detrimento de outros, com igual densidade axiológica, eis que os reputou mais adequados ao tratamento da matéria".

Por outro lado, indaga-se: há sucessão trabalhista em decorrência de passivo oculto, vale dizer, de obrigações trabalhistas não contabilizadas e, portanto, não informadas no processo de recuperação judicial?

Responde, com correção, Alberto Caminã Moreira: "A se seguir o modelo do Código Civil, não há sucessão. Na espécie, entretanto, há um outro componente que entra em cena, qual seja, o de existir alienação judicial. (...). A legitimidade do procedimento estatal de alienação de unidade produtiva isolada assegura ao participante, no caso, o terceiro-arrematante, vinculação exclusiva ao material cognitivo à sua disposição do processo de recuperação, sendo abusiva qualquer imputação de responsabilidade fundada em dado ausente do respectivo processo. (...). O limite da sucessão trabalhista reside no material cognitivo do processo de recuperação judicial. Ademais, como a empresa devedora, e em recuperação judicial, continua mantendo seu estabelecimento, é sobre ele que deve recair eventual ato constritivo oriundo da execução trabalhista".[78]

Outra indagação: o arrematante de unidade produtiva isolada será considerado sucessor de passivo trabalhista relativo aos empregados que nela estavam alocados?

Respondemos negativamente, pois o parágrafo único do art. 60 faz remissão expressa ao § 2º do art. 141, que dispõe: "§ 2º. Empregados do devedor contratados pelo arrematante serão admitidos mediante novos contratos de trabalho e o arrematante não responde por obrigações decorrentes do contrato anterior".

Alberto Caminã Moreira sustenta posição contrária: "(...) eventual passivo trabalhista ligado a esses empregados será de responsabilidade do novo empregador, pois o contrato de trabalho é elemento do estabelecimento empresarial e segue seu destino. Trata-se, aqui, não de verdadeira sucessão por passivo trabalhista, mas de sucessão na posição contratual – muda um dos pólos da relação de trabalho, de sorte que sai um empregador e ingressa outro".[79]

Lembramos, por fim, que, de conformidade com o disposto no § 3º do art. 133 do CTN, "em processo de falência, o produto da alienação judicial de filial ou unidade produtiva permanecerá em conta de depósito à disposição do juízo de falência pelo prazo de 1 (um) ano, contado da alienação (...)". Todavia, em seara de recuperação judicial inexiste tal restrição.[80]

333. Aquiescência e oposição do credor quanto à substituição da garantia – Lembramos que, caso o bem objeto de alienação esteja gravado de ônus real, o devedor deverá negociar com o respectivo credor, obtendo sua aquiescência, a fim de que o arrematante possa recebê-lo totalmente desembaraçado (art. 50, § 1º).

E se o credor se opuser à substituição do bem objeto da garantia? Responde Jorge Lobo: "(...) o devedor deverá pleiteá-la judicialmente, desde que a substitua por bem imóvel, móvel ou semovente de valor equivalente e, até mesmo, por fiança idônea, que assegure, se e quando necessário, o recebimento do crédito".[81]

78. Alberto Caminã Moreira, "Comentários aos arts. 60 ao 63", cit., in Osmar Brina Corrêa-Lima e Sérgio Mourão Corrêa-Lima (coords.), *Comentários à Nova Lei de Falência e Recuperação de Empresas: Lei 11.101, de 9.2.2005*, pp. 409-410.

79. Idem, ibidem.

80. Eduardo Secchi Munhoz complementa: "(...) podendo os recursos assim levantados ser livremente utilizados para o pagamento dos credores, segundo a forma prevista no plano" ("Comentários aos arts. 55 ao 69", cit., in Francisco Satiro de Sousa Jr. e Antônio Sérgio Altieri de Moraes Pitombo (coords.), *Comentários à Lei de Recuperação de Empresas e Falência: Lei 11.101/2005*, p. 295).

81. Complementa o autor: "*Quanto ao bem objeto de alienação fiduciária*, hoje, no nosso Direito, ao lado do penhor, hipoteca e anticrese, um direito real de garantia, a sua alienação, se se tratar de bem imóvel, não obedecerá à LRE (art. 50, § 1º), mas ao Código Civil e à Lei 9.514, de 1997; se se cuidar de bem móvel, o devedor pode 'transmitir, com anuência do fiduciário, os direitos de que seja titular

Art. 61. Proferida a decisão prevista no art. 58 desta Lei, o devedor permanecerá em recuperação judicial até que se cumpram todas as obrigações previstas no plano que se vencerem até 2 (dois) anos depois da concessão da recuperação judicial.[334-335]

§ 1º. Durante o período estabelecido no *caput* deste artigo, o descumprimento de qualquer obrigação prevista no plano acarretará a convolação da recuperação em falência, nos termos do art. 73 desta Lei.[336]

§ 2º. Decretada a falência, os credores terão reconstituídos seus direitos e garantias nas condições originalmente contratadas, deduzidos os valores eventualmente pagos e ressalvados os atos validamente praticados no âmbito da recuperação judicial.[337-338]

LEGISLAÇÃO ANTERIOR

Lei de Falências (DL 7.661/1945): *Art. 156.* (...).

§ 1º. O devedor, no seu pedido, deve oferecer aos credores quirografários, por saldo de seus créditos, o pagamento mínimo de: I – 50% (cinqüenta por cento), se for à vista; II – 60% (sessenta por cento), 75% (setenta e cinco por cento), 90% (noventa por cento) ou 100% (cem por cento), se a prazo, respectivamente, de 6 (seis), 12 (doze), 18 (dezoito), ou 24 (vinte e quatro) meses, devendo ser pagos, pelo menos, dois quintos no primeiro ano, nas duas últimas hipóteses.

Art. 175. O prazo para o cumprimento da concordata inicia-se na data do ingresso do pedido em juízo.

sobre o imóvel [*sic*] objeto de alienação fiduciária em garantia, assumindo o adquirente as respectivas obrigações'. *Quanto ao bem objeto de arrendamento mercantil* (*leasing*), anote-se o escólio de Fernando Netto Boiteaux: 'Do contrato devem constar obrigatoriamente (...) *a faculdade de a arrendatária transferir a terceiros* no País, desde que haja anuência da entidade arrendadora, *os seus direitos e obrigações* decorrentes do contrato, com ou sem co-responsabilidade solidária'. *Se o bem a ser alienado estiver gravado com ônus judicial* (*v.g.*, penhora, arresto, seqüestro, hipoteca judiciária), em demanda proposta por 'credores não sujeitos à recuperação judicial' ou por 'credores não atingidos pela recuperação judicial', a substituição ou supressão do ônus judicial dependerá de expressa concordância do credor (art. 60, parágrafo único); se em ação ajuizada por 'credor sujeito à recuperação judicial' a ação ou a execução, suspensa por força do art. 6º, perderão objeto se aprovado o plano pela a ssembléia-geral de credores e homologado pelo juízo, sem prejuízo do direito do credor de executar de novo a dívida ou requerer a falência do devedor, se verificada a hipótese do art. 62" (Jorge Lobo, "Comentários aos arts. 35 ao 69", cit., in Carlos Henrique Abrão e Paulo Fernando Campos Salles de Toledo (coords.), *Lei de Recuperação de Empresas e Falência*, p. 162).

COMENTÁRIOS

334. Há prazo-limite para a recuperação judicial? – Sim, o prazo-limite para a recuperação judicial é de dois anos, contados da sua concessão.[82-83]

Explica, oportunamente, Luiz Inácio Vigil Neto:

"Considerando que o prazo definido no artigo é de dois anos contados da concessão, pode o devedor propor para o seu plano um período de execução superior a este prazo para cumprimento de suas obrigações?

"A resposta positiva é evidente. Diante do princípio da liberdade de proposição, o devedor irá construir o plano reorganizativo capaz de reverter a situação de crise que enfrenta, não existindo uma forma preconcebida nem um prazo predefinido.

"Assim, se, por exemplo, o devedor propuser um prazo de 20 anos para a execução

82. Segundo Jorge Lobo: "(...) 'o estado de recuperação judicial' dura dois anos e tem início com a sentença constitutiva do art. 58 e fim com a decisão prevista no art. 63" ("Comentários aos arts. 35 ao 69", in Carlos Henrique Abrão e Paulo Fernando Campos Salles de Toledo (coords.), *Lei de Recuperação de Empresas e Falência*, São Paulo, Saraiva, 2005, p. 167).

83. Eduardo Secchi Munhoz critica a fixação de prazo-limite fixo: "Ademais, a adoção do prazo fixo de dois anos parece excessivamente artificial e desligada das peculiaridades que os casos concretos podem apresentar. Sendo variados os meios de recuperação previstos na lei (art. 50), ao contrário do que ocorria no regime anterior, é possível que o plano de recuperação seja cumprido em período inferior ou muito superior a dois anos" ("Comentários aos arts. 55 ao 69", in Francisco Satiro de Sousa Jr. e Antônio Sérgio Altieri de Moraes Pitombo (coords.), *Comentários à Lei de Recuperação de Empresas e Falência: Lei 11.101/2005*, São Paulo, Ed. RT, 2005, p. 298).

total do plano e se os credores aprovarem tal proposição temporal ou o magistrado impuser o plano, condicionado ao reconhecimento da função social, será este homologado pelo juiz a partir da concessão do regime.

"Ainda assim remanesce uma pergunta: se o juiz pode homologar o plano de 20 anos, deverá então ser ignorada a regra do art. 61?

"A reposta negativa é evidente. Contudo, requer-se uma leitura atenta do dispositivo para concluir que esse se refere ao prazo do regime jurídico, e não do plano reorganizativo. Desse modo, a aplicação plena da regra faz concluir que, se houver homologação de um plano reorganizativo de 20 anos, a sua execução, durante os 2 primeiros anos, contados da concessão, dar-se-á sob o regime da recuperação judicial, tendo a supervisão do magistrado, a intervenção e fiscalização do Ministério Público, a participação do administrador judicial e do comitê de credores, se houver. Após esse prazo, o juiz, por sentença, decretará o encerramento da recuperação judicial, mantendo-se, porém, a obrigação de cumprir o plano na forma, nas condições e nas épocas propostas e aceitas pelos credores pelos próximos 18 anos."[84]

Após esse prazo, no caso de descumprimento de qualquer obrigação prevista no plano de recuperação judicial, qualquer credor poderá requerer a execução específica ou a falência com base no art. 94, "g", da lei.

No regime anterior o prazo-limite da concordata também era de dois anos; no entanto, a contagem iniciava-se na data do ingresso do pedido em juízo (art. 175).

335. O plano de recuperação judicial poderá ser revisto? – Responde, adequadamente, Fábio Ulhoa Coelho:

"Em princípio, é imutável esse plano. Se o beneficiado dele se desviar, corre o risco de ter a falência decretada.

"Não pode, porém, a lei ignorar a hipótese de revisão do plano de recuperação sempre que a condição econômico-financeira do devedor passar por considerável mudança. Nesse caso, admite-se o aditamento do plano de recuperação judicial, mediante retificação pela assembléia dos credores. A retificação está sujeita ao mesmo *quorum* qualificado de deliberação previsto para aprovação do plano original.

"Se preencher o aditamento, o beneficiado deve aduzir requerimento acompanhado da exposição circunstanciada dos fatos que fundamentam a revisão do plano."[85]

336. O credor, diante da inadimplência do devedor durante o biênio de recuperação judicial, poderá intentar a ação executiva? – Não, pois durante o biênio de recuperação judicial (art. 61) o descumprimento de qualquer obrigação prevista no respectivo plano acarretará sua convolação em falência (§ 1º do art. 61, c/c o art. 73, IV).[86]

Uma vez decorrido o biênio e remanescendo o inadimplemento do devedor, aí, sim, o credor poderá intentar a ação executiva ou requerer a falência (art. 62).[87-88]

84. Luiz Inácio Vigil Neto, *Teoria Falimentar e Regimes Recuperatórios: Estudos sobre a Lei 11.101/2005*, Porto Alegre, Livraria do Advogado, 2008, p. 178.

85. Fábio Ulhoa Coelho, *Comentários à Nova Lei de Falências e de Recuperação de Empresas*, São Paulo, Saraiva, 2005, p. 173.

86. Waldo Fazzio Jr. aduz: "Para resumir, a rescisão do regime de recuperação judicial significa o reconhecimento jurisdicional do não cumprimento do respectivo plano. A situação de crise econômico-financeira do devedor já está caracterizada pelo próprio fato da recuperação. Isso significa que o pressuposto para a decretação da falência está embutido em todos os processos de recuperação judicial assentados, não na mera iliquidez ou em situação de dificuldade transitória, mas no estado patrimonial de insolvência" (*Nova Lei de Falência e de Recuperação de Empresas*, São Paulo, Atlas, 2005, p. 185).

87. Explica Fábio Ulhoa Coelho: "Considera-se que, antes de dois anos, não terão as medidas do plano surtido seus amplos efeitos, de modo a poder sujeitar-se o devedor ao cumprimento específico da obrigação. O credor não resta desatendido em seus direitos, porque poderá pedir a falência do devedor, com o objetivo de ver instaurada a execução concursal" (*Comentários à Nova Lei de Falências e de Recuperação de Empresas*, São Paulo, Saraiva, 2005, p. 174).

88. Assevera Manoel Justino Bezerra Filho: "(...) anotando-se que em tal caso o feito terá livre distribuição, desaparecida qualquer causa determinante da

337. À luz do § 2º do art. 61, as garantias reais suprimidas serão restabelecidas? – Responde Jorge Lobo: "Quanto às garantias reais, é mister observar: (a) as que tiverem sido suprimidas e que recaíam sobre bens integrantes do ativo do devedor serão restabelecidas; (b) as que oneravam bens já alienados não se recompõem, pois é imperioso respeitar atos e negócios jurídicos válidos (arts. 61, § 2º, *in fine*, e 74 da LRE e 6º da LICC); (c) as que tiverem sido substituídas, mantendo-se o gravame sobre os bens em substituição".[89]

338. Crítica ao § 2º do art. 61 – Júlio Kahan Mandel formula sua crítica: "Se a falência do devedor for decretada pelo descumprimento das condições estabelecidas no plano durante os primeiros dois anos da recuperação judicial concedida, as novas condições de pagamento previstas no plano serão revertidas e os direitos do devedor [*rectius: credor*] retornarão ao estágio anterior, esquecendo-se o legislador de que o despacho que concede a recuperação provoca a extinção do antigo crédito. Caberá ao Judiciário deslindar essa nova criação legal. Contudo, ao menos se preservaram os atos e pagamentos já efetuados, medida que confere segurança jurídica às partes".[90]

Em sentido oposto, afirma Fábio Ulhoa Coelho: "A efetiva recuperação da empresa é condição resolutiva tácita de toda novação, alteração ou renegociação viabilizada pela aprovação do plano de recuperação judicial. Não é necessário que o plano contemple cláusula expressa nesse sentido, porque o sacrifício imediato dos credores só tem sentido se alcançada a contrapartida da reorganização da empresa explorada pelo devedor. Desse modo, se for decretada a falência do devedor, opera-se a cláusula resolutiva tácita. Reconstituem-se todos os direitos dos credores alterados, novados ou renegociados no plano".[91-92]

Entendemos que a opinião deste último autor é a adequada.

Art. 62. Após o período previsto no art. 61 desta Lei, no caso de descumprimento de qualquer obrigação prevista no plano de recuperação judicial, qualquer credor poderá requerer a execução específica ou a falência com base no art. 94 desta Lei.[339]

LEGISLAÇÃO ANTERIOR

Artigo sem correspondência no Decreto-lei 7.661/1945.

COMENTÁRIOS

339. O credor, diante da inadimplência do devedor durante o biênio de recuperação judicial, poderá intentar a ação executiva? – Não, cf. o exposto no n. 336 *supra*.

prevenção, com a sentença prolatada na forma do art. 63" (*Nova Lei de Recuperação e de Falências Comentada. Lei 11.101, de 9.2.2005, Comentário Artigo por Artigo*, 3ª ed., São Paulo, Ed. RT, 2005, p. 173).

89. Jorge Lobo, "Comentários aos arts. 35 ao 69", cit., in Carlos Henrique Abrão e Paulo Fernando Campos Salles de Toledo (coords.), *Lei de Recuperação de Empresas e Falência*, pp. 162 e 164-165.

90. Júlio Kahan Mandel, *Nova Lei de Falências e Recuperação de Empresas Anotada: Lei 11.101, de 9.2.2005*, São Paulo, Saraiva, 2005, p. 134.

91. Fábio Ulhoa Coelho, *Comentários à Nova Lei de Falências e de Recuperação de Empresas*, cit., p. 174.

92. No mesmo sentido, Eduardo Secchi Munhoz: "(...) o plano de recuperação implica a novação dos créditos anteriores ao pedido, mas sob condição resolutiva de que a obrigação novada (o plano) seja cumprida nos dois primeiros anos após o deferimento da recuperação. Não sendo cumpridas as novas obrigações nesse período, resolve-se o negócio jurídico novado, restaurando-se as relações jurídicas iniciais, ressalvados os atos validamente praticados no decorrer do processo e os pagamentos realizados. (...). Daí defender-se que a única interpretação do 2º do art. 62 compatível com os demais princípios previstos na lei é que os negócios jurídicos validamente praticados no âmbito da recuperação, sobretudo os que afetarem terceiros, devem ser preservados, ainda que isso signifique a impossibilidade de restaurar as relações jurídicas inicialmente havidas entre devedor e os credores" ("Comentários aos arts. 55 ao 69", cit., in Francisco Satiro de Sousa Jr. e Antônio Sérgio Altieri de Moraes Pitombo (coords.), *Comentários à Lei de Recuperação de Empresas e Falência: Lei 11.101/2005*, p. 297).

Art. 63. Cumpridas as obrigações vencidas no prazo previsto no *caput* do art. 61 desta Lei, o juiz decretará por sentença o encerramento da recuperação judicial[340-341] e determinará:[342] I – o pagamento do saldo de honorários ao administrador judicial, somente podendo efetuar a quitação dessas obrigações mediante prestação de contas, no prazo de 30 (trinta) dias, e aprovação do relatório previsto no inciso III do *caput* deste artigo; II – a apuração do saldo das custas judiciais a serem recolhidas; III – a apresentação de relatório circunstanciado do administrador judicial, no prazo máximo de 15 (quinze) dias, versando sobre a execução do plano de recuperação pelo devedor; IV – a dissolução do comitê de credores e a exoneração do administrador judicial; V – a comunicação ao Registro Público de Empresas para as providências cabíveis.

LEGISLAÇÃO ANTERIOR

Artigo sem correspondência no Decreto-lei 7.661/1945.

COMENTÁRIOS

340. Quando o juiz decretará, por sentença,[93-94] o encerramento da recuperação judicial? – Quando o devedor cumprir, no prazo de até dois anos, as obrigações previstas e vencidas no plano de recuperação judicial.

341. E se o juiz constatar o descumprimento do plano de recuperação judicial? – O juiz decretará a falência, de conformidade com o art. 61, § 1º, c/c o art. 73, IV.

342. O que o juiz determinará na sentença de encerramento da recuperação judicial? – O juiz determinará na sentença que decretar o encerramento da recuperação judicial:

I – O pagamento do saldo de honorários ao administrador judicial, somente podendo efetuar a quitação dessas obrigações mediante prestação de contas, no prazo de 30 dias, e aprovação do relatório previsto no inciso III do caput *do artigo.* Lembramos que os honorários do administrador judicial são fixados pelo juiz, nos termos do art. 24.

O juiz poderá decretar a falência do devedor caso ele deixe de pagar o saldo dos honorários do administrador judicial? Responde Manoel Justino Bezerra Filho: "(...) se acaso o devedor não pagar o saldo de honorários do administrador, o juiz não poderá decretar sua falência e apenas caberá ao administrador cobrar o valor, pelas vias ordinárias, com feito distribuído livremente".[95-96]

II – A apuração do saldo das custas judiciais a serem recolhidas.

III – A apresentação de relatório circunstanciado do administrador judicial, no prazo máximo de 15 dias, versando sobre a execução do plano de recuperação pelo devedor.[97-98]

93. Lembramos que o juiz exara decisões interlocutórias quer ao deferir o processamento da recuperação judicial (art. 52), quer ao concedê-la (art. 58); no entanto, para encerrá-la ele prolata sentença (art. 63).

94. Adverte Waldo Fazzio Jr.: "A sentença de cumprimento de recuperação judicial não é declaratória de extinção das obrigações do devedor. Não alcança os débitos renegociados no plano de recuperação. Na verdade, declara que o plano foi cumprido, ou seja, que as obrigações assumidas pelo devedor foram resolvidas pela execução do plano" (*Nova Lei de Falência e de Recuperação de Empresas*, São Paulo, Atlas, 2005, p. 186).

95. Manoel Justino Bezerra Filho, *Nova Lei de Recuperação e de Falências Comentada. Lei 11.101, de 9.2.2005, Comentário Artigo por Artigo*, 3ª ed., São Paulo, Ed. RT, 2005, p. 174.

96. Eduardo Secchi Munhoz, compartilhando da mesma opinião, assevera: "Quanto ao pagamento do saldo dos honorários do administrador judicial, por ocasião da sentença, o valor destes já terá sido determinado, nos termos do art. 24. A falta de pagamento pelo devedor, por outro lado, não levará à decretação da falência, já que a essa altura a recuperação já estará encerrada, devendo o administrador valer-se das vias próprias para satisfação do seu direito" ("Comentários aos arts. 55 ao 69", in Francisco Satiro de Sousa Jr. e Antônio Sérgio Altieri de Moraes Pitombo (coords.), *Comentários à Lei de Recuperação de Empresas e Falência: Lei 11.101/2005*, São Paulo, Ed. RT, 2005, p. 300).

97. Júlio Kahan Mandel critica esse dispositivo: "Não me parece eficaz, pois, quando o laudo vier a ser apresentado, o devedor não estará mais em recu-

IV – A dissolução do comitê de credores e a exoneração do administrador judicial.

V – A comunicação ao Registro Público de Empresas para as providências cabíveis.

Assim como a concessão da recuperação judicial deve ser informada ao Registro Público de Empresas (parágrafo único do art. 69), também o seu encerramento deve sê-lo.

Art. 64. Durante o procedimento de recuperação judicial, o devedor ou seus administradores[343] serão mantidos na condução da atividade empresarial, sob fiscalização do comitê, se houver, e do administrador judicial,[344-345-346] salvo se qualquer deles:[347] I – houver sido condenado em sentença penal transitada em julgado por crime cometido em recuperação judicial ou falência anteriores ou por crime contra o patrimônio, a economia popular ou a ordem econômica previstos na legislação vigente; II – houver indícios veementes de ter cometido crime previsto nesta Lei; III – houver agido com dolo, simulação ou fraude contra os interesses de seus credores; IV – houver praticado qualquer das seguintes condutas: a) efetuar gastos pessoais manifestamente excessivos em relação à sua situação patrimonial; b) efetuar despesas injustificáveis, por sua natureza ou vulto, em relação ao capital ou gênero do negócio, ao movimento das operações e a outras circunstâncias análogas; c) descapitalizar injustificadamente a empresa ou realizar operações prejudiciais ao seu funcionamento regular; d) simular ou omitir créditos ao apresentar a relação de que trata o inciso III do *caput* do art. 51 desta Lei, sem relevante razão de direito ou amparo de decisão judicial; V – negar-se a prestar informações solicitadas pelo administrador judicial ou pelos demais membros do comitê; VI – tiver seu afastamento previsto no plano de recuperação judicial.

Parágrafo único. Verificada qualquer das hipóteses do *caput* deste artigo, o juiz destituirá o administrador, que será substituído na forma prevista nos atos constitutivos do devedor ou do plano de recuperação judicial.[348]

LEGISLAÇÃO ANTERIOR

Lei de Falências (DL 7.661/1945): *Art. 167.* Durante o processo da concordata preventiva, o devedor conservará a administração dos seus bens e continuará com o seu negócio, sob fiscalização do comissário (...).

COMENTÁRIOS

343. Qual é o alcance da expressão "seus administradores"? – Waldo Fazzio Jr. esclarece: "Compreenda-se, aqui, por 'administradores' os da sociedade limitada ou ilimitada e, nas companhias, os controladores e, bem assim, os que integram sua diretoria e/ou conselho de administração".[99]

Eduardo Secchi Munhoz complementa: "Ocorre que a referência a *devedor* no caso de sociedade personificada de responsabilidade limitada pode levar a soluções inadequadas. Em relação a essas sociedades melhor seria que, em vez de *devedor*, a lei se dirigisse ao *sócio controlador* (o verdadeiro empresário a conduzir a atividade, como afirma Comparato). Ao referir-se ao *devedor*, em vez de a *sócio controlador*, o art. 64 está a determinar o afastamento da própria sociedade empresária do exercício de suas atividades, em prejuízo dos seus sócios não controladores, que podem não ter – como na maioria dos casos não terão – nenhuma

peração, e, por conseguinte, estará em dia com suas obrigações. Desse modo, o relatório versará mais sobre a aprovação ou não da atuação do administrador judicial para fins do pagamento mencionado no inciso I" (*Nova Lei de Falências e Recuperação de Empresas Anotada: Lei 11.101, de 9.2.2005*, São Paulo, Saraiva, 2005, p. 135).

98. Manoel Justino Bezerra Filho também critica esse dispositivo: "(...) tal relatório parece desnecessário, pois, se já foi prolatada a sentença encerrando a recuperação judicial, é porque o juiz já se assegurou de que as obrigações foram todas cumpridas" (*Nova Lei de Recuperação e de Falências Comentada. Lei 11.101, de 9.2.2005, Comentário Artigo por Artigo*, cit., 3ª ed., p. 174).

99. Waldo Fazzio Jr., *Nova Lei de Falência e de Recuperação de Empresas*, São Paulo, Atlas, 2005, p. 175.

relação com os atos irregulares que levaram à decisão de afastamento. (...). Pelas razões antes expostas, defende-se que, em se tratando de sociedade personificada de responsabilidade limitada, a melhor interpretação dos arts. 64 e 65 é que, em vez de *devedor*, deve-se ler *sócio controlador*".[100]

344. O devedor e seus administradores são afastados da atividade empresarial durante a recuperação judicial? – Não, eles serão mantidos sob fiscalização do comitê, se houver, e do administrador judicial,[101] exceto: (1) se qualquer deles incorrer numa das hipóteses previstas nos incisos I a VI do art. 63; (2) se o próprio plano de recuperação judicial previr a "substituição total ou parcial dos administradores" (art. 50, IV) ou a "administração compartilhada" (art. 50, XIV).

Registre-se que no instituto da concordata preventiva, previsto no regime anterior, o devedor também continuava com seu negócio, sob fiscalização do comissário (art. 167 do Decreto-lei 7.661/1945).

345. Afinal, a constituição do comitê de credores é obrigatória ou facultativa? – Já externamos nossa opinião ao comentarmos o art. 26.

Não obstante isso, reiteramos nossa posição no sentido de que a constituição do comitê de credores é facultativa.

A uma, porque o art. 28 é expresso: "*Art. 28. Não havendo comitê de credores*, caberá ao administrador judicial ou, na incompatibilidade deste, ao juiz exercer suas atribuições".

A duas porque a redação do art. 12, na medida em que estabelece que o "devedor e o comitê, *se houver*, serão intimados", também aponta, de modo inequívoco, ser facultativa a constituição do comitê de credores.

A três porque, no mesmo diapasão, o art. 64 prescreve: "*Art. 64.* [...] o devedor ou seus administradores serão mantidos na condução da atividade empresarial, sob fiscalização do comitê de credores, *se houver* (...)".

346. Responsabilidade do acionista controlador – Ressalta Calixto Salomão Filho: "As funções atribuídas ao comitê e ao administrador judicial no art. 64 da lei configuram, portanto, verdadeiro controle compartilhado entre o controlador, comitê (quando houver) e o administrador judicial. Isso significa que na execução do plano o administrador judicial tem a obrigação de avaliar e submeter ao comitê de credores e ao Judiciário toda a discordância que tiver em relação à execução do plano. Qualquer ato abusivo do controlador com que compactuar, seja por ação, seja por omissão, acarreta responsabilidade típica de controlador, nos termos do art. 117 da Lei das S/A".[102]

347. Quais as hipóteses de afastamento do devedor ou dos seus administradores da condução da atividade empresarial? – As hipóteses são as seguintes:

I – Ter sido condenado em sentença penal transitada em julgado por crime cometido em recuperação judicial ou falência anteriores ou por crime contra o patrimônio, a economia popular ou a ordem econômica previstos na legislação vigente.[103-104]

100. Eduardo Secchi Munhoz, "Comentários aos arts. 55 ao 69", in Francisco Satiro de Sousa Jr. e Antônio Sérgio Altieri de Moraes Pitombo (coords.), *Comentários à Lei de Recuperação de Empresas e Falência: Lei 11.101/2005*, São Paulo, Ed. RT, 2005, p. 302.

101. Eduardo Secchi Munhoz explica: "A substituição imediata do devedor e seus administradores (...), como se observou, não é adotada pela maioria dos Países; prefere-se limitar o poder do devedor e dos administradores por meio da interferência do juiz diretamente, ou órgão como o comitê de credores ou o administrador judicial, a substituí-los logo no início do processo. A exceção que merece nota é a lei do Reino Unido, que prevê a nomeação imediata de um *receiver* ou de um *administrador* logo no início do processo" ("Comentários aos arts. 55 ao 69", cit., in Francisco Satiro de Sousa Jr. e Antônio Sérgio Altieri de Moraes Pitombo (coords.), *Comentários à Lei de Recuperação de Empresas e Falência: Lei 11.101/2005*, p. 303).

102. Calixto Salomão Filho, "Introdução", in Francisco Satiro de Sousa Jr. e Antônio Sérgio Altieri de Moraes Pitombo (coords.), *Comentários à Lei de Recuperação de Empresas e Falência: Lei 11.101/2005*, São Paulo, Ed. RT, 2005, p. 51.

103. José da Silva Pacheco lembra: "(...) se, ao requerer a recuperação judicial, já havia entre os

II – Haver indícios veementes de ter cometido crime previsto na lei.

Waldo Fazzio Jr. critica: "A LRE faria melhor se, em vez de mencionar apenas a existência de indícios veementes, matéria de alto grau de subjetividade, reclamasse a existência de, pelo menos, persecução penal em curso contra o empresário ou o administrador".[105]

III – Ter agido com dolo, simulação ou fraude contra os interesses de seus credores.

IV – Ter praticado qualquer das seguintes condutas: (1) ter efetuado gastos pessoais manifestamente excessivos em relação à sua situação patrimonial; (2) ter efetuado despesas injustificáveis, por sua natureza ou vulto, em relação ao capital ou gênero do negócio, ao movimento das operações e a outras circunstâncias análogas; (3) ter descapitalizado injustificadamente a empresa ou realizado operações prejudiciais ao seu funcionamento regular; (4) ter simulado ou omitido créditos ao apresentar a relação de que trata o inciso III do *caput* do art. 51 da lei, sem relevante razão de direito ou amparo de decisão judicial.

V – Ter se negado a prestar informações solicitadas pelo administrador judicial ou pelos demais membros do comitê.

VI – Ter tido seu afastamento previsto no plano de recuperação judicial.

348. Como se opera o afastamento do devedor ou dos seus administradores da condução da atividade empresarial? – De conformidade com o parágrafo único do art. 64: "Parágrafo único. (...) o juiz destituirá o administrador, que será substituído na forma prevista nos atos constitutivos do devedor[106] ou do plano de recuperação judicial".

Enfatizamos que esta hipótese se concretizará se for decidido apenas o afastamento dos administradores do devedor. Se o afastamento for do devedor empresário individual ou dos sócios ou acionistas controladores das sociedades personificadas, o caso será de escolha de gestor judicial.[107-108]

administradores da sociedade empresária pleiteante um condenado por crime previsto nesta lei, é lógico que, de acordo com o disposto no art. 48, não poderia fazê-lo. Se tal fato só veio a lume após a concessão da recuperação judicial, o administrador condenado é imediatamente afastado e demitido, do mesmo modo que os infratores dos demais itens do art. 64. Em conseqüência, convocará o juiz a assembléia-geral de credores para escolher o gestor judicial (...)" (*Processo de Recuperação Judicial, Extrajudicial e Falência*, Rio de Janeiro, Forense, 2006, p. 172).

104. Waldo Fazzio Jr. critica: "A redação do inciso I do art. 64 não prevê a prática de crime contra a fé pública. Não tem nenhum sentido permitir que permaneça administrando a empresa em recuperação judicial o empresário ou administrador condenado, anteriormente, por falsidade material, falsidade ideológica, uso de documento falso etc. Também não impede que permaneça gerindo a empresa em recuperação a prática de crime contra a Administração Pública, ou seja, co-autoria em peculato, a corrupção ativa, delitos notabilizados pelo imenso potencial lesivo que envolvem. Igualmente, não se percebe por que ficaram de fora os delitos previstos na Lei 8.666/1993 (Lei de Licitações), de incidência freqüente com a participação de empresários em certames licitatórios" (*Nova Lei de Falência e de Recuperação de Empresas*, cit., p. 177).

105. Waldo Fazzio Jr., *Nova Lei de Falência e de Recuperação de Empresas*, cit., p. 179.

106. Sérgio Campinho cogita de uma situação singular: "(...) na qual a substituição na forma do ato constitutivo ou da lei não se venha mostrar factível, aflorando como solução para o alijamento do próprio devedor pessoa jurídica. Seria o caso de uma sociedade empresária, sob forma de sociedade limitada, formada por dois sócios, cabendo a ambos a administração e não estando permitida no contrato social a designação de administrador estranho ao corpo social. Incursos ambos os sócios administradores em previsões legais ensejadoras da destituição, não havendo como proceder à substituição, o resultado será que a sanção recaia sobre a própria sociedade" (*Falência e Recuperação de Empresa: o Novo Regime da Insolvência Empresarial*, Rio de Janeiro, Renovar, 2006, p. 151).

107. No mesmo sentido, Eduardo Secchi Munhoz: "Quanto ao parágrafo único do dispositivo, depreende-se que, uma vez decidido o afastamento dos administradores do devedor, sem que tenha sido determinado o afastamento de seus sócios controladores, a substituição dos primeiros deve ser feita nos termos dos atos constitutivos da sociedade (...)" ("Comentários aos arts. 55 ao 69", cit., in Francisco Satiro de Sousa Jr. e Antônio Sérgio Altieri de Moraes Pitombo (coords.), *Comentários à Lei de Recuperação de Empresas e Falência: Lei 11.101/2005*, p. 307).

108. Também no mesmo sentido, Sérgio Campinho: "(...) o gestor judicial só atuará quando o

Manoel Justino Bezerra Filho afirma: "Em caso de destituição, a primeira opção é esta prevista no parágrafo único. Se acaso não houver previsão nos atos constitutivos do devedor ou ainda não houver plano de recuperação aprovado, o juiz nomeará administrador judicial, mesmo que *pro tempore* (...)".[109]

Arremata Fábio Ulhoa Coelho: "O afastamento do sócio ou acionista controlador dar-se-á pela suspensão do seu direito de voto na assembléia-geral da sociedade anônima em recuperação; já, o administrador, mediante destituição do cargo".[110]

Art. 65. Quando do afastamento do devedor, nas hipóteses previstas no art. 64 desta Lei, o juiz convocará a assembléia-geral de credores para deliberar sobre o nome do gestor judicial que assumirá a administração das atividades do devedor,[349-350-351-352] aplicando-se-lhe, no que couber, todas as normas sobre deveres, impedimentos e remuneração do administrador judicial.[353]

§ 1º. O administrador judicial exercerá as funções de gestor enquanto a assembléia-geral não deliberar sobre a escolha deste.[354]

§ 2º. Na hipótese de o gestor indicado pela assembléia-geral de credores recusar ou estar impedido de aceitar o encargo para gerir os negócios do devedor, o juiz convocará, no prazo de setenta e duas horas, contado da recusa ou da declaração do impedimento nos autos, nova assembléia-geral, aplicado o disposto no § 1º deste artigo.[355]

LEGISLAÇÃO ANTERIOR

Artigo sem correspondência no Decreto-lei 7.661/1945.

COMENTÁRIOS

349. A figura do gestor judicial constitui uma inovação? – Sim, já que tal figura não tinha previsão no regime anterior.[111]

350. Em que hipóteses ocorrerá o afastamento do devedor? – Nas hipóteses previstas no art. 64 da lei.

Reiteramos o que dissemos ao comentarmos o referido art. 64: a escolha de gestor judicial somente tem cabimento se o afastamento for do devedor empresário individual ou dos sócios ou acionistas controladores das sociedades personificadas.

Tratando-se de afastamento de administradores do devedor, aplicar-se-á o disposto no parágrafo único do art. 64: "Parágrafo único. (...) o juiz destituirá o administrador, que será substituído na forma prevista nos atos constitutivos do devedor ou do plano de recuperação judicial".

351. Havendo afastamento do devedor, qual deve ser a atitude do juiz? – Ocorrendo o afastamento do devedor empresário individual ou dos sócios ou acionistas controladores das sociedades personificadas, o juiz convocará a assembléia-geral de credores para deliberar sobre o nome do gestor judicial.

352. Quais serão as atribuições do gestor judicial? – Tratando-se de afastamento de devedor empresário individual, o gestor judicial passará a representar a empresa.

devedor for alijado da condução do seu negócio, seja ele empresário individual ou sociedade empresária. Havendo substituição de administradores na pessoa jurídica, a solução será diversa. A sociedade permanece no exercício da atividade, mas com o seu órgão de administração modificado" (*Falência e Recuperação de Empresa: o Novo Regime da Insolvência Empresarial*, cit., p. 152).

109. Manoel Justino Bezerra Filho, *Nova Lei de Recuperação e de Falências Comentada. Lei 11.101, de 9.2.2005, Comentário Artigo por Artigo*, 3ª ed., São Paulo, Ed. RT, 2005, p. 176.

110. Fábio Ulhoa Coelho, *Comentários à Nova Lei de Falências e de Recuperação de empresas*, São Paulo, Saraiva, 2005, p. 176.

111. No mesmo sentido, Silvânio Covas: "A figura do gestor judicial é inovadora no ordenamento jurídico brasileiro, eis que não constava da lei anterior" ("Comentários aos arts. 55 ao 69", in Newton de Lucca e Adalberto Simão Filho (coords.), *Comentários à Nova Lei de Recuperação de Empresas e de Falências*, São Paulo, Quartier Latin, 2005, p. 318).

Todavia, se o afastamento for dos sócios ou acionistas controladores[112] das sociedades personificadas, o gestor judicial, segundo afirma, acertadamente, José da Silva Pacheco: "(...) não passa a representar a empresa em recuperação judicial, pois esta continuará a ser representada por sua diretoria, nos precisos termos dos seus estatutos ou respectivos atos constitutivos. Contudo, ao gestor judicial cabe, depois de inteirado do plano de recuperação e das causas da situação da empresa, orientar sua administração a dar exato cumprimento ao plano aprovado e às obrigações assumidas nos respectivos prazos".[113-114]

353. Quais são as normas aplicáveis ao gestor judicial? – No que couber, todas as normas sobre deveres, impedimentos e remuneração do administrador judicial.[115]

Quanto à qualificação profissional do gestor judicial, opina Silvânio Covas: "A escolha deve recair na pessoa de especialistas em administração de empresas, pois suas funções exigem competências específicas e necessárias à boa gestão".[116]

354. Há previsão de substituição temporária enquanto a assembléia-geral não deliberar a escolha do gestor? – Sim, o administrador judicial será o substituto, cumulando ambas as funções.

355. E se houver recusa ou impedimento do gestor judicial escolhido pela assembléia-geral? – O juiz convocará, no prazo de setenta e duas horas, contado da recusa ou da declaração do impedimento nos autos, nova assembléia-geral, aplicando-se o disposto no § 1º do art. 65.

Art. 66. Após a distribuição do pedido de recuperação judicial, o devedor não poderá alienar ou onerar bens ou direitos de seu ativo permanente, salvo evidente utilidade reconhecida pelo juiz, depois de ouvido o comitê, com exceção daqueles previamente relacionados no plano de recuperação judicial.[356-357-358-359-360-361]

LEGISLAÇÃO ANTERIOR

Lei de Falências (DL 7.661/1945): *Art. 149.* Enquanto a concordata não for por sentença julgada cumprida (art. 155), o devedor não pode, sem prévia autorização do juiz, ouvido o representante do Ministério Público, alienar ou onerar seus bens imóveis ou outros sujeitos a cláusulas da concordata; outrossim, sem o consentimento expresso de todos os credores admitidos e sujeitos aos

112. Por isso, assevera Eduardo Secchi Munhoz: "(...) o poder de controle será detido pelo gestor nomeado pela assembléia-geral de credores, que deverá exercê-lo no interesse não apenas destes, mas também dos sócios da sociedade devedora" ("Comentários aos arts. 55 ao 69", in Francisco Satiro de Sousa Jr. e Antônio Sérgio Altieri de Moraes Pitombo (coords.), *Comentários à Lei de Recuperação de Empresas e Falência: Lei 11.101/2005*, São Paulo, Ed. RT, 2005, p. 308).

113. José da Silva Pacheco, *Processo de Recuperação Judicial, Extrajudicial e Falência*, Rio de Janeiro, Forense, 2006, p. 173.

114. Discordamos da posição de Fábio Ulhoa Coelho, para quem o gestor judicial "passa a ser o representante legal da sociedade devedora nos atos relativos à gestão da empresa (assinatura de cheques, contratação de serviços, compra de insumos, prática de atos societários etc.)" (*Comentários à Nova Lei de Falências e de Recuperação de Empresas*, São Paulo, Saraiva, 2005, p. 178).

115. No mesmo sentido, Eduardo Secchi Munhoz: "As normas sobre remuneração, deveres e impedimentos relativas ao administrador judicial são, porém, inteiramente aplicáveis ao gestor, dada a similitude das funções exercidas. Tanto assim que, até a nomeação do gestor pela assembléia-geral de credores, deve o administrador judicial, nomeado pelo juiz, exercer as funções correspondentes" ("Comentários aos arts. 55 ao 69", cit., in Francisco Satiro de Sousa Jr. e Antônio Sérgio Altieri de Moraes Pitombo (coords.), *Comentários à Lei de Recuperação de Empresas e Falência: Lei 11.101/2005*, p. 308).

116. Silvânio Covas, "Comentários aos arts. 55 ao 69", cit., in Newton de Lucca e Adalberto Simão Filho (coords.), *Comentários à Nova Lei de Recuperação de Empresas e de Falências*, p. 318.

efeitos da concordata, não lhe é permitido vender ou transferir o seu estabelecimento.

Parágrafo único. Os atos praticados pelo concordatário com violação deste artigo são ineficazes relativamente à massa, no caso de rescisão da concordata.

COMENTÁRIOS

356. O devedor sofre restrição quanto à alienação ou oneração de bens ou direitos de seu ativo permanente? – A resposta é afirmativa, uma vez que o devedor somente poderá aliená-los ou onerá-los após o conhecimento pelo juiz e depois de ouvido o comitê.[117]

No regime anterior havia também restrição relativa à alienação ou oneração de bens (art. 149).

Lembramos, por oportuno, que a alienação de bem objeto de garantia real, a supressão da garantia ou sua substituição somente serão admitidas mediante aprovação expressa do credor titular da respectiva garantia (art. 50, § 1º).

357. A regra restritiva* supra *comporta exceção? – Sim. A exceção é a seguinte: quando se tratar de bens previamente relacionados no plano de recuperação judicial.[118]

358. A manifestação do comitê vincula o juiz? – Responde, com acerto, Eduardo Secchi Munhoz: "Essa manifestação, no entanto, não será vinculante para o juiz, que poderá autorizar a alienação ou oneração do ativo permanente, desde que reconheça a existência de *evidente utilidade*".[119]

359. Quais bens compõem o ativo permanente? – O ativo permanente é composto: (1) pelos investimentos, ou seja, pelas participações permanentes em outras sociedades e os direitos de qualquer natureza não classificáveis no ativo circulante e que não se destinem à manutenção da empresa;[120] (2) pelo ativo imobilizado, isto é, pelos direitos que tenham por objeto bens destinados à manutenção das atividades da empresa ou exercidos com esta finalidade, inclusive os de propriedade industrial ou comercial;[121] (3) pelo ativo diferido, vale dizer, pelas aplicações de recursos em despesas que contribuirão para a formação do resultado de mais de um exercício social, inclusive os juros pagos ou creditados aos acionistas durante o período que anteceder as operações sociais.[122]

A Lei 11.941/2009, além de ter substituído a expressão "ativo permanente" por "ativo não circulante", incluiu o "intangível", de modo que a classificação passou a ser a seguinte: (1) ativo circulante; (2) ativo não circulante composto por realizável a longo prazo, investimentos, imobilizado e intangível.

360. Crítica ao art. 66 – Eduardo Secchi Munhoz critica o art. 66: "(...) nada justifica a limitação de seu campo de aplicação aos bens ou direitos integrantes do ativo permanente. É que, na realidade econômica contemporânea, a depender da natureza e

117. Waldo Fazzio Jr. aduz: "Pensamos que, ainda que a lei não o exija, haverá circunstância em que o juiz deverá ouvir o representante do Ministério Público. É que o comitê diz sobre a conveniência do negócio para a recuperação da empresa, enquanto o Ministério Público examina sua legalidade" (*Nova Lei de Falência e de Recuperação de Empresas*, São Paulo, Atlas, 2005, p. 175).

118. Silvânio Covas complementa: e também aqueles bens "que se relacionam com o andamento ordinário dos negócios da empresa, sob pena de inviabilizar a continuidade da atividade empresarial" ("Comentários aos arts. 55 ao 69", in Newton de Lucca e Adalberto Simão Filho (coords.), *Comentários à Nova Lei de Recuperação de Empresas e de Falências*, São Paulo, Quartier Latin, 2005, p. 319). Waldo Fazzio Jr. tem a mesma opinião (*Nova Lei de Falência e de Recuperação de Empresas*, cit., p. 174).

119. Eduardo Secchi Munhoz, "Comentários aos arts. 55 ao 69", in Francisco Satiro de Sousa Jr. e Antônio Sérgio Altieri de Moraes Pitombo (coords.), *Comentários à Lei de Recuperação de Empresas e Falência: Lei 11.101/2005*, São Paulo, Ed. RT, 2005, p. 309.

120. Art. 178, § 1º, "c", e art. 179, III, da Lei 6.404/1976 (Lei das S/A).

121. Art. 178, § 1º, "c", e art. 179, IV, da Lei 6.404/1976 (Lei das S/A).

122. Art. 178, § 1º, "c", e art. 179, V, da Lei 6.404/1976 (Lei das S/A).

da situação econômica da empresa, a alienação ou oneração de bens ou direitos que não integram o ativo permanente pode ser tão ou mais lesiva ao interesse dos credores que a alienação ou oneração dos que o integram. A título ilustrativo, pode-se figurar a hipótese de uma empresa de serviços, cujo ativo permanente tem valor extremamente reduzido, oferecer em penhor seus recebíveis (direitos creditórios) dos próximos 12 meses em garantia de um empréstimo concedido após a distribuição do pedido de recuperação. Obviamente, embora não tenha onerado bens do [*ativo*] permanente, um ato assim praticado pelo devedor deveria depender da autorização judicial, após ouvido o comitê de credores, por possuir um elevado potencial de causar lesão aos credores anteriores; o risco de lesão aos credores decorrente dessa oneração de direito não integrante do ativo permanente seria muito superior, *v.g.*, ao que decorreria da eventual oneração dos computadores da empresa".[123]

Concordamos integralmente com a opinião do autor.

361. Qual a sanção a ser aplicada em caso de descumprimento da regra restritiva? – No regime anterior a sanção consistia em reputar ineficazes os atos relativamente à massa, no caso de rescisão da concordata.

Na lei sob comento inexiste previsão expressa.

Silvânio Covas, fundado no § 1º do art. 161, opina pela possibilidade da convolação da recuperação judicial em falência.[124-125-126]

Lembramos que os atos previstos e realizados na forma definida no plano de recuperação estão a salvo de eventual declaração de ineficácia (art. 131).

Art. 67. Os créditos decorrentes de obrigações contraídas pelo devedor durante a recuperação judicial, inclusive aqueles relativos a despesas com fornecedores de bens ou serviços e contratos de mútuo, serão considerados extraconcursais,[362] em caso de decretação de falência, respeitada, no que couber, a ordem estabelecida no art. 83 desta Lei.[363-364-365]

Parágrafo único. Os créditos quirografários sujeitos à recuperação judicial pertencentes a fornecedores de bens ou serviços que continuarem a provê-los normalmente após o pedido de recuperação judicial terão privilégio geral de recebimento em caso de decretação de falência, no limite do valor dos bens ou serviços fornecidos durante o período da recuperação.[366]

LEGISLAÇÃO ANTERIOR

Artigo sem correspondência no Decreto-lei 7.661/1945.

COMENTÁRIOS

362. O que são "créditos extraconcursais"? – De conformidade com o disposto no art. 84, serão considerados créditos extraconcursais e serão pagos com precedência sobre os mencionados no art. 83 desta Lei, na ordem a seguir, os relativos a: "*Art. 84.* (...): I – remunerações devidas ao administrador judicial e seus auxiliares, e créditos derivados da legislação do trabalho ou decorrentes de acidentes de trabalho relativos

123. Eduardo Secchi Munhoz, "Comentários aos arts. 55 ao 69", cit., in Francisco Satiro de Sousa Jr. e Antônio Sérgio Altieri de Moraes Pitombo (coords.), *Comentários à Lei de Recuperação de Empresas e Falência: Lei 11.101/2005*, pp. 309-310.

124. Silvânio Covas, "Comentários aos arts. 55 ao 69", cit., in Newton de Lucca e Adalberto Simão Filho (coords.), *Comentários à Nova Lei de Recuperação de Empresas e de Falências*, p. 319.

125. Fábio Ulhoa Coelho tem a mesma opinião (*Comentários à Nova Lei de Falências e de Recuperação de Empresas*, São Paulo, Saraiva, 2005, pp. 179-180).

126. Waldo Fazzio Jr. sustenta "a ineficácia do ato, se rescindida a recuperação judicial. Com a eclosão da falência, a alienação efetuada contra a expressa disposição legal do art. 66 torna-se ineficaz, ainda que de boa-fé os adquirentes" (*Nova Lei de Falência e de Recuperação de Empresas*, cit., p. 174).

a serviços prestados após a decretação da falência; II – quantias fornecidas à massa pelos credores; III – despesas com arrecadação, administração, realização do ativo e distribuição do seu produto, bem como custas do processo de falência; IV – custas judiciais relativas às ações e execuções em que a massa falida tenha sido vencida; V – obrigações resultantes de atos jurídicos válidos praticados durante a recuperação judicial, nos termos do art. 67 desta Lei, ou após a decretação da falência, e tributos relativos a fatos geradores ocorridos após a decretação da falência, respeitada a ordem estabelecida no art. 83 desta Lei".

363. Qual a finalidade da previsão veiculada no art. 67? – Indubitavelmente, a finalidade é a de fomentar e premiar aqueles que, mesmo após o deferimento da recuperação judicial, continuam prestigiando a atividade do devedor.[127-128-129-130]

364. Os créditos fiscais estão abrangidos no campo de aplicação do art. 67? – Não, pois, consoante as lições de José da Silva Pacheco, os créditos fiscais não preenchem os elementos essenciais para a configuração dos créditos extraconcursais, a saber: (1) serem decorrentes de obrigação contraída pelo devedor; (2) ocorrerem durante a recuperação judicial; (3) permitirem e contribuírem para a continuidade da empresa.[131]

Além do mais, o credor tributário não pode ser considerado um colaborador da recuperação judicial.[132]

365. Uma advertência em relação ao art. 67 – Eduardo Secchi Munhoz, com acerto, adverte: "Se tal estímulo é fundamental para o êxito da recuperação, por outro lado, é preciso cuidar para que não se torne veículo para fraudes ou abusos por parte do devedor, que, por meio de assunção de novas obrigações, pode modificar a ordem de preferência dos créditos. Veja-se que os créditos extraconcursais precedem a todos os demais créditos, inclusive trabalhistas e os com garantia real (art. 84), o que torna imprescindível a rigorosa fiscalização dos atos assim praticados pelo devedor, especialmente por parte do administrador judicial e do comitê de credores, órgãos a quem incumbe esse papel. Tal fiscalização é relevante porque o devedor é livre para assumir obrigações na fase de recuperação, salvo se tais obrigações implicarem oneração de bens de seu ativo permanente, para o quê se exige prévia autorização do juiz (art. 66). (...) a restrição nele prevista

127. Jorge Lobo declara: "(...) a finalidade de estimular a continuação das atividades empresariais do devedor" ("Comentários aos arts. 35 ao 69", in Carlos Henrique Abrão e Paulo Fernando Campos Salles de Toledo (coords.), *Lei de Recuperação de Empresas e Falência*, São Paulo, Saraiva, 2005, p. 171).

128. Fábio Ulhoa Coelho aduz: "(...) há que se reconhecer que esses credores, ao abrirem crédito ao empresário declaradamente em crise, deram decisiva colaboração para a tentativa de superação desta, assumindo consideráveis riscos. Sua atitude iria favorecer todos os credores, caso vingasse a recuperação judicial" (*Comentários à Nova Lei de Falências e de Recuperação de Empresas*, São Paulo, Saraiva, 2005, pp. 180-181).

129. Manoel Justino Bezerra Filho assevera: "Esta é uma disposição sábia da lei, pois atua como incentivo para que aqueles que negociam com a empresa continuem a fazê-lo durante o período de recuperação. Pretende a lei que esta disposição atue como incentivo para que o terceiro continue fornecendo normalmente bens e serviços para a empresa que pediu recuperação, desde que se trate de venda a crédito" (*Nova Lei de Recuperação e de Falências Comentada. Lei 11.101, de 9.2.2005, Comentário Artigo por Artigo*, 3ª ed., São Paulo, Ed. RT, 2005, p. 178).

130. Eduardo Secchi Munhoz opina: "O art. 67 visa a assegurar a possibilidade de o devedor ter acesso a financiamento durante o processamento da recuperação, algo que os estudos têm demonstrado ser fundamental para o êxito da reorganização da empresa. Para tanto, a disposição do art. 67, na linha da melhor orientação do Direito Comparado, é fundamental para assegurar o acesso da empresa em recuperação ao crédito" ("Comentários aos arts. 55 ao 69", in Francisco Satiro de Sousa Jr. e Antônio Sérgio Altieri de Moraes Pitombo (coords.), *Comentários à Lei de Recuperação de Empresas e Falência: Lei 11.101/2005*, São Paulo, Ed. RT, 2005, pp. 310-311).

131. José da Silva Pacheco, *Processo de Recuperação Judicial, Extrajudicial e Falência*, Rio de Janeiro, Forense, 2006, p. 175.

132. No mesmo sentido: Fábio Ulhoa Coelho, *Comentários à Nova Lei de Falências e de Recuperação de Empresas*, cit., p. 182.

não impede o devedor de assumir empréstimos de valor vultoso na fase de recuperação, oferecendo como garantia, por exemplo, o penhor de seus direitos creditórios (recebíveis). Daí a relevância de o administrador judicial e de credores, por meio do comitê de credores, assumirem uma postura ativa na monitoração e fiscalização da administração conduzida pelo devedor em recuperação".[133]

366. Em caso de decretação de falência, qual será o tratamento dos créditos quirografários gerados após o deferimento da recuperação judicial? – Em função de os credores terem continuado a prover um devedor declaradamente em crise, o legislador estabeleceu que tais créditos terão privilégio geral de recebimento caso seja decretada a falência do devedor.

Art. 68. As Fazendas Públicas e o Instituto Nacional do Seguro Social – INSS poderão deferir, nos termos da legislação específica, parcelamento de seus créditos, em sede de recuperação judicial, de acordo com os parâmetros estabelecidos na Lei n. 5.172, de 25 de outubro de 1966 – Código Tributário Nacional.[367-368-369]

LEGISLAÇÃO ANTERIOR

Artigo sem correspondência no Decreto-lei 7.661/1945.

COMENTÁRIOS

367. Quais os parâmetros estabelecidos pelo Código Tributário Nacional para deferimento de parcelamento de créditos tributários a devedor em recuperação judicial? – O legislador, visando a compatibilizar a atual legislação (Lei 11.101, de 9.2.2005) à legislação tributária, editou, na mesma data, a Lei Complementar 118.

Em razão disso, foram acrescentados alguns dispositivos ao Código Tributário Nacional. Os dispositivos acrescentados e pertinentes à matéria ora examinada são os §§ 3º e 4º do art. 155-A.

O artigo 155-A e seus §§ 1º a 4º, além de determinarem sejam respeitadas a forma e as condições do parcelamento estabelecidas em lei específica (art. 155-A, § 3º, do CTN), fixam os seguintes parâmetros: (1) o parcelamento não exclui a incidência de juros e multas, salvo disposição em contrário (§ 1º do art. 155-A do CTN); (2) aplicação subsidiária das disposições relativas à moratória previstas no Código Tributário Nacional ao parcelamento (§ 2º do art. 155-A do CTN); (3) no caso de inexistência de lei específica sobre parcelamento, deverão ser aplicadas as leis gerais de parcelamento do ente da Federação, não podendo o respectivo prazo ser inferior àquele concedido pela lei federal específica (§ 4º do art. 155-A do CTN).

368. O direito ao parcelamento está assegurado ao devedor independentemente de lei específica? – Sérgio Campinho responde: "O *caput* do art. 155-A já traz previsão de que 'o parcelamento será concedido na forma e condição estabelecidas em lei específica'. Quando o § 3º que lhe acresce determina que lei especial disporá sobre as condições de parcelamento naquela situação especialmente tratada, há que se extrair o seguinte efeito: o parcelamento já se encontra assegurado ao devedor em recuperação judicial, cabendo à lei específica, pelo preceito ordenada, apenas disciplinar as respectivas condições. Do contrário seria inócua a previsão, pois sua enunciação já se encontra no *caput*. Reforça o argumento o § 4º do mesmo art. 155-A do CTN, igualmente introduzido pela Lei Complementar 118/2005, ao prescrever: 'A inexistência da lei específica a que se refere o § 3º deste artigo importa aplicação das leis gerais de parcelamento do ente da Federação ao devedor em recuperação judicial, não podendo, neste caso, ser o prazo de parcelamento inferior ao concedido pela lei federal específica'. A inexistência, assim, de legisla-

133. Eduardo Secchi Munhoz, "Comentários aos arts. 55 ao 69", cit., in Francisco Satiro de Sousa Jr. e Antônio Sérgio Altieri de Moraes Pitombo (coords.), *Comentários à Lei de Recuperação de Empresas e Falência: Lei 11.101/2005*, p. 311.

ção específica não prejudica o parcelamento, que já se encontra garantido, eis que a ele serão aplicáveis as leis gerais de parcelamento de cada ente da Federação, com apenas o limitador de que o prazo não poderá ser inferior ao da lei específica editada pela União. Ainda que haja mora na edição da lei federal específica, o fato não prejudicará o devedor postulante à recuperação judicial, porque para os créditos tributários da União vigorará o parcelamento preconizado na lei geral, previsto no *caput* do art. 19 da Lei 10.522/2002, na redação dada pela Lei 10.637/2002, fruto da conversão da Medida Provisória 75/2002, que assim preceitua: 'Os débitos de qualquer natureza para com a Fazenda Nacional poderão ser parcelados em até 60 (sessenta) parcelas mensais, a exclusivo critério da autoridade fazendária, na forma e condições previstas em lei'. Desse modo, não havendo a decantada lei específica para dispor, em qualquer esfera da Federação, sobre as condições de parcelamento dos créditos tributários do devedor em recuperação judicial, vigorarão para esse fim as leis gerais da União, Estados e Municípios.

"Sustentamos, portanto, que em favor do devedor contribuinte na recuperação judicial há um direito subjetivo ao parcelamento, porquanto caberá à lei especial apenas dispor sobre suas condições, ordenada pelo § 3º do art. 155-A. (...). Sendo assim, requerendo o devedor o parcelamento e sendo esse negado sob o argumento de falta de lei especial, por exemplo, incorrerá a administração em flagrante ilegalidade, não podendo o juiz deixar de conceder a recuperação judicial pela ausência da apresentação da certidão positiva com efeito negativo, do art. 206 do CTN. Igualmente, correndo mora injustificável na concessão do parcelamento e na expedição da respectiva certidão, deverá o juiz também logo conceder a recuperação judicial."[134]

Eduardo Secchi Munhoz opina:

"Para a completude do sistema de reorganização da empresa, é fundamental que a Lei de Recuperação seja secundada pela lei tributária, na medida em que cabe a esta estabelecer as condições especiais de parcelamento dos débitos de tributos para efeito de recuperação, conforme prescreve o art. 68.

"Diante do maior rigor adotado pela lei atual, que transforma a apresentação das certidões em requisito para a própria concessão do regime especial, não será de causar surpresa o fato de a jurisprudência vir a manter a orientação anterior, de modo a conceder-se a recuperação judicial a despeito da falta de certidões negativas apresentadas pelo devedor. A flexibilização da regra pela jurisprudência talvez seja a única forma de evitar a total inviabilização do sistema de recuperação que pode decorrer da aplicação isolada do art. 57, pelas razões anteriormente destacadas.

"Desde o início da lei, verifica-se que, de fato, a jurisprudência tem se orientado no sentido de conceder a recuperação judicial mesmo ante a ausência de certidões negativas, ou positivas com efeito de negativas. Os fundamentos adotados para tais decisões são desde a não-aprovação, até a presente data, da lei destinada a prever programas especiais de parcelamento para empresas em recuperação até o interesse público na recuperação, que encontraria fundamento constitucional."[135]

Além dos argumentos articulados por Sérgio Campinho – com os quais concordamos –, para solução da *vexata quaestio* invocamos o art. 47, justamente por veicular comando teleológico de vital importância na interpretação e aplicação do instituto da recuperação judicial.

Isso porque o art. 47 deverá funcionar no âmbito da recuperação judicial como o art. 5º do Decreto-lei 4.657/1942 (Lei de Introdução ao Código Civil) funciona (ou deveria funcionar) no âmbito civil; vale dizer, o juiz,

134. Sérgio Campinho, *Falência e Recuperação de Empresa: o Novo Regime da Insolvência Empresarial*, Rio de Janeiro, Renovar, 2006, pp. 165-167.

135. Eduardo Secchi Munhoz, "Comentários aos arts. 55 ao 69", in Francisco Satiro de Sousa Jr. e Antônio Sérgio Altieri de Moraes Pitombo (coords.), *Comentários à Lei de Recuperação de Empresas e Falência: Lei 11.101/2005*, São Paulo, Ed. RT, 2005, pp. 284-285.

ao se debruçar sobre questões derivadas do instituto da recuperação judicial, deverá promover a preservação da empresa, sua função social e o estímulo à atividade econômica.

Destarte, o apego às formalidades legais não poderá jamais sobrepujar o elemento finalístico maior da lei.[136-137]

Jurisprudência

Eis três julgados pertinentes:

[TJSP] Recuperação judicial – Aprovação do plano de recuperação judicial – Decisão que concede a recuperação judicial, com dispensa da apresentação de certidões negativas de débitos tributários exigidas pelo art. 47 [*rectius: 57*] da Lei n. 11.101/2005 e o art. 191-A do CTN – Recurso interposto pelo INSS – Reconhecimento da legitimidade e interesse em recorrer, como terceiro prejudicado, mesmo não [*estando*] os créditos tributários sujeitos à habilitação em recuperação judicial – Exigência do art. 57 da LRF que configura antinomia jurídica com outras normas que integram a Lei n. 11.101/2005, em especial o art. 47 – Abusividade da exigência enquanto não for cumprido o art. 68 da nova lei, que prevê a edição de lei especial sobre o parcelamento do crédito tributário para devedores em recuperação judicial – Dispensa da juntada das certidões negativas ou das positivas com efeito de negativas mantida – Agravo desprovido. [*Câmara Especial de Falências, AI 5169824200, rel. Des. Pereira Calças, j. 30.1.2008, DJE 31.1.2008*]

[TJSP] Recuperação judicial – Certidões negativas de débitos tributários exigidas pelo art. 57 da Lei n. 11.101/2005 – Inadmissibilidade – Exigência abusiva e inócua – Meio coercitivo de cobrança – Necessidade de se adequar, para o cumprimento do art. 57, a legislação específica a que faz referência o art. 68 da nova lei, a respeito do parcelamento de crédito da Fazenda Pública e do INSS – Dispensa da juntada de tais certidões – Agravo de instrumento provido. [*Câmara Especial de Falências, AI 4563934800, rel. Des. Romeu Ricupero, DJE 22.11.2006*]

[TJMG] Empresarial, tributário e processual civil – Agravo de instrumento – Recuperação judicial – Deferimento – Ausência de certidão fiscal negativa – Possibilidade – Inexistência de lei complementar sobre parcelamento do débito tributário – Risco de lesão ao princípio norteador da recuperação judicial – Improvimento da irresignação – Inteligência dos arts. 47, 57 e 68, todos da Lei n. 11.101/2005, e art. 155-A, §§ 2º e 3º, do CTN. A recuperação judicial deve ser concedida, a despeito da ausência de certidões fiscais negativas, até que seja elaborada lei complementar que regule o parcelamento do débito tributário procedente de tal natureza, sob risco de sepultar a aplicação no novel instituto e, por conseqüência, negar vigência ao princípio que lhe é norteador. [*5ª Câmara Cível, AI 1.0079.06.288873-4/001, Contagem/MG, rel. Des. Dorival Guimarães Pereira, j. 29.5.2008, v.u.*]

369. Breve notícia sobre projeto de lei referente ao parcelamento de créditos tributários de devedor em recuperação judicial – José da Silva Pacheco[138] noticia que: (1) à época da tramitação do Projeto de Lei que redundou na Lei 11.101, de 9.2.2005, o senador Fernando Bezerra apresentou o Projeto PLS 245/2004, dispondo sobre o parcelamento de créditos de devedores em recuperação judicial perante a Secretaria da Receita Federal, o INSS e a Procuradoria da Fazenda Nacional, inclusive daqueles já em

136. Gilmara Santos noticia que o Juiz da 1ª Vara de Recuperação e Falência de Empresas do TJSP, Alexandre Alves Lazzarini, homologou, no dia 2.2.2006, o plano de recuperação da Parmalat independentemente de apresentação de certidão negativa de débitos fiscais/CND. A matéria jornalística aduz, ainda, que uma empresa do setor madeireiro paranaense foi a primeira a obter homologação de seu plano de recuperação sem apresentação da referida certidão e que a Varig, no Rio de Janeiro, também obteve decisão semelhante do Juiz Luiz Roberto Ayoub, segundo o qual "não faz sentido impedir a possibilidade de a companhia se reorganizar por falta de CND. A recuperação judicial não envolve o Fisco. Exigir uma CND e barrar todo o processo pela falta dela não é correto, já que o Fisco tem meios para cobrar" (Gilmara Santos, "Justiça homologa plano de recuperação da Parmalat sem a CND", *Gazeta Mercantil*, ed. de 3.2.2006, "Legislação", p. A-9).

137. No mesmo sentido, Sérgio Campinho: "A solução para sua crise implica uma ponderação lúcida e equilibrada dos interesses públicos, coletivos e privados que nela confluem (...). Vislumbramos a exibição das certidões em apreço como uma exigência formal que deve ser equilibrada em face dos interesses maiores a serem protegidos" (*Falência e Recuperação de Empresa: o Novo Regime da Insolvência Empresarial*, cit., p. 168).

138. José da Silva Pacheco, *Processo de Recuperação Judicial, Extrajudicial e Falência*, Rio de Janeiro, Forense, 2006, pp. 178-180.

fase de execução fiscal; (2) o senador Tasso Jereissati apresentou Substitutivo dispondo sobre parcelamento de débitos perante a União, suas autarquias, fundações públicas e FGTS e prevendo os prazos máximos de 84 e 72 meses; (3) referido Projeto Substitutivo foi aprovado pelo Senado (PL 05250/2005) e encaminhado à Câmara dos Deputados.

Art. 69. Em todos os atos, contratos e documentos firmados pelo devedor sujeito ao procedimento de recuperação judicial deverá ser acrescida, após o nome empresarial, a expressão "em Recuperação Judicial".[370-371-372-373]

Parágrafo único. O juiz determinará ao Registro Público de Empresas a anotação da recuperação judicial no registro correspondente.[374]

LEGISLAÇÃO ANTERIOR

Artigo sem correspondência no Decreto-lei 7.661/1945.

COMENTÁRIOS

370. É obrigatório o acréscimo da expressão "em Recuperação Judicial" no nome empresarial? – Sim, é obrigatória a menção da expressão "em Recuperação Judicial" no nome empresarial em todos os atos, contratos e documentos firmados pelo devedor sujeito ao procedimento de recuperação judicial (art. 69).[139]

Outrossim, é obrigatória a menção da referida expressão nas publicações ordenadas pela lei ora comentada (parágrafo único do art. 191).

Eduardo Secchi Munhoz, adequadamente, adverte: "(...) a manutenção do devedor em recuperação mesmo após a aprovação do plano, com a conseqüente permanência do sinal indicativo "em Recuperação Judicial", causa inevitavelmente uma restrição ao desenvolvimento de suas atividades. Se a opção não foi extinguir o processo de recuperação com a aprovação do plano, ao menos, seria recomendável que a lei previsse expressões diversas para identificar o devedor *antes da aprovação* e *após a sua aprovação*. Isso porque, sem dúvida alguma, para o mercado tem grande relevância saber se o devedor já teve a sua recuperação concedida, caso em que lhe bastará cumprir as obrigações previstas no plano, ou se ainda depende de futura aprovação de seu plano, caso em que poderá ter sua falência decretada num período exíguo de tempo, desde que seja rejeitado. Poderia a lei, assim, assinalar o devedor com plano de recuperação ainda não aprovado com a expressão 'em Recuperação a Ser Apreciada', identificando, por outro lado, o devedor que já teve a recuperação judicial deferida (plano aprovado) com a expressão 'em Recuperação Deferida'".[140]

371. Qual deve ser o termo inicial de inserção da expressão "em Recuperação Judicial"? – Três, basicamente, poderiam ser os termos iniciais da obrigatoriedade de inserção da expressão "em Recuperação Judicial" no nome empresarial do devedor em recuperação, a saber: (1) data do protocolo do pedido de recuperação; (2) data do despacho de deferimento do processamento da recuperação judicial; (3) data do despacho de deferimento da recuperação judicial.

Ora, se o art. 69 utiliza a expressão "procedimento de recuperação judicial" e este se inicia com o protocolo do respectivo pedido, conclui-se que sua data deve ser considerada o termo inicial do dever de acrescentar ao

139. Silvânio Covas entende que o disposto no art. 69 busca seu fundamento de validade nos incisos XIV, XXIII e LX do art. 5º da CF ("Comentários aos arts. 55 ao 69", in Newton de Lucca e Adalberto Simão Filho (coords.), *Comentários à Nova Lei de Recuperação de Empresas e de Falências*, São Paulo, Quartier Latin, 2005, p. 325).

140. Eduardo Secchi Munhoz, "Comentários aos arts. 55 a 69", in Francisco Satiro de Sousa Jr. e Antônio Sérgio Altieri de Moraes Pitombo (coords.), *Comentários à Lei de Recuperação de Empresas e Falência: Lei 11.101/2005*, São Paulo, Ed. RT, 2005, p. 313.

nome empresarial a expressão "em Recuperação Judicial".

Some-se a isso que, se a intenção do legislador é a de que os administradores do devedor em crise econômico-financeira ajam com diligência, boa-fé e lealdade perante as pessoas com quem o devedor se relaciona, outrossim, a conclusão é a mesma: a data do protocolo do pedido de recuperação judicial deve ser considerada o termo inicial do dever de acrescentar ao nome empresarial a expressão "em Recuperação Judicial".[141]

372. Qual a sanção aplicável em caso de descumprimento do art. 69? – Não obstante o art. 69 estabelecer um dever de diligência, a lei sob comento é omissa quanto à respectiva sanção. Por isso, temos de lançar mão da interpretação sistemática.[142]

Ora, na medida em que o art. 153 da Lei 6.404/1976 estabelece o dever de diligência aos administradores das sociedades anônimas, entendemos que, caso haja omissão no tocante à menção da epígrafe "em Recuperação Judicial" no nome empresarial quando se tratar de atos, contratos e documentos firmados pela companhia devedora em recuperação judicial (art. 69, *supra*), os respectivos administradores responderão civilmente (art. 158, I e II, da Lei 6.404/1976).

Quanto às sociedades limitadas, também os seus administradores responderão civilmente. O fundamento legal é que variará: (1) será o mesmo aplicável às sociedades anônimas caso o contrato social preveja, nos termos do parágrafo único do art. 1.053 do CC, sua regência supletiva pela Lei 6.404/1976; (2) se não houver tal previsão aplicar-se-ão os arts. 1.011 e 1.016 do CC, por força do art. 1.053, também do mesmo *Codex*.[143-144-145]

373. A obrigatoriedade de menção da expressão "em Recuperação Judicial" estende-se aos anúncios e material de publicidade? – Aduz Jorge Lobo: "Creio que tal exigência deve estender-se também aos anúncios e material de publicidade veiculados pelo devedor, de modo a permitir que os leitores desde logo tomem ciência do 'estado de crise econômica do devedor', com fundamento nos arts. 113, 187 e 422 do CC, que acolheram, expressamente, o princípio da boa-fé objetiva e que impõem aos administradores agir não apenas com diligência, mas lealdade e transparência, em relação aos seus fornecedores, financiadores e consumidores, prestando-lhes informações que possam criar, reforçar ou destruir a confiança que depositam na empresa".[146]

141. No mesmo sentido: Silvânio Covas, "Comentários aos arts. 55 ao 69", cit., in Newton de Lucca e Adalberto Simão Filho (coords.), *Comentários à Nova Lei de Recuperação de Empresas e de Falências*, p. 327.

142. Tércio Sampaio Ferraz Jr., a propósito da interpretação sistemática, ensina: "A primeira e mais importante recomendação, nesse caso, é de que, em tese, qualquer preceito isolado deve ser interpretado em harmonia com os princípios gerais do sistema, para que preserve a coerência do todo. Portanto, nunca devemos isolar o preceito nem em seu contexto (a lei em tela, o código: Penal, Civil etc.) e muito menos em sua concatenação imediata (nunca leia um só artigo, leia também os parágrafos e os demais artigos)" (*Introdução ao Estudo do Direito*, 3ª ed., São Paulo, Atlas, 2001, p. 285).

143. No mesmo sentido: Jorge Lobo, "Comentários aos arts. 35 ao 69", in Carlos Henrique Abrão e Paulo Fernando Campos Salles de Toledo (coords.), *Lei de Recuperação de Empresas e Falência*, São Paulo, Saraiva, 2005, p. 173.

144. Fábio Ulhoa Coelho também entende que a omissão da expressão "em Recuperação Judicial" implica responsabilidade civil do administrador (*Comentários à Nova Lei de Falências e de Recuperação de Empresas*, São Paulo, Saraiva, 2005, p. 183).

145. Silvânio Covas também sustenta a responsabilidade do administrador pela omissão da expressão "em Recuperação Judicial" ("Comentários aos arts. 55 ao 69", cit., in Newton de Lucca e Adalberto Simão Filho (coords.), *Comentários à Nova Lei de Recuperação de Empresas e de Falências*, p. 326).

146. Jorge Lobo, "Comentários aos arts. 35 ao 69", cit., in Carlos Henrique Abrão e Paulo Fernando Campos Salles de Toledo (coords.), *Lei de Recuperação de Empresas e Falência*, p. 173.

374. O Registro Público de Empresas deverá anotar a recuperação judicial do devedor? – Sim, o juiz determinará ao Registro Público de Empresas a anotação da recuperação judicial no registro correspondente (parágrafo único do art. 69).

Em complemento, lembramos que os Registros Públicos de Empresas manterão banco de dados público e gratuito, disponível na rede mundial de computadores, contendo a relação de todos os devedores falidos e em recuperação judicial (art. 196).

Seção V – Do Plano de Recuperação Judicial para Microempresas e Empresas de Pequeno Porte

Art. 70. As pessoas de que trata o art. 1º desta Lei[375] e que se incluam nos conceitos de microempresa[376] ou empresa de pequeno porte,[377-378-379] nos termos da legislação vigente, sujeitam-se às normas deste Capítulo.

§ 1º. As microempresas e as empresas de pequeno porte, conforme definidas em lei, poderão[380] apresentar plano especial de recuperação judicial,[381-382-383] desde que afirmem sua intenção de fazê-lo na petição inicial de que trata o art. 51 desta Lei.

§ 2º. Os credores não atingidos pelo plano especial não terão seus créditos habilitados na recuperação judicial.[384]

LEGISLAÇÃO ANTERIOR

Artigo sem correspondência no Decreto-lei 7.661/1945.

COMENTÁRIOS

375. Quem são as pessoas tratadas pelo art. 1º? – Tais pessoas são o empresário e a sociedade empresária.

376. Qual o conceito de "microempresa"? – Consideram-se microempresa a sociedade empresária, a sociedade simples e o empresário a que se refere o art. 966 da Lei 10.406, de 10.1.2002, devidamente registrados no Registro de Empresas Mercantis ou no Registro Civil de Pessoas Jurídicas, conforme o caso, desde que aufiram, em cada ano-calendário, receita bruta anual igual ou inferior a R$ 240.000,00, conforme o art. 3º, I, da Lei Complementar 123, de 14.12.2006.[1]

377. Qual o conceito de "empresa de pequeno porte"? – Consideram-se empresa de pequeno porte a sociedade empresária, a sociedade simples e o empresário a que se refere o art. 966 da Lei n. 10.406, de 10.1.2002, devidamente registrados no Registro de Empresas Mercantis ou no Registro Civil de Pessoas Jurídicas, conforme o caso, desde que aufiram, em cada ano-calendário, receita bruta anual superior a R$ 240.000,00 e igual ou inferior a R$ 2.400.000,00, conforme o art. 3º, II, da Lei Complementar 123, de 14.12.2006.[2]

378. Previsão constitucional das microempresas e empresas de pequeno porte – A Constituição Federal preceitua:

"*Art. 170.* A ordem econômica, fundada na valorização do trabalho humano e na livre iniciativa, tem por fim assegurar a todos existência digna, conforme os ditames da justiça social, observados os seguintes princípios: (...) IX – tratamento favorecido para as empresas de pequeno porte constituídas sob as leis brasileiras e que tenham sua sede e administração no País".

"*Art. 179.* A União, os Estados, o Distrito Federal e os Municípios dispensarão às microempresas e às empresas de pequeno porte, assim definidas em lei, tratamento jurídico diferenciado, visando a incentivá-las pela simplificação das suas obrigações administrativas, tributárias, previdenciárias e creditícias, ou pela eliminação ou redução destas por meio de lei."

379. Importância das microempresas e empresas de pequeno porte no cenário econômico brasileiro – A importância das

1. Ressaltamos que o art. 89 da Lei Complementar 123, de 14.12.2006, revogou expressamente a Lei 9.841, de 15.12.1999, a qual estabelecia, no inciso I do seu art. 2º: "Considera-se microempresa a pessoa jurídica e a firma individual (empresário, segundo a terminologia adotada pelo Código Civil) que tiver receita bruta anual igual ou inferior a R$ 433.755,14" (valor alterado pelo Decreto 5.028/2004).

2. Destacamos que o art. 89 da Lei Complementar 123, de 14.12.2006, revogou expressamente a Lei 9.841, de 15.12.1999, a qual estabelecia, no inciso II do seu art. 2º: "Considera-se empresa de pequeno porte a pessoa jurídica e a firma individual (empresário, segundo a terminologia adotada pelo Código Civil) que tiver receita bruta anual superior a R$ 433.755,14 e igual ou inferior a R$ 2.132.222,00" (valores alterados pelo Decreto 5.028/2004).

microempresas e das empresas de pequeno porte no cenário econômico brasileiro[3] pode ser aferida a partir de estudo realizado pelo IBGE – que, aliás, adotou os mesmos conceitos legais.

Segundo tal estudo,[4] as microempresas e as empresas de pequeno porte: (1) representam 97,6% do universo das empresas em atividade no Brasil; (2) geram emprego para mais de 7 milhões de pessoas; (3) movimentam mais de 20% da receita bruta oriunda do comércio e serviços.

380. As microempresas e as empresas de pequeno porte podem optar pela recuperação judicial ordinária? – Na medida em que o § 1º do art. 70, de um lado, utiliza o verbo "poderão" e que o art. 72, de outro lado, utiliza o verbo "opte", acreditamos que foi conferida uma faculdade às microempresas e às empresas de pequeno porte, podendo elas, por conseguinte, escolher entre o procedimento da recuperação judicial ordinária e o da especial.[5]

Imaginemos um caso hipotético: tendo em vista que a recuperação judicial especial abrange exclusivamente créditos quirografários (art. 71, I), a microempresa ou a empresa de pequeno porte pretenda pedir recuperação judicial que abranja outros créditos, além dos quirografários.

381. Prevalecerá o pedido de recuperação judicial especial ainda que a microempresa ou a empresa de pequeno porte sejam desenquadradas como tais? – A questão é intrigante, uma vez que, excedidos ou não alcançados os respectivos limites de receita bruta anual, a microempresa ou a empresa de pequeno porte são desenquadradas como tais, alterando seu *status* (art. 8º da Lei 9.841/1999).

Acreditamos que a resposta à indagação seja afirmativa: (1) quer pelo princípio da segurança jurídica, que deve ser aplicado aos credores; (2) quer por *analogia legis*, vale dizer, em razão do disposto no § 2º do art. 2º da Lei 9.841/1999 (Estatuto da ME e da EPP), cujo texto prescreve que o enquadramento ou o desenquadramento da microempresa ou da empresa de pequeno porte não implicará alteração, denúncia ou qualquer restrição em relação a contratos por elas anteriormente firmados.[6]

O mesmo raciocínio *supra* e respectiva conclusão – prevalecerá o pedido de recuperação judicial especial – são aplicáveis às

3. Segundo o senador Ramez Tebet: "As micro e pequenas empresas representam a esmagadora maioria dos empreendimentos no Brasil, e excluí-las da nova recuperação judicial seria condenar o regime à aplicação meramente excepcional" (parecer na íntegra: Anexo II desta obra).

4. "As micro e pequenas empresas comerciais e de serviços no Brasil: 2001/IBGE", *Estudos e Pesquisas. Informação Econômica*, p. 102, *apud* Carlos Klein Zanini, "Comentários aos arts. 70 ao 82", in Francisco Satiro de Sousa Jr. e Antônio Sérgio Altieri de Moraes Pitombo (coords.), *Comentários à Lei de Recuperação de Empresas e Falência: Lei 11.101/2005*, São Paulo, Ed. RT, 2005, p. 314.

5. Carlos Klein Zanini tem o mesmo entendimento: "(...) a apresentação de um plano especial é apenas uma faculdade (art. 72 desta lei) posta à disposição da microempresa e da empresa de pequeno porte, às quais assiste, também, o direito de optar pelo procedimento de recuperação judicial ordinário previsto na lei. (...) poderia o magistrado, diante da ausência de requerimento expresso de aplicação de procedimento simplificado, nos casos em que este poderia ter sido invocado, dada a natureza do devedor, proceder *ex officio* à intimação do devedor a fim de que esse viesse a se manifestar expressamente acerca de seu interesse na migração para o procedimento simplificado? A resposta, ao que nos parece, deve ser afirmativa, até mesmo porque tal iniciativa mostra-se compatível com os princípios norteadores da lei. Pelo mesmo fundamento, é de se admitir o aditamento da inicial (art. 294 do CPC), por iniciativa do próprio devedor, para invocar a aplicação do regime diferenciado, desde que apresentada em tempo hábil. Não pode o juiz, todavia, contra a vontade do devedor, enquadrá-lo no procedimento simplificado, o que tornaria por esvaziar a natureza facultativa da adesão do devedor" ("Comentários aos arts. 70 ao 82", cit., in Francisco Satiro de Sousa Jr. e Antônio Sérgio Altieri de Moraes Pitombo (coords.), *Comentários à Lei de Recuperação de Empresas e Falência: Lei 11.101/2005*, pp. 316-317).

6. No mesmo sentido: Carlos Klein Zanini, "Comentários aos arts. 70 ao 82", cit., in Francisco Satiro de Sousa Jr. e Antônio Sérgio Altieri de Moraes Pitombo (coords.), *Comentários à Lei de Recuperação de Empresas e Falência: Lei 11.101/2005*, p. 317.

avessas, ou seja, em caso de enquadramento do devedor no estatuto da microempresa e da empresa de pequeno porte.

382. Plano especial de recuperação judicial – As condições do plano especial de recuperação judicial das microempresas e das empresas de pequeno estão arroladas no art. 71.

Além das referidas condições, há também tratamento diferenciado no tocante à possibilidade de apresentação de livros e escrituração simplificados, nos termos da legislação específica (§ 2º do art. 52).[7]

No regime anterior – quer no campo da concordata, quer em seara falimentar – não havia tratamento especial às microempresas e empresas de pequeno porte.

O que ocorria era o seguinte: se o passivo fosse inferior a 100 salários mínimos, então, o processamento deveria ser sumário (arts. 141 e 200).

383. Breve notícia sobre regimes internacionais diferenciados relativos às microempresas e às empresas de pequeno porte – Carlos Klein Zanini noticia: "A introdução desse regime diferenciado pela nova lei inspira-se em modelos já de há muito adotados em outros Países. Com efeito, praticamente todas as legislações estrangeiras modernas oferecem regramentos especiais destinados à recuperação de empresas de porte reduzido, comumente caracterizados pelo abrandamento das condições impostas e simplificação do procedimento a ser observado. Não por outra razão, chama-se, na França, de procedimento simplificado e, na Espanha, de procedimento abreviado".[8-9]

384. Quais são os créditos não abrangidos pelo plano especial de recuperação judicial? – Os créditos não abrangidos pelo plano especial de recuperação judicial são, além dos não quirografários, os decorrentes de repasse de recursos oficiais e os previstos nos §§ 3º e 4º do art. 49 da lei, ou seja, os créditos decorrentes de propriedade fiduciária, de arrendamento mercantil, de propriedade ou promessa de venda de imóveis cujos respectivos contratos contenham cláusula de irrevogabilidade ou irretratabilidade, inclusive em incorporações imobiliárias, de propriedade em contrato de venda com reserva de domínio e de adiantamento a contrato de câmbio para exportação.

Explica o senador Ramez Tebet, em seu parecer: "Saliente-se, ainda, que a inclusão

7. Maria Cristina Vidotte Blanco Tarrega assevera: "Assim, a Lei de Falências e de Recuperação de Empresas, inspirada nos princípios da simplificação, da informalidade e do viabilizar da participação no processo de desenvolvimento econômico e social, criou regras próprias para assegurar a recuperação judicial das microempresas e empresas de pequeno porte. Essa medida é necessária diante da escassez de recursos de que dispõem esses sujeitos de direito. Diante disso e das características que lhes definem o tipo (na lei própria), prevê a Lei de Falências procedimento simplificado, consistente, em suma, pelo parcelar dos créditos quirografários existentes quando da distribuição do pedido. Estabelece medidas preventivas protetivas do devedor. Por essas razões, cabe exclusivamente ao juiz a apreciação do plano especial, não se convocando a assembléia-geral de credores" ("Comentários aos arts. 70 ao 82", in Newton de Lucca e Adalberto Simão Filho (coords.), *Comentários à Nova Lei de Recuperação de Empresas e de Falências*, São Paulo, Quartier Latin, 2005, p. 332).

8. Carlos Klein Zanini, "Comentários aos arts. 70 ao 82", cit., in Francisco Satiro de Sousa Jr. e Antônio Sérgio Altieri de Moraes Pitombo (coords.), *Comentários à Lei de Recuperação de Empresas e Falência: Lei 11.101/2005*, p. 315.

9. Maria Cristina Vidotte Blanco Tarrega complementa: "A Lei de Falências e de Recuperação Judicial de Empresas brasileira não define nem estabelece parâmetros próprios para a aplicação do regime especial de microempresas e empresas de pequeno porte, como faz a lei argentina. Segundo essa ordem normativa (*Ley* 24.522/1995 – *Concursos y Quiebras*, art. 228), consideram-se pequenos concursos e quebras, para fins de tratamento diferenciado, aqueles nos quais se apresenta uma das seguintes características: passivo inferior a 100 mil pesos, processo com até 20 credores quirografários e até 20 trabalhadores na relação de dependência com o devedor" ("Comentários aos arts. 70 ao 82", cit., in Newton de Lucca e Adalberto Simão Filho (coords.), *Comentários à Nova Lei de Recuperação de Empresas e de Falências*, p. 331).

de créditos não quirografários e a maior flexibilidade nos termos do plano especial – ao contrário do que pode parecer em um exame desatento e ingênuo do assunto – trariam prejuízo, e não benefício, às micro e pequenas empresas, pois o risco envolvido em qualquer negócio realizado com elas seria sobremaneira agravado na avaliação do mercado. Dessa forma, os pequenos teriam o custo de seu crédito aumentado significativamente ou simplesmente perderiam acesso a financiamento de sua atividade".[10]

Art. 71. O plano especial de recuperação judicial será apresentado no prazo previsto no art. 53 desta Lei[385] e limitar-se á às seguintes condições:[386] I – abrangerá exclusivamente os créditos quirografários, excetuados os decorrentes de repasse de recursos oficiais e os previstos nos §§ 3º e 4º do art. 49 desta Lei;[387] II – preverá parcelamento em até 36 (trinta e seis) parcelas mensais, iguais e sucessivas,[388] corrigidas monetariamente[389] e acrescidas de juros de 12% a.a. (doze por cento ao ano) ao ano;[390] III – preverá o pagamento da primeira parcela no prazo máximo de 180 (cento e oitenta) dias, contado da distribuição do pedido de recuperação judicial;[391] IV – estabelecerá a necessidade de autorização do juiz, após ouvido o administrador judicial e o comitê de credores, para o devedor aumentar despesas ou contratar empregados.[392]

Parágrafo único. O pedido de recuperação judicial com base em plano especial não acarreta a suspensão do curso da prescrição nem das ações e execuções por créditos não abrangidos pelo plano.[393]

LEGISLAÇÃO ANTERIOR

Artigo sem correspondência no Decreto-lei 7.661/1945.

COMENTÁRIOS

385. Qual é o prazo para apresentação do plano especial de recuperação judicial? – O prazo é de 60 dias da publicação da decisão que deferir o processamento da recuperação judicial (art. 53).

386. Quais são as condições do plano especial de recuperação judicial? – As condições são as seguintes: (1) abrangerá exclusivamente os créditos quirografários, excetuados os decorrentes de repasse de recursos oficiais e os previstos nos §§ 3º e 4º do art. 49 da lei; (2) preverá parcelamento em até 36 parcelas mensais, iguais e sucessivas, corrigidas monetariamente e acrescidas de juros de 12% ao ano; (3) preverá o pagamento da primeira parcela no prazo máximo de 180 dias, contado da distribuição do pedido de recuperação judicial; (4) estabelecerá a necessidade de autorização do juiz, após ouvidos o administrador judicial e o comitê de credores, para o devedor aumentar despesas ou contratar empregados.

387. Quais são os créditos abrangidos pelo plano especial de recuperação judicial? – Tal plano abrangerá exclusivamente os créditos quirografários, excetuados os decorrentes de repasse de recursos oficiais e os previstos nos §§ 3º e 4º do art. 49 da lei – ou seja, os créditos decorrentes de propriedade fiduciária, de arrendamento mercantil, de propriedade ou promessa de venda de imóveis cujos respectivos contratos contenham cláusula de irrevogabilidade ou irretratabilidade, inclusive em incorporações imobiliárias, de propriedade em contrato de venda com reserva de domínio e de adiantamento a contrato de câmbio para exportação.[11]

10. Parecer na íntegra: Anexo II desta obra.

11. Explica o senador Ramez Tebet, em seu parecer: "Saliente-se, ainda, que a inclusão de créditos não quirografários e a maior flexibilidade nos termos do plano especial – ao contrário do que pode parecer em um exame desatento e ingênuo do assunto – trariam prejuízo, e não benefício, às micro e pequenas empresas, pois o risco envolvido em qualquer negócio realizado com elas seria sobremaneira agravado na avaliação do mercado. Dessa forma, os pequenos teriam o custo de seu crédito aumentado significativamente ou simplesmente perderiam acesso a

388. Qual é o prazo máximo de parcelamento do plano especial de recuperação judicial? – O prazo máximo é de até 36 parcelas mensais, iguais e sucessivas.[12]

389. As parcelas são corrigidas monetariamente? – Sim, elas são corrigidas monetariamente.

A lei não especificou qual índice de correção monetária deve ser aplicado. Assim sendo, indaga-se: Pode ser qualquer um? Pode ser escolhido unilateralmente pelo devedor? Os credores podem objetar o índice eleito?

Fatalmente, tal omissão provocará discussões acirradas.[13]

390. Incidem juros sobre as referidas parcelas? – Sim, à razão de 12% ao ano.

Júlio Kahan Mandel critica a fixação de juros à razão de 12% ao ano: "Quanto ao procedimento em si, destaque negativo para a fixação de uma taxa de juros elevada, de 12%, remuneração em média maior do que aplicações em cadernetas de poupança. Nas antigas concordatas a jurisprudência mais moderna vinha decidindo por uma aplicação mais módica de juros, normalmente na faixa de 6%. Recuperação judicial não é aplicação financeira, e algum sacrifício deve ser imposto também aos credores, além da concessão de prazo".[14]

391. Qual é o prazo máximo para pagamento da primeira parcela? – O prazo máximo é de 180 dias, contado da distribuição do pedido de recuperação judicial.[15]

392. O devedor necessita de autorização para aumentar a despesa ou para contratar empregados? – Sim, necessitará de autorização do juiz, após ouvidos o administrador judicial e o comitê de credores.

Carlos Klein Zanini critica, com razão, tal previsão: "Peca (...) por empregar uma redação vaga e imprecisa, podendo oferecer, na prática, um empecilho à gestão da atividade empresária em crise. Observe-se, nesse sentido, que o dispositivo em questão condiciona à prévia decisão judicial o ato de *contratar empregados*. Não diz, contudo, se é qualquer contratação, ainda que efetuada para preencher vaga deixada por empregado previamente demitido ou temporariamente afastado. Ademais, a contratação de empregados denota a expansão das atividades, vindo, portanto, em favor da recuperação, e não o contrário. Condicioná-la à prévia autorização judicial – precedida da opinião prévia exarada pelo administrador judicial –

financiamento de sua atividade" (parecer na íntegra: Anexo II desta obra).

12. Assevera o senador Ramez Tebet, em seu parecer: "(...) propomos um plano especial que, nos moldes da atual concordata, envolva somente créditos quirografários com parcelamento de seus créditos em 36 parcelas meses mensais e sucessivas, vencendo-se a primeira 180 dias após o pedido de recuperação. Esse prazo é mais longo que os atuais dois anos concedidos para o pagamento na concordata atualmente em vigor" (parecer na íntegra: Anexo II desta obra).

13. Carlos Klein Zanini complementa: "Antes muito se discutiu acerca do cabimento ou não da sua incidência na concordata e na falência. Agora, ao que tudo indica, as discussões haverão de se concentrar não mais no tocante à sua incidência, mas na definição do índice a ser aplicado" ("Comentários aos arts. 70 ao 82", in Francisco Satiro de Sousa Jr. e Antônio Sérgio Altieri de Moraes Pitombo (coords.), *Comentários à Lei de Recuperação de Empresas e Falência: Lei 11.101/2005*, São Paulo, Ed. RT, 2005, p. 320).

14. Júlio Kahan Mandel, *Nova Lei de Falências e Recuperação de Empresas Anotada: Lei 11.101, de 9.2.2005*, São Paulo, Saraiva, 2005, p. 144.

15. O senador Ramez Tebet, no seu parecer, esclarece que a Emenda 120 da senadora Lúcia Vânia "acrescenta um parágrafo ao art. 71, a fim de que, no caso de plano especial de recuperação judicial para micro e pequenas empresas, exija-se a regularização das obrigações trabalhistas no prazo de 180 dias. (...). A Emenda n. 120 deve ser rejeitada, porque o plano especial de recuperação judicial de microempresas e empresas de pequeno porte, por não envolver realização de assembléia-geral de credores, não deve permitir a postergação do pagamento dos créditos trabalhistas. Como o art.71, I, do Substitutivo prevê expressamente que somente credores quirografários se submetem aos efeitos do plano especial, os créditos trabalhistas não sofrerão detrimento com a concessão da recuperação judicial, devendo ser pagos normalmente. Não convém, portanto, alterar o dispositivo" (v. parecer na íntegra: Anexo II desta obra).

pode, por conseguinte, muito bem constituir-se em entrave à recuperação, acarretando um engessamento de gestão incompatível com a celeridade exigida pela boa prática da atividade empresária. Os mesmos argumentos podem ser aplicados à restrição posta ao *aumento de despesas*. Aliás, é praticamente impossível – absolutamente desaconselhável – proceder-se a uma análise pontual e isolada das despesas incorridas por uma empresa. Só se pode falar em aumento ou diminuição de despesas relativamente a um dado período de tempo, que, no entanto, não vem indicado na lei".[16]

393. O pedido de recuperação judicial acarreta suspensão da prescrição das ações e execuções? – O pedido de recuperação judicial com base em plano especial apenas acarreta a suspensão do curso da prescrição das ações e das execuções por créditos por ele abrangidos.

Art. 72. Caso o devedor de que trata o art. 70 desta Lei opte pelo pedido de recuperação judicial com base no plano especial disciplinado nesta Seção,[394] não será convocada assembléia-geral de credores para deliberar sobre o plano, e o juiz concederá a recuperação judicial se atendidas as demais exigências desta Lei.[395]

Parágrafo único. O juiz também julgará improcedente o pedido de recuperação judicial e decretará a falência do devedor se houver objeções, nos termos do art. 55 desta Lei, de credores titulares de mais da metade dos créditos descritos no inciso I do *caput* do art. 71 desta Lei.[396]

LEGISLAÇÃO ANTERIOR

Artigo sem correspondência no Decreto-lei 7.661/1945.

COMENTÁRIOS

394. Opção pela recuperação judicial especial ou ordinária – Uma ou outra opção é possível, tal como o exposto no comentário 380, acima, para o qual remetemos o leitor.

395. Será convocada assembléia-geral de credores para aprovar o plano especial de recuperação judicial? – Não. Neste caso, quem decide é o juiz.

Por conseguinte, diferentemente da recuperação judicial ordinária, na qual a objeção ofertada por qualquer credor enseja a convocação da assembléia-geral de credores para deliberar sobre o plano de recuperação judicial (art. 56), tratando-se de plano de recuperação especial a objeção será apreciada e decidida pelo juiz da causa.[17]

396. As objeções formuladas por mais da metade dos credores quirografários implicam necessariamente decretação da falência do devedor? – À luz de uma interpretação *ad litteram*, a resposta seria afirmativa. Todavia, sob o prisma da razoabilidade jurídica e do elemento teleológico veiculado no art. 47, tal conclusão não pode prevalecer.

Com efeito, o art. 47 veicula comando teleológico de vital importância na interpretação e aplicação do instituto da recuperação judicial.

Acreditamos que o art. 47 deverá funcionar no âmbito da recuperação judicial como o art. 5º do Decreto-lei 4.657/1942 (Lei de Introdução ao Código Civil) funciona (ou deveria funcionar) no âmbito civil; vale di-

16. Carlos Klein Zanini, "Comentários aos arts. 70 ao 82", cit., in Francisco Satiro de Sousa Jr. e Antônio Sérgio Altieri de Moraes Pitombo (coords.), *Comentários à Lei de Recuperação de Empresas e Falência: Lei 11.101/2005*, p. 320.

17. Aduz o senador Ramez Tebet, em seu parecer: "Entendemos indispensável a previsão de um plano simplificado e preestabelecido na lei para a recuperação judicial de micro e pequenas empresas, que dispense a aprovação da assembléia-geral de credores e, assim, reduza a onerosidade do processo" (parecer na íntegra: Anexo II desta obra).

zer, o juiz, ao se debruçar sobre questões derivadas do instituto da recuperação judicial, deverá promover a preservação da empresa, sua função social e o estímulo à atividade econômica.

Ora, assim sendo, sustentamos que a hipótese legal veiculada no parágrafo único do art. 72 somente se concretizará se os argumentos veiculados em mais da metade das objeções forem consistentes e objetivos, vale dizer, demonstrarem que o devedor não preenche os requisitos legais imprescindíveis à aprovação do plano especial de recuperação judicial.[18]

18. Carlos Klein Zanini também compartilha do mesmo entendimento: "Com efeito, haverá de ser sopesada, de início, a fundamentação empregada na objeção, de modo que não se venham a admitir objeções meramente caprichosas, ou deduzidas com o propósito de chantagear o devedor, absolutamente incompatíveis com os fins a que a lei se destina" ("Comentários aos arts. 70 ao 82", cit., in Francisco Satiro de Sousa Jr. e Antônio Sérgio Altieri de Moraes Pitombo (coords.), *Comentários à Lei de Recuperação de Empresas e Falência: Lei 11.101/2005*, p. 323).

Capítulo IV – **Da Convolação da Recuperação Judicial em Falência**

Art. 73. O juiz decretará a falência durante o processo de recuperação judicial:[397-398-399] I – por deliberação da assembléia-geral de credores, na forma do art. 42 desta Lei; II – pela não apresentação, pelo devedor, do plano de recuperação no prazo do art. 53 desta Lei; III – quando houver sido rejeitado o plano de recuperação, nos termos do § 4º do art. 56 desta Lei; IV – por descumprimento de qualquer obrigação assumida no plano de recuperação, na forma do § 1º do art. 61 desta Lei.

Parágrafo único. O disposto neste artigo não impede a decretação da falência por inadimplemento de obrigação não sujeita à recuperação judicial, nos termos dos incisos I ou II do *caput* do art. 94 desta Lei, ou por prática de ato previsto no inciso III do *caput* do art. 94 desta Lei.[400]

LEGISLAÇÃO ANTERIOR

Artigo sem correspondência no Decreto-lei 7.661/1945.

COMENTÁRIOS

397. O indeferimento de processamento da recuperação judicial constitui hipótese de convolação[1] da recuperação judicial em falência? – Diferentemente do regime anterior – concordata –, sob o qual a resposta era afirmativa (art. 161), no atual regime a resposta é negativa, pois tal hipótese não está arrolada no art. 73.

Explica Manoel Justino Bezerra Filho: "A lei optou por abandonar o sistema que estava mantendo até as últimas versões do Projeto, que previa que, se não deferido o processamento, seria decretada a falência do devedor. Havia nas redações anteriores um inciso V no art. 73 que estipulava que: 'Se o juiz julgar improcedente o pedido inicial, por qualquer motivo, decretará a falência'. Este inciso foi suprimido, de tal forma que o pedido inicial, se não estiver em termos, será indeferido sem que haja o decreto de falência, ao contrário do que ocorria na lei anterior. O art. 161 da lei revogada previa que, se o pedido inicial da concordata preventiva não estivesse em termos, o juiz decretaria a falência".[2-3]

Por conseguinte, discordamos da opinião de Fábio Ulhoa Coelho no sentido de que, "no Direito Brasileiro, abstraída a hipótese de desistência, não há terceira alternativa: quem requer o benefício da recuperação judicial *ou* o obtém e cumpre *ou* terá sua falência decretada. (...). O ideal, segundo meu ponto de vista, seria a lei abrir ao juiz a possibilidade de negar a recuperação judicial sem necessariamente decretar a falência".[4]

398. Quais são as hipóteses que ensejam convolação da recuperação judicial em falência? – As hipóteses são aquelas arroladas no art. 73, quais sejam:

I – Por deliberação da assembléia-geral de credores, na forma do art. 42 da lei.[5]

1. Manoel Justino Bezerra Filho formula a seguinte observação de ordem prática: "(...) decretada a falência, dá-se imediato prosseguimento ao feito nos próprios autos, normalmente fazendo-se correção na autuação, ou seja, na capa dos autos, para que conste que se trata de falência " (*Nova Lei de Recuperação e Falências Comentada. Lei 11.101, de 9.2.2005, Comentário Artigo por Artigo*, 3ª ed., São Paulo, Ed. RT, 2005, p. 186).

2. Manoel Justino Bezerra Filho, *Nova Lei de Recuperação e Falências Comentada. Lei 11.101, de 9.2.2005, Comentário Artigo por Artigo*, cit., 3ª ed., p. 127.

3. Sérgio Campinho segue a mesma linha de pensamento: "Sustentamos (...) não poder o juiz, ao indeferir o processamento da recuperação judicial, decretar a falência, ante a inexistência de previsão legal. A decretação da falência ou a convolação da recuperação judicial em falência têm natureza sancionatória e, destarte, não se pode admiti-las senão nas situações expressamente cominadas em lei" (*Falência e Recuperação de Empresa: o Novo Regime da Insolvência Empresarial*, Rio de Janeiro, Renovar, 2006, p. 138).

4. Fábio Ulhoa Coelho, *Comentários à Nova Lei de Falências e de Recuperação de Empresas*, São Paulo, Saraiva, 2005, pp. 187-188.

5. Carlos Klein Zanini alerta: "Em síntese, parece-nos perfeitamente razoável adotar interpretação que

II – Pela não apresentação, pelo devedor, do plano de recuperação no prazo do art. 53 da lei. O prazo para apresentação do plano de recuperação judicial – 60 dias, contados da publicação da decisão que deferir seu processamento – é improrrogável (art. 53), exceto se o juiz acolher a comprovação da ocorrência de força maior ou caso fortuito.[6]

Luiz Inácio Vigil Neto formula a seguinte crítica ao dispositivo: "(...) há neste dispositivo um erro conceitual grave, pois a recuperação judicial somente será concedida por decisão judicial após a análise do plano pelos credores. O inciso II do art. 73 expressa uma sanção pela entrega extemporânea do plano recuperatório. Chama a atenção a idéia convolatória de recuperação judicial em falência, uma vez que não é possível transformar em regime liquidatório de falência uma recuperação que ainda não existe no plano jurídico, por ainda não ter sido concedida. Ainda que se admita a possibilidade de decretação da falência durante o processo, na forma descrita no *caput*, este idéia contraria o conceito lançado no capítulo".[7]

Carlos Henrique Abrão admite que, uma vez apresentado o plano, o devedor requeira prazo extra para acostar documentos.[8]

Enquanto Marcos Andrey de Sousa sustenta a imperatividade do comando legal,[9] Waldo Fazzio Jr.,[10] Manoel Justino Bezerra Filho[11] e Carlos Klein Zanini[12] sugerem que o mesmo seja aplicado com temperança.

não reduza o juiz à condição de autômato, aplicando a regra fria contida neste dispositivo da lei sem atentar aos princípios que a inspiram" ("Comentários aos arts. 70 ao 82", in Francisco Satiro de Sousa Jr. e Antônio Sérgio Altieri de Moraes Pitombo (coords.), *Comentários à Lei de Recuperação de Empresas e Falência: Lei 11.101/2005*, São Paulo, Ed. RT, 2005, p. 327).

6. No mesmo sentido: Carlos Henrique Abrão, "Comentários aos arts 70 ao 104", in Carlos Henrique Abrão e Paulo Fernando Campos Salles de Toledo (coords.), *Lei de Recuperação de Empresas e Falência*, São Paulo, Saraiva, 2005, p. 188.

7. Luiz Inácio Vigil Neto, *Teoria Falimentar e Regimes Recuperatórios: Estudos sobre a Lei 11.101/2005*, Porto Alegre, Livraria do Advogado, 2008, p. 184.

8. Carlos Henrique Abrão, "Comentários aos arts 70 ao 104", cit., in Carlos Henrique Abrão e Paulo Fernando Campos Salles de Toledo (coords.), *Lei de Recuperação de Empresas e Falência*, p. 188.

9. Aduz Marcos Andrey de Sousa:

"O prazo acima referido é decadencial, razão pela qual o devedor deve tomar cuidado com a contagem. Assim, caso o fim do prazo venha a cair em fim de semana, feriados ou dias sem expediente, não será prorrogado para o primeiro dia útil, a exemplo do que ocorre com os prazos prescricionais. Ademais, tal prazo não poderá ser elastecido nem mesmo com a concordância dos credores, pelo que se extrai da expressão improrrogável contida no *caput* do art. 53, e sua desobediência implicará a convolação da recuperação judicial em falência, pelo que dispõe o art. 73, II. A norma é imperativa, não restando maiores flexibilidades para julgamento pelo magistrado caso provocado por algum interessado" ("Comentários aos arts. 51 ao 54", in Newton de Lucca e Adalberto Simão Filho (coords.), *Comentários à Nova Lei de Recuperação de Empresas e de Falências*, São Paulo, Quartier Latin, 2005, pp. 290-291).

10. Waldo Fazzio Jr.:

"É que o prazo de 60 dias fixado na lei, após o despacho de processamento, é obviamente exíguo. Fatalmente será prorrogado, apesar do caráter improrrogável que lhe imprime a LRE. Ninguém deseja a falência do devedor. Por isso, haverá com certeza alguma tolerância judicial em face da eventual solicitação de prazo suplementar razoável. Pressa e certeza não convivem bem" (*Nova Lei de Falência e de Recuperação de Empresas*, São Paulo, Atlas, 2005, pp. 168-169).

11. Manoel Justino Bezerra Filho:

"Evidentemente, os advogados e técnicos que vierem a trabalhar com este novo diploma tentarão encontrar a melhor forma de levar a bom termo seus pedidos. No entanto, desde já é possível perceber que será de boa cautela já ter o plano projetado inteiramente (ou quase inteiramente) no momento em que for ajuizado o pedido, para que não se corra o risco de se tornar impossível cumprir o prazo de 60 dias aqui estabelecido" (*Nova Lei de Recuperação e de Falências Comentada. Lei 11.101, de 9.2.2005, Comentário Artigo por Artigo*, cit., 3ª ed., p. 159).

12. Carlos Klein Zanini:

"Particularmente, não vemos motivos para suprimir-se a possibilidade de o juiz decretar sua prorrogação, até mesmo porque prevista na lei (art. 189) a aplicação subsidiária do Código de Processo Civil, que contém regramento específico sobre o

III – Quando houver sido rejeitado o plano de recuperação, nos termos do § 4º do art. 56 da lei. Dada a repercussão econômico-financeiro-jurídica da decretação da quebra, faz-se mister encarecer que a deliberação da assembléia-geral de credores de rejeição do plano de recuperação há de ser bem fundamentada.[13]

A despeito deste comando legal, lembramos que há uma hipótese – aliás, prevista expressamente pela atual lei – que admite a concessão da recuperação judicial com base em plano não aprovado (§ 1º do art. 58).

Uma outra hipótese que pode ocorrer com freqüência e há de ser analisada à luz do art. 47 é a seguinte: o plano ser rejeitado por motivos diferentes.[14]

IV – Por descumprimento de qualquer obrigação assumida no plano de recuperação, na forma do § 1º do art. 61 da lei. Apesar deste preceito, à luz das finalidades maiores veiculadas no art. 47 – preservação da empresa, sua função social e o estímulo à atividade econômica –, há de se examinar uma alternativa que, além de estar prevista na própria lei, pode evitar a convolação da recuperação judicial em falência.

Trata-se da possibilidade de a assembléia-geral de credores modificar o plano de recuperação judicial apresentado (art. 35, I, "a").[15-16-17]

cabimento de prorrogação dos prazos processuais" ("Comentários aos arts. 70 ao 82", cit., in Francisco Satiro de Sousa Jr. e Antônio Sérgio Altieri de Moraes Pitombo (coords.), *Comentários à Lei de Recuperação de Empresas e Falência: Lei 11.101/2005*, p. 325).

13. Carlos Henrique Abrão ressalta:

"Tipicamente, não pode simplesmente a assembléia-geral vetar o plano baseada em circunstâncias pessoais ou de interesse subjetivo (...)" ("Comentários aos arts. 70 ao 104", cit., in Carlos Henrique Abrão e Paulo Fernando Campos Salles de Toledo (coords.), *Lei de Recuperação de Empresas e Falência*, p. 188).

14. Júlio Kahan Mandel exemplifica:

"Se o plano for rejeitado por motivos diferentes por parte de alguns credores, inclusive em relação ao plano proposto pelos próprios credores (...) o juiz não deve decretar a falência se ficar claro que esse não é o desejo da maioria. Deve usar seus poderes jurisdicionais e aplicar os princípios da lei para que a empresa possa manter seus empregados e se recuperar, buscando de toda forma aprovar o plano de recuperação antes de decretar a falência, e o fará se a medida for inevitável" (*Nova Lei de Falências e Recuperação de Empresas Anotada: Lei 11.101, de 9.2.2005*, São Paulo, Saraiva, 2005, p. 145).

15. Carlos Klein Zanini expõe o pensamento:

"Nada impede, portanto – antes, recomenda-se –, promova o magistrado convocação da assembléia-geral de credores a fim de submeter à sua apreciação eventual descumprimento, ocorrido ou iminente, que poderá ser sanado mediante a modificação do plano. (...). A melhor interpretação do disposto no art. 73 sugere, portanto, a mitigação da dureza e inflexibilidade do comando nele contido. Ao invés de aplicar-se, *in litteram legis*, o que reza a lei ('o juiz decretará a falência ...'), conviria dar-lhe algum polimento, para ali ler-se 'o juiz poderá decretar a falência', o que melhor se coadunaria com o espírito que deve presidir a aplicação da lei" ("Comentários aos arts. 70 ao 82", cit., in Francisco Satiro de Sousa Jr. e Antônio Sérgio Altieri de Moraes Pitombo (coords.), *Comentários à Lei de Recuperação de Empresas e Falência: Lei 11.101/2005*, pp. 328-329).

16. No mesmo sentido, Júlio Kahan Mandel:

"Deve o magistrado se cercar das cautelas devidas antes de decretar a falência com base no inciso IV, permitindo ao devedor que apresente uma justificativa pelo descumprimento e especialmente ouvindo os credores, que podem não desejar a falência de seu devedor. O descumprimento pode ter ocorrido por motivo relevante e justo, e a maioria dos credores poderá deliberar e aprovar ajustes no plano para manter a empresa em seu caminho de recuperação" (*Nova Lei de Falências e Recuperação de Empresas Anotada: Lei 11.101, de 9.2.2005*, cit., p. 146).

17. Arremata Carlos Henrique Abrão: "Não nos parece que automaticamente o juízo se convencerá da necessidade sobre o decreto falimentar, levando a intimar o devedor para que possa cumprir ou justifique sua impossibilidade, no prazo razoável de cinco dias. (...). Destarte, o tom imperativo redacional merece ser temperado entre a realidade da empresa e o incumprimento constatado, de modo a ser aberto prazo para manifestação do interessado e a finalidade de esclarecer, justificando o motivo pelo qual deixou de atender à determinação" ("Comentários aos arts. 70 ao 104", cit., in Carlos Henrique Abrão e Paulo Fernando Campos Salles de Toledo (coords.), *Lei de Recuperação de Empresas e Falência*, pp. 190-191).

399. Interpretação das hipóteses do art. 73 conforme o art. 47 – Encarecemos que o juiz, ao examinar quaisquer das hipóteses de convolação supracitadas, deve fazê-lo com temperança, à luz do art. 47, que veicula comando teleológico de vital importância na interpretação e aplicação do instituto da recuperação judicial.

Em outras palavras, acreditamos que o art. 47 deverá funcionar no âmbito da recuperação judicial como o art. 5º do Decreto-lei 4.657/1942 (Lei de Introdução ao Código Civil) funciona (ou deveria funcionar) no âmbito civil; vale dizer, o juiz, ao se debruçar sobre questões derivadas do instituto da recuperação judicial, deverá promover a preservação da empresa, sua função social e o estímulo à atividade econômica.[18]

400. Decretação de falência, e não convolação em falência – O parágrafo único do art. 73 veicula hipóteses de decretação direta da falência do devedor, e não de convolação da recuperação judicial em falência.[19]

Isso porque, além de o próprio dispositivo utilizar a expressão "decretação da falência", ele arrola hipóteses distintas daquelas mencionadas nos seus incisos I a IV.

As hipóteses de decretação direta da falência são as seguintes: (1) inadimplemento de obrigação não sujeita a recuperação judicial, nos termos do art. 94, I (critério da impontualidade) ou II (critério da tríplice omissão: não paga, não deposita e não nomeia bens à penhora); (2) por prática de ato previsto no art. 94, III (critério da enumeração legal).

Art. 74. Na convolação da recuperação em falência, os atos de administração, endividamento, oneração ou alienação praticados durante a recuperação judicial presumem-se válidos, desde que realizados na forma desta Lei.[401]

LEGISLAÇÃO ANTERIOR

Artigo sem correspondência no Decreto-lei 7.661/1945.

COMENTÁRIOS

401. Convolada a recuperação judicial em falência, qual deve ser o tratamento em relação aos atos até então praticados? – Os atos de administração, endividamento, oneração ou alienação praticados durante a recuperação judicial presumem-se válidos desde que realizados na forma da lei sob comento. Note-se que se trata de presunção

18. Carlos Klein Zanini, no mesmo diapasão, aduz:

"Daí o porquê de ser mais que recomendável sua aplicação parcimoniosa pelo magistrado, até mesmo como forma de render homenagem aos princípios inspiradores da lei, que propugnam pela preservação da empresa, e não o contrário" ("Comentários aos arts. 70 ao 82", cit., in Francisco Satiro de Sousa Jr. e Antônio Sérgio Altieri de Moraes Pitombo (coords.), *Comentários à Lei de Recuperação de Empresas e Falência: Lei 11.101/2005*, p. 325).

19. Manoel Justino Bezerra Filho formula a seguinte observação de ordem prática:

"Observe-se ainda que, enquanto os autos de requerimento de falência, feito com fundamento no parágrafo único, estiverem em andamento, os autos da recuperação judicial também estarão em andamento normal. Quando – e se – vier a ser decretada a falência nestes autos em apartado, a sentença deverá ser juntada por cópia aos autos da recuperação e por lá se prosseguirá no andamento da falência. Os autos originais nos quais foi decretada a falência poderão ser remetidos ao arquivo, pois nada mais haverá a ser feito neles" (*Nova Lei de Recuperação e Falências Comentada. Lei 11.101, de 9.2.2005, Comentário Artigo por Artigo*, cit., 3ª ed., p. 188).

relativa (*juris tantum*), e não absoluta (*juris et de jure*).[20]

Este comando legal tem estribo no princípio da segurança jurídica.[21-22-23]

20. Sérgio Campinho assevera:

"Mas a presunção, contudo, é relativa. Apesar da obediência à forma legal na prática do ato, este, em seu conteúdo, poderá revelar-se viciado, fruto, por exemplo, de fraude. Provado o vício, não há como se deixar de operar o seu desfazimento" (*Falência e Recuperação de Empresa: o Novo Regime da Insolvência Empresarial*, Rio de Janeiro, Renovar, 2006, p. 183).

21. No mesmo sentido, Júlio Kahan Mandel:

"A segurança jurídica relativa aos atos praticados licitamente durante o processo de recuperação judicial deve ser preservada de forma pétrea. Caso contrário ninguém se interessaria em conceder empréstimos ou fornecer bens ou serviços para empresas em recuperação, assim como qualquer venda de bem seria inviabilizada" (*Nova Lei de Falências e Recuperação de Empresas Anotada: Lei 11.101, de 9.2.2005*, São Paulo, Saraiva, 2005, p. 147).

22. No mesmo diapasão, Maria Cristina Vidotte Blanco Tarrega:

"Essas medidas visam a proteger e estimular a concretização do plano, oferecendo confiabilidade àqueles que negociam com a empresa em recuperação. De outra forma, se não estabelecida a presunção de validade desses atos, criar-se-ia uma situação de insegurança tal, que inviabilizaria qualquer tentativa de reerguimento da empresa. Diante da possibilidade de invalidação dos negócios realizados, os agentes se afastariam do empresário em crise" ("Comentários aos arts. 70 ao 82", in Newton de Lucca e Adalberto Simão Filho (coords.), *Comentários à Nova Lei de Recuperação de Empresas e de Falências*, São Paulo, Quartier Latin, 2005, p. 337).

23. Lembramos que o art. 131, por sua vez, resguarda a eficácia de alguns atos previstos e realizados na forma definida no plano de recuperação judicial.

Capítulo V – **Da Falência**

Seção I – Disposições Gerais

Art. 75. A falência,[402-403-404] ao promover o afastamento do devedor de suas atividades,[405] visa a preservar e otimizar a utilização produtiva dos bens, ativos e recursos produtivos, inclusive os intangíveis, da empresa.[406]

Parágrafo único. O processo de falência atenderá aos princípios da celeridade e da economia processual.[407-408]

LEGISLAÇÃO ANTERIOR

Artigo sem correspondência no Decreto-lei 7.661/1945.

COMENTÁRIOS

402. Falência. Conceito. Natureza jurídica – Walter T. Álvares afirma: "Tecnicamente, a falência é um instituto, um mecanismo jurídico, um engenho jurídico, um artifício, uma criação legal que visa substancialmente a liquidar obrigações do devedor inadimplente ou insolvente, que quer mas não pode satisfazê-las, lançando mão de um processo coletivo, para fins de proteção ao crédito público".[1-2]

As disposições comuns relativas à falência e à recuperação judicial estão vazadas nos arts. 5º a 46. Já, as disposições exclusivas pertinentes à falência estão veiculadas nos arts. 75 a 160.

No tocante à natureza jurídica da falência, doutrina Rubens Requião:

"*Natureza substancial ou processual da falência.* A pesquisa da verdadeira natureza jurídica da falência constitui um tema absorvente da atenção dos mais notáveis juristas. (...). Várias e desencontradas teorias são expostas para explicar a natureza jurídica da falência. (...) constitui a falência um instituto de *direito substancial ou processual*? (...).

"*A falência como meio de cobrança.* Ainda no que diz respeito à natureza jurídica da falência, ou de seu processo, estabeleceu-se acentuada divergência entre os autores nacionais, estendendo-se aos tribunais, sobre a questão de ser o processo de falência um meio judicial de cobrança dos débitos do devedor insolvente. (...).

"*Natureza mercantil da falência.* Sobre a amplitude da falência, dois sistemas se firmaram nas legislações modernas. Um sistema, conhecido por latino ou francês, mantém a falência como instituto exclusivo para tratar da insolvência do comerciante, não a aplicando aos não comerciantes; o outro sistema, adotado pelos países anglo-saxões, não distingue entre comerciantes e não comerciantes, sujeitando-os às regras falimentares."[3]

403. Critérios adotados pelos diversos sistemas normativos para configuração da falência – Os critérios adotados pelos diversos sistemas normativos para configuração da falência são: *do patrimônio deficitário*;[4] *da cessação de pagamentos*;[5] *da impontualidade*;[6] *da enumeração legal*.[7]

1. Walter T. Álvares, *Direito Falimentar*, vol. I, São Paulo, Sugestões Literárias, 1966, p. 37.

2. Explica Darcy Bessone: "Do ponto de vista econômico, a quebra reflete um estado patológico da empresa (...). Juridicamente, Bonelli conceitua a falência como sendo *l' organizzazione legale e procedurale della difesa colletiva dei creditori di fronte alla insolvenza del commerciante.* Ainda que o conceito seja alvo de reparos, o [***rectius**, ou*] que não sirva precisamente ao nosso Direito, que adota como elemento genérico de caracterização a impontualidade (não a insolvência), ele pode ser aceito em princípio e com a conveniente adaptação" (*Instituições de Direito Falimentar*, São Paulo, Saraiva, 1995, p. 8).

3. Rubens Requião, *Curso de Direito Falimentar*, 16ª ed., vol. 1, São Paulo, Saraiva, 1995, pp. 22-23. V. também José da Silva Pacheco, *Processo de Recuperação Judicial, Extrajudicial e Falência*, Rio de Janeiro, Forense, 2006, p. 30.

4. Este critério é aplicável em seara de insolvência civil por força do art. 748 do CPC, segundo o qual se presume, *juris et jure*, a insolvência quando "as dívidas excederem à importância dos bens do devedor".

5. Este critério foi adotado pelo art. 797 do CComercial.

404. Pressupostos do estado de falência – Os pressupostos do estado de falência são: (1) *subjetivo* – a qualidade de empresário ou de sociedade empresária do devedor (art. 1º); (2) *objetivo* – presunção de insolvência ou da crise econômico-financeira (art. 94, I a III); (3) *formal* – decretação judicial da falência.[8-9]

Alguns doutrinadores também arrolam a pluralidade de credores como um dos pressupostos do estado da falência.[10-11]

Jurisprudência[12]

Eis um julgado, proferido após o advento da lei sob comento, que acolhe a pluralidade de credores como pressuposto da falência:

[TJMG] Pedido de falência – Duplicatas – Protestos – Cancelamento – Inviabilidade da quebra – Ausência de concurso de credores. A prematura quebra de uma sociedade empresária, com a extinção de diversos postos de trabalho, é medida desarrazoada que configura flagrante ofensa ao princípio da preservação da empresa, bem como ao art. 170 da CF. Se a decretação da quebra se funda em títulos cujo protesto foi cancelado, a improcedência do pedido é medida que se impõe. *Revelando-se a sociedade empresária autora como única credora inadimplida da sociedade ré, não pode ela se valer do procedimento falimentar para a cobrança de seu crédito, vez que esse pressupõe a existência de um "concurso de credores".* [*ACi 1.0210.04.023967-0/001, rel. Des. Edilson Fernandes, j. 11.10.2005*]

405. Afastamento do devedor de suas atividades – Em sede de falência o devedor é afastado de suas atividades, já que ele fica inabilitado para exercer qualquer atividade empresarial a partir da decretação da falência até a sentença que extingue suas obrigações (art. 102). Contudo, poderá fiscalizar a administração da falência, requerer providências necessárias para a conservação de seus direitos ou dos bens arrecadados e intervir nos processos em que a massa falida seja parte ou interessada, requerendo o que for de direito ou interpondo os recursos cabíveis (parágrafo único do art. 103).

Frise-se que a inabilitação em tela se adstringe ao exercício da atividade empresarial; vale dizer, em relação a outras atividades nenhuma restrição será imposta ao devedor.[13-14]

Quanto aos bens do devedor, dispõe o art. 103: "*Art. 103.* Desde a decretação da

6. Este critério foi acolhido tanto pelo art. 1º do Decreto-lei 7.661/1945 quanto pelo art. 94, I, da Lei 11.101/2005.

7. Este critério também foi acolhido tanto pelo art. 2º do Decreto-lei 7.661/1945 quanto pelo art. 94, III, da Lei 11.101/2005.

8. Sérgio Campinho esclarece: "(...) a falência vem a ser um estado de direito. Um estado de direito, porém, que deriva da verificação e reconhecimento de um estado de fato: a insolvência. Ao declarar-se, pela sentença, o preexistente estado de insolvência, passa ele a ser judicialmente qualificado como falência" (*Falência e Recuperação de Empresa: o Novo Regime da Insolvência Empresarial*, Rio de Janeiro, Renovar, 2006, p. 193).

9. No mesmo sentido, Waldo Fazzio Jr.: "Antes da decretação judicial, pode-se falar em insolvência ou crise econômico-financeira, mas nunca em falência ou liquidação judicial, porque essa é uma situação jurídico-processual, enquanto aquela é mera conjuntura fática, de raiz econômica" (*Nova Lei de Falência e de Recuperação de Empresas*, São Paulo, Atlas, 2005, p. 196).

10. Sérgio Campinho, debruçado sobre o tema, explica que há duas correntes: a primeira conduzida por Waldemar Ferreira, para quem "não se pode conceber a falência sem a existência de mais de um credor, ante sua feição de concurso creditório; a segunda sustentada por Carvalho de Mendonça, Pontes de Miranda e Rubens Requião, segundo a qual a pluralidade de credores não é pressuposto do estado de falência" (*Falência e Recuperação de Empresa: o Novo Regime da Insolvência Empresarial*, cit., pp. 194-195).

11. Waldo Fazzio Jr. também é partidário da corrente que advoga que a pluralidade de credores não é pressuposto do estado falimentar (*Nova Lei de Falência e de Recuperação de Empresas*, cit., pp. 197-198).

12. Manoel Justino Bezerra Filho, *Jurisprudência da Nova Lei de Recuperação de Empresas e Falências/Decisões, Ofícios Judiciais, Resoluções, Sentenças, Acórdãos, Dentre Outros Documentos*, São Paulo, Ed. RT, 2006, p. 184.

13. No mesmo sentido: Vera Helena de Mello Franco, "Comentários aos arts. 94 ao 114", in Francisco Satiro de Sousa Jr. e Antônio Sérgio Altieri de Moraes Pitombo (coords.), *Comentários à Lei de Recuperação de Empresas e Falência: Lei 11.101/2005*, São Paulo, Ed. RT, 2005, p. 413.

14. Aduz Amador Paes de Almeida: "Conquanto sofra restrições em decorrência da falência, continua plenamente capaz para os demais atos da vida civil" (*Curso de Falência e Recuperação de Empresa*, 23ª ed., São Paulo, Saraiva, 2005, p. 146).

falência ou do seqüestro, o devedor perde o direito de administrar os seus bens ou deles dispor".

Já, na recuperação judicial, ao contrário, o devedor e seus administradores não são afastados da atividade empresarial. Eles serão mantidos sob fiscalização do comitê, se houver, e do administrador judicial, exceto:[15] (1) se qualquer deles incorrer numa das hipóteses previstas nos incisos I a VI do art. 63; (2) se o próprio plano de recuperação judicial previr a "substituição total ou parcial dos administradores" (art. 50, IV) ou a "administração compartilhada" (art. 50, XIV).[16]

406. Finalidades: falência e recuperação – Frise-se que, enquanto no âmbito da recuperação a *voluntas legis* visa a promover a preservação da empresa, sua função social e o estímulo à atividade econômica (art. 47), em seara falimentar tal *voluntas* visa a preservar e otimizar a utilização produtiva dos bens, ativos e recursos produtivos, inclusive intangíveis, da empresa.[17-18]

Jurisprudência[19]

Eis um julgado que ressalta o "princípio da preservação da empresa em seara falimentar":

[TJMG] Apelação cível – Ação de falência – Indeferimento da petição inicial – Sentença que, incidentalmente, adentra o *meritum causae* – Fundamentos do recurso – Atendimento de pressupostos objetivos – Pessoa jurídica mercantil – Dívida de pequeno valor – *Falta de prévia execução – Princípio da preservação da empresa* – Indeferimento da inicial mantido – Recurso não provido. 1. Deve ser conhecida a apelação cujos fundamentos jurídicos abordam o mérito da causa, apesar de a sentença ter indeferido a inicial. No caso, o Julgador de primeiro grau, para lavrar o indeferimento, tangenciou o mérito. Estão presentes, portanto, os pressupostos objetivos de admissibilidade do apelo. 2. *Na atualidade, prestigia-se o princípio da preservação da empresa mercantil, e a falência somente deve ser decretada quando o empreendimento revelar-se inviável.* 3. *A falta de prévia execução forçada relativa a dívida de pequeno valor representada por duplicata mercantil justifica o indeferimento da petição inicial. Neste caso, foi desrespeitado pela credora o princípio da preservação da empresa.* 4. Apelação conhecida e não provida, rejeitada uma preliminar do Ministério Público – Rejeitaram preliminar e negaram provimento. [*ACi 000.302.953.5-/00, rel. Des. Caetano Levi Lopes, j. 6.3.2006*]

15. Eduardo Secchi Munhoz explica: "A substituição imediata do devedor e seus administradores, porém, como se observou, não é adotada pela maioria dos Países; prefere-se limitar o poder do devedor e dos administradores por meio da interferência do juiz diretamente, ou órgão como o comitê de credores ou o administrador judicial, a substituí-los logo no início do processo. A exceção que merece nota é a lei do Reino Unido, que prevê a nomeação imediata de um *receiver* ou de um *administrador* logo no início do processo" ("Comentários aos arts. 55 a 69", in Francisco Satiro de Sousa Jr. e Antônio Sérgio Altieri de Moraes Pitombo (coords.), *Comentários à Lei de Recuperação de Empresas e Falência: Lei 11.101/2005*, São Paulo, Ed. RT, 2005, p. 303).

16. Registre-se que no instituto da concordata preventiva, previsto no regime anterior, o devedor também continuava com seu negócio, sob fiscalização do comissário (art. 167 do Decreto-lei 7.661/1945).

17. Manoel Justino Bezerra Filho explica a finalidade dos dois institutos: "Portanto, em situação de crise financeira (ausência de dinheiro) e de crise econômica insolúvel (impossibilidade de manter um giro empresarial lucrativo), o devedor vai para a falência. Ao contrário, se estiver em situação de crise financeira e não estiver em situação de crise econômica insolúvel, não irá para a falência, e sim para a recuperação judicial ou extrajudicial" (*Nova Lei de Recuperação e de Falências Comentada. Lei 11.101, de 9.2.2005, Comentário Artigo por Artigo*, 3ª ed., São Paulo, Ed. RT, 2005, p. 189).

18. No tocante ao escopo da falência, Rubens Requião, à luz do regime anterior, aduzia: "Duas correntes de opinião se firmaram para determinar o real escopo do procedimento falimentar: uma considera que o direito falimentar, através do estabelecimento de regras próprias, pretende assegurar perfeita igualdade entre os credores da mesma classe, já que o patrimônio do devedor é garantia geral de seus credores. Outra nega que a *par conditio creditorum* seja o objetivo principal da falência, passando a afirmar a tese de que o Estado, através da lei, objetiva concretamente a eliminação das empresa econômica e financeiramente arruinadas, em virtude das perturbações e perigos que podem causar ao mercado, com reflexos em outros organismos" (*Curso de Direito Falimentar*, cit., 16ª ed., vol. 1, pp. 22-23).

19. Manoel Justino Bezerra Filho, *Jurisprudência da Nova Lei de Recuperação de Empresas e Falências/Decisões, Ofícios Judiciais, Resoluções, Sentenças, Acórdãos, Dentre Outros Documentos*, cit., pp. 182-183.

As disposições comuns no tocante à falência e à recuperação judicial estão plasmadas nos arts. 5º a 46. Já, as disposições exclusivas atinentes à falência estão articuladas nos arts. 75 a 160.

407. Princípio da celeridade processual – José da Silva Pacheco ensina: "O princípio da celeridade visa a dar ao processo e aos seus atos um rápido desenvolvimento, a fim de que se atinja o objetivo final no menor tempo possível. É de interesse dos seus beneficiados (por exemplo, credores), do devedor, pois a demora na decisão pode implicar em sacrifício redobrado, do Judiciário, que se livra de mais um processo, e da coletividade em geral, que passa a respeitar, com mais intensidade, a Justiça".[20]

Luiz Inácio Vigil Neto exemplifica: "Um dos aplicativos desse princípio [*da celeridade*] está descrito no artigo. 139 e 140, § 2º, que indica a necessidade de realização imediata do ativo, ainda que o quadro geral de credores não tenha sido formado".[21]

Por oportuno, registramos que o inciso LXXVIII do art. 5º da CF foi alterado pela Emenda Constitucional 45/2004, visando a assegurar a todos, no âmbito judicial, a razoável duração do processo e os meios que garantam a celeridade de sua tramitação.

408. Princípio da economia processual – Humberto Theodoro Jr. doutrina: "O processo civil deve-se inspirar no ideal de propiciar às partes uma Justiça *barata e rápida*, do que se extrai a regra básica de que 'deve tratar-se de obter o maior resultado com o mínimo de emprego da atividade processual' (...). Como aplicações práticas do princípio da economia processual, podem ser citados os seguintes exemplos: indeferimento, desde logo, da inicial quando a demanda não reúne os requisitos legais; denegação de provas inúteis; coibição de incidentes irrelevantes para a causa; permissão de acumulação de pretensões conexas num só processo; fixação de tabela de custas pelo Estado, para evitar abusos dos serventuários da Justiça; possibilidade de antecipar julgamento de mérito quando não houver necessidade de provas orais em audiência; saneamento do processo antes da instrução".[22]

Luiz Inácio Vigil Neto complementa: "A compreensão do princípio da economia visa a garantir ao credor o menor gasto possível na busca da satisfação de seu crédito, bem como na definição por parte do magistrado, acompanhado pela manifestação do Ministério Público, de medidas menos burocratizantes que não só prolongarão a tramitação do processo como também o tornarão mais oneroso" [*sic*].[23]

Art. 76. O juízo da falência é indivisível[409] e competente para conhecer todas as ações sobre bens, interesses e negócios do falido,[410] ressalvadas as causas trabalhistas,[411-412] fiscais[411-413] e aquelas não reguladas nesta Lei em que o falido figurar como autor ou litisconsorte ativo.[411-414-415-416]

Parágrafo único. Todas as ações, inclusive as excetuadas no *caput* deste artigo, terão prosseguimento com o administrador judicial, que deverá ser intimado para representar a massa falida, sob pena de nulidade do processo.[417]

LEGISLAÇÃO ANTERIOR

Lei de Falências (DL 7.661/1945): *Art. 7º.* É competente para declarar a falência o juiz em cuja jurisdição o devedor tem o seu principal estabelecimento ou casa filial de outra situada fora do Brasil.

20. José da Silva Pacheco, *Processo de Recuperação Judicial, Extrajudicial e Falência*, cit., p. 194.

21. Luiz Inácio Vigil Neto, *Teoria Falimentar e Regimes Recuperatórios: Estudos sobre a Lei 11.101/2005*, Porto Alegre, Livraria do Advogado, 2008, pp. 272-273.

22. Humberto Theodoro Jr., *Curso de Direito Processual Civil*, 20ª ed., vol. 1, Rio de Janeiro, Forense, 1997, pp. 31-32.

23. Luiz Inácio Vigil Neto, *Teoria Falimentar e Regimes Recuperatórios: Estudos sobre a Lei 11.101/2005*, cit., p. 273.

(...).

§ 2º. O juízo da falência é indivisível e competente para todas as ações e reclamações sobre bens, interesses e negócios da massa falida, as quais serão processadas na forma determinada nesta Lei.

§ 3º. Não prevalecerá o disposto no parágrafo anterior para as ações, não reguladas nesta Lei, em que a massa falida seja autora ou litisconsorte.

COMENTÁRIOS

409. Juízo indivisível – Walter T. Álvares assevera: "A indivisibilidade da competência, manifestada [*pelas característicos apontadas de absorvente a atrativa*], implica ainda necessariamente o *unitário*. Só pode haver um juízo falimentar para o mesmo devedor. Pouco importa quantos estabelecimentos possua em todos os Estados da Federação, em dezenas de Municípios, o juízo falimentar é um só, o do domicílio do estabelecimento principal (...). A sua competência indivisível, por conseguinte, é por isto mesmo unitária, só dêsse juízo (...). Desta forma, a lei brasileira coloca-se no campo da escola monista, em que só é possível uma falência, ao contrário da escola plurimista, que advoga a possibilidade de falência plúrima (...)".[24-25-26-27]

410. Dúvida quanto à competência – Carlos Klein Zanini, adequadamente, opina: "(...) parece-nos que eventual dúvida existente quanto à competência do juízo para conhecer de determinada ação deve ser resolvida em favor do juízo da falência, prestigiando-se sua universalidade. E isto pela simples razão de que estará sempre esse único juízo melhor habilitado para conhecer a situação do falido com todas as suas nuances, podendo aquilatar, inclusive, se determinado desfecho dado a certa ação não haverá de vir em prejuízo do resultado que se pretende alcançar no processo de falência".[28]

Jurisprudência[29]

Eis um julgado pertinente:

[TJDF] Agravo de instrumento – Competência – Conflito – Foro do principal estabelecimento da empresa – Alteração de sede posterior à propositura de várias ações no Rio de Janeiro – Domicílio real – Prevenção configurada – Decisão singular mantida. 1. A fixação da competência para o conhecimento e julgamento de ações falimentares se opera quando da distribuição da primeira ação manejada com este mister, estando

24. Walter T. Álvares, *Direito Falimentar*, vol. I, São Paulo, Sugestões Literárias, 1966, p. 187.

25. J. X. Carvalho de Mendonça, por sua vez, afirmava: "O juízo da falência é um mar onde se precipitam todos os rios. Nêle concorrem todos os credores, embora de foro privilegiado; nêle se arrecadam todos os bens do devedor; nêle, se discutem e se resolvem todas as ações e reclamações sobre bens, interesses e negócios da massa falida, qualquer que seja o valor, pela forma por que a lei determina; nêle se verificam e se classificam os créditos; nêle se partilham os bens do devedor comum entre os credores, respeitadas as legítimas preferências; nêle prestam contas o síndico e liquidatários etc." (*Tratado de Direito Comercial Brasileiro*, 7ª ed., vol. VII, Rio de Janeiro, Freitas Bastos, 1964, pp. 259-260).

26. Trajano de Miranda Valverde complementa: "Essa indivisibilidade é um corolário do princípio da unidade do juízo, de geral aplicação no direito processual, adquirindo, em matéria de falência, a rigidez necessária à rápida e eficaz resolução do conflito de interêsses, que o novo estado jurídico provoca, não só entre os credores, mas ainda entre êstes e o devedor, ou qualquer dêles com a Justiça Pública" (*Comentários à Lei de Falências*, 2ª ed., vol. I, Rio de Janeiro, Revista Forense, 1955, p. 102).

27. Exemplifica Fábio Ulhoa Coelho: "Se, por exemplo, ocorrer acidente de trânsito envolvendo veículo pertencente a uma companhia, por culpa do motorista empregado desta, e, em seguida, for decretada a sua falência, a ação de indenização a ser promovida pelo proprietário do outro veículo correrá perante o juízo universal da falência, não se aplicando a regra do art. 100, parágrafo único, do CPC ('nas ações de reparação de dano sofrido em razão de delito ou acidente de veículos, será competente o foro do domicílio do autor')" (*Comentários à Nova Lei de Falências e de Recuperação de Empresas*, São Paulo, Saraiva, 2005, p. 201).

28. Carlos Klein Zanini, "Comentários aos arts. 70 ao 82", in Francisco Satiro de Sousa Jr. e Antônio Sérgio Altieri de Moraes Pitombo (coords.), *Comentários à Lei de Recuperação de Empresas e Falência: Lei 11.101/2005*, São Paulo, Ed. RT, 2005, p. 338.

29. Manoel Justino Bezerra Filho, *Jurisprudência da Nova Lei de Recuperação de Empresas e Falências/Decisões, Ofícios Judiciais, Resoluções, Sentenças, Acórdãos, Dentre Outros Documentos*, São Paulo, Ed. RT, 2006, p. 185.

prevento o juízo que primeiro cuidou da matéria. 2. *A transferência da sede de uma empresa após a indisponibilização de seus bens, a paralisação de suas atividades empresariais e a ocorrência de sucessivas derrotas judiciais no Estado onde se situava a antiga sede não pode ter o condão de deslocar a competência para a apreciação do pedido de recuperação judicial no novel logradouro, sob pena de ferir-se o princípio do juiz natural, de prejudicar-se o direito dos credores e de se permitir a utilização do Judiciário como instrumento de fraude e tumulto processual*. 3. Agravo improvido. [*2ª Turma, AI 005.00.2.007098-9, j. 12.12.2005*]

411. O juízo indivisível admite exceções? – Sim. Tais exceções são as seguintes: (1) causas trabalhistas; (2) causas fiscais; (3) causas não reguladas na lei em que o autor figurar como litisconsorte ativo; (4) causas que demandem quantia ilíquida; (5) causas em que a União, entidades autárquicas ou empresa pública federal forem partes ou interessadas.

412. Causas trabalhistas – Esta ressalva ao juízo da indivisibilidade decorre do disposto no art. 114 da CF, que fixa a Justiça do Trabalho como a competente para processar e julgar as ações oriundas da relação de trabalho, as quais englobam as reclamações trabalhistas.

Até a apuração do *quantum debeatur* a reclamação trabalhista tramitará perante a Justiça do Trabalho; após isso o crédito respectivo será inscrito no quadro geral de credores pelo valor determinado em sentença (art. 6º, § 2º).

Jurisprudência[30]

Eis um julgado pertinente:

[STJ] Conflito positivo de competência – Execução trabalhista contra a massa falida. *Decretada a quebra, as execuções pendentes na Justiça do Trabalho devem prosseguir no juízo universal.* [*2ª Seção, CC 57.157-SP, rel. Min. César Asfor Rocha, j. 22.2.2006*]

Não obstante a Emenda Constitucional 45/2004, o processamento e o julgamento das ações acidentárias continuam a ser de competência material da Justiça Estadual.[31]

413. Causas fiscais – Esta ressalva é oriunda do art. 187 do CTN, que estabelece não ser a cobrança judicial do crédito tributário sujeita a concurso de credores ou habilitação em falência, recuperação judicial, concordata, inventário ou arrolamento.

Dita ressalva é reiterada pelo art. 5º da Lei 6.830/1980, que dispõe: "*Art. 5º*. A competência para processar e julgar a execução da Dívida Ativa da Fazenda Pública exclui a de qualquer juízo, inclusive o da falência, da concordata, da liquidação, da insolvência ou do inventário".

Durante o processamento da falência os executivos fiscais são ajuizados contra a massa falida, procedendo-se à penhora no rosto dos autos da falência, com citação do administrador judicial.[32]

Jurisprudência[33]

Eis um julgado pertinente:

[TJRS] Agravo – Apensamento da execução fiscal ao processo de falência – Descabimento. O crédito tributário prefere a qualquer outro, ressalvados os decorrentes da legislação do trabalho ou acidente do trabalho, e não se submete a concurso de credores, habilitações em falência, recuperação judicial ou concordata (CTN, arts. 186 e 187 – redação da Lei Complementar n. 118/2005). Para além disso, ou por causa disso, *a competência para processar e julgar a execução da Dívida Ativa exclui a de qualquer outro juízo, inclusive o da falência (Lei n. 6.830/1980, art. 5º). Por isso, a decretação da falência não atrai a execução fiscal* – Agravo provido. [*21ª Câmara Cível, AI 70012328563, rel. Des. Genaro José Baroni Borges, j. 14.12.2005*]

30. *Boletim da AASP* 2.503/457, 25-31.12.2006.

31. No mesmo sentido: Sérgio Campinho, *Falência e Recuperação de Empresa: o Novo Regime da Insolvência Empresarial*, Rio de Janeiro, Renovar, 2006, p. 297.

32. No mesmo sentido: Sérgio Campinho, *Falência e Recuperação de Empresa: o Novo Regime da Insolvência Empresarial*, cit., p. 297.

33. Manoel Justino Bezerra Filho, *Jurisprudência da Nova Lei de Recuperação de Empresas e Falências/Decisões, Ofícios Judiciais, Resoluções, Sentenças, Acórdãos, Dentre Outros Documentos*, cit., p. 185.

414. Causas não reguladas na lei em que o falido figurar como autor ou litisconsorte ativo – Estas causas já foram objeto de ressalva no regime anterior, na medida em que a redação do § 3º do art. 7º era a seguinte: "§ 3º. Não prevalecerá o disposto no parágrafo anterior para as ações, não reguladas nesta Lei, em que a massa falida seja autora ou litisconsorte".[34]

Em razão de o referido preceito não ter identificado se se tratava de litisconsórcio ativo ou passivo, houve muito questionamento.

Doravante resta superada qualquer dúvida, pois o art. 76 deixa claro que se trata de litisconsórcio ativo.

Quanto ao procedimento arbitral já instaurado, ou seja, em curso, em razão da decretação da falência de uma das partes, Marcos Rolim F. Fontes, debruçado sobre acórdão prolatado pela Câmara Especial de Falências e Recuperações Judiciais do TJSP (AI 531.020-4/3, rel. Des. Pereira Calças, j. 25.6.2008, v.u.), comenta:

"De outra banda, o princípio do juízo universal da falência comporta exceção quando se trata de ação de conhecimento em curso ao tempo da decretação da quebra (art. 6º, § 1º, da Lei 11.101/2005), ou quando a ação tramita perante jurisdição específica (art. 76 da Lei 11.101/2005).

"Nesse sentido, necessário destacar que o processo arbitral em que as partes buscam a declaração de um eventual crédito de uma contra outra é procedimento análogo ao de uma ação de conhecimento, e a ela deve ser equiparado para fins do disposto no art. art. 6º, § 1º, da Lei 11.101/2005. Além disso, o processo arbitral é procedimento que corre perante jurisdição especial, subsumindo-se também, por analogia, às exceções previstas no art. 76 da Lei 11.101/2005.

"Seja pelo disposto no art. 6º, § 1º, ou no art. 76 da Lei 11.101/2005, o procedimento arbitral deve seguir até o fim, mesmo com a falência superveniente de uma das partes."[35]

Jurisprudência

Eis dois julgados pertinentes:

[TJMG] Direito processual civil – Competência – Ação falimentar – Ação ordinária de anulação de títulos de crédito – Ausência de decretação da falência. Não havendo sentença decretando a quebra, não há que se falar em *vis atractiva* da Vara de Falência para conhecer e julgar ação ordinária de anulação de título de crédito. *Ademais, esta ação foi proposta pela parte requerida na ação falimentar, não estando sujeita ao juízo universal, ainda que houvesse decretação da falência, nos termos do art. 76 da Lei n. 11.101/2005* – Deram provimento. [*Ag 10079.06.248461-7/001, rel. Des. Mota e Silva, j. 4.5.2006*][36]

[TJSP] Verifica-se, assim, sob a óptica da doutrina e jurisprudência invocadas, que não há qualquer óbice ao prosseguimento de procedimento arbitral derivado de cláusula compromissória válida e eficazmente pactuada em virtude de superveniente decreto de falência de uma das partes, que não implica a perda retroativa da capacidade da empresa contratante, que é sucedida pela massa falida, representada pelo administrador judicial, cabendo ao tribunal arbitral a apreciação da questão, imprimindo regular processamento à demanda arbitral, sob a égide da Lei n. 9.307/1996. [*AI 531.020-4/3, rel. Des. Pereira Calças, j. 25.6.2008, v.u.*][37]

415. Causas que demandem quantia ilíquida – Tais causas estão excepcionadas no art. 6º, § 1º, da lei sob comento, já que

34. Sérgio Campinho exemplifica: "Seriam os casos de uma ação de despejo proposta pelo administrador judicial no interesse da massa falida, a fim de recobrar o bem objeto do arrendamento, ou de uma ação na qual persiga a reparação de ato ilícito contratual cometido por um contratante do devedor falido, que descumpre a avença comercial, gerando prejuízos à massa" (*Falência e Recuperação de Empresa: o Novo Regime da Insolvência Empresarial*, cit., p. 296).

35. Marcos Rolim F. Fontes, "A arbitragem e a decretação da falência no curso do procedimento arbitral", *Revista do Instituto dos Advogados de São Paulo* 23/309, Ano 12, São Paulo, janeiro-junho/2009.

36. Manoel Justino Bezerra Filho, *Jurisprudência da Nova Lei de Recuperação de Empresas e Falências/Decisões, Ofícios Judiciais, Resoluções, Sentenças, Acórdãos, Dentre Outros Documentos*, cit., p. 186.

37. Marcos Rolim F. Fontes, "A arbitragem e a decretação da falência no curso do procedimento arbitral", cit., *Revista do Instituto dos Advogados de São Paulo* 23/297-308.

elas continuarão sendo processadas no juízo de origem.

No tocante à quantia ilíquida objeto de procedimento arbitral já instaurado antes da decretação da falência de uma das partes, reportamo-nos aos comentários formulados por Marcos Rolim F. Fontes no item anterior.

416. Causas em que a União, entidades autárquicas e empresa pública federal forem partes ou interessadas – Também ficam ressalvadas estas causas, por força do art. 109, I, da CF, que fixa a Justiça Federal como a competente para processar e julgar: "*Art. 109.* (...): I – as causas em que a União, entidades autárquicas ou empresa pública federal forem interessadas na condição de autoras, rés, assistentes ou opoentes, exceto *as de falência* (...)".

Exemplifica Fábio Ulhoa Coelho: "Se aquele acidente de trânsito envolvesse um veículo da sociedade ou empresário posteriormente declarado falido e, imagine-se, um pertencente à Caixa Econômica Federal (empresa pública sob controle da União), a ação de indenização teria curso perante o juiz federal, seja proposta pela massa falida ou contra ela. Claro está que a competência para o processo da falência *não* se desloca para a Justiça Federal, em nenhuma circunstância, nem mesmo se a União tiver interesse na cobrança de um crédito e, a despeito da garantia do art. 187 do CTN, resolva habilitá-lo no processo falimentar. É a ação de conhecimento referente à obrigação ilíquida de que seja parte a massa falida, de um lado, e a União, entidade autárquica ou empresa pública federal, de outro, que não se encontra sujeita à universalidade do juízo falimentar".[38]

417. Intimação do administrador judicial – O administrador judicial deverá ser intimado em todas as ações, inclusive naquelas que não são processadas e julgadas pelo juízo indivisível, para representar a massa falida, sob pena de nulidade processual.[39]

Art. 77. A decretação da falência determina o vencimento antecipado das dívidas[418-419] do devedor e dos sócios ilimitada e solidariamente responsáveis,[420] com o abatimento proporcional dos juros,[421] e converte todos os créditos em moeda estrangeira para a moeda do País, pelo câmbio do dia da decisão judicial, para todos os efeitos desta Lei.[422-423-424]

LEGISLAÇÃO ANTERIOR

Lei de Falências (DL 7.661/1945): *Art. 25.* A falência produz o vencimento antecipado de todas as dívidas do falido e do sócio solidário da sociedade falida, com o abatimento dos juros legais, se outra taxa não tiver sido estipulada.

Art. 213. Os créditos em moeda estrangeira serão convertidos em moeda do País, pelo câmbio do dia em que for declarada a falência ou mandada processar a concordata preventiva, e só pelo valor assim estabelecido serão considerados para todos os efeitos desta Lei.

COMENTÁRIOS

418. Vencimento antecipado das dívidas – O vencimento antecipado das dívidas – que já estava previsto no regime anterior (art. 25 do Decreto-lei 7.661/1945) e continua a vigorar por meio do art. 77 da lei atual – tem por escopo igualar todos os credores no momento da decretação da falência, respeitadas

38. Fábio Ulhoa Coelho, *Comentários à Nova Lei de Falências e de Recuperação de Empresas*, cit., p. 202.

39. Lembra Carlos Henrique Abrão: "Cuidando-se de profissional habilitado, ele próprio poderá exercer esse *munus*, caso contrário necessária será a outorga de mandato endereçado ao profissional que defenderá os interesses da massa" ("Comentários aos arts. 70 ao 104", in Carlos Henrique Abrão e Paulo Fernando Campos Salles de Toledo (coords.), *Lei de Recuperação de Empresas e Falência*, São Paulo, Saraiva, 2005, p. 197).

as preferências; ou seja, instaurar a *par conditio creditorum*.[40]

Lembramos que o atual Código Civil, diferentemente do anterior, também prevê a falência como causa de vencimento antecipado das dívidas (art. 333, I).

419. As obrigações sujeitas a condição suspensiva têm vencimento antecipado? – No antigo regime havia previsão expressa:

"*Art. 25.* (...).

"(...).

"§ 2º. Não têm vencimento antecipado as obrigações sujeitas à condição suspensiva, as quais, não obstante, entram na falência, sendo o pagamento diferido até que se verifique a condição."

Apesar de a atual lei ser omissa, não vislumbramos qualquer óbice quanto à adoção do comando do regime anterior, até porque nos parece de aplicação lógica e inexorável ao mecanismo da condição suspensiva.[41]

420. Devedor e sócios ilimitadamente responsáveis – Os sócios ilimitadamente responsáveis são: (1) na sociedade em nome coletivo, todos (art. 1.039 do CC); (2) na sociedade em comandita simples, os comanditados (art. 1.045 do CC); (3) na sociedade em comandita por ações, os acionistas diretores (art. 282 da Lei das S/A);[42] e (4) na sociedade não personificada em comum, todos os sócios (art. 990 do CC).

O Decreto-lei 7.661/1945, no § 1º do art. 96, utilizava a expressão "sócios solidários"; a Lei 11.101/2005 substituiu dita expressão por "sócios ilimitadamente responsáveis".[43]

Lembramos que a decretação da falência da sociedade implica falência dos sócios de responsabilidade ilimitada (art. 81).

421. Abatimento proporcional dos juros – O art. 77 prevê o *abatimento proporcional dos juros*.[44-45] O art. 25 do Decreto-lei 7.661/1945 aludia ao "abatimento dos juros legais, se outra taxa não tiver sido estipulada".

422. Conversão dos créditos em moeda estrangeira – No regime anterior o legislador fixou um critério comum, quer para

40. No mesmo sentido: José da Silva Pacheco, *Processo de Recuperação Judicial, Extrajudicial e Falência*, Rio de Janeiro, Forense, 2006, p. 197.

41. Sérgio Campinho tem o mesmo entendimento: "(...) somente com a verificação do fato previsto é que se realiza a condição e os efeitos das obrigações passam a vigorar. Neste momento é que surge o direito reclamável na falência. Por tal motivo é que as obrigações sujeitas à condição suspensiva não podem ter seus vencimentos antecipados. Mas, não obstante isso, devem constar da listagem do devedor, e, na sua ausência, tem o credor o direito de habilitar-se, pois ao titular do direito eventual é permitido praticar todos os atos destinados a conservá-lo. (...). Apesar da apatia da lei atual, à mesma definição de efeitos se pode chegar a partir de sua construção amparada no direito comum, como acima se alinhou (CC de 2002, art. 130). Apenas o pagamento ficará suspenso, aguardando a realização da condição" (*Falência e Recuperação de Empresa: o Novo Regime da Insolvência Empresarial*, Rio de Janeiro, Renovar, 2006, p. 331).

42. No mesmo sentido: José Alexandre Tavares Guerreiro, "Comentários aos arts. 7º ao 20", in Francisco Satiro de Sousa Jr. e Antônio Sérgio Altieri de Moraes Pitombo (coords.), *Comentários à Lei de Recuperação de Empresas e Falência: Lei 11.101/2005*, São Paulo, Ed. RT, 2005, pp. 161-162.

43. Poder-se-ia sustentar que ambas as expressões, *lato sensu*, se equivalem. Todavia, do ponto de vista estritamente técnico-jurídico é sabido que elas representam realidades distintas.

44. Fábio Ulhoa Coelho exemplifica: "Se hoje é decretada a falência duma sociedade, e um dos créditos vencera já há dois meses, o seu credor deverá habilitá-lo pelo valor *acrescido* de juros correspondentes a dois meses; se outros créditos venceriam daqui a dois meses, opera-se a antecipação, e o credor deve habilitá-lo pelo valor do título *reduzido* do equivalente a dois meses" (*Comentários à Nova Lei de Falências e de Recuperação de Empresas*, São Paulo, Saraiva, 2005, p. 204).

45. Manoel Justino Bezerra Filho também exemplifica: "Tenho um contrato que vai se vencer em um ano com juros mensais de 1%; seis meses antes do vencimento do contrato ocorre o decreto de falência e, portanto, o contrato vence-se antecipadamente; neste caso, os juros de 1% ao mês são contados até o dia da quebra, não sendo incluídos, portanto, os juros que seriam contados pelos próximos seis meses, até o vencimento normal do contrato" (*Nova Lei de Recuperação e de Falências Comentada. Lei 11.101, de 9.2.2005, Comentário Artigo por Artigo*, 3ª ed., São Paulo, Ed. RT, 2005, p. 194).

falência, quer para a concordata, visando à conversão de crédito em moeda estrangeira em moeda nacional: câmbio do dia da decretação da falência ou do dia do despacho que determinou o processamento da concordata (art. 213).

O atual regime adotou critérios diferenciados para os institutos da falência e da recuperação.

Quanto à falência (art. 77), manteve o critério anterior, qual seja: câmbio do dia da sua decisão judicial (decretação). No tocante à recuperação judicial (art. 50, § 2º) e à extrajudicial (art. 163, § 5º), fixou o seguinte critério: a variação cambial será conservada como parâmetro de indexação da correspondente obrigação e só poderá ser afastada se o credor titular do respectivo crédito aprovar expressamente previsão diversa no plano de recuperação judicial ou extrajudicial.

423. Qual taxa de câmbio deve ser aplicada caso a mesma flutue no mesmo dia? – Não há consenso na doutrina, vez que alguns autores opinam pela taxa média do mercado apurada no dia (Trajano de Miranda Valverde[46]); outros sustentam que a taxa a ser aplicada será a divulgada por veículo jornalístico de boa reputação ou aquela indicada por uma instituição financeira em que a massa falida tiver sua conta de depósito (Fábio Ulhoa Coelho[47]); e, por fim, aqueles que especificam a taxa de acordo com a espécie de moeda estrangeira – por exemplo: se expressa em dólares norte-americanos, PTAX (Carlos Klein Zanini[48]).

424. E se não houver cotação da moeda estrangeira no mesmo dia? – Responde Trajano de Miranda Valverde: "(...) prevalecerá a imediatamente anterior".[49]

Art. 78. Os pedidos de falência estão sujeitos a distribuição obrigatória, respeitada a ordem de apresentação.[425]

Parágrafo único. As ações que devam ser propostas no juízo da falência estão sujeitas a distribuição por dependência.[426]

LEGISLAÇÃO ANTERIOR

Lei de Falências (DL 7.661/1945): *Art. 202.* Os pedidos de falência e os de concordata preventiva estão sujeitos a distribuição obrigatória, segundo a ordem rigorosa da apresentação. Esses pedidos serão entregues, imediatamente, pelo distribuidor ao escrivão a quem houverem sido distribuídos.

(...).

§ 2º. As ações que devam ser propostas no juízo da falência estão sujeitas a distribuição por dependência, para o efeito do registro.

COMENTÁRIOS

425. Prisma histórico da distribuição obrigatória – Trajano de Miranda Valverde, ao comentar o art. 202 do antigo regime, que corresponde ao art. 78 da lei atual, explicou sua *ratio*: "Sob o regime da distribuição facultativa, que vigorou até o Decreto 5.746, de 1929, a parte escolhia o juiz. A conseqüência era o acúmulo de processos dessa natureza em determinadas varas ou cartórios. Os atributos e qualidades do juiz e escrivão eram fatôres decisivos. Se a parte requerente era o devedor, o processo ia para a vara do juiz mais acolhedor ou benigno; se o requerente da falência era credor, o feito era distribuído para a vara do juiz obediente aos preceitos literais da lei, conhecido, por isso, como severo e inflexível. O sistema concor-

46. Trajano de Miranda Valverde, *Comentários à Lei de Falências*, 2ª ed., vol. III, Rio de Janeiro, Revista Forense, 1955, p. 34.

47. Fábio Ulhoa Coelho, *Comentários à Nova Lei de Falências e de Recuperação de Empresas*, cit., p. 204.

48. Carlos Klein Zanini, "Comentários aos arts. 70 ao 82", in Francisco Satiro de Sousa Jr. e Antônio Sérgio Altieri de Moraes Pitombo (coords.), *Comentários à Lei de Recuperação de Empresas e Falência: Lei 11.101/2005*, São Paulo, Ed. RT, 2005, p. 340.

49. Trajano de Miranda Valverde, *Comentários à Lei de Falências*, cit., 2ª ed., vol. III, p. 34.

ria, sem dúvida, para a desorganização dos serviços da Justiça e para desprestígio dela. Daí, o critério da lei atual, que submete tais pedidos à distribuição obrigatória (...)".[50]

426. Distribuição por dependência – A distribuição por dependência funda-se no princípio de que o acessório (as ações que devam ser propostas no juízo falimentar) deve seguir o principal (ação de falência); vale dizer, à luz da máxima latina agasalhada no nosso ordenamento jurídico, *acessorium sequitur principaliter*.

Ressalte-se que a distribuição por dependência não implica autuação conjunta, mas, sim, autos apartados.[51]

Art. 79. Os processos de falência e os seus incidentes preferem a todos os outros na ordem dos feitos, em qualquer instância.[427]

LEGISLAÇÃO ANTERIOR

Lei de Falências (DL 7.661/1945): *Art. 203.* Os processos de falência e de concordata preventiva e dos seus incidentes preferem a todos os outros na ordem dos feitos, em qualquer instância.

COMENTÁRIOS

427. Preferência do processo falimentar – A previsão da preferência do processo de falência e seus incidentes,[52] em qualquer grau de jurisdição,[53] em relação aos outros feitos[54] – que se funda, indubitavelmente, no interesse coletivo de que se revestem –, já existia no regime anterior (art. 203) e foi reprisada no art. 79.[55-56]

Por isso, a criação de Varas especializadas ensejará não só o cumprimento do comando do art. 79, bem como o princípio da celeridade, insculpido no parágrafo único do art. 75.[57]

Art. 80. Considerar-se-ão habilitados os créditos remanescentes da recuperação judicial, quando definitivamente incluídos no quadro geral de credores, tendo prosseguimento as habilitações que estejam em curso.[428]

50. Trajano de Miranda Valverde, *Comentários à Lei de Falências*, 2ª ed., vol. I, Rio de Janeiro, Revista Forense, 1955, p. 16.

51. No mesmo sentido: José Manoel Bezerra Filho, *Nova Lei de Recuperação e de Falências Comentada. Lei 11.101, de 9.2.2005, Comentário Artigo por Artigo*, 3ª ed., São Paulo, Ed. RT, 2005, p. 195.

52. Como incidentes, podemos exemplificar: ação de rito ordinário para retificação do quadro geral de credores (§ 6º do art. 10); impugnação de crédito (art. 8º); pedido de restituição (art. 85); embargos de terceiros (art. 93); e ação revocatória (arts. 130-132).

53. Concordamos com a opinião de Maria Cristina Vidotte Blanco Tarrega no sentido de que a expressão "grau de jurisdição" é mais técnica que "instância" ("Comentários aos arts. 70 ao 82", in Newton de Lucca e Adalberto Simão Filho (coords.), *Comentários à Nova Lei de Recuperação de Empresas e de Falências*, São Paulo, Quartier Latin, 2005, p. 345).

54. Mister encarecer que há outros processos que também necessitam ter prioridade, tais como *habeas corpus*, ação de alimentos e cautelares.

55. Júlio Kahan Mandel afirma sua descrença quanto ao cumprimento do comando do art. 79: "Também são mantidas as disposições do art. 203 da antiga lei, que não eram cumpridas. E o mandamento continuará a não ser aplicado na vigência da nova lei, pois nossa realidade é outra, e a cópia de um dispositivo estrangeiro não poderia fazer parte de nossa legislação falimentar sem que nossa estrutura judiciária permitisse tal aplicação" (*Nova Lei de Falências e Recuperação de Empresas Anotada: Lei 11.101, de 9.2.2005*, São Paulo, Saraiva, 2005, p. 151).

56. Para Manoel Justino Bezerra Filho: "Com o conhecido excesso de trabalho existente em nossos tribunais, esta preferência estabelecida em lei não tem condições de ser observada com rigor absoluto" (*Nova Lei de Recuperação e de Falências Comentada. Lei 11.101, de 9.2.2005, Comentário Artigo por Artigo*, 3ª ed., São Paulo, Ed. RT, 2005, p. 196).

57. O TJSP, por meio das Resoluções TJSP-200/2005 e 207/2005, criou Varas de Falência e Recuperações Judiciais e Câmara Especial de Falências e Recuperações Judiciais.

LEGISLAÇÃO ANTERIOR

Artigo sem correspondência no Decreto-lei 7.661/1945.

COMENTÁRIOS

428. Habilitação automática – O art. 80 prevê a habilitação automática quando os créditos oriundos da recuperação judicial forem definitivamente incluídos no quadro geral de credores; vale dizer, tal dispositivo contempla hipótese em que os créditos já habilitados na recuperação judicial sejam considerados como tais caso a mesma seja convolada em falência (art. 73).

O comando veiculado no art. 80 concretiza, de forma inequívoca, o princípio da economia processual (art. 75, parágrafo único).

Art. 81. A decisão que decreta a falência da sociedade com sócios ilimitadamente responsáveis[429] também acarreta a falência destes, que ficam sujeitos aos mesmos efeitos jurídicos produzidos em relação à sociedade falida[430] e, por isso, deverão ser citados para apresentar contestação, se assim o desejarem.[431]

§ 1º. O disposto no *caput* deste artigo aplica-se ao sócio que tenha se retirado voluntariamente ou que tenha sido excluído da sociedade, há menos de 2 (dois) anos, quanto às dívidas existentes na data do arquivamento da alteração do contrato, no caso de não terem sido solvidas até a data da decretação da falência.[432]

§ 2º. As sociedades falidas serão representadas na falência por seus administradores ou liquidantes, os quais terão os mesmos direitos e, sob as mesmas penas, ficarão sujeitos às obrigações que cabem ao falido.[433]

LEGISLAÇÃO ANTERIOR

Lei de Falências (DL 7.661/1945): *Art. 5º.* Os sócios solidária e ilimitadamente responsáveis pelas obrigações sociais não são atingidos pela falência da sociedade, mas ficam sujeitos aos demais efeitos jurídicos que a sentença declaratória produza em relação à sociedade falida. Aos mesmos sócios, na falta de disposição especial desta Lei, são extensivos todos os direitos e, sob as mesmas penas, todas as obrigações que cabem ao devedor ou falido.

Parágrafo único. O disposto neste artigo aplica-se ao sócio de responsabilidade solidária que há menos de 2 (dois) anos se tenha despedido da sociedade, no caso de não terem sido solvidas, até a data da declaração da falência, as obrigações sociais existentes ao tempo da retirada. Não prevalecerá o preceito, se os credores tiverem consentido expressamente na retirada, feito novação, ou continuado a negociar com a sociedade, sob a mesma ou nova firma.

Art. 37. Ressalvados os direitos reconhecidos aos sócios solidariamente responsáveis pelas obrigações sociais, as sociedades falidas serão representadas na falência pelos seus diretores, administradores, gerentes ou liquidantes, os quais ficarão sujeitos a todas as obrigações que a presente Lei impõe ao devedor ou falido, serão ouvidos nos casos em que a lei prescreve a audiência do falido, e incorrerão na pena de prisão nos termos do art. 35.

Art. 51. Nas sociedades comerciais que não revestirem a forma anônima, nem a de comandita por ações, o sócio de responsabilidade limitada que delas se despedir, retirando os fundos que conferira para o capital, fica responsável, até o valor desses fundos, pelas obrigações contraídas e perdas havidas até o momento da despedida, que será o arquivamento do respectivo instrumento no Registro do Comércio.

Parágrafo único. A responsabilidade estabelecida neste artigo cessa nos termos do parágrafo único do art. 5º, e será apurada na forma do disposto no art. 6º.

Art. 71. A arrecadação dos bens particulares do sócio solidário será feita ao mesmo tempo que a dos bens da sociedade, levantando-se inventário especial de cada uma das massas.

COMENTÁRIOS

429. Sócios ilimitadamente responsáveis – Os sócios ilimitadamente responsáveis são: (1) na sociedade em nome coletivo, todos (art. 1.039 do CC); (2) na sociedade em comandita simples, os comanditados (art. 1.045 do CC); (3) na sociedade em comandita por ações, os acionistas diretores (art. 282 da Lei das S/A);[58] e na sociedade não personificada em comum, todos os sócios (art. 990 do CC).

O Decreto-lei 7.661/1945, no § 1º do art. 96, utilizava a expressão "sócios solidários"; a atual lei substituiu dita expressão por "sócios ilimitadamente responsáveis".[59]

430. A decisão que decreta a falência também acarreta a falência dos sócios ilimitadamente responsáveis? – À luz do antigo regime (Decreto-lei 7.661/1945) Trajano de Miranda Valverde formulou veemente crítica sobre dispositivo de uma lei então revogada (Decreto 5.746/1929) que previa a extensão da falência da sociedade aos sócios ilimitadamente responsáveis, tal qual dispõe o art. 81, em tela:

"A lei revogada, *contra rationem juris*, mandava estender os efeitos da falência da sociedade aos sócios solidária e ilimitadamente responsáveis pelas obrigações sociais. No entanto, já era ponto assentado na doutrina e na jurisprudência nacional que tais sócios não eram, como não são, só por terem essa qualidade, comerciantes. Com efeito, êles não exercem o comércio em seu próprio nome; participam de uma pessoa jurídica, que tem existência distinta da dos seus membros, com patrimônio separado, responsável, em primeiro grau, pelas obrigações por ela assumidas no exercício do comércio para que foi especialmente constituída. (...). A circunstância, portanto, de revestir uma sociedade mercantil de certa forma legal, que impõe aos sócios, ou a alguns dêles, responsabilidade solidária e ilimitada, aliás, subsidiária, pela obrigações sociais, não justifica o preceito da lei revogada, que os considera falidos em conseqüência da falência da sociedade.

"O dispositivo atual consegue, sem a anterior anomalia, o objetivo visado – o desapossamento imediato dos bens de tais sócios, privando-os de sua disponibilidade até a liquidação definitiva do processo de falência da sociedade. São arrecadados, separadamente, os bens dos sócios de responsabilidade solidária e ilimitada (art. 71), pois que constituem garantia especial dos credores particulares, com os quais irão concorrer os credores sociais, sòmente pelo saldo dos seus créditos, no caso de não bastarem os bens sociais para o seu pagamento (art. 128, III)."[60]

Ora, diante do contexto acima delineado, como se admitir o genuíno retrocesso vazado na redação do art. 81?[61-62]

Com efeito, sobretudo após a adoção pelo Código Civil, na plenitude, da teoria da empresa, que evidencia a autonomia patrimonial da pessoa jurídica, reputamos

58. No mesmo sentido: José Alexandre Tavares Guerreiro, "Comentários aos arts. 7º ao 20", in Francisco Satiro de Sousa Jr. e Antônio Sérgio Altieri de Moraes Pitombo (coords.), *Comentários à Lei de Recuperação de Empresas e Falência: Lei 11.101/2005*, São Paulo, Ed. RT, 2005, pp. 161-162.

59. Poder-se-ia sustentar que ambas as expressões, *lato sensu*, se equivalem. Todavia, do ponto de vista estritamente técnico-jurídico, é sabido que elas representam realidades distintas.

60. Trajano de Miranda Valverde, *Comentários à Lei de Falências*, 2ª ed., vol. I, Rio de Janeiro, Revista Forense, 1955, pp. 77-78.

61. Carlos Klein Zanini também entende que a redação do art. 81 traz um retrocesso ("Comentários aos arts. 70 ao 82", in Francisco Satiro de Sousa Jr. e Antônio Sérgio Altieri de Moraes Pitombo (coords.), *Comentários à Lei de Recuperação de Empresas e Falência: Lei 11.101/2005*, São Paulo, Ed. RT, 2005, p. 345).

62. Fredie Didier Jr. e Leandro Aragão criticam o comando do art. 81: "A medida é, de certa forma, desproporcional: não há razoabilidade para considerar igualmente falido o sócio ilimitadamente responsável, tendo sido mais correto, talvez, limitar o espectro falimentar apenas sobre a parcela patrimonial deste sócio para efeito de verificação do ativo a ser arrecadado; só isso e nada mais. Alterar o estado jurídico do devedor empresário para falido excede um juízo de razoabilidade, não exibindo coerência com a própria noção jurídica de responsabilidade como estado de sujeição dos bens do devedor à ação do credor; uma noção de cunho patrimonial, pois, e não algo relacionado com a modificação do estado jurídico-subjetivo" ("Comentários aos arts. 189 ao 192", in Osmar Brina Corrêa-Lima e Sérgio Mourão Corrêa-Lima (coords.), *Comentários à Nova Lei de Falência e Recuperação de Empresas: Lei 11.101, de 9.2.2005*, Rio de Janeiro, Forense, 2009, pp. 1.251-1.252).

inadmissível o legislador estabelecer o comando da decretação simultânea da falência da sociedade e dos sócios ilimitadamente responsáveis.[63]

Em outras palavras, entendemos que os sócios de responsabilidade ilimitada devem, sim, responder pelos débitos do devedor, todavia devem fazê-lo nos moldes previstos no antigo regime (Decreto-lei 7.661/1945, art. 128, I-III), jamais os reputando igualmente falidos.

Alguns podem utilizar-se do argumento de que atualmente as sociedades com sócios de responsabilidade ilimitada são raras, e, portanto, o tratamento dispensado pelo art. 81 é de reduzido alcance prático[64] ou acaba se limitando ao aspecto conceitual da questão.[65]

Rechaçamos tais argumentos, já que tanto o regramento jurídico quanto sua respectiva interpretação devem prender-se a fundamentos e critérios de natureza objetiva e qualitativa, e não subjetiva e quantitativa.

Por fim, enfatizamos que o eventual argumento de que as legislações da França, Espanha, Itália e Argentina também consideram falidos os sócios de responsabilidade ilimitada[66-67] não é suficiente, pois cada Estado, além da soberania, tem princípios, peculiaridades e cultura próprios.[68]

431. Instaura-se litisconsórcio passivo necessário entre os sócios ilimitadamente responsáveis? – O art. 47 do CPC estabelece que há litisconsórcio quando, por disposição de lei ou pela natureza da relação jurídica, o juiz tiver de decidir a lide de modo uniforme para todas as partes, caso em que a eficácia da sentença dependerá da citação de todos os litisconsortes no processo. Trata-se do litisconsórcio passivo necessário.

Ora, na medida em que o art. 81 dispõe que os sócios ilimitadamente responsáveis ficam sujeitos aos mesmos efeitos jurídicos

63. Carlos Klein Zanini, no mesmo diapasão, afirma: "A extensão automática da falência ao sócio igualmente investe contra a autonomia patrimonial da sociedade, fazendo *tabula rasa* da separação existente entre o patrimônio do sócio e o da sociedade, o que se constitui princípio elementar do direito societário. É que, mesmo em se tratando de sócios de responsabilidade ilimitada, sua responsabilidade é sempre subsidiária em relação à sociedade, recomendandose, por conseguinte, o prévio exaurimento do acervo da sociedade antes de se buscar o patrimônio pessoal do sócio. O que, obviamente, resta inobservado na sistemática da extensão automática da falência ora introduzida na lei" ("Comentários aos arts. 70 ao 82", cit., in Francisco Satiro de Sousa Jr. e Antônio Sérgio Altieri de Moraes Pitombo (coords.), *Comentários à Lei de Recuperação de Empresas e Falência: Lei 11.101/2005*, p. 348).

64. Carlos Klein Zanini lembra que, "se fôssemos seguir à risca os sábios ensinamentos de Vivante, procurando divisar a importância prática, talvez devêssemos encerrar aqui os nossos comentários ao artigo, ante a raríssima utilização de tipos societários desprovidos do instituto da responsabilidade limitada" ("Comentários aos arts. 70 ao 82", cit., in Francisco Satiro de Sousa Jr. e Antônio Sérgio Altieri de Moraes Pitombo (coords.), *Comentários à Lei de Recuperação de Empresas e Falência: Lei 11.101/2005*, p. 345).

65. Este é o posicionamento de Fábio Ulhoa Coelho, *Comentários à Nova Lei de Falências e de Recuperação de Empresas*, São Paulo, Saraiva, 2005, p. 207.

66. Carlos Klein Zanini noticia os comandos respectivos das legislações francesa, espanhola e italiana ("Comentários aos arts. 70 ao 82", cit., in Francisco Satiro de Sousa Jr. e Antônio Sérgio Altieri de Moraes Pitombo (coords.), *Comentários à Lei de Recuperação de Empresas e Falência: Lei 11.101/2005*, p. 345).

67. Maria Cristina Vidotte Blanco Tarrega, por sua vez, noticia o comando da legislação argentina ("Comentários aos arts. 70 ao 82", in Newton de Lucca e Adalberto Simão Filho (coords.), *Comentários à Nova Lei de Recuperação de Empresas e de Falências*, São Paulo, Quartier Latin, 2005, p. 347).

68. Carlos Klein Zanini, em suas considerações *de lege ferenda*, aduz: "O fato de a extensão automática da falência ao sócio ilimitadamente responsável estar prevista em profusão no Direito Comparado não deve desencorajar a reflexão crítica. Até mesmo porque, mesmo nos Países que a adotam, reconhece-se na doutrina sua incompatibilidade com princípios muito caros ao direito societário, como assevera Giuseppe Ferri: 'O sistema da lei não encontra justificativas em considerações de ordem lógica, mas sim de ordem prática'" ("Comentários aos arts. 70 ao 82", cit., in Francisco Satiro de Sousa Jr. e Antônio Sérgio Altieri de Moraes Pitombo (coords.), *Comentários à Lei de Recuperação de Empresas e Falência: Lei 11.101/2005*, p. 347).

produzidos em relação à sociedade falida e que todos deverão ser citados para apresentar contestação,[69] dessome-se que entre tais sócios instaurar-se-á litisconsórcio passivo necessário.[70]

432. É extensiva a falência da sociedade a sócio de responsabilidade ilimitada que dela se retirou ou dela foi excluído há menos de dois anos? – Registre-se, preliminarmente, que a extensão da falência aos sócios de responsabilidade ilimitada não se confunde com a teoria ou o instituto da desconsideração da personalidade jurídica.

Dois são os destinatários da hipótese prevista na regra legal: o sócio de responsabilidade ilimitada retirante e o sócio de responsabilidade ilimitada excluído.

Tais destinatários, desde que há menos de dois anos tenham se retirado voluntariamente da sociedade[71] ou dela sido excluídos, respondem pelos débitos sociais existentes na data do arquivamento da respectiva alteração do contrato social[72] se os mesmos não foram pagos até a decretação da falência.

Questões de ordem processual se apresentam incontinenti:

1) *Tendo em vista que apenas os sócios atuais de responsabilidade ilimitada da sociedade cuja quebra foi decretada deverão ser citados para apresentar contestação (art. 81), como reputar igualmente falidos os sócios de responsabilidade ilimitada retirantes e excluídos há menos de dois anos, se eles sequer serão citados?*

2) *Se a verificação da existência, ou não, de dívidas sociais à época do arquivamento da alteração do contrato social que formalizou a retirada ou exclusão da sociedade somente é possível após a decretação da falência, como considerar, desde logo, falidos os sócios de responsabilidade ilimitada retirantes e excluídos há menos de dois anos?*

Manoel Justino Bezerra Filho aduz que o problema deverá ser solucionado jurisprudencialmente.[73]

Carlos Klein Zanini critica a redação do § 1º do art. 81, sustentado sua impropriedade legal ao falar em alteração do estado de sócio – que passa a ser havido como falido –, ao invés de remanescer adstrito à seara dos efeitos patrimoniais, a exemplo do que se verificava na legislação anterior.[74]

433. Representação das sociedades falidas por administradores ou liquidantes – Os destinatários do § 2º do art. 81 são os administradores judiciais e os liquidantes.

Com efeito, na medida em que a falência implica afastamento do falido como administrador da atividade empresarial (art. 75), o administrador judicial é nomeado, substituindo-o.

69. Caso ditos sócios tenham advogados diversos o prazo processual será computado em dobro, nos termos do art. 191 do CPC.

70. No mesmo sentido: Carlos Klein Zanini, "Comentários aos arts. 70 ao 82", cit., in Francisco Satiro de Sousa Jr. e Antônio Sérgio Altieri de Moraes Pitombo (coords.), *Comentários à Lei de Recuperação de Empresas e Falência: Lei 11.101/2005*, p. 347.

71. Segundo Carlos Klein Zanini: "(...) o texto não parece alcançar o sócio que tenha alienado sua participação na sociedade, limitando-se àquele que tenha *se retirado voluntariamente ou que tenha sido excluído* da sociedade" ("Comentários aos arts. 70 ao 82", cit., in Francisco Satiro de Sousa Jr. e Antônio Sérgio Altieri de Moraes Pitombo (coords.), *Comentários à Lei de Recuperação de Empresas e Falência: Lei 11.101/2005*, p. 346).

72. Esclarece Carlos Henrique Abrão: "De nada adianta a retirada ou a exclusão se não for feito o registro contratual na conformidade da deliberação, visto que continuará sendo sócio e responderá de forma ilimitada e solidária, no compasso do modelo societário constituído" ("Comentários aos arts. 70 ao 104", in Carlos Henrique Abrão e Paulo Fernando Campos Salles de Toledo (coords.), *Lei de Recuperação de Empresas e Falência*, São Paulo, Saraiva, 2005, p. 202).

73. Manoel Justino Bezerra Filho, *Nova Lei de Recuperação e de Falências Comentada. Lei 11.101, de 9.2.2005, Comentário Artigo por Artigo*, 3ª ed. São Paulo, Ed. RT, 2005, p. 198.

74. Carlos Klein Zanini, "Comentários aos arts. 70 ao 82", cit., in Francisco Satiro de Sousa Jr. e Antônio Sérgio Altieri de Moraes Pitombo (coords.), *Comentários à Lei de Recuperação de Empresas e Falência: Lei 11.101/2005*, p. 346.

Art. 82. A responsabilidade pessoal dos sócios de responsabilidade limitada,[434] dos controladores[435] e dos administradores[436] da sociedade falida, estabelecida nas respectivas leis,[437-438] será apurada no próprio juízo da falência,[439] independentemente da realização do ativo e da prova da sua insuficiência para cobrir o passivo, observado o procedimento ordinário previsto no Código de Processo Civil.[440]

§ 1º. Prescreverá em 2 (dois) anos, contados do trânsito em julgado da sentença de encerramento da falência, a ação de responsabilização prevista no *caput* deste artigo.[441]

§ 2º. O juiz poderá, de ofício ou mediante requerimento das partes interessadas, ordenar a indisponibilidade de bens particulares dos réus, em quantidade compatível com o dano provocado, até o julgamento da ação de responsabilização.[442]

LEGISLAÇÃO ANTERIOR

Lei de Falências (DL 7.661/1945): *Art. 6º.* A responsabilidade solidária dos diretores das sociedades anônimas e dos gerentes das sociedades por cotas de responsabilidade limitada, estabelecida nas respectivas leis; a dos sócios comanditários (Código Comercial, art. 314) e a do sócio oculto (Código Comercial, art. 305) serão apuradas, e tornar-se-ão efetivas, mediante processo ordinário, no juízo da falência, aplicando-se ao caso o disposto no art. 50, § 1º.

Parágrafo único. O juiz, a requerimento do síndico, pode ordenar o seqüestro de bens que bastem para efetivar a responsabilidade.

Art. 50. Os acionistas e os sócios de responsabilidade limitada são obrigados a integralizar as ações ou cotas que subscreveram para o capital, não obstante quaisquer restrições, limitações ou condições estabelecidas, nos estatutos, ou no contrato da sociedade.

§ 1º. A ação para integralização pode ser proposta antes de vendidos os bens da sociedade e apurado o ativo, sem necessidade de aprovar-se a insuficiência deste para o pagamento do passivo da falência.

§ 2º. A ação pode compreender todos os devedores ou ser especial para cada devedor solvente.

COMENTÁRIOS

434. Sócios de responsabilidade limitada – Os sócios de responsabilidade limitada são: (1) na sociedade anônima, todos (art. 1º da Lei 6.404/1976, c/c o art. 1.088 do CC);[75] (2) na sociedade em comandita simples, os comanditários (art. 1.045 do CC); (3) na sociedade em comandita por ações, os acionistas não diretores (art. 282 da Lei das S/A); (4) e na sociedade limitada, todos (art. 1.052 do CC).[76]

435. Controladores – A despeito de o vocábulo "controladores" ser adotado somente pela Lei 6.404/1976,[77] a lei sob comento o utiliza de forma genérica ("controladores da sociedade falida"). Portanto, tal vocábulo aplica-se aos demais tipos societários (por exemplo, limitada e comandita simples).[78]

436. Administradores – O vocábulo "administradores" é abrangente, à medida que engloba, no âmbito da sociedade limitada, todos os administradores *stricto sensu*; no campo da sociedade anônima, os diretores

75. A responsabilidade dos acionistas é limitada ao preço de emissão das ações subscritas ou adquiridas.

76. Note-se que a responsabilidade dos sócios é restrita ao valor de suas quotas. Todavia, há hipóteses em que eles passam a ter: (a) responsabilidade solidária pela integralização do capital social (art. 1.052 do CC); (b) responsabilidade ilimitada em razão de deliberação infringente do contrato ou da lei (art. 1.080 do CC).

77. Dispõe o art. 116 da Lei das S/A: "Entende-se por acionista controlador a pessoa, natural ou jurídica, ou o grupo de pessoas, vinculadas por acordo de voto, ou sob controle comum, que: a) é titular de direitos de sócio que lhe assegurem, de modo permanente, a maioria dos votos nas deliberações sociais e o poder de eleger a maioria dos administradores da companhia; e b) usa efetivamente seu poder para dirigir as atividades sociais e orientar o funcionamento dos órgãos da companhia".

78. No mesmo sentido: Carlos Klein Zanini, "Comentários aos arts. 70 ao 82", in Francisco Satiro de Sousa Jr. e Antônio Sérgio Altieri de Moraes Pitombo (coords.), *Comentários à Lei de Recuperação de Empresas e Falência: Lei 11.101/2005*, São Paulo, Ed. RT, 2005, p. 350.

e os membros do conselho de administração (art. 138 da Lei 6.404/1976).

437. "Estabelecida nas respectivas leis" – A lei sob comento não regula a existência tampouco o alcance da responsabilidade dos sócios de responsabilidade limitada, controladores e administradores da sociedade falida. Por isso, acertadamente, faz expressa remissão às respectivas leis.[79]

No caso de sociedade limitada a legislação aplicável é o Código Civil, que prevê: (1) a *responsabilidade solidária dos sócios* pela integralização do capital social (art. 1.052);[80] (2) a *responsabilidade dos sócios* pela restituição de lucros e quantias retiradas, ainda que autorizados pelo contrato social, quando distribuídos com prejuízo do capital social (art. 1.059); (3) a *responsabilidade ilimitada dos sócios* em razão de participação em deliberação com infração à lei ou ao contrato social (art. 1.080); (4) a *responsabilidade do administrador* pelo descumprimento do dever de diligência gerador de prejuízo à sociedade (art. 1.011).

A legislação regente das sociedades por ações é a Lei 6.404/1976, que dispõe sobre: (1) a *responsabilidade pessoal do acionista* pela integralização do capital social (art. 10); (2) a *responsabilidade dos acionistas* pela restituição dos dividendos recebidos com inobservância do art. 201 (art. 201, § 2º); (3) a *responsabilidade do acionista controlador* pelo abuso no exercício do poder de controle (art. 117); (4) a *responsabilidade pessoal do administrador*, mesmo que dentro de suas atribuições e funções, por prejuízo causado com culpa ou dolo (art. 158, I, c/c o art. 159); (5) a *responsabilidade pessoal do administrador* por prejuízo causado com violação da lei ou do estatuto (art. 158, II, c/c o art. 159); (6) a *responsabilidade solidária dos administradores* pela distribuição de dividendos com inobservância do art. 201 (art. 201, § 1º).

Quanto à extensão da falência, Fábio Ulhoa Coelho tece severas críticas:

"Diariamente, nos feitos falimentares (tanto nos sujeitos ao antigo diploma de 1945 como ao novo, de 2005), é acionado um mecanismo de responsabilização criado pela jurisprudência, mas simplesmente não previsto na lei: cuido da extensão da falência. Trata-se de figura corrente, mas cujos contornos não estão, lamentavelmente para a segurança jurídica, suficientemente bem delineados.

"Quais os objetivos da medida? Ao decretar a extensão da falência a outras pessoas, jurídicas ou físicas, o juízo falimentar pretende imputar-lhes responsabilidade pelas obrigações do falido. Esse objetivo, contudo, é exatamente o que a lei busca com outros meios e institutos processuais, como a ação de integralização ou responsabilização (LF/1945, art. 50; LF/2005, art. 82) e a revocatória (LF/1945, arts. 52 e ss.; LF/2005, arts. 129 e ss.). (...). Em nenhum desses meios e institutos processuais, destaque-se, a falência é estendida a quem se imputa a responsabilidade. Simplesmente, responsabiliza-se quem tem que ser responsabilizado, sem decretar-lhe a falência.

"Se assim é, então, a questão a colocar será: por que alguns juízos falimentares têm se valido de expediente não previsto na lei para alcançar os mesmos objetivos dos meios e institutos nela previstos?

"A resposta é simples: a extensão da falência tem-se revelado um instrumento mais ágil que os previstos na Lei Falimentar para imputar responsabilidade a terceiros por

79. Maria Cristina Vidotte Blanco Tarrega também entende que a remissão à legislação respectiva é acertada ("Comentários aos arts. 70 ao 82", in Newton de Lucca e Adalberto Simão Filho (coords.), *Comentários à Nova Lei de Recuperação de Empresas e de Falências*, São Paulo, Quartier Latin, 2005, p. 347).

80. Fábio Ulhoa Coelho formula a seguinte crítica: "(...) falta de integralização. Essa última ação, na lei anterior, estava disciplinada em dispositivo próprio (art. 50). (...). Em minha opinião, o ideal teria sido a disciplina em norma específica da ação de integralização. Englobá-la no mesmo contexto da ação de responsabilização por ilícito não me parece ser conveniente, tendo em vista que a obrigação de integralizar o capital subscrito independe de culpa ou dolo do sócio ou acionista" (*Comentários à Nova Lei de Falências e de Recuperação de Empresas*, São Paulo, Saraiva, 2005, pp. 209 e 211).

obrigações do falido. Mas é neste apressamento da imputação que reside o insuperável obstáculo à juridicidade da extensão da falência: este mecanismo colide frontal e necessariamente com o princípio constitucional do devido processo legal, do direito à ampla defesa e ao contraditório.

"Aliás, não poderia a lei mesmo prever a figura da extensão dos efeitos da falência exatamente porque incorreria em flagrante inconstitucionalidade.

"Na feliz formulação do legislador de 2005, a responsabilização de outros sujeitos de direito (como sócios, controladores ou administradores) faz-se expressamente por meio de ação de conhecimento, seguindo o procedimento ordinário (...) art. 82. (...). A extensão da falência a sujeitos além do falido acaba, ademais, sujeitando às pesadas conseqüências do direito falimentar quem nunca estaria a elas exposto, por uma razão simples: não é empresário individual e não é sociedade empresária (ou, na linguagem da lei de 1945, não é comerciante individual, nem sociedade comercial).

"Aqueles que são alcançados pela extensão da falência sequer estão necessariamente insolventes ou terão a qualidade jurídica ínsita do estado de falido, que é a empresarialidade (ou, antes, o exercício do comércio).

"Cria-se, desse modo, uma insuperável inconsistência com todo o sistema jurídico da execução concursal, ao submeter a ela, de um lado, sujeitos solventes (ou, pelo menos, cuja insolvência não foi objeto de conhecimento judicial pela forma legalmente prevista) e, de outro lado, decretando a falência de quem não pode estar minimamente sujeito a ela (por lhe faltar a condição de empresário individual ou sociedade empresária). (...). Mesmo quando se trata de estender os efeitos da decretação da falência de certa sociedade empresária a outras do mesmo grupo econômico, não tem cabimento fazê-lo sem a observância dos meios e institutos processuais adequados. Em razão da autonomia patrimonial das sociedades de um grupo, a falência de uma delas não importa necessariamente a das demais.

"O açodamento na busca da responsabilização de terceiros pelas obrigações do falido é causa de inomináveis injustiças que se podem evitar com a simples obediência à lei e aos princípios constitucionais que ela respeita.

"Quem deve será responsabilizado não ficará impune; quem não deve não sofrerá as graves conseqüências da injustiça do indevido decreto judicial. É mais que hora, portanto, de se repensar a pertinência (jurídica, moral e racional) desta transversa inovação jurisprudencial, descartando-se, em definitivo, a 'extensão da falência'."[81]

Reputamos oportuna e adequada a opinião de Fábio Ulhoa Coelho.

438. Desconsideração da personalidade jurídica – Lembramos, por oportuno, que, visando à responsabilização dos sócios no âmbito da falência, a teoria da desconsideração da personalidade jurídica já vinha sendo aplicada no regime da lei anterior.[82-83]

Aliás, a aplicação específica de tal teoria no campo da falência está prevista no art. 28 do Código de Defesa do Consumidor/CDC.

Note-se que a referida teoria não se confunde com a extensão da falência aos sócios de responsabilidade ilimitada, a que alude o 81.

81. Fábio Ulhoa Coelho, "Impacto da extensão da falência a outras pessoas", *Gazeta Mercantil*, ed. de 6-7.2.2009, p. A-11.

82. Júlio Kahan Mandel tece breve histórico acerca da teoria da desconsideração jurídica (*Nova Lei de Falências e Recuperação de Empresas Anotada: Lei 11.101, de 9.2.2005*, São Paulo, Saraiva, 2005, pp. 153-159).

83. Manoel Justino Bezerra Filho pondera: "(...) embora a desconsideração da personalidade jurídica esteja já bastante disseminada em nosso meio jurídico, sua aplicação ainda está engatinhando em termos processuais, não havendo pacificação sobre como aplicá-la, matéria que com o correr do tempo encontrará o devido tratamento por nossos tribunais. No entanto, é intuitivo que a possibilidade de aplicação desta teoria, ao invés do ajuizamento de ação de responsabilidade, é mais que possível, é bastante provável" (*Nova Lei de Recuperação e de Falências Comentada. Lei 11.101, de 9.2.2005, Comentário Artigo por Artigo*, 3ª ed., São Paulo, Ed. RT, 2005, p. 200).

Jurisprudência[84]

Transcrevemos, abaixo, alguns julgados pertinentes:

[TJSP] Falência – *Desconsideração da personalidade jurídica da falida* – Cabimento – *Utilização de bens pessoais da sócia como pertencentes à pessoa jurídica* – Indução em erro daqueles que com ela negociavam – Uso irregular da personalidade jurídica caracterizado – Recurso não provido. [*J. 13.6.2000, JTJ-Lex 234/225*]

[TJRS] Agravo de instrumento – Falência – Extensão dos efeitos da quebra. Verificando-se que, conquanto formalmente distintas, as empresas, de fato, não se distinguiam, *incorrendo em confusão patrimonial prejudicial a credores, tendo a recorrente sido constituída como meio de possibilitar que os falidos continuassem a exercer atividade empresarial, é de se admitir a desconsideração da personalidade jurídica para que os efeitos da falência se estendam à agravante* – Agravo improvido. [*5ª Câmara Cível, AI 70013241930, rela. Desa. Ana Maria Nedel Scalzilli, j. 26.5.2006*]

[TJRJ] Falência – *Irregular dissolução da empresa falida, desaparecendo ela no endereço da sua sede, seus bens tendo sido dilapidados e seus sócios não sendo encontrados – Possibilidade da desconsideração da personalidade jurídica da empresa*, independentemente de propositura de ação autônoma com tal objetivo, para que sejam arrecadados os bens pessoais dos sócios – Agravo provido. [*17ª Câmara Cível, AI 2006.002.01559, rel. Des. Fabrício Bandeira Filho, j. 5.4.2006*]

[TJSP] Falência – *Desconsideração da personalidade jurídica* – Decreto – Desnecessidade de processo específico e autônomo – *Desvio de propósitos da entidade, relacionada a outros que não aqueles de índole estatutária* – Recurso não provido. [*AI 89.524.4/7, rel. Des. Fonseca Tavares, j. 25.2.1999*]

[TJRS] Agravo de instrumento – Execução fiscal – Falência da empresa executada – Redirecionamento – Responsabilidade de sócio – Impossibilidade. A responsabilidade do administrador de empresa devedora de tributo está traçada no art. 135, inciso III, do CTN. Todavia, a imputação de responsabilidade não está vinculada apenas ao inadimplemento da obrigação tributária, mas à configuração das demais condutas nele descritas: práticas de atos com excesso de poderes ou infração de lei, contrato social ou estatuto. A falência da empresa não configura justa causa para o redirecionamento da execução contra os administradores – Agravo desprovido. [21ª Câmara Cível, AI 70029473246, Porto Alegre/RS, rel. Des. Marco Aurélio Heinz, j. 24.6.2009][85]

439. "No próprio juízo da falência" – Competente para processar e julgar a ação de responsabilização em tela será o juízo falimentar, pois remanescerá a *vis attractiva*.[86]

As ações deverão ser distribuídas por dependência ao juízo da falência, por força do disposto no parágrafo único do art. 75.

440. Procedimento ordinário previsto no Código de Processo Civil – O procedimento ordinário é aquele que confere maior amplitude à discussão da causa e está previsto nos arts. 274 e 282 e ss. do CPC.

441. Prescrição da pretensão jurisdicional (ação de responsabilidade dos sócios de responsabilidade limitada, dos controladores e administradores da sociedade falida) – O prazo de prescrição da pretensão judicial de responsabilização dos sócios de responsabilidade limitada é de dois anos, contados do trânsito em julgado da sentença de encerramento da falência.

Uma vez que tanto a Lei das S/A (art. 287) quanto a lei sob comento (art. 82) fixam prazos prescricionais, há de se indagar: qual deles há de prevalecer?

Acreditamos que o último, à luz da regra hermenêutica segundo a qual *lex specialis derogat generali*; vale dizer, prevalecerá o

84. Manoel Justino Bezerra Filho, *Jurisprudência da Nova Lei de Recuperação de Empresas e Falências/Decisões, Ofícios Judiciais, Resoluções, Sentenças, Acórdãos, Dentre Outros Documentos*, São Paulo, Ed. RT, 2006, pp. 191 e 194-195.

85. *Boletim da AASP* 2.674/1.824, 5-11.4.2010.

86. No mesmo sentido: Carlos Henrique Abrão, "Comentários aos arts. 70 ao 104", in Carlos Henrique Abrão e Paulo Fernando Campos Salles de Toledo (coords.), *Lei de Recuperação de Empresas e Falência*, São Paulo, Saraiva, 2005, p. 205; Carlos Klein Zanini, "Comentários aos arts. 70 ao 82", cit., in Francisco Satiro de Sousa Jr. e Antônio Sérgio Altieri de Moraes Pitombo (coords.), *Comentários à Lei de Recuperação de Empresas e Falência: Lei 11.101/2005*, p. 351.

prazo prescricional fixado na lei ora comentada.[87]

Jurisprudência[88]

Eis um julgado prolatado antes do advento da lei sob comento:

[TJSP] Sociedade por quotas de responsabilidade limitada – Transferência de quotas a terceiros – Ausência de alteração contratual e registro na Junta Comercial – Ineficácia. *Para os fins do art. 5º e seu parágrafo do Decreto-lei n. 7.661/1945, é necessário que a alteração social e conseqüente registro tenham ocorrido até dois anos anteriores à declaração da quebra.* [*ACi 36.722-4, Piracicaba/SP, rel. Des. Bóris Kauffmann*]

442. Indisponibilidade de bens particulares dos sócios de responsabilidade limitada, dos controladores e administradores da sociedade falida – De acordo com o parágrafo único do art. 6º do regime anterior: "O juiz, a requerimento do síndico, pode ordenar o seqüestro de bens que bastem para efetivar a responsabilidade".

O § 2º do art. 82 do atual regime substituiu a expressão "seqüestro de bens" por "indisponibilidade de bens".[89]

A indisponibilidade de bens poderá ser determinada, de ofício ou a requerimento das partes interessadas, no despacho inicial ou logo após a contestação ofertada.

A decretação da indisponibilidade de bens particulares dos sócios deverá guardar proporcionalidade com o dano provocado; vale dizer, ela não é decretada de forma ilimitada e genérica.[90]

Se a indisponibilidade de bens perdura até o julgamento da ação, dessome-se que o ajuizamento desta é pressuposto da decretação daquela.

A decisão que ordena a indisponibilidade de bens dos réus desafia agravo de instrumento.[91]

A indisponibilidade terá reflexos no regime matrimonial de bens: se se tratar de comunhão universal de bens, a meação remanescerá preservada; caso o regime seja o da comunhão parcial, o cônjuge será intimado e poderá provocar medida judicial visando à defesa do patrimônio comum.[92]

Vera Helena de Mello Franco e Rachel Sztajn formulam a seguinte crítica: "Tal permissão pode conduzir a injustiças e prejuízos tendo em vista a imobilização patrimonial dos atingidos, que ficam impedidos de participar de quaisquer negociações durante o período em que durar a indisponibilidade. Considerando a possibilidade de, afinal, estas pessoas serem declaradas inocentes, indaga-se: como reparar o dano carreado?".[93]

87. No mesmo sentido: Carlos Klein Zanini, "Comentários aos arts. 70 ao 82", cit., Francisco Satiro de Sousa Jr. e Antônio Sérgio Altieri de Moraes Pitombo (coords.), *Comentários à Lei de Recuperação de Empresas e Falência: Lei 11.101/2005*, p. 351.

88. Manoel Justino Bezerra Filho, *Jurisprudência da Nova Lei de Recuperação de Empresas e Falências/Decisões, Ofícios Judiciais, Resoluções, Sentenças, Acórdãos, Dentre Outros Documentos*, cit., pp. 195-196.

89. Tal substituição, segundo Fábio Ulhoa Coelho, tem maior abrangência e é tecnicamente mais apropriada (*Comentários à Nova Lei de Falências e de Recuperação de Empresas*, cit., p. 211).

90. No mesmo sentido, Carlos Henrique Abrão: "Bem se adjetiva a decretação da indisponibilidade de ofício pelo juízo da quebra, a pedido da parte interessada, mas dentro do princípio da proporcionalidade, sem que resulte no engessamento plural patrimonial" ("Comentários aos arts. 70 ao 104", cit., in Carlos Henrique Abrão e Paulo Fernando Campos Salles de Toledo (coords.), *Lei de Recuperação de Empresas e Falência*, p. 206).

91. No mesmo sentido: Carlos Henrique Abrão, "Comentários aos arts. 70 ao 104", cit., in Carlos Henrique Abrão e Paulo Fernando Campos Salles de Toledo (coords.), *Lei de Recuperação de Empresas e Falência*, p. 206.

92. No mesmo sentido: Carlos Henrique Abrão, "Comentários aos arts. 70 ao 104", cit., in Carlos Henrique Abrão e Paulo Fernando Campos Salles de Toledo (coords.), *Lei de Recuperação de Empresas e Falência*, p. 206.

93. Vera Helena de Mello Franco e Rachel Sztajn, *Falência e Recuperação da Empresa em Crise: Comparação com as Posições do Direito Europeu*, Rio de Janeiro, Elsevier, 2008, p. 118.

Seção II – Da Classificação dos Créditos

Art. 83. A classificação dos créditos[443] na falência obedece à seguinte ordem: I – os créditos derivados da legislação do trabalho, limitados a 150 (cento e cinqüenta) salários mínimos por credor,[444-445-446-447] e os decorrentes de acidentes de trabalho;[448] II – créditos com garantia real até o limite do valor do bem gravado;[449-450] III – créditos tributários, independentemente da sua natureza e tempo de constituição, excetuadas as multas tributárias;[451] IV – créditos com privilégio especial,[452] a saber: a) os previstos no art. 964 da Lei n. 10.406, de 10 de janeiro de 2002; b) os assim definidos em outras leis civis e comerciais, salvo disposição contrária desta Lei; c) aqueles a cujos titulares a lei confira o direito de retenção sobre a coisa dada em garantia; V – créditos com privilégio geral,[453] a saber: a) os previstos no art. 965 da Lei n. 10.406, de 10 de janeiro de 2002; b) os previstos no parágrafo único do art. 67 desta Lei; c) os assim definidos em outras leis civis e comerciais, salvo disposição contrária desta Lei; VI – créditos quirografários,[453] a saber: a) aqueles não previstos nos demais incisos deste artigo; b) os saldos dos créditos não cobertos pelo produto da alienação dos bens vinculados ao seu pagamento;[449-452] c) os saldos dos créditos derivados da legislação do trabalho que excederem o limite estabelecido no inciso I do *caput* deste artigo;[454] VII – as multas contratuais e as penas pecuniárias por infração das leis penais ou administrativas, inclusive as multas tributárias;[455] VIII – créditos subordinados,[456] a saber: a) os assim previstos em lei ou em contrato; b) os créditos dos sócios e dos administradores sem vínculo empregatício.

§ 1º. Para os fins do inciso II do *caput* deste artigo, será considerado como valor do bem objeto de garantia real a importância efetivamente arrecadada com sua venda, ou, no caso de alienação em bloco, o valor de avaliação do bem individualmente considerado.[449]

§ 2º. Não são oponíveis à massa os valores decorrentes de direito de sócio ao recebimento de sua parcela do capital social na liquidação da sociedade.[457]

§ 3º. As cláusulas penais dos contratos unilaterais não serão atendidas se as obrigações neles estipuladas se vencerem em virtude da falência.[458]

§ 4º. Os créditos trabalhistas cedidos a terceiros serão considerados quirografários.[444]

LEGISLAÇÃO ANTERIOR

Lei de Falências (DL 7.661/1945): *Art. 102.* Ressalvada, a partir de 2 de janeiro de 1958, a preferência dos créditos dos empregados, por salários e indenizações trabalhistas, sobre cuja legitimidade não haja dúvida, ou, quando houver, em conformidade com a decisão que for proferida na Justiça do Trabalho, e, depois deles a preferência dos credores por encargos ou dívidas da massa (art. 124), a classificação dos créditos, na falência, obedece à seguinte ordem: I – créditos com direitos reais de garantia; II – créditos com privilégio especial sobre determinados bens; III – créditos com privilégio geral; IV – créditos quirografários.

§ 1º. Preferem a todos os créditos admitidos à falência a indenização por acidente do trabalho e os outros créditos que, por lei especial, gozarem essa prioridade.

§ 2º. Têm o privilégio especial: I – os créditos a que o atribuírem as leis civis e comerciais, salvo disposição contrária desta Lei; II – os créditos por aluguer de prédio locado ao falido para seu estabelecimento comercial ou industrial, sobre o mobiliário respectivo; III – os créditos a cujos titulares a lei confere o direito de retenção, sobre a coisa retida; o credor goza, ainda, do direito de retenção sobre os bens móveis que se acharem em seu poder por consentimento do devedor, embora não esteja vencida a dívida, sempre que haja conexidade entre esta e a coisa retida, presumindo-se que tal conexidade entre comerciantes resulta de suas relações de negócios.

§ 3º. Têm privilégio geral: I – os créditos a que o atribuírem as leis civis e comerciais, salvo disposição contrária desta Lei; II – os créditos dos institutos ou caixas de aposentadoria e pensões, pelas contribuições que o falido dever.

§ 4º. São quirografários os créditos que, por esta Lei, ou por lei especial, não entram nas classes I, II e III deste artigo e os saldos dos créditos não cobertos pelo produto dos bens vinculados ao seu pagamento.

Art. 25. (...).

(...).

§ 3º. As cláusulas penais dos contratos unilaterais não serão atendidas, se as obrigações neles estipuladas se venceram em virtude da falência.

COMENTÁRIOS

443. Classificação dos créditos – A lei anterior tratava da verificação dos créditos nos arts. 80 a 101, e em seguida da classificação dos créditos, no art. 102.

A atual lei trata da verificação dos créditos nos arts. 7º a 20, e no art. 83 disciplina a classificação dos créditos.

Como são classificados os créditos? Eles são classificados em função da sua natureza e de conformidade com a ordem de privilégio fixada pelo art. 83.

Ressalte-se que a igualdade absoluta somente se estabelece entre os credores de uma mesma classe – vale dizer, quando eles têm os mesmos direitos.

A ordem de classificação dos créditos[1] em tela pode dar a impressão de que é absoluta. Entretanto, ela é relativa, na medida em que antes de os créditos, nela contemplados, serem pagos há outros créditos que os precedem.

Misabel de Abreu Machado Derzi e Raphael Frattari ressaltam: "Em primeiro lugar, a massa precisa saldar os denominados créditos extraconcursais, que, a rigor, não participam do concurso de credores, pois são débitos da massa falida, e não da antiga sociedade. Só depois de respeitada a insubmissão dos créditos extraconcursais ao concurso é que a massa passará a saldar as obrigações concursais, exatamente na ordem de preferência estabelecida pelo legislador, principal fundamento do processo falimentar".[2]

Segundo Gladston Mamede, a ordem de pagamento aos credores é a seguinte: (1) despesas indispensáveis à administração da falência (art. 150); (2) verbas salariais imediatas, ou seja, créditos trabalhistas de natureza estritamente salarial vencidos nos três meses anteriores à decretação da falência, até o limite de cinco salários mínimos por trabalhador (art. 151);[3] (3) restituição em dinheiro (arts. 86 e 149); (4) créditos extraconcursais (art. 84, I-V); (5) créditos concursais (art. 83, I-VIII); (6) juros vencidos após a decretação (art. 124); (7) saldo a ser entregue ao empresário ou à sociedade empresária após o pagamento de todos os credores (art. 153).[4-5]

1. Ensina Francisco Satiro de Sousa Jr.: "O fato de não se permitir que o devedor determine, no procedimento concursal, quais credores serão satisfeitos em primeiro lugar não impede o estabelecimento de uma ordem de prioridade para pagamento dos seus créditos. Essa prioridade, também chamada privilégio, não se confunde com as preferências. O devedor pode, a seu critério exclusivo, gravar um bem com garantia real, estabelecendo em favor deste ou daquele credor preferência sobre valores arrecadados com sua venda. A preferência será, nesse caso, caracterizada pelo direito do credor de saldar seu crédito com o produto da venda daquele bem, com prioridade sobre os demais credores. Trata-se de um direito patrimonial (...). Já, o privilégio – que decorre exclusivamente da lei – só passa a importar quando não se pode mais atribuir ao devedor liberdade de disposição de seus bens, no caso de execução concursal. Não é um direito patrimonial, mas uma qualificação do crédito em função de sua natureza. Garante a seu titular a pretensão à satisfação prioritária de seu crédito em execução coletiva, quando então já não mais prevalecem as características principais da preferência" ("Comentários aos arts. 83 e 84", in Francisco Satiro de Sousa Jr. e Antônio Sérgio Altieri de Moraes Pitombo (coords.), *Comentários à Lei de Recuperação de Empresas e Falência: Lei 11.101/2005*, São Paulo, Ed. RT, 2005, p. 355).

2. Misabel de Abreu Machado Derzi e Raphael Frattari, "Dispositivos do Código Tributário Nacional alterados por ocasião da Lei 11.101/2005", in Osmar Brina Corrêa-Lima e Sérgio Mourão Corrêa-Lima (coords.), *Comentários à Nova Lei de Falência e Recuperação de Empresas: Lei 11.101, de 9.2.2005*, Rio de Janeiro, Forense, 2009, p. 1.357.

3. O senador Ramez Tebet, no seu relatório, destaca: "A alternativa que encontramos foi definir um valor até o qual os trabalhadores terão prioridade absoluta, inclusive sobre as restituições em dinheiro" (v. parecer na íntegra: Anexo II desta obra).

4. Gladston Mamede, *Direito Empresarial Brasileiro: Falência e Recuperação de Empresas*, vol. 4, São Paulo, Atlas, 2006, p. 616.

444. Créditos derivados da legislação do trabalho. Limite a 150 salários mínimos – Na ordem de classificação veiculada no art. 83, os créditos trabalhistas, juntamente com os créditos decorrentes de acidentes do trabalho, ambos relativos ao período anterior à decretação da falência, estão em primeiro lugar.[6]

Esclareça-se, desde logo, que no atual regime deixou de existir prioridade dos créditos acidentários sobre os créditos trabalhistas. Por isso, havendo insuficiência de recursos para pagamento de ambos os créditos, instalar-se-á o respectivo rateio.[7]

Na lei revogada inexistia limite ao crédito trabalhista, o que se confirmava no art. 449, § 4º, da CLT:

"*Art. 449.* (...).

"(...).

"§ 4º. Na falência, constituirão créditos privilegiados *a totalidade dos salários devidos aos empregados.*"[8]

Jurisprudência

Eis um julgado pertinente:

[STJ] Na legislação de falência em vigor (Lei n. 11.101/2005), o crédito trabalhista subsiste com privilégio sobre todos os demais créditos, porém limitado a 150 salários mínimos; o que exceder esse valor é crédito quirografário sem qualquer preferência, só se situando acima dos créditos subordinados subquirografários instituídos pela legislação. [*3ª Turma, REsp 1.051.590-GO, rel. Min. Sidnei Beneti, j. 8.9.2009*]

A inovação trazida pela lei atual foi precedida de intensos debates. Duas correntes principais se digladiaram: a primeira advogava a fixação de limite, sob a justificativa de que o crédito trabalhista é deveras propício à prática de fraude (conluio entre empregador e empregado); a segunda, sustentando a natureza alimentícia do crédito trabalhista[9] integral, rechaçava a fixação de qualquer limite.

No projeto enviado pelo Senado à Câmara dos Deputados (art. 11) também não havia previsão de limites. No entanto, o relatório aprovado pelo Senado acabou estabelecendo o limite de 150 salários mínimos por empregado.[10-11-12-13]

5. Luiz Inácio Vigil Neto adota semelhante classificação, já que é omisso quanto aos juros vencidos após a decretação da falência (art. 124) (*Teoria Falimentar e Regimes Recuperatórios: Estudos sobre a Lei 11.101/2005*, Porto Alegre, Livraria do Advogado, 2008, pp. 289-290).

6. O senador Ramez Tebet, no seu parecer, ressalta: "Há, contudo, situações em que não se pode deixar de satisfazer outras obrigações antes de proceder ao pagamento dos trabalhadores. Não seria justo nem faria sentido que bens de terceiros que se encontram no estabelecimento do devedor no momento da falência sejam arrecadados e vendidos para pagamento de débitos do falido. Assim, dá-se aos proprietários desses bens a prerrogativa de exigir restituição específica do bem arrecadado indevidamente, antes que se inicie o rateio entre os credores" (v. parecer na íntegra: Anexo II desta obra).

7. No mesmo sentido, Francisco Satiro de Sousa Jr.: "E entre trabalhistas e acidentários não há mais que se falar em prioridade, como se chegou a cogitar em face da interpretação da legislação anterior. Em caso de insuficiência de recursos para sua satisfação integral, cada credor trabalhista ou por acidente do trabalho concorrerá em situação de igualdade e receberá o rateio das receitas proporcionalmente ao valor de seu crédito privilegiado" ("Comentários aos arts. 83 e 84", cit., in Francisco Satiro de Sousa Jr. e Antônio Sérgio Altieri de Moraes Pitombo (coords.), *Comentários à Lei de Recuperação de Empresas e Falência: Lei 11.101/2005*, p. 357); Sérgio Campinho, *Falência e Recuperação de Empresa: o Novo Regime da Insolvência Empresarial*, Rio de Janeiro, Renovar, 2006, p. 394.

8. Por conseguinte, dito dispositivo está derrogado. No mesmo sentido: Francisco Satiro de Sousa Jr., "Comentários aos arts. 83 e 84", cit., in Francisco Satiro de Sousa Jr. e Antônio Sérgio Altieri de Moraes Pitombo (coords.), *Comentários à Lei de Recuperação de Empresas e Falência: Lei 11.101/2005*, p. 357.

9. Orlando Gomes e Élson Gottschalk enfatizam tal natureza: "O caráter alimentar do salário é, talvez, o seu mais incisivo traço em face das demais retribuições próprias dos denominados contratos de atividade. O salário do empregado é, antes de tudo, destinado ao seu próprio sustento e ao da família" (*Curso de Direito do Trabalho*, São Paulo, Atlas, 2001, p. 200).

10. O senador Ramez Tebet, no seu parecer, além de noticiar a Emenda 100, de autoria do senador Eduardo Suplicy, que modifica a redação do art. 83, para eliminar o limite da preferência dos créditos trabalhistas, explica a limitação individual dos créditos trabalhistas: "O crédito trabalhista é o

primeiro na ordem de preferência para recebimento na falência. A criação de um limite para essa preferência dos trabalhadores chegou a ser debatida na tramitação do Projeto na Câmara dos Deputados. No entanto, não se compreendeu, naquela oportunidade, que essa limitação não prejudica os interesses dos trabalhadores, mas, muito ao contrário, pode justamente assegurar sua preferência no recebimento dos seus créditos. Parece-nos, todavia, que a supressão do limite estava mais ligada a interpretações equivocadas, de conteúdo simbólico e ideológico, que propriamente por seus verdadeiros reflexos sobre direitos dos trabalhadores brasileiros. O objetivo da limitação à preferência do crédito trabalhista é evitar abuso freqüente no processo falimentar pelo qual os administradores das sociedades falidas, grandes responsáveis pela derrocada do empreendimento, pleiteiam – por meio de ações milionárias e muitas vezes frívolas, em que a massa falida sucumbe, em razão da falta de interesse em uma defesa eficiente – o recebimento de altos valores, com preferência sobre todos os outros credores e prejuízo aos ex-empregados que efetivamente deveriam ser protegidos, submetendo-se a rateios com os ex-ocupantes de altos cargos. Tal modificação, longe de piorar a situação dos trabalhadores, garante a eles maior chance de recebimento, pois reduz-se a possibilidade de verem parte significativa do valor que deveriam receber destinada ao pagamento dos altos valores dos quais os ex-administradores afirmam ser credores trabalhistas. No Senado Federal, porém, a questão foi finalmente esclarecida, e, na audiência pública realizada nesta Comissão de Assuntos Econômicos em 5.2.2004, as duas maiores centrais sindicais brasileiras pronunciaram seu apoio à limitação da preferência do crédito trabalhista. Propomos, portanto, a criação de um limite à preferência do crédito trabalhista de 150 salários mínimos por trabalhador. O valor que superar o limite deverá ser inscrito no quadro geral dos credores como crédito quirografário. (...). Segundo dados mais recentes do TST, o número de julgados e conciliações na Justiça do Trabalho no ano de 2002 foi de aproximadamente 1,6 milhões. O mesmo Tribunal estima que o valor nominal dos valores pagos naquele ano nos feitos trabalhistas foi de aproximadamente R$ 4.000.000.000,00. Desse modo, a média dos valores pagos na Justiça do Trabalho foi próxima a R$ 2.400,00. Levando-se em conta o salário mínimo de R$ 200,00 vigente à época, as indenizações, em média, foram de 12 salários mínimos. Considerando-se a estrutura extremamente concentrada de renda no Brasil, o limite superior a 150 salários mínimos (hoje, equivalente a R$ 39.000,00) afetará número reduzidíssimo de assalariados, entre os quais estarão, exclusiva ou primordialmente, os ocupantes de cargos elevados na hierarquia administrativa das sociedades. Por fim, saliente-se que a preferência dos trabalhadores tem como fundamento, além da hipossuficiência do proletário, a natureza alimentar de seu crédito. Em outras palavras, garante-se ao trabalhador o recebimento prioritário na falência porque, se não receber, não terá condições de prover o sustento próprio e de sua família. Parece claro que esse fundamento não subsiste em situações em que os valores superem cifra tão elevada. (...). A Emenda n. 100 deve ser rejeitada, pois a experiência mostra não ser fácil estabelecer, sem ambigüidades ou brechas, a distinção jurídica entre empregados e administradores. É razoável imaginar que parte dos dirigentes possam ser contratados como empregados de salários altíssimos sem que sejam formalmente eleitos diretores e conselheiros das sociedades empresárias, tudo para fugir a limitações funcionais da preferência de seus créditos. Tal expediente lhes [*sic*] afastaria da definição de administrador dada pelo art. 145 da Lei n. 6.404, de 15.12.1976. Tampouco seria fácil identificar, na Justiça do Trabalho, o empregado controlador, nos termos do art. 116 da mesma lei, especialmente no que tange à verificação do 'uso efetivo de seu poder de dirigir as atividades sociais e orientar o funcionamento dos órgãos da companhia', indispensável à caracterização do controle acionário. A limitação individual quantitativa da preferência dos créditos trabalhistas é mais eficiente para corrigir essa distorção, e, além do mais, é preciso ressaltar que o limite definido é alto o suficiente para atingir exclusiva ou primordialmente os dirigentes das sociedades, sem prejuízo aos reais trabalhadores" (v. parecer na íntegra: Anexo II desta obra).

11. Júlio Kahan Mandel externa surpresa: "Os créditos trabalhistas, em pleno governo do Partido dos Trabalhadores (gestão Lula), foram agraciados com uma redução em seus direitos (...)" (*Nova Lei de Falências e Recuperação de Empresas Anotada: Lei 11.101, de 9.2.2005*, São Paulo, Saraiva, 2005, p. 161).

12. Fábio Ulhoa Coelho declara: "O objetivo da limitação é impedir que se consumam os recursos da massa com o atendimento a altos salários dos administradores da sociedade falida. A preferência da classe dos empregados e equiparados é estabelecida com vistas a atender aos mais necessitados, e os credores por elevados salários não se consideram nessa situação" (*Comentários à Nova Lei de Falências e de Recuperação de Empresas*, São Paulo, Saraiva, 2005, p. 217).

13. Carlos Henrique Abrão, outrossim, justifica a limitação para que se evitem fraudes ou deslizes que acarretam sérios problemas para a massa ("Comentários aos arts. 70 ao 104", in Carlos Henrique Abrão e Paulo Fernando Campos Salles de Toledo (coords.), *Lei de Recuperação de Empresas e Falência*, São Paulo, Saraiva, 2005, p. 207).

Com efeito, seria muito mais sensata e justa a adoção de controles para coibir fraudes e estabelecer limites ao crédito trabalhista.[14-15-16-17]

Note-se que o fundamento legal da limitação do crédito trabalhista está vazado no art. 83, I, da lei sob comento, bem como no inciso II do parágrafo único do art. 186 do CTN, que dispõe:

"*Art. 186.* (...).

"Parágrafo único. *Na falência*: (...) II – *a lei poderá estabelecer limites e condições para a preferência dos créditos decorrentes da legislação do trabalho*; (...)."

Marcelo Papaléo de Souza sustenta a inconstitucionalidade da limitação em tela (150 salários mínimos por empregado), nos seguintes termos: "Feitas todas essas considerações, temos que a regra do art. 83, I, da LRF representa restrição a um direito fundamental dos direitos dos trabalhadores (praticamente todos os relacionados no art. 7º e seus incisos da CF, pois os restringe). (...). O sacrifício do valor constitucionalmente assegurado ao trabalhador (art. 7º da CF), considerando o objetivo a ser alcançado, não é de forma menos gravosa e não é justa e nem razoável a restrição do direito do trabalhador, eminentemente alimentar, em relação aos demais créditos exigidos na falência. A restrição imposta no art. 83, I, da LRF não atende aos critérios da razoabilidade e da proporcionalidade com [*sic*] o texto constitucional que proclama os fundamentos dos valores sociais do trabalho (art. 1º da CF) e dos direitos sociais (arts. 6º a 11 da CF). Devem ser protegidos os direitos sociais contra qualquer modalidade de legislação ou regulamentação que se reveste de opressiva ou destituída do necessário coeficiente de razoabilidade. Tal norma revela-se com vício da não-razoabilidade, configurando excesso de poder e desrespeito à norma constitucional. (...). Portanto, conjugando todos os fatores envolvidos, conclui-se que, pelo princípio da proporcionalidade, a restrição aos direitos dos trabalhadores (art. 7º da CF) se mostra inconstitucional, não sendo admissível a limitação de preferência do crédito trabalhista a 150 (...) salários mínimos, pois não se deve exigir daqueles o sacrifício de seus direitos, bem como não é razoável em face dos demais interesses envolvidos. Aferindo a relação entre o fim e o meio, reputamos inapropriado ou desproporcional entre o fim e o meio [*sic*] utilizado pelo legislador, caracterizando inconstitucionalidade da restrição do privilégio do direito dos trabalhadores".[18]

Ressaltamos que a Confederação Nacional das Profissões Liberais impetrou ação

14. Manoel Justino Bezerra formula sua crítica: "O argumento parece não ser o mais correto, pois não se pode entender como justo castigar-se o trabalhador que efetivamente tem valores altos a receber em decorrência de dedicação à empresa por longo tempo, porque o cumprimento desta obrigação poderia vir a favorecer terceiros fraudadores. É claro que muito mais correto, intuitivo até, seria criar mecanismos para evitar a fraude, ao invés de punir indiscriminadamente todos os empregados. De qualquer forma, embora de forma injusta, o legislador acabou optando por esta alternativa" (*Nova Lei de Recuperação e de Falências Comentada. Lei 11.101, de 9.2.2005, Comentário Artigo por Artigo*, 3ª ed., São Paulo, Ed. RT, 2005, p. 203).

15. Júlio Kahan Mandel também deduz sua crítica: "Ora, as fraudes que sejam punidas, e não direitos cerceados para evitá-las" (*Nova Lei de Falências e Recuperação de Empresas Anotada: Lei 11.101, de 9.2.2005*, pp. 161-162).

16. Sérgio Campinho arremata: "Há, para nós, um equívoco. A fraude não se presume. Deve ser comprovada. São os probos punidos porque o legislador constrói um sistema defensivo, que inverte conceitos. Parte da presunção de que quem aufere um bom salário não deve ser com preferência atendido, porque o fato poderia revelar manobra capaz de subtrair recursos da massa, destinados ao pagamento de outros credores. Isso nos parece um absurdo" (*Falência e Recuperação de Empresa: o Novo Regime da Insolvência Empresarial*, cit., p. 395).

17. Marcelo Papaléo de Souza arremata: "Se o legislador quisesse proteger os direitos dos trabalhadores, no rateio, era só impor a limitação de 150 (...) salários mínimos aos administradores da devedora falida, e não a todos os empregados" (*A Lei de Recuperação e Falência e as suas Conseqüências no Direito e no Processo do Trabalho*, 3ª ed., São Paulo, LTr, 2009, p. 253).

18. Marcelo Papaléo de Souza, *A Lei de Recuperação e Falência e as suas Conseqüências no Direito e no Processo do Trabalho*, cit., 3ª ed., pp. 252 e 255.

direta de inconstitucionalidade (n. 3.424-DF), a qual foi distribuída originariamente ao Min. Carlos Velloso e, posteriormente, redistribuída ao Min. Ricardo Lewandowski.

Por outro lado, poder-se-ia questionar se a limitação em testilha – 150 salários mínimos por empregado – não afrontaria a Convenção 95 da Organização Internacional do Trabalho/OIT, que trata de salários, vigente em nosso ordenamento por força dos Decretos 41.721/1957 e 95.461/1987, ou, então, a Convenção 173, também da OIT. Responde Francisco Satiro de Sousa Jr.: "A Convenção 95 deixa claro que, apesar de impositivo o privilégio dos salários na falência, este pode ser limitado a vencimentos decorrentes de certo período de tempo anterior à decretação da quebra, ou a certo valor, hipótese, esta, adotada pelo legislador pátrio na lei em análise. Por seu turno, a Convenção 173 da OIT, que trata do mesmo assunto, não foi recepcionada no nosso ordenamento".[19]

Serão classificados como créditos quirografários os saldos dos créditos derivados da legislação do trabalho que excederem o limite de 150 salários mínimos por empregado (art. 83, VI, "c") – reitere-se: relativos ao período anterior à decretação da falência –, e como extraconcursais os créditos trabalhistas relativos a serviços prestados após a decretação da falência (art. 84, I).

Os créditos trabalhistas cedidos a terceiros serão considerados quirografários (§ 4º do art. 83).[20-21-22]

Ora, este comando legal encerra uma exceção à regra geral no sentido de que a cessão de crédito, por implicar sub-rogação convencional, provoca a transferência ao novo credor/cessionário de todos os direitos, ações, privilégios e garantias do credor primitivo/cedente contra o devedor principal/cedido (arts. 287, 347, I, 348 e 349 do CC).[23]

Por fim, lembrarmos que os créditos trabalhistas vencidos nos três meses anteriores à decretação da falência, até o limite de cinco salários mínimos por trabalhador, serão pagos tão logo haja disponibilidade em caixa (art. 151).

445. Créditos equiparados aos créditos trabalhistas: titularizados pelos representantes

19. Francisco Satiro de Sousa Jr., "Comentários aos arts. 83 e 84", cit., in Francisco Satiro de Sousa Jr. e Antônio Sérgio Altieri de Moraes Pitombo (coords.), *Comentários à Lei de Recuperação de Empresas e Falência: Lei 11.101/2005*, p. 357.

20. O senador Ramez Tebet, no seu parecer, noticia a posição do senador Eduardo Suplicy: "A Emenda n. 101 propõe a supressão do § 5º do art. 83 do Substitutivo, que dispõe que 'os créditos trabalhistas cedidos a terceiros serão considerados quirografários'. (...).

"(...).

"Não concordamos com a supressão do § 5º do art. 83 do Substitutivo, preconizada pela Emenda n. 101. Em nosso entendimento, anda bem o Substitutivo ao tratar como quirografário o crédito trabalhista cedido a terceiro não trabalhador. O fundamento que justifica a preferência dos créditos trabalhistas é exatamente seu caráter alimentar, de ser essencial à subsistência do proletariado. Cedido a terceiro, perde essa característica e, portanto, passa a assemelhar-se a qualquer transação empresarial com o objetivo de lucro, não havendo razão para dar-lhe preferência sobre os demais credores" (v. parecer na íntegra: Anexo II desta obra).

21. Manoel Justino Bezerra Filho afirma: "Com isto, evitou o legislador o eventual surgimento de mercado paralelo, ou mercado negro, de créditos trabalhistas (...)" (*Nova Lei de Recuperação e de Falências comentada. Lei 11.101, de 9.2.2005, Comentário Artigo por Artigo*, cit., 3ª ed., p. 210).

22. Nas palavras de José da Silva Pacheco: "Tem-se em vista com essa reclassificação desestimular a exploração dos empregados por ocasião da crise de empresas, na iminência de quebra" (*Processo de Recuperação Judicial, Extrajudicial e Falência*, Rio de Janeiro, Forense, 2006, p. 212).

23. Fábio Ulhoa Coelho explica a *voluntas legis*: "Ao excepcionar a regra geral da transmissão da preferência, a lei quer, na verdade, proteger o empregado. Ao determinar a reclassificação para baixo do crédito, ela praticamente inviabiliza a formação do mercado de aquisição dos créditos trabalhistas devidos na falência. Se a lei abrisse a exceção, especuladores teriam interesse em assediar os empregados credores para deles adquirirem, com deságio significativo, o crédito. Os empregados, normalmente expostos a sérias dificuldades em razão da falência do empregador, seriam presas fáceis nas mãos dos especuladores. Ao determinar a reclassificação para baixo, a lei desestimula tais negociações e protege os titulares de crédito trabalhista" (*Comentários à Nova Lei de Falências e de Recuperação de Empresas*, cit., p. 233).

comerciais autônomos e pela Caixa Econômica Federal (FGTS) – A Lei 4.886/1965, que regula a atividade dos representantes comerciais autônomos, foi alterada pela Lei 8.420/1992, que lhe acrescentou o art. 44.

Tal dispositivo equiparou os créditos dos representantes comerciais autônomos – tais como, comissões vencidas e vincendas, indenização e aviso prévio – aos créditos trabalhistas no caso de falência da representada.

Jurisprudência

Eis um acórdão prolatado à luz do regime anterior e outro sob a égide do atual regime:

[TJRS] Falência – Habilitação de crédito. *O crédito decorrente de comissões devidas em razão de representação comercial tem natureza alimentar e deve integrar o quadro geral de credores entre créditos de natureza trabalhista* – Apelo provido. [*5ª Câmara Cível, ACi 700125033009, rela. Desa. Ana Maria Nedel Scalzilli*][24]

[TJSP] Agravo de instrumento – Impugnação à relação de credores – *Créditos decorrentes de representação comercial autônoma, pessoa natural, que exerce sua atividade em nome próprio, equiparam-se a créditos derivados da legislação do trabalho*. O art. 44 da Lei n. 4.886/1965 não foi revogado pelo art. 83, I, da Lei n. 11.101/2005, nem pela Lei Complementar n. 118/2005, que deu nova redação ao art. 186 do CTN. (...). *A equiparação do crédito derivado de representação comercial decorrente de legislação de trabalho, na falência e na recuperação judicial (art. 83, I, da LRF), só pode ser reconhecida como na hipótese em exame, em que o representante comercial é pessoa física ou "firma individual" inscrito como empresário no Registro de Empresas* – Agravo desprovido, mantida a equiparação do crédito do representante comercial autônomo aos créditos derivados da legislação do trabalho. [*AI 560.705.7/7-00, rel. Des. Pereira Calças, j. 26.3.2008*][25]

24. Manoel Justino Bezerra Filho, *Jurisprudência da Nova Lei de Recuperação de Empresas e Falências/Decisões, Ofícios Judiciais, Resoluções, Sentenças, Acórdãos, Dentre Outros Documentos*, São Paulo, Ed. RT, 2006, p. 201.

25. In Marcelo Papaléo de Souza, *A Lei de Recuperação e Falência e as suas Conseqüências no Direito e no Processo do Trabalho*, cit., 3ª ed., p. 243.

Por outro lado, a Lei 8.844/1994 também equiparou os créditos titularizados pela Caixa Econômica Federal em razão do FGTS aos créditos trabalhistas (art. 2º, § 3º).

446. Crítica à equiparação dos créditos dos representantes comerciais autônomos – Sérgio Campinho formula sua crítica:

"Com a nova sistemática da classificação dos créditos, instituída pela Lei 11.101/2005 e pela Lei Complementar 118/2005, não pode resistir dúvida de que qualquer equiparação perdera sentido jurídico. O primeiro diploma legal mencionado, no art. 83, tratou completamente da matéria, não referendando em seu texto as equiparações existentes no texto anterior. O segundo, ao conferir nova redação ao art. 186 do CTN, deixa evidenciado em seu *caput* que 'o crédito tributário prefere a qualquer outro, seja qual for sua natureza ou o tempo de sua constituição, ressalvados os créditos decorrentes da legislação do trabalho ou do acidente do trabalho'. No parágrafo único, ao cuidar em especial da falência, prevê que 'o crédito tributário não prefere aos créditos extraconcursais ou às importâncias passíveis de restituição, nos termos da Lei Falimentar, nem aos créditos com garantia real, no limite do valor do bem gravado' (inciso I); que 'a lei poderá estabelecer limites e condições para preferência dos créditos decorrentes da legislação do trabalho' (inciso II); e que 'a multa tributária prefere apenas aos créditos subordinados' (inciso III).

"Dessa forma, se já enxergávamos equivocada a Lei 8.420/1992 ao tratar os créditos dos representantes comerciais e autônomos na falência do representado em conjunto com os trabalhistas, o que levava à sua rejeição pelo sistema jurídico, vedando-se, pois, seu ingresso no ordenamento para repelir invasões de competência constitucional, parece-nos que no Direito vigente não se poderá dar-lhes outro enquadramento senão o de créditos quirografários, porquanto não vêm contemplados em qualquer dos níveis de preferência dos créditos na estrutura do art. 83 da Lei 11.101/2005, nem se enquadram nas permissões do art. 186 do CTN para neutralizar a preferência do crédito tributário. Com efeito, não é o crédito em questão decorrente de legislação do trabalho, como exige o art. 186 em sua ressalva, para que possa preferir ao tributário."[26]

A crítica *supra* parece-nos integralmente pertinente; por isso, com ela concordamos.

Fábio Ulhoa Coelho também deduz sua crítica, com uma advertência: "Não se entende bem, contudo, o concurso dos representantes comerciais autônomos, que são empresários, ainda que explorem atividade de reduzida expressão econômica. Aliás, muito deles são revestidos da forma de pessoa jurídica – sociedade limitada ou anônima –, e alguns são empresas fortes, inclusive com recursos multinacionais. Estabelecer concurso desses credores com os trabalhistas é um despropósito da lei, havendo até mesmo quem recomende a inobservância do preceito legal de equiparação. Enquanto vigorar o dispositivo, entretanto, convém ao administrador judicial observá-lo, para não ser responsabilizado".[27]

447. Qual é o valor do salário mínimo a ser considerado: o da data da decretação da falência ou o da data do efetivo pagamento? – Nada obstante a lei ora comentada ser omissa, uma vez que os empregados são hipossuficientes, que o decurso do tempo reduz o poder aquisitivo da moeda e que o salário mínimo visa a atender às necessidades básicas do empregado, não temos dúvida em afirmar que o valor do salário mínimo a ser considerado é o da data do efetivo pagamento.[28]

448. Créditos decorrentes de acidentes do trabalho – Na ordem de classificação, os créditos acidentários, juntamente com os créditos trabalhistas, relativos ao período anterior à decretação da falência estão em primeiro lugar.[29]

Os créditos acidentários relativos ao período posterior à decretação da falência serão classificados como extraconcursais (art. 84, I).

Os créditos decorrentes de acidente do trabalho podem ter como devedores o empregador ou o Instituto Nacional do Seguro Social/INSS.

O crédito de acidente de trabalho objeto da falência – para o qual, ressalte-se, não se aplica o limite de 150 salários mínimos[30-31-32]

26. Sérgio Campinho, *Falência e Recuperação de Empresa: o Novo Regime da Insolvência Empresarial*, cit., pp. 397-398.

27. Fábio Ulhoa Coelho, *Comentários à Nova Lei de Falências e de Recuperação de Empresas*, cit., p. 218.

28. No mesmo sentido, Fábio Ulhoa Coelho: "O salário mínimo a ser considerado, na definição do limite dos créditos em concurso com na classe dos empregados e equiparados, deve ser o vigente no dia do pagamento. A lei não estabelece critério temporal para identificação do parâmetro máximo, mas deve ser adotado o valor vigente no dia do pagamento, para que não se frustre o tratamento privilegiado a que têm direito os assalariados. Se fosse adotado, por exemplo, o valor do salário mínimo da data da decretação da falência, e o pagamento retardasse alguns anos, como esse índice tem sido anualmente reajustado, menos empregados teriam o tratamento preferencial. Em suma, deve ser usado o critério que melhor preserve o poder de compra do dinheiro, valor que leva o intérprete a escolher o salário mínimo vigente na data do pagamento como base para cálculo do limite de preferência" (*Comentários à Nova Lei de Falências e de Recuperação de Empresas*, cit., pp. 217-218; v. também José da Silva Pacheco, *Processo de Recuperação Judicial, Extrajudicial e Falência*, cit., p. 209; Sérgio Campinho, *Falência e Recuperação de Empresa: o Novo Regime da Insolvência Empresarial*, cit., p. 395).

29. Opina Francisco Satiro de Sousa Jr.: "E entre trabalhistas e acidentários não há mais que se falar em prioridade, como se chegou a cogitar em face da interpretação da legislação anterior. Em caso de insuficiência de recursos para sua satisfação integral, cada credor trabalhista ou por acidente do trabalho concorrerá em situação de igualdade e receberá o rateio das receitas proporcionalmente ao valor de seu crédito privilegiado" ("Comentários aos arts. 83 e 84", cit., in Francisco Satiro de Sousa Jr. e Antônio Sérgio Altieri de Moraes Pitombo (coords.), *Comentários à Lei de Recuperação de Empresas e Falência: Lei 11.101/2005*, p. 357).

30. O senador Ramez Tebet, no seu parecer, aduz: "Ressalte-se, para que não restem dúvidas, que não haverá limite para a preferência do crédito decorrente de acidente do trabalho, haja vista a baixa probabilidade de que sirva de instrumento de fraude pelos ex-administradores" (v. parecer na íntegra: Anexo II desta obra).

– é aquele de responsabilidade do empregador que, agindo com culpa ou dolo, tem o dever de repará-lo mediante indenização (art. 7º, XXVIII, da CF).

449. Créditos com garantia real até o limite do valor do bem gravado – Na ordem de classificação veiculada no art. 83, os créditos com garantia real estão em segundo lugar.[33-34-35]

O CC, no art. 1.225, arrola os seguintes direitos reais: (1) a propriedade; (2) a superfície; (3) as servidões; (4) usufruto; (5) uso; (6) habitação; (7) o direito do promitente comprador de imóvel; (8) penhor; (9) hipoteca; (10) anticrese.[36]

Por outro lado, no art. 1.419 o referido *Codex* dispõe: "*Art. 1.419.* Nas dívidas garantidas por penhor, anticrese ou hipoteca, o bem dado em garantia fica sujeito, por vínculo real, ao cumprimento da obrigação".

Será considerado como valor do bem objeto de garantia real a importância efetivamente arrecadada com sua venda ou, no caso de alienação em bloco, o valor de avaliação do bem individualmente considerado (§ 1º do art. 83).[37]

Ressalte-se que, excepcionando a regra geral – "contra a massa não são exigíveis juros após a decretação da falência, previstos em lei ou no contrato, se o ativo apurado não bastar para o pagamento dos créditos subordinados" (art. 124) –, os juros advindos dos créditos com garantia real, mesmo que incorridos após a decretação da falência, podem ser imputados no produto dos bens que constituem a garantia (art. 124, parágrafo único).

31. No tocante ao limite de 150 salários mínimos, Vera Helena de Mello Franco e Rachel Sztajn aduzem: "Esta restrição, contudo, não atinge as indenizações devidas por acidente do trabalho, que devem ser pagas integralmente" (*Falência e Recuperação da Empresa em Crise*, Rio de Janeiro, Elsevier, 2008, p. 43).

32. Luiz Inácio Vigil Neto compartilha do mesmo entendimento: "A indenização por acidente do trabalho, sobre a qual inexiste nenhuma limitação quantitativa, (...)" (*Teoria Falimentar e Regimes Recuperatórios: Estudos sobre a Lei 11.101/2005*, cit., p. 239).

33. O senador Ramez Tebet, no seu parecer, noticia: "A Emenda n. 82, da senadora Lúcia Vânia, propõe a alteração do art. 11, incisos II e III, da redação aprovada na Câmara para o PLC n. 71, de 2003, a fim de modificar a ordem de recebimento dos créditos na falência, posicionando os credores com garantia real à frente do crédito tributário. (...) tendo em vista os objetivos da nova Lei de Falências – especialmente a criação de instrumentos para a efetiva recuperação da empresa e diminuição do custo do crédito – e considerando que os créditos tributários não serão atingidos pela recuperação judicial ou extrajudicial, entendemos que o Poder Público deve dar sua parcela de contribuição à sobrevivência das empresas brasileiras e à redução do risco a elas relacionado. É necessário que a garantia real do crédito no Brasil – a exemplo do que ocorre na grande maioria dos Países desenvolvidos – seja efetiva, a fim de que haja estímulo à concessão de financiamento e, assim, promova-se investimento dos recursos financeiros na atividade produtiva, a expansão do acesso ao crédito e seu barateamento, com redução do chamado *spread* bancário. Por isso, preconizamos a necessidade de modificação da ordem de recebimento na falência, posicionando os créditos com garantia real à frente dos créditos tributários" (v. parecer na íntegra: Anexo II desta obra).

34. Fábio Ulhoa Coelho adverte: "O tratamento privilegiado dispensado aos credores com garantia real – que são em sua maioria bancos (e, portanto, também empresários) – visa a criar as condições para o barateamento do crédito bancário, visando a atender, em última análise, ao interesse da economia nacional" (*Comentários à Nova Lei de Falências e de Recuperação de Empresas*, cit., p. 216).

35. Júlio Kahan Mandel elogia tal classificação: "(...) as modificações foram bem-vindas, especialmente a preferência dos créditos com garantia real sobre os créditos tributários. Ao menos os credores com garantia real terão uma chance mais efetiva de receber seus créditos, e com isso também se interessarão mais pela boa administração da massa, fato raro de acontecer na vigência da lei anterior" (*Nova Lei de Falências e Recuperação de Empresas Anotada: Lei 11.101, de 9.2.2005*, cit., p. 162).

36. Fábio Ulhoa Coelho arrola outros créditos com garantia real: caucionados (que têm por garantia títulos de créditos transmitidos por endosso-caução), cédulas de crédito (rural, industrial, comercial ou à exportação) e debêntures com garantia real (*Comentários à Nova Lei de Falências e de Recuperação de Empresas*, cit., p. 221).

37. Fábio Ulhoa Coelho lembra: "Quando o bem dado em garantia é vendido em separado, não há dificuldade para mensurar as parcelas do crédito que concorrerão com os fiscais ou com os quirografários. Mas na hipótese de alienação da empresa ou venda

Entre os credores com garantia real não existe hierarquia, nem concurso ou rateio.[38]

Em relação aos rateios, esclareça-se: o produto da venda do bem objeto da garantia real (empenhado, hipotecado etc.) destina-se específica e diretamente à satisfação do crédito garantido.

Esta regra, em razão da ordem de preferências estabelecidas na lei sob comento, sofre exceção quando o produto da venda dos bens for integralmente absorvido pelos créditos extraconcursais, trabalhistas e acidentários (art. 141, I).[39-40]

Serão classificados como créditos quirografários os saldos dos créditos não cobertos pelo produto da alienação dos bens vinculados ao seu pagamento (art. 83,VI, "b").[41]

450. Crítica à pressão das instituições financeiras – Manoel Justino Bezerra Filho formula a seguinte crítica contundente:

"(...) a pressão do capital financeiro foi tão acentuada que conseguiu superar até os privilégios fiscais; a última mudança feita no Projeto, relativamente ao quadro geral de credores na falência, tirou o crédito tributário do segundo lugar na lista e passou-o para terceiro; em sua frente ficaram os créditos com garantia real. Na mesma linha de privilégio ao capital financeiro, o art. 161 exclui também estes mesmos créditos do plano de recuperação extrajudicial.

"A seguir, atendendo à pressão do sistema nacional e internacional, já extremamente privilegiado em diversas passagens da lei, em segundo lugar estão classificados os créditos garantidos, limitados ao valor do bem gravado. Como a prática dos negócios demonstra, o empresário, para conseguir crédito no sistema financeiro, tem que oferecer bens em garantia real, e, normalmente, estas garantias são em valor bastante superior ao crédito fornecido. Embora esta classificação, agregada de última hora à lei, tenha vindo por pressão do setor bancário, evidentemente favorecerá a qualquer outro credor com garantia real."[42]

de bens englobados pode ser impossível identificar o específico valor alcançado pelo objeto da garantia. Se for esse o caso, o administrador judicial deverá considerar valor da avaliação do bem onerado. Esse valor, contudo, deverá ser aumentado ou diminuído na mesma proporção em que variou o bloco de bens com o qual foi vendido. Assim, se o preço pago por todos os bens do bloco foi, por exemplo, 20% superior à soma da avaliação deles, o administrador judicial deve majorar no mesmo percentual o valor atribuído especificamente ao bem onerado; se tiver sido 15% inferior, deve reduzi-lo nesse percentual, e assim por diante" (*Comentários à Nova Lei de Falências e de Recuperação de Empresas*, cit., p. 221).

38. No mesmo sentido: Sérgio Campinho, *Falência e Recuperação de Empresa: o Novo Regime da Insolvência Empresarial*, cit., p. 399.

39. Sérgio Campinho exemplifica: "(...) suponha-se que sejam necessários R$ 50.000,00 para a satisfação integral dos créditos de natureza trabalhista, não havendo outros bens a liquidar senão aqueles objeto de garantia real, nem outra fonte de recursos. Existindo cinco credores com garantia real, titularizando, cada um, um crédito no valor de R$ 120.000,00, e apurando-se, em cada uma das vendas dos bens gravados, R$ 100.000,00, perfazendo o total de R$ 500.000,00, cada credor perderá para a satisfação do seu crédito a importância de R$ 10.000,00, vertendo-se, assim, os R$ 50.000,00 necessários à integral satisfação dos créditos que os preferem. Com a providência estar-se-á garantindo a efetividade da ordem de classificação dos créditos, sem prejudicar o tratamento igualitário que se deve dispensar aos credores de uma mesma classe, ainda que entre eles se faça o rateio" (*Falência e Recuperação de Empresa: o Novo Regime da Insolvência Empresarial*, cit., p. 399).

40. No mesmo sentido: Fábio Ulhoa Coelho, *Comentários à Nova Lei de Falências e de Recuperação de Empresas*, cit., p. 221; José da Silva Pacheco, *Processo de Recuperação Judicial, Extrajudicial e Falência*, cit., p. 210; Francisco Satiro de Sousa Jr., "Comentários aos arts. 83 e 84", cit., in Francisco Satiro de Sousa Jr. e Antônio Sérgio Altieri de Moraes Pitombo (coords.), *Comentários à Lei de Recuperação de Empresas e Falência: Lei 11.101/2005*, p. 361.

41. Exemplifica Sérgio Campinho: "Portanto, se o bem for alienado na falência por R$ 100.000,00 e o crédito montar em R$ 120.000,00, deverá participar do concurso entre os credores quirografários para receber os R$ 20.000,00 não cobertos pelo bem objeto da garantia" (*Falência e Recuperação de Empresa: o novo regime da insolvência empresarial*, cit., p. 398).

42. Manoel Justino Bezerra Filho, *Nova Lei de Recuperação e de Falências Comentada. Lei 11.101, de 9.2.2005, Comentário Artigo por Artigo*, cit., 3ª ed., pp. 46 e 204.

Misabel de Abreu Machado Derzi e Raphael Frattari também formulam suas críticas:

"Mas, embora a inovação pretenda atuar como um mecanismo para contenção da alta dos juros, com o quê se reduzem os custos dos financiamentos de interesse dos tomadores, a preferência que a lei complementar [*n. 118/2005*] atribui aos créditos com garantia real em detrimento dos tributários beneficia em especial os bancos e instituições financeiras. O benefício ainda mais se fortalece quando se vê que, ao contrário do que ocorre com os demais créditos, os juros respectivos, vencidos posteriormente à decretação da falência, conforme art. 24 [*rectius: 124*], parágrafo único, da Lei de Falências, podem ser computados na mesma classe dos créditos com garantia real, estendendo-se-lhes o privilégio.

"Acresce ainda que variados são os fatores a interferir na taxa de juros, razão pela qual os resultados da alteração na ordem de classificação dos créditos na falência podem ser mínimos ou inexistentes. Na falência, deslocar o crédito tributário, inserindo outros à frente e com prioridade na classificação, não garante financiamento mais baixo. Mais harmoniosa com o princípio da função social da empresa, no momento da falência, era a norma anterior (...). Evidentemente, esgotando-se a vida da empresa com a falência, a natureza do crédito tributário e a sobreposição do interesse público e social sobre o privado deveriam inspirar e continuar inspirando a ordem de preferência prioritária que lhe é inerente. (...). A medida foi justificada perante a opinião pública como fator para a diminuição do *spread* bancário, ou seja, como variável que permitiria ao setor financeiro diminuir os juros exigidos nos empréstimos bancários, eis que as instituições financeiras estariam mais protegidas em caso de falência do tomador.

"Na verdade, a opção legislativa foi feita perante um dos mais poderosos *lobbies* de que se tem notícia. É sabido que as instituições financeiras são um dos principais doadores para as campanhas políticas, o que lhes permite construir sempre a 'bancada dos bancos' – com o perdão do trocadilho.

"O *lobby* foi responsável por incutir na opinião pública, com ajuda da grande imprensa (na qual o sistema financeiro é um dos grandes anunciantes), que os juros bancários iriam diminuir em virtude do tratamento privilegiado ao crédito com garantia de ônus real.

"No entanto, o benéfico efeito que se esperava ainda não veio, pois o impacto da nova legislação falimentar não foi o esperado, conforme várias instituições de pesquisas econômicas. Uma vez mais, os donos do novo capitalismo financeiro fizeram prevalecer a proteção aos seus 'direitos' em detrimento do interesse da coletividade. Ora, preferir o crédito fiscal significa proteger a coletividade, que só deveria dar lugar aos interesses mais imediatos de ex-empregados, já privados da sua fonte de trabalho.

"Preferir bancos ao Fisco é imoralidade travestida de legalidade. Desvario do nosso sistema de representação política. Perpetuação das capitanias hereditárias, eleição dos poderosos em detrimento da coletividade.

"Registre-se que a malsinada opção está sob o controle de constitucionalidade do STF, pois o labor legislativo não pode, ao argumento da discricionariedade, arranhar o interesse público. É que a justiça constitucional no Estado Democrático de Direito também controla a ação do legislador baseada em critérios de proporcionalidade, amplamente discutidos na moderna teoria constitucional."[43]

451. Créditos tributários – Os créditos tributários em tela são aqueles surgidos antes da decretação da falência, pois aqueles que ocorrerem após a quebra serão considerados extraconcursais (art. 84, V).

Na ordem de classificação veiculada no art. 83, os créditos tributários estão em terceiro lugar, diferentemente do regime

43. Misabel de Abreu Machado Derzi e Raphael Frattari, "Dispositivos do Código Tributário Nacional alterados por ocasião da Lei 11.101/2005", cit., in Osmar Brina Corrêa-Lima e Sérgio Mourão Corrêa-Lima (coords.), *Comentários à Nova Lei de Falência e Recuperação de Empresas: Lei 11.101, de 9.2.2005*, pp. 1.342 e 1.360.

anterior, em que tais créditos estavam classificados em segundo lugar.[44-45]

Esclareça-se: simultaneamente à lei ora comentada foi editada a Lei Complementar 118/2005, que acrescentou o parágrafo único ao art. 186 do CTN, alterando a posição do crédito tributário do segundo para o terceiro lugar na classificação geral dos créditos na falência.[46-47]

Jurisprudência[48]

Transcrevemos um acórdão pertinente prolatado à luz do regime anterior:

[STJ] Processual civil – Execução fiscal – Massa falida – Crédito trabalhista – Privilégio sobre o crédito fiscal – Juízo universal da falência – Arts. 186 e 187 do CTN e Súmula n. 44/TFR.

1. *Realizada a praça, o crédito deverá ser posto à disposição da massa falida, para satisfação dos créditos trabalhistas, se houver*, assim como os bens arrecadados na falência, caso insuficiente o referido crédito.

2. O crédito trabalhista goza de privilégio superior ao fazendário, o foro de execução fiscal

44. O senador Ramez Tebet, no seu parecer, noticia: "A Emenda n. 82, da senadora Lúcia Vânia, propõe a alteração do art. 11, incisos II e III, da redação aprovada na Câmara para o PLC n. 71, de 2003, a fim de modificar a ordem de recebimento dos créditos na falência, posicionando os credores com garantia real à frente do crédito tributário. (...) tendo em vista os objetivos da nova Lei de Falências – especialmente a criação de instrumentos para a efetiva recuperação da empresa e diminuição do custo do crédito – e considerando que os créditos tributários não serão atingidos pela recuperação judicial ou extrajudicial, entendemos que o Poder Público deve dar sua parcela de contribuição à sobrevivência das empresas brasileiras e à redução do risco a elas relacionado. É necessário que a garantia real do crédito no Brasil – a exemplo do que ocorre na grande maioria dos Países desenvolvidos – seja efetiva, a fim de que haja estímulo à concessão de financiamento e, assim, promova-se investimento dos recursos financeiros na atividade produtiva, a expansão do acesso ao crédito e seu barateamento, com redução do chamado *spread* bancário. Por isso, preconizamos a necessidade de modificação da ordem de recebimento na falência, posicionando os créditos com garantia real à frente dos créditos tributários" (v. parecer na íntegra: Anexo II desta obra).

45. Fábio Ulhoa Coelho explica a *ratio legislatoris*: "A intenção do legislador foi criar as condições para o barateamento dos juros bancários, medida destinada a acentuar o desenvolvimento econômico do País, em atendimento, portanto, ao interesse público. Como a maioria dos credores com garantia real são os bancos, aposta-se que a inversão da ordem de classificação aumentará o volume de recuperação dos créditos abertos a empresários ou sociedades empresárias e, conseqüentemente, levará à prática de *spreads* menores" (*Comentários à Nova Lei de Falências e de Recuperação de Empresas*, cit., p. 219).

46. Fábio Ulhoa Coelho assevera: "Dividem-se os créditos fiscais em tributários e não tributários, isto é, os direitos creditícios titularizados pelo Estado podem decorrer de inadimplemento pelo falido de obrigação relativa a tributo (impostos, taxas e contribuições) ou relacionada a qualquer outra causa (por exemplo, indenização por acidente de trânsito, descumprimento de contrato de fornecimento de bens ou serviços, prejuízos derivados de má execução de obra etc.). (...). Quando o tributo não é pago no vencimento, a Administração Pública não tem outra alternativa senão inscrever o correspondente crédito fiscal na Dívida Ativa (CTN, art. 201). Trata-se de ato administrativo vinculado. Os créditos contra a falida de natureza tributária, assim, sempre estarão inscritos na Dívida Ativa e deverão ser pagos pelo administrador judicial logo após os trabalhistas e equiparados e os credores com garantia real (CTN, art. 186, § 2º, I). Quanto aos créditos fiscais não tributários, por sua vez, o Poder Público pode optar por inscrevê-los ou não na Dívida Ativa. Definir a melhor forma de cobrar o devedor, nesse caso, é ato discricionário. Em relação a eles, portanto, o administrador judicial deve guiar-se por critério estritamente formal: quando inscrito na Dívida Ativa, o crédito não tributário do Estado tem a mesma classificação do tributário (Lei 6.830/1980, art. 4º, § 4º) e deve ser pago igualmente após os trabalhistas e equiparados e os credores com garantia real, mas, quando não está inscrito, sua classificação correta é a dos quirografários, devendo o administrador judicial processar o pagamento junto com os demais credores dessa categoria" (*Comentários à Nova Lei de Falências e de Recuperação de Empresas*, cit., p. 222). No mesmo sentido: Sérgio Campinho, *Falência e Recuperação de Empresa: o Novo Regime da Insolvência Empresarial*, cit., p. 401.

47. Carlos Henrique Abrão aduz: "Correspondem ao crédito tributário aqueles fiscais e parafiscais que estão disciplinados no Código Tributário Nacional, regularmente constituídos, sem a necessidade de habilitação (...)" ("Comentários aos arts. 70 ao 104", cit., in Carlos Henrique Abrão e Paulo Fernando Campos Salles de Toledo (coords.), *Lei de Recuperação de Empresas e Falência*, p. 208).

48. Marcelo Papaléo de Souza, *A Lei de Recuperação e Falência e as suas Conseqüências no Direito e no Processo do Trabalho*, cit., 3ª ed., p. 258.

não se sobrepõe ao foro universal da falência, ao qual todos estão obrigados, inclusive o superprotegido crédito trabalhista.

3. Inteligência dos arts. 186 e 187 do CTN e da Súmula n. 44/TFR.

4. Recurso especial improvido. [*REsp 200.181-RS, rel. Min. Francisco Peçanha Martins, DJU 9.4.2001, p. 340*]

452. Créditos com privilégio especial – Os créditos com privilégio especial, de acordo com a ordem veiculada no art. 83, que estão classificados em quarto lugar, são os seguintes:

1) *Os previstos no art. 964 da Lei 10.406, de 10.1.2002*. Dispõe o art. 964 do CC: "*Art. 964*. Têm privilégio especial: I – sobre a coisa arrecadada e liquidada, o credor de custas e despesas judiciais feitas com arrecadação e liquidação; II – sobre a coisa salvada, o credor por despesa de salvamento; III – sobre a coisa beneficiada, o credor por benfeitorias necessárias e úteis; IV – sobre os prédios rústicos ou urbanos, fábricas, oficinas ou quaisquer outras construções, o credor de materiais, dinheiro ou serviços para sua edificação, reconstrução ou melhoramento; V – sobre os frutos agrícolas, o credor por sementes, instrumentos e serviços à cultura ou à colheita; VI – sobre as alfaias e utensílios de uso doméstico, nos prédios rústicos ou urbanos, o credor dos aluguéis, quanto às prestações do corrente ano e do ano anterior; VII – sobre os exemplares da obra existente na massa do editor, o autor dela, ou de seus legítimos representantes, pelo crédito fundado contra aquele no contrato de edição; VIII – sobre o produto da colheita, para a qual houver concorrido com o seu trabalho, e precipuamente a quaisquer créditos, ainda que reais, o trabalhador agrícola, quanto à dívida dos seus salários".

2) *Os assim definidos em outras leis civis e comerciais, salvo disposição contrária da lei*. Alguns exemplos: sobre o preço do navio, os créditos a cargo da embarcação (art. 475 do CComercial); sobre as quantias que houverem pago ao incorporado, os subscritores ou candidatos à aquisição de unidades condominiais (art. 43, III, da Lei 4.591/1964).

3) *Aqueles a cujos titulares a lei confira o direito de retenção sobre a coisa dada em garantia*. Exemplos de direito de retenção no âmbito do Código Civil: em favor do locatário (art. 571, parágrafo único, e art. 578); em favor do depositário (art. 644); em favor do mandatário (art. 664); em favor do possuidor de boa-fé (art. 1.219); em favor do credor anticrético (art. 1.423 e art. 1.507, § 2º); em favor do credor pignoratício (art. 1.433, II).

Os credores com privilégio especial – *ad instar* dos credores com garantia real – também não estão sujeitos a rateios, tendo em vista que o produto da venda do bem objeto do privilégio especial se destina específica e diretamente à satisfação do crédito garantido.

Nada obstante, em face da ordem de preferências estabelecidas na lei sob comento, tal comando pode não se concretizar quando o produto da venda dos bens for integralmente absorvido pelos créditos extraconcursais, trabalhistas, acidentários e tributários (art. 141, I).[49]

Serão classificados como créditos quirografários os saldos dos créditos não cobertos pelo produto da alienação dos bens vinculados ao seu pagamento (art. 83, VI, "b").

453. Créditos com privilégio geral – Os créditos com privilégio geral, de acordo com a ordem veiculada no art. 83, estão classificados em quinto lugar, e são os seguintes:

1) *Os previstos no art. 965 da Lei 10.406, de 10.1.2002*. Prescreve o art. 965 do CC: "*Art. 965*. Goza de privilégio geral, na ordem seguinte, sobre os bens do devedor: I – o crédito por despesa de seu funeral, feito segundo a condição do morto e o costume do lugar; II – o crédito por custas judiciais, ou por despesas com a arrecadação e liquidação da massa; III – o crédito por despesas com o luto do cônjuge sobrevivo e dos filhos do devedor falecido, se forem moderadas; IV – o

49. No mesmo sentido: Fábio Ulhoa Coelho, *Comentários à Nova Lei de Falências e de Recuperação de Empresas*, cit., p. 225; Sérgio Campinho, *Falência e Recuperação de Empresa: o Novo Regime da Insolvência Empresarial*, cit., p. 403.

crédito por despesas com a doença de que faleceu o devedor, no semestre anterior à sua morte; V – o crédito pelos gastos necessários à mantença do devedor falecido e sua família, no trimestre anterior ao falecimento; VI – o crédito pelos impostos à Fazenda Pública, no ano corrente e no anterior; VII – o crédito por salários dos empregados do serviço doméstico do devedor, nos seus derradeiros 6 (seis) meses de vida; VIII – os demais créditos de privilégio geral".

2) *Os previstos no parágrafo único do art. 67 da lei*. Como estímulo ao credor quirografário, para que continue a fornecer bens ou serviços ao devedor em recuperação judicial, seu crédito será reclassificado, em caso de falência, para crédito com privilégio geral.

Note-se que tal reclassificação não ofende a regra da imutabilidade da natureza do crédito na falência, uma vez que tal reclassificação se opera anteriormente, vale dizer, na fase de recuperação judicial.[50]

3) *Os assim definidos em outras leis civis e comerciais, salvo disposição contrária da lei sob comento*. Eis alguns exemplos de créditos com privilégio geral: o crédito dos debenturistas titulares de debêntures com garantia flutuante (art. 58, § 1º); o crédito do advogado relativo aos honorários advocatícios contratados ou sucumbenciais (Lei 8.906/1994, art. 24); o crédito do comissário relativo a comissões e despesas devidas pelo comitente (art. 707 do CC).

Jurisprudência[51]

Transcrevemos, abaixo, alguns acórdãos pertinentes:

[STJ] Processual civil – Honorários de advogado – Desapropriação. 1. A Lei n. 8.906, de 4.7.1994 (Estatuto da OAB), em seu art. 24, garante aos advogados receberem, de modo autônomo e direto, os honorários advocatícios e os fixados pela decisão judicial, desde que anexem o respectivo contrato, na fase de execução da sentença, deduzindo-se o valor a que têm direito da quantia recebida pelo constituinte. 2. *Os honorários advocatícios são créditos privilegiados em face do concurso de credores, falência, liquidações extrajudiciais, concordatas e insolvência civil. [1ª Turma, REsp 295.987-SP, rel. Min. José Delgado, DJU 2.4.2001, p. 264*]

[TJDF] Falência – Habilitação de crédito – Crédito oriundo de honorários advocatícios – Responsabilidade da massa falida – Recurso conhecido e improvido, unânime. *Os honorários advocatícios devidos em razão de sucumbência da falida noutro processo têm natureza de crédito privilegiado*, e, como tal, sua habilitação é de rigor. A massa falida é sem dúvida responsável, também, por despesas e condenações decorrentes de litígios de que participou, antes da quebra. [*ACi 43.087-3/1998, rel. Des. Eduardo de Moraes Oliveira, j. 10.4.2000*]

[TJSP] Falência – Habilitação de crédito – Honorários advocatícios resultantes de arbitramento judicial – Hipótese de sociedade de advogados – Fato que não retira a natureza alimentar do crédito – Destinação, direta ou indiretamente, aos profissionais que a integram e atuaram no processo – *Classificação como privilegiado – Art. 24 da Lei federal n. 8.906/1994* – Recurso provido para esse fim. *O fato de cuidar-se de habilitação de crédito deduzida por sociedade de advogados não retira a natureza alimentar dos honorários arbitrados judicialmente, devendo, por isso, ser classificado como privilegiado na falência.* [*J. 23.3.2000, JTJ-Lex 233/49*]

[STJ] Comercial e processual civil – Falência – Recurso especial – Prequestionamento – Insuficiência – Habilitação de crédito de honorários advocatícios devidos por empresa antes da quebra – Sociedade de advogados – Crédito com privilégio especial – Reconhecimento – Lei n. 8.906/1994, art. 24 – Exegese. 1. A insuficiência de prequestionamento impede o exame de todas as questões suscitadas no especial. 2. *Os honorários devidos às sociedades de advogados instituídas na forma do art. 14 do Estatuto da OAB têm caráter alimentar, constituindo crédito com privilégio geral na falência da empresa para a qual prestados os serviços, descabida a pretensão de afastamento da norma do art. 24 da mesma Lei n. 8.906/1994, que não se limita, na interpretação que se lhe dá, à verba devida aos patronos contratados como pessoas físicas*. 3. Recurso especial não conheci-

50. No mesmo sentido: Francisco Satiro de Sousa Jr., "Comentários aos arts. 83 e 84", cit., in Francisco Satiro de Sousa Jr. e Antônio Sérgio Altieri de Moraes Pitombo (coords.), *Comentários à Lei de Recuperação de Empresas e Falência: Lei 11.101/2005*, p. 363.

51. Manoel Justino Bezerra Filho, *Jurisprudência da Nova Lei de Recuperação de Empresas e Falências/Decisões, Ofícios Judiciais, Resoluções, Sentenças, Acórdãos, Dentre Outros Documentos*, cit., pp. 202-203.

do. [*4ª Turma, REsp 293.552-SP, rel. Min. Aldir Passarinho Jr., j. 6.12.2007, v.u.*][52]

Inexistindo recursos suficientes para pagamento integral de tais créditos, instalar-se-á o rateio proporcional ao crédito.

454. Créditos quirografários – Os créditos quirografários, também denominados de comuns ou ordinários, estão classificados, de acordo com a ordem veiculada no art. 83, em sexto lugar, e são os seguintes: (1) aqueles não previstos nos demais incisos do artigo; (2) os saldos dos créditos não cobertos pelo produto da alienação dos bens vinculados ao seu pagamento; (3) os saldos dos créditos derivados da legislação do trabalho que excederem o limite estabelecido no inciso I do *caput* do artigo.

Os créditos quirografários são aqueles que estão representados por papéis, e somente serão pagos quando todos os créditos que os antecedem, na classificação geral, estiverem satisfeitos.

Discordamos dos autores que sustentam que tais créditos se caracterizam por serem desprovidos de garantia. A razão da discordância é simples: um crédito pode ser classificado como quirografário mesmo tendo garantias pessoais, como aval e fiança (por exemplo, notas promissórias avalizadas e contratos afiançados). Não há que confundir créditos sem privilégio com créditos sem garantia.[53]

Diferentemente do regime anterior, no qual os créditos quirografários figuravam em último lugar, na lei atual eles passaram a ocupar o antepenúltimo lugar – antes, portanto, das multas contratuais e penas pecuniárias (penais, administrativas e tributárias) e dos créditos subordinados.

Alguns exemplos de créditos quirografários: créditos consubstanciados em cheques, letras de câmbio e duplicatas; créditos oriundos de debêntures e contratos sem garantia real; créditos decorrentes de atos ilícitos perpetrados pelo devedor; os saldos dos créditos derivados da legislação do trabalho que excederem o limite de 150 salários mínimos por empregado (art. 83, VI, "c"); os saldos dos créditos (com garantia real ou com privilégio especial) não cobertos pelo produto da alienação dos bens vinculados ao seu pagamento (art. 83, VI, "b"); créditos de natureza não tributária não inscritos na Dívida Ativa; créditos trabalhistas cedidos a terceiros (art. 83, § 4º).

No caso de insuficiência de recursos para pagamento integral de tais créditos, proceder-se-á ao rateio proporcional ao crédito.

455. Multas contratuais e as penas pecuniárias por infração das leis penais ou administrativas, inclusive as multas tributárias – As multas contratuais e as penas pecuniárias penais, administrativas e tributárias, também denominadas de créditos subquirografários, estão classificadas, de acordo com a ordem veiculada no art. 83, em sétimo lugar.[54]

A lei sob comento inovou, pois no regime anterior tais multas e penas não podiam ser exigidas na falência, de acordo com o art. 23, parágrafo único, III, do Decreto-lei 7.661/1945 e a Súmula 565 do STF.

Sérgio Campinho, após distinguir as multas contratuais entre moratórias e compensatórias, previstas respectivamente nos arts. 411 e 410 do CC, afirma que as primeiras se classificam como subquirografárias e as

52. *Boletim da AASP* 2.590/4.867, 25-31.8.2008.

53. No mesmo sentido: Francisco Satiro de Sousa Jr., "Comentários aos arts. 83 e 84", cit., in Francisco Satiro de Sousa Jr. e Antônio Sérgio Altieri de Moraes Pitombo (coords.), *Comentários à Lei de Recuperação de Empresas e Falência: Lei 11.101/2005*, p. 364.

54. Fábio Ulhoa Coelho explica a *ratio legislatoris*: "Trata-se de valores devidos em razão de um ilícito cometido pelo falido. (...). Pois bem, não seria justo deixar de atender à maioria dos credores (excetuam-se desse tratamento apenas os subordinados) em razão de se consumirem recursos da massa no pagamento desse gênero de obrigação. Equivaleria, num certo sentido, a transferir para a comunidade dos credores as conseqüências da ilicitude perpetrada pelo devedor. (...). Assim sendo, para evitar tal injustiça, a lei classifica os créditos derivados de multas contratuais e penas pecuniárias em seguida aos quirografários e antes dos subordinados" (*Comentários à Nova Lei de Falências e de Recuperação de Empresas*, cit., p. 229).

segundas são classificadas como quirografárias.[55]

Marcelo Papaléo de Souza, no tocante às multas trabalhistas, aduz: "Dessa maneira, pode-se exigir do falido, como créditos subquirografários, os créditos decorrentes de atos ilícitos. Tal conduz a uma indagação – as penalidades ou multas previstas na CLT (arts. 467 e 477) também não podem ser exigidas na falência do devedor? (...). Pela sistemática atual, do crédito deve ser destacada a multa para que possa ser paga na classe dos subquirografários por atos ilícitos. Assim, sendo admitido que um credor quirografário cobre do devedor multas que instituiu em contrato, em que pese a em categoria inferior, deverá ser possibilitado ao credor trabalhista também cobrar as penalidades ou multas previstas no ordenamento jurídico (arts. 467 e 477, § 8º, da CLT), pois decorrentes de ato ilícito do empregador. Contudo, tais créditos serão enquadrados como subquirografários e deverá ser respeitada a ordem legal para quitação (arts. 83 e 149 da LRF). Poderá, assim, o credor trabalhista habilitar-se na categoria dos extraconcursais, preferenciais ou quirografários, relacionando o principal, e nos subquirografários, relativamente às multas dos arts. 467 e 477 da CLT, haja vista o desrespeito do contido na legislação trabalhista, ou seja, decorrente de ato ilícito do empregador".[56]

456. Créditos subordinados – Os créditos subordinados constituem uma inovação. Estão classificados, de acordo com a ordem veiculada no art. 83, em oitavo lugar, e são os seguintes:

1) *Os assim previstos em lei ou em contrato*. Por exemplo, debenturistas titulares de debêntures subordinadas (art. 58, § 4º).

2) *Os créditos dos sócios e dos administradores sem vínculo empregatício*.[57] Por exemplo: *pro labore* e mútuo.

Os créditos subordinados apenas têm uma preferência: os sócios da falida.

Lembramos que o saldo resultante da liquidação falimentar somente será entregue à sociedade devedora ou aos seus sócios após o pagamento de todos os credores, inclusive os titulares de créditos subordinados (art. 153).

457. Inoponibilidade de valores decorrentes de direito de sócio – Não são oponíveis à massa os valores decorrentes de direito de sócio ao recebimento de sua parcela do capital social na liquidação da sociedade.

A *ratio legis* desta vedação parece-nos clara: à medida que o capital social constitui a garantia dos credores, somente após a satisfação destes é que o sócio teria direito ao recebimento de sua participação societária.

458. Cláusulas penais em contratos unilaterais – As cláusulas penais dos contratos unilaterais não serão atendidas se as obrigações neles estipuladas se vencerem em virtude da falência.[58]

55. Sérgio Campinho: "O valor da obrigação principal constitui crédito quirografário e o da multa moratória crédito subquirografário. Diverso é o caso da cláusula penal compensatória. Nela vem previamente ajustado entre as partes o valor das perdas e danos pelo inadimplemento absoluto do contrato. Nessas condições, o respectivo valor será pago no rol dos créditos quirografários, consoante interpretação extensiva do § 2º do art. 117 da Lei 11.101/2005" (*Falência e Recuperação de Empresa: o Novo Regime da Insolvência Empresarial*, cit., p. 406).

56. Marcelo Papaléo de Souza, *A Lei de Recuperação e Falência e as suas Conseqüências no Direito e no Processo do Trabalho*, cit., 3ª ed., pp. 264 e 266.

57. Fábio Ulhoa Coelho exemplifica: "(...) se quem titulariza o poder de controle de uma companhia, em vez de aportar nela, como capital social, os recursos necessários à exploração do objeto social, opta por emprestá-los, em sobrevindo a falência da mutuária, o crédito do controlador é classificado como subordinado" (*Comentários à Nova Lei de Falências e de Recuperação de Empresas*, cit., p. 230).

58. Afirma Carlos Henrique Abrão: "Representaria desequilíbrio e pesado encargo à massa responder pelo descumprimento de contrato cuja cláusula apenas fora antecipada diante da falência decretada" ("Comentários aos arts. 70 ao 104", cit., in Carlos Henrique Abrão e Paulo Fernando Campos Salles de Toledo (coords.), *Lei de Recuperação de Empresas e Falência*, p. 215).

Art. 84. Serão considerados créditos extraconcursais[459] e serão pagos com precedência sobre os mencionados no art. 83 desta Lei, na ordem a seguir, os relativos a:[460-461-462] I – remunerações devidas ao administrador judicial e seus auxiliares, e créditos derivados da legislação do trabalho ou decorrentes de acidentes de trabalho relativos a serviços prestados após a decretação da falência; II – quantias fornecidas à massa pelos credores; III – despesas com arrecadação, administração, realização do ativo e distribuição do seu produto, bem como custas do processo de falência; IV – custas judiciais relativas às ações e execuções em que a massa falida tenha sido vencida; V – obrigações resultantes de atos jurídicos válidos praticados durante a recuperação judicial, nos termos do art. 67 desta Lei, ou após a decretação da falência, e tributos relativos a fatos geradores ocorridos após a decretação da falência, respeitada a ordem estabelecida no art. 83 desta Lei.

LEGISLAÇÃO ANTERIOR

Lei de Falências (DL 7.661/1945): *Art. 124.* Os encargos e dívidas da massa são pagos com preferência sobre os créditos admitidos a falência, ressalvado o disposto nos arts. 102 e 125.

§ 1º. São encargos da massa: I – as custas judiciais do processo da falência, dos seus incidentes e das ações em que a massa for vencida; II – as quantias fornecidas à massa pelo síndico ou pelos credores; III – as despesas com a arrecadação, administração, realização de ativo e distribuição do seu produto, inclusive a comissão de síndico; IV – as despesas com a moléstia e o enterro do falido, que morrer na indigência, no curso do processo; V – os impostos e contribuições públicas a cargo da massa e exigíveis durante a falência; VI – as indenizações por acidente do trabalho que, no caso de continuação de negócio do falido, se tenha verificado nesse período.

§ 2º. São dívidas da massa: I – as custas pagas pelo credor que requereu a falência; II – as obrigações resultantes de atos jurídicos válidos, praticados pelo síndico; III – as obrigações provenientes de enriquecimento indevido da massa.

§ 3º. Não bastando os bens da massa para o pagamento de todos os seus credores, serão pagos os encargos antes das dívidas, fazendo-se rateio em cada classe, se necessário, sem prejuízo, porém, dos créditos de natureza trabalhista.

COMENTÁRIOS

459. O que são "créditos extraconcursais"? – Créditos extraconcursais são aqueles que precedem a todos os demais créditos previstos na ordem de classificação geral da falência veiculada no art. 83,[59] inclusive trabalhistas, limitados a 150 salários mínimos,[60] com exceção dos créditos de natureza estritamente salarial vencidos nos três meses anteriores à decretação da falência, até o limite de cinco salários mínimos por trabalhador (art. 151), e das restituições em dinheiro (arts. 86 e 149).

Ressalte-se que os créditos extraconcursais não estão sujeitos ao processo de habilitação simplesmente porque eles surgem após a decretação da falência; vale dizer, os créditos extraconcursais são aqueles que não participam do concurso falimentar, porquanto não traduzem créditos contra o devedor (falido), mas sim créditos em face da massa falida.[61]

59. Fábio Ulhoa Coelho conceitua: "Os créditos extraconcursais são aqueles a que o administrador judicial deve atender *antes* do pagamento dos credores do falido" (*Comentários à Nova Lei de Falências e de Recuperação de Empresas*, São Paulo, Saraiva, 2005, p. 234).

60. O senador Ramez Tebet, no seu relatório, afirma que a Emenda 134, do senador Antônio Carlos Valadares, "estabelece que os créditos trabalhistas preferem aos créditos extraconcursais. (...). A Emenda n. 134 deve ser rejeitada, pois não se deve impossibilitar ou dificultar o pagamento dos créditos extraconcursais, sob pena de não haver caixa para promover o processo de falência e de haver desestímulo à negociação com o devedor em recuperação judicial" (v. parecer na íntegra: Anexo II desta obra).

61. No mesmo sentido: Sérgio Campinho, *Falência e Recuperação de Empresa: o Novo Regime da Insolvência Empresarial*, Rio de Janeiro, Renovar, 2006, p. 407.

Os créditos extraconcursais constituem uma inovação da lei sob comento.

460. Quais são os créditos extraconcursais? – Os créditos extraconcursais elencados no art. 84 são os seguintes:

I – Remunerações devidas ao administrador judicial e seus auxiliares,[62] *e créditos derivados da legislação do trabalho ou decorrentes de acidentes de trabalho relativos a serviços prestados após a decretação da falência.* O § 1º do art. 22 fixa os seguintes critérios para fixação das remunerações dos auxiliares do administrador judicial: complexidade dos trabalhos a serem executados e valores praticados no mercado para o desempenho de atividades semelhantes.

Já, no tocante aos critérios para fixação da remuneração do administrador judicial, o art. 24, além de reprisar os mesmos critérios supracitados, acrescenta um terceiro: a capacidade de pagamento do devedor.

No regime anterior os critérios para fixação da remuneração, quer do síndico, quer do comissário, eram os seguintes: diligência, trabalho e responsabilidade da função e importância da massa/concordata (arts. 66 e 170).

A forma de pagamento da remuneração do administrador judicial propriamente dita não está prevista na atual lei (por exemplo, mensal, trimestral etc.). Entretanto, o texto legal estabeleceu que do montante devido ao administrador serão reservados 40% para pagamento após o atendimento ao disposto nos arts. 154 e 155.

Foi previsto o seguinte limite para a remuneração do administrador judicial: 5% do valor devido aos credores submetidos à recuperação judicial ou do valor da venda dos bens na falência (§ 1º do art. 24).

No regime anterior também havia previsão de limites: (1) para o síndico – 6% até Cr$ 100.000,00; 5% sobre o excedente até Cr$ 200.000,00; 4% sobre o excedente até Cr$ 500.000,00; 3% sobre o excedente até Cr$ 1.000.000,00; 2% sobre o que exceder de Cr$ 1.000.000,00 (art. 67); (2) para o comissário de concordata preventiva – remuneração limitada à terça parte das porcentagens previstas no art. 67 (art. 170); (3) para o comissário de concordata suspensiva – remuneração limitada à metade das mesmas porcentagens previstas no art. 67 (§ 2º).

A reserva do montante devido ao administrador judicial é de 40%, conforme o § 2º do art. 24.

II – Quantias fornecidas à massa pelos credores. Francisco Satiro de Sousa Jr. exemplifica: custeio pelo locador do transporte dos bens da massa após a desocupação do imóvel locado ou aquele que, tendo interesse na rápida avaliação e venda de certo bem, pagar pessoalmente os honorários do avaliador.[63]

III – Despesas com arrecadação, administração, realização do ativo e distribuição do seu produto, bem como custas do processo de falência. Júlio Kahan Mandel afirma: "Na vigência da lei anterior a proibição do pagamento fazia com que a massa não pudesse usufruir de melhor forma de administração, pois não poderia o síndico fazer gastos que refletiriam em melhor proteção e valorização dos ativos, como reparo em uma máquina antes de vendê-la, ou até mesmo retardavam eventuais diligências que geravam custas para serem praticadas".[64]

IV – Custas judiciais relativas às ações e execuções em que a massa falida tenha sido

62. Júlio Kahan Mandel, reportando-se à legislação anterior, assevera: "E havia ainda a absurda situação de o síndico trabalhar de graça por anos, muitas vezes não recebendo nem no final do processo a sua remuneração. Essa situação injusta em certos casos era superada por decisões jurisprudenciais, mesmo assim em parte (uma vez que o pagamento, mesmo nessas hipóteses, somente era feito após o término da liquidação)" (*Nova Lei de Falências e Recuperação de Empresas Anotada: Lei 11.101, de 9.2.2005*, São Paulo, Saraiva, 2005, p. 163).

63. Francisco Satiro de Sousa Jr., "Comentários aos arts. 83 e 84", in Francisco Satiro de Sousa Jr. e Antônio Sérgio Altieri de Moraes Pitombo (coords.), *Comentários à Lei de Recuperação de Empresas e Falência: Lei 11.101/2005*, São Paulo, Ed. RT, 2005, pp. 369-370.

64. Júlio Kahan Mandel, *Nova Lei de Falências e Recuperação de Empresas Anotada: Lei 11.101, de 9.2.2005*, cit., p. 163.

vencida.[65] Sérgio Campinho sustenta: "O conceito de 'custas do processo de falência', a que se refere o inciso III do art. 84, deve, em nossa opinião, gozar da maior amplitude possível, para abranger todos os atos do processo, como publicações de editais e avisos, realizações de assembléias de credores etc., além de amparar aquelas custas despendidas pelo credor que requereu a falência, eis que realizadas em proveito de toda a massa de credores".[66]

V – Obrigações resultantes de atos jurídicos válidos praticados durante a recuperação judicial, nos termos do art. 67 da lei, ou após a decretação da falência, e tributos relativos a fatos geradores ocorridos após a decretação da falência,[67] *respeitada a ordem estabelecida no art. 83 da lei.* Os créditos decorrentes de obrigações contraídas pelo devedor durante a recuperação judicial, a título de estímulo aos credores para que continuem a fornecer bens ou serviços (inclusive mútuo) ao devedor, são classificados como extraconcursais em caso de decretação de falência (art. 67).[68]

65. O dispositivo correspondente no regime anterior era o art. 124, § 1º, I, do Decreto-lei 7.661/1945, que classificava as custas judiciais como encargos da massa.

66. Sérgio Campinho, *Falência e Recuperação de Empresa: o Novo Regime da Insolvência Empresarial*, cit., p. 408.

67. Júlio Kahan Mandel explica: "Também se inclui neste inciso a obrigatoriedade de a empresa falida em continuação de atividades pagar tributos devidos (...), mesmo porque não seria justo que os seus concorrentes no mercado se vissem atolados na alta carga tributária, enquanto a empresa falida pudesse concorrer no mercado usufruindo de uma isenção de impostos" (*Nova Lei de Falências e Recuperação de Empresas Anotada: Lei 11.101, de 9.2.2005*, cit., p. 164).

68. Francisco Satiro de Sousa Jr. esclarece: "É o reconhecimento, por parte do legislador, da sua importância na solução do empresário em dificuldades. Essa é uma tendência que se verifica entre outros legisladores, como o norte-americano" ("Comentários aos arts. 83 e 84", cit., in Francisco Satiro de Sousa Jr. e Antônio Sérgio Altieri de Moraes Pitombo (coords.), *Comentários à Lei de Recuperação de Empresas e Falência: Lei 11.101/2005*, p. 371).

Note-se que tal reclassificação não ofende a regra da imutabilidade da natureza do crédito na falência, uma vez que ela se opera anteriormente, vale dizer, na fase de recuperação judicial.

Quanto aos tributos relativos a fatos geradores após a decretação da falência, Misabel de Abreu Machado Derzi e Raphael Frattari explicam:

"Declarada a falência da sociedade, em várias situações, continuarão ocorrendo fatos geradores de certos tributos, agora realizados pela massa falida. É o caso da propriedade de imóveis urbanos ou rurais, arrecadados pelo administrador, por exemplo, que integram o patrimônio da massa falida até serem leiloados para a arrecadação de recursos. Nesse caso, os créditos decorrentes de tais fatos geradores devem ser pagos preferencialmente, como créditos extraconcursais. (...). Na hipótese, o contribuinte passa a ser a massa falida, que há de responder pelos créditos dos fatos geradores que realiza. Assim, quando a massa incorrer nas situações previstas em lei como fatos geradores de tributos, deverá recolher os créditos correspondentes como qualquer outro contribuinte, nos termos da legislação de regência do tributo respectivo.

"Dúvida freqüente e correlata ao tema abordado, e que infelizmente nunca recebeu a atenção da Administração Pública e nem do legislador, é saber se seria necessária nova inscrição cadastral da massa falida no Cadastro Nacional de Pessoas Jurídicas/CNPJ. A rigor, seria importante que a massa falida recebesse nova inscrição cadastral, pois é a universalidade de bens que não pode ser confundida com o falido; mas, na prática, isso não ocorre, sendo apenas alterada a denominação da sociedade, que ganha os termos 'Massa Falida de ...'. (...). Daí por que tributos sobre o faturamento ou receita bruta terão lugar apenas se a massa falida os obtiver. (...). No entanto, é de lembrar-se que tributo incidente sobre a renda, tal como o imposto de renda e a contribuição social sobre o lucro líquido, não poderá ser exigido da massa falida, pois que seus fatos geradores não terão lugar no procedimento falimentar, desarmônico com a idéia de intenção de lucro."[69]

461. O elenco do art. 84 encerra **numerus clausus***?* – Fábio Ulhoa Coelho sustenta que tal elenco é exemplificativo, vale dizer, trata-se de *numerus apertus*, uma vez que também são créditos extraconcursais os decorrentes de disponibilização de páginas na rede mundial de computadores, de organização e realização da assembléia dos credores ou de reunião do comitê e de publicação em jornal de grande circulação.

Já, Francisco Satiro de Sousa Jr. entende que, apesar de amplo, o referido elenco encerra *numerus clausus*.[70]

462. Há rateio entre os créditos extraconcursais? – A regra geral é no sentido de que inexiste rateio entre os créditos extraconcursais, na medida em que o caput do art. 84 estabelece, expressamente, uma ordem de pagamento ("serão pagos na ordem a seguir"). Todavia, instalar-se-á o rateio entre os créditos extraconcursais quando os recursos forem insuficientes para pagamento integral dos créditos.[71]

69. Misabel de Abreu Machado Derzi e Raphael Frattari, "Dispositivos do Código Tributário Nacional alterados por ocasião da Lei 11.101/2005", in Osmar Brina Corrêa-Lima e Sérgio Mourão Corrêa-Lima (coords.), *Comentários à Nova Lei de Falência e Recuperação de Empresas: Lei 11.101, de 9.2.2005*, Rio de Janeiro, Forense, 2009, pp. 1.363-1.364.

70. Francisco Satiro de Sousa Jr., "Comentários aos arts. 83 e 84", cit., in Francisco Satiro de Sousa Jr. e Antônio Sérgio Altieri de Moraes Pitombo (coords.), *Comentários à Lei de Recuperação de Empresas e Falência: Lei 11.101/2005*, p. 367.

71. No mesmo sentido: Francisco Satiro de Sousa Jr., "Comentários aos arts. 83 e 84", cit., in Francisco Satiro de Sousa Jr. e Antônio Sérgio Altieri de Moraes Pitombo (coords.), *Comentários à Lei de Recuperação de Empresas e Falência: Lei 11.101/2005*, p. 367; Sérgio Campinho, *Falência e Recuperação de Empresa: o Novo Regime da Insolvência Empresarial*, cit., p. 408.

Seção III – Do Pedido de Restituição[463-464-465-466]

Art. 85. O proprietário de bem arrecadado no processo de falência[467-468] ou que se encontre em poder do devedor na data da decretação da falência[469-470] poderá pedir sua restituição.[471-472-473-474-475-476-477-478-479]

Parágrafo único. Também pode ser pedida a restituição de coisa vendida a crédito e entregue ao devedor nos 15 (quinze) dias anteriores ao requerimento de sua falência, se ainda não alienada.[480-481-482-483-484]

LEGISLAÇÃO ANTERIOR

Lei de Falências (DL 7.661/45): *Art. 76.* Pode ser pedida a restituição de coisa a arrecadada em poder do falido quando seja devida em virtude de direito real ou de contrato.

§ 1º. A restituição pode ser pedida, ainda que a coisa já tenha sido alienada pela massa.

§ 2º. Também pode ser reclamada a restituição das coisas vendidas a crédito e entregues ao falido nos 15 (quinze) dias anteriores ao requerimento da falência, se ainda não alienadas pela massa.

COMENTÁRIOS

463. Sistemática da arrecadação de bens no processo de falência – Objetivando evitar a dispersão dos bens do falido ou até mesmo fraude,[1] o legislador determina que, ato contínuo à assinatura do termo de compromisso, o administrador judicial efetuará a arrecadação de tais bens (art. 108).

No inventário, que compõe o auto de arrecadação, serão referidos os bens indicados de terceiros ou reclamados por estes, mencionando-se essa circunstância (art. 100, § 2º, IV).[2]

J. C. Sampaio de Lacerda elucida, com propriedade: "Assim como na constituição da massa ativa tem-se, como vimos, a necessidade de efetuar-se a sua integração, procurando trazer os bens do falido que se encontram afastados, em conseqüência de atos considerados ineficazes e revogáveis, também é necessário desintegrar da massa ativa aquilo que, segundo a lei autoriza, não deva ser mantido no acervo arrecadado, de modo a impedir o enriquecimento ilícito da massa falida. Este é, pois, o objetivo da reivindicação na falência, ou, conforme expressão da lei vigente, do pedido de restituição".[3]

Em outras palavras, enquanto a arrecadação é meio de integração da massa objetiva, a restituição é sua desintegração.[4]

Frise-se que é vedado ao administrador efetuar a restituição diretamente ao terceiro, pois este deve deduzir pedido em juízo.[5]

Misabel de Abreu Machado Derzi e Raphael Frattari exemplificam um legítimo caso de restituição: "(...) suponhamos que uma concessionária de veículos tenha sua

1. No mesmo sentido, Manoel Justino Bezerra Filho: "Quando a falência é decretada, a arrecadação deve ser feita imediatamente (...), o que é justificável, tendo em vista a defesa dos interesses dos credores, evitando-se a dilapidação do patrimônio e o desaparecimento dos bens do devedor" (*Nova Lei de Recuperação e de Falências Comentada. Lei 11.101, de 9.2.2005, Comentário Artigo por Artigo*, 3ª ed., São Paulo, Ed. RT, 2005, p. 213).

2. Ricardo Negrão afirma: "Essa anotação visa a dar transparência ao processo falimentar e abre caminho à celeridade na tramitação de eventuais pedidos de restituição ou de embargos de terceiros por parte de quem os reivindica" (*Aspectos Objetivos da Lei de Recuperação de Empresas e Falências: Lei 11.101, de 9.2.2005*, São Paulo, Saraiva, 2005, p. 130).

3. J. C. Sampaio de Lacerda, *Manual de Direito Falimentar*, 10ª ed., Rio de Janeiro, Freitas Bastos, 1978, p. 149.

4. No mesmo sentido: Sérgio Campinho, *Falência e Recuperação de Empresa: o Novo Regime da Insolvência Empresarial*, Rio de Janeiro, Renovar, 2006, p. 375.

5. No mesmo sentido: Fábio Ulhoa Coelho, *Curso de Direito Comercial*, 5ª ed., vol. 3, São Paulo, Saraiva, 2005, p. 333; Ricardo Negrão, *Aspectos Objetivos da Lei de Recuperação de Empresas e Falências: Lei 11.101, de 9.2.2005*, cit., p. 130; Amador Paes de Almeida, *Curso de Falência e Recuperação de Empresa*, 23ª ed., São Paulo, Saraiva, 2005, p. 223; Celso Marcelo de Oliveira, *Direito Falimentar e Recuperação Judicial de Empresas. Nova Lei de Falências e de Recuperação de Empresas: Doutrina, Prática Processual, Legislação, Jurisprudência e Súmulas*, São Paulo, Jurídica Brasileira, 2005, p. 53.

falência declarada e, neste momento, estejam em sua posse automóveis de terceiros, para revisão mecânica. Com a declaração, há a interdição do estabelecimento comercial e bens não podem ser retirados de lá sem que o juízo falimentar autorize. Isso não quer dizer que os veículos passarão a integrar a universalidade da massa falida, pois antes da falência eles não integravam o patrimônio da sociedade. Estavam apenas sob sua responsabilidade (ou posse)".[6]

464. Quem formula pedido de restituição é credor? – Responde J. C. Sampaio de Lacerda que o terceiro que reclama a restituição não é um credor, "(...) pois que o dono da coisa não é credor de quem a possui: tem um *ius in re* e não um *ius ad rem*, ou, melhor, não a recebe em pagamento, a título de credor, mas em restituição, a título de proprietário".[7]

Jurisprudência[8]

Eis um julgado pertinente:

[TJRS] Bem restituído antes do pagamento de todo o crédito – Admissibilidade, pois *se trata de coisa pertencente a terceiro e que não integra o patrimônio da massa falida. A coisa objeto da ação de restituição, por tratar-se de bem pertencente a terceiro, não integra o patrimônio da massa falida* e, por conseqüência, não compõe o quadro geral de credores, devendo, portanto, ser restituída antes do pagamento de todo o crédito, por mais privilegiado que seja, inclusive o trabalhista, sob pena de enriquecimento sem causa da massa falida. [*RT 753/351*]

Aliás, o fundamento legal geral do direito à restituição está plasmado no art. 1.228 do CC, que assegura ao proprietário o direito de reaver seus bens de quem injustamente os possua ou detenha.

Quanto aos bens arrecadados de titularidade de empregado, pondera Marcelo Papaléo de Souza: "Poderá ocorrer o pedido de restituição feito pelo credor-trabalhador, caso tenham sido arrecadadas pelo administrador as suas ferramentas que estavam na sede do devedor quando da decretação da falência. Diante de tal situação, deverá o trabalhador, junto ao juízo falimentar, apresentar requerimento fundamentado e a descrição dos bens pretendidos, com documentos, caso existam (art. 87)".[9]

465. A efetivação da restituição está condicionada à confecção do quadro geral de credores? – Não, justamente porque o requerente do pedido de restituição não é um credor, como ressaltado no item anterior.[10]

Aliás, a cronologia veiculada no art. 149 corrobora tal assertiva: "*Art. 149. Realizadas as restituições*, pagos os crédi-

6. Misabel de Abreu Machado Derzi e Raphael Frattari, "Dispositivos do Código Tributário Nacional alterados por ocasião da Lei 11.101/2005", in Osmar Brina Corrêa Lima e Sérgio Mourão Corrêa-Lima (coords.), *Comentários à Nova Lei de Falência e Recuperação de Empresas: Lei 11.101, de 9.2.2005*, Rio de Janeiro, Forense, 2009, p. 1.358.

7. J. C. Sampaio de Lacerda, *Manual de Direito Falimentar*, cit., 10ª ed., p. 150. No mesmo sentido, Manoel Justino Bezerra Filho: "Relembre-se que aquele que pede a restituição não é credor, vez que está apenas retirando da massa aquele bem que não deveria ter sido arrecadado, não havendo assim qualquer razão para que dispute com outros credores o pagamento do valor a que tem direito" (*Nova Lei de Recuperação e de Falências Comentada. Lei 11.101, de 9.2.2005, Comentário Artigo por Artigo*, cit., 3ª ed., p. 218).

8. Manoel Justino Bezerra Filho, *Jurisprudência da Nova Lei de Recuperação de Empresas e Falências/Decisões, Ofícios Judiciais, Resoluções, Sentenças, Acórdãos, Dentre Outros Documentos*, São Paulo, Ed. RT, 2006, p. 216.

9. Marcelo Papaléo de Souza, *A Lei de Recuperação e Falência e as suas Conseqüências no Direito e no Processo do Trabalho*, 3ª ed., São Paulo, LTr, 2009, p. 269.

10. Manoel Justino Bezerra Filho ressalta: "(...) o autor do pedido de restituição deveria receber imediatamente, independentemente da confecção do quadro geral de credores, pois ele não está se habilitando, e sim retirando da massa um bem que não deveria ter sido arrecadado. Na prática, o pagamento acaba sendo feito logo que formado o quadro geral de credores (...). Nada impede que a restituição em dinheiro seja feita antes do quadro geral de credores, sempre respeitados o pagamento preferencial do art. 151 e o rateio previsto no art. 91" (*Nova Lei de Recuperação e de Falências Comentada. Lei 11.101, de 9.2.2005, Comentário Artigo por Artigo*, cit., 3ª ed., p. 218).

tos extraconcursais, na forma do art.84, *e consolidado o quadro geral de credores*, as importâncias recebidas com a realização do ativo serão destinadas ao pagamento dos credores (...)".

466. Cabe pedido de restituição no âmbito da recuperação judicial? – No regime anterior o pedido de restituição podia ser formulado no âmbito da concordata (art. 166 do Decreto-lei 7.661/1945).

No atual regime, justamente porque o instituto da recuperação judicial não implica arrecadação de bens, inexiste previsão de pedido de restituição.[11-12]

467. Legitimidade para formular pedido de restituição de bens arrecadados (art. 85, primeira parte) – O art. 76 da lei revogada previa o pedido de restituição de coisa arrecadada em poder do falido quando fosse devida em virtude de direito real ou de contrato; vale dizer, legitimava tanto o titular de direito real quanto o titular de direito pessoal.

No regime atual prevê-se apenas a restituição de bem em face de propriedade, ou seja, legitima apenas o titular do direito real de propriedade.[13]

Então, o titular de bem cuja restituição é devida em razão de contrato ficou desamparado?

Não, segundo Manoel Justino Bezerra Filho: "É que, no sistema da lei atual, embora seja prevista a restituição de outros bens, além daqueles devidos em razão do direito de propriedade, estas outras restituições estão previstas em outros artigos da legislação, como, por exemplo, no art. 86 (...)".[14]

Sim, de acordo com Marcus Elidius Michelli de Almeida: "Verifica-se, assim, que o atual texto reduz a uma única hipótese a restituição: a propriedade do bem. (...). Conclui-se, portanto, que não existe mais a possibilidade de pedido de restituição fundado meramente na existência de contrato".[15]

O pedido de restituição fundado no domínio do bem tem a natureza de ação real reivindicatória,[16] será processado em apartado perante o juízo da falência e deverá preencher os requisitos da petição inicial previstos no art. 282 do CPC, inclusive instruído com os documentos indispensáveis à comprovação da titularidade do bem restituendo.[17]

468.* Ratio legis *do pedido de restituição de bens arrecadados (art. 85, primeira parte) – Ora, se os bens arrecadados do falido, que constituem seu ativo, devem ser vendidos – vale dizer, realizados – justamente para fazer frente aos seus débitos (arts. 139 e 148), têm de ser excluídos da massa

11. O senador Ramez Tebet, no seu parecer, afirma: "Na recuperação judicial não há arrecadação e, portanto, por imperativo lógico, não cabe pedido de restituição"(v. parecer na íntegra: Anexo II desta obra).

12. Manoel Justino Bezerra Filho aduz: "A lei atual traz tal previsão de recuperação apenas para a falência, não havendo previsão de restituição de mercadoria para o caso de recuperação judicial ou extrajudicial; (...) a previsão apenas cabe em caso de falência, vez que na antiga concordata e na atual recuperação não há arrecadação" (*Nova Lei de Recuperação e de Falências Comentada. Lei 11.101, de 9.2.2005, Comentário Artigo por Artigo*, cit., 3ª ed., p. 216).

13. J. C. Sampaio de Lacerda esclarece que o terceiro que reclama a restituição não é um credor, "pois que o dono da coisa não é credor de quem a possui: tem um *ius in re*, e não um *ius ad rem*, ou, melhor, não a recebe em pagamento, a título de credor, mas em restituição, a título de proprietário" (*Manual de Direito Falimentar*, cit., 10ª ed., p. 150).

14. Manoel Justino Bezerra Filho, *Nova Lei de Recuperação e de Falências Comentada. Lei 11.101, de 9.2.2005, Comentário Artigo por Artigo*, cit., 3ª ed., p. 214.

15. Marcus Elidius Michelli de Almeida, "Comentários aos arts. 85 ao 93", in Newton de Lucca e Adalberto Simão Filho (coords.), *Comentários à Nova Lei de Recuperação de Empresas e de Falências*, São Paulo, Quartier Latin, 2005, p. 378.

16. No mesmo sentido: Sérgio Campinho, *Falência e Recuperação de Empresa: o Novo Regime da Insolvência Empresarial*, cit., pp. 375-376.

17. No mesmo sentido: Marcos Paulo de Almeida Salles, "Comentários aos arts. 85 ao 93", in Francisco Satiro de Sousa Jr. e Antônio Sérgio Altieri de Moraes Pitombo (coords.), *Comentários à Lei de Recuperação de Empresas e Falência: Lei 11.101/2005*, São Paulo, Ed. RT, 2005, p. 373.

falida os bens pertencentes a terceiros (por exemplo: consignante, locador, depositante e comodante),[18-19] sob pena de se configurar enriquecimento ilícito da massa.[20]

Eis a *ratio legis* do pedido de restituição de bens arrecadados.

Aliás, o senador Ramez Tebet, no seu parecer, ressalta: "Não seria justo nem faria sentido que bens de terceiros que se encontram no estabelecimento do devedor no momento da falência sejam arrecadados e vendidos para pagamento de débitos do falido. Assim, dá-se aos proprietários desses bens a prerrogativa de exigir restituição específica do bem arrecadado indevidamente, antes que se inicie o rateio entre os credores".[21]

Jurisprudência[22]

Transcrevemos, abaixo, dois julgados pertinentes:

[TJRS] Bem restituído antes do pagamento de todo o crédito – Admissibilidade, pois *se trata de coisa pertencente a terceiro e que não integra o patrimônio da massa falida. A coisa objeto da ação de restituição, por tratar-se de bem pertencente a terceiro, não integra o patrimônio da massa falida e, por conseqüência, não compõe o quadro geral de credores, devendo, portanto, ser restituída antes do pagamento de todo o crédito, por mais privilegiado que seja, inclusive o trabalhista, sob pena de enriquecimento sem causa da massa falida.* [*RT 753/351*]

[TJSP] Falência – Indenizações trabalhistas – Valores devidos a título de restituição. *Indenizações trabalhistas não se sobrepõem aos valores devidos a título de restituição*, mas preferem a todos os demais créditos, inclusive os fiscais e os concernentes aos encargos da massa, que se pagam nessa ordem. [*2ª Câmara, AI 263.448-1/7, rel. Des. César Peluso, j. 10.10.1995*]

469. Bem que se encontra em poder do devedor na data da decretação da falência mas que não foi arrecadado (art. 85, segunda parte) – Diferentemente do regime anterior, que só admitia pedido de restituição quando o bem fosse arrecadado em poder do falido, o atual regime também admite o pedido de restituição na hipótese de o bem não ter sido arrecadado, mas estar em poder do devedor, ainda que em mãos de terceiros.[23-24]

18. Manoel Justino Bezerra Filho exemplifica: "Imagine-se (...) alguém que tenha deixado um veículo de sua propriedade, em consignação para venda, em uma empresa que comercia veículos. Embora arrecadado seu veículo, nem por isto é ele credor (ou devedor) do falido, e, portanto, não irá disputar com os demais credores. Apenas irá providenciar a restituição do bem de sua propriedade, tirando, assim, da massa falida aquele bem que não deveria ter sido arrecadado" (*Nova Lei de Recuperação e de Falências Comentada. Lei 11.101, de 9.2.2005, Comentário Artigo por Artigo*, cit., 3ª ed., p. 214).

19. No mesmo sentido, Fábio Ulhoa Coelho: "Evidentemente, os bens que não integram o patrimônio do devedor não podem ser liquidados para a satisfação dos credores, e o meio procedimental adequado para destacá-los da massa é o pedido de restituição" (*Comentários à Nova Lei de Falências e de Recuperação de Empresas*, São Paulo, Saraiva, 2005, p. 238).

20. No mesmo sentido: J. C. Sampaio de Lacerda, *Manual de Direito Falimentar*, cit., 10ª ed., p. 149; Amador Paes de Almeida, *Curso de Falência e Recuperação de Empresa*, cit., 23ª ed., p. 223.

21. Parecer na íntegra: Anexo II desta obra.

22. Manoel Justino Bezerra Filho, *Jurisprudência da Nova Lei de Recuperação de Empresas e Falências/Decisões, Ofícios Judiciais, Resoluções, Sentenças, Acórdãos, Dentre Outros Documentos*, cit., p. 219.

23. Manoel Justino Bezerra Filho afirma: "(...) a lei criou uma nova situação, autorizando o pedido de restituição mesmo para bem não arrecadado, desde que se demonstre que tal bem se encontrava em poder do devedor na data da decretação da falência. Ou seja, se entre o momento em que houve o decreto da falência e o momento da arrecadação este bem tinha sido subtraído da arrecadação, ainda assim a restituição poderá ser pedida, mesmo que esteja em mãos de terceiros. (...). Se não tiver sido arrecadado, pode o credor valer-se da ação revocatória contra o devedor e/ou contra quem esteja na posse da coisa, se for o caso; com a procedência desta ação, o bem reverterá à situação anterior, será arrecadado e, então, poderá ser objeto de pedido de restituição" (*Nova Lei de Recuperação e de Falências Comentada. Lei 11.101, de 9.2.2005, Comentário Artigo por Artigo*, cit., 3ª ed., pp. 213 e 215).

24. José da Silva Pacheco resume: "Compreende, pois, o art. 85, o bem arrecadado em poder do falido ou de terceiros e o bem que esteja em poder do empresário ou sociedade empresária na data da decretação da falência, ainda que não arrecadado, mas arrecadável" (*Processo de Recuperação Judicial, Extrajudicial e Falência*, Rio de Janeiro, Forense, 2006, p. 217).

Do mesmo modo, o pedido de restituição será processado em apartado perante o juízo da falência e deverá preencher os requisitos da petição inicial previstos no art. 282 do CPC, inclusive instruído com os documentos indispensáveis à comprovação da titularidade do bem restituendo.[25]

470.* Ratio legis *do pedido de restituição de bem que se encontre em poder do devedor na data da decretação da falência mas que não foi arrecadado (art. 85) – Por outro lado, os bens que estão na posse do devedor mas que pertencem a terceiros, mesmo que não tenham sido arrecadados, terão de ser restituídos, sob pena de se configurar enriquecimento ilícito da massa.[26]

Eis a *ratio legis* do pedido de restituição de bens não arrecadados.

471. Restituição em face de ineficácia ou de procedência de ação revocatória? – Reconhecida a ineficácia ou julgada procedente a ação revocatória, as partes retornarão ao estado anterior e o contratante de boa-fé terá direito à restituição dos bens ou valores entregues ao devedor (art. 136).

472. E se após a restituição da coisa apurar-se que o falido era o titular do domínio? – Responde Fábio Ulhoa Coelho: "Se restar apurado, posteriormente à concessão da restituição, que o bem reclamado era, na verdade, do domínio do falido, a massa poderá promover a competente ação (revocatória, possessória ou reivindicatória) para reavê-lo, não podendo o reclamante invocar a autoridade da coisa julgada em vista dos estreitos limites do pedido restituitório".[27]

473. E se o bem de terceiro não for arrecadado, nem se encontrar em poder do devedor (art. 85)? – Responde Manoel Justino Bezerra Filho: "Neste caso, o terceiro estaria legitimado a deduzir pedido de declaração de ineficácia do ato (art. 129) ou intentar ação revocatória, objetivando subseqüente arrecadação e restituição do bem".[28]

474. E se o bem não mais existir ou tiver sido vendido ao tempo do pedido de restituição (art. 85)? – Se o bem não mais existir à época do pedido de restituição, o requerente receberá o valor atualizado da respectiva avaliação; caso tenha sido vendido, receberá o respectivo preço atualizado (art. 86, I).[29]

475. Qual é o tratamento a ser dispensado aos bens objeto de mandato e comissão? – Para o falido, cessa o mandato ou comissão que houver recebido antes da falência, desde que pertinentes à atividade empresarial (art. 120, § 2º).

Assim sendo, o devedor mandatário deverá restituir ao mandante e ao comitente os bens por eles titularizados e arrecadados.[30]

476. Qual é o tratamento a ser dispensado aos bens alienados fiduciariamente? – Se a falência tiver sido objeto de cláusula

25. No mês mo sentido: Marcos Paulo de Almeida Salles, "Comentários aos arts. 85 ao 93", cit., in Francisco Satiro de Sousa Jr. e Antônio Sérgio Altieri de Moraes Pitombo (coords.), *Comentários à Lei de Recuperação de Empresas e Falência: Lei 11.101/2005*, p. 373.

26. No mesmo sentido: J. C. Sampaio de Lacerda, *Manual de Direito Falimentar*, cit., 10ª ed., p. 149; Amador Paes de Almeida, *Curso de Falência e Recuperação de Empresa*, cit., 23ª ed. p. 223.

27. Fábio Ulhoa Coelho, *Comentários à Nova Lei de Falências e de Recuperação de Empresas*, cit., p. 240.

28. Manoel Justino Bezerra Filho, *Nova Lei de Recuperação e de Falências Comentada. Lei 11.101, de 9.2.2005, Comentário Artigo por Artigo*, cit., 3ª ed., p. 215.

29. Complementa Manoel Justino Bezerra Filho: "Como vimos, no caso do *caput* do art. 85 a coisa pode ser objeto de pedido de restituição desde que arrecadada; no entanto, pode ser vendida antes da sentença de restituição, e, em tal situação, a restituição será feita em dinheiro (art. 86, I). No caso do parágrafo único do art. 85, por se tratar de coisa vendida a crédito e entregue nos 15 dias anteriores ao requerimento da falência, a restituição só pode ser pedida se a mercadoria ainda não tiver sido vendida; se já foi vendida, não cabe mais a restituição" (*Nova Lei de Recuperação e de Falências Comentada. Lei 11.101, de 9.2.2005, Comentário Artigo por Artigo*, cit., 3ª ed., p. 217).

30. No mesmo sentido: Sérgio Campinho, *Falência e Recuperação de Empresa: o Novo Regime da Insolvência Empresarial*, cit., p. 380.

resolutória expressa[31] pactuada entre o credor fiduciário e o devedor fiduciante, simplesmente resolver-se-á o negócio jurídico, afastando-se, por conseguinte, a aplicação da legislação falimentar.[32]

Por outro lado, se inexistir cláusula resolutória expressa, no caso de falência do devedor fiduciante, o credor fiduciário poderá, fundado no art. 7º do Decreto-lei 911/1969, pedir a restituição do bem alienado fiduciariamente[33-34] ou, quando se tratar de imóvel, fazê-lo com estribo no art. 32 da Lei 9.514/1997.

Não obstante isso, faz-se mister encarecer que o contrato de alienação fiduciária, tendo natureza bilateral, não se resolve pela falência; e, portanto, cabe ao credor fiduciário interpelar o administrador judicial para declarar se irá cumprir o contrato (art. 117). Caso este declare não ter interesse no cumprimento do contrato, então, surgirá o direito de pedir a restituição do bem.[35]

Se a opção exercida pelo administrador judicial for a restituição, instalar-se-á o procedimento de venda. Verificado saldo positivo, o respectivo valor deverá ser entregue pelo credor fiduciário ao administrador judicial e integrará a massa falida; todavia, não sendo suficiente o produto da venda para pagamento integral da dívida e despesas incorridas, deverá o credor habilitar-se como credor quirografário pelo saldo remanescente.[36]

Cabe pedido de restituição de títulos relativos a direitos creditórios cedidos fiduciariamente? No tocante à cessão fiduciária de direitos creditórios, lembra Sérgio Campinho: "A Lei 9.514/1997, que dispõe sobre o Sistema Financeiro Imobiliário, contempla, como modalidade de garantia às operações de financiamento imobiliário, a cessão fiduciária de direitos creditórios decorrentes de contratos de alienação de imóveis (art. 17, II). Pelo contrato de cessão fiduciária em garantia opera-se a transferência ao credor da titularidade dos créditos cedidos, até a liquidação da dívida garantida (art. 18). Na hipótese de falência do devedor cedente, e se não tiver havido tradição dos títulos representativos dos créditos cedidos, ficará assegurada ao cessionário a restituição (art. 20)".[37]

31. Ao comentarmos o art. 117 discorreremos sobre a prevalência, ou não, da cláusula resolutória expressa no âmbito da falência.

32. No mesmo sentido: Sérgio Campinho, *Falência e Recuperação de Empresa: o Novo Regime da Insolvência Empresarial*, cit., p. 379; Fábio Ulhoa Coelho, *Curso de Direito Comercial*, cit., 5ª ed., vol. 3, p. 304.

33. Lembra Fábio Ulhoa Coelho: "A instituição financeira fiduciária é a titular da propriedade resolúvel da coisa alienada, enquanto a devedora fiduciante detém a posse direta. Verificada a falência desta última, têm-se os mesmos pressupostos do dispositivo da Lei Falimentar, que autorizam, por exemplo, a restituição do bem em posse da locatária falida em favor do locador" (*Comentários à Nova Lei de Falências e de Recuperação de Empresas*, cit., p. 241).

34. Segundo Manoel Justino Bezerra Filho: "(...) fica assegurado ao credor fiduciário o direito de pedir a restituição do bem, não sendo possível a ação de busca e apreensão. Há entendimento jurisprudencial de acordo com a interpretação efetuada a partir do antigo § 2º do art. 78 do Decreto-lei 7.661/1945, dispondo não ser possível a restituição em dinheiro nessa hipótese, devendo exclusivamente ser feita em espécie, ou seja, restituição do próprio bem. Tornando-se inviável a restituição do próprio bem, resta ao credor fiduciário o caminho da habilitação de crédito" (*Nova Lei de Recuperação e de Falências Comentada. Lei 11.101, de 9.2.2005, Comentário Artigo por Artigo*, cit., 3ª ed., pp. 215-216).

35. Complementa Sérgio Campinho: "Não nos sensibiliza o argumento de que a falência do fiduciante, por si só, já ensejaria a resolução do contrato e asseguraria ao proprietário fiduciário o exercício do direito de reivindicar o bem. O contrato de alienação fiduciária, em quaisquer de suas modalidades, deve ser analisado à luz da regra geral reservada pelo art. 117 da Lei de Recuperação e Falência aos contratos bilaterais, possibilitando-se ao administrador judicial, no interesse da massa falida, optar pelo seu cumprimento. Caso, entretanto, escolha a sua resolução, aí, sim, será cabível a restituição do bem" (*Falência e Recuperação de Empresa: o Novo Regime da Insolvência Empresarial*, cit., pp. 378-379). No mesmo sentido: Júlio Kahan Mandel, *Nova Lei de Falências e Recuperação de Empresas Anotada: Lei 11.101, de 9.2.2005*, São Paulo, Saraiva, 2005, p. 165; Manoel Justino Bezerra Filho, *Nova Lei de Recuperação e de Falências Comentada. Lei 11.101, de 9.2.2005, Comentário Artigo por Artigo*, cit., 3ª ed., p. 216.

36. No mesmo sentido: Sérgio Campinho, *Falência e Recuperação de Empresa: o Novo Regime da Insolvência Empresarial*, cit., p. 378.

37. Sérgio Campinho, *Falência e Recuperação de Empresa: o Novo Regime da Insolvência Empresarial*, cit., p. 379.

477. Qual é o tratamento a ser dispensado aos bens objeto de comodato? – Para ensejar o pedido de restituição no âmbito do contrato de comodato também se torna imprescindível o preenchimento cumulativo de dois requisitos negativos: (1) inexistência de cláusula resolutória expressa[38] pactuada entre o credor comodante e o devedor comodatário que tenha por objeto a falência e (2) declaração do administrador de que não tem interesse em cumprir o respectivo contrato.[39]

478. Qual é o tratamento a ser dispensado aos bens objeto de arrendamento mercantil (leasing)? – A legitimação do pedido de restituição em sede de contrato de arrendamento mercantil (*leasing*) torna indispensável, também, o preenchimento cumulativo de dois requisitos negativos: (1) inexistência de cláusula resolutória expressa[40] pactuada entre o credor arrendante e o devedor arrendatário que tenha por objeto a falência e (2) declaração do administrador de que não tem interesse em cumprir o respectivo contrato.[41]

479. Qual é o tratamento a ser dispensado aos bens objeto de contrato estimatório? – Da mesma forma, caberá pedido de restituição, se houver o preenchimento cumulativo dos dois requisitos negativos mencionados no item anterior.[42]

Jurisprudência[43]

Eis um julgado pertinente:

[TJSP] Falência – Pedido de restituição – Mercadorias entregues a título de consignação – Viabilidade do pedido. *Cabível é o pedido de restituição, na falência, de mercadoria entregue à falida a título de consignação.* [*ACi 213.291-4/0, rel. Des. Ernani de Paiva, j. 29.11.2001*]

480. Restituição de coisa vendida a crédito mas ainda não alienada (parágrafo único do art. 85) – Também pode ser pedida a restituição de coisa vendida a crédito e entregue ao devedor nos 15 dias anteriores ao requerimento de sua falência, se ainda não alienada.[44]

Note-se que três são os requisitos indispensáveis para ensejar o pedido de restituição: (1) a venda ter sido a crédito; (2) a entrega ter sido efetuada dentro dos 15 dias anteriores ao pedido de falência;[45] e (3) a coisa não ter sido alienada.

O pedido de restituição fundado em relação obrigacional tem a natureza de ação pessoal restituitória,[46] será processado em apartado perante o juízo da falência e deverá preencher os requisitos da petição inicial previstos no art. 282 do CPC, inclusive instruído com os documentos indispensáveis à comprovação dos requisitos supracitados.

No tocante à entrega, lembramos que o STF pacificou a matéria sob a égide do regime anterior ao editar a Súmula 193: **[STF]** "*Súmula 193.* Para a restituição prevista no art. 76, § 2º, da Lei de Falências, conta-se o

38. Ao comentarmos o art. 117 discorreremos sobre a prevalência, ou não, da cláusula resolutória expressa no âmbito da falência.

39. No mesmo sentido: Sérgio Campinho, *Falência e Recuperação de Empresa: o Novo Regime da Insolvência Empresarial*, cit., pp. 380-381.

40. Ao comentarmos o art. 117 discorreremos sobre a prevalência, ou não, da cláusula resolutória expressa no âmbito da falência.

41. No mesmo sentido: Sérgio Campinho, *Falência e Recuperação de Empresa: o Novo Regime da Insolvência Empresarial*, cit., pp. 379-380.

42. No mesmo sentido: Sérgio Campinho, *Falência e Recuperação de Empresa: o Novo Regime da Insolvência Empresarial*, cit., p. 381.

43. Manoel Justino Bezerra Filho, *Jurisprudência da Nova Lei de Recuperação de Empresas e Falências/Decisões, Ofícios Judiciais, Resoluções, Sentenças, Acórdãos, Dentre Outros Documentos*, cit., p. 211.

44. Marcos Paulo de Almeida Salles qualifica esta modalidade de restituição de "resilição legal" ("Comentários aos arts. 85 ao 93", cit., in Francisco Satiro de Sousa Jr. e Antônio Sérgio Altieri de Moraes Pitombo (coords.), *Comentários à Lei de Recuperação de Empresas e Falência: Lei 11.101/2005*, p. 375.

45. Afirma Sérgio Campinho: "Entende-se que, a partir do requerimento, o vendedor já poderia ou deveria ter tomado conhecimento da situação de crise do comprador, agindo para obstar à entrega da coisa em trânsito (CC de 2002, art. 495)" (*Falência e Recuperação de Empresa: o Novo Regime da Insolvência Empresarial*, cit., p. 384).

46. No mesmo sentido: Sérgio Campinho, *Falência e Recuperação de Empresa: o Novo Regime da Insolvência Empresarial*, cit., p. 376.

prazo de 15 dias da entrega da coisa e não da sua remessa".[47]

Diante da redação do parágrafo único do art. 85, acreditamos que tal Súmula continua vigorando.[48]

Lembra Ricardo José Negrão Nogueira que, em razão de construção jurisprudencial anterior à Lei 11.101/2005, equipara-se à venda a prazo a compra realizada por meio de cheque pós-datado devolvido pelo banco sacado por insuficiência de fundos.[49]

481. Como se dá a contagem do prazo de 15 dias (parágrafo único do art. 85)? – Primeiramente, entendemos relevante enfatizar que a contagem – retroativa – do prazo de 15 dias dar-se-á a partir da data do protocolo judicial do requerimento da falência, e não do despacho que o recebe ou da data da autuação.[50]

Jurisprudência[51]

Eis um julgado pertinente prolatado à luz do regime anterior:

[TJES] Falência – Restituição de mercadoria – Prazo condicionador do pedido – *Termo que se conta da entrega do pedido de falência no Protocolo, e não de sua distribuição ou despacho* – Inteligência do art. 76, § 2º, do Decreto-lei n. 7.661/1945. [*RT 687/144*]

E se a data fatal recair num sábado ou feriado, o prazo será estendido até o próximo dia útil? Responde Júlio Kahan Mandel:

"(...) o prazo não será estendido até o próximo dia útil, encerrando-se a contagem naquele dia, uma vez que se trata de prazo de direito substantivo.

"O direito falimentar, neste caso, é direito substantivo, apesar de a lei possuir dispositivos tanto substantivos como adjetivos. Caso seja acatada a forma de contagem do direito adjetivo, teríamos flagrante desrespeito ao espírito da lei, pois, por exemplo, o credor que entregou sua mercadoria numa segunda-feira, exatamente no último dos 15 dias anteriores a um pedido de falência, teria direito à restituição do mesmo modo que aquele que entregou o bem no dia anterior, um sábado, ou mesmo no domingo, o que aumentaria o prazo para 16 ou 17 dias antes do pedido de falência. Há empresas que trabalham aos sábados e aos domingos; portanto, esse dia não poderá jamais ser contado como feriado para contagem desse prazo."[52]

O próprio autor reconhece que o tema não era pacífico à luz da jurisprudência relativa ao regime anterior. Aguardemos, portanto, a construção do novo entendimento pretoriano.

Jurisprudência[53]

Eis um julgado pertinente prolatado sob a égide do regime anterior:

[TJSP] Restituição – Prazo – Contagem do art. 76, § 4º, do Decreto-lei n. 7.661/1945, por ser processual, deve compatibilizar-se com o art. 144 do CPC. *Assim, se o início da quinzena retroativa recair em domingo, sábado ou feriado, computa-se, para a contagem, o primeiro dia útil anterior* – Recurso provido. [*ACi 46.734-4-SP, rel. Des. Alfredo Migliore, j. 29.7.1997, v.u.*]

47. Ressalta Fábio Ulhoa Coelho: "São irrelevantes as datas do contrato, do vencimento, do despacho; o que interessa é a efetiva entrega, isto é, a chegada das mercadorias no estabelecimento empresarial da falida" (*Comentários à Nova Lei de Falências e de Recuperação de Empresas*, cit., p. 243).

48. No mesmo sentido: Marcus Elidius Michelli de Almeida, "Comentários aos arts. 85 ao 93", cit., in Newton de Lucca e Adalberto Simão Filho (coords.), *Comentários à Nova Lei de Recuperação de Empresas e de Falências*, p. 379.

49. No mesmo sentido: Ricardo Negrão, *Aspectos Objetivos da Lei de Recuperação de Empresas e Falências: Lei 11.101, de 9.2.2005*, cit., p. 133.

50. No mesmo sentido: Manoel Justino Bezerra Filho, *Nova Lei de Recuperação e de Falências Comentada. Lei 11.101, de 9.2.2005, Comentário Artigo por Artigo*, cit., 3ª ed., p. 216; Júlio Kahan Mandel, *Nova Lei de Falências e Recuperação de Empresas Anotada: Lei 11.101, de 9.2.2005*, cit., p. 165.

51. Manoel Justino Bezerra Filho, *Jurisprudência da Nova Lei de Recuperação de Empresas e Falências/Decisões, Ofícios Judiciais, Resoluções, Sentenças, Acórdãos, Dentre Outros Documentos*, cit., p. 212.

52. Júlio Kahan Mandel, *Nova Lei de Falências e Recuperação de Empresas Anotada: Lei 11.101, de 9.2.2005*, cit., p. 166.

53. Manoel Justino Bezerra Filho, *Jurisprudência da Nova Lei de Recuperação de Empresas e Falências/Decisões, Ofícios Judiciais, Resoluções, Sentenças, Acórdãos, Dentre Outros Documentos*, cit., p. 212.

A despeito disso, acreditamos ser sustentável que a interpretação mais justa consistiria em apurar *in concreto* o prazo previsto *in abstracto* – vale dizer: verificar-se-ia se a falida mantinha expediente de recebimento de produtos nos sábados e domingos, e aí, sim, se definiria a contagem do prazo, operando-se, por conseguinte, a justiça no caso concreto.

482.* Ratio legis *do pedido de restituição de coisa vendida a crédito (parágrafo único do art. 85) – Com efeito, é evidente que um vendedor/credor não efetuaria venda de coisas a crédito a um comprador/devedor se soubesse de antemão seu estado de crise econômica e/ou financeira.

A *ratio legis*, portanto, reside na boa-fé que prevalecer nos negócios jurídicos.[54]

483. O vendedor pode exercer o direito* ao stoppage in transitu *(parágrafo único do art. 85)? – O *stoppage in transitu* consiste no direito que o vendedor tem de paralisar o transporte da coisa a ser entregue ao comprador.

O próprio CC, no seu art. 495, ao prever a situação de insolvência do comprador, autoriza o vendedor a sobrestar a entrega da coisa, exigindo a respectiva caução do preço.[55]

Ocorre que em seara falimentar há expressa vedação ao vendedor de obstar à entrega das coisas expedidas e ainda em trânsito se o comprador, antes do requerimento de falência, as tiver revendido, sem fraude, mediante tradição simbólica, vale dizer, à vista das faturas e conhecimentos de transporte, entregues ou remetidos pelo vendedor (art. 119, I).

Por outro lado, enquanto o ar. 117 estabelece que os contratos bilaterais – a compra e venda é um contrato bilateral, por excelência – não se resolvem pela falência e podem ser cumpridos pelo administrador judicial no interesse da massa falida, seu § 1º faculta ao vendedor interpelar o administrador judicial para declarar se cumpre, ou não, o contrato.

Por isso, tais dispositivos devem ser interpretados conjuntamente.[56]

484. E se a coisa já tiver sido alienada antes da decretação da falência (parágrafo único do art. 85)? – Na prática, muitas vezes o pedido de restituição em tela resta inviabilizado porque entre a data do pedido de falência e sua decretação decorre muito tempo, fato que rende ensejo à venda do bem antes mesmo do decreto da quebra.[57]

Se o bem já tiver sido alienado antes da decretação da falência o pedido de restituição restará inviabilizado, na medida em que

54. Fábio Ulhoa Coelho explicita: "A finalidade é a proteção da boa-fé que deve permear as práticas interempresariais. De fato, às vésperas da quebra os representantes legais e administradores da sociedade sabem que dificilmente poderão honrar novos compromissos. Ao aceitarem remessas de mais mercadorias de fornecedores, estão agindo com presumível má-fé. Têm informações sobre o estado pré-falimentar da compradora, de que não dispõe o vendedor, e, mais, informações que, se fossem do conhecimento do vendedor, provavelmente recomendariam não entregar as mercadorias vendidas" (*Comentários à Nova Lei de Falências e de Recuperação de Empresas*, cit., p. 242).

55. No mesmo diapasão dispõe o art. 477 do referido *Codex* ao disciplinar a exceção de contrato não cumprido.

56. Fábio Ulhoa Coelho sustenta: "A interpretação do art. 119, I, não pode ser feita dissociada dos demais dispositivos da legislação falimentar, em especial o art. 117 e seus §§. O vendedor de mercadorias despachadas não pode ter mais direitos que teria caso não as houvesse despachado. O que a lei estabelece é a possibilidade de ele comunicar à empresa de transporte uma contra-ordem, para que seja sustada a entrega das mercadorias, *no aguardo da decisão do administrador judicial relativamente ao cumprimento, ou não, do contrato*. Se o administrador judicial decidir que é vantajosa para a massa falida a execução da compra e venda, a entrega deverá realizar-se, e ao vendedor caberá habilitar-se no concurso de credores. (...). No Brasil o vendedor pode obstar à entrega, mas deve, na seqüência, promover a interpelação do administrador judicial, para que este manifeste sua decisão, submetendo-se ao interesse geral dos credores" (*Curso de Direito Comercial*, cit., 5ª ed., vol. 3, p. 305).

57. No mesmo sentido: Manoel Justino Bezerra Filho, *Jurisprudência da Nova Lei de Recuperação de Empresas e Falências/Decisões, Ofícios Judiciais, Resoluções, Sentenças, Acórdãos, Dentre Outros Documentos*, cit., p. 216.

ele não poderá preencher um dos requisitos indispensáveis – o bem não ter sido alienado –, remanescendo ao requerente o caminho da habilitação de crédito.

Pela ausência do mesmo requisito, também se tornará inviável a restituição quando o respectivo pedido for formulado após a venda judicial do bem. Logo, restará ao requerente habilitar seu crédito.[58]

Por outro lado, se o pedido de restituição do bem tiver sido deduzido posteriormente à sua arrecadação mas antes da sua venda pelo administrador judicial (massa falida), o direito do credor será transformado em pagamento em dinheiro, de conformidade com o art. 86, I.[59]

Jurisprudência

Quanto à prova da alienação, o STF já havia pacificado a matéria à luz do regime anterior ao editar a Súmula 495:

[STF] *Súmula 495*. A restituição em dinheiro da coisa vendida a crédito, entregue nos 15 dias anteriores ao pedido de falência ou de concordata, cabe quando, ainda que consumida ou transformada, não faça o devedor prova de haver sido alienada a terceiro.

Art. 86. Proceder-se-á à restituição em dinheiro:[485] I – se a coisa não mais existir ao tempo do pedido de restituição, hipótese em que o requerente receberá o valor da avaliação do bem, ou, no caso de ter ocorrido sua venda, o respectivo preço, em ambos os casos no valor atualizado;[486-487-488] II – da importância entregue ao devedor, em moeda corrente nacional, decorrente de adiantamento a contrato de câmbio para exportação, na forma do art. 75, §§ 3º e 4º, da Lei n. 4.728, de 14 de julho de 1965, desde que o prazo total da operação, inclusive eventuais prorrogações, não exceda o previsto nas normas específicas da autoridade competente;[489] III – dos valores entregues ao devedor pelo contratante de boa-fé na hipótese de revogação ou ineficácia do contrato, conforme disposto no art. 136 desta Lei.[490-491]

Parágrafo único. As restituições de que trata este artigo somente serão efetuadas após o pagamento previsto no art. 151 desta Lei.[492-493]

LEGISLAÇÃO ANTERIOR

Lei de Falências (DL 7.661/1945): *Art. 78*. O pedido de restituição suspende a disponibilidade da coisa, que será restituída em espécie.

(...).

§ 2º. Se nem a própria coisa nem a subrogada existirem ao tempo da restituição, haverá o reclamante o valor estimado, ou, no caso de venda de uma ou outra, o respectivo preço. O pedido de restituição não autoriza, em caso algum, a repetição de rateios distribuídos aos credores.

58. No mesmo sentido: Fábio Ulhoa Coelho, *Comentários à Nova Lei de Falências e de Recuperação de Empresas*, cit., p. 242; Sérgio Campinho, *Falência e Recuperação de Empresa: o Novo Regime da Insolvência Empresarial*, cit., p. 384.

59. No mesmo sentido: Ricardo Negrão, *Aspectos Objetivos da Lei de Recuperação de Empresas e Falências: Lei 11.101, de 9.2.2005*, cit., p. 133; Amador Paes de Almeida, *Curso de Falência e Recuperação de Empresa*, cit., 23ª ed. p. 225.

COMENTÁRIOS

485. Quais são as hipóteses de restituição em dinheiro? – As hipóteses são as seguintes: (1) se o bem não mais existir ao tempo do pedido de restituição ou de ter ocorrido sua venda; (2) adiantamento a contrato de câmbio para exportação/ACC; (3) valores entregues ao devedor pelo contratante de boa-fé na hipótese de revogação ou ineficácia do contrato; (4) contribuição previdenciária descontada do empregado, nos termos do art. 51, parágrafo único, da Lei 8.213/1991.

486. Restituição em dinheiro se o bem não mais existir ao tempo do pedido de sua restituição – A inexistência do bem ao tempo do pedido de restituição pode decorrer de roubo ou furto após a arrecadação, ou até mesmo de perda.[60-61]

60. No mesmo sentido: Fábio Ulhoa Coelho, *Comentários à Nova Lei de Falências e de Recuperação de Empresas*, São Paulo, Saraiva, 2005, p. 244.

Inexistindo o bem ao tempo da restituição, será entregue ao requerente o valor da sua avaliação atualizado.

487. Restituição em dinheiro se tiver ocorrido a venda do bem – Tendo sido alienado o bem, será entregue o valor do preço atualizado.

488. Remanesce a possibilidade de pedido de restituição por sub-rogação? – Dispunha o § 1º do art. 78 da lei anterior: "*Art. 78.* (...). § 1º. Se ela [*a coisa*] tiver sido sub-rogada por outra, será esta entregue pela massa".

Sobre tal dispositivo sustenta, adequadamente, Marcos Paulo de Almeida Salles:

"A lei anterior admitia a hipótese de o bem poder ser objeto de transformação industrial, dada a sua utilização como matéria-prima ou insumo, o que levaria à idéia de sub-rogação no bem que houvera resultado da transformação, na proporção de sua contribuição marginal, como continente do bem pretendido na restituição. Do texto do art. 86 da Lei 11.101/2005 não se depreende que possa haver decomposição dos custos do novo produto, para se lhe atribuir o valor com que o bem restituendo passou a compô-lo, para cálculo do valor a ser restituído, caso o desaparecimento do bem se tenha dado por esta via, uma vez que não mais prevê a hipótese de sub-rogação, conforme o fazia expressamente o art.78 da lei anterior.

"O inciso I do art. 86 da Lei 11.101/2005 eliminou a figura da sub-rogação do bem objeto da restituição em outro (...)."[62]

489. Restituição em dinheiro decorrente de adiantamento a contrato de câmbio para exportação/ACC – No caso de falência, o credor poderá pedir a restituição dos adiantamentos a contrato de câmbio para exportação/ACCs, de acordo com o § 3º do art. 75 da Lei 4.728/1965.[63-64]

61. Júlio Kahan Mandel adverte: "(...) se o bem não existir mais ao tempo de restituição, o credor receberá a restituição em dinheiro, calculada pelo valor da avaliação; (...). Questiona-se: em relação ao item (i), presume-se que esteja falando sobre bens arrecadados indevidamente, mas que, por algum motivo, como furto ou degradação, deixaram de existir na época da restituição (...)" (*Nova Lei de Falências e Recuperação de Empresas Anotada: Lei 11.101, de 9.2.2005*, São Paulo, Saraiva, 2005, p. 167).

62. Marcos Paulo de Almeida Salles, "Comentários aos arts. 85 ao 93", in Francisco Satiro de Sousa Jr. e Antônio Sérgio Altieri de Moraes Pitombo (coords.), *Comentários à Lei de Recuperação de Empresas e Falência: Lei 11.101/2005*, São Paulo, Ed. RT, 2005, p. 383.

63. O senador Ramez Tebet, no seu parecer, além de noticiar a posição do senador Eduardo Suplicy – "A Emenda n. 102 propõe a supressão do inciso II do art. 86 do Substitutivo, para excluir o direito à restituição das importâncias referentes a adiantamentos a contratos de câmbio (ACCs)" –, esclarece, ainda: "No adiantamento a contrato de câmbio para exportação, ou ACC, o exportador, após contratar a venda de seu produto a importador no Exterior, procura agente financeiro e fecha contrato de câmbio, obtendo em moeda nacional o valor que receberia após a entrega do produto. Entregue o produto no Exterior, o importador paga diretamente ao banco, liquidando-se a operação. Caso o exportador não entregue o produto e sua falência seja decretada, o banco pode pedir a restituição da importância adiantada. O ACC (...) teve sua aplicação reiteradamente confirmada pelo STJ, inclusive no que tange à precedência sobre os trabalhistas. (...). Inviabilizar o ACC significa reduzir as exportações, causar retração da economia e gerar desemprego, o que não interessa a ninguém, especialmente à classe trabalhadora. (...). Também não deve sobreviver a Emenda n 102, pois propõe a exclusão do direito à restituição das importâncias devidas em virtude de ACC, o que implica a total exclusão da preferência dos ACCs, porquanto seria classificado como quirografário. O Substitutivo, em seu art. 86, parágrafo único, já garante aos trabalhadores o recebimento da parte de seus créditos à frente dos ACCs, o que representa benefício à classe trabalhadora em relação à legislação atualmente em vigor. Entretanto, como a economia brasileira não pode prescindir do principal instrumento de financiamento das exportações, não podemos admitir que se diminuam as garantias do ACC no grau proposto pela Emenda, sob pena de inviabilizar-se o instituto e, conseqüentemente, ameaçar o desempenho das exportações brasileiras" (v. parecer na íntegra: Anexo II desta obra).

64. José da Silva Pacheco lembra: "Assim dispondo, disse o Min. Djaci Falcão, não contrariou nenhum princípio constitucional, pois consubstancia, apenas, a forma de garantia que o legislador entendeu necessário conceder ao comprador de câmbio que, antes de receber a dívida contratada, adianta ao vendedor parte do seu valor em moeda nacional (*RTJ* 50/64)" (*Processo de Recuperação Judicial, Extrajudicial e Falência*, Rio de Janeiro, Forense, 2006, p. 219).

Uma condição para a restituição em tela foi fixada: desde que o prazo total da operação, inclusive eventuais prorrogações, não exceda o previsto nas normas específicas da autoridade competente.[65]

Por oportuno, lembramos que os adiantamentos a contrato de câmbio para exportação não estão sujeitos aos efeitos da recuperação judicial (§ 4º do art. 49), nem da recuperação extrajudicial (§ 1º do art. 161).

Jurisprudência[66]

Transcrevemos, abaixo, julgado pertinente prolatado sob a égide do regime anterior:

[TJSP] Concordata preventiva – Pedido de restituição das importâncias adiantadas por instituições financeiras aos exportadores, por conta do valor do contrato de câmbio, desde que as importâncias correspondentes estejam averbadas no contrato, com anuência do vendedor – Art. 75, §§ 2º e 3º, da Lei n. 4.728/1965 – Juros de mora devidos (art. 293 do CPC) – Apelação não provida. [*ACi c/ revisão 379.619-4/0-00, rel. Des. Romeu Ricupero, j. 24.8.2005*]

490. Restituição em dinheiro: revogação ou ineficácia do contrato celebrado de boa-fé – Reconhecida a ineficácia ou julgada procedente a ação revocatória, as partes retornarão ao estado anterior, e o contratante de boa-fé terá direito à restituição dos valores entregues ao devedor (art. 136).[67]

A *ratio legis* dessa modalidade de restituição em dinheiro visa a evitar o enriquecimento ilícito da massa.[68]

491. Uma quarta hipótese de restituição em dinheiro: contribuição previdenciária descontada do empregado – Além das três hipóteses arroladas nos incisos I a III do art. 86, há uma quarta hipótese de restituição em dinheiro: contribuição previdenciária descontada do empregado, nos termos do art. 51, parágrafo único, da Lei 8.213/1991.[69]

492. Quando as restituições em dinheiro serão efetuadas? – As restituições em dinheiro somente serão efetuadas após o pagamento previsto no art. 151.[70]

Em outras palavras: uma vez transitada em julgado a sentença que julgar procedente o pedido de restituição e desde que haja

65. Adverte Marcos Paulo de Almeida Salles: "Se, no entanto, não houver essa limitação aos prazos do ACC, entendido pelas autoridades como adiantamento, a figura passa a ter a conotação de uma operação financeira, e não mais de um adiantamento sobre uma promessa de venda de moeda estrangeira, e deixa de estar abrangida pela restituição. Prevalece, portanto, o elemento teleológico para a justificação do pedido de restituição do valor do ACC" ("Comentários aos arts. 85 ao 93", cit., in Francisco Satiro de Sousa Jr. e Antônio Sérgio Altieri de Moraes Pitombo (coords.), *Comentários à Lei de Recuperação de Empresas e Falência: Lei 11.101/2005*, p. 384).

66. Manoel Justino Bezerra Filho, *Jurisprudência da Nova Lei de Recuperação de Empresas e Falências/Decisões, Ofícios Judiciais, Resoluções, Sentenças, Acórdãos, Dentre Outros Documentos*, São Paulo, Ed. RT, 2006, p. 214.

67. Manoel Justino Bezerra Filho adverte: "Este inciso III solucionou antiga discussão jurisprudencial sobre qual seria a exata posição do terceiro de boa-fé para receber os valores que houvesse passado ao falido em decorrência de negócio que foi revogado" (*Nova Lei de Recuperação e de Falências Comentada. Lei 11.101, de 9.2.2005, Comentário Artigo por Artigo*, 3ª ed., São Paulo, Ed. RT, 2005, p. 221).

68. Fábio Ulhoa Coelho, na obra intitulada *Curso de Direito Comercial* (5ª ed., vol. 3, São Paulo, Saraiva, 2005, p. 338), sustenta: "Essa hipótese de pedido de restituição visa a proteger a boa-fé do terceiro contratante, mas não tem necessariamente o sentido de coibir a má-fé do falido (como é o caso da restituição do parágrafo único do art. 85)". Na obra intitulada *Comentários à Nova Lei de Falências e de Recuperação de Empresas* (cit., p. 247), assevera: "(...). Para evitar o enriquecimento indevido da massa, o prejudicado com a declaração de ineficácia, provando sua boa-fé, pode requerer a restituição em dinheiro que neutralize a lesão sofrida".

69. "Art. 51. O crédito relativo a contribuições, cotas e respectivos adicionais ou acréscimos de qualquer natureza arrecadados pelos órgãos competentes, bem como a atualização monetária e os juros de mora, estão sujeitos, nos processos de falência, concordata ou concurso de credores, às disposições atinentes aos créditos da União.

"Parágrafo único. O Instituto Nacional do Seguro Social – INSS reivindicará os valores descontados pela empresa de seus empregados e ainda não recolhidos."

70. Por isso, Sérgio Campinho denomina os valores objeto de restituição de "importâncias extraconcursais prioritárias" (*Falência e Recuperação de Empresa: o Novo Regime da Insolvência Empresarial*, Rio de Janeiro, Renovar, 2006, p. 387).

disponibilidade de caixa, as restituições em dinheiro serão efetuadas imediatamente após o pagamento dos créditos trabalhistas de natureza estritamente salarial vencidos nos três meses anteriores à decretação da falência, até o limite de cinco salários mínimos por trabalhador.[71-72]

Assim sendo, a Súmula 307 do STJ ("A restituição de adiantamento de contrato de câmbio, na falência, deve ser atendida antes de qualquer crédito" – *DJU* 15.12.2004), em nossa opinião, deixou de vigorar.

493. E se não existir saldo suficiente para pagamento integral em dinheiro a todos os requerentes? – Far-se-á o rateio proporcional entre eles (parágrafo único do art. 91).

Art. 87. O pedido de restituição deverá ser fundamentado e descreverá a coisa reclamada.[494-495]

§ 1º. O juiz mandará autuar em separado o requerimento com os documentos que o instruírem[496] e determinará a intimação do falido, do comitê, dos credores e do administrador judicial[497] para que, no prazo sucessivo de 5 (cinco) dias, se manifestem,[498] valendo como contestação a manifestação contrária à restituição.[499]

§ 2º. Contestado o pedido e deferidas as provas porventura requeridas, o juiz designará audiência de instrução e julgamento, se necessária.[500]

§ 3º. Não havendo provas a realizar, os autos serão conclusos para sentença.[501]

LEGISLAÇÃO ANTERIOR

Lei de Falências (DL 7.661/1945): *Art.* 77. O pedido de restituição deve ser cumpridamente fundamentado e individuará a coisa reclamada.

§ 1º. O juiz mandará autuar em separado o requerimento e documentos que o instruírem, e ouvirá o falido e o síndico, no prazo de 3 (três) dias para cada um, valendo como contestação a informação ou parecer contrário do falido ou do síndico.

§ 2º. O escrivão avisará aos interessados, pelo órgão oficial, que se acha em cartório o pedido, sendo-lhes concedido o prazo de 5 (cinco) dias para apresentarem contestação.

§ 3º. Havendo contestação e deferidas ou não as provas porventura requeridas, o juiz designará, dentro dos 20 (vinte) dias seguintes, audiência de instrução e julgamento, que se realizará com observância do disposto no art. 95 e seus parágrafos.

COMENTÁRIOS

494. O pedido de restituição deverá ser fundamentado e descreverá a coisa reclamada – O pedido de restituição tem de ser fundamentado, descrever a coisa reclamada e ser redigido de conformidade com os requisitos de uma petição inicial (art. 282 do CPC).[73]

Tais requisitos (fundamentação e descrição da coisa) são plenamente justificáveis, à medida que, uma vez reconhecido o pedido de restituição, operar-se-á a desintegração da massa falida objetiva, reduzindo-a (art. 88).

Portanto, o requerente, além de especificar a coisa, terá de apresentar documentação idônea, seja para comprovar a origem de seu direito de propriedade, seja para demonstrar

71. No mesmo sentido: José da Silva Pacheco, *Processo de Recuperação Judicial, Extrajudicial e Falência*, cit., p. 218.

72. Manoel Justino Bezerra Filho lembra: "(...) embora aquele que pede a restituição não seja credor do falido (e, sim, retirando da massa falida o que não deveria ter sido arrecadado), ainda assim terá que aguardar a solução e o pagamento de créditos salariais acaso existentes, na forma do art. 151" (*Nova Lei de Recuperação e de Falências Comentada. Lei 11.101, de 9.2.2005, Comentário Artigo por Artigo*, cit., 3ª ed., p. 222).

73. Manoel Justino Bezerra Filho adverte: "(...) diversos documentos (*v.g.*, auto de arrecadação, prova da propriedade ou de outro direito alegado etc.) podem estar nos próprios autos da falência. No entanto, a inicial deve trazer *xerox* de tais documentos e estar instruída de forma completa, como qualquer petição inicial" (*Nova Lei de Recuperação e de Falências Comentada. Lei 11.101, de 9.2.2005, Comentário Artigo por Artigo*, 3ª ed., São Paulo, Ed. RT, 2005, pp. 222-223).

a razão pela qual a coisa se encontra em poder da massa falida.[74]

495. Cabe tutela antecipada no bojo do pedido de restituição? – Responde Carlos Henrique Abrão: "Apresentadas as respectivas contestações, nada inibe que o juízo, ao receber o pedido, defira tutela antecipada, porém a matéria probatória será devidamente especificada e fundamentada na consecução da audiência de instrução e julgamento".[75]

496. Autuação em separado do requerimento e dos documentos que o instruírem – A determinação da autuação[76] em separado demonstra a natureza incidental do pedido de restituição.[77]

497. Intimação do falido, do comitê, dos credores e do administrador judicial – Com relação ao regime anterior, que previa a manifestação do falido, do síndico e dos interessados sobre o pedido de restituição (art. 77, §§ 1º e 2º, do Decreto-lei 7.661/1945), o atual regime ampliou os legitimados, vez que incluiu também o comitê de credores.[78-79-80-81]

74. No mesmo sentido: Ricardo Negrão, *Aspectos Objetivos da Lei de Recuperação de Empresas e Falências: Lei 11.101, de 9.2.2005*, São Paulo, Saraiva, 2005, p. 132.

75. Carlos Henrique Abrão, "Comentários aos arts. 70 ao 104", in Carlos Henrique Abrão e Paulo Fernando Campos Salles de Toledo (coords.), *Lei de Recuperação de Empresas e Falência*, São Paulo, Saraiva, 2005, p. 222. No mesmo sentido: Marcus Elidius Michelli de Almeida, "O pedido de restituição e os embargos de terceiros em face da nova Lei de Falências", in Luiz Fernando Valente de Paiva (coord.), *Direito Falimentar e a Nova Lei de Falências e Recuperação de Empresas*, São Paulo, Quartier Latin, 2005, pp. 319 e 322; e Marcos Paulo de Almeida Salles, "Comentários aos arts. 85 ao 93", in Francisco Satiro de Sousa Jr. e Antônio Sérgio Altieri de Moraes Pitombo (coords.), *Comentários à Lei de Recuperação de Empresas e Falência: Lei 11.101/2005*, São Paulo, Ed. RT, 2005, p. 390.

76. Segundo José da Silva Pacheco, *autuação* "é o ato pelo qual tem início qualquer processo, designando-se a espécie de ação ajuizada, o nome das partes e do escrivão, e fazendo a juntada da petição inicial com todos os documentos e fixando a data do ato" (*Processo de Recuperação Judicial, Extrajudicial e Falência*, Rio de Janeiro, Forense, 2006, p. 222).

77. No mesmo sentido: Sérgio Campinho, *Falência e Recuperação de Empresa: o Novo Regime da Insolvência Empresarial*, Rio de Janeiro, Renovar, 2006, p. 386.

78. Na nossa opinião, a constituição do comitê de credores é facultativa, vez que o art. 28 é expresso: "Não havendo comitê de credores, caberá ao administrador judicial ou, na incompatibilidade deste, ao juiz exercer suas atribuições". A redação do art. 12, na medida em que estabelece que o "devedor e o comitê, *se houver*, serão intimados", também aponta, de modo inequívoco, ser facultativa a constituição do comitê de credores. No mesmo diapasão o art. 64: "(...) o devedor ou seus administradores serão mantidos na condução da atividade empresarial, sob fiscalização do comitê de credores, *se houver* (...)".

79. José da Silva Pacheco afirma: "(...) deve o falido, no prazo, dar informação precisa, sem rodeios e de modo, tanto quanto possível, categórico sobre: (a) se o título, alegado ou demonstrado pelo requerente, é verdadeiro, ilegítimo ou nulo; (b) se, ainda que autêntico, o autor já havia perdido o direito alegado, por alguma das causas extintivas; (c) se a propriedade invocada pelo requerente pertence a outra pessoa; (d) se adquiriu ou obteve a coisa de outrem, e, nesse caso, chamá-lo à autoria; (e) se detinha a coisa de boa-fé, em nome alheio, a qualquer título, nomeando à autoria o verdadeiro possuidor; (f) se detinha a coisa ou a possuía por legítimo direito, que sobre ela adquiriu; (g) se é seu verdadeiro e único proprietário, juntando o respectivo título de propriedade; (h) se está prescrita a ação; (i) se fez, na coisa, benfeitorias necessárias ou úteis, sem oposição do requerente, especificando-as e estimando-as" (*Processo de Recuperação Judicial, Extrajudicial e Falência*, cit., p. 222).

80. Segundo Carlos Henrique Abrão: "Poder-se-ia cogitar a presença do Ministério Público e a necessidade de intimação pessoal endereçada, contudo silenciou o legislador, permitindo que fique ao critério do juízo instar o Ministério Público à derradeira manifestação, cujo parecer sobrevirá às contestações apresentadas" ("Comentários aos arts. 70 ao 104", cit., in Carlos Henrique Abrão e Paulo Fernando Campos Salles de Toledo (coords.), *Lei de Recuperação de Empresas e Falência*, p. 222). Ricardo Negrão inclui o Ministério Público como legitimado a ofertar contestação ao pedido de restituição (*Aspectos Objetivos da Lei de Recuperação de Empresas e Falências: Lei 11.101, de 9.2.2005*, cit., p. 137).

81. Lembra Celso Marcelo de Oliveira: "Na legislação falimentar revogada, antes de serem intimados o falido e o síndico (agora, administrador judicial), era expedido o mandado de constatação, com o qual o oficial de justiça iria constatar a existência dos bens cuja restituição tinha sido reclamada" (*Comentários*

498. Prazo sucessivo de cinco dias para manifestação – O prazo, que no regime anterior era de três dias (art. 77, § 1º, do Decreto-lei 7.661/1945), foi ampliado para cinco dias.[82-83]

499. Manifestação contrária à restituição vale como contestação – A manifestação do falido sobre o pedido de restituição é obrigatória, à medida que o inciso X do art. 104 estabelece o dever ao falido de se manifestar sempre que for determinado pelo juiz.

500. Designação de audiência de instrução e julgamento – Contestado o pedido e deferidas as provas requeridas, o juiz designará audiência de instrução e julgamento, exceto se a única prova a ser produzida for pericial,– aliás, tão comum em pedidos de restituição.[84]

Manoel Justino Bezerra Filho aduz: "Embora o entendimento geral seja no sentido de que a tentativa de conciliação (art. 331 do CPC) é inaplicável aos procedimentos que envolvam a falência, ainda assim, em casos especialíssimos, pode-se imaginar a possibilidade de tal tentativa em pedido de restituição".[85]

501. Conclusos para sentença – No regime anterior, mesmo no caso de ausência de provas, o juiz deveria designar audiência de instrução e julgamento (art. 77, § 3º, do Decreto-lei 7.661/1945).

Jurisprudência[86]

Tal comando vem sendo amenizado pela jurisprudência:

[STF] Falência – Restituição de bens – Julgamento antecipado da lide – Matéria de direito. *Não é desarrazoada decisão que, por economia processual, aplica ao procedimento especial de jurisdição contenciosa – como a restituição falencial – o instituto do julgamento antecipado da lide.* [*1ª Turma, RE 97.461, rel. Min. Rafael Mayer, j. 1.3.1983, RTJ 105/414*]

[TJRS] Falência – Pedido de restituição de bens – *Julgamento antecipado da lide – Admissibilidade se inexistirem provas e a questão for somente de direito – Inaplicabilidade do art. 77, § 3º, do Decreto-lei n. 7.661/1945*. [*RT 748/380*]

No atual regime, não havendo provas a serem produzidas, os autos serão conclusos para sentença.[87]

à Nova Lei de Falências, São Paulo, IOB-Thomson, 2005, p. 359).

82. Carlos Henrique Abrão adverte: "Considerando a pluralidade de credores, o prazo poderá se tornar elástico e prejudicial à solução da restituição, exceto se forem intimados por edital, caso contrário não se poderá computar o prazo isolada e individualmente, em relação aos demais: falido, administrador judicial, ou comitê, a intimação será feita diretamente, tendo cada um, a partir da juntada aos autos do documento comprobatório, o prazo de cinco dias para resposta" ("Comentários aos arts. 70 ao 104", cit., in Carlos Henrique Abrão e Paulo Fernando Campos Salles de Toledo (coords.), *Lei de Recuperação de Empresas e Falência*, p. 222).

83. Marcos Paulo de Almeida Salles, externando a mesma preocupação de Carlos Henrique Abrão veiculada na nota de rodapé anterior, sugere "a obrigatoriedade da convocação da assembléia de credores para receber a intimação e nomear comitê para cuidar do acompanhamento das ações de restituição em representação dos credores em suas três categorias (art. 35, II, 'b' e 'd')" ("Comentários aos arts. 85 ao 93", cit., in Francisco Satiro de Sousa Jr. e Antônio Sérgio Altieri de Moraes Pitombo (coords.), *Comentários à Lei de Recuperação de Empresas e Falência: Lei 11.101/2005*, p. 386).

84. No mesmo sentido: Manoel Justino Bezerra Filho, *Nova Lei de Recuperação e de Falências Comentada. Lei 11.101, de 9.2.2005, Comentário Artigo por Artigo*, cit., 3ª ed., p. 224.

85. Manoel Justino Bezerra Filho, *Nova Lei de Recuperação e de Falências Comentada. Lei 11.101, de 9.2.2005, Comentário Artigo por Artigo*, cit., 3ª ed., p. 224.

86. Manoel Justino Bezerra Filho, *Jurisprudência da Nova Lei de Recuperação de Empresas e Falências/Decisões, Ofícios Judiciais, Resoluções, Sentenças, Acórdãos, Dentre Outros Documentos*, São Paulo, Ed. RT, 2006, p. 221.

87. Carlos Henrique Abrão exemplifica: "Notadamente, na circunstância do contrato de câmbio, quando a matéria for essencialmente jurídica, a reclamação pedirá julgamento no estado do processo, sendo inviável a hipótese do art. 331 do CPC, cuja questão, ainda que envolva direito patrimonial, não comporta transação" ("Comentários aos arts. 70 ao 104", cit., in Carlos Henrique Abrão e Paulo Fernando Campos Salles de Toledo (coords.), *Lei de Recuperação de Empresas e Falência*, p. 223).

Trata-se de alteração louvável e que atende aos princípios da celeridade e da economia processual no âmbito da falência (art. 75, parágrafo único).

Art. 88. A sentença que reconhecer o direito do requerente determinará a entrega da coisa no prazo de 48 (quarenta e oito) horas.[502]

Parágrafo único. Caso não haja contestação, a massa não será condenada ao pagamento de honorários advocatícios.[503]

LEGISLAÇÃO ANTERIOR

Lei de Falências (DL 7.661/1945): *Art. 77.* (...).

(...).

§ 6º. Não havendo contestação, o juiz, ouvido o representante do Ministério Público, e se nenhuma dúvida houver sobre o direito do reclamante, determinará, em 48 (quarenta e oito) horas, a expedição de mandado para a entrega da coisa reclamada.

§ 7º. As despesas da reclamação, quando não contestada, são pagas pelo reclamante e, se contestada, pelo vencido.

COMENTÁRIOS

502. Qual será o comando da sentença que reconhecer o direito do requerente? – O comando consistirá na entrega da coisa no prazo de 48 horas, contadas da respectiva intimação.

A *ratio legis* desse curto prazo visa a evitar que a coisa se deteriore, ou que se onere a massa com sua conservação.[88]

503. Quando haverá condenação da massa ao pagamento de honorários advocatícios? – *A contrario sensu* do disposto no parágrafo único do art. 88, haverá condenação da massa ao pagamento de honorários advocatícios quando ela oferecer contestação ao pedido de restituição e este for julgado procedente.[89]

Tal condenação será devida pela massa apenas quando a contestação for oferecida pelo administrador judicial, ou também quando ofertada pelo próprio devedor falido, credores ou comitê de credores?

Entendemos que apenas quando a contestação, apresentada pelo administrador judicial, não for acolhida é que a massa deverá arcar com o pagamento dos honorários advocatícios.[90-91]

Júlio Kahan Mandel formula esclarecimento oportuno: "O pedido de esclarecimentos ao reivindicante ou de solicitação de juntada de novos documentos, efetuada por outros credores ou pelo falido, não importa contestação, uma vez que a observância do formalismo na análise do pedido e a necessária transparência e verificação de legalidade do crédito são de interesse da Justiça e da massa, de modo que tais pedidos não se confundem com a oposição ou contestação, a menos que evidentemente protelatórios".[92]

88. No mesmo sentido: Carlos Henrique Abrão, "Comentários aos arts. 70 ao 104", in Carlos Henrique Abrão e Paulo Fernando Campos Salles de Toledo (coords.), *Lei de Recuperação de Empresas e Falência*, São Paulo, Saraiva, 2005, p. 223.

89. Aliás, o § 7º do art. 77 do regime anterior era mais explícito: "As despesas da reclamação, quando não contestada, são pagas pelo reclamante e, *se contestada, pelo vencido*".

90. No mesmo sentido: Manoel Justino Bezerra Filho, *Nova Lei de Recuperação e de Falências Comentada. Lei 11.101, de 9.2.2005, Comentário Artigo por Artigo*, 3ª ed., São Paulo, Ed. RT, 2005, p. 225.

91. Em sentido contrário – vale dizer, com o entendimento de que a massa arcará com o pagamento dos honorários advocatícios independentemente de quem tiver oferecido a contestação ao pedido de restituição: Ricardo Negrão, *Aspectos Objetivos da Lei de Recuperação de Empresas e Falências: Lei 11.101, de 9.2.2005*, São Paulo, Saraiva, 2005, p. 137.

Marcus Elidius Michelli de Almeida compartilha do mesmo entendimento ("O pedido de restituição e os embargos de terceiros em face da nova Lei de Falências", in Luiz Fernando Valente de Paiva (coord.), *Direito Falimentar e a Nova Lei de Falências e Recuperação de Empresas*, São Paulo, Quartier Latin, 2005, p. 315).

92. Júlio Kahan Mandel, *Nova Lei de Falências e Recuperação de Empresas Anotada: Lei 11.101, de 9.2.2005*, São Paulo, Saraiva, 2005, p. 171.

Por outro lado, é de se indagar: mesmo que não haja contestação apresentada pela massa, porém se o pedido de restituição for procedente, ela, a massa, não deveria ser condenada ao pagamento dos honorários advocatícios, já que deu causa à formulação de tal pedido?

Jurisprudência[93]

À luz do regime anterior instaurou-se dissídio jurisprudencial:

[STJ] Falência – Pedido de restituição de mercadorias – Honorários de advogado. *A norma inserta no art. 77, § 7º, da Lei de Falências,* que expressamente determina o pagamento das despesas da reclamação pelo reclamante quando não contestada pela reclamado, *deixa de subsistir diante da nova sistemática instituida pelo Código de Processo Civil de 1973 (art. 20,* caput*), que lhe é posterior, incumbindo àquele que deu causa ao processo e sofreu derrota arcar com os encargos da sucumbência, incluídos os honorários de advogado* – Precedentes da 4ª Turma – Recurso conhecido e provido. [*REsp 160.054-SP, rel. Min. Barros Monteiro, j. 17.10.2000, DJU 11.12.2000, p. 203*]

[TJSP] Honorários de advogado – Restituição de mercadoria em concordata – *Inexistência de oposição do concordatário* – Verba não devida – *Custas processuais a cargo do reclamante – Inaplicabilidade da regra geral da sucumbência – Inteligência e aplicação do art. 77, § 7º, do Decreto-lei n. 7.661/1945* – Voto vencido. [*RT 640/100*]

Tendo em vista que tanto no regime anterior (art. 77, § 7º) quanto no regime atual (art. 88, parágrafo único) o comando legal é o mesmo – *pedido de restituição não contestado não gera dever de pagamento de honorários advocatícios* –, acreditamos que a cizânia jurisprudencial remanescerá.

Art. 89. A sentença que negar a restituição, quando for o caso, incluirá o requerente no quadro geral de credores, na classificação que lhe couber, na forma desta Lei.[504]

LEGISLAÇÃO ANTERIOR

Lei de Falências (DL 7.661/1945): *Art.* 77. (...).

(...).

§ 5º. A sentença que negar a restituição pode mandar incluir o reclamante na classificação que, como credor, por direito lhe caiba.

COMENTÁRIOS

504. Qual será o comando da sentença que negar a restituição? – Quando for o caso – vale dizer, desde que comprovada a existência do crédito –, o comando consistirá na inclusão do requerente no quadro geral de credores, na classificação que lhe couber, evitando, com isso, um novo procedimento consistente na habilitação de crédito.[94]

Tal comando atende aos princípios da celeridade e da economia processual no âmbito da falência (art. 75, parágrafo único).

Ressalte-se que, diferentemente do que ocorria no regime anterior, no qual a inclusão no quadro geral de credores era facultativa (art. 77, § 5º), no atual regime dita inclusão passou a ser obrigatória.

Art. 90. Da sentença que julgar o pedido de restituição caberá apelação sem efeito suspensivo.[505]

93. Manoel Justino Bezerra Filho, *Jurisprudência da Nova Lei de Recuperação de Empresas e Falências/Decisões, Ofícios Judiciais, Resoluções, Sentenças, Acórdãos, Dentre Outros Documentos*, São Paulo, Ed. RT, 2006, pp. 221-222.

94. Manoel Justino Bezerra Filho recomenda: "De qualquer forma, por cautela, é melhor que na inicial seja feito também o pedido alternativo de inclusão no quadro, em caso de improcedência do pedido de restituição. O pedido de inclusão no quadro geral de credores é 'pedido em ordem sucessiva' (ou eventual) previsto no art. 289 do CPC" (*Nova Lei de Recuperação e de Falências Comentada. Lei 11.101, de 9.2.2005, Comentário Artigo por Artigo*, 3ª ed., São Paulo, Ed. RT, 2005, p. 226).

Parágrafo único. O autor do pedido de restituição que pretender receber o bem ou a quantia reclamada antes do trânsito em julgado da sentença prestará caução.[506]

LEGISLAÇÃO ANTERIOR

Lei de Falências (DL 7.661/1945): *Art. 77.* (...).

(...).

§ 4º. Da sentença podem apelar o reclamante, o falido, o síndico e qualquer credor, ainda que não contestante, contando-se o prazo da data da mesma sentença.

COMENTÁRIOS

505. Qual será o recurso cabível da sentença que julgar o pedido de restituição? – O recurso cabível é o de apelação, sem efeito suspensivo; vale dizer, tal recurso terá apenas o efeito devolutivo – e, por isso, enseja a execução provisória da sentença.

No regime anterior a apelação era recebida em ambos os efeitos (devolutivo e suspensivo).

506. Há respaldo legal para a pretensão de recebimento do bem ou da quantia antes do trânsito em julgado da sentença? – Há respaldo legal. Todavia, o pretendente terá de prestar caução, real ou fidejussória.[95]

No regime anterior, apenas por meio de liminar, concedida em sede de embargos de terceiro, é que se possibilitava o recebimento do bem antes do trânsito em julgado da sentença.

Art. 91. O pedido de restituição suspende a disponibilidade da coisa até o trânsito em julgado.[507]

Parágrafo único. Quando diversos requerentes houverem de ser satisfeitos em dinheiro e não existir saldo suficiente para o pagamento integral, far-se-á rateio proporcional entre eles.[508]

LEGISLAÇÃO ANTERIOR

Lei de Falências (DL 7.661/1945): *Art. 78.* O pedido de restituição suspende a disponibilidade da coisa, que será restituída em espécie.

(...).

§ 3º. Quando diversos reclamantes houverem de ser satisfeitos em dinheiro e não existir saldo bastante para o pagamento integral, far-se-á rateio entre eles.

COMENTÁRIOS

507. O pedido de restituição suspende a disponibilidade da coisa? – O ajuizamento do pedido de restituição torna litigiosa a coisa e, portanto, provoca a suspensão da sua disponibilidade (vedação de alienação, cessão ou transferência) até o trânsito em julgado, exceto se se tratar de bens perecíveis, deterioráveis, sujeitos a considerável desvalorização ou que sejam de conservação arriscada ou dispendiosa (art. 113).

Faz-se mister enfatizar que o comando da indisponibilidade, dada sua natureza cogente, alcança inclusive a coisa restituída sob prestação de caução (art. 90, parágrafo único).[96]

508. E se inexistir saldo suficiente para pagamento, em dinheiro, a diversos requerentes? – Far-se-á o respectivo rateio

95. Alerta Carlos Henrique Abrão: "De qualquer maneira, não haveria motivo para se manter a coisa arrecadada e guardada na posse direta da massa. Custos excessivos desaconselhariam a medida, por não integrar o ativo e competir ao titular essa função em relação à coisa restituenda" ("Comentários aos arts. 70 ao 104", in Carlos Henrique Abrão e Paulo Fernando Campos Salles de Toledo (coords.), *Lei de Recuperação de Empresas e Falência*, São Paulo, Saraiva, 2005, p. 225).

96. No mesmo sentido: Carlos Henrique Abrão, Comentários aos arts. 70 ao 104", in Carlos Henrique Abrão e Paulo Fernando Campos Salles de Toledo (coords.), *Lei de Recuperação de Empresas e Falência*, São Paulo, Saraiva, 2005, p. 225.

entre eles,[97-98] respeitando-se, sempre, o pagamento prévio dos créditos trabalhistas de natureza salarial vencidos nos três meses anteriores à decretação da falência, até o limite de cinco salários mínimos (art. 151).

Art. 92. O requerente que tiver obtido êxito no seu pedido ressarcirá a massa falida ou a quem tiver suportado as despesas de conservação da coisa reclamada.[509]

LEGISLAÇÃO ANTERIOR

Lei de Falências (DL 7.661/1945): *Art. 78.* (...).

(...).

§ 4º. O reclamante pagará à massa as despesas que a coisa reclamada ou o seu produto tiverem ocasionado.

COMENTÁRIOS

509. Quem ressarcirá as despesas de conservação da coisa reclamada? – O requerente que tiver obtido êxito no seu pedido de restituição deverá ressarcir as despesas com conservação da coisa reclamada.[99]

O credor de tais despesas poderá ser a própria massa falida ou terceiro escolhido pelo administrador judicial (art. 108, § 1º).

Marcos Paulo de Almeida Salles adverte que o dever de ressarcir: "(...) não constará da sentença que reconheça a procedência da restituição, porém o proprietário deverá proceder ao reembolso para poder retirar a coisa de seu custodiante, assegurado a este o instituto da retenção da coisa, de modo a ver satisfeito o ressarcimento".[100-101-102]

Art. 93. Nos casos em que não couber pedido de restituição, fica resguardado o direito dos credores de propor embargos de terceiros, observada a legislação processual civil.[510-511-512]

97. Carlos Henrique Abrão exemplifica: "(...) se os autores em litisconsórcio, ou nas diversas lides, somarem créditos extraconcursais de R$ 100.000,00, totalizando referido valor, possuindo a massa apenas a metade, isto é, R$ 50.000,00, sendo 10 os interessados no recebimento, em tese, cada um receberia R$ 10.000,00, porém, na condição do ativo da massa, a importância se reduziria para apenas R$ 5.000,00, proporcionalmente ao crédito cobrado na restituição" "Comentários aos arts. 70 a 104", in Carlos Henrique Abrão e Paulo Fernando Campos Salles de Toledo. (coords.), *Lei de Recuperação de Empresas e Falência*, São Paulo, Saraiva, 2005, p. 226.

98. Assevera Manoel Justino Bezerra Filho: "Após o rateio, os autores dos pedidos de restituição continuam na mesma posição processual e se houver aporte de novos valores, novamente serão pagos, mediante rateio, até que o valor total seja quitado" (*Nova Lei de Recuperação e Falência Comentada.* Lei 11.101, de 9.2.2005, Comentário Artigo por Artigo. 3ª ed., São Paulo, Ed RT, 2005, p. 228).

99. Manoel Justino Bezerra Filho exemplifica: "O exemplo tradicional é aquele do credor que entregou um quilo de ouro, que foi transformado em um quilo de anéis e brincos, jóias que, como é intuitivo, têm valor agregado, ou uma mais-valia, que corresponde ao trabalho de manufatura do metal. Em tal caso, o bem sub-rogado poderá ser objeto de restituição, sendo o credor obrigado a pagar à massa o valor agregado, que será encontrado pela diferença entre o valor das jóias e o valor do ouro bruto" (*Nova Lei de Recuperação e de Falências Comentada. Lei 11.101, de 9.2.2005, Comentário Artigo por Artigo*, 3ª ed., São Paulo, Ed. RT, 2005, p. 228).

100. Marcos Paulo de Almeida Salles, "Comentários aos arts. 85 ao 93", in Francisco Satiro de Sousa Jr. e Antônio Sérgio Altieri de Moraes Pitombo (coords.), *Comentários à Lei de Recuperação de Empresas e Falência: Lei 11.101/2005*, São Paulo, Ed. RT, 2005, p. 389.

101. Sérgio Campinho aduz: "É possível, inclusive, condicionar-se a sua entrega ao ressarcimento devido" (*Falência e Recuperação de Empresa: o Novo Regime da Insolvência Empresarial*, Rio de Janeiro, Renovar, 2006, p. 387).

102. Júlio Kahan Mandel ressalta: "Este dispositivo é polêmico, e já pude presenciar casos em que o custo de manutenção do bem e de sua armazenagem, durante o período de discussão do mérito do processo, superou o valor do bem reivindicado" (*Nova Lei de Falências e Recuperação de Empresas Anotada: Lei 11.101, de 9.2.2005*, São Paulo, Saraiva, 2005, p. 171).

LEGISLAÇÃO ANTERIOR

Lei de Falências (DL 7.661/1945): *Art. 79.* Aquele que sofrer turbação ou esbulho na sua posse ou direito, por efeito da arrecadação ou do seqüestro, poderá, se não preferir usar do pedido de restituição (art. 76), defender os seus bens por via de embargos de terceiro.

§ 1º. Os embargos obedecerão à forma estabelecida na lei processual civil.

§ 2º. Da sentença que julgar os embargos cabe apelação, que pode ser interposta pelo embargante, pelo falido, pelo síndico ou por qualquer credor, ainda que não contestante.

COMENTÁRIOS

510. Qual é o remédio processual a ser adotado caso o pedido de restituição não seja cabível? – O remédio processual a ser adotado é a oposição de embargos de terceiros, nos termos do Código de Processo Civil (arts. 1.046-1.054), que, por isso, passam a ter caráter residual.[103-104]

511. Distinção básica entre "pedido de restituição" e "embargos de terceiro" – Enquanto o pedido de restituição pressupõe a decretação da falência, os embargos de terceiro podem ser opostos independentemente da quebra.

Além disso, os embargos de terceiro englobam direitos imateriais, marcas de indústria, comércio e serviço e patentes de invenção.[105]

103. No mesmo sentido: Marcus Elidius Michelli de Almeida, "O pedido de restituição e os embargos de terceiros em face da nova Lei de Falências", in Luiz Fernando Valente de Paiva (coord.), *Direito Falimentar e a Nova Lei de Falências e Recuperação de Empresas*, São Paulo, Quartier Latin, 2005, p. 320.

104. Fábio Ulhoa Coelho afirma: "A nova Lei de Falências não dá ensejo mais a dúvida. Quando couber o pedido de restituição, os embargos de terceiros não são admissíveis, e vice-versa" (*Comentários à Nova Lei de Falências e de Recuperação de Empresas*, São Paulo, Saraiva, 2005, p. 251).

105. No mesmo sentido: Carlos Henrique Abrão, "Comentários aos arts. 70 ao 104", in Carlos Henrique Abrão e Paulo Fernando Campos Salles de Toledo (coords.), *Lei de Recuperação de Empresas e Falência*, São Paulo, Saraiva, 2005, p. 226.

512. O cônjuge de empresário individual pode manejar embargos de terceiros? – Responde Sérgio Campinho:

"(...) sustentamos, como regra geral de princípio, que as dívidas firmadas pelo empresário individual, no exercício regular de sua atividade profissional, são dívidas contraídas em benefício da família, devendo também por elas responder, na falência, o patrimônio comum. Há lógica presunção de que tais dívidas não decorrem em desfavor da família, a qual usufrui, ou ao menos chegou a usufruir um dia, dos dividendos decorrentes da atividade econômica explorada, de forma regular, pelo empresário individual. Por tal razão é que a arrecadação se fará de forma plena, sobre a totalidade dos bens particulares e comuns do falido.

"Todavia, fica assegurado ao cônjuge do devedor, casado pelo regime da comunhão parcial ou universal, a defesa da sua meação no patrimônio comum, competindo-lhe, no entanto, o ônus da prova da ausência do benefício. Os instrumentos processuais adequados ao fim seriam os embargos de terceiros, disciplinados nos arts. 1.046 a 1.054 do CPC."[106]

Jurisprudência[107]

Eis um julgado que, apesar de prolatado sob a égide do regime anterior, remanesce pertinente:

[STJ] Embargos de terceiro intentados por mulher casada em defesa de sua meação – Comerciante individual que teve sua falência decretada. *A presunção é de que as dívidas contraídas pelo falido o foram em benefício da família, cabendo à mulher elidir essa presunção.* [*REsp 58.854-4-SP, rel. Min. Nilson Naves, j. 30.5.1995*]

Acreditamos que tanto a posição do autor quanto o julgado estão em consonância com a lei sob comento e com o Código Civil.

106. Sérgio Campinho, *Falência e Recuperação de Empresa: o Novo Regime da Insolvência Empresarial*, Rio de Janeiro, Renovar, 2006, pp. 390-391. No mesmo sentido: Fábio Ulhoa Coelho, *Comentários à Nova Lei de Falências e de Recuperação de Empresas*, cit., p. 251.

107. Manoel Justino Bezerra Filho, *Jurisprudência da Nova Lei de Recuperação de Empresas e Falências/Decisões, Ofícios Judiciais, Resoluções, Sentenças, Acórdãos, Dentre Outros Documentos*, São Paulo, Ed. RT, 2006, p. 223.

Seção IV – Do Procedimento para a Decretação da Falência

Art. 94. Será decretada a falência do devedor que: I – sem relevante razão de direito, não paga, no vencimento, obrigação líquida materializada em título ou títulos executivos protestados cuja soma ultrapasse o equivalente a 40 (quarenta) salários mínimos na data do pedido de falência;[513-514-515-516-517-518-519-520-521-522] II – executado por qualquer quantia líquida, não paga, não deposita e não nomeia à penhora bens suficientes dentro do prazo legal;[523-524-525-526-527-528] III – pratica qualquer dos seguintes atos, exceto se fizer parte de plano de recuperação judicial:[529-530-531-532] a) procede à liquidação precipitada de seus ativos ou lança mão de meio ruinoso ou fraudulento para realizar pagamentos; b) realiza ou, por atos inequívocos, tenta realizar, com o objetivo de retardar pagamentos ou fraudar credores, negócio simulado ou alienação de parte ou da totalidade de seu ativo a terceiro, credor ou não; c) transfere estabelecimento a terceiro, credor ou não, sem o consentimento de todos os credores e sem ficar com bens suficientes para solver seu passivo; d) simula a transferência de seu principal estabelecimento com o objetivo de burlar a legislação ou a fiscalização ou para prejudicar credor; e) dá ou reforça garantia a credor por dívida contraída anteriormente sem ficar com bens livres e desembaraçados suficientes para saldar seu passivo; f) ausenta-se sem deixar representante habilitado e com recursos suficientes para pagar os credores, abandona estabelecimento ou tenta ocultar-se de seu domicílio, do local de sua sede ou de seu principal estabelecimento; g) deixa de cumprir, no prazo estabelecido, obrigação assumida no plano de recuperação judicial.

§ 1º. Credores podem reunir-se em litisconsórcio a fim de perfazer o limite mínimo para o pedido de falência com base no inciso I do *caput* deste artigo.[533]

§ 2º. Ainda que líquidos, não legitimam o pedido de falência os créditos que nela não se possam reclamar.[534]

§ 3º. Na hipótese do inciso I do *caput* deste artigo, o pedido de falência será instruído com os títulos executivos na forma do parágrafo único do art. 9º desta Lei, acompanhados, em qualquer caso, dos respectivos instrumentos de protesto para fim falimentar nos termos da legislação específica.[535]

§ 4º. Na hipótese do inciso II do *caput* deste artigo, o pedido de falência será instruído com certidão expedida pelo juízo em que se processa a execução.[535]

§ 5º. Na hipótese do inciso III do *caput* deste artigo, o pedido de falência descreverá os fatos que a caracterizam, juntando-se as provas que houver e especificando-se as que serão produzidas.[536]

LEGISLAÇÃO ANTERIOR

Lei de Falências (DL 7.661/1945): *Art. 1º.* Considera-se falido o comerciante que, sem relevante razão de direito, não paga no vencimento obrigação líquida, constante de título que legitime a ação executiva.

(...).

§ 2º. Ainda que líquidos, não legitimam o pedido de falência os créditos que não se possam na mesma reclamar.

Art. 2º. Caracteriza-se, também, a falência, se o comerciante: I – executado, não paga, não deposita a importância, ou não nomeia bens à penhora, dentro do prazo legal; II – procede a liquidação precipitada, ou lança mão de meios ruinosos ou fraudulentos para realizar pagamentos; III – convoca credores e lhes propõe dilação, remissão de créditos ou cessão de bens; IV – realiza ou, por atos inequívocos, tenta realizar, com o fito de retardar pagamentos ou fraudar credores, negócio simulado, ou alienação de parte ou da totalidade do seu ativo a terceiro, credor ou não; V – transfere a terceiro o seu estabelecimento sem o consentimento de todos os credores, salvo se ficar com bens suficientes para solver o seu passivo; VI - dá garantia real a algum credor sem ficar com bens livres e desembaraçados equivalentes às suas dívidas, ou tenta essa prática, revelada a intenção por atos inequívocos; VII - ausenta-se sem deixar representante para administrar o negócio, habilitado com recursos suficientes para pagar os credores; abandona o estabelecimento; oculta-se ou tenta ocultar-se, deixando furtivamente o seu domicílio.

Parágrafo único. Consideram-se praticados pelas sociedades os atos dessa natureza provenientes de seus diretores, gerentes ou liquidantes.

Art. 11. Para requerer a falência do devedor com fundamento no art. 1º, as pessoas mencionadas no art. 9º devem instruir o pedido com a prova da sua qualidade e com a certidão do protesto que caracteriza a impontualidade do devedor.

Art. 12. Para a falência ser declarada nos casos do art. 2º, o requerente especificará na petição os fatos que a caracterizam, juntando as provas que tiver e indicando as que pretenda aduzir.

§ 1º. O devedor será citado para defender-se devendo apresentar em cartório, no prazo de 24 (vinte e quatro) horas, os seus embargos, instruindo-os com as provas que tiver e indicando outras que entenda necessárias à defesa.

§ 2º. Se o devedor citado não comparecer, correrá o processo à revelia; se não for encontrado, o juiz nomeará curador que o defenda.

§ 3º. Não havendo provas a realizar, o juiz proferirá a sentença; se as houver, o juiz, recebendo os embargos, determinará as provas que devam ser realizadas, e procederá a uma instrução sumária, dentro do prazo de 5 (cinco) dias, decidindo em seguida.

§ 4º. Durante o processo, o juiz, de ofício ou a requerimento do credor, poderá ordenar o seqüestro dos livros, correspondência e bens do devedor, e proibir qualquer alienação destes, publicando-se o despacho, em edital, no órgão oficial. Os bens e livros ficarão sob a guarda de depositário nomeado pelo juiz, podendo a nomeação recair no próprio credor requerente.

§ 5º. As medidas previstas no parágrafo anterior cessarão por força da própria sentença que denegar a falência.

COMENTÁRIOS

513. Primeira hipótese para decretação da falência (impontualidade injustificada) – A primeira hipótese para decretação da falência é a seguinte: devedor que, sem relevante razão de direito, não paga, no vencimento, obrigação líquida[1-2-3] materializada em título ou títulos executivos[4] protestados, cuja soma ultrapasse o equivalente a 40 salários mínimos na data do pedido de falência.

Trata-se do critério da impontualidade injustificada.

Ronaldo Vasconcelos, ao tratar da petição inicial fundada no art. 94, I, esclarece: "Assim é que para o pedido de falência baseado na impontualidade de título executivo (judicial ou extrajudicial) vencido e protestado (LRF, art. 94, I) devem integrar basicamente a petição inicial: (I) o título de crédito que fundamenta o pedido, com valor superior a 40 salários mínimos, e (II) o instrumento de protesto do título que fundamenta o pedido de quebra, judicial ou extrajudicial, tirado exclusivamente para fins falimentares (LRF, art. 94, § 3º)".[5]

514. Impontualidade injustificada. Insolvência jurídica, e não econômica – Urge ser ressaltado que o pedido de falência com arrimo no inciso I (assim como nos incisos

1. O art. 1.533 do CC de 1916 dispunha: "Considera-se líquida a obrigação certa, quanto à sua existência, e determinada, quanto ao seu objeto".

2. Para Sérgio Campinho: '"Líquida é a obrigação que não gera dúvida a respeito da existência (*an debeatur*) e da quantia devida (*quantum debeatur*)" (*Falência e Recuperação de Empresa: o Novo Regime da Insolvência Empresarial*, Rio de Janeiro, Renovar, 2006, p. 222).

3. Segundo Manoel Justino Bezerra Filho: "Líquido é aquilo que é manifesto, claro e evidente, não se duvidando de sua existência. Um cheque regularmente emitido é uma dívida líquida, provando-se sua existência pela simples inspeção ocular do próprio cheque" (*Nova Lei de Recuperação e de Falências Comentada. Lei 11.101, de 9.2.2005, Comentário Artigo por Artigo*, 3ª ed., São Paulo, Ed. RT, 2005, p. 233).

4. Um título despojado de executoriedade porque foi colhido pela prescrição da pretensão executiva não poderá estribar pedido de falência com base na impontualidade injustificada, já que a exigência legal é de título executivo. Por exemplo, se o credor deixar transcorrer *in albis* o prazo para exercer sua pretensão executória de um título de crédito, o devedor poderá argüir a respectiva prescrição fundado no art. 206, § 3º, VIII, do CC. Lembre-se que a prescrição constitui uma das relevantes razões de direito que impedem a decretação da falência (art. 96, II).

5. Ronaldo Vasconcelos, *Direito Processual Falimentar*, São Paulo, Quartier Latin, 2008, pp. 173-174.

II e III) independe de o devedor ter passivo (obrigações) superior ao ativo (bens e direitos), diferentemente do instituto da insolvência civil, segundo o qual a prova da superioridade do ativo sobre o passivo tem o condão de afastar o processo concursal (art. 756, II, do CPC).[6] Em resumo, a insolvência pressuposta pela lei sob comento – insolvência jurídica, e não econômica – é presumida.

Vera Helena de Mello Franco explica: "O estado patrimonial denunciado mediante impontualidade, muitas vezes, não mais é que a iliquidez temporária. Por tal razão é que se fala de em presunção, a qual é relativa e pode ser afastada por prova em contrário, como a que resulta do depósito elisivo, admitindo-se, ainda, quando se cuide de dificuldade temporária, a possibilidade de o devedor pleitear a recuperação judicial durante o prazo da contestação".[7]

Jurisprudência[8]

Eis um julgado pertinente:

[TJMG] Direito empresarial – Falência – Pedido que não se confunde com outro meio de cobrança do débito – Preenchimento dos requisitos do art. 1º do Decreto-lei n. 7.661/1945 – Impontualidade – Insolvência – Presunção. Não há, no ordenamento jurídico pátrio, disposição legal que obrigue o credor a adotar determinado procedimento para a defesa de seu crédito quando o mesmo preenche os requisitos para o ajuizamento da ação por ele escolhida. É possível o pedido inicial falimentar quando ausente qualquer elemento que demonstre estar o credor se utilizando do procedimento falimentar como meio de cobrança de seu crédito. *No tocante à ausência de prova da insolvência, cumpre ressaltar que há, na hipótese preconizada no art. 1º da Lei de Falências, presunção relativa de estado de falência, em razão da impontualidade do devedor, cabendo a este, e não ao credor, demonstrar o contrário.* No caso em tela não há elementos suficientes capazes de aferir, com robustez, que o autor, ora apelado, utilizou-se da ação falimentar com intuito de verdadeira ação de cobrança, de modo a coagir o devedor a adimplir o débito. [*ACi 1.0245.01.002955-2/001, rel. Des. Carreira Machado*]

6. No mesmo sentido: Fábio Ulhoa Coelho, *Comentários à Nova Lei de Falências e de Recuperação de Empresas*, São Paulo, Saraiva, 2005, p. 254.

7. Vera Helena de Mello Franco, "Comentários aos arts. 94 ao 114", in Francisco Satiro de Sousa Jr. e Antônio Sérgio Altieri de Moraes Pitombo (coords.), *Comentários à Lei de Recuperação de Empresas e Falência: Lei 11.101/2005*, São Paulo, Ed. RT, 2005, p. 393.

8. Manoel Justino Bezerra Filho, *Jurisprudência da Nova Lei de Recuperação de Empresas e Falências/Decisões, Ofícios Judiciais, Resoluções, Sentenças, Acórdãos, Dentre Outros Documentos*, São Paulo, Ed. RT, 2006, p. 233.

515. Impontualidade injustificada. Liquidez específica – Na medida em que o inciso I do art. 94 alude a "títulos executivos" e o inciso I do art. 1º do regime anterior aludia à expressão "constante de título que legitime a ação executiva", Sérgio Campinho esclarece:

"Diante da especificidade do título falencial, deduz-se que nem todo título executivo é capaz de arrimar pedido de falência, seja porque a obrigação não se reveste de liquidez, no conceito falimentar, seja porque, embora líquida, não é reclamável na falência ou, ainda, por não consistir a obrigação em prestação pecuniária. Deverá o credor ficar atento à distinção.

"No universo dos títulos judiciais, não é toda sentença condenatória no processo civil, por exemplo, que será título falencial, mas tão-somente aquela que condenar o devedor a uma prestação pecuniária reclamável na falência. O mesmo exercício deve ser realizado em relação aos títulos executivos extrajudiciais. Quanto a eles merecem destaque os créditos decorrentes de renda ou aluguel de imóvel e o encargo de condomínio, que, embora passíveis de cobrança executiva, não legitimam pedido de falência, por faltar-lhes liquidez exigida para este escopo.

"Rubens Requião, invocando doutrina de Valverde, assim anota: '(...). Não basta ter direito à ação executiva; é necessário que o título protegido por essa forma de ação seja líquido. E, salvo os títulos executivos judiciais, a liquidez do título se expressa pelo reconhecimento da obrigação do devedor, ou ao menos pela sua assinatura'."[9]

9. Sérgio Campinho, *Falência e Recuperação de Empresa: o Novo Regime da Insolvência Empresarial*, cit., pp. 234-235.

Jurisprudência[10]

Transcrevemos, abaixo, julgados pertinentes:

[TJSP] Pedido de falência – *Impontualidade descaracterizada pelas tratativas mantidas entre as partes, após os protestos, acordando novas datas e novos valores para as prestações a serem pagas* – Incidência do disposto no inciso VIII do art. 4º do Decreto-lei n. 7.661/1945 – Apelação não provida. [*ACi c/ revisão 357.425-4/3-00, rel. Des. Romeu Ricupero, j. 19.10.2005*]

[TJSP] Falência – *Factoring* – Origem da dívida – Pedido baseado em notas promissórias oriundas de *factoring* – Promissórias que não contêm o necessário requisito de liquidez, indispensável para o decreto de quebra. *Partes contrataram entre si, de sorte que há necessidade de pesquisa da* causa debendi *para apurar se tinha ou não o factor direito de ação contra a faturizada* – Processo extinto – Art. 267, IV, do CPC – Recurso não provido. [*9ª Câmara Cível, ACi 26.114, São Paulo/SP, rel. Des. Franciulli Netto, j. 15.4.1997*]

[STJ] Falência – Pedido fundado em contrato de abertura de crédito, acompanhado de extratos bancários e das notas promissórias a ele vinculadas com base no art. 1º do Decreto-lei n. 7.661/1945 – Inadmissibilidade. *O contrato de abertura de crédito, ainda que acompanhado de extratos bancários, e as notas promissórias a ele vinculadas não são títulos executivos que legitimem o pedido de falência, com base no art. 1º da Lei de Falências.* [*REsp 182.514-MA, j. 5.8.1999, RT 772/192*]

[TJSP] Pedido – Requerimento fundado no art. 1º do Decreto.-lei n. 7.661/1945, sem contudo existir título executivo extrajudicial que represente obrigação líquida que legitime a ação de execução – *Venda e compra mercantil noticiada na inicial sem emissão de duplicatas, na forma do art. 22 da Lei n. 5.474/1968 – Emissão de duplicata escritural que não tem o condão de substituir a duplicata propriamente dita* – Triplicatas juntadas pela apelante emitidas em desacordo com o que preceitua o art. 23 da Lei n. 5.474/1968 – Recurso não provido. [*ACi 51.403-4, São Paulo/SP, rel. Des. Antônio Manssur, j. 30.7.1997, v.u*]

[TJDF] Falência – Petição instruída com boletos bancários – Imprescindibilidade do título executivo. O pedido de falência deve ser instruído com o título executivo, *não lhe suprindo a falta eventual boleto bancário, que não cumpre a exigência da Lei de Quebras.* [*2ª Turma, ACi 1998.01.1.023586-6, rel. Des. Edson Alfredo Smaniotto, j. 4.10.1999*]

516. Impontualidade injustificada. Limite mínimo – Assevera Manoel Justino Bezerra Filho, com relação ao limite mínimo fixado pelo legislador: "Atendeu a nova lei ao clamor que já se fazia sentir, especialmente na primeira instância do Judiciário, que vinha negando seguimento a requerimento de falência de valor insignificante, sob diversos argumentos, especialmente de que a grandeza do instituto falimentar não se prestava a permitir seu acionamento para valores insignificantes, o que, aliás, por outro lado, encontraria respaldo na preservação do Judiciário para que possa operar em causas de verdadeiro interesse para a sociedade, entendimento consagrado no brocardo *de minimus non curat praetor*".[11]

Jurisprudência

Eis três julgados pertinentes:

[TJSP] Falência – Pedido formulado na vigência do Decreto-lei n. 7.661/1945, com fundamento no art. 1º – Débito de pequeno valor – *Quebra da empresa que não se justifica em face da orientação da nova Lei de Falências, a ser adotada como norma interpretativa – Art. 94, I, da Lei n. 11.101, de 9.2.2005* – Determinação para emenda da petição inicial para prosseguir como execução singular mantida – Recurso não provido. [*Câmara Especial de Falências e Recuperações Judiciais, AI 399.712-4/0-00, rel. Des. Bóris Kauffmann*][12]

[TJSP] Falência – Débito inferior a 40 salários mínimos à data do ajuizamento – Pedido formulado com base no art. 1º do Decreto-lei n.

10. Manoel Justino Bezerra Filho, *Jurisprudência da Nova Lei de Recuperação de Empresas e Falências/Decisões, Ofícios Judiciais, Resoluções, Sentenças, Acórdãos, Dentre Outros Documentos*, cit., pp. 250, 259, 261 e 263.

11. Manoel Justino Bezerra Filho, *Nova Lei de Recuperação e de Falências Comentada. Lei 11.101, de 9.2.2005, Comentário Artigo por Artigo*, cit., 3ª ed., p. 236. No mesmo sentido: Júlio Kahan Mandel, *Nova Lei de Falências e Recuperação de Empresas Anotada: Lei 11.101, de 9.2.2005*, São Paulo, Saraiva, 2005, p. 174.

12. Manoel Justino Bezerra Filho, *Jurisprudência da Nova Lei de Recuperação de Empresas e Falências/Decisões, Ofícios Judiciais, Resoluções, Sentenças, Acórdãos, Dentre Outros Documentos*, cit., pp. 226-228.

7.661/1945 – Inviabilidade da falência – *Orientação do art. 94, I, da Lei n. 11.101/2005, que fornece parâmetro de interpretação de casos vindos da lei anterior* – Falência afastada – Agravo de instrumento interposto pela falida provido – Preliminar de nulidade de citação prejudicada. [*AI 407.500-4/4-00, rel. Des. Sidnei Benetti*][13]

[STJ] Falência – Valor mínimo – Processo ajuizado sob a égide do Decreto-lei n. 7.661/1945 – Interpretação de acordo com os princípios da nova Lei de Falências – Art. 94, I, da Lei n. 11.101/2005 – Valor mínimo deve ser observado. (...). II – *Após a nova Lei de Falências (Lei n. 11.101/2005) não se decreta falência fundada em crédito inferior a 40 salários mínimos da data do pedido de falência, devendo o art. 1º do Decreto-lei n. 7.661/1945 ser interpretado à luz dos critérios que levaram à edição da nova Lei de Falências, entre os quais o princípio da preservação da empresa.* [*3ª Turma, REsp 943.595-SP (2007/0085782-3), rel. Min. Sidnei Benetti, j. 3.9.2009*]

O *Informativo de Jurisprudência do STJ* 0384 noticia que a 3ª Turma, no REsp 870.509-SP, julgado em 17.2.2009, cuja relatora foi a Min. Nancy Andrighi, decidiu:

[STJ] A recorrente requereu a falência da sociedade empresária de arquitetura e engenharia com base no Decreto-lei n. 7.661/1945 porque não foram pagas três notas promissórias (...). Cinge-se a controvérsia em analisar a possibilidade de falência sob a égide do mencionado decreto-lei quando o pedido é fundado em dívida de pequeno valor. Sustenta que o Tribunal de origem fez retroagir a lei posterior (a nova Lei de Falências), para evitar a falência do devedor impontual. Porém, a Turma negou provimento ao recurso, por entender que onde a recorrente pretende ver retroação ilegal de uma norma há apenas a prevalência de um princípio já aplicável, ao qual o Tribunal de Justiça passou a dar maior eficácia a partir da recente decisão do legislador em editar uma nova lei, tendo como preocupação maior, justamente, a preservação da empresa. A atividade jurisdicional do Tribunal de Justiça, fiel à impossibilidade de fazer retroagir as disposições da nova lei, sendo aplicável apenas o art. 1º do Decreto-lei n. 7.661/1945, dirigiu-se, então, a definir a melhor interpretação desse último dispositivo. Para a Min. Relatora, há, assim, uma pequena mas relevante alteração de perspectiva. *Embora, no início, a questão aparentemente se referisse à retroação da lei, na verdade ela fica melhor enquadrada como um problema de interpretação da lei antiga. Em outras palavras, trata-se de problema estritamente relacionado à hermenêutica do mencionado decreto-lei, aos seus princípios, suas normas e finalidades, inclusive em uma perspectiva histórico-progressista que se tornou possível a partir da edição da nova lei. A hermenêutica é atividade naturalmente dinâmica, e a alteração dos entendimentos jurisprudenciais decorre, muitas vezes, justamente da necessidade de adaptar o sentido de uma lei à mudança dos tempos. Assim, em princípio, nenhum erro existe em buscar uma interpretação para o art. 1º do Decreto-lei n. 7.661/1945, aplicável ainda depois de 60 anos, que seja mais adequada ao atual estado de desenvolvimento do capitalismo brasileiro, privilegiando-se a manutenção da unidade produtiva em vez da satisfação duvidosa de uma dívida, pelo sistema do concurso de credores. Não há que censurar o órgão jurisdicional por ter, eventualmente, alterado uma posição jurisprudencial em face da evolução das instituições e das necessidades da sociedade. O Tribunal de Justiça, referindo-se expressamente àquele artigo, sustenta que a falência deve ser afastada quando o pedido é fundado em dívida de pequeno valor, porque esse não era o objetivo do legislador ao sinalizar a presunção de estar falido o comerciante pelo não-pagamento de obrigação líquida constante de título executivo. Com isso, o Tribunal de Justiça afirma encontrar também no cerne do próprio decreto-lei o princípio da preservação da empresa, que é tão caro à Lei n. 11.101/2005. É com base nesse princípio que a falência deixou de ser declarada; note-se, aliás, que, muito embora a recorrente sustente ter havido retroação de uma específica norma que vedava a quebra por menos de 40 salários mínimos, em nenhum momento o acórdão adota esse parâmetro ou mesmo define qualquer outro. Sustenta o Tribunal de Justiça que, apesar de o referido artigo ser omisso quanto ao valor do pedido, não é razoável, nem se coaduna com o sistema do próprio decreto, que valores insignificantes provoquem a quebra da empresa.*

Quanto à soma, Carlos Henrique Abrão adverte: "Confirma-se a tendência de se manter o valor superior a 40 salários mínimos, na data do ajuizamento, reportando-se ao importe original da obrigação. Tal implica no traduzir modelo de face, sem a perspecti-

13. Ronaldo Vasconcelos, *Direito Processual Falimentar*, cit., p. 173.

va de atualização monetária, e incidência de juros".[14]

517. Impontualidade injustificada. Relevantes razões de direito – As relevantes razões de direito que justificam o não pagamento estão arroladas no art. 96.[15]

Frise-se que tais razões são exemplificas (*numerus apertus*), e não exaustivas (*numerus clausus*).[16]

518. Impontualidade injustificada. Protesto necessário – Todos os títulos que instruírem o pedido de falência fundado na impontualidade injustificada (art. 94, I), quer judiciais, quer extrajudiciais, sem exceção, terão de ser protestados para fins falimentares (art. 94, § 3º).[17]

Alguns doutrinadores entendem que, tratando-se de títulos de crédito, bastará o protesto cambial. Aduz Fábio Ulhoa Coelho: "Se for título de crédito (letra de câmbio, nota promissória, cheque, duplicata, cédula de crédito etc.), o protesto cambial basta à caracterização da impontualidade (...). Para a decretação da falência de co-devedor (avalista, endossante etc.), hipótese mais rara embora igualmente possível, o protesto cambial deve ser providenciado pelo credor no prazo da Lei Cambiária, visto ser esta uma condição de exigibilidade da obrigação, no caso. De outro lado, não se tratando de título sujeito a protesto cambial (sentença judicial, Certidão de Dívida Ativa etc.), será ele também protestado como forma de caracterização da impontualidade (é o chamado protesto especial da falência)".[18]

Sérgio Campinho, apesar de reconhecer a necessidade de protesto especial (para fins falimentares) para todos os títulos, admite, tal qual Fábio Ulhoa Coelho, que em relação aos títulos de crédito remanesce possível o protesto cambial: "Este protesto especial deve se fazer em relação a qualquer título falencial: sentença, documento de confissão de dívida, contrato de hipoteca, títulos de crédito, tais como letra de câmbio, nota promissória, cheque, duplicata etc. Conquanto sujeitos a protesto especial, os títulos cambiais e cambiariformes são dele dispensados, se realizado o protesto que lhes é próprio. Essa era a exegese que se extraía do art. 10 do Decreto-lei 7.661/1945. A jurisprudência sempre amparou a conclusão. Não vemos razão lógica nem razoável traduzida na lei atual para alterar o entendimento. (...). Mas, seja como for, a interpretação que se deve colher é a de que o protesto cambiário ou comum realizado por falta de pagamento, por ser mais amplo em suas finalidades, supre o protesto especial".[19]

Outros doutrinadores entendem que, ainda que se trate de títulos de crédito, não bastará o protesto cambial, pois o credor deverá obter o protesto especial, vale dizer, para fins falimentares. Assevera Adalberto Simão Filho:

"Quando da vigência do Decreto-lei 7.661/1945 não era incomum que os simples

14. Carlos Henrique Abrão, "Comentários aos arts. 70 ao 104", in Carlos Henrique Abrão e Paulo Fernando Campos Salles de Toledo (coords.), *Lei de Recuperação de Empresas e Falência*, São Paulo, Saraiva, 2005, p. 228.

15. No regime anterior as relevantes razões de direito estavam elencadas no art. 4º.

16. No mesmo sentido: Manoel Justino Bezerra Filho, *Nova Lei de Recuperação e de Falências Comentada. Lei 11.101, de 9.2.2005, Comentário Artigo por Artigo*, cit., 3ª ed., p. 233; Vera Helena de Mello Franco, "Comentários aos arts. 94 ao 114", cit., in Francisco Satiro de Sousa Jr. e Antônio Sérgio Altieri de Moraes Pitombo (coords.), *Comentários à Lei de Recuperação de Empresas e Falência: Lei 11.101/2005*, p. 394.

17. Manoel Justino Bezerra Filho esclarece: "Este inciso, ao fazer menção a título executivo, abrange títulos executivos judiciais e extrajudiciais protestados. Portanto, resolveu-se aqui a espinhosa e não pacificada discussão anterior sobre se era ou não obrigatório o protesto de título judicial, optando o legislador por tornar obrigatório o protesto de qualquer dos dois tipos de títulos" (*Nova Lei de Recuperação e de Falências Comentada. Lei 11.101, de 9.2.2005, Comentário Artigo por Artigo*, cit., 3ª ed., p. 233).

18. Fábio Ulhoa Coelho, *Comentários à Nova Lei de Falências e de Recuperação de Empresas*, cit., p. 256.

19. Sérgio Campinho, *Falência e Recuperação de Empresa: o Novo Regime da Insolvência Empresarial*, cit., pp. 237-238.

protestos de títulos de crédito efetuados de forma generalista e não especial, com intimações editalícias do devedor, gerassem a quebra da empresa com elementos firmes de caracterização de impontualidade.

"Todavia, muitos tribunais do País, dado o desvirtuamento do instituto da falência para simples ações ativas de cobrança em face da lesividade do procedimento e da característica da elisividade, passaram a adotar interpretação formalista acerca da questão do protesto, exigindo que ele não só fosse lavrado como protesto especial de fins falimentares e, ainda, que as intimações pessoais do devedor efetivamente ocorressem.

"Parece-nos que é esta a visão da nova legislação ao adotar a possibilidade de argüição de certos vícios como forma de afastar a decretação da falência. Ou seja, através de uma defesa indireta com base em pressupostos que acabam por invalidar uma das condições da ação."[20-21]

Filiamo-nos à posição daqueles que sustentam ser o protesto cambial dos títulos de crédito suficiente para fins falimentares, desde que observadas, com rigor, as respectivas formalidades.

Jurisprudência[22]

Transcrevemos, abaixo, alguns julgados pertinentes:

[TJRS] Agravo de instrumento – Pedido de falência – Intimações dos protestos – *Ausência de indicação do nome da pessoa que as recebeu* – Não observância dos arts. 10 e 11 do Decreto-lei n. 7.661/1945 – Precedentes jurisprudenciais desta Corte e do STJ – Ação extinta, com fulcro no art. 267, IV, do CPC, ante a ausência de pressuposto de constituição e desenvolvimento válido e regular do processo – Agravo provido – Ação extinta. [*5ª Câmara Cível, AI 70013167465, rela. Desa. Ana Maria Nedel Scalzilli, j. 26.5.2006*]

[TJRS] Agravo de instrumento – Pedido de falência – Protesto – *Comprovação da intimação do devedor – Requisito indispensável ao protesto como pressuposto da falência* – Agravo de instrumento provido. [*5ª Câmara Cível, AI 70015428865, rel. Des. Pedro Luiz Rodrigues Bossle, j. 25.5.2006*]

[STJ] Comercial – Falência – Protesto especial – Intimação – Regularidade. 1. No protesto especial do art. 10, § 1º, da Lei de Falências *considera-se regular a intimação feita pelo correio, com indicação clara de quem recebeu a correspondência, não se exigindo seja um gerente ou outra pessoa que tenha, formalmente, poderes de representação da sociedade* – Iterativos precedentes das Turmas que compõem a 2ª Seção. 2. Recurso especial não conhecido. [*REsp 683.230-MG (2004/0114266-0), rel. Min. Fernando Gonçalves, j. 26.4.2005*]

[TJSP] Falência – Duplicata – *Protesto por indicação – Admissibilidade* – Art. 15, § 2º, da Lei n. 5.474/1968 – *Ato notarial que independe da preexistência do título ou de sua apresentação nessa espécie ao sacado* – Art. 8º, parágrafo único, da Lei n. 9.492/1997 – Indeferimento da inicial afastado – Recurso provido. [*ACi s/ revisão 359.118-4/7-00, rel. Des. Elliot Akel, j. 19.10.2005*]

[STJ] Falência – Protesto irregular – Pedido desacolhido. O protesto cambial e o pedido de falência têm sido desvirtuados de suas finalidades legais, constituindo-se, não raro, meios coercitivos de pagamento. Pelos graves efeitos que deles resultam, notadamente da quebra, impõe-se que os requisitos formais sejam rigorosamente observados. "*O protesto irregular de título cambial, de cujo instrumento não consta a certidão de ter sido pessoalmente intimado o representante legal da devedora com endereço conhecido, nem juntando o aviso de recebimento na hipótese de a*

20. Adalberto Simão Filho, "Comentários aos arts. 94 ao 101", in Newton de Lucca e Adalberto Simão Filho (coords.), *Comentários à Nova Lei de Recuperação de Empresas e de Falências*, São Paulo, Quartier Latin, 2005, p. 416.

21. Complementa Carlos Henrique Abrão: "Na verdade, o protesto para fins falimentares se cerca de cautelas e maiores formalismos que o tornam revestido de pressupostos e condições da própria ação falimentar, donde qualquer defeito terá o condão de infirmar a obrigação. O vício do protesto ou irregularidade no instrumento poderão ser invocados pelo contestante ou apreciados pelo juiz diretamente, por se cuidar de matéria jurídica essencial à formulação do pedido" ("Comentários aos arts. 70 ao 104", cit., in Carlos Henrique Abrão e Paulo Fernando Campos Salles de Toledo (coords.), *Lei de Recuperação de Empresas e Falência*, p. 248).

22. Manoel Justino Bezerra Filho, *Jurisprudência da Nova Lei de Recuperação de Empresas e Falências/Decisões, Ofícios Judiciais, Resoluções, Sentenças, Acórdãos, Dentre Outros Documentos*, cit., pp. 228-229, 234, 236 e 262-263.

intimação ter sido processada por via postal, não autoriza a decretação da falência" (*RT* 567/92 – ACi n. 47.683, de Tubarão). [*REsp 129.364-SC, rel. Min. Carlos Alberto Menezes Direito, j. 25.9.2001, DJU 5.11.2001*]

[TJMG] Direito falimentar – Pedido de quebra – Protesto por indicação desacompanhado de prova do envio e retenção do título – Meio inábil para demonstração da impontualidade – Inviabilidade do pleito de decretação da falência. *Admite-se protesto por indicação somente quando a duplicata é remetida à devedora, para aceite ou pagamento, e não restituída, de tal sorte que, não demonstrados o encaminhamento do título e a retenção do mesmo pela sacada, afigura-se inapto o instrumento de protesto para fins de caracterização da impontualidade que viabiliza o pedido de falência.* [*Câmaras Cíveis Isoladas, Ag 1. 0026.03.011713-4/001, rel. Des. Moreira Diniz*]

[STJ] Protesto em livro especial – Cheque – Protesto comum – Suficiência – Protesto especial – Art. 10 do Decreto-lei n. 7.661/1945 – Desnecessidade – Recurso desacolhido. *O cheque levado a protesto regular, na forma da legislação dos títulos de crédito, é título hábil para instruir o pedido de falência, suprindo a exigência do "protesto especial" referido no art. 10 do Decreto-lei n. 7.661/1945.* [*REsp 203.791-MG, rel. Min. Sálvio de Figueiredo Teixeira, j. 8.6.1999*]

[TJSC] Falência – Protesto – *Ausência de identificação do recebedor das intimações cartorárias* – Instrumento irregular – Impontualidade não demonstrada – Extinção do processo sem resolução do mérito – Prequestionamento. [*4ª Câmara de Direito Comercial, ACi 2008.033771-2, Joinville/SC, rel. Des. José Inácio Schaefer, j. 16.4.2009*][23]

Por outro lado, tratando-se de pedidos de falência embasados na tríplice omissão (art. 94, II) – formulados no bojo dos próprios autos da execução, em autos apartados ou em atos de falência (art. 94, III) –, independem de protesto.

519. Impontualidade injustificada. Duplicata não aceita – No tocante à duplicata não aceita, o regime anterior a admitia como título que ensejava pedido de falência por impontualidade desde que, cumulativamente, ela tivesse sido protestada, fosse acompanhada do comprovante da entrega da mercadoria e o sacado não tivesse recusado o aceite (art. 1º, § 3º, c/c o art. 15, II, "a"-"c", da Lei 5.474/1968).

Na atual lei tal possibilidade não foi prevista expressamente. A despeito disso, entendemos que a duplicata não aceita continua a render ensejo ao pedido de falência, desde que observe os requisitos da Lei das Duplicatas.[24]

Jurisprudência[25]

Transcrevemos, abaixo, alguns julgados pertinentes:

[TJSP] Pedido de falência (Decreto-lei n. 7.661/1945, art. 1º) – Extinção – Ausência de prova de entrega das mercadorias, fundado o pedido em duplicatas não aceitas e protestadas – Sentença correta – Recurso não provido. [*ACi c/ revisão 368.481-4/3-00, rel. Des. Bóris Kauffmann, j. 19.10.2005*]

[TJSP] Duplicata mercantil – Recusa imotivada no aceite prevista no art. 8º da Lei n. 5.474/1968 – Prova que compete ao comprador. *A prova de recusa imotivada no aceite de duplicata mercantil nos termos do art. 8º da Lei n. 5.474/1968, visando a elidir a executividade do título, compete ao comprador.* [*J. 12.5.1998, RT 756/231*]

[TJRJ] Duplicata sem aceite – Falência – Requerimento fundado em duplicata sem aceite – Juiz que impede o credor de fazer prova da entrega das mercadorias diante da negativa da devedora de que as recebeu – Inadmissibilidade – Voto vencido. [*J. 23.9.1999, RT 776/327*]

[TJDF] Direito comercial e processual civil – Apelação cível – Pedido de falência – Duplicatas – *Envio para o comprador – Ausência – Protesto por indicação* – Meio magnético ou de gravação eletrônica – Irregularidade. 1. *Seja para o fim de estofar pedido de quebra* (art. 15, inciso II, alínea "c", da Lei n. 5.474/1968, com a redação dada pela Lei n. 6.468/1977) *ou para concretizar o protesto por indicação por meio magnético* (parágrafo único do art. 8º da Lei n. 9.492/1997

23. *Boletim da AASP* 2.678/1.836, 3-9.5.2010.

24. No mesmo sentido: Sérgio Campinho, *Falência e Recuperação de Empresa: o Novo Regime da Insolvência Empresarial*, cit., pp. 227-228.

25. Manoel Justino Bezerra Filho, *Jurisprudência da Nova Lei de Recuperação de Empresas e Falências/Decisões, Ofícios Judiciais, Resoluções, Sentenças, Acórdãos, Dentre Outros Documentos*, cit., pp. 257-258.

cumulado com o art. 13, § 1º, parte final, da Lei n. 5.474/1968), *há a imprescindível necessidade de comprovação do envio da duplicata, para aceite, ao comprador* (*ex vi* dos arts. 6º e 8º da Lei de Duplicatas). (...). 3. Recurso conhecido e desprovido. [*3ª Turma Cível, ACi 2005.01.072461-5-DF, rel. Des. Mario-Zan Belmiro, j. 16.4.2008, v.u.*][26]

[TJDFT] Direito comercial - Falência – Duplicata sem aceite – Protesto por indicação. 1. O protesto por indicação é exceção especialíssima à regra geral de exibição do título ao tabelião. Ocorre quando o título é remetido pelo portador ao devedor, para aceitá-lo, e este não o devolve – Hipótese em que o portador, vendo-se prejudicado pela ausência injustificada da cártula, terá então permissão legal para proceder ao protesto da aludida cártula por indicação de todos os seus dados. Todavia, mesmo nessa hipótese de exceção deve o credor demonstrar que a cártula efetivamente existiu, ou seja, foi regularmente emitida pelo comerciante, ou seja, que houve uma relação jurídica entre credor e devedor que tornou legítima a emissão do título *e, sobretudo, deve restar comprovado que o título foi remetido ao devedor para o aceite, o que não ocorreu na espécie*. 2. Recurso conhecido e provido. [*2ª Turma Cível, ACi 20070111475032-DF, rel. Des. Waldir Leôncio Jr., j. 19.11.2008, v.u.*][27]

520. Impontualidade injustificada. Duplicata virtual – Em relação à duplicata virtual ou eletrônica (registro do crédito por meio magnético), concordamos com Sérgio Campinho[28] quanto à impossibilidade de servir de título que estribe pedido de falência fundado no art. 94, I.[29]

521. Impontualidade injustificada. Duplicata de serviços – No pertinente à duplicata de serviços, concordamos com Adalberto Simão Filho[30] e Sérgio Campinho[31] quanto à possibilidade de servir de título que arrime pedido de falência.

Jurisprudência

Além disso, o STJ já pacificou a jurisprudência sobre o tema mediante a Súmula 248:

[STJ] *Súmula 248*. Comprovada a prestação dos serviços, a duplicata não aceita, mas protestada, é título hábil para a instruir pedido de falência.

Transcrevemos, abaixo, dois julgados pertinentes:[32]

[STJ] Triplicata de serviços – Intimação no endereço – Precedentes. 1. *A Súmula n. 248 consolidou a jurisprudência da Corte sobre a possibilidade de a duplicata de serviços, comprovados estes, embora não aceita, mas protestada, servir para embasar pedido de falência*. 2. Embora

26. Excertos relevantes do acórdão: "Desse modo, dada a ausência de demonstração sobre a remessa do título ao comprador, não se pode ter por exigível o crédito apontado pelo vendedor autor, e, *ipso facto*, inviável mostra-se o pedido de falência por esse último formulado. (...) o protesto por indicação só é possível na falta de devolução do título (Lei n. 5.474/1968, art. 13, § 1º, parte final), hipótese em que, para viabilizar o pedido de quebra, deve o credor comprovar o seu envio, ao sacado, para aceite" (*Boletim da AASP* 2.628/5.173-5.176, 18-24.5.2009).

27. *Boletim da AASP* 2.675/1.828, 12-18.4.2010.

28. Sérgio Campinho: "(...) diante da estrutura do sistema jurídico em vigor, não há como chancelar a possibilidade de a denominada duplicata eletrônica ou virtual servir de estribo a pedido de falência, justamente por não ser ela título executivo, consoante o regramento que regula tais títulos de crédito. O inciso I do art. 94 é expresso em exigir que a obrigação líquida esteja materializada em título ou títulos executivos, requisito, este, que não cumpre a duplicata virtual" (*Falência e Recuperação de Empresa: o Novo Regime da Insolvência Empresarial*, cit., p. 233).

29. Em relação à execução extrajudicial, Fábio Ulhoa Coelho aduz: "O Direito em vigor dá sustentação, contudo, à duplicata *virtual*, porque não exige especificamente a sua exibição em papel, como requisito para liberar tutela satisfativa" (*Curso de Direito Comercial*, vol. 1, São Paulo, Saraiva, 2002, p. 458).

30. Adalberto Simão Filho: "Observa-se no tocante às duplicatas que mesmo àquelas relativas a operações de serviços poderão gerar pedidos de falência. É que, além, do permissivo contido no art. 20 da Lei 5.474/1968 dando conta de que as duplicatas de serviços se encontram sob o mesmo regime jurídico das duplicatas mercantis, o Código Civil, ao criar o direito de empresa, passou a atribuir também ao empresário a possibilidade de circular bens ou serviços, como dispõe o art. 966 deste diploma" ("Comentários aos arts. 94 ao 101", cit., in Newton de Lucca e Adalberto Simão Filho (coords.), *Comentários à Nova Lei de Recuperação de Empresas e de Falências*, p. 395).

31. Sérgio Campinho, *Falência e Recuperação de Empresa: o Novo Regime da Insolvência Empresarial*, cit., pp. 227-228.

32. Manoel Justino Bezerra Filho, *Jurisprudência da Nova Lei de Recuperação de Empresas e Falências/Decisões, Ofícios Judiciais, Resoluções, Sentenças, Acórdãos, Dentre Outros Documentos*, cit., pp. 257-258.

dispensado o protesto especial, impõe-se que seja feita a indicação da pessoa que recebeu a intimação, sob pena de inviabilizar o pedido de falência. 3. Recurso especial conhecido e provido. [*3ª T., REsp 448.627-GO, rel. Min. Carlos Alberto Menezes Direito, j. 28.6.2005, DJU 3.10.2005, p. 240*]

[STJ] *Duplicata – Prestação de serviços* – Eficácia do título para instruir o pedido de quebra, desde que preencha todos os requisitos previstos em lei para legitimar a ação executiva e o comerciante, sem relevante razão de direito, tenha deixado de pagar, no vencimento, obrigação líquida e certa. [*J. 5.10.1999, RT 775/208*]

522. Impontualidade injustificada. Títulos de crédito emitidos no Exterior – Por fim, os títulos de crédito emitidos no Exterior, desde que tenham de ser pagos no Brasil, também poderão instruir o pedido de falência (art. 10 da Lei 9.492/1997).[33]

523. Segunda hipótese para decretação da falência (tríplice omissão) – A segunda hipótese é a seguinte: devedor, executado por qualquer quantia líquida, não paga, não deposita e não nomeia à penhora bens suficientes dentro do prazo legal.

Esta hipótese corresponde àquela prevista no inciso I do art. 2º do regime anterior e é conhecida como "tríplice omissão" ou "execução frustrada".

Frise-se que a subsunção à hipótese de tríplice omissão deve ser feita à luz das reformas promovidas no Código de Processo Civil pelas Leis 11.232/2005 (cumprimento de sentença judicial) e 11.382/2006 (execução de título extrajudicial).

Alexandre Alves Lazzarini, com acuidade, esclarece o alcance das aludidas reformas processuais

"A situação modificou-se e não há 'execução de título judicial', mas 'cumprimento de sentença', bem como se alterou o regime das execuções de títulos extrajudiciais.

"No cumprimento de sentença, conforme alteração inserida pela Lei 11.232/2005, o devedor não é mais citado para pagamento ou nomeação de bens à penhora. Conforme dispõe o art. 475-J do CPC, agora o devedor é intimado para pagamento, sob pena de multa. Caso não pague, está presente a primeira omissão do art. 94, II, da Lei 11.101/2005.

"Entretanto, em face do não pagamento, o art. 475-J do CPC não impõe ao devedor a obrigação de nomear bens à penhora, pois determina que, no caso de falta de pagamento, seja expedido 'mandado de penhora e avaliação'; ou seja, não sendo encontrados bens para penhora, não há como se impor ao devedor a segunda omissão do art. 94, II, da Lei 11.101/2005, pois tal conduta deixou de ser ônus do devedor e passou a ser ônus do credor num primeiro momento.

"Na execução de título extrajudicial, que teve sua normatização alterada pela Lei 11.382/2006, a situação assemelha-se. O art. 652 do CPC (...) determina que o devedor seja citado para pagar a dívida em três dias, e, não efetuando o pagamento, expede-se mandado para a 'penhora e avaliação dos bens' (§ 1º), podendo o credor indicar bens para a penhora, gerando ônus para ele. A situação assemelha-se, portanto, ao cumprimento da sentença.

"Entretanto, o § 3º do art. 652 do CPC (...) possibilita que esse ônus seja alterado, ao dispor que o juiz, de ofício ou a requerimento do credor, determine ao executado que indique 'bens passíveis de penhora'. Somente neste momento, em caso de não indicação de bens à penhora, é que a segunda omissão do art. 94, II, da Lei 11.101/2005 estará presente e possibilitará o pedido de falência em razão da execução frustrada.

"Esta regra, por força do que dispõe o art. 475-R do CPC, que determina que as regras da execução de título extrajudicial aplicam-se subsidiariamente ao cumprimento de sentença, resolve o problema desse procedimento.

"Com efeito, se o credor não localiza bens passíveis de penhora, inverte-se o ônus da indicação de bens. Assim, o pedido de falên-

33. No mesmo sentido: Adalberto Simão Filho, "Comentários aos arts. 94 ao 101", cit., in Newton de Lucca e Adalberto Simão Filho (coords.), *Comentários à Nova Lei de Recuperação de Empresas e de Falências*, p. 396.

cia com fundamento na execução frustrada (art. 94, II, da Lei 11.101/2005) só pode ser apresentado se vencida a etapa do art. 652, § 3º, do CPC. (...).

"Portanto, o pedido de falência não pode ser formulado pelo fato de que o credor não encontrou bens para penhora, mas ainda impõe-se que o devedor não indique a existência de tais bens."[34-35]

Em virtude da aplicação subsidiária do Código de Processo Civil à lei sob comento (art. 189), entendemos adequada a interpretação do autor.

34. Alexandre Alves Lazzarini, "Considerações sobre a repercussão das recentes alterações do Código de Processo Civil na Lei de Falências e Recuperações Judicial", *Revista do Advogado* 92/129-130, Ano XXVII, São Paulo, AASP, junho/2007.

35. Complementa Ronaldo Vasconcelos: "Para o requerimento de falência por execução frustrada, deverá integrar necessariamente a petição inicial prova de que o devedor incidiu na hipótese de tríplice omissão tipificada no art. 94, II e § 4º, da Lei de Recuperação e Falências. Para tanto, deverá obter certidão que comprove 'que o devedor intimado não pagou e não nomeou bens à penhora', conforme pontual manifestação de Alexandre Alves Lazzarini. Tudo isso porque, no cumprimento da sentença, com as alterações impostas pela Lei 11.232, de 22.12.2005, o devedor não é mais citado para pagamento (e sim intimado), muito menos obrigado a nomear bens à penhora, pois determina que, no caso de falta de pagamento, seja expedido 'mandado de penhora e avaliação' (CPC, art. 475-J). Na execução de título extrajudicial, à luz da atual redação do art. 652 do CPC, com as alterações impostas pela Lei 11.382, de 6.12.2006, apesar de o devedor continuar a ser citado na execução, também não mais será obrigado a nomear bens à penhora, diante da imediata determinação de penhora e avaliação (CPC, art. 652, § 1º). A aparente eliminação da fase de nomeação de bens à penhora pelo devedor poderia inviabilizar a comprovação do termo 'não nomeia bens à penhora', inserto no inciso II do art. 94 da Lei de Recuperação e Falências. Ocorre que esse óbice poderá ser superado mediante iniciativa do credor, com o requerimento de intimação do devedor para a indicação dos bens passíveis de penhora (CPC, art. 652, § 3º), imputando a ele o ônus. Somente em caso de não indicação dos bens, após regular intimação, é que se configurará o requisito exigido na Lei Falimentar" (*Direito Processual Falimentar*, cit., pp. 174-175).

Jurisprudência[36]

Transcrevemos, abaixo, julgados pertinentes:

[TJSP] Pedido de falência (Decreto-lei n. 7.661/1945, art. 2º, I) – Concomitante desistência da execução – Sentença de extinção do processo por ausência de interesse processual – *Desistência da execução que faz desaparecer a causa de pedir da falência – Posterior garantia do juízo de execução também inviabiliza o decreto da quebra* – Verba honorária fixada adequadamente – Recurso desprovido. [*ACi c/ revisão 317.056-4/6-00, j. 19.10.2005*]

[TJSP] Pedido de falência (Decreto-lei n. 7.661/1945, art. 2º, I) – Indeferimento ante a inépcia da petição inicial – Recurso – Petição inicial que não justifica o indeferimento – *Fato, todavia, que não autoriza o pedido de falência, uma vez realizada penhora de bens suficientes para atender ao crédito trabalhista* – Recurso desprovido. [*ACi s/ revisão 378.374-4/3-00, j. 28.9.2005*]

[TJSP] Falência – Estado falimentar pela insolvência – Descaracterização – Devedor que, promovida a execução, oferece bem à penhora – Inteligência do art. 2º, I, do Decreto-lei n. 7.661/1945. *Se, promovida a execução, oferece o devedor bem à penhora, não ocorre o estado falimentar caracterizado pela insolvência prevista no art. 2º, I, do Decreto-lei n. 7.661/1945.* [*J. 22.3.2000, RT 779/226*]

524. Tríplice omissão. Princípios da celeridade e economia processual – Se o juízo perante o qual tramita a execução for competente para apreciar matéria falimentar,[37] em homenagem aos princípios da celeridade processual e da economia processual (art. 75, parágrafo único), bastará ao credor formular, no bojo dos respectivos autos, o pedido de falência, requerendo a citação do devedor e recolhendo as custas pertinentes (art. 94, II),[38] restando, por conseguinte, dispensados

36. Manoel Justino Bezerra Filho, *Jurisprudência da Nova Lei de Recuperação de Empresas e Falências/Decisões, Ofícios Judiciais, Resoluções, Sentenças, Acórdãos, Dentre Outros Documentos*, cit., pp. 248 e 258-259.

37. Registramos que o TJSP criou três Varas de Falências e Recuperações Judiciais com competência para a comarca de São Paulo (Resolução 200/2005) e uma Câmara Especial de Falências e Recuperações Judiciais (Resolução 207/2005).

38. Adalberto Simão Filho discorda da possibilidade de formulação de pedido de falência perante

o protesto cambial (ainda que a execução esteja aparelhada com título de crédito) ou especial (para os demais títulos executivos). Quanto à execução originária, o credor, fundado no art. 791, III, do CPC, pedirá sua suspensão.[39-40]

Caso contrário o credor deverá instruir o pedido de falência com a certidão judicial que aponte a "tríplice omissão",[41] recolher as respectivas custas e promover sua distribuição perante o juízo competente (art. 94, II), remanescendo, outrossim, dispensados o protesto cambial (ainda que a execução esteja aparelhada com título de crédito) ou especial (para os demais títulos executivos).[42]

525. Tríplice omissão. Inexistência de limite mínimo – Lembramos que o pedido de falência estribado no inciso II (tríplice omissão) independe de valor mínimo, já que este só se aplica àquele formulado com base no inciso I (impontualidade injustificada).

Ora, se a intenção do legislador era a de evitar pedidos de falência com base em valores diminutos, a ausência de limites mínimos no inciso II do art. 94 acabará, por via oblíqua, permitindo-os.[43]

Vera Helena de Mello Franco e Rachel Sztajn declaram que a doutrina não está concorde em relação à aplicabilidade de limite mínimo (40 salários mínimos) à hipótese de tríplice omissão: "Assim enquanto Carlos Henrique Abrão (...) estende este limite à execução (...) José da Silva Pacheco afirma, com todas as letras, ser irrelevante o valor levado à execução (...)".[44]

Jurisprudência[45]

Eis um julgado pertinente:

[TJSP] Falência – Pedido formulado na vigência do Decreto-lei n. 7.661/1945, com fundamento no art. 2º, I, execução frustrada ocorrida em processo monitório – Indeferimento da petição inicial em virtude de a exordial não estar instruída

o mesmo juízo em que tramita a execução frustrada ("Comentários aos arts. 94 ao 101", cit., in Newton de Lucca e Adalberto Simão Filho (coords.), *Comentários à Nova Lei de Recuperação de Empresas e de Falências*, pp. 399-400).

39. Adalberto Simão Filho opina: "Não há previsão na lei a este respeito; como inexistia algo semelhante no passado, leva-se à conclusão de que não há necessidade de extinção do processo executório para se pleitear a falência em razão da execução frustrada. Mesmo porque onde não haja bens penhoráveis do devedor admite o inciso III do art. 791 do CPC a suspensão da execução, período no qual é defeso a prática de qualquer ato processual, exceto providências acautelatórias, como prevê o art. 793" ("Comentários aos arts. 94 ao 101", cit., in Newton de Lucca e Adalberto Simão Filho (coords.), *Comentários à Nova Lei de Recuperação de Empresas e de Falências*, p. 399).

40. Fábio Ulhoa Coelho destaca: "(...) alguns juízes condicionam o processamento do pedido de falência à prova do encerramento definitivo da execução" (*Comentários à Nova Lei de Falências e de Recuperação de Empresas*, cit., p. 257).

41. Carlos Henrique Abrão entende ser também necessária "a juntada do mandado de conteúdo negativo, espelhado pelo oficial de justiça (...)" ("Comentários aos arts. 70 ao 104", cit., in Carlos Henrique Abrão e Paulo Fernando Campos Salles de Toledo (coords.), *Lei de Recuperação de Empresas e Falência*, pp. 229-230).

42. No mesmo sentido: Fábio Ulhoa Coelho, *Comentários à Nova Lei de Falências e de Recuperação de Empresas*, cit., p. 257; Adalberto Simão Filho, "Comentários aos arts. 94 ao 101", cit., in Newton de Lucca e Adalberto Simão Filho (coords.), *Comentários à Nova Lei de Recuperação de Empresas e de Falências*, p. 425. Já, Manoel Justino Bezerra Filho entende que nesta hipótese é necessário o protesto da dívida e a formulação do pedido de falência deverá fundar-se no inciso I do art. 94 (*Nova Lei de Recuperação e de Falências Comentada. Lei 11.101, de 9.2.2005, Comentário Artigo por Artigo*, cit., 3ª ed., p. 236).

43. Vera Helena de Mello Franco deduz sua crítica: "Mas andou bem ao fixar o limite de 40 salários mínimos para o pedido de falência fundado na impontualidade. Pena somente não o tenha estendido àqueles pedidos fundados em título executivo, ao qual faz menção no inciso II da norma do art. 94, em apreço" ("Comentários aos arts. 94 ao 114", cit., in Francisco Satiro de Sousa Jr. e Antônio Sérgio Altieri de Moraes Pitombo (coords.), *Comentários à Lei de Recuperação de Empresas e Falência: Lei 11.101/2005*, p. 393).

44. Vera Helena de Mello Franco e Rachel Sztajn, *Falência e Recuperação da Empresa em Crise: Comparação com as Posições do Direito Europeu*, Rio de Janeiro, Elsevier, 2008, p. 90.

45. Manoel Justino Bezerra Filho, *Jurisprudência da Nova Lei de Recuperação de Empresas e Falências/Decisões, Ofícios Judiciais, Resoluções, Sentenças, Acórdãos, Dentre Outros Documentos*, cit., p. 243.

com o protesto especial previsto nos arts. 10 e 11 da Lei de Falência anterior – Desnecessidade do protesto quando a falência se funda na execução frustrada, formalidade só exigida para a falência fundamentada na impontualidade – *Hipótese que, mesmo considerando-se tratar-se de débito de pequeno valor, não se aplicam os princípios da Lei n. 11.101//2005, uma vez que, tanto na antiga legislação falimentar como na atual, não há previsão de mínimo do título executivo quando a quebra é pedida com base em execução frustrada* – Indeferimento da inicial afastado, determinando-se a citação da devedora, com observância do Decreto-lei n. 7.661/1945 e art. 192 da Lei de Recuperações e Falências – Apelo provido. [*ACi s/ revisão 373.046-4/0-00, rel. Des. Pereira Calças, j. 31.8.2005*]

526. *Tríplice omissão. Protesto desnecessário* – No caso de pedido de falência embasado na tríplice omissão (art. 94, II), quer formulado no bojo dos próprios autos da execução ou em autos apartados, o protesto torna-se desnecessário, bastando acostar a respectiva certidão judicial (art. 94, § 3º).

Jurisprudência[46]

Eis dois julgados pertinentes:

[TJSP] Falência – Pedido formulado na vigência do Decreto-lei n. 7.661/1945, com fundamento no art. 2º, I – Sentença condenatória acompanhada de prova da execução frustrada pelo não pagamento e ausência de nomeação de bens à penhora – Título executivo judicial – *Desnecessidade de prévio protesto, previsto no art. 10 da Lei de Falências.* Contudo, não é o caso de decretação de quebra, nos termos do segundo fundamento da sentença ora hostilizada – Ré que possui direito de crédito em valor superior a R$ 3.000.000,00, montante muito superior ao crédito do autor, que é de R$ 13.493,75 – Apelação não provida. [*ACi c/ revisão 363.192-4/8-00, rel. Des. Romeu Ricupero, j. 19.10.2005*]

[TJSP] Falência – Pedido formulado na vigência do Decreto-lei n. 7.661/1945, com fundamento no art. 2º, I, execução frustrada ocorrida em processo monitório – Indeferimento da petição inicial em virtude de a exordial não estar instruída

com o protesto especial previsto nos arts. 10 e 11 da Lei de Falência anterior – *Desnecessidade do protesto quando a falência se funda na execução frustrada, formalidade só exigida para a falência fundamentada na impontualidade* – Hipótese que, mesmo considerando-se tratar-se de débito de pequeno valor, não se aplicam os princípios da Lei n. 11.101//2005, uma vez que, tanto na antiga legislação falimentar como na atual, não há previsão de mínimo do título executivo quando a quebra é pedida com base em execução frustrada – Indeferimento da inicial afastado, determinando-se a citação da devedora, com observância do Decreto-lei n. 7.661/1945 e art. 192 da Lei de Recuperações e Falências – Apelo provido. [*ACi s/ revisão 373.046-4/0-00, rel. Des. Pereira Calças, j. 31.8.2005*]

527. *Tríplice omissão. Insolvência jurídica, e não econômica* – Reiteramos: o pedido de falência com arrimo no inciso II (assim como nos incisos I e III) independe de o devedor ter passivo (obrigações) superior ao ativo (bens e direitos), diferentemente do instituto da insolvência civil, segundo o qual a prova da superioridade do ativo sobre o passivo tem o condão de afastar o processo concursal (art. 756, II, do CPC). Vale dizer, a insolvência pressuposta pela lei sob comento – insolvência jurídica, e não econômica – é presumida.

Jurisprudência[47]

Eis dois julgados pertinentes:

[TJSP] Falência – Comerciante que, executado, não paga, não deposita, nem nomeia bens à penhora – Presunção *juris tantum* de insolvência que implica decretação da quebra, se não elidida pelo devedor por prova inequívoca – Inteligência do art. 2º, I, do Decreto-lei n. 7.661/1945. [*J. 15.10.1999, RT 775/229*]

[STJ] Falência – Execução anterior. *Não obsta à sua decretação, com fundamento no art. 2º, I, do Decreto-lei n. 7.661/1945, a circunstância de o comerciante dispor de ativos que superem seus débitos.* Deve-se entretanto recusar interpretação literal ao constante desse dispositivo. Se feita a

46. Manoel Justino Bezerra Filho, *Jurisprudência da Nova Lei de Recuperação de Empresas e Falências/Decisões, Ofícios Judiciais, Resoluções, Sentenças, Acórdãos, Dentre Outros Documentos*, cit., pp. 242-243.

47. Manoel Justino Bezerra Filho, *Jurisprudência da Nova Lei de Recuperação de Empresas e Falências/Decisões, Ofícios Judiciais, Resoluções, Sentenças, Acórdãos, Dentre Outros Documentos*, cit., pp. 258-259.

nomeação antes do requerimento da falência, ainda que quando já decorrido o prazo legal, não se justifica a decretação da quebra, com a destruição da empresa. Mais se recomenda que se prossiga na execução. [*3ª Turma, REsp 125.399-RS, rel. Min. Eduardo Ribeiro, j. 27.3.2000*]

528. Crítica à expressão "exceto se fizer parte de plano de recuperação judicial" – Manoel Justino Bezerra Filho critica a expressão "exceto se fizer parte de plano de recuperação judicial": "(...) aqui houve um lapso do legislador, pois as situações previstas nas alíneas 'a' a 'g' não podem fazer parte do plano de recuperação, pois são atos 'ruinosos ou fraudulentos' (letra 'a'), com objetivo de fraudar credores (letra 'b'), atos simulados e/ou para prejudicar terceiros (letras 'c' a 'e'), abandono de estabelecimento (letra 'f') ou o próprio descumprimento do plano de recuperação (letra 'g'). Portanto, a expressão 'exceto se fizer parte de plano de recuperação judicial' do *caput* do inciso III não terá qualquer aplicação, e poderia ser eliminada sem prejuízo".[48]

Concordamos com a crítica acima formulada.

529. Outras hipóteses para decretação da falência (atos de falência) – Eis um julgado relativo à legitimidade de acionista para pedir falência com arrimo nas outras hipóteses:

Jurisprudência[49]

[TJDF] Comercial e processual civil – Pedido de falência – Sociedade anônima de capital fechado – Inadimplência – Créditos detidos por terceiros – Direito alheio – Defesa – Impossibilidade – Paralisia das atividades – Ato falimentar – Caracterização – Inocorrência – Acionistas – Ilegitimidade – Afirmação. 1. O acionista somente está revestido de legitimação para formular pedido de falência com lastro na inadimplência se detiver a condição de credor pessoal da empresa, vez que, detendo essa qualidade, sua legitimidade deriva da qualidade de credor, e não de sua qualidade de detentor de parte do capital social da sociedade empresária (Lei de Quebras, art. 97, inciso IV). 2. O acionista, não detendo nenhum crédito em relação à companhia, não está revestido de legitimidade para, esteado em direito creditício titularizado por terceiro, reclamar a decretação da quebra da empresa, à medida que, aliado ao fato de que o crédito consubstancia direito disponível, não lhe é permitido defender direito alheio, nem invocá-lo como lastro para pedido dedução de pedido em nome próprio. 3. *O acionista está revestido de legitimação para reclamar a decretação da quebra da companhia com lastro na prática de atos que induzem à falência (Lei de Quebras, art. 94, inciso III), não se emoldurando nessa previsão, contudo, a simples paralisia das atividades da empresa, notadamente quando não evidenciada a dilapidação do seu patrimônio ou a prática de quaisquer atos destinados a lesar credores*. 4. Apelação conhecida e improvida. [*4ª Turma Cível, ACi 20080111423615-DF, rel. Des. Teófilo Caetano, j. 11.9.2009*]

As outras hipóteses, previstas no inciso III do art. 94, estão abrangidas pela prática de quaisquer dos seguintes atos, exceto se fizerem parte de plano de recuperação judicial:

1) *Proceder à liquidação precipitada de seus ativos ou lançar mão de meio ruinoso ou fraudulento para realizar pagamentos*.[50] Afirma Vera Helena de Mello Franco: "(...) a doutrina ensina que o termo "liquidação" deve ser apreendido em sentido técnico, como a venda apressada de bens que com-

48. Manoel Justino Bezerra Filho, *Nova Lei de Recuperação e de Falências Comentada. Lei 11.101, de 9.2.2005, Comentário Artigo por Artigo*, cit., 3ª ed., p. 238. No mesmo sentido: Sérgio Campinho, *Falência e Recuperação de Empresa: o Novo Regime da Insolvência Empresarial*, cit., p. 261; e Adalberto Simão Filho, "Comentários aos arts. 94 ao 101", cit., in Newton de Lucca e Adalberto Simão Filho (coords.), *Comentários à Nova Lei de Recuperação de Empresas e de Falências*, p. 400.

49. *Boletim da AASP* 2.677/5.566-5.568, 26.4-2.5.2010.

50. Manoel Justino Bezerra Filho exemplifica: "Imagine-se um credor por promissória que irá se vencer apenas dentro de 90 dias, credor, este, que verifica que o devedor está procedendo à liquidação precipitada de seus bens ou lançando mão de meios ruinosos ou fraudulentos para realizar pagamento (alínea 'a' do inciso II do art. 94). Esse credor, valendo-se dessa disposição, poderá requerer a falência do devedor, mesmo que seu título não esteja vencido, e, obviamente, sem protestar seu título" (*Nova Lei de Recuperação e de Falências Comentada. Lei 11.101, de 9.2.2005, Comentário Artigo por Artigo*, cit., 3ª ed., p. 237).

põem o seu ativo, por preços injustificados, inclusive, por vezes, inferiores ao do custo. Não se inserem na categoria as 'queimas' de estoques realizadas periodicamente pelos comerciante, com o fito de renovação, expurgando-os de produtos ultrapassados, mercadorias defeituosas ou artigos que caíram de moda, ou não mais se adaptam à estação".[51-52]

Os ativos em tela referem-se àqueles bens necessários à exploração da atividade empresarial, tais como: imóveis, maquinário, veículos e tecnologia.

Segundo Trajano de Miranda Valverde: "Os meios ruinosos consistem, geralmente, na realização de negócios arriscados ou de puro azar, no abuso de responsabilidade de mero favor, nos empréstimos a juros excessivos, na alienação de máquinas ou instrumentos indispensáveis ao exercício do comércio".[53-54]

Os meios fraudulentos revelam-se nos artifícios ou expedientes empregados pelos comerciantes para conseguir dinheiro ou mercadorias, na apropriação indébita de valores confiados à sua guarda.[55]

51. Vera Helena de Mello Franco, "Comentários aos arts. 94 ao 114", cit., in Francisco Satiro de Sousa Jr. e Antônio Sérgio Altieri de Moraes Pitombo (coords.), *Comentários à Lei de Recuperação de Empresas e Falência: Lei 11.101/2005*, p. 395.

52. Darcy Bessone, comentando o inciso II do art. 2º do Decreto-lei 7.661/1945, que corresponde à alínea "a" do inciso III do art. 94 da atual lei, complementa: "A 'liquidação precipitada' não encontra, na lei, critério que a configure, pelo quê não constitui matéria de espécie sujeita à livre apreciação do juiz, em face das circunstâncias específicas de que se cerque. (...). As circunstâncias de cada caso indicarão ao juiz a verdadeira intenção que terá provocado a liquidação. Não se deve suspeitar da que seja lançada por um estabelecimento sólido, mas, se se tratar de um que esteja em dificuldades financeiras, a cautela do juiz, na apreciação do caso, terá de ser acurada" (*Instituições de Direito Falimentar*, São Paulo, Saraiva, 1995, p. 37).

53. Exemplos de meios ruinosos: (1) realização de descontos gravosos; (2) contração de um empréstimo para quitar outro; e (3) gastos pessoais exagerados.

54. Trajano de Miranda Valverde, *Comentários à Lei de Falências*, 2ª ed., vol. I, Rio de Janeiro, Revista Forense, 1955, p. 46.

55. Exemplo de meio fraudulento: o saque de "duplicatas frias".

2) *Realizar ou, por atos inequívocos, tentar realizar, com o objetivo de retardar pagamentos ou fraudar credores, negócio simulado ou alienação de parte ou da totalidade de seu ativo a terceiro, credor ou não.* Note-se que a hipótese abrange tanto o ato consumado quanto o tentado.

Darcy Bessone, comentando o inciso IV do art. 2º do Decreto-lei 7.661/1945, que corresponde à alínea "b" do inciso III do art. 94 da atual lei, explica: "Expressamente o preceito lança a questão no terreno ortodoxamente subjetivo da intenção (fito). Em tal campo, a apreciação da intenção somente pode caber ao juiz, que terá de dar tratos à própria inteligência, na análise das circunstâncias da espécie".[56]

Lembra Sérgio Campinho que: "É exemplo típico da conduta a criação artificial de dívidas para a realização de pagamentos falsos a pessoas, agindo estas em conluio com o devedor".[57]

"Alienação", no contexto desta alínea, deve ser interpretada *lato sensu*; vale dizer, engloba transmissão onerosa e gratuita de bens.[58]

3) *Transferir estabelecimento a terceiro, credor ou não, sem o consentimento de todos os credores e sem ficar com bens suficientes para solver seu passivo.* Esta previsão legal é complementada pelo art. 1.145 do CC, segundo o qual: "*Art. 1.145.* Se ao alienante não restarem bens suficientes para solver o seu passivo, a eficácia da alienação do estabelecimento depende do pagamento de todos os credores, ou do consentimento destes, de

56. Darcy Bessone, *Instituições de Direito Falimentar*, cit., p. 38.

57. Sérgio Campinho, *Falência e Recuperação de Empresa: o Novo Regime da Insolvência Empresarial*, cit., p. 263.

58. Trajano de Miranda Valverde doutrina: "O têrmo 'alienação' está no dispositivo no sentido amplo: compreende toda e qualquer transmissão de bens, suscetíveis de avaliação em dinheiro, de um patrimônio para outro. A venda, a cessão, a doação, são atos dessa natureza" (*Comentários à Lei de Falências*, cit., 2ª ed., vol. I, p. 47). No mesmo sentido: Sérgio Campinho, *Falência e Recuperação de Empresa: o Novo Regime da Insolvência Empresarial*, cit., p. 263.

modo expresso ou tácito, em 30 (trinta) dias a partir de sua notificação".

O estabelecimento está conceituado no art. 1.142 do CC. O estabelecimento, regra geral, é reputado uma das maiores garantias dos credores. Por isso, o legislador elegeu a transferência do mesmo, sem o respectivo consentimento de todos os credores, como um dos atos que podem configurar o pressuposto da insolvência jurídica para decretação da falência.

A transferência do estabelecimento pode ser efetuada a título oneroso ou gratuito.[59]

Lembra José da Silva Pacheco: "O fato de constar do contrato de transferência a cláusula de responder o adquirente pelo passivo do alienante não elide a falência, se não houver aquiescência dos credores".[60]

A ineficácia da transferência, nos moldes descritos, pode ser suscitada via ação revocatória (art. 129, VI).

4) *Simular a transferência de seu principal estabelecimento com o objetivo de burlar a legislação ou a fiscalização ou para prejudicar credor*. A transferência aludida não tem o significado de trespasse ou alienação, mas, sim, de mudança de local.[61]

Ressalta José da Silva Pacheco: "A simulação é uma declaração visando a produzir efeito diverso do que foi expressamente indicado. Pressupõe os seguintes elementos: (a) divergência intencional entre a declaração e o efeito desejado; (b) o acordo simulado entre o declarante e a outra parte, ou seja, entre as duas partes do negócio; (c) objetivo de enganar terceiro".[62]

Nem a Lei Falimentar anterior (Decreto-lei 7.661/1945) nem a atual (Lei 11.101/2005) conceituaram o "principal estabelecimento" ou o identificaram à sede administrativa.

Aliás, sob a égide do Decreto-lei 7.661/1945 (art. 7º) o conteúdo, o sentido e o alcance da expressão "principal estabelecimento" foram debatidos freqüentemente.

A redação do texto legal anterior é deveras semelhante à do texto atual. Por isso, acreditamos que tanto a doutrina quanto a jurisprudência já construídas sob a égide do Decreto-lei 7.661/1945 (art. 7º) serão plenamente aplicáveis no império da Lei 11.101/2005.

À luz do Decreto-lei 7.661/1945 vários foram os entendimentos doutrinários sobre "principal estabelecimento": (1) local em que se encontre o centro dos negócios, sua direção e contabilidade (Waldemar Martins Ferreira[63]); (2) local onde o devedor, comerciante ou a sociedade anônima centraliza sua atividade e influência econômica (J. X. Carvalho de Mendonça[64]); a sede administrativa (Trajano de Miranda Valverde[65]); local a ser definido em cada caso pelo juiz (Rubens Requião[66]).

Donde se conclui que a expressão "principal estabelecimento" encerra conceito legal indeterminado.

Ressaltamos que, justamente em razão da indeterminação do conceito legal de "principal estabelecimento", é perfeitamente factível que um outro estabelecimento, reputado como filial, ostente maior expressão patrimonial que aquele considerado "principal" – fato deveras relevante para fins falimentares.

Ora, assim sendo, acreditamos que a jurisprudência irá adotar interpretação ex-

59. No mesmo sentido: Trajano de Miranda Valverde, *Comentários à Lei de Falências*, cit., 2ª ed., vol. I, p. 52.

60. José da Silva Pacheco, *Processo de Recuperação Judicial, Extrajudicial e Falência*, Rio de Janeiro, Forense, 2006, p. 234.

61. No mesmo sentido: Adalberto Simão Filho, "Comentários aos arts. 94 ao 101", cit., in Newton de Lucca e Adalberto Simão Filho (coords.), *Comentários à Nova Lei de Recuperação de Empresas e de Falências*, p. 403.

62. José da Silva Pacheco, *Processo de Recuperação Judicial, Extrajudicial e Falência*, cit., p. 234.

63. Waldemar Martins Ferreira, *Instituições de Direito Comercial*, vol. 5, Rio de Janeiro, Freitas Bastos, 1951, pp. 108-109.

64. J. X. Carvalho de Mendonça, *Tratado de Direito Comercial Brasileiro*, 7ª ed., vol. VII, Rio de Janeiro, Livraria Freitas Bastos, 1964, pp. 272-274.

65. Trajano de Miranda Valverde, *Comentários à Lei de Falências*, cit., 2ª ed., vol. I, pp. 95-96 e 98-99.

66. Rubens Requião, *Curso de Direito Falimentar*, 16ª ed., vol. 1, São Paulo, Saraiva, 1995, pp. 81-82.

tensiva da alínea "d" do inciso III do art. 94, abrangendo qualquer estabelecimento, e não apenas o "principal estabelecimento".[67]

Se a transferência do principal estabelecimento não tiver justificativa administrativa (por exemplo, maior facilidade de contratação de empregados), financeira (por exemplo, redução dos custos com locação do imóvel) ou operacional (por exemplo, logística), então, o ato poderá ser considerado como ensejador de pedido de falência.

5) *Dar ou reforçar garantia a credor por dívida contraída anteriormente sem ficar com bens livres e desembaraçados suficientes para saldar seu passivo.* Esta hipótese visa justamente a rechaçar a fratura do princípio da igualdade entre os credores, ou seja, a *par conditio creditorum*.

Exemplifique-se: o devedor elege um credor específico que, numa eventual falência, seria classificado como quirografário; no entanto, após a contração da dívida, dá-lhe garantia real, possibilitando, com isso, que o credor passe a figurar num futuro quadro geral de credores em posição mais vantajosa.

Note-se que a dação ou o reforço da garantia ocorridos após a contração da dívida objetivam favorecer credores preexistentes.

6) *Ausentar-se sem deixar representante habilitado e com recursos suficientes para pagar os credores, abandonar o estabelecimento ou tentar ocultar-se de seu domicílio, do local de sua sede ou de seu principal estabelecimento.*[68] Darcy Bessone, comentando o inciso VII do art. 2º do Decreto-lei 7.661/1945, que corresponde à alínea "f" do inciso III do art. 94 da atual lei, aduz: "A fuga constitui, talvez, a forma mais eloqüente e ostensiva de confissão tácita do estado de falência, e chega a assumir ares de escândalo".[69]

De um lado, não há necessidade de o estabelecimento estar fechado para configuração da ausência, já que ele pode estar funcionando e, no entanto, não haver quem cumpra as obrigações.[70]

Por outro lado, a mudança do domicílio comercial desacompanhada de comunicação aos credores não é suficiente para caracterização do abandono.[71]

Jurisprudência[72]

Eis um julgado pertinente:

[TJSP] Falência – Art. 2º, VII, do Decreto-lei n. 7.661/1945 – Ato de falência caracterizado – Não localização da devedora e de seus representantes legais – *Abandono do estabelecimento comercial – Interesse processual caracterizado* – Extinção do processo afastada – Citação da requerida determinada – Recurso provido. [*ACi s/ revisão 378.955-4/5-00, rel. Des. Elliot Akel, j. 19.10.2005*]

7) *Deixar de cumprir, no prazo estabelecido, obrigação assumida no plano de recuperação judicial.* Durante o período de dois anos após a concessão da recuperação judicial o descumprimento de qualquer obrigação prevista no respectivo plano acarretará a convolação da recuperação em falência (art. 61, § 1º, c/c o art.73, IV).

Já, ocorrendo o descumprimento após dito período, o credor poderá requerer a falência

67. No mesmo sentido: Manoel Justino Bezerra Filho, *Nova Lei de Recuperação e de Falências Comentada. Lei 11.101, de 9.2.2005, Comentário Artigo por Artigo*, cit., 3ª ed., pp. 238-239.

68. Sérgio Campinho registra curiosa lição de Umberto Santarelli em relação à Idade Média: "O mais importante dos sintomas da falência é seguramente a fuga do arruinado do lugar de sua habitual residência ou de seu exercício comercial: fato, este, do qual, mais que qualquer outro, os nossos legisladores da época intermédia extraíram argumento para presumirem a falência do indivíduo" (*Falência e Recuperação de Empresa: o Novo Regime da Insolvência Empresarial*, cit., p. 265).

69. Darcy Bessone, *Instituições de Direito Falimentar*, cit., p. 39.

70. No mesmo sentido: José da Silva Pacheco, *Processo de Recuperação Judicial, Extrajudicial e Falência*, cit., p. 235.

71. No mesmo sentido: Trajano de Miranda Valverde, *Comentários à Lei de Falências*, cit., 2ª ed., vol. I, p. 55.

72. Manoel Justino Bezerra Filho, *Jurisprudência da Nova Lei de Recuperação de Empresas e Falências/Decisões, Ofícios Judiciais, Resoluções, Sentenças, Acórdãos, Dentre Outros Documentos*, cit., p. 235.

do devedor com arrimo na alínea "g" do inciso III do art. 94 (art. 62).

530. Atos de falência. Insolvência jurídica, e não econômica – Ratificamos: o pedido de falência com arrimo no inciso III (assim como nos incisos I e II) independe de o devedor ter passivo (obrigações) superior ao ativo (bens e direitos), diferentemente do instituto da insolvência civil, segundo o qual a prova da superioridade do ativo sobre o passivo tem o condão de afastar o processo concursal (art. 756, II, do CPC). Em outras palavras, a insolvência pressuposta pela lei sob comento – insolvência jurídica, e não econômica – é presumida.

531. Atos de falência. Inexistência de limite mínimo – Lembramos que o pedido de falência estribado no inciso III (atos de falência; e também no inciso II) independe de valor mínimo, já que este só se aplica àquele formulado com base no inciso I (impontualidade injustificada).

532. Atos de falência. Protesto e certidão desnecessários – No caso de pedido de falência formulado com base em atos de falência (art. 94, III), tanto o protesto quanto a certidão judicial se tornam desnecessários (art. 94, § 4º).

533. Reunião em litisconsórcio para perfazer o limite mínimo para o pedido de falência – A possibilidade de reunião em consórcio constitui uma novidade. Trata-se de litisconsórcio ativo facultativo, pois ele decorre da vontade dos credores, e não da lei.

Manoel Justino Bezerra Filho aponta dificuldades em relação ao litisconsórcio: "(...) litisconsórcio poderá trazer problemas graves de natureza processual. Imagine-se, por exemplo, que três credores diversos, cada um com créditos no valor correspondente a um terço do valor mínimo, reúnam-se em litisconsórcio e ajuízem pedido de falência; imagine-se ainda que o devedor venha a demonstrar que pagou dois credores e que apenas um deles é efetivamente credor. Neste caso, embora haja credor, a falência não poderá ser decretada, pois o pedido então será feito com base em crédito existente, porém de valor inferior ao mínimo previsto legalmente".[73]

534. Ainda que líquidos, não legitimam o pedido de falência os créditos que nela não possam ser reclamados – Os créditos que não podem ser reclamados na falência são aqueles arrolados no art. 5º da lei: obrigações a título gratuito e despesas em que os credores incorreram para tomar parte da recuperação judicial, salvo as custas judiciais decorrentes de litígio com o devedor.

535. O pedido de falência será instruído com os títulos executivos protestados e/ou com certidão expedida pelo juízo em que se processa a execução? – A exigência de instrução do pedido de falência com os títulos executivos protestados somente tem cabimento se tal pedido for deduzido com estribo no inciso I do art. 94.

Quando vários títulos executivos instruírem o pedido de falência, cada um deles deve ser protestado, já que este é o comando do § 3º do art. 94 (títulos executivos acompanhados dos respectivos instrumentos de protesto).

Frise-se, por outro lado, que a atual lei suprimiu a faculdade de um credor pedir a falência do devedor com base no protesto tirado em relação ao título de um terceiro credor (§ 1º do art. 4º do Decreto-lei 7.661/1945).[74]

Os protestos, inclusive para fins falimentares, serão lavrados num único livro (art. 23 da Lei 9.492/1997).[75]

73. Manoel Justino Bezerra Filho, *Nova Lei de Recuperação e de Falências Comentada. Lei 11.101, de 9.2.2005, Comentário Artigo por Artigo*, cit., 3ª ed., p. 240.

74. No mesmo sentido: Adalberto Simão Filho, "Comentários aos arts. 94 ao 101", cit., in Newton de Lucca e Adalberto Simão Filho (coords.), *Comentários à Nova Lei de Recuperação de Empresas e de Falências*, pp. 424-425.

75. Lembra Fábio Ulhoa Coelho: "Em termos procedimentais, portanto, a especificidade do protesto para fim falimentar reside no exame que o cartório

Se o juízo perante o qual tramita a execução for competente para apreciar matéria falimentar,[76] em homenagem aos princípios da celeridade processual e da economia processual (art. 75, parágrafo único), bastará ao credor formular, no bojo dos respectivos autos, o pedido de falência, requerendo a citação do devedor e recolhendo as custas pertinentes (art. 94, II), restando, por conseguinte, dispensados o protesto cambial (ainda que a execução esteja aparelhada com título de crédito) ou especial (para os demais títulos executivos). Quanto à execução originária, o credor, fundado no art. 791, III, do CPC, pedirá sua suspensão.[77]

Caso contrário o credor deverá instruir o pedido de falência com a certidão judicial que aponte a "tríplice omissão",[78] recolher as respectivas custas e promover sua distribuição perante o juízo competente (art. 94, II), remanescendo, outrossim, dispensados o protesto cambial (ainda que a execução esteja aparelhada com título de crédito) ou especial (para os demais títulos executivos).[79]

Os títulos executivos originais ou por cópias autenticadas, se estiverem juntados em outros processos, devem ser acostados ao pedido de falência (parágrafo único do art. 9º).

Jurisprudência[80]

Transcrevemos, abaixo, alguns julgados pertinentes:

[TJRS] Falência – Aplicação da nova lei – Intimação do protesto – Ausência de pressuposto de constituição e desenvolvimento válido do processo. O art. 94, § 3º, da nova Lei de Falências (Lei n. 11.101/2005), aplicável ao caso, prevê que o pedido de falência, na hipótese de seu inciso I, seja acompanhado do instrumento de protesto para fim falimentar. Contudo, *não seria razoável exigir da credora, além do protesto cambial, o protesto específico para fim falimentar, pois tal viria de encontro aos próprios princípios da celeridade e da economia processual, previstos no art. 75, parágrafo único, da nova Lei de Falências* – Situação em que os protestos se deram por falta de pagamento – Extinção do processo sem resolução do mérito, com fulcro no art. 267, inciso IV, do CPC, afastada – Instrumentos de protesto, dando conta da intimação pessoal da requerida, que goza de fé pública, a qual não restou desmerecida. Outrossim, cabe ao credor a escolha da via adequada para receber seu crédito – Sentença desconstituída – Apelo provido pela maioria. [*5ª Câmara Cível, ACi 70022693493, Garibaldi/RS, rel. Des. Leo Lima, j. 21.5.2008, m.v.*][81]

[STJ] É cediço que a tentativa de notificação do protesto deve ser feita pessoalmente no endereço fornecido pelo apresentante e, para o caso de futuro requerimento de falência, deve constar a identificação de quem recebeu a intimação (Súmula n. 361/STJ). No caso dos autos, *houve a*

deve fazer da sujeição, em tese, do devedor à falência. Não se trata de exame fácil, até mesmo porque ao cartório de protesto são apresentados apenas dados genéricos de identificação do devedor. Assim, não se deve desconsiderar a hipótese de um protesto não ser tirado com a específica finalidade falimentar por insuficiência de informações ou mesmo imprecisão do cartório" (*Comentários à Nova Lei de Falências e de Recuperação de Empresas*, cit., p. 261).

76. Registramos que o TJSP criou três Varas de Falências e Recuperações Judiciais com competência para a comarca de São Paulo (Resolução 200/2005) e uma Câmara Especial de Falências e Recuperações Judiciais (Resolução 207/2005).

77. Fábio Ulhoa Coelho destaca: "(...) alguns juízes condicionam o processamento do pedido de falência à prova do encerramento definitivo da execução" (*Comentários à Nova Lei de Falências e de Recuperação de Empresas*, cit., p. 257).

78. Carlos Henrique Abrão entende ser também necessária "a juntada do mandado de conteúdo negativo, espelhado pelo oficial de justiça (...)" ("Comentários aos arts. 70 ao 104", cit., in Carlos Henrique Abrão e Paulo Fernando Campos Salles de Toledo (coords.). *Lei de Recuperação de Empresas e Falência*, pp. 229-230).

79. No mesmo sentido: Fábio Ulhoa Coelho, *Comentários à Nova Lei de Falências e de Recuperação de Empresas*, cit., p. 257. Já, Manoel Justino Bezerra Filho entende que nesta hipótese é necessário o protesto da dívida, e a formulação do pedido de falência deverá fundar-se no inciso I do art. 94 (*Nova Lei de Recuperação e de Falências Comentada. Lei 11.101, de 9.2.2005, Comentário Artigo por Artigo*, cit., 3ª ed., p. 236).

80. Manoel Justino Bezerra Filho, *Jurisprudência da Nova Lei de Recuperação de Empresas e Falências/Decisões, Ofícios Judiciais, Resoluções, Sentenças, Acórdãos, Dentre Outros Documentos*, cit., pp. 228-229, 234, 236 e 262-263.

81. *Boletim da AASP* 2.589/1.561-1.562, 18-24.8.2008.

recusa do recebimento de intimação no endereço fornecido, mas não houve a intimação por edital, tal como nesses casos apregoa expressamente o art. 15 da Lei n. 9.492/1997. Dessa forma, como não consta do instrumento de protesto a individualização de quem se recusou a assinar a carta registrada, é inviável reputar o protesto realizado como credenciado a amparar o pedido de falência. [*REsp 1.052.495-RS, rel. Min. Massami Uyeda, j. 8.9.2009*]

[TJRS] Agravo de instrumento – Pedido de falência – Intimações dos protestos – *Ausência de indicação do nome da pessoa que as recebeu* – Não observância dos arts. 10 e 11 do Decreto-lei n. 7.661/1945 – Precedentes jurisprudenciais desta Corte e do STJ – Ação extinta, com fulcro no art. 267, IV, do CPC, ante a ausência de pressuposto de constituição e desenvolvimento válido e regular do processo – Agravo provido – Ação extinta. [*5ª Câmara Cível, AI 70013167465, rela. Desa. Ana Maria Nedel Scalzilli, j. 26.5.2006*]

[TJRS] Agravo de instrumento – Pedido de falência – Protesto – *Comprovação da intimação do devedor – Requisito indispensável ao protesto como pressuposto da falência* – Agravo de instrumento provido. [*5ª Câmara Cível, AI 70015428865, rel. Des. Pedro Luiz Rodrigues Bossle, j. 25.5.2006*]

[STJ] Comercial – Falência – Protesto especial – Intimação – Regularidade. 1. No protesto especial do art. 10, § 1º, da Lei de Falências *considera-se regular a intimação feita pelo correio, com indicação clara de quem recebeu a correspondência, não se exigindo seja um gerente ou outra pessoa que tenha, formalmente, poderes de representação da sociedade* – Iterativos precedentes das Turmas que compõem a 2ª Seção. 2. Recurso especial não conhecido. [*REsp 683.230/MG (2004/0114266-0), rel. Min. Fernando Gonçalves, j. 26.4.2005*]

[STJ] Falência – Protesto irregular – Pedido desacolhido. O protesto cambial e o pedido de falência têm sido desvirtuados de suas finalidades legais, constituindo-se, não raro, meios coercitivos de pagamento. Pelos graves efeitos que deles resultam, notadamente da quebra, impõe-se que os requisitos formais sejam rigorosamente observados. "*O protesto irregular de título cambial, de cujo instrumento não consta a certidão de ter sido pessoalmente intimado o representante legal da devedora com endereço conhecido, nem juntando o Aviso de Recebimento na hipótese de a intimação ter sido processada por via postal, não autoriza a decretação da falência*" (*RT* 567/92 – ACi n. 47.683, de Tubarão). [*REsp 129.364-SC, rel. Min. Carlos Alberto Menezes Direito, j. 25.9.2001, DJU 5.11.2001*]

[TJMG] Direito falimentar – Pedido de quebra – Protesto por indicação desacompanhado de prova do envio e retenção do título – Meio inábil para demonstração da impontualidade – Inviabilidade do pleito de decretação da falência. *Admite-se protesto por indicação somente quando a duplicata é remetida à devedora, para aceite ou pagamento, e não restituída, de tal sorte que, não demonstrados o encaminhamento do título e a retenção do mesmo pela sacada, afigura-se inapto o instrumento de protesto para fins de caracterização da impontualidade que viabiliza o pedido de falência.* [*Câmaras Cíveis Isoladas, Ag 1.0026.03.011713-4/001, rel. Des. Moreira Diniz*]

[TJSP] *Falência – Duplicata – Protesto por indicação* – Admissibilidade – Art. 15, § 2º, da Lei n. 5.474/1968 – Ato notarial que independe da preexistência do título ou de sua apresentação nessa espécie ao sacado – Art. 8º, parágrafo único, da Lei n. 9.492/1997 – Indeferimento da inicial afastado – Recurso provido. [*ACi s/ revisão 359.118-4/7-00, rel. Des. Elliot Akel, j. 19.10.2005*]

[STJ] Protesto em livro especial – Cheque – Protesto comum – Suficiência – Protesto especial – Art. 10 do Decreto-lei n. 7.661/1945 – Desnecessidade – Recurso desacolhido. *O cheque levado a protesto regular, na forma da legislação dos títulos de crédito, é título hábil para instruir o pedido de falência, suprindo a exigência do "protesto especial" referido no art. 10 do Decreto-lei n. 7.661/1945.* [*REsp 203.791-MG, rel. Min. Sálvio de Figueiredo Teixeira, j. 8.6.1999*]

536. Descrição dos fatos, provas e respectiva especificação – A instrução do pedido de falência com título executivo protestado ou com a certidão judicial é inaplicável no caso do inciso III do art. 94.

Por isso, são exigidas a descrição dos fatos, a juntada das eventuais provas e a respectiva especificação.

Art. 95. Dentro do prazo de contestação, o devedor poderá pleitear sua recuperação judicial.[537-538-539-540]

LEGISLAÇÃO ANTERIOR

Artigo sem correspondência no Decreto-lei 7.661/1945.

COMENTÁRIOS

537. Contestação. Pleito de recuperação judicial – No antigo regime, efetuada a citação em pedido de falência, não era mais possível ao devedor pleitear concordata.

Já, no atual regime, que é informado, sobretudo, pela preservação da empresa (art. 47), tal pleito é possível;[82] vale dizer, a recuperação judicial servirá como meio de defesa.

Jurisprudência

Eis dois julgados pertinentes:

[TJSP] Deferimento do processamento da recuperação judicial, impetrada no prazo para resposta – Impossibilidade de quebra – Art. 96 da Lei n. 11.101/2005 – Incidência da lei vigente ao tempo do ato – Espírito que norteia o sistema atual, voltado para a recuperação da empresa, que indica ser prematura a quebra na espécie – Decreto de falência afastado – Recurso provido. [*Câmara Especial de Falências e Recuperações Judiciais de Direito Privado, AI 441.435-4/6-00, Barueri/SP, rel. Des. Elliot Akel, j. 7.6.2006, v.u.*][83]

[TJMG] Pedido de recuperação judicial – Impossibilidade. *Se a falência foi decretada sob a égide do Decreto-lei n. 7.661/1945, não lhe é dado formular pedido de recuperação judicial, por expressa vedação do art. 192 da Lei n. 11.101/2005, a nova Lei de Falências, mormente quando não se tratar da exceção contida no § 2º do mesmo dispositivo legal.* [*7ª Câmara Cível, Ag 1.0024.05.732896-5/001, Belo Horizonte/MG, rel. Des. Edivaldo George dos Santos, j. 9.5.2006*][84]

538. O pleito de recuperação judicial configura razão relevante – O pleito de recuperação judicial é uma das razões relevantes expressas que obstaculizam o deferimento do pedido de falência embasado na impontualidade injustificada (art. 96, VII).

539. O pleito de recuperação judicial obsta a todas as hipóteses de falência? – Justamente porque apenas em relação ao pedido de falência embasado na impontualidade injustificada (art. 94, I) é que há previsão expressa de pleito de recuperação judicial como uma das razões relevantes para obstar à decretação da falência (art. 96, inc. VII) é que se formulou esta indagação.

A doutrina está dividida.

Manoel Justino Bezerra Filho afirma que, inexistindo restrição legal, o pleito de recuperação judicial formulado na contestação aplica-se a todas as hipóteses de falência: impontualidade injustificada (art. 94, I), tríplice omissão ou execução frustrada (art. 94, II) e atos de falência (art. 94, III).[85]

Sérgio Campinho, por sua vez, sustenta que o pleito de recuperação judicial constitui exceção também argüível na hipótese de tríplice omissão ou execução frustrada (art. 94, II), desde que o devedor a ela esteja sujeito, ainda que por aplicação subsidiária do art. 265, IV, do CPC.[86]

Fábio Ulhoa Coelho assevera que, em razão de ausência de previsão legal, o pleito de recuperação judicial não se aplica ao pedido de falência fundado em execução frustrada ou em atos de falência.[87-88]

82. Vera Helena de Mello Franco elogia tal previsão: "A possibilidade é salutar, pois, cuidando-se de iliquidez momentânea, e não de insolvência generalizada, preserva-se a empresa sem desnecessariamente penalizar o empresário" ("Comentários aos arts. 94 ao 114", in Francisco Satiro de Sousa Jr. e Antônio Sérgio Altieri de Moraes Pitombo (coords.), *Comentários à Lei de Recuperação de Empresas e Falência: Lei 11.101/2005*, São Paulo, Ed. RT, 2005, p. 399).

83. *Boletim da AASP* 2.503/458, 25-31.12.2007.

84. *Boletim da AASP* 2.503/460, 25-31.12.2007.

85. Manoel Justino Bezerra Filho, *Nova Lei de Recuperação e de Falências Comentada. Lei 11.101, de 9.2.2005, Comentário Artigo por Artigo*, 3ª ed., São Paulo, Ed. RT, 2005, p. 242.

86. Sérgio Campinho, *Falência e Recuperação de Empresa: o Novo Regime da Insolvência Empresarial*, Rio de Janeiro, Renovar, 2006, pp. 247-248.

87. Fábio Ulhoa Coelho, *Comentários à Nova Lei de Falências e de Recuperação de Empresas*, São Paulo, Saraiva, 2005, p. 262.

88. Sérgio Campinho também entende que, se o pedido de falência foi formulado com estribo em um dos atos de falência (art. 94, III), o pleito de recuperação judicial não será causa suspensiva ou elidente (*Falência e Recuperação de Empresa: o Novo Regime da Insolvência Empresarial*, cit., p. 281).

José da Silva Pacheco aduz: (1) em relação ao pedido de falência arrimado na impontualidade injustificada (art. 94, I), cabe o pleito de recuperação judicial; (2) quanto ao pedido de falência embasado em execução frustrada (art. 94, II), havendo acordo de credores no sentido de apoiar o pleito de recuperação judicial, é razoável admitir-se sua viabilidade; (3) no tocante ao pedido de falência fundado em atos de falência (art. 94, III), será cabível o pleito de recuperação judicial caso o ato inquinado fizer parte do próprio plano de recuperação.[89]

Com efeito, a redação do *caput* do art. 96 é clara no sentido de que, tratando-se de pedido de falência embasado na impontualidade injustificada (art. 94, I), a recuperação judicial constitui uma das razões relevantes para obstá-lo, vale dizer, para impedir a decretação da falência (art. 96, VII).

Contudo, ponderemos: se o pedido *prévio* de recuperação judicial tem o condão de impedir a decretação da falência – seja por impontualidade injustificada (art. 94, I), seja por tríplice omissão ou execução frustrada (art. 94, II), seja por atos de falência (art. 94, III) –, então, por que o pedido *posterior* de recuperação judicial não teria o mesmo atributo?

Em outras palavras, por que deixar de aplicar, no caso em tela, o art. 47, que veicula comando teleológico de vital importância na interpretação e aplicação do instituto da recuperação judicial?

Já acentuamos alhures que, na nossa opinião, o art. 47 deverá funcionar no âmbito da recuperação judicial como o art. 5º do Decreto-lei 4.657/1942 (Lei de Introdução ao Código Civil) funciona (ou deveria funcionar) no âmbito civil; vale dizer, o juiz, ao se debruçar sobre questões derivadas ou relacionadas com o instituto da recuperação judicial, deverá promover a preservação da empresa, sua função social e o estímulo à atividade econômica.

Ora, assim sendo, entendemos ser imprescindível conferir ao art. 96, *caput*, interpretação à luz do art. 47, admitindo-se, por conseguinte, que o pedido de recuperação judicial constitui óbice para a decretação da falência requerida em todas as hipóteses que a ensejam: impontualidade injustificada (art. 94, I), tríplice omissão ou execução frustrada (art. 94, II) e atos de falência (art. 94, III).

540. Para a elisão da falência basta o despacho de processamento da recuperação judicial? – Opina Sérgio Campinho: "No prazo de defesa, faculta-se-lhe requerer a recuperação judicial (art. 95). Mas esse requerimento, em nossa visão, apesar de logo suspender o trâmite do processo pré-falencial, somente poderá elidir a decretação da falência se efetivamente concedida a recuperação por sentença. Enquanto recebido e deferido seu processamento pelo juiz, apenas se terá a manutenção da suspensão já verificada. (...). Destarte, o encerramento do processo em que foi requerida a falência (pré-falimentar), ainda quando a recuperação tenha sido pleiteada no prazo de defesa ou antes dele, somente se verificará com a decisão que conceder ou negar a recuperação judicial".[90]

Jurisprudência[91]

Eis um julgado pertinente:

[TJRJ] Requerimento de falência – Depósito elisivo – Decisão monocrática – Agravo legal (art. 557, § 1º, do CPC). A r. decisão agravada repristinou aquela proferida no ano de 2003, contra a qual se insurgiu o agravante, não obtendo êxito em seu recurso, encontrando-se a decisão preclusa. Por outro vértice, inviável em sede de agravo de instrumento apreciar o pleito de apresentação de plano especial de recuperação judicial, nos termos da Lei n. 11.101/2005, arts. 70 a 72, c/c a Lei n. 9.841 e o Decreto n. 9.414/2000, como postulado pelo agravante, *eis que não houve requerimento em primeiro grau*, não se podendo suprimir

89. José da Silva Pacheco, *Processo de Recuperação Judicial, Extrajudicial e Falência*, Rio de Janeiro, Forense, 2006, p. 237.

90. Sérgio Campinho, *Falência e Recuperação de Empresa: o Novo Regime da Insolvência Empresarial*, cit., p. 281.

91. Manoel Justino Bezerra Filho, *Jurisprudência da Nova Lei de Recuperação de Empresas e Falências/Decisões, Ofícios Judiciais, Resoluções, Sentenças, Acórdãos, Dentre Outros Documentos*, São Paulo, Ed. RT, 2006, p. 264.

instância, bem assim em razão da impossibilidade de se verificar o preenchimento dos demais requisitos legais, como, por exemplo, o disposto nos incisos do art. 42 da Lei n. 11.101/2005. Pontue-se, ainda, que *o pedido de recuperação judicial deve ser apresentado no prazo de defesa*, ex vi *do art. 95 da Lei n. 11.101/2005*, que há muito se encontra precluso – Desprovimento do recurso. [*9ª Câmara Cível, AI 2005.00224357, rel. Des. Roberto de Abreu e Silva, j. 31.1.2006*]

Art. 96. A falência requerida com base no art. 94, inciso I do *caput*, desta Lei não será decretada se o requerido provar:[541-542-543-544] I – falsidade de título; II – prescrição; III – nulidade de obrigação ou de título; IV – pagamento da dívida; V – qualquer outro fato que extinga ou suspenda obrigação ou não legitime a cobrança de título; VI – vício em protesto ou em seu instrumento; VII – apresentação de pedido de recuperação judicial no prazo da contestação, observados os requisitos do art. 51 desta Lei; VIII – cessação das atividades empresariais mais de 2 (dois) anos antes do pedido de falência, comprovada por documento hábil do Registro Público de Empresas, o qual não prevalecerá contra prova de exercício posterior ao ato registrado.

§ 1º. Não será decretada a falência de sociedade anônima após liquidado e partilhado seu ativo nem do espólio após 1 (um) ano da morte do devedor.[545-546]

§ 2º. As defesas previstas nos incisos I a VI do *caput* deste artigo não obstam à decretação de falência se, ao final, restarem obrigações não atingidas pelas defesas em montante que supere o limite previsto naquele dispositivo.[547]

LEGISLAÇÃO ANTERIOR

Lei de Falências (DL 7.661/1945): *Art. 4º*. A falência não será declarada, se a pessoa contra quem for requerida provar: I – falsidade do título da obrigação; II – prescrição; III – nulidade da obrigação ou do título respectivo; IV – pagamento da dívida, embora depois do protesto do título, mas antes de requerida a falência; V – requerimento de concordata preventiva anterior à citação; VI – depósito judicial oportunamente feito; VII – cessação do exercício do comércio há mais de 2 (dois) anos, por documento hábil do Registro de Comércio, o qual não prevalecerá contra a prova de exercício posterior ao ato registrado; VIII – qualquer motivo que extinga ou suspenda o cumprimento da obrigação, ou exclua o devedor do processo da falência.

(...).

§ 2º. Não será declarada a falência da sociedade anônima depois de liquidado e partilhado o seu ativo, e do espólio depois de 1 (um) ano da morte do devedor.

COMENTÁRIOS

541. O que são "relevantes razões de direito"? – Para facilitar a resposta, lembremos que o inciso I do art. 94, que trata da impontualidade injustificada como hipótese que enseja o pedido de falência, pressupõe a inexistência de relevantes razões de direito.

Por conseguinte, *relevantes razões de direito* são aqueles motivos impeditivos da decretação da falência.[92]

542. Quais são as relevantes razões de direito? – As relevantes razões de direito que justificam o não pagamento são as seguintes:[93]

I – Falsidade de título. A falsidade de título compreende tanto a material (física) quanto a ideológica (intelectual).[94]

Na medida em que o inciso I do art. 96 do atual regime corresponde ao inciso I do art. 4º do regime anterior, os comentários então

92. Sérgio Campinho conceitua a *razão relevante de direito* "como o justo motivo que impede a decretação da falência do devedor, decorrente de verificação da inexistência, cumprimento, extinção ou de causa suspensiva de exigibilidade da obrigação" (*Falência e Recuperação de Empresa: o Novo Regime da Insolvência Empresarial*, Rio de Janeiro, Renovar, 2006, p. 249).

93. No regime anterior as relevantes razões de direito estavam elencadas no art. 4º.

94. No mesmo sentido: José da Silva Pacheco, *Processo de Recuperação Judicial, Extrajudicial e Falência*, Rio de Janeiro, Forense, 2006, p. 239.

tecidos por Trajano de Miranda Valverde continuam plenamente pertinentes:

"O falso jurídico, considerado como delito civil, é sempre um atentado de natureza patrimonial. É sob este aspecto que figura na lei e há de ser aqui apreciado.

"A falsificação pode consistir ou na *fabricação* de documento com o fim de criar, extinguir, aumentar ou diminuir uma obrigação, ou na *alteração* física de um documento verdadeiro, para que resulte outro sentido, ou efeito jurídico diverso. É a falsificação material, possivelmente capaz de ser descoberta com o exame do documento.

"Quanto à chamada 'falsificação ideológica', que vicia a substância do ato, por conter confissões ou declarações em contrário à vontade real das partes, 'ou em que se declaram, como verdadeiros, fatos que não o são, e que constituem falsificações do pensamento', também nela, é claro, pode o devedor assentar a sua defesa, já que a expressão 'título da obrigação', no inciso que comentamos, há de tomar-se tanto no sentido de documento ou instrumento, que contém a obrigação, quanto no de causa dela."[95-96]

II – Prescrição. Note-se que a alegação de prescrição não pode ser suprida de ofício, salvo se favorecer ao absolutamente incapaz (art. 194 do CC) ou não se tratar de direitos patrimoniais (art. 219, § 5º, do CPC).

Por exemplo, se o credor deixar transcorrer *in albis* o prazo para exercer sua pretensão executória de um título de crédito, o devedor poderá argüir a respectiva prescrição, fundado no art. 206, § 3º, VIII, do CC.

Alguns exemplos de prescrição da pretensão executória: (1) três anos, contados do vencimento, para notas promissórias ou letras de câmbio (art. 70 do Decreto 57.663/1966) e duplicatas (art. 18 da Lei 5.474/1968); (2) seis meses, contados do final do prazo de apresentação, para cheques (art. 47 da Lei 7.357/1985).

Jurisprudência[97]

Transcrevemos, abaixo, alguns julgados pertinentes:

[TJSP] Cheque prescrito – Fundamento inadmissível do pedido. *O cheque prescrito, portanto, sem executoriedade, não obriga o devedor ao pagamento e, conseqüentemente, não sujeita o comerciante, que o emitiu sem provisão de fundos, ao regime falencial, conforme disposto no art. 1º,* caput, *c/c o art. 4º, II, do Decreto-lei n. 7.661/1945.* [*J. 18.11.1997, RT 750/261*]

[TJSP] Falência – Duplicatas mercantis – Prescrição da pretensão executória fixada em três anos a contar do vencimento dos títulos – Ajuizamento da ação antes do decurso do prazo de prescrição – Citação da devedora realizada após o decurso do prazo prescricional – Demora da citação não imputável exclusivamente ao serviço judiciário, mas, sim, decorrente de culpa da autora – Prescrição corretamente decretada – Indeferimento da falência mantido – Apelação desprovida. *Proposta ação falimentar no prazo legal, a demora da citação por motivos não imputáveis exclusivamente ao serviço judiciário, já que evidenciada a culpa da autora, é de rigor o reconhecimento da prescrição verificada. Caracterizada prescrição, inviável o decreto da falência.* [*ACi c/ revisão 364.990-4/7-00, rel. Des. Pereira Calças, j. 28.9.2005*]

[TJSP] Prescrição – Cambial – Cheque – Ocorrência – *Ajuizamento do pedido de falência quando superado o prazo prescricional, sete meses depois da emissão do título* – Ação improcedente – Recurso desprovido. [*ACi c/ revisão 360.502-4/2-00, rel. Des. Elliot Akel, j. 31.8.2005*]

III – Nulidade de obrigação ou de título. As causas de nulidade previstas no artigo 166 do CC são: incapacidade absoluta (inciso I); objeto ilícito, impossível ou indeterminável (inciso II); motivo determinante ilícito (inciso III); desprezo da forma legal (inciso IV); preterição de solenidade essencial à sua

95. Trajano de Miranda Valverde, *Comentários à Lei de Falências*, 2ª ed., vol. I, Rio de Janeiro, Revista Forense, 1955, pp. 63-64.

96. No mesmo sentido: Vera Helena de Mello Franco, "Comentários aos arts. 94 ao 114", in Francisco Satiro de Sousa Jr. e Antônio Sérgio Altieri de Moraes Pitombo (coords.), *Comentários à Lei de Recuperação de Empresas e Falência: Lei 11.101/2005*, São Paulo, Ed. RT, 2005, p. 400.

97. Manoel Justino Bezerra Filho, *Jurisprudência da Nova Lei de Recuperação de Empresas e Falência/Decisões, Ofícios Judiciais, Resoluções, Sentenças, Acórdãos, Dentre Outros Documentos*, São Paulo, Ed. RT, 2006, pp. 257 e 271.

validade (inciso V); objetivo de fraudar a lei (inciso VI); e previsão taxativa de nulidade (inciso VII).

Registre-se que a nulidade pode ser pronunciada de ofício (art. 168, parágrafo único, do CC).

IV – Pagamento da dívida. Uma inovação louvável: a exigência de que o pagamento da dívida tivesse sido efetuado "embora depois do protesto, mas antes do requerimento de falência", constante do inciso IV do art. 4º do regime anterior, deixou de existir no atual regime.

Destarte, doravante, ainda que o pagamento da dívida seja efetuado após o requerimento da falência, esta não poderá ser decretada.[98]

Não obstante isso, Sérgio Campinho assevera: "Mas não nos parece que a exceção do pagamento será invocável quando realizado anteriormente à citação. Após o ato caberá ao devedor a elisão da falência pelo depósito (parágrafo único do art. 98). Dificilmente o credor receberá o pagamento posteriormente à citação sem que ocorra transação, pois, do contrário, poderia ficar sujeito a essa defesa por parte do devedor e, assim, sendo ela acatada, o juiz irá denegar o pedido, condenando o requerente nas penas da sucumbência".[99]

O pagamento está disciplinado nos arts. 304 e ss. do CC.

O pagamento efetuado por modalidade diferente daquela convencionada aproveitará ao devedor?

Responde Adalberto Simão Filho: "(...) entendemos que mesmo o pagamento efetivado de forma não ajustada é matéria hábil para afastar a presunção de insolvência, desde que comprovado o recebimento por parte do devedor".[100]

Concordamos com a opinião do autor.

V – Qualquer outro fato[101] *que extinga ou suspenda obrigação ou não legitime a cobrança de título*[102] Este inciso, como já ressaltado acima, torna exemplificativo o elenco das razões relevantes impeditivas do decreto de falência, ao invés de taxativo.[103]

98. Assevera Manoel Justino Bezerra Filho: "Com razão, se a dívida foi paga (não importa se depois do requerimento), se as partes estão satisfeitas, não haveria qualquer razão lógica ou prática para que se decretasse a falência. O juiz, em tal caso, reconhecerá o pagamento e julgará extinto o feito, por perda do objeto, condenando, porém, o requerido nos consectários, ante o reconhecimento da correção do pedido inicial" (*Nova Lei de Recuperação e de Falências Comentada. Lei 11.101, de 9.2.2005, Comentário Artigo por Artigo*, 3ª ed., São Paulo, Ed. RT, 2005, p. 243).

99. Sérgio Campinho, *Falência e Recuperação de Empresa: o Novo Regime da Insolvência Empresarial*, cit., p. 247.

100. Adalberto Simão Filho, "Comentários aos arts. 94 ao 101", in Newton de Lucca e Adalberto Simão Filho (coords.), *Comentários à Nova Lei de Recuperação de Empresas e de Falências*, São Paulo, Quartier Latin, 2005, p. 414.

101. A propósito da alteração da expressão "qualquer outro motivo", constante do inciso VIII do art. 4º do regime anterior, pela expressão "qualquer outro fato", inserida no inciso V do art. 96 do atual regime, Vera Helena de Mello Franco discorre: "(...) a expressão 'fato', tecnicamente, parece ser menos abrangente que a anterior 'motivo', acatada na lei revogada, posto que sob a expressão 'motivo' incluíam-se não somente os fatos em sentido estrito, mas, igualmente, atos jurídicos, isto é, voluntários. Melhor, portanto, que se acate a expressão em sentido amplo, a saber, como gênero, compreensivo de fatos jurídicos em sentido estrito e igualmente atos jurídicos. Com este teor o *fato* autorizador da defesa pode ser tanto 'de ordem substancial, quanto formal, ou meramente processual'" ("Comentários aos arts. 94 ao 114", cit., in Francisco Satiro de Sousa Jr. e Antônio Sérgio Altieri de Moraes Pitombo (coords.), *Comentários à Lei de Recuperação de Empresas e Falência: Lei 11.101/2005*, p. 400).

102. Carlos Henrique Abrão exemplifica: "Admita-se, a título de exemplo, a vinculação da cambial ao contrato de compra de determinado produto, posteriormente rescindido pelo vício oculto apresentado, afetando a própria obrigação adjetivada no título, impedindo o requerimento falimentar" ("Comentários aos arts. 70 ao 104", in Carlos Henrique Abrão e Paulo Fernando Campos Salles de Toledo (coords.), *Lei de Recuperação de Empresas e Falência*, São Paulo, Saraiva, 2005, p. 247).

103. Manoel Justino Bezerra Filho exemplifica: "Observe-se que o pedido do credor de suspensão do requerimento de falência para tentativa de eventual acordo tem sido entendido pela jurisprudência como ato que desnatura a impontualidade, inviabilizando o prosseguimento do requerimento de falência. Da mesma forma, a concordância do requerente com a designação de audiência para tentativa de conciliação pode ser entendida no mesmo sentido" (*Nova Lei de*

Alguns exemplos de fatos extintivos da obrigação colhidos no Código Civil: dação em pagamento (art. 356); novação (art. 360); compensação (art. 368); confusão (art. 381); e remissão de dívida (art. 385).

Jurisprudência[104]

Transcrevemos, abaixo, alguns julgados pertinentes:

[TJSP] Pedido de falência – *Impontualidade descaracterizada pelas tratativas mantidas entre as partes, após os protestos, acordando novas datas e novos valores para as prestações a serem pagas* – Incidência do disposto no inciso VIII do art. 4º do Decreto-lei n. 7.661/1945 – Apelação não provida. [*ACi c/ revisão 357.425-4/3-00, rel. Des. Romeu Ricupero, j. 19.10.2005*]

[TJSP] Falência – Crédito oriundo de anterior processo falimentar, onde foi entabulado acordo – *Moratória caracterizada, vinculada diretamente com a obrigação original – Impontualidade afastada* – Aplicação do art. 4º, VIII, do Decreto-lei n. 7.661/1945 – Pedido de falência extinto sem julgamento do mérito – Recurso improvido. [*7ª Câmara, ACi 412.573-4/8-00, rel. Des Paulo Eduardo Razuk, j. 30.1.2006*]

[TJSP] Falência – Pedido formulado na vigência do Decreto-lei n. 7.661/1945, com fundamento no art. 1º – Acordo de parcelamento do débito feito entre as partes – Depósitos parciais do débito em conta bancária da credora – Moratória – Afastamento da impontualidade que impede o decreto da quebra. *A celebração de acordo entre as partes, com a aceitação pelo credor do pagamento parcelado da dívida representada por duplicatas, equivale à moratória, que afasta o requisito da impontualidade e a presunção da insolvência e obstaculiza o decreto da quebra.* [*ACi c/ revisão 352.990-4/4-00, rel. Des. Pereira Calças, j. 24.8.2005*]

[STJ] Comercial – Falência – *Acordo antes da quebra – O acordo procedido nos autos, iniciado antes de decretada a falência, de que resultou a extinção da dívida, com plena quitação da requerente, que pediu seu arquivamento, sem nenhum prejuízo a qualquer credor, importa a não declaração da quebra.* Numa quadra, como a que vivemos, de enorme dificuldade, com retração da economia e escassez de emprego, a postura reclamada pelo Judiciário é a de que tenha maior sensibilidade para não agravar esses problemas, por isso mesmo deve dar às regras falimentares, sobretudo à estabelecida pelo inciso VIII do art. 4º da Lei de Quebras, uma interpretação que conduza, tanto quanto possível, a manter as empresas em atividade no caso como o dos autos, em que a ninguém interessa o encerramento das atividades da recorrente, não havendo nenhum credor a se dizer lesado, não tendo fomento de utilidade nem de justiça manter-se a decretação da falência, evitando-se, assim, que seja instalado um mal social de maior gravidade – Recurso conhecido e provido. [*4ª Turma, REsp 175.158-SP, rel. Min. César Asfor Rocha, j. 29.6.2000, DJU 11.9.2000, p. 253*]

[TJSP] Falência – Suspensão – *Composição amigável entre as partes – Descumprimento do acordo – Decretação da quebra – Impossibilidade* – Impontualidade afastada – Inteligência do art. 4º, VIII, do Decreto-lei n. 7.661/1945 – Recurso provido. [*J. 21.10.1999, JTJ-Lex 230/223*]

[TJDF] Processo civil e comercial – Pedido de falência – Indeferimento da inicial – Inocorrência de novação de dívida – Acordo celebrado entre partes – Cheque devolvido sem fundos. 1. A novação requer o *animus novandi* das partes de forma inequívoca. *O acordo celebrado pelas partes entabulou pacto para quitação de dívida confessa, não caracterizando novação da obrigação.* 2. O pagamento parcial da dívida não pode afastar o direito de ajuizar pedido de falência, com base em cheque devolvido por insuficiência de fundos, pois o mesmo configura título líquido, certo e exigível. 3. Apelação conhecida e provida. [*1ª Turma Cível, ACi 2004.01.1.107170-5-DF, rel. Des. José Divino de Oliveira, j. 22.11.2006, v.u.*][105]

VI – Vício em protesto ou em seu instrumento. Trata-se de inovação da atual lei.

Remetemos o leitor aos nossos comentários ao § 3º do art. 94.

Jurisprudência[106]

Transcrevemos, abaixo, alguns julgados pertinentes:

Recuperação e de Falências Comentada. Lei 11.101, de 9.2.2005, Comentário Artigo por Artigo, cit., 3ª ed., p. 243).

104. Manoel Justino Bezerra Filho, *Jurisprudência da Nova Lei de Recuperação de Empresas e Falência/Decisões, Ofícios Judiciais, Resoluções, Sentenças, Acórdãos, Dentre Outros Documentos*, cit., pp. 250, 266, 267 e 271-272.

105. *Boletim da AASP* 2.575/1.520, 12-18.5.2008.

106. Manoel Justino Bezerra Filho, *Jurisprudência da Nova Lei de Recuperação de Empresas*

[TJRS] Agravo de instrumento – Pedido de falência – Intimações dos protestos – *Ausência de indicação do nome da pessoa que as recebeu – Não observância dos arts. 10 e 11 do Decreto-lei n. 7.661/1945* – Precedentes jurisprudenciais desta Corte e do STJ – Ação extinta, com fulcro no art. 267, IV, do CPC, ante a ausência de pressuposto de constituição e desenvolvimento válido e regular do processo – Agravo provido – Ação extinta. [*5ª Câmara Cível, AI 70013167465, rela. Desa. Ana Maria Nedel Scalzilli, j. 26.5.2006*]

[TJRS] Agravo de instrumento – Pedido de falência – Protesto – *Comprovação da intimação do devedor – Requisito indispensável ao protesto como pressuposto da falência* – Agravo de instrumento provido. [*5ª Câmara Cível, AI 70015428865, rel. Des. Pedro Luiz Rodrigues Bossle, j. 25.5.2006*]

[STJ] Comercial – Falência – Protesto especial – Intimação – Regularidade. 1. *No protesto especial do art. 10, § 1º, da Lei de Falências considera-se regular a intimação feita pelo correio, com indicação clara de quem recebeu a correspondência, não se exigindo seja um gerente ou outra pessoa que tenha, formalmente, poderes de representação da sociedade* – Iterativos precedentes das Turmas que compõem a 2ª Seção. 2. Recurso especial não conhecido. [*REsp 683.230-MG (2004/0114266-0), rel. Min. Fernando Gonçalves, j. 26.4.2005*]

[STJ] Falência – Protesto irregular – Pedido desacolhido. O protesto cambial e o pedido de falência têm sido desvirtuados de suas finalidades legais, constituindo-se, não raro, meios coercitivos de pagamento. Pelos graves efeitos que deles resultam, notadamente da quebra, impõe-se que os requisitos formais sejam rigorosamente observados. "*O protesto irregular de título cambial, de cujo instrumento não consta a certidão de ter sido pessoalmente intimado o representante legal da devedora com endereço conhecido, nem juntando o Aviso de Recebimento na hipótese de a intimação ter sido processada por via postal, não autoriza a decretação da falência*" (*RT* 567/92 – ACi n. 47.683, de Tubarão). [*REsp 129.364-SC, rel. Min. Carlos Alberto Menezes Direito, j. 25.9.2001, DJU 5.11.2001*]

[TJMG] Direito falimentar – Pedido de quebra – Protesto por indicação desacompanhado de prova do envio e retenção do título – Meio inábil para demonstração da impontualidade – Inviabilidade do pleito de decretação da falência. *Admite-se protesto por indicação somente quando a duplicata é remetida à devedora, para aceite ou pagamento, e não restituída, de tal sorte que, não demonstrados o encaminhamento do título e a retenção do mesmo pela sacada, afigura-se inapto o instrumento de protesto para fins de caracterização da impontualidade que viabiliza o pedido de falência.* [*Câmaras Cíveis Isoladas, Ag 1. 0026.03.011713-4/001, rel. Des. Moreira Diniz*]

[TJSP] *Falência – Duplicata – Protesto por indicação* – Admissibilidade – Art. 15, § 2º, da Lei n. 5.474/1968 – Ato notarial que independe da preexistência do título ou de sua apresentação nessa espécie ao sacado – Art. 8º, parágrafo único, da Lei n. 9.492/1997 – Indeferimento da inicial afastado – Recurso provido. [*ACi s/ revisão 359.118-4/7-00, rel. Des. Elliot Akel, j. 19.10.2005*]

[STJ] Protesto em livro especial – Cheque – Protesto comum – Suficiência – Protesto especial – Art. 10 do Decreto-lei n. 7.661/1945 – Desnecessidade – Recurso desacolhido. *O cheque levado a protesto regular, na forma da legislação dos títulos de crédito, é título hábil para instruir o pedido de falência, suprindo a exigência do "protesto especial" referido no art. 10 do Decreto-lei n. 7.661/1945.* [*REsp 203.791-MG, rel. Min. Sálvio de Figueiredo Teixeira, j. 8.6.1999*]

VII – Apresentação de pedido de recuperação judicial no prazo da contestação,[107] *observados os requisitos do art. 51 da lei.*[108] O pleito de recuperação judicial obsta a todas as hipóteses de falência?

---

e Falência/Decisões, Ofícios Judiciais, Resoluções, Sentenças, Acórdãos, Dentre Outros Documentos, cit., pp. 228-229, 234, 236 e 262-263.

107. Em relação ao regime anterior, lembra Manoel Justino Bezerra Filho: "No dia-a-dia forense e dos escritórios que trabalham neste ramo estabelecia-se verdadeira correria para que aquele que tivesse contra si um requerimento de falência tentasse evitar a citação, ajuizando antes da citação um pedido de concordata" (*Nova Lei de Recuperação e de Falências Comentada. Lei 11.101, de 9.2.2005, Comentário Artigo por Artigo*, cit., 3ª ed., p. 243).

108. Adverte Carlos Henrique Abrão: "Acaso haja dúvida, poderá o juízo marcar audiência, ouvir o administrador, ou perito de confiança, nada impedindo que releve a metodologia e decrete a quebra, quando detectar inviabilidade e custo maior para recuperar em relação à liquidação societária" ("Comentários aos arts. 70 ao 104", cit., in Carlos Henrique Abrão e Paulo Fernando Campos Salles de Toledo (coords.), *Lei de Recuperação de Empresas e Falência*, p. 248).

Reprisemos: se o pedido *prévio* de recuperação judicial tem o condão de impedir a decretação da falência – seja por impontualidade injustificada (art. 94, I), seja por tríplice omissão ou execução frustrada (art. 94, II), seja por atos de falência (art. 94, III) –, então, por que o pedido *posterior* de recuperação judicial não teria o mesmo atributo?

Em outras palavras: por que deixar de aplicar, no caso em tela, o art. 47, que veicula comando teleológico de vital importância na interpretação e aplicação do instituto da recuperação judicial?

Já acentuamos alhures que, na nossa opinião, o art. 47 deverá funcionar no âmbito da recuperação judicial como o art. 5º do Decreto-lei 4.657/1942 (Lei de Introdução ao Código Civil) funciona (ou deveria funcionar) no âmbito civil; vale dizer, o juiz, ao se debruçar sobre questões derivadas ou relacionadas com o instituto da recuperação judicial, deverá promover a preservação da empresa, sua função social e o estímulo à atividade econômica.

Ora, assim sendo, entendemos ser imprescindível conferir ao art. 96, *caput*, interpretação à luz do art. 47, admitindo-se, por conseguinte, que o pedido de recuperação judicial constitui óbice para a decretação da falência requerida em todas as hipóteses que a ensejam: impontualidade injustificada (art. 94, I), tríplice omissão ou execução frustrada (art. 94, II) e atos de falência (art. 94, III).

Jurisprudência

Eis um julgado pertinente:

[TJSP] Deferimento do processamento da recuperação judicial, impetrada no prazo para resposta – Impossibilidade de quebra – Art. 96 da Lei n. 11.101/2005 – Incidência da lei vigente ao tempo do ato – Espírito que norteia o sistema atual, voltado para a recuperação da empresa, que indica ser prematura a quebra na espécie – Decreto de falência afastado – Recurso provido. [*Câmara Especial de Falências e Recuperações Judiciais de Direito Privado, AI 441.435-4/6-00, Barueri/SP, rel. Des. Elliot Akel, j. 7.6.2006, v.u.*][109]

109. *Boletim da AASP* 2.503/458, 25-31.12.2007.

VIII – Cessação das atividades empresariais mais de dois anos antes do pedido de falência, comprovada por documento hábil do Registro Público de Empresas,[110] *o qual não prevalecerá contra prova de exercício posterior ao ato registrado.* Note-se que o comando veiculado no inciso, ao proceder à ressalva – "não prevalecerá contra a prova de exercício posterior ao ato registrado" –, constitui uma presunção relativa (*juris tantum*), e não absoluta (*juris et de jure*).

O prazo de dois anos tem natureza decadencial.[111]

Jurisprudência[112]

Transcrevemos, abaixo, julgados pertinentes:

[TJSP] Falência – Pedido – Improcedência – Execução frustrada – Inicial apta – Valor do débito irrelevante – Conteúdo de documento não autenticado não impugnado – Prescrição inocorrente, assim como a novação – Encerramento do exercício do comércio desde, pelo menos, dezembro de 2000. *A prova legal da cessação do exercício é a certidão do Registro do Comércio, comprobatória deste fato. Mas isto não impede que se prove esse fato por outros meios de prova admitidos em Direito. O devedor, mesmo que não tenha tomado a precaução de dar baixa em sua firma, após o abandono do comércio, não pode ser declarado falido se ficar provado que, não obstante a omissão, deixou de exercer o comércio há mais de dois anos* – Apelação provida. [*ACi 394.882-4/9-00, rel. Des. Romeu Ricupero, j. 28.9.2005*]

[TJSP] Falência – *Encerramento de atividade comercial, com baixa cadastral e menos de um*

110. Lembra Carlos Henrique Abrão: "Na maioria da vezes o encerramento se faz irregularmente, ante a falta de recursos para pagamento das dívidas, de índole trabalhista, fiscal, tributária, mas sem comprovação no registro de empresa fica fragilizado o argumento do devedor" ("Comentários aos arts. 70 ao 104", cit., in Carlos Henrique Abrão e Paulo Fernando Campos Salles de Toledo (coords.), *Lei de Recuperação de Empresas e Falência*, p. 249).

111. No mesmo sentido: Trajano de Miranda Valverde, *Comentários à Lei de Falências*, cit., 2ª ed., vol. I, p. 72.

112. Manoel Justino Bezerra Filho, *Jurisprudência da Nova Lei de Recuperação de Empresas e Falência/Decisões, Ofícios Judiciais, Resoluções, Sentenças, Acórdãos, Dentre Outros Documentos*, cit., pp. 268 e 271.

ano após a constituição de débitos, não veda a propositura do pedido de falência, se este foi formulado dentro do biênio previsto no art. 42, VII, do Decreto-lei n. 7.661/1945 – Requisitos preenchidos da ação falimentar – Recurso provido para o exame do mérito. [*ACi 86.871-4, Jales/SP, rel. Des. Alfredo Migliore, j. 16.6.1998, v.u.*]

543. O elenco do art. 96 e seus incisos é exemplificativo ou taxativo? – O elenco do art. 96 é exemplificativo (*numerus apertus*), e não exaustivo (*numerus clausus*), na medida em que seu inciso V prevê como relevante "qualquer outro fato que extinga ou suspenda obrigação ou não legitime a cobrança de título".[113-114]

Por isso, afirma Sérgio Campinho: "(...) é facultado ao devedor alegar: decadência; novação; compensação; exceção do contrato não cumprido; depósito judicial oportunamente feito – o depósito oportuno é aquele realizado anteriormente à citação do devedor para o pedido de falência, tal como realizado em ação de consignação ou efetivado em ação preparatória, como em medida cautelar de sustação ou suspensão dos efeitos do protesto; ausência do protesto do título etc.".[115]

113. No mesmo sentido: Manoel Justino Bezerra Filho, *Nova Lei de Recuperação e de Falências Comentada. Lei 11.101, de 9.2.2005, Comentário Artigo por Artigo*, cit., 3ª ed., pp. 233 e 242; Vera Helena de Mello Franco, "Comentários aos arts. 94 ao 114", cit., in Francisco Satiro de Sousa Jr. e Antônio Sérgio Altieri de Moraes Pitombo (coords.), *Comentários à Lei de Recuperação de Empresas e Falência: Lei 11.101/2005*, p. 399; Júlio Kahan Mandel, *Nova Lei de Falências e Recuperação de Empresas Anotada: Lei 11.101, de 9.2.2005*, São Paulo, Saraiva, 2005, p. 180; José da Silva Pacheco, *Processo de Recuperação Judicial, Extrajudicial e Falência*, cit., p. 241; Sérgio Campinho, *Falência e Recuperação de Empresa: o Novo Regime da Insolvência Empresarial*, cit., p. 248; Ronaldo Vasconcelos, *Direito Processual Falimentar*, São Paulo, Quartier Latin, 2008, p. 184.

114. Adalberto Simão Filho entende que: "Esta relação de relevância, muito embora taxativa, admite outras através do inciso V (...)" ("Comentários aos arts. 94 ao 101", cit., in Newton de Lucca e Adalberto Simão Filho (coords.), *Comentários à Nova Lei de Recuperação de Empresas e de Falências*, p. 393).

115. Sérgio Campinho, *Falência e Recuperação de Empresa: o Novo Regime da Insolvência Empresarial*, cit., p. 248.

544. As razões relevantes somente são aplicáveis ao pedido de falência baseado na impontualidade injustificada? – Pela relevância da matéria, pedimos vênia ao leitor para repetir, uma vez mais, nosso entendimento.

Se o pedido *prévio* de recuperação judicial tem o condão de impedir a decretação da falência – seja por impontualidade injustificada (art. 94, I), seja por tríplice omissão ou execução frustrada (art. 94, II), seja por atos de falência (art. 94, III) –, então, por que o pedido *posterior* de recuperação judicial não teria o mesmo atributo?

Em outras palavras: por que deixar de aplicar, no caso em tela, o art. 47, que veicula comando teleológico de vital importância na interpretação e aplicação do instituto da recuperação judicial?

Já acentuamos alhures que, na nossa opinião, o art. 47 deverá funcionar no âmbito da recuperação judicial como o art. 5º do Decreto-lei 4.657/1942 (Lei de Introdução ao Código Civil) funciona (ou deveria funcionar) no âmbito civil; vale dizer, o juiz, ao se debruçar sobre questões derivadas ou relacionadas com o instituto da recuperação judicial, deverá promover a preservação da empresa, sua função social e o estímulo à atividade econômica.

Ora, assim sendo, entendemos ser imprescindível conferir ao art. 96, *caput*, interpretação à luz do art. 47, admitindo-se, por conseguinte, que o pedido de recuperação judicial constitui óbice para a decretação da falência requerida em todas as hipóteses que a ensejam: impontualidade injustificada (art. 94, I), tríplice omissão ou execução frustrada (art. 94, II) e atos de falência (art. 94, III).

545. Liquidação e partilha do ativo de sociedade anônima – Na dicção do art. 219, I, da Lei 6.404/1976, extingue-se a companhia (sociedade anônima) pelo encerramento de sua liquidação.

E se, mesmo encerrada a liquidação, algum credor estiver insatisfeito? Tal credor só terá direito de exigir dos acionistas (e não da companhia), individualmente, o pagamento de seu crédito e de propor contra o liquidante ação de perdas e danos (art. 218 da Lei 6.404/1976).

Ora, se o encerramento da liquidação da sociedade anônima implica sua extinção – vale dizer, seu desaparecimento do universo jurídico – e se eventual credor insatisfeito somente pode exigir seu crédito dos acionistas, é inadmissível seja decretada a falência de uma pessoa jurídica extinta.

O comando do § 2º do art. 96 aplica-se às sociedades em comandita por ações e às sociedades limitadas?

Uma vez que o § 2º do art. 96 do atual regime corresponde ao § 2º do art. 4º do regime anterior, a resposta dada então por Trajano de Miranda Valverde, desde que adaptada, continua adequada: "Nenhuma razão há, em face do que dispõe o art. 163 do Decreto-lei 2.627, de 1940 (leia-se, do que dispõe o art. 280 da Lei 6.404/1976), para não se estender às sociedades em comandita por ações o preceito do § 2º do artigo que comentamos. E, levando em conta o disposto no art. 18 do Decreto 3.708, de 10.1.1919 (leia-se, o disposto no parágrafo único do art. 1.053 do CC), também se aplica a regra dêste § 2º às sociedades por cotas de responsabilidade limitada".[116]

546. Espólio após um ano da morte do devedor – Se se trata de espólio, o legislador quis se referir, necessariamente, ao empresário individual.[117]

A decretação da falência do espólio somente terá cabimento caso reste comprovado que ano seguinte à morte do devedor houve continuidade da empresa.

Se no curso do primeiro ano ocorrer a partilha, a partir de então torna-se descabida a decretação da falência do espólio.

Ultrapassado o prazo de um ano após a morte do devedor – que é decadencial – a decretação da falência se torna viável apenas contra os herdeiros que continuaram a empresa, à medida que eles terão assumido a qualidade de empresários, respondendo, cada um, na proporção dos respectivos quinhões (art. 1.997 do CC).[118]

Na falência do espólio ficará suspenso o inventário, cabendo ao administrador judicial a realização de atos pendentes em relação aos direitos e obrigações da massa falida (art. 125).

547. Obrigações remanescentes não atingidas pelas defesas – O acolhimento judicial das defesas que veiculam, em relação aos títulos acostados ao pedido de falência, falsidade (inciso I), prescrição (inciso II), nulidade (inciso III), pagamento (inciso IV) ou qualquer outro fato extintivo ou suspensivo de obrigação (inciso V) não impedirá a decretação da falência do devedor se remanescerem títulos válidos e eficazes cuja soma ultrapasse o limite mínimo de 40 salários mínimos, aludido no inciso I do art. 94.[119]

Art. 97. Podem requerer a falência do devedor:[548-549-550] I – o próprio devedor, na forma do disposto nos arts. 105 a 107 desta Lei; II – o cônjuge sobrevivente, qualquer

116. Trajano de Miranda Valverde, *Comentários à Lei de Falências*, cit., 2ª ed., vol. I, p. 74.

117. Adalberto Simão Filho, em razão do art. 81, inclui também o espólio do sócio de responsabilidade ilimitada ("Comentários aos arts. 94 ao 101", cit., in Newton de Lucca e Adalberto Simão Filho (coords.), *Comentários à Nova Lei de Recuperação de Empresas e de Falências*, p. 422).

118. No mesmo sentido, Trajano Miranda Valverde, *Comentários à Lei de Falências*, cit., 2ª ed., vol. I, p. 75.

119. Júlio Kahan Mandel externa sua discordância quanto a este comando: "(...) não concordo com este artigo [*sic*], apesar de ter sido criado para evitar discussões que muito ocorriam no passado. (...). Ora, se o devedor comprovou que parte dos valores expressos no título protestado não era devida, seja pelo pagamento parcial, seja pela nulidade da obrigação, entendo que o processo de falência deveria ser encerrado, condenando-se o credor que não se cercou de cautelas a arcar com o ônus da sucumbência, pois deveria ter proposto ação individual de cobrança ou mesmo ação ordinária, se não havia certeza de que os valores expressos nos seus títulos eram efetivamente devidos em sua totalidade" (*Nova Lei de Falências e Recuperação de Empresas Anotada: Lei 11.101, de 9.2.2005*, cit., p. 183).

herdeiro do devedor ou o inventariante; III – o cotista ou o acionista do devedor na forma da lei ou do ato constitutivo da sociedade; IV – qualquer credor.

§ 1º. O credor empresário apresentará certidão do Registro Público de Empresas que comprove a regularidade de suas atividades.[551]

§ 2º. O credor que não tiver domicílio no Brasil deverá prestar caução relativa às custas e ao pagamento da indenização de que trata o art. 101 desta Lei.[552]

LEGISLAÇÃO ANTERIOR

Lei de Falências (DL 7.661/1945): *Art. 8º*. O comerciante que, sem relevante razão de direito, não pagar no vencimento obrigação líquida, deve, dentro de 30 (trinta) dias, requerer ao juiz a declaração da falência, expondo as causas desta e o estado dos seus negócios (...).

Art. 9º. A falência pode também ser requerida: I – pelo cônjuge sobrevivente, pelos herdeiros do devedor ou pelo inventariante, nos casos dos arts. 1º e 2º, n. I; II – pelo sócio, ainda que comanditário, exibindo o contrato social, e pelo acionista da sociedade por ações, apresentando as suas ações; III – pelo credor, exibindo título do seu crédito, ainda que não vencido, observadas, conforme o caso, as seguintes condições: a) credor comerciante, com domicílio no Brasil, se provar ter firma inscrita, ou contrato ou estatutos arquivados no Registro de Comércio; b) o credor com garantia real se a renunciar ou, querendo mantê-la, se provar que os bens não chegam para a solução do seu crédito; esta prova será feita por exame pericial, na forma da lei processual, em processo preparatório anterior ao pedido de falência se este se fundar no art. 1º, ou no prazo do art. 12 se o pedido tiver por fundamento o art. 2º; c) o credor que não tiver domicílio no Brasil, se prestar caução às custas e ao pagamento da indenização de que trata o art. 20.

COMENTÁRIOS

548. ***Sistema dispositivo* versus *sistema inquisitório*** – Ensina Sérgio Campinho: "O nosso sistema processual falimentar é dispositivo, só se instaurando mediante provocação do interessado. A doutrina nacional, em maioria ostensiva, tem repudiado a figura da falência *ex officio*. Nega-se, com isso, a iniciativa do juiz no procedimento. A esse sistema dispositivo presente tradicionalmente em nossa legislação, inclusive no revogado Decreto-lei 7.661/1945 e na atual Lei 11.101/2005, se opõe o denominado sistema inquisitório, que permite a instauração de ofício, presente no velho e de há muito revogado, nessa parte, Código Comercial de 1850 (art. 807). Argumento maior a amparar a impossibilidade da falência *ex officio* repousa na circunstância de poder o credor ou o próprio devedor requerente da falência dela desistir, embora caracterizado o fato ensejador da quebra. Ao juiz não assiste a iniciativa de resistir, cabendo-lhe homologar a desistência, tão-somente".[120]

Não obstante o regime atual ter adotado o sistema dispositivo, lembramos as hipóteses de convolação da recuperação judicial em falência, em que o juiz pode decretar a falência do devedor *ex officio* (art. 73, I-IV).[121]

549. Quem está legitimado a requerer falência? – As pessoas legitimadas a requerer falência são as seguintes:

I – O próprio devedor, na forma do disposto nos arts. 105 a 107 da lei. Este inciso trata da autofalência, uma vez que faz remissão expressa aos arts. 105 a 107.

Dispõe o art. 105: "*Art. 105.* O devedor em crise econômico-financeira que julgue não atender aos requisitos para pleitear recuperação judicial deverá requerer ao juízo sua falência (...)".

A autofalência, que já estava prevista no art. 8º do regime anterior, fixava um prazo

120. Sérgio Campinho, *Falência e Recuperação de Empresa: o Novo Regime da Insolvência Empresarial*, Rio de Janeiro, Renovar, 2006, p. 270.

121. Rubens Requião, à luz do regime anterior, apontava duas hipóteses em que o juiz poderia declarar *ex officio* a falência do devedor, quais sejam: não preenchimento dos pressupostos legais quando do pedido de concordata preventiva e descumprimento da concordata preventiva ou suspensiva concedida (*Curso de Direito Falimentar*, 16ª ed., vol. 1, São Paulo, Saraiva, 1995, p. 97).

de 30 dias para o comerciante formular o respectivo pedido. Tal prazo foi extinto pelo atual regime.

Frise-se que o devedor, mesmo irregular ou de fato (sociedade em comum – art. 986 do CC) –, pode requerer a autofalência, vez que o inciso IV do art. 105, *in fine*, o permite. Ou, nas palavras de Vera Helena de Mello Franco: "Se se tratar de sociedade anônima, competirá, privativamente, à assembléia-geral extraordinária aprovar a confissão da falência (art. 122, IX, da Lei 6.404/1976). Em caso de urgência, a autofalência poderá ser requerida pelos administradores, com a concordância do acionista controlador, se houver, convocando-se, imediatamente, a assembléia-geral para manifestar-se sobre a matéria (art. 122, parágrafo único, da Lei 6.404/1976)".[122]

O mesmo regime da sociedade anônima aplica-se à sociedade em comandita por ações (art. 1.090 do CC).

No caso de sociedade limitada, a competência para deliberar sobre pedido de autofalência será da assembléia ou reunião de sócios, por analogia ao disposto no inciso VI do art. 1.071, que trata da dissolução da sociedade, já que o Código Civil não prevê diretamente a autofalência.

Na sociedade em comandita simples (art. 1.046 do CC) e na sociedade em nome coletivo (art. 1.040 do CC) a competência para deliberar sobre autofalência também é dos sócios.

Há previsão de sanção àquele devedor que deixa de requerer a autofalência? Responde Fábio Ulhoa Coelho: "Trata-se, porém, de obrigação desprovida de sanção. Nenhum devedor, por isso, costuma requerer a autofalência como manda a lei, e, mesmo assim, não sofre punição ou enfrenta conseqüências. O requerimento de autofalência deve ser entendido, assim, como recomendação ao empresário insolvente que não reúne condições para obter em juízo a reorganização de sua empresa".[123]

Outra indagação pertinente: os credores podem opor-se ao pedido de autofalência? Desta feita, responde Rubens Requião: "Os conflitos de interesses e as situações peculiares, de que tão pródiga é a atividade comercial, podem levar o devedor a pedir a decretação de sua autofalência, sem que delineada perfeitamente esteja a sua insolvência. Nesse caso, pensamos que seria possível aos credores, intervindo no pedido do devedor, informarem ao juiz, deduzindo sua provas e razões, que o devedor pode perfeitamente pagar os seus credores. Ao juiz caberia, então, indeferir o pedido de falência, pela confissão do devedor".[124]

II – O cônjuge sobrevivente, qualquer herdeiro do devedor ou o inventariante. Este inciso trata do pedido de falência do espólio do empresário individual,[125] tendo em vista que nomina o cônjuge sobrevivente, qualquer herdeiro do devedor ou o inventariante como legitimados a formular tal pedido.

Acreditamos que o pedido de falência póstuma pode ser formulado, indistintamente, por quaisquer das referidas pessoas; vale dizer, entendemos que a intenção do legislador não foi a de impor uma ordem sucessiva, mas sim concorrente.[126]

122. Para Vera Helena de Mello Franco "o devedor irregular ou de fato pode formular pedido de autofalência porque a lei exige a prova da condição de empresário apenas para o credor" ("Comentários aos arts. 94 ao 114", in Francisco Satiro de Sousa Jr. e Antônio Sérgio Altieri de Moraes Pitombo (coords.), *Comentários à Lei de Recuperação de Empresas e Falência: Lei 11.101/2005*, São Paulo, Ed. RT, 2005, p. 403).

123. Fábio Ulhoa Coelho, *Comentários à Nova Lei de Falências e de Recuperação de Empresas*, São Paulo, Saraiva, 2005, p. 265. No mesmo sentido: Sérgio Campinho, *Falência e Recuperação de Empresa: o Novo Regime da Insolvência Empresarial*, cit., p. 271.

124. Rubens Requião, *Curso de Direito Falimentar*, cit., 16ª ed., vol. 1, p. 90.

125. Como dito acima, Adalberto Simão Filho, em razão do art. 81, inclui também o espólio do sócio de responsabilidade ilimitada ("Comentários aos arts. 94 ao 101", cit., in Newton de Lucca e Adalberto Simão Filho (coords.), *Comentários à Nova Lei de Recuperação de Empresas e de Falências*, p. 422).

126. No mesmo sentido: Vera Helena de Mello Franco, "Comentários aos arts. 94 ao 114", cit., in Francisco Satiro de Sousa Jr. e Antônio Sérgio Altieri de Moraes Pitombo (coords.), *Comentários à Lei de Recuperação de Empresas e Falência: Lei 11.101/2005*, p. 405; Adalberto Simão Filho, "Comentários aos arts. 94 ao 101", in Newton de Lucca

No tocante à questão relativa à legitimidade do cônjuge casado pelo regime da separação total para formular pedido de falência do espólio:

1) Sérgio Campinho aduz: "A lei não restringe a possibilidade do requerimento a um ou mais regimes de bens. A faculdade que se confere ao cônjuge decorre do interesse familiar".[127]

2) Vera Helena de Mello Franco e Rachel Sztajn, em sentido contrário, sustentam: "O entendimento deve ser pela negativa, dada a ausência de qualquer interesse econômico. Se a separação de bens no casamento é total, nenhum interesse assiste ao cônjuge sobrevivente para requer a falência do espólio, pois este somente estará legitimado se tiver '(...) interesses econômicos ligados ao espólio (...)'".[128]

Em face de o inciso I do art. 9º do regime anterior utilizar a expressão "pelos herdeiros" e o inciso II do art. 97 ter adotado a expressão "qualquer herdeiro", Fábio Ulhoa Coelho conclui que qualquer herdeiro – e não mais o conjunto deles – está legitimado a requerer a falência do espólio.[129]

Por outro lado, a condição de legitimação ativa para requerer a falência do devedor veiculada no art. 9º, III, "b", do antigo regime – o credor com garantia real deve renunciar à garantia ou provar a insuficiência da mesma para solução do seu crédito – deixou de existir no atual regime.[130]

Registre-se que a vedação veiculada no § 1º do art. 96 – não será decretada a falência do espólio após (um ano da morte do devedor – só se aplica aos credores, e não às pessoas mencionadas neste inciso.[131]

Se se tratar de inventariante dativo, resta trancado o pedido de falência do espólio

Na falência do espólio, ficará suspenso o inventário, cabendo ao administrador judicial a realização de atos pendentes em relação aos direitos e obrigações da massa falida (art. 125).

III – O cotista ou o acionista do devedor na forma da lei ou do ato constitutivo da sociedade. Lembra Fábio Ulhoa Coelho que: "Embora o sócio em minoria possa vir a ter interesse na instauração do concurso de credores, movido pelo intuito de encerrar a sociedade que considera inviável, o fato é que, nessa hipótese, tem-se preferido a dissolução parcial como forma de preservação dos interesses desse minoritário".[132]

IV – Qualquer credor.[133] Exceto aqueles cujos créditos não são reclamáveis na falência (art. 5º).

e Adalberto Simão Filho (coords.), *Comentários à Nova Lei de Recuperação de Empresas e de Falências*, São Paulo, Quartier Latin, 2005, p. 422; Sérgio Campinho, *Falência e Recuperação de Empresa: o Novo Regime da Insolvência Empresarial*, cit., p. 273.

127. Sérgio Campinho, *Falência e Recuperação de Empresa: o Novo Regime da Insolvência Empresarial*, cit., p. 273.

128. Vera Helena de Mello Franco e Rachel Sztajn, *Falência e Recuperação da Empresa em Crise: Comparação com as Posições do Direito Europeu*, Rio de Janeiro, Elsevier, 2008, p. 110.

129. Fábio Ulhoa Coelho, *Comentários à Nova Lei de Falências e de Recuperação de Empresas*, cit., p. 264.

130. No mesmo sentido: Fábio Ulhoa Coelho, *Comentários à Nova Lei de Falências e de Recuperação de Empresas*, cit., p. 264.

131. Adalberto Simão Filho compartilha da mesma opinião e ressalta: "Esta regra é de natureza protetiva dos interesses primários das categorias das pessoas descritas no inciso II em comento" ("Comentários aos arts. 94 ao 101", cit., in Newton de Lucca e Adalberto Simão Filho (coords.), *Comentários à Nova Lei de Recuperação de Empresas e de Falências*, p. 422).

132. Fábio Ulhoa Coelho, *Comentários à Nova Lei de Falências e de Recuperação de Empresas*, cit., p. 265.

133. Fábio Ulhoa Coelho doutrina: "Regra geral, é o credor o maior interessado na instauração do processo de execução concursal, até mesmo porque o pedido de falência tem-se revelado um eficaz instrumento de cobrança. Na verdade, o credor, ao ajuizar o pedido de falência, em função da impontualidade do devedor, quer mais o recebimento de seu crédito e menos, consideravelmente menos, a falência do devedor. A melhor forma de entender essa ação judicial, essa etapa do processo falimentar, é considerá-la espécie de cobrança judicial. Há quem considere que o credor, ao formular o pedido de falência, estaria buscando a instauração do processo de execução concursal como a via mais interessante para realizar seu crédito, em vista da garantia do tratamento paritário com os demais credores. Esse seria o objetivo, que o

Jurisprudência[134]

Eis um julgado pertinente:

[TJDF] Comercial e processual civil – Pedido de falência – Sociedade anônima de capital fechado – Inadimplência – Créditos detidos por terceiros – Direito alheio – Defesa – Impossibilidade – Paralisia das atividades – Ato falimentar – Caracterização – Inocorrência – Acionistas – Ilegitimidade – Afirmação. 1. *O acionista somente está revestido de legitimação para formular pedido de falência com lastro na inadimplência se detiver a condição de credor pessoal da empresa, vez que, detendo essa qualidade, sua legitimidade deriva da qualidade de credor, e não de sua qualidade de detentor de parte do capital social da sociedade empresária (Lei de Quebras, art. 97, inciso IV)*. 2. *O acionista, não detendo nenhum crédito em relação à companhia, não está revestido de legitimidade para, esteado em direito creditício titularizado por terceiro, reclamar a decretação da quebra da empresa, à medida que, aliado ao fato de que o crédito consubstancia direito disponível, não lhe é permitido defender direito alheio nem invocá-lo como lastro para pedido dedução de pedido em nome próprio*. 3. O acionista está revestido de legitimação para reclamar a decretação da quebra da companhia com lastro na prática de atos que induzem à falência (Lei de Quebras, art. 94, inciso III), não se emoldurando nessa previsão, contudo, a simples paralisia das atividades da empresa, notadamente quando não evidenciada a dilapidação do seu patrimônio ou a prática de quaisquer atos destinados a lesar credores. 4. Apelação conhecida e improvida. [*4ª Turma Cível, ACi 20080111423615-DF, rel. Des. Teófilo Caetano, j. 11.9.2009*]

Quanto ao credor trabalhista, ressalta Marcelo Papaléo de Souza:

"Sendo o direito do credor trabalhista realizável em decorrência da prestação jurisdicional, tem ele interesse jurídico e legitimidade para propositura da ação.

"Portanto, o credor trabalhista tem legitimidade para requerer a falência do devedor, bastando para isso demonstrar o protesto exigido na LRF, na hipótese do art. 94, I, da LRF; a certidão do juízo trabalhista da execução frustrada, no caso do art. 94, II, da LRF; ou a prática de qualquer ato relacionado no art. 94, III, da LRF.

"Outra dúvida que há é a possibilidade ou não de o sindicato, atuando como substituto processual, requerer a falência. (...). Há situações em que o sindicato, para a defesa da totalidade dos empregados de uma empresa, tem interesse na propositura de ação de falência para que os direitos dos substituídos sejam observados. Em que pese a não existir menção no art. 97 da LRF à legitimidade do sindicato obreiro, a previsão da Constituição Federal supre e omissão na norma infraconstitucional."[135]

Jurisprudência[136]

Eis um julgado pertinente prolatado à luz do regime legal anterior:

[TJRS] *Tem o sindicato de trabalhadores legitimidade, como substituto processual, para propor falência da empresa por créditos trabalhistas reconhecidos e assegurados pela Justiça do Trabalho* – Preliminares de ilegitimidade ativa, passiva, de nulidade da sentença, ausência de protesto especial de títulos que sustentam o pedido (sentenças proferidas em reclamatórias trabalhistas) rejeitadas. Notório o estado de insolvência, um dos fundamentos do pedido, da empresa, a impor seja decretada a quebra – Sentença nesse sentido – Desprovido o recurso da falida. [*AI 598034429, rel. Des. Oswaldo Stefanello, DJE 18.9.1998*]

devedor frustraria, ao cumprir em juízo a obrigação devida. Estimulado pela possibilidade de receber o seu crédito, aberta pela pressão ligada à eventualidade da quebra, ou pela vontade de ver instaurado o concurso universal, o credor, de um modo ou de outro, é sujeito ativo da falência. Não é correto o entendimento de alguns juízes que indeferem a petição inicial de pedido de falência quando não tentado pelo credor, antes, o recebimento do crédito por meio de execução (salvo, por evidente, na hipótese de tríplice omissão). A utilização da via falimentar para recebimento do devido, embora não corresponda exatamente ao que diz a doutrina, é legítima" (*Comentários à Nova Lei de Falências e de Recuperação de Empresas*, cit., p. 267).

134. *Boletim da AASP* 2.677/5.566-5.568, 26.4-2.5.2010.

135. Marcelo Papaléo de Souza, *A Lei de Recuperação e Falência e as suas conseqüências no Direito e no Processo do Trabalho*, 3ª ed., São Paulo, LTr, 2009, pp. 295 e 298.

136. Idem, p. 298.

Vera Helena de Mello Franco e Rachel Sztajn, no tocante ao credor com garantia real, destacam:

"No Direito anterior o credor com garantia real não podia pedir a falência do devedor inadimplente. O fundamento para tanto era a ausência de legítimo interesse para pleitear a falência do devedor, posto já ter seu direito assegurado pela garantia real. Por tal razão, a norma do art. 9º, 'b', do Decreto-lei 7.661/1945 somente admitia a possibilidade do pedido de falência se o credor garantido renunciasse à garantia ou demonstrasse sua insuficiência diante do total débito, circunstâncias em que estaria legitimado ao pedido.

"A lei nova, à primeira vista, teria afastado esta possibilidade ao adotar a expressão 'qualquer credor' na norma do art. 97, IV.

"Ora, estas condições não foram alteradas. Embora a lei silencie e não vede expressamente o pedido de falência pelo credor com garantia real, não há legítimo interesse apto a suportar o pedido, visto que, quando suficiente a garantia, bastam ela e sua execução para assegurar o pagamento do crédito."[137]

550. A Fazenda Pública está legitimada a requerer falência? – A posição de Rubens Requião – no sentido de que a Fazenda Pública não poderia requerer a falência dos seus devedores –, externada à luz do regime anterior, a nosso perceber, continua plenamente aplicável ao atual regime:

"A fim de enfrentar com mais severidade os devedores relapsos, andou o Fisco Estadual paulista empenhado em constrangê-los a liquidar seus débitos fiscais, sob ameaça de requerimento de falência. Passou-se, então, a indagar se o direito falimentar brasileiro comportava tal iniciativa da Fazenda Pública.

"A tese mereceu dois importantes estudos jurídicos, largamente divulgados na imprensa e nas revistas especializadas, sendo inclusive enfeixados numa publicação da Secretaria da Fazenda do Estado de São Paulo. Opinaram afirmativamente os juristas J. Neto Armando e Fábio Konder Comparato (*Falência de Contribuinte Promovida pelo Fisco*, Secretaria da Fazenda do Estado de São Paulo).

"De nossa parte, estranhamos o interesse que possa ter a Fazenda Pública no requerimento de falência do devedor por tributos. Segundo o Código Tributário Nacional, os créditos fiscais não estão sujeitos ao processo concursal, e a declaração da falência não obsta ao ajuizamento do executivo fiscal (art. 187 do CTN), hoje de processamento comum. À Fazenda Pública falece, ao nosso entender, legítimo interesse econômico e moral para postular a declaração de falência de seu devedor.

"A ação pretendida pela Fazenda Pública tem, isso, sim, nítido sentido de coação moral, dadas as repercussões que um pedido tem em relação às empresas solventes."[138]

Fábio Konder Comparato, ainda sob a égide do regime anterior, sustentou entendimento contrário:

"Ora, se o crédito fazendário pode ser reclamado no processo falimentar, e se a lei só considera ilegítimos para fundamentar o pedido de falência os créditos que se não possam na mesma reclamar (Decreto-lei 7.661, art. 1º, § 2º), resulta claro que a Fazenda Pública é parte legítima para pedir em juízo a falência de seus devedores. (...).

"Vemos, portanto, que a incolumidade concursal do crédito fazendário não constitui óbice a que a Fazenda Pública requeira a falência. (...).

"Com essa exposição de razões, passo a responder aos quesitos da consulta, tal qual como formulados pela Consulente.

"'(a) A Certidão de Dívida Ativa é documento hábil a ensejar à Fazenda do Estado o requerimento de falência de contribuinte com apoio no art. 1º da Lei de Falências?'

"Sim. Trata-se de título que legitima a ação executiva fiscal, referindo-se a obrigação líquida (Decreto-lei 960, art. 2º). Preenche, portanto, todos os requisitos exigidos pelo art. 1º da Lei de Falências. (...).

137. Vera Helena de Mello Franco e Rachel Sztajn, *Falência e Recuperação da Empresa em Crise: Comparação com as Posições do Direito Europeu*, cit., pp. 20-21.

138. Rubens Requião, *Curso de Direito Falimentar*, cit., 16ª ed., vol. 1, pp. 94-95.

"A alegada impontualidade do devedor não precisa se referir ao crédito tributário, que pode aliás não estar vencido (Decreto-lei 7.661, art. 9º, III), bastando que a Fazenda exiba a certidão de protesto do título de outro credor (o chamado "protesto por empréstimo"). Se a impontualidade se refere ao crédito tributário, é mister levar a protesto preliminarmente a Certidão da Dívida Ativa, pelo mesmo modo previsto no art. 10 da Lei de Falências. (...).

"'(b) A Fazenda do Estado, verificando-se quaisquer das hipóteses previstas no art. 2º do Decreto-lei 7.661, de 1945, possui legitimidade processual para requerer a falência do comerciante?'

"Sim, basta exibir o título do seu crédito, ainda que não vencido (Decreto-lei 7.661, art. 9º, III)."[139]

No atual regime falimentar, Sérgio Campinho[140] e Marcus Elidius Michelli de Almeida[141] são contrários ao requerimento de falência dos seus devedores formulado pela Fazenda Pública. Adalberto Simão Filho é favorável.[142]

Vera Helena de Mello Franco em uma obra sustenta posição intermediária;[143-144] já em outra obra, posterior, escrita em conjunto com Rachel Sztajn, posiciona-se em contrário ao requerimento de falência dos seus devedores formulado pela Fazenda Pública.[145]

O senador Ramez Tebet, no seu relatório, afirma que a Emenda 131 do senador Antônio Carlos Valadares "(...) propõe a possibilidade de a Fazenda Pública requerer a falência de empresas com débitos tributários. (...). A Emenda n. 131 deve ser rejeitada, pois instituiria um poder-dever à União, aos Estados e aos Municípios para requerer a falência de empresas. Isso causaria uma onda de falências, pois afetaria todas as empresas e empresários inscritos na Dívida Ativa, o

139. Fábio Konder Comparato, *Ensaios e Pareceres de Direito Empresarial*, Rio de Janeiro, Forense, 1978, pp. 424, 427 e 430-431.

140. Sérgio Campinho, *Falência e Recuperação de Empresa: o Novo Regime da Insolvência Empresarial*, cit., pp. 276-278.

141. Marcus Elidius Michelli de Almeida, "A impossibilidade de o credor fiscal requerer falência", *Revista do Advogado* 96/84-91, Ano XXVIII, São Paulo, AASP, março/2008.

142. Adalberto Simão Filho entende não ser "comum os Poderes Públicos, através das Fazendas Públicas, intentarem pedidos de falência quando possuem títulos decorrentes de créditos de natureza tributária, mesmo porque possuem a via especial processual e os benefícios na solução dos créditos são maiores. Mas a lei não afastou esta possibilidade" ("Comentários aos arts. 94 ao 101", cit., in Newton de Lucca e Adalberto Simão Filho (coords.), *Comentários à Nova Lei de Recuperação de Empresas e de Falências*, p. 426).

143. Vera Helena de Mello Franco: "Veja-se que o crédito tributário, por expressa disposição legal (Lei 6.830/1980, art. 38), não habilita a Fazenda a requerer a falência do contribuinte, posto que o executivo fiscal prossegue. A questão, porém, permanece em aberto, no aguardo da manifestação dos especialistas" ("Comentários aos arts. 94 ao 114", cit., in Francisco Satiro de Sousa Jr. e Antônio Sérgio Altieri de Moraes Pitombo (coords.), *Comentários à Lei de Recuperação de Empresas e Falência: Lei 11.101/2005*, p. 405).

144. Luiz Inácio Vigil Neto também sustenta posição intermediária: "Juridicamente não se pode admitir a existência de algum impedimento objetivo para reconhecer legitimidade processual ativa para a Fazenda Pública; o que falta, em realidade, para o Fisco é interesse oportunístico, pois, uma vez garantida a incolumidade da execução fiscal, a qual pretende fazer valer pelo enunciado da regra do art. 76, não lhe surge nenhuma razão de ordem lógica para promover o processo de execução coletiva. Essa idéia, contudo, pode ser, com sucesso, obstada pelo argumento de que o crédito fazendário, de acordo com o art. 187 do CTN, não se submete a concurso, respeitando, apenas, os créditos trabalhistas e os credores com direito real de garantia, se a sua opção não for a propositura da execução fiscal, mas integração de seu crédito no processo falimentar. (...). Se o crédito fazendário não é passível de concurso, não poderia promover a ação que visa a constituí-lo, pois não teria interesse de agir" (*Teoria Falimentar e Regimes Recuperatórios: Estudos sobre a Lei 11.101/2005*, Porto Alegre, Livraria do Advogado, 2008, p. 191).

145. "O Fisco não tem legitimidade para requerer a falência do devedor inadimplente. A Lei 6.830/1990 determina, no seu art. 38, o prosseguimento da execução fiscal (o que é reafirmado no art. 6º, § 7º, da LRE). Por tal razão, carece o Fisco de interesse processual para requer a falência do devedor inadimplente" (Vera Helena de Mello Franco e Rachel Sztajn, *Falência e Recuperação da Empresa em Crise: Comparação com as Posições do Direito Europeu*, cit., p. 25).

que seria completamente incompatível com os objetivos da nova lei, que é a recuperação de empresas".[146]

Com efeito, entendemos mais adequada a posição de que é impossível o pedido de falência formulado pelo Poder Público:

– *A uma*, porque é cristalina a *voluntas legislatoris* declarada no parecer do senador Ramez Tebet, acima transcrito.

– *A duas*, porque o art. 187 do CTN prescreve que a cobrança do crédito tributário (via execução fiscal) não está sujeita a habilitação em falência.

– *A três*, porque o art. 29 da Lei 6.830/1980 reitera que a cobrança judicial (via execução fiscal) não está sujeita a habilitação em falência.

Jurisprudência[147]

Eis um julgado pertinente:

[STJ] Afigura-se impróprio o requerimento de falência do contribuinte comerciante pela Fazenda Pública, na medida em que esta dispõe de instrumento específico para cobrança do crédito tributário. Ademais, revela-se ilógico o pedido de quebra, seguido de sua decretação, para logo após informar ao juízo que o crédito tributário não se submete ao concurso falimentar, consoante dicção do art. 187 do CTN. [*REsp. 287.824-MG*]

551. O credor empresário tem de comprovar a regularidade de suas atividades? – O requisito de comprovação da regularidade de suas atividades somente é aplicável quando o credor for empresário, individual ou coletivo, por meio de sociedade.

Logo, tratando-se de credor não empresário (por exemplo, sociedade simples), tal requisito não é exigível.

Jurisprudência[148]

Eis julgados pertinentes:

[TJSP] Credor comerciante domiciliado no Brasil – Condições – *Prova de firma inscrita ou contrato ou estatuto arquivado na Junta Comercial – Art. 9º, III, "a", do Decreto-lei n. 7.661/1945* – Ocorrência na espécie – Recurso provido. [*ACi 213.375, Birigui/SP, rel. Des. Leite Cintra, j. 2.8.1994*]

[TJSP] Falência – Credor comerciante – Prova. *A comprovação da condição de comerciante, na hipótese em que o requerente assim se classifica, é imprescindível para o exercício do direito de requerimento de falência.* Inexistindo tal prova, à vista do expressamente previsto no art. 9º, III, "a", do Decreto-lei n. 7.661/1945, deve ser o feito julgado extinto, sem julgamento do mérito, por falta de uma das condições da ação, qual seja, legitimidade para agir. [*J. 14.3.2000, RT 769/218*]

552. O que deve fazer o credor que não for domiciliado no Brasil? – Note-se que o dispositivo fala em domicílio, e não nacionalidade.

Na medida em que o legislador estabeleceu que o credor deve "prestar caução", sem discriminá-la, dessome-se que ela poderá ser efetuada em dinheiro ou em outros bens.[149-150]

Ressaltam Vera Helena de Mello Franco e Rachel Sztajn: "Lembramos, neste ponto, que, em se cuidando de falência, a caução não tem em vista somente as custas e honorários advocatícios, dada a possibilidade de o

146. V. parecer na íntegra: Anexo II desta obra.

147. Luiz Inácio Vigil Neto, *Teoria Falimentar e Regimes Recuperatórios: Estudos sobre a Lei 11.101/2005*, cit., p. 191.

148. Manoel Justino Bezerra Filho, *Jurisprudência da Nova Lei de Recuperação de Empresas e Falências/Decisões, Ofícios Judiciais, Resoluções, Sentenças, Acórdãos, Dentre Outros Documentos*, São Paulo, Ed. RT, 2006, p. 274.

149. No mesmo sentido: Manoel Justino Bezerra Filho, *Nova Lei de Recuperação e de Falências Comentada. Lei 11.101, de 9.2.2005, Comentário Artigo por Artigo*, 3ª ed., São Paulo, Ed. RT, 2005, p. 247.

150. O Código de Processo Civil tem dispositivo equivalente (art. 835); no entanto, ele dispensa o credor de prestar caução quando tiver no Brasil bens imóveis que assegurem o pagamento das custas e honorários advocatícios da parte contrária. A propósito desse dispositivo, sustenta Vera Helena de Mello Franco não ser desarrazoado que se aplique subsidiariamente a lei processual em seara falimentar quando os imóveis em território nacional forem suficientes para garantir eventual reparação ("Comentários aos arts. 94 ao 114", cit., in Francisco Satiro de Sousa Jr. e Antônio Sérgio Altieri de Moraes Pitombo (coords.), *Comentários à Lei de Recuperação de Empresas e Falência: Lei 11.101/2005*, p. 405).

autor do pedido ser condenado a indenizar o devedor, nos termos do art. 101 da LRE".[151]

Lembra José da Silva Pacheco: "(...) de acordo com o Protocolo de Cooperação e Assistência Jurisdicional, de 1992, entre Países do Mercosul, promulgado em nosso País pelo Decreto 2.067, de 12.11.1996, nenhuma caução, qualquer que seja sua denominação, poderá ser imposta em razão de residente permanente em outro País ou das pessoas jurídicas de outro Estado contratante (art. 3º, parágrafo único)".[152]

Art. 98. Citado, o devedor poderá apresentar contestação[553] no prazo de 10 (dez) dias.[554-555]

Parágrafo único. Nos pedidos baseados nos incisos I e II do *caput* do art. 94 desta Lei, o devedor poderá, no prazo da contestação, depositar o valor correspondente ao total do crédito, acrescido de correção monetária, juros e honorários advocatícios, hipótese em que a falência não será decretada[556-557-558] e, caso julgado procedente o pedido de falência, o juiz ordenará o levantamento do valor pelo autor.[559-560]

LEGISLAÇÃO ANTERIOR

Lei de Falências (DL 7.661/1945): *Art. 11.* (...).

§ 1º. Deferindo a petição, o juiz mandará citar o devedor para, dentro de 24 (vinte e quatro) horas, apresentar defesa.

Feita a citação, será o requerimento apresentado ao escrivão, que certificará, imediatamente, a hora da sua entrada, de que se conta o referido prazo. Se o devedor não for encontrado, far-se-á a citação por edital, com o prazo de 3 (três) dias para a defesa.

Findo o prazo, ainda que à revelia do devedor, o escrivão o certificará e fará os autos conclusos ao juiz para a sentença.

§ 2º. Citado, poderá o devedor, dentro do prazo para defesa, depositar a quantia correspondente ao crédito reclamado, para discussão da sua legitimidade ou importância, elidindo a falência.

Feito o depósito, a falência não poderá ser declarada, e, se for verificada a improcedência das alegações do devedor, o juiz ordenará, em favor do requerente da falência, o levantamento da quantia depositada, ou da que tiver reconhecido como legitimamente devida.

Art. 12. (...).

§ 1º. O devedor será citado para defender-se devendo apresentar em cartório, no prazo de 24 (vinte e quatro) horas, os seus embargos, instruindo-os com as provas que tiver e indicando outras que entenda necessárias à defesa.

COMENTÁRIOS

553. Citado o devedor, quais alternativas lhe restam? – Antes de respondermos à indagação, trataremos, a breve trecho, da citação.

As pessoas jurídicas serão representadas em juízo, ativa e passivamente, por quem os respectivos estatutos designarem ou, não os designando, por seus diretores (art. 12, VI, do CPC).

Assim sendo, a citação deveria recair sobre tais pessoas.

A despeito disso, Manoel Justino Bezerra Filho lembra que: "Os tribunais estão aceitando, com certa tranqüilidade e frequência, a teoria da aparência, validando citações feitas em pessoas que, embora não sendo representantes legais da sociedade, apresentam-se em condições tais e procedendo de tal forma, que tudo leva a crer fossem mesmo representantes (ou presentantes) da sociedade".[153]

Quanto às modalidades de citação, ressaltamos que o regime anterior elegeu a pes-

151. Vera Helena de Mello Franco e Rachel Sztajn, *Falência e Recuperação da Empresa em Crise: Comparação com as Posições do Direito Europeu*, cit., p. 25.

152. José da Silva Pacheco, *Processo de Recuperação Judicial, Extrajudicial e Falência*, Rio de Janeiro, Forense, 2006, p. 245.

153. Manoel Justino Bezerra Filho, *Nova Lei de Recuperação e de Falências Comentada. Lei 11.101, de 9.2.2005, Comentário Artigo por Artigo*, 3ª ed., São Paulo, Ed. RT, 2005, p. 247.

soal, ou seja, por oficial de justiça, e, caso o devedor não fosse encontrado, a citação seria por edital (art. 11, § 1º).

O atual regime é silente. Por isso, a doutrina se divide.

Ronaldo Vasconcelos afirma que a omissão da lei não pode ensejar entendimento diverso daquele que conduz à imprescindibilidade da regra da citação pessoal do réu.[154]

Sérgio Campinho sustenta que a lei atual, além da citação por oficial de justiça, admite as demais modalidades: por correio (art. 221, III, c/c o art. 231, do CPC), por hora certa (art. 227 do CPC) e por edital (art. 221, III, c/c o art. 231, do CPC).[155]

Carlos Henrique Abrão aduz que a citação postal e aquela denominada por hora certa não são admitidas em seara falimentar, tendo em vista que: "(...) nenhuma delas teria o condão natural de configurar a validade e a própria segurança dos atos processuais".[156]

Adalberto Simão Filho opõe-se à citação por correio.[157]

Diante da equiparação dos sócios de responsabilidade ilimitada ao devedor, sujeitando-os aos mesmos efeitos do falido, eles também deverão ser citados (art. 81).

Seis são as alternativas ao devedor citado: (1) efetuar depósito elisivo, sem contestar;[158] (2) contestar, efetuando o depósito elisivo;[159] (3) contestar, efetuando o depósito elisivo e formulando pedido contraposto (art. 101); (4) contestar, sem efetuar o depósito elisivo;[160] (5) contestar, com pedido de recuperação judicial; (6) deixar transcorrer *in albis* o prazo para ofertar a contestação.[161]

554. Qual é o prazo para o devedor apresentar contestação ao pedido de falência?

– O prazo para o devedor apresentar contestação,[162-163] que era de 24 horas no regime anterior (art. 11, § 1º, e art. 12, § 1º), passou a ser de 10 dias, e será contado da data da juntada aos autos do ato citatório (art. 241 do CPC).

154. Ronaldo Vasconcelos, *Direito Processual Falimentar*, São Paulo, Quartier Latin, 2008, p. 180.

155. Sérgio Campinho, *Falência e Recuperação de Empresa: o Novo Regime da Insolvência Empresarial*, Rio de Janeiro, Renovar, 2006, p. 279.

156. Carlos Henrique Abrão, "Comentários aos arts. 70 ao 104", in Carlos Henrique Abrão e Paulo Fernando Campos Salles de Toledo (coords.), *Lei de Recuperação de Empresas e Falência*, São Paulo, Saraiva, 2005, p. 256.

157. Adalberto Simão Filho, "Comentários aos arts. 94 ao 101", in Newton de Lucca e Adalberto Simão Filho (coords.), *Comentários à Nova Lei de Recuperação de Empresas e de Falências*, São Paulo, Quartier Latin, 2005, p. 431.

158. Complementa Ronaldo Vasconcelos: "Efetuado o depósito elisivo sem contestação, o que equivale a verdadeira confissão da legitimidade do crédito reclamado, o juiz limitar-se-á a julgar extinta a demanda, determinando o levantamento do valor correspondente ao depósito em favor do autor (LRF, art. 98, parágrafo único)" (*Direito Processual Falimentar*, cit., p. 186).

159. Ressalta Ronaldo Vasconcelos: "Na ocorrência de depósito elisivo e apresentação simultânea de defesa, apesar de afastada a possibilidade de decretação da falência, deverá o réu fazer provas do que tiver alegado em contestação, seguindo-se regular instrução probatória, finda a qual o juiz proferirá sentença julgando a legitimidade ou não da pretensão. Acolhidas as alegações do autor, o juiz determinará, em seu favor, o levantamento da quantia depositada. Por seu turno, infirmada a pretensão inicial, a demanda será julgada improcedente, possibilitando ao réu o levantamento da importância" (*Direito Processual Falimentar*, cit., pp. 186-187).

160. Destaca Ronaldo Vasconcelos: "Por outro lado, apresentada a resposta pelo réu, sem o depósito elisivo, apesar de constituir verdadeira temeridade, diante do risco de decretação da falência, deve o juiz sanear o processo, tentar a conciliação e designar as provas a serem produzidas, de acordo com os fatos controversos nos autos" (*Direito Processual Falimentar*, cit., p. 187).

161. Explica Ronaldo Vasconcelos: "Findo o prazo para defesa sem manifestação do réu, ocorrerá o fenômeno da revelia, com incidência dos efeitos decorrentes, especialmente a presunção de veracidade dos fatos narrados e o julgamento do pedido (CPC, art. 319)" (*Direito Processual Falimentar*, cit., p. 187).

162. No regime anterior o *nomen juris* da resposta do devedor era "defesa", no caso de pedido de falência estribado na impontualidade injustificada (art. 11, § 1º); e "embargos", quando se tratava de pedido de falência fundado em execução frustrada (art. 12, § 1º).

163. Fábio Ulhoa Coelho critica o vocábulo "contestação": "Ao disciplinar a resposta do devedor, no contexto do procedimento do pedido de falência, a lei incorre numa imprecisão, tratando apenas da

A dilatação do prazo promovida pelo atual regime, frente à exigüidade do prazo anterior de 24 horas, vem sendo elogiada pela doutrina.[164]

Não apresentada tempestivamente a contestação, será decretada a revelia do devedor; vale dizer, reputar-se-ão verdadeiros os fatos afirmados pelo requerente (art. 319 do CPC).

Apesar de o regime processual falimentar não ter previsto audiência preliminar, isto é, de tentativa de conciliação, alguns juízes, com arraigado espírito conciliador, a designam, nos moldes do art. 331 do CPC.

A designação de tal audiência é controvertida, já que pode gerar tanto efeitos positivos quanto negativos.

Efeitos positivos: se atingida a conciliação, consegue-se preservar a empresa.

Efeitos negativos: além de propiciar maior prazo para o devedor dilapidar seu patrimônio, uma vez aceita pelo credor a designação da audiência de conciliação, pode-se entender que ele, automaticamente, concedeu moratória ao devedor e, por isso, não poderá mais prosseguir com o pedido de falência.[165]

Ronaldo Vasconcelos sustenta posição diferenciada: "Apesar de o procedimento falimentar ser especial e nitidamente sumarizado, bem como não haver qualquer referência à realização da audiência do art. 331 do CPC (do procedimento ordinário), é certo que sua tríplice finalidade deve ser buscada no processo falimentar: (i) o saneamento do processo, por meio da resolução de todas as questões processuais pendentes (pressupostos processuais e condições da ação); (ii) a tentativa de conciliação a qualquer tempo; (iii) a fixação dos pontos controvertidos e a respectiva produção de prova".[166]

555. Cabe outra modalidade de resposta do devedor, além da contestação? – Apesar do silêncio da lei sob comento, a resposta é afirmativa, já que, por força do seu art. 189, o Código de Processo Civil se aplica em seara falimentar.

'contestação'. O mais correto teria sido mencionar 'resposta', em primeiro lugar porque não está afastada a possibilidade de o demandado, ao invés de resistir à pretensão do autor, reconhecer a procedência do pedido. Ademais, cabe também, no mesmo prazo, o oferecimento de exceção de incompetência, impedimento ou suspeição, nos termos do Código de Processo Civil" (*Comentários à Nova Lei de Falências e de Recuperação de Empresas*, São Paulo, Saraiva, 2005, p. 269).

164. Ronaldo Vasconcelos adverte: "A modificação do prazo para apresentação de defesa constitui importante alteração da Lei de Recuperação e Falências, uma vez que permite ao devedor reunir provas, juntar documentos, preparando-se para enfrentar o pedido de falência. O sistema anterior estabelecia prazo inexplicavelmente curto para que o devedor pudesse se defender de uma pretensão que poderá, em tese, acarretar graves prejuízos, tanto para ele quanto para a sociedade. Há de se ressaltar que o compromisso com a celeridade processual, sabiamente assumido pela Lei de Recuperação e Falências em seu art. 75, parágrafo único, igualmente não poderia constituir razão para o exíguo prazo de 24 horas para apresentação de defesa. Como se isso não bastasse, a nova previsão normativa encontra fundamento no princípio do devido processo legal" (*Direito Processual Falimentar*, cit., pp. 180-181).

165. Explica Manoel Justino Bezerra Filho: "(...) tem-se mostrado produtiva, evitando que a falência seja decretada e preservando uma empresa que continua trazendo os normais benefícios decorrentes de sua existência, à luz do espírito desta lei. Em outros casos a providência apenas tem protelado o decreto da falência, concedendo ao devedor inadimplente prazo ainda mais dilatado para dilapidação e desvio dos bens sociais. (...). Embora o pedido de falência não seja meio de cobrança, nada impede que tal audiência seja designada, até porque o juiz pode ordenar o comparecimento das partes em juízo no momento em que entender necessário (arts. 342 e 599, I, do CPC). Os que criticam a designação de tal audiência entendem que, por não ser o pedido de falência meio de cobrança, não se justifica tal designação. Sem embargo, se o juiz verificar pelo que vê dos autos que tal audiência poderá ser frutífera, nada o impede de designá-la. De qualquer forma, se o credor informar nos autos que concorda com a audiência de tentativa de conciliação, corre também o risco de não poder prosseguir posteriormente no requerimento de falência, pois a simples concordância com a designação da audiência poderia ser interpretada como moratória, que descaracterizaria o pedido de falência" (*Nova Lei de recuperação e de Falências Comentada. Lei 11.101, de 9.2.2005, Comentário Artigo por Artigo*, cit., 3ª ed., pp. 248-249).

166. Ronaldo Vasconcelos, *Direito Processual Falimentar*, cit., p. 187.

Trata-se da exceção (art. 304) por incompetência (art. 112), suspeição (art. 134) ou impedimento (arts. 135, todos do diploma adjetivo".[167]

Quanto à reconvenção, à ação declaratória incidental e à intervenção de terceiros, explica Ronaldo Vasconcelos: "Em razão da especificidade e nítida sumarização do procedimento do pedido de falência, há de se negar cabimento da reconvenção e da ação declaratória incidental. A questão aqui é a da nítida incompatibilidade de procedimentos, uma vez que tanto a reconvenção quanto a ação declaratória incidental são tutelas privativas do processo contencioso com procedimento ordinário. (...) possível imaginar apenas a hipótese de assistência no processo falimentar, caracterizada pelo "ingresso voluntário de um terceiro no processo, com a finalidade de ajudar uma das partes", pois tem cabimento em qualquer espécie de processo, inclusive em relação ao procedimento sumário e ao processo executivo. Como se isso não bastasse, a assistência não altera o objeto do processo, já que o assistente simplesmente adere à pretensão do assistido, sem formular demanda nova, de modo que o mérito do processo falimentar mantém os mesmo contornos que teria sem ela. (...). Por essa razão, muito embora possam ser admitidas todas as espécies de intervenção de terceiro no processo falimentar, a maioria das formas de intervenção não farão [*sic*] sentido, com exceção da assistência. Na realidade, deve-se ter em mente que as figuras interventivas constituem questões processuais, cuja solução será encontrada principalmente nos dados obtidos pela relação de direito material".[168-169-170]

556. Quais são os requisitos do depósito para evitar o decreto da falência? – Urge ser enfatizado que o depósito elisivo não é condição para apresentação, pelo devedor, de sua defesa em face do pedido de falência formulado pelo credor; vale dizer, tal depósito é facultativo, e não obrigatório.

Os requisitos do depósito para evitar a decretação da sua falência (depósito elisivo) são: (1) temporal, isto é, tem de ser efetuado dentro do prazo para a contestação; (2) material, ou seja, o respectivo pedido precisa ter sido formulado com base na impontualidade injustificada (art. 94, I) ou na tríplice omissão (art. 94, II).

Alguns sustentam que, na medida em que o pedido de falência estribado em atos de falência (art. 94, III) não está jungido diretamente à cobrança de título executivo, o depósito elisivo não lhe é aplicável.[171]

167. No mesmo sentido: Fábio Ulhoa Coelho, *Comentários à Nova Lei de Falências e de Recuperação de Empresas*, cit., p. 269; Adalberto Simão Filho, "Comentários aos arts. 94 ao 101", cit., in Newton de Lucca e Adalberto Simão Filho (coords.), *Comentários à Nova Lei de Recuperação de Empresas e de Falências*, pp. 427-428; Ronaldo Vasconcelos, *Direito Processual Falimentar*, cit., p. 181.

168. Ronaldo Vasconcelos, *Direito Processual Falimentar*, cit., p. 182-183.

169. Em relação à reconvenção, aduz Adalberto Simão Filho: "A LRF não efetua previsão acerca da possibilidade de articulação de artigos reconvencionais por parte do devedor. Neste caso, não há como se utilizar supletivamente o Código de Processo Civil como forma de autorizar a instauração deste procedimento em resposta à ação do autor, na medida em que o art. 315 é claro no sentido de que poderá o réu reconvir ao autor no mesmo processo toda vez que a reconvenção seja conexa com a ação principal ou com o fundamento da defesa. Em sendo o bem da vida tutelável, num pedido de falência justamente a retirada da empresa do mercado com a decretação da falência do devedor impontual ou que tenha cometido atos de falência não há como se efetuar conexão de um eventual pedido do devedor com a ação principal e, ainda, como a lei elenca um fundamento certo de defesa através das matérias estatuídas no art. 96, em tese, não existiria um pedido do devedor que fosse factível com o fundamento de defesa" ("Comentários aos arts. 94 ao 101", cit., in Newton de Lucca e Adalberto Simão Filho (coords.), *Comentários à Nova Lei de Recuperação de Empresas e de Falências*, pp. 428-429).

170. Também no tocante à reconvenção, assevera Fábio Ulhoa Coelho: "Apenas a reconvenção não terá lugar como resposta do demandado, na medida em que não há possibilidade jurídica ou material de conexão entre dois pedidos de instauração de concurso falimentar contra empresários diferentes" (*Comentários à Nova Lei de Falências e de Recuperação de Empresas*, cit., p. 269).

171. Por exemplo: Adalberto Simão Filho, "Comentários aos arts. 94 ao 101", cit., in Newton de

Apesar disso, aduz Fábio Ulhoa Coelho: "Embora a lei não o preveja expressamente, deve ser admitido o depósito elisivo também nos pedidos de credor fundados em atos de falência, já que ele afasta a legitimidade do requerente. Assegurado, pelo depósito, o pagamento do crédito por ele titularizado, não tem interesse legítimo na instauração do concurso falimentar".[172]

Com efeito, o parágrafo único do art. 98 permite expressamente o depósito elisivo apenas no caso de pedido de falência estribado na impontualidade injustificada (art. 94, I) ou na tríplice omissão (art. 94, II), o que pode levar o intérprete a concluir que dito depósito não tem guarida tratando-se de pedido de falência fundado em atos de falência (art. 94, III).

Não obstante isso, acreditamos que o depósito elisivo também é admitido no caso de pedido de falência arrimado em atos de falência (art. 94, III):

– *A uma*, porque tal pedido independe de o devedor ter passivo (obrigações) superior ao ativo (bens e direitos), já que a insolvência pressuposta pela lei sob comento, além de ser jurídica, e não econômica, é presumida.

– *A duas*, porque, efetuado o depósito elisivo, automaticamente desaparece a presunção de insolvência jurídica.

– *A três*, porque o espírito do novo regime é o da preservação da empresa.

557. Basta o depósito do principal para conferir eficácia à elisão da falência? – Não, pois o depósito deve abranger o principal acrescido de correção monetária, juros e honorários advocatícios.

Quanto aos honorários advocatícios, faz-se mister o juiz fixá-los liminarmente para a eventualidade do depósito elisivo.[173]

As custas judiciais também deverão ser pagas pelo devedor, a despeito da omissão da lei sob comento.

O Decreto-lei 7.661/1945 dispunha que o devedor deveria efetuar o "depósito da quantia correspondente ao crédito reclamado" (art. 11, § 2º), omitindo-se quanto aos eventuais acessórios.

Diante da omissão legal, que gerou controvérsia, o egrégio STJ editou a Súmula 29, que dispõe:

[STJ] "*Súmula 29.* No pagamento em juízo para elidir falência, são devidos correção monetária, juros e honorários de advogado".

Jurisprudência[174]

Transcrevemos, abaixo, julgados pertinentes:

[TJSP] Falência – Depósito elisivo só do principal – Verbas acessórias ou acréscimos (juros, correção monetária, custas processuais e honorários advocatícios) que podem ser objeto de execução nos próprios autos. *Depósito elisivo equivale a reconhecimento do pedido e, nessas circunstâncias, a requerida deve arcar com exclusividade com os ônus sucumbenciais* – Apelação provida. [*ACi c/ revisão 387.092-4/7-00, rel. Des. Romeu Ricupero, j. 24.8.2005*]

[TJSP] Falência – Pedido lastreado em sete cheques que somam R$ 53.294,92 – Depósito dito elisivo de R$ 35.877,43 – Sentença de elisão, com determinação de levantamento pela requerente – Apelações de ambas as partes – Depósito que não atende ao disposto na Súmula n. 29 do STJ – *Juros de mora e correção monetária devidos independentemente de pedido na petição inicial*. Tendo havido, além do depósito parcial e insuficiente, contestação, com argumentos preliminares de mérito, é obrigatório o exame da procedência ou improcedência das alegações do devedor – Sentença sem qualquer fundamentação – Nulidade decretada – Provimento parcial dos recursos, prolatando-se nova sentença, com verificação da procedência ou improcedência das alegações do devedor (art. 11, § 2º, do Decreto-lei

Lucca e Adalberto Simão Filho (coords.), *Comentários à Nova Lei de Recuperação de Empresas e de Falências*, p. 433.

172. Fábio Ulhoa Coelho, *Comentários à Nova Lei de Falências e de Recuperação de Empresas*, cit., p. 270.

173. No mesmo sentido: Manoel Justino Bezerra Filho, *Nova Lei de Recuperação e de Falências Comentada. Lei 11.101, de 9.2.2005, Comentário Artigo por Artigo*, cit., 3ª ed., p. 250.

174. Manoel Justino Bezerra Filho, *Jurisprudência da Nova Lei de Recuperação de Empresas e Falências/Decisões, Ofícios Judiciais, Resoluções, Sentenças, Acórdãos, Dentre Outros Documentos*, São Paulo, Ed. RT, 2006, pp. 277-278.

n. 7.661/1945). [*ACi c/ revisão 393.976-4/0-00, rel. Des. Romeu Ricupero, j. 9.11.2005*]

558. Efetuado o depósito, a falência não será decretada – Uma vez efetuado o depósito, a falência não será decretada, pois restará elidida a presunção jurídica de insolvência do devedor.

Jurisprudência[175]

Transcrevemos, abaixo, julgados pertinentes:

[TJMG] Falência – Sentença declaratória de quebra – Ausência de depósito elisivo – Inadimplemento fundado em irrelevante razão de direito – Sentença mantida. *Se o devedor não demonstra relevante razão de direito para o inadimplemento da verba creditícia cobrada em juízo, não promovendo o depósito elisivo no momento oportuno, tem-se como imperiosa a decretação de sua quebra, não havendo se falar em ofensa ao princípio da preservação da empresa, visto que esse não abrange as sociedades inadimplentes, mas sim as atividades por elas exercidas.* [*Ag 1.0024.04.422219-8/002, rel. Des. Edilson Fernandes, j. 13.12.2005*]

[TJSP] Pedido de falência elidido com depósito do principal – Prosseguimento como execução das verbas acessórias. *Elidido o pedido de falência, a ação torna-se de cobrança e mostra-se irrelevante eventual irregularidade no protesto. Há que se fazer a devida distinção entre a novação de débitos anteriores ao pedido de falência e a novação dos débitos que consubstanciam o pedido de falência em questão* – Pedido de falência lastreado em cheques que representam a dívida novada – Inexistência de prova de inadimplemento por parte do requerente, já que do termo de transação não constou qualquer obrigação sua de devolver mercadorias especificadas em nota fiscal – Pedido de uniformidade de jurisprudência (irregularidade do protesto) prejudicado diante da existência, atualmente, no TJSP, de uma única Câmara Especializada na matéria – Apelação não provida. [*ACi c/ revisão 366.538-4/0-00, rel. Des. Romeu Ricupero, j. 19.10.2005*]

[TJSP] Pagamento do crédito reclamado através do depósito de apólice da Dívida Pública – Inadmissibilidade – Necessidade de depósito em moeda corrente – Estado de insolvência caracterizado. [*AI 84.858-4-SP, rel. Des. Silva Rico, j. 18.8.1998, v.u*]

559. E se for julgado procedente o pedido de falência? – Sérgio Campinho critica a expressão "se for julgado procedente o pedido de falência", sob o argumento de que, em verdade, o juiz deixa de decretar a falência, no caso, porque o devedor efetuou o depósito elisivo, e não pelas razões articuladas pelo requerente. Por isso, afirma que tecnicamente seria mais adequada a expressão "se verificada a improcedência das alegações do devedor", constante do § 2º do art. 11 do regime anterior.[176]

560. E se for acolhida a defesa do devedor? – Se houver acolhimento da defesa do devedor, este levantará o depósito efetuado, e o requerente sofrerá os efeitos da sucumbência.

Art. 99. A sentença que decretar a falência do devedor,[561] dentre outras determinações:[562] I – conterá a síntese do pedido, a identificação do falido e os nomes dos que forem a esse tempo seus administradores; II – fixará o termo legal da falência, sem poder retrotraí-lo por mais de 90 (noventa) dias contados do pedido de falência, do pedido de recuperação judicial ou do primeiro protesto por falta de pagamento, excluindo-se, para esta finalidade, os protestos que tenham sido cancelados; III – ordenará ao falido que apresente, no prazo máximo de 5 (cinco) dias, relação nominal dos credores, indicando endereço, importância, natureza e classificação dos respectivos créditos, se esta já não se encontrar nos autos, sob pena de desobediência; IV – explicitará o prazo para as habilitações de crédito, observado o disposto no § 1º do art. 7º desta Lei; V – ordenará

175. Manoel Justino Bezerra Filho, *Jurisprudência da Nova Lei de Recuperação de Empresas e Falências/Decisões, Ofícios Judiciais, Resoluções, Sentenças, Acórdãos, Dentre Outros Documentos*, cit., pp. 279-280 e 282.

176. Sérgio Campinho, *Falência e Recuperação de Empresa: o Novo Regime da Insolvência Empresarial*, cit., p. 283.

a suspensão de todas as ações ou execuções contra o falido, ressalvadas as hipóteses previstas nos §§ 1º e 2º do art. 6º desta Lei; VI – proibirá a prática de qualquer ato de disposição ou oneração de bens do falido, submetendo-os preliminarmente à autorização judicial e do comitê, se houver, ressalvados os bens cuja venda faça parte das atividades normais do devedor se autorizada a continuação provisória nos termos do inciso XI do *caput* deste artigo; VII – determinará as diligências necessárias para salvaguardar os interesses das partes envolvidas, podendo ordenar a prisão preventiva do falido ou de seus administradores quando requerida com fundamento em provas da prática de crime definido nesta Lei; VIII – ordenará ao Registro Público de Empresas que proceda à anotação da falência no registro do devedor, para que conste a expressão "Falido", a data da decretação da falência e a inabilitação de que trata o art. 102 desta Lei; IX – nomeará o administrador judicial, que desempenhará suas funções na forma do inciso III do *caput* do art. 22 desta Lei sem prejuízo do disposto na alínea "a" do inciso II do *caput* do art. 35 desta Lei; X – determinará a expedição de ofícios aos órgãos e repartições públicas e outras entidades para que informem a existência de bens e direitos do falido; XI – pronunciar-se-á a respeito da continuação provisória das atividades do falido com o administrador judicial ou da lacração dos estabelecimentos, observado o disposto no art. 109 desta Lei; XII – determinará, quando entender conveniente, a convocação da assembléia-geral de credores para a constituição de comitê de credores, podendo ainda autorizar a manutenção do comitê eventualmente em funcionamento na recuperação judicial quando da decretação da falência; XIII – ordenará a intimação do Ministério Público e a comunicação por carta às Fazendas Públicas Federal e de todos os Estados e Municípios em que o devedor tiver estabelecimento, para que tomem conhecimento da falência.

Parágrafo único. O juiz ordenará a publicação de edital contendo a íntegra da decisão que decreta a falência e a relação de credores.[563]

LEGISLAÇÃO ANTERIOR

Lei de Falências (DL 7.661/1945): *Art. 14.* Praticadas as diligências ordenadas pela presente Lei, o juiz, no prazo de 24 (vinte e quatro) horas, proferirá a sentença, declarando ou não a falência.

Parágrafo único. A sentença que declarar a falência: I – conterá o nome do devedor, o lugar do seu principal estabelecimento e o gênero de comércio; os nomes dos sócios solidários e os seus domicílios; os nomes dos que forem, a esse tempo, diretores, gerentes ou liquidantes das sociedades por ações ou por cotas de responsabilidade limitada; II – indicará a hora da declaração da falência, entendendo-se, em caso de omissão, que se deu ao meio dia; III – fixará, se possível, o termo legal da falência, designando a data em que se tenha caracterizado esse estado, sem poder retrotraí-lo por mais de 60 (sessenta) dias, contados do primeiro protesto por falta de pagamento, ou do despacho ao requerimento inicial da falência (arts. 8º e 12), ou da distribuição do pedido de concordata preventiva; IV – nomeará o síndico, conforme o disposto no art. 60 e seus parágrafos; V – marcará o prazo (art. 80) para os credores apresentarem as declarações e documentos justificativos dos seus créditos; VI – providenciará as diligências convenientes ao interesse da massa, podendo ordenar a prisão preventiva do falido ou dos representantes da sociedade falida, quando requerida com fundamento em provas que demonstrem a prática de crime definido nesta Lei.

Art. 16. A sentença declaratória da falência será, imediatamente, publicada por edital, providenciando o escrivão para que o seja no órgão oficial, e o síndico, se a massa comportar, em outro jornal de grande circulação.

Parágrafo único. O escrivão certificará o cumprimento das diligências determinadas neste artigo e das do art. 15, incorrendo, no caso de falta ou negligência, na pena de suspensão por 6 (seis) meses e de perda de todas as custas, além de responder pelos prejuízos que ocasionar.

Art. 22. Não sendo possível fixar na sentença declaratória o termo legal da falência, ou devendo ser ele retificado em face de elementos obtidos posteriormente, o juiz deve fixá-lo ou fazer a retificação até o oferecimento da exposição do síndico (art. 103).

Parágrafo único. Do provimento que fixar ou retificar o termo legal da falência, na sentença declaratória ou interlocutória, podem os interessados agravar de instrumento.

COMENTÁRIOS

561. A sentença que decreta a falência tem natureza declaratória ou constitutiva? – O legislador no regime anterior, ao adotar as expressões "declaração da falência" e "sentença declaratória da falência", instaurou na doutrina uma infindável controvérsia sobre a respectiva natureza jurídica da decisão.

Três correntes principais se delinearam: (1) aquela que sustentava ter a sentença da falência natureza meramente declaratória, pois ela reconhecia o preexistente estado de fato da insolvência; (2) aquela que advogava ter a sentença de falência natureza constitutiva, já que ela operava mutação em relação ao estado do devedor, dos seus bens, contratos e credores; (3) aquela que defendia ter a sentença de falência natureza mista ou *sui generis*.

Vera Helena de Mello Franco resume a matéria: "A sentença que declara a falência, como há longo tempo proclama a doutrina, 'não é meramente declaratória', mas, por dar lugar a um novo estado jurídico – aquele de falência –, é igualmente constitutiva, posto produzir efeitos *ex nunc* e *ex tunc* que alteram as relações jurídicas preexistentes ou criam novas (v. Lei 11.101/2005, arts. 77, 102, 103, 108, 115-117, 120, 121, 122, 125 e 129), e, como professam alguns, executiva, já que proferida em processo de execução coletiva universal".[177]

Acreditamos que o legislador, visando a evitar a apontada controvérsia, substituiu as expressões "declaração da falência" e "sentença declaratória da falência" por "decretação da falência" e "sentença de decretação da falência".[178]

562. O que deverá constar da sentença que decreta a falência? – Da sentença que decreta a falência deverão constar, dentre outras determinações:

I – A síntese do pedido, a identificação do falido[179] *e os nomes dos que forem a esse tempo seus administradores*. Em face do disposto no art. 189, a sentença que decretar a falência deve observar os requisitos veiculados no art. 458 do CPC, quais sejam: relatório, fundamentação e a parte dispositiva.

Tendo em vista que, a partir da decretação da falência, o devedor perde o direito de administrar seus bens ou deles dispor (art. 103), a publicidade[180] da sua identificação bem como dos nomes dos respectivos administradores torna-se fundamental, a fim de que terceiros tomem ciência.

No regime anterior havia a determinação de que constassem da sentença "os nomes dos sócios solidários e os seus domicílios" (art. 14, parágrafo único, I). No atual regime a decretação da falência da sociedade que tenha sócios com responsabilidade ilimitada implica também a falência destes (art. 81). Por isso, a sentença identificará todos os falidos (sociedade e respectivos sócios de responsabilidade ilimitada).

Também no regime anterior exigia-se a menção do gênero de comércio do devedor, já que somente aos comerciantes e às sociedades comerciais se aplicava o instituto da falência. No atual regime tornou-se dispensável tal exigência, pois os novos sujeitos da falência são o empresário e a sociedade

177. Vera Helena de Mello Franco, "Comentários aos arts. 94 ao 114", in Francisco Satiro de Sousa Jr. e Antônio Sérgio Altieri de Moraes Pitombo (coords.), *Comentários à Lei de Recuperação de Empresas e Falência: Lei 11.101/2005*, São Paulo, Ed. RT, 2005, p. 408.

178. No mesmo sentido: Sérgio Campinho, *Falência e Recuperação de Empresa: o Novo Regime da Insolvência Empresarial*, Rio de Janeiro, Renovar, 2006, p. 292.

179. Júlio Kahan Mandel, adequadamente, sugere a inserção na sentença dos endereços das filiais do devedor para fins de lacração e arrecadação (*Nova Lei de Falências e Recuperação de Empresas Anotada: Lei 11.101, de 9.2.2005*, São Paulo, Saraiva, 2005, p. 187).

180. A publicidade dar-se-á via publicação do edital da sentença (art. 99, parágrafo único).

empresária, ou seja, aqueles que exercem profissionalmente atividade econômica organizada para a produção ou circulação de bens ou serviços (arts. 966 e 982 do CC).[181]

No regime anterior a identificação dos diretores e gerentes estava prevista no art. 14, parágrafo único, I. No regime atual mantém-se a previsão, mas a referência é feita aos administradores.

Por fim, foi suprimida a exigência do regime anterior de indicação da hora da declaração da falência (art. 14, parágrafo único, II).

II – A fixação do termo legal da falência, sem poder retrotraí-lo por mais de 90 dias, contados do pedido de falência, do pedido de recuperação judicial ou do primeiro protesto por falta de pagamento, excluindo-se, para esta finalidade, os protestos que tenham sido cancelados. O termo legal da falência, em síntese, corresponde ao período sobre o qual recai suspeição em relação a determinados atos praticados pelo devedor e que estão elencados no art. 129, I a III.

O termo legal foi ampliado "de até 60 (sessenta) dias" (inciso III do parágrafo único do art. 14 do Decreto-lei 7.661/1945) para até 90 dias.

O *dies a quo* é contado:[182] (1) na hipótese de pedido de falência fundado na impontualidade injustificada (art. 94, I), do primeiro protesto por falta de pagamento, excluindo-se, para esta finalidade, os protestos que tenham sido cancelados;[183] (2) nas hipóteses de pedidos de falência estribados em tríplice omissão (art. 94, II), em atos de falência (art. 94, III) e autofalência (art. 105), dos respectivos pedidos de falência; (3) na hipótese de convolação de recuperação judicial em falência, do pedido de recuperação judicial.

Fábio Ulhoa Coelho sugere que o juiz fixe provisoriamente o termo legal se ele, ao declarar a falência, ainda não tiver elementos suficientes para a sua fixação definitiva.[184]

Tendo em vista que a decisão que decreta a falência da sociedade com sócios ilimitadamente responsáveis também acarreta a falência destes (art. 81), indaga-se: o juiz deverá fixar termo legal de falência para tais sócios? Sérgio Campinho responde: "Na sentença deve o juiz, também, fixar o termo legal da falência de cada um dos sócios de responsabilidade ilimitada assim declarados falidos (art. 81). Esse termo pode ser o mesmo para a sociedade e para os sócios nesta condição ou ser diverso para cada um deles. Isto porque são patrimônios distintos o da sociedade e os dos sócios".[185]

III – A ordem ao falido para apresentação, no prazo máximo de cinco dias, relação nominal dos credores, indicando endereço, importância, natureza e classificação dos respectivos créditos, se esta já não se encontrar nos autos, sob pena de desobediência. O objetivo de tal comando é o de propiciar maior publicidade da quebra perante os credores, a fim de que habilitem seus créditos.[186]

181. Explicam Vera Helena de Mello Franco e Rachel Sztajn: "Cai por terra, outrossim, a necessidade de identificar o gênero de comércio, já que a falência não é mais exclusiva do empresário comercial. Como o novo sujeito é o empresário, civil ou comercial, esta menção tornou-se desnecessária" (*Falência e Recuperação da Empresa em Crise: Comparação com as Posições do Direito Europeu*, Rio de Janeiro, Elsevier, 2008, p. 118).

182. Adalberto Simão Filho exemplifica a possibilidade de retificação, pelo juiz, do termo legal de falência: quando o magistrado constatar que havia protestos anteriores àquele que ele considerou como o primeiro ("Comentários aos arts. 94 ao 101", in Newton de Lucca e Adalberto Simão Filho (coords.), *Comentários à Nova Lei de Recuperação de Empresas e de Falências*, São Paulo, Quartier Latin, 2005, p. 438).

183. Vera Helena de Mello Franco e Rachel Sztajn ressaltam: "Novidade aqui é a lei excluir os protestos cancelados como termo inicial para a contagem do prazo, encerrando, com isto, as discussões existentes durante a vigência do Direito anterior" (*Falência e Recuperação da Empresa em Crise: Comparação com as Posições do Direito Europeu*, cit., p. 119).

184. Fábio Ulhoa Coelho, *Comentários à Nova Lei de Falências e de Recuperação de Empresas*, São Paulo, Saraiva, 2005, p. 276.

185. Sérgio Campinho, *Falência e Recuperação de Empresa: o Novo Regime da Insolvência Empresarial*, cit., p. 289.

186. Júlio Kahan Mandel lembra: "Este artigo [*sic*] foi incluído para suprir a falta que a relação de credores fazia para o bom andamento do processo na

Adalberto Simão Filho sustenta ser possível a dilatação do prazo (cinco dias), desde que o devedor a requeira, fundado na sua exigüidade, já que tal prazo, além de não criar, reduzir ou aumentar direitos dos credores, é peça meramente informativa, haja vista o sistema de verificação e classificação dos créditos concorrentes.[187]

A sanção ao descumprimento do referido comando é a configuração do crime de desobediência.[188-189]

Júlio Kahan Mandel assevera: "Entendo ainda que, nos termos da Constituição de 1988, art. 5º, LXVII, não é mais possível a decretação de prisão civil no caso de desobediência a essa determinação específica de juntar a relação de credores em cinco dias, apesar de ampla jurisprudência em sentido contrário".[190]

IV – A explicitação do prazo para as habilitações de crédito, observado o disposto no § 1º do art. 7º da lei. No regime anterior o prazo para os credores apresentarem suas declarações de crédito era fixado pelo juiz e variava entre 10 dias, no mínimo, e 20, no máximo, conforme a importância da falência (art. 82).

O inciso IV, em tela, estabelece o prazo fixo de 15 dias, contado da publicação do edital previsto no parágrafo único do art. 99 (art. 7º, § 1º), para apresentação das habilitações de crédito ao administrador judicial.

Os credores que deixarem de habilitar seus créditos não perderão o direito de fazê-lo (art. 10).

V – A ordem de suspensão de todas as ações ou execuções contra o falido, ressalvadas as hipóteses previstas nos §§ 1º e 2º do art. 6º da lei. O art. 99, no seu inciso V, em harmonia com o art. 6º, prescreve que a sentença que decretar a falência ordenará a suspensão de todas as ações ou execuções intentadas em face do falido, ressalvando as ações que demandam quantia ilíquida e o pleito perante o administrador judicial de créditos derivados das relações de trabalho.

Esclarece Trajano de Miranda Valverde que a suspensão de todas as ações e execuções intentadas contra o devedor se opera a bem da coletividade de credores.[191]

Como ensina Fábio Ulhoa Coelho: "Seria de fato despropositado que os credores continuassem exercendo individualmente seu direito à cobrança judicial concomitante à tramitação do concurso. Estariam, nesse caso, sendo desenvolvidas duas medidas judiciais de idênticas finalidades, a execução individual e a concursal. Por essa razão suspendem-se as execuções em que seja executado o falido (aquelas em que ele é credor continuam) (...)".[192]

A suspensão em tela é consectário do princípio da universalidade do juízo falimentar (art. 76).

Frise-se que as ações ou execuções intentadas contra os coobrigados continuarão tramitando normalmente.

vigência da antiga legislação. A ausência da relação de credores era especialmente sentida pelo juiz no momento de nomear o síndico da falência, pois a lei determinava que o administrador da massa seria nomeado entre os maiores credores da comarca. Por não possuírem essa relação de credores, os juízes acabavam nomeando o próprio credor requerente ou um síndico dativo" (*Nova Lei de Falências e Recuperação de Empresas Anotada: Lei 11.101, de 9.2.2005*, cit., p. 188).

187. Adalberto Simão Filho, "Comentários aos arts. 94 ao 101", cit., in Newton de Lucca e Adalberto Simão Filho (coords.), *Comentários à Nova Lei de Recuperação de Empresas e de Falências*, p. 438.

188. Ressalta Manoel Justino Bezerra Filho: "Verifica-se aí a opção legislador em criminalizar condutas, a fim de proporcionar uma melhor tutela jurisdicional no âmbito cível" (*Nova Lei de Recuperação e de Falências Comentada. Lei 11.101, de 9.2.2005, Comentário Artigo por Artigo*, 3ª ed., São Paulo, Ed. RT, 2005, p. 252).

189. Júlio Kahan Mandel adverte que o prazo de cinco dias somente começará a correr da data da intimação pessoal do falido (*Nova Lei de Falências e Recuperação de Empresas Anotada: Lei 11.101, de 9.2.2005*, cit., p. 188).

190. Júlio Kahan Mandel, *Nova Lei de Falências e Recuperação de Empresas Anotada: Lei 11.101, de 9.2.2005*, cit., p. 189.

191. Trajano de Miranda Valverde, *Comentários à Lei de Falências*, 2ª ed., vol. I, Rio de Janeiro, Revista Forense, 1955, p. 195.

192. Fábio Ulhoa Coelho, *Comentários à Nova Lei de Falências e de Recuperação de Empresas*, cit., p. 38.

Quanto à eventual suspensão de um procedimento arbitral já instaurado – ou seja, em curso – em razão da decretação da falência de uma das partes, Marcos Rolim F. Fontes, debruçado sobre acórdão prolatado pela Câmara Especial de Falências e Recuperações Judiciais do TJSP (AI 531.020.4/3, rel. Des. Pereira Calças, j. 25.6.2008, v.u.), comenta:

"A decisão em comento (...) estabeleceu o primeiro precedente acerca de importante questão: a decretação da falência de uma das partes, no curso de um procedimento arbitral, invalida o procedimento por completo, tornando sem qualquer valor legal e inexeqüível o laudo arbitral, impedindo que eventual crédito decorrente desse laudo seja habilitado no processo concursal?

"Embora a legislação brasileira (falimentar, arbitral e eventualmente outra aplicável) não traga uma resposta explícita a essa indagação, a resposta dada pela Corte foi negativa, vale dizer, a decretação da falência de uma das partes no curso do procedimento não o invalida, devendo eventual crédito reconhecido na sentença arbitral ser habilitado no processo falimentar. (...). O crédito decorrente de um laudo arbitral pode inclusive aparelhar pedido de falência, como já havia decidido a mesma Câmara Especial de Falências e Recuperações Judiciais do TJSP (AI 493.783-4/9-00, j. 1.8.2007, v.u., rel. Des. Pereira Calças). (...). De outra banda, o princípio do juízo universal da falência comporta exceção quando se trata de ação de conhecimento em curso ao tempo da decretação da quebra (art. 6º, § 1º, da Lei 11.101/2005), ou quando a ação tramita perante jurisdição específica (art. 76 da Lei 11.101/2005).

"Nesse sentido, necessário destacar que o processo arbitral em que as partes buscam a declaração de um eventual crédito de uma contra outra é procedimento análogo ao de uma ação de conhecimento, e a ela deve ser equiparado para fins do disposto no art. art. 6º, § 1º, da Lei 11.101/2005. Além disso, o processo arbitral é procedimento que corre perante jurisdição especial, subsumindo-se também, por analogia, às exceções previstas no art. 76 da Lei 11.101/2005.

"Seja pelo disposto no art. 6º, § 1º, ou no art. 76 da Lei 11.101/2005, o procedimento arbitral deve seguir até o fim, mesmo com a falência superveniente de uma das partes."[193]

Jurisprudência[194]

Eis um julgado pertinente:

[TJSP] Verifica-se, assim, sob a óptica da doutrina e jurisprudência invocadas, que *não há qualquer óbice ao prosseguimento de procedimento arbitral derivado de cláusula compromissória válida e eficazmente pactuada, em virtude de superveniente decreto de falência de uma das partes*, que não implica a perda retroativa da capacidade da empresa contratante, que é sucedida pela massa falida, representada pelo administrador judicial, cabendo ao tribunal arbitral a apreciação da questão, imprimindo regular processamento à demanda arbitral, sob a égide da Lei n. 9.307/1996. [*AI 531.020-4/3, rel. Des. Pereira Calças, j. 25.6.2008, v.u.*]

VI – A proibição da prática de qualquer ato de disposição ou oneração de bens do falido, submetendo-os preliminarmente à autorização judicial e do comitê, se houver, ressalvados os bens cuja venda faça parte das atividades normais do devedor se autorizada a continuação provisória nos termos do inciso XI do caput *do artigo*. Este comando está em estrita consonância com o comando insculpido no art. 22, que fixa as atribuições do administrador judicial, sob fiscalização do juiz e do comitê de credores, e com o inciso IX, abaixo transcrito e comentado.

VII – A determinação de diligências necessárias para salvaguardar os interesses das partes envolvidas, podendo ordenar a prisão preventiva do falido ou de seus administradores quando requerida com fundamento em provas da prática de crime definido na lei.

Vera Helena de Mello Franco e Rachel Sztajn frisam: "Verifique-se que não basta a suspeita ou indício. A norma em apreço

193. Marcos Rolim F. Fontes, "A arbitragem e a decretação da falência no curso do procedimento arbitral", *Revista do Instituto dos Advogados de São Paulo* 23/308-309, Ano 12, São Paulo, janeiro-junho/2009.

194. Idem, pp. 297-308.

fala em '(...) provas da prática de crime definido nesta Lei' e, por cuidar-se de norma restritiva de direitos (a prisão restringe a liberdade de ir e vir), a expressão é de interpretação estrita, afastando-se o recurso à analogia".[195]

Por outro lado, lembra Manoel Justino Bezerra Filho: "Para que a prisão preventiva possa ser decretada, devem concorrer os elementos previstos no art. 312 do CPP, ou seja: terá como fundamento a garantia da ordem pública ou da ordem econômica, a conveniência da instrução criminal ou o asseguramento de que a lei penal será aplicada; deve ainda haver prova da existência do crime e indícios suficientes de autoria. (...). Observe-se ainda que, neste inciso, essa é a única hipótese na qual se possibilita ao juiz civil a decretação da prisão preventiva".[196]

Carlos Henrique Abrão entende que o juiz poderá ordenar a prisão preventiva do falido ou de seus administradores *ex officio*, ou seja, independentemente de prévia intimação do Ministério Público, "haja vista sua condição de supervisor máximo do procedimento".[197]

VIII – A ordem ao Registro Público de Empresas para que proceda à anotação da falência no registro do devedor, incluindo a expressão "Falido", a data da decretação da falência e a inabilitação de que trata o art. 102 da lei. Apesar de inexistir previsão expressa, entendemos que o juiz deverá também ordenar a anotação da falência nos registros públicos onde o devedor mantiver filiais, conferindo, por conseguinte, maior publicidade à quebra.[198]

Manoel Justino Bezerra Filho adverte que, se o devedor for sociedade anônima de capital aberto, haverá necessidade de expedição de ofício à Bolsa de Valores na qual as respectivas ações sejam negociadas.[199]

Os Registros Públicos de Empresas manterão banco de dados público e gratuito, disponível na rede mundial de computadores, contendo a relação de todos os devedores falidos (art. 196).

IX – A nomeação de administrador judicial,[200] *que desempenhará suas funções na forma do inciso III do* caput *do art. 22 da lei, sem prejuízo do disposto na alínea "a" do inciso II do* caput *do art. 35 da lei*. O senador Ramez Tebet, no seu relatório, afirma que a Emenda 108 do senador César Borges "(...) substitui a expressão 'síndico', constante do art. 120 do Substitutivo, por 'administrador judicial'."[201]

X – A determinação de expedição de ofícios aos órgãos e repartições públicas e outras entidades para que informem a existência de bens e direitos do falido.[202] É claro

195. Vera Helena de Mello Franco e Rachel Sztajn, *Falência e Recuperação da Empresa em Crise: Comparação com as Posições do Direito Europeu*, cit., p. 121.

196. Manoel Justino Bezerra Filho, *Nova Lei de Recuperação e de Falências Comentada. Lei 11.101, de 9.2.2005, Comentário Artigo por Artigo*, cit., 3ª ed., pp. 253-254.

197. Carlos Henrique Abrão, "Comentários aos arts. 70 ao 104", in Carlos Henrique Abrão e Paulo Fernando Campos Salles de Toledo (coords.), *Lei de Recuperação de Empresas e Falência*, São Paulo, Saraiva, 2005, p. 262. No mesmo sentido: José da Silva Pacheco, *Processo de Recuperação Judicial, Extrajudicial e Falência*, Rio de Janeiro, Forense, 2006, p. 252.

198. No mesmo sentido: Júlio Kahan Mandel, *Nova Lei de Falências e Recuperação de Empresas Anotada: Lei 11.101, de 9.2.2005*, cit., p. 191; Adalberto Simão Filho, "Comentários aos arts. 94 ao 101", cit., in Newton de Lucca e Adalberto Simão Filho (coords.), *Comentários à Nova Lei de Recuperação de Empresas e de Falências*, p. 443.

199. Manoel Justino Bezerra Filho, *Nova Lei de Recuperação e de Falências Comentada. Lei 11.101, de 9.2.2005, Comentário Artigo por Artigo*, cit., 3ª ed., p. 254.

200. Júlio Kahan Mandel sugere que na sentença constem também o endereço, *e-mail* e telefone do administrador judicial, a fim de facilitar o contato (*Nova Lei de Falências e Recuperação de Empresas Anotada: Lei 11.101, de 9.2.2005*, cit., p. 192).

201. V. parecer na íntegra: Anexo II desta obra.

202. Adalberto Simão Filho exemplifica: "Entre os ofícios possíveis a serem expedidos na busca de informações sobre bens e direitos, tem-se o ofício à DRF/Delegacia da Receita Federal para remessa de cópias das declarações de rendimentos dos últimos exercícios; ofícios aos cartórios imobiliários para que informem a existência de registros e matrículas de titularidade da empresa; ofícios a certas sociedades de capital aberto para verificação da posição acionária e

o objetivo deste comando: identificar os bens e direitos que comporão a massa falida objetiva.

Vera Helena de Mello Franco e Rachel Sztajn, após lembrarem que a consulta a entidades diversas era, no regime anterior, o resultado da diligência usual do síndico no que dizia respeito à localização de bens do falido, destacam que a determinação *ex officio* prevista neste inciso X colaborará para maior celeridade do procedimento.[203]

XI – A pronúncia a respeito da continuação provisória das atividades do falido com o administrador judicial ou da lacração dos estabelecimentos, observado o disposto no art. 109 da lei. O instituto da continuação do negócio do falido já tinha previsão no art. 74 do regime anterior.[204]

No atual regime há previsão expressa de preservação e de otimização da utilização produtiva dos bens, ativos e recursos produtivos, inclusive os intangíveis, da empresa (art. 75). Ora, o caminho a ser adotado para atingir tais finalidades, dependendo das circunstâncias, será justamente o da continuação provisória das atividades.[205]

Neste diapasão, ponderam Vera Helena de Mello Franco e Rachel Sztajn:

"Esta solução serve ao objetivo dos credores, tendo em vista preservar a empresa e seus atributos. É necessário lembrar que pode ser interesse da massa a manutenção do estabelecimento empresarial com todos os seus elementos, assim como o ponto de negócio, com sua capacidade de atrair a clientela, principalmente quando se tratar de aviamento subjetivo.

"E assim é porque a capacidade para atrair a clientela, neste último caso, resulta das qualidades pessoais do titular do estabelecimento, e não tanto do fato de este se encontrar, objetivamente, bem equipado. Vale dizer, inclusive, que a arrecadação dos bens que compõem o estabelecimento poderia ser ínfima, valendo tão-somente o movimento representado pela clientela. É razoável inferir que esta deixaria de existir com a lacração do estabelecimento, prejudicando a futura liquidação e, por conseqüência, os credores."[206-207]

No regime anterior inexistia previsão expressa relativa à lacração de estabelecimentos. Todavia, tal expediente era adotado com freqüência. No atual regime a lacração está prevista no art. 109.[208]

de valores mobiliários da empresa" ("Comentários aos arts. 94 ao 101", cit., in Newton de Lucca e Adalberto Simão Filho (coords.), *Comentários à Nova Lei de Recuperação de Empresas e de Falências*, p. 444).

203. Vera Helena de Mello Franco e Rachel Sztajn, *Falência e Recuperação da Empresa em Crise: Comparação com as Posições do Direito Europeu*, cit., p. 122.

204. Todavia – ressalta Adalberto Simão Filho –, "estava eivado de burocracias e procedimentos que, por vezes, afastavam a sua própria possibilidade econômica. A continuação do negócio só podia ser pleiteada pelo falido após a arrecadação dos bens, e, ainda, dependia de autorização dos demais órgãos da falência" ("Comentários aos arts. 94 ao 101", cit., in Newton de Lucca e Adalberto Simão Filho (coords.), *Comentários à Nova Lei de Recuperação de Empresas e de Falências*, p. 445).

205. No mesmo sentido: Sérgio Campinho, *Falência e Recuperação de Empresa: o Novo Regime da Insolvência Empresarial*, cit., p. 290.

206. Vera Helena de Mello Franco e Rachel Sztajn, *Falência e Recuperação da Empresa em Crise: Comparação com as Posições do Direito Europeu*, cit., p. 121.

207. Fábio Ulhoa Coelho complementa: "A continuação provisória das atividades se justifica em casos excepcionais, quando ao juiz parecer que a empresa em funcionamento pode ser vendida com rapidez no interesse da otimização dos recursos do falido. Se, pela tradição da marca explorada ou pela particular relevância social e econômica da empresa, parecer ao magistrado, no momento da decretação da quebra, que o encerramento da atividade agravará não só o prejuízo dos credores, como poderá produzir efeitos deletérios à economia regional, local ou nacional, convém que ele autorize a continuação provisória dos negócios" (*Comentários à Nova Lei de Falências e de Recuperação de Empresas*, São Paulo, Saraiva, 2005, p. 276).

208. Vera Helena de Mello Franco ressalta: o critério para concessão ou não da continuação provisória das atividades está no interesse da massa em preservar a clientela e o ponto ou local de negócios, o que seria disperso com a lacração do estabelecimento ("Comentários aos arts. 94 ao 114", cit., in Francisco Satiro de Sousa Jr. e Antônio Sérgio Altieri de Moraes Pitombo (coords.), *Comentários à Lei de Recuperação de Empresas e Falência: Lei 11.101/2005*, p. 411).

Sérgio Campinho sugere que o juiz, primeiramente, determine a lacração do estabelecimento e, após a verificação dos fatos, decida sobre a continuação provisória das atividades, já que não há falar em preclusão, *in casu*.[209]

De outra banda, Fábio Ulhoa Coelho afirma que as alternativas – continuação provisória das atividades ou lacração do estabelecimento – não são excludentes, já que o juiz pode simplesmente denegar ambas as medidas.[210]

Por fim, Adalberto Simão Filho afirma que inexiste impedimento para que o pedido de continuação provisória de atividades seja formulado pelo próprio devedor, após a sentença de quebra e o procedimento de lacração do estabelecimento.[211]

Jurisprudência[212]

Eis três julgados pertinentes prolatados à luz do regime anterior:

[STJ] *A continuação do negócio, a pedido da falida, é faculdade atribuída ao juiz pelo art. 74 da Lei Falimentar* – Poder discricionário, por isso não se vincula à posição adotada pelo *Parquet* ou pelo síndico. [*3ª Turma, RMS 336-PR, rel. Min. Waldemar Zveiter, j. 18.9.1990, negaram provimento, v.u., DJU 22.10.1990, p. 11.662*]

[TJSP] Continuação do negócio da falida – Decisão que concede a liminar em agravo de instrumento para fazer cessar a continuidade dos negócios da falida – Ausência de lesividade – Denegação. *Quanto à preservação do fundo de comércio, que seria representado pelo ponto comercial, também não é causa justificadora da continuidade do negócio, uma vez que está ele afetado pela decretação da falência, fazendo com que a clientela se dispersasse e fosse arrebatada pelos concorrência, que é bastante forte no ramo de eletrodomésticos, de forma que nem de longe tem ele valor estimado pela impetrante.* [*6ª Câmara de Direito Privado, AgR 49.628.4/0-01, rel. Des. Testa Marchi, agte.: Casa Centro, j. 8.5.1997*]

Falência – Continuação do negócio – Pedido deferido – Desídia do síndico e único credor no cumprimento dos deveres a ele impostos – *Estabelecimento em que a freguesia constitui a parte mais importante, sendo a única empresa do gênero na região* – Prejuízos notórios aos credores acarretados pela paralisação negocial – Irreparabilidade dos danos caso não atendida a pretensão – Prevalência do interesse da pessoa jurídica sobre o interesse econômico individual da pessoa física dos sócios e do credor – Nomeação de novo síndico eqüidistante das partes. [*RT 642/107*]

XII – Determinação, quando entender conveniente, da convocação da assembléia-geral de credores para a constituição de comitê de credores, podendo ainda autorizar a manutenção do comitê eventualmente em funcionamento na recuperação judicial quando da decretação da falência. A manutenção do comitê decorre da convolação da recuperação judicial em falência (arts. 73 e 74).

XIII – A ordem de intimação do Ministério Público e a comunicação por carta às Fazendas Públicas Federal e de todos os Estados e Municípios em que o devedor tiver estabelecimento, para que tomem conhecimento da falência. O senador Ramez Tebet, no seu relatório, aduz: "Primeiramente, entendemos que as Fazendas Públicas devem ser informadas não só da concessão da recuperação judicial de empresários ou sociedades empresárias, como prevê o art. 59, § 2º, do Substitutivo, mas também da decretação da falência, uma vez que tal fato tem repercussão nos direitos do Fisco. (...). Deve-se modificar (...) o inciso XIII do art. 99 do Substitutivo, para estabelecer a comunicação da falência às Fazendas Públicas".[213]

209. Sérgio Campinho, *Falência e Recuperação de Empresa: o Novo Regime da Insolvência Empresarial*, cit., p. 290.

210. Fábio Ulhoa Coelho, *Comentários à Nova Lei de Falências e de Recuperação de Empresas*, cit., p. 276.

211. Adalberto Simão Filho, "Comentários aos arts. 94 ao 101", cit., in Newton de Lucca e Adalberto Simão Filho (coords.), *Comentários à Nova Lei de Recuperação de Empresas e de Falências*, p. 445.

212. Manoel Justino Bezerra Filho, *Jurisprudência da Nova Lei de Recuperação de Empresas e Falências/Decisões, Ofícios Judiciais, Resoluções, Sentenças, Acórdãos, Dentre Outros Documentos*, São Paulo, Ed. RT, 2006, pp. 287-289.

213. V. parecer na íntegra: Anexo II desta obra.

563. Publicação de edital: íntegra da decisão que decreta a falência e relação de credores – O comando da publicação, por edital,[214] da relação de credores juntamente com a decisão da quebra, que se funda nos princípios da celeridade e da economia processual (art. 75, parágrafo único), parece-nos cabível apenas tratando-se de convolação de recuperação judicial em falência, pois no caso de pedido de falência formulado por credor será impossível obter a relação nominal de credores.[215]

O art. 191 estabelece que as publicações sejam feitas preferencialmente na imprensa oficial e, se a massa falida comportar, em jornal ou revista de circulação regional ou nacional, bem como em quaisquer outros periódicos que circulem em todo País.

Além disso, tais publicações conterão a epígrafe "Falência de" (art. 191, parágrafo único).

Art. 100. Da decisão que decreta a falência cabe agravo,[564] e da sentença que julga a improcedência do pedido cabe apelação.[565-566-567-568-569-570]

LEGISLAÇÃO ANTERIOR

Lei de Falências (DL 7.661/1945): *Art. 17.* Da sentença que declarar a falência, pode o devedor, o credor ou o terceiro prejudicado agravar de instrumento.

Art. 19. Cabe apelação da sentença que não declarar a falência.

COMENTÁRIOS

564. Qual é o recurso cabível da decisão que decreta a falência? – O recurso cabível da decisão que decreta a falência é o agravo, já que tal decisão não põe termo ao processo, mas dá início ao processo falimentar.[216-217]

214. Fábio Ulhoa Coelho, no tocante à publicidade da sentença declaratória de falência, ressalta que o seu inteiro teor há de ser publicado por edital, enquanto a sentença cível se torna pública apenas com a inserção de seu dispositivo no órgão oficial (*Comentários à Nova Lei de Falências e de Recuperação de Empresas*, cit., p. 277). Adalberto Simão Filho tem entendimento distinto, pois afirma que "a publicação da sentença poderá ser feita de forma integral ou parcial, contendo tão-só a parte decisória" ("Comentários aos arts. 94 ao 101", cit., in Newton de Lucca e Adalberto Simão Filho (coords.), *Comentários à Nova Lei de Recuperação de Empresas e de Falências*, p. 447).

215. No mesmo sentido: Júlio Kahan Mandel, *Nova Lei de Falências e Recuperação de Empresas Anotada: Lei 11.101, de 9.2.2005*, cit., p. 195.

216. No mesmo sentido, Sérgio Campinho: "É clara a verba legal ao enunciar que da sentença que decretar a falência caberá recurso de agravo (art. 100). A modalidade recursal se justifica, embora do preceito ordinário conste que da sentença cabe apelação (CPC, art. 513), justo porque a decisão em apreço, na medida em que impõe o fim do processo pré-falencial, inaugura um outro processo, o de falência propriamente dito, com a produção de imediatos efeitos decorrentes da nova condição jurídica do devedor, efeitos, esses, de ordem pessoal, patrimonial e em relação a seus credores. Daí se justificar o recurso de agravo, eis que da decisão surge um novo processo, embora nos mesmos autos, recheado de procedimentos a serem logo implementados" (*Falência e Recuperação de Empresa: o Novo Regime da Insolvência Empresarial*, Rio de Janeiro, Renovar, 2006, p. 293). V. também Manoel Justino Bezerra Filho, *Nova Lei de Recuperação e de Falências Comentada. Lei 11.101, de 9.2.2005, Comentário Artigo por Artigo*, 3ª ed., São Paulo, Ed. RT, 2005, p. 256; Júlio Kahan Mandel, *Nova Lei de Falências e Recuperação de Empresas Anotada: Lei 11.101, de 9.2.2005*, São Paulo, Saraiva, 2005, p. 195.

217. Esclarecem Fredie Didier Jr. e Leandro Aragão: "O problema é que o legislador previu recurso de agravo contra essa decisão, o que excepciona a regra do Código de Processo Civil, que estabelece a apelação como recurso cabível em tais situações. Não seria, entretanto, caso raro de incongruência legislativa: (a) o art. 17 da Lei de Assistência Judiciária (Lei federal 1.060/1950) prevê o recurso de apelação contra decisões interlocutórias; (b) o art. 475-H prevê o cabimento do agravo contra decisão que julgar liquidação de sentença, decisão, essa, que também encerra uma fase do procedimento e que, por isso, poderia tranqüilamente ser alcunhada de sentença. Não se pode ignorar, porém, que as regras de cabimento do recurso e os conceitos legais das espécies de decisão (cuja função é exatamente a de estruturar o sistema recursal) não são doutrinários. Trata-se de regras de direito positivo e, por isso, contingentes. Não é possível reduzi-las aos esquemas abstratos da teoria do processo, pois uma 'penada legislativa' aniquilaria tudo quanto fosse afirmado. Não

Uma vez que a atual lei não disciplina o recurso de agravo, aplicar-se-á o Código de Processo Civil, por força do art. 189.

A Lei 11.187, de 19.10.2005, alterou o regime do agravo previsto no Código de Processo Civil, estabelecendo como regra geral o agravo retido (art. 522).

Dentre as exceções à regra geral, o próprio art. 522 do diploma adjetivo ressalva a hipótese em que a decisão proferida é suscetível de causar à parte lesão grave e de difícil reparação.

Ora, considerando ser notório que a decisão de decretação da falência pode causar ao devedor lesão grave e de difícil reparação (por exemplo, danos patrimoniais e morais)[218] e que o agravo retido é desprovido de qualquer eficácia para afastar a imediatidade e instantaneidade inerentes ao provimento da quebra, o interessado, com estribo no art. 527, III, c/c o art. 558, ambos do CPC, poderá interpor agravo de instrumento[219] com pedido de efeito suspensivo.[220]

565. É possível o juiz julgar parcialmente procedente o pedido de falência? – Não é possível o juiz julgar parcialmente procedente o pedido de falência.

De duas, uma: ou o juiz julga procedente *in totum* o pedido de falência, ou o denega também *in totum*.[221]

566. Qual é o recurso cabível da sentença que julga improcedente o pedido de falência? – O recurso cabível da sentença que julga improcedente o pedido de falência é a apelação.

Tendo em vista que o regime da apelação não foi regulado pela atual lei, o Código de Processo Civil deverá ser aplicado, em face do disposto no art. 189.

567. Em que hipóteses o juiz denegará o pedido de falência? – As hipóteses são as seguintes: (1) quando o devedor efetuar o depósito elisivo; (2) quando o juiz acolher as razões articuladas pelo devedor na sua contestação.

há restrição teórica alguma ao cabimento de agravo contra uma sentença. Mas não se pode elogiar, pois sempre causador de dúvidas práticas e discussões doutrinárias. Parece inegável, então, que se está diante de uma situação excepcional: contra uma sentença cabe agravo" ("Comentários aos arts. 189 ao 192", in Osmar Brina Corrêa-Lima e Sérgio Mourão Corrêa-Lima (coords.), *Comentários à Nova Lei de Falência e Recuperação de Empresas: Lei 11.101, de 9.2.2005*, Rio de Janeiro, Forense, 2009, p. 1.244).

218. Júlio Kahan Mandel explicita: "O dano ocorrido com um pedido de quebra indevido é quase irreparável. Ação dessa gravidade provoca insegurança entre credores, fornecedores e clientes do requerido. Por sua gravidade, o requerimento de falência somente deve ser utilizado como último instrumento do devedor, e mesmo assim para que se instaure o concurso de credores, e não para cobrança de sua dívida, que pode ser efetuada por via executiva. A notícia do pedido de falência aparece nos jornais de grande circulação e em órgãos de proteção ao crédito; e provoca avalanches de telefonemas de amigos e interessados no futuro da empresa, causando prejuízo e desconforto aos sócios" (*Nova Lei de Falências e Recuperação de Empresas Anotada: Lei 11.101, de 9.2.2005*, cit., p. 200).

219. No mesmo sentido: José da Silva Pacheco, *Processo de Recuperação Judicial, Extrajudicial e Falência*, Rio de Janeiro, Forense, 2006, p. 256; Sérgio Campinho, *Falência e Recuperação de Empresa: o Novo Regime da Insolvência Empresarial*, cit., p. 294; Fábio Ulhoa Coelho, *Comentários à Nova Lei de Falências e de Recuperação de Empresas*, São Paulo, Saraiva, 2005, p. 279.

220. Carlos Henrique Abrão aduz: "A eficácia da sentença de quebra é imediata e instantânea, daí por que, como adverte Araken de Assis, somente o recurso terá efetividade na mudança daquele estado geral, no sentido de modificar sua caracterização ditada pelo provimento. Neste aspecto caberá agravo de instrumento a ser distribuído no Tribunal de Justiça, cujo relator, dada a preferência, se manifestará na primeira oportunidade, concedendo ou não efeito ativo, requisitando informações, abrindo prazo para pronunciamento do agravado. (...) na hipótese de quebra o retido é de nenhuma eficácia, pois que somente aquele de instrumento se presta à reforma da decisão e no tempo adequado à reversão da situação falimentar" ("Comentários aos arts. 70 ao 104", in Carlos Henrique Abrão e Paulo Fernando Campos Salles de Toledo (coords.), *Lei de Recuperação de Empresas e Falência*, São Paulo, Saraiva, 2005, p. 268).

221. Aduz Fábio Ulhoa Coelho: "Não há, no pedido de falência, a possibilidade de acolhimento *parcial* do pedido (ou a falência é decretada, porque presentes os seus pressupostos, ou denegada, por ausentes; não existe meio-termo) (...)" (*Comentários à Nova Lei de Falências e de Recuperação de Empresas*, cit., p. 278).

568. Quem tem legitimidade para recorrer? – O atual regime é omisso quanto às pessoas legitimadas a interpor os recursos – agravo e apelação – retromencionados.

Não obstante isso, é óbvio que tanto o devedor (no caso de decisão que decreta a falência) quanto o credor requerente do pedido de falência (no caso de sua denegação) são partes legítimas para recorrer.

E os terceiros interessados?

Os terceiros interessados também estão legitimados.[222] No entanto, resta delimitar o respectivo universo.

Júlio Kahan Mandel entende que: "Os terceiros interessados, por exemplo, os sócios de uma empresa falida (especialmente quando os administradores se omitem em defender a requerida), também podem apresentar defesa e, conseqüentemente, agravar da decisão que decretou a quebra. Se os sócios ou acionistas podem requerer a falência da empresa, e também podem defender a empresa em pedidos de falência, deve-se permitir também que se oponham a ela em grau recursal, desde que evidentes seus direitos. Os acionistas e sócios da empresa têm muito a perder com a decretação, evidentemente".[223]

Já, Sérgio Campinho amplia o universo de terceiros legitimados: "Podem recorrer da decisão (...) os sócios de responsabilidade ilimitada, os terceiros prejudicados, (...) e o Ministério Público.[224] (...) sócios da sociedade de cuja falência foi decretada (...) o adquirente do estabelecimento falido".[225]

569. Quando será aplicada a sucumbência? – Se a falência deixou de ser decretada porque o depósito efetuado elidiu a insolvência jurídica presumida do devedor, este sucumbiu.[226]

Por outro lado, se a falência não foi decretada porque o juiz acolheu as razões deduzidas na contestação, não há que se falar em sucumbência do devedor, e sim do credor requerente.

570. A coisa julgada poderá ser argüida pelo devedor? – O devedor não poderá alegar coisa julgada,[227] até porque o mesmo credor requerente do pedido anterior poderá reprisá-lo.[228-229]

222. Manoel Justino Bezerra Filho também admite a legitimidade recursal de terceiro interessado (*Nova Lei de Recuperação e de Falências Comentada. Lei 11.101, de 9.2.2005, Comentário Artigo por Artigo*, cit., 3ª ed., p. 257). No mesmo sentido: Vera Helena de Mello Franco, "Comentários aos arts. 94 ao 114", in Francisco Satiro de Sousa Jr. e Antônio Sérgio Altieri de Moraes Pitombo (coords.), *Comentários à Lei de Recuperação de Empresas e Falência: Lei 11.101/2005*, São Paulo, Ed. RT, 2005, p. 411.

223. Júlio Kahan Mandel, *Nova Lei de Falências e Recuperação de Empresas Anotada: Lei 11.101, de 9.2.2005*, cit., p. 196.

224. Fábio Ulhoa Coelho também inclui o Ministério Público como detentor de legitimidade recursal (*Comentários à Nova Lei de Falências e de Recuperação de Empresas*, cit., p. 280).

225. Sérgio Campinho, *Falência e Recuperação de Empresa: o Novo Regime da Insolvência Empresarial*, cit., pp. 293 e 300.

226. Por isso – afirma Sérgio Campinho –, o requerente "deve incorrer nas respectivas penas consagradas no art. 20 do CPC, suportando, assim, o pagamento das despesas processuais e honorários advocatícios, a serem fixados na correspondente decisão, nos termos do § 3º do mesmo artigo" (*Falência e Recuperação de Empresa: o Novo Regime da Insolvência Empresarial*, cit., p. 299).

227. No mesmo sentido: Carlos Henrique Abrão, "Comentários aos arts. 70 ao 104", cit., in Carlos Henrique Abrão e Paulo Fernando Campos Salles de Toledo (coords.), *Lei de Recuperação de Empresas e Falência*, p. 269; Vera Helena de Mello Franco, "Comentários aos arts. 94 ao 114", cit., in Francisco Satiro de Sousa Jr. e Antônio Sérgio Altieri de Moraes Pitombo (coords.), *Comentários à Lei de Recuperação de Empresas e Falência: Lei 11.101/2005*, p. 412.

228. Exemplifica Manoel Justino Bezerra Filho: "Imagine-se, por exemplo, que a falência não tenha sido decretada porque o requerente não havia protestado o título: bastará o desentranhamento do título, que, protestado, habilitará o mesmo requerente a novo pedido de falência" (*Nova Lei de Recuperação e de Falências Comentada. Lei 11.101, de 9.2.2005, Comentário Artigo por Artigo*, cit., 3ª ed., p. 257).

229. Sérgio Campinho sustenta posição peculiar: "Uma vez denegado o pedido, nada impede volte o credor a requerer a falência de seu devedor, em processo novo, deduzindo fatos novos, inéditos, assim, em relação ao primitivo fundamento, trazendo nova

Art. 101. Quem por dolo[571] requerer a falência de outrem será condenado, na sentença que julgar improcedente o pedido, a indenizar o devedor, apurando-se as perdas e danos[572] em liquidação de sentença.[573]

§ 1º. Havendo mais de 1 (um) autor do pedido de falência, serão solidariamente responsáveis aqueles que se conduziram na forma prevista no *caput* deste artigo.[574]

§ 2º. Por ação própria, o terceiro prejudicado também pode reclamar indenização dos responsáveis.[575]

LEGISLAÇÃO ANTERIOR

Lei de Falências (DL 7.661/1945): *Art. 20.* Quem por dolo requerer a falência de outrem, será condenado, na sentença que denegar a falência, em primeira ou segunda instância, a indenizar ao devedor, liquidando-se na execução da sentença as perdas e danos. Sendo a falência requerida por mais de uma pessoa, serão solidariamente responsáveis os requerentes.

Parágrafo único. Por ação própria, pode o prejudicado reclamar a indenização no caso de culpa ou abuso do requerente da falência denegada.

COMENTÁRIOS

571. Dolo – *Dolo*, simplificadamente, é a vontade deliberada de praticar um ato ilícito querendo o resultado ou assumindo os riscos que lhe são inerentes.[230]

Trajano de Miranda Valverde, à luz do regime anterior, mais especificamente do art. 20, pontificava: "O têrmo 'dolo' está no dispositivo, que comentamos, no sentido genérico, como sinônimo de má-fé".[231]

Fábio Ulhoa Coelho afirma que o dolo tem de ser *manifesto*,[232] reputando-o existente quando os elementos reunidos no próprio pedido de falência já são suficientes para o juiz se convencer de que o requerente tinha a intenção de causar danos ao requerido ao aduzir a pretensão em juízo.[233]

Vera Helena de Mello Franco e Rachel Sztajn criticam o dispositivo: "A nova lei andou mal, todavia, quando deixou de prever a hipótese de culpa, tal como se fazia na norma do parágrafo único deste art. 20 na lei anterior, tendo, a par disto, restringido o âmbito da ação própria (art. 101, § 2º, da LRE) ao terceiro prejudicado".[234]

Acreditamos que o devedor requerido, independentemente da indenização prevista no art. 101, também está legitimado a pleitear indenização fundado nos arts. 186 e 927, ambos do CC.[235]

causa de pedir; ou, até mesmo, corrigindo defeito que resultou no indeferimento do pedido anterior, como a ausência de protesto do título falencial" (*Falência e Recuperação de Empresa: o Novo Regime da Insolvência Empresarial*, cit., p. 301).

230. José da Silva Pacheco, à luz do regime anterior, exemplifica casos dolosos: "(a) protesto de título, em que se baseou o pedido, através de falsas informações ao oficial público, se o título ainda não estava vencido nem podia ser exigido o pagamento, subordinado a condição, que não se verificara; (b) o uso de documento viciado, que não merece fé em juízo, mormente quando estava aberto a respeito inquérito policial, caracteriza dolo do requerente da falência (*RT* 112/660); (c) (...); (d) o requerimento de falência com base em duplicatas já pagas ou quando o credor pede falência, com fulcro em título sem força executiva (*RT* 598/83)" (*Processo de Recuperação Judicial, Extrajudicial e Falência*, Rio de Janeiro, Forense, 2006, p. 257).

231. Trajano de Miranda Valverde, *Comentários à Lei de Falências*, 2ª ed., vol. I, Rio de Janeiro, Revista Forense, 1955, p. 172.

232. Segundo José da Silva Pacheco, a expressão "dolo manifesto" era utilizada pelo art. 21 da Lei 2.024/1908 (*Processo de Recuperação Judicial, Extrajudicial e Falência*, cit., p. 257). Sérgio Campinho também fala em "dolo manifesto" (*Falência e Recuperação de Empresa: o Novo Regime da Insolvência Empresarial*, Rio de Janeiro, Renovar, 2006, p. 302).

233. Fábio Ulhoa Coelho, *Comentários à Nova Lei de Falências e de Recuperação de Empresas*, São Paulo, Saraiva, 2005, p. 281.

234. Vera Helena de Mello Franco e Rachel Sztajn, *Falência e Recuperação da Empresa em Crise: Comparação com as Posições do Direito Europeu*, Rio de Janeiro, Elsevier, 2008, p. 123.

235. No mesmo sentido: Sérgio Campinho, *Falência e Recuperação de Empresa: o Novo Regime da Insolvência Empresarial*, cit., p. 302; Júlio Kahan Mandel, *Nova Lei de Falências e Recuperação de Empresas Anotada: Lei 11.101, de 9.2.2005*, São

Jurisprudência[236]

Eis um julgado pertinente prolatado à luz do regime anterior:

[TJSP] Indenização – Perdas e danos – Art. 20 da Lei de Falências – Hipótese de extinção do processo sem julgamento do mérito. *O art. 20 da Lei de Falências só prevê condenação do requerente ao pagamento de indenização por perdas e danos quando o requerimento for feito com dolo e a falência for denegada, isto é, for rejeitada no mérito.* [*J. 5.9.1995, JTJ-Lex 179/46*]

572. Perdas e danos – As perdas e danos podem englobar tanto os danos patrimoniais quanto os extrapatrimoniais ou morais.[237-238]

Jurisprudência[239]

Eis um julgado pertinente prolatado sob a égide do regime anterior:

[TJSP] Indenização – Responsabilidade civil – Dano moral – Falência – Pedido inadequado – Processo extinto – *Dolo, culpa ou má-fé do requerente da quebra não suficientemente demonstrados* – Lapso escusável – Prejuízos, de natureza moral, não comprovados – Tentativa de chantagem não tipificada – Verba não devida – Embargos rejeitados. [*J. 14.3.2000, JTJ-Lex 230/256*]

573. Liquidação de sentença – Em relação à liquidação da sentença, Manoel Justino Bezerra Filho recomenda: "Embora o *caput* do artigo estipule que as perdas e danos serão determinadas em liquidação de sentença (arts. 603 e ss. do CPC), sempre que possível deve o juiz fixar desde logo o valor, na própria sentença, Dessa forma estará evitando a instauração de novo processo (de liquidação) depois que a sentença transitar em julgado, o que alongará o processo por mais tempo".[240-241]

Paulo, Saraiva, 2005, p. 101; Manoel Justino Bezerra Filho, *Nova Lei de Recuperação e Falência Comentada. Lei 11.101, de 9.2.2005, Comentário Artigo por Artigo*, 3ª ed., São Paulo, Ed. RT, 2005, p. 258; Adalberto Simão Filho, "Comentários aos arts. 94 ao 101", in Newton de Lucca e Adalberto Simão Filho (coords.), *Comentários à Nova Lei de Recuperação de Empresas e de Falências*, São Paulo, Quartier Latin, 2005, p. 454.

236. Manoel Justino Bezerra Filho, *Jurisprudência da Nova Lei de Recuperação de Empresas e Falências/Decisões, Ofícios Judiciais, Resoluções, Sentenças, Acórdãos, Dentre Outros Documentos*, São Paulo, Ed. RT, 2006, p. 293.

237. Segundo Júlio Kahan Mandel: "Os danos patrimoniais são claros e devem ser apurados com base no faturamento da requerida. Porém, não só o dano patrimonial causado pelo requerente deve ser indenizado, como também o dano moral (...). O dever de indenizar é correto, pois é extremamente difícil, se não impossível, calcular os prejuízos que pode sofrer a requerida com a publicação do requerimento de sua falência. Quantos clientes podem ter deixado de efetuar contato? Quanto isso pode ter afetado a confiança que os fornecedores mantinham com ela? Esse dano patrimonial indireto só poderá ser ressarcido com a indenização do lesionado pela ocorrência de dano moral. (...). O próprio Estado pode ser acionado por perdas e danos por imperícia do juiz que decretar indevidamente a falência. Vide casos de erro material, excesso e abuso de poder e desrespeito ao devido processo legal, desrespeito aos prazos de defesa e até mesmo o folclórico (mas verídico) caso do juiz que entendeu haver fraude na concordata porque o balanço apresentado pelo devedor demonstrava que o passivo da empresa era igual ao ativo, até nos centavos" (*Nova Lei de Falências e Recuperação de Empresas Anotada: Lei 11.101, de 9.2.2005*, São Paulo, Saraiva, 2005, pp. 200-201).

238. Também admitem indenização por dano moral: Carlos Henrique Abrão, "Comentários aos arts. 70 ao 104", in Carlos Henrique Abrão e Paulo Fernando Campos Salles de Toledo (coords.), *Lei de Recuperação de Empresas e Falência*, São Paulo, Saraiva, 2005, p. 270; Adalberto Simão Filho, "Comentários aos arts. 94 ao 101", in Newton de Lucca e Adalberto Simão Filho (coords.), *Comentários à Nova Lei de Recuperação de Empresas e de Falências*, São Paulo, Quartier Latin, 2005, pp. 452-453.

239. Manoel Justino Bezerra Filho, *Jurisprudência da Nova Lei de Recuperação de Empresas e Falências/Decisões, Ofícios Judiciais, Resoluções, Sentenças, Acórdãos, Dentre Outros Documentos*, cit., p. 293.

240. Manoel Justino Bezerra Filho, *Nova Lei de Recuperação e de Falências Comentada. Lei 11.101, de 9.2.2005, Comentário Artigo por Artigo*, 3ª ed., São Paulo, Ed. RT, 2005, p. 258.

241. Sérgio Campinho, por sua vez, recomenda: "Embora o dispositivo sob comento se refira à apuração das perdas e danos em liquidação de sentença, vislumbramos que isto somente se deva fazer em relação aos danos materiais, que irão demandar a verificação de certos fatos provocadores do abalo do patrimônio ou negócio do empresário, como a perda de um contrato em função do requerimento da falência. O dano moral que necessariamente resultará da

574. Responsabilidade solidária pela indenização – Havendo pluralidade de requerentes do pedido de falência, serão responsabilizados solidariamente aqueles que se comportarem na forma prevista no *caput* do art. 101.

575. Indenização por ação própria – O art. 101 prevê indenização ao devedor quando o pedido de falência for formulado com dolo.

Independentemente da indenização prevista no art. 101, não resta dúvida de que o devedor requerido, com estribo nos arts. 186 e 927, ambos do CC, também está legitimado a pleitear indenização.[242]

Fábio Ulhoa Coelho exemplifica: "(...) age com culpa a pessoa que não faz controle adequado dos títulos cujo pagamento recebe, e acaba ajuizando pedido de falência sob a alegação de impontualidade injustificada do devedor que, após o protesto, houvera pago integralmente a dívida. Ela deverá indenizar os prejuízos que causou ao requerido, na ação própria que este lhe mover, não cabendo a condenação já na sentença denegatória".[243]

O parágrafo único do art. 20 do regime anterior previa: "Por ação própria, pode o prejudicado reclamar a indenização no caso de culpa ou abuso do requerente da falência denegada".

O atual regime, mais especificamente o § 2º do art. 101, também prevê como parte legítima para pleitear indenização, por culpa *lato sensu*, o terceiro prejudicado.[244-245]

ação do credor, este, pensamos, deve vir já fixado na sentença, pois cabe ao juiz quantificá-lo, segundo a experiência comum" (*Falência e Recuperação de Empresa: o Novo Regime da Insolvência Empresarial*, cit., p. 302).

242. No mesmo sentido: Sérgio Campinho, *Falência e Recuperação de Empresa: o Novo Regime da Insolvência Empresarial*, cit., p. 302; Júlio Kahan Mandel, *Nova Lei de Falências e Recuperação de Empresas Anotada: Lei 11.101, de 9.2.2005*, cit., p. 101; Manoel Justino Bezerra Filho, *Nova Lei de Recuperação e de Falências Comentada. Lei 11.101, de 9.2.2005, Comentário Artigo por Artigo*, cit., 3ª ed., p. 258; Adalberto Simão Filho, "Comentários aos arts. 94 ao 101", cit., in Newton de Lucca e Adalberto Simão Filho (coords.), *Comentários à Nova Lei de Recuperação de Empresas e de Falências*, p. 454.

243. Fábio Ulhoa Coelho, *Comentários à Nova Lei de Falências e de Recuperação de Empresas*, cit., p. 281.

244. Carlos Henrique Abrão também exemplifica: "(...) admitamos (...) a concorrência ente duas empresas, sendo que uma delas busca a quebra da outra de forma imotivada e dolosa. Desacolhido o pedido, o fornecedor prejudicado, comprovando o nexo, poderá utilizar ação autônoma para exigir indenização dos responsáveis, mais claramente se durante o período de incubação da quebra ficou paralisada a sua produção, experimentando danos e prejuízos causados pelo abstruso requerimento de quebra, motivo pelo qual não apenas o devedor, mas terceiro tem legitimidade da pretensão, nada obstando a que demandem conjuntamente, formando litisconsórcio ativo facultativo" ("Comentários aos arts. 70 ao 104", cit., in Carlos Henrique Abrão e Paulo Fernando Campos Salles de Toledo (coords.), *Lei de Recuperação de Empresas e Falência*, p. 271).

245. Sérgio Campinho também exemplifica: "Seria o caso de um sócio controlador de uma sociedade anônima, prestes a negociar a venda do controle, que vê o valor de suas ações 'despencar' em razão de um pedido doloso ou irregular da falência da companhia, frustrando a negociação" (*Falência e Recuperação de Empresa: o Novo Regime da Insolvência Empresarial*, cit., p. 303).

Seção V – Da Inabilitação Empresarial, dos Direitos e Deveres do Falido

Art. 102. O falido fica inabilitado para exercer qualquer atividade empresarial[576-577-578] a partir da decretação da falência[579] e até a sentença que extingue suas obrigações, respeitado o disposto no § 1º do art. 181 desta Lei.[580-581]

Parágrafo único. Findo o período de inabilitação, o falido poderá requerer ao juiz da falência que proceda à respectiva anotação em seu registro.[582]

LEGISLAÇÃO ANTERIOR

Artigo sem correspondência no Decreto-lei 7.661/1945.

COMENTÁRIOS

576. Inabilitação empresarial – Frise-se que a inabilitação do falido para o exercício de qualquer atividade empresarial independe da condenação por crime falimentar, pois decorre diretamente da decretação da falência (art. 102).

A inabilitação empresarial também se aplica aos sócios de responsabilidade ilimitada (art. 81).[1]

O afastamento do falido de suas atividades está previsto no art. 75.[2]

A perda, pelo falido, do direito de administrar seus bens ou deles dispor está disciplinada no art. 103.

Registre-se que nenhuma das três figuras (afastamento, inabilitação e privação do direito de administração ou disposição) retira do falido seus direitos civis propriamente ditos e políticos.[3-4]

577. Justificativa da inabilitação empresarial – Apesar de a inabilitação empresarial implicar *capitis deminutio*,[5] Carlos Henrique Abrão, adequadamente, justifica tal instituto: "Bastante lógica e compreensível a previsão, visto que, com a falência decretada, perde o falido a administração dos próprios bens, a credibilidade, e eventual abertura da sociedade, além de implicar uma contradição, encerraria irresponsabilidade com a quebra em curso".[6]

578. Exercício ilegal de atividade – O exercício de atividade para a qual foi inabi-

1. Quanto aos sócios de responsabilidade limitada, seja nas sociedades limitadas, seja nas anônimas, desde que o capital esteja totalmente integralizado, não poderão ser responsabilizados; caso contrário o administrador judicial poderá intentar a respectiva ação judicial de integralização, observando a regra da subsidiariedade da responsabilidade dos sócios pelas obrigações sociais.

2. Tal afastamento visa a preservar e otimizar a utilização produtiva dos bens, ativos e recursos produtivos, inclusive os intangíveis da empresa (art. 75).

3. No mesmo sentido: José da Silva Pacheco, ao se referir aos arts. 102 (inabilitação empresarial) e 103 (perda do direito de administrar e dispor sobre bens) (*Processo de Recuperação Judicial, Extrajudicial e Falência*, Rio de Janeiro, Forense, 2006, p. 260).

4. Maria Cristina Vidotte Blanco Tarrega esclarece: "A decretação da falência do empresário restringe sua capacidade para os atos da vida civil, referentes à atividade empresarial. Definida a empresarialidade como organização da atividade econômica, todos os atos que, de alguma forma, a isso se relacionam estão para o falido proibidos. Trata-se de incapacidade específica sobretudo para atos de conteúdo patrimonial. A perda da capacidade para o exercício da atividade empresarial diz respeito à capacidade específica do direito comercial e das pessoas legitimadas ao exercício dela. (...). O devedor pode praticar todos os atos da vida civil e exercer profissão, desde que não consideradas [*sic*] empresariais, por excelência, ou auxiliares daquela, como os corretores, os leiloeiros, despachantes aduaneiros, administradores de armazéns-gerais, entre outras" ("Comentários aos arts. 102 ao 104", in Newton de Lucca e Adalberto Simão Filho (coords.), *Comentários à Nova Lei de Recuperação de Empresas e de Falências*, São Paulo, Quartier Latin, 2005, pp. 456-457).

5. Segundo Maria Cristina Vidotte Blanco Tarrega: "Trata-se de *capitis deminutio*, embora a Lei Falimentar não apresente os rigores e as medidas vexatórias historicamente relatadas, sobretudo nas Idades Antiga e Média" ("Comentários aos arts. 102 ao 104", cit., in Newton de Lucca e Adalberto Simão Filho (coords.), *Comentários à Nova Lei de Recuperação de Empresas e de Falências*, p. 456).

6. Carlos Henrique Abrão, "Comentários aos arts. 70 a 104", in Carlos Henrique Abrão e Paulo Fernando Campos Salles de Toledo (coords.), *Lei de Recuperação de Empresas e Falência*, São Paulo, Saraiva, 2005, p. 272.

litado ou incapacitado por decisão judicial constitui crime, apenado com reclusão de um a quatro anos (art. 176).

Além disso, responderá o impedido pelas obrigações contraídas (art. 973 do CC).

579. Termo inicial da inabilitação empresarial – A inabilitação empresarial do falido inicia a partir da decretação da falência.

580. Termo final da inabilitação empresarial – A inabilitação empresarial do falido termina quando a sentença extingue suas obrigações (art. 102, c/c art. 158). Todavia, se ele foi condenado por crime falimentar dita inabilitação perdurará até cinco anos após a extinção da punibilidade (art. 181, I, e § 1º).

Admite-se a redução do qüinqüênio mediante reabilitação penal (art. 181, § 1º).

A reabilitação penal está disciplinada nos arts. 93 e ss. do CP.

Além da inabilitação empresarial, são efeitos da condenação por crime falimentar: (1) o impedimento para o exercício de cargo ou função em conselho de administração, diretoria ou gerência de sociedades empresárias (art. 181, II); (2) a impossibilidade de gerir empresa por mandato ou por gestão de negócios (art. 181, III).

A Lei 8.934/1994, que regula o Registro Público de Empresas, proíbe o arquivamento de documentos onde figurem como administradores ou sócios pessoas que foram condenadas por crime que as impeça de exercer atividade empresarial (art. 35, II).

581. Crítica ao termo final da inabilitação empresarial – Júlio Kahan Mandel formula sua crítica ao termo final da inabilitação empresarial: "Se a inabilitação para o exercício do comércio constitui efeito da condenação por crime falimentar, nos termos do art. 181 desta mesma lei, parece-me abusiva essa verdadeira pena restritiva de direito, 'condenando' o falido a uma pena sem prazo definido para a sua extinção (pois perdurará até a extinção das obrigações), mesmo sem o trânsito em julgado da sentença condenatória, elidindo assim qualquer presunção de inocência do réu".[7]

582. Anotação do fim do período de inabilitação – A anotação do fim do período de inabilitação aplica-se às pessoas físicas que tenham sofrido condenação penal: empresário, sócios, com ou sem responsabilidade ilimitada, administradores e representantes legais.

Às pessoas jurídicas (sociedades empresárias) não se aplica a figura da anotação do fim do período de inabilitação tendo em vista que, com a quebra, elas se dissolvem (art. 1.044 do CC e art. 206, II, "c", da Lei 6.404/1976).

Sérgio Campinho destaca: "O benefício, contudo, não ampara a sociedade falida, eis que, pela falência, tem-se sua dissolução, que desencadeia o processo de sua liquidação e final extinção com encerramento da falência e conseqüente cancelamento de seu registro na Junta Comercial".[8-9]

7. Júlio Kahan Mandel, *Nova Lei de Falências e Recuperação de Empresas Anotada: Lei 11.101, de 9.2.2005*, São Paulo, Saraiva, 2005, p. 203.

8. Sérgio Campinho, *Falência e Recuperação de Empresa: o Novo Regime da Insolvência Empresarial*, Rio de Janeiro, Renovar, 2006, p. 307.

9. Fábio Ulhoa Coelho, apesar de ponderar que "o efeito da decretação da falência em relação à *pessoa* jurídica da sociedade empresária é a sua extinção" e que "a sentença declaratória da falência desfaz os vínculos existentes entre os sócios ou acionistas e inaugura o processo judicial de terminação da personalidade jurídica", admite a aplicação da anotação do fim do período de inabilitação às pessoas jurídicas, nos seguintes termos: "A declaração judicial de extinção das obrigações antes do encerramento do processo falimentar (o chamado 'levantamento da falência') é um modo particular de interrupção da dissolução falencial. Mesmo depois de encerrado o processo, podem os antigos sócios reabilitar a sociedade empresária falida, revertendo os efeitos dissolutórios da falência, com o objetivo de fazê-la retornar à exploração da atividade. Isso, contudo, é raríssimo, porque desinteressante por todos os ângulos por que se avalia a matéria". Por fim, conclui: "O procedimento de reabilitação previsto na Lei Falimentar acaba destinando-se, assim, às hipóteses de falência do empresário individual ou à reabilitação do representante legal da sociedade falida condenada por

Art. 103. Desde a decretação da falência ou do seqüestro, o devedor perde o direito de administrar os seus bens ou deles dispor.[583-584-585-586-587-588]

Parágrafo único. O falido poderá, contudo, fiscalizar a administração da falência, requerer as providências necessárias para a conservação de seus direitos ou dos bens arrecadados e intervir nos processos em que a massa falida seja parte ou interessada, requerendo o que for de direito e interpondo os recursos cabíveis.[589]

LEGISLAÇÃO ANTERIOR

Lei de Falências (DL 7.661/1945): *Art. 40.* Desde o momento da abertura da falência, ou da decretação do seqüestro, o devedor perde o direito de administrar os seus bens e deles dispor.

Art. 36. Além dos direitos que esta Lei especialmente lhe confere, tem o falido os de fiscalizar a administração da massa, de requerer providências conservatórias dos bens arrecadados e o que for a bem dos seus direitos e interesses, podendo intervir, como assistente, nos processos em que a massa seja parte ou interessada, e interpor os recursos cabíveis.

Parágrafo único. Se, intimado ou avisado pela imprensa, não comparecer ou deixar de intervir em qualquer ato da falência, os atos ou diligências correrão à revelia, não podendo em tempo algum sobre eles reclamar.

COMENTÁRIOS

583. A partir de quando o devedor perde o direito de administrar seus bens ou deles dispor? – Desde a decretação da falência ou do seqüestro.[10-11]

584. Justificativa da perda, pelo falido, do direito de administrar seus bens – Carlos Henrique Abrão, com objetividade, justifica a perda do direito de administrar os bens: "E nem poderia ser diferente, uma vez que revelou sua inaptidão para com a atividade empresarial, tendo de responder pelas conseqüências, dentre elas o perdimento da administração do seu patrimônio".[12]

585. Posse direta e posse indireta dos bens. Perda da propriedade? – Ensina José da Silva Pacheco:

"Pelo fato de não poder administrar seus bens, não perde a propriedade ou a posse deles. Evite-se a confusão proveniente do Direito estrangeiro, diferente do nosso, no que concerne à teoria da posse. O falido continua com a posse indireta própria, passando a direta ao administrador judicial, que administra os bens do falido (STF, 2ª Turma, rel. Min. Orozimbo Nonato, in *RF* 134/94). (...).

"Perdendo o poder de dispor de seus bens, não perde a propriedade deles. Continua o

crime falimentar" (Fábio Ulhoa Coelho, *Comentários à Nova Lei de Falências e de Recuperação de Empresas*, São Paulo, Saraiva, 2005, pp. 287-288).

10. Manoel Justino Bezerra Filho esclarece: "Qualquer ato de administração praticado pelo devedor após o momento em que foi decretada a falência é nulo, nulidade que será declarada de ofício pelo juiz da falência, independentemente de prova de prejuízo" (*Nova Lei de Recuperação e de Falências Comentada. Lei 11.101, de 9.2.2005, Comentário Artigo por Artigo*, 3ª ed., São Paulo, Ed. RT, 2005, p. 261). No mesmo sentido: Vera Helena de Mello Franco, "Comentários aos arts. 94 ao 114", in Francisco Satiro de Sousa Jr. e Antônio Sérgio Altieri de Moraes Pitombo (coords.), *Comentários à Lei de Recuperação de Empresas e Falência: Lei 11.101/2005*, São Paulo, Ed. RT, 2005, p. 414; Maria Cristina Vidotte Blanco Tarrega, "Comentários aos arts. 102 ao 104", in Newton de Lucca e Adalberto Simão Filho (coords.), *Comentários à Nova Lei de Recuperação de Empresas e de Falências*, São Paulo, Quartier Latin, 2005, p. 458.

11. Júlio Kahan Mandel explica: "Quem perde automaticamente a administração dos bens é a empresa que tem sua falência decretada, e não seus sócios ou administradores. Com a decretação da quebra, são criadas duas 'figuras jurídicas', nascidas da empresa original. Por exemplo, a massa falida de XYZ Comercial Ltda., representada pelo administrador judicial, e XYZ Comercial Ltda., falida, representada pelos proprietários da empresa falida, e que têm interesses diretos a defender no processo de falência" (*Nova Lei de Falências e Recuperação de Empresas Anotada: Lei 11.101, de 9.2.2005*, São Paulo, Saraiva, 2005, p. 204).

12. Carlos Henrique Abrão, "Comentários aos arts. 70 ao 104", in Carlos Henrique Abrão e Paulo Fernando Campos Salles de Toledo (coords.), *Lei de Recuperação de Empresas e Falência*, São Paulo, Saraiva, 2005, p. 273.

domínio permanecendo com o proprietário, mas não pode dispor deles, ou seja, não pode aliená-los nem gravá-los (...).

"A propriedade dos bens continua sendo do falido. O seu patrimônio, porém, está sujeito à apreensão judicial definitiva e satisfativa, como os bens, particularmente considerados, são apreendidos pela penhora, na execução singular comum. Como assinala, com acerto, Provinciali, 'os efeitos da falência são, nem mais, nem menos, os mesmos da penhora, como se verifica na execução singular' (Renzo Provinciali, *Manuale di Diritto Falimentare*, vol. I, n. 152)."[13]

586. Quais bens devem ser arrecadados? – Responde Vera Helena de Mello Franco: "Todos os bens do falido e dos sócios solidários da sociedade falida, na sua posse ou na posse de terceiros, quer presentes, quer futuros (adquiridos durante o decorrer do procedimento falimentar), serão arrecadados. (...). Exclui-se ademais o bem de família, tal como estabelecido na Lei 8.009/1990".[14]

587. O juiz deve mencionar na sentença a hora em que foi decretada a falência? – Diferentemente do regime anterior, em que a hora deveria constar da sentença de decretação da falência (art. 14, II), justamente para se detectar se o ato praticado pelo devedor foi antes ou depois da prolação da sentença, o requisito não foi reprisado no atual regime.

Nada obstante a omissão, recomenda Manoel Justino Bezerra Filho: "Tal disposição deveria ter sido mantida. (...). Embora sem previsão legal, é de muito boa cautela que o juiz faça constar o horário da quebra, horário a partir do qual os atos de administração praticados pelo devedor são nulos".[15]

Qual seria a sanção para o devedor que desatende ao comando veiculado no art. 103? Respondem Vera Helena de Mello Franco e Rachel Sztajn: "A sanção somente pode ser a nulidade, posto cuidar-se de violação objetiva de imperativo legal e que pode ser decretada pelo juízo independente de prejuízo para os credores".[16]

588. Quem assume a administração? – O administrador judicial (art. 21), cuja nomeação constará da sentença que decretar a falência (art. 99, IX).

589. Quais são os direitos que remanescem ao devedor? – A despeito da perda do direito de administrar seus bens ou deles dispor, remanescerão ao falido os seguintes direitos: (1) de fiscalizar a administração da falência; (2) de requerer as providências necessárias para a conservação de seus direitos ou dos bens arrecadados; (3) de intervir nos processos em que a massa falida seja parte ou interessada, requerendo o que for de direito e interpondo os recursos cabíveis.[17]

É assegurada legitimidade ao devedor para intervir nos processos. Todavia, quem tem o dever de assumir a respectiva representação junto às ações pendentes é o administrador judicial (art. 22, III, "c").

13. José da Silva Pacheco, *Processo de Recuperação Judicial, Extrajudicial e falência*, Rio de Janeiro, Forense, 2006, p. 260.

14. Vera Helena de Mello Franco, "Comentários aos arts. 94 ao 114", cit., in Francisco Satiro de Sousa Jr. e Antônio Sérgio Altieri de Moraes Pitombo (coords.), *Comentários à Lei de Recuperação de Empresas e Falência: Lei 11.101/2005*, p. 414.

15. Manoel Justino Bezerra Filho, *Nova Lei de Recuperação e de Falências Comentada. Lei 11.101, de 9.2.2005, Comentário Artigo por Artigo*, cit., 3ª ed., pp. 261-262.

16. Vera Helena de Mello Franco e Rachel Sztajn, *Falência e Recuperação da Empresa em Crise: Comparação com as Posições do Direito Europeu*, Rio de Janeiro, Elsevier, 2008, p. 136.

17. Júlio Kahan Mandel aduz: "Uma vez que muitos tribunais não aceitam a existência de uma figura jurídica da falida (o que pode gerar o não conhecimento do recurso), muitos advogados costumam apresentar suas petições em nome da falida e das pessoas físicas dos administradores ou sócios, para que não haja problemas em relação à concessão dos poderes outorgados para representação processual e mesmo em relação à legitimidade" (*Nova Lei de Falências e Recuperação de Empresas Anotada: Lei 11.101, de 9.2.2005*, cit., p. 204). V. também Manoel Justino Bezerra Filho, *Nova Lei de Recuperação e de Falências Comentada. Lei 11.101, de 9.2.2005, Comentário Artigo por Artigo*, cit., 3ª ed., pp. 261-262.

Jurisprudência[18]

Eis dois julgados prolatados à luz do regime anterior:

[STJ] *Declaração de falência que não torna o falido incapaz* – Legitimidade para recorrer nos processos em que a massa figure como parte ou seja interessada – Inteligência do art. 36 do Decreto-lei n. 7.661/1945 [*RT 708/207*]

Legitimidade *ad causam* – Falência – *Decretação da quebra que não retira do falido o direito de recorrer em processos onde a massa seja parte interessada* – Inteligência do art. 36 do Decreto-lei n. 7.661/1945. [*RT 749/231*]

Os direitos supracitados justificam-se na medida em que ao devedor, após a realização do ativo e pagamento dos credores, caberá o eventual saldo remanescente (art. 153), justamente porque ele não perde a propriedade dos bens, como já ressaltado acima.

Além dos direitos retromencionados, há de se acrescentar também os seguintes direitos: de continuar a participar de outras sociedades, de constituir nova sociedade ou de ingressar em outra sociedade.[19]

Quanto à remuneração do devedor, o novo regime não a prevê, diferentemente do regime anterior (art. 38), segundo o qual o devedor, desde que fosse diligente no cumprimento de seus deveres e a massa comportasse, podia requerer ao juiz que lhe arbitrasse módica remuneração.

Vera Helena de Mello Franco e Rachel Sztajn ressaltam: "A nova lei não mantém esta orientação, o que é severamente criticado pela doutrina, como fez ver Mauro Rodrigues Penteado, para quem esta nova orientação nega o preconizado pela CF de 1988, art. 178 [*sic*], e, inclusive, lembra que a norma do art. 785, expressamente, admitiu a possibilidade de se arbitrar pensão ao devedor insolvente. A assim ser, é de se admitir, considerando que o Código de Processo Civil aplica-se subsidiariamente ao procedimento falimentar, possa o juízo fixar-lhe alimentos, proporcionais às suas necessidades e às forças da massa".[20]

Art. 104. A decretação da falência impõe ao falido[590] os seguintes deveres:[591] I – assinar nos autos, desde que intimado da decisão, termo de comparecimento, com a indicação do nome, nacionalidade, estado civil, endereço completo do domicílio, devendo ainda declarar, para constar do dito termo: a) as causas determinantes da sua falência, quando requerida pelos credores; b) tratando-se de sociedade, os nomes e endereços de todos os sócios, acionistas controladores, diretores ou administradores, apresentando o contrato ou estatuto social e a prova do respectivo registro, bem como suas alterações; c) o nome do contador encarregado da escrituração dos livros obrigatórios; d) os mandatos que porventura tenha outorgado, indicando seu objeto, nome e endereço do mandatário; e) seus bens imóveis e os móveis que não se encontram no

18. Manoel Justino Bezerra Filho, *Jurisprudência da Nova Lei de Recuperação de Empresas e Falências/Decisões, Ofícios Judiciais, Resoluções, Sentenças, Acórdãos, Dentre Outros Documentos*, São Paulo, Ed. RT, 2006, pp. 295-296.

19. Elucida Fábio Ulhoa Coelho: "Noto que a falência duma sociedade limitada ou anônima não impede o sócio ou acionista de continuar participando das demais sociedades de que faz parte. Não obsta, também, a que ele constitua nova sociedade ou ingresse noutra existente, de qualquer tipo. Além de obstar à exploração individual de atividade empresarial, a lei veda apenas que a pessoa condenada por *crime falimentar* constitua nova sociedade ou entre numa existente enquanto não obtiver a reabilitação judicial (Lei 8.934/1994, art. 35, II). Se não for esse o caso (porque não está em curso ação penal falimentar contra aquele sócio ou mesmo porque ainda não transitou em julgado a sentença condenatória), inexiste empecilho à titularidade de quotas sociais em limitadas ou anônimas. Mas, se a sociedade é de tipo menor, o sócio com responsabilidade ilimitada sofre restrições patrimoniais que o impedem de livremente administrar e dispor de seus bens, estando, assim, obstado o ato de subscrever ou adquirir quotas ou ações de outras, novas ou já existentes" (*Comentários à Nova Lei de Falências e de Recuperação de Empresas*, São Paulo, Saraiva, 2005, p. 292).

20. Vera Helena de Mello Franco e Rachel Sztajn, *Falência e Recuperação da Empresa em Crise: Comparação com as Posições do Direito Europeu*, cit., p. 143.

estabelecimento; f) se faz parte de outras sociedades, exibindo respectivo contrato; g) suas contas bancárias, aplicações, títulos em cobrança e processos em andamento em que for autor ou réu; II – depositar em cartório, no ato de assinatura do termo de comparecimento, os seus livros obrigatórios, a fim de serem entregues ao administrador judicial, depois de encerrados por termos assinados pelo juiz; III – não se ausentar do lugar onde se processa a falência sem motivo justo e comunicação expressa ao juiz, e sem deixar procurador bastante, sob as penas cominadas na lei; IV – comparecer a todos os atos da falência, podendo ser representado por procurador, quando não for indispensável sua presença; V – entregar, sem demora, todos os bens, livros, papéis e documentos ao administrador judicial, indicando-lhe, para serem arrecadados, os bens que porventura tenha em poder de terceiros; VI – prestar as informações reclamadas pelo juiz, administrador judicial, credor ou Ministério Público sobre circunstâncias e fatos que interessem à falência; VII – auxiliar o administrador judicial com zelo e presteza; VIII – examinar as habilitações de crédito apresentadas; IX – assistir ao levantamento, à verificação do balanço e ao exame dos livros; X – manifestar-se sempre que for determinado pelo juiz; XI – apresentar, no prazo fixado pelo juiz, a relação de seus credores; XII – examinar e dar parecer sobre as contas do administrador judicial.

Parágrafo único. Faltando ao cumprimento de quaisquer dos deveres que esta Lei lhe impõe, após intimado pelo juiz a fazê-lo, responderá o falido por crime de desobediência.[592]

LEGISLAÇÃO ANTERIOR

Lei de Falências (DL 7.661/1945): *Art. 34.* A declaração da falência impõe ao falido as seguintes obrigações: I – assinar nos autos, desde que tenha notícia da sentença declaratória, termo de comparecimento, com a indicação do nome, nacionalidade, estado civil, rua e número da residência, devendo ainda declarar, para constar do dito termo: a) as causas determinantes da falência, quando pelos credores requerida; b) se tem firma inscrita, quando a inscreveu, exibindo a prova; c) tratando-se de sociedade, os nomes e residências de todos os sócios, apresentando o contrato, se houver, bem como a declaração relativa à inscrição da firma, se for caso; d) o nome do contador ou guarda-livros encarregado da escrituração dos seus livros comerciais; e) os mandatos que porventura tenha outorgado, indicando o seu objeto e o nome e endereço do mandatário; f) quais os seus bens imóveis, e quais os móveis, que não se encontram no estabelecimento; g) se faz parte de outras sociedades, exibindo, no caso afirmativo, o respectivo contrato; II – depositar em cartório, no ato de assinar o termo de comparecimento, os seus livros obrigatórios, a fim de serem entregues ao síndico, depois de encerrados por termos lavrados pelo escrivão e assinados pelo juiz; III – não se ausentar do lugar da falência, sem motivo justo e autorização expressa do juiz, e sem deixar procurador bastante, sob as penas cominadas na lei; quando a permissão para ausentar-se for pedida sob alegação de moléstia, o juiz designará o médico para o respectivo exame; IV – comparecer a todos os atos da falência, podendo ser representado por procurador, quando ocorrerem motivos justos e obtiver licença do juiz; V – entregar sem demora todos os bens, livros, papéis e documentos ao síndico, indicando-lhe, para serem arrecadados, os bens que porventura tenha em poder de terceiros; VI – prestar, verbalmente ou por escrito, as informações reclamadas pelo juiz, síndico, representante do Ministério Público e credores, sobre circunstâncias e fatos que interessem à falência; VII – auxiliar o síndico com zelo e lealdade; VIII – examinar as declarações de crédito apresentadas; IX – assistir ao levantamento e à verificação do balanço e exame dos livros; X – examinar e dar parecer sobre as contas do síndico.

Art. 35. Faltando ao cumprimento de qualquer dos deveres que a presente Lei lhe impõe, poderá o falido ser preso por ordem do juiz, de ofício ou a requerimento do representante do Ministério Público, do síndico ou de qualquer credor.

Parágrafo único. A prisão não pode exceder de 60 (sessenta) dias, e do despacho que a decretar cabe agravo de instrumento, que não suspende a execução da ordem.

COMENTÁRIOS

590. Quem são os destinatários dos deveres veiculados no art. 104? – Quando se tratar de falência de empresário individual, o destinatário dos deveres veiculados no art. 104 é o próprio empresário.

Se se tratar de falência de sociedade empresária, os destinatários serão os administradores e os sócios de responsabilidade ilimitada.[21]

591. Quais são os deveres que a decretação da falência impõe ao devedor? – Uma vez que o atual regime não alterou a essência dos deveres em tela, reputamos oportuno invocar as lições de Trajano de Miranda Valverde expendidas à luz do regime anterior: "Os deveres, que a lei lhe impõe, visam, principalmente, a facilitar o trabalho de organização do processo falimentar. Não interessam, quanto aos seus resultados, sòmente ao falido. São informações e esclarecimentos julgados pela lei indispensáveis à boa marcha da falência, os quais ùnicamente o falido está em condições de prestar com segurança e rapidez".[22]

Jurisprudência[23]

Eis dois julgados pertinentes prolatados à luz do regime anterior:

[STJ] Administrador de fato – Obrigação de falar perante o juiz. *A obrigação de prestar declarações ao juiz no processo de falência alcança o administrador de fato*. Não configura constrangimento ilegal, portanto, a intimação do juiz para que o administrador de fato preste declarações no processo de falência. [*RSTJ 83/282*]

[TJSP] *Falência – Declaração em juízo por gerente delegado* – Admissibilidade – Inteligência do art. 34 da Lei de Falências (arts. 37 e 191), mesmo que tenha deixado suas funções no período suspeito (art. 52, IV e V, da Lei de Falências). [*J. 5.12.1995, RT 730/229*]

Os deveres impostos ao devedor[24] em razão da decretação da falência são:

I – Assinar nos autos,[25-26] *desde que intimado da decisão, termo de comparecimento,*[27] *com a indicação do nome, nacionalidade, estado civil, endereço completo do domicílio, devendo ainda declarar, para constar do dito termo:*

a) As causas determinantes da sua falência, quando requerida pelos credores. As causas determinantes da falência declinadas pelo falido serão, para fins de responsabilização civil e criminal, analisadas no relatório que o administrador judicial elaborará (art. 22, III, "e").[28]

21. Manoel Justino Bezerra Filho complementa: "No entanto, se o juiz entender necessário poderá determinar o comparecimento de sócios não administradores, como, aliás, comumente tem sido feito no período de vigência da lei anterior" (*Nova Lei de Recuperação e de Falências Comentada. Lei 11.101, de 9.2.2005, Comentário Artigo por Artigo*, 3ª ed., São Paulo, Ed. RT, 2005, p. 262).

22. Trajano de Miranda Valverde, *Comentários à Lei de Falências*, 2ª ed., vol. I, Rio de Janeiro, Revista Forense, 1955, pp. 253-254.

23. Manoel Justino Bezerra Filho, *Jurisprudência da Nova Lei de Recuperação de Empresas e Falências/Decisões, Ofícios Judiciais, Resoluções, Sentenças, Acórdãos, Dentre Outros Documentos*, São Paulo, Ed. RT, 2006, p. 299.

24. José da Silva Pacheco explica: "(...) ou seja, o próprio empresário, ou o diretor da sociedade falida" (*Processo de Recuperação Judicial, Extrajudicial e Falência*, Rio de Janeiro, Forense, 2006, p. 262).

25. José da Silva Pacheco esclarece: "Até o princípio do século passado o termo era assinado de próprio punho pelo falido. Atualmente, porém, ele declara e o escrivão faz constar o que ele declarou" (*Processo de Recuperação Judicial, Extrajudicial e Falência*, cit., p. 262).

26. Maria Cristina Vidotte Blanco Tarrega, fundada em J. X. Carvalho de Mendonça, lembra que, diante da impossibilidade de o devedor se dirigir ao Fórum, deverá requerer a permissão do juiz para assinar o termo em casa ("Comentários aos arts. 102 ao 104", in Newton de Lucca e Adalberto Simão Filho (coords.), *Comentários à Nova Lei de Recuperação de Empresas e de Falências*, São Paulo, Quartier Latin, 2005, p. 461).

27. José da Silva Pacheco afirma: "O fato de o falido ter recorrido da sentença não o exime do dever de assinar o termo de comparecimento. O termo deve ser assinado, seja qual for o fundamento da decretação da falência. Tanto na requerida pelo credor por impontualidade, por execução frustrada ou por outros fatos como na requerida pelo próprio devedor, deve o falido assinar o termo (...)" (*Processo de Recuperação Judicial, Extrajudicial e Falência*, cit., p. 262).

28. Carlos Henrique Abrão complementa: "A exposição das causas e circunstâncias que envolve-

b) Tratando-se de sociedade, os nomes e endereços de todos os sócios, acionistas controladores, diretores ou administradores, apresentando o contrato ou estatuto social e a prova do respectivo registro, bem como suas alterações. A identificação de tais pessoas está relacionada tanto com eventuais esclarecimentos que elas possam prestar quanto com a apuração da respectiva responsabilidade pessoal, a que alude o art. 82.

c) O nome do contador encarregado da escrituração dos livros obrigatórios. A identificação do contador,[29] que é o responsável pela escrituração (art. 1.182 do CC), além de estar relacionada aos eventuais esclarecimentos que ele possa prestar, também está jungida à apuração de prática do crime de fraude a credores, previsto no art. 168, § 3º.

d) Os mandatos que porventura tenha outorgado, indicando seu objeto, nome e endereço do mandatário. Note-se que os efeitos dos mandatos outorgados pelo falido cessam com a decretação da quebra (art. 120).

e) Seus bens imóveis e os móveis que não se encontram no estabelecimento.[30] A finalidade deste dever é justamente viabilizar a formação da massa falida objetiva.

f) Se faz parte de outras sociedades, exibindo o respectivo contrato. O art. 123 determina que, se o falido participar de alguma sociedade como sócio comanditário ou cotista, para a massa falida entrarão somente os haveres que na sociedade ele possuir e forem apurados na forma estabelecida no contrato social ou estatuto social.[31]

g) Suas contas bancárias, aplicações, títulos em cobrança e processos em andamento em que for autor ou réu. A finalidade deste dever, outrossim, é a de viabilizar a formação da massa falida objetiva.

Quanto aos processos em andamento, se o devedor falido for sociedade empresária, devem ser informados aqueles que tenham por objeto interesses patrimoniais relacionados à massa falida.

Por outro lado, se se tratar de falência de empresário (pessoa física), aí, sim, todas as ações, ainda que de natureza pessoal, têm de ser informadas, vez que inexiste a separação entre o patrimônio do empresário e o patrimônios pessoal; vale dizer, o patrimônio é um só.

II – Depositar em cartório, no ato de assinatura do termo de comparecimento, seus livros obrigatórios, a fim de serem entregues ao administrador judicial, depois de encerrados por termos assinados pelo juiz. Ora, à medida que o dispositivo alude aos livros obrigatórios, resta saber quais são eles.

Como já enfatizamos em outra obra de nossa autoria:[32]

ram a falência propriamente dita não são elementos definitivos [*sic*], na medida em que serão explorados pelo administrador, perito técnico e o próprio Ministério Público na fase oportuna" ("Comentários aos arts. 70 ao 104", in Carlos Henrique Abrão e Paulo Fernando Campos Salles de Toledo (coords.), *Lei de Recuperação de Empresas e Falência*, São Paulo, Saraiva, 2005, p. 275).

29. Em outra obra de nossa autoria ressaltamos que (1) o Código Civil utiliza, indistintamente, as seguintes expressões: "contabilista" (Livro II, Título IV, Capítulo III, Seção III); "contabilista legalmente habilitado" (art. 1.182); "*técnico em Ciências Contábeis*" (art. 1.184, § 2º); (2) de acordo com o art. 2º do Decreto-lei 9.295, de 27.5.1946, constata-se que contabilista é o gênero, que abrange duas espécies: contador (com título universitário) e técnico em contabilidade (habilitação obtida em curso médio) (*Da Escrituração no Novo Código Civil: Comentários aos Arts. 1.179 a 1.195 do Código Civil Aprovado pela Lei 10.406, de 10.1.2002*, São Paulo, Juarez de Oliveira, 2004, pp. 66 e 80).

30. Segundo Manoel Justino Bezerra Filho, os bens imóveis e móveis aludidos nessa alínea "e" são aqueles pertencentes tanto à pessoa jurídica quanto às pessoas físicas (administradores e sócios) (*Nova Lei de Recuperação e de Falências Comentada. Lei 11.101, de 9.2.2005, Comentário Artigo por Artigo*, cit., 3ª ed., p. 263).

31. Vera Helena de Mello Franco, fundada no art. 1.026 do CC, entende ser possível seja pedida a liquidação da(s) quota(s) que o devedor titularizar em outra(s) sociedade(s), revertendo o produto para a massa ("Comentários aos arts. 94 ao 114", in Francisco Satiro de Sousa Jr. e Antônio Sérgio Altieri de Moraes Pitombo (coords.), *Comentários à Lei de Recuperação de Empresas e Falência: Lei 11.101/2005*, São Paulo, Ed. RT, 2005, p. 417).

32. Mario Sergio Milani, *Da Escrituração no Novo Código Civil: Comentários aos Arts. 1.179 a 1.195 do Código Civil Aprovado pela Lei 10.406, de 10.1.2002*, cit., pp. 55-56.

– Os livros podem ser classificados em: (1) obrigatórios comuns; (2) obrigatórios especiais; (3) auxiliares ou facultativos; (4) fiscais.

– Os livros obrigatórios comuns são aqueles que, independentemente da atividade que a pessoa física ou jurídica escolher ou do tipo societário eleito, têm de ser forçosamente adotados e escriturados.

– O Livro Diário, à luz do art. 1.180 do CC, continua sendo o único livro obrigatório comum.

– Os livros obrigatórios especiais são aqueles que, em razão do tipo societário eleito ou da atividade exercida, têm de ser, outrossim, forçosamente adotados e escriturados (por exemplo, se se tratar de sociedade anônima, os livros arrolados no art. 100 da Lei das S/A; o Livro de Registro de Duplicatas, conforme o art. 19 da Lei 5.474/1968).

– Os livros auxiliares ou facultativos são aqueles que, a despeito de não serem instituídos pela vontade da lei, auxiliam a pessoa física ou jurídica na sua contabilidade (por exemplo, o Livro Razão e o Livro Caixa).

– Os livros fiscais são aqueles instituídos pela legislação tributária federal, estadual e municipal (por exemplo, Livro de Apuração do Lucro Real/LALUR; Livros de Registro de Entradas, Saídas e Apuração do ICMS).

Tendo em vista a lição de Lefrève no sentido de que "a contabilidade é a bússola do commerciante",[33] salta aos olhos quão relevantes são as informações contidas nos livros.

Os livros e fichas dos empresários e sociedades provam contra as pessoas a que pertencem e em seu favor quando, escriturados sem vício extrínseco ou intrínseco, forem confirmados por outros subsídios (art. 226 do CC, c/c os arts. 378 e 379 do CPC).[34]

Não obstante este inciso II mencionar "livros obrigatórios", o inciso V, abaixo transcrito, alude a "todos os livros" – expressão que engloba os livros auxiliares e facultativos.

III – Não se ausentar do lugar onde se processa a falência sem motivo justo e comunicação expressa ao juiz, e sem deixar procurador bastante, sob as penas cominadas na lei. A presença do falido no foro da falência[35-36] é fundamental para cumprimento dos deveres elencados neste art. 104.[37]

Na medida em que no regime anterior se impunha ao falido o dever de obter *autorização expressa do juiz* para se ausentar (art. 34, III) e no atual o dever é apenas de *comunicação expressa ao juiz*, constata-se que o dever imposto ao devedor se tornou mais brando.

Jurisprudência[38]

Eis um julgado pertinente:

33. Esta citação consta da seguinte obra de nossa autoria: *Da Escrituração no Novo Código Civil: Comentários aos Arts. 1.179 a 1.195 do Código Civil Aprovado pela Lei 10.406, de 10.1.2002*, cit., p. 19.

34. Ao examinarmos o art. 226 do CC de 2002 em confronto com os arts. 378 e 379 do CPC, concluímos, no tocante à eficácia dos livros, propriamente dita, contra ou a favor de seus titulares, que não houve inovação (Mario Sergio Milani, *Da Escrituração no Novo Código Civil: Comentários aos Arts. 1.179 a 1.195 do Código Civil Aprovado pela Lei 10.406, de 10.1.2002*, cit., p. 136).

35. José da Silva Pacheco esclarece: "Se a comarca tiver várias cidades, nada impede que o falido saia de uma para outra, desde que dentro da mesma circunscrição judicial, e possa prestar toda assistência ao processo. Pode, ainda, sair para o campo, para a fazenda, desde que dentro da comarca e mantenha permanente comunicação com o administrador judicial. (...). Não se permite mudança, transferência de domicílio, viagem demorada" (*Processo de Recuperação Judicial, Extrajudicial e Falência*, cit., p. 265).

36. Maria Cristina Vidotte Blanco Tarrega invoca o regime legal argentino: "A *Ley de Quiebras* argentina, mais coerente com as necessidades do homem contemporâneo e de seus negócios, estabelece a restrição apenas para viagens ao Exterior" ("Comentários aos arts. 102 ao 104", cit., in Newton de Lucca e Adalberto Simão Filho (coords.), *Comentários à Nova Lei de Recuperação de Empresas e de Falências*, p. 462).

37. No mesmo sentido: Vera Helena de Mello Franco, "Comentários aos arts. 94 ao 114", cit., in Francisco Satiro de Sousa Jr. e Antônio Sérgio Altieri de Moraes Pitombo (coords.), *Comentários à Lei de Recuperação de Empresas e Falência: Lei 11.101/2005*, p. 415.

38. Manoel Justino Bezerra Filho, *Jurisprudência da Nova Lei de Recuperação de Empresas e Falências/Decisões, Ofícios Judiciais, Resoluções, Sentenças, Acórdãos, Dentre Outros Documentos*, cit., p. 298.

[TJSP] Agravo de instrumento – Falência – *Pedido de viagem* e de exclusão do nome do falido dos cadastros restritivos de crédito indeferidos – Decisão embasada no art. 34, "g", do inciso III do Decreto-lei n. 7.661/1945, atual art. 104, III, da Lei n. 11.101/2005 – *Agravante que não comprova as circunstâncias alegadas; quais sejam: pai idoso, doente, residindo no Exterior, bem como negócios* – Restrição cadastral que decorre do processo falimentar – Recurso improvido. [*17ª Câmara Cível, AI 2005.002.24844, rela. Desa. Rosita Maria de Oliveira Netto, j. 15.3.2006*]

IV – Comparecer a todos os atos da falência, podendo ser representado por procurador, quando não for indispensável sua presença. Não obstante ser imprescindível formalizar a convocação do falido, o texto é omisso quanto à forma de fazê-lo.

Aduz Carlos Henrique Abrão: "Comporta destacar que o procurador não terá amplo conhecimento dos fatos e sua realidade, a exemplo do falido, donde se reclama a sua presença em alguns atos que colimam apuração de responsabilidade, extensão dos efeitos da quebra, venda antecipada de bens e todos os demais de crucial relevo para a massa falida".[39]

V – Entregar, sem demora, todos os bens, livros, papéis e documentos ao administrador judicial, indicando-lhe, para serem arrecadados, os bens que porventura tenha em poder de terceiros. Apesar de o inciso II, *supra*, mencionar apenas os "livros obrigatórios", este inciso V alude a "todos os livros" – expressão que engloba os livros auxiliares e facultativos.

VI – Prestar as informações[40] *reclamadas pelo juiz, administrador judicial, credor ou Ministério Público sobre circunstâncias e fatos que interessem à falência.* Júlio Kahan Mandel esclarece: "Sendo representado por seu advogado, o falido pode prestar essas informações diretamente nos autos, por intermédio de seu procurador".[41]

O texto é omisso quanto ao prazo para prestação das informações pelo falido. Por isso, acreditamos ser aplicável o prazo de cinco dias previsto no art. 185 do CPC, aplicável por força do art. 189 da lei sob comento.

VII – Auxiliar o administrador judicial com zelo e presteza. O auxílio do falido ao administrador judicial, sobretudo com zelo e presteza, é importantíssimo para imprimir celeridade ao procedimento falimentar.

VIII – Examinar as habilitações de crédito apresentadas. O exame das habilitações assegura ao falido se opor à admissão de créditos indevidos.

IX – Assistir ao levantamento, à verificação do balanço e ao exame dos livros. Vera Helena de Mello Franco esclarece que: "A presença ao levantamento e verificação do balanço, bem como ao exame dos livros, é, por outro lado, não só de interesse dos credores como do próprio falido, razão pela qual deve estar presente, podendo se valer, para tanto, de profissional habilitado".[42]

X – Manifestar-se sempre que for determinado pelo juiz. O texto é omisso quanto ao prazo para manifestação do falido. Por isso, acreditamos ser aplicável o prazo de cinco dias previsto no art. 185 do CPC, aplicável por força do art. 189 da lei sob comento.

XI – Apresentar, no prazo fixado pelo juiz, a relação de seus credores. O prazo para apresentação da relação de credores é de cinco dias (art. 99, III).

XII – Examinar e dar parecer sobre as contas do administrador judicial. Júlio Kahan Mandel adverte: "Os falidos também

39. Carlos Henrique Abrão, "Comentários aos arts. 70 ao 104", cit., in Carlos Henrique Abrão e Paulo Fernando Campos Salles de Toledo (coords.), *Lei de Recuperação de Empresas e Falência*, p. 280.

40. Maria Cristina Vidotte Blanco Tarrega lembra que as informações podem ser prestadas verbalmente ou por escrito ("Comentários aos arts. 102 ao 104", cit., in Newton de Lucca e Adalberto Simão Filho (coords.), *Comentários à Nova Lei de Recuperação de Empresas e de Falências*, p. 463).

41. Júlio Kahan Mandel, *Nova Lei de Falências e Recuperação de Empresas Anotada: Lei 11.101, de 9.2.2005*, São Paulo, Saraiva, 2005, p. 207.

42. Vera Helena de Mello Franco, "Comentários aos arts. 94 ao 114", cit., in Francisco Satiro de Sousa Jr. e Antônio Sérgio Altieri de Moraes Pitombo (coords.), *Comentários à Lei de Recuperação de Empresas e Falência: Lei 11.101/2005*, p. 418.

têm direito a indicar assistente técnico para acompanhar os trabalhos periciais dos prepostos do administrador judicial e conferir suas contas".[43]

592. Qual é a sanção aplicável ao devedor por descumprimento dos deveres legais? – Faltando ao cumprimento de quaisquer dos deveres que a lei sob comento lhe impõe, após intimado pelo juiz a fazê-lo, responderá o falido por crime de desobediência.

O dispositivo correspondente no regime anterior era o art. 35.[44]

Ressalte-se que a prisão resultante da falta de cumprimento dos deveres previstos na lei sob comento é administrativa (art. 104); já, a prisão decorrente da prática de crime definido na mesma lei é preventiva (art. 99).[45]

43. Júlio Kahan Mandel, *Nova Lei de Falências e Recuperação de Empresas Anotada: Lei 11.101, de 9.2.2005*, cit., p. 208.

44. Lembra Manoel Justino Bezerra Filho: "Há súmula do STJ (Súmula 280, de 17.12.2003) segundo a qual 'o art. 35 do Decreto-lei n. 7.661, de 1945, que estabelece a prisão administrativa, foi revogada pelos incisos LXI e LXVII do art. 5º da CF de 1988'" (*Nova Lei de Recuperação e de Falências Comentada. Lei 11.101, de 9.2.2005, Comentário Artigo por Artigo*, cit., 3ª ed., p. 265).

45. No mesmo sentido: Vera Helena de Mello Franco, "Comentários aos arts. 94 ao 114", cit., in Francisco Satiro de Sousa Jr. e Antônio Sérgio Altieri de Moraes Pitombo (coords.), *Comentários à Lei de Recuperação de Empresas e Falência: Lei 11.101/2005*, p. 418; Maria Cristina Vidotte Blanco Tarrega, "Comentários aos arts. 102 ao 104", cit., in Newton de Lucca e Adalberto Simão Filho (coords.), *Comentários à Nova Lei de Recuperação de Empresas e de Falências*, p. 461.

Seção VI – Da Falência Requerida pelo Próprio Devedor
[v. nota 1 de rodapé abaixo]

Art. 105. O devedor[593] em crise econômico-financeira[594] que julgue não atender aos requisitos para pleitear sua recuperação judicial[595] deverá requerer ao juízo sua falência,[596] expondo as razões da impossibilidade de prosseguimento da atividade empresarial,[597] acompanhadas dos seguintes documentos:[598] I – demonstrações contábeis referentes aos 3 (três) últimos exercícios sociais e as levantadas especialmente para instruir o pedido, confeccionadas com estrita observância da legislação societária aplicável e compostas obrigatoriamente de:[599] a) balanço patrimonial; b) demonstração de resultados acumulados; c) demonstração do resultado desde o último exercício social; d) relatório do fluxo de caixa;[600] II – relação nominal dos credores, indicando endereço, importância, natureza e classificação dos respectivos créditos;[601] III – relação dos bens e direitos que compõem o ativo, com a respectiva estimativa de valor e documentos comprobatórios de propriedade;[602] IV – prova da condição de empresário, contrato social ou estatuto em vigor ou, se não houver, a indicação de todos os sócios, seus endereços e a relação de seus bens pessoais;[603] V – os livros obrigatórios e documentos contábeis que lhe forem exigidos por lei;[604] VI – relação de seus administradores nos últimos 5 (cinco) anos, com os respectivos endereços, suas funções e participação societária.[605]

LEGISLAÇÃO ANTERIOR

Lei de Falências (DL 7.661/1945): *Art. 8º*. O comerciante que, sem relevante razão de direito, não pagar no vencimento obrigação líquida, deve, dentro de 30 (trinta) dias, requerer ao juiz a declaração da falência, expondo as causas desta e o estado dos seus negócios, e juntando ao requerimento: I – o balanço do ativo e passivo com a indicação e a avaliação aproximada de todos os bens, excluídas as dívidas ativas prescritas; II – a relação nominal dos credores comerciais e civis, com a indicação do domicílio de cada um, importância e natureza dos respectivos créditos; III – o contrato social, ou, não havendo, a indicação de todos os sócios, suas qualidades e domicílios, ou os estatutos em vigor, mesmo impressos, da sociedade anônima.

§ 1º. Tratando-se de sociedade em nome coletivo, de capital e indústria, em comandita simples, ou por cotas de responsabilidade limitada, o requerimento pode ser assinado por todos os sócios, pelos que gerem a sociedade ou têm o direito de usar a firma, ou pelo liquidante. Os sócios que não assinem o requerimento podem opor-se à declaração da falência e usar dos recursos admitidos nesta Lei.

§ 2º. Tratando-se de sociedade por ações, o requerimento deve ser assinado pelos seus representantes legais.

§ 3º. O devedor apresentará, com o requerimento, os seus livros obrigatórios, os quais permanecerão em cartório para serem entregues ao síndico, logo após o compromisso deste.

§ 4º. No seu despacho, o juiz mencionará a hora em que recebeu o requerimento e, no mesmo ato, assinará os termos de encerramento dos livros obrigatórios, lavrados pelo escrivão.

COMENTÁRIOS

593. Devedor – O legislador, para evitar a repetição enfadonha das expressões "empresário" e "sociedade empresária", resolveu simplificá-las, adotando um único vocábulo – qual seja, "devedor" (art. 1º, *in fine*).

Ressalte-se, por outro lado, que todas as vezes que a lei sob comento se referir a "devedor" ou "falido" compreender-se-á que a disposição também se aplica aos sócios ilimitadamente responsáveis (art. 190), já que estes, em decorrência da decretação da

1. A falência requerida pelo próprio devedor é conhecida nos meios forenses como "autofalência". José da Silva Pacheco explica que tal vocábulo é impróprio, "visto que não há falência decretada pelo próprio devedor, mas apenas requerida por ele, sendo, em qualquer hipótese, decretada pelo juiz" (*Processo de Recuperação Judicial, Extrajudicial e Falência*, Rio de Janeiro, Forense, 2006, p. 267). Fábio Ulhoa Coelho, após reconhecer que o termo "autofalência" é equivocado, declara que continuará a empregá-lo, "em vista de seu largo uso nos meios forenses" (*Comentários à Nova Lei de Falências e de Recuperação de Empresas*, São Paulo, Saraiva, 2005, p. 294).

falência da sociedade, serão considerados falidos (art. 81).[2]

594. Crise econômico-financeira – Doutrina Jorge Lobo: "A verificação se a empresa se encontra em 'estado de crise econômico-financeira' deve dar-se caso a caso, por ser uma questão puramente de fato, embora com conseqüências jurídicas e legais; o seu conceito, como acentuei alhures, é 'metajurídico, aberto e cambiante' e abarca as noções clássicas, de índole essencialmente financeira, de (a) inadimplemento de obrigação pecuniária, (b) iliquidez e (c) insolvência, embora nelas não se esgote, visto que as dificuldades da empresa podem ser de ordem administrativa, gerencial, estrutural, operacional, societária, sucessória etc., as quais, a curto e médio prazos, podem converter-se em crise financeira de nefastas conseqüências (...)".[3-4-5]

595. Não atendimento aos requisitos para pleitear sua recuperação judicial – Ora, se atual lei acolheu o instituto da recuperação judicial justamente para tentar evitar a decretação da quebra do devedor,[6] é absolutamente lógico e coerente que o devedor, ao requerer sua falência, decline as razões pelas quais não preenche os requisitos do referido instituto.

Note-se que, além dos requisitos específicos da petição inicial da recuperação judicial, previstos no art. 51, há também os requisitos previstos no art. 48.[7]

2. Por isso, Adalberto Simão Filho afirma que o pedido de falência deve ser formulado pela pessoa jurídica e pelos sócios de responsabilidade ilimitada ("Comentários aos arts. e 105 ao 114", in Newton de Lucca e Adalberto Simão Filho (coords.), *Comentários à Nova Lei de Recuperação de Empresas e de Falências*, São Paulo, Quartier Latin, 2005, p. 467).

3. Jorge Lobo, "Comentários aos arts. 35 ao 69", in Carlos Henrique Abrão e Paulo Fernando Campos Salles de Toledo (coords.), *Lei de Recuperação de Empresas e Falência*, São Paulo, Saraiva, 2005, p. 106.

4. Lembra Waldo Fazzio Jr.: "A LRE não define o que chama de crise econômico-financeira. E faz muito bem. Não é da lei a expressão de definições. Declina seus elementos e, nesse esforço, desperta algumas dificuldades práticas e conceituais. Mistura aleatoriamente noções diversas ou pelo menos estágios diversos de uma determinada conjuntura patrimonial negativa. (...). A própria LRE utiliza a expressão 'crise econômico-financeira', certa de que na maioria dos casos o econômico e o financeiro declinam em conjunto. As diferenças entre situação econômica e financeira são muito frágeis e de interesse técnico particular da empresa. Externamente, tanto uma como outra servem para justificar o concurso" (*Nova Lei de Falência e de Recuperação de Empresas*, São Paulo, Atlas, 2005, pp. 131 e 133).

5. Sérgio Campinho explica: "As causas de inadimplemento podem ser episódicas ou não; podem ser voluntárias ou involuntárias. Episódicas são aquelas geralmente motivadas por falta de liquidez momentânea, mas de fácil solução. Muitas vezes, nessas circunstâncias, a cessação do pagamento é voluntária, fazendo parte de uma estratégia financeira do empresário, que prefere atrasar o cumprimento de certas obrigações para evitar endividamento motivado pela busca de recursos a um custo pouco razoável. Ao lado dessa modalidade de crise convivem aquelas mais agudas, nas quais o empresário se depara com a falta de recursos pela impossibilidade de seu ativo gerar rendas tendentes a possibilitar o pagamento de suas dívidas, e a falta do pagamento, nessas condições, é involuntária. Ele não paga porque não tem condições de fazê-lo e não desfruta mais de crédito no mercado. Essa impotência de seu ativo revela um estado de crise mais aguda, na qual se vê mergulhado. Em todas essas situações pode-se dizer que o devedor empresário se encontra submerso em uma situação de crise econômico-financeira. (...). Em última análise, a crise econômico-financeira constitui-se um fenômeno tradutor de um desequilíbrio entre valores realizáveis pelo devedor e as prestações que lhe são exigidas pelos credores" (*Falência e Recuperação de Empresa: o Novo Regime da Insolvência Empresarial*, Rio de Janeiro, Renovar, 2006, pp. 119-120).

6. A recuperação judicial tem por objetivo viabilizar a superação de crise econômico-financeira do devedor, a fim de permitir a manutenção da fonte produtora, do emprego dos trabalhadores e dos interesses dos credores, promovendo, assim, a preservação da empresa, sua função social e o estímulo à atividade econômica (art. 47).

7. "Art. 48. Poderá requerer recuperação judicial o devedor que, no momento do pedido, exerça regularmente suas atividades há mais de 2 (dois) anos e que atenda aos seguintes requisitos, cumulativamente: I – não ser falido e, se o foi, estejam declaradas extintas, por sentença transitada em julgado, as responsabilidades daí decorrentes; II – não ter, há menos de 5 (cinco) anos, obtido concessão de recuperação judicial; III – não ter, há menos de 8 (oito) anos, obtido concessão de recuperação judicial com base no

596. Deverá requerer ao juízo sua falência – No regime anterior a inércia do devedor em requerer sua própria falência implicava perda do direito de impetrar concordata (art. 140, II).

O atual regime não prevê qualquer sanção.

José da Silva Pacheco esclarece: "(...) usa, aquela como esta, o verbo 'dever', o que levanta, desde logo, a questão: está o devedor obrigado a requerer a falência ou tem apenas o direito de fazê-lo, ou, resumidamente, deve ou pode requerê-la? Para a fiel resposta, parte-se do princípio de que, se a lei coloca à disposição do devedor em crise as vias da recuperação judicial e, até mesmo, a da recuperação extrajudicial, e delas não lança mão por supor não poder atender aos requisitos para pleiteá-las, é norma que deve requerer a falência. Não há, todavia, qualquer sanção pelo omissão, se não o fizer".[8-9-10-11]

Por outro lado, é imprescindível saber de quem é a competência para autorizar o requerimento de autofalência.

1) Na sociedade limitada, a despeito de o art. 1.071 do CC ter deixado de arrolar a confissão de falência como matéria objeto de deliberação dos sócios (só previu o pedido de concordata, conforme o inciso VIII), entendemos que, ainda assim, a competência é deles, justamente por envolver ato extraordinário de gestão.[12]

2) Na sociedade anônima a competência é privativa da assembléia-geral (art. 122, IX, da Lei 6.404/1976).

Em caso de urgência, os administradores da sociedade anônima, desde que obtenham a concordância do acionista controlador, poderão confessar falência, convocando-se imediatamente a assembléia-geral (parágrafo único do art. 122 da Lei 6.404/1976).[13]

3) O mesmo regime da sociedade anônima aplica-se à sociedade em comandita por ações (art. 1.090 do CC).

4) Na sociedade em comandita simples (art. 1.046 do CC) e na sociedade em nome coletivo (art. 1.040 do CC) a competência é dos sócios.[14]

plano especial de que trata a Seção V deste Capítulo; IV – não ter sido condenado ou não ter, como administrador ou sócio controlador, pessoa condenada por qualquer dos crimes previstos nesta Lei."

8. José da Silva Pacheco, *Processo de Recuperação Judicial, Extrajudicial e Falência*, cit., p. 267.

9. Ricardo Tepedino destaca: " (...) o legislador de 2005, não obstante tenha também empregado o verbo 'dever' na redação do *caput* do art. 105, deixou de impor qualquer sanção para o desatendimento do preceito nele contido, confirmando a orientação pretoriana e o moderno entendimento doutrinário de que a confissão é uma faculdade do devedor" ("Comentários aos arts. 105 ao 138", in Carlos Henrique Abrão e Paulo Fernando Campos Salles de Toledo (coords.), *Lei de Recuperação de Empresas e Falência*, São Paulo, Saraiva, 2005, pp. 285-286).

10. No mesmo sentido, Fábio Ulhoa: "Nenhuma é a conseqüência da falta do pedido de falência. Embora o dispositivo legal sugira uma ordem ao devedor empresário, inexiste qualquer tipo de sanção. Na lei anterior a falta de pedido de autofalência importava conseqüências relativamente à concordata, mas a jurisprudência se encarregava de tornar letra morta o dispositivo em que se assentavam" (*Comentários à Nova Lei de Falências e de Recuperação de Empresas*, cit., p. 295).

11. Manoel Justino Bezerra Filho aduz: "Na prática, tal fato não ocorre, ou, melhor, ocorre raramente, como é intuitivo; no entanto, existe a obrigação legal estabelecida neste sentido" (*Nova Lei de Recuperação e de Falências Comentada. Lei 11.101, de 9.2.2005, Comentário Artigo por Artigo*, 3ª ed., São Paulo, Ed. RT, 2005, p. 266).

12. No mesmo sentido: Carlos Henrique Abrão, "Comentários aos arts. 70 ao 104", in Carlos Henrique Abrão e Paulo Fernando Campos Salles de Toledo (coords.), *Lei de Recuperação de Empresas e Falência*, São Paulo, Saraiva, 2005, p. 287.

13. Ricardo Tepedino justifica tal regra: "Convém notar que o caráter de urgência decorre naturalmente da delicadeza da matéria, que desaconselha, pelo tumulto que ocasionaria, publicar-se um edital convocatório da AGE e aguardar-se o interstício imposto pela Lei Societária para a sua realização, pelo quê ficam dispensadas maiores demonstrações da sua ocorrência" ("Comentários aos arts. 105 ao 138", cit., in Carlos Henrique Abrão e Paulo Fernando Campos Salles de Toledo (coords.), *Lei de Recuperação de Empresas e Falência*, pp. 286-287).

14. Ricardo Tepedino: "Nos improváveis tipos societários onde há sócios solidária e ilimitadamente responsáveis pelas obrigações sociais (em nome coletivo e em comandita) não parece possível a confissão sem a audiência prévia de todos os sócios solidários (afinal, a falência da sociedade acarretará a deles próprios, na forma do art. 81 da LRE) (...)"

5) Na sociedade em conta de participação apenas o sócio ostensivo é competente, vez que o sócio oculto é desprovido de personalidade jurídica.[15]

597. Exposição das razões da impossibilidade de prosseguimento da atividade empresarial – As causas determinantes da falência declinadas pelo falido serão, para fins de responsabilização civil e criminal, analisadas no relatório que o administrador judicial elaborará (art. 22, III, "e").[16]

598. O juiz está obrigado a deferir a autofalência? – Responde Adalberto Simão Filho: "O juiz não está adstrito ao pedido e formará sua convicção baseado nos fatos relatados na inicial, nos documentos apresentados e em eventual produção de prova suplementar que entenda cabível. Caso denote que o procedimento oculta uma situação que não se ajusta ao Direito e aos fatos relatados, e o pedido é feito com espírito meramente emulativo em conduta dolosa ou de má-fé, com vistas a preservar interesses ocultos ou liquidar a companhia próspera e recuperável, poderá o juiz indeferir o pedido de autofalência".[17]

Por oportuno, ressaltamos que, de acordo com o art. 106, não estando o pedido regularmente instruído, o juiz determinará que seja emendado.

599. Demonstrações contábeis – As demonstrações contábeis relativas aos três últimos exercícios sociais e as levantadas especialmente para instruir o pedido, têm ser confeccionadas com estrita observância da legislação societária aplicável e compostas obrigatoriamente de: (1) balanço patrimonial; (2) demonstração de resultados acumulados; (3) demonstração do resultado desde o último exercício social; (4) relatório gerencial de fluxo de caixa.

600. Relatório do fluxo de caixa – O relatório gerencial de fluxo de caixa constitui uma inovação.[18-19]

A Lei 6.404/1976 prevê o relatório (demonstração) de fluxo de caixa?

À luz da redação originária do art. 176 da Lei 6.404/1976 (Lei da S/A) a resposta é negativa, uma vez que tal dispositivo previa as seguintes demonstrações financeiras (terminologia utilizada pela Lei das S/A)

("Comentários aos arts. 105 ao 138", cit., in Carlos Henrique Abrão e Paulo Fernando Campos Salles de Toledo (coords.), *Lei de Recuperação de Empresas e Falência*, p. 287).

15. No mesmo sentido: Ricardo Tepedino, "Comentários aos arts. 105 ao 138", cit., in Carlos Henrique Abrão e Paulo Fernando Campos Salles de Toledo (coords.), *Lei de Recuperação de Empresas e Falência*, p. 287.

16. Carlos Henrique Abrão complementa: "A exposição das causas e circunstâncias que envolveram a falência propriamente dita não são elementos definitivos, na medida em que serão explorados pelo administrador, perito técnico e o próprio Ministério Público na fase oportuna" ("Comentários aos arts. 70 ao 104", cit., in Carlos Henrique Abrão e Paulo Fernando Campos Salles de Toledo (coords.), *Lei de Recuperação de Empresas e Falência*, p. 275).

17. Adalberto Simão Filho, "Comentários aos arts. 105 ao 114", cit., in Newton de Lucca e Adalberto Simão Filho (coords.), *Comentários à Nova Lei de Recuperação de Empresas e de Falências*, p. 468.

18. O senador Ramez Tebet, no seu parecer, explica a razão deste requisito no âmbito da recuperação judicial: "(...) acrescentamos um item à relação dos documentos que devem acompanhar o pedido de recuperação judicial: o relatório gerencial de caixa da empresa e sua projeção. Esse documento talvez seja o mais importante para se avaliar a viabilidade do plano, pois espelha a capacidade de pagamento do devedor e permite a avaliação econômica da empresa como um todo" (parecer na íntegra: Anexo II desta obra).

19. Isidoro Fabbrini, em artigo intitulado "Inovações contábeis da Lei de Falências", ao examinar o relatório gerencial de fluxo de caixa no âmbito da recuperação judicial, aduz: "Portanto, fica bem caracterizado o objetivo do legislador, e este o fez com sucesso, introduzindo um instrumento que, se bem utilizado, poderá significar o termômetro financeiro da empresa, às vistas do juiz, do administrador judicial e do comitê de credores durante todo o curso do processo. O fluxo de caixa deverá ter correspondência direta e refletir a situação estática do balanço especial, representado por seu ativo circulante e pelo passivo exigível a curto e longo prazo, que obrigatoriamente estará demonstrando a situação de inadimplência que originou seu pedido de recuperação financeira" (*Gazeta Mercantil*, ed. de 14.4.2005, "Caderno Legal & Jurisprudência", p. 1).

ou contábeis (terminologia preferida pelos contadores):[20] (1) balanço patrimonial; (2) demonstração de resultado do exercício; (3) demonstração de lucros ou prejuízos acumulados; (4) demonstração de origens e aplicações de recursos.

Já, diante da atual redação do art. 176, supracitado, dada pelo art. 1º da Lei 11.638, de 28.12.2007, a resposta é positiva, pois as demonstrações financeiras passaram a ser as seguintes: (1) balanço patrimonial; (2) demonstração de lucros ou prejuízos acumulados; (3) demonstração de resultado do exercício; (4) *demonstração de fluxos de caixa*; (5) demonstração do valor adicionado, se companhia aberta.[21]

Assim sendo, antes do advento da Lei 11.638/2007 podia-se perfeitamente sustentar o entendimento de que o *relatório gerencial de fluxo de caixa* não era, tecnicamente, uma demonstração financeira ou contábil.[22]

No tocante especificamente à projeção do fluxo de caixa, pondera Fábio Ulhoa Coelho: "Em relação ao relatório gerencial de fluxo de caixa (...) não é apropriado classificá-lo como demonstração contábil, posto que os fatos apropriados segundo as normas de Contabilidade são sempre pretéritos e não projetados".[23]

20. Tal distinção é efetuada por José Carlos Marion na sua obra intitulada *Contabilidade Empresarial*, 11ª ed., São Paulo, Atlas, 2005, p. 2.

21. Note-se que a demonstração de origens e aplicações de recursos foi extinta como demonstração financeira no âmbito da Lei das S/A.

22. Isidoro Fabbrini, antes da publicação da Lei 11.638, de 28.12.2007, que alterou a redação do art. 176 da Lei das S/A, escreveu um artigo intitulado "Inovações contábeis da Lei de Falências" no qual analisou o relatório gerencial de fluxo de caixa e de sua projeção, nos seguintes termos: "Este demonstrativo não é parte integrante das demonstrações financeiras criadas pelo art. 176 da Lei 6.404/1976 – Lei das S/A –, como também não integra as demonstrações contábeis estabelecidas pelo CFC através da Resolução 686/1990, mas simplesmente é uma peça contábil definida neste texto legal como relatório gerencial. Contabilmente, estaria melhor definido como demonstrativo gerencial" (artigo cit., *Gazeta Mercantil*, ed. de 14.4.2005, "Caderno Legal & Jurisprudência", p. 1).

23. Fábio Ulhoa Coelho, *Comentários à Nova Lei de Falências e de Recuperação de Empresas*, cit., p. 148.

Lembramos, por fim – e por oportuno –, que o art. 1.179 do CC de 2002 prevê apenas duas demonstrações: (1) balanço patrimonial; (2) balanço de resultado econômico.

601. Relação nominal dos credores – Ressaltamos que a apresentação pelo devedor de relação de credores mediante sonegação ou omissão de informações ou prestação de informações falsas pode configurar o tipo penal "indução a erro", previsto no art. 171 da atual lei.

602. Relação dos bens e direitos que compõem o ativo – O dever de apresentar a relação de bens e direitos visa a preservar a integridade do patrimônio envolvido; vale dizer, objetiva evitar sua dilapidação.

A relação de direitos deve englobar, por exemplo, propriedade imaterial (marcas registradas, patentes de invenção), contratos de distribuição e de franquia.

603. Prova da condição de empresário – Na medida em que o inciso IV do art. 105 utiliza a expressão "se não houver", admite que tanto o empresário quanto a sociedade de fato ou irregular requeiram autofalência.

A prova da condição de empresário ou de sociedade empresária regular será produzida mediante certidão expedida pela Junta Comercial.

Jurisprudência[24]

Eis um julgado pertinente prolatado sob a égide do atualegime:

[TJRS] Apelação cível – Declaração de insolvência – Atividade empresarial. As dívidas sujeitas à declaração de insolvência do art. 748 do CPC são apenas a dívidas civis. A situação de insolvência decorrente de débitos contraídos da atividade empresarial estão sujeitos [*sic*] ao processo de falência e não à declaração de insolvência. *No presente caso, os autores expressamente justificaram que sua insolvência decorreu de sua atividade empresarial na prática de atos de comércio, mostrando-se acertada a sentença que extinguiu*

24. Manoel Justino Bezerra Filho, *Jurisprudência da Nova Lei de Recuperação de Empresas e Falências/Decisões, Ofícios Judiciais, Resoluções, Sentenças, Acórdãos, Dentre Outros Documentos*, São Paulo, Ed. RT, 2006, p. 301.

o feito sem julgamento do mérito. Nesses casos, em que haja uma crise econômico-financeira que julgue não atender aos requisitos para pleitear recuperação judicial, poderá o comerciante pleitear a autofalência nos termos do art. 97, I, da Lei n. 11.101/2005 – Negaram provimento – Unânime. [*18ª Câmara Cível, ACi 70013303979, rel. Des. Mário Rocha Lopes Filho, j. 20.4.2006*]

604. Livros obrigatórios e documentos contábeis – Como já enfatizamos em outra obra de nossa autoria:[25]

– Os livros podem ser classificados em: (1) obrigatórios comuns; (2) obrigatórios especiais; (3) auxiliares ou facultativos; (4) fiscais.

– Os livros obrigatórios comuns são aqueles que, independentemente da atividade que a pessoa física ou jurídica escolher ou do tipo societário eleito, têm de ser forçosamente adotados e escriturados.

– O Livro Diário, à luz do art. 1.180 do CC, continua sendo o único livro obrigatório comum.

– Os livros obrigatórios especiais são aqueles que, em razão do tipo societário eleito ou da atividade exercida, têm de ser, outrossim, forçosamente adotados e escriturados (por exemplo, se se tratar de sociedade anônima, os livros arrolados no art. 100 da Lei das S/A; o Livro de Registro de Duplicatas, conforme o art. 19 da Lei 5.474/1968).

– Os livros auxiliares ou facultativos são aqueles que, a despeito de não serem instituídos pela vontade da lei, auxiliam a pessoa física ou jurídica na sua contabilidade (por exemplo, o Livro Razão e o Livro Caixa).

– Os livros fiscais são aqueles instituídos pela legislação tributária federal, estadual e municipal (por exemplo, Livro de Apuração do Lucro Real/LALUR; Livros de Registro de Entradas, Saídas e Apuração do ICMS).

Tendo em vista a lição de Lefrève no sentido de que "a contabilidade é a bússola do commerciante",[26] salta aos olhos quão relevantes são as informações contidas nos livros.

Os livros e fichas dos empresários e sociedades provam contra as pessoas a que pertencem, e em seu favor quando, escriturados sem vício extrínseco ou intrínseco, forem confirmados por outros subsídios (art. 226 do CC, c/c os arts. 378 e 379 do CPC).[27]

605. Relação de seus administradores nos últimos cinco anos – Trata-se de relação meramente informativa, já que a responsabilidade dos administradores, no âmbito da falência, deverá ser apurada mediante a adoção dos procedimentos previstos na lei.

Em relação ao prazo de cinco anos, sustenta Vera Helena de Mello Franco: "Resta *in albis* o porquê do prazo de cinco anos, cujo fundamento só pode ser o de que, sendo a falência um estado que se prolonga no tempo, lídimo é apreciar o comportamento de todos os que possam ter dado causa à gestão desastrosa, situação que não é a mesma do sócio que se retirou há mais de dois anos. Quanto ao prazo, não é demasia lembrar ser, este, aquele prescricional acatado na norma do art. 158, III, da lei para declarar extintas as obrigações do falido".[28]

Art. 106. Não estando o pedido regularmente instruído, o juiz determinará que seja emendado.[606]

25. Mario Sergio Milani, *Da Escrituração no Novo Código Civil: Comentários aos Arts. 1.179 a 1.195 do Código Civil Aprovado pela Lei 10.406, de 10.1.2002*, São Paulo, Juarez de Oliveira, 2004, pp. 55-56.

26. Esta citação consta da seguinte obra de nossa autoria: *Da Escrituração no Novo Código Civil: Comentários aos arts. 1.179 a 1.195 do Código Civil Aprovado pela Lei 10.406, de 10.1.2002*, cit., p. 19.

27. Ao examinarmos o art. 226 do CC em confronto com os arts. 378 e 379 do CPC, concluímos, no tocante à eficácia dos livros propriamente dita, contra ou a favor de seus titulares, que não houve inovação (*Da Escrituração no Novo Código Civil: Comentários aos Arts. 1.179 a 1.195 do Código Civil Aprovado pela Lei 10.406, de 10.1.2002*, cit., p. 136).

28. Vera Helena de Mello Franco, "Comentários aos arts. 94 ao 114", in Francisco Satiro de Sousa Jr. e Antônio Sérgio Altieri de Moraes Pitombo (coords.), *Comentários à Lei de Recuperação de Empresas e Falência: Lei 11.101/2005*, São Paulo, Ed. RT, 2005, p. 420.

LEGISLAÇÃO ANTERIOR

Artigo sem correspondência no Decreto-lei 7.661/1945.

COMENTÁRIOS

606. Emenda da petição inicial – De acordo com o art. 106, não estando o pedido regularmente instruído, o juiz determinará que seja emendado.[29]

Sérgio Campinho frisa: "A deficiente instrução do pedido renderá ensejo à determinação judicial para que seja completada no prazo de 10 dias, sem o quê o juiz deverá indeferir a petição inicial (arts. 106 e 189 da Lei 11.101/2005 e art. 284 do CPC)".[30]

Fábio Ulhoa Coelho sustenta entendimento diverso: "Vencido o prazo para a emenda sem adequada manifestação do requerente, o juiz deve sentenciar a quebra, mesmo que não instruída corretamente a petição inicial".[31-32]

Manoel Justino Bezerra Filho, por sua vez, recomenda: "A prática do dia-a-dia no exame de processos leva a que se recomende ao juiz especial cuidado no exame de tal tipo de pedido, pois, sem embargo de ser obrigação legal do devedor em crise econômico-financeira ('deverá requerer'), ainda assim, sempre existe a possibilidade de estar sendo tentada alguma forma de fraude contra credores ou, eventualmente, contra os próprios sócios, mantidos às vezes na ignorância do pedido feito por aquele que detém a representação da sociedade".[33]

Jurisprudência[34]

Eis um julgado pertinente:

[TJSP] Autofalência – Não preenchimento dos requisitos legais – *Autor que, embora intimado, não providenciou a documentação necessária à instrução do feito – Inicial indeferida e pedido julgado extinto – Sentença mantida – Exegese do art. 8º da Lei de Falências (Decreto-lei n. 7.661/1945), c/c os arts. 284, parágrafo único, 295, VI, e 267, I, do CPC* – Apelação não provida. [*ACi s/ revisão 392.863-4/8-00, rel. Des. Romeu Ricupero, j. 9.11.2005*]

Art. 107. A sentença que decretar a falência do devedor observará a forma do art. 99 desta Lei.

Parágrafo único. Decretada a falência, aplicam-se integralmente os dispositivos relativos à falência requerida pelas pessoas referidas nos incisos II a IV do *caput* do art. 97 desta Lei.[607]

29. Lembra Vera Helena de Mello Franco: "(...) a possibilidade de emenda (...) no Direito anterior advinha da apreciação do pedido, posto que, uma vez confessada, nenhuma alternativa restava ao juízo senão a de declarar a falência, suprindo-se as omissões no decorrer do procedimento" ("Comentários aos arts. 94 ao 114", in Francisco Satiro de Sousa Jr. e Antônio Sérgio Altieri de Moraes Pitombo (coords.), *Comentários à Lei de Recuperação de Empresas e Falência: Lei 11.101/2005*, São Paulo, Ed. RT. 2005, p. 420).

30. Sérgio Campinho, *Falência e Recuperação de Empresa: o Novo Regime da Insolvência Empresarial*, Rio de Janeiro, Renovar, 2006, p. 272. No mesmo sentido: Adalberto Simão Filho, "Comentários aos arts. 105 ao 114", in Newton de Lucca e Adalberto Simão Filho (coords.), *Comentários à Nova Lei de Recuperação de Empresas e de Falências*, São Paulo, Quartier Latin, 2005, p. 471.

31. Fábio Ulhoa Coelho, *Comentários à Nova Lei de Falências e de Recuperação de Empresas*, São Paulo, Saraiva, 2005, p. 295.

32. Júlio Kahan Mandel advoga opinião mais ousada: "Defendo que o pedido de autofalência seja imediatamente aceito pelo juiz, sem maiores formalidades. Fraudes e ações de má-fé serão punidas quando da apuração de crimes, e eventuais danos aos credores e acionistas poderão ser cobrados dos controladores ou sócios oportunamente" (*Nova Lei de Falências e Recuperação de Empresas Anotada: Lei 11.101, de 9.2.2005*, São Paulo, Saraiva, 2005, p. 210).

33. Manoel Justino Bezerra Filho, *Nova Lei de Recuperação e de Falências Comentada. Lei 11.101, de 9.2.2005, Comentário Artigo por Artigo*, 3ª ed., São Paulo, Ed. RT, 2005, p. 266.

34. Manoel Justino Bezerra Filho, *Jurisprudência da Nova Lei de Recuperação de Empresas e Falências/Decisões, Ofícios Judiciais, Resoluções, Sentenças, Acórdãos, Dentre Outros Documentos*, São Paulo, Ed. RT, 2006, p. 302.

LEGISLAÇÃO ANTERIOR

Artigo sem correspondência no Decreto-lei 7.661/1945.

COMENTÁRIOS

607. Efeitos falimentares independem de quem requereu a falência – À medida que, para fins de aplicação dos efeitos da falência, é irrelevante perquirir quem formulou o respectivo pedido (o credor ou o próprio devedor), o art. 107 determina a observância do art. 99.

Seção VII – Da Arrecadação e da Custódia dos Bens

Art. 108. Ato contínuo[608] à assinatura do termo de compromisso,[609] o administrador judicial efetuará a arrecadação[610] dos bens[611] e documentos[612] e a avaliação dos bens, separadamente ou em bloco,[613] no local em que se encontrem, requerendo ao juiz, para esses fins, as medidas necessárias.[614]

§ 1º. Os bens arrecadados ficarão sob a guarda do administrador judicial ou de pessoa por ele escolhida, sob responsabilidade daquele, podendo o falido ou qualquer de seus representantes ser nomeado depositário dos bens.[615]

§ 2º. O falido poderá acompanhar a arrecadação e a avaliação.[616-617]

§ 3º. O produto dos bens penhorados ou por outra forma apreendidos entrará para a massa, cumprindo ao juiz deprecar, a requerimento do administrador judicial, às autoridades competentes, determinando sua entrega.[614]

§ 4º. Não serão arrecadados os bens absolutamente impenhoráveis.[618]

§ 5º. Ainda que haja avaliação em bloco, o bem objeto de garantia real será também avaliado separadamente, para os fins do § 1º do art. 83 desta Lei.[619]

LEGISLAÇÃO ANTERIOR

Lei de Falências (DL 7.661/1945): *Art. 41.* Não se compreendem na falência os bens absolutamente impenhoráveis.

Parágrafo único. Serão arrecadados os livros, máquinas, utensílios e instrumentos necessários ou úteis ao exercício da profissão do falido, que não forem de módico valor.

Art. 70. O síndico promoverá, imediatamente após o seu compromisso, a arrecadação dos livros, documentos e bens do falido, onde quer que estejam, requerendo para esse fim as providências judiciais necessárias.

§ 1º. A arrecadação far-se-á com assistência do representante do Ministério Público, convidado pelo síndico. Opondo-se o falido à diligência ou dificultando-a, o síndico pedirá ao juiz o auxílio de oficiais de justiça.

§ 2º. O síndico levantará o inventário e estimará cada um dos objetos nele contemplados, ouvindo o falido, consultando faturas e documentos, ou louvando-se no parecer de avaliadores, se houver necessidade.

§ 3º. O inventário será datado e assinado pelo síndico, pelo representante do Ministério Público e pelo falido, se presente, podendo este apresentar, em separado, as observações e declarações que julgar a bem dos seus interesses; se o falido recusar a sua assinatura, far-se-á constar do auto a recusa. O auto será entregue em cartório até 3 (três) dias após a arrecadação.

§ 4º. Os bens penhorados ou por outra forma apreendidos, salvo tratando-se de ação ou execução que a falência não suspenda, entrarão para a massa, cumprindo o juiz deprecar, a requerimento do síndico, às autoridades competentes, a entrega deles.

§ 5º. No mesmo dia em que iniciar a arrecadação, o síndico apresentará os livros obrigatórios do falido ao juiz, para o seu encerramento, caso este já não tenha sido feito nos termos dos arts. 8º, § 3º, e 34, n. II.

Art. 72. Os bens arrecadados ficarão sob a guarda do síndico ou de pessoa por este escolhida, sob a responsabilidade dele, podendo o falido ser incumbido da guarda de imóveis e mercadorias.

COMENTÁRIOS

608. "Ato contínuo", proceder-se-á à arrecadação – A expressão "ato contínuo" denota justamente a premência com que a arrecadação dos bens (e também de documentos) deve ser efetuada, visando precipuamente a evitar a dilapidação do patrimônio do falido.

Outro mecanismo utilizado para evitar a indigitada dilapidação é a lacração prevista no art. 109.

Jurisprudência[1]

Eis dois julgados pertinentes:

[TJMS] Arrecadação de bens – Desnecessidade da intimação de terceiros cujos bens foram eventualmente arrecadados. *Declarada a falência de determinada empresa, incumbe ao síndico*

1. Manoel Justino Bezerra Filho, *Jurisprudência da Nova Lei de Recuperação de Empresas e Falências/Decisões, Ofícios Judiciais, Resoluções, Sentenças, Acórdãos, Dentre Outros Documentos*, São Paulo, Ed. RT, 2006, pp. 304-305 e 310.

lacrar o estabelecimento e arrecadar os bens que nela sejam encontrados. Essa determinação independe de intimações de terceiros, que possam ter bens no mesmo local. Os bens de terceiros eventualmente arrecadados deverão ser reclamados na forma prevista pela Lei de Quebras. [*RT 754/382*]

Não é arrecadável o bem de família referido na Lei n. 8.009/1990. [*RJTJRS 161, apud Theotônio Negrão, Código de Processo Civil e Legislação Processual em Vigor, 31ª ed., p. 1.324*]

609. Termo de compromisso – O administrador judicial, após ser intimado pessoalmente, deverá assinar, dentro de 48 horas e na sede do juízo, o termo de compromisso de bem e fielmente desempenhar o cargo e assumir as responsabilidades a ele inerentes (art. 33), sob pena de, não o fazendo, o juiz nomear outro administrador judicial (art. 34).

610. Arrecadação – A arrecadação dos bens e documentos é da competência do administrador judicial (art. 22, III, "f").

Adverte Luiz Augusto de Souza Queiroz Ferraz:

"(...) na prática, o que efetivamente sucederá? Tudo dependerá do administrador judicial, que muitas vezes para bem desempenhar as suas funções terá de custear estas providências pessoalmente – pois a expressiva maioria dos processos são, por assim dizer, miseráveis –, substituindo conseqüentemente o próprio Estado nesta função, ao mesmo tempo em que assumirá a responsabilidade total sobre os bens que vierem a ser arrecadados, tal qual determinado pelo § 1º do art. 108 (...).

"Apesar da celeridade instituída na lei, fica a indagação se efetivamente haverá administradores judiciais conscientes destas responsabilidades, principalmente nos dias de hoje, em que o respeito pela propriedade privada é nenhum, especialmente numa cidade como São Paulo, pois certamente o falido não se interessará em figurar como depositário, mormente naquelas falências sem ativo de valor a ser arrecadado, jamais dispondo de numerário para custear as despesas de vigilância."[2]

Arrecadação é a atividade material de buscar os bens, livros e documentos do falido onde quer que os mesmos se encontrem.[3-4]

Daí a admoestação de Waldo Fazzio Jr.: "É bom levar em conta o significado da arrecadação, para se avaliar a necessidade de que seja formal, até litúrgica. O ato de arrecadação traduz a imissão de um agente auxiliar na posse dos bens do empresário ou sociedade empresária. Tem sentido restritivo de direitos e deixa à calva uma espécie de intervenção do Poder Público, no caso o Poder Judiciário, na esfera privada. Por isso, a arrecadação precisa ser cercada de todos os cuidados necessários para que se circunscreva ao cumprimento cabal, sem excessos, da ordem judicial. Sempre é bom ter em mente que o papel do administrador judicial é, na medida do possível, impessoal".[5]

Com a arrecadação dos bens do devedor, salienta Sérgio Campinho, "(...) se estará compondo a massa falida objetiva, por isso também chamada de massa ativa, que constituirá um patrimônio autônomo, integrado pelos bens sujeitos à execução (...)".[6]

Se houver decretação da falência de sociedade empresária e esta tiver sócios de responsabilidade ilimitada, será necessária arrecada-

2. Luiz Augusto de Souza Queiroz Ferraz, "Da arrecadação, avaliação e realização do ativo", *Revista do Advogado*. 83/66, Ano XXV, São Paulo, AASP, setembro/2005.

3. No mesmo sentido: Walter T. Álvares, *Direito Falimentar*, vol. I, São Paulo, Sugestões Literárias, 1966, p. 425.

4. Ricardo Tepedino afirma que a arrecadação tem, "se examinada pelo aspecto processual, o sabor de uma penhora, na medida em que assinala os bens sujeitos à execução coletiva instaurada com a falência. (...). Se encontrar fechado o local onde há bens arrecadáveis, requisitará ao juiz a presença de oficiais de justiça e promoverá o arrombamento; se encontrar resistência, valer-se-á de força policial" ("Comentários aos arts. 105 ao 138", in Carlos Henrique Abrão e Paulo Fernando Campos Salles de Toledo (coords.), *Lei de Recuperação de Empresas e Falência*, São Paulo, Saraiva, 2005, pp. 293-294).

5. Waldo Fazzio Jr., *Nova Lei de Falência e de Recuperação de Empresas*, São Paulo, Atlas, 2005, p. 341.

6. Sérgio Campinho, *Falência e Recuperação de Empresa: o Novo Regime da Insolvência Empresarial*, Rio de Janeiro, Renovar, 2006, p. 314.

ção dos bens de tais sócios, já que a referida decretação acarreta também a falência destes (arts. 81 e 190).[7]

E se inexistirem bens passíveis de arrecadação? Responde Sérgio Campinho: "(...) o administrador judicial deverá comunicar o fato ao juiz, que, em seqüência, mandará ouvir os credores, a fim de requererem o que for a bem de seus direitos. A eles deve ser facultado o direito de dar prosseguimento ao feito, adiantando os valores necessários às despesas, para a investigação da existência de bens. (...). Nada requerendo os credores, deverá a falência ser encerrada pelo juiz".[8]

611. Bens – O vocábulo "bens", utilizado no dispositivo sob comento, deve ser entendido *lato sensu*; vale dizer, deve compreender todos aqueles que são suscetíveis de valoração econômica.

As patentes de invenção ou de modelos de utilidade e os registros de desenho industrial ou de marcas, que constituem propriedade industrial, também devem ser arrecadados.[9]

Em relação às quotas sociais de outras sociedades titularizadas pelo falido, ao invés de serem arrecadadas, como seria a regra geral, os sócios do falido devem apurar os haveres deste, pagando diretamente à massa falida, uma vez que o parágrafo único do art. 1.030 do CC prevê a exclusão da sociedade, de pleno direito, do sócio declarado falido.[10]

Jurisprudência[11]

Eis um julgado pertinente:

[TJSP] Empresas controladas pela falida – Sociedade por ações – Falência – Determinação, pelo juiz, da arrecadação de bens das empresas controladas pela falida – Circunstância que não estende os efeitos da quebra às coligadas – *Inexistência de responsabilidade solidária de sociedades do mesmo grupo, eis que cada uma conserva sua personalidade jurídica e autonomia patrimonial independente dos objetivos comuns a alcançar* – Inteligência dos arts. 265, 166 e 278, §§ 1º e 2º, da Lei n. 6.404/1976. [*J. 9.11.1999, RT 773/224*]

A Lei 6.368/1976, que dispõe sobre medidas de prevenção e repressão ao tráfico ilícito e uso indevido de substâncias entorpecentes, prescreve, de um lado, o dever de o juiz, no caso de falência, oficiar às autoridades sanitárias competentes para que promovam as medidas necessárias ao recebimento, em depósito, das substâncias arrecadadas (art. 41, § 1º) e, de outro lado, que as vendas em hasta pública das referidas substâncias deverão ser realizadas na presença de autoridade sanitária competente (art. 41, § 2º).

612. Documentos – O vocábulo "documentos", utilizado no dispositivo sob comento, outrossim, deve ser entendido *lato sensu*; vale dizer, deve compreender inclusive as informações contábeis e negociais inseridas em arquivos de computador (disco rígido, disquetes etc.).

Portanto, o administrador judicial, após detectar e selecionar tais informações – frise-

7. Vera Helena de Mello Franco lembra: "Os bens dos sócios solidários, todavia, constarão de listas separadas, posto que da liquidação destes bens participarão, igualmente, seus credores particulares" ("Comentários aos arts. 94 ao 114", in Francisco Satiro de Sousa Jr. e Antônio Sérgio Altieri de Moraes Pitombo (coords.), *Comentários à Lei de Recuperação de Empresas e Falência: Lei 11.101/2005*, São Paulo, Ed. RT, 2005, p. 422).

8. Sérgio Campinho, *Falência e Recuperação de Empresa: o Novo Regime da Insolvência Empresarial*, cit., p. 316.

9. Fábio Ulhoa Coelho adverte: "Claro que a falência pode, em determinadas circunstâncias, desvalorizar a marca, resultando daí desinteresse nos agentes econômicos em adquiri-la. Mas pode verificar-se o contrário: marcas como 'Casa Centro' e 'Mappin' permaneceram com valor de mercado mesmo depois da falência de seus titulares, que eram sociedades empresárias dedicadas ao comércio varejista em São Paulo" (*Comentários à Nova Lei de Falências e de Recuperação de Empresas*, São Paulo, Saraiva, 2005, p. 301).

10. No mesmo sentido: Fábio Ulhoa Coelho, *Comentários à Nova Lei de Falências e de Recuperação de Empresas*, cit., p. 301.

11. Manoel Justino Bezerra Filho, *Jurisprudência da Nova Lei de Recuperação de Empresas e Falências/Decisões, Ofícios Judiciais, Resoluções, Sentenças, Acórdãos, Dentre Outros Documentos*, cit., p. 305.

se: com absoluta discrição e percuciência –, deverá também arrecadá-los.[12]

Note-se que a arrecadação dos livros pode tornar-se desnecessária sempre que o falido, no ato de assinatura do termo de comparecimento, os tiver depositado em cartório.

613. Avaliação – A despeito da determinação do art. 108 de que o administrador judicial proceda à avaliação, ele pode entender que não tem condições técnicas para a tarefa. Então, deverá contratar avaliadores, de preferência oficiais, mediante autorização judicial (art. 22, III, "h").[13]

Frisamos que os valores dos bens constantes dos livros e documentos contábeis apenas servirão como subsídios à avaliação, tendo em vista que a alienação deverá preferencialmente observar o valor de mercado.[14]

614. Produto dos bens penhorados ou apreendidos. No local onde se encontrem. Medidas necessárias – O produto dos bens penhorados ou por outra forma apreendidos entrará para a massa, apenas e tão-somente, quando já liquidados em hasta pública ou os respectivos editais já tiverem sido marcados. Caso contrário ditos bens deverão ser arrecadados, até porque, com a decretação da falência, as ações e execuções são suspensas, impedindo, por conseguinte, a alienação judicial, exceto tratando-se de executivos fiscais.[15]

Se os bens e documentos se encontrarem em outra comarca, cumpre ao juiz deprecar, a requerimento do administrador judicial, às autoridades competentes, determinado sua entrega (art. 108, § 3º).[16]

615. Guarda dos bens arrecadados – A guarda dos bens arrecadados cabe ao administrador judicial. Todavia, ele pode – sempre sob sua responsabilidade – atribuí-la a pessoa de sua confiança.[17-18-19]

12. No mesmo sentido: Waldo Fazzio Jr., *Nova Lei de Falência e de Recuperação de Empresas*, cit., p. 343.

13. Luiz Augusto de Souza Queiroz Ferraz adverte: "Há que se ressaltar também o cuidado de que o administrador judicial deverá cercar-se quanto aos critérios de avaliação de certos bens arrecadados. Exemplificando-se: (a) quotas de sociedade limitada: o parágrafo único do art. 1.030 do CC exclui o falido destas sociedades, obrigando o administrador a proceder à avaliação das quotas de forma voluntária, na maior parte das vezes prevista nos respectivos contratos sociais, ou, na hipótese de inércia da empresa, requerer a apuração via sua dissolução, sendo este mais um encargo atribuído ao administrador judicial; (b) propriedade industrial: aí se compreendendo as patentes de invenção ou desenhos industriais etc. e também o nome comercial, que por vezes poderá representar um patrimônio de inestimável valor, cabendo também ao administrador judicial, diante destas circunstâncias, garantir para a massa falida a sua manutenção junto aos órgãos competentes, até que possa efetuar a sua realização, cercada de todas as garantias de seu uso, para o arrematante, valorizando o *good will* nesta oportunidade; (c) Certificados de Recebíveis Imobiliários/CRIs existentes dentro do Sistema Financeiro da Habitação (Lei 9.514/1997), que na realidade são créditos decorrentes de operações de financiamento imobiliário, que podem ser securitizadas através de CRI, que, se cobertos pelo regime fiduciário, não estarão sujeitos a arrecadação, de tal forma que, na hipótese de falência da empresa securitizadora, estes eventuais créditos não serão considerados como ativo da falida. Tudo a demandar do administrador judicial inteligência, preparo e cautela no desempenho de suas funções, por vezes, solitária" ("Da arrecadação, avaliação e realização do ativo", cit., *Revista do Advogado* 83/66-724).

14. No mesmo sentido: Ricardo Tepedino, "Comentários aos arts. 105 ao 138", cit., in Carlos Henrique Abrão e Paulo Fernando Campos Salles de Toledo (coords.), *Lei de Recuperação de Empresas e Falência*, p. 297.

15. No mesmo sentido: Sérgio Campinho, *Falência e Recuperação de Empresa: o Novo Regime da Insolvência Empresarial*, cit., p. 316.

16. Ricardo Tepedino sustenta posição distinta: "Dispondo que o administrador arrecadará bens e documentos 'no local em que se encontrem', fica, em princípio, dispensada a expedição de carta precatória para a arrecadação fora da comarca da falência (...)" ("Comentários aos arts. 105 ao 138", cit., in Carlos Henrique Abrão e Paulo Fernando Campos Salles de Toledo (coords.), *Lei de Recuperação de Empresas e Falência*, pp. 295-296).

17. Por isso, alerta Manoel Justino Bezerra Filho: "Deve, assim, o administrador tomar todos os cuidados para que a pessoa a quem atribuir o encargo de guarda e conservação seja pessoa idônea e de sua confiança, ante a possibilidade de poder vir a responder por eventuais prejuízos que possam ser causados à massa em caso de dano aos bens ou desapareci-

Em determinadas circunstâncias, até mesmo o falido ou qualquer de seus representantes podem ser nomeados depositários dos bens.[20]

Ricardo Tepedino analisa a possibilidade de decretação da prisão civil do depositário, nos seguintes termos: "Cuida a hipótese de um contrato típico? Estará o administrador, que a lei faz responsável pela guarda em qualquer hipótese, ou quem ele incumbiu de conservar os bens arrecadados, sujeito à prisão civil, que o art. 5º, LXVII, da CF e o art. 652 do CC reservam ao depositário infiel? A doutrina sobre a antiga LF se cala diante dessa questão. Entendo, à vista das peculiaridades do processo falimentar e das dificuldades que lhe são inerentes, inclusive a escassez de recursos para a conservação dos bens, que se trata de um depósito atípico, onde não há lugar para a prisão do depositário relapso, mas apenas direito a ressarcimento, salvo se o bem foi dolosamente desviado, quando o fato tipifica o crime previsto no art. 173 da LRE".[21]

616. O falido poderá acompanhar a arrecadação e a avaliação? – Sim, pois trata-se de uma faculdade do falido (art. 108, § 2º).[22]

617. O Ministério Público tem de participar da arrecadação? – No regime anterior o Ministério Público devia assistir à arrecadação (art. 71, § 1º). Todavia, no atual regime inexiste a mesma previsão.[23]

Contudo, para a fase de alienação o Ministério Público será intimado pessoalmente, sob pena de nulidade (art. 142, § 7º).

618. Não serão arrecadados os bens absolutamente impenhoráveis – Os bens impenhoráveis são, por exemplo, aqueles elencados: (1) no art. 649 do CPC; (2) no art. 1.711 do CC (bem de família); (3) na Lei 8.009/1990 (bem de família);[24] (4) no art. 1.911 do CC (cláusula testamentária).

619. Avaliação separada de bem objeto de garantia real – O inciso III do art. 140, ao tratar da realização do ativo, prevê a alienação em bloco dos bens que integram cada um dos estabelecimentos.

mento de alguns deles" (*Nova Lei de Recuperação e de Falências Comentada. Lei 11.101, de 9.2.2005, Comentário Artigo por Artigo*, 3ª ed., São Paulo, Ed. RT, 2005, p. 270).

18. Reitere-se, a respeito, a advertência de Adalberto Simão Filho transcrita acima (comentário *610*)

19. Júlio Kahan Mandel adverte: "Quanto aos imóveis alugados, o mais correto é avaliar se a remoção dos bens para um depósito não é mais interessante para a massa, na medida em que diminuem os custos de armazenagem, pois, além do aluguel que deverá ser suportado pela massa, normalmente a contratação de um vigia ou segurança se faz necessária para proteção do ativo. (...). O administrador judicial acabará por contratar algum depositário profissional no mercado, e terá esse peso sob [*sic*] os ombros, pois em tese responde solidariamente com o depositário se houver dano aos bens. Essa situação afastará da função alguns excelentes profissionais, por estes não possuírem estrutura própria para guarda de bens, ou por não encontrarem depositários de confiança para contratar dentro da possibilidade da massa" (*Nova Lei de Falências e Recuperação de Empresas Anotada: Lei 11.101, de 9.2.2005*, São Paulo, Saraiva, 2005, p. 211).

20. Adverte Luiz Augusto de Souza Queiroz Ferraz: "Apesar da celeridade instituída na lei, fica a indagação se efetivamente haverá administradores judiciais conscientes destas responsabilidades, principalmente nos dias de hoje, em que o respeito pela propriedade privada é nenhum, especialmente numa cidade como São Paulo, pois certamente o falido não se interessará em figurar como depositário, mormente naquelas falências sem ativo de valor a ser arrecadado, jamais dispondo de numerário para custear as despesas de vigilância" ("Da arrecadação, avaliação e realização do ativo", cit., *Revista do Advogado* 83/66-724).

21. Ricardo Tepedino, "Comentários aos arts. 105 ao 138", cit., in Carlos Henrique Abrão e Paulo Fernando Campos Salles de Toledo (coords.), *Lei de Recuperação de Empresas e Falência*, p. 298.

22. Ricardo Tepedino sustenta que haverá obrigação do falido de acompanhar a arrecadação se devida e justificadamente convocado pelo administrador judicial (LRE, art. 104, VII) ("Comentários aos arts. 105 ao 138", cit., in Carlos Henrique Abrão e Paulo Fernando Campos Salles de Toledo (coords.), *Lei de Recuperação de Empresas e Falência*, p. 294).

23. Logo, segundo Fábio Ulhoa Coelho, a assistência do Ministério Público "deixou de ser condição de validade da arrecadação" (*Comentários à Nova Lei de Falências e de Recuperação de Empresas*, cit., p. 297).

24. Por exemplo, imóvel onde reside a família do empresário individual.

O § 1º do art. 83 determina que, no caso de alienação em bloco de bens objeto de garantia real, os respectivos valores sejam considerados individualmente.

Já, o § 5º do art. 108 prescreve que, ainda que haja avaliação em bloco, o bem objeto da garantia real será também avaliado separadamente.

Ressaltamos que, na medida em que o inciso II do art. 83, ao disciplinar a classificação dos créditos, fixa como limite daqueles com garantia real o valor do bem gravado, o inciso VI do mesmo artigo classifica como créditos quirografários os saldos não cobertos pelo produto da alienação dos bens vinculados ao seu pagamento.

Art. 109. O estabelecimento será lacrado sempre que houver risco para a execução da etapa de arrecadação ou para a preservação dos bens da massa falida ou dos interesses dos credores.[620]

LEGISLAÇÃO ANTERIOR

Artigo sem correspondência no Decreto-lei 7.661/1945.

COMENTÁRIOS

620. Quando o estabelecimento será lacrado? – O estabelecimento será lacrado sempre que houver risco para a execução da etapa de arrecadação ou para a preservação dos bens da massa falida ou dos interesses dos credores.[25-26-27]

A sentença que decretar a falência do devedor pronunciar-se-á a respeito da continuidade provisória das atividades do falido ou da lacração (art. 99, XI).[28] Nada obsta, no entanto, dadas as circunstâncias, a que o juiz determine a lacração pós sentença.

25. Ricardo Tepedino esclarece: "Na verdade, a aposição de um lacre, por si só, é tão-somente uma solenidade de pouco conteúdo prático, salvo para facilitar a constatação de que houve uma invasão: ela pouco ou nada acautelará se não houver algum tipo de segurança, eletrônica ou de pessoas (o que, reconheçamos, pode ficar inviabilizado pela falta de recursos da massa), pois um simples aviso ameaçador colado à porta amedrontará tanto os eventuais saqueadores quanto as maldições postas na entrada dos túmulos dos faraós impediram sua rapinagem" ("Comentários aos arts. 105 ao 138", in Carlos Henrique Abrão e Paulo Fernando Campos Salles de Toledo (coords.), *Lei de Recuperação de Empresas e Falência*, São Paulo, Saraiva, 2005, p. 299).

26. Para Fábio Ulhoa Coelho: "Na verdade, não nada mais desmoralizado nesse mundo que o lacre judicial do estabelecimento falido. Não havendo meios de se fazer efetivo policiamento no local ou mesmo contratar o administrador judicial serviços de guarda particular, é o caso de o juiz desocupar-se do assunto. O papel colado na porta não assusta ninguém; aliás, nem é lido por quem pretende subtrair bens do local" (*Comentários à Nova Lei de Falências e de Recuperação de Empresas*, São Paulo, Saraiva, 2005, p. 302).

27. Luiz Augusto de Souza Queiroz Ferraz complementa: "Todavia, mesmo agora com previsão legal, esta solução sempre foi desprestigiada, porque, como sabem todos que militam efetivamente na área falimentar, hodiernamente não se respeita o lacre judicial, que é simplesmente violado ante a impossibilidade prática de o Estado fornecer qualquer tipo de policiamento para estas situações, e não será por uma simples 'vara-de-condão judicial' que se evitará não só o desprestígio do lacre, mas também o roubo dos bens arrecadados. Estes são fatos tristes e lamentáveis, mas do cotidiano e jamais solucionados" ("Da arrecadação, avaliação e realização do ativo", *Revista do Advogado* 83/67, Ano XXV, São Paulo, AASP, setembro/2005).

28. Adalberto Simão Filho exemplifica: "Pode ainda ocorrer que a empresa falida possuía vários estabelecimentos e somente em um ou alguns deles se possa ter uma continuação do negócio que se justifique economicamente, na forma da lei. Nesse caso os demais estabelecimentos serão lacrados para mantença da integridade dos bens que se encontram em seu interior, com as cautelas de praxe, prosseguindo abertos os demais, porém com os seus bens devidamente arrecadados" ("Comentários aos arts. 105 ao 114", in Newton de Lucca e Adalberto Simão Filho (coords.), *Comentários à Nova Lei de Recuperação de Empresas e de Falências*, São Paulo, Quartier Latin, 2005, p. 477).

A lacração do estabelecimento no âmbito falimentar já constituía praxe forense. O legislador apenas a positivou.[29]

Jurisprudência[30]

Eis um julgado pertinente:

[TJMS] Arrecadação de bens – Desnecessidade da intimação de terceiros cujos bens foram eventualmente arrecadados. *Declarada a falência de determinada empresa, incumbe ao síndico lacrar o estabelecimento e arrecadar os bens que nela sejam encontrados. Essa determinação independe de intimações de terceiros, que possam ter bens no mesmo local.* Os bens de terceiros eventualmente arrecadados deverão ser reclamados na forma prevista pela Lei de Quebras. [*RT 754/382*]

Art. 110. O auto de arrecadação, composto pelo inventário e pelo respectivo laudo de avaliação dos bens,[621] será assinado pelo administrador judicial, pelo falido ou seus representantes e por outras pessoas que auxiliarem ou presenciarem o ato.[622]

§ 1º. Não sendo possível a avaliação dos bens no ato da arrecadação, o administrador judicial requererá ao juiz a concessão de prazo para apresentação do laudo de avaliação, que não poderá exceder 30 (trinta) dias, contados da apresentação do auto de arrecadação.[623]

§ 2º. Serão referidos no inventário:[624] I – os livros obrigatórios e os auxiliares ou facultativos do devedor, designando-se o estado em que se acham, número e denominação de cada um, páginas escrituradas, data do início da escrituração e do último lançamento, e se os livros obrigatórios estão revestidos das formalidades legais; II – dinheiro, papéis, títulos de crédito, documentos e outros bens da massa falida; III – os bens da massa falida em poder de terceiro, a título de guarda, depósito, penhor ou retenção; IV – os bens indicados como propriedade de terceiros ou reclamados por estes, mencionando-se essa circunstância.

§ 3º. Quando possível, os bens referidos no § 2º deste artigo serão individualizados.[625]

§ 4º. Em relação aos bens imóveis, o administrador judicial, no prazo de 15 (quinze) dias após a sua arrecadação, exibirá as certidões de registro, extraídas posteriormente à decretação da falência, com todas as indicações que nele constarem.[626]

LEGISLAÇÃO ANTERIOR

Lei de Falências (DL 7.661/1945): *Art. 70. (...).*

(...).

§ 6º. Serão referidos no inventário: I – os livros obrigatórios e os auxiliares ou facultativos do falido, designando-se o estado em que se acham, número e denominação de cada um, páginas escrituradas, data do início da escrituração e do último lançamento, e se os livros obrigatórios estão revestidos das formalidades legais; II – dinheiro, papéis, documentos e demais bens do falido; III – os bens do falido em poder de terceiro, a título de guarda, depósito, penhor ou retenção; IV – os bens indicados como propriedade de terceiros ou reclamados por estes, mencionando-se esta circunstância.

§ 7º. Os bens referidos no parágrafo anterior serão individuados quanto possível. Em relação aos imóveis, o síndico, no prazo de 15 (quinze) dias após a sua arrecadação, exibirá as certidões do Registro de Imóveis, extraídas posteriormente à declaração da falência, com todas as indicações que nele constarem.

29. Manoel Justino Bezerra Filho aduz: "(...) neste ponto o legislador foi sábio, pois aproveitou a experiência consagrada no dia-a-dia forense e tornou lei positiva a possibilidade de lacração" (*Nova Lei de Recuperação e de Falências Comentada. Lei 11.101, de 9.2.2005, Comentário Artigo por Artigo*, 3ª ed., São Paulo, Ed. RT, 2005, p. 272).

30. Manoel Justino Bezerra Filho, *Jurisprudência da Nova Lei de Recuperação de Empresas e Falências/Decisões, Ofícios Judiciais, Resoluções, Sentenças, Acórdãos, Dentre Outros Documentos*, São Paulo, Ed. RT, 2006, pp. 304-305 e 310).

COMENTÁRIOS

621. Quais são os documentos que compõem o auto de arrecadação? – O auto[31] de arrecadação[32] será composto pelo inventário e pelo respectivo laudo de avaliação dos bens.

622. Quem deverá assinar o auto de arrecadação? – O auto de arrecadação será assinado pelo administrador judicial, pelo falido ou seus representantes e por outras pessoas que auxiliarem ou presenciarem o ato.[33]

Havendo recusa do falido ou do seu representante legal em assinar o auto de arrecadação, o administrador judicial deverá consignar este fato no auto, inclusive declinando as razões da recusa.[34]

Também pode acontecer de o falido ou seu representante legal discordar de informações constantes do auto de arrecadação. Neste caso, visando a preservar direitos, o discordante pode adotar o seguinte procedimento: apresentar em separado as declarações que entender necessárias, as quais deverão ser acostadas aos autos.[35]

623. E se não for possível a avaliação no ato da arrecadação? – Não sendo possível a avaliação dos bens no ato da arrecadação, o administrador judicial requererá ao juiz a concessão de prazo para apresentação do laudo de avaliação, que não poderá exceder 30 dias, contados da apresentação do auto de arrecadação.

Se o prazo de 30 dias for excedido, o administrador judicial poderá ser intimado a apresentar o laudo de avaliação no prazo de 5 dias, sob pena de desobediência (art. 23). Decorrido o prazo *in albis*, o juiz destituirá o administrador judicial (art. 31) e nomeará outro para elaboração do dito laudo, explicitando a responsabilidade de seu antecessor (art. 23, parágrafo único).[36]

624. O que deve ser referido no inventário? – Serão referidos no inventário: (1) os

31. De acordo com José da Silva Pacheco, "no direito processual civil emprega-se a palavra 'auto', no singular, na acepção de ato que registra e documenta diversas atividades que se realizam fora dos cartórios, pelos serventuários da Justiça, peritos, arbitradores judiciais, como por exemplo auto de penhora e auto de arrecadação" (*Processo de Recuperação Judicial, Extrajudicial e Falência*, Rio de Janeiro, Forense, 2006, 273).

32. Vera Helena de Mello Franco afirma que o auto de arrecadação se assemelha ao auto de penhora ("Comentários aos arts. 94 ao 114", in Francisco Satiro de Sousa Jr. e Antônio Sérgio Altieri de Moraes Pitombo (coords.), *Comentários à Lei de Recuperação de Empresas e Falência: Lei 11.101/2005*, São Paulo, Ed. RT, 2005, p. 424). No mesmo sentido: José da Silva Pacheco, *Processo de Recuperação Judicial, Extrajudicial e Falência*, cit., p. 273.

33. Manoel Justino Bezerra Filho externa sua experiência: "(...) pode ocorrer com muita freqüência – aliás, será a ocorrência mais comum – que o auto de arrecadação seja elaborado pelos oficiais de justiça designados para a diligência, únicos participantes do ato, tendo em vista a urgência com a qual deve ser expedido o auto de arrecadação. A propósito, relembre-se que sempre houve a cautela por parte dos juízes de determinar a ida de dois oficiais de justiça. De qualquer forma, se estiverem presentes o administrador, o falido, o próprio representante do Ministério Público ou pessoas auxiliando ou presenciando o ato, devem ser colhidas as respectivas assinaturas" (*Nova Lei de Recuperação e de Falências Comentada. Lei 11.101, de 9.2.2005, Comentário Artigo por Artigo*, 3ª ed., São Paulo, Ed. RT, 2005, p. 272).

34. No mesmo sentido: Waldo Fazzio Jr., *Nova Lei de Falência e de Recuperação de Empresas*, São Paulo, Atlas, 2005, p. 342.

35. Fábio Ulhoa Coelho exemplifica: "Imagine-se que, ao descrever determinado instrumento industrial, o administrador judicial omita referência a caracteres que o distinguem de outros de menor valor. O representante legal poderá lançar essa referência, explicando sua importância, numa declaração em apartado, que será juntada aos autos. Se houver dúvidas, no futuro, quanto ao valor do bem, o juiz poderá levar em conta as ressalvas feitas à arrecadação" (*Comentários à Nova Lei de Falências e de Recuperação de Empresas*, São Paulo, Saraiva, 2005, p. 304).

36. Ricardo Tepedino pondera: "A norma que fixa o prazo de 30 dias para entrega do laudo, como mostra o dia-a-dia forense, tem cunho programático, inclusive porque haverá avaliações (de uma grande indústria) que poderão consumir mais de um mês na sua elaboração. Assim, só o atraso injustificado dará ensejo à destituição do administrador, como previsto nos arts. 23 e 31 da LRE" ("Comentários aos arts. 105 ao 138", in Carlos Henrique Abrão e Paulo Fernando Campos Salles de Toledo (coords.), *Lei de Recuperação de Empresas e Falência*, São Paulo, Saraiva, 2005, p. 300).

livros obrigatórios e os auxiliares ou facultativos do devedor,[37] designando-se o estado em que se acham, número e denominação de cada um, páginas escrituradas, data do início da escrituração e do último lançamento e se os livros obrigatórios estão revestidos das formalidades legais; (2) dinheiro, papéis, títulos de crédito, documentos e outros bens da massa falida; (3) os bens da massa falida em poder de terceiro, a título de guarda, depósito, penhor ou retenção; (4) os bens indicados como propriedade de terceiros ou reclamados por estes, mencionando-se essa circunstância.

625. Os bens referidos no § 2º serão sempre individualizados? – Os bens referidos no § 2º deste artigo serão individualizados, quando possível.

626. Quais são as providências complementares que deverão ser tomadas em relação aos bens imóveis? – Em relação aos bens imóveis, o administrador judicial, no prazo de 15 dias após sua arrecadação, exibirá as certidões de registro, extraídas posteriormente à decretação da falência, com todas as indicações que nele constarem.[38]

Art. 111. O juiz poderá autorizar os credores, de forma individual ou coletiva, em razão dos custos e no interesse da massa falida,[627] a adquirir ou adjudicar, de imediato,[628] os bens arrecadados,[629] pelo valor da avaliação, atendida a regra de classificação e preferência entre eles, ouvido o comitê.[630-631-632-633-634]

LEGISLAÇÃO ANTERIOR

Artigo sem correspondência no Decreto-lei 7.661/1945.

COMENTÁRIOS

627. Em quais contextos pode o juiz autorizar a aquisição ou a adjudicação imediata dos bens arrecadados? – Nos seguintes contextos pode o juiz autorizar a aquisição ou a adjudicação imediata dos bens arrecadados: (1) quando o valor dos bens arrecadados for irrisório, inviabilizando os custos inerentes à adoção de uma das modalidades de alienação: leilão, propostas fechadas e pregão (art. 142, I-III);[39] (2) quando

37. Como já enfatizamos em outra obra de nossa autoria (*Da Escrituração no Novo Código Civil: Comentários aos Arts. 1.179 a 1.195 do Código Civil Aprovado pela Lei 10.406, de 10.1.2002*, São Paulo, Juarez de Oliveira, 2004, pp. 55-56): os livros podem ser classificados em: (1) obrigatórios comuns; (2) obrigatórios especiais; (3) auxiliares ou facultativos; (4) fiscais; os livros obrigatórios comuns são aqueles que, independentemente da atividade que a pessoa física ou jurídica escolher ou do tipo societário eleito, têm de ser forçosamente adotados e escriturados; o Livro Diário, à luz do art. 1.180 do CC, continua sendo o único livro obrigatório comum; os livros obrigatórios especiais são aqueles que, em razão do tipo societário eleito ou da atividade exercida, têm de ser, outrossim, forçosamente adotados e escriturados (por exemplo, se se tratar de sociedade anônima, os livros arrolados no art. 100 da Lei das S/A; o Livro de Registro de Duplicatas, conforme o art. 19 da Lei 5.474/1968); os livros auxiliares ou facultativos são aqueles que, a despeito de não serem instituídos pela vontade da lei, auxiliam a pessoa física ou jurídica na sua contabilidade (por exemplo, o Livro Razão e o Livro Caixa); os livros fiscais são aqueles instituídos pela legislação tributária federal, estadual e municipal (por exemplo, Livro de Apuração do Lucro Real/LALUR; Livros de Registro de Entradas, Saídas e Apuração do ICMS). Tendo em vista a lição de Lefrève no sentido de que "a contabilidade é a bússola do commerciante", salta aos olhos quão relevantes são as informações contidas nos livros. Os livros e fichas dos empresários e sociedades provam contra as pessoas a que pertencem, e em seu favor quando, escriturados sem vício extrínseco ou intrínseco, forem confirmados por outros subsídios (art. 226 do CC, c/c os arts. 378 e 379 do CPC).

38. Sérgio Campinho anota: "Igual procedimento deverá, apesar da omissão legal, ser observado em relação aos bens móveis registráveis, como aeronaves e embarcações, exibindo as respectivas certidões passadas pelos Registros competentes" (*Falência e Recuperação de Empresa: o Novo Regime da Insolvência Empresarial*, Rio de Janeiro, Renovar, 2006, p. 321).

39. No mesmo sentido: Fábio Ulhoa Coelho, *Comentários à Nova Lei de Falências e de Recuperação de Empresas*, São Paulo, Saraiva, 2005, p. 305.

os custos de guarda e mantença de tais bens forem elevados.[40]

628. Aquisição **versus** *adjudicação* – A aquisição dos bens arrecadados deverá ser paga em dinheiro; já, na adjudicação os bens arrecadados são entregues ao credor adjudicatário por conta do seu crédito, não envolvendo pagamento.

Por isso – enfatiza Ricardo Tepedino –, a adjudicação "(...) geralmente só terá lugar se for requerida pela totalidade dos credores, ou por todos de uma ou mais classes, desde que a avaliação mostre que as subseqüentes não farão jus a nenhum dividendo. Isso não exclui que ocorra a adjudicação a um credor, desde que ele pague em dinheiro parte do preço que represente o percentual dos demais credores no passivo da falência".[41]

629. A aquisição deve ser de todos os bens arrecadados – A aquisição prevista no art. 111 deve ser global, e não individual; vale dizer, a aquisição em tela deve englobar todos os bens arrecadados.[42]

A individualidade referida na lei sob comento diz respeito aos credores adquirentes, pois estes podem fazer a aquisição dos bens arrecadados de forma individual ou coletiva.

630. Quem deverá ser ouvido? – A despeito de a previsão legal aludir apenas ao comitê de credores (art. 111), Júlio Kahan Mandel ressalta que também deverão ser ouvidos os credores e o próprio falido,[43] "(...) não somente pelas informações que este pode dar às partes, como também porque versa sobre seus direitos, como proprietário dos bens em poder da massa, ao menos até que sejam liquidados".[44]

631. Quem tem legitimidade para requerer a autorização judicial para a realização sumária dos bens arrecadados? – O administrador judicial, a assembléia de credores ou mesmo qualquer credor têm legitimidade para requerer a autorização judicial para realização sumária dos bens arrecadados.[45]

632. Qual é o **modus procedendi** *da realização sumária dos bens arrecadados?* – Fábio Ulhoa Coelho sugere o seguinte *modus procedendi*: "(...) o administrador judicial procura os credores pelo meio mais barato (ligação telefônica, por exemplo) e obedecendo à ordem de classificação. Oferece-lhes, no contato, os bens pelo valor da arrecadação. Quando encontrar alguém interessado, faz a venda e apresenta um relatório específico ao juiz. Para instruir esse relatório, deve solicitar que os credores lhe enviem por escrito (*fax* ou correio) as recusas que tiverem manifestado; não as recebendo de um ou mais, porém, o administrador judicial deve simplesmente mencionar a circunstância no relatório, presumindo-se verdadeira a informação. Quaisquer outras providências (intimação judicial dos credores, por exemplo) não são compatíveis com a celeridade e economia que devem nortear o processo falimentar, especialmente na hipótese de venda sumária".[46]

40. No mesmo sentido: Ricardo Tepedino, "Comentários aos arts. 105 ao 138", in Carlos Henrique Abrão e Paulo Fernando Campos Salles de Toledo (coords.), *Lei de Recuperação de Empresas e Falência*, São Paulo, Saraiva, 2005, p. 301.

41. Ricardo Tepedino, "Comentários aos arts. 105 ao 138", cit., in Carlos Henrique Abrão e Paulo Fernando Campos Salles de Toledo (coords.), *Lei de Recuperação de Empresas e Falência*, p. 302.

42. No mesmo sentido: Ricardo Tepedino, "Comentários aos arts. 105 ao 138", cit., in Carlos Henrique Abrão e Paulo Fernando Campos Salles de Toledo (coords.), *Lei de Recuperação de Empresas e Falência*, p. 301.

43. Adalberto Simão Filho, com estribo no parágrafo único do art. 103, também sustenta a necessidade de o falido ser ouvido ("Comentários aos arts. 105 ao 114", in Newton de Lucca e Adalberto Simão Filho (coords.), *Comentários à Nova Lei de Recuperação de Empresas e de Falências*, São Paulo, Quartier Latin, 2005, p. 480).

44. Júlio Kahan Mandel, *Nova Lei de Falências e Recuperação de Empresas Anotada: Lei 11.101, de 9.2.2005*, São Paulo, Saraiva, 2005, p. 216.

45. No mesmo sentido: Fábio Ulhoa Coelho, *Comentários à Nova Lei de Falências e de Recuperação de Empresas*, cit., p. 305.

46. Fábio Ulhoa Coelho, *Comentários à Nova Lei de Falências e de Recuperação de Empresas*, cit., p. 305.

633. Crítica ao dispositivo – Manoel Justino Bezerra Filho formula a seguinte crítica ao art. 111: "À primeira vista, parece extremamente difícil viabilizar-se a previsão legal de aquisição ou adjudicação de imediato dos bens arrecadados. A menos que haja concordância entre todos os credores – o que também não se afigura viável em autos de falência, ante o amplo espectro de interesses conflitantes em jogo –, a adjudicação por conta do crédito beneficiará apenas o adjudicatário, o que torna aparentemente inviável sua realização".[47]

634. Elogio ao dispositivo – Vera Helena de Mello Franco elogia o dispositivo: "Esta norma é novidade da atual lei; e a medida parece salutar, posto obviar os inconvenientes da ausência de numerário em poder da massa falida, reduzindo os eventuais custos decorrentes da manutenção de determinados bens. Cuida-se de venda antecipada, feita no interesse da massa. (...). Com a medida, poupam-se custos, ao mesmo tempo em que satisfaz aos credores".[48]

Art. 112. Os bens arrecadados poderão ser removidos, desde que haja necessidade de sua melhor guarda e conservação,[635] hipótese em que permanecerão em depósito[636] sob responsabilidade do administrador judicial, mediante compromisso.[637]

LEGISLAÇÃO ANTERIOR

Artigo sem correspondência no Decreto-lei 7.661/1945.

COMENTÁRIOS

635. Em que contexto os bens arrecadados poderão ser removidos? – Os bens arrecadados poderão ser removidos desde que haja necessidade de sua melhor guarda e conservação.

Aliás, tal providência está inserida como dever do administrador judicial de praticar atos conservatórios de direitos (art. 22, III, "l").

636. Ocorrendo a remoção, onde permanecerão os bens? – Os bens permanecerão em depósito.[49]

637. Quem remanescerá responsável? – O administrador judicial remanescerá responsável, mediante compromisso, exceto se provar culpa ou dolo do depositário. Por isso, é recomendável que ele celebre contrato de seguro dos bens removidos.

Art. 113. Os bens perecíveis, deterioráveis, sujeitos a considerável desvalorização ou que sejam de conservação arriscada ou dispendiosa[638] poderão ser vendidos antecipadamente,[639] após a arrecadação e a avaliação, mediante autorização judicial,[640] ouvidos o comitê e o falido no prazo de 48 (quarenta e oito) horas.[641]

LEGISLAÇÃO ANTERIOR

Lei de Falências (DL 7.661/1945): *Art. 73.* Havendo entre os bens arrecadados alguns de fácil deterioração ou que se não possam guardar sem risco ou grande despesa, o síndico, mediante petição fundamentada,

47. Manoel Justino Bezerra Filho, *Nova Lei de Recuperação e de Falências Comentada. Lei 11.101, de 9.2.2005, Comentário Artigo por Artigo*, 3ª ed., São Paulo, Ed. RT, 2005, p. 274.

48. Vera Helena de Mello Franco, "Comentários aos arts. 94 ao 114", in Francisco Satiro de Sousa Jr. e Antônio Sérgio Altieri de Moraes Pitombo (coords.), *Comentários à Lei de Recuperação de Empresas e Falência: Lei 11.101/2005*, São Paulo, Ed. RT, 2005, p. 425.

49. José da Silva Pacheco sugere que em relação a jóias, metais, artigos de alto valor, sejam removidos e depositados na Caixa Econômica ou congênere (*Processo de Recuperação Judicial, Extrajudicial e Falência*, Rio de Janeiro, Forense, 2006, p. 276).

representará ao juiz sobre a necessidade da sua venda, individuando os bens a serem vendidos.

§ 1º. Ouvidos o falido e o representante do Ministério Público, o juiz, se deferir, nomeará leiloeiro e mandará que conste do alvará a discriminação dos bens.

§ 2º. O produto da venda será, pelo leiloeiro, recolhido ao estabelecimento designado para receber o dinheiro da massa (art. 209), juntando-se aos autos a nota do leilão e a segunda via do recibo do banco.

COMENTÁRIOS

638. Quais são os bens que poderão ser vendidos antecipadamente? – Os bens perecíveis, deterioráveis, sujeitos a considerável desvalorização ou que sejam de conservação arriscada ou dispendiosa.

A doutrina denomina a venda antecipada de bens de "sumária"; as modalidades de alienação do ativo previstas expressamente no art. 142 de "ordinárias"; e as outras modalidades aludidas nos arts. 144 e 145 de "extraordinárias".

639. Como se operará a venda? – A lei é omissa quanto ao modo de se efetuar a venda antecipada dos referidos bens. Por isso, acreditamos que tal venda poderá ser efetuada de conformidade com o disposto nos arts. 111 (via aquisição ou adjudicação), 142 (leilão, propostas fechadas e pregão) e 144 (outras modalidades).[50]

640. Quem tem legitimidade para requerer a autorização judicial para venda antecipada dos bens arrecadados? – Por força do art. 23, III, "j", quem tem legitimidade para requerer a autorização judicial para venda antecipada dos bens arrecadados é o administrador judicial.

Em caso de inércia do administrador judicial, acreditamos que qualquer credor terá legitimidade concorrente.[51]

641. Quais são os requisitos para que a venda antecipada dos bens seja válida e eficaz? – Os requisitos são os seguintes: (1) prévia arrecadação e avaliação dos bens; (2) autorização judicial; (3) manifestação do comitê[52] e do falido no prazo de 48 horas.

Ressaltam Vera Helena de Mello Franco e Rachel Sztajn: "A lei, todavia, não esclarece o que fazer se nem o comitê de credores nem o falido se manifestarem nesse prazo. A ausência de manifestação obstaria à venda ou dever-se-á [*sic*] que há anuência tácita? O entendimento deve ser pela segunda opção, julgando que a falta de manifestação implica negativa, tendo em vista que o interesse da massa não pode ser prejudicado pela inércia do devedor ou do comitê de credores. (...). Se o prazo transcorreu *in albis*, o direito de manifestação destes sujeitos está precluso, devendo ser suficiente a autorização judicial, devidamente fundamentada, para tanto".[53]

Júlio Kahan Mandel complementa: "(...) em alguns casos não podem aguardar a formação do comitê de credores, bastando intimar o falido (se possível) e dar preferência à avaliação desses bens específicos em detrimento dos demais, para rapidamente vendê-los, pois do contrário os ativos se

50. No mesmo sentido: José da Silva Pacheco, *Processo de Recuperação Judicial, Extrajudicial e Falência*, Rio de Janeiro, Forense, 2006, p. 277; Fábio Ulhoa Coelho, *Comentários à Nova Lei de Falências e de Recuperação de Empresas*, São Paulo, Saraiva, 2005, p. 307.

51. No mesmo sentido: Manoel Justino Bezerra Filho, *Nova Lei de Recuperação e de Falências Comentada. Lei 11.101, de 9.2.2005, Comentário Artigo por Artigo*, 3ª ed., São Paulo, Ed. RT, 2005, p. 275.

52. Júlio Kahan Mandel adverte: "(...) em alguns casos não podem aguardar a formação do comitê de credores, bastando intimar o falido (se possível) e dar preferência à avaliação desses bens específicos em detrimento dos demais, para rapidamente vendê-los, pois do contrário os ativos se esvairão, como acontecia na vigência da lei anterior na maioria dos casos" (*Nova Lei de Falências e Recuperação de Empresas Anotada: Lei 11.101, de 9.2.2005*, São Paulo, Saraiva, 2005, pp. 217-218).

53. Vera Helena de Mello Franco e Rachel Sztajn, *Falência e Recuperação da Empresa em Crise: Comparação com as Posições do Direito Europeu*, Rio de Janeiro, Elsevier, 2008, p. 65.

esvairão, como acontecia na vigência da lei anterior na maioria dos casos".[54]

Some-se a estes requisitos a necessidade de intimação pessoal do Ministério Público, sob pena de nulidade (art. 142, § 7º).

Por fim, há de ser adicionado mais um requisito, qual seja: "petição fundamentada".[55]

Não obstante a atual lei ter deixado de fixar como requisito para a venda antecipada dos bens arrecadados e avaliados "petição fundamentada" (tal qual o fazia o regime anterior, conforme o art. 73), entendemos que tal requisito continua existindo, por força do art. 23, III, "j".[56]

Mesmo se assim não fosse, a necessidade de "petição fundamentada" decorreria, de forma implícita, da própria sistemática legal.

Art. 114. O administrador judicial poderá alugar ou celebrar outro contrato referente aos bens da massa falida, com o objetivo de produzir renda para a massa falida,[642] mediante autorização do comitê.[643]

§ 1º. O contrato disposto no *caput* deste artigo não gera direito de preferência na compra e não pode importar disposição total ou parcial dos bens.[644]

§ 2º. O bem objeto da contratação poderá ser alienado a qualquer tempo, independentemente do prazo contratado, rescindindo-se, sem direito a multa, o contrato realizado, salvo se houver anuência do adquirente.[645]

LEGISLAÇÃO ANTERIOR

Artigo sem correspondência no Decreto-lei 7.661/1945.

COMENTÁRIOS

642. Locação ou outro negócio jurídico que vise a produzir renda à massa falida – Ressalta Vera Helena de Mello Franco: "No Direito anterior a permissão para tanto não era facilmente obtida, pela ausência de previsão legal. Com a nova redação os inconvenientes foram afastados".[57]

A Lei 11.127, de 28.6.2005, introduziu o § 5º ao artigo 192, prevendo que o juiz poderá autorizar a locação ou arrendamento de bens imóveis e móveis a fim de evitar sua deterioração, cujos resultados reverterão em favor da massa.[58]

643. Autorização do comitê – Os negócios jurídicos mencionados no art. 114 têm de ser autorizados pelo comitê de credores. No entanto, caso este órgão não tenha sido instituído, a autorização deverá ser colhida junto ao administrador judicial ou, na in-

54. Júlio Kahan Mandel, *Nova Lei de Falências e Recuperação de Empresas Anotada: Lei 11.101, de 9.2.2005*, cit., pp. 217-218.

55. Manoel Justino Bezerra Filho afirma: "O pedido deve ser autuado em apartado para que não prejudique o regular andamento da falência, autos nos quais inúmeras medidas devem ser tomadas" (*Nova Lei de Recuperação e de Falências Comentada. Lei 11.101, de 9.2.2005, Comentário Artigo por Artigo*, cit., 3ª ed., p. 275). No mesmo sentido: Vera Helena de Mello Franco, "Comentários aos arts. 94 ao 114", in Francisco Satiro de Sousa Jr. e Antônio Sérgio Altieri de Moraes Pitombo (coords.), *Comentários à Lei de Recuperação de Empresas e Falência: Lei 11.101/2005*, São Paulo, Ed. RT, 2005, p. 426.

56. No mesmo sentido: Vera Helena de Mello Franco, "Comentários aos arts. 94 ao 114", cit., in Francisco Satiro de Sousa Jr. e Antônio Sérgio Altieri de Moraes Pitombo (coords.), *Comentários à Lei de Recuperação de Empresas e Falência: Lei 11.101/2005*, p. 426.

57. Vera Helena de Mello Franco, "Comentários aos arts. 94 ao 114", in Francisco Satiro de Sousa Jr. e Antônio Sérgio Altieri de Moraes Pitombo (coords.), *Comentários à Lei de Recuperação de Empresas e Falência: Lei 11.101/2005*, São Paulo, Ed. RT, 2005, p. 426.

58. Júlio Kahan Mandel exemplifica: "(...) a locação do equipamento, por exemplo, pode ser uma boa medida não somente para auferir dividendos para a massa, como também para, em alguns casos, manter os bens em funcionamento, conservação e manutenção" (*Nova Lei de Falências e Recuperação de Empresas Anotada: Lei 11.101, de 9.2.2005*, São Paulo, Saraiva, 2005, p. 218).

compatibilidade deste, perante o juiz (art. 28).[59]

644. Inexistência de direito de preferência na compra ou de disposição dos bens – Adalberto Simão Filho aponta os problemas existentes antes do advento da atual disciplina legal: "(...) a falta de disciplina jurídica acabava por trazer problemas quando da realização dos ativos, quer porque o arrendatário se sentia no pleno direito de aquisição preferencial e absoluta do bem; quer porque mencionava que a valorização da área se deu pela sua boa gestão e, portanto, teria direito de aquisição por um valor do passado previamente contratado e não do presente (...)".[60]

Diante da redação do § 1º do artigo 114, os problemas acima noticiados deixaram de existir. Todavia, outros podem surgir, na medida em que a ausência do direito de preferência pode desestimular pretendentes.

645. Alienação do bem a qualquer tempo mediante rescisão sem multa, salvo anuência do adquirente – O objeto da contratação poderá ser alienado a qualquer tempo, independentemente do prazo contratado, rescindindo-se, sem direito a multa, o contrato realizado, salvo se houver anuência do adquirente.[61]

A anuência do adquirente, referida na parte final do § 2º do art. 114, não só evitará a rescisão do contrato, como implicará sucessão contratual do administrador judicial, ou, melhor, cessão de sua posição contratual ao adquirente.

Ora, assim sendo, o contratante somente terá segurança jurídica se inserir no instrumento do contrato, de forma expressa, cláusula no sentido de que a validade e a eficácia da alienação do bem ficam condicionadas ou subordinadas ao compromisso do adquirente de manter o vínculo contratual.[62-63]

59. Fábio Ulhoa Coelho sustenta que, inexistindo o comitê de credores, a autorização deve ser dada pelo juiz, sem ressalvar que o substituto imediato do aludido comitê é o administrador judicial (*Comentários à Nova Lei de Falências e de Recuperação de Empresas*, São Paulo, Saraiva, 2005, p. 307).

60. Adalberto Simão Filho, "Comentários aos arts. 105 ao 114", in Newton de Lucca e Adalberto Simão Filho (coords.), *Comentários à Nova Lei de Recuperação de Empresas e de Falências*, São Paulo, Quartier Latin, 2005, p. 483.

61. Por isso, vaticina Manoel Justino Bezerra Filho: "Com efeito, dificilmente algum empresário se abalançará a firmar contrato sabendo que pode ser descumprido a qualquer momento, sem multa ou indenização" (*Nova Lei de Recuperação e de Falências Comentada. Lei 11.101, de 9.2.2005, Comentário Artigo por Artigo*, 3ª ed., São Paulo, Ed. RT, 2005, p. 276).

62. No mesmo sentido: Adalberto Simão Filho, "Comentários aos arts. 105 ao 114", cit., in Newton de Lucca e Adalberto Simão Filho (coords.), *Comentários à Nova Lei de Recuperação de Empresas e de Falências*, p. 483.

63. Em sentido contrário Vera Helena de Mello Franco, para quem as condições veiculadas nos §§ 1º e 2º do art. 114 devem ser previstas nos contratos, e, portanto, as partes não podem dispor em contrário. Por isso, classifica tais contratos como dirigidos (regulamentados ou integrados) ("Comentários aos arts. 94 ao 114", cit., in Francisco Satiro de Sousa Jr. e Antônio Sérgio Altieri de Moraes Pitombo (coords.), *Comentários à Lei de Recuperação de Empresas e Falência: Lei 11.101/2005*, p. 426).

Seção VIII – Dos Efeitos da Decretação da Falência sobre as Obrigações do Devedor

Art. 115. A decretação da falência sujeita todos os credores,[646] que somente poderão exercer os seus direitos sobre os bens do falido e do sócio ilimitadamente responsável na forma que esta Lei prescrever.[647]

LEGISLAÇÃO ANTERIOR

Lei de Falências (DL 7.661/1945): *Art. 23.* Ao juízo da falência devem concorrer todos os credores do devedor comum, comerciais ou civis, alegando e provando os seus direitos.

COMENTÁRIOS

646. A decretação da falência sujeita todos os credores? – O princípio da universalidade do juízo falimentar (art. 76) acarreta a sujeição dos credores à decretação da falência.

Quanto aos créditos tributários, enfatiza Ricardo Tepedino: "(...) não obstante os altivos termos dos arts. 186 e 187 do CTN, também não se furtarão ao concurso falimentar, seja porque há diversas classes de créditos cujo pagamento é prioritário em relação ao Fisco, seja porque só na falência haverá meios de saber se não haverá concorrência entre os diversos entes públicos (CTN, art. 187, parágrafo único)".[1]

Ressalte-se, no entanto, que não são todos os credores que se sujeitam ao instituto da falência.

A própria lei sob comento, de forma expressa (art. 5º), exclui do âmbito falimentar os credores por obrigação gratuita (inciso I)[2] e os credores por despesas em que incorreram para tomar parte na falência (inciso II).

Também estão excluídos da falência os créditos relativos às cláusulas penais dos contratos unilaterais, se as obrigações neles estipuladas se vencerem em virtude da falência (§ 3º do art. 83).

647. A decretação da falência forma a massa falida subjetiva – Um dos efeitos da decretação da falência é justamente a formação da massa falida subjetiva, vale dizer, a massa de credores que concorrem na falência (*corpus creditorum*).[3]

A massa falida subjetiva, apesar de não ser pessoa jurídica, detém personalidade processual ou judiciária.[4]

Art. 116. A decretação da falência suspende:[648] I – o exercício do direito de retenção sobre os bens sujeitos à arrecadação, os quais deverão ser entregues ao administrador judicial; II – o exercício do direito de retirada ou de recebimento do valor de suas quotas ou ações, por parte dos sócios da sociedade falida.

1. Ricardo Tepedino, "Comentários aos arts. 105 ao 138", in Carlos Henrique Abrão e Paulo Fernando Campos Salles de Toledo (coords.), *Lei de Recuperação de Empresas e Falência*, São Paulo, Saraiva, 2005, p. 306.

2. Fábio Ulhoa Coelho exemplifica: "Se a sociedade empresária havia, por exemplo, se obrigado a patrocinar um evento cultural e vem a falir, o atendimento a essa obrigação subtrairia da massa recursos em prejuízo do pagamento dos demais credores. O promotor do evento não pode reclamar a verba do patrocínio na falência, porque a lei considera injusto *tirar* dos credores por título oneroso (vendedor de mercadorias, prestador de serviços, mutuante etc.) para *dar* aos beneficiários de obrigação por título gratuito" (*Comentários à Nova Lei de Falências e de Recuperação de Empresas*, cit., p. 309).

3. Sérgio Campinho explica: "No processo falimentar os credores são partes e se reúnem em uma coletividade denominada massa falida subjetiva, que ora funciona como uma extensão da pessoa do falido, sub-rogando-se em alguns de seus direitos, ora como terceiro, voltando-se contra o devedor, para o fim, por exemplo, de ser indenizada pelos prejuízos decorrentes de atos fraudulentos por ele perpetrados" (*Falência e Recuperação de Empresa: o Novo Regime da Insolvência Empresarial*, Rio de Janeiro, Renovar, 2006, p. 325).

4. No mesmo sentido: Waldo Fazzio Jr., *Nova Lei de Falência e de Recuperação de Empresas*, São Paulo, Atlas, 2005, p. 283.

LEGISLAÇÃO ANTERIOR

Lei de Falências (DL 7.661/1945): *Art. 120.* Os bens que constituírem objeto de direito de retenção serão vendidos também em leilão, sendo intimados os possuidores para entregá-los ao síndico.

§ 1º. Fica salvo ao síndico o direito de remir aqueles bens em benefício da massa, se achar da conveniência desta.

COMENTÁRIOS

648. Quais são os direitos suspensos pela decretação da falência? – A decretação da falência suspende:

I – O exercício do direito de retenção sobre os bens sujeitos à arrecadação, os quais deverão ser entregues ao administrador judicial. O direito de retenção, por encarnar modalidade de autotutela ou autodefesa, em verdade, constitui uma das exceções ao sistema de heterocomposição.

Eis alguns exemplos de direito de retenção extraídos do Código Civil: art. 319 (retenção do pagamento pelo devedor até obtenção da quitação); art. 491 (na venda à vista, retenção da coisa pelo vendedor até o recebimento do preço); art. 495 (quando o devedor cair em insolvência, retenção da coisa pelo vendedor até que seja prestada caução); art. 571, parágrafo único (retenção da coisa pelo locatário enquanto não for ressarcido); art. 644 (retenção do depósito pelo depositário até o pagamento da retribuição devida); art. 681 (retenção da coisa pelo mandatário até ser reembolsado); art. 1.219 (retenção da coisa pelo possuidor de boa-fé até ser indenizado pelas benfeitorias necessárias e úteis); art. 1.423 (retenção do bem pelo credor anticrético até a dívida ser paga); art. 1.433, II (retenção da coisa empenhada pelo credor pignoratício até receber a indenização das despesas justificadas).

São classificados como créditos com privilégio especial aqueles a cujos titulares a lei confira direito de retenção (art. 83, IV, "c").

II – O exercício do direito de retirada ou de recebimento do valor de suas quotas ou ações, por parte dos sócios da sociedade falida.

A previsão inserta no inciso II – suspensão do exercício do direito de retirada ou de recebimento do valor de suas quotas ou ações, por parte dos sócios da sociedade falida, em razão da decretação da falência de devedor sociedade empresária – encerra uma inovação.[5]

Quanto à sociedade limitada, quando houver modificação no contrato, fusão da sociedade, incorporação de outra ou dela por outra, terá o sócio dissidente o direito de se retirar da sociedade, mediante liquidação das suas quotas de acordo com o contrato social vigente ou, sendo este omisso, com base na situação patrimonial da sociedade à data da resolução, verificada em balanço patrimonial especialmente levantados (arts. 1.077 e 1.031 do CC).

No tocante à sociedade anônima, a aprovação das matérias previstas nos incisos I a VI e IX do art. 136 da Lei 6.404/1976 dá ao acionista dissidente o direito de se retirar da companhia, mediante reembolso do valor de suas ações (art. 137 da mesma lei).

Se nesse interregno for decretada a falência da sociedade limitada ou da companhia, remanescerão suspensos os direitos do sócio ou acionista dissidente de retirada e de recebimento das suas quotas ou ações (art. 116, II, da lei sob comento).

Haroldo Malheiros Duclerc Verçosa, didaticamente, explica:

"*Na falência.* Em primeiro lugar, o recesso do sócio revela-se inteiramente descabido quando se trata de sociedade falida. Inicialmente porque a falência não resulta de alteração contratual ou estatutária que possa ter afetado direitos de sócios. De outra parte, tal possibilidade levaria os sócios dissidentes a se tornarem credores da massa falida pelo valor de seus haveres, fato que diminuiria de alguma forma o risco do negócio e deslocaria os sócios da condição de "aventureiros em negócio de risco" para a de credores em

5. No mesmo sentido: Vera Helena de Mello Franco e Rachel Sztajn, *Falência e Recuperação da Empresa em Crise: Comparação com as Posições do Direito Europeu*, Rio de Janeiro, Elsevier, 2008, p. 136.

concurso com empregados, fornecedores e Fazenda Pública.

"A única hipótese em que se entrevê a possibilidade de dissidência ocorre na assembléia-geral convocada para deliberar sobre a autofalência. Esta, como se sabe, não é hipótese prevista na forma da lei com o favor de recesso.

"Verifica-se até mesmo que a decretação da falência apresenta efeito retroativo no tocante ao exercício do direito de retirada decorrente da discordância quanto à assembléia anteriormente realizada e, conseqüentemente, impede o pagamento do valor das quotas ou ações dos sócios dissidentes (LREF, art. 116, II). (...).

"*Na recuperação judicial da empresa*. (...). Ora, quando se pensa na preservação da empresa como o objetivo de um processo judicial de recuperação, verifica-se a incompatibilidade absoluta do direito de recesso com aquele instituto. O eventual pagamento de valores a sócios dissidentes agravaria ainda mais as dificuldades da empresa, a ponto de tornar completamente inviável o objetivo pretendido de mantê-la em atividade no mercado fundado em um plano de recuperação específico."[6]

Se o exercício do direito de recesso já se perfez? Respondem Vera Helena de Mello Franco e Rachel Sztajn:

"A lei dispôs quanto ao pagamento do acionista retirante em caso de falência da sociedade, distinguindo duas situações. Na primeira, a falência sobrevém antes do pagamento do reembolso (§ 4º do art. 45), caso em que os acionistas serão classificados entre os credores quirografários; a outra (§ 5º do art. 45) prevê, quando o pagamento for feito à conta do capital social, hipótese em que deverá ser reduzido.

"Se o capital for recomposto mediante novos aportes, dos sócios remanescentes ou de terceiros admitidos, não se vê prejuízo para os credores; caso contrário impõe-se a devolução dos valores pagos ao(s) sócio(s) retirante(s), recorrendo-se à ação revocatória, de forma que se devolvam à massa, que se tornara insuficiente para pagar os credores mais antigos, os valores em face dos quais poderiam exercer pretensão. A disposição desse parágrafo reafirma a precedência dos credores externos sobre o capital social em relação aos acionistas. (...).

"Em face das demais sociedades empresárias, regidas por normas do Código Civil, assim em nome coletivo e em comandita simples, vale o disposto na norma do seu art. 1.032, segundo a qual, qualquer que seja a razão da retirada, persiste a responsabilidade do retirante ou excluído pelos dois anos que se seguem à averbação da resolução. A assim ser, pelo menos durante este período, serão obrigados à reposição.

"Já, para a limitadas vigora a regra do art. 1.085, que permite a exclusão do sócio com o reembolso de sua cota-parte. Supondo que o instrumento de contrato preveja a aplicação subsidiária, no que compatível, das normas do anonimato, as regras do art. 45, no que se refere ao reembolso, serão aplicáveis em caso de recesso. Vale, destarte, o disposto no art. 45, § 8º, da lei acionária, impondo-se a devolução somente se o valor de reembolso foi feito à conta de capital ou reserva legal."[7]

Registre-se, por fim, de um lado, que os créditos dos sócios (e também dos administradores não sócios) são os últimos a serem satisfeitos, já que eles estão classificados como subordinados (art. 83, VIII, "b"), e, de outro lado, que não são oponíveis à massa os valores decorrentes de direito de sócio ao recebimento de sua parcela do capital na liquidação da sociedade (art. 83, § 2º).

6. Haroldo Malheiros Duclerc Verçosa, "Direito de retirada: tratamento legal na falência e na recuperação. Hipóteses de suspensão, possibilidade, ou não, de eliminação do direito de retirada", in Rodrigo R. Monteiro de Castro e Leandro dos Santos de Aragão (coords.), *Direito Societário e a Nova Lei de Falências e Recuperação de Empresas*, São Paulo, Quartier Latin, 2006, pp. 105 e 103.

7. Vera Helena de Mello Franco e Rachel Sztajn, *Falência e Recuperação da Empresa em Crise: Comparação com as Posições do Direito Europeu*, cit., pp. 136-137.

Art. 117. Os contratos bilaterais[649] não se resolvem pela falência[650-651-652-653] e podem ser cumpridos pelo administrador judicial[654-655] se o cumprimento reduzir ou evitar o aumento do passivo da massa falida ou for necessário à manutenção e preservação de seus ativos,[656] mediante autorização do comitê.[657]

§ 1º. O contratante pode interpelar o administrador judicial, no prazo de até 90 (noventa) dias, contado da assinatura do termo de sua nomeação, para que, dentro de 10 (dez) dias, declare se cumpre ou não o contrato.[658]

§ 2º. A declaração negativa ou o silêncio do administrador judicial confere ao contraente o direito à indenização,[659-660] cujo valor, apurado em processo ordinário,[661] constituirá crédito quirografário.[662]

LEGISLAÇÃO ANTERIOR

Lei de Falências (DL 7.661/1945): *Art. 43.* Os contratos bilaterais não se resolvem pela falência e podem ser executados pelo síndico, se achar de conveniência para a massa.

Parágrafo único. O contraente pode interpelar o síndico, para que, dentro de 5 (cinco) dias, declare se cumpre ou não o contrato. A declaração negativa ou o silêncio do síndico, findo esse prazo, dá ao contraente o direito à indenização, cujo valor, apurado em processo ordinário, constituirá crédito quirografário.

COMENTÁRIOS

649. Contratos bilaterais – Segundo Orlando Gomes: "Nos contratos bilaterais as duas partes ocupam, simultaneamente, a dupla posição de credor e devedor. Cada qual tem direitos e obrigações. À obrigação de uma corresponde o direito da outra".[8]

650. "Não se resolvem pela falência" – À luz do art. 43 do regime anterior, afirmava Trajano de Miranda Valverde: "Quanto aos negócios jurídicos patrimoniais bilaterais (contratos em sentido estrito) ainda não cumpridos no todo, ou em parte, pelos contraentes, é ponto firmado em doutrina e assinalado pela nossa lei que eles, *em princípio*, não se resolvem com a falência de qualquer dos contraentes".[9]

Justamente em razão de o art. 43, acima referido, corresponder ao art. 117, sob comento, acreditamos que as lições doutrinárias do saudoso falencista continuam aplicáveis.

Com efeito, o art. 117 tem aplicação no âmbito dos contratos bilaterais em que ainda remanescem pendentes obrigações de ambas as partes.[10-11]

Por isso, se a obrigação do falido já tiver sido cumprida, ao contratante *in bonis* restará apenas adimplir sua obrigação; caso contrário caberá ao administrador judicial optar entre o cumprimento da obrigação[12] ou rescisão do negócio jurídico.[13]

8. Orlando Gomes, *Contratos*, 24ª ed., Rio de Janeiro, Forense, 2001, pp. 71-72.

9. Trajano de Miranda Valverde, *Comentários à Lei de Falências*, 2ª ed., vol. I, Rio de Janeiro, Revista Forense, 1955, pp. 292-293.

10. No mesmo sentido: Ricardo Tepedino, "Comentários aos arts. 105 ao 138", in Carlos Henrique Abrão e Paulo Fernando Campos Salles de Toledo (coords.), *Lei de Recuperação de Empresas e Falência*, São Paulo, Saraiva, 2005, p. 308.

11. No campo trabalhista, ressalta Marcelo Papaléo de Souza: "O contrato de trabalho não é necessariamente rescindido pela falência, podendo o administrador judicial permanecer com alguns empregados, como, por exemplo, os vigias, para a conservação do patrimônio da massa. O art. 117 da LRF ressalta que os contratos bilaterais – caso do contrato de trabalho – não se resolvem pela falência (...). Na CLT há a previsão do art. 499, determinando que os direitos oriundos da existência do contrato de trabalho subsistem em caso de falência do empregador. Portanto, tendo a iniciativa da rescisão do contrato de trabalho, os empregados terão direito a todas as verbas decorrentes do ato do empregador" (*A Lei de Recuperação e Falência e as suas Conseqüências no Direito e no Processo do Trabalho*, 3ª ed., São Paulo, LTr, 2009, p. 232).

12. Ricardo Tepedino exemplifica: "Suponha-se que o falido tenha comprado a prazo e recebido, na quinzena anterior à quebra, um bem (ou seja, o vendedor cumpriu a sua parte e poderá pedir restituição do bem), que agregará substancial valor a um ativo preexistente, superior ao seu preço individual (por exemplo, um equipamento necessário a que outros

Destarte, constata-se que a única hipótese, no âmbito da falência, em que é *facultado* ao administrador judicial rescindir um contrato bilateral é a seguinte: quando nenhuma das partes contratantes deu início à execução do contrato.[14]

651. Prevalece a cláusula resolutória expressa no âmbito da falência? – Desde o advento da lei anterior, mais especificamente do seu art. 43, duas correntes interpretativas antagônicas, ambas respaldadas pela doutrina e jurisprudência, surgiram: (1) a primeira, partindo da interpretação de que os preceitos falimentares têm, concomitantemente, natureza privada e natureza pública, concluía que esta sobrepujaria aquela. Assim sendo, a cláusula resolutória expressa pactuada previamente entre as partes contratantes e que tivesse por objeto a decretação da falência não poderia prevalecer sobre o comando imperativo do art. 43 (*jus publicum privatorum pactis mutare non potest*);[15] (2) a segunda advogava a interpretação de que o direito falimentar, precisamente por pertencer ao direito comercial, tem normas contratuais privadas supletivas da vontade das partes contratantes, as quais somente seriam aplicáveis caso tais partes não tivessem disposto em contrário. Por conseguinte, haveria de prevalecer a cláusula resolutória expressa pactuada previamente entre as partes contratantes e que tivesse por objeto a decretação da falência. Vale dizer: resolver-se-ia o negócio jurídico, afastando-se, por conseguinte, a aplicação da legislação falimentar.[16-17]

Jurisprudência[18]

Eis um julgado pertinente à primeira corrente, prolatado à luz do regime anterior:

[1º TACivSP] Cláusula contratual nula – *Previsão de rescisão do ajuste na hipótese de sobrevir concordata de uma das partes – Proibição pelo art. 43 do Decreto-lei n. 7.661/1945* – Conseqüente impossibilidade jurídica do pedido cautelar de busca e apreensão de bem objeto de negócio celebrado com a concordatária com fundamento em seu estado jurídico na concordata – Mandado de segurança concedido para prosseguimento da execução do contrato. [*RT 629/148*]

tenham utilidade prática e maior valor econômico). Nesse caso, será conveniente à massa pagar o preço" "Comentários aos arts. 105 ao 138", cit., in Carlos Henrique Abrão e Paulo Fernando Campos Salles de Toledo (coords.), *Lei de Recuperação de Empresas e Falência*, p. 308).

13. Waldo Fazzio Jr. também exemplifica: "(...) se o devedor assumiu contratualmente a obrigação de fabricar determinado bem, tendo recebido parte do pagamento antecipadamente, o inadimplemento decorrente da superveniência da falência confere ao contraente o poder de interpelar o administrador judicial e, na omissão ou silêncio deste, o direito à indenização" (*Nova Lei de Falência e de Recuperação de Empresas*, São Paulo, Atlas, 2005, p. 301).

14. No mesmo sentido: Fábio Ulhoa Coelho, *Comentários à Nova Lei de Falências e de Recuperação de Empresas*, São Paulo, Saraiva, 2005, p. 315; Luiz Antônio Soares Hentz, "Comentários aos arts. 115 ao 128", in Newton de Lucca e Adalberto Simão Filho (coords.), *Comentários à Nova Lei de Recuperação de Empresas e de Falências*, São Paulo, Quartier Latin, 2005, p. 490; Waldo Fazzio Jr., *Nova Lei de Falência e de Recuperação de Empresas*, cit., p. 300.

15. No mesmo sentido: Manoel Justino Bezerra Filho, *Lei de Falências Comentada. Método para Estudo da Lei de Falências. Doutrina. Comentário Artigo por Artigo, com os Julgados Mais Recentes.* São Paulo, Saraiva, 2001, pp. 171-172.

16. Trajano de Miranda Valverde, à luz do art. 43 do regime anterior, afirmava: "É comum, entretanto, as partes pactuarem a rescisão do contrato no caso de falência de um dos contraentes. A cláusula encontra-se, geralmente, nos contratos de execução continuada, como no de locação de coisas. A sua validade é, em princípio, aceita, tanto pela doutrina como pela nossa jurisprudência" (*Comentários à Lei de Falências*, cit., 2ª ed., vol. I, p. 294).

17. J. X. Carvalho de Mendonça, outrossim, sob a égide do art. 43 do regime anterior, aduzia: "Não há proibição de os contratantes estipularem, para o caso da superveniência da falência, a rescisão do contrato antes de cumprido inteiramente. Não há ofensa a princípio algum de direito público. (...). É válido, portanto, o pacto em virtude do qual a declaração da falência opera como condição resolutiva do contrato, cessando as relações jurídicas criadas, para que o síndico ou liquidatário não substitua o falido" (*Tratado de Direito Comercial Brasileiro*, 7ª ed., vol. VII, Rio de Janeiro, Freitas Bastos, 1964, p. 460).

18. Manoel Justino Bezerra Filho, *Jurisprudência da Nova Lei de Recuperação de Empresas e Falências/Decisões, Ofícios Judiciais, Resoluções, Sentenças, Acórdãos, Dentre Outros Documentos*, São Paulo, Ed. RT, 2006, p. 311.

Diante da redação do art. 117 da atual lei, que reprisa o mesmo comando do art. 43 do regime anterior, a controvérsia se mantém.

Sob a égide do atual regime, sustentam (1) a invalidade da cláusula resolutória expressa no âmbito da falência: Manoel Justino Bezerra Filho,[19] Ricardo Tepedino,[20] Júlio Kahan Mandel[21] e Paulo Salvador Frontini;[22] (2) a validade da cláusula resolutória expressa no âmbito da falência: Sérgio Campinho[23] e Fábio Ulhoa Coelho.[24]

Inclinamo-nos pela segunda corrente, já que a convenção prévia entre os contratantes consubstancia a boa-fé subjetiva e objetiva das partes no âmbito contratual.

652. O princípio da* exceptio non adimpleti contractus *(art. 476 do CC) aplica-se no âmbito da falência? – O princípio da *exceptio non adimpleti contractus*, vazado no art. 476 do CC, tem aplicação no âmbito da falência.[25-26]

653. A recusa da prestação (art. 447 do CC) aplica-se no âmbito da falência? – A recusa prevista no art. 477 do CC aplica-se, outrossim, no âmbito da falência.[27-28]

Se, por exemplo, o administrador judicial optar pelo cumprimento de um contrato em que o contratante *in bonis* não tenha sequer iniciado sua prestação, este poderá exigir que a massa falida cumpra antes sua obrigação ou lhe dê garantia de que irá satisfazê-la.[29]

654. "Podem ser cumpridos pelo administrador judicial" – A decisão sobre o cumprimento do contrato bilateral cabe ao administrador judicial. Todavia, somente

19. Manoel Justino Bezerra Filho, *Nova Lei de Recuperação e de Falências Comentada. Lei 11.101, de 9.2.2005, Comentário Artigo por Artigo*, 3ª ed., São Paulo, Ed. RT, 2005, pp. 279-280.

20. Ricardo Tepedino, todavia, admite a validade da cláusula resolutória expressa em duas hipóteses: (a) "se a contratação do falido se tiver dado *intuitu personae* – se realmente for esse o caso e a massa tiver perdido as características personalíssimas visadas pelo contratante"; (b) "para a hipótese de falência inserida no plano de recuperação extrajudicial, porque, aí, evitar a falência terá sido a razão determinante de sua aprovação" ("Comentários aos arts. 105 ao 138", cit., in Carlos Henrique Abrão e Paulo Fernando Campos Salles de Toledo (coords.), *Lei de Recuperação de Empresas e Falência*, p. 311).

21. Júlio Kahan Mandel inclui também a cláusula resolutória expressa que tenha por objeto a recuperação (*Nova Lei de Falências e Recuperação de Empresas Anotada: Lei 11.101, de 9.2.2005*, São Paulo, Saraiva, 2005, p. 220).

22. Paulo Salvador Frontini, "Comentários aos arts. 115 ao 128", in Francisco Satiro de Sousa Jr. e Antônio Sérgio Altieri de Moraes Pitombo (coords.), *Comentários à Lei de Recuperação de Empresas e Falência: Lei 11.101/2005*, São Paulo, Ed. RT, 2005, p. 436.

23. Sérgio Campinho, *Falência e Recuperação de Empresa: o Novo Regime da Insolvência Empresarial*, Rio de Janeiro, Renovar, 2006, p. 379.

24. Fábio Ulhoa Coelho admite, inclusive, a validade e a eficácia de cláusula que veicule condição resolutória expressa que tenha como objeto a mera distribuição do pedido de falência (*Comentários à Nova Lei de Falências e de Recuperação de Empresas*, cit., p. 317, e *Curso de Direito Comercial*, 5ª ed., vol. 3, São Paulo, Saraiva, 2005, p. 304).

25. Luiz Antônio Soares Hentz esclarece: "O imperativo da regra inserta no art. 476 do CC impõe que nenhum dos contratantes, antes de cumprida sua obrigação, possa exigir o adimplemento da do outro. Na falência o princípio da *exceptio non adimpleti contractus* não perde eficácia e, assim, não é dado ao administrador judicial desconhecê-lo" ("Comentários aos arts. 115 ao 128", cit., in Newton de Lucca e Adalberto Simão Filho (coords.), *Comentários à Nova Lei de Recuperação de Empresas e de Falências*, p. 491).

26. Ricardo Tepedino lembra que na vigência do regime anterior era unânime o entendimento de que o art. 1.092 do CC de 1916, que veicula o princípio da *exceptio non adimpleti contractus*, se aplicava no campo falimentar ("Comentários aos arts. 105 ao 138", cit., in Carlos Henrique Abrão e Paulo Fernando Campos Salles de Toledo (coords.), *Lei de Recuperação de Empresas e Falência*, p. 312).

27. No mesmo sentido: Waldo Fazzio Jr., *Nova Lei de Falência e de Recuperação de Empresas*, cit., pp. 300-301.

28. Ricardo Tepedino lembra que na vigência do regime anterior era unânime o entendimento de que o art. 1.092 do CC de 1916, que veiculava a recusa da prestação, se aplicava no campo falimentar ("Comentários aos arts. 105 ao 138", cit., in Carlos Henrique Abrão e Paulo Fernando Campos Salles de Toledo (coords.), *Lei de Recuperação de Empresas e Falência*, p. 312).

29. No mesmo sentido: Sérgio Campinho, *Falência e Recuperação de Empresa: o Novo Regime da Insolvência Empresarial*, cit., p. 339.

será válida e eficaz se, cumulativamente: (1) a decretação da falência não tiver sido objeto de cláusula resolutória expressa pactuada entre as partes contratantes;[30] (2) o comitê de credores conceder autorização.

Entendemos que a opção do administrador judicial entre a manutenção ou a rescisão dos contratos bilaterais deverá ser tomada à luz do art. 75, que estabelece como objetivos da falência a preservação e otimização dos bens, ativos e recursos produtivos.

655. Como será classificado o crédito do contratante caso o administrador judicial opte pelo cumprimento do contrato bilateral? – O crédito do contratante será classificado como extraconcursal (art. 84, V).[31]

656. Situações fáticas alternativas que devem informar a decisão do administrador judicial – O art. 43 do regime anterior previa uma única situação fática para o síndico optar entre a manutenção dos contratos bilaterais ou a respectiva rescisão: "conveniência para a massa".

O art. 117 inova ao prever duas situações fáticas alternativas que devem informar a decisão do administrador judicial sobre o cumprimento, ou não, do contrato bilateral:[32] (1) redução ou evitação do aumento do passivo da massa falida;[33] (2) necessidade de manutenção e preservação de seus ativos.

657. "Mediante autorização do comitê" – O comitê de credores somente será instado a expedir a respectiva autorização após a decisão do administrador judicial de cumprir o contrato bilateral.

Caso o comitê de credores não tenha sido instituído e tendo em vista que é o próprio administrador judicial que decide sobre o cumprimento do contrato bilateral (o que pode gerar sua incompatibilidade), acreditamos que a autorização deverá ser colhida perante o juiz (art. 28).[34-35]

Quanto à recusa do comitê de credores em expedir a autorização para que o administrador judicial dê cumprimento ao contrato bilateral, há dois entendimentos: (1) aquele que sustenta ser cabível um processo cautelar incidente (art. 799 do CPC) ou um alvará de suprimento de consentimento (art. 1.103

30. Como já ressaltamos acima, há entendimento contrário, no sentido de que a cláusula resolutória expressa, no âmbito da falência, é inoponível à massa.

31. No mesmo sentido: Ricardo Tepedino" "Comentários aos arts. 105 ao 138", cit., in Carlos Henrique Abrão e Paulo Fernando Campos Salles de Toledo (coords.), *Lei de Recuperação de Empresas e Falência*, p. 311; Luiz Antônio Soares Hentz, "Comentários aos arts. 115 ao 128", cit., in Newton de Lucca e Adalberto Simão Filho (coords.), *Comentários à Nova Lei de Recuperação de Empresas e de Falências*, p. 490.

32. Ricardo Tepedino critica a inovação: "Melhor andou o legislador de 1945, pois o a que se visa é mesmo algo mais genérico: a conveniência da massa, a qual se traduz na obtenção de maior dividendo para os credores, sem se desgarrar, hoje em dia, da finalidade enunciada no art. 75 da lei. Desse modo, a continuidade do contrato pode ser conveniente por razões diversas das imaginadas pelo dispositivo (...)" ("Comentários aos arts. 105 ao 138", cit., in Carlos Henrique Abrão e Paulo Fernando Campos Salles de Toledo (coords.), *Lei de Recuperação de Empresas e Falência*, p. 310).

33. Júlio Kahan Mandel exemplifica: "(...) se a falida estava adquirindo um bem por meio de alienação fiduciária, como uma máquina essencial à atividade da falida e de alto valor, restando para conclusão do contrato o pagamento da última parcela, pode ser interessante para a massa quitar essa parcela e receber em definitivo a propriedade do bem. Nesse mesmo sentido, um contrato com advogados de notável especialização, que estejam defendendo a falida em ação em fase avançada, e cujo resultado do pleito possa trazer dividendos importantes para a devedora ou evitar maiores danos, pode ser mantido até o término do caso, recebendo os advogados honorários anteriormente contratados, na forma de pagamentos extraconcursais" (*Nova Lei de Falências e Recuperação de Empresas Anotada: Lei 11.101, de 9.2.2005*, cit., p. 220).

34. No mesmo sentido: Luiz Antônio Soares Hentz, "Comentários aos arts. 115 ao 128", cit., in Newton de Lucca e Adalberto Simão Filho (coords.), *Comentários à Nova Lei de Recuperação de Empresas e de Falências*, p. 490.

35. Para Fábio Ulhoa Coelho, se inexistir comitê de credores, o administrador judicial, isoladamente, deve decidir a partir do que seja mais conveniente para a massa (*Comentários à Nova Lei de Falências e de Recuperação de Empresas*, cit., p. 316).

do CPC);[36] b) aquele que advoga a definitividade da decisão, seja do administrador judicial, seja do comitê de credores – o que impede os credores ou o outro contratante de questionar o que esses órgãos deliberaram.[37]

Filiamo-nos ao segundo entendimento, vez que ele atende aos princípios da celeridade e economia processual veiculados no parágrafo único do art. 75.

658. Interpelação do administrador judicial – Note-se que o prazo fixado para o contratante interpelar o administrador judicial é de até 90 dias, contados da assinatura do termo de sua nomeação.

Já, o prazo para o administrador judicial declarar se cumprirá, ou não, o contrato é de 10 dias[38] e tem natureza decadencial, uma vez que, tratando-se de direito potestativo, independentemente das razões da demora, implica rescisão do contrato.[39]

Frise-se: a rescisão em tela independe de sentença judicial que a declare.[40]

Inexiste previsão de forma especial (judicial ou extrajudicial) para a interpelação do administrador judicial.

Por isso, e em homenagem aos princípios da celeridade e da economia processual (art. 75, parágrafo único), entendemos que serão válidas as mais variadas formas de interpelação, desde que reste comprovado, de modo inequívoco, que ela foi recebida pelo destinatário final.[41]

659. A declaração negativa ou o silêncio do administrador judicial enseja direito à indenização – A declaração negativa do administrador judicial ou mesmo o silêncio, precisamente por provocarem prejuízo à outra parte contratante, gerarão para esta o direito de ser indenizada.

A doutrina divide-se em relação ao *quantum* da indenização: (1) enquanto uns sustentam que "o valor da indenização deverá abranger apenas os danos emergentes efetivamente experimentados, e não os lucros cessantes (...), porque a rescisão pela qual optou o administrador judicial tem expressa previsão legal, não sendo decorrente de dolo, culpa ou mora, não havendo, portanto, direito do credor de exigir lucros cessantes",[42] (2) outros entendem que a indenização "deve ser o bastante para repor ao contraente o que efetivamente perdeu (dano emergente) e o

36. Paulo Salvador Frontini, "Comentários aos arts. 115 ao 128", cit., in Francisco Satiro de Sousa Jr. e Antônio Sérgio Altieri de Moraes Pitombo (coords.), *Comentários à Lei de Recuperação de Empresas e Falência: Lei 11.101/2005*, pp. 436-438.

37. Fábio Ulhoa Coelho aduz: "A decisão do comitê, do administrador judicial ou de ambos, por isso, é definitiva, não podendo os demais credores ou outro contratante pleitear a revisão do que esses órgãos deliberaram quanto a esse ponto" (*Comentários à Nova Lei de Falências e de Recuperação de Empresas*, cit., p. 316).

38. O senador Ramez Tebet, no seu relatório, afirma que a Emenda 129 do senador Eduardo Suplicy "aumenta o prazo para o administrador judicial manifestar-se sobre os contratos bilaterais, de 10 para 30 dias, caso o comitê de credores esteja constituído. (...). A Emenda n. 129 também deve ser rejeitada, pois o administrador judicial poderá analisar a continuação de contratos bilaterais mesmo antes da interpelação da parte interessada, no prazo de 90 dias. Além disso, o comitê de credores, se existente, é um órgão permanente na falência, não há razões para acreditar que haverá demora em sua manifestação. Por fim, acreditamos que não pode haver interregno excessivo entre a interpelação pelo contratante e a resposta do administrador judicial, sob pena de se causar insegurança jurídica às pessoas que mantiverem relações contratuais com a massa falida" (v. parecer na íntegra: Anexo II desta obra).

39. No mesmo sentido: Ricardo Tepedino, "Comentários aos arts. 105 ao 138", cit., in Carlos Henrique Abrão e Paulo Fernando Campos Salles de Toledo (coords.), *Lei de Recuperação de Empresas e Falência*, p. 309.

40. No mesmo sentido: Trajano de Miranda Valverde, *Comentários à Lei de Falências*, cit., 2ª ed., vol. I, p. 293.

41. No mesmo sentido: Sérgio Campinho, *Falência e Recuperação de Empresa: o Novo Regime da Insolvência Empresarial*, cit., p. 338; Luiz Antônio Soares Hentz, "Comentários aos arts. 115 ao 128", cit., in Newton de Lucca e Adalberto Simão Filho (coords.), *Comentários à Nova Lei de Recuperação de Empresas e de Falências*, p. 491.

42. Manoel Justino Bezerra Filho, *Nova Lei de Recuperação e de Falências Comentada. Lei 11.101, de 9.2.2005, Comentário Artigo por Artigo*, cit., 3ª ed., p. 279.

que razoavelmente deixou de ganhar (lucros cessantes)”.[43]

Acreditamos que a interpretação mais consentânea com o espírito da lei é justamente aquela que advoga o entendimento de que a indenização há de ser abrangente (dano emergente e lucros cessantes), e não restritiva (só danos emergentes), vez que onde o legislador não discriminou (apenas utiliza o vocábulo “ indenização”) não cabe ao intérprete fazê-lo.[44]

660. E se o critério de apuração da indenização já tiver sido prefixado no contrato? – Sob o regime anterior, Waldemar Martins Ferreira doutrinava: “(...) lícita é a cláusula por que as partes, prevendo essa possibilidade (falência), prefixem montante da indenização, de molde a evitar-se a propositura de ação ordinária tendente a tarifá-la”.[45]

Sérgio Campinho, por outro lado, ressalva: “(...) o direito do administrador judicial, agindo no interesse da massa falida, de impugnar o respectivo valor, se manifestamente excessivo o seu montante, consideradas a natureza e finalidade do negócio. Da mesma forma, deve a penalidade ser reduzida pelo juiz se a obrigação tiver sido cumprida em parte pelo devedor (CC/2002, art. 413)”.[46]

Concordamos com a opinião de Waldemar Ferreira, assim como com a ressalva de Sérgio Campinho.

661. Por que o valor deverá ser apurado em processo ordinário? – Responde Paulo Salvador Frontini: “(...) para evitar o conluio entre o administrador judicial e a outra parte contratante. O processo ordinário se sujeitará ao crivo do Poder Judiciário, eliminando riscos que, de outro modo, poderiam ensejar situações suscetíveis de questionamento”.[47]

662. Como será classificado o crédito oriundo da indenização? – O crédito oriundo da indenização será classificado como quirografário.

Art. 118. O administrador judicial, mediante autorização do comitê,[663] poderá dar cumprimento a contrato unilateral[664-665-666] se esse fato reduzir ou evitar o aumento do passivo da massa falida ou for necessário à manutenção e preservação de seus ativos,[667] realizando o pagamento da prestação pela qual está obrigada.[668-669-670]

LEGISLAÇÃO ANTERIOR

Artigo sem correspondência no Decreto-lei 7.661/1945.

COMENTÁRIOS

663. “Mediante autorização do comitê” – O comitê de credores somente será instado a expedir a respectiva autorização após a decisão do administrador judicial de cumprir o contrato unilateral.

Caso o comitê de credores não tenha sido instituído, e tendo em vista que é o próprio administrador judicial que decide sobre o cumprimento do contrato bilateral (o que pode gerar sua incompatibilidade), acreditamos que a autorização deverá ser colhida perante o juiz (art. 28).

43. Luiz Antônio Soares Hentz, “Comentários aos arts. 115 ao 128”, cit., in Newton de Lucca e Adalberto Simão Filho (coords.), *Comentários à Nova Lei de Recuperação de Empresas e de Falências*, p. 492; Ricardo Tepedino, “Comentários aos arts. 105 ao 138”, in Carlos Henrique Abrão e Paulo Fernando Campos Salles de Toledo (coords.), *Lei de Recuperação de Empresas e Falência*, p. 312.

44. No mesmo sentido: J. C. Sampaio de Lacerda, *Manual de Direito Falimentar*, 10ª ed., Rio de Janeiro, Freitas Bastos, 1978, p. 165.

45. Waldemar Martins Ferreira, *Instituições de Direito Comercial*, vol. 5, Rio de Janeiro, Freitas Bastos, 1951, p. 170.

46. Sérgio Campinho, *Falência e Recuperação de Empresa: o Novo Regime da Insolvência Empresarial*, cit., p. 339.

47. Paulo Salvador Frontini, “Comentários aos arts. 115 ao 128”, cit., in Francisco Satiro de Sousa Jr. e Antônio Sérgio Altieri de Moraes Pitombo (coords.), *Comentários à Lei de Recuperação de Empresas e Falência: Lei 11.101/2005*, p. 437.

Por outro lado, caso o comitê se recuse a expedir a autorização para que o administrador judicial dê cumprimento ao contrato unilateral, caberá – segundo Paulo Salvador Frontini – um processo cautelar incidente (art. 799 do CPC) ou um alvará de suprimento de consentimento (art. 1.103 do CPC).[48]

664. Contrato unilateral – Segundo Orlando Gomes: "O contrato é unilateral se, no momento em que se forma, origina obrigação, tão-somente, para uma das partes – *ex uno latere*. A outra parte não se obriga. O peso do contrato é todo de um lado, os efeitos são somente passivos de um lado, e somente ativos de outro".[49]

665. Contrato unilateral à luz do regime anterior – Não obstante o Decreto-lei 7.661/1945 ter sido omisso em relação à disciplina a ser dispensada ao contrato unilateral,[50] o tratamento aplicável era o seguinte: se o falido fosse o credor, a massa falida, no vencimento, exigiria o crédito; se o falido fosse devedor, o credor deveria habilitar seu crédito na falência.[51-52]

666. Exemplos de contratos unilaterais – São exemplos de contratos unilaterais: (1) doação pura, ou seja, sem encargos; (2) mútuo; (3) depósito gratuito; (4) comodato.

667. Situações fáticas alternativas que devem informar a decisão do administrador judicial – As situações fáticas alternativas que devem informar a decisão do administrador judicial sobre o cumprimento do contrato unilateral são as seguintes: (1) redução ou evitação do aumento do passivo da massa falida; (2) necessidade de manutenção e preservação de seus ativos.

668. Há necessidade de o credor interpelar o administrador judicial? – José da Silva Pacheco entende que não há necessidade de interpelação do administrador judicial.[53-54]

Ricardo Tepedino sustenta que, apesar de inexistir previsão expressa, a interpretação sistemática da norma indica que a parte não falida, se quiser deduzir alguma pretensão fundada no descumprimento da obrigação ajustada em contrato unilateral, deve interpelar previamente o administrador judicial.[55]

669. "Realizando o pagamento da prestação" – Se o falido é devedor, e desde que seja preenchida uma das situações fáticas previstas (de um lado, redução ou evitação do aumento do passivo da massa falida ou, de outro lado, necessidade de manutenção e

48. Paulo Salvador Frontini, "Comentários aos arts. 115 ao 128", in Francisco Satiro de Sousa Jr. e Antônio Sérgio Altieri de Moraes Pitombo (coords.), *Comentários à Lei de Recuperação de Empresas e Falência: Lei 11.101/2005*, São Paulo, Ed. RT, 2005, pp. 437-438.

49. Orlando Gomes, *Contratos*, 24ª ed., Rio de Janeiro, Forense, 2001, p. 71.

50. Omissão confirmada por Manoel Justino (*Nova Lei de Recuperação e de Falências Comentada. Lei 11.101, de 9.2.2005, Comentário Artigo por Artigo*, 3ª ed., São Paulo, Ed. RT, 2005, p. 280) e por Júlio Kahan Mandel (*Nova Lei de Falências e Recuperação de Empresas Anotada: Lei 11.101, de 9.2.2005*, São Paulo, Saraiva, 2005, p. 320).

51. No mesmo sentido: José da Silva Pacheco, *Processo de Recuperação Judicial, Extrajudicial e Falência*, Rio de Janeiro, Forense, 2006, p. 287; Sérgio Campinho, *Falência e Recuperação de Empresa: o Novo Regime da Insolvência Empresarial*, Rio de Janeiro, Renovar, 2006, p. 340.

52. Ricardo Tepedino lembra que tal tratamento provocava "situações inconvenientes à massa, como impedir que o síndico quitasse um mútuo com alienação fiduciária em garantia por se tratar de contrato unilateral por excelência" ("Comentários aos arts. 105 ao 138", in Carlos Henrique Abrão e Paulo Fernando Campos Salles de Toledo (coords.), *Lei de Recuperação de Empresas e Falência*, São Paulo, Saraiva, 2005, p. 314).

53. José da Silva Pacheco, *Processo de Recuperação Judicial, Extrajudicial e Falência*, cit., p. 289.

54. Ricardo Tepedino afirma que "a interpelação não é essencial à continuidade do contrato: o administrador pode cumpri-lo sem aguardar a provocação do outro contratante, desde que ouça o comitê" ("Comentários aos arts. 105 ao 138", cit., in Carlos Henrique Abrão e Paulo Fernando Campos Salles de Toledo (coords.), *Lei de Recuperação de Empresas e Falência*, p. 309).

55. Ricardo Tepedino, "Comentários aos arts. 105 ao 138", cit., in Carlos Henrique Abrão e Paulo Fernando Campos Salles de Toledo (coords.), *Lei de Recuperação de Empresas e Falência*, p. 314.

preservação de seus ativos), o administrador judicial realizará o pagamento ao credor.

Como já enfatizamos acima, a prática adotada no regime anterior era diferente: o credor tinha de habilitar seu crédito na falência.

670. Cláusulas penais dos contratos unilaterais são exigíveis na falência? – As cláusulas penais dos contratos unilaterais não serão atendidas se as obrigações neles estipuladas se vencerem em virtude da falência (art. 83, § 3º).

Art. 119. Nas relações contratuais a seguir mencionadas prevalecerão as seguintes regras:[671-672-673-674-675-676-677-678-679-680-681] I – o vendedor não pode obstar à entrega das coisas expedidas ao devedor e ainda em trânsito, se o comprador, antes do requerimento da falência, as tiver revendido, sem fraude, à vista das faturas e conhecimentos de transporte, entregues ou remetidos pelo vendedor;[682] II – se o devedor vendeu coisas compostas e o administrador judicial resolver não continuar a execução do contrato, poderá o comprador pôr à disposição da massa falida as coisas já recebidas, pedindo perdas e danos;[683] III – não tendo o devedor entregue coisa móvel ou prestado serviço que vendera ou contratara a prestações, e resolvendo o administrador judicial não executar o contrato, o crédito relativo ao valor pago será habilitado na classe própria;[684] IV – o administrador judicial, ouvido o comitê, restituirá a coisa móvel comprada pelo devedor com reserva de domínio do vendedor se resolver não continuar a execução do contrato, exigindo a devolução, nos termos do contrato, dos valores pagos;[685] V – tratando-se de coisas vendidas a termo, que tenham cotação em bolsa ou mercado, e não se executando o contrato pela efetiva entrega daquelas e pagamento do preço, prestar-se-á a diferença entre a cotação do dia do contrato e a da época da liquidação em bolsa ou mercado;[686] VI – na promessa de compra e venda de imóveis, aplicar-se-á a legislação respectiva;[687] VII – a falência do locador não resolve o contrato de locação e, na falência do locatário, o administrador judicial pode, a qualquer tempo, denunciar o contrato;[688] VIII – caso haja acordo para compensação e liquidação de obrigações no âmbito do Sistema Financeiro Nacional, nos termos da legislação vigente, a parte não falida poderá considerar o contrato vencido antecipadamente, hipótese em que será liquidado na forma estabelecida em regulamento, admitindo-se a compensação de eventual crédito que venha a ser apurado em favor do falido com créditos detidos pelo contratante;[689] IX – os patrimônios de afetação, constituídos para cumprimento de destinação específica, obedecerão ao disposto na legislação respectiva, permanecendo seus bens, direitos e obrigações separados dos do falido até o advento do respectivo termo ou até o cumprimento de sua finalidade, ocasião em que o administrador judicial arrecadará o saldo a favor da massa falida ou inscreverá na classe própria o crédito que contra ela remanescer.[690]

LEGISLAÇÃO ANTERIOR

Lei de Falências (DL 7.661/1945): *Art. 44.* Nas relações contratuais abaixo mencionadas, prevalecerão as seguintes regras: I – o vendedor não pode obstar à entrega das coisas expedidas ao falido e ainda em trânsito, se o comprador, antes do requerimento da falência, as tiver revendido, sem fraude, à vista das faturas e conhecimentos de transporte, entregues ou remetidos pelo vendedor; II – se o falido vendeu coisas compostas e o síndico resolver não continuar a execução do contrato, poderá o comprador pôr à disposição da massa as coisas já recebidas, pedindo perdas e danos; III – não havendo o falido entregue coisa móvel que vendera a prestações, e resolvendo o síndico não executar o contrato, a massa restituirá ao comprador as prestações recebidas pelo falido; IV – a restituição de coisa móvel comprada pelo falido, com reserva de domínio do vendedor, far-se-á, se o síndico resolver não continuar a execução do contrato, de acordo com o disposto no art. 344 e seus parágrafos do Código do Processo Civil; V – tratando-se de coisas vendidas a termo, que tenham cotação em bolsa ou mercado, e não se executando o contrato pela efetiva entrega daquelas e pagamento do preço, prestar-se-á a diferença entre a cotação do dia do contrato e a da época da liquidação; VI – na promessa de compra e venda de imóveis, aplicar-se-á a legislação respectiva; VII – se a locação do imóvel ocupado pelo estabelecimento do falido estiver sob o amparo do Decreto n. 24.150, de 20 de abril de 1934, somente poderá ser decretado o despejo se o atraso no pagamento dos alugueres exceder de 2 (dois) meses e o síndico, intimado, não purgar a mora dentro de 10 (dez) dias.

COMENTÁRIOS

671. Contratos de trabalho – Os contratos de trabalho subsomem-se à regra geral dos contratos bilaterais (art. 117); ou seja, não se resolvem pela falência.

Em verdade, a cessação das atividades do falido é que tem o condão de rescindi-los.

Logo, se a sentença que decretar a falência não determinar a continuação das atividades do falido (art. 99, XI), aí, sim, os contratos de trabalho serão rescindidos.

Os direitos dos trabalhadores, na falência, subsistirão (art. 449 da CLT). Os respectivos créditos, até o limite de 150 salários mínimos, gozarão de prioridade absoluta no concurso falimentar (art. 83, I) e os saldos excedentes serão classificados como quirografários (art. 83, IV, "c").

672. Concessão de serviço público – Concessão de serviço público: "É o contrato administrativo pelo qual a Administração Pública delega a outrem a execução de um serviço público, para que o execute em seu próprio nome, por sua conta e risco, assegurando a ele remuneração mediante tarifa paga pelo usuário ou outra forma de remuneração decorrente da exploração do serviço".[56]

Enquanto vigorou o § 4º do art. 201 do Decreto-lei 7.661/1945 a transferência da concessão dependia de autorização da autoridade concedente.

Com o advento da Lei 8.987/1995 a falência passou a ser causa de extinção da concessão (art. 35, VI).

56. Maria Sylvia Zanella Di Pietro, *Direito Administrativo*, 12ª ed., São Paulo, Atlas, 2000, p. 270.

Note-se que, de conformidade com a Lei 8.987/1995, uma vez extinta a concessão, "retornam ao poder concedente todos os bens reversíveis, direitos e privilégios transferidos ao concessionário conforme previsto no edital e estabelecido no contrato" (art. 35, § 1º), e o poder concedente assumirá imediatamente o serviço (art. 35, § 2º).

Dispõe o art. 195 do atual regime falimentar que a decretação da falência das concessionárias de serviços públicos implica extinção da concessão.

Tendo em vista que a Lei 8.987/1995 já previa a falência como causa de extinção da concessão, o art. 195 da lei sob comento não inovou a matéria. Em verdade, apenas ratificou o mesmo comando normativo anterior.

A previsão de extinção da concessão pela falência visa a evitar a descontinuidade dos serviços públicos.

673. Contrato de conta corrente – A despeito de o contrato de conta corrente ser bilateral (e, portanto, por força do art. 117, não deveria se resolver), o art. 121, excepcionando a regra geral, estabelece que as contas correntes consideram-se encerradas no momento da decretação da falência.

674. Contrato de mandato e de comissão – **[CC]** "*Art. 653.* Opera-se o mandato quando alguém recebe de outrem poderes para, em seu nome, praticar atos ou administrar interesses."

[CC] "*Art. 693.* O contrato de comissão tem por objeto a aquisição ou venda de bens pelo comissário, em seu próprio nome, à conta do comitente."

No tocante ao mandato *outorgado pelo devedor*, antes da falência, para realização de negócios, cessarão seu efeitos com a decretação da falência, cabendo ao mandatário prestar contas de sua gestão (art. 120).

Quanto ao mandato judicial *outorgado pelo devedor*, continuará em vigor até que seja expressamente revogado pelo administrador judicial (art. 120, § 1º).

Em relação ao mandato *outorgado para o devedor* e ao contrato de comissão em que *o devedor figure como comissário* celebrados antes da falência, desde que pertinentes à atividade empresarial, cessam imediatamente (art. 120, § 2º).

Assim sendo, o devedor (mandatário e comissário) deverá restituir ao mandante e ao comitente os bens por eles titularizados e arrecadados.[57]

675. Condomínio indivisível – **[CC]** "*Art. 123.* (...).

(...).

"§ 2º. Nos casos de condomínio indivisível de que participe o falido, o bem será vendido e deduzir-se-á do valor arrecadado o que for devido aos demais condôminos, facultada a estes a compra de quota-parte do falido nos termos da melhor proposta obtida."

676. Contrato de sociedade – Com exceção da sociedade de capital e indústria, que foi expungida do ordenamento jurídico civil, todos os demais tipos societários remanescem vigentes no Código Civil de 2002.

Em outras palavras, com o advento do Código Civil de 2002 passamos a ter seis tipos societários empresários,[58-59] a saber: (1) previstos no próprio Código Civil: (1.1) sociedade em conta de participação (arts. 991-996); (1.2) sociedade em nome coletivo (arts. 1.039-1.044); (1.3) sociedade em comandita simples (arts. 1.045-1.051); (1.4) sociedade limitada (arts. 1.052-1.087); (2) previstos na Lei 6.404/1976 (Lei das S/A): (2.1) sociedade anônima (arts. 1º-279 e 285-300); (2.2) sociedade em comandita por ações (arts. 280-284).

Como é de sabença geral, o direito societário estabelece, dentre outras, as seguintes classificações: (1) quanto à responsabilidade dos sócios, eles têm responsabilidade limitada ou ilimitada; (2) quanto à divisão do capital social das sociedades empresárias, os sócios são titulares de quotas ou de ações.

Os sócios ilimitadamente responsáveis são: (1) na sociedade em nome coletivo, todos (art. 1.039 do CC); (2) na sociedade em comandita simples, os comanditados (art. 1.045 do CC); (3) na sociedade em comandita por ações, os acionistas diretores (art. 282 da Lei das S/A);[60] (4) na sociedade não personificada em comum, todos os sócios (art. 990 do CC).[61-62]

As únicas sociedades cujo capital social é dividido em ações são: sociedade anônima e sociedade em comandita por ações.

Dispõe o art. 81: "*Art. 81.* A decisão que decreta a falência da sociedade *com sócios ilimitadamente responsáveis* também acarreta a falência destes, que ficam sujeitos aos mesmos efeitos jurídicos produzidos em relação à sociedade falida (...)".

Por outro lado, preceitua o art. 123: "*Art. 123.* Se o falido fizer parte de alguma sociedade *como sócio comanditário*[63] *ou cotista*, para a massa falida entrarão somente os haveres que na sociedade ele possuir e forem apurados na forma estabelecida no contrato ou estatuto social".

57. No mesmo sentido: Sérgio Campinho, *Falência e Recuperação de Empresa: o Novo Regime da Insolvência Empresarial*, Rio de Janeiro, Renovar, 2006, p. 380.

58. A sociedade cooperativa reger-se-á pelo no Código Civil e pela legislação especial (art. 1.093 do CC), e é considerada sociedade simples, por força do parágrafo único do art. 982.

59. Apesar de estarmos tratando de sociedade, ressaltamos que o empresário rural (pessoa física) pode requerer inscrição no Registro Público de Empresas Mercantis da respectiva sede; e, uma vez feita a opção, ficará equiparado, para todos os efeitos, ao empresário sujeito a registro (art. 971).

60. No mesmo sentido: José Alexandre Tavares Guerreiro, "Comentários aos arts. 7º ao 20", in Francisco Satiro de Sousa Jr. e Antônio Sérgio Altieri de Moraes Pitombo (coords.), *Comentários à Lei de Recuperação de Empresas e Falência: Lei 11.101/2005*. São Paulo, Ed. RT, 2005, pp. 161-162).

61. O Decreto-lei 7.661/1945, no § 1º do art. 96, utilizava a expressão "sócios solidários"; a atual lei substituiu dita expressão por "sócios ilimitadamente responsáveis".

62. Poder-se-ia sustentar que ambas as expressões, *lato sensu*, se equivalem. Todavia, do ponto de vista estritamente técnico-jurídico é sabido que elas representam realidades distintas.

63. Tanto o sócio comanditário de sociedade em comandita simples (art. 1.045 do CC) quanto o acionista comanditário de sociedade em comandita por ações (art. 282, *a contrario sensu*, da Lei 6.404/1976) têm responsabilidade limitada.

Complementa o parágrafo único do art. 1.030 do CC: "Parágrafo único. Será de pleno direito excluído da sociedade o sócio falido, (...)".

Por fim, estabelecem o art. 116 e seu inciso II: "*Art. 116.* A decretação da falência suspende: (...) II – o exercício do direito de retirada ou de recebimento do valor de suas quotas ou ações, por parte dos sócios da sociedade falida".

677. Contratos de consumo – O CDC, no seu art. 28, possibilita ao juiz desconsiderar a personalidade jurídica do fornecedor, dentre outras hipótese, quando houver falência e estado de insolvência.

Todavia, no tocante aos efeitos da falência do fornecedor nos contratos de consumo o Código de Defesa do Consumidor é omisso.

Assim sendo, para os contratos bilaterais: (1) em que nenhuma das partes deu início à execução, operar-se-á, pura e simplesmente, a rescisão; (2) já, se houve início da execução (por exemplo, o devedor entregou a mercadoria ou o serviço, total ou parcialmente, ou o consumidor pagou o preço, total ou parcialmente), então, aplicar-se-ão as seguintes regras: (2.1) se o consumidor for credor, habilitará seu crédito na falência; (2.2) se o consumidor for devedor, deverá efetuar o pagamento ao administrador judicial.[64]

678. Contrato de alienação fiduciária – O contrato de alienação fiduciária, tendo natureza bilateral, não se resolve pela falência; e, portanto, cabe ao credor fiduciário interpelar o administrador judicial para declarar se irá cumprir o contrato (art. 117), exceto se a decretação da falência tiver sido objeto de cláusula resolutória expressa pactuada entre o credor fiduciário e o devedor fiduciante, quando, então, resolver-se-á o negócio jurídico, afastando-se, por conseguinte, a aplicação da legislação falimentar.[65]

Se o administrador judicial, interpelado, declarar que não tem interesse no cumprimento do contrato, então, surgirá o direito de pedir a restituição do bem.[66]

Por outro lado, se inexistir cláusula resolutória expressa, no caso de falência do devedor fiduciante o credor fiduciário poderá, fundado no art. 7º do Decreto-lei 911/1969, pedir a restituição do bem alienado fiduciariamente[67-68] ou, quando se tratar

64. No mesmo sentido: Fábio Ulhoa Coelho, *Comentários à Nova Lei de Falências e de Recuperação de Empresas*, São Paulo, Saraiva, 2005, pp. 326-327.

65. No mesmo sentido: Sérgio Campinho, *Falência e Recuperação de Empresa: o Novo Regime da Insolvência Empresarial*, cit., p. 379; Fábio Ulhoa Coelho, *Curso de Direito Comercial*, 5ª ed., vol. 3, São Paulo, Saraiva, 2005, p. 304.

66. Complementa Sérgio Campinho: "Não nos sensibiliza o argumento de que a falência do fiduciante, por si só, já ensejaria a resolução do contrato e asseguraria ao proprietário fiduciário o exercício do direito de reivindicar o bem. O contrato de alienação fiduciária, em quaisquer de suas modalidades, deve ser analisado à luz da regra geral reservada pelo art. 117 da Lei de Recuperação e Falência aos contratos bilaterais, possibilitando-se ao administrador judicial, no interesse da massa falida, optar pelo seu cumprimento. Caso, entretanto, escolha a sua resolução, aí, sim, será cabível a restituição do bem" (*Falência e Recuperação de Empresa: o Novo Regime da Insolvência Empresarial*, cit., pp. 378-379). No mesmo sentido: Júlio Kahan Mandel, *Nova Lei de Falências e Recuperação de Empresas Anotada: Lei 11.101, de 9.2.2005*, São Paulo, Saraiva, 2005, p. 165; Manoel Justino Bezerra Filho, *Nova Lei de Recuperação e de Falências Comentada. Lei 11.101, de 9.2.2005, Comentário Artigo por Artigo*, 3ª ed., São Paulo, Ed. RT, 2005, p. 216.

67. Lembra Fábio Ulhoa Coelho: "A instituição financeira fiduciária é a titular da propriedade resolúvel da coisa alienada, enquanto a devedora fiduciante detém a posse direta. Verificada a falência desta última, têm-se os mesmos pressupostos do dispositivo da Lei Falimentar, que autorizam, por exemplo, a restituição do bem em posse da locatária falida em favor do locador" (*Comentários à Nova Lei de Falências e de Recuperação de Empresas*, cit., p. 241).

68. Segundo Manoel Justino Bezerra Filho: "(...) fica assegurado ao credor fiduciário o direito de pedir a restituição do bem, não sendo possível a ação de busca e apreensão. Há entendimento jurisprudencial de acordo com a interpretação efetuada a partir do antigo § 2º do art. 78 do Decreto-lei 7.661/1945, dispondo não ser possível a restituição em dinheiro nessa hipótese, devendo exclusivamente ser feita em espécie, ou seja, restituição do próprio bem. Tornando-se inviável a restituição do próprio bem, resta ao credor fiduciário o caminho da habilitação de crédito" (*Nova Lei de Recuperação e de Falências*

de imóvel, fazê-lo com estribo no art. 32 da Lei 9.514/1997.

Se a opção exercida pelo administrador judicial for a restituição, instalar-se-á o procedimento de venda; verificado saldo positivo, o respectivo valor deverá ser entregue pelo credor fiduciário ao administrador judicial e integrará a massa falida. Todavia, não sendo suficiente o produto da venda para pagamento integral da dívida e despesas incorridas, deverá o credor fiduciário habilitar-se como credor quirografário pelo saldo remanescente.[69]

No tocante à cessão fiduciária de direitos creditórios, lembra Sérgio Campinho: "A Lei 9.514/1997, que dispõe sobre o Sistema Financeiro Imobiliário, contempla, como modalidade de garantia às operações de financiamento imobiliário, a cessão fiduciária de direitos creditórios decorrentes de contratos de alienação de imóveis (art. 17, II). Pelo contrato de cessão fiduciária em garantia, opera-se a transferência ao credor da titularidade dos créditos cedidos, até a liquidação da dívida garantida (art. 18). Na hipótese de falência do devedor cedente, e se não tiver havido tradição dos títulos representativos dos créditos cedidos, ficará assegurada ao cessionário a restituição (art. 20)".[70]

679. Contrato de comodato – Para ensejar o pedido de restituição no âmbito do contrato de comodato também se torna imprescindível o preenchimento cumulativo de dois requisitos negativos: (1) inexistência de cláusula resolutória expressa pactuada entre o credor fiduciário e o devedor fiduciante que tenha por objeto a falência e (2) declaração do administrador de que não tem interesse em cumprir o respectivo contrato.[71]

680. Contrato de arrendamento mercantil (leasing) – Para ensejar o pedido de restituição em sede de contrato de arrendamento mercantil (*leasing*), imprescindível o preenchimento cumulativo de dois requisitos negativos: (1) inexistência de cláusula resolutória expressa pactuada entre o credor fiduciário e o devedor fiduciante que tenha por objeto a falência e (2) declaração do administrador de que não tem interesse em cumprir o respectivo contrato.[72]

681. Contrato estimatório – Da mesma forma, caberá pedido de restituição se houver o preenchimento cumulativo dos dois requisitos negativos mencionados no item anterior.[73]

682. O vendedor pode obstar à entrega das coisas expedidas ao devedor? – O *right of stoppage in transitu* consiste no direito do vendedor de paralisar o transporte da coisa a ser entregue ao comprador.

O próprio CC, no seu art. 495, ao prever a situação de insolvência do comprador, autoriza o vendedor a sobrestar a entrega da coisa, exigindo a respectiva caução do preço.[74]

Ocorre que em seara falimentar há expressa vedação ao vendedor de obstar à entrega das coisas expedidas e ainda em trânsito se o comprador, antes do requerimento de falência, as tiver revendido, sem fraude, mediante tradição simbólica; vale dizer, à vista das faturas e conhecimentos de transporte entregues ou remetidos pelo vendedor (art. 119, I).

Por outro lado, enquanto o art. 117 estabelece que os contratos bilaterais – a compra e venda é um contrato bilateral, por excelência – não se resolvem pela falência e podem ser cumpridos pelo administrador judicial no

Comentada. Lei 11.101, de 9.2.2005, Comentário Artigo por Artigo, cit., 3ª ed., pp. 215-216).

69. No mesmo sentido: Sérgio Campinho, *Falência e Recuperação de Empresa: o Novo Regime da Insolvência Empresarial*, cit., p. 378.

70. Sérgio Campinho, *Falência e Recuperação de Empresa: o Novo Regime da Insolvência Empresarial*, cit., p. 379.

71. No mesmo sentido: Sérgio Campinho, *Falência e Recuperação de Empresa: o Novo Regime da Insolvência Empresarial*, cit., pp. 380-381.

72. No mesmo sentido: Sérgio Campinho, *Falência e Recuperação de Empresa: o Novo Regime da Insolvência Empresarial*, cit., pp. 379-380.

73. No mesmo sentido: Sérgio Campinho, *Falência e Recuperação de Empresa: o Novo Regime da Insolvência Empresarial*, cit., p. 381.

74. No mesmo diapasão dispõe o art. 477 do mesmo *Codex* ao disciplinar a exceção de contrato não cumprido.

interesse da massa falida, seu § 1º faculta ao vendedor interpelar o administrador judicial para declarar se cumpre, ou não, o contrato.

Por isso, tais dispositivos devem ser interpretados conjuntamente.[75]

A aplicação do inciso I do art. 119 pressupõe o seguinte contexto fático: (1) celebração prévia de um contrato de compra e venda de coisas, em que o devedor figurou como comprador; (2) expedição das coisas ao devedor (comprador); (3) trânsito em curso das coisas; (4) revenda das coisas pelo devedor (comprador) antes do requerimento da sua falência, sem fraude por tradição simbólica, vale dizer, à vista das faturas e conhecimentos de transporte entregues pelo credor (vendedor).[76]

Assim sendo, o credor (vendedor) não poderá obstar à entrega das coisas.

Ressalte-se que o crédito do vendedor será classificado como quirografário.[77]

683. O comprador poderá pôr à disposição da massa falida as coisas compostas?

– As coisas compostas, segundo Nelson Abrão, "(...) são as que constam de partes heterogêneas artificialmente unidas, como um edifício, uma máquina".[78]

A aplicação do inciso II do art. 119 pressupõe o seguinte contexto fático: (1) celebração prévia de um contrato de compra e venda de coisas compostas, com entrega parcelada, em que o devedor figurou como vendedor; (2) decretação da falência do devedor (vendedor), que o impossibilita de cumprir sua prestação perante o credor (comprador);[79] (3) decisão do administrador judicial de não continuar a execução do contrato.

Assim sendo, remanesce ao credor (comprador) o direito de pôr à disposição da massa falida as coisas já recebidas, (1) pleiteando perdas e danos, ou, então, (2) habilitar diretamente seu crédito, renunciando às perdas e danos.[80]

Ressalte-se que o crédito oriundo da indenização por perdas e danos será classificado como quirografário.[81]

684. Não entrega de coisa móvel ou de serviço pelo devedor. O valor pago deve ser habilitado – A aplicação do inciso III do art. 119 pressupõe o seguinte contexto fático: (1)

75. Fábio Ulhoa Coelho sustenta: "A interpretação do art. 119, I, não pode ser feita dissociada dos demais dispositivos da legislação falimentar, em especial o art. 117 e seus §§. O vendedor de mercadorias despachadas não pode ter mais direitos que teria caso não as houvesse despachado. O que a lei estabelece é a possibilidade de ele comunicar à empresa de transporte uma contra-ordem, para que seja sustada a entrega das mercadorias, *no aguardo da decisão do administrador judicial relativamente ao cumprimento, ou não, do contrato*. Se o administrador judicial decidir que é vantajosa para a massa falida a execução da compra e venda, a entrega deverá realizar-se, e ao vendedor caberá habilitar-se no concurso de credores. (...). No Brasil o vendedor pode obstar à entrega, mas deve, na seqüência, promover a interpelação do administrador judicial, para que este manifeste sua decisão, submetendo-se ao interesse geral dos credores" (*Curso de Direito Comercial*, cit., 5ª ed., vol. 3, p. 305).

76. Manoel Justino Bezerra Filho exemplifica a fraude: "Evidentemente, se houver fraude (por exemplo, se este comprador já tiver conhecimento da falência), o negócio será nulo" (*Nova Lei de Recuperação e de Falências Comentada. Lei 11.101, de 9.2.2005, Comentário Artigo por Artigo*, cit., 3ª ed., p. 281).

77. No mesmo sentido: Sérgio Campinho, *Falência e Recuperação de Empresa: o Novo Regime da Insolvência Empresarial*, cit., p. 341.

78. Nelson Abrão, *Curso de Direito Falimentar*, 5ª ed., São Paulo, Universitária de Direito, 1997, p. 157.

79. Nelson Abrão exemplifica: "(...) suponhamos que o produtor de equipamento industrial constituído de várias peças o venda e comece a entregar as diversas partes; sobrevindo sua falência (...) fica ele impossibilitado de fabricar os demais componentes" (*Curso de Direito Falimentar*, cit., 5ª ed., p. 157).

80. Paulo Salvador Frontini aduz: "Pensamos que o comprador tem outra alternativa mais simples ao seu alcance. Se já pagou parte ou a totalidade do preço, pode, pondo os componentes da coisa composta já recebidos à disposição da massa falida, habilitar seu crédito, abrindo mão das perdas e danos. Por certo será mais rápido e prático" ("Comentários aos arts. 115 ao 128", in Francisco Satiro de Sousa Jr. e Antônio Sérgio Altieri de Moraes Pitombo (coords.), *Comentários à Lei de Recuperação de Empresas e Falência: Lei 11.101/2005*, São Paulo, Ed. RT, 2005, p. 440).

81. No mesmo sentido: Sérgio Campinho, *Falência e Recuperação de Empresa: o Novo Regime da Insolvência Empresarial*, cit., p. 342.

celebração prévia de um contrato de compra e venda de coisa móvel ou de prestação de serviços a prestações, em que o devedor figurou como vendedor ou prestador; (2) decretação da falência do devedor (vendedor ou prestador); (3) decisão do administrador judicial de não continuar a execução do contrato.[82]

Assim sendo, remanesce ao credor (comprador ou tomador de serviços) o direito de habilitar seu crédito na classe própria.[83-84]

O inciso III do art. 44 do regime anterior (correspondente ao contexto fático-jurídico do inciso III do art. 119 do atual regime) previa a restituição das prestações recebidas pelo falido.

Ricardo Tepedino formula a seguinte crítica ao inciso III do art. 119: "O legislador atual subtraiu desse credor o direito à restituição para atirá-lo a uma situação inferior àquela das relações jurídicas que, não reguladas especificamente, caem na regra geral do art. 117; nessas o credor pode, além do crédito, reclamar ressarcimento de prejuízos. Já, quem, tendo pago total ou parcialmente o preço, não recebeu a mercadoria adquirida ou não teve prestado o serviço contratado (pacote turístico, por exemplo) só poderá receber na moeda concursal o valor efetivamente entregue ao falido. A injustiça parece muito evidente".[85]

Então, resta trancada ao credor (comprador ou tomador de serviços) a via da indenização por perdas e danos? Responde Sérgio Campinho: "(...) a devolução das importâncias não retira do credor (...) o direito de pleitear indenização por perdas e danos".[86]

685. Coisa móvel comprada pelo devedor com reserva de domínio – A aplicação do inciso IV do art. 119 pressupõe o seguinte contexto fático: (1) celebração prévia de um contrato de compra e venda de coisa móvel, com reserva de domínio, em que o devedor figurou como comprador; (2) decretação da falência do devedor (comprador); (3) decisão do administrador judicial de não continuar a execução do contrato; (4) oitiva do comitê de credores, se houver; (5) restituição da coisa móvel pelo administrador judicial.

Assim sendo, o devedor (comprador) terá direito de exigir do vendedor a devolução dos valores pagos, nos termos do contrato.[87]

O comando do inciso IV do art. 119 tem de ser harmonizado com o comando do art. 527 do CC, segundo o qual: "*Art. 527.* É facultado ao vendedor reter as prestações pagas até o necessário para cobrir a depre-

82. Fábio Ulhoa Coelho adverte: "Se não houver recursos monetários disponíveis suficientes para suportar a restituição das prestações, não poderá o administrador judicial valer-se do produto da realização do ativo para essa finalidade, porque essa solução importaria inequívoca quebra do princípio do tratamento paritário dos credores" (*Comentários à Nova Lei de Falências e de Recuperação de Empresas*, cit., p. 322).

83. Sérgio Campinho justifica a regra: "Não é razoável conceber possa a massa falida deixar de devolver as prestações já pagas, sob pena de incorrer em verdadeiro enriquecimento sem causa" (*Falência e Recuperação de Empresa: o Novo Regime da Insolvência Empresarial*, cit., p. 342).

84. Manoel Justino Bezerra Filho explicita: "A lei anterior (inciso III do art. 44) falava em restituição, o que trouxe dificuldade de interpretação; a lei atual resolveu a discussão, estabelecendo que, neste caso, o terceiro contratante deve habilitar-se na classe própria" (*Nova Lei de Recuperação e de Falências Comentada. Lei 11.101, de 9.2.2005, Comentário Artigo por Artigo*, cit., 3ª ed., p. 282).

85. Ricardo Tepedino, "Comentários aos arts. 105 ao 138", in Carlos Henrique Abrão e Paulo Fernando Campos Salles de Toledo (coords.), *Lei de Recuperação de Empresas e Falência*, São Paulo, Saraiva, 2005, pp. 317-318.

86. Sérgio Campinho, *Falência e Recuperação de Empresa: o Novo Regime da Insolvência Empresarial*, p. 342.

87. Ricardo Tepedino complementa: "Se draconianas as estipulações (como são, *v.g.*, aquelas que prevêem a perda de todas as prestações pagas, não importa quantas sejam), cabe ao administrador judicial discuti-las, se necessário em juízo. Já, se, interpelado o administrador judicial, ele se calar ou afirmar que não cumprirá o contrato, sem restituir o bem, o vendedor, em consonância com os termos do inciso em comento, deverá valer-se da ação de restituição prevista no art. 85 da LRE, e não do procedimento regulado pelos arts. 1.070 e 1.071 do CPC" ("Comentários aos arts. 105 ao 138", cit., in Carlos Henrique Abrão e Paulo Fernando Campos Salles de Toledo (coords.), *Lei de Recuperação de Empresas e Falência*, p. 318).

ciação da coisa, as despesas feitas e o mais que de direito lhe for devido. O excedente será devolvido ao comprador; e o que faltar lhe será cobrado, tudo na forma da lei processual".[88]

Por isso, tornam-se imprescindíveis a vistoria da coisa e o respectivo arbitramento.[89]

686. Coisas vendidas a termo – Ensina J. C. Sampaio de Lacerda: "Operações a termo são aquelas cuja execução é para o futuro. Há acordo no preço e na coisa. A execução é que se opera posteriormente. É um contrato aleatório, pois nesse prazo pode variar o preço, ocasionando lucro ou prejuízo".[90]

A aplicação do inciso V do art. 119 pressupõe o seguinte contexto fático: (1) celebração prévia de um contrato de compra e venda de coisas a termo, em que o devedor figurou como vendedor; (2) cotação em bolsa ou mercado das coisas vendidas; (3) decretação da falência do devedor (vendedor); (4) inexecução do contrato: o devedor (vendedor) não efetiva a entrega e o comprador não efetua o pagamento do preço.

Assim sendo, prestar-se-á a diferença entre a cotação do dia do contrato e a da época da liquidação em bolsa ou mercado: se a diferença for a favor da massa, esta permanece credora perante o contratante; se for a favor deste, pode habilitar-se na falência pela diferença.[91]

Ricardo Tepedino formula a seguinte crítica ao inciso V do art. 119: "Vê-se, portanto, que a solução legal é sumamente iníqua, por deixar o contratante não falido na colossal desvantagem de perder sempre: se a cotação do dia de liquidação lhe for desfavorável, terá de pagar à massa a diferença; se a balança, no entanto, pender a seu favor, receberá seu saldo na moeda da falência. Na verdade, como explicitou o professor argentino Pablo Barbieri, não faz nenhum sentido em se permitir a continuidade desse contrato, tendo em conta suas peculiaridades características".[92]

687. Promessa de compra e venda de imóveis – A legislação específica a que alude o inciso VI do art. 119 é a Lei 6.766/1979 e os arts. 1.417 e 1.418 do CC.

A aplicação do inciso VI do art. 119 pressupõe três contextos fáticos:

Primeiro – (1) celebração prévia de promessa de compra e venda de imóveis, em que o devedor figurou como vendedor; (2) inexistência de pactuação de direito de arrependimento; (3) registro da promessa no cartório de imóveis competente; (4) decretação da falência do devedor (vendedor).

Assim sendo, o administrador deverá receber as prestações vincendas e, após a respectiva quitação, outorgar a escritura pública definitiva, dando, por conseguinte, cumprimento à promessa (arts. 1.417 e 1.418 do CC).

Ricardo Tepedino vislumbra a seguinte possibilidade: cessão onerosa da posição contratual da massa para terceiro.[93]

88. Luiz Antônio Soares Hentz entende que a regra falimentar afasta a aplicação do art. 527 do CC ("Comentários aos arts. 115 ao 128", in Newton de Lucca e Adalberto Simão Filho (coords.), *Comentários à Nova Lei de Recuperação de Empresas e de Falências*, São Paulo, Quartier Latin, 2005, p. 496).

89. No mesmo sentido: Sérgio Campinho, *Falência e Recuperação de Empresa: o Novo Regime da Insolvência Empresarial*, cit., p. 342.

90. J. C. Sampaio de Lacerda, *Manual de Direito Falimentar*, 10ª ed., Rio de Janeiro, Freitas Bastos, 1978, p. 167.

91. Ricardo Tepedino exemplifica: "Caio promete vender a Tício 1.000 sacas de soja pelo preço de R$ 30,00 cada uma (sendo esta a cotação do dia), fixando-se a liquidação para 6 meses após a celebração. Sobrevindo a quebra de Caio, na data da liquidação a saca se acha cotada a R$ 25,00 – a massa é, portanto, credora de R$ 5.000,00. Se, no entanto, a cotação for de R$ 32,00, Tício será credor de R$ 2.000,00. Isso se o administrador, na forma do art. 117, não preferir entregar a soja que porventura tenha em estoque – o que ele, muito obviamente, só fará na primeira hipótese, pois na segunda interessará à massa vender o produto a terceiro pelo preço mais elevado" ("Comentários aos arts. 105 ao 138", cit., in Carlos Henrique Abrão e Paulo Fernando Campos Salles de Toledo (coords.), *Lei de Recuperação de Empresas e Falência*, p. 319).

92. Ricardo Tepedino, "Comentários aos arts. 105 ao 138", cit., in Carlos Henrique Abrão e Paulo Fernando Campos Salles de Toledo (coords.), *Lei de Recuperação de Empresas e Falência*, p. 319.

93. Ricardo Tepedino, "Comentários aos arts. 105 ao 138", cit., in Carlos Henrique Abrão e Paulo

Caso o promissário comprador já tenha pago integralmente o preço antes do termo legal da falência, restará ao administrador judicial outorgar a escritura pública definitiva, com prévia autorização do juiz e ouvido o comitê de credores.[94]

Segundo – (1) celebração prévia de promessa de compra e venda de imóveis, em que o devedor figurou como comprador; (2) inexistência de pactuação de direito de arrependimento; (3) registro da promessa no cartório de imóveis competente; (4) decretação da falência do devedor (comprador).

Assim sendo, se o imóvel for objeto de loteamento (rural ou urbano), o administrador deverá arrecadar a promessa, liquidá-la em hasta pública, entregando o respectivo produto à massa falida (art. 21 do Decreto-lei 58/1937 e art. 30 da Lei 6.766/1979); caso o imóvel não seja objeto de loteamento, o administrador judicial poderá cumprir o compromisso.[95-96]

Se se tratar de compromisso de unidade imobiliária objeto de incorporação, caso os adquirentes decidam pela continuidade da obra, ficarão automaticamente sub-rogados nos direitos, nas obrigações e nos encargos relativos à incorporação, inclusive aqueles relativos ao contrato de financiamento da obra, se houver (§ 11 do art. 31-F da Lei 4.591/1964).

Fernando Campos Salles de Toledo (coords.), *Lei de Recuperação de Empresas e Falência*, p. 320.

94. No mesmo sentido: Luiz Antônio Soares Hentz, "Comentários aos arts. 115 ao 128", cit., in Newton de Lucca e Adalberto Simão Filho (coords.), *Comentários à Nova Lei de Recuperação de Empresas e de Falências*, pp. 497-498.

95. Ricardo Tepedino explica: "Se quem faliu foi o promitente comprador, e o compromisso se referir a um imóvel integrante de projeto de loteamento rural ou urbano, o administrador deverá arrecadar o contrato e praceá-lo (Decreto-lei 58/1937, art. 21; Lei 6.766/1979, art. 30); se o imóvel que o falido se comprometeu a adquirir nada tiver que ver com loteamento, poderá o administrador, sem prejuízo da alternativa de alienar o contrato, dar-lhe regular cumprimento, exigindo a outorga da escritura definitiva de compra e venda quando solvido o preço. Se a massa, no entanto, não cumprir o avençado, suportará as conseqüências de seu inadimplemento" ("Comentários aos arts. 105 ao 138", cit., in Carlos Henrique Abrão e Paulo Fernando Campos Salles de Toledo (coords.), *Lei de Recuperação de Empresas e Falência*, p. 320).

96. Fábio Ulhoa Coelho complementa: "Quem os arrematar sub-roga-se no contrato, e, pagando, as prestações vencidas e vincendas, recebe o imóvel loteado ou o lote" (*Comentários à Nova Lei de Falências e de Recuperação de Empresas*, cit., p. 323).

Jurisprudência[97]

Eis dois julgados pertinentes prolatados à luz do regime anterior:

Compromisso de compra e venda – Imóvel – *Falência do compromissário comprador – Circunstância que, por si só, não resolve o contrato* – Art. 43 do Decreto-lei n. 7.661/1945, possibilidade de o síndico cumprir o avençado e arrecadar o bem para futura venda em hasta pública – Notificação prévia válida, porque feita em prazo superior ao qüinqüídio legal – Extinção do processo afastada – Remessa dos autos à Vara de origem determinada – Recurso provido para esse fim. [*JTJ 120/56*]

Dação em pagamento – Promessa – Falência do devedor – *Subsistência do contrato* – Aplicação do art. 44, VI, do Decreto-lei n. 7.661/1945. [*RT 139/322*]

Terceiro – (1) celebração prévia de promessa de compra e venda de imóveis, em que o devedor figurou como comprador ou vendedor; (2) existência de pactuação de direito de arrependimento e/ou inexistência de registro da promessa no cartório de imóveis competente; (3) decretação da falência do devedor (comprador ou vendedor).

Assim sendo, qualquer das partes contratantes poderá exercer o direito de arrependimento.[98]

97. Manoel Justino Bezerra Filho, *Jurisprudência da Nova Lei de Recuperação de Empresas e Falências/Decisões, Ofícios Judiciais, Resoluções, Sentenças, Acórdãos, Dentre Outros Documentos*, São Paulo, Ed. RT, 2006, pp. 312-314.

98. Ricardo Tepedino assevera: "(...) a LRE retira da massa a faculdade de decidir pelo cumprimento, ou não, do ajuste (salvo se houver cláusula de arrependimento, caso em que qualquer das partes poderá dela se utilizar) e manda aplicar a lei civil" ("Comentários aos arts. 105 ao 138", cit., in Carlos Henrique Abrão e Paulo Fernando Campos Salles de Toledo (coords.), *Lei de Recuperação de Empresas e Falência*, p. 320).

688. Contrato de locação. Falência do locador e do locatário – A aplicação do inciso VII do art. 119 pressupõe o seguinte contexto fático: (1) celebração prévia de contrato de locação de coisa, imóvel ou móvel,[99] em que o devedor figurou como locador ou locatário; (2) decretação da falência do devedor (locador ou locatário).

Assim sendo, tem-se dois regimes: (1) se o devedor figurou no negócio jurídico como locador, não se resolve o contrato; vale dizer, o administrador judicial deverá receber os aluguéis, destiná-los à massa falida até a realização da venda, exceto se houver sido pactuada cláusula resolutória expressa;[100-101] (2) se o devedor figurou no negócio jurídico como locatário, o administrador judicial pode, a qualquer tempo, denunciar o contrato, ensejando ao locador a habilitação na falência pelos valores previstos em contrato[102] ou até mesmo, se for do interesse da massa e não houver cláusula impeditiva, sublocá-lo, ficando responsável pelo aluguel.[103]

No tocante às locações de imóveis em *shopping centers* há duas correntes: (1) a primeira entende ser plenamente eficaz a cláusula resolutória expressa em caso de falência; (2) a segunda rechaça a eficácia de tal cláusula.

Fábio Ulhoa Coelho, adepto da primeira corrente, sustenta:

"Quando se trata de locação de loja de *shopping center*, a pronta desocupação do espaço pela locatária é promovida pelo locador, valendo-se da cláusula de rescisão por falência, normalmente expressa nos instrumentos contratuais desse tipo.

"De fato, é extremamente prejudicial, tanto para o titular do empreendimento quanto para os demais lojistas nele abrigados, a demora na retirada do estabelecimento da falida. Cada *shopping*, ao competir com os demais, deve apresentar-se para os consumidores com identidade própria, e espaços lacrados por ordens de juízes de falência prejudicam a imagem de todo o complexo. (...).

"Desse modo, se o contrato contém cláusula resolutiva por falência, ou qualquer outra previsão que autorize o locador a retomar a posse da loja, para destiná-la a outro locatário, o administrador judicial não poderá obstá-lo."[104]

Júlio Kahan Mandel, adepto da segunda corrente, aduz:

"Excelente a inclusão deste inciso, que determina como não adotáveis as cláusulas que prevêem rescisão automática de contrato em virtude de falência ou pedido de recuperação judicial. (...). Em falência, acrescente-se, ainda que o interesse privado supera o individual [*sic*].

"Se o universo dos credores, falido, administrador judicial e juiz concluir pela [*sic*] manutenção do contrato bilateral é medida importante para a recuperação da empresa, dos empregos ou mesmo para correta liqui-

99. Ricardo Tepedino esclarece: "Curioso observar que a lei não adjetivou o substantivo 'locação', razão pela qual se entende que todas as espécies de locações ficam no campo de incidência do inciso (ou seja, de imóvel urbano, rural e de bens móveis, salvo a locação de serviços – arts. 593 e s. –, como fez a LRE, como se nota do inciso III do artigo em comento)" ("Comentários aos arts. 105 ao 138", cit., in Carlos Henrique Abrão e Paulo Fernando Campos Salles de Toledo (coords.), *Lei de Recuperação de Empresas e Falência*, p. 321).

100. No mesmo sentido: Sérgio Campinho, *Falência e Recuperação de Empresa: o Novo Regime da Insolvência Empresarial*, cit., p. 344.

101. Como já ressaltamos nos nossos comentários ao art. 117, há entendimento contrário, no sentido de que a cláusula resolutória expressa, no âmbito da falência, é inoponível à massa.

102. Ricardo Tepedino entende que "o locador não fará jus à indenização, ainda que expressamente estipulada no contrato multa pelo término prematuro da relação, visto que não haverá inexecução culposa por parte da massa falida (a faculdade de denunciar é instituída pela lei) e a norma não previu, como o fez no § 2º do art. 117, direito a qualquer reparação" ("Comentários aos arts. 105 ao 138", cit., in Carlos Henrique Abrão e Paulo Fernando Campos Salles de Toledo (coords.), *Lei de Recuperação de Empresas e Falência*, p. 321).

103. No mesmo sentido: Luiz Antônio Soares Hentz, "Comentários aos arts. 115 ao 128", cit., in Newton de Lucca e Adalberto Simão Filho (coords.), *Comentários à Nova Lei de Recuperação de Empresas e de Falências*, p. 498.

104. Fábio Ulhoa Coelho, *Comentários à Nova Lei de Falências e de Recuperação de Empresas*, cit., p. 325.

dação da empresa, o contrato será mantido e a cláusula rescisória não será válida.

"Caso contrário, os *shopping centers*, por exemplo, claramente as partes mais fortes nos contratos de locação de lojas, não permitiriam que uma empresa falida permanecesse em funcionamento para vender seus bens perecíveis ou mesmo para transferir seu fundo de comércio para terceiros.

"As cláusulas resolutivas dos contratos de *shopping* são abusivas, pois impostas a qualquer comerciante que pretenda abrir loja naqueles empreendimentos. (...).

"Caso a devolução dos pontos comerciais efetivamente ocorresse imediatamente após a decretação da falência, baseada nas leoninas cláusulas rescisórias dos contratos de locação em *shopping*, mesmo se a massa prosseguisse pagando a locação em dia, os pontos comerciais retornariam graciosamente aos donos do empreendimento, em claro enriquecimento sem causa em detrimento dos credores do falido, que poderiam se beneficiar da venda dos pontos. Afinal, o devedor pagou para ter o ponto (luvas), e tal valor pode ser recuperado numa boa transferência pós-falência, coordenada pelo administrador judicial."[105]

Entendemos que a solução da *vexata quaestio* implica, necessária e previamente, emissão de um juízo de valor; qual seja: afinal, o que deve prevalecer, os interesses da coletividade dos credores do falido (massa subjetiva) ou o princípio da segurança jurídica, consubstanciado na máxima latina *pacta sunt servanda*, cumulado com os interesses da coletividade dos lojistas?

Por outro lado, faz-se mister esclarecer que a convenção prévia entre o empreendedor e os lojistas, da qual resultou a cláusula resolutória expressa no caso de falência, é fruto do exercício da autonomia da vontade (liberdade de contratar: um lojista ingressa num *shopping center* por livre e espontânea vontade; e liberdade contratual: se discordasse das cláusulas contratuais, não teria assinado os respectivos instrumentos), princípio amplamente prestigiado pelo nosso ordenamento jurídico.

Além disso, a convenção prévia entre o empreendedor e os lojistas – cláusula resolutória expressa no caso de falência – consubstancia a boa-fé subjetiva e objetiva das partes no âmbito contratual.

Tendo em vista que os interesses da coletividade dos credores do falido (massa subjetiva) não é, *per se*, quer qualitativa, quer quantitativamente, mais importante que os interesses da coletividade dos lojistas, o discrímen passa a ser o princípio da segurança jurídica, o qual há de ser perseguido e prestigiado.

Por isso, inclinamo-nos pela primeira corrente.

689. Obrigações no âmbito do sistema financeiro nacional – A aplicação do inciso VIII do art. 119 pressupõe o seguinte contexto fático: (1) celebração prévia pelo devedor de um contrato de compensação e liquidação com a câmara autorizada pelo Banco Central; (2) decretação da falência do devedor.

Assim sendo, a câmara poderá considerar o contrato vencido antecipadamente, admitindo-se a compensação de eventual crédito apurado em favor do falido com os créditos detidos por ela.

Manoel Justino Bezerra Filho formula a seguinte crítica ao inciso VIII do art. 119: "Enfim, este inciso parece uma porta aberta para que instituições financeiras se coloquem em posição de privilégio em qualquer falência. Certamente, tal norma deverá encontrar severa análise dos tribunais, pois tal tipo de favorecimento, em termos vagos e indefinidos, não poderá ser oposto ao direito estabelecido em favor dos demais credores".[106]

690. Patrimônios de afetação – *Patrimônio de afetação*, segundo Manoel Justino

105. Júlio Kahan Mandel, *Nova Lei de Falências e Recuperação de Empresas Anotada: Lei 11.101, de 9.2.2005*, cit., p. 223.

106. Manoel Justino Bezerra Filho, *Nova Lei de Recuperação e de Falências Comentada. Lei 11.101, de 9.2.2005, Comentário Artigo por Artigo*, cit., 3ª ed., p. 284.

Bezerra Filho, "(...) é aquele destinado a um fim determinado, vinculando-se assim àquele fim específico, embora permanecendo no patrimônio da mesma pessoa".[107]

Sérgio Campinho exemplifica:

"Um exemplo de patrimônio de afetação é o das câmaras e dos prestadores de serviços de compensação e liquidação financeira integrantes do Sistema Brasileiro de Pagamentos, disciplinados pela Lei 10.214/2001 (...).

"Outro exemplo a ser ressaltado é o da incorporação imobiliária, que pode ser submetida ao regime de afetação, a critério do incorporador, pelo qual o terreno e as acessões, assim como os demais bens e direitos a ela vinculados, ficam apartados do patrimônio do incorporador, afetados, pois, à consecução da incorporação correspondente e à entrega das unidades imobiliárias aos respectivos adquirentes. Este patrimônio separado, que se constitui mediante averbação, a qualquer tempo, no Registro de Imóveis, de termo firmado pelo incorporador, não se comunica com os demais bens, direitos e obrigações de seu patrimônio geral ou de outros patrimônios de afetação por ele constituídos e só responde por dívidas e obrigações vinculadas à incorporação respectiva. A falência do incorporador não atinge o patrimônio de afetação das incorporações, não integrando, assim, a massa concursal. A figura vem disciplinada nos arts. 31-A a 31-F da Lei 4.591/1964, com a redação dada pela Lei 10.391/2004.

"Um terceiro exemplo, também de realce, reside na securitização de recebíveis imobiliários, disciplinada na Lei 9.541/1997, [*rectius: Lei 9.514/1997*] nos arts. 8º a 16 (...)."[108]

A aplicação do inciso IX do art. 119 pressupõe o seguinte contexto fático: constituição de patrimônios de afetação para cumprimento de destinação específica.

Os patrimônios de afetação deverão obedecer à legislação específica, permanecendo seus bens, direitos e obrigações separados dos do falido até o advento do respectivo termo ou até o cumprimento de sua finalidade, ocasião em que o administrador judicial arrecadará o saldo a favor da massa falida ou inscreverá na classe própria o crédito que contra ela remanescer.

Em resumo, caso seja decretada a falência, os patrimônios de afetação não integrarão a massa falida objetiva.

Art. 120. O mandato[691] conferido pelo devedor, antes da falência, para a realização de negócios, cessará seus efeitos com a decretação da falência, cabendo ao mandatário prestar contas de sua gestão.[692-693]

§ 1º. O mandato conferido para representação judicial do devedor continua em vigor até que seja expressamente revogado pelo administrador judicial.[694]

§ 2º. Para o falido, cessa o mandato ou comissão[695-696-697] que houver recebido antes da falência, salvo os que versem sobre matéria estranha à atividade empresarial.[698]

LEGISLAÇÃO ANTERIOR

Lei de Falências (DL 7.661/1945): *Art. 49.* O mandato conferido pelo devedor, antes da falência, acerca dos negócios que interessam à massa falida, continua em vigor até que seja revogado expressamente pelo síndico, a quem o mandatário deve prestar contas.

Parágrafo único. Para o falido cessa o mandato ou comissão que houver recebido antes da falência, salvo os que versem sobre a matéria estranha a comércio.

107. Idem, p. 285.

108. Sérgio Campinho, *Falência e Recuperação de Empresa: o Novo Regime da Insolvência Empresarial*, cit., p. 347.

COMENTÁRIOS

691. Conceito de "mandato" – **[CC]** "*Art. 653.* Opera-se o mandato quando alguém recebe de outrem poderes para, em seu nome, praticar atos ou administrar interesses."

692. Mandato para realização de negócios conferido pelo devedor antes da falência – No regime anterior o mandato *outorgado pelo devedor* antes da falência acerca dos negócios que interessam à massa falida continuava em vigor até que fosse revogado expressamente pelo síndico (art. 49).

No regime atual o mandato *outorgado pelo devedor* antes da falência para realização de negócios cessará seu efeitos com a decretação da falência, cabendo ao mandatário prestar contas de sua gestão (art. 120).[109]

Ressalta Ricardo Tepedino: "(...) a despeito das disposições dos arts. 686 e 689 do CC, o terceiro de boa-fé que contratar com o procurador do falido só contra este terá ação, pois aqui não se trata de simples revogação ou extinção do mandato, visto que representará um ato de disposição sobre patrimônio que a falência tornou indisponível e do qual só se pode dispor segundo as regras do concurso falimentar".[110]

Manoel Justino Bezerra Filho critica a alteração legislativa: "De forma inexplicável, a lei optou por abrigar estipulação absolutamente confrontante, que, repita-se, poderá trazer prejuízos de monta à massa ao evitar o término de negócios que estariam em fase final ante o mandatário. Mais lógico seria que se mantivesse a estipulação existente na lei revogada, carreando ao mandatário a obrigação de prestar contas do que tivesse feito".[111]

693. Procuração em causa própria – Para Orlando Gomes, *procuração em causa própria* é "(...) o negócio jurídico que de procuração tem apenas a forma, quiçá a aparência. Trata-se, a rigor, de negócio de alienação, gratuita ou onerosa. A cláusula *in rem sua* desnatura a procuração, porque o ato deixa de ser autorização representativa. Transmitido o direito ao procurador em causa própria, passa este a exigir em seu próprio nome, no seu próprio interesse e por sua própria conta. (...). Intuitivamente, a procuração em causa própria é irrevogável não porque constitui exceção à irrevogabilidade do mandato, mas porque implica a transferência de direitos".[112]

Ora, na medida em que a procuração em causa própria constitui um negócio jurídico perfeito e acabado, não deverá ser atingido pela falência, exceto se subsumir-se nos casos de ineficácia elencados no art. 129 ou quando houver fraude.[113]

694. Mandato judicial conferido pelo devedor antes da falência – Quanto ao mandato judicial *outorgado pelo devedor*, continuará em vigor até que seja expressamente revogado pelo administrador judicial (art. 120, § 1º).[114-115-116]

109. Enfatiza Luiz Antônio Soares Hentz: "Retorna-se, assim, à sistemática do próprio CComercial, cujo inciso III do art. 157 rezava que com a falência, quer do comitente, quer do mandatário, cessa o mandato" (*Manual de Falência e Recuperação de Empresas: Lei 11.101, de 9.2.2005*, São Paulo, Juarez de Oliveira, 2005, p. 500).

110. Ricardo Tepedino, "Comentários aos arts. 105 ao 138", in Carlos Henrique Abrão e Paulo Fernando Campos Salles de Toledo (coords.), *Lei de Recuperação de Empresas e Falência*, São Paulo, Saraiva, 2005, p. 324.

111. Manoel Justino Bezerra Filho, *Nova Lei de Recuperação e de Falências Comentada. Lei 11.101, de 9.2.2005, Comentário Artigo por Artigo*, 3ª ed., São Paulo, Ed. RT, 2005, p. 286.

112. Orlando Gomes, *Contratos*, 24ª ed., Rio de Janeiro, Forense, 2001, p. 356.

113. No mesmo sentido: Ricardo Tepedino, "Comentários aos arts. 105 ao 138", cit., in Carlos Henrique Abrão e Paulo Fernando Campos Salles de Toledo (coords.), *Lei de Recuperação de Empresas e Falência*, p. 325.

114. Júlio Kahan Mandel aduz: "Especialmente o § 1º resolve um problema que afligia os advogados da empresa que vinha a falir no curso de um processo: como evitar a perda dos prazos, se os mandatos eram revogados? Isso provocava insegurança nos colegas, que tinham de buscar rapidamente a revalidação de sua procuração e de seu contrato, ou passar rapidamente o caso para o novo advogado da massa, às vezes no curso do vencimento de um prazo recursal. E como ficavam os atos praticados pelos advogados que ainda desconheciam a falência de seu cliente no momento em que aqueles atos foram praticados? Com a nova lei, o advogado pode notificar o administrador judicial a constituir novo procurador, mas ainda mantém, nesse meio tempo, poderes para bem representar a massa, evitando a perda de prazos e direitos" (*Nova Lei de Falências e Recuperação de Empresas Anotada: Lei 11.101, de 9.2.2005*, São Paulo, Saraiva, 2005, p. 225).

695. Conceito de "comissão" – [CC] "*Art. 693.* O contrato de comissão tem por objeto a aquisição ou venda de bens pelo comissário, em seu próprio nome, à conta do comitente."

696. Qual é a classificação do crédito do comissário? – Preceitua o art. 707 do CC: "*Art. 707.* O crédito do comissário, relativo a comissões e despesas feitas, goza de privilégio geral, no caso de falência ou insolvência do comitente".

697. O comissário tem direito de retenção? – Preceitua o art. 708 do CC: "*Art. 708.* Para reembolso das despesas feitas, bem como para recebimento das comissões devidas, tem o comissário direito de retenção sobre os bens e valores em seu poder em virtude da comissão".[117]

698. Mandato ou comissão recebidos pelo falido antes da falência – Em relação ao mandato *outorgado para o devedor* e ao contrato de comissão em que *o devedor figure como comissário* celebrados antes da falência, desde que pertinentes à atividade empresarial, cessam imediatamente (art. 120, § 2º).

O comando legal justifica-se na medida em que desde a decretação da falência o devedor perde o direito de administrar (art. 103).

Assim sendo, o devedor (mandatário e comissário) deverá restituir ao mandante e ao comitente os bens por eles titularizados e arrecadados.[118]

Art. 121. As contas correntes[699-700] com o devedor consideram-se encerradas no momento de decretação da falência,[701] verificando-se o respectivo saldo.[702-703-704]

LEGISLAÇÃO ANTERIOR

Lei de Falências (DL 7.661/1945): *Art. 45.* As contas correntes com o falido consideram-se encerradas no momento da declaração de falência, verificando-se o respectivo saldo.

COMENTÁRIOS

699. Conceito de "contrato de conta corrente" – O contrato de conta corrente, justamente por não estar regulamentado, é considerado atípico no nosso ordenamento jurídico.[119]

Segundo Paulo Salvador Frontini, o contrato de conta corrente "(...) é bilateral, oneroso,

115. Paulo Salvador Frontini ressalta: "Vale ponderar uma situação peculiar, que pode surgir se o mandatário, ou seja, o advogado constituído pelo devedor, antes da falência, tinha poderes especiais (CPC, art. 38), especialmente para confessar ou transigir, o que deveria ter merecido a atenção do legislador, pelas situações complexas que podem daí surgir. Ante o silêncio da lei a respeito destes poderes, essas situações deverão ser examinadas caso a caso" ("Comentários aos arts. 115 ao 128", in Francisco Satiro de Sousa Jr. e Antônio Sérgio Altieri de Moraes Pitombo (coords.), *Comentários à Lei de Recuperação de Empresas e Falência: Lei 11.101/2005*, São Paulo, Ed. RT, 2005, p. 447).

116. Ricardo Tepedino adverte: "Se o mandatário tiver créditos decorrentes do exercício do mandato, ainda que vincendos ou mesmo condicionais (*v.g.*, subordinados ao êxito da demanda), deve interpelar o administrador, indagando se o seu contrato será cumprido, a fim de assegurar a natureza extraconcursal para os seus honorários" ("Comentários aos arts. 105 ao 138", cit., in Carlos Henrique Abrão e Paulo Fernando Campos Salles de Toledo (coords.), *Lei de Recuperação de Empresas e Falência*, p. 325).

117. Por isso – afirma José da Silva Pacheco –, fica "a massa com direito de retenção dos bens e valores que estavam em poder do falido, em virtude da comissão (art. 708 do CC)" (*Falências e Concordatas. Comentários à Lei de Falências: Doutrina, Legislação e Jurisprudência*, 2ª ed., São Paulo, LTr, 1996, p. 299).

118. No mesmo sentido: Sérgio Campinho, *Falência e Recuperação de Empresa: o Novo Regime da Insolvência Empresarial*, Rio de Janeiro, Renovar, 2006, p. 380.

119. No mesmo sentido: Paulo Salvador Frontini, "Comentários aos arts. 115 ao 128", in Francisco Satiro de Sousa Jr. e Antônio Sérgio Altieri de Moraes Pitombo (coords.), *Comentários à Lei de Recuperação de Empresas e Falência: Lei 11.101/2005*, São Paulo, Ed. RT, 2005, p. 447.

comutativo e de execução continuada. As partes – sempre empresários (ou sociedades empresárias) – têm contabilidade e fazem-se remessas recíprocas de valores, a débito e crédito, sem nenhuma exigibilidade durante o curso do contrato. Apenas no vencimento deste apura-se o saldo e este se torna exigível".[120]

700. Distinção entre o "contrato de conta corrente" e a "conta corrente bancária" – Registre-se, por oportuno, que o *contrato de conta corrente* é distinto da *conta corrente bancária*, denominação utilizada para identificar o contrato de depósito bancário.[121]

A despeito da distinção *supra*, Manoel Justino Bezerra Filho observa que a expressão "contas correntes", utilizada no art. 121, deve ser entendida da forma mais ampla, englobando, portanto, desde a troca de mercadorias com controle de débito e crédito até a conhecida conta corrente bancária.[122-123]

Ricardo Tepedino, após distinguir três modalidades contratuais – a conta corrente contábil, a conta corrente propriamente dita e a conta corrente bancária –, afirma que o art. 121 engloba todas elas.[124]

701. Exceção à regra dos contratos bilaterais: encerramento da conta corrente – A despeito de o contrato de conta corrente ser bilateral (e, portanto, por força do art. 117, não deveria se resolver), o art. 121, excepcionando a regra geral, estabelece que as contas correntes consideram-se encerradas no momento da decretação da falência.[125]

702. Verificação do respectivo saldo – A verificação do respectivo saldo da conta corrente dar-se-á mediante o encontro de contas, também denominado de "balanço do contrato" no jargão contratual. Se se apurar que o saldo da conta corrente é credor em favor massa, o contratante deverá efetuar o respectivo pagamento, que ingressará na massa falida; caso contrário o contratante deverá habilitar seu crédito na falência.[126]

703. A conta corrente bancária pode receber lançamentos após a decretação da falência? – Fábio Ulhoa Coelho responde: "Todos os movimentos e lançamentos posteriores de que seja beneficiária a própria instituição financeira depositária, ainda que fundamentados em contrato ou regulamento, devem ser estornados. Desse modo, por

120. Paulo Salvador Frontini, "Comentários aos arts. 115 ao 128", cit., in Francisco Satiro de Sousa Jr. e Antônio Sérgio Altieri de Moraes Pitombo (coords.), *Comentários à Lei de Recuperação de Empresas e Falência: Lei 11.101/2005*, p. 447.

121. Para Manoel Justino Bezerra Filho: "O contrato de conta corrente é aquele no qual as partes prometem lançar os créditos de cada um dos participantes, para que, no momento em que se encerre a conta, fique determinado qual é o crédito de um e o débito de outro, não se confundindo com o contrato de conta corrente bancária" (*Nova Lei de Recuperação e de Falências Comentada. Lei 11.101, de 9.2.2005, Comentário Artigo por Artigo*, 3ª ed., São Paulo, Ed. RT, 2005, p. 287).

122. Manoel Justino Bezerra Filho, *Nova Lei de Recuperação e de Falências Comentada. Lei 11.101, de 9.2.2005, Comentário Artigo por Artigo*, cit., 3ª ed., p. 287.

123. No mesmo sentido, Fábio Ulhoa Coelho: "O contrato de conta corrente não se confunde com o depósito bancário. São institutos diversos. Porém, a regra que determina o encerramento da conta corrente aplica-se, *por analogia*, aos contratos de depósito bancário" (*Comentários à Nova Lei de Falências e de Recuperação de Empresas*, São Paulo, Saraiva, 2005, p. 335).

124. Ricardo Tepedino, "Comentários aos arts. 105 ao 138", in Carlos Henrique Abrão e Paulo Fernando Campos Salles de Toledo (coords.), *Lei de Recuperação de Empresas e Falência*, São Paulo, Saraiva, 2005, p. 326.

125. No mesmo sentido: Paulo Salvador Frontini, "Comentários aos arts. 115 ao 128", cit., in Francisco Satiro de Sousa Jr. e Antônio Sérgio Altieri de Moraes Pitombo (coords.), *Comentários à Lei de Recuperação de Empresas e Falência: Lei 11.101/2005*, p. 448.

126. No mesmo sentido: Fábio Ulhoa Coelho, *Comentários à Nova Lei de Falências e de Recuperação de Empresas*, cit., p. 335; Paulo Salvador Frontini, "Comentários aos arts. 115 ao 128", cit., in Francisco Satiro de Sousa Jr. e Antônio Sérgio Altieri de Moraes Pitombo (coords.), *Comentários à Lei de Recuperação de Empresas e Falência: Lei 11.101/2005*, p. 448.

exemplo, os juros bancários posteriores à decretação da quebra, debitados da conta do falido, devem ser creditados de novo. Mesmo que o banco depositário desconhecesse a falência de seu cliente quando operou o lançamento, estará obrigado ao estorno dos valores retirados da conta em favor dele".[127-128]

704. O cheque emitido pelo devedor antes da falência e apresentado após sua decretação deve ser pago? – Manoel Justino Bezerra Filho sustenta que o cheque emitido pelo devedor antes da falência não deve ser pago se apresentado depois do decreto falimentar.[129-130]

Pondera Fábio Ulhoa Coelho: "Se o banco, por desconhecer a declaração judicial de quebra do depositante, liquida o cheque regularmente emitido e apresentado, ele não é responsável por repor o valor do pagamento. Apenas se já tem inequívoco conhecimento da falência do titular do depósito, e mesmo assim processa cheques e ordens de pagamento – retirando recursos da conta que deveria estar encerrada –, responde a instituição financeira depositária pelo prejuízo causado à massa de credores".[131-132]

Art. 122. Compensam-se,[705-706] com preferência sobre todos os demais credores, as dívidas do devedor vencidas até o dia da decretação da falência,[707] provenha o vencimento da sentença de falência ou não, obedecidos os requisitos da legislação civil.

Parágrafo único. Não se compensam:[708-709] I – os créditos transferidos após a decretação da falência, salvo em caso de sucessão por fusão, incorporação, cisão ou morte; ou II – os créditos, ainda que vencidos anteriormente, transferidos quando já conhecido o estado de crise econômico-financeira do devedor ou cuja transferência se operou com fraude ou dolo.

LEGISLAÇÃO ANTERIOR

Lei de Falências (DL 7.661/1945): *Art. 46.* Compensam-se as dívidas do falido vencidas até o dia da declaração da falência, provenha o vencimento da própria sentença declaratória ou da expiração do prazo estipulado.

Parágrafo único. Não se compensam: I – os créditos constantes de título ao portador; II – os créditos transferidos depois de decretada a falência, salvo o caso de sucessão por morte; III – os créditos, ainda que vencidos antes da falência, transferidos ao devedor do falido, em prejuízo da massa, quando já era conhecido o estado de falência, embora não judicialmente declarado.

COMENTÁRIOS

705. Compensação. Exceção ao princípio da **par conditio creditorum** – Dispõe o art. 368 do CC: "*Art. 368.* Se duas pessoas forem ao mesmo tempo credor e devedor uma da outra, as duas obrigações extinguem-se, até onde se compensarem".

127. Fábio Ulhoa Coelho, *Comentários à Nova Lei de Falências e de Recuperação de Empresas*, cit., p. 335.

128. Manoel Justino Bezerra Filho, na mesma linha, sustenta que "eventual prática de instituições financeiras no sentido de *acertarem* os débitos remanescentes dos falidos, efetuando movimentação interna de tais contas, com transferência de valores para a quitação da dívida, configura ofensa ao princípio do *par conditio creditorum*" (*Nova Lei de Recuperação e de Falências Comentada. Lei 11.101, de 9.2.2005, Comentário Artigo por Artigo*, cit., 3ª ed., p. 287).

129. Manoel Justino Bezerra Filho, *Nova Lei de Recuperação e de Falências Comentada. Lei 11.101, de 9.2.2005, Comentário Artigo por Artigo*, cit., 3ª ed., p. 287.

130. No mesmo sentido: Ricardo Tepedino, "Comentários aos arts. 105 ao 138", cit., in Carlos Henrique Abrão e Paulo Fernando Campos Salles de Toledo (coords.), *Lei de Recuperação de Empresas e Falência*, p. 328.

131. Fábio Ulhoa Coelho, *Comentários à Nova Lei de Falências e de Recuperação de Empresas*, cit., pp. 335-336.

132. No mesmo sentido: Ricardo Tepedino, "Comentários aos arts. 105 ao 138", cit., in Carlos Henrique Abrão e Paulo Fernando Campos Salles de Toledo (coords.), *Lei de Recuperação de Empresas e Falência*, p. 328.

A compensação legal veiculada no art. 122 encerra uma exceção ao princípio da *par conditio creditorum*.[133]

706. Como se efetiva a compensação? – Trajano de Miranda Valverde, à luz do regime anterior, afirmava: "Sufragando a nossa lei a compensação *ipso jure*, que independe da vontade das partes e, no momento em que as dívidas de coisas fungíveis, líquidas e vencidas, da mesma espécie, se defrontam, opera a extinção total, ou até o montante da mais fraca, não tem o credor, lògicamente, necessidade de se habilitar na falência. (...). Se ficou devedor, está na obrigação de pagar imediatamente o saldo à massa. Se ainda é credor, pelo saldo se habilitará na falência, nos termos do art. 82".[134]

Amador Paes de Almeida, já sob o atual regime falimentar, aduz: "Conquanto uma forma de extinção das obrigações, para que se opere a *compensação legal* (...) imprescindível a sua argüição pela parte interessada, não se admitindo seja ela declarada *ex officio*, isto é, de plano pelo juiz. Assim, cumpre à parte, no caso o falido, ou eventualmente seu credor e simultaneamente seu devedor, invocá-la perante o juiz, requerendo, na oportunidade, a sua decretação e conseqüente extinção das obrigações. Na hipótese de saldo favorável ao credor, a ele cumprirá habilitar-se como *credor quirografário*".[135]

Ricardo Tepedino, também à luz do atual regime, assevera: "A circunstância de que a compensação se realiza por força de lei não tem o condão de isentar o crédito da parte não falida da verificação de passivos do concurso da falência: a sua legitimidade e o seu valor hão de ser submetidos ao crivo de todos os interessados, especialmente nesse caso, onde o credor tenciona valer-se de um privilégio que a lei lhe concedeu. Desse modo, não pode escapar à verificação de créditos regulada nos arts. 7º e s. da LRE"[136]

É imprescindível que a pretensão do credor quanto à aplicação do instituto da compensação seja processada às claras, vale dizer, sob o crivo dos demais credores e respectivo comitê, se houver, e do administrador judicial e fiscalização do juiz, tendo em vista que seu acolhimento reduzirá o patrimônio da massa falida.

707. Vencimento antecipado das dívidas – A decretação da falência determina o vencimento antecipado das dívidas do devedor e dos sócios ilimitadamente responsáveis (art. 77 da lei sob comento). Portanto, o vencimento antecipado abrange as dívidas vencidas e vincendas.

708. Não se compensam – Não se compensam:

I – Os créditos transferidos após a decretação da falência, salvo em caso de sucessão por fusão, incorporação, cisão ou morte. A razão da vedação da compensação é justamente evitar a prática de fraude pelo devedor e determinados credores contra os demais credores.[137]

133. Ricardo Tepedino aponta a controvérsia sobre o tema: "Eis o ponto de discórdia: como a lei civil requer que ambas as dívidas se achem vencidas e a sentença de quebra tem o condão de fazer vencer antecipadamente apenas as dívidas do falido, uma interpretação estreita, para recorrer mais uma vez a Valverde, levaria à conclusão de que 'a compensação seria unicamente possível quando já vencida a dívida do credor do falido por ocasião da sentença da falência, ou se vencesse, justamente, no dia da abertura da falência'" ("Comentários aos arts. 105 ao 138", in Carlos Henrique Abrão e Paulo Fernando Campos Salles de Toledo (coords.), *Lei de Recuperação de Empresas e Falência*, São Paulo, Saraiva, 2005, pp. 329-330).

134. Trajano de Miranda Valverde, *Comentários à Lei de Falências*, 2ª ed., vol. I, Rio de Janeiro, Revista Forense, 1955, p. 357.

135. Amador Paes de Almeida, *Curso de Falência e Recuperação de Empresa*, 23ª ed., São Paulo, Saraiva, 2005, p. 175.

136. Ricardo Tepedino, "Comentários aos arts. 105 ao 138", cit., in Carlos Henrique Abrão e Paulo Fernando Campos Salles de Toledo (coords.), *Lei de Recuperação de Empresas e Falência*, p. 333.

137. Manoel Justino Bezerra Filho exemplifica: "Se não houvesse esta disposição, o empresário, ao perceber que a falência seria decretada, faria acertos com seus devedores, entregando a eles títulos emitidos pela empresa para compensação, de tal forma que estes devedores nada pagariam à massa, pois fariam a compensação" (*Nova Lei de Recuperação e de Falências Comentada. Lei 11.101, de 9.2.2005,*

As exceções à vedação da compensação são: fusão, incorporação, cisão[138] e morte.

II – Os créditos, ainda que vencidos anteriormente, transferidos quando já conhecido o estado de crise econômico-financeira do devedor ou cuja transferência se operou com fraude ou dolo.[139]

709. Também não se compensam – Além das vedações veiculadas nos arts. 373, 375, 376 e 380 do CC e nos incisos I e II do parágrafo único do art. 122, também não se compensam os créditos bancários com os valores existentes na conta corrente bancária, seja porque as contas correntes são consideradas encerradas no momento da decretação da falência (art. 121), seja porque o saldo em conta corrente bancária não é crédito do banco, mas dinheiro do devedor.[140]

Jurisprudência[141]

Eis um julgado pertinente prolatado sob a égide do regime anterior:

[STJ] Comercial – Falência – Compensação – Pretendida compensação entre débitos da massa para com o banco e o saldo de depósito bancário mantido pelo falido junto ao banco – Inviabilidade. *A compensação das dívidas do falido, no modo como autorizada pelo art. 46,* caput, *do Decreto-lei n. 7.661/1945, supõe créditos oponíveis à massa; o saldo de depósito bancário não constitui crédito de instituição financeira em face do falido, e, sim, numerário da massa, disponível pelo síndico* – Recurso especial não conhecido. [*REsp 89.381-SP, rel. Min. Ari Pargendler, j. 14.12.1999*]

Fábio Ulhoa Coelho tem entendimento distinto: "Se o banco, por exemplo, é credor quirografário do falido em virtude de mútuo obtido numa agência, e este, por sua vez, é credor do mesmo banco em razão de saldo existente em conta de depósito administrada por outra agência, será cabível compensar-se uma obrigação pela outra, mesmo que isso signifique preterição de outros créditos com preferência".[142]

Art. 123. Se o falido fizer parte de alguma sociedade como sócio comanditário[710-711] ou cotista,[712-713-714] para a massa falida entrarão somente os haveres que na sociedade ele possuir e forem apurados na forma estabelecida no contrato ou estatuto social.[715-716]

Comentário Artigo por Artigo, 3ª ed., São Paulo, Ed. RT, 2005, pp. 288-289).

138. Ricardo Tepedino adverte: "No caso dessas operações societárias, cumpre ficar alerta para a porta que ela [*sic*] abre à fraude, que se visualiza no seguinte exemplo, inspirado na hipótese de Satta: XZ é credora de um falido por R$ 100,00 e sabe que não receberá mais que R$ 20,00, e isso ao cabo de muitos anos; já, a YW deve R$ 100,00 ao falido. Em conluio com YW, a XZ promove uma cisão parcial, e do seu patrimônio verte na primeira apenas o aludido crédito, embolsando, de um modo ou de outro, R$ 50,00 que lhe dá esta última. Dessa trama resulta que a XZ recebeu 250% do que faria jus e YW pagou apenas a metade do que devia" ("Comentários aos arts. 105 ao 138", cit., in Carlos Henrique Abrão e Paulo Fernando Campos Salles de Toledo (coords.), *Lei de Recuperação de Empresas e Falência*, p. 331).

139. Manoel Justino Bezerra Filho exemplifica: "Se não houvesse tal proibição, o devedor do empresário falido poderia compensar, fora da falência, o valor que devesse pagar à massa com o valor que terceiro devesse receber da massa. O credor da massa sabe da dificuldade que terá para receber; o devedor da massa sabe que terá que pagar certamente. Assim, em conluio, o devedor da massa compraria de terceiro o crédito contra a massa acertado entre eles, compensando este valor com aquilo que deveria recolher à massa" (*Nova Lei de Recuperação e de Falências Comentada. Lei 11.101, de 9.2.2005, Comentário Artigo por Artigo*, cit., 3ª ed., p. 289).

140. No mesmo sentido: Manoel Justino Bezerra Filho, *Nova Lei de Recuperação e de Falências Comentada. Lei 11.101, de 9.2.2005, Comentário Artigo por Artigo*, cit., 3ª ed., p. 289; Júlio Kahan Mandel, *Nova Lei de Falências e Recuperação de Empresas Anotada: Lei 11.101, de 9.2.2005*, São Paulo, Saraiva, 2005, p. 226.

141. Manoel Justino Bezerra Filho, *Jurisprudência da Nova Lei de Recuperação de Empresas e Falências/Decisões, Ofícios Judiciais, Resoluções, Sentenças, Acórdãos, Dentre Outros Documentos*, São Paulo, Ed. RT, 2006, p. 315.

142. Fábio Ulhoa Coelho, *Comentários à Nova Lei de Falências e de Recuperação de Empresas*, São Paulo, Saraiva, 2005, p. 337.

§ 1º. Se o contrato ou o estatuto social nada disciplinar a respeito, a apuração far-se-á judicialmente,[717] salvo se, por lei, pelo contrato ou estatuto, a sociedade tiver de liquidar-se, caso em que os haveres do falido, somente após o pagamento de todo o passivo da sociedade, entrarão para a massa falida.[718]

§ 2º. Nos casos de condomínio indivisível de que participe o falido, o bem será vendido e deduzir-se-á do valor arrecadado o que for devido aos demais condôminos, facultada a estes a compra da quota-parte do falido nos termos da melhor proposta obtida.[719]

LEGISLAÇÃO ANTERIOR

Lei de Falências (DL 7.661/1945): *Art. 48.* Se o falido fizer parte de alguma sociedade, como sócio solidário, comanditário ou cotista, para a massa falida entrarão somente os haveres que na sociedade ele possuir e forem apurados na forma estabelecida no contrato. Se este nada dispuser a respeito, a apuração far-se-á judicialmente, salvo se, por lei ou pelo contrato, a sociedade tiver de liquidar-se, caso em que os haveres do falido, somente após o pagamento de todo o passivo da sociedade, entrarão para a massa.

Parágrafo único. Nos casos de condomínio de que participe o falido, deduzir-se-á do quinhão a este pertencente o que for devido aos outros condôminos em virtude daquele estado.

COMENTÁRIOS

710. Sócio comanditário (sociedade em comandita simples) – A sociedade em comandita simples, que é regulada pelos arts. 1.045 a 1.051 do CC, tem seu capital dividido em cotas.

Duas são as categorias de sócios neste tipo societário: (1) os comanditados, pessoas físicas responsáveis solidária e ilimitadamente pelas obrigações sociais; e (2) os comanditários, obrigados somente pelo valor de sua quota (art. 1.045 do CC).

O sócio comanditário não pode praticar qualquer ato de gestão, nem ter o nome na firma social, sob pena de ficar sujeito às responsabilidades de sócio comanditado (art. 1.047 do CC).

711. Acionista (sociedade em comandita por ações) – A sociedade em comandita por ações, que é regulada pelos arts. 280 a 284 da Lei 6.404/1976, tem seu capital dividido em ações (art. 280) e, por isso, os titulares das mesmas são denominados sócios ou acionistas (art. 282).

Uma vez que o art. 123 utiliza a expressão "sócio comanditário", e não os vocábulos "sócio" ou "acionista", conclui-se que tal dispositivo está se referindo exclusivamente à sociedade em comandita simples, e não à sociedade em comandita por ações.[143]

Ricardo José Negrão Nogueira, por outro prisma, justifica a exclusão da sociedade em comandita por ações (e também das sociedades anônimas) da moldura do art. 123: "A Lei Falimentar não regulamentou a hipótese de o falido figurar como acionista nas sociedades por ações (anônimas ou comandita por ações), e isso por uma razão muito simples: nas sociedades de capitais típicas opera-se a arrecadação das ações e sua venda, uma vez que a alteração social, nessas sociedades, não reflete substancialmente sobre os direitos de outros acionistas, pois o elemento constitutivo, denominado *affectio societatis*, nesses casos, é irrelevante".[144-145]

143. No mesmo sentido: Paulo Salvador Frontini, "Comentários aos arts. 115 ao 128", in Francisco Satiro de Sousa Jr. e Antônio Sérgio Altieri de Moraes Pitombo (coords.), *Comentários à Lei de Recuperação de Empresas e Falência: Lei 11.101/2005*, São Paulo, Ed. RT, 2005, p. 450.

144. Ricardo Negrão, *Aspectos Objetivos da Lei de Recuperação de Empresas e Falências: Lei 11.101, de 9.2.2005*, São Paulo, Saraiva, 2005, p. 89.

145. Gladston Mamede complementa: "Em se tratando de sociedade por ações, a falência dos acionistas não constitui hipótese de retirada, com reembolso das ações (art. 45 da Lei 6.404/1976) (...). O administrador judicial, portanto, arrecadará as ações e deverá aliená-las judicialmente, ainda que haja disposição estatutária ou acordo de acionistas que vede tal alienação. Assim entendo pois do contrário ter-se-ia o interesse dos demais acordantes se sobrepondo aos interesses da massa falida, implicando uma maior – e desarrazoada – lesão nos direitos

712. Sócio-cotista (sociedades limitadas e sociedade em nome coletivo) – As sociedades empresárias têm seus capitais sociais divididos em ações ou cotas.

A sociedade anônima e a sociedade em comandita por ações são as únicas sociedades empresárias cujos capitais sociais são divididos em ações e, portanto, seus sócios são denominados acionistas.

Logo, as demais sociedades têm seus capitais sociais divididos em cotas.

Na medida em que o art. 123 utiliza o vocábulo "cotista", ele somente pode estar se referindo às sociedades limitadas e em nome coletivo.[146]

713. Sócio ostensivo e participante (sociedade em conta de participação) – O CC disciplina a falência do sócio ostensivo e do sócio participante (oculto) no art. 994:

"*Art. 994.* (...).

"(...).

§ 2º. A falência do sócio ostensivo acarreta a dissolução da sociedade e a liquidação da respectiva cota, cujo saldo constituirá crédito privilegiado.

§ 3º. Falindo o sócio participante, o contrato social fica sujeito às normas que regulam os efeitos da falência nos contratos bilaterais do falido."[147]

714. Sócio de sociedade simples – Segundo Paulo Salvador Frontini, haverá apuração de haveres na sociedade simples desde que seu contrato social preveja a limitação da responsabilidade dos seus sócios, ou seja, mencione que estes não respondem subsidiariamente pelas obrigações sociais, nos termos do art. 997, VII, do CC.[148]

715. Único impacto no patrimônio da sociedade em comandita simples, limitada e em nome coletivo – À luz do Código Comercial, as sociedades se reputavam dissolvidas por quebra de qualquer dos seus sócios (art. 335, n. 2).

Tal regra foi alterada pelo art. 48 do Decreto-lei 7.661/45: "*Art. 48.* Se o falido fizer parte de alguma sociedade, como sócio solidário, comanditário ou cotista, para a massa falida entrarão somente os haveres que na sociedade ele possuir (...)".

O art. 123 da lei sob comento manteve a regra veiculada no art. 48 do Decreto-lei

dos credores sobre o patrimônio do insolvente. (...) a existência do acordo de acionistas que tenha por objeto a *compra e venda de ações*, a *preferência para adquiri-las* (...) é *res inter alios acta* ('coisa havida entre terceiros') em relação à massa falida, não podendo cercear ou prejudicar, em nada, o princípio geral da falência, que [*é*] a liquidação do ativo, nas melhores condições possíveis – daí o recurso do leilão –, para a satisfação, no que for possível, do passivo. Quando muito, deve-se reconhecer aos demais acionistas o direito de preferência na aquisição das ações na mesma condição de terceiros, ou seja, igualando o maior lanço que tenha sido dado pelas ações. (...). Entender o contrário seria – reitero – prejudicar os credores da massa falida, dando margem a fraudes, além de fazê-los, uma vez mais, suportar os efeitos patrimoniais da má condução, pelo devedor, de seus negócios" (*Direito Empresarial Brasileiro: Falência e Recuperação de Empresas*, vol. 4, São Paulo, Atlas, 2006, pp. 502-503).

146. No mesmo sentido: Paulo Salvador Frontini, "Comentários aos arts. 115 ao 128", cit., in Francisco Satiro de Sousa Jr. e Antônio Sérgio Altieri de Moraes Pitombo (coords.), *Comentários à Lei de Recuperação de Empresas e Falência: Lei 11.101/2005*, p. 450.

147. Explica Gladston Mamede: "(...) a falência do sócio ostensivo acarreta a dissolução da sociedade e a liquidação da respectiva conta, sendo que, verificando-se saldo a favor dos sócios participantes – um, alguns ou todos –, o respectivo valor constituirá crédito quirografário (...). Por outro ângulo, diante da falência do sócio participante, o contrato de sociedade em conta de participação fica sujeito às normas que regulam os efeitos da falência nos contratos bilaterais do falido, podendo o administrador judicial decidir o cumprimento de sua parte e, destarte, a conservação do negócio, da mesma forma que pode optar por denunciá-lo, exigindo apuração de haveres; havendo saldo favorável ao falido, será ele arrecadado; havendo saldo desfavorável, será ele habilitado na classe respectiva" (*Direito Empresarial Brasileiro: Falência e Recuperação de Empresas*, cit., vol. 4, p. 502).

148. Paulo Salvador Frontini, "Comentários aos arts. 115 ao 128", cit., in Francisco Satiro de Sousa Jr. e Antônio Sérgio Altieri de Moraes Pitombo (coords.), *Comentários à Lei de Recuperação de Empresas e Falência: Lei 11.101/2005*, p. 451.

7.661/1945,[149] tendo apenas suprimido a alusão ao sócio solidário.

Por conseguinte, as sociedades em comandita simples, limitadas e em nome coletivo, justamente por terem personalidades jurídicas próprias, no caso de falência de sócio comanditário e/ou cotista sofrerão apenas um impacto no seu patrimônio, qual seja: a apuração de haveres do sócio falido.[150]

O comando do dispositivo sob comento, se aplicado com prudência, poderá evitar muitos equívocos judiciais consistentes na extensão, pura e simples, dos efeitos da falência do devedor a outras sociedades empresárias, simplesmente porque nelas a sociedade falida tem participação.[151-152-153]

*716. **Apuração de haveres extrajudicial*** – A apuração de haveres será feita extrajudicialmente quando o contrato ou o estatuto social disciplinarem a matéria.

Em atendimento ao preceituado no art. 123, o administrador judicial comunicará à sociedade na qual o falido for sócio (comanditário ou cotista), a fim de que seja instaurada a apuração de haveres.[154]

*717. **Apuração de haveres judicial*** – A apuração de haveres será feita judicialmente em duas hipóteses: (1) quando o contrato ou o estatuto social nada disciplinarem a respeito; (2) ou quando, apesar de haver disciplina contratual ou estatutária, a sociedade deixar de instaurar, extrajudicialmente, a apuração de haveres.

149. No mesmo sentido: Glauco Alves Martins, "Efeitos da decretação da falência sobre as obrigações do devedor", in Luiz Fernando Valente de Paiva (coord.), *Direito Falimentar e a Nova Lei de Falências e Recuperação de Empresas*, São Paulo, Quartier Latin, 2005, p. 472.

150. Afirma Paulo Salvador Frontini: "O mesmo cabe dizer quanto à eventual falência do sócio *comanditado* da sociedade em comandita simples. Seus haveres serão apurados e quitados. Os problemas que surgirem não se manifestarão na falência, mas dentro da sociedade em comandita simples, cujo sócio comanditado – fora da comandita – faliu" ("Comentários aos arts. 115 ao 128", cit., in Francisco Satiro de Sousa Jr. e Antônio Sérgio Altieri de Moraes Pitombo (coords.), *Comentários à Lei de Recuperação de Empresas e Falência: Lei 11.101/2005*, p. 451).

151. Júlio Kahan Mandel explicita a situação: "Ao dispor de forma expressa que as cotas da empresa falida farão parte do patrimônio da massa mediante apuração de haveres, ou seja, as cotas somente serão arrecadadas, espero que sejam evitadas as indevidas extensões de efeitos da falência, prejudicando terceiros, às vezes de forma irreparável. Não foram poucos os casos de empresas solventes e totalmente independentes da administração da falida que foram irremediavelmente prejudicadas por decisões precipitadas de juízes que, por equívoco, estenderam os efeitos da falência de uma empresa para outra somente porque a falida possuía participação em outra empresa. Não se comprovando fraude ou confusão patrimonial, entre outros requisitos, não cabe a extensão dos efeitos da falência, devendo somente ser arrecadadas as cotas para posterior venda. Mesmo porque as cotas que a falida possui em outra empresa somente terão valor se aquela empresa não for falida e tiver valor econômico. Caso contrário pode-se aumentar o passivo da falida" (*Nova Lei de Falências e Recuperação de Empresas Anotada: Lei 11.101, de 9.2.2005*, São Paulo, Saraiva, 2005, p. 227).

152. No mesmo diapasão, Manoel Justino Bezerra Filho: "A cada dia torna-se mais comum a extensão dos efeitos da falência de um empresário ou sociedade às sociedades empresárias do mesmo grupo econômico, desde que se verifique a confusão de patrimônios ou o controle desta última pela que primeiramente teve a falência decretada. No entanto, o presente artigo continua tendo plena aplicação, pois (no caso de cotista de limitada) está dirigido à circunstância de a falida ser mera cotista, sem controle sobre a outra, caso em que apenas ocorrerá a arrecadação das cotas" (*Nova Lei de Recuperação e de Falências Comentada. Lei 11.101, de 9.2.2005, Comentário Artigo por Artigo*, 3ª ed., São Paulo, Ed. RT, 2005, p. 290).

153. Glauco Alves Martins, por sua vez, pondera que o fato de a decretação da falência de um sócio não implicar falência da sociedade da qual participe (art. 123) "não deve representar óbice algum à extensão dos efeitos da falência a outras sociedades pertencentes ao mesmo grupo econômico, desde que respeitadas as hipóteses autorizadoras do art. 50 do CC" ("Efeitos da decretação da falência sobre as obrigações do devedor", cit., in Luiz Fernando Valente de Paiva (coord.), *Direito Falimentar e a Nova Lei de Falências e Recuperação de Empresas*, p. 472).

154. Complementa Fábio Ulhoa Coelho: "(...) levantando o balanço de determinação apto a mensurar o valor do seu patrimônio líquido na data da decretação da falência. Feito o balanço, a sociedade deve entregar à massa falida o valor apurado proporcional à participação do falido no capital social, encerrando-se a apuração" (*Comentários à Nova Lei de Falências e de Recuperação de Empresas*, São Paulo, Saraiva, 2005, p. 339).

Em ambas as hipóteses caberá ao administrador judicial propor ação de dissolução parcial.[155-156]

718. E se por lei, pelo contrato ou estatuto a sociedade tiver de liquidar-se? – Nesse caso, os haveres do falido, somente após o pagamento de todo o passivo da sociedade, entrarão para a massa falida.

719. Condomínio indivisível – Frise-se que o § 2º do art. 123, *in fine*, ao facultar a aquisição da quota-parte do falido pelos outros condôminos, assegura-lhes o direito de preferência, o qual será exercido de conformidade com os critérios veiculados no art. 1.322 do CC.

Assim sendo, nos casos de condomínio indivisível de que participe o falido, duas alternativas se descortinam: (1) aquisição da quota-parte do falido pelos outros condôminos;[157] (2) venda do bem, com dedução das quotas-partes dos demais condôminos.

Em ambas as alternativas, evidentemente, o que couber ao falido entrará para o ativo da massa falida.

Art. 124. Contra a massa falida não são exigíveis juros vencidos após a decretação da falência, previstos em lei ou em contrato, se o ativo apurado não bastar para o pagamento dos credores subordinados.[720]

Parágrafo único. Excetuam-se desta disposição os juros das debêntures e dos créditos com garantia real, mas por eles responde, exclusivamente, o produto dos bens que constituem a garantia.[721-722-723-724]

LEGISLAÇÃO ANTERIOR

Lei de Falências (DL 7.661/1945): *Art. 26.* Contra a massa não correm juros, ainda que estipulados forem, se o ativo apurado não bastar para o pagamento do principal.

Parágrafo único. Excetuam-se desta disposição os juros das debêntures e dos créditos com garantia real, mas por eles responde, exclusivamente, o produto dos bens que constituem a garantia.

COMENTÁRIOS

720. Os juros, legais ou contratuais, vencidos antes da decretação da falência são exigíveis? – Ora, se o comando do art. 124 é no sentido de que os juros, legais ou contratuais,[158] vencidos após a falência não são exigíveis contra a massa, exceto se o ativo bastar para o pagamento dos credores subordinados,[159] *a contrario sensu*, tais juros vencidos antes da quebra são exigíveis do empresário ou da sociedade empresária.

155. No mesmo sentido: Fábio Ulhoa Coelho, *Comentários à Nova Lei de Falências e de Recuperação de Empresas*, cit., p. 339.

156. Segundo Ricardo Negrão, na hipótese de omissão do contrato social sobre a apuração de haveres, a ação judicial visando à liquidação das cotas deve ser proposta no foro da falência, em razão da *vis attractiva* (*Aspectos Objetivos da Lei de Recuperação de Empresas e Falências: Lei 11.101, de 9.2.2005*, cit., p. 89).

157. Manoel Justino Bezerra Filho destaca: "(...) o condomínio não precisará habilitar-se na falência, pois, quando o imóvel for vendido, do preço será descontado aquilo que é devido a título de despesas de condomínio. Se acaso o valor da venda não for suficiente para o pagamento, só restará ao condomínio habilitar-se, pelo saldo restante" (*Nova Lei de Recuperação e de Falências Comentada. Lei 11.101, de 9.2.2005, Comentário Artigo por Artigo*, cit., 3ª ed., p. 290).

158. Explica Amador Paes de Almeida: "Juros, do Latim *jus*, etimologicamente significa 'direito'. No sentido jurídico, porém, representa os frutos do capital, recompensa, interesse, lucro. Os juros são: (a) compensatórios; ou (b) moratórios. Os primeiros constituem fruto do capital. Os segundos representam indenização decorrente do inadimplemento da obrigação, da mora" (*Curso de Falência e Recuperação de Empresa*, 23ª ed., São Paulo, Saraiva, 2005, p. 138).

159. Manoel Justino Bezerra Filho justifica o comando legal: "Se a massa fosse suficiente para o pagamento de todo o débito, com correção e juros, e, ainda assim, sobrasse numerário para devolver ao devedor, não haveria razão para ter sido decretada a falência" (*Nova Lei de Recuperação e de Falências Comentada. Lei 11.101, de 9.2.2005, Comentário Artigo por Artigo*, 3ª ed., São Paulo, Ed. RT, 2005, p. 291).

Em outras palavras, os juros, legais ou contratuais, vencidos *antes da decretação da falência* são exigíveis do empresário ou sociedade empresária;[160] *após a decretação da falência* somente serão exigíveis da massa falida, vale dizer, da massa objetiva, desde que o ativo apurado baste para o pagamento dos credores subordinados, que são os últimos credores classificados no inciso VIII do art. 83.[161-162]

O *caput* do art. 26 do regime anterior, acima transcrito sob a rubrica Legislação Anterior", tem redação assemelhada à do *caput* do art. 124, ora comentado.

Jurisprudência[163]

Eis um julgado pertinente prolatado sob a égide do regime anterior:

[TJMG] Direito empresarial – Falência – Habilitação de crédito – Título executivo judicial – Juros de mora – Honorários advocatícios. O crédito que se pretende habilitar, referente a valor arbitrado na ação de indenização, deve ser calculado com base na decisão proferida na ação rescisória, e não na ação originária, de indenização, esta, rescindida. *Os juros de mora devem ser computados apenas até a data da decretação da falência, a menos que o ativo da executada suporte tal pagamento, o que deverá ser avaliado posteriormente à liquidação final dos débitos da massa falida, tudo em consonância com o disposto nos arts. 25 e 26 da Lei Falimentar.* São devidos honorários advocatícios em habilitação de crédito em processo de falência, desde que instaurada a litigiosidade, por meio de impugnação à habilitação. [*ACi 1.0024.01.556223-4/001, rel. Des Carreira Machado, j. 22.9.2005*]

721. Os juros das debêntures e dos créditos com garantia real têm tratamento diferenciado? – Sim, tais juros, vencidos após a decretação da falência, serão suportados exclusivamente pelo produto dos bens que constituem a garantia (parágrafo único do art. 124).

Caso o produto dos bens seja insuficiente para pagamento dos referidos juros, estes serão classificados como quirografários (art. 83, VI, "b").

722. Todos os titulares de debêntures terão tratamento diferenciado? – Fábio Ulhoa Coelho, após distinguir os titulares de debêntures com garantia real dos titulares de debêntures flutuantes, quirografárias ou subordinadas,[164] afirma que somente os primeiros é que têm direito ao recebimento dos juros posteriores à falência.[165]

160. Manoel Justino Bezerra Filho esclarece: "(...) no sistema do processo falimentar, são pagos os créditos habilitados com valores atualizados e juros calculados até o momento do decreto falimentar" (*Nova Lei de Recuperação e de Falências Comentada. Lei 11.101, de 9.2.2005, Comentário Artigo por Artigo*, cit., 3ª ed., p. 291).

161. Portanto, a concretização desta hipótese pressupõe o pagamento integral, isto é, do principal, correção e juros vencidos até a data da decretação da falência, aos credores extraconcursais, aos titulares de direito à restituição em dinheiro, aos empregados e equiparados, aos credores com garantia real, ao Fisco, aos credores privilegiados, quirografários e subordinados.

162. Aduz Sérgio Campinho: "(...) deverá o administrador judicial pagar a cada credor, por ocasião em que estiver sendo atendida a classe a que pertencer, o valor do principal corrigido, acrescido dos juros até a data da decretação da quebra. Após o pagamento dos credores subordinados é que, na medida das forças da massa ativa, serão pagos, na ordem de classificação legal dos créditos, os juros vencidos durante o processamento da falência" (*Falência e Recuperação de Empresa: o Novo Regime da Insolvência Empresarial*, Rio de Janeiro, Renovar, 2006, p. 334).

163. Manoel Justino Bezerra Filho, *Jurisprudência da Nova Lei de Recuperação de Empresas e Falências/Decisões, Ofícios Judiciais, Resoluções, Sentenças, Acórdãos, Dentre Outros Documentos*, São Paulo, Ed. RT, 2006, p. 317.

164. Com efeito, o art. 58 da Lei 6.404/1976 prevê que, de conformidade com a respectiva escritura de emissão, as espécies de debêntures são as seguintes: (1) com garantia real; (2) flutuantes; (3) sem preferência; (4) subordinadas.

165. Fábio Ulhoa Coelho, *Comentários à Nova Lei de Falências e de Recuperação de Empresas*, São Paulo, Saraiva, 2005, p. 340. No mesmo sentido: Ricardo Negrão, *Aspectos Objetivos da Lei de Recuperação de Empresas e Falências: Lei 11.101, de 9.2.2005*, São Paulo, Saraiva, 2005, p. 54. Glauco Alves Martins, o sob o pretexto de que o parágrafo único do art. 124 foi redigido de forma genérica, considera que todas as espécies de debêntures estão abrangidas ("Efeitos da decretação da falência sobre as obrigações do devedor", in Luiz Fernando Valente

Concordamos com o referido autor, vez que o parágrafo único do art. 124 prevê que os juros das debêntures serão pagos com o produto dos bens que constituem a garantia, e as debêntures flutuantes, quirografárias ou subordinadas não têm garantia real.

723. Crítica ao tratamento diferenciado previsto no parágrafo único do art. 124 – Gladston Mamede formula sua crítica: "O princípio da isonomia foi, aqui, inexoravelmente rompido; aliás, também o princípio da proporcionalidade o foi. Em fato, a suspensão da exigência dos juros tem por finalidade privilegiar o acesso da maior quantidade de credores ao produto da massa falida, impedindo que aquele acessório, contado a favor de créditos com maior preferência, reduzisse as chances dos credores menos privilegiados a receber ao menos o principal. Trata-se, sem dúvida, de um princípio de justiça distributiva, minimizando os efeitos da classificação de créditos sobre aqueles que estão em níveis inferiores e, assim, abrindo oportunidade para que mesmo os titulares de créditos subordinados tivessem chance de receber ao menos alguma coisa. Essa regra foi casuisticamente rompida apenas para os créditos com garantia real, desprezando mesmo os créditos de maior privilégio, que são os acidentários e os trabalhistas até 150 salários mínimos. Uma lástima".[166-167]

724. Advertência ao administrador judicial – Júlio Kahan Mandel adverte:

"Existindo contratos com juros muito altos (como é normal em nosso País), o administrador judicial deve ter muito cuidado para que a enxurrada mensal de juros não se acumule, sob pena de os bens em garantia, cujo valor antes da falência seria superior ao valor da dívida, se perderem, em prejuízo dos credores comuns.

"Ou seja, se os juros pactuados forem muito elevados, o administrador deve se preocupar em estancar a sangria, sob pena de ser responsabilizado por má gestão, pois não se admite que uma empresa, mesmo após ter sua falência decretada, permaneça tendo seu capital sugado por juros escorchantes, que permanecem devorando a unidade produtiva mesmo após sua morte."[168]

Art. 125. Na falência do espólio, ficará suspenso o processo de inventário, cabendo ao administrador judicial a realização de atos pendentes em relação aos direitos e obrigações da massa falida.[725-726-727]

LEGISLAÇÃO ANTERIOR

Lei de Falências (DL 7.661/1945): *Art. 39. (...).*

Parágrafo único. Declarada a falência do espólio será suspenso o processo do inventário, observando-se o disposto no parágrafo único do art. 37.

COMENTÁRIOS

725. Pressuposto da decretação da falência do espólio – A falência de um espó-

de Paiva (coord.), *Direito Falimentar e a Nova Lei de Falências e Recuperação de Empresas*, São Paulo, Quartier Latin, 2005, p. 476).

166. Gladston Mamede, *Direito Empresarial Brasileiro: Falência e Recuperação de Empresas*, vol. 4, São Paulo, Atlas, 2006, p. 451. No mesmo sentido: Paulo Salvador Frontini, "Comentários aos arts. 115 ao 128", in Francisco Satiro de Sousa Jr. e Antônio Sérgio Altieri de Moraes Pitombo (coords.), *Comentários à Lei de Recuperação de Empresas e Falência: Lei 11.101/2005*, São Paulo, Ed. RT, 2005, p. 451.

167. Júlio Kahan Mandel também formula sua crítica: "Lamentavelmente, a proteção ao crédito com garantia real chegou a tal ponto que até mesmo os juros dessas operações ficam protegidos após a falência, proteção, essa, que cria total discrepância entre os direitos dos credores. Ao menos este dispositivo limita o pagamento dos juros ao valor total da garantia" (*Nova Lei de Falências e Recuperação de Empresas Anotada: Lei 11.101, de 9.2.2005*, São Paulo, Saraiva, 2005, p. 228).

168. Júlio Kahan Mandel, *Nova Lei de Falências e Recuperação de Empresas Anotada: Lei 11.101, de 9.2.2005*, cit., p. 228.

lio[169] pressupõe, necessariamente, o prévio exercício profissional, por um empresário individual, de atividade econômica organizada para a produção ou circulação de bens ou de serviços (arts. 966 do CC).

A decretação da falência do espólio é rara.[170]

726. Suspensão do processo de inventário – A finalidade da suspensão do processo de falência é a realização de atos pendentes relativos aos direitos e obrigações da massa falida; vale dizer, a realização prévia do ativo e pagamento dos credores.[171-172]

727. Como se classificam os créditos por despesas com funeral, luto, doença, manutenção? – De conformidade com o art. 83, V, "a", tais créditos são classificados com privilégio geral (art. 965, I e III-V, do CC).

Art. 126. Nas relações patrimoniais não reguladas expressamente nesta Lei, o juiz decidirá o caso atendendo à unidade, à universalidade do concurso e à igualdade de tratamento dos credores, observado o disposto no art. 75 desta Lei.[728-729]

LEGISLAÇÃO ANTERIOR

Artigo sem correspondência no Decreto-lei 7.661/1945.

169. Amador Paes de Almeida esclarece: "Espólio, como se sabe, são os bens deixados pelo morto (...) respondendo o espólio (os bens do *de cujus*) pelas dívidas que este porventura tenha deixado, como dispõe o art. 597 do CPC (...). Não se trata, note-se bem, de falência do morto, mas do espólio, como deixa claro o art. 97 da legislação falimentar (...)" (*Curso de Falência e Recuperação de Empresa*, 23ª ed., São Paulo, Saraiva, 2005, p. 53).

170. No mesmo sentido: Paulo Salvador Frontini, "Comentários aos arts. 115 ao 128", in Francisco Satiro de Sousa Jr. e Antônio Sérgio Altieri de Moraes Pitombo (coords.), *Comentários à Lei de Recuperação de Empresas e Falência: Lei 11.101/2005*, São Paulo, Ed. RT, 2005, p. 452; Manoel Justino Bezerra Filho, *Nova Lei de Recuperação e de Falências Comentada. Lei 11.101, de 9.2.2005, Comentário Artigo por Artigo*, 3ª ed., São Paulo, Ed. RT, 2005, p. 292.

171. Nas palavras de José da Silva Pacheco: "A suspensão do processo de inventário visa a verificar, antes, a realização do ativo. Após a liquidação do ativo e o pagamento dos credores extraconcursais e concursais, prosseguirá o inventário, com a conseqüente partilha dos bens que sobrar. Se nada sobrar, nada há a partilhar, encerrando-se o inventário" (*Processo de Recuperação Judicial, Extrajudicial e Falência*, Rio de Janeiro, Forense, 2006, p. 311).

172. Segundo Fábio Ulhoa Coelho: "Como o inventário é também concurso de credores e não há separação patrimonial no Direito Brasileiro, deve o processo sucessório ficar suspenso enquanto tramita a falência" (*Comentários à Nova Lei de Falências e de Recuperação de Empresas*, São Paulo, Saraiva, 2005, p. 340).

COMENTÁRIOS

728. Diretrizes legais para decisão do juiz em caso de lacuna da lei – Em caso de lacuna da lei sobre específicas relações patrimoniais,[173] o juiz deverá pautar sua decisão nas seguintes diretrizes: (1) unidade da massa falida;[174] (2) universalidade do concurso; (3) igualdade dos credores (*par conditio creditorum*).[175]

Além disso – prescreve o art. 126, *in fine* –, o juiz deverá observar as diretrizes fixadas no art. 75 e seu parágrafo único, quais sejam: preservação e otimização da utilização da unidade produtiva, bem como celeridade e economia processual.

173. Diante da previsão de omissão, ressalta José da Silva Pacheco, reconhece a lei a impossibilidade de tudo especificar e prescrever (*Processo de Recuperação Judicial, Extrajudicial e Falência*, Rio de Janeiro, Forense, 2006, p. 312).

174. No mesmo sentido: Paulo Salvador Frontini, "Comentários aos arts. 115 ao 128", in Francisco Satiro de Sousa Jr. e Antônio Sérgio Altieri de Moraes Pitombo (coords.), *Comentários à Lei de Recuperação de Empresas e Falência: Lei 11.101/2005*, São Paulo, Ed. RT, 2005, p. 454.

175. Ricardo Tepedino adverte: "Na integração das lacunas da lei, não o disse o legislador, mas ensina a boa hermenêutica, poderá também o juiz se valer da disciplina de situações assemelhadas, como lembram, a propósito desse mesmo tema, Bonfanti e Censoni" ("Comentários aos arts. 105 ao 138", in Carlos Henrique Abrão e Paulo Fernando Campos Salles de Toledo (coords.), *Lei de Recuperação de Empresas e Falência*, São Paulo, Saraiva, 2005, p. 337).

Manoel Justino Bezerra Filho, após afirmar que o art. 126 configura disposição nova, conclui que seu comando traduz cláusula aberta do tipo das que existem em grande quantidade no Código Civil e que deixam margem de discricionariedade bastante grande à atividade jurisdicional.[176-177]

729. Elogio ao comando do art. 126 – Paulo Salvador Frontini elogia o comando do art. 126:

"Conclui-se, da análise do preceito, que sua presença no corpo da lei é extremamente útil. A autoridade conferida ao juiz da falência, pela norma em foco, ganha extraordinário realce em função do universo de relações jurídicas presentes em nossa *sociedade de massas*. E que se manifestam tanto nas relações regidas por leis especiais, como se dá nos contratos de consumo, como nas relações regidas por contratos atípicos.

"No mundo dos contratos privados acentua-se a adoção do princípio da forma livre. Acentua-se o primado da manifestação da vontade, freqüentemente sem instrumentação formal, e mesmo sem assinatura, como se verifica na utilização de meios eletrônicos de comunicação e de contratação.

"Registre-se, por fim, a estrutura dada às relações contratuais pelo vigente Código Civil, imprimindo ao contrato uma expressa *função social*, enfatizando a exigência de *boa-fé*, preocupando-se com sua comutatividade (*lesão*, *excessiva onerosidade*, *desproporção entre prestação e contraprestação* etc.), tudo em suma justificando a oportunidade e conveniência do artigo ora comentado."[178-179]

Concordamos integralmente com a opinião do autor.

Art. 127. O credor de coobrigados solidários[730-731-732-733] cujas falências sejam decretadas tem o direito de concorrer, em cada uma delas, pela totalidade do seu crédito, até recebê-lo por inteiro,[734-735-736-737] quando então comunicará ao juízo.[738-739]

§ 1º. O disposto no *caput* deste artigo não se aplica ao falido cujas obrigações tenham sido extintas por sentença, na forma do art. 159 desta Lei.[740]

§ 2º. Se o credor ficar integralmente pago por uma ou por diversas massas coobrigadas, as que pagaram terão direito regressivo contra as demais, em proporção à parte que pagaram e àquela que cada uma tinha a seu cargo.[741]

§ 3º. Se a soma dos valores pagos ao credor em todas as massas coobrigadas exceder o total do crédito, o valor será devolvido às massas na proporção estabelecida no § 2º deste artigo.[742]

§ 4º. Se os coobrigados eram garantes uns dos outros, o excesso de que trata o § 3º deste artigo pertencerá, conforme a ordem das obrigações, às massas dos coobrigados que tiverem o direito de ser garantidas.[743]

176. Manoel Justino Bezerra Filho, *Nova Lei de Recuperação e de Falências Comentada. Lei 11.101, de 9.2.2005, Comentário Artigo por Artigo*, 3ª ed., São Paulo, Ed. RT, 2005, pp. 292-293.

177. Fábio Ulhoa Coelho afirma que o art. 126 introduz no direito falimentar brasileiro uma norma de clausura (*Comentários à Nova Lei de Falências e de Recuperação de Empresas*, São Paulo, Saraiva, 2005, p. 341).

178. Paulo Salvador Frontini, "Comentários aos arts. 115 ao 128", cit., in Francisco Satiro de Sousa Jr. e Antônio Sérgio Altieri de Moraes Pitombo (coords.), *Comentários à Lei de Recuperação de Empresas e Falência: Lei 11.101/2005*, pp. 454-455.

179. Luiz Antônio Soares Hentz conclui que o comando do art. 126 encerra uma "regra de eqüidade, perfeitamente ajustável à realidade jurídica brasileira, que prestigia o princípio da *par conditio creditorum*, considerada a máxima regente de todos os processos concursais" (*Manual de Falência e Recuperação de Empresas: Lei 11.101, de 9.2.2005*, São Paulo, Juarez de Oliveira, 2005, p. 113).

LEGISLAÇÃO ANTERIOR

Lei de Falências (DL 7.661/1945): *Art. 27.* O credor de obrigação solidária concorrerá pela totalidade do seu crédito às massas dos respectivos coobrigados falidos, até ser integralmente pago.

§ 1º. Os rateios distribuídos serão anotados no respectivo título pelos síndicos das massas, e o credor comunicará às outras o que de alguma recebeu.

§ 2º. O credor que, indevida e maliciosamente, receber alguma quantia dos coobrigados solventes ou das massas dos coobrigados falidos fica obrigado a restituir em dobro, além de pagar perdas e danos.

Art. 28. As massas dos coobrigados falidos não têm ação regressiva umas contra as outras. Se, porém, o credor ficar integralmente pago por uma ou por diversas massas coobrigadas, as que houverem pago terão direito regressivo contra as demais, em proporção à parte que pagaram e àquela que cada uma tinha a seu cargo.

Parágrafo único. Se os dividendos que couberem ao credor, em todas as massas coobrigadas, excederem da importância total do crédito, o excesso entrará para as massas na proporção acima referida. Se os coobrigados eram garantes uns dos outros, aquele excesso pertencerá, conforme a ordem das obrigações, às massas dos coobrigados que tiverem o direito de ser garantidas.

COMENTÁRIOS

730. Coobrigação – A coobrigação, regra geral, resulta da aplicação dos seguintes institutos: fiança, aval e solidariedade.

731. Fiança – Pelo contrato de fiança, uma pessoa garante satisfazer ao credor uma obrigação assumida pelo devedor, caso este não a cumpra (art. 818 do CC).

732. Aval – Trata-se de garantia pessoal tipicamente cambiária, vale dizer, relativa a títulos de crédito.

733. Solidariedade – [CC] "*Art. 264.* Há solidariedade, quando na mesma obrigação concorre mais de um credor, ou mais de um devedor, cada um com direito, ou obrigado à dívida toda."

"*Art. 265.* A solidariedade não se presume, resulta da lei ou da vontade das partes."

"*Art. 267.* Cada um dos credores solidários tem direito a exigir do devedor o cumprimento da prestação por inteiro." [*Solidariedade ativa*]

"*Art. 275.* O credor tem direito a exigir e receber de um ou de alguns dos devedores, parcial ou totalmente, a dívida comum; (...)." [*Solidariedade passiva*]

"*Art. 275.* (...). se o pagamento tiver sido parcial, todos os demais devedores continuam obrigados solidariamente pelo resto."

Se for decretada a falência do devedor, a dívida vencerá antecipadamente apenas em relação a ele, e não aos coobrigados solidários (art. 333, parágrafo único, do CC).

734. Decretação da falência de um dos devedores coobrigados – Se for decretada a falência de apenas um dos devedores coobrigados, o credor poderá cobrar a totalidade de seu crédito conjuntamente, ou seja, de todos os demais devedores coobrigados não falidos.

Se o credor optar pela cobrança de seu crédito de apenas de um coobrigado não falido, este, por sua vez, poderá cobrar de cada um dos demais coobrigados não falidos a respectiva quota.

Note-se que o art. 283 do CC, presumindo que todas as quotas dos coobrigados não falidos sejam iguais, determina que a quota do coobrigado falido seja dividida igualmente entre eles.

Nesse caso, os coobrigados poderão habilitar seus respectivos créditos junto à falência do coobrigado falido.

735. Decretação da falência de alguns dos devedores coobrigados – A decretação da falência de alguns dos devedores coobrigados segue o mesmo regime jurídico da decretação da falência de apenas um dos coobrigados, acima exposto.

736. Decretação da falência de todos os devedores coobrigados – A hipótese da decretação da falência de todos os devedores coobrigados é justamente aquela prevista no art. 127, ora comentado.

Este artigo prevê que o credor de coobrigados solidários cujas falências tenham sido decretadas tem direito de concorrer, em cada uma delas, pela totalidade de seu crédito, até recebê-lo por inteiro, quando, então, comunicará ao juízo.

*737. **Regime falimentar (art. 127*** **versus** ***regime de direito comum, art. 275 do CC)*** – Do confronto entre o art. 127 e o art. 275 do CC[180] constata-se: (1) que ambos os dispositivos tratam do mesmo instituto: solidariedade passiva; (2) quanto ao campo de aplicação, há distinção, já que o art. 127 se aplica restritivamente à seara falimentar e o art. 275 tem aplicação geral; (3) em relação ao montante a ser cobrado também há distinção, uma vez que o art. 127, *in fine*, não prevê o prévio recebimento parcial do crédito, autorizando o credor a habilitar seu crédito na totalidade; já, o art. 275, segunda parte, contempla o prévio recebimento parcial do crédito, autorizando o credor apenas a habilitá-lo pelo resto, ou seja, pelo saldo remanescente.

Ricardo Tepedino explica esta última distinção:

"Na falência, via de regra, o pagamento se faz com deságio. Destarte, se o credor por obrigação solidária fosse compelido a abater de sua habilitação numa falência o dividendo que recebeu de um dos coobrigados, sua chance de recuperação cairia muito.

"Cite-se um exemplo em benefício da clareza: Caio forneceu bens a XY e seu crédito de R$ 1.000,00 contou com a garantia de uma empresa do grupo desta, a ZZ, que se fez devedora solidária. Falida a primeira, habilita seu crédito e logo recebe um dividendo de 40% (ou seja, R$ 400,00). Sucede-se a quebra da coligada, onde ele também concorre com R$ 1.000,00, porque a lei assim lhe permite, e o rateio resulta em 20%. Caio, então, embolsou 60% do débito original. Não fosse essa regra, só teria recebido R$ 520,00 (ou seja, 52%), pois que só teria podido declarar crédito de R$ 600,00 na falência de ZZ (fazendo jus a R$ 120,00).

"Assim, o dispositivo, presente já na lei de 1945, nada criou de extraordinário – apenas procurou não penalizar o credor que dispunha da vantagem consistente da pluralidade de devedores."[181]

738. Comunicação ao(s) juízo(s) da falência – O credor, após receber por inteiro seu crédito, deverá comunicar tal fato ao(s) juízo(s) da falência.

739. Restituição em dobro (art. 152) – Se ficarem evidenciados dolo ou má-fé na constituição do crédito ou da garantia, o credor ficará obrigado a restituir em dobro o que houver recebido, acrescido de juros legais (art. 152).

Ricardo Tepedino também admite a aplicação do comando do art. 152 para a hipótese de o credor habilitar seu crédito quando já integralmente satisfeito.[182-183]

740. Crítica ao § 1º do art. 127 – Ricardo Tepedino formula crítica ao § 1º do art. 127: "Há uma regra de natureza esfíngica no § 1º

180. "Art. 275. O credor tem direito a exigir e receber de um ou de alguns dos devedores, parcial ou totalmente, a dívida comum; se o pagamento tiver sido parcial, todos os demais devedores continuam obrigados solidariamente pelo resto."

181. Ricardo Tepedino: "A grande diferença reside no fato de que o pagamento parcial que um dos devedores tenha feito ao credor comum não o obriga a concorrer na falência dos demais devedores falidos, apenas pelo saldo, conforme dispõe a regra geral contida na parte final do art. 275. Na forma da Lei Falimentar, ainda que tenha recebido parte de seu crédito, o credor continuará intitulado a habilitar toda a dívida nas outras falências" ("Comentários aos arts. 105 ao 138", in Carlos Henrique Abrão e Paulo Fernando Campos Salles de Toledo (coords.), *Lei de Recuperação de Empresas e Falência*, São Paulo, Saraiva, 2005, pp. 337-338).

182. Ricardo Tepedino, "Comentários aos arts. 105 ao 138", cit., in Carlos Henrique Abrão e Paulo Fernando Campos Salles de Toledo (coords.), *Lei de Recuperação de Empresas e Falência*, p. 338.

183. Manoel Justino Bezerra Filho sustenta a aplicação do art. 152 sem condicioná-la à hipótese de o credor habilitar seu crédito quando já integralmente satisfeito (*Nova Lei de Recuperação e de Falências Comentada. Lei 11.101, de 9.2.2005, Comentário Artigo por Artigo*, 3ª ed., São Paulo, Ed. RT, 2005, p. 293).

deste dispositivo, que surgiu na tramitação do Projeto pela Câmara dos Deputados. Ou diz uma obviedade ululante (que o credor não poderá concorrer com seu crédito em falência já encerrada com extinção das obrigações do falido, que, por isso mesmo, nem mais é falido e nada deve aos credores de sua falência encerrada), ou quer dizer que este 'falido' é quem não poderá se habilitar pela integralidade do crédito na falência de seus co-devedores, o que configuraria um disparate. Deixemos esse dispositivo no ócio eterno, pois ele, se em nada contribui, a ninguém atrapalha".[184]

741. Art. 127, § 2º – O § 2º do art. 127 assegura o direito de regresso à(s) massa(s) que pagar(em) integralmente o credor contra as demais massas coobrigadas, na proporção do que pagou(aram) e do que cada uma destas assumiu como encargo.

742. Art. 127, § 3º – O § 3º do art. 127 prevê a devolução dos valores pagos ao credor excedentes ao seu crédito às massas coobrigadas, na mesma proporção que pagaram e do que cada uma assumiu como encargo.

743. Art. 127, § 4º – O § 4º do art. 127, na pressuposição de que os coobrigados eram garantes entre si, prevê que a devolução dos valores pagos ao credor excedentes ao seu crédito pertencerá, conforme a ordem das obrigações, às massas coobrigadas que tiverem direito de ser garantidas.

Paulo Salvador Frontini esclarece: "O § 4º implica aplicação dos princípios cambiais, inerentes à sistemática dos títulos de crédito. (...). Se o credor for um endossatário, poderá voltar-se contra seu endossante, ou contra qualquer dos coobrigados anteriores (desde que tenha no prazo legal providenciado o protesto do título). Damos exemplo de coobrigados anteriores: avalista do endossante, tomador (credor originário) ou avalista do tomador, ou emitente (de nota promissória ou cheque) ou sacador (de letra de câmbio ou duplicata), ou os respectivos avalistas. (...). Como o coobrigado que paga tem direito de cobrar a integralidade de seu crédito do coobrigado anterior, o § 4º, ora sob comentário, manda que o valor excedente recebido pelo credor, nos termos do § 3º, seja devolvido às massas dos coobrigados que tinham em seu favor a garantia de coobrigado anterior".[185]

Art. 128. Os coobrigados solventes e os garantes do devedor ou dos sócios ilimitadamente responsáveis podem habilitar o crédito correspondente às quantias pagas ou devidas,[744-745] se o credor não se habilitar no prazo legal.[746-747]

LEGISLAÇÃO ANTERIOR

Lei de Falências (DL 7.661/1945): *Art. 29.* Os co-devedores solventes e os fiadores do falido e do sócio solidário da sociedade falida podem apresentar-se na falência por tudo quanto houverem pago e também pelo que mais tarde devam pagar, se o credor não pedir a sua inclusão na falência, observados, em qualquer caso, os preceitos legais que regem as obrigações solidárias.

COMENTÁRIOS

744. Habilitação de quantia paga ou devida – Desde que o credor não habilite seu crédito no prazo legal, aos avalistas e fiadores solventes bem como aos garantes do devedor ou dos sócios ilimitadamente responsáveis é facultado habilitar seus respectivos créditos pelas quantias pagas[186] ou devidas.[187-188]

184. Ricardo Tepedino, "Comentários aos arts. 105 ao 138", cit., in Carlos Henrique Abrão e Paulo Fernando Campos Salles de Toledo (coords.), *Lei de Recuperação de Empresas e Falência*, pp. 338-339.

185. Paulo Salvador Frontini, "Comentários aos arts. 115 ao 128", in Francisco Satiro de Sousa Jr. e Antônio Sérgio Altieri de Moraes Pitombo (coords.), *Comentários à Lei de Recuperação de Empresas e Falência: Lei 11.101/2005*, São Paulo, Ed. RT, 2005, pp. 456-457.

186. Integral ou parcialmente – ressalta Sergio Campinho –, pois admite-se o regresso parcial

745. Por que o art. 128 também assegura a habilitação de crédito cuja quantia ainda não foi paga? – Porque, se o credor não habilitar seu crédito tempestivamente, poderá, ainda assim, exigir sua cobrança dos coobrigados e garantes.[189]

746. Por que o art. 128 condiciona a habilitação dos coobrigados e garantes à ausência de habilitação tempestiva do credor? – A razão é simples: evitar que a massa pague em duplicidade o crédito objeto da garantia.[190]

747. Se o credor habilitar seu crédito, mas nada receber? – Responde Paulo Salvador Frontini: "Vejamos a hipótese de crédito constante de título cambial (letra de câmbio, nota promissória ou congêneres, os títulos cambiariformes). Se o credor não efetuou o protesto obrigatório que lhe assegura, nos termos da legislação cambial, o direito de cobrar os garantes cambiais, os coobrigados ficam liberados. Se o credor efetuou, a tempo e hora, esse protesto, e esse credor nada receber na falência, terá direito de, antes de a prescrição cambial sobrevir, executar os garantes cambiais".[191]

tratando-se de devedores coobrigados ou garantes (*Falência e Recuperação de Empresa: o Novo Regime da Insolvência Empresarial*, Rio de Janeiro, Renovar, 2006, p. 330).

187. "Cuida-se, então, de um crédito condicional, que poderá justificar o pedido de reserva, mas que só dará lugar ao recebimento de dividendo se o habilitante comprovar que satisfez total ou parcialmente a dívida (...)" (Ricardo Tepedino, "Comentários aos arts. 105 ao 138", in Carlos Henrique Abrão e Paulo Fernando Campos Salles de Toledo (coords.), *Lei de Recuperação de Empresas e Falência*, São Paulo, Saraiva, 2005, p. 340).

188. Ressalta Sérgio Campinho: "(...) mas o reembolso fica diferido, até que se realize o pagamento por um deles ao credor" (*Falência e Recuperação de Empresa: o Novo Regime da Insolvência Empresarial*, cit., p. 330).

189. Explica Manoel Justino Bezerra Filho: "A determinação é correta, pois, em tese, pode haver dinheiro suficiente para solver a obrigação e, desta forma, com o pagamento do valor habilitado, os coobrigados estariam liberados do pagamento" (*Nova Lei de Recuperação e de Falências Comentada. Lei 11.101, de 9.2.2005, Comentário Artigo por Artigo*, 3ª ed., São Paulo, Ed. RT, 2005, p. 295).

190. No mesmo sentido: Fábio Ulhoa Coelho, *Comentários à Nova Lei de Falências e de Recuperação de Empresas*, São Paulo, Saraiva, 2005, p. 343; Luiz Antônio Soares Hentz, "Comentários aos arts. 115 ao 128", in Newton de Lucca e Adalberto Simão Filho (coords.), *Comentários à Nova Lei de Recuperação de Empresas e de Falências*, São Paulo, Quartier Latin, 2005, p. 510.

191. Paulo Salvador Frontini, "Comentários aos arts. 115 ao 128", in Francisco Satiro de Sousa Jr. e Antônio Sérgio Altieri de Moraes Pitombo (coords.), *Comentários à Lei de Recuperação de Empresas e Falência: Lei 11.101/2005*, São Paulo, Ed. RT, 2005, p. 457.

Seção IX – Da Ineficácia e da Revogação de Atos Praticados Antes da Falência

Art. 129. São ineficazes em relação à massa falida,[748-749] tenha ou não o contratante conhecimento do estado de crise econômico-financeira do devedor,[750] seja ou não intenção deste fraudar credores:[751-752-753-754-755] I – o pagamento de dívidas não vencidas realizado pelo devedor dentro do termo legal, por qualquer meio extintivo do direito de crédito, ainda que pelo desconto do próprio título; II – o pagamento de dívidas vencidas e exigíveis realizado dentro do termo legal, por qualquer forma que não seja a prevista pelo contrato; III – a constituição de direito real de garantia, inclusive a retenção, dentro do termo legal, tratando-se de dívida contraída anteriormente; se os bens dados em hipoteca forem objeto de outras posteriores, a massa falida receberá a parte que devia caber ao credor da hipoteca revogada; IV – a prática de atos a título gratuito, desde 2 (dois) anos antes da decretação da falência; V – a renúncia à herança ou a legado, até 2 (dois) anos antes da decretação da falência; VI – a venda ou transferência de estabelecimento feita sem o consentimento expresso ou o pagamento de todos os credores, a esse tempo existentes, não tendo restado ao devedor bens suficientes para solver o seu passivo, salvo se, no prazo de 30 (trinta) dias, não houver oposição dos credores, após serem devidamente notificados, judicialmente ou pelo oficial do Registro de Títulos e Documentos; VII – os registros de direitos reais e de transferência de propriedade entre vivos, por título oneroso ou gratuito, ou a averbação relativa a imóveis realizados após a decretação da falência, salvo se tiver havido prenotação anterior.

Parágrafo único. A ineficácia poderá ser declarada de ofício pelo juiz, alegada em defesa ou pleiteada mediante ação própria ou incidentalmente no curso do processo.[756-757]

LEGISLAÇÃO ANTERIOR

Lei de Falências (DL 7.661/1945): *Art. 52.* Não produzem efeitos relativamente à massa, tenha ou não o contratante conhecimento do estado econômico do devedor, seja ou não intenção deste fraudar credores: I – o pagamento de dívidas não vencidas realizado pelo devedor dentro do termo legal da falência, por qualquer meio extintivo do direito de crédito, ainda que pelo desconto do próprio título; II – o pagamento de dívidas vencidas e exigíveis realizado dentro do termo legal da falência, por qualquer forma que não seja a prevista pelo contrato; III – a constituição de direito real de garantia, inclusive a retenção, dentro do termo legal da falência, tratando-se de dívida contraída antes desse termo; se os bens dados em hipoteca forem objeto de outras posteriores, a massa receberá a parte que devia caber ao credor da hipoteca revogada; IV – a prática de atos a título gratuito, salvo os referentes a objetos de valor inferior a Cr$ 1.000,00, desde 2 (dois) anos antes da declaração da falência; V – a renúncia a herança ou a legado, até 2 (dois) anos antes da declaração da falência; VI – a restituição antecipada do dote ou a sua entrega antes do prazo estipulado no contrato antenupcial; VII – as inscrições de direitos reais, as transcrições de transferência de propriedade entre vivos, por título oneroso ou gratuito, ou a averbação relativa a imóveis, realizadas após a decretação do seqüestro ou a declaração da falência, a menos que tenha havido prenotação anterior; a falta de inscrição do ônus real dá ao credor o direito de concorrer à massa como quirografário, e a falta da transcrição dá ao adquirente ação para haver o preço até onde bastar o que se apurar na venda do imóvel; VIII – a venda, ou transferência de estabelecimento comercial ou industrial, feita sem o consentimento expresso ou o pagamento de todos os credores, a esse tempo existentes, não tendo restado ao falido bens suficientes para solver o seu passivo, salvo se, dentro de 30 (trinta) dias, nenhuma oposição fizeram os credores à venda ou transferência que lhes foi notificada; essa notificação será feita judicialmente ou pelo oficial do Registro de Títulos e Documentos.

Art. 57. A ineficácia do ato pode também ser oposta como defesa em ação ou execução, perdendo a massa o direito de propor a ação de que trata o artigo anterior.

COMENTÁRIOS

748. "Da Ineficácia e da Revogação de Atos Praticados Antes da Falência" – No regime anterior o título da Seção V do Título II era "Da Revogação dos Atos Praticados pelo Devedor Antes da Falência".

No atual regime o Título da Seção IX do Capítulo V é "Da Ineficácia e da Revogação de Atos Praticados Antes da Falência".

Por isso, Roberto Senise Lisboa destaca: "A nova lei é tecnicamente mais aperfeiçoada que a anterior, a partir do título da seção que trata da matéria. (...) preocupa-se o legislador tanto com a ineficácia *stricto sensu* como com a nulidade de atos".[1]

Para Manoel Justino Bezerra Filho: "Evidentemente, pode-se discutir – e isto certamente virá a ser examinado no campo jurisprudencial – que os casos aqui são todos de ineficácia, segundo os princípios doutrinários, não se tratando, em qualquer caso, de invalidade. No entanto, a opção do legislador ficou clara neste ponto, ao dividir os atos em ineficazes e nulos".[2]

O legislador optou por qualificar como *ineficazes* algumas situações em que a investigação sobre a fraude é irrelevante, pois ela é presumida *juris et de jure* (art. 129); e como *revogáveis* outras situações em que a prova da fraude é essencial (art. 130).

Não obstante isso, entendemos que ambos os dispositivos tratam da ineficácia, isto é, da subtração dos efeitos dos atos e negócios jurídicos praticados entre o devedor e o terceiro em relação à massa falida, mas com manutenção das respectivas validades: o primeiro, o art. 129, veicula a ineficácia objetiva (independe da prova da intenção fraudatória); o segundo, o art. 130, disciplina a ineficácia subjetiva (depende da prova da intenção fraudatória).[3]

Por isso, a ineficácia objetiva pode ser declarada por despacho interlocutório, e a ineficácia subjetiva (denominada pelo legislador de revogação) somente pode sê-lo por sentença numa ação revocatória.[4]

749. Ineficácia – Antônio Martin explica o mecanismo da ineficácia: "A declaração da ineficácia, que se dará ou nos próprios autos do processo falimentar, ou através de ação competente, tem por objetivo alcançar a massa falida. Se, por exemplo, declarada a ineficácia da alienação, pelo falido, de um bem, e não sendo tal bem alienado pela massa, não volta ao patrimônio do falido, e sim volta ao patrimônio do alienatário, pois a ineficácia opera somente em relação à massa. Como se vê, a declaração de ineficácia obedece a regras semelhantes às que estão previstas nos incisos I e II do art. 593 do CPC, quando cuida da fraude à execução. Por isso se diz que a relação jurídica criada entre as partes contratantes não se anula, perdendo apenas a eficácia em relação aos credores do falido, sejam eles anteriores ou posteriores ao dito ato ineficaz. A providência ativa de qualquer credor para essa declaração de ineficácia não trará benefício imediato ao credor, individualmente considerado, posto que o ato declarado ineficaz fará acrescer a massa falida, beneficiando, portanto, todos os credores do falido".[5-6-7-8]

1. Roberto Senise Lisboa, "Comentários aos arts. 129 ao 138", in Newton de Lucca e Adalberto Simão Filho (coords.), *Comentários à Nova Lei de Recuperação de Empresas e de Falências*, São Paulo, Quartier Latin, 2005, p. 513.

2. Manoel Justino Bezerra Filho, *Nova Lei de Recuperação e de Falências Comentada. Lei 11.101, de 9.2.2005, Comentário Artigo por Artigo*, 3ª ed., São Paulo, Ed. RT, 2005, p. 296.

3. No mesmo sentido: Antônio Martin, "Comentários aos arts. 129 ao 137", in Francisco Satiro de Sousa Jr. e Antônio Sérgio Altieri de Moraes Pitombo (coords.), *Comentários à Lei de Recuperação de Empresas e Falência: Lei 11.101/2005*, São Paulo, Ed. RT, 2005, pp. 469-470.

4. No mesmo sentido: Fábio Ulhoa Coelho, *Comentários à Nova Lei de Falências e de Recuperação de Empresas*, São Paulo, Saraiva, 2005, p. 355; Manoel Justino Bezerra Filho, *Nova Lei de Recuperação e de Falências Comentada. Lei 11.101, de 9.2.2005, Comentário Artigo por Artigo*, cit., 3ª ed., p. 303.

5. Antônio Martin, "Comentários aos arts. 129 ao 137", cit., in Francisco Satiro de Sousa Jr. e Antônio Sérgio Altieri de Moraes Pitombo (coords.), *Comentários à Lei de Recuperação de Empresas e Falência: Lei 11.101/2005*, p. 463.

6. Carlos Roberto Claro complementa: "Em relação à massa falida, não surtirão quaisquer efeitos certos atos praticados pelo devedor, antes ou depois de a sentença declaratória ter sido proferida. É como se o ato, perante a massa falida e terceira em relação

750. Irrelevância do conhecimento do estado de crise econômico-financeira do devedor – Para configuração da ineficácia dos atos e negócios arrolados no art. 129 é irrelevante que o contratante tenha, ou não, conhecimento do estado de crise econômico-financeira do devedor.

751. Irrelevância da intenção do devedor de fraudar credores – Para configuração da ineficácia dos atos e negócios arrolados no art. 129 também é indiferente a existência, ou não, do elemento subjetivo da fraude (*consilium fraudis*); vale dizer, é totalmente irrelevante a intenção de prejudicar credores. Tornando-se, por conseguinte, dispensável a prova do conluio fraudulento entre o devedor e o terceiro que com ele contratar.

Em outras palavras, para a declaração da ineficácia prevista no art. 129 é irrelevante a perquirição das intenções das partes envolvidas; e, por isso, é denominada de objetiva.[9]

Já, o art. 130, contrariamente, pressupõe prova do conluio entre o devedor e o terceiro que com ele contratar (*consilium fraudis*) e o efetivo prejuízo sofrido pela massa (*eventus damni*).

***752. Os atos e negócios arrolados no art. 129 encerram* numerus clausus *ou* apertus?** – Na medida em que o § 8º do art. 45 e o art. 137 da Lei 6.404/1976 (Lei das S/A) veiculam outra hipótese de declaração de ineficácia – a do reembolso feito ao acionista dissidente –, entendemos que os atos e negócios arrolados no art. 129 encerram *numerus apertus*.

Outros autores sustentam que ditos atos e negócios encerram *numerus clausus*.[10]

ao negócio, não existisse. Entre as partes contratantes o ato permanece hígido, podendo até mesmo o terceiro contratante acionar o devedor para reaver o preço pago ou buscar ressarcimento por danos (morais ou materiais) sofridos. (...). Por outro lado, em caso de encerramento do processo (com pagamento de todo o passivo e remanescendo o bem objeto da revocatória ou ação de ineficácia do ato) os contratantes poderão se compor, já que em relação a eles estarão íntegros os efeitos do ato e prejuízo não advirá aos credores, que estarão satisfeitos no processo" (*Revocatória Falimentar*, 3ª ed., Curitiba, Juruá, 2005, pp. 75 e 110).

7. Ricardo Tepedino acrescenta: "Preciosa é a conceituação que lhe dá Stolfi: 'ao contrário da invalidade, que é a conseqüência de um ato afetado total ou parcialmente em sua constituição íntima, a ineficácia supõe um negócio jurídico validamente formado e, por conseguinte, suscetível de execução, mas que carece de efeitos ou que os prive deles um fato posterior'. Desse modo, conforme anotou Betti, enquanto 'a invalidade é o tratamento apropriado a uma carência intrínseca do negócio', a ineficácia se apresenta como a resposta mais adequada a um impedimento extrínseco do negócio jurídico. Ou seja, o ato é válido, porque presentes todos os seus elementos constitutivos, mas, por uma razão que lhe é exterior, e que, normalmente, se verifica *a posteriori* e não concomitante à sua prática, fica privado de alguns efeitos ou sem eficácia diante de certas pessoas" ("Comentários aos arts. 105 ao 138", in Carlos Henrique Abrão e Paulo Fernando Campos Salles de Toledo (coords.), *Lei de Recuperação de Empresas e Falência*, São Paulo, Saraiva, 2005, p. 343).

8. Roberto Senise Lisboa arremata: "Tratando da ineficácia do ato ou do negócio em si, ela pode ser compreendida em sentido amplo ou estrito. No primeiro caso, fala-se em ineficácia *lato sensu*; no segundo, em ineficácia *stricto sensu*. A ineficácia *lato sensu* compreende: a invalidade absoluta (por ausência dos pressupostos legais de constituição do ato ou do negócio jurídico, como, por exemplo, a incapacidade absoluta), a incapacidade relativa (pela incapacidade relativa do agente) e, por fim, a ineficácia *stricto sensu*. (...). A ineficácia *stricto sensu* pode ser absoluta, quando os efeitos deixam de atingir ambas as partes; e a ineficácia relativa, quando os efeitos deixam de atingir uma das partes. A Lei Falimentar trata da ineficácia em sentido estrito, não da invalidade, que é problema anterior, ante a observância de estudo dos planos do ato e do negócio jurídico: primeiramente, verifica-se a sua existência; em seguida, a sua validade; e, por fim, sua eficácia" ("Comentários aos arts. 129 ao 138", cit., in Newton de Lucca e Adalberto Simão Filho (coords.), *Comentários à Nova Lei de Recuperação de Empresas e de Falências*, p. 512).

9. Já, para a declaração da ineficácia prevista no art. 129 pressupõe-se a perquirição das intenções das partes envolvidas; e, por isso, é denominada de subjetiva. No mesmo sentido: Fábio Ulhoa Coelho, *Comentários à Nova Lei de Falências e de Recuperação de Empresas*, cit., p. 346.

10. Ricardo Tepedino, "Comentários aos arts. 105 ao 138", cit., in Carlos Henrique Abrão e Paulo Fernando Campos Salles de Toledo (coords.), *Lei de Recuperação de Empresas e Falência*, p. 347; Antônio Martin, "Comentários aos arts. 129 ao 137",

753. A presunção de que estão revestidos os atos e os negócios elencados no art. 129 é absoluta ou relativa? – Os atos e os negócios elencados no art. 129 estão revestidos de presunção absoluta (*iuris et de jure*), e não relativa (*juris tantum*).[11]

Não obstante isso, é evidente que há atos e negócios que, apesar de se subsumirem no rol do art. 129, não trazem qualquer prejuízo à massa falida; ao contrário, trazem lucro ou vantagem – e, por conseguinte, não se há de cogitar de sua ineficácia.[12]

754. Atos ou negócios jurídicos arrolados no art. 129 como ineficazes – Antes de comentarmos cada um dos incisos do art. 129, ressaltamos que os incisos I a III tratam de atos praticados *dentro do termo legal da falência*; os incisos IV e V disciplinam atos praticados *antes da decretação da falência*; o inciso VI versa sobre ato ocorrido *dentro ou fora do termo legal*; e o inciso VII regula ato praticado *após a decretação da falência*.

O art. 129 arrola os seguintes atos e negócios jurídicos como ineficazes:

I – Pagamento de dívidas não vencidas realizado pelo devedor dentro do termo legal, por qualquer meio extintivo do direito de crédito, ainda que pelo desconto do próprio título. O pagamento de dívidas não vencidas – vale dizer, o pagamento antecipado –, além de não ser usual no comércio jurídico,[13-14] se efetuado *dentro do termo legal* criará, segundo Carlos Roberto Claro, "um certo desequilíbrio entre credores da massa falida subjetiva", já que "(...) um dos princípios norteadores da Lei de Recuperação de Empresas, no tocante à falência, é assegurar a igualdade entre os credores (*par conditio omnium creditorum*), respeitadas as classes estabelecidas pelo art. 83 da lei de regência".[15-16-17-18]

cit., in Francisco Satiro de Sousa Jr. e Antônio Sérgio Altieri de Moraes Pitombo (coords.), *Comentários à Lei de Recuperação de Empresas e Falência: Lei 11.101/2005*, p. 465; Sérgio Campinho, *Falência e Recuperação de Empresa: o Novo Regime da Insolvência Empresarial*, Rio de Janeiro, Renovar, 2006, p. 360.

11. No mesmo sentido: Antônio Martin, "Comentários aos arts. 129 ao 137", cit., in Francisco Satiro de Sousa Jr. e Antônio Sérgio Altieri de Moraes Pitombo (coords.), *Comentários à Lei de Recuperação de Empresas e Falência: Lei 11.101/2005*, p. 464.

12. Antônio Martin exemplifica: "É necessário, contudo, examinar se a hipótese legal trouxe ou não benefício para a massa. Não se pode esquecer que o art. 117 da Lei 11.101/2005 regulou o alcance da sentença falimentar sobre os contratos bilaterais. É claro que se um pagamento parcial, na compra de um valioso bem, vier a privar a massa desse bem, com a devolução do valor que foi pago e a situação for favorável à massa falida com a manutenção do bem no acervo, não se deve pleitear a declaração de ineficácia do ato, porque esta declaração em vez de lucro trará prejuízo à massa falida" ("Comentários aos arts. 129 ao 137", cit., in Francisco Satiro de Sousa Jr. e Antônio Sérgio Altieri de Moraes Pitombo (coords.), *Comentários à Lei de Recuperação de Empresas e Falência: Lei 11.101/2005*, p. 466).

13. Segundo o Código Civil: as dívidas em dinheiro deverão ser pagas *no vencimento* (art. 315); fica validamente desonerado o devedor que paga título de crédito ao legítimo portador, *no vencimento* (art. 901).

14. No mesmo sentido: Roberto Senise Lisboa, "Comentários aos arts. 129 ao 138", cit., in Newton de Lucca e Adalberto Simão Filho (coords.), *Comentários à Nova Lei de Recuperação de Empresas e de Falências*, p. 516.

15. Carlos Roberto Claro, *Revocatória Falimentar*, cit., 3ª ed., p. 112.

16. Gladston Mamede ressalta: "A antecipação do pagamento, destarte, constitui uma anormalidade, ou seja, constitui um fato fora do normal, fato excepcional, verdadeira liberalidade por parte do devedor, que, assim, efetua o desembolso do valor devido antes de estar obrigado a tanto. Aliás, essa anormalidade não é ilícita, nem ilegítima, em contextos de solvabilidade; no entanto, em contextos de insolvabilidade rompe com o tratamento isonômico que deve ser dado a todos os credores (*par conditio creditorum*)" (*Direito Empresarial Brasileiro: Falência e Recuperação de Empresas*, vol. 4, São Paulo, Atlas, 2006, p. 545).

17. Júlio Kahan Mandel esclarece: "Mesmo as empresas com grande liquidez e excelente condição financeira dificilmente pagam seus débitos antes do vencimento. Ou pagam à vista, para obter descontos, ou aguardam o vencimento para efetuar o pagamento" (*Nova Lei de Falências e Recuperação de Empresas Anotada: Lei 11.101, de 9.2.2005*, São Paulo, Saraiva, 2005, p. 230).

18. Manoel de Queiroz Pereira Calças, no mesmo diapasão, assevera: "É notório que o empresário não paga dívidas antes do vencimento, mesmo estando em excelente situação econômico-financeira, uma

O termo legal é fixado pela sentença decretatória da falência do devedor e não pode ser retrotraído por mais de 90 dias, contados do pedido de falência ou do primeiro protesto por falta de pagamento (art. 99, II).[19]

O termo legal corresponde, em síntese, ao período sobre o qual recai suspeição em relação a determinados atos praticados pelo devedor.[20]

Ricardo José Negrão Nogueira dá um exemplo de pagamento antecipado que, apesar de se subsumir ao inciso I do art. 129, não traz qualquer prejuízo à massa falida; ao contrário, traz-lhe vantagem: "Excluem-se da hipótese legal os casos em que do pagamento antecipado resultar situação benéfica à massa falida, conforme lição de Spencer Vampré (...) e Carvalho de Mendonça (...), ao mencionarem o pagamento integral de crédito garantido por penhor, hipoteca ou anticrese, porque a liquidação antecipada libera a coisa oferecida, aumentando o ativo".[21]

Por outro lado, indaga-se: há possibilidade de declaração de ineficácia de pagamento de dívidas não vencidas realizado *antes do termo legal*? Sim. No entanto, a moldura legal será outra, a do art. 130, que exige a comprovação do conluio fraudulento (*consilium fraudis*) entre devedor e credor e efetivo prejuízo sofrido pela massa falida.

A expressão "qualquer meio extintivo do direito de crédito" engloba, por exemplo, dação em pagamento, novação e compensação.

O CC, ao tratar da fraude contra credores, estabelece, no art. 162: "*Art. 162.* O credor quirografário, que receber do devedor insolvente o pagamento de dívida ainda não vencida, ficará obrigado a repor, em proveito do acervo sobre que se tenha de efetuar o concurso de credores, aquilo que recebeu".

Por fim, lembramos que a hipótese de ineficácia prevista neste inciso I não se aplica em seara de recuperação judicial, desde que tenha sido prevista e realizada na forma definida no respectivo plano (art. 131).

II – Pagamento de dívidas vencidas e exigíveis realizado dentro do termo legal,[22] *por qualquer forma que não seja a prevista pelo contrato.* Como já ressaltamos acima, nem todos os atos e os negócios arrolados no art. 129 trazem prejuízo à massa falida; ao contrário, trazem lucro, e, por conseguinte, não se há de cogitar de sua ineficácia.

Antônio Martin exemplifica: "Evidentemente, se o pagamento foi feito de modo extintivo da obrigação sem oneração patrimonial, não há se falar de ineficácia. É o que ocorre, por exemplo, quando o falido, no lapso do termo legal, quita a obrigação através de prestação de serviço. Se havia mão-de-obra ociosa por parte do falido, e se considerarmos que os serviços não vão

vez que usa o prazo que lhe é concedido por seus credores para realizar suas atividades e obter maior lucratividade com o capital alheio. Por isso, não tem qualquer sentido a realização de pagamento de dívida ainda não vencida quando o empresário encontra-se em estado pré-falimentar. (...). Anota-se que o pagamento antecipado da dívida não vencida, portanto inexigível, afronta o princípio da isonomia dos credores, uma vez que prejudica os titulares de dívidas já vencidas e ainda não pagas" ("Da ineficácia e da revogação dos atos praticados antes da falência", *Revista do Advogado* 83/91, Ano XXV, São Paulo, AASP, setembro/2005).

19. Gladston Mamede exemplifica: "Imagine-se que, fixado o termo legal da falência em 90 dias antes do primeiro protesto por falta de pagamento, descobre-se que no *período de insolvência presumida* o devedor antecipou, em 3 dias, o pagamento de uma duplicata. Ou mesmo num único dia. Por óbvio, não são hipóteses que se subsumam à idéia de *pagamento de dívidas não vencidas*, nos termos do dispositivo estudado" (*Direito Empresarial Brasileiro: Falência e Recuperação de Empresas*, cit., vol. 4, p. 546).

20. Sustenta Gladston Mamede: "Por força do art. 129, *caput* e parágrafo único, da Lei 11.101/2005, o período que medeia o *termo legal da falência* e a *sentença declaratória da quebra* não deve ser compreendido como mero *período suspeito*, mas como período de *insolvência presumida* – ou *período de presunção* (...)" (*Direito Empresarial Brasileiro: Falência e Recuperação de Empresas*, cit., vol. 4, p. 543).

21. Ricardo José Negrão Nogueira, "Ineficácia e revogação de atos praticados antes da falência", in Luiz Fernando Valente de Paiva (coord.), *Direito Falimentar e a Nova Lei de Falências e Recuperação de empresas*, São Paulo, Quartier Latin, 2005, p. 496.

22. V. nota 20 (supra).

integrar a massa falida, é evidente que houve benefício para a massa, e não prejuízo".[23]

A expressão "por qualquer forma que não seja a prevista no contrato" engloba, por exemplo, a dação em pagamento e a cessão de crédito.

Em relação à dação em pagamento, enfatiza Manoel de Queiroz Pereira Calças: "O objetivo de tal previsão é evitar, principalmente, a dação em pagamento, pela qual o devedor acabaria por esvaziar a massa falida, dando em pagamento de suas dívidas bens que deveriam integrar a massa ativa para futuro pagamento dos credores, violando o princípio da igualdade".[24]

Jurisprudência[25]

Eis dois julgados pertinentes prolatados sob a égide do regime anterior:

[TJSP] Falência – Revocatória – *Dação em pagamento – Forma não prevista no contrato de repasse de empréstimo contraído pela falida perante instituição financeira* – Ato praticado dentro do termo legal da falência – Ineficácia – Ação procedente – Decisão confirmada – Inteligência do art. 52, II, da Lei de Falências. [*J. 30.8.1995, RT 723/315*]

[STJ] *Dação em pagamento* – Termo legal – Direito falimentar – Ação revocatória – Declaração de ineficácia – Art. 52 do Decreto-lei n. 7.661/1945 – Via adequada – Precedente – Doutrina – Recurso desacolhido. Na linha da melhor doutrina, "é por intermédio da ação revocatória que a massa falida pode obter a decretação da ineficácia ou revogação dos atos indicados nos arts. 52 e 53 da lei" – Entre outros, Sampaio de Lacerda, *Manual de Direito Falimentar*, 12ª ed., Rio de Janeiro, Freitas Bastos, 1985, n. 85, p.143). [*REsp 259.265-SP, rel. Min. Sálvio de Figueiredo Teixeira, j. 10.10.2000, p. 1.088*]

A cessão de crédito inclui aquela operada com os títulos de crédito (por exemplo, duplicatas e notas promissórias)? Opina Ricardo Tepedino:

"Era comum distinguir entre a cessão de títulos de crédito usuais no comércio e a dos outros créditos, dando-se pela eficácia no primeiro caso e pela falta de efeitos no segundo. É o que defende Trajano, assim como Nelson Abrão. Não vejo acerto nesse critério de dividir águas, e creio que ele tem origem nos dispositivos das Leis Falimentares de 1908 e 1929, que expressamente excluíam da sanção legal o pagamento efetuado em *effeitos do commercio*, anacronismo que significa valores negociáveis (...).

"Efeitos do comércio seriam os títulos de crédito que habitualmente circulam no mercado empresarial – duplicatas, promissórias e letras de câmbio. Mas o legislador de 1945 suprimiu a referência a *effeitos do commercio*, a qual não foi ressuscitada na atual Lei Falimentar. Falou genericamente em qualquer outra forma de pagamento, e receber em pagamento uma nota promissória é coisa diversa de embolsar dinheiro."[26]

Por oportuno, indaga-se: há possibilidade de declaração de ineficácia de pagamento de dívidas vencidas e exigíveis realizado *antes do termo legal* por qualquer forma que não seja a prevista no contrato?

Sim, No entanto, a moldura legal será outra, a do art. 130, que exige a comprovação do conluio fraudulento (*consilium fraudis*) entre devedor e credor e o efetivo prejuízo sofrido pela massa falida.

Por fim, lembramos que a hipótese de ineficácia prevista neste inciso II não se aplica em seara de recuperação judicial desde que tenha sido prevista e realizada na forma definida no respectivo plano (art. 131).

III – Constituição de direito real de garantia, inclusive a retenção, dentro do termo legal,[27] tratando-se de dívida con-

23. Antônio Martin, "Comentários aos arts. 129 ao 137", cit., in Francisco Satiro de Sousa Jr. e Antônio Sérgio Altieri de Moraes Pitombo (coords.), *Comentários à Lei de Recuperação de Empresas e Falência: Lei 11.101/2005*, p. 466.

24. Manoel de Queiroz Pereira Calças, "Da ineficácia e da revogação dos atos praticados antes da falência", cit., *Revista do Advogado* 83/92.

25. Manoel Justino Bezerra Filho, *Jurisprudência da Nova Lei de Recuperação de empresas e Falências/Decisões, Ofícios Judiciais, Resoluções, Sentenças, Acórdãos, Dentre Outros Documentos*, São Paulo, Ed. RT, 2006, pp. 323-324.

26. Ricardo Tepedino, "Comentários aos arts. 105 ao 138", cit., in Carlos Henrique Abrão e Paulo Fernando Campos Salles de Toledo (coords.), *Lei de Recuperação de Empresas e Falência*, p. 348.

27. V. nota 20 (supra).

traída anteriormente; se os bens dados em hipoteca forem objeto de outras posteriores, a massa falida receberá a parte que devia caber ao credor da hipoteca revogada. De acordo com o Código Civil, os direitos reais de garantia são: penhor, hipoteca e anticrese (art. 1.225, VIII, IX e X, c/c o art. 1.419). A despeito de o direito de retenção não ser uma modalidade de direito real, ele também se sujeitará à declaração de ineficácia se for concedido dentro do termo legal.[28]

Com efeito, a intenção do legislador foi a de impedir que os débitos originários de natureza quirografária assumidos pelo devedor antes do termo legal se tornem, subseqüentemente – isto é, dentro do termo legal –, débitos com garantia real, em preterição aos demais credores.[29-30-31]

Por isso, acertadamente afirma Carvalho de Mendonça: "Produzem, porém, efeito relativamente à massa: (a) as hipotecas ou as garantias reais gêmeas da dívida. Assim, se, dentro do período suspeito, o devedor contrai um empréstimo e, no mesmo ato, hipoteca ou dá em anticrese um imóvel, a garantia forma com o empréstimo um todo indivisível, e pode ser oposta contra a massa; (b) as hipotecas ou garantias reais mais velhas que a dívida. Assim, se a hipoteca é constituída dentro do período suspeito ou antes dele, para garantir uma abertura de crédito, e o falido se serviu deste crédito, durante aquele período; (c) as hipotecas dadas em substituição de outra garantia sem melhorar a posição do credor e sem prejudicar a massa".[32-33]

Ressalte-se que o reforço da garantia do bem em decorrência da sua deterioração ou depreciação não se subsome à hipótese de ineficácia prevista neste inciso III (art. 1.425, I, do CC), pois tal comportamento implica cumprimento da obrigação, e não conluio fraudulento.[34]

Diferentemente, a caução de créditos, justamente por constituir uma modalidade de penhor, desde que efetuada no termo legal para garantir dívida anterior, se subsome à

28. Gladston Mamede opina: "Curiosamente, o dispositivo fala em 'retenção', que não é um direito real de garantia; ademais, mesmo que houvesse a concessão de um direito de retenção, não teria ele qualquer validade perante a massa, certo de que, nos termos do art. 116 da Lei 11.101/2005, a decretação suspende o exercício do direito de retenção sobre bens sujeitos à arrecadação, os quais deverão ser entregues ao administrador judicial" (*Direito Empresarial Brasileiro: Falência e Recuperação de Empresas*, cit., vol. 4, p. 548).

29. De acordo com Carlos Roberto Claro: "O que se busca, a bem da verdade, é fazer com que o devedor e terceiro não tenham condições de ludibriar os demais credores, para transformar um simples crédito quirografário num crédito com exageradas garantias (situação, essa, mais que comum), fazendo com que o terceiro passe a receber seus haveres antes dos demais, por condição imposta pelo art. 83 da nova redação" (*Revocatória Falimentar*, cit., 3ª ed., p. 114).

30. Segundo Sérgio Campinho, "o objetivo é evitar que o devedor, pressionado pelo seu estado de crise aguda, favoreça um credor quirografário, transformando-o em privilegiado" (*Falência e Recuperação de Empresa: o Novo Regime da Insolvência Empresarial*, cit., p. 364).

31. Aduz Gladston Mamede: "É uma vantagem espetacular que, insofismavelmente, rompe com a *par conditio creditorum*, o que justifica a ineficácia da garantia" (*Direito Empresarial Brasileiro: Falência e Recuperação de Empresas*, cit., vol. 4, p. 549).

32. J. X. Carvalho de Mendonça, *Tratado de Direito Comercial Brasileiro*, 7ª ed., vol. VII, Rio de Janeiro, Freitas Bastos, 1964, p. 524.

33. Fábio Ulhoa Coelho exemplifica a primeira hipótese (garantia real gêmea da dívida) ventilada por J. X. Carvalho de Mendonça: "Se os responsáveis pela sociedade empresária em estado pré-falimentar buscam, por meio de financiamento bancário, os recursos para o reequilíbrio da empresa, e só os obtêm se outorgada a garantia real em favor do banco (hipoteca, caução de títulos, alienação fiduciária em garantia, penhor mercantil etc.), o ato não é ineficaz perante a massa falida em razão da concomitância entre a concessão do empréstimo e a constituição do ônus real" (*Comentários à Nova Lei de Falências e de Recuperação de Empresas*, cit., p. 349).

34. No mesmo sentido: Ricardo Tepedino, "Comentários aos arts. 105 ao 138", cit., in Carlos Henrique Abrão e Paulo Fernando Campos Salles de Toledo (coords.), *Lei de Recuperação de Empresas e Falência*, p. 350. Em sentido contrário: Antônio Martin, "Comentários aos arts. 129 ao 137", cit., in Francisco Satiro de Sousa Jr. e Antônio Sérgio Altieri de Moraes Pitombo (coords.), *Comentários à Lei de Recuperação de Empresas e Falência: Lei 11.101/2005*, p. 466; Sérgio Campinho, *Falência e Recuperação de Empresa: o Novo Regime da Insolvência Empresarial*, cit., p. 364.

hipótese de ineficácia prevista neste inciso III (art. 1.425, I, do CC).[35]

Por outro lado, indaga-se: tratando-se de dívida anterior, há possibilidade de declaração de ineficácia da constituição de direito real de garantia *antes do termo legal*?

Sim. No entanto, a moldura legal será outra, a do art. 130, que exige a comprovação do conluio fraudulento (*consilium fraudis*) entre devedor e credor e o efetivo prejuízo sofrido pela massa falida.

Lembramos que o CC, ao tratar da fraude contra credores, estabelece, no art. 163: "*Art. 163.* Presumem-se fraudatórias dos direitos de outros credores as garantias das dívidas que o devedor insolvente tiver dado a algum credor".

Jurisprudência[36]

Eis dois julgados pertinentes prolatados à luz do regime anterior:

[STJ] *Ação revocatória – Alienação fiduciária* levada a efeito pelo devedor no termo legal da falência – Ineficácia em relação à massa, ainda que, à época da quebra, a garantia já tivesse sido, em ação de busca e apreensão, executada pelo credor – Recurso especial não conhecido. [*3ª Turma, REsp 267.684-PR, rel. Min. Ari Pargendler, DJU 12.11.2001, p. 151*]

[TJPR] Alienação fiduciária – Falência – Restituição de bens alienados fiduciariamente – Inadmissibilidade – *Contrato celebrado dentro do termo legal da falência – Ineficácia relativamente à massa* – Carência da ação mantida – Inteligência do art. 52, III, do Decreto-lei n. 7.661/1945. [*RT 726/378*]

Como se opera a previsão constante da parte final do inciso III do art. 129 no sentido de que, "se os bens dados em hipoteca forem objeto de outras posteriores, a massa falida receberá a parte que devia caber ao credor da hipoteca revogada"?

Antes de respondermos, esclareçamos, preliminarmente, que um imóvel pode ser objeto de mais de uma hipoteca, conforme dispõe o art. 1.496 do CC.

A massa receberá primeiramente o valor correspondente à hipoteca ineficaz, e subseqüentemente, caso remanesça alguma sobra, esta caberá ao(s) credor(es) da(s) hipoteca(s) eficaz(es).

Explica Manoel Justino Bezerra Filho: "Está correto o legislador, pois este credor hipotecário posterior sabia que apenas receberia depois que o credor hipotecário anterior (cuja hipoteca foi agora declarada ineficaz) recebesse sua parte; ora, se por iniciativa da massa houve a revogação, ainda assim permanece o credor hipotecário posterior na mesma posição, de só receber depois de satisfeito aquele que agora se sub-rogou na hipoteca ineficaz (ou seja, a massa falida)".[37]

Exemplifique-se:

Manoel de Queiroz Pereira Calças: "Um exemplo fornecido por Lincoln Prates e repetido por Sampaio de Lacerda, atualizado para o padrão monetário em vigor, é elucidativo: 'O empresário Tício contraiu uma dívida de R$ 50.000,00 antes do termo legal da falência e constituiu em primeira hipoteca, em favor de Caio, para a respectiva garantia, posteriormente, dentro do termo legal. Ulteriormente, dentro do termo legal, o empresário Tício contrai uma dívida com Ulpiano, no valor de R$ 30.000,00, garantida por uma segunda hipoteca sobre o mesmo imóvel da primeira. O imóvel é alienado em hasta pública na fase de realização do ativo por R$ 70.000,00. Declarada a ineficácia da primeira hipoteca, a massa recolherá a importância de R$ 50.000,00, que deveriam caber ao primeiro credor hipotecário. O saldo do preço

35. No mesmo sentido: Ricardo Tepedino, "Comentários aos arts. 105 ao 138", cit., in Carlos Henrique Abrão e Paulo Fernando Campos Salles de Toledo (coords.), *Lei de Recuperação de Empresas e Falência*, p. 351; Antônio Martin, "Comentários aos arts. 129 ao 137", cit., in Francisco Satiro de Sousa Jr. e Antônio Sérgio Altieri de Moraes Pitombo (coords.), *Comentários à Lei de Recuperação de Empresas e Falência: Lei 11.101/2005*, p. 466.

36. Manoel Justino Bezerra Filho, *Jurisprudência da Nova Lei de Recuperação de Empresas e Falências/Decisões, Ofícios Judiciais, Resoluções, Sentenças, Acórdãos, Dentre Outros Documentos*, cit., pp. 322-324.

37. Manoel Justino Bezerra Filho, *Nova Lei de Recuperação e de Falências Comentada. Lei 11.101, de 9.2.2005, Comentário Artigo por Artigo*, cit., 3ª ed., p. 299.

da venda do imóvel de R$ 20.000,00 irá para o segundo credor hipotecário, que ainda terá o direito de receber o saldo de seu crédito de R$ 10.000,00, que figurará como credor hipotecário'".[38]

Por fim, lembramos que a hipótese de ineficácia prevista neste inciso III não se aplica em seara de recuperação judicial desde que tenha sido prevista e realizada na forma definida no respectivo plano (art. 131).

IV – Prática de atos a título gratuito, desde dois anos[39] *antes da decretação da falência.* Aduz Nelson Abrão ser incompreensível que o insolvente faça cortesia à custa do direito alheio.[40]

Segundo Trajano de Miranda Valverde: "Por 'ato gratuito' deve entender-se, sob o regime falimentar, tôda e qualquer disposição do devedor, pouco importando o meio ou processo empregado, que se converte em um sacrifício para o seu patrimônio, por não ter o devedor recebido o equivalente do que concedeu ou só aparentemente recebeu".[41]

Os autores, em geral, elegem a doação[42] como exemplo, por excelência, de uma obrigação gratuita.

Enquanto o doador sofre diminuição em seu patrimônio, o donatário tem um aumento ou vantagem patrimonial, sem nada dar em troca do que recebe.

Manoel Justino Bezerra Filho, no mesmo diapasão, afirma que poderá também ser considerada obrigação a título gratuito o aval prestado sem interesse econômico direto para a empresa, fiança, cessão, comodato etc.[43-44]

E Amador Paes de Almeida,[45] Ricardo Tepedino[46] e Antônio Martin[47] incluem o

38. Manoel de Queiroz Pereira Calças, "Da ineficácia e da revogação dos atos praticados antes da falência", cit., *Revista do Advogado* 83/92.

39. Segundo Júlio Kahan Mandel, "há uma ampliação do termo legal nestes casos de prática de atos gratuitos, que de 60 dias chegará a 2 anos" (*Nova Lei de Falências e Recuperação de Empresas Anotada: Lei 11.101, de 9.2.2005*, cit., p. 231).

40. Nelson Abrão, *O Novo Direito Falimentar: Nova Disciplina Jurídica da Crise Econômica da Empresa*, São Paulo, Ed. RT, 1985, p. 178.

41. Trajano de Miranda Valverde, *Comentários à Lei de Falências*, 2ª ed., vol. I, Rio de Janeiro, Revista Forense, 1955, p. 187.

42. O art. 538 do CC dispõe: "Considera-se doação o contrato em que uma pessoa, por liberalidade, transfere do seu patrimônio bens ou vantagens para o de outra".

43. Manoel Justino Bezerra Filho, *Nova Lei de Recuperação e de Falências Comentada. Lei 11.101, de 9.2.2005, Comentário Artigo por Artigo*, cit., 3ª ed., p. 57. No mesmo sentido: José da Silva Pacheco, *Falências e Concordatas. Comentários à Lei de Falências: Doutrina, Legislação e Jurisprudência*, 2ª ed., São Paulo, LTr, 1996, p. 259.

44. Ricardo Tepedino esclarece: "A garantia pessoal, seja por meio de fiança, aval ou mesmo a pura assunção de solidariedade, é, por excelência, um ato gratuito. (...). Entendo que a eficácia da garantia pessoal demandará um exame subjetivo, relativo à pessoa do beneficiário. Se o falido prestou a devedor estranho à sua atividade empresarial, ainda que seja uma empresa coligada, porque sujeita ao mesmo controle, a ineficácia se impõe. Mas, se a relação existente entre o devedor e o garante aponta para uma comunidade de interesses comerciais, decorrente de determinada sinergia, a garantia produzirá efeitos. Tomem-se exemplos: Caio é acionista controlador de uma indústria de biscoitos e de uma rede de hotéis, e esta última, no biênio anterior à sua falência, afiança um débito da primeira – o ato não pode ser eficaz, pois a sorte da indústria não diz respeito aos credores da rede de hotéis, que não podem ser penalizados pelo auxílio que esta deu àquela. Em outra hipótese, a sociedade *holding* avaliza uma promissória emitida por sua subsidiária integral, que, de outro modo, não obteria crédito – não há gratuidade alguma, pois o patrimônio desta última se reflete na primeira. Não haverá, também, incidência da regra do inciso IV se a mesma rede de hotéis afiançou uma dívida de uma agência de viagens que constitui sua maior captadora de hóspedes e se acha em dificuldade de levantar recursos junto aos bancos, pois que o ato não foi desinteressado – ao revés, o hoteleiro prestou garantia para impedir que a crise da agência lhe diminuísse o faturamento" ("Comentários aos arts. 105 ao 138", cit., in Carlos Henrique Abrão e Paulo Fernando Campos Salles de Toledo (coords.), *Lei de Recuperação de Empresas e Falência*, p. 353).

45. Amador Paes de Almeida, *Curso de Falência e Concordata*, 10ª ed., São Paulo, Saraiva, 1991, p. 209.

46. Ricardo Tepedino, "Comentários aos arts. 105 ao 138", cit., in Carlos Henrique Abrão e Paulo Fernando Campos Salles de Toledo (coords.), *Lei de Recuperação de Empresas e Falência*, p. 352.

47. Antônio Martin, "Comentários aos arts. 129 ao 137", cit., in Francisco Satiro de Sousa Jr. e An-

usufruto como ato gratuito, vez que ele priva a massa da percepção de rendimentos.

Apesar de concordamos com os posicionamentos doutrinários acima expostos, acreditamos que somente uma análise acurada e casuística é que propiciará segurança ao intérprete para aplicar o respectivo diagnóstico jurídico.

No tocante às participações ou gratificações a dirigentes e de empregados, afirma Rubens Requião: "Observe-se que não se consideram atos de natureza gratuita as participações que as empresas dão aos seus dirigentes e empregados, no semestre ou no fim de ano, após a verificação de balanços positivos, muitas vezes previstos no contrato social ou nos estatutos".[48-49]

A opinião do saudoso jurista, a despeito de ter sido externada à luz do regime legal anterior, parece-nos plenamente adequada, vez que ditas participações e gratificações, indubitavelmente, têm a natureza jurídica de remuneração.

Gladston Mamede, após ressaltar as particularidades da inserção hodierna da empresa na economia, na sociedade e no mercado, inclusive a responsabilidade social, obtempera:

"Veja: a doação de bens é ato jurídico gratuito; mas o que dizer da doação de um imóvel para a comunidade local, diretamente afetada pelas atividades da empresa, para a instalação ou construção de uma escola, creche ou entidade afim? E o que dizer de uma área de preservação ambiental? A ortodoxia jurídica/econômica foi construída sem consideração da função social dos atos jurídicos e, destarte, não consegue compreender o *passivo social* ou *passivo ambiental*, entre outros que resultam do reconhecimento de uma obrigação de a empresa não servir apenas ao interesse de seu titular, dos sócios, dos credores, mas servir à sociedade como um todo. Declará-lo ineficaz, por seu turno, pode ser um ato de agressão social (...). Cautela, portanto, é preciso.

"Não é só. Há conceitos atuais de mercadologia que igualmente colocam em dúvida a compreensão clássica, ortodoxa, de ato jurídico gratuito. As práticas mercadológicas atuais exigem que as marcas estejam em evidência, o que implica a prática de atos como sorteios, distribuição de prêmios e vantagens. Isso para não falar no amplo leque de brindes e outras promoções que igualmente compõem o acervo das estratégias de valorização da marca e otimização das relações mercantis."[50-51]

Reitere-se: apesar de concordamos com o posicionamento doutrinário acima exposto, reiteramos nossa opinião no sentido de que somente uma análise acurada e casuís-

tônio Sérgio Altieri de Moraes Pitombo (coords.), *Comentários à Lei de Recuperação de Empresas e Falência: Lei 11.101/2005*, p. 466.

48. Rubens Requião, *Curso de Direito Falimentar*, 16ª ed., vol. 1, São Paulo, Saraiva, 1995, p. 129.

49. No mesmo sentido ensina Nelson Abrão: "Também não têm caráter de liberalidade as gratificações feitas a diretores e empregados de sociedades mercantis, dado o seu aspecto eminentemente remuneratório" (*O Novo Direito Falimentar: Nova Disciplina Jurídica da Crise Econômica da Empresa*, cit., p. 179).

50. Gladston Mamede, *Direito Empresarial Brasileiro: Falência e Recuperação de Empresas*, cit., vol. 4, pp. 550-551.

51. Em relação aos presentes e atos praticados no cumprimento de um dever moral ou com escopo de utilidade pública, pondera Nelson Abrão: "Não estabelecendo a lei brasileira quaisquer restrições, e não sendo a matéria suficientemente esclarecida pela doutrina, podemos adotar, por analogia, não sendo conflitante com a nossa lei, a norma contida no art. 64 do diploma falimentar italiano: não deixam de ter eficácia os presentes usuais (...) enquanto a liberalidade seja proporcional ao patrimônio do doador, mesmo igual ou superior a mil cruzeiros. Entre os presentes usuais incluímos os de festas, aniversários, noivados, formaturas etc. Em cumprimento do dever moral alinham-se as práticas filantrópicas ou de solidariedade humana. De utilidade pública são os atos que, de qualquer maneira, beneficiam uma comunidade, um grande número de pessoas: a doação de um terreno, guardada a proporcionalidade com o patrimônio do doador, para uma obra viária oficial, de interesse coletivo, não incide em ineficácia. Percebe-se que, acima dos deveres para com os credores, se o ato não discrepa das posses do doador, estão os do indivíduo para com as pessoas às quais está ligado por liames familiares, morais e cívicos" (*O Novo Direito Falimentar: Nova Disciplina Jurídica da Crise Econômica da Empresa*, cit., p. 179).

tica é que propiciará segurança ao intérprete para aplicar o respectivo diagnóstico jurídico.

A fim de aferir a gratuidade, recomenda José da Silva Pacheco: "Para se verificar se há gratuidade, o juiz deve investigar a correspondente prestação por parte de quem recebeu o benefício do devedor. Se este deu alguma coisa ou prometeu dá-la, mas recebeu uma contraprestação, gratuito não pode ser o ato. Assim, não basta a mera impugnação do falido de que o ato é de favor para se excluir o crédito. O falido pode ter recebido benefícios com a prestação do ato, que bem pode significar pagamento ou contraprestação.[52] Neste caso, não há de se considerar gratuito o ato do falido".[53]

Reputamos tal recomendação deveras salutar.

Em apertada síntese, podemos afirmar que as obrigações gratuitas são atos de mera liberalidade que implicam, simultânea e respectivamente, diminuição e acréscimo nos patrimônios das partes envolvidas.[54]

Lembramos, por fim, que o art. 154, § 2º, "a", da Lei 6.404/1976 (Lei das S/A) veda ao administrador a prática de ato de liberalidade à custa da companhia.

V – Renúncia à herança ou a legado, até dois anos[55] *antes da decretação da falência*. Trata-se de hipótese aplicável exclusivamente à pessoa física, vale dizer, ao empresário individual.[56-57-58]

O CC, no art. 1.806, prevê a renúncia à herança, e no art. 1.813 a possibilidade de os credores, com autorização do juiz, aceitarem a herança em nome do herdeiro renunciante que os prejudicou.

VI – Venda ou transferência de estabelecimento feita sem o consentimento expresso ou o pagamento de todos os credores a esse tempo existentes, não tendo restado ao devedor bens suficientes para solver seu passivo, salvo se, no prazo de 30 dias, não houver oposição dos credores, após serem devidamente notificados, judicialmente ou pelo oficial do Registro de Títulos e Documentos. O CC, no art. 1.145, dispõe no mesmo sentido.

Note-se que para configuração da hipótese prevista no inciso VI do art. 129 é irrelevante ter a venda ou transferência do estabelecimento ocorrido dentro ou fora do termo legal.[59]

52. Por exemplo, a doação remuneratória, ou seja, aquela que se faz para recompensar serviços prestados.

53. José da Silva Pacheco, *Falências e Concordatas. Comentários à Lei de Falências: Doutrina, Legislação e Jurisprudência*, cit., 2ª ed., p. 259.

54. Segundo Celso Marcelo de Oliveira, são "obrigações a título gratuito aquelas em que o empresário falido ou em recuperação judicial outorga benefício patrimonial para terceiros, sem obter contraprestação" (*Comentários à Nova Lei de Falências*, São Paulo, IOB-Thomsom, 2005, p. 127).

55. Segundo Júlio Kahan Mandel: "Também ocorre uma ampliação do termo legal para dois anos, com o objetivo de proteger os credores quanto à renúncia de patrimônio por parte do falido, normalmente efetuada para proteger a família ou ele próprio, em fraude" (*Nova Lei de Falências e Recuperação de Empresas Anotada: Lei 11.101, de 9.2.2005*, cit., p. 231).

56. Afirma Carlos Roberto Claro: "Evita-se, com isso, que o empresário 'renuncie' à herança ou ao legado sabedor das conseqüências, quais sejam: os bens estarão a salvo nas mãos de quem não é afetado pela falência. Após o encerramento desta (...) os bens são a ele transferidos" (*Revocatória Falimentar*, cit., 3ª ed., p. 115).

57. Afirma José da Silva Pacheco: "O administrador judicial pode intervir no processo de inventário, como se tal renúncia não tivesse ocorrido, e requerer o que for a bem da defesa da massa falida. Se já produziu efeitos em relação aos outros herdeiros, ao administrador judicial cabe a ação de ineficácia, com a citação dos herdeiros e de todos os beneficiados com a renúncia" (*Processo de Recuperação Judicial, Extrajudicial e Falência*, Rio de Janeiro, Forense, 2006, p. 318).

58. Explica Fábio Ulhoa Coelho: "É inaplicável este dispositivo no processo falimentar de sociedade empresária, por ser esse um sujeito de direito que não titulariza vocação hereditária e não costuma ser legatário" (*Comentários à Nova Lei de Falências e de Recuperação de Empresas*, cit., p. 350).

59. Ricardo Tepedino compartilha da mesma opinião. No entanto, ressalta que há julgados do STJ e do TJSP que exigem a existência de má-fé para revogar a alienação de ativos efetuada *dentro do termo legal* ("Comentários aos arts. 105 ao 138", cit., in Carlos Henrique Abrão e Paulo Fernando Campos Salles de Toledo (coords.), *Lei de Recuperação de Empresas e Falência*, p. 354).

Há que se distinguir, de um lado, a cessão de ativos, sem comprometimento da higidez do estabelecimento, e, de outro lado, a cessão de ativos essenciais à configuração do estabelecimento, bem como a venda ou transferência do estabelecimento propriamente dito.[60]

Jurisprudência[61]

Eis dois julgados pertinentes prolatados sob a égide do regime anterior:

[TJSP] Falência. *Para se ter como ineficaz a venda de parte de máquinas industriais no período considerado suspeito, mister prova da fraude e do prejuízo dos credores, porque a alienação de componentes fabris não tipifica venda do estabelecimento (art. 52, VIII, do Decreto-lei n. 7.661/1945)*, uma exigência que se deve ter para não desestruturar a lógica do mercado de venda e compra de equipamentos usados – Provimento para julgar improcedente a revocatória. [*ACi 221.958-4/8, rel. Des. Ênio Santarelli Zuliani, j. 9.12.2002*]

[TJSP] Revocatória – *Alienação de máquinas por sociedade no termo legal da falência – Compra e venda à vista devidamente faturada* – Ausência, no caso, de demonstração do *consilium fraudis – Venda que não acarretou diminuição no acervo da falida* – Improcedência da ação decretada – Inteligência do art. 52, VIII, da Lei de Falências – Voto vencido. [*J. 9.6.1994, RT 713/92*]

Antônio Martin pondera:

"A questão que se tem debatido, tanto na doutrina como na jurisprudência, é a da alienação de bens relevantes do estabelecimento, feita por atos em separado. Assim, por exemplo, o direito de lavra, em uma empresa que explora engarrafamento de água mineral, pode não representar, formalmente, a alienação do estabelecimento, mas inviabiliza o exercício da atividade empresarial do falido. Desta maneira, pode-se dizer que, mesmo quando não haja trepasse do estabelecimento, mas ocorra alienação de bens relevantes para o exercício da atividade empresarial, diminuindo significativamente o aviamento do estabelecimento, pode-se aplicar o inciso VI do art. 129 da Lei 11.101/2005, como suporte da decretação de ineficácia.

"Relevante notar, ainda, que os bens que podem ser alcançados pela decretação da ineficácia envolvem aqueles que pertençam ao ativo fixo ou permanente do empresário, e não os bens que pertençam ao seu ativo circulante, que são colocados no mercado. Assim, a alienação de imóveis feita por uma construtora, ainda que no termo legal, não pode ser alcançada pela regra do art. 129, acima."[62-63]

60. Decidiu o STJ (REsp 33.762-SP): "Falência – Ação revocatória – Bem integrante do estabelecimento. A lei quer impedir a desmontagem do estabelecimento do falido, em prejuízo dos credores, seja pela alienação do estabelecimento como um todo, seja pela transferência de parte substancial dele, descaracterizando como local de comércio ou de indústria, o que pode ocorrer com a transferência de bens integrantes de seu ativo fixo, como a máquina referida nos autos".

61. Manoel Justino Bezerra Filho, *Jurisprudência da Nova Lei de Recuperação de Empresas e Falências/Decisões, Ofícios Judiciais, Resoluções, Sentenças, Acórdãos, Dentre Outros Documentos*, cit., pp. 324-325.

62. Antônio Martin, "Comentários aos arts. 129 ao 137", cit., in Francisco Satiro de Sousa Jr. e Antônio Sérgio Altieri de Moraes Pitombo (coords.), *Comentários à Lei de Recuperação de Empresas e Falência: Lei 11.101/2005*, p. 468.

63. No mesmo sentido, Fábio Ulhoa Coelho: "Na aplicação deste dispositivo, não têm alguns juízes atentado à diferença entre alienação do estabelecimento e de bens componentes dele. O que a lei fulmina com ineficácia é o *trespasse*, um complexo e específico negócio jurídico de transferência da titularidade do estabelecimento, quando realizado sem a observância de certos pressupostos (anuência expressa dos credores ou notificação destes etc.), e não o apartamento de alguns de seus bens por meio de venda em separado. A alienação de elementos integrantes do estabelecimento empresarial, quando feita de modo isolado e sem caracterizar o desmantelamento do fundo de empresa, não é alcançada pelo ineficácia do direito falimentar. A rigor, aquelas decisões incorrem em grande equívoco. A venda em separado de componentes do estabelecimento empresarial, sem a desarticulação deste, é providência que o empresário pode adotar, às vésperas da falência, como medida legítima e necessária à obtenção de recursos para o pagamento de dívidas, com vistas a tentar evitar a quebra. Se a indústria vende algumas de suas máquinas para realizar dinheiro e solver obrigações, o efeito é eventual redução dos tipos ou quantidade de produtos fabricados, mas, desde que o funcionamento da unidade industrial não se prejudique – isto é, desde

Ricardo Tepedino critica a jurisprudência que vem alargando o raio de ação do preceito para muito além das fronteiras marcadas no então inciso VIII do art. 52 da Lei de Falências de 1945, cuja redação é praticamente idêntica à do inciso VI do art. 129 da lei atual.[64]

Lembramos que, do ponto de vista tributário, o adquirente de estabelecimento empresarial responde pelos respectivos tributos: (1) integralmente, se o alienante cessar a exploração da atividade; (2) subsidiariamente com o alienante, se este prosseguir na exploração ou iniciar dentro de seis meses nova atividade, consoante o art. 133 do CTN.

Por fim, lembramos que a hipótese de ineficácia prevista neste inciso VI não se aplica em seara de recuperação judicial desde que tenha sido prevista e realizada na forma definida no respectivo plano (art. 131), tampouco gera responsabilidade (integral ou subsidiária) no campo tributário (art. 133, § 1º, II, do CTN).

VII – Registros de direitos reais e de transferência de propriedade entre vivos, por título oneroso ou gratuito, ou a averbação relativa a imóveis realizados após a decretação da falência, salvo se tiver havido prenotação anterior. Em relação aos registros e averbações imobiliárias realizados após a decretação da falência o art. 129 os qualifica de *ineficazes*, salvo existência de prenotação anterior.

Já, o art. 215 da Lei 6.015/1973, em relação aos registros, qualifica-os de nulos, salvo se a apresentação tiver sido feita anteriormente.

Diante do conflito entre ambos os comandos, entendemos que há de prevalecer aquele veiculado no art. 129 da Lei 11.101/2005 (ineficácia), e não o do art. 215 da Lei de Registros Públicos (nulidade), seja porque aquele é posterior (*lex posterius derrogat prius*), seja porque ele se insere no bojo de lei especial (*lex specialis derrogat generalis*).[65-66]

Jurisprudência[67]

Eis quatro julgados pertinentes prolatados sob a égide do regime anterior:

[TJSP] Ato jurídico – Fraude – Negócio imobiliário celebrado e registrado pelo falido após a abertura da falência – *"Ineficácia" relativa, e não "nulidade", eis que continua aquele titular dos direitos sobre os bens de seu patrimônio, apenas dele não podendo eficazmente dispor* – Conciliação das normas dos arts. 40, § 1º, do Decreto-lei n. 7.661/1945 e 214 e 215 da Lei n. 6.015/1973 quanto ao uso das expressões "ineficácia" e "nulidade" – Reconhecimento da ineficácia nos próprios autos do processo falimentar – Admissibilidade – Desnecessidade de ação revocatória – *Derrogação tácita dos arts. 52, VII, 55,* caput, *e 57 da Lei de Falências pelos referidos artigos da superveniente Lei dos Registros Públicos, por contradição lógica e normológica entre os respectivos regimes de declarabilidade judicial de ineficácia* (art. 2º, § 1º, da LICC) – Cancelamento do registro determinado. [*RT 629/114*]

que não se verifique a desmontagem do estabelecimento empresarial –, não existe nenhuma frustração aos objetivos da falência que justifique a ineficácia do ato" (*Comentários à Nova Lei de Falências e de Recuperação de Empresas*, cit., p. 351).

64. Por exemplo, venda de um imóvel não operacional (encontrava-se alugado); cessão de linha telefônica (quando esta tinha algum valor) (Ricardo Tepedino, "Comentários aos arts. 105 ao 138", cit., in Carlos Henrique Abrão e Paulo Fernando Campos Salles de Toledo (coords.), *Lei de Recuperação de Empresas e Falência*, p. 355).

65. Adverte Carlos Roberto Claro: "A redação do art. 215 da Lei de Registros Públicos é de uma total ausência de técnica e de uma infelicidade gritante. Prevalece, sem qualquer dúvida, a regra do inciso VII, em comento" (*Revocatória Falimentar*, cit., 3ª ed., p. 115).

66. Ricardo Tepedino lembra que "no Direito anterior já se pacificara o entendimento de que o art. 215 da Lei dos Registros Públicos, que reputou nulos os registros efetuados dentro do termo legal, não revogara o inciso VIII do art. 52 (...). Com o advento da LRE, *a fortiori* não se deve prestar atenção a esse dispositivo" ("Comentários aos arts. 105 ao 138", cit., in Carlos Henrique Abrão e Paulo Fernando Campos Salles de Toledo (coords.), *Lei de Recuperação de Empresas e Falência*, p. 354).

67. Manoel Justino Bezerra Filho, *Jurisprudência da Nova Lei de Recuperação de Empresas e Falências/Decisões, Ofícios Judiciais, Resoluções, Sentenças, Acórdãos, Dentre Outros Documentos*, cit., pp. 323 e 325).

[STJ] Transferência de propriedade – Período suspeito – Art. 52 da Lei de Falências – Precedentes da Corte. 1. *O art. 52, VII, da Lei de Falências não autoriza a declaração de ineficácia da transferência de propriedade durante o período suspeito, mas sim após a decretação da quebra.* 2. Recurso especial conhecido e provido. [*REsp. 228.197-SP, rel. Min. Carlos Alberto Menezes Direito, j. 9.11.2000, DJU 18.12.2000, p. 184*]

[STJ] Venda dentro do termo legal – Lei de Falências (art. 52) e Lei dos Registros Públicos (art. 215) – Venda dentro do termo legal da falência mas antes da decretação da quebra. *Não é ineficaz a alienação de imóvel só por ter sido efetuada no termo legal da falência, ou seja, no denominado período suspeito, mas antes de decretada a quebra* – Precedentes – Recurso não conhecido. [*REsp 90.156-SP, rel. Min. César Asfor Rocha, j. 17.8.2000, DJU 2.10.2000, p. 170*]

[STJ] *O art. 52, VII, da Lei Falimentar não foi revogado pelo art. 215 da Lei dos Registros Públicos – Interpretação deste último dispositivo de forma a compatibilizá-lo com o sistema de nulidades do Código Civil e de ineficácia do pedido relativamente à massa.* [*JSTJ 8/63*][68]

Gladston Mamede delimita a ineficácia veiculada no inciso VII do art. 129:

"Exceção, todavia, deve ser feita às sociedades que procedam à alienação de unidade imobiliária como parte de sua atividade empresária. Aqueles que negociam com imobiliárias, construtoras, incorporadoras e outras empresas que tenham por objeto social a alienação de imóveis não podem ser alcançados por tal dispositivo, já que, nesses casos, a transferência dos bens faz-se como exercício regular da mercancia, não se exigindo dos consumidores (em sentido largo, excedente do regime consumerista) que tenham em vista a possibilidade de uma falência.

"O entendimento contrário implicaria dar tratamento desigual aos consumidores de tais empresas em relação aos consumidores de outras: não se pode declarar a ineficácia da venda de veículos, pela revendedora, durante o período de insolvabilidade presumida; também não são ineficazes, ainda que realizadas no período de insolvabilidade presumida, a venda de roupas pela confecção, pela butique ou pelo magazine, a venda de máquinas pesadas por seu fabricante ou revendedor etc. Por que somente os consumidores de unidades imobiliárias seriam assim penalizados?"[69]

Ricardo Tepedino entende exagerada a aplicação do inciso VII do art. 129 ao terceiro adquirente de boa-fé cujo único pecado é a morosidade em submeter seu título a registro. Arremata o autor: "Entendo que essa ineficácia deveria requer a prova do *consilium fraudis*. Mas não foi isso que quis o legislador".[70]

Júlio Kahan Mandel arremata: "Contudo, mesmo esta ineficácia 'automática' e absoluta, que independe de fraude, deve ser aplicada com cautela pelo juiz, como nos casos dos legítimos adquirentes de imóveis, que poderão se ver sem ter onde morar, mesmo que não tenham agido de má-fé ao adquirir um bem de uma empresa que veio a falir. Recomenda-se, portanto, a propositura de ação revocatória, e não a revogação de ofício, na maioria dos casos".[71-72]

755. Ineficácia do reembolso ao acionista – A aprovação das matérias previstas nos incisos I a VI e X do art. 136 da Lei 6.404/1976 dá ao acionista dissidente o direito de se retirar da companhia, mediante

68. *Apud* Manoel de Queiroz Pereira Calças, "Da ineficácia e da revogação dos atos praticados antes da falência", cit., *Revista do Advogado* 83/94.

69. Gladston Mamede, *Direito Empresarial Brasileiro: Falência e Recuperação de Empresas*, cit., vol. 4, pp. 555-556.

70. Ricardo Tepedino, "Comentários aos arts. 105 ao 138", cit., in Carlos Henrique Abrão e Paulo Fernando Campos Salles de Toledo (coords.), *Lei de Recuperação de Empresas e Falência*, pp. 356-357.

71. Júlio Kahan Mandel, *Nova Lei de Falências e Recuperação de Empresas Anotada: Lei 11.101, de 9.2.2005*, cit., p. 233.

72. No mesmo sentido, Gladston Mamede: "Ademais, não se pode olvidar que as pesadas – e, ao meu ver, injustificáveis – despesas com escritura e registro de imóveis exigem de muitos esperarem para providenciar tais atos no futuro, quando uma folga no orçamento familiar ou da entidade tanto lhes permitir" (*Direito Empresarial Brasileiro: Falência e Recuperação de Empresas*, cit., vol. 4, p. 556).

reembolso do valor de suas ações (art. 137 da mesma lei).

Se, nesse ínterim, for decretada a falência da companhia, remanescerão suspensos os direitos do acionista dissidente de retirada e de recebimento das suas ações (art. 116, II, da lei sob comento).

Caso o pagamento do reembolso já tenha sido efetuado, à conta do capital social, antes da decretação da falência da companhia e, no entanto, o acionista retirante não tenha sido substituído[73] e a massa não baste para o pagamento dos créditos mais antigos, caberá ação revocatória para a restituição do reembolso pago com redução do capital, até a concorrência do que remanescer dessa parte do passivo (art. 45, § 8º, da Lei 6.404/1976).

756. A ineficácia poderá ser declarada, alegada em defesa ou pleiteada em ação própria? – Sim, a ineficácia poderá ser declarada de ofício pelo juiz, alegada em defesa[74] ou pleiteada em ação própria, ou até incidentalmente no curso do processo de falência, nos termos do parágrafo único do art. 129.

Diferente é o regime do art. 130, o qual pressupõe o ajuizamento de ação revocatória, conforme o art. 132.

Sérgio Campinho explica: "Ocorrendo a hipótese, teremos a ação revocatória do art. 129. Não nos sensibiliza a opinião de que a ação, nessas condições, seria inominada, porquanto a lei não a expressamente batizou de revocatória, como o fez no art. 132 ao se referir àquela dos atos revogáveis de que trata o art. 130. Pensamos que a ação, em qualquer dos casos, é a revocatória, que, todavia, se divide em ação dos atos ineficazes do art. 129 e ação dos atos revogáveis do art. 130. Na primeira, não obriga a lei a propositura de ação para o desiderato, contemplando a possibilidade de declaração da ineficácia por via de incidente nos autos do processo de falência ou como exceção em ação autônoma de que participe a massa, sem, no entanto, excluir a sua propositura. Na segunda, a revogação do ato pela demonstração do elemento subjetivo da fraude só por ela pode ser alcançada".[75]

Ressaltamos, por fim, que a possibilidade de declaração da ineficácia de ofício pelo juiz – isto é, independentemente do ajuizamento de ação própria – constitui uma novidade em relação ao regime anterior. Para alguns trata-se de novidade salutar;[76] para outros, a novidade ofende o princípio do contraditório.[77]

757. Crítica à possibilidade de declaração da ineficácia de ofício pelo juiz – Antônio Martin formula sua crítica à possibilidade de declaração da ineficácia de ofício pelo juiz: "O legislador, que foi cuidadoso ao exigir ação própria para a desconstituição da personalidade jurídica (art. 82 da Lei 11.101/2005), não tomou o mesmo cuidado quando permitiu que a declaração de ineficácia pudesse ocorrer de ofício ou motivada por simples requerimento nos próprios autos da falência. A declaração de ineficácia, consoante disposição dos atos previstos no

73. Mediante ingresso de novos recursos no capital da companhia em montante equivalente ao reembolso.

74. Exemplifica Ricardo Tepedino: o adquirente de um bem, por exemplo, reivindica-o, e o administrador alega ineficácia ("Comentários aos arts. 105 ao 138", cit., in Carlos Henrique Abrão e Paulo Fernando Campos Salles de Toledo (coords.), *Lei de Recuperação de Empresas e Falência*, p. 357).

75. Sérgio Campinho, *Falência e Recuperação de Empresa: o Novo Regime da Insolvência Empresarial*, cit., p. 369.

76. No mesmo sentido: Roberto Senise Lisboa, "Comentários aos arts. 129 ao 138", cit., in Newton de Lucca e Adalberto Simão Filho (coords.), *Comentários à Nova Lei de Recuperação de Empresas e de Falências*, p. 520; Marcus Elidius Michelli de Almeida, *Nova Lei de Falências e Recuperação de Empresas: Confrontada e Breves Anotações*, São Paulo, Quartier Latin, 2005, p. 136; Carlos Roberto Claro, *Revocatória Falimentar*, cit., 3ª ed., p. 80.

77. Antônio Martin, "Comentários aos arts. 129 ao 137", cit., in Francisco Satiro de Sousa Jr. e Antônio Sérgio Altieri de Moraes Pitombo (coords.), *Comentários à Lei de Recuperação de Empresas e Falência: Lei 11.101/2005*, p. 463; Ricardo Tepedino, "Comentários aos arts. 105 ao 138", in Carlos Henrique Abrão e Paulo Fernando Campos Salles de Toledo (coords.), *Lei de Recuperação de Empresas e Falência*, p. 357.

art. 129 da Lei 11.101/2005, deveria ser precedida do devido processo legal, com a intimação do terceiro que contratou com o falido, para que expusesse razões de defesa. Acompanhando, assim, o mandamento constitucional inserido no art. 5º, LIV, da CF. Evidentemente, a desobediência ao devido processo legal poderá criar situações contenciosas que ensejarão recursos retardatários do feito falimentar. (...). Agora, o disposto no parágrafo único do art. 129 da Lei 11.101/2005, especialmente nos casos de registro (...) terão de enfrentar a norma do Código Civil, que, em seu art. 1.245, § 2º, dispõe que: 'Enquanto não se promover, por meio de ação própria, a decretação de invalidade do registro, e o respectivo cancelamento, o adquirente continua a ser havido como dono do imóvel'. A interpretação do conflito entre o Código Civil e a Lei 11.101/2005 será ajustada pela jurisprudência, especialmente porque o tal conflito ensejará, com certeza, medidas judiciais propostas pelos adquirentes dos bens em defesa de seus eventuais direitos".[78-79]

Acreditamos que o legislador, ao possibilitar a declaração de ineficácia de ofício pelo juiz, quis prestigiar os princípios da celeridade e da economia processual, previstos no parágrafo único do art. 75, todavia acabou malferindo o princípio constitucional do devido processo legal e, com isso, provavelmente, não atingirá seu *desideratum*, já que as partes envolvidas lançarão mão de medidas judiciais, procrastinando o processo de falência.

Art. 130. São revogáveis[758] os atos praticados com a intenção de prejudicar credores, provando-se o conluio fraudulento entre o devedor e o terceiro que com ele contratar[759-760-761] e o efetivo prejuízo sofrido pela massa falida.[762-763-764]

LEGISLAÇÃO ANTERIOR

Lei de Falências (DL 7.661/1945): *Art. 53.* São também revogáveis, relativamente à massa, os atos praticados com a intenção de prejudicar credores, provando-se a fraude do devedor e do terceiro que com ele contratar.

COMENTÁRIOS

758. Ineficácia (art. 129)* vs. *revogabilidade (art. 130) – O legislador optou por qualificar como *ineficazes* algumas situações em que a investigação sobre a fraude é irrelevante, pois ela é presumida *juris et de jure* (art. 129), e como *revogáveis* outras situações em que a prova da fraude é essencial (art. 130).

Não obstante isso, entendemos que ambos os dispositivos tratam da ineficácia, isto é, da subtração dos efeitos dos atos e negócios jurídicos praticados entre o devedor e o terceiro em relação à massa falida, mas com manutenção das respectivas validades: o primeiro, o art. 129, veicula a ineficácia objetiva (independe da prova da intenção fraudatória); o segundo, o art. 130, disciplina a ineficácia subjetiva (depende da prova da intenção fraudatória).[80-81]

78. Antônio Martin, "Comentários aos arts. 129 ao 137", cit., in Francisco Satiro de Sousa Jr. e Antônio Sérgio Altieri de Moraes Pitombo (coords.), *Comentários à Lei de Recuperação de Empresas e Falência: Lei 11.101/2005*, pp. 463 e 469.

79. No mesmo sentido, Ricardo Tepedino: "(...) só quem não tem vivência forense pensará que, nos casos arrolados pelo artigo ora comentado, a ineficácia se perceberá, sem margem de erro, a olho nu, não havendo lugar para perplexidade e nuanças que o contraditório serviria para aclarar" ("Comentários aos arts. 105 ao 138", in Carlos Henrique Abrão e Paulo Fernando Campos Salles de Toledo (coords.), *Lei de Recuperação de Empresas e Falência*, p. 357).

80. No mesmo sentido: Antônio Martin, "Comentários aos arts. 129 ao 137", in Francisco Satiro de Sousa Jr. e Antônio Sérgio Altieri de Moraes Pitombo (coords.), *Comentários à Lei de Recuperação de Empresas e Falência: Lei 11.101/2005*, São Paulo, Ed. RT, 2005, pp. 469-470.

81. Em sentido contrário posiciona-se Carlos Roberto Claro, que, arrimado em Pontes de Miranda, sustenta que a revocatória do art. 130 é constitutiva negativa (*Revocatória Falimentar*, 3ª ed., Curitiba, Juruá, 2005, p. 132).

Por isso, a ineficácia objetiva pode ser declarada por despacho interlocutório e a ineficácia subjetiva (denominada pelo legislador de revogação) somente pode sê-lo por sentença numa ação revocatória.[82]

759. Relevância da intenção de fraudar credores. Prova do conluio – Para configuração da ineficácia subjetiva, a que alude o art. 130, diferentemente do que ocorre com a ineficácia objetiva, veiculada no art. 129, é indispensável a comprovação do elemento subjetivo consistente no conluio fraudulento entre o devedor e o terceiro que com ele contratar (*consilium fraudis*)[83-84] e do elemento objetivo consubstanciado no prejuízo sofrido pela massa (*eventus damni*).

Jurisprudência[85]

Eis um julgado pertinente prolatado à luz do regime anterior:

[TJSP] Ação pauliana – Fraude contra credores – Propositura contra terceiro adquirente do imóvel – *Aquisição onerosa comprovadamente feita de boa-fé – Impossibilidade de responder pelas conseqüências da fraude, ainda que haja prejuízo aos credores* – Aplicação dos arts. 109 do CC e 53 do Decreto-lei n. 7.661/1945 – Ação improcedente. [*RT 644/71*]

Ricardo José Negrão Nogueira afirma que a matéria não encontra solução única na doutrina: "Há os que entendem que basta o simples conhecimento de que o ato causa ou possa causar prejuízo aos demais credores. É a opinião de Pontes de Miranda (...). Nessa corrente filia-se José da Silva Pacheco (...). Em outra linha encontram-se aqueles que entendem haver distinção entre as condutas do devedor falido e do terceiro que com ele contrata, exigindo do primeiro intenção de prejudicar, e do segundo ciência dessa vontade (Valverde ...). Rubens Requião compartilha do mesmo entendimento (...). Spencer Vampré e Carvalho de Mendonça procuram caracterizar a fraude de terceiro na ciência quanto ao estado econômico-financeiro do devedor (...). É a posição que adotamos".[86-87]

Por outro lado, ressalta Ricardo Tepedino: "Desnecessário, como proclama a doutrina moderna em voz uníssona, que o ato fraudulento se tenha praticado com o deliberado propósito de prejudicar os credores – o chamado *animus nocendi* –, cuja prova, aliás, seria diabólica, já que se cuidaria de desvendar uma circunstância que reside na mente humana".[88]

82. No mesmo sentido: Fábio Ulhoa Coelho, *Comentários à Nova Lei de Falências e de Recuperação de Empresas*, São Paulo, Saraiva, 2005, p. 355; Manoel Justino Bezerra Filho, *Nova Lei de Recuperação e de Falências Comentada. Lei 11.101, de 9.2.2005, Comentário Artigo por Artigo*, 3ª ed., São Paulo, Ed. RT, 2005, p. 303.

83. Por isso, afirma Manoel Justino Bezerra Filho: "Tanto o devedor quanto o terceiro devem ter agido com fraude ao praticar o ato, do que se verifica que, se o terceiro não agiu fraudulentamente, o negócio é válido" (*Nova Lei de Recuperação e de Falências Comentada. Lei 11.101, de 9.2.2005, Comentário Artigo por Artigo*, cit., 3ª ed., p. 305).

84. Complementa Gladston Mamede: "(...) preservam-se os direitos de terceiros que não conheçam a fraude, nem dela se beneficiam gratuitamente; são os *terceiros adquirentes*, na expressão do art. 133, II, da Lei 11.101/2005, mas aqui quando não têm conhecimento de que, ao criar o direito, a intenção do devedor era prejudicar credores. Estão eles protegidos pelo princípio da segurança jurídica e, destarte, não são atingidos pela revogação" (*Direito Empresarial Brasileiro: Falência e Recuperação de Empresas*, vol. 4, São Paulo, Atlas, 2006, p. 558).

85. Manoel Justino Bezerra Filho, *Jurisprudência da Nova Lei de Recuperação de Empresas e Falências/Decisões, Ofícios Judiciais, Resoluções, Sentenças, Acórdãos, Dentre Outros Documentos*, São Paulo, Ed. RT, 2006, p. 325.

86. Ricardo José Negrão Nogueira, "Ineficácia e revogação de atos praticados antes da falência", in Luiz Fernando Valente de Paiva (coord.), *Direito Falimentar e a Nova Lei de Falências e Recuperação de Empresas*, São Paulo, Quartier Latin, 2005, p. 508.

87. Carlos Roberto Claro sustenta: "(...) no que se refere ao terceiro contratante, basta tenha ele conhecimento do estado de insolvência do devedor. Não carece o efetivo conluio fraudulento entre o devedor e terceiro, bastando a ciência deste quanto ao estado de insolvência daquele. A fraude, então, decorre da consciência, não se necessitando da intenção (do terceiro) de lesar os credores" (*Revocatória Falimentar*, cit., 3ª ed., p. 136).

88. Ricardo Tepedino, "Comentários aos arts. 105 ao 138", in Carlos Henrique Abrão e Paulo Fernando Campos Salles de Toledo (coords.), *Lei de Recupe-*

760. Necessidade de propositura da ação revocatória – O regime do art. 130 pressupõe o ajuizamento de ação revocatória, conforme o art. 132.

Diferente é o regime do art. 129, no qual a ineficácia poderá ser declarada de ofício pelo juiz, alegada em defesa[89] ou pleiteada em ação própria (parágrafo único do art. 129).

Sérgio Campinho explica: "Ocorrendo a hipótese, teremos a ação revocatória do art. 129. Não nos sensibiliza a opinião de que a ação, nessas condições, seria inominada, porquanto a lei não a expressamente batizou de revocatória, como o fez no art. 132 ao se referir àquela dos atos revogáveis de que trata o art. 130. Pensamos que a ação, em qualquer dos casos, é a revocatória, que, todavia, se divide em ação dos atos ineficazes do art. 129 e ação dos atos revogáveis do art. 130. Na primeira, não obriga a lei a propositura de ação para o desiderato, contemplando a possibilidade de declaração da ineficácia por via de incidente nos autos do processo de falência ou como exceção em ação autônoma de que participe a massa, sem, no entanto, excluir a sua propositura. Na segunda, a revogação do ato pela demonstração do elemento subjetivo da fraude só por ela pode ser alcançada".[90]

761. Quais são os meios de prova da fraude? – Os meios de prova da fraude são: confissão, documento, testemunha, presunção, perícia, bem como todos os demais moralmente legítimos (art. 212 do CC e art. 332 do CPC).

Carlos Roberto Claro enfatiza: "(...) a necessidade inequívoca de prova robusta e consistente quanto aos atos tidos como fraudulentos, recaindo tal ônus processual sobre o administrador judicial, representante da massa, ou terceiros legitimados pela lei, conforme se depreende da leitura do art. 333, III, do CPC".[91]

762. Efetivo prejuízo à massa falida – O efetivo prejuízo à massa falida passou a ser requisito para obtenção da procedência da ação revocatória, diferentemente do que ocorria no regime anterior, cujo art. 53 não previa tal requisito. Por isso, conclui-se que se trata de inovação da lei sob comento.[92]

763. Crítica à expressão "efetivo prejuízo à massa falida" – Manoel Justino Bezerra Filho critica a expressão epigrafada:

"(...) art. 130, que diz ser necessário provar o 'efetivo prejuízo pela massa falida'. Embora se possa admitir, em tese, que sem prejuízo não há nulidade, ainda assim esta expressão pode vir a ser a porta aberta para a fraude e um elemento de absoluto impedimento de êxito para a revocatória, por vários motivos.

"Primeiramente, porque sempre se poderia dizer que apenas seria possível afirmar que houve prejuízo para a massa no encerramento da falência, pois até aquele momento poderiam ser localizados bens a arrecadar passíveis de suportar todo o débito.

"Em segundo lugar, esta pode ser uma prova diabólica, pois o terceiro (mesmo provada a fraude ou, mais ainda, mesmo confessando a fraude) sempre poderá alegar que não foi provado o prejuízo, pois o pagamento foi regularmente feito e o valor teria adentrado os cofres da empresa, agora falida."[93]

ração de Empresas e Falência, São Paulo, Saraiva, 2005, p. 358.

89. Exemplifica Ricardo Tepedino: o adquirente de um bem, por exemplo, reivindica-o, e o administrador alega ineficácia ("Comentários aos arts. 105 ao 138", cit., in Carlos Henrique Abrão e Paulo Fernando Campos Salles de Toledo (coords.), *Lei de Recuperação de Empresas e Falência*, p. 357).

90. Sérgio Campinho, *Falência e Recuperação de Empresa: o Novo Regime da Insolvência Empresarial*, Rio de Janeiro, Renovar, 2006, p. 369.

91. Carlos Roberto Claro, *Revocatória Falimentar*, cit., 3ª ed., p. 132.

92. Júlio Kahan Mandel adverte: "Polêmica a inclusão do efetivo prejuízo à massa como requisito da ação revocatória. A antiga lei não previa tal exigência, bastando a prova da fraude. Doravante, o proponente deverá demonstrar também o prejuízo imputado aos credores pela operação" (*Nova Lei de Falências e Recuperação de Empresas Anotada: Lei 11.101, de 9.2.2005*, São Paulo, Saraiva, 2005, p. 234).

93. Manoel Justino Bezerra Filho, *Nova Lei de Recuperação e de Falências Comentada. Lei 11.101,*

764. Exemplos de atos revogáveis – Fábio Ulhoa Coelho[94] e Ricardo Tepedino[95] exemplificam os atos revogáveis: (1) simulação de separação judicial do empresário individual, feita com o objetivo de transferir à propriedade do ex-cônjuge os bens valiosos do casal; (2) a constituição de uma *off shore*, quando destinada a fraudulentamente lesar credores; (3) vendas fictícias ou por preço vil; (4) aquisição de mercadorias com sobrepreço; (5) os mútuos simulados.

Art. 131. Nenhum dos atos referidos nos incisos I a III e VI do art. 129 desta Lei[765] que tenham sido previstos e realizados na forma definida no plano de recuperação judicial[766] será declarado ineficaz ou revogado.[767-768-769]

LEGISLAÇÃO ANTERIOR

Artigo sem correspondência no Decreto-lei 7.661/1945.

COMENTÁRIOS

765. Quais são os atos referidos nos incisos I a III e VI do art. 129? – O inciso I prevê o pagamento de dívidas não vencidas realizado pelo devedor dentro do termo legal, por qualquer meio extintivo do direito de crédito, ainda que pelo desconto do próprio título.

O inciso II disciplina o pagamento de dívidas vencidas e exigíveis realizado dentro do termo legal, por qualquer forma que não seja a prevista pelo contrato.

O inciso III trata da constituição de direito real de garantia, inclusive a retenção, dentro do termo legal, tratando-se de dívida contraída anteriormente; se os bens dados em hipoteca forem objeto de outras posteriores, a massa falida receberá a parte que devia caber ao credor da hipoteca revogada.

O inciso VI regula a venda ou transferência de estabelecimento feita sem o consentimento expresso ou o pagamento de todos os credores a esse tempo existentes, não tendo restado ao devedor bens suficientes para solver seu passivo, salvo se, no prazo de 30 dias, não houver oposição dos credores, após serem devidamente notificados, judicialmente ou pelo oficial do Registro de Títulos e Documentos.

766. O art. 131 abrange também os atos praticados na recuperação extrajudicial? – Francisco Cláudio de Almeida Santos aduz: "A ressalva somente tem aplicação na execução de plano de recuperação judicial, o que causa certa estranheza e certamente será motivo de muita controvérsia, pois a recuperação extrajudicial poderá, a requerimento do devedor, ser homologada pelo juiz competente, e a sentença de homologação do plano de recuperação extrajudicial, a exemplo da sentença de concessão da recuperação judicial, constituirá título executivo judicial, nos termos do art. 584, III, do CPC. (...). Não nos convencemos da justeza desse tratamento desigual entre recuperação judicial e a extrajudicial das empresas em crise, e, certamente, o Judiciário encontrará meios para uniformizar o tratamento dado às mesmas questões, na recuperação judicial e na recuperação extrajudicial".[96]

Manoel Justino Bezerra Filho sustenta que o comando do art. 131 abrange tanto a

de 9.2.2005, Comentário Artigo por Artigo, cit., 3ª ed., p. 304.

94. Fábio Ulhoa Coelho, *Comentários à Nova Lei de Falências e de Recuperação de Empresas*, cit., p. 354.

95. Ricardo Tepedino, "Comentários aos arts. 105 ao 138", cit., in Carlos Henrique Abrão e Paulo Fernando Campos Salles de Toledo (coords.), *Lei de Recuperação de Empresas e Falência*, p. 361.

96. Francisco Cláudio de Almeida Santos, "A ação revocatória na nova Lei de Recuperação de Empresas e de Falências", in Paulo Penalva Santos (coord.), *A Nova Lei de Falências e de Recuperação de Empresas: Lei 11.101/2005*, Rio de Janeiro, Forense, 2006, p. 339.

recuperação judicial quanto a extrajudicial cujo plano tenha sido homologado.[97]

767. **Ratio** ***do comando do art. 131*** – A *ratio* do comando do art. 131 é, indubitavelmente, gerar segurança jurídica aos atos e negócios realizados à luz de um plano de recuperação judicial que foi submetido ao crivo dos credores e aprovado, fiscalizado pelo administrador judicial e pelo Ministério Público, bem como chancelado pelo juiz.[98]

768. Crítica ao comando do art. 131 – Manoel Justino Bezerra Filho formula sua crítica ao art. 131:

"Este art. 131 veda a declaração de ineficácia destes atos se previstos e realizados na forma prevista no plano de recuperação judicial ou extrajudicial, este último se homologado. Esta é a perigosa porta aberta para a fraude, convalidando atos que tenham sido praticados mesmo com fraude absoluta e mesmo que tenham causado o mais profundo prejuízo à massa falida. Pode-se prever, desde já, que este artigo não encontrará abrigo na consciência jurídica do País, e será objeto de regularização jurisprudencial.

"Um exemplo talvez esclareça bem as conseqüências deste artigo, e, para tanto, tome-se, para exemplificar, o inciso I do art. 129. Imagine-se (o que não é difícil de ocorrer) que, em claro favorecimento a um parente próximo, o empresário pagou a dívida antes de seu vencimento, pagamento feito em dinheiro, dentro de um plano de recuperação judicial ou mesmo em plano de recuperação extrajudicial homologado. Com o volume de questões que normalmente envolvem as grandes empresas em recuperação, este pagamento teria passado despercebido. Posteriormente, decretada a falência (eventualmente, para radicalizar o exemplo, a falência teria decorrido exatamente deste pagamento indevido), passa-se ao exame da possibilidade de ação revocatória para que o parente próximo beneficiado devolva o valor recebido.

"Tal ação estaria fadada ao insucesso, pois o art. 131 estabelece que tal ato não poderá ser declarado 'ineficaz' ou 'revogado' (...). Veja-se, portanto, que, neste exemplo (...), mesmo que o falido e o parente próximo declarem ante o juízo que agiram de forma fraudulenta e mesmo que se comprove que a falência foi decretada exatamente por causa deste desvio de dinheiro, ainda assim o ato não poderá ser revertido. Evidentemente, este desvio da lei deverá ser corrigido por alteração legislativa ou, certamente, pela atividade jurisprudencial."[99]

Manoel de Queiroz Pereira Calças adverte: "Assim, mesmo que o ato esteja previsto no plano de recuperação judicial, caso ele seja praticado e, posteriormente, haja convolação da recuperação judicial em falência, constatando-se que o ato foi praticado com a intenção de prejudicar os credores e em virtude de conluio fraudulento entre devedor e terceiro, o ato poderá ser revogado na via da ação revocatória".[100]

769. Elogio ao comando do art. 131 – Ricardo Tepedino elogia o comando do art. 131: "A justiça do preceito é de fácil percepção: se o negócio jurídico ocorreu segundo os termos do plano de recuperação aprovado pelos credores e chancelado pelo juiz, não há mesmo que falar em fraude, presumida ou comprovada. E a sua introdução no direito falimentar foi muito feliz, pois já se retirou eficácia de uma dação em pagamento do bem anteriormente hipotecado ao credor sa-

97. Manoel Justino Bezerra Filho, *Nova Lei de Recuperação e de Falências Comentada. Lei 11.101, de 9.2.2005, Comentário Artigo por Artigo*, 3ª ed., São Paulo, Ed. RT, 2005, p. 306.

98. Aliás, frisa Júlio Kahan Mandel: "Sem a segurança jurídica para o atos praticados durante o processo de recuperação judicial, o instituto nasceria morto" (*Nova Lei de Falências e Recuperação de Empresas Anotada: Lei 11.101, de 9.2.2005*, São Paulo, Saraiva, 2005, p. 234).

99. Manoel Justino Bezerra Filho, *Nova Lei de Recuperação e de Falências Comentada. Lei 11.101, de 9.2.2005, Comentário Artigo por Artigo*, cit., 3ª ed., p. 306.

100. Manoel de Queiroz Pereira Calças, "Da ineficácia e da revogação dos atos praticados antes da falência", *Revista do Advogado* 83/95, Ano XXV, São Paulo, AASP, setembro/2005.

tisfeito, que ocorrera em meio à concordata preventiva do devedor, mas que fora autorizado [*sic*] por alvará de juiz".[101]

Júlio Kahan Mandel, por sua vez, afirma que "sem segurança jurídica para os atos praticados durante o processo de recuperação judicial, o instituto nasceria morto", destacando que: "Logicamente, provada depois a fraude na operação, os interessados prejudicados poderão se valer das regras penais e civis para buscar reparação ou até mesmo anular a transferência".[102]

Art. 132. A ação revocatória, de que trata o art. 130 desta Lei, deverá ser proposta pelo administrador judicial, por qualquer credor ou pelo Ministério Público[770-771-772-773] no prazo de 3 (três) anos contado da decretação da falência.[774-775-776]

LEGISLAÇÃO ANTERIOR

Lei de Falências (DL 7.661/1945): *Art. 55.* A ação revocatória deve ser proposta pelo síndico, mas, se o não for dentro dos 30 (trinta) dias seguintes à data da publicação do aviso a que se refere o art. 114 e seu parágrafo, também poderá ser proposta por qualquer credor.

Art. 56. (...).

§ 1º. A ação somente poderá ser proposta até 1 (um) ano, a contar da data da publicação do aviso a que se refere o art. 114 e seu parágrafo.

COMENTÁRIOS

770. Quem tem legitimação ativa em sede de ação revocatória? – No regime anterior a legitimidade para propositura da ação revocatória era do síndico. No entanto, se ele não o fizesse dentro dos 30 dias seguintes à data da publicação do aviso a que se referem o art. 114 e seu parágrafo, também poderia ser proposta por qualquer credor (art. 55).

O art. 132 inovou, seja quanto ao caráter subsidiário que a ação revocatória tinha em relação aos credores, seja no tocante à legitimação ativa para ajuizá-la, vez que, doravante, há legitimação concorrente para o ajuizamento direto da ação revocatória tanto do administrador judicial quanto de qualquer credor[103] ou até mesmo do Ministério Público.

771. O administrador judicial poderá ser responsabilizado no caso de decadência do direito de propor a ação revocatória? – O administrador judicial não poderá ser responsabilizado no caso de decadência do direito de propor ação revocatória, tendo em vista que a legitimação ativa é concorrente entre ele, qualquer credor e o Ministério Público.[104]

772. Quem tem legitimação passiva em sede de ação revocatória? – O art. 133 prevê quais são as pessoas que têm legitimação para ocupar o pólo passivo da ação revocatória. Em resumo, são todas aquelas que figuraram como partes nos atos e negócios objeto da fraude ou que deles se beneficiaram, terceiros adquirentes e respectivos herdeiros e legatários.

101. Ricardo Tepedino, "Comentários aos arts. 105 ao 138", in Carlos Henrique Abrão e Paulo Fernando Campos Salles de Toledo (coords.), *Lei de Recuperação de Empresas e Falência*, São Paulo, Saraiva, 2005, p. 362.

102. Júlio Kahan Mandel, *Nova Lei de Falências e Recuperação de Empresas Anotada: Lei 11.101, de 9.2.2005*, cit., p. 234.

103. Afirma Sérgio Campinho: "Somente terão interesse em promover a ação de reintegração do patrimônio do falido, que lhes serve de garantia ao pagamento de seus créditos, aqueles que efetivamente participam do concurso falimentar, isto é, os credores concorrentes" (*Falência e Recuperação de Empresa: o Novo Regime da Insolvência Empresarial*, Rio de Janeiro, Renovar, 2006, p. 371).

104. No mesmo sentido: Fábio Ulhoa Coelho, *Comentários à Nova Lei de Falências e de Recuperação de Empresas*, São Paulo, Saraiva, 2005, pp. 357-358; Marcus Elidius Michelli de Almeida, *Nova Lei de Falências e Recuperação de Empresas: Confrontada e Breves Anotações*, São Paulo, Quartier Latin, 2005, p. 137.

773. Recomendação aos juízes – Ricardo Tepedino recomenda aos juízes: "A fim de evitar conluios entre falido e um credor, ou entre estes, é aconselhável que o juiz, ao despachar a inicial, mande intimar o administrador judicial para que este, querendo, intervenha. A sugestão, que pode desgostar os mais formalistas, reveste-se de cunho prático e salutar, e em nada agride a lei".[105-106]

774. Qual é o prazo para propositura da ação revocatória? – No regime anterior o prazo para propositura da ação revocatória era de até um ano, contado da data da publicação do aviso a que se referem o art. 114 e seu parágrafo (art. 56, § 1º).

O art. 132 inovou, uma vez que alterou o prazo para três anos, contado da decretação da falência.

Discute-se se o termo inicial da contagem do triênio é: (1) a publicação da sentença de falência no órgão oficial; (2) o dia em que o juiz a assinou;[107] ou (3) o momento em que se tenha conhecimento da fraude.[108]

775. Qual é a natureza jurídica do prazo trienal? – O prazo de três anos para ajuizamento da ação revocatória é decadencial, e, por isso, não sofre interrupção.[109]

776. Crítica ao comando do art. 132 – Manoel Justino Bezerra Filho formula sua crítica ao art. 132: "O art. 132 acresce outra dificuldade acentuada para que se possa imaginar o êxito (ou mesmo a simples possibilidade de ajuizamento) da ação revocatória. Quem atua no dia-a-dia do direito falimentar sabe que o prazo de três anos a contar do decreto de falência é demais exíguo, especialmente se, como para a revocatória, está se pesquisando a possibilidade de fraude. Aquele que frauda normalmente encobre seus atos com o manto da credibilidade, exatamente para dificultar a constatação do meio fraudulento, o que leva, normalmente, à necessidade de anos de pesquisas, para que se possam coletar elementos que possibilitem o ajuizamento de revocatória com possibilidade de êxito".[110-111]

105. Ricardo Tepedino, "Comentários aos arts. 105 ao 138", in Carlos Henrique Abrão e Paulo Fernando Campos Salles de Toledo (coords.), *Lei de Recuperação de Empresas e Falência*, São Paulo, Saraiva, 2005, p. 363.

106. No mesmo sentido, Antônio Martin: "Será, contudo, de todo aconselhável que a massa falida, na pessoa do administrador judicial, seja intimada da propositura de revocatória por qualquer credor ou mesmo pelo Ministério Público, para que venha atuar no pólo ativo como litisconsorte facultativo (...)" ("Comentários aos arts. 129 ao 137", in Francisco Satiro de Sousa Jr. e Antônio Sérgio Altieri de Moraes Pitombo (coords.), *Comentários à Lei de Recuperação de Empresas e Falência: Lei 11.101/2005*, São Paulo, Ed. RT, 2005, p. 472).

107. Sérgio Campinho sustenta que o termo inicial é o dia da assinatura da sentença de falência (*Falência e Recuperação de Empresa: o Novo Regime da Insolvência Empresarial*, cit., p. 372).

108. Manoel Justino Bezerra Filho afirma: "Um entendimento com grande probabilidade de prevalecimento na atividade jurisprudencial é no sentido de que o prazo de três anos conta-se não da decretação da falência e sim do momento em que se tem conhecimento do ato fraudulento. O prazo apenas seria contado a partir da decretação da falência se já houvesse, no momento do decreto, conhecimento sobre o ato fraudulento" (*Nova Lei de Recuperação e de Falências Comentada. Lei 11.101, de 9.2.2005, Comentário Artigo por Artigo*, 3ª ed., São Paulo, Ed. RT, 2005, p. 308).

109. No mesmo sentido: Fábio Ulhoa Coelho, *Comentários à Nova Lei de Falências e de Recuperação de Empresas*, cit., p. 357; Manoel Justino Bezerra Filho, *Nova Lei de Recuperação e de Falências Comentada. Lei 11.101, de 9.2.2005, Comentário Artigo por Artigo*, cit., 3ª ed., p. 308; Ricardo Tepedino, "Comentários aos arts. 105 ao 138", cit., in Carlos Henrique Abrão e Paulo Fernando Campos Salles de Toledo (coords.), *Lei de Recuperação de Empresas e Falência*, pp. 363-364; Júlio Kahan Mandel, *Nova Lei de Falências e Recuperação de Empresas Anotada: Lei 11.101, de 9.2.2005*, São Paulo, Saraiva, 2005, p. 235.

110. Manoel Justino Bezerra Filho, *Nova Lei de Recuperação e de Falências Comentada. Lei 11.101, de 9.2.2005, Comentário Artigo por Artigo*, cit., 3ª ed., pp. 307-308.

111. Antônio Martin também faz sua crítica: "Nos grandes centros, com os cartórios repletos de processos, pode-se dizer que no prazo de três anos não se alcançará o estágio liquidatório da massa, ficando claro que, em se pensando assim, o dispositivo do art. 132 da Lei 11.101/2005 vigora em desfavor dos credores" ("Comentários aos arts. 129 ao 137", cit.,

Art. 133. A ação revocatória pode ser promovida:[777-778] I – contra todos os que figuraram no ato ou que por efeito dele foram pagos, garantidos ou beneficiados; II – contra os terceiros adquirentes, se tiveram conhecimento, ao se criar o direito, da intenção do devedor de prejudicar os credores; III – contra os herdeiros ou legatários das pessoas indicadas nos incisos I e II do *caput* deste artigo.

LEGISLAÇÃO ANTERIOR

Lei de Falências (DL 7.661/1945): *Art. 55.* (...).

Parágrafo único. A ação pode ser proposta: I – contra todos os que figuraram no ato, ou que, por efeito dele, foram pagos, garantidos ou beneficiados; II – contra os herdeiros ou legatários das pessoas acima indicadas; III – contra os terceiros adquirentes: a) se tiveram conhecimento, ao se criar o direito, da intenção do falido de prejudicar os credores; b) se o direito se originou de ato mencionado no art. 52; IV – contra os herdeiros ou legatários das pessoas indicadas no número anterior.

COMENTÁRIOS

*777. **Quem tem legitimação passiva em sede de ação revocatória?*** – Têm legitimação para figurar no pólo passivo da ação revocatória: (1) todos os que figuraram no ato ou que por efeito dele foram pagos, garantidos ou beneficiados; (2) os terceiros adquirentes, se tiveram conhecimento, ao se criar o direito, da intenção do devedor de prejudicar os credores; (3) os herdeiros ou legatários das pessoas indicadas nos itens anteriores.

*778. **Quem tem legitimação ativa em sede de ação revocatória?*** – No regime anterior a legitimidade para propositura da ação revocatória era do síndico. No entanto, se ele não o fizesse dentro dos 30 dias seguintes à data da publicação do aviso a que se referem o art. 114 e seu parágrafo, também poderia ser proposta por qualquer credor (art. 55).

O art. 132 inovou, seja quanto ao caráter subsidiário que a ação revocatória tinha em relação aos credores, seja no tocante à legitimação ativa para ajuizá-la, vez que, doravante, há legitimação concorrente para o ajuizamento direto da ação revocatória tanto do administrador judicial quanto de qualquer credor ou até mesmo do Ministério Público.

Art. 134. A ação revocatória correrá perante o juízo da falência[779] e obedecerá ao procedimento ordinário previsto na Lei n. 5.869, de 11 de janeiro de 1973 – Código de Processo Civil.[780-781]

LEGISLAÇÃO ANTERIOR

Lei de Falências (DL 7.661/1945): *Art. 56.* A ação revocatória correrá perante o juiz da falência e terá curso ordinário.

COMENTÁRIOS

*779. **Qual é o juízo competente para processar e julgar a ação revocatória?*** – O art. 76 estabelece que o juízo da falência é competente para conhecer de todas as ações sobre bens, interesses e negócios do falido.

O art. 134 corrobora tal comando ao dispor que o juízo competente para processar e julgar a ação revocatória é o juízo universal da falência, mesmo que os réus – complementa José da Silva Pacheco – não sejam domiciliados na sede do juízo falimentar.[112]

*780. **Sob qual procedimento processar-se-á a ação revocatória?*** – A ação revocató-

in Francisco Satiro de Sousa Jr. e Antônio Sérgio Altieri de Moraes Pitombo (coords.), *Comentários à Lei de Recuperação de Empresas e Falência: Lei 11.101/2005*, p. 471).

112. José da Silva Pacheco, *Processo de Recuperação Judicial, Extrajudicial e Falência*, Rio de Janeiro, Forense, 2006, p. 325.

ria processar-se-á sob o procedimento ordinário previsto no Código de Processo Civil.

781. O réu pode argüir compensação ou oferecer reconvenção na ação revocatória? – Responde Sérgio Campinho: "Embora a lei não proíba expressamente, adotando, assim, a mesma linha do Decreto-lei 7.661/1945, o réu não pode opor compensação ou reconvenção, pois os direitos creditórios só podem ser exercidos através da competente habilitação".[113]

Art. 135. A sentença que julgar procedente a ação revocatória determinará o retorno dos bens à massa falida em espécie, com todos os acessórios, ou o valor de mercado, acrescidos das perdas e danos.[782-783]

Parágrafo único. Da sentença cabe apelação.[784-785]

LEGISLAÇÃO ANTERIOR

Lei de Falências (DL 7.661/1945): *Art. 56.* (...).

(...).

§ 2º. A apelação será recebida no efeito devolutivo, no caso do art. 52, e em ambos os efeitos, no caso do art. 53.

COMENTÁRIOS

782. Quais são os efeitos da procedência da ação revocatória prevista no art. 130? – A sentença que julgar procedente a ação revocatória determinará o retorno dos bens à massa falida em espécie (ou seja, do próprio bem), com todos os acessórios, ou, caso isso não seja possível, o valor de mercado, acrescidos das perdas e danos.

Se os bens objeto da revocatória foram revendidos a terceiro de boa-fé (logo, não alcançado pelo art. 133, II), sofreram perecimento ou deterioração, evidentemente, não poderão ser restituídos em espécie. Então, o réu deverá indenizar a massa mediante pagamento do valor de mercado equivalente, acrescido das perdas e danos.

Esclareça-se, por oportuno, que há casos em que a sentença revocatória não determina a restituição, justamente por ser ela descabida. Exemplifique-se: revogação de remissão de dívida ou revogação de uma garantia real outorgada.[114]

783. Quais são os efeitos da declaração de ineficácia prevista no art. 129? – Os efeitos da declaração de ineficácia prevista no art. 129 são, praticamente, os mesmos efeitos decorrentes da procedência da ação revocatória do art. 130,;vale dizer, a decisão declaratória determinará o retorno dos bens à massa falida em espécie (ou seja, do próprio bem), com todos os acessórios, ou o valor de mercado. O acréscimo das perdas e danos depende de ação própria, inclusive para sua liquidação.[115-116]

113. Sérgio Campinho, *Falência e Recuperação de Empresa: o Novo Regime da Insolvência Empresarial*, Rio de Janeiro, Renovar, 2006, p. 372. No mesmo sentido: Roberto Senise Lisboa, "Comentários aos arts. 129 ao 138", in Newton de Lucca e Adalberto Simão Filho (coords.), *Comentários à Nova Lei de Recuperação de Empresas e de Falências*, São Paulo, Quartier Latin, 2005, p. 524.

114. Ricardo Tepedino exemplifica: "(...) se o ato revogado tiver sido uma locação a preço vil, a solução será a condenação do locatário beneficiado ao pagamento da diferença entre o aluguel fraudulentamente estipulado e o de mercado, sem prejuízo *ex nunc* do contrato locatício" ("Comentários aos arts. 105 ao 138", in Carlos Henrique Abrão e Paulo Fernando Campos Salles de Toledo (coords.), *Lei de Recuperação de Empresas e Falência*, São Paulo, Saraiva, 2005, p. 366).

115. No mesmo sentido: Sérgio Campinho, *Falência e Recuperação de Empresa: o Novo Regime da Insolvência Empresarial*, Rio de Janeiro, Renovar, 2006, p. 373.

116. Ricardo Tepedino complementa: "A despeito da alusão do dispositivo (art. 135) à revocatória, lamentavelmente dispensada para os casos do art. 129, tudo o que se disse acima é válido (...). A diferença é que essas indenizações deverão ser delimitadas em processo de conhecimento, já que o legislador não chegou ao ponto de permitir uma sentença condenatória sem o contraditório e mesmo *ex officio*" ("Comentários aos arts. 105 ao 138", cit., in Carlos

784. Qual é o recurso interponível da sentença revocatória? – O recurso interponível é o de apelação, que será recebida em ambos os efeitos (arts. 513 e 520 do CPC).

785. Qual é o recurso interponível da decisão declaratória de ineficácia do art. 129? – Se o juiz, de ofício ou incidentalmente no processo de falência, declarar a ineficácia do ato ou negócio, com estribo no art. 129, dado o caráter interlocutório da decisão, o recurso cabível é o de agravo (arts. 522 e ss. do CPC).[117]

Se o juiz declarar a ineficácia do ato ou negócio, com base no art. 129, em ação própria, o recurso interponível é o de apelação, que será recebida em ambos os efeitos (arts. 513 e 520 do CPC).

Jurisprudência[118]

Eis um julgado pertinente prolatado à luz do regime anterior:

[TJSP] *Falência. – Ação revocatória – Apelação* – Recurso interposto contra sentença que acolhe o pedido – Irresignação que deve ser processada no efeito suspensivo e devolutivo – Inteligência dos arts. 52, 53 e 56, § 2º, do Decreto-lei n. 7661/1945 e 520 do CPC. [*J. 15.5.2001, RT 793/237*]

Art. 136. Reconhecida a ineficácia ou julgada procedente a ação revocatória, as partes retornarão ao estado anterior,[786] e o contratante de boa-fé terá direito à restituição dos bens ou valores entregues ao devedor.[787-788]

§ 1º. Na hipótese de securitização de créditos do devedor,[789] não será declarada a ineficácia ou revogado o ato de cessão em prejuízo dos direitos dos portadores de valores mobiliários emitidos pelo securitizador.[790-791]

§ 2º. É garantido ao terceiro de boa-fé, a qualquer tempo, propor ação por perdas e danos contra o devedor ou seus garantes.[792]

LEGISLAÇÃO ANTERIOR

Lei de Falências (DL 7.661/1945): *Art. 54.* Os bens devem ser restituídos à massa em espécie, com todos os acessórios, e, não sendo possível, dar-se-á a indenização.

§ 1º. A massa restituirá o que tiver sido prestado pelo contraente, salvo se do contrato ou ato não auferiu vantagem, caso em que o contraente será admitido como credor quirografário.

§ 2º. No caso de restituição, o credor reassumirá o seu anterior estado de direito e participará dos rateios, se quirografário.

§ 3º. Fica salva aos terceiros de boa fé a ação de perdas e danos, a todo tempo, contra o falido.

COMENTÁRIOS

786. As partes retornarão ao estado anterior – Se, reconhecida a ineficácia ou julgada procedente a ação revocatória, as partes retornarão ao estado anterior, isso significa que a decisão judicial tem efeitos *ex tunc*.

787. O contratante de boa-fé terá direito à restituição – Note-se que o *caput* do art. 136 outorga apenas ao *contratante de boa-fé* o direito de restituição dos bens ou valores entregues ao devedor.

Segundo Ricardo Tepedino, apesar de o *contratante de má-fé* não ter o referido direito de restituição, ele poderá cobrar o que tenha entregue ao devedor, sob pena de gerar enriquecimento injustificado da massa.[119]

788. Exemplo da hipótese prevista no art. 136 – Fábio Ulhoa Coelho exemplifica

Henrique Abrão e Paulo Fernando Campos Salles de Toledo (coords.), *Lei de Recuperação de Empresas e Falência*, p. 367).

117. No mesmo sentido: Sérgio Campinho, *Falência e Recuperação de Empresa: o Novo Regime da Insolvência Empresarial*, cit., p. 372.

118. Manoel Justino Bezerra Filho, *Jurisprudência da Nova Lei de Recuperação de Empresas e Falências/Decisões, Ofícios Judiciais, Resoluções, Sentenças, Acórdãos, Dentre Outros Documentos*, São Paulo, Ed. RT, 2006, p. 328.

119. Ricardo Tepedino, "Comentários aos arts. 105 ao 138", in Carlos Henrique Abrão e Paulo Fernando Campos Salles de Toledo (coords.), *Lei de Recuperação de Empresas e Falência*, São Paulo, Saraiva, 2005, p. 368.

a hipótese do art. 136 nos seguintes termos: "Imagine que o estabelecimento empresarial fraudulentamente alienado pelo falido a *Antônio* tenha sido transferido, depois, a *Benedito*, sem que nesse segundo trespasse se possa vislumbrar qualquer irregularidade ou ilegalidade. Note-se que, nesse exemplo, da ação revocatória participaria como demandado *Antônio* (por força do art. 133, I), mas não *Benedito* (que não se enquadra no art. 133, II). Julgada, porém, procedente, *Benedito* perderá o estabelecimento em favor da massa falida. É um caso de uma pessoa prejudicada pela declaração de ineficácia, mas que não teve nenhuma responsabilidade pelo ato que frustrou os objetivos do processo falimentar. (...). *Benedito* pode pedir restituição em dinheiro do valor que pagou pelo estabelecimento empresarial ao adquiri-lo de *Antônio*".[120]

Segundo Manoel Justino Bezerra Filho: "Este artigo veio à lei após o famoso caso 'Encol', construtora que faliu deixando ao desamparo milhares de compromissários compradores de imóveis em construção".[121]

789. No que consiste a securitização de crédito? – Antônio Martin explica: "(...) na operação de securitização o empresário transfere seus créditos para outra empresa, denominada securitizadora, e esta, com lastro nos créditos recebidos, emite títulos e valores mobiliários que serão colocados, através de oferta pública, no mercado de capitais. Com os meios obtidos nesta securitização, a securitizadora paga ao empresário o valor dos créditos que por ele lhe foram transferidos".[122-123]

790. Por que não será declarada a ineficácia ou revogado o ato de cessão dos créditos ocorrido na securitização de créditos? – Ensina Fábio Ulhoa Coelho: "Como se trata normalmente de mecanismo de financiamento da atividade empresarial abrigado no mercado de capitais (não necessariamente no de valores mobiliários, esclareça-se), é indispensável à regular tutela dos interesses dos investidores que, na falência do emitente, a cessão da obrigação que serve de lastro ao título securitizado não possa ser declarada ineficaz (...). Caso a ineficácia não fosse por lei expressamente afastada na securitização de recebíveis, essa alternativa de financiamento da atividade empresarial simplesmente deixaria de existir".[124-125]

120. Fábio Ulhoa Coelho, *Comentários à Nova Lei de Falências e de Recuperação de Empresas*, São Paulo, Saraiva, 2005, pp. 358-359.

121. Manoel Justino Bezerra Filho, *Nova Lei de Recuperação e de Falências Comentada. Lei 11.101, de 9.2.2005, Comentário Artigo por Artigo*, 3ª ed., São Paulo, Ed. RT, 2005, p. 312.

122. Antônio Martin, "Comentários aos arts. 129 ao 137", in Francisco Satiro de Sousa Jr. e Antônio Sérgio Altieri de Moraes Pitombo (coords.), *Comentários à Lei de Recuperação de Empresas e Falência: Lei 11.101/2005*, São Paulo, Ed. RT, 2005, p. 473.

123. Gladston Mamede explica a securitização nos seguintes termos: "Trata-se, em sentido estrito, de uma operação por meio da qual separa-se um patrimônio específico (podendo incluir, ou não, a cessão para uma pessoa jurídica distinta), com a emissão, no mercado imobiliário, de títulos lastreados neste *patrimônio segregado*. Portanto, mobilizam-se ativos – presentes ou futuros (como os chamados recebíveis, a exemplo de títulos de crédito com vencimento futuro) –, permitindo diluir riscos e, ademais, desintermediar o processo de financiamento, substituindo as formas tradicionais de financiamento bancário pelo financiamento por meio do mercado mobiliário" (*Direito Empresarial Brasileiro: Falência e Recuperação de Empresas*, vol. 4, São Paulo, Atlas, 2006, p. 560).

124. Fábio Ulhoa Coelho, *Comentários à Nova Lei de Falências e de Recuperação de Empresas*, cit., p. 359.

125. No mesmo sentido: Antônio Martin ("A securitização é, na verdade, um dos processos de viabilização para a recuperação da atividade empresarial, e não poderia, portanto, ser desprestigiada num diploma legal que tem como seu ponto forte, justamente, o incentivo à recuperação das empresas"), "Comentários aos arts. 129 ao 137", cit., in Francisco Satiro de Sousa Jr. e Antônio Sérgio Altieri de Moraes Pitombo (coords.), *Comentários à Lei de Recuperação de Empresas e Falência: Lei 11.101/2005*, p. 473; Gladston Mamede ("A preocupação manifestada pelo legislador, no art. 136, § 1º, é justamente com o mercado mobiliário, ou seja, com terceiros que adquirem títulos de securitização e que, portanto, não poderiam ser atingidos pela declaração de ineficácia, sob pena de criar-se descrédito para tais operações, hoje muito importantes"), *Direito Empresarial Brasileiro: Falência e Recuperação de Empresas*, cit., vol. 4, pp. 560-561.

791. Alerta sobre possibilidade de fraude na securitização de crédito – Manoel Justino Bezerra Filho, apesar de elogiar o comando do § 1º do art. 136 ("Trata-se de disposição de admirável engenhosidade jurídica"), alerta que: "Tal sistema de negócio é porta aberta para a fraude, bastando ao devedor conluiar-se com o securitizador e celebrar com ele uma cessão, transferindo o crédito e nada recebendo na realidade, para futuro acerto por fora".[126]

Ricardo Tepedino sustenta posição contrária: o conluio fraudulento entre o devedor (falido) e o securitizador não retira a eficácia da cessão dos créditos que lastrearam a emissão de títulos; no entanto, se da fraude também participaram os investidores, a cessão dos créditos deve ser objeto da ação revocatória.[127-128]

792. Ação por perdas e danos – Tendo em vista que o art. 130 pressupõe má-fé (intenção de prejudicar e prova do conluio) e o § 2º do art. 136 utiliza a expressão "terceiro de boa-fé", dessome-se que este ("terceiro de boa-fé") apenas poderá existir nos casos do art. 129.[129]

Art. 137. O juiz poderá, a requerimento do autor da ação revocatória, ordenar, como medida preventiva, na forma da lei processual civil, o seqüestro dos bens retirados do patrimônio do devedor que estejam em poder de terceiros.[793-794-795-796]

LEGISLAÇÃO ANTERIOR

Lei de Falências (DL 7.661/1945): *Art. 56.* (...).

(...).

§ 3º. O juiz pode, a requerimento do síndico, ordenar, como medida preventiva, na forma processual civil, o seqüestro dos bens retirados do patrimônio do falido e em poder de terceiros.

COMENTÁRIOS

793. O autor da ação revocatória pode lançar mão do seqüestro em relação a terceiros? – O autor da ação revocatória pode requerer ao juiz, como medida preventiva, o seqüestro dos bens que estejam em poder de terceiros.

O seqüestro está disciplinado nos arts. 822 e ss. do CPC.

Jurisprudência[130]

Eis um julgado pertinente prolatado sob a égide do regime anterior:

[STJ] Falência – *Seqüestro de bens – Suspeita de que os bens foram transferidos em proveito dos sócios e de terceiros – Necessidade de com-*

126. Manoel Justino Bezerra Filho, *Nova Lei de Recuperação e de Falências Comentada. Lei 11.101, de 9.2.2005, Comentário Artigo por Artigo*, cit., 3ª ed., p. 312.

127. Exemplifica o autor: "Tome-se um exemplo: uma rede de varejo *securitiza* uma carteira de crédito direto ao consumidor (Código de Defesa do Consumidor), emitindo títulos por um preço absurdamente vantajoso, e, sem a participação da *securitizadora*, faz com que testas-de-ferro subscrevam esses valores mobiliários. Obviamente essa cessão tem de ser privada de efeitos – pensar o contrário equivale a supor que a lei criou uma hipótese de *fraude legalmente permitida*, o que agride até mesmo o bom senso" (Ricardo Tepedino, "Comentários aos arts. 105 ao 138", cit., in Carlos Henrique Abrão e Paulo Fernando Campos Salles de Toledo (coords.), *Lei de Recuperação de Empresas e Falência*, p. 369).

128. No mesmo sentido, Gladston Mamede: "(...) não será declarada a ineficácia ou revogado o ato de cessão, ainda que tenha havido má-fé na emissão dos títulos. Somente poderá haver revogação se comprovado que os investidores que detêm os títulos emitidos participaram do *consilium fraudis*, incluindo a hipótese de terem inequívoco conhecimento da fraude perpetrada em sua emissão" (*Direito Empresarial Brasileiro: Falência e Recuperação de Empresas*, cit., vol. 4, p. 561).

129. No mesmo sentido: Marcus Elidius Michelli de Almeida, *Nova Lei de Falências e Recuperação de Empresas: Confrontada e Breves Anotações*, São Paulo, Quartier Latin, 2005, p. 139.

130. Manoel Justino Bezerra Filho, *Jurisprudência da Nova Lei de Recuperação de Empresas e Falências/Decisões, Ofícios, Judiciais, Resoluções, Sentenças, Acórdãos, Dentre Outros Documentos*, São Paulo, Ed. RT, 2006, p. 329.

provação por ação própria – Inteligência do art. 52 do Decreto-lei n. 7.661/1945. [*J. 23.10.2000, RT 787/210*]

Além do seqüestro, o referido autor pode também manejar outras medidas cautelares, como arrolamento de bens e produção antecipada de provas.[131]

794. No que consiste o seqüestro? – Segundo Humberto Theodoro Jr.:

"Seqüestro é a medida cautelar que assegura futura execução para a entrega da coisa e que consiste na apreensão de bem *determinado*, objeto do litígio, para lhe assegurar a entrega, em bom estado, ao que vencer a demanda.

"Difere do arresto por várias razões (...). Mas a principal diferença situa-se no objeto da medida, que no arresto é qualquer bem do patrimônio do devedor que possa garantir futura execução de obrigação de dinheiro, e no seqüestro é um bem determinado, isto é, exatamente aquele disputado pelas partes, aquele que se apresenta como objeto da demanda."[132]

795. O seqüestro pode ser requerido no bojo da ação revocatória ou em medida cautelar em separado? – Ricardo Tepedino entende que o seqüestro pode ser requerido no bojo da ação revocatória, sendo desnecessário o ajuizamento da respectiva medida cautelar.[133]

Antônio Martin recomenda: "Se bens estiverem em poder de terceiros que não sejam partes na ação revocatória, é de todo recomendável que [n]o mandado de seqüestro (...) sejam tomados em procedimento cautelar em separado".[134]

796. Qual é o recurso cabível da decisão que defere ou indefere o seqüestro? – Tendo em vista que a natureza da decisão que defere ou indefere o seqüestro é interlocutória, o recurso cabível é o de agravo.[135]

Art. 138. O ato pode ser declarado ineficaz ou revogado, ainda que praticado com base em decisão judicial,[797-798] observado o disposto no art. 131 desta Lei.[799]

Parágrafo único. Revogado o ato ou declarada sua ineficácia, ficará rescindida a sentença que o motivou.[800]

LEGISLAÇÃO ANTERIOR

Lei de Falências (DL 7.661/1945): *Art. 58.* A revogação do ato pode ser decretada, embora para celebração dele houvesse precedido sentença executória, ou fosse conseqüência de transação ou de medida assecuratória para garantia da dívida ou seu pagamento. Revogado o ato, ficará rescindida a sentença que o motivou.

COMENTÁRIOS

797. Exemplos da hipótese prevista no art. 138 – Ricardo Tepedino exemplifica a hipótese prevista no art. 138: praceamento de um imóvel hipotecado nas circunstâncias previstas no inciso III do art. 129; transação

131. No mesmo sentido: Ricardo Tepedino, "Comentários aos arts. 105 ao 138", in Carlos Henrique Abrão e Paulo Fernando Campos Salles de Toledo (coords.), *Lei de Recuperação de Empresas e Falência*, São Paulo, Saraiva, 2005, p. 370.

132. Humberto Theodoro Jr., *Curso de Direito Processual Civil*, 20ª ed., vol. 2, Rio de Janeiro, Forense, 1997, p. 454.

133. Ricardo Tepedino, "Comentários aos arts. 105 ao 138", cit., in Carlos Henrique Abrão e Paulo Fernando Campos Salles de Toledo (coords.), *Lei de Recuperação de Empresas e Falência*, p. 370.

134. Antônio Martin, "Comentários aos arts. 129 ao 137", in Francisco Satiro de Sousa Jr. e Antônio Sérgio Altieri de Moraes Pitombo (coords.), *Comentários à Lei de Recuperação de Empresas e Falência: Lei 11.101/2005*, São Paulo, Ed. RT, 2005, p. 474.

135. No mesmo sentido: Roberto Senise Lisboa, "Comentários aos arts. 129 ao 138", in Newton de Lucca e Adalberto Simão Filho (coords.), *Comentários à Nova Lei de Recuperação de Empresas e de Falências*, São Paulo, Quartier Latin, 2005, pp. 526-527.

judicialmente homologada em que o débito cobrado é solvido mediante dação de um bem do réu falido; sentença condenatória que não se aperceba estar diante de uma dívida simulada por autor e réu.[136-137]

798. Advertência sobre a aplicação do art. 138 – Júlio Kahan Mandel, com razão, adverte: "Este dispositivo deve ser aplicado com a mais extrema das cautelas, para que a própria Justiça e outros diplomas processuais não fiquem sem credibilidade. Tendo sido criado para casos como, por exemplo, de declaração de ineficácia do pagamento em juízo a credor que está promovendo ação de execução, por meio de bens que haviam sido penhorados às vésperas da quebra (pagamento de dívida vencida de outra forma que não a prevista no contrato), o art. 138 não pode ser aplicado fora de seu sentido exato".[138-139]

799. "Observado o disposto no art. 131" – O art. 131 veicula a única ressalva[140] à declaração de ineficácia ou revogação de atos praticados com base em decisão judicial, qual seja: atos previstos e realizados na forma definida no plano de recuperação judicial ou extrajudicial.

Roberto Senise Lisboa esclarece a ressalva: "(...) tendo o ato sido realizado na forma do plano de recuperação, não há fraude, mas sim cumprimento de ordem judicial tendente ao reerguimento da empresa, em atendimento à sua função social".[141]

800. Rescisão da sentença – O parágrafo único do art. 138 prevê a rescisão, pelo juízo falimentar, de sentença prolatada por outro juízo.

Assim sendo, dessome-se que o legislador estabeleceu a competência exclusiva do juízo falimentar para a proteção dos direitos dos credores do falido.[142]

136. Ricardo Tepedino, "Comentários aos arts. 105 ao 138", in Carlos Henrique Abrão e Paulo Fernando Campos Salles de Toledo (coords.), *Lei de Recuperação de Empresas e Falência*, São Paulo, Saraiva, 2005, p. 370.

137. Manoel de Queiroz Pereira Calças dá como exemplo da hipótese prevista no art. 138 a transação judicial mediante a entrega de um bem ao credor ("Da ineficácia e da revogação dos atos praticados antes da falência", *Revista do Advogado* 83/96, Ano XXV, São Paulo, AASP, setembro/2005).

138. Júlio Kahan Mandel, *Nova Lei de Falências e Recuperação de Empresas Anotada: Lei n. 11.101, de 9.2.2005*, São Paulo, Saraiva, 2005, p. 237.

139. Gladston Mamede também formula sua advertência: "A norma precisa ser vista com redobrada cautela em seu conteúdo. Em primeiro lugar, excetuada a prova da fraude, não me parece que se deva declarar ineficazes arrematações judiciais de bens penhorados, como já afirmei, citando jurisprudência do colendo STJ. Em fato, a simples possibilidade jurídica da ineficácia conduziria a amplo esvaziamento dos feitos executivos anteriores à decretação da falência: só um apostador, desejando colher vantagens financeiras extremadas pelo risco da declaração de ineficácia, se apresentaria à praça de bens de devedores passíveis de terem sua falência decretada, o que trabalharia contra todos: credor, devedor, empresa e Judiciário. A norma, portanto, deve ser vista com cautela, alcançando, por exemplo, a transação que inclua pagamento de dívidas não vencidas ou pagamento de dívidas vencidas e exigíveis realizado de forma não prevista no contrato, a transação que caracterize prática de ato a título gratuito, a renúncia judicial à herança, entre outras" (*Direito Empresarial Brasileiro: Falência e Recuperação de Empresas*, vol. 4, São Paulo, Atlas, 2006, p. 561).

140. Fábio Ulhoa Coelho aduz: "Uma única ressalva é feita pelo dispositivo, mais com o sentido de harmonizar os dispositivos do que excepcionar a regra" (*Comentários à Nova Lei de Falências e de Recuperação de Empresas*, São Paulo, Saraiva, 2005, p. 360).

141. Roberto Senise Lisboa, "Comentários aos arts. 129 ao 138", in Newton de Lucca e Adalberto Simão Filho (coords.), *Comentários à Nova Lei de Recuperação de Empresas e de Falências*, São Paulo, Quartier Latin, 2005, p. 527.

142. No mesmo sentido: Antônio Martin, "Comentários aos arts. 129 ao 137", in Francisco Satiro de Sousa Jr. e Antônio Sérgio Altieri de Moraes Pitombo (coords.), *Comentários à Lei de Recuperação de Empresas e Falência: Lei 11.101/2005*, São Paulo, Ed. RT, 2005, p. 474.

Seção X – Da Realização do Ativo

Art. 139. Logo após a arrecadação dos bens,[801] com a juntada do respectivo auto[802] ao processo de falência, será iniciada a realização do ativo.[803-804-805-806-807]

LEGISLAÇÃO ANTERIOR

Lei de Falências (DL 7.661/1945): *Art. 114.* Apresentado o relatório do síndico (art. 63, n. XIX), se o falido não pedir concordata, dentro do prazo a que se refere o art. 178, ou se a que tiver pedido lhe for negada, o síndico, nas 48 (quarenta e oito) horas seguintes, comunicará aos interessados, por aviso publicado no órgão oficial, que iniciará a realização do ativo e o pagamento do passivo.

Parágrafo único. Se tiver recebida a denúncia ou queixa (art. 109, § 2º), o síndico, nas 48 (quarenta e oito) horas seguintes à apresentação do relatório, providenciará a mesma publicação.

Art. 115. Publicado o aviso referido no artigo anterior e seu parágrafo, os autos serão conclusos ao juiz para marcar o prazo da liquidação, iniciando imediatamente o síndico a realização do ativo, com observância do que nesta Lei se determina.

COMENTÁRIOS

801. Arrecadação e avaliação dos bens – Ato contínuo à assinatura do termo de compromisso, o administrador judicial efetuará a arrecadação e avaliação dos bens, separadamente ou em bloco, no local em que se encontrem (art. 108).

Não sendo possível a avaliação dos bens no ato da arrecadação, o administrador judicial requererá ao juiz a concessão de prazo para apresentação do laudo de avaliação (§ 1º do art. 110).

802. Auto de arrecadação – O auto de arrecadação é composto pelo inventário e pelo respectivo laudo de avaliação dos bens (art. 110).

803. Quando poderá ser iniciada a realização do ativo? – *Realizar o ativo* significa converter os ativos em moeda, isto é, vender os bens para pagamento dos credores.

A realização do ativo somente poderá ser iniciada após a arrecadação dos bens, com a juntada do respectivo auto ao processo de falência, que é composto pelo inventário e avaliação dos bens[1] (art. 110).

Em outras palavras, a realização do ativo pressupõe a prévia arrecadação e avaliação dos bens.

804. Termo inicial da realização do ativo. Inovação – No regime anterior a realização do ativo estava condicionado à tramitação prévia do processo de verificação de créditos (§ 2º do art. 96, c/c o art. 63, XIX) e do inquérito judicial (§ 2º do art. 109, c/c o art. 63, XIX),[2] bem como à publicação prévia do quadro geral dos credores (art. 114, c/c o art. 63, XIX).[3]

A atual lei inovou a matéria,[4] vez que, de um lado, o § 2º do art. 140 estabelece que a realização do ativo terá início independentemente da formação do quadro geral de credores e o art. 139, de outro lado, condicionou a realização do ativo, apenas e tão-somente,

1. Por isso, Manoel Justino Bezerra Filho afirma: "Se os bens foram arrecadados e ainda pendem de avaliação (§ 1º do art. 110), não se poderá dar início à realização do ativo, sendo necessário aguardar que, além do auto de arrecadação, seja juntado ao feito o laudo de avaliação" (*Nova Lei de Recuperação e de Falências Comentada. Lei 11.101, de 9.2.2005, Comentário Artigo por Artigo*, 3ª ed., São Paulo, Ed. RT, 2005, p. 314).

2. No mesmo sentido, Fábio Ulhoa Coelho: "Antes dessas providências, nenhuma alienação estava autorizada, a não ser na hipótese excepcional de bens perecíveis" (*Comentários à Nova Lei de Falências e de Recuperação de Empresas*, São Paulo, Saraiva, 2005, p. 360).

3. No mesmo sentido: Ricardo Negrão, *Aspectos Objetivos da Lei de Recuperação de Empresas e Falências: Lei 11.101, de 9.2.2005*, São Paulo, Saraiva, 2005, p. 119.

4. Fábio Ulhoa Coelho ressalta: "Uma das mais importantes inovações da nova lei reside, por isso, no dispositivo acima, que determina se inicie a realização do ativo logo após a arrecadação dos bens do falido" (*Comentários à Nova Lei de Falências e de Recuperação de Empresas*, cit., p. 361).

à prévia arrecadação e avaliação dos bens, com a juntada do respectivo auto ao processo de falência.

805. Recomendação sobre a necessidade de celeridade da realização do ativo – Fábio Ulhoa Coelho, com acuidade, recomenda: "Tão logo arrecadados, os bens devem ser vendidos. A experiência demonstrou que a demora na realização do ativo representa um desastre para a comunidade de credores. É extremamente difícil e cara a adequada fiscalização e conservação dos bens do falido. Quando não são roubados, os bens se deterioram pela falta de manutenção. Além disso, a maioria dos bens móveis costuma sofrer acentuada desvalorização com o passar do tempo. Uma atualizada e completa rede de computadores pode não valer nada de significativo depois de um ano sem uso. Por isso, a alienação dos ativos do falido deve se iniciar independentemente da conclusão da verificação dos créditos e consolidação do quadro geral dos credores".[5]

806. Maximização do valor dos ativos do falido – O senador Ramez Tebet, no seu parecer, elenca, dentre os princípios adotados na análise do PLC 71/2003, o seguinte: "*10. Maximização do valor dos ativos do falido*: a lei deve estabelecer normas e mecanismos que assegurem a obtenção do máximo valor possível pelos ativos do falido, evitando deterioração provocada pela demora excessiva do processo e priorizando a venda em bloco, para evitar a perda dos intangíveis. Desse modo, não só se protegem os interesses dos credores de sociedades e empresários insolventes, que têm por isso sua garantia aumentada, mas também diminui-se o risco das transações econômicas, o que gera eficiência e aumento da riqueza geral".[6]

807. Os bens perecíveis ou deterioráveis podem ser vendidos antecipadamente? – Os bens perecíveis, deterioráveis, sujeitos a desvalorização ou que sejam de conservação arriscada ou dispendiosa poderão ser vendidos antecipadamente, ou seja, antes da juntada do auto de arrecadação (composto pelo inventário e avaliação dos bens) aos autos do processo de falência. No entanto, terão de ser arrecadados e avaliados previamente (art. 113).

Ressalte-se que a venda antecipada dos referidos bens depende de autorização judicial, ouvidos o comitê de credores e o falido no prazo de 48 horas (art. 113, *in fine*).

Art. 140. A alienação dos bens será realizada de uma das seguintes formas,[808-809-810] observada a seguinte ordem de preferência: I – alienação da empresa, com a venda de seus estabelecimentos em bloco;[811] II – alienação da empresa, com a venda de suas filiais ou unidades produtivas isoladamente;[812-813] III – alienação em bloco dos bens que integram cada um dos estabelecimentos do devedor;[814] IV – alienação dos bens individualmente considerados.[815]

§ 1º. Se convier à realização do ativo, ou em razão de oportunidade, podem ser adotadas mais de uma forma de alienação.[816]

§ 2º. A realização do ativo terá início independentemente da formação do quadro geral de credores.[817]

§ 3º. A alienação da empresa terá por objeto o conjunto de determinados bens necessários à operação rentável da unidade de produção, que poderá compreender a transferência de contratos específicos.[818]

§ 4º. Nas transmissões de bens alienados na forma deste artigo que dependam de registro público, a este servirá como título aquisitivo suficiente o mandado judicial respectivo.[819]

5. Fábio Ulhoa Coelho, *Comentários à Nova Lei de Falências e de Recuperação de Empresas*, cit., p. 362.

6. A íntegra do parecer está estampada nesta obra como Anexo II.

LEGISLAÇÃO ANTERIOR

Lei de Falências (DL 7.661/1945): *Art. 116.* A venda dos bens pode ser feita englobada ou separadamente.

§ 1º. Se o contrato de locação estiver protegido pelo Decreto n. 24.150, de 20 de abril de 1934, o estabelecimento comercial ou industrial do falido será vendido na sua integridade, incluindo-se na alienação a transferência do mesmo contrato.

§ 2º. Verificada, entretanto, a inconveniência dessa forma de venda, o síndico pode optar pela resolução do contrato e mandar vender separadamente os bens.

COMENTÁRIOS

808. Quais são as formas de alienação dos bens do falido? Há ordem de preferência? – As formas de alienação dos bens do falido são as a seguir declinadas, na seguinte ordem de preferência: (1) alienação da empresa, com a venda de seus estabelecimentos em bloco; (2) alienação da empresa, com a venda de suas filiais ou unidades produtivas isoladamente; (3) alienação em bloco dos bens que integram cada um dos estabelecimentos do devedor; (4) alienação dos bens individualmente considerados.

A ordem de preferência – salta aos olhos – visa a otimizar o preço de venda, já que os bens organizados vendidos coletivamente, regra geral, obtêm preço muito superior àquele alcançado na venda isolada dos mesmos.[7]

Lembre-se, de um lado, que compete ao administrador judicial, sob a fiscalização do juiz e do comitê de credores, se houver, praticar atos necessários à realização do ativo (art. 22, III, "i")[8] e, de outro lado, que a massa falida está dispensada de apresentar certidões negativas em qualquer modalidade de realização do ativo adotada (art. 146).

809. As formas de alienação dos bens do falido elencadas no art. 140 encerram* numerus clausus *ou* apertus*? – As formas de alienação dos bens do falido elencadas no art. 140 encerram *numerus apertus*, vez que o art. 145 prescreve: "O juiz homologará *qualquer outra modalidade de realização do ativo*, desde que aprovada pela assembléia-geral de credores, inclusive *com a constituição de sociedade de credores ou dos empregados do próprio devedor*, com a participação, se necessária, dos atuais sócios ou terceiros".

810. Alienação conjunta ou separada de ativos não gera sucessão tributária e trabalhista – Urge ser encarecido que, apesar de as sucessões tributária e trabalhista do arrematante judicial em seara de concordata e de falência sempre terem sido encaradas como uma questão de honra, imutável, genuíno dogma,[9] ambas as sucessões foram

7. Rachel Sztajn opina: "A ordem em que estão dispostas as opções, estabelecida nos incisos I a IV, indica com precisão o que se considera mais adequado. (...). As alternativas devem ser entendidas como opção de política legislativa, em que se ordena, da mais desejável para a menos desejável, em ordem direta, os limites para a decisão do administrador judicial, balizando-a. (...). Percebe-se a tentativa de agregar mais valor ao processo de venda dos bens" ("Comentários aos arts. 139 ao 167", in Carlos Henrique Abrão e Paulo Fernando Campos Salles de Toledo (coords.), *Lei de Recuperação de Empresas e Falência*, São Paulo, Saraiva, 2005, p. 375).

8. Explica Sérgio Campinho: "Não existe, assim, convocação e deliberação da assembléia-geral dos credores. (...). Mas o fato de não ser obrigatória a manifestação sobre o plano de venda dos bens não impede seja ela convocada por iniciativa dos credores, na forma do § 2º do art. 36, do comitê (alínea 'e' do inciso I do art. 27) ou do próprio administrador judicial (alínea 'g' do inciso I do art. 22), eis que a ela sempre tocará decidir, nos moldes da alínea 'd' do inciso II do art. 35, acerca de qualquer matéria que possa afetar os interesses dos credores" (*Falência e Recuperação de Empresa: o Novo Regime da Insolvência Empresarial*, Rio de Janeiro, Renovar, 2006, p. 414).

9. O deputado Oswaldo Biolchi, relator do Projeto de Lei de Recuperação de Empresa e Falência, esclarece: "(...) o Diploma n. 7.661/1945 permitia a continuação do negócio, a pedido do devedor, ou a concordata suspensiva, mas ambos os institutos se revelam inócuos, por causa da responsabilidade trabalhista e da sucessão tributária, afora as incertezas do percurso" ("Apresentação", in Carlos Henrique Abrão e Paulo Fernando Campos Salles de Toledo (coords.), *Lei de Recuperação de Empresas e Falência*, São Paulo, Saraiva, 2005, p. X).

defenestradas pelo sistema implantado pela Lei 11.101/2005.

Com efeito, a atual lei possibilitou ao devedor em fase de recuperação judicial ou em falência alienar seus ativos, inclusive filiais e unidades de produção, livres de quaisquer ônus e sem configuração de sucessão do arrematante nas obrigações, ainda que tenham natureza tributária, trabalhista e de acidente do trabalho (art. 60, parágrafo único, c/c o art. 141, II).

No tocante à superação da indigitada sucessão tributária, o legislador, com o *desideratum* precípuo de afastar qualquer questionamento futuro sobre o atual regime legal e ciente de que o Código Tributário Nacional, apesar de ser formalmente lei ordinária, materialmente tem *status* de lei complementar, fez tramitar simultaneamente ao Projeto de Lei que redundou na Lei 11.101/2005 outro Projeto de Lei, que foi aprovado na mesma data daquela (9.2.2005) como Lei Complementar 118, a qual alterou o art. 133 do referido CTN.[10-11]

Quanto à superação da apontada sucessão trabalhista, o legislador da Lei 11.101/2005 entendeu desnecessário alterar a Consolidação das Leis do Trabalho, uma vez que ambas têm *status*, material e formal, de lei ordinária. Por isso, disciplinou a matéria no seu art. 141, § 2º.

811. Alienação da empresa, com a venda de seus estabelecimentos em bloco – Esta modalidade de alienação é, inequivocamente, a que mais preserva a atividade empresarial.[12]

10. CTN, art. 133:

"Art. 133. A pessoa natural ou jurídica de direito privado que adquirir de outra, por qualquer título, fundo de comércio ou estabelecimento comercial, industrial ou profissional, e continuar a respectiva exploração, sob a mesma ou outra razão social ou sob firma ou nome individual, responde pelos tributos, relativos ao fundo ou estabelecimento adquirido, devidos até a data do ato".

"§ 1º. O disposto no *caput* deste artigo não se aplica na hipótese de alienação judicial: I – em processo de falência; II – de filial ou unidade produtiva isolada, em processo de recuperação judicial.

"§ 2º. Não se aplica o disposto no § 1º deste artigo quando o adquirente for: I – sócio da sociedade falida ou em recuperação judicial, ou sociedade controlada pelo devedor falido ou em recuperação judicial; II – parente, em linha reta ou colateral até o quarto grau, consangüíneo ou afim, do devedor falido ou em recuperação judicial ou de qualquer de seus sócios; ou III – identificado como agente do falido ou do devedor em recuperação judicial com o objetivo de fraudar a sucessão tributária.

"§ 3º. Em processo da falência, o produto da alienação judicial de empresa, filial ou unidade produtiva isolada permanecerá em conta de depósito à disposição do juízo de falência pelo prazo de 1 (um) ano, contado da data de alienação, somente podendo ser utilizado para o pagamento de créditos extraconcursais ou de créditos que preferem ao tributário."

11. Explicam Misabel de Abreu Machado Derzi e Raphael Frattari: "A referida Lei Complementar 118 faz repercutir no Código Tributário Nacional a nova Lei de Falências, que consagra a sobreposição da visão institucionalista da empresa e a idéia de sua função social prevalente sobre o enfoque contratual, limitado aos interesses dos sócios e controladores (...). Na verdade, a atividade econômica empresarial é fonte alimentadora dos recursos do Estado, os tributos, de altíssima relevância para o seu financiamento. As exceções introduzidas, ao facilitarem a recuperação da empresa em crise econômico-financeira, não conflitam, em última análise, com o interesse público, nem mesmo com as metas arrecadatórias da Fazenda Pública" ("Dispositivos do Código Tributário Nacional alterados por ocasião da Lei 11.101/2005", in Osmar Brina Corrêa-Lima e Sérgio Mourão Corrêa-Lima (coords.), *Comentários à Nova Lei de Falência e Recuperação de Empresas: Lei 11.101, de 9.2.2005*, Rio de Janeiro, Forense, 2009, p. 1.340).

12. Explica Gladston Mamede: "O sistema é ideal, pois afasta o devedor insolvente e preserva a empresa, mesmo diante do mercado (...). Fornecedores mantêm seu canal de vendas, trabalhadores mantêm seu emprego, consumidores mantêm seu canal de compras, o Estado mantém um contribuinte etc. A massa sai beneficiada por uma pronta e imediata liquidação de ativos, evitando longos trâmites judiciais, nocivos aos interesses de todos, cumprindo o princípio da celeridade processual, como determinado no art. 75, parágrafo único, da Lei 11.101/2005. O adquirente sai beneficiado, pois assume um negócio que está montado, que tem clientela, mercado, e cuja crise econômico-financeira pode decorrer não de problemas estruturais, mas de problemas pontuais, a incluir a má administração, o que é muito comum" (*Direito Empresarial Brasileiro: Falência e Recuperação de Empresas*, vol. 4, São Paulo, Atlas, 2006, p. 602).

Adverte Rachel Sztajn: "Note-se que há imprecisão terminológica que é causa de estranheza, a 'empresa', como complexo de estabelecimentos e objeto de direito. Exame rápido das disposições do Código Civil demonstra que empresa não é objeto de direito. (...). Conclui-se que a expressão 'alienação da empresa' corresponde à alienação de todos os estabelecimentos como se formassem uma indissociável unidade, um bloco monolítico de bens organizados para o exercício da atividade empresarial. (...) é notório que a venda de uma organização gera mais benefícios para todos que a soma do produto da venda das partes. Não pode ser desprezada, porém, a hipótese de que integre o ativo um ou alguns bens cujo(s) valor(es), tomado(s) individualmente, supere(m) o montante estimado para o conjunto. Em tais casos, melhor desmembrar o estabelecimento; destacar e vender tais bens isoladamente".[13]

Complementa Alfredo de Assis Gonçalves Neto: "(...) sabe-se que a empresa apresenta-se perante o Direito com vários significados, como pessoa, estabelecimento, como corporação etc. No caso da norma falimentar (art. 140, I), vê-se que ela ali está a indicar a alienação por inteiro de toda a estrutura com a qual o falido estava a atuar no mercado, inclusive seus direitos de crédito. Nesse caso, evidentemente, a empresa tem significado de 'estabelecimento em movimento'".[14]

812. Alienação da empresa, com a venda de suas filiais ou unidades produtivas isoladamente – Quanto à expressão "alienação da empresa", reprisamos as palavras de Rachel Sztajn e de Alfredo de Assis Gonçalves Neto transcritas no tópico anterior.

Sérgio Campinho exemplifica: "Seria o caso, por exemplo, de uma indústria composta por cinco estabelecimentos físicos nos quais desenvolve suas atividades, situados em localidades distintas. Dentre eles, encontram-se duas unidades superavitárias, com aparelhagem e tecnologias de última geração empregadas na criação de seus produtos, localizadas em um distrito industrial próspero, com infra-estrutura de escoamento da produção adequada, ao passo que as outras três fábricas mostram-se situadas em áreas decadentes ou de risco, com sistema de produção a demandar reestruturação e modernização. Será, em princípio, mais lucrativo proceder à venda daquelas duas unidades, de forma autônoma, evitando seja o preço final contaminado pelas outras unidades de pouca ou de nenhuma valia para o novo empreendedor".[15-16]

813. Quem poderá utilizar o título do estabelecimento no caso de alienação em bloco dos bens que integram cada um dos estabelecimentos do devedor? – Gladston Mamede, com razão, sustenta: "(...) o juiz deverá expressamente abordar o problema da identidade empresária: entre os múltiplos lotes de grupos de estabelecimentos (unidades produtivas) e estabelecimentos isolados alienados para diversos arrematantes, apenas num deles se encartará o título do estabelecimento – a implicar que os arrematantes dos demais lotes devam atuar sob outro título ou signos de identidade – ou marca. Se nenhum deles se especificou a inclusão do título do estabelecimento e/ou marca, nenhum deles terá o direito ao seu uso, procedendo-se ao leilão em separado de tais vantagens jurídicas".[17]

13. Rachel Sztajn, "Comentários aos arts. 139 ao 167", cit., in Carlos Henrique Abrão e Paulo Fernando Campos Salles de Toledo (coords.), *Lei de Recuperação de Empresas e Falência*, pp. 376-377.

14. Alfredo de Assis Gonçalves Neto, "Administração da falência, realização do ativo e pagamento dos credores", in Paulo Penalva Santos (coord.), *A Nova Lei de Falências e de Recuperação de Empresas: Lei 11.101/2005*, Rio de Janeiro, Forense, 2006, p. 263.

15. Sérgio Campinho, *Falência e Recuperação de Empresa: o Novo Regime da Insolvência Empresarial*, cit., p. 415.

16. Gladston Mamede também exemplifica: "(...) tanto podem ser colocadas à venda as unidades do *Supermercado Exemplo Ltda.* na Região Sudeste (incluindo lojas e depósitos ou apenas lojas), assim como se pode levar a leilão apenas a loja do *Supermercado Exemplo Ltda.* em Interlagos" (*Direito Empresarial Brasileiro: Falência e Recuperação de Empresas*, cit., vol. 4, p. 604).

17. Gladston Mamede, *Direito Empresarial Brasileiro: Falência e Recuperação de Empresas*, cit., vol. 4, p. 604.

814. Alienação em bloco dos bens que integram cada um dos estabelecimentos do devedor – Dita alienação, diferentemente das modalidades anteriores, não implica alienação da atividade – vale dizer, da empresa –, mas apenas dos bens que integram cada um dos estabelecimentos do devedor.[18]

Rachel Sztajn ressalta: "O desfazimento do estabelecimento dá origem à perda da clientela, salvo quando se trate de cliente fiel à marca e não à organização. Mesmo que se considere que não existe fidelidade à marca, que a clientela pode ser resultado de conveniência de localização, de o estabelecimento estar próximo a área de grande afluxo, a perda potencial de renda é relevante".[19]

Assim sendo, evidentemente, a alienação sob comento não abrange os contratos bilaterais que não se resolvem com a decretação da falência, tais como: locação, fornecimento e de trabalho (art. 117).[20]

A alienação dos bens em bloco costuma atingir valores superiores à alienação fragmentada.[21]

815. Alienação dos bens individualmente considerados – Na ordem de preferência das modalidades de realização do ativo, a alienação individual dos bens figura em último lugar, justamente porque a alienação dos bens em bloco costuma atingir valores superiores à alienação fragmentada, a qual gera retalhamento do estabelecimento empresarial, de forma não produtiva.[22]

816. É possível a adoção de mais de uma forma de alienação do ativo? – Se convier à realização do ativo, ou em razão de oportunidade, é possível a adoção de mais de uma forma de alienação.

Explica, adequadamente, Luiz Antônio Soares Hentz: "Nem sempre uma só forma (especialmente as primeiras nomeadas, em que se limita à venda de um ou poucos bens agregados) será suficiente para a realização de todo o ativo. Os ativos são integrados por bens de categorias diversas, como mercadorias prontas para a venda, matéria-prima não utilizada, matérias secundários e de embalagens, sobras, estoques obsoletos de peças, maquinário inservível ou irrecuperável, material de escritório de utilização específica da empresa. Por isso, convindo à realização do ativo, ou em razão de oportunidade, pode ser adotada mais de uma forma de alienação".[23]

817. A realização do ativo depende da formação do quadro geral de credores? – A realização do ativo independe da formação do quadro geral de credores.

Por oportuno, frise-se que o § 2º do art. 140 inovou a matéria, vez que no regime anterior a realização do ativo estava condicionada à publicação prévia do quadro geral dos credores (art. 114, c/c o art. 63, XIX).

18. Gladston Mamede exemplifica: "Assim, na falência de uma editora, pode-se proceder à venda isolada de sua estrutura gráfica, inclusive para os respectivos funcionários (...). Igualmente, na falência de uma metalúrgica, todos os bens que componham o setor de forjaria ou todos os bens que componham a tornearia, entre outros" (*Direito Empresarial Brasileiro: Falência e Recuperação de Empresas*, cit., vol. 4, p. 605).

19. Rachel Sztajn, "Comentários aos arts. 139 ao 167", cit., in Carlos Henrique Abrão e Paulo Fernando Campos Salles de Toledo (coords.), *Lei de Recuperação de Empresas e Falência*, p. 378.

20. No mesmo sentido: Alfredo de Assis Gonçalves Neto, "Administração da falência, realização do ativo e pagamento dos credores", cit., in Paulo Penalva Santos (coord.), *A Nova Lei de Falências e de Recuperação de Empresas: Lei 11.101/2005*, p. 265.

21. Na palavras de Gladston Mamede, "a venda em bloco tem por grande mérito evitar o aviltamento de preço que comumente se experimenta na venda item a item. Como se não bastasse, otimiza o próprio processo de alienação, facilitando-o e barateando-o" (*Direito Empresarial Brasileiro: Falência e Recuperação de Empresas*, cit., vol. 4, p. 605).

22. Adalberto Simão Filho afirma: "(...) o fator organizacional e os elementos incorpóreos da empresa como *good will* – fundo de comércio –, *azienda*, levam via de regra a um valor maior que o valor unitário de cada bem que compõe o estabelecimento empresarial (...)" ("Fases falencial e pós-falencial – Uma visão generalista", in Luiz Fernando de Paiva (coord.), *Direito Falimentar e a Nova Lei de Falências e de Recuperação de Empresas: Lei 11.101/2005*, São Paulo, Quartier Latin, 2005, p. 532).

23. Luiz Antônio Hentz, *Manual de Falência e Recuperação de Empresas: Lei 11.101, de 9.2.2005*, São Paulo, Juarez de Oliveira, 2005, p. 117.

O art. 139 condicionou a realização do ativo, apenas e tão-somente, à prévia arrecadação e avaliação dos bens, com a juntada do respectivo auto ao processo de falência.

818. Qual é o objeto da alienação da empresa? – A alienação da empresa terá por objeto o conjunto de determinados bens necessários à operação rentável da unidade de produção, que poderá compreender a transferência de contratos específicos.[24]

A previsão de que a transferência de contratos específicos poderá estar compreendida na alienação da empresa, com certeza, exigirá dos operadores do Direito muita cautela hermenêutica, sobretudo quando neles houver cláusula de rescisão em face da falência ou quando celebrados em caráter *intuitu personae*.[25]

24. Exemplifica Adalberto Simão Filho: "Como exemplo, temos as empresas que exploram contratos de distribuição, *franchising*, representação, agência, licenciamento etc. O fato da existência destes contratos em si gera em muitos casos um sobrevalor ao estabelecimento empresarial" ("Fases falencial e pós-falencial – Uma visão generalista", cit., in Luiz Fernando de Paiva (coord.), *Direito Falimentar e a Nova Lei de Falências e de Recuperação de Empresas: Lei 11.101/2005*, p. 531).

25. Alexandre Husni, no mesmo diapasão, destaca: "Questão delicada se fará, com relação aos contratos específicos cuja razão de ser era o próprio objeto da atividade empresarial da falida, quando estes possuam cláusula de rescisão automática em caso de falência ou, ainda, quando tenham sido formados em caráter *intuitu personae*, não admitindo a exploração por terceiros. A conjugação da função social destes contratos nos moldes do art. 412 do CC se aliado [*sic*] aos ditames principiológicos do art. 75 desta lei, em que fica estabelecido que a falência, ao promover o afastamento do devedor de suas atividades, visa a preservar e otimizar a utilização produtiva dos bens, ativos e recursos produtivos, inclusive os intangíveis da empresa, se aliado aos princípios contidos na cláusula geral de boa-fé com vistas a evitar o abuso de direito, poderá se prestar como instrumento norteador das delicadas questões de natureza contratual que se apresentarão no pleno vigor da lei, a desafiar os doutrinadores e os julgadores" ("Comentários aos arts. 139 ao 153", in Newton de Lucca e Adalberto Simão Filho (coords.), *Comentários à Nova Lei de Recuperação de Empresas e de Falências*, São Paulo, Quartier Latin, 2005, p. 534).

Rachel Sztajn explica:

"A disposição do § 3º ao art. 140 tem a preservação como foco. A continuidade da atividade se estende à continuidade de certos contratos. O Código Civil traz dispositivo que destaca a função social do contrato. Trata-se do art. 421, cuja redação é: 'A liberdade de contratar será exercida em razão e nos limites da função social do contrato'.

"Negócio jurídico central no exercício da empresa, a cessão de posição contratual é negócio jurídico em que a manifestação do contratante é a regra. Essa regra vem excepcionada no § 3º, que destaca e valoriza a preservação da atividade. A imposição de manter vínculo que, antes, ligava 'A' e 'B', agora entre 'A' e 'D', por exemplo, visa a garantir a continuação da atividade, que, se antes era exercida por 'B' e agora o é por 'D', não perde sua função socioeconômica. Bastaria esse argumento para que se explicasse a razão da excepcionalidade. (...).

"Na legislação anterior cabia ao síndico manifestar-se sobre a manutenção de contratos entre o falido e terceiros. Faltava disposição que transferisse a posição contratual do falido para o adquirente dos bens da massa, tal como agora. (...). A expressão 'contratos específicos' é clara: nem todos e quaisquer contratos são objeto da disciplina que incide sobre aqueles que se integram indissociavelmente à organização empresarial. Dando-se ao adquirente da unidade poder para, à sua escolha justificada, compelir o outro contratante a respeitar o pacto existente, há indução para que pague o preço mais justo pelos bens."[26]

No tocante ao contrato de locação empresarial, ressalta José da Silva Pacheco: "(...) é claro que continua como elemento de significativa importância no complexo de bens organizados para o exercício da empresa. Embora a nova lei não faça ligação entre o contrato de locação e o estabelecimento, como fazia o Decreto-lei 7.661/1945, nos

26. Rachel Sztajn, "Comentários aos arts. 139 ao 167", cit., in Carlos Henrique Abrão e Paulo Fernando Campos Salles de Toledo (coords.), *Lei de Recuperação de Empresas e Falência*, pp. 380-381.

dois parágrafos do art. 116, o disposto no art. 140, § 3º, *in fine*, e nos arts. 117 e 119, VII, da nova lei permite-se que se admita a viabilidade de transferência do contrato de locação, como integrante da venda em bloco do estabelecimento".[27]

Jurisprudência[28]

Eis um julgado pertinente prolatado sob a égide do regime anterior:

[TACivSP] Locação – Sucessão legal – Fundo de comércio antes vinculado a estabelecimento em liquidação extrajudicial – Contrato regido pelo Decreto-lei n. 24.150/1934 – *Transferência do ajuste locatício independentemente de anuência do locador – Recusa injustificada dos aluguéis – Consignação em pagamento procedente – Aplicação do art. 116, § 1º, do Decreto-lei n. 7.661/1945.* [*RT* 621/155]

819. Qual será o título aquisitivo a ser levado a registro? – Nas transmissões de bens alienados que dependam de registro público, a este servirá como título aquisitivo suficiente o mandado judicial respectivo,[29] dispensando, por conseguinte, a necessidade de escritura pública ou outra forma prevista em lei.[30]

Art. 141. Na alienação conjunta ou separada de ativos, inclusive da empresa ou de suas filiais,[820] promovida sob qualquer das modalidades de que trata este artigo: I – todos os credores, observada a ordem de preferência definida no art. 83 desta Lei,[821] sub-rogam-se no produto da realização do ativo;[822] II – o objeto da alienação estará livre de qualquer ônus e não haverá sucessão do arrematante nas obrigações do devedor, inclusive as de natureza tributária, as derivadas da legislação do trabalho e as decorrentes de acidentes de trabalho.[823]

§ 1º. O disposto no inciso II do *caput* deste artigo não se aplica quando o arrematante for:[824] I – sócio da sociedade falida, ou sociedade controlada pelo falido; II – parente, em linha reta ou colateral até o quarto grau, consangüíneo ou afim, do falido ou de sócio da sociedade falida; ou III – identificado como agente do falido com o objetivo de fraudar a sucessão.

§ 2º. Empregados do devedor contratados pelo arrematante serão admitidos mediante novos contratos de trabalho e o arrematante não responde por obrigações decorrentes do contrato anterior.[825]

LEGISLAÇÃO ANTERIOR

Artigo sem correspondência no Decreto-lei 7.661/1945.

COMENTÁRIOS

820. Alienação conjunta ou separada de ativos, inclusive da empresa ou de suas filiais – A alienação conjunta ou separada de ativos, inclusive da empresa ou de suas filiais, está disciplinada no art. 140, a cujos comentários remetemos o leitor.

821. Ordem de preferência definida no art. 83 – A ordem de preferência elencada no art. 83 da atual lei é a seguinte: "*Art. 83.* (...): I – os créditos derivados da legislação do trabalho, limitados a 150 (cento e cinqüenta)

27. José da Silva Pacheco, *Processo de Recuperação Judicial, Extrajudicial e Falência*, Rio de Janeiro, Forense, 2006, pp. 330-331.

28. Manoel Justino Bezerra Filho, *Jurisprudência da Nova Lei de Recuperação de Empresas e Falências/Decisões, Ofícios Judiciais, Resoluções, Sentenças, Acórdãos, Dentre Outros Documentos*, São Paulo, Ed. RT, 2006, pp. 330-331.

29. Segundo Adalberto Simão Filho: "A lei desburocratiza a parte documental (...) deve regularizar um sem-número de aquisições judiciais cujo registro é negado pelos órgãos registrários em razão da falta de documentos anteriores ao ato público ou por problemas técnicos existentes no mesmo" ("Fases falencial e pós-falencial – Uma visão generalista", cit., in Luiz Fernando de Paiva (coord.), *Direito Falimentar e a Nova Lei de Falências e de Recuperação de Empresas: Lei 11.101/2005*, p. 532).

30. No mesmo sentido: Gladston Mamede, *Direito Empresarial Brasileiro: Falência e Recuperação de Empresas*, cit., vol. 4, p. 605.

salários mínimos por credor, e os decorrentes de acidentes de trabalho; II – créditos com garantia real até o limite do valor do bem gravado; III – créditos tributários, independentemente da sua natureza e tempo de constituição, excetuadas as multas tributárias; IV – créditos com privilégio especial, a saber: a) os previstos no art. 964 da Lei n. 10.406, de 10 de janeiro de 2002; b) os assim definidos em outras leis civis e comerciais, salvo disposição contrária desta Lei; c) aqueles a cujos titulares a lei confira o direito de retenção sobre a coisa dada em garantia; V – créditos com privilégio geral, a saber: a) os previstos no art. 965 da Lei n. 10.406, de 10 de janeiro de 2002; b) os previstos no parágrafo único do art. 67 desta Lei; c) os assim definidos em outras leis civis e comerciais, salvo disposição contrária desta Lei; VI – créditos quirografários, a saber: a) aqueles não previstos nos demais incisos deste artigo; b) os saldos dos créditos não cobertos pelo produto da alienação dos bens vinculados ao seu pagamento; c) os saldos dos créditos derivados da legislação do trabalho que excederem o limite estabelecido no inciso I do *caput* deste artigo; VII – as multas contratuais e as penas pecuniárias por infração das leis penais ou administrativas, inclusive as multas tributárias; VIII – créditos subordinados, a saber: a) os assim previstos em lei ou em contrato; b) os créditos dos sócios e dos administradores sem vínculo empregatício".

822. Sub-rogação no produto da realização do ativo – A sub-rogação, em apertada síntese, significa a substituição de uma coisa por outra.

Logo, a previsão de que os credores se sub-rogam no produto da realização do ativo significa que eles passam a ter direito de receber seus créditos diretamente do montante pago pelo arrematante do ativo.[31]

31. Nas palavras de Luiz Antônio Soares Hentz: "A sub-rogação transfere os direitos e garantias do credor para o dinheiro arrecadado na arrematação dos bens da massa" (*Manual de Falência e Recuperação de Empresas: Lei 11.101, de 9.2.2005*, São Paulo, Juarez de Oliveira, 2005, p. 117).

823. Alienação sem ônus e/ou sucessão tributária e trabalhista em seara falimentar? – Apesar de as sucessões tributária e trabalhista do arrematante judicial, em seara de concordata e de falência, sempre terem sido encaradas como uma questão de honra, imutável, genuíno dogma,[32] ambas as sucessões foram defenestradas pelo sistema implantado pela Lei 11.101/2005.[33-34-35]

32. O deputado Oswaldo Biolchi, relator do Projeto de Lei de Recuperação de Empresa e Falência, esclarece: "(...) o Diploma n. 7.661/1945 permitia a continuação do negócio, a pedido do devedor, ou a concordata suspensiva, mas ambos os institutos se revelam inócuos, por causa da responsabilidade trabalhista e da sucessão tributária, afora as incertezas do percurso" ("Apresentação", in Carlos Henrique Abrão e Paulo Fernando Campos Salles de Toledo (coords.), *Lei de Recuperação de Empresas e Falência*, São Paulo, Saraiva, 2005, p. X).

33. Explica o senador Ramez Tebet, no seu parecer: "(...) pelo senador Eduardo Suplicy. A Emenda n. 99 modifica o parágrafo único do art. 60, o inciso II do art. 141 e o parágrafo único do art. 166 do Substitutivo, para reintroduzir a sucessão trabalhista na alienação judicial da empresa em processo de falência. (...). Definiu-se que não haverá sucessão tributária para o adquirente, como forma de melhor garantir os direitos dos trabalhadores e do Fisco e permitir maior eficiência econômica nesses processos. A razão é que a alienação da empresa em bloco, ou por unidades produtivas nos casos menos favoráveis, mantém a organicidade dessas estruturas e, por isso, preserva o patrimônio intangível. Ao estabelecer a oferta para compra da empresa, os interessados evidentemente levam em consideração todos os fatores que possam diminuir o valor do negócio. Se a empresa oferecida leva consigo a carga das obrigações tributárias anteriores à venda, não pode haver dúvidas de que o mercado não negligenciará tal informação, e o valor oferecido naturalmente sofrerá redução correspondente às obrigações transferidas ao arrematante. No entanto, como essas obrigações estão cercadas de incerteza quanto ao seu valor, é bastante comum que a estimativa dessa dívida potencial seja superestimada. Com isso, os valores de venda podem ser sistematicamente rebaixados. Como é a venda dos ativos, em conjunto ou em separado, que garante os créditos trabalhistas e tributários, é do interesse do Fisco e dos trabalhadores que o valor da venda seja maximizado. Assim, embora pareça contrário à intuição, a sucessão não traz vantagens aos cofres públicos ou aos trabalhadores. Economicamente, poder-se-ia argumentar que a sucessão tributária constitui garantia ao Fisco, em razão de os bens que compõem

Com efeito, a atual lei possibilitou ao devedor em fase de recuperação judicial[36] ou em falência alienar seus ativos, inclusive filiais e unidades de produção, livres de quaisquer ônus e sem configuração de sucessão do arrematante nas obrigações, ainda que tenham natureza tributária, trabalhista e de acidente do trabalho (art. 60, parágrafo único, c/c o art. 141, II).[37]

No tocante à superação da indigitada sucessão tributária, o legislador, com o *deside-*

o ativo da empresa serem de difícil ocultação e de pouca liquidez. Se transformados em dinheiro, tais bens seriam facilmente dissipáveis, por expedientes conhecidos e que dispensam explicitação. Nesse caso, as garantias do Fisco poderiam ser reduzidas, já que a sub-rogação do crédito tributário no produto da venda não passaria de uma falácia. Entretanto, tal argumento, não obstante defensável na hipótese de funcionamento normal da empresa, não se coaduna com a venda em hasta pública no processo de falência. Após a decretação da quebra, os administradores retiram-se da empresa e não mais podem utilizar-se dos mencionados expedientes para dissipar o valor obtido com a alienação. Em vez disso, os valores arrecadados são depositados em conta movimentável somente pelo juízo competente. Assim, ainda que transformados em numerário, a sub-rogação do passivo tributário nos valores apurados seria plenamente eficaz, uma vez que não será lícito ao juízo violar a ordem de preferência no rateio do produto da arrecadação. Por essa razão, excluiu-se expressamente a sucessão tributária nas alienações judiciais realizadas na falência. O mesmo raciocínio é aplicável com maior razão à sucessão do arrematante nas obrigações trabalhistas do falido, pois são os trabalhadores os primeiros credores na ordem de recebimento do produto da realização dos ativos do falido. Viabilizando-se a venda e maximizando-se o valor obtido pela empresa pela exclusão da sucessão trabalhista, ganham os trabalhadores, que terão maiores chances de obter o pagamento de seus créditos. O PLC n. 71, de 2003, não prevê expressamente a exclusão da sucessão trabalhista na falência, omitindo-se ao afirmar, no art. 153, § 4º, simplesmente que a alienação 'estará livre de qualquer ônus e não acarretará sucessão do adquirente nas obrigações do devedor'. Entendemos necessário, para que a matéria fique absolutamente clara, mencionar expressamente que a venda da empresa em hasta pública não implica sucessão trabalhista e que os empregados do devedor contratados pelo arrematante serão admitidos mediante novos contratos de trabalho. (...). Não concordamos com as modificações propostas pela Emenda n. 99, por entendermos estar baseada em uma visão equivocada dos objetivos e dos efeitos da exclusão da sucessão trabalhista na falência. O fato de o adquirente da empresa em processo de falência não suceder o falido nas obrigações trabalhistas não implica prejuízo aos trabalhadores. Muito ao contrário, a exclusão da sucessão torna mais interessante a compra da empresa e tende a estimular maiores ofertas pelos interessados na aquisição, o que aumenta a garantia dos trabalhadores, já que o valor pago ficará à disposição do juízo da falência e será utilizado para pagar prioritariamente os créditos trabalhistas. Além do mais, a venda em bloco da empresa possibilita a continuação da atividade empresarial e preserva empregos. Nada pode ser pior para os trabalhadores que o fracasso na tentativa de vender a empresa, pois, se esta não é vendida, os trabalhadores não recebem seus créditos e ainda perdem seus empregos" (Parecer na íntegra: Anexo II desta obra).

34. Fábio Ulhoa Coelho adverte: "Aparentemente, trata-se de medida contrária aos interesses dos credores, mas, de verdade, não é. Se a lei não ressalvasse de modo expresso a sucessão do adquirente, o mais provável é que simplesmente *ninguém* se interessasse por adquirir a filial ou unidade posta à venda. E, nesse caso, a recuperação não seria alcançada e perderiam todos os credores (...)" (*Comentários à Nova Lei de Falências e de Recuperação de Empresas*, São Paulo, Saraiva, 2005, p. 172).

35. Manoel Justino Bezerra Filho, na mesma linha, assevera: "Como incentivo à existência de interessados na compra (...), afasta o bem de quaisquer ônus ou sucessão, criando o que no jargão jurídico-econômico se convencionou chamar de 'blindagem', ou seja, cercar o bem de todas as garantias de que não será atingido por qualquer tipo de ônus, incluindo expressamente os de natureza tributária" (*Nova Lei de Recuperação e de Falências Comentada. Lei 11.101, de 9.2.2005, Comentário Artigo por Artigo*, 3ª ed., São Paulo, Ed. RT, 2005, pp. 171-172).

36. O capítulo que trata da recuperação extrajudicial é omisso quanto à não configuração do arrematante como sucessor nas obrigações do devedor, apenas, no art. 166, determina que seja observado, no que couber, o disposto no art. 142, que declina as modalidades de alienação.

37. "Art. 60. Se o plano de recuperação judicial aprovado envolver alienação judicial de filiais ou de unidades produtivas isoladas do devedor, o juiz ordenará a sua realização, observado o disposto no art. 142 desta Lei.

"Parágrafo único. O objeto da alienação estará livre de qualquer ônus e não haverá sucessão do arrematante nas obrigações do devedor, inclusive as de natureza tributária, observado o disposto no § 1º do art. 141 desta Lei."

ratum precípuo de afastar qualquer questionamento futuro sobre o atual regime legal e ciente de que o Código Tributário Nacional, apesar de ser formalmente lei ordinária, materialmente tem *status* de lei complementar, fez tramitar simultaneamente ao Projeto de Lei que redundou na Lei 11.101/2005 outro Projeto de Lei, que foi aprovado na mesma data daquela (9.2.2005) como Lei Complementar 118, a qual alterou o art. 133 do referido CTN.[38]

Lembramos, por oportuno, que, de conformidade com o disposto no § 3º do art. 133 do CTN: "§ 3º. Em processo de falência, o produto da alienação judicial de empresa, filial ou unidade produtiva permanecerá em conta de depósito à disposição do juízo de falência pelo prazo de 1 (um) ano, contado da data de alienação, (...)".

Todavia, em seara de recuperação judicial inexiste tal restrição.[39]

Quanto à superação da apontada sucessão trabalhista, o legislador da Lei 11.101/2005 entendeu desnecessário alterar a Consolidação das Leis do Trabalho, uma vez que ambas têm *status*, material e formal, de lei ordinária. Por isso, disciplinou a matéria no seu art. 141, § 2º.

Manoel Justino Bezerra Filho adverte: "Quanto à chamada 'sucessão trabalhista', certamente encontrará severa resistência da Justiça especializada do Trabalho, ante a natureza alimentar do crédito trabalhista. O art. 448 da CLT estabelece que 'a mudança na propriedade ou na estrutura jurídica da empresa não afetará os contratos de trabalho dos respectivos empregados', e o art. 449 estipula que 'os direitos oriundos da existência do contrato de trabalho subsistirão em caso de falência, concordata ou dissolução da empresa'".[40]

Acreditamos que a resistência aludida pelo referido autor poderá ser suplantada mediante a aplicação da seguinte regra de direito intertemporal: *lex posterius derogat prius*.

Lembramos, por fim, que o comando do inciso II do art. 141 excepciona a regra geral da sucessão veiculada no art. 1.146 do CC, segundo o qual o adquirente do estabelecimento responde pelo pagamento dos débitos anteriores à transferência.[41]

38. CTN, art. 133:

"Art. 133. A pessoa natural ou jurídica de direito privado que adquirir de outra, por qualquer título, fundo de comércio ou estabelecimento comercial, industrial ou profissional, e continuar a respectiva exploração, sob a mesma ou outra razão social ou sob firma ou nome individual, responde pelos tributos, relativos ao fundo ou estabelecimento adquirido, devidos até a data do ato".

"§ 1º. O disposto no *caput* deste artigo não se aplica na hipótese de alienação judicial: I – em processo de falência; II – de filial ou unidade produtiva isolada, em processo de recuperação judicial.

"§ 2º. Não se aplica o disposto no § 1º deste artigo quando o adquirente for: I – sócio da sociedade falida ou em recuperação judicial, ou sociedade controlada pelo devedor falido ou em recuperação judicial; II – parente, em linha reta ou colateral até o quarto grau, consangüíneo ou afim, do devedor falido ou em recuperação judicial ou de qualquer de seus sócios; ou III – identificado como agente do falido ou do devedor em recuperação judicial com o objetivo de fraudar a sucessão tributária.

"§ 3º. Em processo da falência, o produto da alienação judicial de empresa, filial ou unidade produtiva isolada permanecerá em conta de depósito à disposição do juízo de falência pelo prazo de 1 (um) ano, contado da data de alienação, somente podendo ser utilizado para o pagamento de créditos extraconcursais ou de créditos que preferem ao tributário."

39. Eduardo Secchi Munhoz complementa: "(...) podendo os recursos assim levantados ser livremente utilizados para o pagamento dos credores, segundo a forma prevista no plano" ("Comentários aos arts. 55 ao 69", in Francisco Satiro de Sousa Jr. e Antônio Sérgio Altieri de Moraes Pitombo (coords.), *Comentários à Lei de Recuperação de Empresas e Falência: Lei 11.101/2005*, São Paulo, Ed. RT, 2005, p. 295).

40. Manoel Justino Bezerra Filho, *Nova Lei de Recuperação e de Falências Comentada. Lei 11.101, de 9.2.2005, Comentário Artigo por Artigo*, cit., 3ª ed., p. 319.

41. No mesmo sentido, Ricardo Bernardi: "(...) a regra geral prevista no art. 1.146 assim como as regras específicas que constam da Consolidação das Leis do Trabalho são inaplicáveis em caso de venda em processo de falência" ("Comentários aos arts. 139 ao 147", in Francisco Satiro de Sousa Jr. e Antônio Sérgio Altieri de Moraes Pitombo (coords.), *Comentários à Lei de Recuperação de Empresas e Falência: Lei 11.101/2005*, São Paulo, Ed. RT, 2005, p. 483).

824. Exceções ao comando legal da não sucessão tributária e trabalhista – O comando legal da não sucessão tributária e trabalhista admite exceções.[42]

Tais exceções ocorrem quando o arrematante for: (1) sócio da sociedade falida, ou sociedade controlada pelo falido;[43] (2) parente, em linha reta ou colateral até o quarto grau, consangüíneo ou afim, do falido ou de sócio da sociedade falida;[44] ou (3) identificado como agente do falido com o objetivo de fraudar a sucessão.

Note-se que o § 2º do art. 133 do CTN prevê as mesmas exceções.[45]

Explicam Misabel de Abreu Machado Derzi e Raphael Frattari:

"Mas o benefício legal não se consolida nas hipóteses elencadas no § 2º do art. 133. Em todas elas, ainda que a sucessão se dê em processo de recuperação judicial, se o adquirente for sócio do devedor ou sociedade por ele controlada; se parente em linha reta ou colateral até o 4º grau; ou ainda agente do falido ou do devedor em recuperação judicial com o fito de fraudar a sucessão tributária, em tais hipóteses não se consagra a isenção de responsabilidade do sucessor, prevista no § 1º do mesmo artigo, já que é patente a probabilidade de a sucessão configurar um artifício enganoso, fraude ou simulação, criado com o objetivo de afastar a dívida tributária, em detrimento da Fazenda Pública. As exceções consignadas no § 2º do art. 133 são garantias do crédito tributário e determinações que visam à proteção da Fazenda Pública. (...). A Lei Complementar 118/2005 tem como único objetivo facilitar a superação da crise econômico-financeira da empresa ou oferecer maiores garantias aos credores. A isenção da sucessão judicial não pode dar ensejo a fraudes e simulações, por via das quais os benefícios são canalizados para o devedor, que, por meio de um agente ou parente, livra-se dos encargos tributários.

"Finalmente, observe-se que os §§ 1º e 2º consagram uma presunção *iuris et de iure*, de tal modo que a simples existência do parentesco e do vínculo societário na sucessão acarreta presunção material que não suporta prova em contrário. Não obstante, o § 3º, ao contrário, supõe que o agente do devedor falido tenha o objetivo de fraude à sucessão tributária, razão pela qual remete o aplicador da norma à demonstração cabal da fraude, que é sempre dolosa."[46]

A sociedade constituída por credores ou por empregados do próprio devedor (art. 145, § 1º) responde pelos débitos trabalhistas? Opina Alexandre Husni: "Interpretando-se a regra do § 1º do art. 145 da lei, quando houver alienação indireta de estabelecimento através da sua transferência do mesmo [*sic*]

42. Com tais exceções, segundo Rachel Sztajn, "o legislador trata de impedir que algumas pessoas obtenham vantagens derivadas de assimetria informacional" ("Comentários aos arts. 139 ao 167", in Carlos Henrique Abrão e Paulo Fernando Campos Salles de Toledo (coords.), *Lei de Recuperação de Empresas e Falência*, São Paulo, Saraiva, 2005, pp. 371 e 387).

43. Gladston Mamede sugere: "Portanto, é preciso interpretar o conceito da *sociedade falida* de forma consentânea com a *mens legis*, o que implica desconsiderar a condição de sócio quando se trate de acionista detentor de número ínfimo de ações em companhia aberta" (*Direito Empresarial Brasileiro: Falência e Recuperação de Empresas*, vol. 4, São Paulo, Atlas, 2006, p. 611).

44. Gladston Mamede sugere: "Já, na hipótese do inciso II, é preciso incluir cônjuges e companheiros (na hipótese de união estável), embora o legislador não o tenha feito. Não haveria razão para incluir parentes por afinidade, a exemplo da sogra, se não fosse incluído o cônjuge ou o companheiro (convivente)" (*Direito Empresarial Brasileiro: Falência e Recuperação de Empresas*, cit., vol. 4, p. 611).

45. CTN, art. 133, § 2º: "§ 2º. Não se aplica o disposto no § 1º deste artigo quando o adquirente for: I – sócio da sociedade falida ou em recuperação judicial, ou sociedade controlada pelo devedor falido ou em recuperação judicial; II – parente, em linha reta ou colateral até o quarto grau, consangüíneo ou afim, do devedor falido ou em recuperação judicial ou de qualquer de seus sócios; ou III – identificado como agente do falido ou do devedor em recuperação judicial com o objetivo de fraudar a sucessão tributária".

46. Misabel de Abreu Machado Derzi e Raphael Frattari, "Dispositivos do Código Tributário Nacional alterados por ocasião da Lei 11.101/2005", in Osmar Brina Corrêa-Lima e Sérgio Mourão Corrêa-Lima (coords.), *Comentários à Nova Lei de Falência e Recuperação de Empresas: Lei 11.101, de 9.2.2005*, Rio de Janeiro, Forense, 2009, p. 1.340.

para uma sociedade de propósito específico (SPE) formada por credores ou trabalhadores, também não responderá esta nova pessoa jurídica pelas obrigações decorrentes dos contratos de trabalho anterior [*sic*] daqueles que foram admitidos no novo negócio".[47]

825. Novos contratos de trabalho sem responsabilidade pelas obrigações do contrato anterior – Esclareça-se, desde logo, que o adquirente não está obrigado a contratar os empregados que trabalhavam na empresa ou no estabelecimento arrematado.[48-49]

A eventual resistência ao comando veiculado neste § 2º, com estribo nos arts. 448 e 449 da CLT – "empregados do devedor contratados pelo arrematante serão admitidos mediante novos contratos de trabalho e o arrematante não responde por obrigações decorrentes do contrato anterior" –, reitere-se, poderá ser suplantada mediante a aplicação da seguinte regra de direito intertemporal: *lex posterius derogat prius*.

Júlio Kahan Mandel esclarece: "O que parece uma restrição ao direito do empregado pode ser visto de outro ângulo: não fosse assim, em grande parte dos casos o adquirente preferiria optar pela contratação de novos empregados, deixando os antigos empregados da falida sem trabalho".[50]

Art. 142. O juiz, ouvido o administrador judicial e atendendo à orientação do comitê, se houver, ordenará que se proceda à alienação do ativo[826] em uma das seguintes modalidades:[827] I – leilão, por lances orais;[828] II – propostas fechadas;[829] III – pregão.[830]

§ 1º. A realização da alienação em quaisquer das modalidades de que trata este artigo será antecedida por publicação de anúncio em jornal de ampla circulação, com 15 (quinze) dias de antecedência, em se tratando de bens móveis, e com 30 (trinta) dias na alienação da empresa ou de bens imóveis, facultada a divulgação por outros meios que contribuam para o amplo conhecimento da venda.[831]

§ 2º. A alienação dar-se-á pelo maior valor oferecido, ainda que seja inferior ao valor de avaliação.[832]

§ 3º. No leilão por lances orais, aplicam-se, no que couber, as regras da Lei n. 5.869, de 11 de janeiro de 1973 – Código de Processo Civil.[833]

§ 4º. A alienação por propostas fechadas ocorrerá mediante a entrega, em cartório e sob recibo, de envelopes lacrados, a serem abertos pelo juiz, no dia, hora e local designados no edital, lavrando o escrivão o auto respectivo, assinado pelos presentes, e juntando as propostas aos autos da falência.[834]

§ 5º. A venda por pregão constitui modalidade híbrida das anteriores, comportando duas fases:[835] I – recebimento de propostas, na forma do § 3º deste artigo; II – leilão por lances orais, de que participarão somente aqueles que apresentarem propostas não inferiores a 90% (noventa por cento) da maior proposta ofertada, na forma do § 2º deste artigo.

§ 6º. A venda por pregão respeitará as seguintes regras:[836] I – recebidas e abertas as propostas na forma do § 5º deste artigo, o juiz ordenará a notificação dos ofertantes, cujas propostas atendam ao requisito de seu inciso II, para comparecer ao leilão; II – o valor de abertura do leilão será o da proposta recebida do maior ofertante presente, con-

47. Alexandre Husni, "Comentários aos arts. 139 ao 153", in Newton de Lucca e Adalberto Simão Filho (coords.), *Comentários à Nova Lei de Recuperação de Empresas e de Falências*, São Paulo, Quartier Latin, 2005, p. 540.

48. No mesmo sentido: Rachel Sztajn, "Comentários aos arts. 139 ao 167", cit., in Carlos Henrique Abrão e Paulo Fernando Campos Salles de Toledo (coords.), *Lei de Recuperação de Empresas e Falência*, p. 389.

49. Ressalta Fábio Ulhoa Coelho: "Até porque uma das causas da falência pode ter sido a superdimensão dos recursos humanos, o prosseguimento da atividade econômica pressupõe às vezes cortes de pessoal ou substituição da mão-de-obra por outra mais qualificada" (*Comentários à Nova Lei de Falências e de Recuperação de Empresas*, cit., p. 370).

50. Júlio Kahan Mandel, *Nova Lei de Falências e Recuperação de Empresas Anotada: Lei 11.101, de 9.2.2005*, São Paulo, Saraiva, 2005, p. 242.

siderando-se esse valor como lance, ao qual ele fica obrigado; III – caso não compareça ao leilão o ofertante da maior proposta e não seja dado lance igual ou superior ao valor por ele ofertado, fica obrigado a prestar a diferença verificada, constituindo a respectiva certidão do juízo título executivo para a cobrança dos valores pelo administrador judicial.

§ 7º. Em qualquer modalidade de alienação, o Ministério Público será intimado pessoalmente, sob pena de nulidade.[837]

LEGISLAÇÃO ANTERIOR

Lei de Falências (DL 7.661/1945): *Art. 117.* Os bens da massa serão vendidos em leilão público, anunciado com 10 (dez) dias de antecedência, pelo menos, se se tratar de móveis, e com 20 (vinte) dias, se de imóveis, devendo estar a ele presente, sob pena de nulidade, o representante do Ministério Público.

§ 1º. O leiloeiro é da livre escolha do síndico, servindo, nos lugares onde não houver leiloeiro, o porteiro dos auditórios ou quem suas vezes fizer. Quanto ao produto da venda, observar-se-á o disposto no § 2º do art. 73.

§ 2º. O arrematante dará um sinal nunca inferior a 20% (vinte por cento); se não completar o preço, dentro em 3 (três) dias, será a coisa levada a novo leilão, ficando obrigado a prestar a diferença porventura verificada e a pagar as despesas, além de perder o sinal que houver dado. O síndico terá, para cobrança, ação executiva, devendo instruir a petição inicial com a certidão do leiloeiro.

§ 3º. A venda dos imóveis independe de outorga uxória.

§ 4º. A venda de valores negociáveis na bolsa será feita por corretor oficial.

Art. 118. Pode também o síndico preferir a venda por meio de propostas, desde que a anuncie no órgão oficial e em outro jornal de grande circulação, durante 30 (trinta) dias, intervaladamente, chamando concorrentes.

§ 1º. As propostas, encerradas em envelopes lacrados, devem ser entregues ao escrivão, mediante recibo, e abertas pelo juiz, no dia e hora designados nos anúncios, perante o síndico e os interessados que comparecerem, lavrando o escrivão o auto respectivo, por todos assinado, e juntando as propostas aos autos da falência.

§ 2º. O síndico, em 24 (vinte e quatro) horas, apresentará ao juiz a sua informação sobre as propostas, indicando qual a melhor. O juiz, ouvindo, em 3 (três) dias, o falido e o representante do Ministério Público, decidirá, ordenando, se autorizar a venda, a expedição do respectivo alvará.

§ 3º. Os credores podem fazer as reclamações que entenderem, até o momento de subirem os autos à conclusão do juiz.

COMENTÁRIOS

826. O juiz pode ordenar diretamente a alienação do ativo? – Compete ao juiz, como presidente do processo, escolher a modalidade de alienação do ativo. No entanto, ele tem de, previamente, ouvir o administrador judicial e atender à orientação do comitê de credores, se houver.[51-52]

Cabe recurso contra o despacho judicial que define a modalidade pela qual será alienado o ativo? Segundo Alfredo de Assis Gonçalves Neto, não cabe recurso contra o despacho judicial que define a modalidade pela qual será alienado o ativo, porque: "Esta tarefa do juiz tem caráter administrativo e se insere no seu poder discricionário, não se revestindo de conteúdo decisório, por decorrer de um direito de escolha a ele atribuído. Sendo assim, não se trata de decisão suscetível de recurso, mas do exercício do direito de adotar uma, dentre as alternativas legalmente admissíveis".[53]

51. Fábio Ulhoa Coelho sugere que o administrador judicial e o comitê de credores podem (e, em certo sentido, devem) antes colher subsídios da assembléia dos credores (*Comentários à Nova Lei de Falências e de Recuperação de Empresas*, São Paulo, Saraiva, 2005, p. 374).

52. Ressalta Manoel Justino Bezerra Filho que o juiz "determinará, em despacho fundamentado, se houver divergência, por qual modalidade será feita a alienação, entre as três que a lei prevê" (*Nova Lei de Recuperação e de Falências Comentada. Lei 11.101, de 9.2.2005, Comentário Artigo por Artigo*, 3ª ed., São Paulo, Ed. RT, 2005, p. 320). No mesmo sentido: José da Silva Pacheco, *Falências e Concordatas. Comentários à Lei de Falências: Doutrina, Legislação e Jurisprudência*, 2ª ed., São Paulo, LTr, 1996, p. 334.

53. Alfredo de Assis Gonçalves Neto, "Administração da falência, realização do ativo e pagamento

Ricardo Bernardi também sustenta que não cabe recurso contra tal despacho judicial, exceto se a modalidade escolhida pelo juiz não for razoável e acarretar evidentes prejuízos aos credores.[54]

827. Quais são as modalidades "ordinárias" de alienação do ativo? – As modalidades ordinárias de alienação do ativo são: (1) leilão, por lances orais; (2) propostas fechadas; (3) pregão.

Tais modalidades são denominadas pela doutrina de "ordinárias"; e as demais, cogitadas pelos arts. 144 e 145, de "extraordinárias".

A lei é omissa quanto ao modo de se efetuar a venda antecipada dos bens perecíveis, deterioráveis e sujeitos a considerável desvalorização ou que sejam de conservação arriscada ou dispendiosa (art. 113).

Por isso, acreditamos que tal venda poderá ser efetuada de conformidade com o disposto nos arts. 111 (via aquisição ou adjudicação), 142 (leilão, propostas fechadas e pregão) e 144 (outras modalidades).[55]

828. Leilão por lances orais – Esta modalidade de realização do ativo – leilão por lances orais – é prevista no Código de Processo Civil (arts. 704-707).

O senador Ramez Tebet, no seu relatório, afirma que a Emenda 141 do senador Tasso Jereissati "(...) substitui o leilão por lances orais pelo 'leilão pela rede mundial de computadores'. (...). A Emenda n. 141 deve ser rejeitada, pois, apesar da boa intenção, não disciplina de que forma o 'leilão pela rede mundial de computadores' se processaria. Para a análise da questão, seria necessário fixar as regras da operação de tais leilões, inclusive sob o aspecto da segurança, para evitar espaço para fraudes ou confusões".[56]

829. Proposta fechada – Esta modalidade de realização do ativo – proposta fechada – já era prevista no regime anterior (art. 118), e era a mais utilizada.[57]

830. Pregão – Esta modalidade de realização do ativo – pregão – encerra uma inovação.

831. Requisito formal prévio para realização do ativo: publicação em jornal – O art. 191 veicula a regra geral relativa as publicações ordenadas pela lei sob comento.

Dispõe o art. 191 da atual lei: "*Art. 191.* Ressalvadas as disposições específicas desta Lei, as publicações ordenadas serão feitas preferencialmente na Imprensa Oficial e, se o devedor ou a massa falida comportar, em jornal ou revista de circulação regional ou nacional, bem como em quaisquer outros periódicos que circulem em todo o País".

O comando do § 1º do art. 142 constitui uma das ressalvas aludidas no art. 191,[58] na medida em que estabelece que a realização da alienação por quaisquer das modalidades (leilão, por lances orais, propostas fechadas ou pregão) tem de preencher o seguinte requisito formal: publicação de anúncio em

dos credores", in Paulo Penalva Santos (coord.), *A Nova Lei de Falências e de Recuperação de Empresas: Lei 11.101/2005*, Rio de Janeiro, Forense, 2006, p. 266.

54. Ricardo Bernardi, "Comentários aos arts. 139 ao 147", in Francisco Satiro de Sousa Jr. e Antônio Sérgio Altieri de Moraes Pitombo (coords.), *Comentários à Lei de Recuperação de Empresas e Falência: Lei 11.101/2005*, São Paulo, Ed. RT, 2005, pp. 489-490.

55. No mesmo sentido: José da Silva Pacheco, *Processo de Recuperação Judicial, Extrajudicial e Falência*, Rio de Janeiro, Forense, 2006, p. 277; Fábio Ulhoa Coelho, *Comentários à Nova Lei de Falências e de Recuperação de Empresas*, cit., p. 307.

56. V. Parecer na íntegra: Anexo II desta obra.

57. No mesmo sentido: Manoel Justino Bezerra Filho, *Nova Lei de Recuperação e de Falências Comentada. Lei 11.101, de 9.2.2005, Comentário Artigo por Artigo*, cit., 3ª ed., p. 320; Ricardo Bernardi, "Comentários aos arts. 139 ao 147", cit., in Francisco Satiro de Sousa Jr. e Antônio Sérgio Altieri de Moraes Pitombo (coords.), *Comentários à Lei de Recuperação de Empresas e Falência: Lei 11.101/2005*, p. 487.

58. No mesmo sentido: Alfredo de Assis Gonçalves Neto, "Administração da falência, realização do ativo e pagamento dos credores", cit., Paulo Penalva Santos (coord.), *A Nova Lei de Falências e de Recuperação de Empresas: Lei 11.101/2005*, p. 267.

jornal de ampla circulação, com 15 dias de antecedência, tratando-se de bens móveis, e com 30 dias, na alienação da empresa ou de bens imóveis.[59-60]

Em outras palavras, uma vez que a realização do ativo visa a atingir maior público, e não simplesmente cumprir uma formalidade (publicação legal), dispensa-se a publicação na Imprensa Oficial.[61]

É facultada a divulgação por outros meios que contribuam para o amplo conhecimento da venda, tais como Internet, televisão e rádio.[62-63-64]

59. Manoel Justino Bezerra Filho ressalta: "(...) há que se considerar que, às vezes, os bens a serem arrematados são de valor tão pequeno, que não compensariam a despesa que haveria para a publicação em jornal de grande circulação. E não só isto: pode ocorrer, e não é incomum, haver, por exemplo, um bem imóvel de acentuado valor e, mesmo assim, não haver dinheiro da massa suficiente para publicação em jornal de grande circulação, despesa sabidamente alta" (*Nova Lei de Recuperação e de Falências Comentada. Lei 11.101, de 9.2.2005, Comentário Artigo por Artigo*, cit., 3ª ed., p. 321).

60. Fábio Ulhoa Coelho, por sua vez, frisa: "Por certo, se a massa não dispuser de recursos suficientes para essa publicação, não deve fazê-la, inclusive porque costuma ser bastante custosa e sua eficácia é por vezes questionável" (*Comentários à Nova Lei de Falências e de Recuperação de Empresas*, cit., p. 372).

61. No mesmo sentido: Luiz Antônio Soares Hentz, *Manual de Falência e Recuperação de Empresas: Lei 11.101, de 9.2.2005*, São Paulo, Juarez de Oliveira, 2005, p. 121.

62. No mesmo sentido: Luiz Antônio Soares Hentz, *Manual de Falência e Recuperação de Empresas: Lei 11.101, de 9.2.2005*, cit., p. 121.

63. Alexandre Husni sugere: "(...) a utilização de meios digitais de divulgação através de Internet se fará extremamente viável, podendo a notícia do leilão ser divulgada a custo reduzido nas mais diversas mídias digitais e *sites* de interesse" ("Comentários aos arts. 139 ao 153", in Newton de Lucca e Adalberto Simão Filho (coords.), *Comentários à Nova Lei de Recuperação de Empresas e de Falências*, São Paulo, Quartier Latin, 2005, p. 542).

64. Lembra Júlio Kahan Mandel que, "tratando-se de bem de relevante valor, pode sugerir que a venda seja divulgada de forma mais contundente que a mínima prevista em lei" (*Nova Lei de Falências e Recuperação de Empresas Anotada: Lei 11.101, de 9.2.2005*, São Paulo, Saraiva, 2005, p. 243).

Jurisprudência[65]

Eis um julgado pertinente prolatado sob a égide do regime anterior:

[TJSP] Falência – Bens móveis – Venda mediante propostas – Publicidade – Necessidade – *Inserção de anúncios em jornal de grande circulação – Art. 118 do Decreto-lei n. 7.661/1945 – Falta – Alienação anulada* – Decisão mantida – Recurso não provido. [*J. 23.3.2000, JTJ-Lex 230/218*]

832. Por qual valor será feita a alienação? – A alienação dar-se-á pelo maior valor oferecido, ainda que seja inferior ao valor de avaliação.[66]

Tal comando leva-nos à conclusão de que a licitação não se considerará frustrada e não se repetirá se os lances forem inferiores ao valor da avaliação.

Rachel Sztajn justifica o comando: "Caso se exigisse que o bem apenas fosse adjudicado pelo valor da avaliação, correr-se-ia o risco de enfrentar as despesas com a sua guarda e conservação, eventual deterioração e perda de valor, além da publicação relativa à nova data de realização de leilão".[67]

65. Manoel Justino Bezerra Filho, *Jurisprudência da Nova Lei de Recuperação de Empresas e Falências/Decisões, Ofícios Judiciais, Resoluções, Sentenças, Acórdãos, Dentre Outros Documentos*, São Paulo, Ed. RT, 2006, p. 333.

66. Alexandre Husni sugere: "Contudo, há caso de alienação por propostas fechadas em que o maior valor obtido está abaixo da avaliação dos bens e foi condicionado pelo proponente a um sistema de pagamentos que pode não ser de interesse da massa falida e uma segunda proposta em valor relativamente inferior à primeira propõe o pagamento à vista. Neste caso, nos parece que se atenderia melhor ao interesse da massa a proposta formulada para pagamento à vista e sem qualquer condicionante. Caberá ao juiz, após a oitiva do administrador judicial, comitê de credores – quando existente – e do Ministério Público, decidir acerca da proposta vencedora com vistas à alienação da massa falida" ("Comentários aos arts. 139 ao 153", cit., in Newton de Lucca e Adalberto Simão Filho (coords.), *Comentários à Nova Lei de Recuperação de Empresas e de Falências*, p. 543).

67. Rachel Sztajn, "Comentários aos arts. 139 ao 167", in Carlos Henrique Abrão e Paulo Fernando Campos Salles de Toledo (coords.), *Lei de Recuperação de Empresas e Falência*, São Paulo, Saraiva, 2005, p. 392.

Alfredo de Assis Gonçalves Neto, sob a justificativa de que, "lamentavelmente, a lei deixou os credores minoritários e o devedor falido ao sabor dos interesses dos maiores credores", defende que a alienação por preço inferior ao da avaliação, tratando-se de venda na modalidade de leilão, somente poderá ocorrer em segunda licitação (art. 686, VI, do CPC), com o quê restará reduzida "(...) a possibilidade de combinações ou conchavos nada dignos entre o administrador judicial e tais credores, prejudiciais aos de menores créditos".[68]

Júlio Kahan Mandel sugere: "Parece-me, contudo, que o bom senso deve prevalecer, e se as propostas forem muito inferiores à avaliação, beirando o preço vil, as partes deveriam deliberar e decidir pela venda do bem em momento posterior mais adequado, decidindo pela mudança de modalidade de venda, ou até mesmo sugerir ao administrador judicial que adote medidas visando à valorização do bem, como a mencionada reforma ou novas tentativas de divulgação".[69-70]

833. Qual é o* modus procendendi *da alienação via leilão por lances orais? – No leilão por lances orais aplicam-se, no que couber,[71] as regras da Lei 5.869, de 11.1.1973/ Código de Processo Civil.

Diante do silêncio da lei sob comento, indaga-se: quem escolherá o leiloeiro? Responde Sérgio Campinho: "A escolha do leiloeiro, no Direito atual, não se mostra com direta facilidade como se verificava na lei revogada. No Decreto-lei 7.661/1945 tinha-se que o leiloeiro seria de livre escolha do síndico (§ 1º do art. 117). A Lei 11.101/2005 queda-se silente, e o Código de Processo Civil a confere ao credor (art.706). Aplicando-se na espécie o sentido do direito processual comum, o qual exclui da atribuição do juiz a escolha, cremos que deva ficar a cargo do administrador judicial a competente indicação. Isto porque é ele o responsável pela prática de atos destinados à realização do ativo (art. 22, III, 'i') e, nesse particular, estará atuando no interesse da massa de credores".[72-73]

68. Alfredo de Assis Gonçalves Neto, "Administração da falência, realização do ativo e pagamento dos credores", cit., in Paulo Penalva Santos (coord.), *A Nova Lei de Falências e de Recuperação de Empresas: Lei 11.101/2005*, pp. 267-268.

69. Júlio Kahan Mandel, *Nova Lei de Falências e Recuperação de Empresas Anotada: Lei 11.101, de 9.2.2005*, cit., p. 243. No mesmo sentido: Manoel Justino Bezerra Filho, *Nova Lei de Recuperação e de Falências Comentada. Lei 11.101, de 9.2.2005, Comentário Artigo por Artigo*, cit., 3ª ed., p. 321.

70. Sérgio Campinho, por sua vez, sustenta: "Sendo assim, pugnamos por rigor do juiz ao aferir, no âmbito falimentar, o conceito de preço vil. Entendemos que deva ser assim considerado o que venha a ser inferior a 70% de avaliação atualizado. Isto porque, (...) não haverá sucessão do arrematante nas obrigações do devedor (...). Verificado o preço vil, far-se-á novo leilão. Nesse segundo leilão, sustentamos, poderá o juiz, atento às condições do mercado e à natureza dos bens leiloados, flexibilizar aquele conceito de vilania" (*Falência e Recuperação de Empresa: o Novo Regime da Insolvência Empresarial*, Rio de Janeiro, Renovar, 2006, p. 417).

71. Fábio Ulhoa Coelho lembra: "Assim, não se aplicam, em primeiro lugar, as regras sobre prazos e formas de publicação do edital. Como visto, há normas próprias para a disciplina da matéria. Não se aplicam, ademais, as regras que distinguem a hasta pública segundo a natureza do bem vendido, chamando-se a de bens imóveis 'praça' (art. 697) e a dos móveis de 'leilão público' (art. 704). Seja uma ou outra categoria de bens a alienar em juízo, a Lei de Falência chama a hasta pública realizada com lances de viva voz sempre de leilão" (*Comentários à Nova Lei de Falências e de Recuperação de Empresas*, cit., p. 373).

72. Sérgio Campinho, *Falência e Recuperação de Empresa: o Novo Regime da Insolvência Empresarial*, cit., p. 417.

73. No mesmo sentido, Ricardo Bernardi: "A lei revogada dispunha que a escolha do leiloeiro cabia ao síndico. A Lei 11.101/2005 silencia a respeito, como visto, prevendo apenas a aplicação subsidiária da lei processual. O Código de Processo Civil, por sua vez, dispõe que o leiloeiro será livremente escolhido pelo credor, o que acaba por colocar dois questionamentos relevantes: (a) Deveriam os credores na falência escolher o leiloeiro? (b) Se for o caso, devem eles deliberar neste sentido em assembléia de credores? Entendemos que as duas questões devem ser respondidas de forma negativa. Muito embora essa decisão possa ser tomada pelos credores do falido, reunidos em assembléia, já que o art. 35, II, da Lei 11.101/2005 prevê a possibilidade de convocação deste órgão para deliberar qualquer matéria que possa afetar os interesses dos credores, é evidente que

834. Qual é o* modus procedendi *da alienação por propostas fechadas? – A alienação por propostas fechadas ocorrerá mediante a entrega, em cartório e sob recibo, de envelopes lacrados, a serem abertos pelo juiz no dia, hora e local designados no edital, lavrando o escrivão o auto respectivo, assinado pelos presentes, e juntando as propostas aos autos da falência.

A proposta fechada, segundo Rachel Sztajn, constitui uma "(...) declaração de compra, de oferta efetiva, não de simples promessa, pelo quê o lançador ou licitante estará vinculado à sua declaração. Entregues os envelopes, as propostas são vinculativas, não se admitindo retratação ainda que os envelopes não tenham sido abertos. Não parece admissível que as propostas contenham cláusula especial de arrependimento ou retratação".[74]

835. Quais são as fases da venda por pregão? – A venda por pregão constitui modalidade híbrida das anteriores, comportando duas fases: I – recebimento de propostas, na forma do § 3º do art. 142; II – leilão por lances orais, de que participarão somente aqueles que apresentarem propostas não inferiores a 90% da maior proposta ofertada, na forma do § 2º do mesmo artigo.

O inciso I, *supra*, alude ao § 3º do art. 142, quando, para manter a harmonia da regra, a alusão deveria ser ao § 4º do mesmo artigo.[75]

836. Qual é o* modus procedendi *da alienação por pregão? – A venda por pregão respeitará as seguintes regras: I – recebidas e abertas as propostas na forma do § 5º do art. 142, o juiz ordenará a notificação dos ofertantes cujas propostas atendam ao requisito de seu inciso II, para comparecer ao leilão; II – o valor de abertura do leilão será o da proposta recebida do maior ofertante presente, considerando-se esse valor como lance, ao qual ele fica obrigado; III – caso não compareça ao leilão o ofertante da maior proposta e não seja dado lance igual ou superior ao valor por ele ofertado, fica obrigado a prestar a diferença verificada, constituindo a respectiva certidão do juízo título executivo para a cobrança dos valores pelo administrador judicial.

Por que o ofertante da maior proposta fica obrigado a prestar a diferença verificada? A resposta decorre da natureza jurídica da proposta, a qual, segundo Rachel Sztajn, reitere-se, constitui uma "(...) declaração de compra, de oferta efetiva, não de simples promessa, pelo quê o lançador ou licitante estará vinculado à sua declaração. Entregues os envelopes, as propostas são vinculativas, não se admitindo retratação ainda que os envelopes não tenham sido abertos. Não parece admissível que as propostas contenham cláusula especial de arrependimento ou retratação".[76]

Considerando-se que o valor de abertura do leilão será o da proposta recebida do maior ofertante presente, acreditamos que esse *modus procedendi* contribuirá – e muito – para maximizar o valor do bem da massa a ser alienado.[77]

essa não foi a intenção do legislador. Se assim fosse restaria ferido um dos princípios com base no qual a legislação foi concebida, qual seja, o princípio da celeridade e eficiência do processo. Se a escolha do leiloeiro na falência não cabe aos credores, em nosso sentir deve competir ao administrador judicial, por conta do dever a ele imposto de praticar os atos necessários à realização do ativo, conforme dispõe o art. 22, III, 'i', da Lei 11.101/2005" ("Comentários aos arts. 139 ao 147", cit., in Francisco Satiro de Sousa Jr. e Antônio Sérgio Altieri de Moraes Pitombo (coords.), *Comentários à Lei de Recuperação de Empresas e Falência: Lei 11.101/2005*, p. 487).

74. Rachel Sztajn, "Comentários aos arts. 139 ao 167", cit., in Carlos Henrique Abrão e Paulo Fernando Campos Salles de Toledo (coords.), *Lei de Recuperação de Empresas e Falência*, p. 393.

75. Explica Sérgio Campinho: "O texto legal, no inciso I do § 5º do art. 142, faz referência ao § 3º do mesmo dispositivo, quando, na verdade, para se alcançar a racionalidade da norma, a referência deveria ser ao § 4º. É caso típico de erro material. Deve-se ler no preceito a alusão ao § 4º, de modo a disciplinar a forma de recebimento das propostas" (*Falência e Recuperação de Empresa: o Novo Regime da Insolvência Empresarial*, cit., p. 418).

76. Rachel Sztajn, "Comentários aos arts. 139 ao 167", cit., in Carlos Henrique Abrão e Paulo Fernando Campos Salles de Toledo (coords.), *Lei de Recuperação de Empresas e Falência*, p. 393.

77. No mesmo sentido: Alexandre Husni, "Comentários aos arts. 139 ao 153", cit., in Newton de

837. O Ministério Público tem de ser intimado da alienação do ativo? – Em qualquer modalidade de alienação do ativo o Ministério Público, que funcionará como fiscal da lei, será intimado pessoalmente, sob pena de nulidade.

Art. 143. Em qualquer das modalidades de alienação referidas no art. 142 desta Lei, poderão ser apresentadas impugnações[838] por quaisquer credores, pelo devedor ou pelo Ministério Público,[839] no prazo de 48 (quarenta e oito) horas da arrematação,[840] hipótese em que os autos serão conclusos ao juiz, que, no prazo de 5 (cinco) dias, decidirá sobre as impugnações[841] e, julgando-as improcedentes, ordenará a entrega dos bens ao arrematante, respeitadas as condições estabelecidas no edital.[842-843-844]

LEGISLAÇÃO ANTERIOR

Artigo sem correspondência no Decreto-lei 7.661/1945.

COMENTÁRIOS

838. Poderão ser apresentadas impugnações às modalidades de alienação? – Em qualquer das modalidades de alienação referidas no art. 142 desta Lei, assim como nas modalidades extraordinárias (arts. 144 e 145),[78] poderão ser apresentadas impugnações.

Exemplifica Fábio Ulhoa Coelho: "Por exemplo, se algum licitante foi preterido indevidamente no leilão, propostas ou pregão, *independentemente de outras ações a que tenha direito*, poderá procurar o representante do Ministério Público para levar-lhe as razões de seu inconformismo. Se convencido da ocorrência de ilegalidade, o Ministério Público poderá impugnar a venda realizada. Outro exemplo: se passou despercebido ao juiz, na audiência de abertura de propostas, que a segunda melhor correspondia a 90% da primeira, e, por isso, ele não convocou o pregão, um credor ou mesmo o falido ou sociedade falida pode, pela impugnação, postular a realização dessa última modalidade de venda".[79-80]

O prejudicado pode lançar mão de outros meios processuais, tais como: ação de conhecimento, mandado de segurança etc.[81]

Lembramos, por oportuno, que a violação de impedimento, vale dizer, a aquisição de bens da massa falida pelo juiz, representante do Ministério Público, administrador judicial, gestor judicial, perito, avaliador, escrivão, oficial de justiça ou leiloeiro, por si ou por interposta pessoa, configura crime previsto no art. 177 da lei sob comento.

839. Quem tem legitimidade para apresentar impugnação às modalidades de alie-

Lucca e Adalberto Simão Filho (coords.), *Comentários à Nova Lei de Recuperação de Empresas e de Falências*, p. 544.

78. No mesmo sentido, Fábio Ulhoa Coelho: "A disposição legal que prevê o cabimento de impugnação na hipótese de venda ordinária deve ser analogicamente aplicada às demais formas: extraordinária e sumária. Não há razões para subtrair-se dos legitimados o instrumento da impugnação, quando ele atende aos princípios da celeridade e economia processual, que informam a falência. A aplicação analógica aproveita a toda a comunhão de credores" (*Comentários à Nova Lei de Falências e de Recuperação de Empresas*, São Paulo, Saraiva, 2005, p. 375). Também José da Silva Pacheco, *Processo de Recuperação Judicial, Extrajudicial e Falência*, Rio de Janeiro, Forense, 2006, p. 337.

79. Fábio Ulhoa Coelho, *Comentários à Nova Lei de Falências e de Recuperação de Empresas*, cit., pp. 374-375.

80. Alexandre Husni dá outros exemplos: "A impugnação pode se dar por vários motivos, entre os quais temos o desvio da forma dos atos preparatórios da alienação, a ausência da intimação obrigatória do Ministério Público para a fase de alienação judicial, preço vil (...)" ("Comentários aos arts. 139 ao 153", in Newton de Lucca e Adalberto Simão Filho (coords.), *Comentários à Nova Lei de Recuperação de Empresas e de Falências*, São Paulo, Quartier Latin, 2005, p. 545).

81. Fábio Ulhoa Coelho, *Comentários à Nova Lei de Falências e de Recuperação de Empresas*, cit., p. 375.

nação? – Têm legitimidade para apresentar impugnação às modalidades de alienação quaisquer credores, o devedor ou o Ministério Público.

840. Qual é o prazo para apresentação da impugnação às modalidades de alienação? E o respectivo termo inicial? – O prazo é de 48 horas, contadas da arrematação.[82]

841. Qual, então, será o procedimento? – Segundo a letra do dispositivo sob comento, o procedimento consistirá na remessa dos autos à conclusão do juiz, que, no prazo de cinco dias, decidirá sobre as impugnações.

Não obstante isso, diante do princípio do contraditório, salta aos olhos que o juiz deverá, antes de decidir a impugnação, abrir vistas para o devedor, respectivos credores e Ministério Público.[83-84]

842. Qual será a conseqüência da improcedência da impugnação? – Uma vez julgada improcedente a impugnação, ordenará a entrega dos bens ao arrematante; vale dizer, segue a adjudicação, respeitadas as condições estabelecidas no edital.

843. Qual será a conseqüência da procedência da impugnação? – O juiz anulará a arrematação e designará novamente data para realização da alienação do ativo.

844. Cabe recurso da decisão que julga a impugnação? – Ricardo José Negrão Nogueira sustenta ser incabível recurso da decisão que julga a impugnação, sob a justificativa de que: "Os atos de alienação do ativo inserem-se entre os de administração, de conteúdo discricionário, conforme bem manifestou o Min. Gueiros Leite na vigência da Lei Falimentar anterior (...)".[85]

Sérgio Campinho, por sua vez, entende que da referida decisão cabe agravo, por aplicação subsidiária do Código de Processo Civil.[86]

Art. 144. Havendo motivos justificados, o juiz poderá autorizar, mediante requerimento fundamentado do administrador judicial ou do comitê, modalidades de alienação judicial diversas das previstas no art. 142 desta Lei.[845-846-847-848]

LEGISLAÇÃO ANTERIOR

Artigo sem correspondência no Decreto-lei 7.661/1945.

COMENTÁRIOS

845. Há previsão de outras modalidades de alienação do ativo ("extraordinárias")? – O art. 123 do regime anterior já previa que os credores poderiam autorizar qualquer ou-

82. Júlio Kahan Mandel vaticina: "(...) devido às notórias dificuldades que enfrentam os magistrados no dia-a-dia forense, como falta de estrutura e excesso de processos, dificilmente este dispositivo vingará" (*Nova Lei de Falências e Recuperação de Empresas Anotada: Lei 11.101, de 9.2.2005*, São Paulo, Saraiva, 2005, p. 245).

83. No mesmo sentido: Manoel Justino Bezerra Filho, *Nova Lei de Recuperação e de Falências Comentada. Lei 11.101, de 9.2.2005, Comentário Artigo por Artigo*, 3ª ed., São Paulo, Ed. RT, 2005, p. 323.

84. Ricardo Negrão aduz: "A lei não é explícita, mas convém que o juiz dê vista ao órgão do *Parquet* nas impugnações apresentadas pelos outros legitimados, decidindo em cinco dias" (*Aspectos Objetivos da Lei de Recuperação de Empresas e Falências: Lei 11.101, de 9.2.2005*, São Paulo, Saraiva, 2005, p. 122).

85. Ricardo Negrão, *Aspectos Objetivos da Lei de Recuperação de Empresas e Falências: Lei 11.101, de 9.2.2005*, cit., p. 122.

86. Sérgio Campinho, *Falência e Recuperação de Empresa: o Novo Regime da Insolvência Empresarial*, Rio de Janeiro, Renovar, 2006, p. 418. No mesmo sentido: Ricardo Bernardi, "Comentários aos arts. 139 ao 147", in Francisco Satiro de Sousa Jr. e Antônio Sérgio Altieri de Moraes Pitombo (coords.), *Comentários à Lei de Recuperação de Empresas e Falência: Lei 11.101/2005*, São Paulo, Ed. RT, 2005, p. 490; Júlio Kahan Mandel, *Nova Lei de Falências e Recuperação de Empresas Anotada: Lei 11.101, de 9.2.2005*, cit., p. 246.

tra forma de liquidação do ativo, desde que representassem dois terços dos créditos.[87-88]

No regime atual também há previsão de outras modalidades de alienação judicial: o art. 144 estabelece que o juiz poderá autorizar modalidades de alienação judicial diversas das previstas no art. 142,[89] e o art. 145 prescreve que o juiz homologará qualquer outra modalidade de realização do ativo.

Fábio Ulhoa Coelho exemplifica uma modalidade de alienação extraordinária de ativo: "Imagine que o administrador judicial encontrou alguém interessado em adquirir integralmente a empresa explorada pelo falido com assunção da totalidade do passivo, mediante o pagamento dos créditos extraconcursais do processo de falência. É, sem dúvida, o melhor negócio para todos os credores (eventualmente só os sócios da sociedade falida poderiam ter alguma objeção a essa solução, mas a lei não prevê a manifestação deles)".[90-91-92]

846. Quais são os requisitos para concessão da respectiva autorização judicial? – Os requisitos são: (1) a existência de motivos justificados;[93] e (2) requerimento fundamentado do administrador judicial ou do comitê de credores.

847. Poderão ser apresentadas impugnações às modalidades extraordinárias de alienação? – Tanto nas modalidades ordinárias de alienação – ou seja, naquelas referidas no art. 142 da Lei – quanto nas modalidades extraordinárias – isto é, naquelas contempladas nos arts. 144 e 145 –, assim como na modalidade sumária – vale dizer, naquela cogitada no art. 113 –, poderão ser apresentadas impugnações.[94-95]

87. Lembra Júlio Kahan Mandel: "Infelizmente, quase não era aplicado este dispositivo, com exceção dos casos de falência de construtoras, nas quais os credores se reuniam para conseguirem finalizar as obras paradas" (*Nova Lei de Falências e Recuperação de Empresas Anotada: Lei 11.101, de 9.2.2005*, São Paulo, Saraiva, 2005, p. 247).

88. Fábio Ulhoa Coelho alerta: "O percentual de dois terços continua, mas a base não é mais o total de créditos admitidos na falência, mas dos titulados pelos presentes na assembléia que a aprovar" (*Comentários à Nova Lei de Falências e de Recuperação de Empresas*, São Paulo, Saraiva, 2005, p. 377).

89. Fábio Ulhoa Coelho justifica: "A dinâmica do mercado de empresas e de negócios em geral recomenda que o direito positivo não restrinja de modo absoluto a matéria, porque formas não previstas de realização do ativo podem revelar-se mais interessantes aos objetivos de otimização dos recursos da massa que as balizadas pelas regras de venda ordinária" (*Comentários à Nova Lei de Falências e de Recuperação de Empresas*, cit., p. 375).

90. Fábio Ulhoa Coelho, *Comentários à Nova Lei de Falências e de Recuperação de Empresas*, cit., p. 376.

91. Gladston Mamede também exemplifica: "Para grandes empresas, por exemplo, pode ser interessante constituir com os ativos uma companhia aberta e levar os títulos a leilão por subscrição pública na Bolsa de Valores, recorrendo a empresas corretoras especializadas. Seria, por exemplo, a solução para a Engesa (...). Pode-se, também, proceder à alienação diferida de um lote de ações ordinárias, correspondente ao controle acionário, e, em lotes menores, à alienação de lotes menores de ações – ordinárias e/ou preferenciais –, permitindo a pulverização dos títulos no mercado. Também é possível utilizar-se de formas modernas de captação de recursos no mercado financeiro, como a constituição de um fundo imobiliário para os bens imóveis, entre outros recursos" (*Direito Empresarial Brasileiro: Falência e Recuperação de Empresas*, vol. 4, São Paulo, Atlas, 2006, pp. 613-614).

92. Ricardo Bernardi dá outro exemplo: "(...) imagine-se que, antes da designação do leilão pelo juiz, o administrador receba uma proposta para aquisição da empresa do falido, por um valor razoável, dificilmente alcançável em um certame. Poderá nesse caso requerer ao juiz que autorize a alienação direta a este terceiro. A decisão do juiz autorizadora ou não da alienação, nos termos deste artigo, será atacável pelo via do agravo (...)" ("Comentários aos arts. 139 ao 147", in Francisco Satiro de Sousa Jr. e Antônio Sérgio Altieri de Moraes Pitombo (coords.), *Comentários à Lei de Recuperação de Empresas e Falência: Lei 11.101/2005*, São Paulo, Ed. RT, 2005, p. 491).

93. Segundo Manoel Justino Bezerra Filho: "À semelhança do Código Civil, esta lei traz uma certa quantidade de estipulações contendo o que se convencionou chamar de 'cláusula aberta', ou seja, disposição legal que concede ao juiz uma grande dose de discricionariedade para agir, desde que haja motivos justificados, expressão, como se vê, de extrema amplitude" (*Nova Lei de Recuperação e de Falências Comentada. Lei 11.101, de 9.2.2005, Comentário Artigo por Artigo*, 3ª ed., São Paulo, Ed. RT, 2005, p. 324).

94. No mesmo sentido, Fábio Ulhoa Coelho: "A disposição legal que prevê o cabimento de im-

848. Haverá sucessão tributária e trabalhista nas modalidades extraordinárias de alienação? – Sérgio Campinho admite a ausência de sucessão em quaisquer das modalidades extraordinárias de alienação do ativo: "Não temos dúvida de que a desoneração se aplica a qualquer das modalidades de venda judicial do ativo, não se limitando às intituladas ordinárias. Isto se verifica pela falta de expressa restrição no art. 141 da Lei 11.101/2005. (...). Ademais, de maneira explícita, o § 1º do art. 145 manda aplicar o princípio insculpido no indigitado artigo à sociedade constituída pelos credores ou empregados, a partir da incorporação do ativo do falido, o que deixa entrever a afirmação de sua aplicabilidade também nas propostas alternativas. Não se pode desconsiderar, outrossim, que a regra do Código Tributário Nacional, embora especialmente destinada à sucessão tributária, consagra a alforria para o gênero das alienações judiciais, sem distingui-las em espécie. Portanto, a exegese deve ser sempre conduzida para esse princípio de ordem geral, até porque não seria lógico nem jurídico criar-se, no âmbito falimentar, discriminações entre efeitos de alienações realizadas em juízo, as quais passarão pelo crivo de avaliação judicial e se dirigem à obtenção de um mesmo escopo".[96]

Já, Fábio Ulhoa Coelho ressalta que no campo da alienação extraordinária de ativo há previsão expressa de não sucessão tributária e trabalhista apenas para a sociedade constituída pelos credores ou trabalhadores da falida para continuação da empresa (art. 145, § 1º). Todavia, arremata: "(...) em qualquer outra hipótese de realização extraordinária a sucessão também *não* deve ser reconhecida, malgrado a inexistência de previsão legal expressa. As oportunidades de otimização de recursos da massa falida reduzem-se sensivelmente se o novo titular da empresa tiver que responder pelo passivo que levou o anterior à bancarrota".[97]

Alexandre Husni, por sua vez, não admite a aplicação extensiva do art. 141: "Somente para esta forma de alienação judicial de ativos em que os bens componentes da massa falida serão transferidos à titularidade da nova sociedade é que se fará a aplicação do art. 141 da lei, levando à inexistência de sucessão de qualquer natureza".[98-99]

pugnação na hipótese de venda ordinária deve ser analogicamente aplicada às demais formas: extraordinária e sumária. Não há razões para subtrair-se dos legitimados o instrumento da impugnação, quando ele atende aos princípios da celeridade e economia processual, que informam a falência. A aplicação analógica aproveita a toda comunhão de credores" (*Comentários à Nova Lei de Falências e de Recuperação de Empresas*, cit., p. 375). Também José da Silva Pacheco, *Processo de Recuperação Judicial, Extrajudicial e Falência*, Rio de Janeiro, Forense, 2006, p. 337.

95. Ainda no mesmo sentido, Sérgio Campinho: "Também na alienação extraordinária se deve assegurar o direito de impugnação pelos credores, devedor e representante do Ministério Público. Embora o art. 143 se refira às modalidades ordinárias de venda, a sua aplicação se deve fazer por analogia. Não vislumbramos razões de ordem lógica para não se garantir aos interessados essa providência processual, que, em realidade, vem em proveito da massa de credores" (*Falência e Recuperação de Empresa: o Novo Regime da Insolvência Empresarial*, Rio de Janeiro, Renovar, 2006, pp. 419-420).

96. Sérgio Campinho, *Falência e Recuperação de Empresa: o Novo Regime da Insolvência Empresarial*, cit., p. 421.

97. Fábio Ulhoa Coelho, *Comentários à Nova Lei de Falências e de Recuperação de Empresas*, cit., p. 378.

98. Alexandre Husni, "Comentários aos arts. 139 ao 153", in Newton de Lucca e Adalberto Simão Filho (coords.), *Comentários à Nova Lei de Recuperação de Empresas e de Falências*, São Paulo, Quartier Latin, 2005, p. 546.

99. No mesmo sentido: Ricardo Bernardi, "Comentários aos arts. 139 ao 147", cit., in Francisco Satiro de Sousa Jr. e Antônio Sérgio Altieri de Moraes Pitombo (coords.), *Comentários à Lei de Recuperação de Empresas e Falência: Lei 11.101/2005*, p. 493.

Art. 145. O juiz homologará qualquer outra modalidade de realização do ativo,[849] desde que aprovada pela assembléia-geral de credores,[850] inclusive com a constituição de sociedade de credores[851] ou dos empregados do próprio devedor,[852] com a participação, se necessária, dos atuais sócios ou de terceiros.[853]

§ 1º. Aplica-se à sociedade mencionada neste artigo o disposto no art. 141 desta Lei.[854]

§ 2º. No caso de constituição de sociedade formada por empregados do próprio devedor, estes poderão utilizar créditos derivados da legislação do trabalho para a aquisição ou arrendamento da empresa.[855]

§ 3º. Não sendo aprovada pela assembléia-geral a proposta alternativa para a realização do ativo, caberá ao juiz decidir a forma que será adotada, levando em conta a manifestação do administrador judicial e do comitê.[856-857]

LEGISLAÇÃO ANTERIOR

Lei de Falências (DL 7.661/1945): *Art. 123.* Qualquer outra forma de liquidação do ativo pode ser autorizada por credores que representem dois terços dos créditos.

§ 1º. Podem ditos credores organizar sociedade para continuação do negócio do falido, ou autorizar o síndico a ceder o ativo a terceiro.

§ 2º. O ativo somente pode ser alienado, seja qual for a forma de liquidação aceita, por preços nunca inferiores aos da avaliação, feita nos termos do § 2º do art. 70.

§ 3º. A deliberação dos credores pode ser tomada em assembléia, que se realizará com observância das disposições do artigo anterior, exceto a do § 3º; pode ainda ser reduzida a instrumento, público ou particular, caso em que será publicado aviso para ciência dos credores que não assinaram o instrumento, os quais, no prazo de 5 (cinco) dias, podem impugnar a deliberação da maioria.

§ 4º. A deliberação dos credores depende de homologação do juiz e da decisão cabe agravo de instrumento, aplicando-se ao caso o disposto no parágrafo único do art. 17.

§ 5º. Se a forma de liquidação adotada for de sociedade organizada pelos credores, os dissidentes serão pagos, pela maioria, em dinheiro, na base do preço da avaliação dos bens, deduzidas as importâncias correspondentes aos encargos e dívidas da massa.

COMENTÁRIOS

849. Há previsão de outras modalidades de alienação do ativo ("extraordinárias")? – Além das modalidades de alienação do ativo previstas no art. 142, o juiz poderá, respectivamente, autorizar (art. 144) ou homologar (art. 145) qualquer outra modalidade.[100-101]

850. Qual é o requisito para a obtenção da respectiva homologação judicial? – O requisito é a aprovação pela assembléia-geral de credores.[102]

Lembramos que os credores podem também deliberar sobre a continuação provisória das atividades com o administrador judicial (art. 99, XI).

851. Sociedade de credores – O § 1º do art. 123 do regime anterior já previa que credores poderiam organizar sociedade para continuação do negócio do falido.

100. Reiteramos nosso comentário ao art. 144: o art. 123 do regime anterior já previa que os credores poderiam autorizar qualquer outra forma de liquidação do ativo, desde que representassem dois terços dos créditos.

101. Também reiteramos: a doutrina denomina as modalidades de alienação do ativo expressamente previstas no art. 142 de "ordinárias"; as diversas e quaisquer outras modalidades referidas, respectivamente, nos arts. 144 e 145 de "extraordinárias"; e a venda antecipada aludida no art. 113 de "sumária".

102. Esclarece Manoel Justino Bezerra Filho: "Se os credores decidirem, em assembléia-geral, por modalidade de venda do ativo alternativa às previstas no art. 142, o juiz apenas homologará, ou seja, deverá verificar apenas os aspectos formais, como o *quorum* de aprovação de dois terços dos credores presentes à assembléia (arts. 39 e 46), desde, evidentemente, que não haja oposição fundamentada à modalidade apresentada, caso em que decidirá sempre a favor da massa e dos credores" (*Nova Lei de Recuperação e de Falências Comentada. Lei 11.101, de 9.2.2005, Comentário Artigo por Artigo*, 3ª ed., São Paulo, Ed. RT, 2005, p. 324).

A sociedade de credores prevista no art. 145, *caput*, justamente porque é constituída com o fim específico de englobar os ativos do falido, configura-se como uma Sociedade de Propósito Específico/SPE.[103]

Rachel Sztajn suscita a seguinte questão intrigante: "Questão que precisa ser considerada, na vigência da nova lei, é a organização de sociedade ou sociedades, dada a conjunção 'ou' entre as palavras 'credores' e 'empregados'. Afinal, empregados são credores, notadamente no que diz respeito a créditos por valores que superem o limite dentro no qual têm preferências. A dúvida é saber se podem existir duas sociedades, uma de credores e outra de empregados e, nessa hipótese, qual delas, ou ambas, e nesse caso em que proporção, podem tais sociedades incorporar os ativos, ou se uma deve ceder à outra fração ideal de ativos que lhe couber na partilha caso o conjunto seja, para fins de operacionalização, indivisível".[104-105-106]

852. Sociedade dos empregados do próprio devedor – A sociedade de empregados do devedor, prevista no art. 145, *caput*, em razão de ser constituída com o fim específico de englobar os ativos do falido, tal qual a sociedade de credores, também se configura como uma Sociedade de Propósito Específico/SPE.[107]

Ressalta Manoel Justino Bezerra Filho: "A possibilidade de formação de sociedade de empregados deve ser prestigiada, pois mesmo no regime da lei anterior diversos casos ocorreram nos quais os próprios empregados, normalmente agregados em cooperativa, passaram a cuidar da empresa, propiciando o regular prosseguimento da atividade".[108]

853. A aprovação pela assembléia-geral de constituição de sociedade de credores ou empregados vincula todos credores, inclusive os dissidentes? – À luz do regime anterior a matéria estava veiculada no § 5º do art. 123: "§ 5º. Se a forma de liquidação adotada for de sociedade organizada pelos credores, os dissidentes serão pagos, pela maioria, em dinheiro, na base do preço de avaliação dos bens, deduzidas as importâncias correspondentes aos encargos e dívidas da massa".

Trajano de Miranda Valverde fez o seguinte comentário ao dispositivo supracitado: "Isto não está totalmente certo. Não sòmente os credores dissidentes, isto é, aqueles que se opuseram à constituição da sociedade, mas igualmente aquêles que não votaram ou não se manifestaram, têm o direito de ser pagos em dinheiro. Não poderão eles, dissidentes ou abstinentes, ser coagidos a entrar para a sociedade cuja responsabilidade pessoal depende de cada um, nem tampouco a receber em pagamento de seus créditos coi-

103. No mesmo sentido: Gladston Mamede, *Direito Empresarial Brasileiro: Falência e Recuperação de Empresas*, vol. 4, São Paulo, Atlas, 2006, p. 615; Alexandre Husni, "Comentários aos arts. 139 ao 153", in Newton de Lucca e Adalberto Simão Filho (coords.), *Comentários à Nova Lei de Recuperação de Empresas e de Falências*, São Paulo, Quartier Latin, 2005, p. 547.

104. Rachel Sztajn, "Comentários aos arts. 139 ao 167", in Carlos Henrique Abrão e Paulo Fernando Campos Salles de Toledo (coords.), *Lei de Recuperação de Empresas e Falência*, São Paulo, Saraiva, 2005, p. 397.

105. Gladston Mamede sustenta: "(...) podem ser constituídas sociedades de credores, sociedades de credores e empregados, sociedade para credores e terceiros e, mesmo, sociedade das quais tomem parte os então sócios, quotistas ou acionistas, da sociedade falida" (*Direito Empresarial Brasileiro: Falência e Recuperação de Empresas*, cit., vol. 4, p. 615).

106. José da Silva Pacheco posiciona-se: "É preciso, desde logo, assentar que pode a assembléia-geral aprovar: (...); (2º) a constituição de sociedade: (a) de credores; (b) de empregados da falida; (c) *de credores e empregados da falida* (...)" (*Processo de Recuperação Judicial, Extrajudicial e Falência*, Rio de Janeiro, Forense, 2006, p. 339).

107. No mesmo sentido: Gladston Mamede, *Direito Empresarial Brasileiro: Falência e Recuperação de Empresas*, cit., vol. 4, p. 615; Alexandre Husni, "Comentários aos arts. 139 ao 153", cit., in Newton de Lucca e Adalberto Simão Filho (coords.), *Comentários à Nova Lei de Recuperação de Empresas e de Falências*, p. 547.

108. Manoel Justino Bezerra Filho, *Nova Lei de Recuperação e de Falências Comentada. Lei 11.101, de 9.2.2005, Comentário Artigo por Artigo*, cit., 3ª ed., p. 325.

sa diversa de dinheiro: *aliud pro alio, invito creditore solvi non potest*".[109]

A lei sob comento é silente em relação a esta matéria.

Alfredo de Assis Gonçalves Neto posiciona-se: "Ora, ninguém é obrigado a receber seu crédito dessa forma e ninguém pode ser forçado a celebrar contrato de sociedade, ainda que para solucionar a insolvência do devedor comum. Por isso, creio que a única solução cabível para os dissidentes (ausentes ou abstinentes) da deliberação será a que era prevista no regime anterior, qual seja, a de serem pagos em dinheiro pelos credores que aprovaram a constituição da sociedade, mediante a convolação de seus créditos em capital, 'com base no preço de avaliação dos bens, deduzidas as importâncias correspondentes aos encargos e dívidas da massa' (art. 123, § 5º, do Decreto-lei 7.661, de 1945) – ou seja, deduzidas as importâncias que devem ser destinadas ao pagamento dos créditos que os antecederem na ordem de pagamentos".[110-111]

Rachel Sztajn opina: "Por força dessa dificuldade é que a assembléia-geral deve ser unânime. A regra da maioria não se ajusta ao esquema de compensação. Não se pode impor a alguém que receba outro bem que não dinheiro sem sua expressa anuência. (...). Em face disso é que a norma do § 3º ganha destaque. Prevê-se a hipótese de não haver concordância na assembléia, com o quê se transfere ao juiz o poder para decidir sobre a modalidade de venda dos ativos. Esse poder é discricionário porque o juiz, ao decidir, deve levar em conta as recomendações do administrador judicial e do comitê de credores".[112]

854. A aplicação do art. 141 à sociedade de credores ou de empregados evita a sucessão tributária e trabalhista? – Responde Fábio Ulhoa Coelho: "Na disciplina da venda extraordinária da empresa da falida, não prevê a lei nenhuma negativa de sucessão de *natureza geral*. A lei se refere apenas à sociedade constituída pelos credores ou trabalhadores da falida para continuação da empresa como insuscetível de ser responsabilizada pelo mesmo passivo que motivou a quebra (§ 1º)".[113-114]

855. Podem os empregados utilizar seus créditos trabalhistas para aquisição ou arrendamento da empresa falida? – No caso de constituição de sociedade formada por empregados do próprio devedor, estes poderão utilizar créditos derivados da legislação do trabalho para a aquisição ou arrendamento da empresa.

Neste contexto, exsurge uma indagação: poderão os empregados utilizar a totalidade

109. Trajano de Miranda Valverde, *Comentários à Lei de Falências*, 2ª ed., vol. III, Rio de Janeiro, Revista Forense, 1955, p. 46.

110. Alfredo de Assis Gonçalves Neto, "Administração da falência, realização do ativo e pagamento dos credores", in Paulo Penalva Santos (coord.), *A Nova Lei de Falências e de Recuperação de Empresas: Lei 11.101/2005*, Rio de Janeiro, Forense, 2006, p. 272.

111. Ricardo Bernardi, no mesmo diapasão, complementa: "Não há motivo para tratar o problema de forma distinta à luz da nova legislação. O credor dissidente terá direito a receber seu crédito de acordo com a capacidade patrimonial da massa, medida a partir da avaliação do patrimônio arrecadado, a ser procedida pelo administrador judicial ou profissional por este nomeado, descontados os valores devidos aos credores extraconcursais, mencionados nos arts. 84 e 67 da Lei 11.101/2005" ("Comentários aos arts. 139 ao 147", in Francisco Satiro de Sousa Jr. e Antônio Sérgio Altieri de Moraes Pitombo (coords.), *Comentários à Lei de Recuperação de Empresas e Falência: Lei 11.101/2005*, São Paulo, Ed. RT, 2005, p. 492).

112. Rachel Sztajn, "Comentários aos arts. 139 ao 167", cit., in Carlos Henrique Abrão e Paulo Fernando Campos Salles de Toledo (coords.), *Lei de Recuperação de Empresas e Falência*, p. 400.

113. Fábio Ulhoa Coelho, *Comentários à Nova Lei de Falências e de Recuperação de Empresas*, São Paulo, Saraiva, 2005, p. 378.

114. Alexandre Husni afirma: "Somente para esta forma de alienação judicial de ativos em que os bens componentes da massa falida serão transferidos à titularidade da nova sociedade é que se fará a aplicação do art. 141 da lei, levando à inexistência de sucessão de qualquer natureza" ("Comentários aos arts. 139 ao 153", cit., in Newton de Lucca e Adalberto Simão Filho (coords.), *Comentários à Nova Lei de Recuperação de Empresas e de Falências*, p. 546).

dos seus créditos trabalhistas para aquisição ou arrendamento da empresa, ou somente poderão fazê-lo com observância do limite individual de 150 salários mínimos, nos termos do art. 83, I? Responde Júlio Kahan Mandel: "Os créditos trabalhistas, justamente por serem os primeiros na ordem de classificação, podem ser utilizados para adquirir a empresa. Contudo, em virtude da limitação de pagamento no valor de 150 salários mínimos, o saldo apurado por cabeça não poderá ser utilizado para essa conta, pois do contrário estar-se-ia estabelecendo uma quebra na ordem dos pagamentos e na igualdade entre os credores".[115]

Por outro lado, na medida em que a cessão de créditos trabalhistas a terceiros altera a natureza dos mesmos para quirografários (art. 83, § 4º), os cessionários, por conseguinte, não poderão utilizá-los para aquisição ou arrendamento da empresa.[116]

856. Qual será a conseqüência da não aprovação, pela assembléia-geral, da forma alternativa? – Não sendo aprovada pela assembléia-geral a proposta alternativa para a realização do ativo, caberá ao juiz decidir a forma que será adotada, levando em conta a manifestação do administrador judicial e do comitê.

Se a não aprovação pela assembléia-geral decorrer do não atingimento do *quorum* de dois terços dos credores presentes, a proposta alternativa será rejeitada definitivamente?

Não, pois o administrador judicial ou o comitê de credores, se entenderem que dita proposta alternativa é viável – ou seja, atende aos interesses da massa subjetiva –, podem lançar mão do *modus procedendi* previsto no art. 144, vale dizer, requerer que o juiz a autorize.[117]

857. Poderão ser apresentadas impugnações às modalidades extraordinárias? – Reiteramos nosso comentário ao art. 144: em quaisquer das modalidades ordinárias de alienação (art. 142), nas modalidades extraordinárias (arts. 144 e 145) bem como na modalidade sumária (art. 113) poderão ser apresentadas impugnações.[118-119]

Art. 146. Em qualquer modalidade de realização do ativo adotada,[858] fica a massa falida dispensada da apresentação de certidões negativas.[859]

115. Júlio Kahan Mandel, *Nova Lei de Falências e Recuperação de Empresas Anotada: Lei 11.101, de 9.2.2005*, São Paulo, Saraiva, 2005, p. 247.

116. No mesmo sentido: Júlio Kahan Mandel, *Nova Lei de Falências e Recuperação de Empresas Anotada: Lei 11.101, de 9.2.2005*, cit., p. 247.

117. No mesmo sentido, Alexandre Husni ("Mas o fato de não se obter esta maioria em deliberação assemblear não leva à rejeição automática do tema, pois poderá o administrador e/ou o comitê de credores, se entender que a proposta rejeitada por não ter atingido o *quorum* deliberativo de dois terços faz o interesse da massa falida com plenitude, exercitar o disposto no art. 144 da lei para obter autorização judicial e homologação desta forma alternativa de alienação de ativos cuja deliberação não foi possível pela via assemblear, como autoriza o § 3º do artigo em comento"), "Comentários aos arts. 139 ao 153", cit., in Newton de Lucca e Adalberto Simão Filho (coords.), *Comentários à Nova Lei de Recuperação de Empresas e de Falências*, p. 547; Sérgio Campinho, *Falência e Recuperação de Empresa: o Novo Regime da Insolvência Empresarial*, Rio de Janeiro, Renovar, 2006, p. 419.

118. No mesmo sentido, Fábio Ulhoa Coelho: "A disposição legal que prevê o cabimento de impugnação na hipótese de venda ordinária deve ser analogicamente aplicada às demais formas: extraordinária e sumária. Não há razões para subtrair-se dos legitimados o instrumento da impugnação, quando ele atende aos princípios da celeridade e economia processual, que informam a falência. A aplicação analógica aproveita a toda a comunhão de credores" (*Comentários à Nova Lei de Falências e de Recuperação de Empresas*, cit., p. 375).

119. Também no mesmo sentido Sérgio Campinho: "Também na alienação extraordinária se deve assegurar o direito de impugnação pelos credores, devedor e representante do Ministério Público. Embora o art. 143 se refira às modalidades ordinárias de venda, a sua aplicação se deve fazer por analogia. Não vislumbramos razões de ordem lógica para não se garantir aos interessados essa providência processual, que, em realidade, vem em proveito da massa de credores" (*Falência e Recuperação de Empresa: o Novo Regime da Insolvência Empresarial*, cit., pp. 419-420).

LEGISLAÇÃO ANTERIOR

Artigo sem correspondência no Decreto-lei 7.661/1945.

COMENTÁRIOS

858. Quais são as modalidades de alienação do ativo? – Segundo o art. 142, as modalidades ordinárias de alienação do ativo são: (1) leilão, por lances orais; (2) propostas fechadas; (3) pregão.

Já, as modalidades extraordinárias de alienação do ativo estão previstas nos arts. 144 e 145.

859. Dispensa da apresentação de certidões negativas – A dispensa de apresentação de certidões negativas pela massa falida constitui uma inovação.

A *ratio legis* de tal dispensa nos parece estar estribada na seguinte constatação fática: se o empresário e a sociedade empresária, quando acometidos de crise econômico-financeira, têm de escolher quais as obrigações deixarão de pagar e, regra geral, como é sabido, iniciam a cessação dos pagamentos pelas obrigações tributárias,[120] tornar-se-ia inviável a realização do ativo da massa falida caso lhe fosse exigida a apresentação das certidões negativas.[121]

Art. 147. As quantias recebidas a qualquer título serão imediatamente depositadas em conta remunerada de instituição financeira, atendidos os requisitos da lei ou das normas de organização judiciária.[860-861-862]

LEGISLAÇÃO ANTERIOR

Lei de Falências (DL 7.661/1945): *Art. 209.* As quantias pertencentes à massa devem ser recolhidas ao Banco do Brasil ou à Caixa Econômica Federal, suas agências ou filiais. Se no lugar não houver essas agências ou filiais, o juiz designará estabelecimento bancário de notória idoneidade. Onde não existir nenhum desses estabelecimentos, os depósitos serão feitos em mãos do síndico.

Parágrafo único. As quantias depositadas não podem ser retiradas senão por meio de cheques nominativos, em que será mencionado o fim a que se destina a retirada, assinados pelo síndico e rubricados pelo juiz.

COMENTÁRIOS

860. **Modus procedendi** *no regime anterior* – No regime anterior as quantias pertencentes à massa falida deveriam ser recolhidas ao Banco do Brasil ou à Caixa Econômica Federal e somente poderiam ser movimentadas por meio de cheques nominativos, com menção do fim a que se destinavam e assinados pelo síndico e rubricados pelo juiz (art. 209 e parágrafo único).

861. **Modus procedendi** *no atual regime* – O regime atual inovou o *modus procedendi*, pois passou a prever que as quantias recebidas no âmbito da falência devem ser depositadas em conta remunerada de qualquer instituição financeira (e não mais exclusivamente no Banco do Brasil ou na Caixa Econômica Federal) e podem ser movimentadas mediante cheque ou mandado judicial

120. Eduardo Secchi Munhoz ressalta: "A análise da realidade econômica brasileira demonstra que as empresas em crise financeira normalmente apresentam dívidas tributárias vultosas, sendo as obrigações tributárias, normalmente, as que em primeiro lugar deixam de ser pagas pelo devedor. Isso se explica em virtude do menor poder de constrangimento à atividade do devedor detido pelo Fisco comparativamente aos demais credores. A falta de pagamento de tributos não gera para o devedor risco de ser pedida a sua falência, não leva ao risco de descontinuidade da atividade, como ocorre, por exemplo, no caso de falta de pagamentos devidos a fornecedores (matérias-primas e insumos) ou aos empregados (greve), contando o devedor, ainda, com a ineficiência e morosidade do sistema fiscal de cobrança" ("Comentários aos arts. 55 ao 69", in Francisco Satiro de Sousa Jr. e Antônio Sérgio Altieri de Moraes Pitombo (coords.), *Comentários à Lei de Recuperação de Empresas e Falência: Lei 11.101/2005*, São Paulo, Ed. RT, 2005, p. 281).

121. No mesmo sentido: Alexandre Husni, "Comentários aos arts. 139 ao 153", in Newton de Lucca e Adalberto Simão Filho (coords.), *Comentários à Nova Lei de Recuperação de Empresas e de Falências*, São Paulo, Quartier Latin, 2005, pp. 548-549.

de levantamento (e não mais exclusivamente por cheque).[122]

A conta é remunerada porque, além de preservar o poder aquisitivo da moeda, sobre ela incidem juros.

São exemplos de conta remunerada a caderneta de poupança e outras operações financeiras.

Frise-se que o produto da alienação judicial de empresa, de filial ou unidade produtiva isolada permanecerá em conta de depósito à disposição do juízo da falência pelo prazo de um ano, contado da data da alienação, somente podendo ser utilizado para o pagamento de créditos extraconcursais ou de créditos que preferem ao tributário (§ 3º do art. 133 do CTN).

862. "Normas de organização judiciária" – José da Silva Pacheco, em relação à expressão "normas de organização judiciária", aduz: "De um modo geral, relativamente aos depositários judiciais, as normas judiciárias pertinentes apenas dizem que o dinheiro deve ser depositado, em certo prazo, no Banco do Estado, ou, na falta deste, em banco credenciado, mediante guia do escrivão e à disposição do juízo".[123]

Art. 148. O administrador judicial fará constar do relatório de que trata a alínea "p" do inciso III do art. 22[863] os valores eventualmente recebidos no mês vencido, explicitando a forma de distribuição dos recursos entre os credores, observado o disposto no art. 149 desta Lei.[864-865]

LEGISLAÇÃO ANTERIOR

Artigo sem correspondência no Decreto-lei 7.661/1945.

COMENTÁRIOS

863. Art. 22, III, "p" – "*Art. 22.* Ao administrador judicial compete, sob fiscalização do juiz e do comitê, além de outros deveres que esta Lei lhe impõe: (...) III – na falência: (...) p) apresentar ao juiz para juntada aos autos, até o décimo dia do mês seguinte ao vencido, conta demonstrativa da administração, que especifique com clareza a receita e a despesa; (...)."

864. Relatório. Valores. Distribuição – O art. 148 complementa o comando do art. 22, III, "p", e tem por finalidade inequívoca conferir transparência à movimentação financeira durante a tramitação do processo falimentar.[124]

Se houver distribuição de recursos aos credores, o respectivo rateio deve observar o disposto no art. 149.

865. Crítica ao art. 148 – Fábio Ulhoa Coelho formula a seguinte crítica ao art. 148: "Uma das medidas mais inócuas e altamente prejudiciais ao bom andamento dos processos que a lei infelizmente prevê é a juntada aos autos da falência de conta mensal do administrador judicial. Deveria, a meu ver, ter estabelecido que essas contas ficarão em cartório para consulta pelos interessados, mas não necessariamente nos autos. A diferença não é pouca. Ao determinar a juntada aos autos de qualquer papel, a lei cria trabalho para os serventuários da Justiça: localizar os autos, perfurar o papel, abrir e fechar a 'bailarina', numerar as folhas e rubricá-las, guardar os autos no local certo. Falando

122. No mesmo sentido: Fábio Ulhoa Coelho, *Comentários à Nova Lei de Falências e de Recuperação de Empresas*, São Paulo, Saraiva, 2005, p. 379; José da Silva Pacheco, *Processo de Recuperação Judicial, Extrajudicial e Falência*, Rio de Janeiro, Forense, 2006, p. 341.

123. José da Silva Pacheco, *Processo de Recuperação Judicial, Extrajudicial e Falência*, cit., p. 340.

124. No mesmo sentido: Ricardo Bernardi, "Comentários aos arts. 139 ao 147", in Francisco Satiro de Sousa Jr. e Antônio Sérgio Altieri de Moraes Pitombo (coords.), *Comentários à Lei de Recuperação de Empresas e Falência: Lei 11.101/2005*, São Paulo, Ed. RT, 2005, p. 494.

assim parece pouco, mas, tendo em vista a extraordinária falta de recursos do Judiciário, é preciso economizar ao máximo o trabalho desses servidores públicos. Chegou-se a tal ponto na precariedade de meios para a adequada prestação da jurisdição, que qualquer otimização dos disponíveis, por menor que seja, é bem-vinda".[125-126]

125. Fábio Ulhoa Coelho, *Comentários à Nova Lei de Falências e de Recuperação de Empresas*, São Paulo, Saraiva, 2005, p. 381.

126. Alexandre Husni sugere: "Para facilitação do manuseio do processo falimentar e melhor verificação dos dados de relevo econômico da massa falida e atenção do administrador para com suas funções, sugere-se que se instaure um apenso processual só para comportar as contas demonstrativas mensais da administração e os relatórios acerca de pagamentos efetivados já que este ato se repetirá mensalmente até o final processo falimentar" ("Comentários aos arts. 139 ao 153", in Newton de Lucca e Adalberto Simão Filho (coords.), *Comentários à Nova Lei de Recuperação de Empresas e de Falências*, São Paulo, Quartier Latin, 2005, p. 550).

Seção XI – Do Pagamento aos Credores

Art. 149. Realizadas as restituições,[866] pagos os créditos extraconcursais, na forma do art. 84 desta Lei,[867] e consolidado o quadro geral de credores,[868] as importâncias recebidas com a realização do ativo serão destinadas ao pagamento dos credores, atendendo à classificação prevista no art. 83 desta Lei,[869-870] respeitados os demais dispositivos desta Lei e as decisões judiciais que determinam reserva de importâncias.[871]

§ 1º. Havendo reserva de importâncias, os valores a ela relativos ficarão depositados até o julgamento definitivo do crédito e, no caso de não ser este finalmente reconhecido, no todo ou em parte, os recursos depositados serão objeto de rateio suplementar entre os credores remanescentes.[872]

§ 2º. Os credores que não procederem, no prazo fixado pelo juiz, ao levantamento dos valores que lhes couberam em rateio serão intimados a fazê-lo no prazo de 60 (sessenta) dias, após o qual os recursos serão objeto de rateio suplementar entre os credores remanescentes.[873]

LEGISLAÇÃO ANTERIOR

Lei de Falências (DL 7.661/1945): *Art. 125.* Vendidos os bens que constituam objeto de garantia real ou de privilégio especial, e descontadas as custas e despesas da arrecadação, administração, venda, depósito ou comissão do síndico, relativas aos mesmos bens, os respectivos credores receberão imediatamente a importância dos seus créditos, até onde chegar o produto dos bens que asseguram o seu pagamento.

§ 1º. O credor anticrético haverá, do produto da venda, o valor atual, à taxa de 6% (seis por cento) ao ano, dos rendimentos que pudesse receber em compensação da dívida.

§ 2º. Se não ficarem pagos do seu capital, e juros, esses credores serão incluídos, pelo saldo do capital, entre os quirografários, independentemente de qualquer formalidade.

§ 3º. A dívida proveniente de salários do trabalhador agrícola será paga, antes dos créditos hipotecários ou pignoratícios, pelo produto da colheita para a qual houver aquele concorrido com o seu trabalho.

§ 4º. O produto da venda dos bens que constituam objeto de hipoteca de penhor industrial, agrícola ou pecuário, a favor de credores que ainda não tenham declarado os seus créditos, será retido pela massa até regular habilitação do crédito. A quantia retida distribuir-se-á como rateio final da liquidação, se o credor, intimado pelo síndico, não declarar o seu crédito de dentro de 10 (dez) dias.

Art. 126. Os credores com privilégio geral serão pagos logo que haja dinheiro em caixa.

Parágrafo único. Concorrendo credores privilegiados em igualdade de condições, serão pagos em rateio se o produto dos bens não chegar para todos.

Art. 127. Pagos os credores privilegiados, o síndico passará a satisfazer credores quirografários, distribuindo rateio todas as vezes que o saldo em caixa bastar para um dividendo de 5% (cinco por cento).

§ 1º. A distribuição será comunicada por aviso publicado no órgão oficial e, se a massa comportar, em outro jornal de grande circulação.

§ 2º. Os pagamentos serão anotados nos respectivos títulos originai ou naqueles que houverem servido para a verificação dos créditos e deles os credores passarão recibo.

§ 3º. Os rateios não reclamados dentro de 60 (sessenta) dias depois da publicação do aviso serão depositados em nome e por conta do credor, no estabelecimento designado para receber os dinheiros da massa (art. 209).

Art. 128. Concorrendo na falência credores sociais e credores particulares dos sócios solidários, observar-se-á o seguinte: I – os credores da sociedade serão pagos pelo produto dos bens sociais; II – havendo sobra, será rateada pelas diferentes massas particulares dos sócios de responsabilidade solidária, na razão proporcional dos seus respectivos quinhões no capital social, se outra coisa não tiver sido estipulada no contrato da sociedade; III – não chegando o produto dos bens sociais para pagamento dos credores sociais, estes concorrerão, pelos saldos dos seus créditos, em cada uma das massas particulares dos sócios, nas quais entrarão em rateio com os respectivos credores particulares.

Parágrafo único. Pelos bens apurados nos termos dos arts. 5º, parágrafo único, e 51, serão pagos apenas os créditos anteriores à retirada dos sócios.

COMENTÁRIOS

866. "Realizadas as restituições" – Se os bens arrecadados do falido, que constituem seu ativo, devem ser vendidos – vale dizer, realizados (art. 139) –, justamente para fazer frente aos seus débitos, têm de ser excluídos da massa falida os bens pertencentes a terceiros (por exemplo: consignante, locador, depositante e comodante),[1-2] sob pena de se configurar enriquecimento ilícito da massa.[3]

Eis a *ratio legis* do pedido de restituição de bens arrecadados.

Aliás, o senador Ramez Tebet, no seu parecer, ressalta: "Não seria justo nem faria sentido que bens de terceiros que se encontram no estabelecimento do devedor no momento da falência sejam arrecadados e vendidos para pagamento de débitos do falido. Assim, dá-se aos proprietários desses bens a prerrogativa de exigir restituição específica do bem arrecadado indevidamente, antes que se inicie o rateio entre os credores".[4]

Por isso, o art. 149, cronologicamente, prevê a realização das restituições, assim como o pagamento dos credores extraconcursais, antes do pagamento dos credores concursais.

Em outras palavras, a efetivação da restituição não está condicionada à confecção do quadro geral de credores precisamente porque o requerente do pedido de restituição não é um credor.[5]

867. Pagos os créditos extraconcursais (art. 84) – Os créditos extraconcursais são aqueles que precedem a todos os demais créditos previstos na ordem de classificação geral da falência veiculada no art. 83,[6] inclusive trabalhistas, limitados a 150 salários mínimos, com exceção dos créditos de natureza estritamente salarial vencidos nos 3 meses anteriores à decretação da falência, até o limite 5 salários mínimos por trabalhador (art. 151), e das restituições em dinheiro (arts. 86 e 149).

Ressalte-se que os créditos extraconcursais não estão sujeitos ao processo de habilitação simplesmente porque eles surgem após a decretação da falência; vale dizer, os créditos extraconcursais são aqueles que não participam do concurso falimentar, porquanto não traduzem créditos contra o devedor (falido), mas, sim, créditos em face da massa falida.[7]

Os créditos extraconcursais constituem uma inovação da lei sob comento.

Os créditos extraconcursais elencados no art. 84 da atual lei são os seguintes: "*Art. 84.* (...): I – remunerações devidas ao administrador judicial e seus auxiliares, e créditos

1. Manoel Justino Bezerra Filho exemplifica: "Imagine-se (...) alguém que tenha deixado um veículo de sua propriedade, em consignação para venda, em uma empresa que comercia veículos. Embora arrecadado seu veículo, nem por isto é ele credor (ou devedor) do falido e, portanto, não irá disputar com os demais credores. Apenas irá providenciar a restituição do bem de sua propriedade, tirando assim da massa falida aquele bem que não deveria ter sido arrecadado" (*Nova Lei de Recuperação e de Falências Comentada. Lei 11.101, de 9.2.2005, Comentário Artigo por Artigo*, 3ª ed., São Paulo, Ed. RT, 2005, p. 214).

2. No mesmo sentido, Fábio Ulhoa Coelho: "Evidentemente, os bens que não integram o patrimônio do devedor não podem ser liquidados para a satisfação dos credores, e o meio procedimental adequado para destacá-los da massa é o pedido de restituição" (*Comentários à Nova Lei de Falências e de Recuperação de Empresas*, São Paulo, Saraiva, 2005, p. 238).

3. No mesmo sentido: J. C. Sampaio de Lacerda, *Manual de Direito Falimentar*, 10ª ed., Rio de Janeiro, Freitas Bastos, 1978, p. 149; Amador Paes de Almeida, *Curso de Falência e Recuperação de Empresa*, 23ª ed., São Paulo, Saraiva, 2005, p. 223.

4. Parecer na íntegra: Anexo II desta obra.

5. Manoel Justino Bezerra Filho ressalta: "Nada impede que a restituição em dinheiro seja feita antes do quadro geral de credores, sempre respeitados o pagamento preferencial do art. 151 e o rateio previsto no art. 91" (*Nova Lei de Recuperação e de Falências Comentada. Lei 11.101, de 9.2.2005, Comentário Artigo por Artigo*, cit., 3ª ed., p. 218).

6. Fábio Ulhoa Coelho conceitua: "Os créditos extraconcursais são aqueles a que o administrador judicial deve atender *antes* do pagamento dos credores do falido" (*Comentários à Nova Lei de Falências e de Recuperação de Empresas*, cit., p. 234).

7. No mesmo sentido: Sérgio Campinho, *Falência e Recuperação de Empresa: o Novo Regime da Insolvência Empresarial*, Rio de Janeiro, Renovar, 2006, p. 407.

derivados da legislação do trabalho ou decorrentes de acidentes de trabalho relativos a serviços prestados após a decretação da falência; II – quantias fornecidas à massa pelos credores; III – despesas com arrecadação, administração, realização do ativo e distribuição do seu produto,[8] bem como custas do processo de falência; IV – custas judiciais relativas às ações e execuções em que a massa falida tenha sido vencida; V – obrigações resultantes de atos jurídicos válidos praticados durante a recuperação judicial, nos termos do art. 67 desta Lei, ou após a decretação da falência, e tributos relativos a fatos geradores ocorridos após a decretação da falência, respeitada a ordem estabelecida no art. 83 desta Lei".

868. Consolidado o quadro geral de credores – A consolidação do quadro geral de credores será efetuada com base na relação de credores elaborada pelo administrador judicial (§ 2º do art. 7º) e nas decisões proferidas nas impugnações oferecidas.

Serão mencionados no quadro geral de credores a importância e a classificação de cada crédito na data do requerimento da recuperação judicial ou da decretação da falência.

Havendo divergência entre o quadro geral de credores e os outros dados, evidentemente, a prevalência de um sobre o outro dependerá da análise do caso concreto.[9]

O responsável pela consolidação do quadro geral de credores é o administrador judicial (art. 18).

O juiz e o administrador judicial assinarão o quadro geral de credores.

A consolidação do quadro geral de credores será homologada pelo juiz (art. 18).

O prazo para publicação do quadro geral de credores no órgão oficial é de cinco dias, contados da data da sentença que houver julgado as impugnações.

869. "Pagamento dos credores, atendendo à classificação prevista no art. 83" – **[Lei 11.101/2005]** "*Art. 83.* A classificação dos créditos na falência obedece à seguinte ordem: I – os créditos derivados da legislação do trabalho, limitados a 150 (cento e cinqüenta) salários mínimos por credor, e os decorrentes de acidentes de trabalho; II – créditos com garantia real até o limite do valor do bem gravado; III – créditos tributários, independentemente da sua natureza e tempo de constituição, excetuadas as multas tributárias; IV – créditos com privilégio especial, a saber: a) os previstos no art. 964 da Lei n. 10.406, de 10 de janeiro de 2002; b) os assim definidos em outras leis civis e comerciais, salvo disposição contrária desta Lei; c) aqueles a cujos titulares a lei confira o direito de retenção sobre a coisa dada em garantia; V – créditos com privilégio geral, a saber: a) os previstos no art. 965 da Lei n. 10.406, de 10 de janeiro de 2002; b) os previstos no parágrafo único do art. 67 desta Lei; c) os assim definidos em outras leis civis e comerciais, salvo disposição contrária desta Lei; VI – créditos quirografários, a saber: a) aqueles não previstos nos demais incisos deste artigo; b) os saldos dos créditos não cobertos pelo produto da alienação dos bens vinculados ao seu pagamento; c) os saldos dos créditos derivados da legislação do trabalho que excederem o limite estabelecido no inciso I do *caput* deste artigo; VII – as multas contratuais e as penas pecuniárias por infração das leis penais ou administrativas, inclusive as multas tributárias; VIII – créditos subordinados, a saber: a) os assim previstos em lei ou em contrato; b) os créditos dos sócios e dos administradores sem vínculo empregatício".

8. Júlio Kahan Mandel afirma: "Na vigência da lei anterior a proibição do pagamento fazia com que a massa não pudesse usufruir de melhor forma de administração, pois não poderia o síndico fazer gastos que refletiriam em melhor proteção e valorização dos ativos, como reparo em uma máquina antes de vendê-la, ou até mesmo retardavam eventuais diligências que geravam custas para serem praticadas" (*Nova Lei de Falências e Recuperação de Empresas Anotada: Lei 11.101, de 9.2.2005*, São Paulo, Saraiva, 2005, p. 163).

9. Para Manoel Justino Bezerra Filho, prevalecerão os dados (*Nova Lei de Recuperação e de Falências Comentada. Lei 11.101, de 9.2.2005, Comentário Artigo por Artigo*, cit., 3ª ed., p. 80).

870. Resumo da ordem de pagamento – A ordem de pagamento, para Fábio Ulhoa Coelho, é a seguinte: "(...) (1º) os credores da *massa falida*; (2º) os titulares de direito à restituição; (3º) os credores da *falida*; (4º) por último, restando recursos, os sócios".[10]

Para Sérgio Campinho é a seguinte: "(...) (1º) restituições; (2º) créditos extraconcursais, na forma do art. 84; (3º) credores concorrentes, nos termos do art. 83. Verificadas a disponibilidade de caixa e suficiência de recursos na massa para o completo atendimento das restituições e dos créditos extraconcursais, o administrador fará as antecipações dos créditos trabalhistas de natureza estritamente salarial, nos limites do art. 151, realizando-as anteriormente ao pagamento de qualquer restituição em dinheiro, mas sem o seu prejuízo. Igualmente condicionado às forças da massa para a realização das restituições, antecipará o administrador judicial o pagamento das despesas indispensáveis à administração da falência, mas sem prejuízo da ordem de precedência estabelecida no art. 84 para as importâncias extraconcursais".[11]

Para Gladston Mamede é a seguinte: "(...) (1º) despesas indispensáveis à administração da falência, art. 150; (2º) verbas salariais imediatas, art. 151;[12] (3º) restituição em dinheiro, arts. 86 e 149; (4º) a (8º) créditos extraconcursais, art. 84, I a V; (9º) a (17º) créditos concursais, art. 83, I a VIII; (18º) juros vencidos após a decretação, art. 124; (19º) empresário ou sociedade empresária, art. 153".[13]

Filiamo-nos à ordem de pagamento formulada por Gladston Mamede.

871. Reserva de importância – No regime anterior a reserva estava disciplinada em dois dispositivos.

a) No § 3º do art. 24: **[DL 7.661/1945]** "*Art. 24.* (...).

"(...).

"§ 3º. Aos credores referidos no inciso II [*que demandarem quantia ilíquida, coisa certa, prestação ou abstenção de fato*] fica assegurado o direito de pedir a reserva de que trata o art. 130, e, uma vez tornado líquido o seu direito, serão incluídos na falência, na classe que lhes for própria."

b) No art. 130: **[DL 7.661/1945]** "*Art. 130.* O juiz, a requerimento dos interessados, ordenará a reserva, em favor destes, até que sejam decididas as suas reclamações ou ações, das importâncias dos créditos por cuja preferência pugnarem, ou dos rateios que lhes possam caber".

No atual regime a reserva de valor é tratada no § 3º do art. 6º, bem como no § 1º do art. 149.

Diante da redação do § 3º do art. 6º ("O juiz competente poderá determinar a reserva da importância que estimar devida na recuperação judicial ou na falência"), vislumbramos duas modalidades para fazer valer o direito de pedir a reserva da importância relativa ao crédito perante o juízo falimentar: diretamente, mediante petição do credor instruída com os respectivos documentos, ou via ofício judicial expedido pelo juízo competente.

872. Conseqüência do não reconhecimento da importância da reserva como crédito – A conseqüência está prevista no § 1º do art. 149: os valores a ela relativos ficarão depositados até o julgamento de-

10. Fábio Ulhoa Coelho, *Comentários à Nova Lei de Falências e de Recuperação de Empresas*, cit., p. 382.

11. Sérgio Campinho, *Falência e Recuperação de Empresa: o Novo Regime da Insolvência Empresarial*, cit., p. 424.

12. O senador Ramez Tebet, no seu relatório, destaca: "A alternativa que encontramos foi definir um valor até o qual os trabalhadores terão prioridade absoluta, inclusive sobre as restituições em dinheiro. (...). Além de proteger o crédito trabalhista de caráter mais evidentemente alimentar, essa providência evita que o inadimplemento das obrigações salariais possa servir como estratégia para o planejamento da recuperação judicial ou de falências fraudulentas" (v. parecer na íntegra: Anexo II desta obra).

13. Gladston Mamede, *Direito Empresarial Brasileiro: Falência e Recuperação de Empresas*, vol. 4, São Paulo, Atlas, 2006, p. 616.

finitivo do crédito; e, no caso de não ser este finalmente reconhecido, no todo ou em parte, os recursos depositados serão objeto de rateios suplementares entre os credores remanescentes.

873. Conseqüência do não levantamento de valores que couberem aos credores por rateio – Os credores que não procederem, no prazo fixado pelo juiz, ao levantamento dos valores que lhes couberam em rateio serão intimados[14] a fazê-lo no prazo de 60 dias, após o qual os recursos serão objeto de rateio suplementar entre os credores remanescentes.[15]

Diante do comando veiculado no § 2º do art. 149, indaga-se: os referidos credores perdem, definitivamente, seus direitos creditórios?

Responde afirmativamente Fábio Ulhoa Coelho: "O credor tem um prazo (decadencial) para descontar o cheque emitido em seu nome ou processar, junto ao banco, o mandado judicial de levantamento. Esse prazo é, inicialmente, fixado pelo juiz. Caso vença sem que o credor tenha providenciado o recebimento de seu crédito, prevê a lei que se promova a sua intimação. (...). Feita a intimação, o credor tem 60 dias para providenciar a liquidação do cheque ou o levantamento por mandado de seu dinheiro. Após esse prazo, decairá do direito creditório. O administrador judicial usará os recursos monetários correspondentes para satisfazer os demais credores. Se todos já foram integralmente pagos, o dinheiro não levantado no prazo pelo credor intimado deve ser restituído ao falido".[16]

Responde negativamente Alexandre Husni: "Trata-se de drástica medida em desfavor do crédito e do direito do credor que restou inerte ao pedido [*rectius:* à determinação] do juiz para levantamento da importância que lhe coube em rateio. (...). Não há aqui uma perda do direito ao crédito, mas sim a oportunidade de recebê-lo. Poderá o credor insistir no recebimento após pagos os remanescentes, se ainda sobrarem recursos".[17]

14. Segundo Fábio Ulhoa Coelho, "essa intimação não precisa ser pessoal, já que a lei não o exige de modo expresso" (*Comentários à Nova Lei de Falências e de Recuperação de Empresas*, cit., p. 383). Júlio Kahan Mandel complementa: "Mas nada impede que a intimação aos credores, além da necessária intimação dos seus advogados constituídos efetuada nos autos, seja efetuada por edital, e não de forma pessoal, custosa para a massa e de difícil realização, se o credor alterou seu endereço ou encerrou as atividades sem comunicar o juízo ou o administrador judicial" (*Nova Lei de Falências e Recuperação de Empresas Anotada: Lei 11.101, de 9.2.2005*, cit., p. 251).

15. Lembra Júlio Kahan Mandel: "Na vigência da antiga lei, especialmente em casos de concordata, alguns credores não compareciam para levantar seus créditos, depositados pela concordatária. A solução adotada por alguns magistrados para poderem encerrar o procedimento era abrir uma conta corrente individual em nome do credor omisso no banco oficial. Isso acontecia porque alguns credores encerravam suas atividades e deixavam de acompanhar o procedimento, acreditando que nada receberiam, ficando difícil encontrá-los" (*Nova Lei de Falências e Recuperação de Empresas Anotada: Lei 11.101, de 9.2.2005*, cit., pp. 250-251).

16. Fábio Ulhoa Coelho, *Comentários à Nova Lei de Falências e de Recuperação de Empresas*, cit., p. 383. No mesmo sentido: Rachel Sztajn, "Comentários aos arts. 139 ao 167", in Carlos Henrique Abrão e Paulo Fernando Campos Salles de Toledo (coords.), *Lei de Recuperação de Empresas e Falência*, São Paulo, Saraiva, 2005, p. 403; Gladston Mamede, *Direito Empresarial Brasileiro: Falência e Recuperação de Empresas*, cit., vol. 4, pp. 620-621.

17. Alexandre Husni, "Comentários aos arts. 139 ao 153", in Newton de Lucca e Adalberto Simão Filho (coords.), *Comentários à Nova Lei de Recuperação de Empresas e de Falências*, São Paulo, Quartier Latin, 2005, p. 556. No mesmo sentido: Francisco Satiro de Sousa Jr., in Francisco Satiro de Sousa Jr. e Antônio Sérgio Altieri de Moraes Pitombo (coords.), *Comentários à Lei de Recuperação de Empresas e Falência: Lei 11.101/2005*, São Paulo, Ed. RT, 2005, p. 497; Adalberto Simão Filho, "Fases falencial e pós-falencial – Uma visão generalista", in Luiz Fernando de Paiva (coord.), *Direito Falimentar e a Nova Lei de Falências e de Recuperação de Empresas: Lei 11.101/2005*, São Paulo, Quartier Latin, 2005, p. 540; Alfredo de Assis Gonçalves Neto, "Administração da falência, realização do ativo e pagamento dos credores", in Paulo Penalva Santos (coord.), *A Nova Lei de Falências e de Recuperação de Empresas: Lei 11.101/2005*, Rio de Janeiro, Forense, 2006, p. 280.

Art. 150. As despesas cujo pagamento antecipado seja indispensável à administração da falência,[874-875] inclusive na hipótese de continuação provisória das atividades previstas no inciso XI do *caput* do art. 99 desta Lei,[876] serão pagas pelo administrador judicial com os recursos disponíveis em caixa.[877-878]

LEGISLAÇÃO ANTERIOR

Artigo sem correspondência no Decreto-lei 7.661/1945.

COMENTÁRIOS

874. Pagamento antecipado de despesas indispensáveis à administração da falência – A expressão "pagamento antecipado" significa pagamento à frente, ou seja, antes dos titulares de direito à restituição e dos demais credores do falido (extraconcursais e concursais), e não em relação ao vencimento das faturas emitidas pelos fornecedores de serviço ou de produtos à massa falida.[18-19]

Francisco Satiro de Sousa Jr. exemplifica: "Imagine-se, por exemplo, que uma tempestade danifique gravemente o telhado do galpão da fábrica onde se encontram os bens do falido, o que exigirá reparos urgentes; que durante a arrecadação encontrem-se bens do falido em outras cidades, demandando transporte à comarca da falência; ou mesmo que haja premência em se contratar um vigia que permaneça no imóvel onde se encontram os bens arrecadados, a fim de evitar depredação ou furto.

"Nesses casos, bem como naqueles relativos a despesas ordinárias da atividade empresarial em caso de continuação provisória (art. 99, XI), a par de serem gastos imprescindíveis à manutenção dos interesses envolvidos na falência, os fornecedores de serviços ou produtos ou não se disporão a fornecê-los, salvo com pagamento imediato, ou aumentarão seus preços com o ágio do custo do risco de inadimplemento ou recebimento parcial incorrido.

"Há, portanto, interesse em permitir-se que possam ser pagas imediatamente despesas consideradas necessárias à administração da falência, se de outra forma não for possível ou conveniente o pagamento. Daí por que, não obstante o texto do artigo qualificar como 'indispensável' o 'pagamento antecipado', não a 'despesa', por tratar-se de exceção ao princípio da *par conditio creditorum*, somente em casos justificadamente necessários pode-se admitir o uso da prerrogativa desta norma."[20]

875. As custas judiciais subsomem-se ao conceito de "despesas cujo pagamento antecipado seja indispensável à administração da falência"? – Manoel Justino Bezerra Filho responde: "O entendimento possível, a ser objeto de trato jurisprudencial, é que as custas judiciais não se configuram como pagamento antecipado indispensável à administração da falência e, por isto, deverão ser recolhidas a final, como ocorria no regime da lei revogada".[21]

876. Continuação provisória das atividades (inciso XI do* caput *do art. 99) – O instituto da continuação do negócio do fa-

18. No mesmo sentido: Francisco Satiro de Sousa Jr. e Antônio Sérgio Altieri de Moraes Pitombo (coords.), *Comentários à Lei de Recuperação de Empresas e Falência: Lei 11.101/2005*, São Paulo, Ed. RT, 2005, p. 499.

19. Fábio Ulhoa Coelho afirma existirem três tipos de classificação: "A primeira diz respeito às despesas indispensáveis à administração da massa (...). A segunda, que é tratada como especificidade da primeira, diz respeito aos dispêndios derivados da continuação provisória das atividades do falido (...). A terceira é relacionada aos salários em atraso" (*Comentários à Nova Lei de Falências e de Recuperação de Empresas*, São Paulo, Saraiva, 2005, p. 384).

20. Francisco Satiro de Sousa Jr., in Francisco Satiro de Sousa Jr. e Sérgio A. de Moraes (coords.), *Comentários à Lei de Recuperação de Empresas e Falência: Lei 11.101/2005*, cit., p. 498.

21. Manoel Justino Bezerra Filho, *Nova Lei de Recuperação e de Falências Comentada. Lei 11.101, de 9.2.2005, Comentário Artigo por Artigo*, 3ª ed., São Paulo, Ed. RT, 2005, p. 330.

lido já tinha previsão no art. 74 do regime anterior.[22]

No atual regime há previsão expressa de preservação e de otimização da utilização produtiva dos bens, ativos e recursos produtivos, inclusive os intangíveis, da empresa (art. 75). Ora, o caminho a ser adotado para atingir tais finalidades, dependendo das circunstâncias, será justamente o da continuação provisória das atividades.[23]

Neste diapasão – ressalta Vera Helena de Mello Franco –, o critério para concessão, ou não, da continuação provisória das atividades está no interesse da massa em preservar a clientela e o ponto ou local de negócios, o que seria disperso com a lacração do estabelecimento.[24-25]

877. Pagamento com os recursos disponíveis em caixa – Ensina Rachel Sztajn: "Recursos do caixa são tanto aqueles disponíveis na conta movimento mantida em instituição financeira pela massa quanto eventuais fundos aplicados em fundos ou títulos de curto prazo".[26]

878. Elogio ao comando do art. 150 – Manoel Justino Bezerra Filho elogia o comando do art. 150, nos seguintes termos:

"Na lei anterior não havia qualquer disposição explícita no mesmo sentido do art. 150, que, neste ponto, andou bem. No regime da lei anterior, embora sem previsão explícita, e valendo-se do poder de direção que exerce sobre o processo, os juízes invariavelmente autorizavam o levantamento de valores para adiantamento de despesas necessárias ao andamento do feito, com posterior prestação de contas.

"A lei atual liberaliza bastante este aspecto, ao autorizar que as despesas sejam pagas pelo administrador com os recursos disponíveis em caixa, sem condicionar tais pagamentos à autorização judicial."[27]

Art. 151. Os créditos trabalhistas de natureza estritamente salarial[879] vencidos nos 3 (três) meses anteriores à decretação da falência, até o limite de 5 (cinco) salários mínimos por trabalhador,[880-881] serão pagos tão logo haja disponibilidade em caixa.[882]

22. Todavia – ressalta Adalberto Simão Filho –, "estava eivado de burocracias e procedimentos que, por vezes, afastavam a sua própria possibilidade econômica. A continuação do negócio só podia ser pleiteada pelo falido após a arrecadação dos bens, e, ainda, dependia de autorização dos demais órgãos da falência" ("Comentários aos arts. 94 a 101", in Newton de Lucca e Adalberto Simão Filho (coords.), *Comentários à Nova lei de Recuperação de Empresas e de Falências*, São Paulo, Quartier Latin, 2005, p. 445).

23. No mesmo sentido: Sérgio Campinho, *Falência e Recuperação de Empresa: o Novo Regime da Insolvência Empresarial*, Rio de Janeiro, Renovar, 2006, p. 290.

24. Vera Helena de Mello Franco, "Comentários aos arts. 94 ao 114", in Francisco Satiro de Sousa Jr. e Antônio Sérgio Altieri de Moraes Pitombo (coords.), *Comentários à Lei de Recuperação de Empresas e Falência: Lei 11.101/2005*, São Paulo, Ed. RT, 2005, p. 411.

25. Fábio Ulhoa Coelho complementa: "A continuação provisória das atividades se justifica, em casos excepcionais, quando ao juiz parecer que a empresa em funcionamento pode ser vendida com rapidez no interesse da otimização dos recursos do falido. Se, pela tradição da marca explorada ou pela particular relevância social e econômica da empresa, parecer ao magistrado, no momento da decretação da quebra, que o encerramento da atividade agravará não só o prejuízo dos credores, como poderá produzir efeitos deletérios à economia regional, local ou nacional, convém que ele autorize a continuação provisória dos negócios" (*Comentários à Nova Lei de Falências e de Recuperação de Empresas*, cit., p. 276).

26. Rachel Sztajn, "Comentários aos arts. 139 ao 167", in Carlos Henrique Abrão e Paulo Fernando Campos Salles de Toledo (coords.), *Lei de Recuperação de Empresas e Falência*, São Paulo, Saraiva, 2005, pp. 405-406.

27. Manoel Justino Bezerra Filho, *Nova Lei de Recuperação e de Falências Comentada. Lei 11.101, de 9.2.2005, Comentário Artigo por Artigo*, cit., 3ª ed., p. 330.

LEGISLAÇÃO ANTERIOR

Artigo sem correspondência no Decreto-lei 7.661/1945.

COMENTÁRIOS

879. Créditos trabalhistas de natureza estritamente salarial – Frise-se que o art. 151 contempla, única e exclusivamente, os créditos de natureza estritamente salarial.

Logo, férias, 13º salário, FGTS e demais verbas trabalhistas não estão abrangidos na moldura do art. 151.

880. Qual é a razão da limitação imposta pelo art. 151? – Responde Rachel Sztajn:

"A limitação, que, à primeira vista, parece ignorar o caráter alimentar do salário, serve, na verdade, para inibir a prática nefasta que era a contratação de familiares dos administradores em período próximo ao pedido de falência, com elevados salários que, dada a prioridade de que gozavam, exauriam o caixa rapidamente, favorecendo-se, com isso, certos interesses que iam contra os da maioria dos trabalhadores.

"A atual opção do legislador, de limitar a prioridade conferida a créditos trabalhistas em atraso, restringindo o período a três meses e o total a ser pago em cinco vezes o salário mínimo em vigor, embora a alguns se afigure injusta, é salutar.(...). Por isso, o argumento de que haveria injustiça que fere direito dos trabalhadores, a parte mais vulnerável na relação laboral, uma vez que o salário tem natureza de alimentos, insiste-se em que, se o salário é alimento, não se explica que os trabalhadores deixem decorrer 90 dias sem reclamar. Por que permitem esse atraso de 3 meses ou mais? Não estaria descaracterizada a natureza alimentar dos salários?"[28-29]

A propósito do limite de cinco salários mínimos, pondera Renato Luiz de Macedo Mange: "Parece-nos correta essa determinação, pois estar-se-á pagando, pelo menos, o necessário à sobrevivência do trabalhador na fase imediatamente após a decretação da falência. Aliás, oportuno é consignar que, em São Paulo, muitos juízes já vinham assim agindo, determinando o pagamento imediato, de quantia que fixavam, aos trabalhadores. Assim agindo, procuravam minimizar as dramáticas conseqüências sociais da quebra".[30]

881. Dedução dos pagamentos efetuados – Os pagamentos dos créditos trabalhistas especificados no art. 151 serão deduzidos por ocasião do pagamento dos créditos trabalhistas, a que alude o inciso I do art. 83.

882. Serão pagos tão logo haja disponibilidade em caixa – Como já ressaltado acima, "disponibilidade em caixa" abrange tanto os recursos disponíveis na conta movimento mantida em instituição financeira pela massa quanto eventuais fundos ou títulos de curto prazo.

Art. 152. Os credores restituirão em dobro as quantias recebidas,[883] acrescidas dos juros legais,[884] se ficar evidenciado dolo ou má-fé na constituição do crédito ou da garantia.[885-886]

28. Rachel Sztajn, "Comentários aos arts. 139 ao 167", in Carlos Henrique Abrão e Paulo Fernando Campos Salles de Toledo (coords.), *Lei de Recuperação de Empresas e Falência*, São Paulo, Saraiva, 2005, p. 405.

29. Lembra Manoel Justino Bezerra Filho que: "Em determinado momento da tramitação do projeto do qual redundou esta Lei, não havia qualquer determinação neste sentido, havendo disposição que determinava que, no quadro geral de credores, o crédito trabalhista ficava em primeiro lugar, sem qualquer limitação. O projeto 'Tebet', que alterou o projeto 'Biolchi', recebido da Câmara, manteve esta ordem mas limitou o pagamento dos salários ao valor máximo de cento e cinqüenta salários como prioritário. Para que se pudesse barganhar a limitação em prejuízo do salário, inseriu-se este art. 151, aparentemente, em favor do salário" (*Nova Lei de Recuperação e Falência Comentada. Lei 11.101, de 9.2.2005, Comentário Artigo por Artigo*, 3ª ed., São Paulo, Ed. RT, 2005, p. 332).

30. Renato Luiz de Macedo Mange, "Classificação dos créditos na falência", *Revista do Advogado* 83/116, Ano XXV, São Paulo, AASP, setembro/2005.

LEGISLAÇÃO ANTERIOR

Lei de Falências (DL 7.661/1945): *Art. 101.* O juiz ou tribunal que, por fundamento de fraude, simulação ou falsidade, excluir ou reduzir qualquer crédito, mandará, na mesma sentença, que o escrivão tire cópia das peças principais dos autos e da sua sentença ou acórdão, a fim de ser, no prazo de 10 (dez) dias, encaminhada ao representante do Ministério Público, para os fins penais.

COMENTÁRIOS

*883. **Restituição em dobro*** – A restituição em dobro, que configura inequívoca sanção civil, também é prevista em outros diplomas legais: no art. 940 do CC (demanda por dívida já paga) e no parágrafo único do art. 42 do CDC (cobrança indevida).

*884. **"Acrescidas dos juros legais"*** – Prescreve o art. 406 do CC: "*Art. 406.* Quando os juros moratórios não forem convencionados, ou o forem sem taxa estipulada, ou *quando provierem de determinação da lei*, serão fixados segundo a taxa que estiver em vigor para a mora do pagamento dos impostos devidos à Fazenda Nacional".

*885. **Dolo ou má-fé na constituição do crédito ou garantia*** – Lembramos que o art. 19 possibilita ao administrador judicial e ao comitê de credores (se houver), assim como a qualquer credor e ao representante do Ministério Público, até o encerramento da falência, pedir a exclusão, outra classificação ou a retificação de qualquer crédito nos casos de descoberta de falsidade, dolo, simulação, fraude ou erro essencial.

*886. **Habilitação ilegal de crédito*** – A conduta prevista no art. 152 corresponde, *grosso modo*, no campo penal, à habilitação ilegal de crédito, prevista no art. 175: "*Art. 175.* Apresentar, em falência, (...) relação de créditos, habilitação de créditos ou reclamação falsas, ou juntar a elas título falso ou simulado: Pena – reclusão, de 2 (dois) a 4 (quatro) anos, e multa".

Grosso modo porque, enquanto o art. 152 pressupõe o recebimento de quantias pelos credores, a conduta prevista no art. 175 é a simples apresentação fraudulenta de crédito.[31]

Art. 153. Pagos todos os credores, o saldo, se houver, será entregue ao falido.[887]

LEGISLAÇÃO ANTERIOR

Lei de Falências (DL 7.661/1945): *Art. 129.* Se a massa comportar o pagamento do principal e dos juros, será restituída ao falido a sobra que houver.

COMENTÁRIOS

*887. **Hipótese rara*** – A doutrina é uníssona em afirmar que a hipótese veiculada no art. 153 é de rara concretização.

Frise-se que o saldo aludido nesse dispositivo não se confunde com os eventuais créditos que os sócios possam ter junto à massa falida e que são classificados como subordinados (art. 83, VIII).

O saldo remanescente – isto é, o saldo apurado após pagos todos os credores – será entregue ao empresário individual ou, se se tratar de falência de sociedade empresária, uma vez que a falência implica dissolução da sociedade empresária (CC: art. 1.044, em nome coletivo; art. 1.051, I, comandita simples; art. 1.807, limitada; Lei 6.404/1976: art. 206, II, "c", anônima; art. 280, comandita por ações), será partilhado entre seus sócios na proporção da participação societária que detenham ou na forma prevista no estatuto ou no contrato social.

Sérgio Campinho esclarece: "A partir do trânsito em julgado da sentença de encerramento, a pessoa jurídica estará extinta, com-

31. No mesmo sentido: Francisco Satiro de Sousa Jr., in Francisco Satiro de Sousa Jr. e Antônio Sérgio Altieri de Moraes Pitombo (coords.), *Comentários à Lei de Recuperação de Empresas e Falência: Lei 11.101/2005*, São Paulo, Ed. RT, p. 502.

petindo arquivar a prefalada decisão, para se ter cancelado o registro na Junta Comercial. A idéia do procedimento falimentar como uma das formas de dissolução e liquidação da sociedade empresária, consagrada na Lei das S/A e no Código Civil de 2002, vem corroborada pela Lei 11.101/2005. Com efeito, a falência é um ato irreversível.(...). Mas a constatação não impede que os sócios, de posse do remanescente do ativo, ao invés de partilharem seu produto, restabeleçam a mesma empresa, constituindo, porém, nova sociedade para esse fim, embora com o mesmo objeto".[32]

32. Sérgio Campinho, *Falência e Recuperação de Empresa: o Novo Regime da Insolvência Empresarial*, Rio de Janeiro, Renovar, 2006, pp. 427-428.

Seção XII – Do Encerramento da Falência e da Extinção das Obrigações do Falido [*v. notas 1 e 2 de rodapé, abaixo*]

Art. 154. Concluída a realização de todo o ativo, e distribuído o produto entre os credores, o administrador judicial apresentará suas contas ao juiz no prazo de 30 (trinta) dias.[888]

§ 1º. As contas, acompanhadas dos documentos comprobatórios, serão prestadas em autos apartados que, ao final, serão apensados aos autos da falência.[889]

§ 2º. O juiz ordenará a publicação de aviso de que as contas foram entregues e se encontram à disposição dos interessados, que poderão impugná-las no prazo de 10 (dez) dias.[890]

§ 3º. Decorrido o prazo do aviso e realizadas as diligências necessárias à apuração dos fatos, o juiz intimará o Ministério Público para manifestar-se no prazo de 5 (cinco) dias, findo o qual o administrador judicial será ouvido se houver impugnação ou parecer contrário do Ministério Público.[891]

§ 4º. Cumpridas as providências previstas nos §§ 2º e 3º deste artigo, o juiz julgará as contas por sentença.[892]

§ 5º. A sentença que rejeitar as contas do administrador judicial fixará suas responsabilidades, poderá determinar a indisponibilidade ou o seqüestro de bens e servirá como título executivo para indenização da massa.[893]

§ 6º. Da sentença cabe apelação.[894]

LEGISLAÇÃO ANTERIOR

Lei de Falências (DL 7.661/1945): *Art. 69.* O síndico prestará contas da sua administração, quando renunciar o cargo, for substituído ou destituído, terminar a liquidação, ou tiver o devedor obtido concordata.

§ 1º. As contas, acompanhadas de documentos probatórios, serão prestadas em processo apartado, que se apensará, afinal, aos autos da falência.

§ 2º. O escrivão fará publicar aviso de que as contas se acham em cartório, durante 10 (dez) dias, à disposição do falido e dos interessados, que poderão impugná-las.

§ 3º. Decorrido o prazo do aviso, e realizadas as necessárias diligências, serão julgadas pelo juiz, ouvido o representante do Ministério Público, e, se houver impugnação, o síndico.

(...).

§ 7º. Se o síndico não prestar contas dentro de 10 (dez) dias após a sua destituição ou substituição, ou após a homologação da concordata, e de 30 (trinta) dias após o término da liquidação, o juiz, a requerimento de qualquer interessado, determinará a sua intimação pessoal para que as preste no prazo de 5 (cinco) dias; decorrido o prazo sem serem prestadas, o juiz expedirá contra o revel mandado de prisão até 60 (sessenta) dias, ordenando que o seu substituto organize as contas, tendo em vista o que aquele recebeu e o que, devidamente autorizado, despendeu.

COMENTÁRIOS

888. Quando o administrador judicial terá de prestar contas finais ao juiz? – O administrador judicial tem o dever de prestar contas mensalmente (art. 22, III, "p"), bem como no final do processo de falência (art. 22, III, "r").

1. Manoel Justino Bezerra Filho esclarece: "A lei anterior tratava da sentença de encerramento da falência no art. 132, Título VIII, e tratava da sentença de extinção no art. 136, que, embora próximo numericamente, estava no Título IX. Esta lei preferiu tratar o encerramento e a extinção em seção única, o que pode ser tido como providência correta, com melhor ordenamento e encadeamento da matéria. Já que a sentença é o marco processual que deflagra o caminho que leva à sentença de extinção, melhor mesmo que fiquem ambas na mesma seção" (*Nova Lei de Recuperação e de Falências Comentada. Lei 11.101, de 9.2.2005, Comentário Artigo por Artigo*, 3ª ed., São Paulo, Ed. RT, 2005, p. 335).

2. Júlio Kahan Mandel esclarece: "(...) o encerramento da falência e a extinção de suas obrigações são coisas distintas. Enquanto a primeira tem caráter processual, a segunda é medida de direito material, no sentido de definitivamente estarem liberadas as obrigações do falido" (*Nova Lei de Falências e Recuperação de Empresas Anotada: Lei 11.101, de 9.2.2005*, São Paulo, Saraiva, 2005, pp. 254-255).

Nesta segunda hipótese, o administrador judicial prestará contas ao juiz no prazo de 30 dias após a conclusão da realização de todo o ativo e distribuição do produto entre os credores.

Note-se que, segundo o art. 23: "*Art. 23.* O administrador judicial que não apresentar, no prazo estabelecido, suas contas ou qualquer dos relatórios previstos nesta Lei será intimado pessoalmente a fazê-lo no prazo de 5 (cinco) dias, sob pena de desobediência".

A reserva dos 40% do montante devido ao administrador judicial será paga após atendimento do previsto neste art. 154 e no art. 155 (art. 24, § 2º).

889. Qual é o procedimento para a prestação de contas? – As contas, acompanhadas dos documentos comprobatórios, serão prestadas[3-4] em autos apartados,[5-6] que, ao final, serão apensados aos autos da falência.

890. Os interessados serão avisados da prestação de contas? – O juiz ordenará a publicação de aviso de que as contas foram entregues pelo administrador judicial e se encontram à disposição dos interessados, que poderão impugná-las no prazo de 10 dias.

Note-se que o § 2º do art. 154 alude a "interessados", e não somente aos credores do falido.[7]

891. O Ministério Público será intimado? – Decorrido o prazo do aviso e realizadas as diligências necessárias[8-9] à apuração dos fatos, o juiz intimará o Ministério Público para manifestar-se no prazo de cinco dias, findo o qual o administrador judicial será ouvido se houver impugnação ou parecer contrário do Ministério Público.

Jurisprudência[10]

Eis um julgado pertinente prolatado sob a égide do regime anterior:

[TJRJ] Direito empresarial – Falência – Necessidade de apresentação de exposição pelo sín-

3. Segundo Gladston Mamede, as contas serão apresentadas sob forma mercantil (forma contábil) (*Direito Empresarial Brasileiro: Falência e Recuperação de Empresas*, vol. 4, São Paulo, Atlas, 2006, p. 621).

4. Complementa Rachel Sztajn: "As contas serão prestadas sob a forma mercantil, ou seja, sem documentos não há como fazer a análise da adequação da conduta ao que se requer" ("Comentários aos arts. 139 ao 167", in Carlos Henrique Abrão e Paulo Fernando Campos Salles de Toledo (coords.), *Lei de Recuperação de Empresas e Falência*, São Paulo, Saraiva, 2005, p. 408). No mesmo sentido: Paulo Marcondes Brincas, "Comentários aos arts. 154 ao 156", in Newton de Lucca e Adalberto Simão Filho (coords.), *Comentários à Nova Lei de Recuperação de Empresas e de Falências*, São Paulo, Quartier Latin, 2005, p. 560.

5. Assevera Manoel Justino Bezerra Filho: "(...) autos apartados, o que é medida salutar, pois o volume de material e quantidade de matérias a serem solucionadas nos autos principais da falência sempre aconselham o cuidado de diversos outros problemas em autos apartados" (*Nova Lei de Recuperação e de Falências Comentada. Lei 11.101, de 9.2.2005, Comentário Artigo por Artigo*, cit., 3ª ed., p. 336).

6. Opina Marcos Lima Alves: "As contas deverão ser apresentadas em separado e de acordo com o art. 917 do CPC, norma que se aplica de forma supletiva, nos termos do art. 189 da Lei 11.101/2005" ("Encerramento da falência e extinção das obrigações do falido", in Paulo Penalva Santos (coord.), *A Nova Lei de Falências e de Recuperação de Empresas: Lei 11.101/2005*, Rio de Janeiro, Forense, 2006, p. 353).

7. Paulo Marcondes Brincas exemplifica: "Qualquer interessado, inclusive quem contratou com a massa, o licitante na alienação de bens do ativo, tem legitimidade (...)" ("Comentários aos arts. 154 ao 156", cit., in Newton de Lucca e Adalberto Simão Filho (coords.), *Comentários à Nova Lei de Recuperação de Empresas e de Falências*, p. 561).

8. Tais como: juntada de documentos, realização de perícias etc.

9. Para Marcos Lima Alves: "(...) a expressão estampada no § 3º do art. 154 – 'diligências necessárias à apuração dos fatos' – deve ser interpretada como possibilidade para que o administrador especifique e produza prova ampla em sua defesa, inclusive com a realização de prova oral, se for o caso (art. 916, § 2º, do CPC). O fundamento para esta interpretação benéfica ao administrador decorre das sérias consequências da sentença que rejeitaria as suas contas" ("Encerramento da falência e extinção das obrigações do falido", cit., in Paulo Penalva Santos (coord.), *A Nova Lei de Falências e de Recuperação de Empresas: Lei 11.101/2005*, p. 353).

10. Manoel Justino Bezerra Filho, *Jurisprudência da Nova Lei de Recuperação de Empresas e Falências/Decisões, Ofícios Judiciais, Resoluções, Sentenças, Acórdãos, Dentre Outros Documentos*, São Paulo, Ed. RT, 2006, p. 341.

dico, conforme arts. 63, XII, e 103 do Decreto-lei n. 7.661/1945, mesmo na ausência de credores habilitados – *Interesse público, representado pelo Ministério Público, que não se confunde com aquele dos credores em promover a falência e persiste mesmo na falta deste último – Dever legal do síndico, que não pode eximir-se da apresentação da exposição circunstanciada* – Recurso ministerial provido e recurso adesivo, interposto pelo requerente da falência, não conhecido por ausência do requisito de admissibilidade concernente à sucumbência recíproca. [*3ª Câmara Cível, ACi 2005.001.13115, rel. Des. Luiz Fernando de Carvalho, j. 28.3.2006*]

892. Quando o juiz julgará as contas? – O juiz julgará as contas após o cumprimento das seguintes providências: (1) publicação do aviso aos interessados de que o administrador judicial apresentou as contas; (2) realização de eventuais diligências; (3) intimação do Ministério Público; (4) manifestação do administrador judicial, se houver impugnação às suas contas ou parecer contrário do Ministério Público.

893. O que constará da sentença que rejeitar as contas do administrador judicial? – A sentença que rejeitar as contas do administrador judicial fixará suas responsabilidades, poderá determinar a indisponibilidade ou o seqüestro de bens[11] e servirá como título executivo para indenização da massa.

Além disso, a rejeição das contas do administrador judicial implicará sua destituição, com a subseqüente nomeação de substituto (art. 31), que apresentará, no seu lugar, o relatório final e organizará as contas.[12]

Manoel Justino Bezerra Filho formula crítica ao disposto no § 5º do art. 154: "Neste ponto, a lei teve um recuo em matéria de rigor, pois a lei anterior (art. 69) previa a formação de título executivo e o seqüestro dos bens do síndico, estabelecendo ainda que, se, em 48 horas, não houvesse o depósito de eventual valor desviado, o síndico poderia ser preso por até 60 dias. Sem embargo da Súmula 280 do STJ, que entendeu incabível a prisão administrativa prevista no art. 35 daquela lei, ainda assim a previsão inserida no § 5º do art. 69 era moralizadora e deveria ter sido preservada nesta lei".[13]

894. Qual é o recurso cabível da sentença que julga as contas do administrador judicial? – Da sentença que julgar as contas do administrador judicial cabe apelação, em seu duplo efeito.[14]

Art. 155. Julgadas as contas do administrador judicial, ele apresentará o relatório final da falência no prazo de 10 (dez) dias,[895] indicando o valor do ativo e o do produto de sua realização, o valor do passivo e o dos pagamentos feitos aos credores, e especificará justificadamente as responsabilidades com que continuará o falido.[896]

LEGISLAÇÃO ANTERIOR

Lei de Falências (DL 7.661/1945): *Art. 131.* Terminada a liquidação e julgadas as contas do síndico (art. 69), este, dentro de 20 (vinte) dias, apresentará relatório final da

11. Aduz Manoel Justino Bezerra Filho: "O juiz poderá determinar o seqüestro dos bens pessoais do administrador, na forma dos arts. 822 e ss. do CPC, ou mesmo com fundamento no poder geral de cautela de todo juiz em qualquer fase de qualquer processo" (*Nova Lei de Recuperação e de Falências Comentada. Lei 11.101, de 9.2.2005, Comentário Artigo por Artigo*, cit., 3ª ed., p. 336).

12. No mesmo sentido: Marcos Lima Alves, "Encerramento da falência e extinção das obrigações do falido", cit., in Paulo Penalva Santos (coord.), *A Nova Lei de Falências e de Recuperação de Empresas: Lei 11.101/2005*, p. 354.

13. Manoel Justino Bezerra Filho, *Nova Lei de Recuperação e de Falências Comentada. Lei 11.101, de 9.2.2005, Comentário Artigo por Artigo*, cit., 3ª ed., p. 337.

14. No mesmo sentido: Luís Augusto Roux Azevedo, "Comentários aos arts. 154 ao 160", in Francisco Satiro de Sousa Jr. e Antônio Sérgio Altieri de Moraes Pitombo (coords.), *Comentários à Lei de Recuperação de Empresas e Falência: Lei 11.101/2005*, São Paulo, Ed. RT, 2005, p. 506.

falência, indicando o valor do ativo e o do produto da sua realização, o valor do passivo dos pagamentos feitos aos credores, e demonstrará as responsabilidades com que continuará o falido, declarando cada uma delas de per si.

Parágrafo único. Findo o prazo sem a apresentação do relatório, o juiz, a requerimento de qualquer interessado, determinará a intimação pessoal do síndico para que o apresente no prazo de 5 (cinco) dias; decorrido este sem apresentação o juiz destituirá o síndico e atribuirá ao representante do Ministério Público a incumbência de organizar o relatório no prazo marcado neste artigo.

COMENTÁRIOS

895. Quando e em que prazo o administrador judicial apresentará o relatório final da falência? – O administrador judicial apresentará o relatório final da falência[15-16-17] após o julgamento das suas contas, no prazo de 10 dias.[18]

A reserva dos 40% do montante devido ao administrador judicial será paga após atendimento do previsto neste art. 155 e no art. 154 (art. 24, § 2º).

896. O que deverá constar no relatório final da falência? – No relatório final da falência deverão constar: (1) o valor do ativo; (2) o valor do produto de sua realização; (3) o valor do passivo; (4) o valor dos pagamentos feitos aos credores;[19] (5) as responsabilidades com que continuará o falido, de modo específico e justificadamente.[20]

Art. 156. Apresentado o relatório final, o juiz encerrará a falência por sentença.[897-898]

Parágrafo único. A sentença de encerramento será publicada por edital[899] e dela caberá apelação.[900]

LEGISLAÇÃO ANTERIOR

Lei de Falências (DL 7.661/1945): *Art. 132.* Apresentado o relatório final, deverá o juiz encerrar, por sentenças, o processo da falência.

(...).

§ 2º. A sentença de encerramento será publicada por edital e dela caberá apelação.

15. Adverte Adalberto Simão Filho que o relatório final não se confunde com a prestação de contas, já que aquele é uma peça processual de natureza informativa ("Fases falencial e pós-falencial – Uma visão generalista", in Luiz Fernando de Paiva (coord.), *Direito Falimentar e a Nova Lei de Falências e de Recuperação de Empresas: Lei 11.101/2005*, São Paulo, Quartier Latin, 2005, pp. 551-552).

16. Lembra José da Silva Pacheco: "Esse relatório final é o último ato oficial do administrador judicial, visto que, com base nele, o juiz porá fim ao processo, encerrando-o" (*Processo de Recuperação Judicial, Extrajudicial e Falência*, Rio de Janeiro, Forense, 2006, p. 348).

17. Manoel Justino Bezerra Filho lembra: "Embora a lei não diga, evidentemente o administrador apresentará o relatório se as contas tiverem sido aprovadas, pois, se tiverem sido recusadas, o administrador será destituído. Não haveria qualquer razão lógica que permitisse a continuidade da administração por uma pessoa cuja prestação de contas foi recusada por sentença" (*Nova Lei de Recuperação e de Falências Comentada. Lei 11.101, de 9.2.2005, Comentário Artigo por Artigo*, 3ª ed., São Paulo, Ed. RT, 2005, p. 338).

18. No regime anterior, segundo o art. 131, o prazo era de 20 dias.

19. Afirma Sebastião José Roque: "Assim sendo, se faltar dinheiro para o pagamento total das dívidas, o administrador judicial apontará quanto cabe a cada credor, a fim de que o escrivão expeça certidão a cada um, contando a quantia por que foi admitido o credor, e por que causa, quanto lhe pagou a massa no rateio e quanto sobrou para lhe pagar na data do encerramento. Essa certidão é um título executivo, que facultará ao credor a execução do saldo" (*Direito de Recuperação de Empresas*, São Paulo, Ícone, 2005, p. 285).

20. Adalberto Simão Filho aduz: "Como se trata de um último relatório, decerto o administrador especificará todos os atos praticados em prol da massa falida, onde se incluirão (...) estágio das ações cujo interesse era patrocinado pela massa falida e demais assuntos ocorridos no curso de sua função" ("Fases falencial e pós-falencial – Uma visão generalista", cit., in Luiz Fernando de Paiva (coord.), *Direito Falimentar e a Nova Lei de Falências e de Recuperação de Empresas: Lei 11.101/2005*, p. 552).

COMENTÁRIOS

897. Quando o juiz encerrará a falência? – O juiz encerrará a falência depois de apresentado o respectivo relatório final.

Júlio Kahan Mandel formula sua crítica ao art. 156: "A falência se encerra com o final da liquidação e posterior distribuição dos valores apurados aos credores, mas a nova lei prevê que o encerramento formal se dará somente após o relatório final do administrador judicial. Lamentavelmente, mesmo após estar finalizada toda a liquidação e pagos todos os credores a falência não será encerrada até o julgamento das contas do administrador e posterior apresentação do relatório final, ou seja, mesmo se toda a liquidação estiver concluída e todos os credores satisfeitos o encerramento da falência fica suspenso, aguardando a aprovação das contas e do relatório do administrador judicial, em claro prejuízo ao falido, que, por desídia do administrador judicial ou problemas com suas contas, tem a extinção de suas obrigações retardada".[21-22]

Diferentemente do regime anterior, no qual havia previsão de que o processo de falência deveria estar encerrado dois anos depois do dia da sua declaração, salvo caso de força maior (art. 132, § 1º), no atual regime inexiste fixação de prazo.[23]

Tanto o regime anterior quanto o atual não disciplinaram o encerramento anômalo da falência por ausência de credores habilitados.

Por isso, aduz Marcos Lima Alves:

"Não há dúvida de que a execução concursal não pode prosseguir com a ausência dos credores devidamente habilitados no procedimento. Não há interesse processual na continuação de uma execução sem a participação dos exeqüentes. Quanto a isso não há discussão. Contudo, urge salientar que determinadas formalidades devem ser cumpridas antes da decisão de encerramento anômalo da falência, por falta de interesse processual no seu prosseguimento.

"Ainda que não existam credores habilitados, é necessário que o administrador judicial elabore o relatório previsto no art. 22, III, 'e', da nova lei, apresentando as causas e circunstâncias da falência e apontando a responsabilidade dos falidos, se empresários individuais, ou dos ex-gestores da falida, em se tratando de sociedade empresária, principalmente acerca da prática de ilícitos penais, que, notadamente, denota interesse público na aferição. (...).

"Por fim, registre-se que o encerramento da falência por ausência de credores habilitados não interfere na persecução criminal que se desenvolverá no juízo criminal. A ação penal prossegue normalmente, mesmo após o encerramento da execução concursal. A independência entre a esfera civil e a penal é totalmente mantida na apuração dos ilícitos penais falimentares."[24]

21. Júlio Kahan Mandel, *Nova Lei de Falências e Recuperação de Empresas Anotada: Lei 11.101, de 9.2.2005*, São Paulo, Saraiva, 2005, p. 255.

22. Marcos Lima Alves também formula sua crítica: "Como é de costume, o legislador brasileiro deixou escapar a chance de dirimir uma série de questões atinentes ao processo de falência, inclusive na parte do seu encerramento. Antigas questões, que já eram foco de debate na doutrina antes mesmo do Decreto-lei 7.661/1945, poderiam ser disciplinadas pela nova legislação, mas não foram. A possibilidade de encerramento de falência por ausência de credores, por exemplo, continuou sem regulamentação, assim como a possibilidade de reabertura do procedimento após regular sentença de encerramento" ("Encerramento da falência e extinção das obrigações do falido", in Paulo Penalva Santos (coord.), *A Nova Lei de Falências e de Recuperação de Empresas: Lei 11.101/2005*, Rio de Janeiro, Forense, 2006, p. 351).

23. Marcos Lima Alves esclarece: "O que ocorria, com corriqueira intensidade, era a tramitação da execução concursal com prazo sempre superior a dois anos, sem incidência de força maior. Na verdade, as falências de grande porte hoje percorrem, facilmente, um caminho de mais de 10 anos. Com a inexistência de previsão de prazo para o encerramento regular da falência, a nova Lei se adequa [*sic*] à realidade vivida no âmbito das Varas empresariais" ("Encerramento da falência e extinção das obrigações do falido", cit., in Paulo Penalva Santos (coord.), *A Nova Lei de Falências e de Recuperação de Empresas: Lei 11.101/2005*, p. 353).

24. Marcos Lima Alves, "Encerramento da falência e extinção das obrigações do falido", cit., in Paulo Penalva Santos (coord.), *A Nova Lei de Falências e de Recuperação de Empresas: Lei 11.101/2005*, pp. 355-356.

898. Quais são os efeitos da sentença de encerramento da falência? – Enquanto a sentença de encerramento da falência tem efeito meramente processual, a sentença extintiva das obrigações do falido tem efeito material.[25]

Nas palavras de Manoel Justino Bezerra Filho: "(...) a sentença de encerramento presta-se a permitir o início dos procedimentos necessários à extinção do feito, por sentença de extinção, esta, sim, de carga decisória. Tanto a sentença de encerramento é meramente homologatória, é simples marco processual, que, se, após seu trânsito em julgado, for encontrado qualquer bem que deveria ter sido arrecadado, será reaberto o processo, o bem será arrecadado, vendido, seu valor rateado, até caminhar-se a nova sentença de encerramento; e assim sucessivamente, se novo bem for encontrado para arrecadação. Sem embargo de respeitáveis posições divergentes, esta é a melhor interpretação, até porque não há qualquer razão que impeça a continuação do feito, para a mais plena satisfação de todos os credores ainda não pagos".[26-27]

Jurisprudência[28]

Eis um julgado pertinente prolatado sob a égide do regime anterior:

[TJRJ] Direito comercial – Falência – Declaração de encerramento do processo falimentar, permanecendo subsistentes as obrigações da falida – Pretensão do apelante de que seja reconhecida, em grau de recurso, a impossibilidade de recair a dívida na pessoa dos sócios, o que se afigura incabível. *O encerramento da falência põe fim ao procedimento, mas não às obrigações do falido, as quais permanecem válidas até sua extinção* – Sentença mantida – Desprovimento do recurso. [*17ª Câmara Cível, ACi 2006.001.03421, rela. Desa. Maria Inês Gaspar, j. 3.3.2006*]

Faz-se mister ressaltar que a sentença de encerramento da falência não obsta à ins-

25. Curiosa é a colocação de Waldo Fazzio Jr.: "Falido cujas obrigações estão extintas por decisão trânsita em julgado não sofre mais as restrições impostas pela sentença declaratória de falência. Se a decretação da falência interdita, a extinção das obrigações libera, como se o falido ressuscitasse, ou, como queria o Alvará Real de D. José I, em 1756, 'como uma nova pessoa, que antes da ressurreição civil não houvesse existido no mundo'" (*Nova Lei de Falência e de Recuperação de Empresas*, São Paulo, Atlas, 2005, p. 357).

26. Manoel Justino Bezerra Filho, *Nova Lei de Recuperação e de Falências Comentada. Lei 11.101, de 9.2.2005, Comentário Artigo por Artigo*, 3ª ed., São Paulo, Ed. RT, 2005, p. 339.

27. Marcos Lima Alves complementa: "A matéria sempre foi tratada de forma pacífica pela doutrina, que se posicionava no sentido da impossibilidade da reabertura da falência após seu regular encerramento, escorada, certamente, na lição de Trajano de Miranda Valverde, que assegurava de forma enfática: 'O encerramento do processo de falência é, porém, definitivo, não se podendo mais reabri-lo, eis que transita em julgado a respectiva sentença. Pouco importa a causa ou o fundamento do seu encerramento'. Ocorre que tal ponto de vista foi questionado por Anco Márcio Valle, que, baseado na doutrina e na legislação italianas (art. 121 da Lei de Falência da Itália) e na inexistência de vedação expressa da lei brasileira, passou a sustentar a possibilidade de reabertura da falência encerrada, antes da extinção das obrigações, caso fossem encontrados novos ativos do falido que, após realizados, pagassem os credores não satisfeitos anteriormente. Ao que parece, a nova legislação reforça a referida tese, possibilitando a reabertura da execução após o encerramento. Apesar de não prever expressamente a reabertura da falência na seção que trata do encerramento, o novo texto legal traz dispositivo que indica claramente esta possibilidade. O art. 82 dispõe (...) '§ 1º. *Prescreverá em 2 (dois) anos, contados do trânsito em julgado da sentença de encerramento da falência, a ação de responsabilização prevista no* caput *deste artigo*'. (...) Ora, não há motivo para a previsão da propositura da referida ação após o encerramento da falência se não fosse possível a sua reabertura para o pagamento da parte que faltou aos credores, após a obtenção de mais ativo. Portanto, parece claro que adotar a tese da impossibilidade da reabertura da falência após o seu encerramento é tornar inócuo [*sic*] a norma legal estampada no § 1º do art. 82 da nova Lei de Falências, tornando inexeqüível possível ação de responsabilidade proposta após decisão de encerramento e antes da prescrição da pretensão indenizatória" ("Encerramento da falência e extinção das obrigações do falido", cit., in Paulo Penalva Santos (coord.), *A Nova Lei de Falências e de Recuperação de Empresas: Lei 11.101/2005*, pp. 356-357).

28. Manoel Justino Bezerra Filho, *Jurisprudência da Nova Lei de Recuperação de Empresas e Falências/Decisões, Ofícios, Judiciais, Resoluções, Sentenças, Acórdãos, Dentre Outros Documentos*, São Paulo, Ed. RT, 2006, pp. 341-342.

tauração de ação penal atinente aos crimes falimentares, já que o regime jurídico da prescrição respectiva é o do Código Penal.[29]

899. Qual será a forma de publicação da sentença de encerramento da falência? – A sentença de encerramento da falência será publicada por edital.

900. Qual é o recurso cabível da sentença de encerramento da falência? – Da sentença de encerramento cabe apelação.[30]

Art. 157. O prazo prescricional relativo às obrigações do falido recomeça a correr a partir do dia em que transitar em julgado a sentença do encerramento da falência.[901-902]

LEGISLAÇÃO ANTERIOR

Lei de Falências (DL 7.661/1945): *Art. 134.* A prescrição relativa às obrigações do falido recomeça a correr no dia em que passar em julgado a sentença de encerramento da falência.

COMENTÁRIOS

901. Suspensão do curso da prescrição – O art. 47 do Decreto-lei 7.661/1945 determinava a suspensão do curso da prescrição relativa às obrigações do falido durante o processo de falência.

O art. 6º do atual regime também prevê a suspensão (e não a interrupção) do prazo prescricional em razão da decretação da falência (e também do deferimento do processamento da recuperação judicial).

Lembramos, por oportuno, que, enquanto a suspensão da prescrição implica restituição do prazo por tempo igual ao que faltava para sua complementação (art. 180 do CPC),[31] a interrupção provoca o reinício da contagem do prazo (art. 202, parágrafo único, do CC).

A suspensão em tela em relação à falência é consectário do princípio da universalidade do juízo falimentar (art. 76).[32-33-34]

29. No mesmo sentido: Waldo Fazzio Jr., *Nova Lei de Falência e de Recuperação de Empresas*, cit., p. 356.

30. Fábio Ulhoa Coelho exemplifica hipótese de cabimento da apelação: "Imagine que determinado credor havia insistido, ao longo do processo de falência, na adoção de uma certa diligência tendente a localizar bens desviados da massa, mas sua sugestão havia sido descartada pelo administrador judicial e indeferida pelo juiz. Como nada podia fazer contra o indeferimento (não havendo expressa previsão na Lei de Falências do recurso cabível, a decisão é irrecorrível), tem ele interesse de apelar da sentença de encerramento do processo. Procurará demonstrar, no recurso, que ainda não é o caso de pôr fim à execução concursal, na medida em que haveria diligências úteis a adotar. O tribunal, então, apreciando a apelação, decidirá se é pertinente a diligência pretendida pelo credor apelante ou se o encerramento da falência sem ela foi a decisão mais correta" (*Comentários à Nova Lei de Falências e de Recuperação de Empresas*, São Paulo, Saraiva, 2005, pp. 388-389).

31. Fábio Ulhoa Coelho exemplifica um caso de suspensão da prescrição: "(...) se um devedor era o sacado de uma duplicata mercantil, vencida há seis meses antes da sentença de falência ou despacho de processamento da recuperação judicial, susta-se a fluência da prescrição, que no caso é de três anos, a contar do vencimento. Proferida a sentença de encerramento (...) de um (...) processo, os dois anos e seis meses restantes passam a fluir do trânsito em julgado desta. Caso se encontrem bens do falido (...) durante esse prazo, o credor pode executá-los singularmente, já que a duplicata ainda não prescreveu" (*Comentários à Nova Lei de Falências e de Recuperação de Empresas*, São Paulo, Saraiva, 2005, p. 37).

32. Aduz Fábio Ulhoa Coelho: "Seria de fato despropositado que os credores continuassem exercendo individualmente seu direito à cobrança judicial concomitante à tramitação do concurso. Estariam, nesse caso, sendo desenvolvidas duas medidas judiciais de idênticas finalidades, a execução individual e a concursal. Por essa razão suspendem-se as execuções em que seja executado o falido (aquelas em que ele é credor continuam)" (*Comentários à Nova Lei de Falências e de Recuperação de empresas*, cit., p. 38).

33. Esclarece Trajano de Miranda Valverde que a suspensão de todas as ações e execuções intentadas contra o devedor se opera a bem da coletividade de credores (*Comentários à Lei de Falências*, 2ª ed., vol. I, Rio de Janeiro, Revista Forense, 1955, p. 195).

34. Lembra J. C. Sampaio de Lacerda que o exercício da execução singular é incompatível com a falência (*concursus sistit processus*) (*Manual de

902. Qual é o termo inicial do recomeço da contagem do prazo prescricional? – No âmbito da falência, o art. 157 estabelece que o prazo prescricional relativo às obrigações do falido – ou seja, o prazo por tempo igual ao que faltava para a sua complementação – recomeça a correr a partir do dia em que transitar em julgado a sentença de encerramento da falência.

Para Gladston Mamede: "Em se tratando de sociedade empresária, a regra é de pouca valia, já que o encerramento da falência implica sua dissolução de pleno direito e, com ela, a extinção de sua personalidade jurídica. Assim, se não houve desconsideração da personalidade jurídica ou provimento em ação de responsabilidade de sócio, administrador ou terceiro, os credores não satisfeitos verão seus créditos serem extintos por ausência de sujeito passivo na relação obrigacional. Já, em relação ao empresário falido as obrigações não satisfeitas mantêm-se válidas após o encerramento da falência, razão da previsão de recomeçar a correr seu prazo prescricional. Se o falido obtém qualquer valor patrimonial penhorável, poderá ele ser objeto de constrição para satisfazer, em execução individual, a seu crédito".[35]

Art. 158. Extingue as obrigações do falido:[903] I – o pagamento de todos os créditos; II – o pagamento, depois de realizado todo o ativo, de mais de 50% (cinqüenta por cento) dos créditos quirografários, sendo facultado ao falido o depósito da quantia necessária para atingir essa porcentagem se para tanto não bastou a integral liquidação do ativo; III – o decurso do prazo de 5 (cinco) anos, contado do encerramento da falência, se o falido não tiver sido condenado por prática de crime previsto nesta Lei; IV – o decurso do prazo de 10 (dez) anos, contado do encerramento da falência, se o falido tiver sido condenado por prática de crime previsto nesta Lei.

LEGISLAÇÃO ANTERIOR

Lei de Falências (DL 7.661/1945): *Art. 135.* Extingue as obrigações do falido: I – o pagamento, sendo permitida a novação dos créditos com garantia real; II – o rateio de mais de 40% (quarenta por cento), depois de realizado todo o ativo, sendo facultado o depósito da quantia necessária para atingir essa porcentagem, se para tanto não bastou a integral liquidação da massa; III – o decurso do prazo de 5 (cinco) anos, contado a partir do encerramento da falência, se o falido, ou o sócio-gerente da sociedade falida, não tiver sido condenado por crime falimentar; IV – o decurso do prazo de 10 (dez) anos, contado a partir do encerramento da falência, se o falido, ou o sócio-gerente da sociedade falida, tiver sido condenado a pena de detenção por crime falimentar.

COMENTÁRIOS

903. Quais são as modalidades de extinção das obrigações do falido? – As modalidades de extinção das obrigações do falido são as seguintes:

I – O pagamento de todos os créditos. O pagamento, como é sabido, é a modalidade natural, ordinária, de extinção de uma obrigação.

Marcos Andrey de Sousa sustenta:

"(...) a expressão 'pagamento' de todos os credores, contida no inciso I do art. 158, deve ser interpretada no seu sentido mais amplo, subsumindo-se a ela toda e qualquer forma de *extinção das obrigações*, sejam elas satisfatórias como não satisfatórias.

"Desta feita há que se subsumir à hipótese normativa contida no inciso I do art. 158 da Lei de Falências a novação, a compensação, a dação em pagamento, a remissão de dívidas, a confusão, a adjudicação ao credor, a remição, dentre outras que conduzem à extinção do débito arrolado, declarado ou

Direito Falimentar, 10ª ed., Rio de Janeiro, Freitas Bastos, 1978, p. 180).

35. Gladston Mamede, *Direito Empresarial Brasileiro: Falência e Recuperação de Empresas*, vol. 4, São Paulo, Atlas, 2006, pp. 622-623.

incluído por sentença no passivo da falência."[36]

II – O pagamento, depois de realizado todo o ativo, de mais de 50% dos créditos quirografários, sendo facultado ao falido o depósito da quantia necessária para atingir essa porcentagem se para tanto não bastou a integral liquidação do ativo. No regime anterior o art. 135, II, estabelecia como uma das modalidades de extinção das obrigações do falido o "rateio de mais de 40% (quarenta por cento), depois de realizado todo o ativo". No entanto, não esclarecia se tal percentual deveria ser aplicado sobre a totalidade de credores do falido ou apenas sobre os respectivos créditos quirografários.

A lei sob comento, além de ter majorado o percentual "de mais de 40%" para "de mais de 50%", deixou inequívoco que ele deve ser aplicado somente ao universo dos credores quirografários.

A aplicação desta modalidade de extinção das obrigações do falido pressupõe, evidentemente, a observância prévia da classificação dos créditos estabelecida no art. 83; vale dizer, o pagamento prévio de todos os demais créditos (trabalhistas, com garantia real, tributários, com privilégio especial e com privilégio geral) que antecedem os quirografários.[37]

Se o pagamento de mais de 50% dos credores quirografários tem o condão de extinguir as obrigações do falido, isso significa que, pagos 50% mais 0,01% do universo dos créditos quirografários, os 49,99% dos credores quirografários remanescentes terão de absorver os respectivos prejuízos, já que seus créditos serão extintos. Da mesma forma acontecerá com os credores por multas contratuais e penas pecuniárias e com os credores subordinados.

III – O decurso do prazo de cinco anos, contado do encerramento da falência, se o falido não tiver sido condenado por prática de crime previsto na lei. Em relação às obrigações tributárias, aduzem Misabel de Abreu Machado Derzi e Raphael Frattari: "Hipótese bastante provável é o decurso do prazo previsto no inciso III do art. 158 da Lei 11.101/2005 sem que tenha havido a quitação dos tributos devidos na falência. Neste caso, haveria de ser deferida a extinção? Acreditamos que sim, pois do contrário o falido estaria impedido de exercer qualquer outra atividade até que consiga levantar recursos suficientes para o pagamento dos débitos tributários exigidos na falência, fato que em muitos casos é mesmo impossível que vá ocorrer um dia. (...). Assim, na ausência de fraude, seria medida extremamente gravosa ao falido impedir que desenvolvesse novas atividades por tempo indeterminado, caso não sejam pagos todos os tributos devidos na falência. Até porque tais débitos tributários seriam atingidos pela prescrição, com o decorrer do tempo, o que lhes [*sic*] extinguiria, nos termos do art. 156, V, do CTN. Talvez por isso a questão não tenha merecido o destaque que merece. De qualquer forma, ainda que débitos já estejam ajuizados, o decorrer do tempo sem que bens (do falido, pois os recursos da massa falida foram insuficientes) sejam oferecidos ou encontrados para a penhora fará com que ocorra a prescrição intercorrente, nos termos do [§ 1º] art. 40 da Lei de Execuções Fiscais (...)".[38]

36. Marcos Andrey de Sousa, "Comentários aos arts. 157 ao 167", in Newton de Lucca e Adalberto Simão Filho (coords.), *Comentários à Nova Lei de Recuperação de Empresas e de Falências*, São Paulo, Quartier Latin, 2005, pp. 566-567.

37. No mesmo sentido: Luiz Augusto Roux Azevedo, "Comentários aos arts. 154 ao 160", in Francisco Satiro de Sousa Jr. e Antônio Sérgio Altieri de Moraes Pitombo (coords.), *Comentários à Lei de Recuperação de Empresas e Falência: Lei 11.101/2005*, São Paulo, Ed. RT, 2005, p. 508; Adalberto Simão Filho, "Fases falencial e pós-falencial – Uma visão generalista", in Luiz Fernando de Paiva (coord.), *Direito Falimentar e a Nova Lei de Falências e de Recuperação de Empresas: Lei 11.101/2005*, São Paulo, Quartier Latin, 2005, p. 553.

38. Misabel de Abreu Machado Derzi e Raphael Frattari, "Dispositivos do Código Tributário Nacional alterados por ocasião da Lei 11.101/2005", in Osmar Brina Corrêa-Lima e Sérgio Mourão Corrêa-Lima (coords.), *Comentários à Nova Lei de Falência e Recuperação de Empresas: Lei 11.101, de 9.2.2005*, Rio de Janeiro, Forense, 2009, pp. 1.367-1.368.

Jurisprudência[39]

Eis dois julgados pertinentes prolatados sob a égide do regime anterior:

[STJ] Falência – Extinção das obrigações do falido – Cinco anos. *O decurso do prazo de cinco anos a contar do encerramento da falência extingue as obrigações do falido se não houve condenação por crime falimentar*, nos termos do art. 135, III, da Lei de Falências – Recurso conhecido e provido. [*4ª Turma, REsp 241.793-PR, rel. Min. Ruy Rosado de Aguiar, j. 18.4.2000*]

[STJ] Falência – Extinção das obrigações – Termo inicial do prazo de cinco anos (art. 135, III, da Lei Falimentar). *Sem o encerramento da falência, por sentença, não flui o prazo extintivo das obrigações do falido* – Precedentes do STF e do STJ – Recurso especial não conhecido. [*4ª Turma, REsp 217.784-SP, rel. Min. Barros Monteiro, j. 21.9.2000, DJU 30.10.2000*]

IV – O decurso do prazo de 10 anos, contado do encerramento da falência, se o falido tiver sido condenado por prática de crime previsto na lei. No que diz respeito à omissão da prescrição como modalidade de extinção das obrigações do falido, pondera José da Silva Pacheco: "(...) em face dos termos inequívocos do art. 193 do novo CC, a prescrição pode ser, sempre, alegada e comprovada pelo decurso do prazo prescricional, independentemente de qualquer procedimento de extinção. Por esse motivo, deixou a prescrição de figurar no art. 158 da nova lei, diferentemente do que dispunha o art. 136 do Decreto-lei 7.661/1945".[40]

Art. 159. Configurada qualquer das hipóteses do art. 158 desta Lei, o falido poderá requerer ao juízo da falência que suas obrigações sejam declaradas extintas por sentença.[904]

§ 1º. O requerimento será autuado em apartado com os respectivos documentos e publicado por edital no órgão oficial e em jornal de grande circulação.[905]

§ 2º. No prazo de 30 (trinta) dias, contado da publicação do edital, qualquer credor pode opor-se ao pedido do falido.[906]

§ 3º. Findo o prazo, o juiz, em 5 (cinco) dias, proferirá sentença e, se o requerimento for anterior ao encerramento da falência, declarará extintas as obrigações na sentença de encerramento.[907-908]

§ 4º. A sentença que declarar extintas as obrigações será comunicada a todas as pessoas e entidades informadas da decretação da falência.[909]

§ 5º. Da sentença cabe apelação.[910]

§ 6º. Após o trânsito em julgado, os autos serão apensados aos da falência.[911]

LEGISLAÇÃO ANTERIOR

Lei de Falências (DL 7.661/1945): *Art. 136.* Verificada a prescrição ou extintas as obrigações, nos termos dos arts. 134 e 135, o falido ou o sócio solidário da sociedade falida pode requerer que seja declarada por sentença a extinção de todas as suas obrigações.

Art. 137. O requerimento será autuado em separado, com os respectivos documentos, e publicado, por edital com o prazo de 30 (trinta) dias, no órgão oficial e em outro jornal de grande circulação.

§ 1º. Dentro do prazo do edital, qualquer credor ou prejudicado pode opor-se ao pedido do falido.

§ 2º. Findo o prazo, o juiz, com audiência do falido, se tiver havido oposição, e com a do representante do Ministério Público, tendo, cada um, 5 (cinco) dias para falar, proferirá, em igual prazo, a sentença.

§ 3º. Se o requerimento for anterior ao encerramento da falência (art. 135, n. I), o juiz, ao declarar extintas as obrigações, encerrará a falência.

39. Manoel Justino Bezerra Filho, *Jurisprudência da Nova Lei de Recuperação de Empresas e Falências/Decisões, Ofícios Judiciais, Resoluções, Sentenças, Acórdãos, Dentre Outros Documentos*, São Paulo, Ed. RT, 2006, p. 346.

40. José da Silva Pacheco, *Processo de Recuperação Judicial, Extrajudicial e Falência*, Rio de Janeiro, Forense, 2006, p. 352.

COMENTÁRIOS

904. O falido pode requerer que suas obrigações sejam declaradas extintas por sentença? – Configurada quaisquer das hipóteses do art. 158 da lei, o falido poderá requerer ao juízo da falência que suas obrigações sejam declaradas extintas por sentença.

Em verdade, trata-se de faculdade – e não de dever legal – que visa, sobretudo, ao reconhecimento da reabilitação do falido para exercer atividade empresarial, a que alude o art. 102.

905. Como se processará o requerimento do falido? – O requerimento será autuado em apartado com os respectivos documentos e publicado por edital no órgão oficial e em jornal de grande circulação.

Dentre os documentos que devem instruir o referido requerimento, o falido deve apresentar a prova de quitação de todos os tributos (art. 191 do CTN), exceto se a prescrição, que é uma forma expressa de extinção do crédito tributário (art. 156, V, do CTN) , já tiver ocorrido previamente, caso em que bastará a exibição das respectivas certidões negativas.[41-42]

906. Os credores poderão se opor ao requerimento do falido? – No prazo de 30 dias, contado da publicação do edital,[43] qualquer credor pode opor-se ao pedido do falido.

907. Quando o juiz proferirá a sentença extintiva das obrigações do falido? – Findo o prazo de 30 dias, contados da publicação do edital, o juiz, em 5 dias, proferirá sentença extintiva das obrigações do falido.

908. E se o requerimento do falido, de extinção das suas obrigações, for anterior ao encerramento da falência? – Se o requerimento do falido de extinção das suas obrigações for anterior ao encerramento da falência o juiz declarará extintas as obrigações na própria sentença de encerramento.[44]

909. Quem deverá ser informado da sentença extintiva das obrigações do falido? – A decretação da falência é informada: (1) ao Registro Público de Empresas (art. 99, VIII); (2) aos órgãos e repartições públicas e outras entidades (art. 99, X); (3) ao Ministério Público e às Fazendas Federal, Estaduals e Municipal (art. 99, XIII).

Ora, se a decretação da falência é informada a tais instituições, por coerência, a declaração da extinção das obrigações do falido também deve ser informada às mesmas instituições.

Por isso, o § 4º do art. 159 estabelece que a sentença que declarar extintas as obrigações do falido será comunicada a todas as

41. No mesmo sentido, Manoel Justino Bezerra Filho: "(...) ante o princípio de que a prescrição libera das obrigações, se o crédito tributário já tiver sido alcançado pela prescrição, não haverá óbice para a prolação da sentença de extinção" (*Nova Lei de Recuperação e de Falências Comentada. Lei 11.101, de 9.2.2005, Comentário Artigo por Artigo*, 3ª ed., São Paulo, Ed. RT, 2005, p. 345).

42. Marcos Andrey de Sousa complementa: "(...) a postulação da extinção das obrigações do falido depende da apresentação das certidões negativas de débitos fiscais, conforme preceitua o art. 191 do CTN. Esta previsão tem maior relevância para as hipóteses dos incisos III e IV, já que para as hipóteses dos incisos I e II pressupõe-se que o Fisco já teria sido pago ("Comentários aos arts. 157 ao 167", in Newton de Lucca e Adalberto Simão Filho (coords.), *Comentários à Nova Lei de Recuperação de Empresas e de Falências*, São Paulo, Quartier Latin, 2005, p. 571).

43. Marcos Andrey de Sousa questiona: "O dispositivo prescreve que o prazo é 'contado da publicação do edital', não esclarecendo a lei qual edital, já que ela mesma determina que sejam duas publicações, uma no órgão oficial e outra em jornal de grande circulação, o que não acontecerá necessariamente no mesmo dia. Assim sendo, por se tratar de prazos processuais, entendemos que sua contagem deverá levar [*em conta*] a publicação na Imprensa Oficial" ("Comentários aos arts. 157 ao 167", cit., in Newton de Lucca e Adalberto Simão Filho (coords.), *Comentários à Nova Lei de Recuperação de Empresas e de Falências*, p. 573).

44. Esclarece Marcos Andrey de Sousa: "Existem dois momentos em que a declaração da extinção pode ser postulada: antes ou após o encerramento da falência" ("Comentários aos arts. 157 ao 167", cit., Newton de Lucca e Adalberto Simão Filho (coords.), *Comentários à Nova Lei de Recuperação de Empresas e de Falências*, p. 572).

pessoas e entidades informadas da decretação da falência.

910. Qual é o recurso cabível da sentença extintiva das obrigações do falido? – Da sentença cabe apelação.

911. O que acontecerá com o requerimento formulado pelo falido após o trânsito em julgado da sentença extintiva das suas obrigações? – Após o trânsito em julgado os autos serão apensados aos da falência.

Art. 160. Verificada a prescrição ou extintas as obrigações nos termos desta Lei, o sócio de responsabilidade ilimitada também poderá requerer que seja declarada por sentença a extinção de suas obrigações na falência.[912]

LEGISLAÇÃO ANTERIOR

Lei de Falências (DL 7.661/1945): *Art. 136.* Verificada a prescrição ou extintas as obrigações, nos termos dos arts. 134 e 135, o falido ou o sócio solidário da sociedade falida pode requerer que seja declarada por sentença a extinção de todas as suas obrigações.

COMENTÁRIOS

912. O sócio de responsabilidade ilimitada também pode requerer que suas obrigações sejam declaradas extintas por sentença? – Verificada a prescrição ou extintas as obrigações nos termos da lei, o sócio de responsabilidade ilimitada também poderá requerer seja declarada por sentença a extinção de suas obrigações na falência.

Note-se que, na medida em que o art. 190 estabelece que quando a lei se referir a "devedor" ou "falido" compreender-se-á que a disposição também se aplica aos sócios ilimitadamente responsáveis, opina Marcos Andrey de Sousa: "Diante desta situação jurídica, o pedido de extinção das obrigações civis por parte do falido não aproveita automaticamente o sócio ilimitadamente responsável, nem vice-versa. Cada qual deve apresentar seu pedido específico, embora a causa de pedir seja idêntica: a prescrição das obrigações ou uma das hipóteses do art. 158".[45]

No tocante ao pedido de declaração de extinção da obrigação em virtude da ocorrência da prescrição, pondera José da Silva Pacheco:

"Quanto a esta, a referência é desnecessária, porque, em face dos termos inequívocos do art. 193 do novo CC, a prescrição pode ser, sempre, alegada e comprovada pelo decurso do prazo prescricional, independentemente de qualquer procedimento de extinção. Por esse motivo, deixou a prescrição de figurar no art. 158 da nova lei, diferentemente do que dispunha o art. 136 do Decreto-lei 7.661/1945.

"Assim, embora não haja necessidade de se pedir a extinção, por sentença, por ter-se verificado a prescrição, nada impede que o sócio ilimitadamente responsável, no pleito de extinção das suas obrigações, inclua também os créditos prescritos."[46]

45. Marcos Andrey de Sousa, "Comentários aos arts. 157 ao 167", in Newton de Lucca e Adalberto Simão Filho (coords.), *Comentários à Nova Lei de Recuperação de Empresas e de Falências*, São Paulo, Quartier Latin, 2005, p. 574.

46. José da Silva Pacheco, *Processo de Recuperação Judicial, Extrajudicial e Falência*, Rio de Janeiro, Forense, 2006, p. 352.

Capítulo VI – *Da Recuperação Extrajudicial*[913-914-915-916-917-918-919-920-921]

Art. 161. O devedor[922] que preencher os requisitos do art. 48 desta Lei[923-924] poderá propor e negociar com credores plano de recuperação extrajudicial.[925]

§ 1º. Não se aplica o disposto neste Capítulo a titulares de créditos de natureza tributária, derivados da legislação do trabalho ou decorrentes de acidente de trabalho, assim como àqueles previstos nos arts. 49, § 3º, e 86, inciso II do *caput*, desta Lei.[926]

§ 2º. O plano não poderá contemplar o pagamento antecipado de dívidas nem tratamento desfavorável aos credores que a ele não estejam sujeitos.[927]

§ 3º. O devedor não poderá requerer a homologação de plano extrajudicial, se estiver pendente pedido de recuperação judicial ou se houver obtido recuperação judicial ou homologação de outro plano de recuperação extrajudicial há menos de 2 (dois) anos.[928]

§ 4º. O pedido de homologação do plano de recuperação extrajudicial não acarretará suspensão de direitos, ações ou execuções, nem a impossibilidade do pedido de decretação de falência pelos credores não sujeitos ao plano de recuperação extrajudicial.[929-930]

§ 5º. Após a distribuição do pedido de homologação, os credores não poderão desistir da adesão ao plano, salvo com a anuência expressa dos demais signatários.[931]

§ 6º. A sentença de homologação do plano de recuperação extrajudicial constituirá título executivo judicial, nos termos do art. 584, inciso III do *caput*, da Lei n. 5.869, de 11 de janeiro de 1973 – Código de Processo Civil.[932]

LEGISLAÇÃO ANTERIOR

Lei de Falências (DL 7.661/1945): *Art. 2º*. Caracteriza-se, também, a falência, se o comerciante: (...) III – convoca credores e lhes propõe dilação, remissão de créditos ou cessão de bens; (...).

COMENTÁRIOS

913. Encômios à criação do instituto da recuperação extrajudicial – Como já ressaltamos na "Introdução" aos nossos comentários, a edição da Lei 11.101/2005 é digna de encômios.

Uma das razões, por excelência, que a sobrelevam, indubitavelmente, reside no fato de que ela, com efeito, inovou nosso ordenamento ao, simultaneamente, de um lado, expungir do sistema, como uma das hipóteses que caracterizavam a falência, a convocação dos credores pelo devedor para lhes propor dilação, remissão de créditos ou cessão de bens (art. 2º, III, do Decreto-lei 7.661/1945) e, de outro lado, ao transformar tal hipótese no instituto da recuperação extrajudicial.[1]

914. A principal vantagem da recuperação extrajudicial foi suprimida? – Luiz Fernando Valente de Paiva, após relatar a tramitação final do Projeto de Lei no Senado, responde afirmativamente. Por oportuno, transcrevemos seu relato:

"As últimas modificações legislativas no capítulo da recuperação extrajudicial ocorreram em julho de 2004, ainda no âmbito do Senado Federal e das negociações travadas para aprovação das emendas (...). Como resultado, o senador Ramez Tabet apresentou sua Emenda ao Plenário, que, além de incorporar o teor das propostas anteriores: (...) (iii) *eliminou o dispositivo que protegia os atos praticados no âmbito do plano de recuperação extrajudicial contra as futuras ações revocatórias* (...).

"A principal vantagem dessa primeira modalidade [*recuperação extrajudicial do art. 162, que o autor denomina de 'meramente homologatória'*] foi retirada do texto do Projeto da nova lei por Emenda apresentada no Plenário do Senado Federal, e – conforme mencionado acima – *consistia na proteção que seria dada ao acordo homologado em juízo contra eventuais ações*

1. No mesmo sentido, Sérgio Campinho: "A lei atual não mais qualifica como ato de falência a convocação extrajudicial de todos ou de parte dos credores para submeter-lhes um plano de renegociação dos seus créditos" (*Falência e Recuperação de Empresa: o Novo Regime da Insolvência Empresarial*, Rio de Janeiro, Renovar, 2006, p. 439).

revocatórias ou declarações de ineficácia de atos contemplados no plano homologado em juízo, salvo hipótese de fraude. Por meio dessa proteção esperava-se dar maior segurança aos negócios jurídicos celebrados com devedores em dificuldades financeiras, estimulando a celebração de acordos que evitassem demorados e custosos processos de recuperação extrajudicial ou falência (...). "Uma vez retirada do texto da nova lei a proteção contra futuras ações revocatórias, o único benefício dessa modalidade de recuperação extrajudicial meramente homologatória em relação aos outros acordos privados reside no fato de que a sentença homologatória constitui título executivo extrajudicial. Assim, homologado o acordo em juízo, restarão reduzidas as matérias passíveis de embargos em futura execução, na hipótese de o plano não ser cumprido. Este benefício parece um estímulo muito pequeno para que essa modalidade de recuperação venha a ser amplamente utilizada."[2-3]

A crítica do autor é pertinente, já que, diferentemente do que ocorre no campo da recuperação judicial, onde há preocupação com a preservação dos atos praticados nos planos da validade (art. 74) e da eficácia (art. 131), no âmbito da recuperação extrajudicial inexiste tal preocupação.

915. Remanesce a "concordata branca" como motivo de pedido de falência? – No regime do Decreto-lei 7.661/1945 era deveras usual os devedores em crise econômico-financeira convocarem seus credores para celebração de acordos extrajudiciais (remissórios ou dilatórios). Tal prática foi batizada de "concordata branca".

A adoção do expediente da "concordata branca" deixava os devedores em situação de extrema vulnerabilidade, na medida em tal expediente constituía um dos motivos que rendiam ensejo ao pedido de falência (art. 2º, III, do Decreto-lei 7.661/1945). Bastava um credor insatisfeito com a proposta extrajudicial, e pronto: ele estava legitimado a requer a falência do devedor.[4-5]

Ora, se a Lei 11.101/2005, ao revogar o Decreto-lei 7.661/1945, não reproduziu a odiosa "vedação" insculpida no inciso III do seu art. 2º e, concomitantemente, agasalhou o instituto da recuperação extrajudicial, acabou extinguindo, definitivamente, a "concordata branca" como motivo que embasa o pedido de falência.[6]

Aliás, ressalta Luiz Fernando Valente de Paiva: "(...) a denominada 'concordata branca' passa a ter expresso amparo legal, uma vez que o *caput* do art. 161 da nova lei prevê

2. Luiz Fernando Valente de Paiva, "Da recuperação extrajudicial", in Luiz Fernando Valente de Paiva (coord.), *Direito Falimentar e a Nova Lei de Falências e Recuperação de Empresas*, São Paulo, Quartier Latin, 2005, pp. 566 e 570-571.

3. Francisco Satiro de Sousa Jr., ao tratar da recuperação extrajudicial, aduz: "(...) os atos praticados durante sua vigência continuam sujeitos à revogação e ao reconhecimento de sua ineficácia, o que pode inviabilizar a construção de arrojados planos que envolvam toda a empresa" ("Comentários aos arts. 161 ao 165", in Francisco Satiro de Sousa Jr. e Antônio Sérgio Altieri de Moraes Pitombo (coords.), *Comentários à Lei de Recuperação de Empresas e Falência: Lei 11.101/2005*, São Paulo, Ed. RT, 2005, p. 512).

4. Waldo Fazzio Jr. explica: "Certamente, se a totalidade dos credores consentir na proposta, inocorrerá pedido de quebra do devedor comerciante, verificando-se a chamada 'concordata branca', ou seja, mera acordança extrajudicial excludente da falência" (*Lei de Falências e Concordatas Comentada*, São Paulo, Atlas, 1999, p. 41).

5. Sérgio Campinho descreve: "(...) esse acordo extrajudicial entre devedor e seus credores, para lograr êxito, deveria contar com o apoio unânime destes últimos, traduzindo crédito e confiança na pessoa do devedor. Contudo, se um ou mais credores o recusassem, levando o dissidente ou os dissidentes a proposta do devedor ao conhecimento do juiz competente, e uma vez provado o fato, a ele cumpriria decretar a falência do proponente" (*Falência e Recuperação de Empresa: o Novo Regime da Insolvência Empresarial*, Rio de Janeiro, Renovar, 2006, p. 437).

6. No mesmo sentido, Luiz Fernando Valente de Paiva: "(...) a denominada 'concordata branca' passa a ter expresso amparo legal, uma vez que o *caput* do art. 161 da nova lei prevê a possibilidade de o devedor propor plano de negociação de débitos a seus credores" ("Da recuperação extrajudicial", cit., in Luiz Fernando Valente de Paiva (coord.), *Direito Falimentar e a Nova Lei de Falências e Recuperação de Empresas*, p. 569).

a possibilidade de o devedor propor plano de negociação de débitos a seus credores".[7-8]

916. *Extinção da concordata preventiva e da suspensiva* – Os traços característicos básicos da concordata preventiva eram os seguintes: (1) não assumia feição de acordo público, nem de transação universal; (2) visava a alterar a situação jurídica dos débitos quirografários do comerciante mediante remissão parcial dos débitos (concordata remissória) ou por meio de prorrogação dos seus vencimentos (concordata dilatória); (3) não implicava novação; (4) não dependia do assentimento dos credores quirografários sujeitos a seus efeitos; bastava o preenchimento dos requisitos legais; (5) não previa assembléia de credores, já que era concedida ou denegada *ope judicis*.[9]

Já, a concordata suspensiva visava a desconstituir o regime falimentar, independentemente da vontade dos credores quirografários, e se operava, tal qual a concordata preventiva, *ope judicis*, mediante a verificação dos pressupostos legais.[10]

A Lei 11.101/2005, ao revogar o Decreto-lei 7.661/1945, extinguiu ambas as concordatas – preventiva e suspensiva; vale dizer, ditas concordatas foram expulsas do nosso ordenamento jurídico.

A despeito disso, o legislador, por meio de regra transitória (art. 192, §§ 1º-4º), teve a cautela de disciplinar os processos concordatários (e também falimentares) ajuizados anteriormente ao início da vigência da lei sob comento.

917. *A recuperação extrajudicial à luz do parecer do senador Ramez Tebet* – "Em lugar da atual concordata – um regime ao qual poucas empresas conseguem sobreviver e que tem como desfecho mais freqüente a decretação da falência – criam-se as opções da recuperação extrajudicial e da recuperação judicial. No primeiro caso, propomos um modelo em que não seja compulsória a participação de todos os credores e em que apenas os mais relevantes sejam chamados a renegociar seus créditos, de forma a permitir a reestruturação da empresa sem comprometimento das características, prazos e valores dos créditos pertencentes aos demais credores. (...). Se a recuperação extrajudicial é uma alternativa prévia à recuperação judicial ou à própria falência, a melhor hipótese é supor que a empresa com perfil para utilizar esse instrumento estaria em situação condizente com a realização de negociação parcial, ou seja, com credores selecionados que sejam relevantes o suficiente para que sua aceitação de novas condições de pagamento permita a solução extrajudicial e simplificada das dificuldades por que passa a empresa solicitante (...).

"Uma primeira indagação seria sobre a eficácia de mecanismo em que apenas parte dos credores participe, arcando com perda econômica, sem que esse peso seja distribuído entre os demais. Qual seria o incentivo para que essa minoria ativa abrisse mão de parte de seus direitos?

"A resposta é que o valor econômico de um crédito depende não apenas de seu valor presente, mas também da probabilidade de não pagamento. Todo haver financeiro carrega certa probabilidade de risco (...). A perda relativa em termos de valor nominal de um título pode ser compensada pela diminuição do risco de recebimento (...).

"Assim, a recuperação extrajudicial deve servir a devedores em situação menos calamitosa que a daqueles com necessidade de recuperação judicial. A recuperação judicial

7. Luiz Fernando Valente de Paiva, "Da recuperação extrajudicial", cit., in Luiz Fernando Valente de Paiva (coord.), *Direito Falimentar e a Nova Lei de Falências e Recuperação de Empresas*, p. 569.

8. Segundo Newton de Lucca, a recuperação extrajudicial é uma espécie de substituto para o que se acostumou chamar de "concordata branca", na linguagem empresarial corrente ("Comentários aos arts. 1º ao 4º", in Osmar Brina Corrêa-Lima e Sérgio Mourão Corrêa-Lima (coords.), *Comentários à Nova Lei de Falência e Recuperação de Empresas: Lei 11.101, de 9.2.2005*, Rio de Janeiro, Forense, 2009, p. 29).

9. José da Silva Pacheco, *Falências e Concordatas. Comentários à Lei de Falências: Doutrina, Legislação e Jurisprudência*, 2ª ed., São Paulo, LTr, 1996, pp. 706-707.

10. Idem, p. 816.

deve ser encarada como recurso útil do empresário e das sociedades em dificuldades, mesmo porque implica gravíssimas medidas em relação ao direito dos credores, como a submissão até mesmo daqueles que não concordarem com as condições oferecidas pelo devedor no plano de recuperação.

"Propomos, portanto, um novo modelo de recuperação extrajudicial, em que o devedor pode selecionar e convocar seus credores para a apresentação de plano, que terá efeitos somente sobre aqueles que a ele expressamente aderirem.

"Prevê-se, ainda, a homologação judicial do plano de recuperação extrajudicial, a fim de conferir-lhe maior segurança jurídica. O juiz, para homologar o plano, ouvirá (...) os credores não signatários, e verificará se suas cláusulas não contêm atos capazes de ensejar a falência do devedor e se não há a intenção de prejudicar credores. Assim, reduz-se a possibilidade de que a maior liberdade concedida na recuperação extrajudicial abra margem a fraudes por parte do devedor e dos credores que selecionar."[11]

918. Conceito de "recuperação extrajudicial" – Para Rachel Sztajn, recuperação extrajudicial "(...) é negócio consensual entre devedor e uma ou algumas classes de credores, um negócio de cooperação, de repactuação na divisão de riscos, que, em alguma medida, se assemelha aos negócios plurilaterais".[12-13-14]

As disposições exclusivas referentes à recuperação extrajudicial estão consubstanciadas nos arts. 161 a 167.

919. Natureza jurídica da recuperação extrajudicial – Assevera Francisco Satiro de Sousa Jr.: "O plano de recuperação extrajudicial constitui um contrato solene, com caráter de cooperação, celebrado entre devedor e credores. Solene porque, para que surta os efeitos de recuperação extrajudicial, deve revestir-se de forma escrita e demanda homologação judicial. Salvo previsão em contrário, terá características de um negócio jurídico celebrado entre devedor e credores sob condição suspensiva, para o qual o evento que possibilita plena eficácia é a homologação judicial".[15]

920. Elementos teleológicos comuns à recuperação judicial e à extrajudicial – O legislador, ao tratar do instituto da recuperação judicial, fixou-lhe os seguintes elementos teleológicos: viabilizar a superação da situação de crise econômico-financeira do devedor, permitindo a manutenção da fonte produtora, do emprego dos trabalhadores e dos interesses dos credores, promovendo a preservação da empresa, sua função social e o estímulo à atividade econômica (art. 47). No entanto, ao tratar do instituto da recuperação extrajudicial não lhe fixou tais elementos.

A despeito disso, e considerando que o objetivo último da recuperação, *lato sensu* (judicial e extrajudicial), é o de evitar a decretação da falência do devedor, com fratura dos perfis da empresa (unidade de produção, geração de empregos, contribuinte de tributos etc.), não temos dúvida em afirmar que os referidos elementos teleológicos também

11. V. parecer na íntegra: Anexo II desta obra.

12. Rachel Sztajn, "Comentários aos arts. 139 ao 167", in Carlos Henrique Abrão e Paulo Fernando Campos Salles de Toledo (coords.), *Lei de Recuperação de Empresas e Falência*, São Paulo, Saraiva, 2005, p. 418.

13. Conceitua Francisco Satiro de Sousa Jr.: "A recuperação extrajudicial é, basicamente, um meio formal de acordo especial com certos credores, que pode eventualmente ser imposto a uma minoria resistente" ("Comentários aos arts. 161 ao 165", cit., in Francisco Satiro de Sousa Jr. e Antônio Sérgio Altieri de Moraes Pitombo (coords.), *Comentários à Lei de Recuperação de Empresas e Falência: Lei 11.101/2005*, p. 511).

14. Segundo Waldo Fazzio Jr.: "A recuperação extrajudicial é um negócio, um acordo que pode ser celebrado entre o devedor e alguns credores ou entre o devedor e todos os credores" (*Nova Lei de Falência e de Recuperação de Empresas*, São Paulo, Atlas, 2005, p. 117).

15. Francisco Satiro de Sousa Jr., "Comentários aos arts. 161 ao 165", cit., in Francisco Satiro de Sousa Jr. e Antônio Sérgio Altieri de Moraes Pitombo (coords.), *Comentários à Lei de Recuperação de Empresas e Falência: Lei 11.101/2005*, p. 514.

são perseguidos *in totum* pelo instituto da recuperação extrajudicial, inclusive na sua função hermenêutica.[16]

921. A recuperação extrajudicial à luz do Direito Norte-Americano – Apenas para se ter uma breve noção sobre o instituto da recuperação nos Estados Unidos da América, permitimo-nos transcrever texto de Márcia Regina Machado Milaré: "A recuperação extrajudicial é um instituto novo no direito concursal brasileiro. Não existia previsão no Decreto-lei 7.661, de 1945. Encontramos a base-paradigma do tema 'recuperação extrajudicial' no similar americano denominado *prepackaged Chapter 11 plan*. Nos Estados Unidos, o *prepackaged plan* é negociado pelo devedor junto a seus credores anteriormente ao ato da solicitação, na Corte de Falências, do próprio pedido de falência (*bankruptcy*). Ao devedor é oportunizado o direito de negociar o plano mesmo depois de protocolado o pedido de falência. Na verdade, o denominado *prepackaged 11 plan* é um *out-of-court restructuring proposal*, ou seja, um acordo extrajudicial proposto e negociado pela empresa que se encontra incapacitada financeiramente, junto a seus credores, de modo a qualificá-la para uma reorganização planificada. O *prepackaged plan* poderá ser firmado junto ao juiz de falências para ter forma de lei entre os signatários e não admitirá arrependimento. O plano de recuperação idealizado pela lei norte-americana tem por finalidade evitar os efeitos adversos da dissensão e rupturas que sempre acompanham o processo de falência, especialmente se os credores de maior volume aceitam-no, já que ficarão a ele atrelados, ainda que o pagamento dos outros credores não aderentes ao plano se dê, na falência, de forma diversa da constante do *prepackaged plan*! Este instituto, nos Estados Unidos da América, é bem-sucedido".[17-18]

922. Quem pode ser considerado devedor para fins de recuperação extrajudicial? – *Devedor*, tanto para fins de recuperação extrajudicial quanto para os efeitos de recuperação judicial, é o empresário ou a sociedade empresária (art. 1º).

O legislador, no art. 1º, *in fine*, ao adotar a expressão "doravante simplesmente referidos como devedor", evitou ser repetitivo.

Quanto à exclusão da sociedade simples do regime da recuperação judicial, extrajudicial e da falência, pedimos vênia para remeter o leitor aos nossos comentários ao art. 1º.

923. Requisitos do art. 48 – Imprescindível que o devedor preencha, cumulativamente, os requisitos do art. 48, os quais, em resumo, são os seguintes:

1) *Exercer regularmente suas atividades há mais de dois anos.*

2) *Não ser falido; se o foi, estejam declaradas extintas as respectivas responsabilidades.*

3) *Não ter obtido concessão de recuperação judicial "há menos de 5 (cinco) anos".*

Observe-se que o § 3º do art. 161 estabelece que o devedor não poderá requerer a homologação de plano extrajudicial se houver obtido recuperação judicial ou homologação

16. Quanto à aplicação do art. 47 à recuperação extrajudicial, afirma Paulo Sérgio Restiffe: "O princípio da preservação da empresa, ante sua função social, vem estatuído no *art. 47 da Lei 11.101/2005, que regulamentou a recuperação judicial e extrajudicial* dos empresários e das sociedades empresárias" (*Recuperação de Empresas: de Acordo com a Lei 11.101, de 9.2.2005*, São Paulo, Manole, 2008, p. 5).

17. Márcia Regina Machado Milaré, "A recuperação extrajudicial", in Rubens Approbato Machado (coord.), *Comentários à Nova Lei de Falências e Recuperação de Empresas*, São Paulo, Quartier Latin, 2005, pp. 155-156.

18. Francisco Satiro de Sousa Jr. afirma: "A doutrina aponta semelhanças entre a recuperação extrajudicial e o *prepackaged bankruptcy chapter 11* americano (...). As semelhanças com o *prepackaged bankruptcy plan* norte-americano repousam principalmente no fato de que em ambos as negociações com credores dão-se extrajudicialmente e o termo resultante é levado à homologação judicial e pode ser imposto à minoria contrária" ("Comentários aos arts. 161 ao 165", cit., in Francisco Satiro de Sousa Jr. e Antônio Sérgio Altieri de Moraes Pitombo (coords.), *Comentários à Lei de Recuperação de Empresas e Falência: Lei 11.101/2005*, pp. 513-514).

de outro plano de recuperação extrajudicial "há menos de 2 (dois) anos".

Assim sendo, instala-se uma antinomia aparente. Como solucioná-la?

Há de prevalecer o requisito previsto no referido § 3º - "há menos de 2 (dois) anos" –, pois ele é específico para a recuperação extrajudicial,[19-20] enquanto "há menos de 5 (cinco) anos" é exclusivo para a recuperação judicial.[21]

4) *Não ter obtido recuperação judicial como microempresa ou empresa de pequeno porte há menos de oito anos.*

5) *Não ter sido condenado, nem ter administrador ou sócio controlador que o foi.*[22]

Acrescente-se, ainda, mais um requisito, veiculado no § 3º do art. 161: inexistência de pedido de recuperação judicial ou de obtenção de recuperação judicial ou homologação de outro plano de recuperação extrajudicial há menos de dois anos.

924. E se os requisitos do art. 48 e do § 3º do art. 161 não forem preenchidos? – Nos termos do Código de Processo Civil, o juiz assinará prazo de 10 dias (art. 284); se, ainda assim, não for suprida a irregularidade, o juiz indeferirá a petição inicial (art. 284, parágrafo único).[23]

No caso de impossibilidade definitiva de preenchimento dos aludidos requisitos, a única alternativa remanescente é o simples acordo.[24]

Frise-se que o devedor poderá renovar o pedido de homologação extrajudicial, conforme o § 8º do art. 164, desde que cumpra todas as formalidades, inclusive aquelas faltantes quando do pedido anterior.[25-26]

19. Marcos Andrey de Sousa aduz: "Os requisitos elencados nos incisos II e III do art. 48 não se aplicam à recuperação extrajudicial, sendo substituídos, para este instituto, pelo disposto no § 3º do art. 161 (...)" ("Comentários aos arts. 157 ao 167", in Newton de Lucca e Adalberto Simão Filho (coords.), *Comentários à Nova Lei de Recuperação de Empresas e de Falências*, São Paulo, Quartier Latin, 2005, p. 578).

20. Para Maria Cristina Frascati Litrento: "(...) se fizermos um estudo comparativo com o instituto da concordata, não deverão estar também sujeitos ao plano os empresários que requereram pedido de concordata preventiva ou suspensiva há menos de dois anos da data do pedido de recuperação, por uma questão de eqüidade e justiça. Essa é a melhor interpretação para o dispositivo do § 3º do art. 161" ("Comentários aos arts. 161 ao 167", in Érica Guerra e Maria Cristina Frascari Litrento (orgs.), *Nova Lei de Falências: Lei 11.101, de 9.2.2005 – Comentada*, Campinas/SP, LZN Editora, 2005, p. 269).

21. José da Silva Pacheco assevera: "De um modo geral, são os mesmos requisitos exigidos para o devedor requerer a recuperação judicial, visto que o art. 161 faz referência ao art.48 da nova lei, com exceção dos previstos nos incisos II (...). Assim, para o devedor (...) poder, após negociar com seus credores, requerer a sua homologação, deve preencher os seguintes requisitos: (...) não tenha obtido, há menos de dois anos, recuperação judicial ou homologação de outro plano de recuperação extrajudicial" (*Processo de Recuperação Judicial, Extrajudicial e Falência*, Rio de Janeiro, Forense, 2006, pp. 355-356).

22. Paulo Penalva Santos doutrina: "Punir a sociedade por crime praticado por administrador ou sócio controlador representa um retrocesso, incompatível com a visão moderna da Lei 11.101/2005, que tem na separação da figura dos sócios (ou administradores) da sociedade um dos seus pilares. Se a finalidade da lei é preservar a empresa como uma unidade de produção coletiva, gerando riqueza, criando empregos e contribuindo para o desenvolvimento social, não faz sentido impedir a recuperação judicial pelo fato de um administrador ou sócio ter sido condenado por crime falimentar. O correto seria, neste caso, permitir que a sociedade empresária obtivesse a recuperação judicial, mas com o afastamento dos sócios ou administradores que tivessem praticado ilícitos penais (...)" ("A recuperação extrajudicial na nova Lei de Falências", in Paulo Penalva Santos (coord.), *A Nova Lei de Falências e de Recuperação de Empresas: Lei 11.101/2005*, Rio de Janeiro, Forense, 2006, pp. 379-380).

23. No mesmo sentido: Manoel Justino Bezerra Filho, *Nova Lei de Recuperação e de Falências Comentada. Lei 11.101, de 9.2.2005, Comentário Artigo por Artigo*, 3ª ed., São Paulo, Ed. RT, 2005, p. 349.

24. No mesmo sentido, Francisco Satiro de Sousa Jr.: "O *workout* ou livre acordo passa a ser a única alternativa viável aos empresários irregulares, bem como àqueles que não satisfazem as exigências do art. 48 da Lei 11.101/2005 (art. 161, *caput*) ou que tiverem tido homologado plano de recuperação extrajudicial nos últimos dois anos (art. 161, § 3º)" ("Comentários aos arts. 161 ao 165", cit., in Francisco Satiro de Sousa Jr. e Antônio Sérgio Altieri de Moraes Pitombo (coords.), *Comentários à Lei de Recuperação de Empresas e Falência: Lei 11.101/2005*, p. 513).

25. Em relação à *recuperação judicial*, explica Manoel Justino Bezerra Filho que o tratamento processual é, na essência, o mesmo: "A lei optou

925. Qual é o órgão competente para autorizar o requerimento da recuperação extrajudicial? – A competência e respectivo *quorum* para autorizar o requerimento da recuperação extrajudicial são:

1) *Na sociedade limitada, a competência é dos sócios e o* quorum *é de mais da metade do capital social (arts. 1.071, VIII, e 1.076, II, do CC)*. Em caso de urgência os administradores podem requerer diretamente a recuperação extrajudicial (§ 4º do art. 1.072 do CC). Frise-se que tal regra possibilita apenas a dispensa da realização da assembléia ou reunião dos sócios para deliberação sobre requerimento de recuperação extrajudicial, mas não excepciona o *quorum*; ao contrário, o ratifica.

2) *Na sociedade anônima, a competência é privativa da assembléia-geral e o* quorum *é o da maioria absoluta dos acionistas presentes à assembléia, não se computando os votos em branco (arts. 122, IX, e 129 da Lei 6.404/1976)*. *Ad instar* do que ocorre na sociedade limitada, em caso de urgência os administradores da sociedade anônima, desde que obtenham a concordância do acionista controlador, poderão formular diretamente o requerimento de recuperação extrajudicial, convocando-se imediatamente a assembléia-geral (parágrafo único do art. 122 da Lei 6.404/1976).

3) *Na sociedade em comandita por ações aplica-se o mesmo regime da sociedade anônima; vale dizer, a competência é privativa da assembléia-geral e o* quorum *é o da maioria absoluta dos acionistas presentes à assembléia, não se computando os votos em branco (art. 122 da Lei 6.404/1976, c/c o art. 1.090 do CC).*

4) *Na sociedade em nome coletivo (art. 1.040 do CC) a competência é dos sócios e o* quorum *é o da maioria de votos contados segundo o valor das quotas de cada um (art. 1.010, § 1º, do CC).*

5) *Na sociedade em comandita simples (art. 1.045 do CC) aplica-se o mesmo regime da sociedade em nome coletivo, ou seja, a competência é dos sócios e o* quorum *é o da maioria de votos contados segundo o valor das quotas de cada um (art. 1.046 do CC).*

O cônjuge sobrevivente, os herdeiros do devedor, o inventariante e o sócio remanescente, pessoas físicas mencionadas no parágrafo único do art. 48, estão legitimados a requerer a recuperação extrajudicial?

Entendemos que sim, pois, além de inexistir qualquer razão lógico-jurídica que impeça tais pessoas de pleitearem a recuperação extrajudicial, o art. 161 faz expressa alusão ao art. 48, e não apenas ao seu *caput*.[27]

por abandonar o sistema que estava mantendo até as últimas versões do Projeto, que previa que, se não deferido o processamento, seria decretada a falência do devedor. Havia nas redações anteriores um inciso V no art. 73 que estipulava que: 'se o juiz julgar improcedente o pedido inicial, por qualquer motivo, decretará a falência'. Este inciso foi suprimido, de tal forma que o pedido inicial, se não estiver em termos, será indeferido, sem que haja o decreto de falência, ao contrário do que ocorria na lei anterior. O art. 161 da lei revogada previa que, se o pedido inicial da concordata preventiva não estivesse em termos, o juiz decretaria a falência. (...) o juiz pode indeferir o pedido inicial de processamento da recuperação (judicial), sem decretar a falência. No entanto, se deferir o processamento e o plano de recuperação (judicial) apresentado vier a ser rejeitado, então, será decretada a falência" (*Nova Lei de Recuperação e Falências Comentada. Lei 11.101, de 9.2.2005, Comentário Artigo por Artigo*, cit., 3ª ed., pp. 127-128).

26. Ainda em relação à *recuperação judicial*, ressaltamos que, se se tratasse de rejeição do respectivo plano pela assembléia-geral de credores, aí, sim, o juiz decretaria a falência do devedor (art. 56, § 4º, c/c o art. 73, III).

27. No mesmo sentido, Marcos Andrey de Sousa: "Aplica-se, também, à recuperação extrajudicial o disposto no parágrafo único do art. 48, que legitima o cônjuge sobrevivente, os herdeiros, o inventariante ou o sócio remanescente. Tal possibilidade atende melhor aos princípios da atual lei (recuperação da empresa, reconhecimento da função social, celeridade e economia processual, soluções de mercado). Por outro lado, o texto legal não apresenta qualquer óbice neste sentido. Quando o art. 161 faz menção aos requisitos do art. 48, abrange o disposto em todo o conteúdo do artigo, vale dizer, *caput*, incisos e parágrafo. (...). A única restrição à aplicação do art. 48 decorre do disposto no § 3º do art. 161 (...)" ("Comentários aos arts. 157 ao 167", cit., in Newton de Lucca e Adalberto Simão Filho (coords.), *Comentários à Nova Lei de Recuperação de Empresas e de Falências*, pp. 580-581).

926. Não abrangência dos créditos tributários, trabalhistas e acidentários e daqueles dos arts. 49, § 3º, e 86, II – O § 1º do art. 161 estabelece que o plano de recuperação extrajudicial, além de não abranger os créditos tributários (impostos, taxas e contribuições), trabalhistas (salários, férias e outras verbas) e acidentários laborais (indenizações), também não abrange créditos oriundos de garantia fiduciária (de bens móveis e imóveis), arrendamento mercantil (*leasing*), compra e venda de imóveis com cláusula de irrevogabilidade/irretratabilidade, compra e venda com reserva de domínio (art. 49, § 3º) e de adiantamento de contrato de câmbio (art. 86, II).

Explica Paulo Penalva Santos: "É coerente com o nosso sistema jurídico que o crédito tributário e o previdenciário não possam ser abrangidos por uma recuperação judicial ou extrajudicial, dada a sua natureza de direito indisponível. Por isso, não é possível que a Fazenda Pública concorde com novas formas de pagamento de seu crédito".[28]

Esclareça-se: se os credores titulares dos créditos referidos no § 3º do art. 49 e no inciso II do art. 86 aquiescerem com o plano de recuperação judicial, nada obsta a que o devedor o apresente em juízo, pois, além de a intenção do legislador não ter sido a de proibir tais credores de aderir – mas, sim, a de os excluir de eventual "compulsoriedade" da recuperação extrajudicial –, eles são titulares de direitos disponíveis.[29]

Por outro lado, o devedor poderá, paralela ou simultaneamente à apresentação do plano de recuperação extrajudicial, celebrar acordos extrajudiciais, de conformidade com o art. 167.[30-31-32]

927. Proibição de pagamento antecipado e/ou tratamento diferenciado entre credores – O § 2º do art. 161, visando a conferir tratamento isonômico entre os credores, veda, de forma cogente, seja inserido no plano de recuperação extrajudicial pagamento antecipado de dívidas, bem como tratamento desfavorável aos credores que a ele não estejam sujeitos.[33-34-35]

28. Paulo Penalva Santos, "Comentários aos arts. 161 ao 167", in Osmar Brina Corrêa-Lima e Sérgio Mourão Corrêa-Lima (coords.), *Comentários à Nova Lei de Falência e Recuperação de Empresas: Lei 11.101, de 9.2.2005*, Rio de Janeiro, Forense, 2009, p. 1.103.

29. No mesmo sentido: Fabio Ulhoa Coelho, *Comentários à Nova Lei de Falências e de Recuperação de Empresas*, São Paulo, Saraiva, 2005, p. 397.

30. Francisco Satiro de Sousa Jr. destaca: "Isso não significa que dentro das determinações legais aplicáveis a cada espécie não podem os credores dessas classes celebrar acordos paralelos com o devedor, como inclusive prevê o art. 167, mesmo que simultaneamente à aprovação do plano de recuperação extrajudicial" ("Comentários aos arts. 161 ao 165", cit., in Francisco Satiro de Sousa Jr. e Antônio Sérgio Altieri de Moraes Pitombo (coords.), *Comentários à Lei de Recuperação de Empresas e Falência: Lei 11.101/2005*, p. 518).

31. Marcos Andrey de Sousa sustenta: "O que a nova Lei de Falências está impedindo é que estes créditos façam parte do plano de recuperação extrajudicial a ser levado para homologação em juízo nos moldes preconizados. Não impede, todavia, nem poderia fazê-lo, que o devedor procure tais credores para propor-lhes negociações extrajudiciais. Tanto o art. 167 (...) elucida que o disposto na lei não impede a realização de outros modos de acordo privado. (...). Inclusive, se as partes pretenderem dar maior segurança jurídica à transação, podem levá-la para homologação judicial, não nos moldes da legislação falimentar, mas nos termos do art. 584 do CPC, constituindo título executivo judicial e restringindo a matéria de embargos, pelo disposto no art. 741 do *Codex* processual. Portanto, a leitura do disposto no art. 161, § 1º, da nova Lei de Falências não pode conduzir ao erro os empresários, profissionais do Direito e consultores no sentido de não procurar a negociação com todos os credores. O ideal é a procura de todos os caminhos que permitam e viabilizam a solução de mercado para reorganização da empresa em dificuldades" ("Comentários aos arts. 157 ao 167", cit., in Newton de Lucca e Adalberto Simão Filho (coords.), *Comentários à Nova Lei de Recuperação de Empresas e de Falências*, pp. 581-582).

32. Sérgio Campinho ressalta: "Mas o fato não impede a renegociação privada das dívidas com tais credores excluídos, à exceção dos credores tributários e trabalhistas, visando à superação de crise do devedor. A exclusão traduz, tão-somente, a impossibilidade de homologação desses acordos" (*Falência e Recuperação de Empresa: o Novo Regime da Insolvência Empresarial*, cit., pp. 443-444).

33. Adverte Paulo Penalva Santos: "Não faz sentido proibir a antecipação de pagamentos, pois em muitos casos o credor dá descontos que podem ser

928. Requisito (negativo) complementar – Como já ressaltamos acima, além dos requisitos do art. 48, o devedor também deve preencher o requisito (negativo) veiculado no § 3º do art. 161, qual seja: inexistência de pedido de recuperação judicial ou de obtenção de recuperação judicial ou homologação de outro plano de recuperação extrajudicial há menos de dois anos.[36]

929. Não suspensão de direitos, ações, execuções e pedido de falência – O § 4º do art. 161 assegura aos credores não sujeitos ao plano de recuperação extrajudicial o pleno exercício dos seus direitos, ações, execuções, inclusive o de pedirem a falência do devedor.[37-38]

Outro é o regime em relação à recuperação judicial: há suspensão das ações e execuções intentadas em face do devedor pelo prazo de 180 dias, contados do deferimento do processamento (art. 6º, § 4º), exceto se se

interessantes para o devedor, desde que ele antecipe o pagamento da dívida. Acordos que dispõem sobre o pagamento antecipado são lícitos; apenas não poderiam ser objeto de homologação em procedimento de recuperação extrajudicial. Aqui, cumpre alertar aos credores que a antecipação de pagamentos no termo legal, apesar de lícita, poderá ter sua ineficácia declarada (art. 129, I), até mesmo de ofício (parágrafo único do art. 129)" ("Comentários aos arts. 161 ao 167", cit., in Osmar Brina Corrêa-Lima e Sérgio Mourão Corrêa-Lima (coords.), *Comentários à Nova Lei de Falência e Recuperação de Empresas: Lei 11.101, de 9.2.2005*, p. 1.104).

34. Ressalta Marcos Andrey de Sousa: "Entendemos, portanto, que da leitura do art. 161, § 2º, não se vislumbra qualquer proibição expressa de tratamento diferenciado entre credores. O que o referido dispositivo visa a evitar são duas situações distintas: (a) que o plano de recuperação judicial [*rectius, extrajudicial*] contemple vencimento antecipado de dívidas e (b) que o referido plano contemple tratamento diferenciado aos credores *que a ele não estejam sujeitos*" ("Comentários aos arts. 157 ao 167", cit., in Newton de Lucca e Adalberto Simão Filho (coords.), *Comentários à Nova Lei de Recuperação de Empresas e de Falências*, p. 583).

35. Rachel Sztajn ressalta: "Pensada como benefício, a recuperação extrajudicial não pode redundar em danos ou piora das posições creditórias do credor que não aderir. Deve esforçar-se o devedor para obter o máximo de adesões das diferentes classes de credores, de forma a que seja mais simples contornar a questão da distribuição de possíveis ganhos do modo mais eqüitativo possível. Se o plano for dirigido e aceito por uma ou poucas classes de credores, impedir que obtenham alguma vantagem é tarefa complexa. (...). A vedação a tratamento desfavorável aos credores que não aderirem ao plano não significa que terão os mesmos benefícios ou vantagens previstos para os que venham a aderir à proposta, o que se coaduna com o princípio geral de Direito que determina tratar igualmente a todos, desde que na mesma situação ou posição jurídica, e desigualmente aos que ocupem posições outras" ("Comentários aos arts. 139 ao 167", cit., in Carlos Henrique Abrão e Paulo Fernando Campos Salles de Toledo (coords.), *Lei de Recuperação de Empresas e Falência*, p. 419).

36. Rachel Sztajn esclarece: "Pendendo de decisão pedido de recuperação judicial, ou se algum favor desse tipo tiver sido concedido há menos de dois anos, o devedor está proibido de requerer novo benefício. Na verdade, as hipóteses do § 3º do art. 161 se destinam a impedir comportamentos oportunistas dos devedores. A externalidade negativa produzida com a reiteração em lapsos temporais reduzidos, de dois anos, para a repetição de crise empresarial constitui pouco tempo. Aceitar tal oportunismo equivale a compactuar com comportamentos negligentes, descuidados, comprometendo a circulação do crédito pela adoção de medidas defensivas" ("Comentários aos arts. 139 ao 167", cit., in Carlos Henrique Abrão e Paulo Fernando Campos Salles de Toledo (coords.), *Lei de Recuperação de Empresas e Falência*, p. 419).

37. Rachel Sztajn ressalta: "Convém criar mecanismos de estímulo corretor para que as adesões sejam em número elevado, uma vez que a possibilidade de requerimento da falência não desaparece (§ 4º), tal como não ficam suspensas ações e execuções individuais. Enquanto não for decretada a falência não se estabelece juízo universal, por isso aqueles credores que optarem por manter suas posições sem aderir ao plano de recuperação podem exercer suas pretensões tal como deduzidas dos negócios jurídicos celebrados com cada um deles pelo devedor" ("Comentários aos arts. 139 ao 167", cit., in Carlos Henrique Abrão e Paulo Fernando Campos Salles de Toledo (coords.), *Lei de Recuperação de Empresas e Falência*, p. 419).

38. Lembra Manoel Justino Bezerra Filho: "[*A*] *contrario sensu*, e até por uma questão de lógica dos negócios, aqueles credores que estão sujeitos ao plano terão suspensas as ações e execuções em andamento, não podendo também requerer a falência do devedor pelos créditos constantes do plano de recuperação extrajudicial" (*Nova Lei de Recuperação e de Falências Comentada. Lei 11.101, de 9.2.2005, Comentário Artigo por Artigo*, cit., 3ª ed., p. 352).

tratar de contratos de arrendamento mercantil de aeronaves ou de suas partes (parágrafo único do art. 199).

930. Há prevenção em relação à distribuição do pedido de recuperação extrajudicial? – Na medida em que a lei é omissa em relação à prevenção no âmbito da recuperação extrajudicial, surgem duas alternativas: ou se aplica a ela, por *analogia legis*, o disposto no § 8º do art. 6º, que prevê a prevenção, ou se conclui que no tocante a ela não se opera dita prevenção.

Fábio Ulhoa Coelho,[39] Manoel Justino Bezerra Filho[40] e Francisco Satiro de Sousa Jr.[41] opinam no sentido de que se deve considerar que a distribuição da recuperação extrajudicial não previne a jurisdição.

931. Impossibilidade de o credor aderente ao plano dele desistir após a distribuição do pedido de homologação – O § 5º do art. 161 impossibilita o credor aderente ao plano de recuperação extrajudicial de dele desistir após sua distribuição,[42] exceto se obtiver a aquiescência expressa dos demais credores aderentes.[43]

A *ratio* desta vedação, quase absoluta, parece-nos óbvia: a desistência de um dos credores, além de gerar insegurança jurídica ao próprio juiz e aos demais credores, pode estimulá-los a também pleitear suas desistências.[44]

Por oportuno, encarecemos que a eficácia da desistência em tela está condicionada à anuência unânime dos credores signatários do plano de recuperação extrajudicial (e não a três quintos, maioria absoluta etc.).

932. Sentença homologatória: título executivo judicial – O § 6º do art. 161 declara que a sentença homologatória da recupera-

39. Fábio Ulhoa Coelho, *Comentários à Nova Lei de Falências e de Recuperação de Empresas*, cit., p. 41.

40. Manoel Justino Bezerra Filho: "O § 8º do art. 6º estabelece que a distribuição do pedido de falência ou de recuperação judicial previne a jurisdição; portanto, o pedido de homologação extrajudicial não traz prevenção, pelos menos *ex vi legis*, devendo ser livremente distribuído eventual requerimento de falência" (*Nova Lei de Recuperação e de Falências Comentada. Lei 11.101, de 9.2.2005, Comentário Artigo por Artigo*, cit., 3ª ed., p. 353).

41. Francisco Satiro de Sousa Jr.: "Da mesma forma, a distribuição do pedido de homologação do plano de recuperação extrajudicial é livre (mesmo que tenha havido anterior pedido de falência ou recuperação judicial) e não previne o juízo (art. 6º, § 8º). Daí decorre que em comarcas que possuam mais de um juízo o eventual pedido de falência contra o empresário será livremente distribuído, ainda que em curso ou concluído pedido de homologação de plano de recuperação extrajudicial, e vice-versa" ("Comentários aos arts. 161 ao 165", cit., in Francisco Satiro de Sousa Jr. e Antônio Sérgio Altieri de Moraes Pitombo (coords.), *Comentários à Lei de Recuperação de Empresas e Falência: Lei 11.101/2005*, p. 518).

42. Lembra Marcos Andrey de Sousa: "(...) embora não elucidado pelo texto legal, entendemos que depois de assinado pelo credor, mas ainda não apresentado em juízo, aquele não poderá desistir sem a concordância do devedor com quem se comprometeu. O que a lei estabelece é apenas mais uma exigência (concordância também dos credores) na hipótese de o pedido de homologação já ter sido aforado" ("Comentários aos arts. 157 ao 167", cit., in Newton de Lucca e Adalberto Simão Filho (coords.), *Comentários à Nova Lei de Recuperação de Empresas e de Falências*, p. 588).

43. Explica Francisco Satiro de Sousa Jr.: "Trata-se de reconhecimento de que a causa do plano reflete um interesse maior que os individuais dos signatários. Do ponto de vista contratual, por seu turno, pode o próprio plano prever a impossibilidade de arrependimento mesmo antes da distribuição, o que deve ser respeitado" ("Comentários aos arts. 161 ao 165", cit., in Francisco Satiro de Sousa Jr. e Antônio Sérgio Altieri de Moraes Pitombo (coords.), *Comentários à Lei de Recuperação de Empresas e Falência: Lei 11.101/2005*, p. 518).

44. Para Rachel Sztajn: "A razão da proibição tem que ver com o *quorum* necessário para que todos os credores de uma classe de créditos estejam obrigados ao plano. A desistência de qualquer credor se reflete sobre o porcentual imposto em lei, por isso que se pode compreender que comportamentos oportunistas, fazendo os demais de reféns com a simples ameaça de retirar o apoio ao plano, seriam negativos para o escopo do legislador. Negociado o plano, definidas as regras para sua implementação, permitir que um ou alguns credores pudessem retratar-se abriria flancos para tais manobras que redundariam em insegurança" ("Comentários aos arts. 139 ao 167", cit., in Carlos Henrique Abrão e Paulo Fernando Campos Salles de Toledo (coords.), *Lei de Recuperação de Empresas e Falência*, p. 420).

ção extrajudicial constituirá título executivo judicial (art. 584, III, do CPC).[45-46]

Destarte, caso o devedor deixe de honrar o que fora convencionado no plano de recuperação extrajudicial homologado, aos credores se abrirão dois caminhos: (1) executar seu crédito, livremente, contra o devedor; ou (2) pedir sua falência.

Art. 162. O devedor poderá requerer a homologação em juízo do plano de recuperação extrajudicial,[933] juntando sua justificativa e o documento que contenha seus termos e condições, com as assinaturas dos credores que a ele aderiram.[934]

LEGISLAÇÃO ANTERIOR

Artigo sem correspondência no Decreto-lei 7.661/1945.

COMENTÁRIOS

933. Distinção entre os arts. 162 e 163: dois tipos de planos de recuperação extrajudicial – Da mera leitura dos arts. 162 e 163 dessome-se que há dois tipos de planos de recuperação extrajudicial.[47]

O primeiro tipo está previsto no art. 162. É aquele que engloba apenas e tão-somente os créditos dos credores que a ele aderirem.

O segundo está previsto no art. 163. É aquele no qual o devedor obtém adesão de pelo menos três quintos de todos os créditos de cada espécie por ele abrangidos (com garantia real, com privilégio especial, com privilégio geral, quirografários e/ou subordinados) e, por isso, uma vez homologado, passa a vincular os demais credores minoritários da mesma espécie dos créditos abrangidos, independentemente de adesão.

Para fins de identificação de cada um dos tipos – já que a lei não lhes atribui nomes específicos –, sugerimos as seguintes denominações: para a recuperação extrajudicial do art. 162, *recuperação extrajudicial por adesão*; e para a recuperação extrajudicial do art. 163, *recuperação extrajudicial vinculante*.[48-49-50-51]

45. Francisco Satiro de Sousa Jr. afirma: "Com essa medida limitam-se as matérias oponíveis em embargos, pelos interessados, em caso de execução" ("Comentários aos arts. 161 ao 165", cit., in Francisco Satiro de Sousa Jr. e Antônio Sérgio Altieri de Moraes Pitombo (coords.), *Comentários à Lei de Recuperação de Empresas e Falência: Lei 11.101/2005*, p. 518).

46. Numa eventual hipótese de o devedor obter a concordância de todos os credores, tornar-se-ia, *prima facie*, dispensável a aplicação do instituto da recuperação extrajudicial – e, portanto, a homologação judicial do respectivo plano. Contudo, explica Júlio Kahan Mandel: "(...) o fato de o plano homologado se transformar em título executivo dá segurança às partes e facilita aos credores a propositura de ação judicial visando a compelir o devedor inadimplente a cumprir o estabelecido no plano" (*Nova Lei de Falências e Recuperação de Empresas Anotada: Lei 11.101, de 9.2.2005*, São Paulo, Saraiva, 2005, p. 259).

47. Afirma Márcia Regina Machado Milaré: "Temos, então, na recuperação extrajudicial dois tipos de planos: um que obriga a quem a ele adere e outro que, independentemente da adesão, cumpridos os requisitos legais, será imposto à minoria" ("A recuperação extrajudicial", in Rubens Approbato Machado (coord.), *Comentários à Nova Lei de Falências e Recuperação de Empresas*, São Paulo, Quartier Latin, 2005, p. 158).

48. Fabio Ulhoa Coelho prefere as seguintes denominações: "homologação facultativa" (art. 162) e "homologação obrigatória" (art. 163) (*Comentários à Nova Lei de Falências e de Recuperação de Empresas*, São Paulo, Saraiva, 2005, pp. 397 e 399).

49. Já, Luiz Fernando Valente de Paiva adota as seguintes expressões: "meramente homologatória" (art. 162) e "impositiva" (art. 163) ("Da recuperação extrajudicial", in Luiz Fernando Valente de Paiva (coord.), *Direito Falimentar e a Nova Lei de Falências e Recuperação de Empresas*, São Paulo, Quartier Latin, 2005, p. 569).

50. Marcos Andrey de Sousa opta pelos seguintes nomes: "modalidade de adesão total" (art. 162) e "modalidade de imposição à minoria" (art. 163) ("Comentários aos arts. 157 ao 167", in Newton de Lucca e Adalberto Simão Filho (coords.), *Comentários à Nova Lei de Recuperação de Empresas e de Falências*, São Paulo, Quartier Latin, 2005, p. 589).

51. Gladston Mamede opta pelas expressões "recuperação extrajudicial ordinária" (art. 162) e "recuperação extrajudicial extraordinária" (art. 163) (*Direito Empresarial Brasileiro: Falência e Recuperação de Empresas*, vol. 4, São Paulo, Atlas, 2006, p. 301).

934. Documentação a ser juntada: recuperação extrajudicial do art. 162 e do art. 163 – Faz-se mister ressaltar a distinção entre a documentação a ser acostada à petição inicial da recuperação extrajudicial, a que alude o art. 162, e aquela referida no art. 163.

Na primeira (art. 162) – recuperação extrajudicial por adesão –, além dos documentos comprobatórios dos requisitos previstos no art. 48 (art. 161), basta o devedor acostar a justificativa[52-53-54] e o documento com as assinaturas dos credores aderentes que especifique os termos e condições avençados previamente.

Já, na segunda (art. 163) – vinculante –, o devedor, além dos documentos comprobatórios dos requisitos previstos no art. 48 (art. 161) bem como da justificativa e do documento com as assinaturas dos credores aderentes que especifique os termos e condições avençados previamente, deverá também, por força do § 6º do art. 163, acostar à sua petição inicial: (1) a exposição da situação patrimonial; (2) as demonstrações contábeis relativas ao último exercício social e as levantadas especialmente para instruir o pedido, na forma do inciso II do art. 51 (balanço patrimonial, demonstração de resultados acumulados, demonstração de resultado desde o último exercício social e relatório gerencial de fluxo de caixa e de sua projeção); (3) documentos que comprovem os poderes dos subscritores para novar e transigir, relação nominal dos credores,[55-56] com indicação do endereço de cada um, a natureza, classificação e o valor atualizado do crédito, discriminando a origem, o regime dos respectivos vencimentos e a indicação do registro contábil de cada transação pendente.

Art. 163. O devedor poderá, também, requerer a homologação de plano de recuperação extrajudicial[935] que obriga a todos os credores por ele abrangidos, desde que assinado por credores que representem mais de três quintos de todos os créditos de cada espécie por ele abrangidos.[936-937]

§ 1º. O plano poderá abranger a totalidade de uma ou mais espécies de créditos previstos no art. 83, incisos II, IV, V, VI e VIII do *caput*, desta Lei, ou grupo de credores de

52. Lembramos que o art. 159 do Decreto-lei 7.661/1945 já exigia que o devedor, na sua petição inicial, expusesse, minudentemente, seu estado econômico e as razões que o levaram a impetrar concordata.

53. Manoel Justino Bezerra Filho suscita um ponto oportuno e pertinente relativo ao art. 162, qual seja: o fato de que dito dispositivo trará o mesmo resultado do art. 159 do Decreto-lei 7.661/1945 – vale dizer, os devedores adotarão as mesmas justificativas *pro forma* e genéricas de outrora, tais como: "crise econômica", retração de mercado", "queda de atividade" etc. (*Nova Lei de Recuperação e de Falências Comentada. Lei 11.101, de 9.2.2005, Comentário Artigo por Artigo*, 3ª ed., São Paulo, Ed. RT, 2005, p. 354).

54. Marcos Andrey de Sousa enfatiza: "A expressão 'justificativa' é por demais vaga, devendo ser entendida como as razões pelas quais o devedor pretende sua reorganização e acredita na sua viabilidade. Entretanto, não caberá ao juiz avaliar e julgar se tais justificativas são ou não são convincentes, se são exaustivas ou omissas, ou coisa que o valha. A análise do magistrado será apenas em relação às questões formais, ou seja, se os requisitos estão preenchidos e se os documentos exigidos por lei estão presentes. Relembre-se, neste aspecto, que a lei procura adotar solução de mercado, deixando a cargo dos credores e devedores a decisão acerca da reorganização (viabilidade e condições), não cabendo ao magistrado adentrar o mérito da recuperação" ("Comentários aos arts. 157 ao 167", cit., in Newton de Lucca e Adalberto Simão Filho (coords.), *Comentários à Nova Lei de Recuperação de Empresas e de Falências*, p. 591).

55. Segundo Manoel Justino Bezerra Filho: "A relação nominal é de todos os credores e não só daqueles sujeitos ao plano; quando a lei quer particularizar os credores sujeitos ao plano, diz expressamente, como se pode ver do § 1º do art. 164 (...)" (*Nova Lei de Recuperação e de Falências Comentada. Lei 11.101, de 9.2.2005, Comentário Artigo por Artigo*, cit., 3ª ed., p. 359).

56. Em sentido contrário, Júlio Kahan Mandel: "A lista de credores a que se refere este artigo deverá conter somente aqueles cujos créditos estarão sujeitos ao procedimento" (*Nova Lei de Falências e Recuperação de Empresas Anotada: Lei 11.101, de 9.2.2005*, São Paulo, Saraiva, 2005, p. 262).

mesma natureza e sujeito a semelhantes condições de pagamento,[938] e, uma vez homologado, obriga a todos os credores das espécies por ele abrangidas, exclusivamente em relação aos créditos constituídos até a data do pedido de homologação.

§ 2º. Não serão considerados para fins de apuração do percentual previsto no *caput* deste artigo os créditos não incluídos no plano de recuperação extrajudicial,[939] os quais não poderão ter seu valor ou condições originais de pagamento alteradas.

§ 3º. Para fins exclusivos de apuração do percentual previsto no *caput* deste artigo: I – o crédito em moeda estrangeira será convertido para moeda nacional pelo câmbio da véspera da data de assinatura do plano;[940] e II – não serão computados os créditos detidos pelas pessoas relacionadas no art. 43 deste artigo [*sic*].[941]

§ 4º. Na alienação de bem objeto de garantia real, a supressão da garantia ou sua substituição somente serão admitidas mediante a aprovação expressa do credor titular da respectiva garantia.[942]

§ 5º. Nos créditos em moeda estrangeira, a variação cambial só poderá ser afastada se o credor titular do respectivo crédito aprovar expressamente previsão diversa no plano de recuperação extrajudicial.[943]

§ 6º. Para a homologação do plano de que trata este artigo, além dos documentos previstos no *caput* do art. 162 desta Lei, o devedor deverá juntar:[944] I – exposição da situação patrimonial do devedor; II – as demonstrações contábeis[945] relativas ao último exercício social e as levantadas especialmente para instruir o pedido, na forma do inciso II do *caput* do art. 51 desta Lei; e III – os documentos que comprovem os poderes dos subscritores para novar ou transigir, relação nominal completa dos credores, com a indicação do endereço de cada um, a natureza, a classificação e o valor atualizado do crédito, discriminando sua origem, o regime dos respectivos vencimentos e a indicação dos registros contábeis de cada transação pendente.

LEGISLAÇÃO ANTERIOR

Artigo sem correspondência no Decreto-lei 7.661/1945.

COMENTÁRIOS

935. Distinção entre a recuperação extrajudicial do art. 162 e a do art. 163 – Ao comentarmos o art. 162 já procedemos à distinção entre os tipos de recuperação extrajudicial. Por isso, pedimos vênia para remeter o leitor àqueles comentários.

Frisamos que, para fins de identificação de cada um dos tipos de recuperação extrajudicial, sugerimos a adoção dos vocábulos "por adesão" para aquele previsto no art. 162 e "vinculante" para o tipo ora sob comento.[57]

936. Vinculação de todos os credores abrangidos pelo plano, desde que assinado por mais de três quintos de todos os créditos de cada espécie por ele abrangidos – Frise-se, desde logo, que a fração de três quintos é calculada em relação aos créditos, e não aos credores.[58]

57. Fabio Ulhoa Coelho prefere as seguintes denominações: "homologação facultativa" (art. 162) e "homologação obrigatória" (art. 163) (*Comentários à Nova Lei de Falências e de Recuperação de Empresas*, São Paulo, Saraiva, 2005, pp. 397 e 399). Por outro lado, Luiz Fernando Valente de Paiva adota as seguintes expressões: "meramente homologatória" (art. 162) e "impositiva" ("Da recuperação extrajudicial", in Luiz Fernando Valente de Paiva (coord.), *Direito Falimentar e a Nova Lei de Falências e Recuperação de Empresas*, São Paulo, Quartier Latin, 2005, p. 569). Marcos Andrey de Sousa opta pelos seguintes nomes: "modalidade de adesão total" (art. 162) e "modalidade de imposição à minoria" (art. 163) ("Comentários aos arts. 157 ao 167", in Newton de Lucca e Adalberto Simão Filho (coords.), *Comentários à Nova Lei de Recuperação de Empresas e de Falências*, São Paulo, Quartier Latin, 2005, p. 589). Por fim, Gladston Mamede utiliza as expressões "recuperação extrajudicial ordinária" (art. 162) e "recuperação extrajudicial extraordinária" (art. 163) (*Direito Empresarial Brasileiro: Falência e Recuperação de Empresas*, vol. 4, São Paulo, Atlas, 2006, p. 301).

58. No mesmo sentido, Luiz Antônio Soares Hentz: "Para aferição do percentual [***rectius***, *fração*] de adesão leva-se em conta o montante do crédito de cada credor, independentemente do número de credores. Considera-se, pois, a expressão econômica

Neste tipo de recuperação – vinculante –, apesar de o devedor ter obtido a adesão da maioria dos seus créditos, remanesce uma minoria discordante.

O legislador entendeu que não seria razoável que a minoria obstaculizasse a tentativa de superação da crise econômico-financeira do devedor.[59] Até porque a Lei 11.101/2005 tem por escopo precípuo promover a preservação da empresa, a realização da sua função social e o estímulo à atividade econômica, mantendo-se a fonte produtora e o emprego dos trabalhadores.

Por isso, uma vez homologado o plano de recuperação extrajudicial vinculante, os créditos minoritários a ele se sujeitarão; vale dizer, a ele ficarão vinculados.[60-61]

937. Exemplos do critério de apuração da fração superior a três quintos – Uma vez que a fração de três quintos é calculada em relação aos créditos e não aos credores – reitere-se –, discordamos do seguinte exemplo dado por Manoel Justino Bezerra Filho: "Para perfeito entendimento desta disposição, relembre-se que o § 1º, acima, estabelece que o plano poderá (e não 'deverá') abranger a totalidade de uma espécie. Um exemplo deixará este ponto bem claro. Imagine-se haver *22 credores quirografários*; no entanto, o devedor inclui no plano de recuperação extrajudicial apenas *10 credores*, dos quais 7 (ou seja, mais de três quintos) concordam. Este devedor pedirá homologação judicial, que, se deferida, obrigará os três que não concordaram, e, para cálculo dos três quintos, são contados apenas *10 credores* constantes do plano e não a totalidade dos *20 credores quirografários*".[62]

Concordamos com o exemplo fornecido por Fábio Ulhoa Coelho: "A adesão ao plano de recuperação extrajudicial, para autorizar sua homologação obrigatória (para nós, vinculante), deve ser de credores titulares de pelo menos *três quintos dos créditos* com garantia real, de credores titulares de pelo *menos três quintos dos créditos* com privilégio especial, de credores titulares de pelo menos *três quintos dos créditos* com privilégio geral, e assim por diante. Um exemplo aclara a exposição da matéria. Imagine que no passivo do devedor há credores de três espécies: com garantia real, privilégio geral e quirografário. Considere que para o reerguimento da empresa em crise é necessário dilatar o vencimento apenas dos créditos com garantia real e quirografários. Isso porque, suponha-se, todos *os créditos* com privilégio são representados por debêntures flutuantes com vencimento a longo prazo e não representam preocupação atual do devedor. Além disso, considere que 50% *dos créditos* com garantia real é também representada por títulos de longo prazo e igualmente não preocupam o devedor. A adesão desses credores é irrelevante para o sucesso do plano.

do credor, não sua qualificação jurídica" (*Manual de Falência e Recuperação de Empresas: Lei 11.101, de 9.2.2005*, São Paulo, Juarez de Oliveira, 2005, p. 133).

59. Renato Luiz de Macedo Mange, coordenador do seminário sobre a nova Lei de Falências patrocinado pela Associação dos Advogados de São Paulo/AASP no período de 7-9.3.2005, ao proferir palestra intitulada "Visão geral da Lei de Falências", deu exemplo emblemático sobre o anacronismo da Lei de Falência anterior. Afirmou o palestrante que, a despeito de as Lojas Arapuã terem obtido a concordância de 90% dos seus credores em relação ao seu plano de recuperação, prevaleceu a deliberação da minoria e, portanto, foi decretada sua falência.

60. Gladston Mamede esclarece: "Essa vinculação dos credores não aderentes traz, mais uma vez, a valorização das deliberações coletivas sobre o arbítrio individual, impedindo que a recalcitrância de poucos possa impossibilitar a superação da crise econômico-financeira da empresa, com a qual a maioria absoluta anuiu" (*Direito Empresarial Brasileiro: Falência e Recuperação de Empresas*, cit., vol. 4, p. 303).

61. Francisco Satiro de Sousa Jr. explica: "A imposição do plano à minoria recebeu nos Estados Unidos a designação de *craw down*, numa referência à expressão 'enfiar [*goela*] abaixo'" ("Comentários aos arts. 161 ao 165", in Francisco Satiro de Sousa Jr. e Antônio Sérgio Altieri de Moraes Pitombo (coords.), *Comentários à Lei de Recuperação de Empresas e Falência: Lei 11.101/2005*, São Paulo, Ed. RT, 2005, p. 521).

62. Manoel Justino Bezerra Filho, *Nova Lei de Recuperação e de Falências Comentada. Lei 11.101, de 9.2.2005, Comentário Artigo por Artigo*, 3ª ed., São Paulo, Ed. RT, 2005, pp. 356-357.

Pois bem, nesse exemplo, a recuperação extrajudicial depende da adesão da totalidade dos credores quirografários e de metade dos titulares de crédito com garantia real (os que não possuem títulos de longo prazo). Eles são credores 'alcançados' pelo plano. Se o devedor conseguir a adesão de todos eles, a homologação é, como visto, facultativa. Não a conseguindo, contudo, mas obtendo o apoio de parcela significativa dos credores alcançados, poderá cogitar da homologação obrigatória (para nós, vinculante). Considere, então, que os credores titulares de 70% *dos créditos quirografários* e de 40% dos com garantia real (sendo que nenhum deles possui títulos de longo prazo) aderiram ao plano. Confiaram na seriedade do devedor e na consistência da proposta e concordaram em renegociar seus direitos para contribuir com a superação da crise. Nesse caso, está atendida a condição para homologação, já que credores titulares de pelo menos *três quintos de cada espécie de crédito* alcançado pelo plano manifestaram a adesão. Homologado, o plano se estende a todos os credores alcançados, mesmo aqueles que não haviam concordado em assiná-lo".[63]

Também concordamos com o exemplo cogitado por Marcos Andrey de Sousa: "(...) pode o devedor apresentar plano de recuperação para abranger seus credores com garantia real e quirografários. O correto não será somar os *valores dos créditos quirografários* com os *valores dos créditos com garantia real* e obter a adesão dos credores que representem três quintos do valor total do resultado da soma referida. (...). O correto, para o exemplo sugerido, é obter a adesão de credores que representem *três quintos dos valores dos créditos quirografários* e também *três quintos do valor dos créditos com garantia real*. O tratamento e o cálculo são separados, espécie por espécie. É este último procedimento que a lei exige".[64]

938. Abrangência da totalidade de uma ou mais espécies de créditos ou grupo de credores da mesma natureza – O § 1º do art. 163 prescreve quais são as espécies de créditos que podem ser abrangidos pelo plano de recuperação extrajudicial mista.[65]

O mesmo dispositivo também prescreve que a abrangência do plano pode ser da totalidade de uma ou mais espécies dos créditos previstos no art. 83, II, IV, V, VI e VII,[66] ou grupo de credores da mesma natureza e sujeito a semelhantes condições de pagamento.[67-68]

63. Fábio Ulhoa Coelho, *Comentários à Nova Lei de Falências e de Recuperação de Empresas*, cit., pp. 400-401.

64. Marcos Andrey de Sousa, "Comentários aos arts. 157 ao 167", cit., in Newton de Lucca e Adalberto Simão Filho (coords.), *Comentários à Nova Lei de Recuperação de Empresas e de Falências*, p. 593.

65. Ressalte-se que, em relação à recuperação extrajudicial por adesão (art. 162), o § 1º do art. 161 estabelece que o plano de recuperação não abrange créditos oriundos de garantia fiduciária (de bens móveis e imóveis), arrendamento mercantil (*leasing*), compra e venda de imóveis com cláusula de irrevogabilidade/irretratabilidade, compra e venda com reserva de domínio (art. 49, § 3º) e adiantamento de contrato de câmbio (art. 86, II).

66. De acordo com Sérgio Campinho: "(...) não há necessidade, por exemplo, de serem incluídos todos os credores quirografários do devedor, sendo lícito apenas alcançar parcela ou grupo destes, como os que tenham os seus direitos creditórios a vencer no curto prazo. Para o êxito da recuperação poderá bastar fiquem obrigados todos os credores desse grupo, sem necessidade de englobar a totalidade da espécie de quirografários. Eles serão os credores abrangidos pelo plano, nessa hipótese contemplada" (*Falência e Recuperação de Empresa: o Novo Regime da Insolvência Empresarial*, Rio de Janeiro, Renovar, 2006, p. 441).

67. Manoel Justino Bezerra Filho relata que: "(...) a lei usou palavra equívoca ao mencionar 'mesma natureza' e 'semelhantes condições de pagamento', dificultando a determinação de quais créditos estariam em tal situação. Provavelmente, ante tal imprecisão, certamente será dada preferência às recuperações por espécie, para cuja determinação a lei é bastante clara. Quem acompanhou as discussões sobre as alterações que o texto de lei foi sofrendo ao longo de 11 anos, de 1993 (data do primeiro projeto) até 2004 (data da aprovação da lei), teve a oportunidade de constatar alguns aspectos curiosos. Com relação especificamente a 'créditos da mesma espécie' e 'créditos da mesma natureza', os termos foram deixados de forma vaga na lei, esperando que a prática do dia-a-dia e a jurisprudência fizessem as adaptações necessárias e encontrassem o melhor caminho" (*Nova Lei de*

Antes de declinarmos quais são as espécies de créditos que podem ser objeto da recuperação judicial vinculante (art. 163), temos que responder previamente à seguinte indagação: afinal, a expressão "espécie de crédito" é sinônima de "natureza de crédito"? Tendo em vista a resposta convincente de Francisco Satiro de Sousa Jr., permitimo-nos transcrevê-la: "A expressão 'classe' é usada pela Lei 11.101/2005 para referir-se à ordem de prioridade decorrente da natureza do crédito (...). É dela que decorrem os direitos dos credores sob o regime falimentar ou da recuperação judicial. Para os fins de recuperação extrajudicial, entretanto, talvez em razão da inocorrência das mesmas conseqüências, os credores são divididos de acordo com a *espécie* de seus créditos. O conceito é utilizado para definir os limites de imposição do plano a credores dissidentes. Note-se que, à exceção da ocorrência do art. 163, relativo à recuperação extrajudicial, não há qualquer outra referência à *espécie de crédito* em toda a lei. Não há dúvidas de que, exclusivamente para o fim de sujeitar os credores a conseqüências semelhantes, o termo 'espécie', quanto à recuperação extrajudicial, corresponde à *classe* na falência e na recuperação judicial".[69]

As espécies de créditos que podem ser abrangidos pelo plano de recuperação imperativa são as seguintes: (1) com garantia real até o limite do valor do bem gravado (art. 83, II); (2) com privilégio especial (art. 83, IV); (3) com privilégio geral (art. 83, V); (4) quirografários (art. 83, VI); (5) subordinados (art. 83, VIII).

Por fim, o § 1º do art. 163 condiciona ao plano de recuperação extrajudicial vinculante apenas os créditos constituídos até a data da respectiva homologação.

939. Crédito excluído do cômputo dos três quintos (§ 2º do art. 163) – Lembramos que o § 2º do art. 163 esclarece que não serão considerados para fins de apuração do percentual previsto no *caput* do art. 163 – em verdade, trata-se de fração de três quintos – os créditos não incluídos no plano de recuperação extrajudicial vinculante.

De outro lado, dito dispositivo veda alterações dos valores e/ou condições originais de pagamento de tais créditos.

940. Conversão de crédito em moeda estrangeira – O inciso I do § 3º do art. 163 estabelece que o crédito em moeda estrangeira será convertido para moeda nacional pelo câmbio da véspera da data da assinatura do plano.[70]

Recuperação e de Falências Comentada. Lei 11.101, de 9.2.2005, Comentário Artigo por Artigo, cit., 3ª ed., p. 356).

68. Francisco Satiro de Sousa Jr. explica: "Neste sentido, podem constituir grupos os credores titulares de créditos de instituições financeiras, créditos de fornecedores de produtos, créditos não operacionais etc. Também quanto às condições de pagamento, não se deve exigir extrema precisão quanto às características dos créditos. Curto, médio e longo prazo, ou pagamentos periódicos, exemplificativamente, são critérios admissíveis, especialmente em face das peculiaridades do devedor" ("Comentários aos arts. 161 ao 165", cit., in Francisco Satiro de Sousa Jr. e Antônio Sérgio Altieri de Moraes Pitombo (coords.), *Comentários à Lei de Recuperação de Empresas e Falência: Lei 11.101/2005*, p. 522).

69. Francisco Satiro de Sousa Jr., "Comentários aos arts. 161 ao 165", cit., in Francisco Satiro de Sousa Jr. e Antônio Sérgio Altieri de Moraes Pitombo (coords.), *Comentários à Lei de Recuperação de Empresas e Falência: Lei 11.101/2005*, pp. 521-522.

70. Fábio Ulhoa Coelho, a propósito de seu comentário ao parágrafo único do art. 38, formula crítica relativa à taxa de câmbio. Por reputá-la pertinente, nós a reproduzimos: "A lei, em sua vagueza, não esclarece com precisão que taxa deve ser adotada. Como vigora no Brasil, desde 1999, o regime de flutuação do câmbio, não existe por assim dizer uma taxa *oficial*, fixada ou praticada pelo Banco Central do Brasil. Cada banco e operador do mercado de câmbio pratica suas próprias taxas, vendendo ou comprando moeda estrangeira por quanto lhe pareça mais conveniente. (...). Em razão disso, a dicção da lei resulta por demais vaga. A definição da taxa de câmbio não pode ser feita de modo suficiente pela indicação do dia (véspera da assembléia), mas pressupõe indicação de um agente financeiro e de um momento preciso a considerar. Como a lei não desceu a esse detalhe, deve o juiz, na convocação, estabelecer de modo preciso o critério a ser obedecido pelo administrador judicial. Quando houver

Registre-se que o § 3º do art. 163 também alude ao percentual do *caput*; entretanto, neste inexiste percentual, mas, sim, fração (três quintos).

941. Crédito excluído do cômputo dos três quintos (inciso II do § 3º do art. 163) – Por outro lado, o inciso II do § 3º do art. 163 determina sejam também excluídos do cômputo dos três quintos aqueles créditos detidos pelas pessoas referidas no art. 43, ou seja, os créditos ostentados pelos sócios do devedor, as sociedades coligadas, controladoras, controladas ou as que tenham sócio ou acionista com participação superior a 10% do capital social do devedor ou em que o devedor ou algum de seus sócios detenham participação superior a 10% do capital social.

Apesar de a remissão ter sido apenas ao art. 43, acreditamos que as pessoas referidas no seu parágrafo único – cônjuge ou parente, consangüíneo ou afim, colateral até o segundo grau, ascendente ou descendente do devedor, do sócio controlador, de membro dos conselhos consultivo, fiscal ou semelhantes da sociedade devedora e a sociedade em que quaisquer dessas pessoas exerçam essas funções – também devem ser excluídas do cômputo dos três quintos.[71-72]

942. Alienação de bem com garantia real, supressão ou substituição da garantia necessitam da aquiescência do credor – O § 4º do art. 163 prestigia o brocardo latino *pacta sunt servanda*, uma vez que condiciona a alienação de bem objeto de garantia real, a supressão ou a substituição da garantia à expressa aprovação do credor.[73]

943. Créditos em moeda estrangeira – O § 5º do art. 163 prestigia, outrossim, o brocardo latino *pacta sunt servanda*, na medida em que condiciona o afastamento da variação cambial à aprovação expressa do credor de previsão diversa no plano de recuperação extrajudicial imperativa.[74]

944. Documentação necessária para homologação da recuperação extrajudicial vinculante – O § 6º do art. 163 trata da documentação indispensável para ser acostada à petição inicial da recuperação extrajudicial vinculante.

Preliminarmente, esclarecemos que a distinção entre a documentação necessária à recuperação extrajudicial por adesão (art. 162) e a documentação necessária à recuperação extrajudicial vinculante (art. 163) foi feita quando comentamos o art. 162. Por isso, pedimos vênia para remeter o leitor àqueles comentários.

Na recuperação vinculante, além da justificativa e do documento com as assinaturas dos credores aderentes que especifique os termos e condições avençados previamente, o deverá acostar à sua petição inicial: (1) a exposição da situação patrimonial;[75]

credor com crédito em moeda estrangeira, convém, por exemplo, o juiz consignar na convocação que, para fins de *quorum* e votação, será adotada a taxa de câmbio do fechamento do dia imediatamente anterior do banco por ele indicado (...) ou a que for divulgada pelo veículo jornalístico que ele escolher" (*Comentários à Nova Lei de Falências e de Recuperação de Empresas*, cit., p. 98).

71. Manoel Justino Bezerra Filho comenta: "Evidentemente, se se permitisse a inclusão de credores próximos do devedor por tais laços de família, estaria aberta a porta para os mais diversos tipos de fraudes e manipulações" (*Nova Lei de Recuperação e de Falências Comentada. Lei 11.101, de 9.2.2005, Comentário Artigo por Artigo*, cit., 3ª ed., p. 357).

72. Aduz Rachel Sztajn: "A exclusão se explica em virtude de serem partes relacionadas, em que se nota, por força dos laços negociais, a possibilidade de se manifestarem favoravelmente aos interesses do devedor, o que pode ser contrário aos interesses dos demais credores. Não se questiona o direito de terem seus créditos reconhecidos e solvidos. Facilitar sua ingerência naquilo que é de interesse dos credores, entretanto, não serve ao bom resultado das operações" ("Comentários aos arts. 139 ao 167", in Carlos Henrique Abrão e Paulo Fernando Campos Salles de Toledo (coords.), *Lei de Recuperação de Empresas e Falência*, São Paulo, Saraiva, 2005, p. 423).

73. Em relação à recuperação judicial há dispositivo equivalente: § 1º do art. 50.

74. Em relação à recuperação judicial há dispositivo equivalente: § 2º do art. 50.

75. Paulo Penalva Santos ressalta: "No caso, diferentemente do que ocorre com a recuperação judicial, o devedor não precisa demonstrar a viabilidade econômico-financeira do acordo extrajudicial, nem

(2) as demonstrações contábeis[76] relativas ao último exercício social e as levantadas especialmente para instruir o pedido, na forma do inciso II do art. 51; (3) o relatório gerencial de fluxo de caixa e de sua projeção; (4) os documentos que comprovem os poderes dos subscritores para novar e transigir; (5) a relação nominal dos credores[77-78] (com indicação do endereço de cada um, a natureza, classificação e o valor atualizado do crédito, discriminando a origem, o regime dos respectivos vencimentos e a indicação do registro contábil de cada transação pendente).

discriminá-la pormenorizadamente" ("A recuperação extrajudicial na nova Lei de Falências", in Paulo Penalva Santos (coord.), *A Nova Lei de Falências e de Recuperação de Empresas: Lei 11.101/2005*, Rio de Janeiro, Forense, 2006, p. 380).

76. Tratando-se de sociedades por ações (anônimas e comandita por ações), as demonstrações financeiras são as seguintes: balanço patrimonial, demonstração dos lucros e prejuízos acumulados, demonstração do resultado do exercício e demonstração de origens e aplicações de recursos (art. 176 da Lei 6.404/1976). Todavia, se a sociedade for limitada as normas sobre as demonstrações financeiras aplicáveis, segundo Paulo Penalva Santos ("A recuperação extrajudicial na nova Lei de Falências", cit., in Paulo Penalva Santos (coord.), *A Nova Lei de Falências e de Recuperação de Empresas: Lei 11.101/2005*, p. 381), serão aquelas previstas no art. 1.065 do CC (inventário, balanço patrimonial e balanço de resultado).

77. Segundo Manoel Justino Bezerra Filho: "A relação nominal é de todos os credores, e não só daqueles sujeitos ao plano; quando a lei quer particularizar os credores sujeitos ao plano, diz expressamente, como se pode ver do § 1º do art. 164 (...)" (*Nova Lei de Recuperação e de Falências Comentada. Lei 11.101, de 9.2.2005, Comentário Artigo por Artigo*, cit., 3ª ed., p. 359).

78. Em sentido contrário, Júlio Kahan Mandel ("A lista de credores a que se refere este artigo deverá conter somente aqueles cujos créditos estarão sujeitos ao procedimento"), *Nova Lei de Falências e Recuperação de Empresas Anotada: Lei 11.101, de 9.2.2005*, São Paulo, Saraiva, 2005, p. 262; Paulo Penalva Santos ("Evidentemente, essa relação não deve ser de todos os credores do devedor, mas apenas daqueles sujeitos ao acordo"), "A recuperação extrajudicial na nova Lei de Falências", cit., in Paulo Penalva Santos (coord.), *A Nova Lei de Falências e de Recuperação de Empresas: Lei 11.101/2005*, p. 380.

945. A Lei 6.404/1976 prevê a demonstração de fluxo de caixa e a demonstração de valor adicionado? – À luz da redação originária do art. 176 da Lei 6.404/1976 (Lei das S/A) a resposta é negativa, uma vez que tal dispositivo previa as seguintes demonstrações financeiras (terminologia utilizada pela Lei das S/A) ou contábeis (terminologia preferida pelos contadores):[79] (1) balanço patrimonial; (2) demonstração de resultado do exercício; (3) demonstração de lucros ou prejuízos acumulados; (4) demonstração de origens e aplicações de recursos.

Já, diante da redação do art. 176, supracitado, dada pelo art. 1º da Lei 11.638, de 28.12.2007, a resposta é positiva, pois as demonstrações financeiras passaram a ser as seguintes: (1) balanço patrimonial; (2) demonstração de resultado do exercício; (3) demonstração de lucros ou prejuízos acumulados; (4) *demonstração de fluxos de caixa*; (5) *demonstração do valor adicionado, se companhia aberta.*[80]

Assim sendo, antes do advento da Lei 11.638, de 28.12.2007, se podia perfeitamente sustentar o entendimento de que o "relatório gerencial de fluxo de caixa e de sua projeção" – apesar de estar mencionado na alínea "d" do inciso II do art. 51 (e, por remissão, também no § 6º do art. 163) como demonstração contábil de juntada obrigatória à petição inicial – não era, tecnicamente, uma demonstração financeira ou contábil.[81]

79. Tal distinção é efetuada por José Carlos Marion na sua obra intitulada *Contabilidade Empresarial*, 11ª ed., São Paulo, Atlas, 2005, p. 2.

80. Note-se que a demonstração de origens e aplicações de recursos foi extinta como demonstração financeira no âmbito da Lei das S/A.

81. Isidoro Fabbrini, antes da publicação da Lei 11.638, de 28.12.2007, que alterou a redação do art. 176 da Lei das S/A, escreveu artigo intitulado "Inovações contábeis da Lei de Falências", no qual analisou o relatório gerencial de fluxo de caixa e de sua projeção, nos seguintes termos: "Este demonstrativo não é parte integrante das demonstrações financeiras criadas pelo art. 176 da Lei 6.404/1976 – Lei das S/A –, como também não integra as demonstrações contábeis estabelecidas pelo CFC através da Resolução 686/1990, mas simplesmente é uma peça contábil definida neste texto legal como relatório gerencial.

No tocante especificamente à projeção do fluxo de caixa, pondera Fábio Ulhoa Coelho: "Em relação ao relatório gerencial de fluxo de caixa (...) não é apropriado classificá-lo como demonstração contábil, posto que os fatos apropriados segundo as normas de contabilidade são sempre pretéritos e não projetados".[82]

Lembramos, por fim, e por oportuno, que o art. 1.179 do CC prevê apenas duas demonstrações: (1) balanço patrimonial; (2) balanço de resultado econômico.

Art. 164. Recebido o pedido de homologação do plano de recuperação extrajudicial previsto nos arts. 162 e 163 desta Lei,[946-947] o juiz ordenará a publicação de edital[948-949-950] no órgão oficial e em jornal de grande circulação nacional ou das localidades da sede e das filiais do devedor,[951-952] convocando todos os credores do devedor para apresentação de suas impugnações ao plano de recuperação extrajudicial, observado o § 3º deste artigo.

§ 1º. No prazo do edital, deverá o devedor comprovar o envio de carta a todos os credores sujeitos ao plano, domiciliados ou sediados no País, informando a distribuição do pedido, as condições do plano e prazo para impugnação.[953-954]

§ 2º. Os credores terão prazo de 30 (trinta) dias, contado da publicação do edital, para impugnarem o plano, juntando a prova de seu crédito.[955-956-957-958]

§ 3º. Para opor-se, em sua manifestação, à homologação do plano, os credores somente poderão alegar:[959] I – não preenchimento do percentual mínimo previsto no *caput* do art. 163 desta Lei; II – prática de qualquer dos atos previstos no inciso III do art. 94 ou do art. 130 desta Lei, ou descumprimento de requisito previsto nesta Lei; III – descumprimento de qualquer outra exigência legal.

§ 4º. Sendo apresentada impugnação, será aberto prazo de 5 (cinco) dias para que o devedor sobre ela se manifeste.[960]

§ 5º. Decorrido o prazo do § 4º deste artigo, os autos serão conclusos imediatamente ao juiz para apreciação de eventuais impugnações e decidirá, no prazo de 5 (cinco) dias, acerca do plano de recuperação extrajudicial, homologando-o por sentença se entender que não implica prática de atos previstos no art. 130 desta Lei e que não há outras irregularidades que recomendem sua rejeição.[961-962-963]

§ 6º. Havendo prova de simulação de créditos ou vício de representação dos credores que subscreverem o plano, a sua homologação será indeferida.[964]

§ 7º. Da sentença cabe apelação sem efeito suspensivo.[965]

§ 8º. Na hipótese de não homologação do plano o devedor poderá, cumpridas as formalidades, apresentar novo pedido de homologação de plano de recuperação extrajudicial.[966-967]

LEGISLAÇÃO ANTERIOR

Artigo sem correspondência no Decreto-lei 7.661/1945.

COMENTÁRIOS

946. Recebimento do pedido de homologação – O juiz, ao examinar o pedido de homologação do plano de recuperação extrajudicial – ou seja, a respectiva petição inicial –, exercerá o juízo de admissibilidade à luz do art. 282 do CPC e dos requisitos e documentos específicos previstos na lei sob comento (arts. 161 e 162, no caso de recuperação por adesão; ou arts. 161 e 163, se se tratar de recuperação vinculante).

Frisamos que ao magistrado caberá apenas verificar se o devedor cumpriu os requisitos formais, pois o exame do mérito do plano (viável, omisso, verdadeiro, consistente etc.) caberá ao próprio mercado – vale dizer, aos credores.

Contabilmente, estaria melhor definido como demonstrativo gerencial" (*Gazeta Mercantil*, ed. de 14.4.2005, "Caderno Legal & Jurisprudência", p. 1).

82. Fábio Ulhoa Coelho, *Comentários à Nova Lei de Falências e de Recuperação de Empresas*, cit., p. 148.

947. Irregularidade no pedido de homologação do plano de recuperação extrajudicial ou na instrução documental – Se o magistrado constatar que há irregularidade no pedido de homologação do plano de recuperação extrajudicial ou na instrução documental, ao invés de indeferir a petição inicial, deverá assinar o prazo de 10 dias para que o devedor supra tal insuficiência, em consonância com o art. 284 do CPC. Se não suprida, o juiz indeferirá a petição inicial. Registre-se que os referidos dispositivos processuais são aplicáveis em sede de recuperação por força do art. 189 da lei sob comento.[83-84]

83. Por entendermos que à matéria é aplicável um único tratamento, tanto à recuperação judicial quanto à recuperação extrajudicial, transcrevemos a doutrina de Sérgio Campinho: "Faltando qualquer desses documentos necessários à instrução do pedido, não deverá o juiz indeferir a petição, mas sim determinar que o requerente a complete em 10 dias, aplicando-se o estatuído no art. 284 do CPC, por força do que dispõe o art. 189 da Lei 11.101/2005. A jurisprudência consolidada no STJ é clara a respeito: 'Em obséquio ao princípio da instrumentalidade do processo, não estando a inicial acompanhada dos documentos indispensáveis, deve o juiz determinar o suprimento, e não indeferir de plano a inicial'" (*Falência e Recuperação de Empresa: o Novo Regime da Insolvência Empresarial*, Rio de Janeiro, Renovar, 2006, p. 132). No mesmo sentido, José da Silva Pacheco: "O juiz, ao receber a petição, se verificar que não preenche os requisitos exigidos pelo art. 51, poderá determinar que o autor a complete, no prazo máximo de 10 dias, como preceitua o art. 284, invocável nos termos do art. 189 da Lei 11.101, de 2005" (*Processo de Recuperação Judicial, Extrajudicial e Falência*, Rio de Janeiro, Forense, 2006, p. 149).

84. No mesmo sentido, Marcos Andrey de Sousa: "Caso entenda o juiz pela incompletude da inicial ou dos documentos que a acompanham, pode determinar (...) a emenda da petição inicial, concedendo prazo de 10 dias para tanto, nos termos do art. 284 do CPC. Caso tal determinação não seja atendida, o juiz indeferirá a inicial, nos termos do parágrafo único do art. 284, c/c o art. 295, VI, ambos do *Codex* processual. Esta decisão não está prevista na legislação falimentar, mas é aplicável ao caso pela aplicação subsidiária do Código de Processo Civil, preceituada pelo art. 189 da nova Lei de Falências" ("Comentários aos arts. 157 ao 167", in Newton de Lucca e Adalberto Simão Filho (coords.), *Comentários à Nova Lei de Recuperação de Empresas e de Falências*, São Paulo, Quartier Latin, 2005, p. 599).

948. Publicação do edital – Recebido o pedido de homologação de recuperação extrajudicial (*por adesão* – art. 162 – ou *vinculante* – art. 163), o juiz determinará a publicação do edital no órgão oficial e em jornal de grande circulação nacional ou das localidades da sede e das filiais, convocando *todos os credores* para apresentação de suas eventuais impugnações.[85]

Note-se que o edital a que alude o art. 164 deve abranger *todos os credores do devedor*, e não apenas aqueles sujeitos ao plano de recuperação extrajudicial.

Diferente é o tratamento legal relativo às cartas que o devedor tem de enviar, pois, nesse caso, elas devem ser endereçadas apenas aos *credores sujeitos ao plano* (art. 164, § 1º).

949. A existência de credores estrangeiros implica dever de publicação de edital no Exterior? – Não, pois inexiste previsão legal.[86]

950. Se houver comprovação de que todos os credores abrangidos pelo plano de recuperação extrajudicial foram cientificados, torna-se dispensável a publicação do edital? – Não, uma vez que é impossível ter certeza de que o devedor reconhecerá, no plano de recuperação, todos os seus débitos.[87]

85. Francisco Satiro de Sousa Jr. ressalta: "Não se trata de *citação* por edital. O claro objetivo da norma é garantir que os credores tenham conhecimento da existência do pedido a fim de que possam se manifestar sobre a recuperação extrajudicial proposta" ("Comentários aos arts. 161 ao 165", in Francisco Satiro de Sousa Jr. e Antônio Sérgio Altieri de Moraes Pitombo (coords.), *Comentários à Lei de Recuperação de Empresas e Falência: Lei 11.101/2005*, São Paulo, Ed. RT, 2005, p. 525).

86. No mesmo sentido: Francisco Satiro de Sousa Jr., "Comentários aos arts. 161 ao 165", cit., in Francisco Satiro de Sousa Jr. e Antônio Sérgio Altieri de Moraes Pitombo (coords.), *Comentários à Lei de Recuperação de Empresas e Falência: Lei 11.101/2005*, p. 525.

87. Assevera Júlio Kahan Mandel: "O envio de cartas não supre a necessidade da publicação do edital (...) garante a publicidade do ato e os direitos dos credores, dando início à contagem do prazo para

Em outras palavras, dispensando-se a publicação do edital correr-se-ia o risco de privar aos credores que não tivessem seus créditos reconhecidos pelo devedor o direito de impugnar o plano de recuperação extrajudicial.[88]

951. Publicação cumulativa: no órgão oficial e em jornal de grande circulação nacional ou local – O art. 164 estabelece que o juiz ordenará a publicação cumulativa[89] do edital, isto é, tanto no órgão oficial quanto em jornal de grande circulação nacional ou das localidades da sede e das filiais.

Ora, na medida em que o dispositivo determina a publicação cumulativa do edital, seu comando constitui uma das ressalvas a que alude o art. 191, segundo o qual: "*Art. 191.* (...) as publicações ordenadas serão feitas preferencialmente na Imprensa Oficial e, se o devedor ou a massa falida comportar, em jornal ou revista de grande circulação regional ou nacional, (...)".

Pedimos vênia para remeter o leitor aos nossos comentários ao art. 191.

952. Quem arcará com as despesas de publicação do edital? – As despesas com a publicação do edital serão suportadas pelo devedor.[90]

953. Comprovação de envio de carta – O § 1º do art. 164 determina ao devedor a comprovação de remessa de carta a todos os seus credores sujeitos ao plano domiciliados no País, na qual deverão constar as seguintes informações: distribuição do plano de recuperação extrajudicial, as suas condições e o prazo para impugnação.[91]

Frise-se que o comando legal é o da comprovação de remessa da carta, e não da sua entrega ou recebimento pelo credor.[92-93-94-95]

impugnação" (*Nova Lei de Falências e Recuperação de Empresas Anotada: Lei 11.101, de 9.2.2005*, São Paulo, Saraiva, 2005, p. 262).

88. No mesmo sentido, Francisco Satiro de Sousa Jr.: "Os editais não são dispensados mesmo que se comprove a ciência de todos os credores diretamente atingidos pelo plano, porque qualquer credor será legitimado a impugná-lo (art. 164, § 3º) e é sempre possível que certo credor não tenha seu crédito reconhecido pelo devedor, o que será apreciado pelo juízo" ("Comentários aos arts. 161 ao 165", cit., in Francisco Satiro de Sousa Jr. e Antônio Sérgio Altieri de Moraes Pitombo (coords.), *Comentários à Lei de Recuperação de Empresas e Falência: Lei 11.101/2005*, p. 525).

89. No mesmo sentido, Marcos Andrey de Sousa: "A existência do conectivo 'e' no *caput* do art. 164 indica que não será suficiente uma única publicação na Imprensa Oficial *ou* em jornal de grande circulação. Deve ser, portanto, num *e* no outro, ou seja, pelo menos duas publicações" ("Comentários aos arts. 157 ao 167", cit., in Newton de Lucca e Adalberto Simão Filho (coords.), *Comentários à Nova Lei de Recuperação de Empresas e de Falências*, p. 600).

90. No mesmo sentido: Francisco Satiro de Sousa Jr., "Comentários aos arts. 161 ao 165", cit., in Francisco Satiro de Sousa Jr. e Antônio Sérgio Altieri de Moraes Pitombo (coords.), *Comentários à Lei de Recuperação de Empresas e Falência: Lei 11.101/2005*, p. 525.

91. Lembra Manoel Justino Bezerra Filho: "Evidentemente, petição devidamente formalizada do credor em juízo, dando-se por ciente, dispensará o envio de correspondência" (*Nova Lei de Recuperação e de Falências Comentada. Lei 11.101, de 9.2.2005, Comentário Artigo por Artigo*, 3ª ed., São Paulo, Ed. RT, 2005, p. 360).

92. No mesmo sentido, Júlio Kahan Mandel: "Desse modo, não há necessidade de o devedor comprovar se todos os credores receberam a correspondência para ter seu plano aprovado, pois, do contrário, a necessária agilidade na aprovação do plano ficaria comprometida. Além disso, o devedor dependeria da eficiência de terceiros na entrega de cartas, como correios, ou da boa-fé dos credores, que, com má intenção, podem se recusar a receber a carta para atrapalhar o prosseguimento do processo" (*Nova Lei de Falências e Recuperação de Empresas Anotada: Lei 11.101, de 9.2.2005*, cit., p. 263).

93. Também no mesmo sentido, Francisco Satiro de Sousa Jr.: "Há que se destacar que o legislador não demanda comprovante 'de recebimento', mas 'de envio', o que leva à conclusão de que estará satisfeita a exigência deste § 1º do art. 164 se o devedor demonstrar o envio da carta para o endereço do credor dentro do prazo" ("Comentários aos arts. 161 ao 165", cit., in Francisco Satiro de Sousa Jr. e Antônio Sérgio Altieri de Moraes Pitombo (coords.), *Comentários à Lei de Recuperação de Empresas e Falência: Lei 11.101/2005*, p. 526).

94. Ainda no mesmo sentido, Marcos Andrey de Sousa: "Não é necessária a juntada de ARs (avisos de recebimento), mas apenas que as cartas foram enviadas para os respectivos endereços dos credo-

Diferente é o tratamento legal relativo ao edital, a que alude o art. 164, o qual deve abranger *todos os credores*, e não apenas aqueles sujeitos ao plano de recuperação extrajudicial.

954. Como serão informados os credores não domiciliados no País? – A despeito de a lei sob comento não ter determinado o dever de informar os credores estrangeiros sobre o ajuizamento do plano de recuperação extrajudicial e respectivas condições, é intuitivo que o devedor de boa-fé deverá fazê-lo, até mesmo para evitar qualquer configuração de fraude.[96]

Em nossa opinião, o devedor, *ad cautelam* e por *analogia legis*, deverá enviar carta ao representante do credor estrangeiro no Brasil, lançando mão do disposto no art. 1.138 do CC, segundo o qual: "*Art. 1.138.* A sociedade estrangeira autorizada a funcionar é obrigada a ter, permanentemente, representante no Brasil, com poderes para resolver quaisquer questões e receber citação judicial pela sociedade".

Note-se que a Lei 6.404/1976 (Lei das S/A) tem regra assemelhada. Dispõe seu art. 119: "*Art. 119.* O acionista residente ou domiciliado no Exterior deve manter, no País, representante com poderes para receber citação em ações contra ele, propostas com fundamento nos preceitos desta Lei".

955. Prazo para impugnação ao plano de recuperação extrajudicial – De acordo com o § 2º do art. 164, o prazo para os credores oferecerem suas impugnações ao plano de recuperação extrajudicial apresentado pelo devedor é de 30 dias, contados da publicação do edital,[97] e não da publicação em jornal de grande circulação nacional ou local, nem do recebimento da carta enviada pelo devedor.

956. Qualquer credor pode impugnar o plano, ou apenas aqueles que a ele se sujeitarem? – Entendemos que sim, vez que a lei não restringe a legitimidade para oferecer impugnação ao plano de recuperação extrajudicial exclusivamente aos credores a ele sujeitos.[98-99]

res. Com efeito, não há como impor este custo ao devedor. Esta providência será uma faculdade para o devedor visando a dar mais segurança à operação" ("Comentários aos arts. 157 ao 167", cit., in Newton de Lucca e Adalberto Simão Filho (coords.), *Comentários à Nova Lei de Recuperação de Empresas e de Falências*, p. 601).

95. Sérgio Campinho adverte: "(...) impõe a lei que o devedor comprove o envio de carta aos credores (...). Entretanto, não prevê sanção para o descumprimento desse mandamento, o que, na prática, fará funcionar como uma faculdade esse objetivo legal de conferir maior publicidade em favor dos credores que serão afetados" (*Falência e Recuperação de Empresa: o Novo Regime da Insolvência Empresarial*, cit., pp. 446-447).

96. Explica Francisco Satiro de Sousa Jr.: "O fato de não constituir obrigação do devedor apresentar tempestivamente comprovante de cientificação dos credores estrangeiros não significa que não deva tentar informá-los, especialmente se forem titulares de créditos sujeitos ao plano em razão da imposição prevista no art. 163. Nos dias atuais, com a facilidade de comunicação via *fax*, *e-mail* ou similares, a simples desconsideração dos credores estrangeiros quanto à ciência do pedido de recuperação extrajudicial, ainda que autorizada pela Lei 11.101/2005, pode demonstrar má-fé do devedor, a ser considerada no momento da homologação do plano" ("Comentários aos arts. 161 ao 165", cit., in Francisco Satiro de Sousa Jr. e Antônio Sérgio Altieri de Moraes Pitombo (coords.), *Comentários à Lei de Recuperação de Empresas e Falência: Lei 11.101/2005*, p. 526).

97. Segundo Rachel Sztajn, esse prazo é decadencial ("Comentários aos arts. 139 ao 167", in Carlos Henrique Abrão e Paulo Fernando Campos Salles de Toledo (coords.), *Lei de Recuperação de Empresas e Falência*, São Paulo, Saraiva, 2005, p. 425).

98. No mesmo sentido, Francisco Satiro de Sousa Jr.: "Qualquer credor pode impugnar a homologação do plano, mesmo que seu crédito não seja diretamente atingido, uma vez que a recuperação extrajudicial pode afetar o curso normal dos negócios da empresa, como no caso exemplificativo da previsão de venda das filiais ou unidades produtivas isoladas (art. 165)" ("Comentários aos arts. 161 ao 165", cit., in Francisco Satiro de Sousa Jr. e Antônio Sérgio Altieri de Moraes Pitombo (coords.), *Comentários à Lei de Recuperação de Empresas e Falência: Lei 11.101/2005*, p. 526).

99. Em sentido contrário, Paulo Penalva Santos: "Não faz sentido estender a todos os credores a legitimidade de impugnar o plano, principalmente se a finalidade do acordo for a prevista no art. 162. Qual

957. O credor deverá provar seu crédito? – Sim, o credor deverá provar seu interesse processual mediante a juntada da prova de seu crédito, consoante comando inserto no § 2º, *in fine*, do art. 164.

958. O processamento das impugnações dar-se-á em autos apartados? – Responde Manoel Justino Bezerra Filho: "A lei não prevê especificamente, mas é de todo recomendável que se mande processar a impugnação em autos apartados, e, por isto, deve o impugnante instruir seu pedido com os documentos necessários ao julgamento. Tendo em vista os passos processuais seguintes, haveria tumulto processual incontrolável se todas as impugnações viessem a ser encartadas nos próprios autos do pedido de homologação".[100]

Externamos nossa concordância com a opinião do autor.

959. Matéria para impugnação – O § 3º do art. 164 veicula, em *numerus clausus*,[101-102] as seguintes matérias passíveis de fundamentar as impugnações do credores: (1) não preenchimento do percentual a que alude o art. 163 (três quintos de todos os créditos de cada espécie abrangidos pelo plano de recuperação); (2) prática dos atos mencionados no inciso III do art. 94 (liquidação precipitada de ativos; realização de negócios simulados; transferência de estabelecimentos sem consentimento dos credores e sem remanescer com bens suficientes; simulação de transferência de estabelecimento principal; concessão ou reforço de garantia sem ficar com bens suficientes; ausência com abandono de estabelecimento; descumprimento de obrigação assumida no plano) ou no art. 130 (conluio fraudulento entre o devedor e terceiro, com prejuízo à massa); (4) descumprimento de qualquer exigência legal.

960. Prazo para o devedor se manifestar sobre as impugnações – O § 4º do art. 164 fixa em cinco dias o prazo[103] para o devedor se manifestar sobre as impugnações ofertadas pelos credores.

961. Da decisão que apreciar a impugnação cabe recurso? – A resposta é negativa, vez que inexiste previsão legal.

Some-se a isso que a peculiaridade do sistema recursal próprio da Lei 11.101/2005, como ressaltamos nos nossos comentários ao art. 189 – ao qual, com a devida vênia, remetemos o leitor –, inviabiliza qualquer cogitação de interposição de recurso *in casu*.

962. E o direito à ampla defesa do credor? – Em outras palavras, concretizar-se-ia cerceamento ao direito de defesa, com ofensa ao princípio constitucional da ampla defesa?

O § 7º do art. 164 aponta para a resposta negativa, pois o direito de defesa do credor poderá ser exercido adiante, quando da prolação da sentença, da qual cabe recurso de apelação.[104]

963. Decisão judicial: homologação ou rejeição – O § 5º do art. 164 prescreve que o juiz, após apreciar eventuais impugnações

o interesse jurídico dos credores não abrangidos pelo plano em impugná-lo, se não podem ter seus direitos modificados?" ("A recuperação extrajudicial na nova lei de falências", in Paulo Penalva Santos (coord.), *A Nova Lei de Falências e de Recuperação de Empresas: Lei 11.101/05,* Rio de Janeiro, Forense, 2006, p. 386).

100. Manoel Justino Bezerra Filho, *Nova Lei de Recuperação e de Falências Comentada. Lei 11.101, de 9.2.2005, Comentário Artigo por Artigo*, cit., 3ª ed., p. 360.

101. Note-se que o legislador adotou o vocábulo "somente".

102. No mesmo sentido: Marcos Andrey de Sousa, "Comentários aos arts. 157 ao 167", cit., in Newton de Lucca e Adalberto Simão Filho (coords.). *Comentários à Nova Lei de Recuperação de Empresas e de Falências*, p. 602.

103. Este prazo, segundo Rachel Sztajn, também é decadencial ("Comentários aos arts. 139 ao 167", cit., in Carlos Henrique Abrão e Paulo Fernando Campos Salles de Toledo (coords.), *Lei de Recuperação de Empresas e Falência*, p. 426).

104. No mesmo sentido: Manoel Justino Bezerra Filho, *Nova Lei de Recuperação e de Falências Comentada. Lei 11.101, de 9.2.2005, Comentário Artigo por Artigo*, cit., 3ª ed., p. 361.

dos credores, decidirá: ou homologando[105] o plano de recuperação extrajudicial ou rejeitando-o.[106-107]

964. E se houver simulação de crédito ou vício de representação dos credores? – Conforme o § 6º do art. 164, uma vez provados a simulação do crédito ou vício de representação dos credores que subscreveram o plano, a homologação da recuperação extrajudicial será indeferida.

Frise-se que a apresentação ou a juntada, em recuperação extrajudicial (e também judicial ou em falência), de título falso ou simulado é crime falimentar (art. 175).

965. Qual é o recurso cabível da sentença que homologa ou rejeita o plano de recuperação extrajudicial? – É o de apelação, sem efeito suspensivo (art. 164, § 7º).

966. A rejeição do plano de recuperação extrajudicial implica decretação da falência? – Não implica decretação da falência do devedor a rejeição do plano de recuperação extrajudicial.

Gladston Mamede, no entanto, sustenta haver pelo menos um caso de rejeição do plano de recuperação extrajudicial que implica decretação da falência do devedor: "Exceção a esta regra será a defesa fundada na prática de atos falimentares, na forma do art. 164, § 3º, II, da Lei 11.101/2005. Reconhecido que foram praticados atos falimentares – previstos, reitero, no art. 94, III, da Lei 11.101/2005 (...) –, a decisão que indefere a homologação da recuperação judicial deverá decretar a falência do devedor, sendo de todo inadmissível haver decisão, transitada em julgado, de que tenha sido praticado ato capitulado como presunção *iure et de iuris* sem que a quebra seja decretada como decorrência necessária".[108]

Lembramos que em sede de recuperação judicial a rejeição do respectivo plano, pela assembléia-geral de credores, implica a decretação da falência do devedor (art. 56, § 4º, c/c o art. 73, III).

967. O devedor poderá renovar o pedido de homologação extrajudicial? – Conforme o § 8º do art. 164, a resposta é positiva, desde que cumpra todas as formalidades, inclusive aquelas faltantes quando do pedido anterior.[109]

105. Segundo José da Silva Pacheco: "Homologação é o ato pelo qual o juiz, sem julgar conflito de interesses, limita-se a dar validade e eficácia à deliberação ou acordo entre as partes, desde que atendidas as prescrições legais. (...). Sentença homologatória é, pois, aquela que se restringe a imprimir a ato que não provém do órgão judicial força igual à que ele teria se proviesse de tal órgão" (*Processo de Recuperação Judicial, Extrajudicial e Falência*, cit., p. 361).

106. Francisco Satiro de Sousa Jr. aduz: "A lei não prevê fase de instrução, no que não é incompatível com o caráter meramente homologatório da decisão a ser proferida. Entretanto, caso excepcionalmente considere o magistrado não ter elementos suficientes para decidir (como, por exemplo, no caso de alegação inconsistência de um crédito envolvido no plano), pode determinar sucinta produção de provas ou mesmo manifestação do devedor. A celeridade, entretanto, deve ser a tônica do procedimento" ("Comentários aos arts. 161 ao 165", cit., in Francisco Satiro de Sousa Jr. e Antônio Sérgio Altieri de Moraes Pitombo (coords.), *Comentários à Lei de Recuperação de Empresas e Falência: Lei 11.101/2005*, p. 527).

107. Júlio Kahan Mandel suscita o seguinte ponto: "Infelizmente, não há previsão de condenação do credor impugnante em custas e honorários, mas se recomenda a aplicação das sanções previstas na lei processual civil ao litigante de má-fé" (*Nova Lei de Falências e Recuperação de Empresas Anotada: Lei 11.101, de 9.2.2005*, cit., p. 264).

108. Gladston Mamede, *Direito Empresarial Brasileiro: Falência e Recuperação de Empresas*, vol. 4, São Paulo, Atlas, 2006, p. 306.

109. Observa Rachel Sztajn: "A submissão de novo pedido de recuperação extrajudicial, entendo, deve ser entendida como procedimento *ex novo*. O plano anterior, se recusado, deve ser inteiramente reformulado. Se a não homologação decorrer de outro vício, além de ter sido sanado, é preciso reavaliar, dado o lapso temporal entre a formulação do projeto e o novo momento, sua viabilidade econômico-financeira. Ignorar o fato de que a atividade empresarial e a economia são, ambas, dinâmicas e supor que todas as coisas permanecem constantes (e iguais) pode impor sério revés às pretensões do devedor e onerar, além do admissível, os credores" ("Comentários aos arts. 139 ao 167", cit., in Carlos Henrique Abrão e Paulo Fernando Campos Salles de Toledo (coords.), *Lei de Recuperação de Empresas e Falência*, pp. 425-426).

Art. 165. O plano de recuperação extrajudicial produz efeitos após sua homologação judicial.[968]

§ 1º. É lícito, contudo, que o plano estabeleça a produção de efeitos anteriores à homologação, desde que exclusivamente em relação à modificação do valor ou da forma de pagamento dos credores signatários.[969-970]

§ 2º. Na hipótese do § 1º deste artigo, caso o plano seja posteriormente rejeitado pelo juiz, devolve-se aos credores signatários o direito de exigir seus créditos nas condições originais, deduzidos os valores efetivamente pagos.[971]

LEGISLAÇÃO ANTERIOR

Artigo sem correspondência no Decreto-lei 7.661/1945.

COMENTÁRIOS

968. Eficácia. Homologação judicial. Segurança jurídica – Visando a conferir segurança jurídica aos credores que aderirem ao plano de recuperação extrajudicial, o art. 165 prescreve que seus efeitos somente se operam após a respectiva homologação judicial, independentemente do seu trânsito em julgado.[110]

969. Eficácia jurídica antecipada, mas condicionada à homologação judicial – Não obstante isso, como o *vinculum juris* estabelecido entre o devedor e os credores tem natureza de direito disponível, o § 1º do artigo 165 faculta às partes convencionarem em contrário, vale dizer, anteciparem a eficácia jurídica do plano de recuperação extrajudicial, apenas e tão-somente no tocante à modificação de valores ou forma de pagamento.[111]

110. No mesmo sentido: Marcos Andrey de Sousa, "Comentários aos arts. 157 ao 167", in Newton de Lucca e Adalberto Simão Filho (coords.), *Comentários à Nova Lei de Recuperação de Empresas e de Falências*, São Paulo, Quartier Latin, 2005, p. 604.

111. Enfatiza Júlio Kahan Mandel: "O plano apresentado já pode começar a ser aplicado pelo devedor antes de sua homologação, pois o dinamismo do comércio, a complacência dos credores e a necessidade do devedor de obter crédito junto aos fornecedores não podem aguardar a homologação do plano para começarem a ser aplicados, desde que respeitados os limites da lei (...)" (*Nova Lei de Falências e Recuperação de Empresas Anotada: Lei 11.101, de 9.2.2005*, São Paulo, Saraiva, 2005, p. 264).

970. Recomposição dos créditos – Contudo, sempre objetivando atribuir segurança jurídica aos credores aderentes, o § 2º do art. 165 prevê a recomposição dos seus créditos nas condições originais caso o plano de recuperação extrajudicial não seja homologado, isto é, seja rejeitado, deduzindo-se, evidentemente, os valores já efetivamente pagos pelo devedor.[112-113]

112. Francisco Satiro de Sousa Jr. lembra: "Note-se, entretanto, que nada impede que os signatários determinem desde o momento da adesão, ou em ratificação após a rejeição judicial da homologação, sua vinculação ao plano não homologado, desde que sua realização não dependa da ocorrência dos efeitos exclusivos da recuperação extrajudicial (art. 167)" ("Comentários aos arts. 161 ao 165", in Francisco Satiro de Sousa Jr. e Antônio Sérgio Altieri de Moraes Pitombo (coords.), *Comentários à Lei de Recuperação de Empresas e Falência: Lei 11.101/2005*, São Paulo, Ed. RT, 2005, p. 528).

113. Marcos Andrey de Sousa recomenda: "(...) julgamos que não só é possível, como prudente e necessário, que o plano estabeleça de forma expressa as conseqüências para a hipótese de sua eventual rejeição. Vale dizer que, se tratando de negócio jurídico lícito, nada impede que as partes pactuem efeitos específicos quando da assinatura do plano, tais como novação, remissão, dação em pagamento, se a rejeição implicará condição resolutiva ou suspensiva, e outras formas de negociação previstas no direito das obrigações. Tal possibilidade decorre justamente do fato de que tais efeitos só poderão ser produzidos perante os signatários do plano. Ora, se tal negócio jurídico não fosse levado à homologação judicial, seus termos e condições produziriam amplos efeitos perante as partes signatárias; não há como, portanto, que, pelo simples fato de ter sido levado à homologação judicial e esta ter sido rejeitada, o pacto privado entre as partes não possa gerar seus legítimos e amplos efeitos. Por tudo, um bom plano de recuperação extrajudicial deve regular expressamente esta hipótese, de interesse tanto para o devedor quanto para os respectivos credores signatários" ("Comentários aos

971. Ineficácia jurídica antecipada – Para os credores não aderentes ao plano de recuperação extrajudicial ou que tenham garantia inexistirá eficácia antecipada, diante da inequívoca redação do § 1º do art. 165 ("exclusivamente em relação à modificação do valor ou da forma de pagamento").[114]

Art. 166. Se o plano de recuperação extrajudicial homologado envolver alienação judicial de filiais ou de unidades produtivas isoladas do devedor, o juiz ordenará a sua realização, observado, no que couber, o disposto no art. 142 desta Lei.[972-973-974]

LEGISLAÇÃO ANTERIOR

Artigo sem correspondência no Decreto-lei 7.661/1945.

COMENTÁRIOS

972. Alienação judicial de filiais ou unidades produtivas isoladas – O plano de recuperação extrajudicial pode prever a alienação judicial de filiais ou de unidades isoladas.

Desde que autorizada a alienação, ela deverá se concretizar por meio de uma das seguintes modalidades: leilão, propostas fechadas ou pregão (art. 142).

973. A não configuração de sucessão tributária é extensiva à recuperação extrajudicial? – A Lei Complementar 118, de 9.2.2005, que alterou o Código Tributário Nacional, previu a não sucessão tributária apenas para os institutos da falência e da recuperação judicial.

A Lei 11.101/2005 também previu a não sucessão tributária apenas para ambos os institutos: falência, no art. 141, II, e recuperação judicial, no art. 60, parágrafo único.

A justificativa da exclusão do instituto da recuperação extrajudicial da Lei 11.101/2005 (e, *ipso facto*, da Lei Complementar 118/2005) está plasmada no relatório do Senado: "No que tange à recuperação extrajudicial, convém rever o entendimento relativo à exclusão da sucessão tributária na alienação judicial de estabelecimento, se prevista no plano de recuperação extrajudicial. (...). Na recuperação extrajudicial (...) a participação do juiz restringe-se à homologação do plano negociado extrajudicialmente e não há conseqüências para a não aceitação ou para a não homologação das condições propostas aos credores. Por isso, amplia-se excessivamente a possibilidade de devedores mal-intencionados valerem-se do instituto com o fito exclusivo de promover a venda de estabelecimentos sem sucessão tributária, e que não é objetivo da nova lei. (...) uma vez que, afastado o risco de crédito tributário, não há motivo para exigir certidões negativas para a homologação do plano de recuperação extrajudicial".[115]

Em suma: ao instituto da recuperação extrajudicial é inaplicável a não sucessão tributária prevista na Lei Complementar 118/2005.[116-117-118]

arts. 157 ao 167", cit., in Newton de Lucca e Adalberto Simão Filho (coords.), *Comentários à Nova Lei de Recuperação de Empresas e de Falências*, p. 605).

114. No mesmo sentido: Fabio Ulhoa Coelho, *Comentários à Nova Lei de Falências e Recuperação de Empresas*, São Paulo, Saraiva, 2005, p. 405.

115. Parecer na íntegra: Anexo II desta obra.

116. No mesmo sentido, Ives Gandra da Silva Martins: "Na recuperação extrajudicial a empresa devedora poderá alienar filiais e unidades produtivas, mas não há a exclusão da sucessão tributária (...). Claro está, e na esteira da harmonização da Lei 11.101/2005, que a desoneração da responsabilidade tributária não alcança as empresas em processo de recuperação extrajudicial" ("Comentários à Lei Complementar 118", in Rubens Approbato Machado (coord.), *Comentários à Nova Lei de Falências e Recuperação de Empresas*, São Paulo, Quartier Latin, 2005, pp. 324 e 327).

117. Também no mesmo sentido, Francisco Satiro de Sousa Jr.: "Quanto à sucessão, entretanto, a isenção do adquirente não se aplica a débitos tributários, vez que a Lei Complementar 118/2005, que alterou o 1º do art. 133 do CTN, faz expressa referência à falência e à recuperação judicial, deixando de contemplar com o benefício as alienações relativas à re-

974. Mesmo em seara de recuperação extrajudicial, o Ministério Público tem de ser intimado para intervir nas operações de alienação judicial? – Responde Júlio Kahan Mandel: "Porém, a menção às disposições contidas no art. 142 levanta a questão da atuação do Ministério Público na recuperação extrajudicial. (...). No caso de recuperação extrajudicial, cujo já plano aprovado pela maioria dos credores somente é levado à Justiça para fins de homologação, fica evidente que a atuação do Ministério Público não é prevista nem necessária. (...). Mas, entre os dispositivos mencionados no art. 142, o § 7º determina que o Ministério Público deve ser intimado em qualquer modalidade de alienação. Desse modo, aparece a dúvida: é necessária a intimação do Ministério Público nos casos de venda prevista no *caput* deste artigo? (...) duas hipóteses podem ser levantadas. A primeira seria a de que o § 7º do art. 142 é claro ao determinar a necessária intimação do Ministério Público, sob pena de nulidade da venda. A segunda, baseada na intenção do legislador de agilizar o processo e na falta de interesse do Ministério Público em atuar em uma homologação de um plano particular entre credor e devedor, defende que a intimação não seria necessária, pois o art. 166 é bem claro ao mencionar que o art. 142 seria aplicado no que couber, e a atuação do Ministério Público no caso da recuperação extrajudicial não seria cabível".[119]

Art. 167. O disposto neste Capítulo não implica impossibilidade de realização de outras modalidades de acordo privado entre o devedor e seus credores.[975-976]

LEGISLAÇÃO ANTERIOR

Artigo sem correspondência no Decreto-lei 7.661/1945.

COMENTÁRIOS

975. Possibilidade de outras modalidades de acordo – Vislumbramos três situações que se descortinarem diante da redação do art. 167.

Primeira situação – O devedor preenche os requisitos do art. 48 (e também do § 3º do art. 161), porém não quer lançar mão do instituto da recuperação extrajudicial. Como tal instituto é facultativo, ele, pura e simplesmente, passa a adotar acordos privados com seus credores; vale dizer, declara "concordata branca", sem correr qualquer risco de seu comportamento configurar hipótese de falência, como outrora ocorria (art. 2º, III, do Decreto-lei 7.661/1945).

Segunda situação – O devedor não preenche os requisitos do art. 48 (e/ou do § 3º do art. 161). Estará ele, então, impedido de adotar outras modalidades extrajudiciais, isto é, acordos privados com seus credores?

A resposta, à luz do art. 167, é um inequívoco *não*, pois, estribado no princípio da autonomia da vontade, terá liberdade de contratar (de escolher o tipo de negócio jurídico) e contratual (de escolher o conteúdo do negócio jurídico) junto aos seus credores.

Terceira situação – O devedor, mesmo tendo preenchido os requisitos do art. 48 (e

cuperação extrajudicial" ("Comentários aos arts. 161 ao 165", in Francisco Satiro de Sousa Jr. e Antônio Sérgio Altieri de Moraes Pitombo (coords.), *Comentários à Lei de Recuperação de Empresas e Falência: Lei 11.101/2005*, São Paulo, Ed. RT, 2005, p. 530).

118. Ainda no mesmo sentido, Marcos Andrey de Sousa: "O legislador, por se tratar de recuperação extrajudicial, com controle e intervenção reduzida do Judiciário, e com a inexistência dos órgãos da recuperação judicial (administrador judicial, comitê de credores e assembléia de credores), procurou evitar a utilização indevida da recuperação extrajudicial como finalidade única para subterfúgio dos efeitos da sucessão, fugindo de sua verdadeira finalidade, que é a recuperação da empresa em crise" ("Comentários aos arts. 157 ao 167", in Newton de Lucca e Adalberto Simão Filho (coords.), *Comentários à Nova Lei de Recuperação de Empresas e de Falências*, São Paulo, Quartier Latin, 2005, p. 606).

119. Júlio Kahan Mandel, *Nova Lei de Falências e Recuperação de Empresas Anotada: Lei 11.101, de 9.2.2005*, São Paulo, Saraiva, 2005, p. 265.

também do § 3º do art. 161), lança mão do instituto da recuperação extrajudicial, mas simultânea e paralelamente realiza outras modalidades de acordo privado com seus credores. Nessa situação, deverá ser cauteloso e prudente, sob pena de ver frustrado seu intento, já que, nos termos do inciso II do § 3º do art. 164, os credores, uma vez instados, por edital, a se manifestarem no prazo de 30 dias, poderão impugnar o plano, alegando a prática de quaisquer dos atos previstos no inciso III do art. 94 (liquidação precipitada de ativos, realização de negócio simulado, dação de garantia sem remanescer com bens livres suficientes, abandono de estabelecimento) ou no art. 130 (atos com intenção de prejudicar credores, provando-se o conluio fraudulento).

976. Inutilidade do art. 167? – Fabio Ulhoa Coelho afirma que o art. 167 é inútil, já que a lei não precisava dizer que as declarações de vontade continuam a ser juridicamente vinculantes, a despeito da introdução do instituto da recuperação extrajudicial na legislação falimentar.[120-121]

Já Rachel Sztajn tem opinião contrária: "Positiva a norma do art. 167, uma vez que permite ao devedor propor tanto um plano de recuperação extrajudicial, em que a venda de ativos é uma alternativa, quanto se admite que, reunidos credores e devedor, seja encontrada outra forma de ajuste que evite a falência da empresa em crise. Tratando-se de direitos patrimoniais disponíveis, não há, salvo, evidentemente ordem pública, moral e bons costumes, nada que impeça acordos entre particulares nos quais se privilegie a função social da empresa".[122]

Na medida em que as três situações retromencionadas são absolutamente factíveis, entendemos plenamente justificável a redação do art. 167.

Ainda que assim não fosse, o teor do art. 167 teria o efeito pedagógico de aclarar o espírito do intérprete. Afinal, *quod abundant non nocet*.

120. Fábio Ulhoa Coelho, *Comentários à Nova Lei de Falências e de Recuperação de Empresas*, São Paulo, Saraiva, 2005, pp. 405-406.

121. Já, Rachel Sztajn tem opinião contrária: "Positiva a norma do art. 167, uma vez que permite ao devedor propor tanto um plano de recuperação extrajudicial, em que a venda de ativos é uma alternativa, quanto admite que, reunidos credores e devedor, seja encontrada outra forma de ajuste que evite a falência da empresa em crise. Tratando-se de direitos patrimoniais disponíveis, não há, salvo, evidentemente, ordem pública, moral e bons costumes, nada que impeça acordos entre particulares nos quais se privilegie a função social da empresa" ("Comentários aos arts. 139 ao 167", in Carlos Henrique Abrão e Paulo Fernando Campos Salles de Toledo (coords.), *Lei de Recuperação de Empresas e Falência*, São Paulo, Saraiva, 2005, p. 428).

122. Rachel Sztajn, "Comentários aos arts. 139 ao 167", cit., in Carlos Henrique Abrão e Paulo Fernando Campos Salles de Toledo (coords.), *Lei de Recuperação de Empresas e Falência*, p. 428.

Capítulo VII – Disposições Penais[977-978-979-980-981-982-983-984-985]

Seção I – Dos Crimes em Espécie

COMENTÁRIOS

977. Ponderações de Waldemar Ferreira – Ainda que formuladas há várias décadas, as ponderações do saudoso comercialista Waldemar Ferreira, além de pertinentes, são clássicas e, por isso mesmo, são dignas de transcrição: "Envolvidos nos azares do comércio, sentindo as beiras da falência, muitos, no desesperado propósito de afastá-la, praticam atos ilícitos, na expectativa de melhor sorte. Outros, aproveitando-se da oportunidade, buscam retirar dela o melhor proveito, no afã de salvar algo ou muito, a fim de garantirem-se nos dias vindouros. Não poucos montam estabelecimento comercial animados do só intuito de logo obterem concordata preventiva ou suspensiva, empalmando o adquirido a crédito, no máximo, por metade de seu custo, quando não cheguem a quebrar depois de desviada, jeitosamente, a maior parte de seu ativo. Existe, em verdade, convenientemente organizada, a indústria da falência, em especial nos grandes centros mercantis, de foro assaz movimentado".[1]

978. Ponderações do senador Ramez Tebet – Por oportunas e elucidativas, transcreveremos algumas ponderações tecidas pelo senador Ramez Tebet no seu parecer:

"Em primeira ordem, o Substitutivo cuidou de nominar todas as infrações penais, como, por exemplo, 'fraude a credores', 'contabilidade paralela', 'violação de sigilo empresarial', 'divulgação de informações falsas', 'indução a erro', 'favorecimento de credores', entre outras. Essa estratégia reflete melhor a tradição legislativa brasileira em matéria penal, além de facilitar a interpretação dos respectivos tipos legais de crime.

"O crime de fraude[2] ganhou contornos mais precisos, especialmente no que se refere à circunstância de tempo ('antes ou depois da sentença que decretar a falência ou a recuperação judicial'). É que a expressão 'credores da massa falida', constante do art. 201 do PLC n. 71, 2003, limitava a punibilidade aos atos fraudulentos praticados após a decretação da falência (...).

"A par de outras pequenas alterações (...) inclui-se a destruição, inutilização ou ocultação dos documentos de escrituração contábil obrigatórios,[3] até porque já havia precedente do inciso VIII do art. 188 do Decreto-lei n. 7.661, de 21 de junho de 1945.

"Por outro lado, foram acrescidas ao crime de violação de sigilo empresarial duas novas modalidades típicas ('explorar' e 'divulgar'), pois tais condutas representam formas igualmente reprováveis de uso indevido do referido sigilo.[4]

"(...). Substitutivo inova, ainda, quanto à previsão do crime de omissão dos documentos contábeis obrigatórios.[5] Neste caso, não haverá necessidade de caracterização do ânimo de obter vantagens indevida, bastando a omissão dos livros obrigatórios ou sua regular autenticação no órgão do Registro do Comércio. Resta dizer que tal modalidade delituosa é expressamente subsidiária, ou seja, somente será aplicada quando a conduta não constitua crime mais grave."[6]

979. Crítica de Waldo Fazzio Jr. – Waldo Fazzio Jr. formula a seguinte crítica:

"Uma lei que orienta o regime de insolvência não deveria, seja por razões formais, seja porque ingredientes da procrastinação do processo falimentar, conter matéria penal.[7] São poucos os crimes genuinamente fa-

1. Waldemar Ferreira, *Instituições de Direito Comercial*, vol. 5, Rio de Janeiro, Freitas Bastos, 1951, p. 370.

2. Art. 168 da Lei 11.101/2005.

3. Art. 168, § 1º, V, da Lei 11.101/2005.

4. Art. 169 da Lei 11.101/2005.

5. Art. 178 da Lei 11.101/2005.

6. V. parecer na íntegra: Anexo II desta obra.

7. Explica Darcy Bessone: "O primeiro problema que se apresenta, no tocante aos crimes falimentares, é o de saber em que lei devem eles ser regulados. É questão da *sedes materiae*. O que se quer saber é se

limentares, senão delitos comuns praticados antes e durante o processo de quebra.

"Assim, o estelionato falimentar não deixa de ser estelionato, integrando a LRE pelo fato de causar prejuízo aos credores da massa falida. Da mesma forma, apropriação indébita (art. 173) e receptação (art. 174), forçadamente adaptadas na LRE, produzindo diversos inconvenientes na sua interpretação, o que, logicamente, implicará múltiplas dificuldades no modo de tipificá-las. Pior que isso, a mistura de condutas típicas, sob a mesma epígrafe, levantará diversos obstáculos para sua caracterização efetiva.

"A tentativa de apartar da legislação falitária a matéria criminal nunca foi bem sucedida, caindo por terra no processo legislativo. Isso ocorreu com o Projeto de Inglês de Souza e com o Projeto de Waldemar Ferreira. E, como tratada indevidamente na Lei de Falências, a regulação dos crimes falimentares e seu processo é sofrível, em todos os sentidos."[8]

980. Crítica de Júlio Kahan Mandel – Júlio Kahan Mandel também deduz sua crítica: "Há previsão para aumento de penas, em desacordo com a tendência criminal e até mesmo em total desproporcionalidade em relação a crimes como estelionato ou lesão corporal (...). Fixou-se um inexplicável e lamentável cerceamento de defesa do falido, que poderá ser denunciado por crime falimentar pela Promotoria sem ao menos sua oitiva para esclarecimentos (...). Excessiva também a total impossibilidade de o falido exercer atividades empresariais, até mesmo como mandatário, o que o impedirá de trabalhar dentro de sua especialidade profissional".[9]

981. Conceito de "crime falimentar" – No tocante ao conceito de "crime falimentar", Celso Marcelo de Oliveira aduz:

"A conceituação de crime falimentar é objeto de profunda controvérsia, o que se explica não apenas pelas dificuldades próprias da matéria, mas também pela diversidade de critérios utilizados no tratamento do assunto.

"Com efeito, se uns consideram o crime falimentar como delito contra a fé pública, outras dele se ocupam como crime contra a administração da justiça, ora contra o crédito (...).

"Outro aspecto, sobre o qual divergem os autores, diz respeito à questão: o crime falimentar é de dano ou perigo? Em outros termos, discute-se se à caracterização do crime basta a simples probabilidade de dano ou será preciso sua efetiva produção. A legislação pátria não tomou partido na pugna. Ao enumerar os fatos que recrimina como crimes falimentares, a lei brasileira ora pune a ação ou omissão que dá lugar a um dano efetivo, ora se contenta com a mera probabilidade de lesão."[10]

982. Natureza jurídica do crime falimentar – Sobre a natureza jurídica do crime falimentar, J. C. Sampaio de Lacerda aduz:

"Ainda neste ponto variam as opiniões. Os primeiros escritores que dele se ocuparam assimilavam-no ao *furto*. O mesmo fazia a legislação punindo com as penas deste o falido fraudulento (...). Outros o identificavam com o *estelionato*. Esses entendimentos, esclarece Oscar Stevenson, não mais se podem tomar em conta. Em se tratando de crime do falido, a diminuição do patrimônio, por ele causada, não poderia identificar-se com o furto, de vez que não se concebe subtração de bens pelo próprio dono. Menos ainda ao estelionato, que requer emprego de artifícios para iludir a confiança de outrem e espoliá-lo em sua propriedade.

"É *crime contra o patrimônio*, afirmam Puglia, Ramella, von Liszt, Carvalho de

compete à lei penal ou se à Lei Falimentar discipliná-los. São três os sistemas a respeito, a saber: (a) competência da Lei Falimentar (Código italiano de 1882); (b) competência da lei penal (Código austríaco); (c) eclético (Código francês)" (*Instituições de Direito Falimentar*, São Paulo, Saraiva, 1995, p. 165).

8. Waldo Fazzio Jr., *Nova Lei de Falência e Recuperação de Empresas*, São Paulo, Atlas, 2005, pp. 360-361.

9. Júlio Kahan Mandel, *Nova Lei de Falências e Recuperação de Empresas Anotada: Lei 11.101, de 9.2.2005*, São Paulo, Saraiva, 2005, p. 272.

10. Celso Marcelo de Oliveira, *Comentários à Nova Lei de Falências*, São Paulo, IOB-Thomson, 2005, p. 576.

Mendonça, Galdino Siqueira, Longhi, Delitala, De Semo. (...).

"Há ainda quem sustente tratar-se de *crime contra a fé pública* (Carrara, Lemmo, Galdino Siqueira etc.) ou *crime contra a economia pública* (Pessina e Carfora).

"O delito deve ser capitulado, afirma Oscar Stevenson, como sendo *crime contra o comércio* (...)."[11-12-13]

983. Penas – Com exceção do delito de "omissão dos documentos contábeis obrigatórios", previsto no art. 178, que é apenado com detenção e multa, os demais crimes falimentares, previstos nos arts. 168 a 177, são apenados com reclusão e multa.

984. Os crimes falimentares admitem tentativa? – Afirma Anco Márcio Valle:

"A melhor doutrina, no entanto, prefere diferenciar, antes de mais nada, as infrações penais concursais antefalimentares das pós-falimentares, conforme a conduta seja realizada antes ou depois do decreto de quebra. Dada a relevância da sentença de falência, seja como elemento do tipo ou mesmo como condição de punibilidade ou de procedibilidade, o crime falimentar somente estaria configurado com a quebra; ainda que não se considerasse a sentença como elemento típico, a falta da falência formalmente declarada leva a conduta a carecer de valoração penal como evento lesivo ou de perigo de lesão.

"Independentemente, portanto, do entendimento que se adote acerca da significação da sentença de falência para a infração da bancarrota, não se deve admitir para os crimes antefalimentares a modalidade tentada. Quando a sentença de falência é prolatada, o crime se consuma: enquanto não há sentença a conduta não passa de um irrelevante penal. Não existe meio-termo. (...).

"Nos crimes pós-falimentares o óbice da falta da sentença de falência inexiste, visto que a quebra já foi decretada. Dessa forma, a possibilidade de tentativa nessa espécie delitiva segue a regra geral do Código Penal, cabendo averiguar se o crime é unissubsistente ou omissvo próprio etc."[14]

985. Recomendações de Antônio Sérgio Altieri de Moraes Pitombo – Antônio Sérgio Altieri de Moraes Pitombo recomenda: "Em vigor a Lei 11.101/2005, surge o dever de vigiar como será aplicada a nova lei e como corrigir, no dia-a-dia da Justiça, outros defeitos a serem percebidos. Deve imperar entre nós, no entanto, a certeza de que chega o instante de exorcizar os que querem ver a expiação do falido, em franco desprezo aos princípios do direito penal. Pode parecer absurdo, mas até hoje não se guardou a lição de Pietro Nuovolone: 'L'illecito penale non è il falimento (...), ma è costituto del fato di frustrare le finalità del processo esecutivo concursale'. Nem mesmo se aferiu a profundidade do alerta de J. X. Carvalho de Mendonça: 'É preciso que os juízes brasileiros se convençam de que o bom êxito da Lei de Falências deles depende'. A eficácia das infrações penais trazidas pela Lei 11.101/2005 escapa das boas intenções do legislador. Precisa, sim, de responsabilidade de magistrados e promotores públicos, que têm de conferir dignidade aos tipos, mediante aplicação justa".[15]

11. J. C. Sampaio de Lacerda, *Manual de Direito Falimentar*, 10ª ed., Rio de Janeiro, Freitas Bastos, 1978, pp. 300-301.

12. Afirma Arthur Migliari Jr.: "Deste emaranhado de definições, com respeitabilíssimas posições divergentes, tentamos situar o crime falencial como sendo de natureza híbrida, posto que fere mortalmente *o crédito público e a economia pública*, gerando a instabilidade nas relações comerciais econômicas" (in Carlos Henrique Abrão e Paulo Fernando Campos Salles de Toledo (coords.), *Lei de Recuperação de Empresas e Falência*, São Paulo, Saraiva, 2005, p. 435).

13. Segundo Celso Marcelo de Oliveira: "A maioria considera como crime contra o patrimônio. Os mais cautelosos vêem os crimes falimentares como crimes pluriobjetivos, pela sua natureza complexa, ofendendo mais de um bem jurídico" (*Comentários à Nova Lei de Falências*, cit., p. 577).

14. Anco Márcio Valle, "A nova bancarrota", in Paulo Penalva Santos (coord.), *A Nova Lei de Falências e de Recuperação de Empresas: Lei 11.101/2005*, Rio de Janeiro, Forense, 2006, pp. 399-400.

15. Antônio Sérgio Altieri de Moraes Pitombo, "Contribuição ao estudo dos crimes falimentares",

Fraude a credores

Art. 168. Praticar, antes[986-987] ou depois da sentença que decretar a falência, conceder a recuperação judicial ou homologar a recuperação extrajudicial, ato fraudulento[988] de que resulte ou possa resultar prejuízo aos credores, com o fim de obter ou assegurar vantagem indevida para si ou para outrem:

Pena – reclusão, de 3 (três) a 6 (seis) anos, e multa.

Aumento da pena

§ 1º. A pena aumenta-se de um sexto a um terço, se o agente: I – elabora escrituração contábil ou balanço com dados inexatos;[989] II – omite, na escrituração contábil ou no balanço, lançamento que deles deveria constar, ou altera escrituração ou balanço verdadeiros;[990] III – destrói, apaga ou corrompe dados contábeis[991] ou negociais armazenados em computador ou sistema informatizado;[992] IV – simula a composição do capital social;[993] V – destrói, oculta ou inutiliza, total ou parcialmente, os documentos de escrituração contábil obrigatórios.[994]

Contabilidade paralela

§ 2º. A pena é aumentada de um terço até metade se o devedor manteve ou movimentou recursos ou valores paralelamente à contabilidade exigida pela legislação.[995]

Concurso de pessoas

§ 3º. Nas mesmas penas incidem os contadores, técnicos contábeis, auditores e outros profissionais que, de qualquer modo, concorrerem para as condutas criminosas descritas neste artigo, na medida de sua culpabilidade.[996]

Redução ou substituição da pena

§ 4º. Tratando-se de falência de microempresa ou de empresa de pequeno porte, e não se constatando prática habitual de condutas fraudulentas por parte do falido, poderá o juiz reduzir a pena de reclusão de um terço a dois terços ou substituí-la pelas penas restritivas de direitos, pelas de perda de bens e valores ou pelas de prestação de serviços à comunidade ou a entidades públicas.[997]

LEGISLAÇÃO ANTERIOR

Lei de Falências (DL 7.661/1945): *Art. 187.* Será punido com reclusão, por 1 (um) a 4(quatro anos), o devedor que, com o fim de criar ou assegurar injusta vantagem para si ou para outrem, praticar, antes ou depois da falência, algum ato fraudulento de que resulte ou possa resultar prejuízo aos credores.

Art. 188. Será punido o devedor com a mesma pena do artigo antecedente quando com a falência concorrer algum dos seguintes fatos: I – simulação de capital para obtenção de maior crédito; (...) IV – simulação de despesas, de dívidas ativas ou passivas e de perdas; V – perdas avultadas em operações de puro acaso, como jogos de qualquer espécie; VI – falsificação material, no todo ou em parte, da escrituração obrigatória ou não, ou alteração da escrituração verdadeira; VII – omissão, na escrituração obrigatória ou não, de lançamento que dela devia constar, ou lançamento falso ou diverso do que nela devia ser feito; VIII – destruição, inutilização ou supressão, total ou parcial, dos livros obrigatórios; IX – ser o falido leiloeiro ou corretor.

COMENTÁRIOS

986. Antes da decretação da falência – Guilherme A. de Moraes Nostre explica: "Com efeito, não é porque o tipo penal se refere à fraude praticada antes da decretação da falência, da recuperação judicial ou da sentença homologatória de recuperação extrajudicial que poderá configurar o delito qualquer ato praticado desde o início da atividade empresarial. A fraude a credores de que ora se trata é aquela praticada já em momento de desequilíbrio financeiro do devedor. Na recuperação judicial, desde

in Luiz Fernando Valente de Paiva (coord.), *Direito Falimentar e a Nova Lei de Falências e Recuperação de Empresas*, São Paulo, Quartier Latin, 2005, pp. 607-608.

seu requerimento (art. 48). Na recuperação extrajudicial, desde o início das tratativas com os credores para o estabelecimento do plano de recuperação a ser homologado judicialmente. Já, na falência, o momento do início da crise é de mais difícil determinação, podendo retroceder aos momentos iniciais do período de endividamento temerário que acaba por ensejar a falência".[16-17]

987. O crime de fraude a credores admite tentativa? – Sustenta Arthur Migliari Jr.: "Por prever a consumação antecipada, não nos parece cabível a tentativa".[18]

Jane Silva, por sua vez, esclarece: "A doutrina e a jurisprudência vêem possível a forma tentada nas condutas cometidas após a falência, estendendo tal possibilidade às que são praticadas após a vigência das decisões que concedem a recuperação judicial ou homologam a extrajudicial".[19]

O tipo penal sob exame é classificado por João Bosco Cascardo de Gouvêa como crime doloso (dolo genérico) próprio, embora não exclua a participação de outros sujeitos (§ 3º); de dano, quando causador de prejuízo; ou, então, de perigo concreto, no caso das hipóteses dos cinco incisos do § 1º.[20]

988. Ato fraudulento – Guilherme A. de Moraes Nostre ensina: "Atos fraudulentos praticados na vida civil ou na atividade comercial, não obstante sejam ilícitos na esfera civil, nem sempre configuram infração penal. (...). A conduta descrita como delituosa é a prática de ato fraudulento, vale dizer, a realização de ato jurídico eivado de fraude. A conduta se perfaz quando se realiza ato que cria, modifica, preserva ou extingue direitos ou obrigações, mas a realização do ato é contaminado de fraude. (...). O ato fraudulento deve resultar ou ser idôneo a causar prejuízo. Vale dizer: se, mesmo tendo sido praticado, não se verificar prejuízo real ou potencial aos credores, não haverá crime".[21]

Jurisprudência[22]

Eis alguns julgados pertinentes prolatados sob a égide do regime anterior:

16. Guilherme A. de Moraes Nostre, "Comentários aos arts. 168 ao 181", in Francisco Satiro de Sousa Jr. e Antônio Sérgio Altieri de Moraes Pitombo (coords.), *Comentários à Lei de Recuperação de Empresas e Falência: Lei 11.101/2005*, São Paulo, Ed. RT, 2005, p. 538.

17. Complementa Antônio Paulo C. O. Silva: "A referência 'antes' da falência (e, agora, tem-se, também, concessão da recuperação judicial e homologação da recuperação extrajudicial) faz lembrar a expressão que Nuvolone, na Itália, cunhou como 'zona de risco penal', porque, como escreveu aquele renomado autor (...) 'è assurdo, infati, pensare che si possa retroagire indefinitamente nella vita dell'impresa'. Não tem sentido, realmente, falar-se em fraude falimentar se a manobra artificiosa teve lugar, por exemplo, anos antes da quebra e não contribuiu, por si só, para agravar a situação dos credores que àquela vieram a acorrer. (...). Claro que a relação com o estado econômico ruinoso (depois de declarado judicialmente através da quebra, por exemplo) deve ser vista caso a caso, podendo ocorrer que certas condutas, mesmo que um pouco distantes, devam ser consideradas. (...). Note-se que menciona a nova lei 'concessão' de recuperação judicial (art. 58), algo que poderá ocorrer meses depois do deferimento (art. 52), pelo quê é possível concluir que prática fraudulenta ocorrida entre um e outro poderá enquadrar-se na 'zona de risco' referida e ser punida" (*Comentários às Disposições Penais da Lei de Recuperação de Empresas e Falências*, São Paulo, Quartier Latin, 2005, pp. 75-76).

18. Arthur Migliari Jr., in Carlos Henrique Abrão e Paulo Fernando Campos Salles de Toledo (coords.), *Lei de Recuperação de Empresas e Falência*, São Paulo, Saraiva, 2005, p. 438.

19. Jane Silva, "Comentários aos arts. 168 ao 182", in Osmar Brina Corrêa-Lima e Sérgio Mourão Corrêa-Lima (coords.), *Comentários à Nova Lei de Falência e Recuperação de Empresas: Lei 11.101, de 9.2.2005*, Rio de Janeiro, Forense, 2009, p. 1.129.

20. João Bosco Cascardo de Gouvêa, *Recuperação e Falência: Lei 11.101/2005: Comentários Artigo por Artigo*, Rio de Janeiro, Forense, 2009, p. 366.

21. Guilherme A. de Moraes Nostre, "Comentários aos arts. 168 ao 181", cit., in Francisco Satiro de Sousa Jr. e Antônio Sérgio Altieri de Moraes Pitombo (coords.), *Comentários à Lei de Recuperação de Empresas e Falência: Lei 11.101/2005*, pp. 537-538.

22. Manoel Justino Bezerra Filho, *Jurisprudência da Nova Lei de Recuperação de Empresas e Falências/Decisões, Ofícios Judiciais, Resoluções, Sentenças, Acórdãos, Dentre Outros Documentos*, São Paulo, Ed. RT, 2006, pp. 359-360.

[TJSP] Crime falimentar – *Agente que se associa a empresa em má situação financeira, adquirindo mercadorias sem qualquer intenção de pagá-las, locupletando-se, desse modo, em prejuízo de credores* – Caracterização do delito previsto no art. 187 do Decreto-lei n. 7.661/1945. [*RT 747/660*]

Crime falimentar – *Prática, antes da falência, de ato fraudulento – Alienação fiduciária de bens – Hipótese em que não houve, porém, prejuízo aos credores* – Absolvição mantida – Inteligência do art. 187 do Decreto-lei n. 7.661/1945. [*RT 542/337*]

[TJSP] Crime falimentar – Vantagem ilícita em prejuízo de credores obtida por meio fraudulento – *Co-autoria imputada a advogado que requereu* – Concordata preventiva posteriormente convolada em falência – *Inadmissibilidade se a atuação do causídico se deu estritamente nos limites de sua atividade profissional, sem indícios de adesão voluntária e consciente à conduta do falido* – Inteligência do art. 187 do Decreto-lei n. 7.661/1945. [*RT 664/267*]

[STF] Estelionato – Vantagem ilícita em prejuízo alheio obtida por meio fraudulento – Caracterização – *Empréstimos bancários conseguidos mediante caucionamento de faturas de serviços prestados, material e ideologicamente falsas – Ressarcimento posterior do dano que não exclui o crime, apenas atenuando a pena* – Denúncia recebida após a decretação da falência do agente – Impossibilidade, porém, de absorção do delito comum pelo falimentar, uma vez ocorrido aquele muito antes de decretada a quebra – Hipótese, ademais, em que o ato ilícito não se orientou contra a empresa de que dirigente o acusado ou em detrimento dos credores – Dissídio jurisprudencial não caracterizado – Recurso extraordinário não conhecido – Inteligência dos arts. 171 do CP e 187 do Decreto-lei n. 7.661/1945 – Aplicação das Súmulas ns. 291 e 368 – Declarações de votos. [*RT 628/393*]

989. "Elabora escrituração contábil ou balanço com dados inexatos". Sujeito ativo. Elemento subjetivo – Antônio Paulo C. O. Silva aduz: "*Elaborar* é preparar, organizar, ordenar, notando-se semelhança com a descrição vista na parte final do art. 188, VII, da Lei de Quebras anterior (...). Pode ter-se o que se chama de 'maquiagem de balanços', sonegando-se dados do passivo circulante, adulterando-se demonstrativos financeiros com o intuito de obter vantagem (...). O contador pode vir a responder em co-autoria se se provar que tinha ciência, por exemplo, da origem espúria dos lançamentos que o empresário pediu-lhe para constar da escrituração".[23]

Arthur Migliari Jr. assevera: "À primeira vista, como costumeiramente se aponta, seria crime praticado exclusivamente pelo contador da empresa, o que não passa de um grande equívoco, visto que este só tem o trabalho de dispor ou organizar aquilo que o empresário lhe apresenta, não tendo qualquer força decisória sobre os destinos da empresa. Em realidade, um contador é um terceiro na relação jurídica, podendo sofrer as conseqüências de uma ação penal nos termos do § 3º deste mesmo artigo (...) e do art. 29 do CP".[24]

Guilherme A. de Moraes Nostre sustenta: "O sujeito ativo será a pessoa física que, na estrutura societária, se responsabiliza pela escrituração contábil, bem assim aquele que assina o balanço. Entretanto, serão co-autores ou partícipes aqueles que de forma consciente e eficiente contribuírem, ainda que de forma indireta, para a inserção de dados inexatos. O elemento subjetivo, portanto, é o dolo genérico, a vontade livre e consciente de inserir dado (que sabe) inexato".[25]

Jane Silva conclui: "Quis o legislador punir severamente aqueles administradores ou as pessoas a ele equiparadas, entre as quais os contadores e técnicos de contábeis, que se utilizam, conscientemente, de dados inexatos, ou seja, de elementos contábeis que não espelham a realidade da empresa, mas que lhe dão fraudulentamente um "ar de exatidão e seriedade", quer na própria escrituração,

23. Antônio Paulo C. O. Silva, *Comentários às Disposições Penais da Lei de Recuperação de Empresas e Falências*, cit., p. 80.

24. Arthur Migliari Jr., in Carlos Henrique Abrão e Paulo Fernando Campos Salles de Toledo (coords.), *Lei de Recuperação de Empresas e Falência*, cit., p. 439.

25. Guilherme A. de Moraes Nostre, "Comentários aos arts. 168 ao 181", cit., in Francisco Satiro de Sousa Jr. e Antônio Sérgio Altieri de Moraes Pitombo (coords.), *Comentários à Lei de Recuperação de Empresas e Falência: Lei 11.101/2005*, pp. 540-541.

quer no balanço contábil, de tal modo que resulte ou possa resultar prejuízo aos credores, com o fim de assegurar indevida vantagem para si ou para outrem".[26]

990. "Omite, na escrituração contábil ou no balanço, lançamento que deles deveria constar, ou altera escrituração ou balanço verdadeiros". Sujeito ativo. Elemento subjetivo – Antônio Paulo C. O. Silva explica: "(...) fala-se em escrituração ou balanço *verdadeiros* – portanto, já existentes naquela condição, e aí está elemento não apontado no primeiro inciso –, o que deve ter justificado outra descrição, nesta compreendendo-se até a falsificação material, como, por exemplo, rasurar, através de agentes variados".[27]

Guilherme A. de Moraes Nostre ensina:

"O inciso II tipifica duas condutas: (i) omitir na escrituração contábil ou no balanço lançamento que deveria constar; (ii) alterar escrituração ou balanço verdadeiros.

"Na primeira a conduta é omissiva, o agente não realiza a ação que tinha o dever legal de efetuar. (...). O sujeito ativo é quem tem a incumbência de realizar o lançamento, e também quem, vindo a ter conhecimento da omissão, por exemplo, quando apontado em relatório da auditoria, não determina o lançamento. (...) Na segunda hipótese trata o legislador de falsificação material de escrituração contábil ou balanço. (...). O sujeito ativo pode ser qualquer pessoa (...). O elemento subjetivo consiste no dolo genérico, a vontade de falsificar documentação contábil verdadeira."[28]

Jane Silva aduz:

"A omissão deve ser dolosa, posto que não faz referência à forma culposa, e indispensável é que ela tenha sido relevante, trazendo prejuízo ao credor, ou podendo trazê-lo, o que se entendia na doutrina e jurisprudência anteriores. Omissões irrelevantes e que não possam causar prejuízo à massa de credores não devem ser consideradas.

"Só se admite alteração dolosa, e por ela devem responder o empresário, as pessoas a ele equiparadas e o contador ou técnico que a realiza, sendo difícil o argumento de que os últimos não tinham ciência de que estavam fazendo uma alteração para fins escusos, visto que já existiam dados verdadeiros que, na verdade, foram falsificados. Ressalva-se aqui a pessoa dos sócios ou conselheiros que exerciam, à época, função meramente figurativa e não tinham conhecimento dos atos de administração, entendimento que se mostrava solidificado na doutrina e na jurisprudência sobre a lei anterior, e que se entende continuará a vigorar na interpretação da nova legislação."[29]

Jurisprudência[30]

Eis um julgado pertinente prolatado sob a égide do regime anterior:

[TJSP] Crime falimentar – Descaracterização – *Omissão na escrituração obrigatória de lançamentos que dela deviam constar (art. 188, VII, do Decreto-lei n. 7.661/1945) – Configuração que depende da intenção do falido de prejudicar credores.* [*RT 746/575*]

991. Dados contábeis ou negociais – Arthur Migliari Jr. aduz: "Aqui, o legislador foi mais longe do que a escrituração contábil ou balanço. Preferiu o legislador invadir a contabilidade do empresário buscando ora os *dados contábeis*, ora os *dados negociais*

26. Jane Silva, "Comentários aos arts. 168 ao 182", cit., in Osmar Brina Corrêa-Lima e Sérgio Mourão Corrêa-Lima (coords.), *Comentários à Nova Lei de Falência e Recuperação de Empresas: Lei 11.101, de 9.2.2005*, p. 1.131.

27. Antônio Paulo C. O. Silva, *Comentários às Disposições Penais da Lei de Recuperação de Empresas e Falências*, cit., p. 81.

28. Guilherme A. de Moraes Nostre, "Comentários aos arts. 168 ao 181", cit., in Francisco Satiro de Sousa Jr. e Antônio Sérgio Altieri de Moraes Pitombo (coords.), *Comentários à Lei de Recuperação de Empresas e Falência: Lei 11.101/2005*, p. 540.

29. Jane Silva, "Comentários aos arts. 168 ao 182", cit., in Osmar Brina Corrêa-Lima e Sérgio Mourão Corrêa-Lima (coords.), *Comentários à Nova Lei de Falência e Recuperação de Empresas: Lei 11.101, de 9.2.2005*, p. 1.132.

30. Manoel Justino Bezerra Filho, *Jurisprudência da Nova Lei de Recuperação de Empresas e Falências/Decisões, Ofícios Judiciais, Resoluções, Sentenças, Acórdãos, Dentre Outros Documentos*, cit., p. 359.

do empresário, isto é, os elementos que servirão de futura base para a confecção da escrituração contábil e, posteriormente, dos balanços que poderão servir de base para o deferimento de um pedido de recuperação judicial ou homologação da recuperação extrajudicial".[31]

Jane Silva sustenta: "O dispositivo em questão constitui uma inovação, atendendo ao rápido desenvolvimento e utilização de sistemas informatizados nas empresas, principalmente nas de médio e grande porte, que passaram a armazenar, diariamente, em seus computadores e sistemas os seus dados contábeis e negociais, facilitando a sua posterior inserção na escrita regular e nos seus balanços. (...) na dúvida sobre a existência do crime, a aparelhagem pode ser apreendida, por ordem judicial, como tem ocorrido em vários e rumorosos casos mencionados pela imprensa, ainda que por outros motivos, e devidamente periciada, colocando a descoberto a manipulação efetuada nos referidos instrumentos contábeis".[32]

992. "Destrói, apaga ou corrompe dados contábeis ou negociais armazenados em computador ou sistema informatizado". Elemento subjetivo – Guilherme A. de Moraes Nostre assevera: "O dolo é a vontade livre e consciente de fazer desaparecer dos computadores da empresa ou dos sistemas informatizados as informações contábeis ou negociais essenciais às atividades da empresa".[33]

31. Arthur Migliari Jr., in Carlos Henrique Abrão e Paulo Fernando Campos Salles de Toledo (coords.), *Lei de Recuperação de Empresas e Falência*, cit., p. 440.

32. Jane Silva, "Comentários aos arts. 168 ao 182", cit., in Osmar Brina Corrêa-Lima e Sérgio Mourão Corrêa-Lima (coords.), *Comentários à Nova Lei de Falência e Recuperação de Empresas: Lei 11.101, de 9.2.2005*, pp. 1.132-1.133.

33. Guilherme A. de Moraes Nostre, "Comentários aos arts. 168 ao 181", cit., in Francisco Satiro de Sousa Jr. e Antônio Sérgio Altieri de Moraes Pitombo (coords.), *Comentários à Lei de Recuperação de Empresas e Falência: Lei 11.101/2005*, p. 541.

993. "Simula a composição do capital social" – Arthur Migliari Jr. explica: "(...) representa, o capital social, a verdadeira porta de entrada dos negócios do empresário. É com o capital social que se conseguem créditos, vantagens, respeitabilidade etc. Estando ele viciado, manipulado, estar-se-á diante de um grande falsário. (...). As mais comezinhas formas são as alterações dos contratos sociais com elevação do capital social, a não adimplência dos valores declarados, a colocação de bens e veículos em nome da empresa, mas, de fato, encontram-se à disposição do empresário".[34]

Jane Silva explica: "É crime considerado de extrema gravidade, e alinham-se diversas condutas que o configuram: elevação fictícia do capital social sem sua efetiva integralização; elevação do capital social, com obtenção de créditos a fim de com eles se locupletar, dilapidando-se, em seguida, os bens da empresa; informações bancárias que enfatizavam capital maior que o existente; difusão por meio de prospectos ou de qualquer outro tipo de publicação, aparentando capital que não existia; colocação de bens e veículos em nome da empresa, mas utilizados por outras pessoas; apresentação de balanço patrimonial no pedido de autofalência e recuperação judicial aparentando capital social ainda não integralizado; exposição da situação patrimonial do devedor com dados falsos sobre a composição do capital social e outros".[35]

994. "Destrói, oculta ou inutiliza documentos de escrituração contábil obrigatórios" – Antônio Paulo C. O. Silva aduz: "Tem-se *ocultação* quando o documento é, sem ser destruído, removido do local onde deveria estar, de modo que se impossibilite

34. Arthur Migliari Jr., in Carlos Henrique Abrão e Paulo Fernando Campos Salles de Toledo (coords.), *Lei de Recuperação de Empresas e Falência*, cit., pp. 440-441.

35. Jane Silva, "Comentários aos arts. 168 ao 182", cit., in Osmar Brina Corrêa-Lima e Sérgio Mourão Corrêa-Lima (coords.), *Comentários à Nova Lei de Falência e Recuperação de Empresas: Lei 11.101, de 9.2.2005*, p. 1.134.

de ser encontrado. (...). *Inutilização* é tornar imprestável, inservível, e *destruir* é aniquilar, fazer desaparecer (...)".[36]

Jane Silva adverte: "Contestada a prática da conduta, o ônus da prova quanto à ausência de dolo eventual, caso fortuito ou responsabilidade criminosa de terceiros incumbe ao devedor, pois são de sua responsabilidade a guarda e a apresentação dos livros e documentos contábeis".[37]

995. Contabilidade paralela – Guilherme A. de Moraes Nostre doutrina: "Trata-se de incriminação do 'caixa dois'. De fato, a manutenção de recursos estranhos não levados à contabilidade, bem assim a movimentação de valores ou recursos fora da escrituração exigida pelas normas legais, é conduta potencialmente lesiva aos interesses dos credores e da regularidade das relações mercantis. (...). Não é necessário que tenha havido contabilidade paralela, ainda que rudimentar. A expressão 'paralelamente', usada pelo legislador, ainda que cause certa ambigüidade, significa simplesmente ausência de registros de escrituração imposta pela lei".[38]

Arthur Migliari Jr. assevera: "(...) o desejo do legislador é de punir severamente aquele que mantém 'caixa dois' (...)".[39]

996. Concurso de pessoas – O art. 1.177 do CC dispõe: "*Art. 1.177.* Os assentos lançados nos livros e fichas do preponente, por qualquer dos seus prepostos encarregados de sua escrituração, produzem, salvo se houver procedido de má-fé, os mesmos efeitos como se o fossem por aquele".

Já nos manifestamos no sentido de que, não obstante ser o contabilista o profissional habilitado para a escrituração, uma vez que o legislador adota a expressão "qualquer preposto", o empresário ou a sociedade empresária não se eximirão da responsabilidade pela escrituração caso eles designem pessoa não habilitada profissionalmente.[40]

Arthur Migliari Jr. sustenta: "(...) o legislador de 2005 (LRE) foi mais incisivo, acabando com a antiga celeuma sobre a participação do devedor na conduta de seu auxiliar na confecção dos balanços contábeis e escriturações, sendo que iterativamente os tribunais se vêem às voltas com a tese de que os crimes teriam sido praticados pelos auxiliares do comércio e não pelo devedor. A presente capitulação penal, fazendo incidir a responsabilização penal também sobre os *contadores*, sobre os *técnicos contábeis*, *auditores*, joga um pá-de-cal sobre a questão, fazendo com que respondam criminalmente não só o devedor que praticou as condutas anteriormente mencionadas, mas também aqueles que mantêm e cuidam da contabilidade, como é o caso dos contadores e técnicos contábeis, além daqueles que fiscalizam, como é o caso dos auditores. Intensa discussão se travou sobre quem seriam esses outros profissionais, chegando à conclusão de que seriam aqueles contratados para a realização da escrituração, advogados que orientam a realização de condutas ilícitas, ou que assinaram o contrato social da empresa que não corresponde à efetiva composição, uma vez que detêm estes a obrigação de fiscalizar os atos que assinam, pessoas ligadas ao próprio empresário e que lhes [*sic*] auxiliem à prática das condutas criminosas".[41]

36. Antônio Paulo C. O. Silva, *Comentários às Disposições Penais da Lei de Recuperação de Empresas e Falências*, cit., pp. 88-89.

37. Jane Silva, "Comentários aos arts. 168 ao 182", cit., in Osmar Brina Corrêa-Lima e Sérgio Mourão Corrêa-Lima (coords.), *Comentários à Nova Lei de Falência e Recuperação de Empresas: Lei 11.101, de 9.2.2005*, p. 1.136.

38. Guilherme A. de Moraes Nostre, "Comentários aos arts. 168 ao 181", cit., in Francisco Satiro de Sousa Jr. e Antônio Sérgio Altieri de Moraes Pitombo (coords.), *Comentários à Lei de Recuperação de Empresas e Falência: Lei 11.101/2005*, p. 542.

39. Arthur Migliari Jr., in Carlos Henrique Abrão e Paulo Fernando Campos Salles de Toledo (coords.), *Lei de Recuperação de Empresas e Falência*, cit., p. 442.

40. Mario Sergio Milani, *Da Escrituração no Novo Código Civil: Comentários aos Arts. 1.179 a 1.195 do Código Civil Aprovado pela Lei 10.406, de 10.1.2002*, São Paulo, Juarez de Oliveira, 2004, p. 68.

41. Arthur Migliari Jr., in Carlos Henrique Abrão e Paulo Fernando Campos Salles de Toledo (coords.), *Lei de Recuperação de Empresas e Falência*, cit., pp. 442-443.

Jurisprudência[42]

Eis dois julgados pertinentes prolatados sob a égide do regime anterior:

[TJSP] Concurso de pessoas – Crime falimentar – Vantagem ilícita em prejuízo de credores obtida por meio fraudulento – *Co-autoria imputada a advogado que requereu* – Concordata preventiva posteriormente convolada em falência – *Inadmissibilidade se a atuação do causídico se deu estritamente nos limites de sua atividade profissional, sem indícios de adesão voluntária e consciente à conduta do falido* – Inteligência do art. 187 do Decreto-lei n. 7.661/1945. [*RT 664/267*]

[TJSP] *Crime falimentar* – Atos fraudulentos e desvio de bens – *Concurso de pessoas – Admissibilidade* – Inteligência dos arts. 187 e 188, III, do Decreto-lei n. 7.661/1945. [*RT 699/289*]

997. Falência de microempresa e de empresa de pequeno porte – Arthur Migliari Jr. ensina: "Calcada nessas premissas legal e constitucional, a LRE veio a trazer um benefício para o pequeno e microempresário *que não tenha se dado à prática habitual de condutas fraudulentas*, mas que veio a necessitar da utilização da recuperação judicial ou extrajudicial ou quebrado [*sic*]. Trata-se de requisito obrigatório exigindo reiteração de condutas para se negar a concessão do benefício, visto que o tipo exige *habitualidade*".[43]

Violação de sigilo empresarial

Art. 169. Violar, explorar ou divulgar, sem justa causa, sigilo empresarial ou dados confidenciais sobre operações ou serviços, contribuindo para a condução do devedor a estado de inviabilidade econômica ou financeira:[998]

Pena – reclusão, de 2 (dois) a 4 (quatro) anos, e multa.

LEGISLAÇÃO ANTERIOR

Artigo sem correspondência no Decreto-lei 7.661/1945.

COMENTÁRIOS

998. Violação de sigilo empresarial. Sujeito ativo – O tipo penal sob exame é classificado por João Bosco Cascardo de Gouvêa como crime doloso, comum, comissivo, formal, de dano, de perigo abstrato, dispensável a lesão; admite tentativa.[44]

Antônio Sérgio Altieri de Moraes Pitombo esclarece: "O embasamento para o estudo do bem jurídico constitucional, no caso, encontra-se no *caput* e incisos do art. 170 da CF, bem como na análise do art. 5º, X, da Lei Maior. Almeja-se resguardar fatos e dados conhecidos por uma ou poucas pessoas que não devem ser revelados por interesse da empresa. Cuida-se neste artigo dos denominados ativos intangíveis. (...). Admissível a tentativa se executados atos típicos que não ocasionem a inviabilidade econômica ou financeira, ou por circunstâncias alheias à vontade de quem praticou (art.14, II, do CP). (...). Pune-se o empregado, o sócio ou qualquer um que tenha tido o acesso a segredo ou a dados confidencias do devedor, cuja conduta se adeque [*sic*] ao agir típico de violar, explorar ou divulgar o segredo a terceira pessoa não autorizada a conhecê-lo".[45]

Arthur Migliari Jr. aduz: "(...) sujeito ativo do crime pode ser qualquer pessoa, inclusive o próprio devedor".[46]

42. Manoel Justino Bezerra Filho, *Jurisprudência da Nova Lei de Recuperação de Empresas e Falências/Decisões, Ofícios Judiciais, Resoluções, Sentenças, Acórdãos, Dentre Outros Documentos*, cit., p. 359.

43. Arthur Migliari Jr., in Carlos Henrique Abrão e Paulo Fernando Campos Salles de Toledo (coords.), *Lei de Recuperação de Empresas e Falência*, cit., p. 444.

44. João Bosco Cascardo de Gouvêa, *Recuperação e Falência: Lei 11.101/2005: Comentários Artigo por Artigo*, Rio de Janeiro, Forense, 2009, p. 370.

45. Antônio Sérgio Altieri de Moraes Pitombo, "Comentários ao art. 169", in Francisco Satiro de Sousa Jr. e Antônio Sérgio Altieri de Moraes Pitombo (coords.), *Comentários à Lei de Recuperação de Empresas e Falência: Lei 11.101/2005*, São Paulo, Ed. RT, 2005, p. 543.

46. Arthur Migliari Jr., in Carlos Henrique Abrão e Paulo Fernando Campos Salles de Toledo (coords.),

Divulgação de informações falsas

Art. 170. Divulgar ou propalar, por qualquer meio, informação falsa sobre devedor em recuperação judicial, com o fim de levá-lo à falência ou de obter vantagem:[999]

Pena – reclusão, de 2 (dois) a 4 (quatro) anos, e multa.

LEGISLAÇÃO ANTERIOR

Artigo sem correspondência no Decreto-lei 7.661/1945.

COMENTÁRIOS

999. Divulgação de informações falsas. Sujeito ativo – Arthur Migliari Jr. doutrina: "Tanto este como o próximo delito são tipos totalmente novos no ordenamento jurídico. (...). Neste dispositivo penal o legislador buscou amparar a empresa que se encontra em estado de recuperação judicial, evitando o mau vezo que grassa no campo comercial e, muitas vezes, na própria sociedade de que uma empresa que se encontra em concordata preventiva já se encontraria em situação de insolvência, prestes a quebrar. (...) parece-nos bem claro que a intenção do legislador foi evitar que alguém maculasse a imagem do devedor, procurando dois objetivos bem delineados: ou desejar a quebra do devedor ou tirar proveito (vantagem) da situação em que este se encontra".[47]

Antônio Sérgio Altieri de Moraes Pitombo explica: "Os sujeitos ativos se mostram aqueles que realizam a divulgação ou a propalação da informação falsa. Podem ser concorrentes do devedor em fase de recuperação judicial, o que não exclui a possibilidade de outros poderem perpetrar essa conduta, desde que tenham dolo específico de levar a empresa à falência ou de obter vantagem".[48]

Jane Silva aduz:

"Pretende o legislador proteger não só a própria empresa, para que ela realmente se recupere econômica e financeiramente, visto constituir socialmente um benefício para todos (...).

"Os comportamentos puníveis são: 'divulgar', que no dispositivo estudado significa tornar público, fazer conhecido de todos ou do maior número de pessoas, e 'propalar', que significa repetir o que se ouviu de outrem. (...) podendo fazê-lo por qualquer meio, seja verbalmente, por escrito, por gestos, desenhos, via televisão ou Internet."[49]

João Bosco Cascardo de Gouvêa complementa: "(...) a lei descuidou-se de proteger igualmente o empresário em recuperação *extrajudicial*, tão importante quanto a judicial para a manutenção da empresa; um lapso certamente corrigível, mas tão-somente *de lege ferenda*".[50]

Indução a erro

Art. 171. Sonegar ou omitir informações ou prestar informações falsas no processo de falência, de recuperação judicial ou de recuperação extrajudicial, com o fim de induzir a erro o juiz, o Ministério Público, os credores, a assembléia-geral de credores, o comitê ou o administrador judicial:[1.000]

Pena – reclusão, de 2 (dois) a 4 (quatro) anos, e multa.

Lei de Recuperação de Empresas e Falência, São Paulo, Saraiva, 2005, p. 446.

47. Arthur Migliari Jr., in Carlos Henrique Abrão e Paulo Fernando Campos Salles de Toledo (coords.), *Lei de Recuperação de Empresas e Falência*, São Paulo, Saraiva, 2005, pp. 446-447.

48. Antônio Sérgio Altieri de Moraes Pitombo, "Comentários ao art. 170", in Francisco Satiro de Sousa Jr. e Antônio Sérgio Altieri de Moraes Pitombo (coords.), *Comentários à Lei de Recuperação de Empresas e Falência: Lei 11.101/2005*, São Paulo, Ed. RT, 2005, p. 545.

49. Jane Silva, "Comentários aos arts. 168 ao 182", in Osmar Brina Corrêa-Lima e Sérgio Mourão Corrêa-Lima (coords.), *Comentários à Nova Lei de Falência e Recuperação de Empresas: Lei 11.101, de 9.2.2005*, Rio de Janeiro, Forense, 2009, p. 1.146.

50. João Bosco Cascardo de Gouvêa, *Recuperação e Falência: Lei 11.101/2005: Comentários Artigo por Artigo*, Rio de Janeiro, Forense, 2009, p. 370.

LEGISLAÇÃO ANTERIOR

Lei de Falências (DL 7.661/1945): *Art. 189.* Será punido com reclusão de 1 (um) a 3 (três) anos: (...) II – quem quer que, por si ou interposta pessoa, ou por procurador, apresentar, na falência ou na concordata preventiva, declarações ou reclamações falsas, ou juntar a elas títulos falsos ou simulados; III – o devedor que reconhecer como verdadeiros créditos falsos ou simulados; IV – o síndico que der informações, pareceres ou extratos dos livres do falido inexatos ou falsos, ou que apresentar exposição ou relatórios contrários à verdade.

COMENTÁRIOS

1.000. Indução a erro. Sujeito ativo – O tipo penal sob exame é classificado por João Bosco Cascardo de Gouvêa como crime doloso, comum, formal, de perigo, omissivo, exceto na conduta de prestar informações falsas.[51]

Guilherme A. de Moraes Nostre assevera: "A norma penal descreve três condutas: sonegar informações, omitir informações e prestar informações falsas. Nos dois primeiros casos a conduta é omissiva (...). Nesses crimes o sujeito ativo é qualquer pessoa que tenha o dever jurídico de prestar a informação, não necessariamente apenas o devedor.

"Na prestação de informação falsa a conduta é comissiva (...). O sujeito ativo, nessa hipótese, pode ser qualquer pessoa que atue no processo falimentar, ou na recuperação judicial ou extrajudicial. (...). Com efeito, se, mesmo sonegadas ou omitidas, as informações já eram do conhecimento de todos, ou podiam ser obtidas por outros meios ordinários, não há que se falar em crime. No mesmo sentido se as informações, ainda que tendo sido idôneas ao induzimento em erro, não eram capazes de causar prejuízo."[52]

Arthur Migliari Jr. esclarece: "Trata-se de crime novo no ordenamento jurídico, podendo se falar que sua origem estaria numa norma especial em relação ao crime de fraude processual do art. 347 do CP, com características bem marcantes".[53]

Jane Silva complementa: "Como se está diante de um crime de mera conduta, ele se consuma independentemente de as aludidas ações terem realmente induzido a erro as referidas pessoas, bastando que sejam potencialmente passíveis de enganá-las. Se for atingida a indução a erro, objetivo do agente, tem-se o mero exaurimento do delito".[54]

Favorecimento de credores

Art. 172. Praticar, antes ou depois da sentença que decretar a falência, conceder a recuperação judicial ou homologar plano de recuperação extrajudicial, ato de disposição ou oneração patrimonial ou gerador de obrigação, destinado a favorecer um ou mais credores em prejuízo dos demais:[1.001]

Pena – reclusão, de 2 (dois) a 5 (cinco) anos, e multa.

Parágrafo único. Nas mesmas penas incorre o credor que, em conluio, possa beneficiar-se de ato previsto no *caput* deste artigo.

51. João Bosco Cascardo de Gouvêa, *Recuperação e Falência: Lei 11.101/2005: Comentários Artigo por Artigo*, Rio de Janeiro, Forense, 2009, p. 372.

52. Guilherme A. de Moraes Nostre, "Comentários aos arts. 168 ao 181", in Francisco Satiro de Sousa Jr. e Antônio Sérgio Altieri de Moraes Pitombo (coords.), *Comentários à Lei de Recuperação de Empresas e Falência: Lei 11.101/2005*, São Paulo, Ed. RT, 2005, pp. 545-546.

53. Arthur Migliari Jr., in Carlos Henrique Abrão e Paulo Fernando Campos Salles de Toledo (coords.), *Lei de Recuperação de Empresas e Falência*, São Paulo, Saraiva, 2005, p. 447.

54. Jane Silva, "Comentários aos arts. 168 ao 182", in Osmar Brina Corrêa-Lima e Sérgio Mourão Corrêa-Lima (coords.), *Comentários à Nova Lei de Falência e Recuperação de Empresas: Lei 11.101, de 9.2.2005*, Rio de Janeiro, Forense, 2009, p. 1.148.

LEGISLAÇÃO ANTERIOR

Lei de Falências (DL 7.661/1945): *Art. 188.* Será punido o devedor com a mesma pena do artigo antecedente quando com a falência concorrer algum dos seguintes fatos: (...) II – pagamento antecipado de uns credores em prejuízo de outros; (...).

COMENTÁRIOS

1.001. Favorecimento de credores. Sujeito ativo – O tipo penal sob exame é classificado por João Bosco Cascardo de Gouvêa como crime doloso, comissivo, próprio, formal e de perigo abstrato, dispensando a efetiva lesão.[55]

Guilherme A. de Moraes Nostre afirma: "Observe-se que a disposição de bens, a oneração patrimonial e a geração de obrigação não são incriminadas de per si, mas apenas quando realizadas com o fim de favorecer o credor que adquire o bem, que passa a ter um ônus sobre o patrimônio, ou que adquire o direito de exigir determinada prestação do devedor, 'em prejuízo dos demais credores' (...).

"O sujeito ativo será tanto a pessoa física que no âmbito da empresa devedora toma a decisão de favorecer alguns credores, quanto os credores que, tendo conhecimento de que o ato jurídico era potencialmente lesivo a outros credores, mesmo assim realizam o ato."[56]

Arthur Migliari Jr. aduz: "Podemos observar que o presente dispositivo é uma imputação melhorada dos crimes previstos anteriormente no Decreto-lei 7.661/1945, no art. 189, I e III. (...) *ato de disposição ou oneração patrimonial ou gerador de obrigações*, podendo ser venda e compra, mútuo, dação, doação (...). Há o ferimento da *par conditio creditorum*. Este é o cerne da incriminação".[57]

Desvio, ocultação ou apropriação de bens

Art. 173. Apropriar-se, desviar ou ocultar bens pertencentes ao devedor sob recuperação judicial ou à massa falida, inclusive por meio da aquisição por interposta pessoa:[1.002]

Pena – reclusão, de 2 (dois) a 4 (quatro) anos, e multa.

LEGISLAÇÃO ANTERIOR

Lei de Falências (DL 7.661/1945): *Art. 188.* Será punido o devedor com a mesma pena do artigo antecedente quando com a falência concorrer algum dos seguintes fatos: (...) III – desvio de bens, inclusive pela compra em nome de terceira pessoa, ainda que cônjuge ou parente; (...).

Art. 189. Será punido com reclusão de um a três anos: I – qualquer pessoa, inclusive o falido, que ocultar ou desviar bens da massa; (...).

COMENTÁRIOS

1.002. Desvio, ocultação ou apropriação de bens. Sujeito ativo – O tipo penal sob exame é classificado por João Bosco Cascardo de Gouvêa como crime doloso, exclusivamente comissivo ou omissivo, comum, de perigo abstrato, dispensando a efetiva lesão.[58]

Guilherme A. de Moraes Nostre esclarece: "Na apropriação o agente inverte a posse de bens pertencentes ao devedor ou

55. João Bosco Cascardo de Gouvêa, *Recuperação e Falência: Lei 11.101/2005: Comentários Artigo por Artigo*, Rio de Janeiro, Forense, 2009, p. 374.

56. Guilherme A. de Moraes Nostre, "Comentários aos arts. 168 ao 181", in Francisco Satiro de Sousa Jr. e Antônio Sérgio Altieri de Moraes Pitombo (coords.), *Comentários à Lei de Recuperação de Empresas e Falência: Lei 11.101/2005*, São Paulo, Ed. RT, 2005, p. 547.

57. Arthur Migliari Jr., in Carlos Henrique Abrão e Paulo Fernando Campos Salles de Toledo (coords.), *Lei de Recuperação de Empresas e Falência*, São Paulo, Saraiva, 2005, p. 448.

58. João Bosco Cascardo de Gouvêa, *Recuperação e Falência: Lei 11.101/2005: Comentários Artigo por Artigo*, Rio de Janeiro, Forense, 2009, p. 375.

integrantes da massa, agregando à sua esfera patrimonial aquilo que não lhe pertence. No desvio, havendo bens que deveriam ingressar ou permanecer do [*sic*] patrimônio do devedor ou na massa falida, atua o agente deslocando-os para sua esfera patrimonial ou para a de terceiro. Na ocultação o agente dissimula a existência de bens para que não constem no processo falimentar ou na recuperação judicial. (...). O sujeito ativo é impróprio, o crime pode ser cometido por qualquer pessoa física, inclusive por sócio da empresa devedora, pelo síndico [*rectius*: administrador judicial] da massa falida etc.".[59]

Arthur Migliari Jr. assevera: "O crime de apropriação saiu da disposição genérica prevista no art. 168 do CP, para se tornar específico da LRE. (...). Fato muito comum era a má interpretação dos arts.188, III, e 189, I, do Decreto-lei 7.661/1945, em que os imputados de crimes falenciais de desvio de bens socorriam-se ao juízo afirmando que não haviam feito o desaparecimento, tendo apenas "retido" os bens da massa por 'algum tempo', apresentado-os, se denunciados fossem, tempos depois".[60]

Jane Silva complementa:

"Era comum o desvio dos bens antes e durante a falência, ou até mesmo durante a concordata; quando esta se transformava em falência; raras vezes se conseguia arrecadar todo o patrimônio do devedor, e as alegações eram variadas: deterioração, arrombamento, furtos, ausência de localização do falido e dos bens, mera retenção e tantas outras.

"O regramento atual é bem mais abrangente que o anterior, que punia apenas a ocultação ou o desvio dos bens durante a falência, por qualquer pessoa, e em relação ao devedor bem assim a aquisição por interposta pessoa; enquanto a nova disposição prevê apropriação, o desvio ou a ocultação dos bens do devedor, inclusive por meio de interposta pessoa, alcançando qualquer pessoa que tenha a sua posse ou detenção."[61]

Jurisprudência[62]

Eis dois julgados pertinentes prolatados sob a égide do regime anterior:

[TJSP] Crime falimentar – *Desvio de bens – Arrecadação apenas dos componentes do ativo permanente, com exclusão do estoque, e transferências irregulares de linhas telefônicas* – Inexistência de prejuízo aos credores alegada, em virtude de posteriores cessões parciais de créditos e promessas de cessões – Falta de prova de quitação dos compromissos – *Pagamento posterior que, ademais, não elide o crime* – Delito configurado – Aplicação do art. 188, III, do Decreto-lei n. 7.661/1945. [*RT 617/284*]

[TJSP] Crime falimentar – Desvio de bens – Caracterização – *Existência de dolo, uma vez que não caberia ao réu oferecer justificativa para o desaparecimento; não obstante, abandonou o distrito da culpa, foi citado por edital e se tornou revel na ação* – Aplicabilidade do art. 188, III, do Decreto-lei n. 7.661/1945 (Lei de Falências) – Recurso provido para tal fim. [*ACr 92.953-3, de São Paulo, rel. Des. Dirceu de Mello, j. 13.3.1991*]

Aquisição, recebimento ou uso ilegal de bens

Art. 174. Adquirir, receber, usar, ilicitamente, bem que sabe pertencer à massa falida ou influir para que terceiro, de boa-fé, o adquira, receba ou use:[1.003]

Pena – reclusão, de 2 (dois) a 4 (quatro) anos, e multa.

59. Guilherme A. de Moraes Nostre, "Comentários aos arts. 168 ao 181", in Francisco Satiro de Sousa Jr. e Antônio Sérgio Altieri de Moraes Pitombo (coords.), *Comentários à Lei de Recuperação de Empresas e Falência: Lei 11.101/2005*, São Paulo, Ed. RT, 2005, p. 548.

60. Arthur Migliari Jr., in Carlos Henrique Abrão e Paulo Fernando Campos Salles de Toledo (coords.), *Lei de Recuperação de Empresas e Falência*, São Paulo, Saraiva, 2005, p. 442.

61. Jane Silva, "Comentários aos arts. 168 ao 182", in Osmar Brina Corrêa-Lima e Sérgio Mourão Corrêa-Lima (coords.), *Comentários à Nova Lei de Falência e Recuperação de Empresas: Lei 11.101, de 9.2.2005*, Rio de Janeiro, Forense, 2009, p. 1.153.

62. Manoel Justino Bezerra Filho, *Jurisprudência da Nova Lei de Recuperação de Empresas e Falências/*Decisões, Ofícios *Judiciais, Resoluções, Sentenças, Acórdãos, Dentre Outros Documentos*, São Paulo, Ed. RT, 2006, pp. 362-363.

LEGISLAÇÃO ANTERIOR

Artigo sem correspondência no Decreto-lei 7.661/1945.

COMENTÁRIOS

1.003. Aquisição, recebimento ou uso ilegal de bens. Sujeito ativo – Segundo João Bosco Cascardo de Gouvêa, o tipo penal sob exame é classificado como crime doloso, comum e de perigo abstrato, comissivo, dispensável a lesão, admitindo tentativa, na primeira modalidade.[63]

Antônio Sérgio Altieri de Moraes Pitombo afirma: "Tem-se aqui crime posterior à decretação da quebra, cuja objetividade jurídica se prende ao resguardo da administração da Justiça. Tutela-se o devido processo judicial da falência (art. 5º, LIV, da CF), assim como se conserva o direito de propriedade (art. 5º, XI, c/c art. 170, II, ambos da CF). (...). Qualquer um pode ser autor ou partícipe deste crime, desde que adquira, receba ou use, ilicitamente, bem pertencente à massa. Ainda, pode caracterizar-se agente aquele que influi para aquisição, recebimento ou uso ilegal do referido bem por terceiro, de boa-fé".[64]

Arthur Migliari Jr. explica: O desmembramento lógico do crime anterior é o presente. Tal dispositivo penal é norma especial com relação ao crime de receptação do Código Penal (art. 180), mas possui uma distinção ímpar, que é a tipificação do crime de *usar* bem pertencente à massa falida.[65]

Jane Silva complementa:

"Estamos diante de uma *novatio legis* incriminadora, visto que o Decreto-lei 7.661/1945 não continha a definição de qualquer infração penal com os mesmos elementos.

"À semelhança de outras inovações na definição dos tipos criminosos ocorridos em relação à falência, a que se examina resultou da experiência adquirida ao longo da vigência da lei anterior, em que, por não existir um tipo penal que abrangesse principalmente a conduta daquele que usava os bens da massa falida, ou permitia e até induzia outros para que o fizessem, reiteradas vezes, quando os bens eram localizados, já se encontravam desgastados ou deteriorados pelo mau uso, com evidente prejuízo para os credores e manifesta ofensa à administração da justiça, afetando até à sua própria credibilidade junto aos credores.

"Era muito comum que os estabelecimentos comerciais, ainda que lacrados e sob a responsabilidade dos síndicos, fossem invadidos e os bens utilizados indevidamente.

"De se destacar a conduta indevida de alguns síndicos e depositários que faziam uso dos bens arrecadados e depositados, bem como permitiam muitas vezes que outros o fizessem, inclusive o próprio devedor, levando à sua destruição. Quando descobertos, do ponto de vista penal, não havia na Lei de Falências norma que intimidasse e punisse de modo conveniente tal prática abusiva, agora considerada criminosa."[66]

Habilitação ilegal de crédito

Art. 175. Apresentar, em falência, recuperação judicial ou recuperação extrajudicial, relação de créditos, habilitação de créditos ou reclamação falsas, ou juntar a elas título falso ou simulado:[1.004]

Pena – reclusão, de 2 (dois) a 4 (quatro) anos, e multa.

63. João Bosco Cascardo de Gouvêa, *Recuperação e Falência: Lei 11.101/2005: Comentários Artigo por Artigo*, Rio de Janeiro, Forense, 2009, p. 376.

64. Antônio Sérgio Altieri de Moraes Pitombo, "Comentários ao art. 174", in Francisco Satiro de Sousa Jr. e Antônio Sérgio Altieri de Moraes Pitombo (coords.), *Comentários à Lei de Recuperação de Empresas e Falência: Lei 11.101/2005*, São Paulo, Ed. RT, 2005, p. 549.

65. Arthur Migliari Jr., in Carlos Henrique Abrão e Paulo Fernando Campos Salles de Toledo (coords.), *Lei de Recuperação de Empresas e Falência*, São Paulo, Saraiva, 2005, p. 453.

66. Jane Silva, "Comentários aos arts. 168 ao 182", in Osmar Brina Corrêa-Lima e Sérgio Mourão Corrêa-Lima (coords.), *Comentários à Nova Lei de Falência e Recuperação de Empresas: Lei 11.101, de 9.2.2005*, Rio de Janeiro, Forense, 2009, p. 1.157.

LEGISLAÇÃO ANTERIOR

Artigo sem correspondência no Decreto-lei 7.661/1945.

COMENTÁRIOS

1.004. Habilitação ilegal de crédito. Sujeito ativo – O tipo penal sob exame é classificado por João Bosco Cascardo de Gouvêa como crime doloso, comum, comissivo, de mera conduta e de perigo abstrato, dispensando a efetiva lesão.[67]

Arthur Migliari Jr. sustenta: "O presente dispositivo penal guarda relação com o anterior art. 189, II e III, do Decreto-lei 7.661/1945. (...). É importante observar que o crime se caracteriza tanto em relação aos terceiros, que juntam ou apresentam títulos falsos, como o próprio devedor que assim o faz, não se referindo, em hipótese alguma, a terceiros, exclusivamente, mas, sim, estando sujeito ao delito, também, o próprio devedor. Não obstante a lei não faça referência, a falsidade pode ser formal ou material, integral ou parcial, sendo que neste caso o advogado, na qualidade de procurador, também poderá responder pela conduta, se houver conhecimento da ilicitude".[68]

Antônio Sérgio Altieri de Moraes Pitombo doutrina: "O sujeito ativo pode ser qualquer pessoa, desde o próprio devedor até algum credor que tenha outro crédito verídico, passando por todos aqueles que de alguma forma possam levar aos autos da falência ou plano de recuperação da empresa, judicial ou extrajudicial, documento mencionados pelo dispositivo legal".[69]

Jane Silva aduz: "Tem-se visto o entendimento equivocado de alguns comentaristas de que o devedor não pode ser sujeito ativo do delito que se examina; basta uma cuidadosa leitura da Lei 11.1101/2005 para que se veja que lhe incumbe na petição inicial da recuperação judicial instruí-la com a relação completa dos credores (art. 51, III). Logo, pode fazê-lo falsamente. (...). Na bancarrota, incumbe ao devedor apresentar, no prazo fixado pelo juiz, a declaração de seus credores (art. 104, XI). Em conseqüência, pode fazê-lo falsamente, em conluio com o terceiro que provavelmente será beneficiado".[70]

Jurisprudência[71]

Eis dois julgados pertinentes prolatados sob a égide do regime anterior:

[TJSP] Crime falimentar – *Pedido de restituição de bens em falência baseado em documentos simulados (art. 189, II, do Decreto-lei n. 7.661/1945)* – Denúncia – Rejeição fundamentada na procedência do pedido de restituição – Inadmissibilidade – Decisão ainda pendente de apelação. [*RT 667/276*]

[TJSP] Crime falimentar – Simulação fraudulenta de crédito – Descaracterização – *Acusado que propõe reclamação trabalhista objetivando recebimento de créditos fictícios, com prejuízo para a massa – Delito, porém, que só se caracteriza com a apresentação na falência de reclamação ou declaração falsa* – Denúncia que, portanto, descreve fato atípico – Processo anulado – Aplicação dos arts. 564, III, "a", do CPP e 189, I, do Decreto-lei n. 7.661/1945. [*RT 632/97*]

67. João Bosco Cascardo de Gouvêa, *Recuperação e Falência: Lei 11.101/2005: Comentários Artigo por Artigo*, Rio de Janeiro, Forense, 2009, p. 376.

68. Arthur Migliari Jr., in Carlos Henrique Abrão e Paulo Fernando Campos Salles de Toledo (coords.), *Lei de Recuperação de Empresas e Falência*, São Paulo, Saraiva, 2005, pp. 455-456.

69. Antônio Sérgio Altieri de Moraes Pitombo, "Comentários ao art. 175", in Francisco Satiro de Sousa Jr. e Antônio Sérgio Altieri de Moraes Pitombo (coords.), *Comentários à Lei de Recuperação de Empresas e Falência: Lei 11.101/2005*, São Paulo, Ed. RT, 2005, p. 550.

70. Jane Silva, "Comentários aos arts. 168 ao 182", in Osmar Brina Corrêa-Lima e Sérgio Mourão Corrêa-Lima (coords.), *Comentários à Nova Lei de Falência e Recuperação de Empresas: Lei 11.101, de 9.2.2005*, Rio de Janeiro, Forense, 2009, p. 1.161.

71. Manoel Justino Bezerra Filho, *Jurisprudência da Nova Lei de Recuperação de Empresas e Falências/Decisões, Ofícios Judiciais, Resoluções, Sentenças, Acórdãos, Dentre Outros Documentos*, São Paulo, Ed. RT, 2006, p. 364.

Exercício ilegal de atividade

Art. 176. Exercer atividade para a qual foi inabilitado ou incapacitado por decisão judicial, nos termos desta Lei:[1.005]

Pena – reclusão, de 1 (um) a 4 (quatro) anos, e multa.

LEGISLAÇÃO ANTERIOR

Artigo sem correspondência no Decreto-lei 7.661/1945.

COMENTÁRIOS

1.005. Exercício ilegal de atividade. Sujeito ativo – O tipo penal sob exame é classificado por João Bosco Cascardo de Gouvêa como crime doloso, de mera conduta, próprio, comissivo e de perigo abstrato, dispensável a efetiva lesão. Admite suspensão condicional do processo (art. 89 da Lei 9.099/1995).[72]

Jane Silva explica:

"O delito em questão não era previsto na Lei Falimentar anterior, mas já o era no Código Penal, em seu art. 359, que pune com detenção de três meses a dois anos, ou multa, aquele que exerce atividade de que foi privado por decisão judicial, não se confundindo o tipo em estudo com aquele dispositivo, ante sua destinação especial em relação à desobediência resultante de ordem emanada de sentença condenatória por crime falimentar.

"Na lei anterior a interdição do exercício do comércio constituía efeito da condenação, previsto expressamente no seu art. 195, e acontecendo igual disposição na Lei 11.101/2005, já que ali estão previstas [*sic*] efeitos da condenação: inabilitação para exercício de atividade empresarial, para cargo ou função em conselho de administração, diretoria ou gerência das sociedades sujeitas à nova lei, bem a impossibilidade de gerir empresa por mandado [*sic*] ou gestão de negócio. (...). O reconhecimento da inabilitação ou incapacitação tem de resultar de uma decisão criminal anterior, devidamente transitada em julgado, ante a presunção de não-culpabilidade estabelecida constitucionalmente, referente a crime previsto na própria Lei 11.101/2005, não se confundindo com a impossibilidade de exercer a atividade empresarial, constante do art. 102 da Lei, que se refere a qualquer atividade empresarial, enquanto não extintas as obrigações.

"Conquanto a punição seja severa, possibilitou o legislador que o agente ativo fosse beneficiado pela suspensão condicional do processo, o que é altamente salutar, considerando que o mínimo da pena cominada não excede um ano, incidindo na hipótese prevista no art. 89 da Lei 9.099/1995."[73]

Arthur Migliari Jr. assevera: "O tipo penal visa a preservar a decisão judicial, impedindo que a pessoa que foi privada de exercer determinadas atividades venha a manter-se nela, mesmo considerada inabilitada".[74]

Antônio Sérgio Altieri de Moraes Pitombo afirma: "Ressalta-se que a ação típica se apresenta *exercer atividade*; portanto, ato isolado não configura o crime, dependendo do desempenho de atos concatenados no tempo e no espaço (art. 966 do CC), objeto de inabilitação judicial".[75]

72. João Bosco Cascardo de Gouvêa, *Recuperação e Falência: Lei 11.101/2005: Comentários Artigo por Artigo*, Rio de Janeiro, Forense, 2009, p. 377.

73. Jane Silva, "Comentários aos arts. 168 ao 182", in Osmar Brina Corrêa-Lima e Sérgio Mourão Corrêa-Lima (coords.), *Comentários à Nova Lei de Falência e Recuperação de Empresas: Lei 11.101, de 9.2.2005*, Rio de Janeiro, Forense, 2009, pp. 1.165 e 1.167.

74. Arthur Migliari Jr., in Carlos Henrique Abrão e Paulo Fernando Campos Salles de Toledo (coords.), *Lei de Recuperação de Empresas e Falência*, São Paulo, Saraiva, 2005, p. 457.

75. Antônio Sérgio Altieri de Moraes Pitombo, "Comentários ao art. 176", in Francisco Satiro de Sousa Jr. e Antônio Sérgio Altieri de Moraes Pitombo (coords.), *Comentários à Lei de Recuperação de Empresas e Falência: Lei 11.101/2005*, São Paulo, Ed. RT, 2005, p. 552.

Violação de impedimento

Art. 177. Adquirir o juiz, o representante do Ministério Público, o administrador judicial, o gestor judicial, o perito, o avaliador, o escrivão, o oficial de justiça ou o leiloeiro, por si ou por interposta pessoa, bens de massa falida ou de devedor em recuperação judicial, ou, em relação a estes, entrar em alguma especulação de lucro, quando tenham atuado nos respectivos processos:[1.006]

Pena – reclusão, de 2 (dois) a 4 (quatro) anos, e multa.

LEGISLAÇÃO ANTERIOR

Lei de Falências (DL 7.661/1945): *Art. 190.* Será punido com detenção, de 1 (um) a 2 (dois) anos, o juiz, o representante do Ministério Público, o síndico, o perito, o avaliador, o escrivão, o oficial de justiça ou o leiloeiro que, direta ou indiretamente, adquirir bens da massa, ou, em relação a eles, entrar em alguma especulação de lucro.

COMENTÁRIOS

1.006. Violação de impedimento. Sujeito ativo – Segundo João Bosco Cascardo de Gouvêa, o tipo penal sob exame é classificado como crime doloso, próprio, comissivo, de perigo abstrato, assim dispensável a lesão, de mera conduta.[76]

Guilherme A. de Moraes Nostre aduz:

"Com o presente dispositivo se almeja garantir um distanciamento patrimonial e negocial entre o devedor ou a massa falida e os principais atores imparciais do processo falimentar ou da recuperação judicial de empresa. Somente com esse impedimento pode-se resguardar a imparcialidade dos sujeitos e a credibilidade do processo.

"Os sujeitos que devem manter distanciamento são: qualquer juiz, representante do Ministério Público, o gestor judicial, o perito designado, o avaliador, o escrivão, o oficial de justiça e o leiloeiro que tenha, de qualquer modo, a qualquer tempo, atuado na falência ou na recuperação judicial da empresa."[77]

Arthur Migliari Jr. afirma: "A presente imputação penal segue os termos do art. 190 do Decreto-lei 7.661/1945 (...). Por mero cochilo ficou de fora a pessoa do *depositário* dos bens da massa falida".[78]

Jane Silva sustenta: "Não se exige que, com a aquisição, tenha o agente ativo obtido qualquer lucro, podendo até ser que ela tenha resultado em benefício da massa e trazido prejuízo ao adquirente (...). Importante observar que a apuração do fato criminoso ora examinado independe de anulação ou declaração de nulidade ou ineficácia dos atos praticados no juízo cível ou falimentar. (...). Foram acrescentadas as pessoas do administrador e do gestor judicial, sendo lamentável que não se tenha especificamente mencionado o advogado e o depositário judicial que tenham atuado na recuperação judicial ou na falência, dirimindo acentuadas dúvidas ocorridas na interpretação da legislação antecedente. Eles estão entre as interpostas pessoas mencionadas no final do dispositivo; assim, é possível agirem na qualidade de partícipes ou co-autores na prática criminosa em questão, na medida de sua responsabilidade, desde que tenham atuado na falência, auxiliando o administrador judicial ou o gestor judicial. A apuração de sua responsabilidade deverá ser examinada no caso concreto".[79]

76. João Bosco Cascardo de Gouvêa, *Recuperação e Falência: Lei 11.101/2005: Comentários Artigo por Artigo*, Rio de Janeiro, Forense, 2009, p. 378.

77. Guilherme A. de Moraes Nostre, "Comentários aos arts. 168 ao 181", in Francisco Satiro de Sousa Jr. e Antônio Sérgio Altieri de Moraes Pitombo (coords.), *Comentários à Lei de Recuperação de Empresas e Falência: Lei 11.101/2005*, São Paulo, Ed. RT, 2005, p. 553.

78. Arthur Migliari Jr., in Carlos Henrique Abrão e Paulo Fernando Campos Salles de Toledo (coords.), *Lei de Recuperação de Empresas e Falência*, São Paulo, Saraiva, 2005, p. 457.

79. Jane Silva, "Comentários aos arts. 168 ao 182", in Osmar Brina Corrêa-Lima e Sérgio Mourão Corrêa-Lima (coords.), *Comentários à Nova Lei de Falência e Recuperação de Empresas: Lei 11.101, de 9.2.2005*, Rio de Janeiro, Forense, 2009, pp. 1.168-1.170.

Omissão dos documentos contábeis obrigatórios

Art. 178. Deixar de elaborar, escriturar ou autenticar, antes ou depois da sentença que decretar a falência, conceder a recuperação judicial ou homologar o plano de recuperação extrajudicial, os documentos de escrituração contábil obrigatórios:[1.007]

Pena – detenção, de 1 (um) a 2 (dois) anos, e multa, se o fato não constitui crime mais grave.

LEGISLAÇÃO ANTERIOR

Lei de Falências (DL 7.661/1945): *Art. 186.* Será punido o devedor com detenção, de 6 (seis) meses a 3 (três) anos, quando concorrer com a falência algum dos seguintes fatos: (...) VI – inexistência dos livros obrigatórios ou sua escrituração atrasada, lacunosa, defeituosa ou confusa; (...).

COMENTÁRIOS

1.007. Omissão dos documentos contábeis obrigatórios. Sujeito ativo – O tipo penal sob exame é classificado por João Bosco Cascardo de Gouvêa como crime doloso, o único de tais crimes punido com detenção, omissivo, próprio, de perigo presumido ou abstrato, admitindo a suspensão condicional do processo (art. 89 da Lei 9.099/1995); conseqüentemente, dispensável a lesão.[80]

Antônio Sérgio Altieri de Moraes Pitombo sustenta: "O elemento normativo *documentos de escrituração contábil* identifica-se lhe com o significado aos arts. 1.179 e 1.195 do CC. O juízo de ilicitude, assim, se completa com a análise acurada das disposições de direito privado".[81]

Jane Silva opina:

"Não há necessidade, na hipótese, de que a falta de elaboração, escrituração ou autenticação tenha contribuído para a falência ou recuperação da empresa. A omissão é simplesmente punida, sem que se faça necessária a produção efetiva de um resultado lesivo aos credores. (...) o sujeito ativo da infração penal ora examinada é, por excelência, o devedor que tenha praticado as condutas incriminadas (...). Exclui-se aqui a pessoa dos sócios ou conselheiros que exerciam, à época, função meramente figurativa e não tinham conhecimento dos atos de administração, entendimento que se mostrava solidificado não só na doutrina na [*sic*] jurisprudência, e que se entende continuará a vigorar na interpretação da nova legislação.

"Percebe-se, outrossim, que continuará a discussão quanto à responsabilidade dos contadores e técnicos contábeis, que era rotineira tanto na jurisprudência na [*sic*] doutrina durante a vigência do Decreto-lei 7.661/1945, (...) ressaltando, porém, uma vez mais, que não se deve entender que a responsabilidade dos contadores e técnicos contábeis fique restrita ao crime do art. 168 da atual lei, mas sim que o legislador quis dar mais ênfase à concorrência de tais pessoas com referência à figura típica em exame; nos demais crimes não deixa de ser aplicável o disposto no já referido art. 29 e incisos do CP.

"(...). Sendo crime de pequeno potencial ofensivo, a competência para o seu exame desloca-se para o Juizado Especial Criminal, em face da Lei 10.259/2001, que criou os Juizados Especiais Federais e que acabou por alterar a competência dos demais Juizados Especiais Criminais, atingindo o exame dos crimes cuja condenação não exceder a dois anos."[82]

80. João Bosco Cascardo de Gouvêa, *Recuperação e Falência: Lei 11.101/2005: Comentários Artigo por Artigo*, Rio de Janeiro, Forense, 2009, p. 379.

81. Antônio Sérgio Altieri de Moraes Pitombo, "Comentários ao art. 178", in Francisco Satiro de Sousa Jr. e Antônio Sérgio Altieri de Moraes Pitombo (coords.), *Comentários à Lei de Recuperação de Empresas e Falência: Lei 11.101/2005*, São Paulo, Ed. RT, 2005, p. 554.

82. Jane Silva, "Comentários aos arts. 168 ao 182", in Osmar Brina Corrêa-Lima e Sérgio Mourão Corrêa-Lima (coords.), *Comentários à Nova Lei de Falência e Recuperação de Empresas: Lei 11.101, de 9.2.2005*, Rio de Janeiro, Forense, 2009, pp. 1.172 e 1.174.

João Bosco Cascardo de Gouvêa advoga: "Há na doutrina uma crítica à manutenção desse tipo penal, exatamente por envolver perigo presumido, reprovado pela corrente liberal. É a posição de Antônio Sérgio Altieri, que me convenceu: 'A única maneira de considerar-se a conduta, se típica, dada a exclusão das hipótese de fraude (art. 168 da Lei 11.101/2005), e de indução a erro (art. 171 da Lei 11.101/2005), seria exigir-se o prejuízo ou perigo de dano a credores ou à massa. Tem de existir algum nexo entre a conduta de omitir documentos contábeis e o fato atinente à falência, sob pena de infringir-se o *nullum crimen nulla poena sine culpa*'. Afinal, não se pune somente por punir. O tipo penal não pode ser havido como um fim em si".[83]

Arthur Migliari Jr. aduz: "A discussão que poderá acontecer é no sentido de que a responsabilização pela escrituração seria dos *contadores e seus técnicos contábeis*; tal proposição é totalmente equivocada, principalmente porque no art. 168, § 3º, da LRE já se atribuiu responsabilidade concorrente destes com os empresários e porque todo o domínio da empresa recai na pessoa do empresário, que é a pessoa que detém todos os conhecimentos necessários a respeito daquela, não sendo factível escusar-se da responsabilização tentando culpar terceiros".[84]

Segundo Manoel Justino Bezerra Filho: "Sujeito ativo é o devedor. Trata-se de crime próprio".[85]

Jurisprudência[86]

Eis alguns julgados pertinentes prolatados sob a égide do regime anterior:

A simples escrituração atrasada caracteriza o ilícito penal, não se podendo cogitar do elemento subjetivo ou de causalidade entre os fatos discriminados pela norma e a condição de punibilidade. [*RJTJSP 122/464*]

[STJ] Ação penal – Crime falimentar – Justa causa – Inexistência – *Livros comerciais obrigatórios inexistentes. Microempresa sujeita à Lei n. 7.256/1984 é dispensada de manter qualquer escrituração contábil* – Trancamento determinado – Inteligência do art. 186, VI, do Decreto-lei n. 7.661/1945 – Aplicação do art. 15 da Lei n. 7.256/1984. [*RT 659/319*]

Crime falimentar – *Ausência de livro obrigatório – Registro de Duplicatas – Falidos que o possuíam, mas em branco e sem autenticação judicial – Circunstâncias que equivalem à sua inexistência* – Condenação decretada – Inteligência dos arts. 186, VI e VII, do Decreto-lei n. 7.661/1945 e 19 da Lei n. 5.474/1968. [*RT 555/344*]

83. João Bosco Cascardo de Gouvêa, *Recuperação e Falência: Lei 11.101/2005: Comentários Artigo por Artigo*, cit., p. 379.

84. Arthur Migliari Jr., in Carlos Henrique Abrão e Paulo Fernando Campos Salles de Toledo (coords.), *Lei de Recuperação de Empresas e Falência*, São Paulo, Saraiva, 2005, p. 460.

85. Manoel Justino Bezerra Filho, *Nova Lei de Recuperação e de Falências Comentada. Lei 11.101, de 9.2.2005, Comentário Artigo por Artigo*, 3ª ed., São Paulo, Ed. RT, 2005, p. 378.

86. Manoel Justino Bezerra Filho, *Jurisprudência da Nova Lei de Recuperação de Empresas e Falências/Decisões, Ofícios Judiciais, Resoluções, Sentenças, Acórdãos, Dentre Outros Documentos*, São Paulo, Ed. RT, 2006, pp. 365-366.

Seção II – Disposições Comuns

Art. 179. Na falência, na recuperação judicial e na recuperação extrajudicial de sociedades, os seus sócios, diretores, gerentes, administradores e conselheiros, de fato ou de direito, bem como o administrador judicial, equiparam-se ao devedor ou falido para todos os efeitos penais decorrentes desta Lei,[1.008] na medida de sua culpabilidade.[1.009]

LEGISLAÇÃO ANTERIOR

Lei de Falências (DL 7.661/1945): *Art. 191.* Na falência das sociedades, os seus diretores, administradores, gerentes ou liquidantes são equiparados ao devedor ou falido, para todos os efeitos penais previstos nesta Lei.

COMENTÁRIOS

1.008. Equiparação ao devedor. Situação de fato e de direito – Comparativamente com o regime anterior (art. 191), o atual regime inovou, já que: (1) incluiu as recuperações judicial e extrajudicial ao lado da falência; (2) incluiu os próprios sócios do devedor (sociedade empresária), os conselheiros, de fato ou de direito, e o administrador judicial no universo da equiparação ao devedor para os efeitos penais; (3) excluiu os liquidantes.

Lembra Luiz Antônio Soares Hentz: "O gestor judicial, que em tudo se assemelha ao administrador judicial por expressa disposição do art. 65, não foi contemplado na redação do art. 179. Mas não se cogita de não ser sujeito passivo de crime falimentar, até porque seu nome consta da figura típica do art. 177 (violação de impedimento)".[1]

Note-se que o art. 179 deixa claro ser irrelevante, para fins de equiparação penal, a situação formal do equiparando; vale dizer, tal dispositivo procurou evitar argumentações judiciais dos envolvidos, tão freqüentes no âmbito forense, tais como: "Não consta meu nome no contrato social" ou "Não tenho procuração do devedor falido", ou, então, "Só emprestei o nome, mas na verdade, não sou sócio, nem administro a sociedade".

José da Silva Pacheco elogia o dispositivo: "Bem fez a nova lei ao incluir, no art. 179, as pessoas mencionadas e, também, os conselheiros, de direito e de fato, a fim de evitar discussões inúteis, nos tribunais, provocadas sob a alegação de que não são o devedor falido. Podem não ser, mas estão, legalmente, a ele equiparados, na medida da sua culpabilidade".[2-3]

Lembramos, por oportuno, que a responsabilidade solidária no âmbito civil não se aplica no campo penal, onde a responsabilidade é pessoal, ou seja, cada sócio responde pelo crime que cometer.[4]

1.009. "Na medida de sua culpabilidade" – Tal expressão não só está em plena conso-

1. Luiz Antônio Soares Hentz, *Manual de Falência e Recuperação de Empresas: Lei 11.101, de 9.2.2005*, São Paulo, Juarez de Oliveira, 2005, p. 141.

2. José da Silva Pacheco, *Processo de Recuperação Judicial, Extrajudicial e Falência*, Rio de Janeiro, Forense, 2006, p. 369.

3. Arthur Migliari Jr. afirma: "Evidentemente, alguns empresários tentam se safar da persecução criminal apresentando contratos feitos às pressas, nas vésperas da decretação da falência, tentando esclarecer que já não eram mais sócios da empresa quando da quebra, o que é totalmente insustentável, posto que a prova da retirada da sociedade comercial só se dá com o contrato social, que deverá necessariamente ser arquivado na Junta Comercial. (...). É claro que o sócio oculto é solidariamente responsável pela prática de crimes falenciais, *desde que seja possível sua identificação*, o que, por diversas vezes, nos parece possível, principalmente quando nos deparamos com situações fáticas plausíveis, como é o caso do agente que se apresenta como diretor ou gerente da sociedade comercial, ou com poderes para gerir e administrar a empresa falida, sendo até fácil a localização e identificação do sócio oculto, posto que passa a gerir a empresa, em nome de terceiro, como se fosse o próprio dono, assinando papéis e documentos, exteriorizando-se como verdadeiro mentor intelectual da atividade mercantil" (in Carlos Henrique Abrão e Paulo Fernando Campos Salles de Toledo (coords.), *Lei de Recuperação de Empresas e Falência*, São Paulo, Saraiva, 2005, p. 461).

4. No mesmo sentido: José da Silva Pacheco, *Processo de Recuperação Judicial, Extrajudicial e Falência*, cit., p. 369.

nância com o direito penal, como também é absolutamente pertinente em seara falimentar, na qual os crimes são perpetrados, geralmente, por duas ou mais pessoas, as quais deverão responder de modo proporcional à sua culpabilidade (arts. 29 e 59 do CP).

Ressalta Jane Silva: "Todas as formas de concorrência para a ação criminosa são puníveis, visto que o Código Penal não estabeleceu distinção entre o co-autor e o partícipe, devendo ser observadas as regras constantes dos §§ 1º e 2º do art. 29 do CP".[5]

Jurisprudência[6]

Eis alguns julgados pertinentes prolatados sob a égide do regime anterior:

Co-autoria – Crime falimentar – *Fatos descritos na denúncia praticados ao tempo em que os acusados ainda não eram sócios da falida* – Responsabilidade, como co-autores, inadmissível – Absolvição decretada – Inteligência dos arts. 186, VI e VII, 187 e 188, III, VI e VIII, do Decreto-lei n. 7.661/1945 e 25 do CP/1940. [*RT 580/343*]

[TJSP] Concurso de pessoas – Crime falimentar – Delito imputado à esposa do falido, que figurava no contrato social como sócia-gerente – *Hipótese, porém, em que não exercia qualquer atividade na firma, apenas assinando documentos orientada pelo marido – Co-autoria afastada – Absolvição decretada* – Inteligência do art. 191 do Decreto-lei n. 7.661/1945. [*RT 636/272*]

[TJSP] Crime falimentar – Absolvição – Admissibilidade – Co-autoria afastada – *Apelante que possuía simples condição de sócia do marido – Não exercício de qualquer atividade de gestão* – Inteligência do art. 191 do Decreto-lei n. 7.661/1945 – Recurso provido. *Ainda que para os delitos societários, a imputação não há que se afastar do dogma da pessoalidade, no sentido de projetar o tipo subjetivo (dolo ou culpa* stricto sensu) à conduta de cada um dos co-autores. Assim, e sob pena de dar margem à responsabilidade objetiva, excluível da incriminação coletiva por ilícito falimentar quem se situou apenas na condição de sócio da falida, porém sem o exercício à época dos fatos de qualquer ingerência na administração ou nos negócios da firma. [*ACr 132.677-3. de São Paulo, rel. Des. Gonçalves Nogueira, j. 19.9.1994*]

[TJSP] Concurso de pessoas – Crime falimentar – Descaracterização – *Acusado que, tendo outro emprego, não exercia a gerência da falida – Absolvição decretada* – Inteligência e aplicação do art. 186, VI, e 191 do Decreto-lei n. 7.661/1945. [*RT 622/271*]

[STF] Crime falimentar – *Inclusão na denúncia de ex-diretor da falida – Admissibilidade – Justa causa para a ação penal* – Recurso de *habeas corpus* não provido – Inteligência dos arts. 110 e 113 do Decreto-lei n. 7.661/1945. [*RT 577/472*]

Crime falimentar – Não caracterização – *Sócio com participação meramente simbólica – Equiparação do art. 191 da Lei de Falências, que não estabelece presunção de culpa ou dolo contra todos os envolvidos na quebra* – Absolvição decretada. [*RJTJSP 139/265*]

Crime falimentar – Participação do acusado não comprovada – *Inexistência de qualquer interferência na administração da firma falida – Mero sócio com função secundária – Absolvição mantida* – Inteligência dos arts. 187 e 188, III, VI e VII, do Decreto-lei n. 7.661/1945. [*RT 560/322*]

Ex-sócio – Desligamento apenas formal da sociedade – *Participação na administração da empresa na condição de sócio oculto – Manobra fraudulenta. O ex-sócio não se isenta de responsabilidade penal em crime falimentar apenas por ter deixado a sociedade comercial se continua a se ingerir na administração da empresa, constituindo tal prática modalidade de sociedade informal ou de fato.* [*JTJ 203/301*]

[TJSP] Responsabilidade penal – *Acusado que figura como sócio da firma que veio a falir – Fato que não conduz à automática conclusão de sua participação no delito falimentar cometido* – Inteligência do art. 191 do Decreto-lei n. 7.661/1945. [*RT 695/305*]

Art. 180. A sentença que decreta a falência, concede a recuperação judicial ou concede a recuperação extrajudicial de que trata o art. 163 desta Lei é condição objetiva de punibilidade das infrações penais descritas nesta Lei.[1.010]

5. Jane Silva, "Comentários aos arts. 168 ao 182", in Osmar Brina Corrêa-Lima e Sérgio Mourão Corrêa-Lima (coords.), *Comentários à Nova Lei de Falência e Recuperação de Empresas: Lei 11.101, de 9.2.2005*, Rio de Janeiro, Forense, 2009, p. 1.178.

6. Manoel Justino Bezerra Filho, *Jurisprudência da Nova Lei de Recuperação de Empresas e Falências/Decisões, Ofícios Judiciais, Resoluções, Sentenças, Acórdãos, Dentre Outros Documentos*, São Paulo, Ed. RT, 2006, pp. 367-369.

LEGISLAÇÃO ANTERIOR

Artigo sem correspondência no Decreto-lei 7.661/1945.

COMENTÁRIOS

1.010.* Conditio sine qua non*: sentença judicial. "Condição objetiva de punibilidade" – A sentença judicial que decreta a falência ou concede a recuperação judicial ou extrajudicial, do prisma objetivo e não subjetivo, é *conditio sine qua non* para punibilidade.[7-8]

Guilherme A. de Moraes Nostre exemplifica: "(...) em um crime pré-falimentar, uma fraude perpetrada contra credores, não advindo a decretação da falência, não há interesse na punição do fraudador, posto que, em tese, dando continuidade à atividade empresarial, os credores conseguiram resguardar seus interesses".[9]

Em relação à legislação anterior, ensinava Nelson Abrão: "Em várias legislações, como da Bélgica, França, Alemanha e Iugoslávia, as infrações penais verificadas por ocasião de uma situação, determinando, ou podendo determinar, a abertura de um procedimento de execução coletiva, são perseguidas independentemente da abertura deste procedimento. Em nosso sistema, contudo, como na Itália, Grã-Bretanha, Suíça, a ação penal é, ao contrário, condicionada pela abertura do procedimento coletivo".[10]

Já, em relação ao Projeto que redundou na Lei 11.101/2005, aduz o senador Ramez Tebet, em seu parecer: "(...) a fixação da data da consumação como regra geral de contagem da prescrição abriria as portas da impunidade. Reparando esse equívoco, e fazendo coro à doutrina majoritária, o Substitutivo tratou a sentença que decreta a falência ou a recuperação judicial como "condição objetiva de punibilidade" (e não simples "condição de procedibilidade")".[11-12]

Art. 181. São efeitos da condenação por crime previsto nesta Lei:[1.011-1.012-1.013] I – a inabilitação para o exercício de atividade empresarial; II – o impedimento para o exercício de cargo ou função em conselho de administração, diretoria ou gerência das sociedades sujeitas a esta Lei; III – a impossibilidade de gerir empresa por mandato ou por gestão de negócio.

§ 1º. Os efeitos de que trata este artigo não são automáticos, devendo ser motivadamente declarados na sentença, e perdurarão até 5 (cinco) anos após a extinção da punibilidade, podendo, contudo, cessar antes pela reabilitação penal.[1.014-1.015-1.016-1.017]

§ 2º. Transitada em julgado a sentença penal condenatória, será notificado o Registro Público de Empresas para que tome as medidas necessárias para impedir novo registro em nome dos inabilitados.[1.018]

7. Waldo Fazzio Jr. ressalta que tal condição já estava prevista no Decreto-lei 7.661/1945: "Como já ocorria no sistema da LFC, a sentença decretatória de falência é condição objetiva de punibilidade das infrações penais previstas nos arts. 168 e ss." (*Nova Lei de Falência e de Recuperação de Empresas*, São Paulo, Atlas, 2005, p. 363).

8. No mesmo sentido: José da Silva Pacheco, *Processo de Recuperação Judicial, Extrajudicial e Falência*, Rio de Janeiro, Forense, 2006, p. 357.

9. Guilherme A. de Moraes Nostre, "Comentários aos arts. 168 ao 181", in Francisco Satiro de Sousa Jr. e Antônio Sérgio Altieri de Moraes Pitombo (coords.), *Comentários à Lei de Recuperação de Empresas e Falência: Lei 11.101/2005*, São Paulo, Ed. RT, 2005, p. 556.

10. Nelson Abrão, *Curso de Direito Falimentar*, 5ª ed., São Paulo, Universitária de Direito, 1997, p. 374.

11. V. parecer na íntegra: Anexo II desta obra.

12. Arthur Migliari Jr. afirma: "Portanto, será a data da quebra ou da concessão da recuperação o *termo a quo* para a persecução penal. Se houver recurso da sentença de quebra, com a concessão de medida liminar suspendendo os seus efeitos, não se poderá afirmar, categoricamente, que já foi decretada a falência, sendo que tal data ficará postergada para a data da efetiva quebra, ou seja, desde que negado provimento ao recurso da sentença que decretou a falência" (in Carlos Henrique Abrão e Paulo Fernando Campos Salles de Toledo (coords.), *Lei de Recuperação de Empresas e Falência*, São Paulo, Saraiva, 2005, p. 467).

LEGISLAÇÃO ANTERIOR

Lei de Falências (DL 7.661/1945): *Art. 195.* Constitui efeito da condenação por crime falimentar a interdição do exercício do comércio.

Art. 196. A interdição torna-se efetiva logo que passe em julgado a sentença, mas o seu prazo começa a correr do dia em que termine a execução da pena privativa de liberdade.

Art. 197. A reabilitação extingue a interdição do exercício do comércio, mas somente pode ser concedida após o decurso de 3 (três) ou de 5 (cinco) anos, contados do dia em que termine a execução, respectivamente, das penas de detenção ou de reclusão, desde que o condenado prove estarem extintas por sentença as suas obrigações.

COMENTÁRIOS

1.011. Efeitos de natureza extrapenal – Guilherme A. de Moraes Nostre sustenta: "Os efeitos estipulados no presente dispositivo são específicos de natureza extracontratual, que têm como finalidade impor aos condenados determinados ônus que os afastam da prática de condutas análogas àquelas que praticaram licitamente, ou seja, de acordo com o ordenamento jurídico".[13]

1.012. Quais são os efeitos específicos da sentença por crime falimentar? – Tais efeitos são os seguintes:

1) *Inabilitação para o exercício da atividade empresarial.*[14] A inabilitação em tela decorre da sentença penal (art. 181, I), no entanto, a inabilitação também pode decorrer da declaração da falência (art. 102).

2) *Impedimento para o exercício de cargo ou função em conselho de administração, diretoria ou gerência das sociedades empresárias.* Segundo José da Silva Pacheco: "O impedimento para o exercício de cargo ou função no conselho de administração, diretoria ou gerência de sociedade empresária pode também ser efeito da sentença condenatória".[15]

3) *Impossibilidade de gerir empresa por mandato ou gestão de negócio.*

1.013. Quais são os efeitos genéricos dos crimes falimentares? – Afora os efeitos específicos supracitados, há também efeitos genéricos previstos no art. 91 do CP Penal, quais sejam: (1) tornar certa a obrigação de indenizar o dano causado pelo crime; (2) a perda a favor da União dos instrumentos e dos produtos e proventos do crime.[16]

1.014. Os efeitos da sentença são automáticos? – O § 1º do art. 181 responde: não são automáticos, devendo ser motivadamente declarados na sentença.

Jurisprudência[17]

Eis alguns julgados pertinentes prolatados sob a égide do regime anterior:

[TJSP] Crime falimentar – Arts. 186 e 188 do Decreto-lei n. 7.661/1945 – *Interdição do exercício do comércio* – Afastamento – Ausência de fundamentação – Inexigibilidade – *Mero efeito da sentença condenatória, e não pena acessória* – Recurso não provido. [*ACr 242.746-3, de São Paulo, rel. Des. Silva Pinto, j. 9.3.1998, v.u.*]

[STF] *Interdição do exercício do comércio – Efeito da condenação* – Expressa previsão no art. 195 do Decreto-lei n. 7.661/1945, não revogado pela Lei n. 7.209/1984 – *Natureza diversa da pena*

13. Guilherme A. de Moraes Nostre, "Comentários aos arts. 168 ao 181", in Francisco Satiro de Sousa Jr. e Antônio Sérgio Altieri de Moraes Pitombo (coords.), *Comentários à Lei de Recuperação de Empresas e Falência: Lei 11.101/2005*, São Paulo, Ed. RT, 2005, p. 557.

14. Arthur Migliari Jr. aduz: "(...) a inabilitação para o exercício da atividade empresarial, que corresponde à anterior interdição do comércio, que era prevista no art. 195 do Decreto-lei 7.661/1945" (in Carlos Henrique Abrão e Paulo Fernando Campos Salles de Toledo (coords.), *Lei de Recuperação de Empresas e Falência*, São Paulo, Saraiva, 2005, p. 468).

15. José da Silva Pacheco, *Processo de Recuperação Judicial, Extrajudicial e Falência*, Rio de Janeiro, Forense, 2006, p. 371.

16. O art. 92 do CP também prevê outros efeitos genéricos: a perda de cargo, função pública ou mandato eletivo; a incapacidade para o exercício do poder familiar; e a inabilitação para dirigir veículos.

17. Manoel Justino Bezerra Filho, *Jurisprudência da Nova Lei de Recuperação de Empresas e Falências/Decisões, Ofícios Judiciais, Resoluções, Sentenças, Acórdãos, Dentre Outros Documentos*, São Paulo, Ed. RT, 2006, pp. 370-372.

acessória prevista na antiga Parte Geral do Código Penal – Aplicação dos arts. 196 e 197 da lei especial quanto ao prazo de duração da restrição. [*RT 639/394. No mesmo sentido: RT 626/284, 628/298, 629/305, 636/267, 657/265, 658/340, 667/354, 671/303, 675/426, 679/395, 701/302*]

[TJSP] *Interdição do exercício do comércio – Efeito da condenação* – Expressa previsão no art. 195 do Decreto-lei n. 7.661/1945 – *Natureza diversa da antiga pena acessória prevista no art. 69, IV, do CP/1940, só cabível em relação à atividade condicionada a licença ou autorização do Poder Público* – Aplicação dos arts. 40 e 138 da Lei de Falências. [*RT 622/279*]

Interdição do exercício do comércio – Imposição que decorre da simples condenação, independente, pois, de pronunciamento judicial – Apelo não provido – Inteligência dos arts. 195 a 198 do Decreto-lei n. 7.661/1945. [*RT 538/342*]

Interdição do exercício do comércio – Não revogação – *Interdição que se opera* ex vi legis *e até mesmo independentemente de menção expressa.* [*JTJ 203/301*]

1.015. Termos inicial e final da inabilitação – O art. 102 fixa o *dies a quo* e o *dies ad quem*: "*Art. 102.* O falido fica inabilitado para exercer qualquer atividade empresarial[18] a partir da decretação da falência e até a sentença que extingue suas obrigações, (...)".

1.016. Os efeitos da referida sentença perdurarão por quanto tempo? – O prazo é de cinco anos após a extinção da punibilidade (art. 181, § 1º).

1.017. Os efeitos poderão cessar antes do qüinqüênio? Como? – Sim, poderão cessar antes do qüinqüênio, mediante reabilitação penal (art. 181, § 1º).

1.018. Notificação ao Registro Público de Empresas – Frise-se que a notificação epigrafada somente será expedida após o trânsito em julgado da sentença penal condenatória, em razão do princípio constitucional da presunção da inocência, veiculado no art. 5º, LVII, da Magna Carta (§ 2º do art. 181).

Por outro lado, tal notificação cumprirá o disposto no art. 196, segundo o qual: "*Art. 196.* Os Registros Públicos de Empresas manterão banco de dados público e gratuito, disponível na rede mundial de computadores, contendo a relação de todos os devedores falidos ou em recuperação judicial".

Pedimos vênia para remeter o leitor aos nossos comentários ao art. 196.

Ressalta Jane Silva: "(...) o exercício da atividade empresarial praticado pelo falido, não obstante a comunicação feita por ocasião da decretação da bancarrota (frisamos, conforme o art. 99, VIII), não acarreta a prática do crime previsto no art. 176 da Lei de Recuperação de Empresas e Falência, o que só ocorrerá se a atividade for praticada depois do trânsito em julgado da condenação por qualquer dos crimes previstos no referido diploma legal".[19]

Art. 182. A prescrição dos crimes previstos nesta Lei reger-se-á pelas disposições do Decreto-lei n. 2.848, de 7 de dezembro de 1940 – Código Penal,[1.019] começando a correr do dia da decretação da falência, da concessão da recuperação judicial ou da homologação do plano de recuperação extrajudicial.[1.020]

Parágrafo único. A decretação da falência do devedor interrompe a prescrição cuja contagem tenha iniciado com a concessão da recuperação judicial ou com a homologação do plano de recuperação extrajudicial.[1.021]

18. Arthur Migliari Jr. assevera: "Desse modo, condenado criminalmente, não poderá exercer quaisquer cargos, seja no conselho de administração, na diretoria ou na gerência das empresas sujeitas ao regime da falências e recuperação judicial, nem mesmo poderá gerir tais empresas, quer por mandato, quer por gestão de negócios" (Carlos Henrique Abrão e Paulo Fernando Campos Salles de Toledo (coords.), *Lei de Recuperação de Empresas e Falência*, cit., p. 468).

19. Jane Silva, "Comentários aos arts. 168 ao 182", in Osmar Brina Corrêa-Lima e Sérgio Mourão Corrêa-Lima (coords.), *Comentários à Nova Lei de Falência e Recuperação de Empresas: Lei 11.101, de 9.2.2005*, Rio de Janeiro, Forense, 2009, p. 1.185.

LEGISLAÇÃO ANTERIOR

Lei de Falências (DL 7.661/1945): *Art. 199.* A prescrição extintiva da punibilidade de crime falimentar opera-se em 2 (dois) anos.

Parágrafo único. O prazo prescricional começa a correr da data em que transitar em julgado a sentença que encerrar a falência ou que julgar cumprida a concordata.

COMENTÁRIOS

1.019. Prescrição – A prescrição dos crimes falimentares será regida pelas disposições do Código Penal.[20]

1.020. Termo inicial – O *dies a quo* é o da decretação da falência, concessão da recuperação judicial ou homologação do plano de recuperação extrajudicial. No regime do Decreto-lei 7.661/1945 o termo inicial começava a fluir do trânsito em julgado da sentença que encerrasse a falência ou julgasse cumprida a concordata.[21]

Afirma o senador Ramez Tebet, em seu parecer:

"No que se refere à prescrição penal, o Substitutivo preferiu adotar postura mais cautelosa, ou seja, fixou a sentença que decreta a falência ou a recuperação judicial como termo inicial da contagem do prazo prescricional. Ora, se a decisão judicial é condição indispensável para a persecução penal dos referidos crimes, nada mais razoável que a prescrição comece a correr a partir da data da publicação da sentença ou da recuperação judicial.

"Parece-nos inconcebível que a contagem do referido prazo inicie-se com a consumação do fato, uma vez que, nesse momento, o Estado ainda não está habilitado a deduzir pretensão punitiva em juízo. Como se sabe, um dos fundamentos do instituto da prescrição é justamente a demora do Estado em dar vazão ao poder punitivo. O raciocínio é simples: se não há demora, não pode haver prescrição."[22]

1.021. Interrupção da prescrição[23] – O parágrafo único do art. 182 veicula hipótese específica: a da interrupção da prescrição – pela decretação da falência – que tenha começado a fluir com a concessão da recuperação judicial ou com a homologação do plano de recuperação extrajudicial.

Em outras palavras, empresário ou sociedade empresária que lançar mão da recuperação judicial ou extrajudicial verá começar a fluir o prazo prescricional a partir, respectivamente, da concessão ou homologação. No entanto, subseqüentemente, se decretada sua falência, este evento interromperá a prescrição.

20. Aduz Manoel Justino Bezerra Filho: "A lei agora mudou o sistema, determinando que a prescrição dos crimes rege-se pelo Código Penal, que estabelece a prescrição a partir da pena máxima *in abstrato* cominada ao crime. Assim, para todos os crimes falimentares previstos nos arts. 168 a 177, com penas máximas fixadas entre 4 e 6 anos, a prescrição é de 8 a 12 anos, respectivamente, a partir do decreto da falência (incisos III e V do art. 109 do CP). Para o crime falimentar do art. 178, cuja pena máxima é de 2 anos, a prescrição é de 4 anos (inciso V do art. 109 do CP)" (*Nova Lei de Recuperação e de Falências Comentada. Lei 11.101, de 9.2.2005, Comentário Artigo por Artigo*, 3ª ed., São Paulo, Ed. RT, 2005, p. 384).

21. Súmula 147 do STF: "A prescrição de crime falimentar começa a correr da data em que deveria estar encerrada a falência ou do trânsito em julgado da sentença que a encerrar ou que julgar cumprida a concordata".

22. V. parecer na íntegra: Anexo II desta obra.

23. Súmula 592 do STF: "Nos crimes falimentares, aplicam-se as causas interruptivas da prescrição, previstas no Código Penal".

Seção III – Do Procedimento Penal

Art. 183. Compete ao juiz criminal da jurisdição onde tenha sido decretada a falência, concedida a recuperação judicial ou homologado o plano de recuperação extrajudicial conhecer da ação penal pelos crimes previstos nesta Lei.[1.022-1.023]

LEGISLAÇÃO ANTERIOR

Lei de Falências (DL 7.661/1945): *Art. 108.* Se não houver provas a realizar ou realizadas as deferidas, os autos serão imediatamente feitos com vista ao representante do Ministério Público, que, no prazo de 5 (cinco) dias, pedirá a sua apensação ao processo da falência ou oferecerá denúncia contra o falido e outros responsáveis.

Parágrafo único. Se o representante do Ministério Público não oferecer denúncia, os autos permanecerão em cartório pelo prazo de 3 (três) dias, durante os quais o síndico ou qualquer credor poderão oferecer queixa.

Art. 109. Com a denúncia, ou se esta não tiver sido oferecida, decorrido o prazo do parágrafo único do artigo anterior, haja ou não queixa, o escrivão fará, imediatamente, conclusão dos autos. O juiz, no prazo de 5 (cinco) dias, se não tiver havido oferecimento de denúncia ou de queixa ou se não receber a que tiver sido oferecida, determinará que os autos sejam apensados ao processo da falência.

§ 1º. Não tendo sido oferecida queixa, o juiz, se considerar improcedentes as razões invocadas pelo representante do Ministério Público para não oferecer denúncia, fará remessa dos autos do inquérito judicial ao Procurador-Geral, nos termos e para os fins do art. 28 do Código de Processo Penal. A remessa será feita pelo escrivão, no prazo de 48 (quarenta e oito) horas, e o Procurador-Geral se manifestará no prazo de 5 (cinco) dias, contados do recebimento dos autos.

§ 2º. Se receber a denúncia ou a queixa, o juiz, em despacho fundamentado, determinará a remessa imediata dos autos ao juízo criminal competente para prosseguimento da ação nos termos da lei processual penal.

§ 3º. Antes da remessa dos autos ao juízo criminal, o escrivão extrairá do despacho cópia que juntará aos autos da falência.

COMENTÁRIOS

1.022. A quem será oferecida a denúncia: ao juízo da falência ou ao juízo criminal? – O art. 183 é cristalino: ao juiz criminal da mesma jurisdição; vale dizer, a denúncia não mais será oferecida ao juízo da falência (art. 109, § 2º, do Decreto-lei 7.661/1945) e, posteriormente, remetida ao juízo criminal.

Em outras palavras: se a falência, a recuperação judicial ou a extrajudicial devem tramitar perante o juízo onde estiver situado o principal estabelecimento, nos termos do art. 3º, a eventual ação penal também deverá ser distribuída a um dos juízes criminais do mesmo lugar.

Este art. 183 trouxe inovação aplaudida por Waldo Fazzio Jr.: "(...) não se pode deixar de aplaudir o deslocamento da ação penal falimentar para sua sede própria, quer dizer, para o juízo criminal, eliminando a cumulação de tarefas do juízo da falência. Na realidade, ação de falência, execução concursal e ação penal falimentar são processos que, embora amarrados um ao outro pelo fenômeno da falência, têm escopos diversos. No processo concursal as metas judiciais são a realização dos direitos dos credores e a reestruturação dos negócios do devedor tendo em vista a conservação da empresa. Já, na ação penal falimentar o serviço judiciário consiste em examinar a procedência da imputação, sopesar elementos probatórios, sem prejuízo de assegurar prioridade aos direitos constitucionais, condenar ou absolver o agente".[1-2]

1. Waldo Fazzio Jr., *Nova Lei de Falência e de Recuperação de Empresas*, São Paulo, Atlas, 2005, p. 371.

2. No mesmo sentido o parecer do senador Ramez Tebet: "Ao contrário da visão acolhida no PLC n. 71, de 2003, julgamos excessiva a acumulação, por parte do juiz da falência, das funções de persecução criminal. Na verdade, nas comarcas que possuem Varas Criminais é desejável que estas assumam plenamente o processo penal. É que os objetivos da ação penal e da ação de falência são muito distintos. No primeiro caso, o órgão julgador está preocupado em verificar

1.023. Inconstitucionalidade do art. 183? – Sustenta Fábio Ulhoa Coelho que o art. 183 é inconstitucional, já que cabe à lei estadual de organização judiciária definir a competência para a ação penal por crimes falimentares.[3]

Em sentido contrário, assevera Arthur Migliari Jr.: "A matéria tratada no art. 183 da LRE não invadiu qualquer seara constitucional, limitando-se a estabelecer norma territorial, indicando onde será processado o feito criminal, nada mais".[4-5]

Beatriz Vargas opina: "A questão que aqui se apresenta é se pode a Lei de Organização e Divisão Judiciária investir juízo cível de competência criminal. Eis o contraponto dessa mesma indagação: estaria a lei federal, por meio do art. 183, usurpando função típica da organização judiciária de cada unidade da Federação? Para ambas as perguntas, basta uma resposta – que há de ser negativa".[6]

Art. 184. Os crimes previstos nesta Lei são de ação penal pública incondicionada.[1.024]

Parágrafo único. Decorrido o prazo a que se refere o art. 187, § 1º, sem que o representante do Ministério Público ofereça denúncia, qualquer credor habilitado ou o administrador judicial poderá oferecer ação penal privada subsidiária da pública, observado o prazo decadencial de 6 (seis) meses.[1.025]

LEGISLAÇÃO ANTERIOR

Lei de Falências (DL 7.661/1945): *Art. 108.* (...).

Parágrafo único. Se o representante do Ministério Público não oferecer denúncia, os autos permanecerão em cartório pelo prazo de 3 (três) dias, durante os quais o síndico ou qualquer credor poderão oferecer queixa.

COMENTÁRIOS

1.024. Ação penal pública incondicionada – Todos os crimes previstos na Lei 11.101/2005 são de ação penal pública incondicionada.

Aduz Waldo Fazzio Jr.: "Como se trata de ação penal pública, não está sujeita, portanto, a prazo decadencial. Enquanto não ocorrer a prescrição do direito de ação, o Ministério Público poderá intentar ação penal por crime previsto na LRE (Lei 11.101/2005) perante o juízo criminal da jurisdição falitária. Com ou sem inquérito policial".[7]

a consistência da acusação, avaliar provas, fazer observar garantias constitucionais e, se for o caso, condenar. Nos processos de recuperação judicial ou de falência, o juiz, o quanto possível, deve envidar esforços para o soerguimento da empresa e satisfação dos credores habilitados. São lógicas distintas e que, não raro, podem entrar em rota de colisão. Ademais, o comportamento do falido como *devedor* no processo de falência pode afetar a sua condição de *réu*, o que favorece toda sorte de prejulgamentos" (parecer na íntegra: Anexo II desta obra).

3. Fábio Ulhoa Coelho, *Comentários à Nova Lei de Falências e de Recuperação de Empresas*, São Paulo, Saraiva, 2005, p. 412.

4. Arthur Migliari Jr., in Carlos Henrique Abrão e Paulo Fernando Campos Salles de Toledo (coords.), *Lei de Recuperação de Empresas e Falência*, São Paulo, Saraiva, 2005, p. 473.

5. No mesmo sentido, Antônio Sérgio Altieri de Moraes Pitombo: "Seria um absurdo deixar que o acusado de prestar informações falsas no processo de falência, com o fim de induzir a erro o juiz (art. 171 da Lei 11.101/2005), viesse a ser julgado pelo mesmo juiz que se sentiu enganado. (...). Em verdade, a decisão política de reconhecer juiz natural na jurisdição penal só deve ser tomada no âmbito da União, que, privativamente, legisla matéria sobre direito processual (art. 22, I, da CF). Prevalece, por conseguinte, este artigo da Lei 11.101/2005 às normas estaduais de organização judiciária (art. 24, § 4º, da CF)" ("Comentários ao art. 183", in Francisco Satiro de Sousa Jr. e Antônio Sérgio Altieri de Moraes Pitombo (coords.), *Comentários à Lei de Recuperação de Empresas e Falência: Lei 11.101/2005*, São Paulo, Ed. RT, 2005, pp. 560-561).

6. Beatriz Vargas, "Comentários aos arts. 183 ao 188", in Osmar Brina Corrêa-Lima e Sérgio Mourão Corrêa-Lima (coords.), *Comentários à Nova Lei de Falência e Recuperação de Empresas: Lei 11.101, de 9.2.2005*, Rio de Janeiro, Forense, 2009, p. 1.204.

7. Waldo Fazzio Jr., *Nova Lei de Falência e de Recuperação de Empresas*, São Paulo, Atlas, 2005, p. 370.

1.025. Ação penal privada subsidiária da pública – O parágrafo único do art. 184 prevê que qualquer credor habilitado ou o administrador judicial poderão intentar ação penal privada subsidiária da pública quando o representante do Ministério Público não oferecer a denúncia. Tal comando está em plena consonância ao disposto no inciso LIX do art. 5º da CF.

Paulo Rangel suscita questão relevante: "Hipótese interessante seria o caso de arquivamento implícito subjetivo do inquérito policial quando o Ministério Público oferece denúncia em face de Tício e nada fala sobre Caio, que também figura naquele inquérito. Poderia o ofendido oferecer queixa substitutiva da denúncia em relação a Caio?

"Pensamos que a resposta é negativa, pois ao oferecer denúncia, mesmo em relação apenas a Tício, houve manifestação do Ministério Público e, neste caso, não há autorização legal para propositura de queixa pelo ofendido, pois o inquérito está arquivado e somente diante de novas provas poderá ser proposta a ação penal (cf. Súmula 524 do STF)."[8-9]

Art. 185. Recebida a denúncia ou a queixa, observar-se-á o rito previsto nos arts. 531 a 540 do Decreto-lei n. 3.689, de 3 de outubro de 1941 – Código de Processo Penal.[1.026-1.027]

LEGISLAÇÃO ANTERIOR

Artigo sem correspondência no Decreto-lei 7.661/1945.

COMENTÁRIOS

1.026. Denúncia ou queixa? – *Denúncia*, porque os crimes previstos na Lei 11.101/2005 são de ação penal pública incondicionada (art. 184).

Queixa, quando o representante do Ministério Público deixar de oferecer a denúncia, abrindo a possibilidade de propositura da ação penal privada subsidiária da pública (parágrafo único do art. 184).[10]

1.027. Crítica ou elogio à menção ao rito dos arts. 531 a 540 do CPP? – No regime anterior, ao tratar do rito processual nos crimes falimentares, Júlio Fabbrini Mirabete afirmava: "Recebida a denúncia ou a queixa, deve prosseguir o processo de acordo com o disposto nos Capítulos I e II do Título I [*sic*] do Código de Processo Penal. É adotado, portanto, sempre o rito ordinário, não se fazendo distinção se o que [*sic*] crime imputado ao réu é apenado com reclusão ou detenção".[11]

8. Paulo Rangel, *Direito Processual Penal*, 12ª ed., Rio de Janeiro, Lumen Juris, 2007, pp. 273-274.

9. João Bosco Cascardo de Gouvêa critica o chamado *arquivamento implícito*: "Como juiz criminal e numa tal hipótese, determinaria a volta dos autos ao Ministério Público para deixar sua posição bastante clara, fora de qualquer dúvida. Tanto o juiz de direito como o promotor de justiça têm liberdade de ação, porém deverão motivar e fundamentar os seus atos. Será bastante inconveniente deixar-se uma relação processual se desenvolver em cima de subjetivismos, conjecturas, quando, para combatê-los, existe uma saída objetiva. Todos os passos de um procedimento devem ser firmes, transparentes, precisos. É o que penso" (*Recuperação e Falência: Lei 11.101/2005: Comentários Artigo por Artigo*, Rio de Janeiro, Forense, 2009, p. 396).

10. Segundo Arthur Migliari Jr.: "(...) é bom que se deixe um alerta. Não se trata de ação penal subsidiária quando o órgão do Ministério Público pleitear arquivamento do inquérito judicial, mas sim de inércia do *Parquet*. A distinção é fundamental, porque na inércia ainda há um direito a preservar, ao passo que no arquivamento o órgão do Ministério Público declara que não há crime, que não há provas do crime, que não tenha sido o investigado o autor do crime, analisa o mérito e se posiciona" (in Carlos Henrique Abrão e Paulo Fernando Campos Salles de Toledo (coords.), *Lei de Recuperação de Empresas e Falência*, São Paulo, Saraiva, 2005, p. 477).

11. Júlio Fabbrini Mirabete, *Código de Processo Penal Interpretado: Referências Doutrinárias, Indicações Legais, Resenha Jurisprudencial*, 6ª ed., São Paulo, Atlas, 1999, p. 650.

O rito previsto nos arts. 531 a 540 é o sumário.

Lembramos que o art. 200 revogou expressamente os arts. 503 a 512 do CPP, que tratavam do "processo e julgamento dos crimes de falência".

Por conseguinte, da interpretação conjugada dos arts. 185 e 200 conclui-se que a Lei 11.101/2005 inovou o tipo de procedimento: de ordinário para sumário.

José da Silva Pacheco explica: "De qualquer forma, o juiz deve, sempre, estar atento aos princípios da celeridade e da economia processual, motivo pelo qual se optou pelo procedimento sumário, não havendo óbice a que o juiz siga o rito ordinário do art. 394 do CPP, quando for mais propício ao atingimento do objetivo".[12]

Antônio Sérgio Altieri de Moraes Pitombo formula a seguinte crítica: "Surpreendeu a lei em vigor com este dispositivo, porque equivocado sob o prisma da técnica do processo penal. Não deveria o legislador se auto-enganar, ao sugerir os procedimentos, sumário e sumariíssimo, com o fim de transparecer pretensa agilidade da jurisdição do processo e julgamento das infrações penais. (...). Nos tipos da lei em comento, quase a totalidade dos crimes impõe pena de reclusão, com exceção do delito de omissão dos documentos contábeis obrigatórios (art. 178 da Lei 11.101/2005), apenado com detenção de um a dois anos. Portanto, o correto seria aplicar-se, para esta maioria, o procedimento comum ordinário".[13]

Arthur Migliari Jr., por sua vez, elogia a inovação: "(...) há uma grande e aplaudida modificação de ordem processual. Abandona-se o rito mais demorado do procedimento ordinário ou comum, passando para o rito processual mais célere, limpo, sem entraves, que é o rito sumário. E não haveria motivo para não ser de outra forma. A experiência nos mostrou que a maioria dos processos falenciais caminhava a passos largos para a prescrição por força de manobras ocorridas, quer durante ou após a instrução, na fase de diligências complementares do art. 499 do CPP, onde, invariavelmente, pleiteavam-se diligências meramente procrastinatórias, sem qualquer utilidade para o procedimento. O legislador de 2005, mais atento à sistemática processual, modifica o rito. Fazendo com que o número de testemunhas arroladas também diminua de oito para cinco, nos termos do art. 539 do CPP. Inquiridas as testemunhas, passa-se aos debates, de imediato, evitando-se quaisquer outros empecilhos, seguindo-se a sentença".[14]

Art. 186. No relatório previsto na alínea "e" do inciso III do *caput* do art. 22 desta Lei, o administrador judicial apresentará ao juiz da falência exposição circunstanciada, considerando as causas da falência, o procedimento do devedor, antes e depois da sentença, e outras informações detalhadas a respeito da conduta do devedor e de outros responsáveis, se houver, por atos que possam constituir crime relacionado com a recuperação judicial ou com a falência, ou outro delito conexo a estes.[1.028]

Parágrafo único. A exposição circunstanciada será instruída com laudo do contador encarregado do exame da escrituração do devedor.[1.029-1.030]

LEGISLAÇÃO ANTERIOR

Lei de Falências (DL 7.661/1945): *Art. 103.* Nas 24 (vinte quatro) horas seguintes ao vencimento do dobro do prazo marcado pelo juiz para os credores declararem os

12. José da Silva Pacheco, *Processo de Recuperação Judicial, Extrajudicial e Falência*, Rio de Janeiro, Forense, 2006, p. 375.

13. Antônio Sérgio Altieri de Moraes Pitombo, "Comentários aos arts. 183 ao 188", in Francisco Satiro de Sousa Jr. e Antônio Sérgio Altieri de Moraes Pitombo (coords.), *Comentários à Lei de Recuperação de Empresas e Falência: Lei 11.101/2005*, São Paulo, Ed. RT, 2005, p. 562.

14. Arthur Migliari Jr., in Carlos Henrique Abrão e Paulo Fernando Campos Salles de Toledo (coords.), *Lei de Recuperação de Empresas e Falência*, cit., pp. 479-480.

seus créditos (artigo 14, parágrafo único, n. V) o síndico apresentará em cartório, em duas vias, exposição circunstanciada, na qual, considerando as causas da falência, o procedimento do devedor, antes e depois da sentença declaratória, e outros elementos ponderáveis, especificará, se houver, os atos que constituem crime falimentar, indicando os responsáveis e, em relação a cada um, os dispositivos penais aplicáveis.

§ 1º. Essa exposição, instruída com o laudo do perito encarregado do exame da escrituração do falido (art. 63, n. V) e quaisquer documentos, concluirá, se for caso, pelo requerimento de inquérito, exames e diligência destinados à apuração de fatos ou circunstâncias que possam servir de fundamento à ação penal (Código de Processo Penal, art. 509).

COMENTÁRIOS

1.028. Relatório do administrador judicial – O relatório do administrador judicial, a que alude a alínea "e" do inciso III do art. 22, é mencionado no art. 186 de modo mais abrangente, pois engloba o procedimento do devedor, antes e depois da sentença, e outras informações detalhadas a respeito da conduta do devedor e de outros responsáveis, se houver, por atos que possam constituir crime relacionado com a recuperação judicial ou com a falência, ou outro delito conexo.

Em verdade, o relatório constitui uma pré-investigação por parte do administrador judicial.

1.029. Instrução com laudo do contador – O relatório do administrador judicial restará, evidentemente, mais fortalecido se instruído com o laudo de um contador, sobretudo sendo ele o encarregado do exame da escrituração do devedor.

Lembra Antônio Sérgio Altieri de Moraes Pitombo: "A juntada do referido laudo não supre a necessidade do exame de corpo de delito, quanto aos crimes que deixam vestígios".[15]

1.030. Contador, contabilista ou técnico em contabilidade? – De conformidade com o disposto no art. 2º do Decreto-lei 9.295, de 27.5.1946, o vocábulo "contabilista" compreende tanto os contadores quanto os técnicos em contabilidade.[16]

Donde se conclui que "contabilista" é gênero; já, "contador" e "técnico em contabilidade" são espécies: o primeiro é bacharel, isto é, com grau universitário, e o segundo é formado no estudo médio.

Ora, assim sendo, o laudo que instruirá o relatório do administrador judicial somente poderá ser confeccionado pelo contador, e não pelo técnico em contabilidade.

Art. 187. Intimado da sentença que decreta a falência ou concede a recuperação judicial, o Ministério Público, verificando a ocorrência de qualquer crime previsto nesta Lei,[1.031] promoverá imediatamente a competente ação penal ou, se entender necessário, requisitará a abertura de inquérito policial.[1.032]

§ 1º. O prazo para oferecimento da denúncia regula-se pelo art. 46 do Decreto-lei n. 3.689, de 3 de outubro de 1941 – Código de Processo Penal, salvo se o Ministério Público, estando o réu solto ou afiançado, decidir aguardar a apresentação da exposição circunstanciada de que trata o art. 186 desta Lei,[1.033] devendo, em seguida, oferecer a denúncia em 15 (quinze) dias.[1.034]

§ 2º. Em qualquer fase processual, surgindo indícios da prática dos crimes previstos nesta Lei, o juiz da falência ou da recuperação judicial cientificará o Ministério Público.[1.035]

15. Antônio Sérgio Altieri de Moraes Pitombo, "Comentários aos arts. 183 ao 188", in Francisco Satiro de Sousa Jr. e Antônio Sérgio Altieri de Moraes Pitombo (coords.), *Comentários à Lei de Recuperação de Empresas e Falência: Lei 11.101/2005*, São Paulo, Ed. RT, 2005, p. 564.

16. V., de nossa autoria, *Da Escrituração no Novo Código Civil: Comentários aos Arts. 1.179 a 1.195 do Código Civil Aprovado pela Lei 10.406, de 10.1.2002*, São Paulo, Juarez de Oliveira, 2004, p. 66.

LEGISLAÇÃO ANTERIOR

Lei de Falências (DL 7.661/1945): *Art. 103.* (...).

(...).

§ 2º. As primeiras vias da exposição e do laudo e os documentos formarão os autos do inquérito judicial e as segundas vias serão juntas aos autos da falência.

COMENTÁRIOS

1.031. Falir não é crime – O eminente Pontes de Miranda aduz: "Falir não é crime. Crime pode ser a causa da falência, ou crimes podem ser as causas da falência, ou atos do devedor praticadas antes ou depois da decretação da falência. Crimes falenciais do falido são, pois, os crimes que se ligam às causas da falência ou à conduta do falido".[17-18]

1.032. Substituição do inquérito judicial pelo inquérito policial – Diferentemente do regime do Decreto-lei 7.661/1945, no qual se previa a instauração de inquérito judicial para apuração de crime falimentar (art. 103), na Lei 11.101/2005 foi instituído o inquérito policial, que será aberto por requisição do Ministério Público.

Beatriz Vargas opina:

"Justifica-se a extinção do inquérito judicial mesmo diante da consideração de que, hoje, não mais seria o "antigo" juiz instrutor – o da falência – competente para o ato de recebimento da inicial acusatória, pois, como já se disse, a competência para conhecer da ação penal foi mantida, agora inteiramente, na órbita do juízo criminal – desde a decisão de recebimento da denúncia ou da queixa.

"O fundamento dessa clara opção legislativa de remeter à polícia judiciária investigativa do crime falimentar, afirmando e valorizando o inquérito policial como meio adequado à obtenção de elementos para a oferta da denúncia, guarda perfeita correspondência com a repartição constitucional das funções dos principais órgãos do sistema de controle penal: o Judiciário, o Ministério Público e a Polícia. Ora, a investigação do crime e sua autoria, sem perder de vista o processo penal inserido na estrutura do Estado Democrático de Direito, não é – nem pode ser – tarefa do Poder Judiciário. Sob todos os aspectos – notadamente sob a ótica constitucional – mostra-se absurda e indefensável a tese de que o anômalo instrumento da investigação deva ser conservado entre as competências do juiz cível, cuja missão é inconfundível com a da polícia judiciária."[19]

1.033. Relatório do administrador judicial – O administrador judicial deverá apresentar, no prazo de 40 dias, contado da assinatura do termo de compromisso, prorrogável por igual período, relatório sobre as causas e circunstâncias que conduziram à situação da falência, apontando a responsabilidade civil e pessoal dos envolvidos (art. 22, III, "e", e art. 186).[20]

1.034. Ação penal pública incondicionada – Considerando que o crime falimentar é de ação penal pública incondicionada (art.

17. Pontes de Miranda, *Tratado de Direito Privado*, t. 29, Rio de Janeiro, Borsói, 1971, p. 275.

18. Lembra Waldo Fazzio Jr.: "É natural, embora não justificável, que, às vésperas da falência, ou ainda no curso do processo de recuperação, não apenas o devedor, mas também seus credores lancem mão de expedientes ilícitos para satisfação de seus interesses, enveredando facilmente na seara da ilegalidade penal. Esta é uma região extremamente importante do processo falimentar, pois irá determinar as condições para futura reabilitação do devedor, sem prejuízo do caráter intimidativo" (*Nova Lei de Falência e de Recuperação de Empresas*, São Paulo, Atlas, 2005, p. 359).

19. Beatriz Vargas, "Comentários aos arts. 183 ao 188", in Osmar Brina Corrêa-Lima e Sérgio Mourão Corrêa-Lima (coords.), *Comentários à Nova Lei de Falência e Recuperação de Empresas: Lei 11.101, de 9.2.2005*, Rio de Janeiro, Forense, 2009, pp. 1.220-1.221.

20. Segundo Beatriz Vargas, o relatório do administrador judicial poderá vir a ser, na prática, o próprio veículo da *notitia criminis* ("Comentários aos arts. 183 ao 188", cit., in Osmar Brina Corrêa-Lima e Sérgio Mourão Corrêa-Lima (coords.), *Comentários à Nova Lei de Falência e Recuperação de Empresas: Lei 11.101, de 9.2.2005*, p. 1.222).

184), caberá ao Ministério Público sua titularidade.[21]

Qual promotor de justiça estará incumbido de oferecer a denúncia por crime falimentar: aquele que atua perante a Vara Cível (ou empresarial) onde se processa a falência ou a recuperação judicial, ou aquele que exerce suas atribuições perante o juízo criminal do local do fato, já que o art. 200 da lei sob comento revogou o art. 504 do CPP?

Paulo Rangel, apesar de entender que o promotor de justiça competente deveria ser aquele que funciona perante o juízo criminal, conclui que, de acordo com o art. 187, o promotor competente será aquele que atua perante a Vara empresarial (ou Cível):

"(...) na medida em que a lei diz que o Ministério Público, quando for intimado da sentença que decreta a falência ou concede a recuperação judicial, verificando a ocorrência de crime, promoverá, imediatamente, a competente ação penal ou, se entender necessário, requisitará a abertura de inquérito policial (art. 187 da Lei 11.101/2005), deixa claro que somente poderá ser o promotor de justiça que funciona junto a *Vara Empresarial*.

"Declarada a quebra, ou concedida a recuperação judicial, intima-se o promotor junto a Vara Empresarial, que, se assim entender, oferecerá denúncia e a distribuirá perante a Vara Criminal do local do fato."[22]

Beatriz Vargas, por sua vez, sustenta que o promotor competente será aquele que funciona perante o juízo criminal:

"De nossa parte (...) a atribuição ao Ministério Público para propor e acompanhar a ação penal deve seguir a definição de competência do juízo, de acordo com a Lei de Organização Judiciária local. Assim, a responsabilidade seria do promotor de justiça que funcionasse junto à Vara competente para conhecer da ação penal.

"O art. 187, *caput*, a nosso ver, não representa nenhum obstáculo a esse entendimento, porque nada diz sobre o promotor incumbido de propor a ação penal. Refere-se, isto, sim, às atribuições do 'Ministério Público', sem indicação deste ou daquele órgão presentante da Instituição.

"Se, por um lado, é possível deduzir que a intimação do decreto da falência pode ser feita 'na pessoa do promotor' atuante na Vara em que tramita o respectivo processo cível, por outro lado, nada obsta à conclusão de que intimada é a "Instituição" do Ministério Público – com os seus atributos de unidade e indivisibilidade. Daí que, embora 'cientificado na pessoa deste ou daquele promotor', é o 'Ministério Público' quem vai atuar, por intermédio do órgão que possua atribuição de denúncia no caso específico.

"Uma coisa é a atribuição do Ministério Público – de que se ocupa o dispositivo em comento; outra coisa é a sua distribuição operacional. Desta maneira, o art. 187, *caput*, não ingressa na seara relativa à repartição dessa atribuição."[23]

1.035. Indícios de crime e recuperação judicial e extrajudicial – Ocorrendo tais indícios, o Ministério Público será cientificado.

No Código de Processo Penal há previsão genérica: "*Art. 40.* Quando, em autos ou papéis de que conhecerem, os juízes ou tribunais verificarem a existência de crime de ação pública, remeterão ao Ministério Público as cópias e os documentos necessários ao oferecimento da denúncia".

Art. 188. Aplicam-se subsidiariamente as disposições do Código de Processo Penal, no que não forem incompatíveis com esta Lei.[1.036]

21. O Ministério Público é titular da ação penal, mas não dono. Por isso, há previsão legal da ação penal privada subsidiária da pública (art. 184, parágrafo único).

22. Paulo Rangel, *Direito Processual Penal*, Rio de Janeiro, Lumen Juris, 2005, pp. 600-601.

23. Beatriz Vargas, "Comentários aos arts. 183 ao 188", cit., in Osmar Brina Corrêa-Lima e Sérgio Mourão Corrêa-Lima (coords.), *Comentários à Nova lei de Falência e Recuperação de Empresas: Lei 11.101, de 9.2.2005*, pp. 1.221-1.222.

LEGISLAÇÃO ANTERIOR

Artigo sem correspondência no Decreto-lei 7.661/1945.

COMENTÁRIOS

1.036. Subsidiariedade do Código de Processo Penal – O art. 189 elegeu o Código de Processo Civil como sua fonte subsidiária. Já, o artigo 188 elegeu subsidiariamente o Código de Processo Penal.

Enquanto o art. 188 utiliza a expressão "no que não forem incompatíveis", o art. 189 adota a expressão "no que couber".

Beatriz Vargas exemplifica a aplicação subsidiária do Código de Processo Penal:

"Ao menos uma situação de aplicação subsidiária do Código foi expressamente apontada, qual seja, a dos arts. 41 a 43 do Processo Penal. Outro exemplo pode ser conferido pelos arts. 268 a 273 do CPP, que regem a figura do assistente de acusação, perfeitamente cabível no processo penal falimentar, cuja legitimação recai sobre o sujeito passivo do delito, o credor atingido pela ação descrita no tipo".[24]

24. Beatriz Vargas, "Comentários aos arts. 183 ao 188", in Osmar Brina Corrêa-Lima e Sérgio Mourão Corrêa-Lima (coords.), *Comentários à Nova lei de Falência e Recuperação de Empresas: Lei 11.101, de 9.2.2005*, Rio de Janeiro, Forense, 2009, p. 1.223.

Capítulo VIII – ***Disposições Finais e Transitórias***

Art. 189. Aplica-se a Lei n. 5.869, de 11 de janeiro de 1973 – Código de Processo Civil, no que couber, aos procedimentos previstos nesta Lei.[1.037-1.038]

LEGISLAÇÃO ANTERIOR

Lei de Falências (DL 7.661/1945): *Art. 207.* O processo e os prazos da apelação e do agravo de instrumento são os do Código de Processo Civil.

COMENTÁRIOS

1.037. Subsidiariedade do Código de Processo Civil – O Código Processo Civil aplica-se subsidiariamente aos procedimentos previstos na Lei 11.101/2005. Vale dizer, as disposições do diploma adjetivo devem ser aplicadas, "no que couber" – portanto, em caso de lacuna da referida lei.[1-2-3-4]

Jurisprudência[5]

Eis um julgado pertinente:

[TJSP] Falência – Representante legal da requerida não encontrado no estabelecimento empresarial – Determinação para citação por hora certa – Inviabilidade. *O oficial de justiça não está obrigado a procurar o devedor fora do seu estabelecimento* – Citação por edital, com prazo de 20 dias – Inteligência dos arts. 232, IV, do CPC e 189 da Lei de Recuperações e Falências – Agravo provido para determinar citação editalícia. [*AI 414.349-4/0-00, rel. Des. Pereira Calças, j. 19.10.2005*]

Por envolver matéria processual, entendemos oportuno formular a seguinte indagação: *o falido pode pleitear assistência judiciária gratuita?* Respondem Fredie Didier Jr. e Leandro Aragão: "O STJ possui vários precedentes sobre a possibilidade de a pessoa jurídica, demonstrada a penúria financeira (...) obter tanto a assistência judiciária como o benefício da justiça gratuita. (...). O STF também já se pronunciou sobre o assunto, admitindo que pessoas jurídicas 'à beira da insolvência' (...) podem, em tese, requerer o benefício da justiça gratuita, devendo, todavia, comprovar 'o fato de se encontrar em situação inviabilizadora da assunção dos ônus decorrentes do ingresso em juízo'".[6]

1. Antônio Carlos Esteves Torres aduz: "Suplantou-se a indefinição, alimentada pela timidez com que o legislador pretérito introduzia de forma pontual e intermitente as advertências atinentes à aplicação do Código de Processo Civil à legislação falimentar (...)" ("Disposições finais e transitórias", in Paulo Penalva Santos (coord.), *A Nova Lei de Falências e de Recuperação de Empresas: Lei 11.101/2005*, Rio de Janeiro, Forense, 2006, p. 426).

2. Luiz Antônio Soares Hentz elogia a subsidiariedade do Código de Processo Civil: "Trata-se de novidade do novo regime, por sinal muito bem-vinda. Até hoje, depois de quase 60 anos de vigência do Decreto-lei 7.661/1945, os tribunais ainda são chamados a decidir questões processuais que poderiam encontrar respostas na aplicação subsidiária do Código de Processo Civil" ("Comentários aos arts. 189 ao 196", in Newton de Lucca e Adalberto Simão Filho (coords.), *Comentários à Nova Lei de Recuperação de Empresas e de Falências*, São Paulo, Quartier Latin, 2005, p. 640).

3. Waldo Fazzio Jr. afirma que a Lei 11.101/2005 "perdeu a excelente oportunidade de dar ao processo de falência um procedimento realmente sumário, optando por regular o mínimo essencial e consagrar a aplicação subsidiária das normas do Código de Processo Civil" (*Nova Lei de Falência e de Recuperação de Empresas*, São Paulo, Atlas, 2005, p. 244).

4. Aduz Luiz Augusto de Souza Queiroz Ferraz: "Este dispositivo mais uma vez insere regra de nossa tradição legislativa, embora fosse plenamente dispensável, mas tem sua origem no interesse do legislador de impedir interpretações errôneas, pois poderia questionar se a lei de ritos incidiria ou não em legislações específicas. Todavia, assim dispondo, foi com o claro propósito de impedir insegurança jurídica, mesmo com restrição redundante" ("Lei 11.101, de 9.2.2005: arts. 189 e 192 das 'Disposições Transitórias'", in Luiz Fernando Valente de Paiva (coord.), *Direito Falimentar e a Nova Lei de Falências e Recuperação de Empresas*, São Paulo, Quartier Latin, 2005, p. 647).

5. Manoel Justino Bezerra Filho, *Jurisprudência da Nova Lei de Recuperação de Empresas e Falências/Decisões, Ofícios Judiciais, Resoluções, Sentenças, Acórdãos, Dentre Outros Documentos*, São Paulo, Ed. RT, 2006, p. 388.

6. Fredie Didier Jr. e Leandro Aragão, "Comentários aos arts. 189 ao 192", in Osmar Brina Corrêa-Lima e Sérgio Mourão Corrêa-Lima (coords.), *Comentários à Nova Lei de Falência e Recuperação de*

Jurisprudência

Eis três julgados pertinentes:

[STJ] Recurso especial – Pessoa jurídica com fins lucrativos – Justiça gratuita – Concessão – Impossibilidade de arcar com os encargos processuais sem comprometer a existência da própria sociedade – Comprovação reconhecida pela Corte *a quo*. Entender de maneira diversa implica reexame de prova – Matéria pacificada – Súmula n. 83 desta Corte. 1. Para a concessão da justiça gratuita às pessoas jurídicas com fins lucrativos é imprescindível a comprovação minuciosa e exaustiva da impossibilidade de arcar com os encargos processuais sem comprometer a existência da própria sociedade. Estando o v. acórdão recorrido no mesmo sentido de entendimento pacificado nesta Corte, aplica-se a Súmula n. 83 deste Tribunal Superior. 2. Precedentes (REsp n. 431.239-MG, ED no REsp n. 205.835-SP, EREsp ns. 321.997-MG e 388.045-RS). (...). [*4ª Turma, REsp 715.048-RS, rel. Min. Jorge Scartezzini, j. 26.4.2005, DJU 16.5.2005, p. 365*]

[STJ] Embargos de divergência – Justiça gratuita à pessoa jurídica – Possibilidade – Alegada situação financeira precária não verificada pelas instâncias ordinárias – Questão insuscetível de análise em sede de recurso especial. 1. O benefício da assistência judiciária gratuita pode ser estendido à pessoa jurídica, desde que comprovada a sua impossibilidade de arcar com as despesas do processo sem prejudicar a sua própria manutenção – Precedentes da Corte Especial do STJ. (...). [*Corte Especial, EREsp 409.077-RS, rela. Min. Laurita Vaz, j. 1.8.2006, DJU 25.9.2006, p. 199*]

[STF] Assistência judiciária gratuita – Pessoa jurídica. Ao contrário do que ocorre relativamente às pessoas naturais, não basta a pessoa jurídica asseverar a insuficiência de recursos, devendo comprovar, isto, sim, o fato de se encontrar em situação inviabilizadora da assunção dos ônus decorrentes do ingresso em juízo. [*Tribunal Pleno, Rcl/ED/AgR 1.905, rel. Min. Marco Aurélio, DJU 20.9.2002, p. 88*]

1.038. A subsidiariedade aplica-se também aos tipos de recursos previstos na Lei 11.101/2005? – Ora, se a Lei 11.101/2005 prevê expressamente os tipos de recursos – por exemplo: agravo de instrumento da decisão que decretar a falência (art. 100) e apelação da decisão que julgar o pedido de restituição (art. 90) –, não há que se cogitar da aplicação subsidiária do Código de Processo Civil, sob o pretexto de que caberia "apelação" da decisão que decreta a falência, já que se trata de sentença, e agravo de instrumento da decisão que julga o pedido de restituição, pois se trata de decisão interlocutória.[7]

Frise-se que a subsidiariedade em tela só é aplicável "no que couber", ou seja, em caso de lacuna da Lei 11.101/2005.

No tocante aos tipos recursais, existindo previsão expressa na Lei 11.101/2005,[8-9-10-11]

Empresas: Lei 11.101, de 9.2.2005, Rio de Janeiro, Forense, 2009, p. 1.249.

7. Esclarecem Fredie Didier Jr. e Leandro Aragão: "O problema é que o legislador previu recurso de agravo contra essa decisão, o que excepciona a regra do Código de Processo Civil, que estabelece a apelação como recurso cabível em tais situações. Não seria, entretanto, caso raro de incongruência legislativa: (a) o art. 17 da Lei de Assistência Judiciária (Lei federal 1.060/1950) prevê o recurso de apelação contra decisões interlocutórias; (b) o art. 475-H prevê o cabimento do agravo contra decisão que julgar liquidação de sentença, decisão essa que também encerra uma fase do procedimento e que, por isso, poderia tranqüilamente ser alcunhada de sentença. Não se pode ignorar, porém, que as regras de cabimento do recurso e os conceitos legais das espécies de decisão (cuja função é exatamente a de estruturar o sistema recursal) não são doutrinários. Trata-se de regras de direito positivo e, por isso, contingentes. Não é possível reduzi-las aos esquemas abstratos da teoria do processo, pois uma 'penada legislativa' aniquilaria tudo quanto fosse afirmado. Não há restrição teórica alguma ao cabimento de agravo contra uma sentença. Mas não se pode elogiar, pois sempre causadora de dúvidas práticas e discussões doutrinárias. Parece inegável, então, que se está diante de uma situação excepcional: contra uma sentença cabe agravo" ("Comentários aos arts. 189 ao 192", cit., in Osmar Brina Corrêa-Lima e Sérgio Mourão Corrêa-Lima (coords.), *Comentários à Nova Lei de Falência e Recuperação de Empresas: Lei 11.101, de 9.2.2005*, p. 1.244).

8. Marcelo Vieira von Adamek alerta: "Em todos esses casos, a interposição de recurso diverso daquele expressamente indicado na Lei 11.101/2005 caracterizará erro grosseiro da parte, afastando, pois, a aplicação do princípio da fungibilidade" ("Comentários aos arts. 189 ao 192", in Francisco Satiro de Sousa Jr. e Antônio Sérgio Altieri de Moraes Pitombo (coords.), *Comentários à Lei de Recuperação de Empresas e Falência: Lei 11.101/2005*, São Paulo, Ed. RT, 2005, p. 571).

9. Fábio Ulhoa Coelho, por reputar aplicável à Lei 11.101/2005 a doutrina do saudoso comercialista Rubens Requião, a transcreve: "A Lei de Falências

não há que cogitar da aplicação subsidiária do Código de Processo Civil. Porém, quanto ao procedimento dos recursos tal Código é plenamente aplicável.[12]

Há prevenção no tribunal para julgamento de todos os recursos pertinentes ao processo de falência e seus incidentes (habilitações e impugnações de crédito, pedidos de restituição), de forma a evitar decisões contraditórias? Opinam Fredie Didier Jr. e Leandro Aragão:

"A solução, aqui, haja vista o disposto no art. 548 do CPC, perpassa pelo que estiver disposto nos Regimentos Internos das Cortes Estaduais (e, em dimensão mais acima, no Regimento Interno do STJ) sobre a prevenção de uma Câmara que primeiro julgar um feito recursal em relação aos recursos subseqüentes conexos com a mesma demanda falimentar.

"O Regimento Interno do TJSP, por exemplo, possui regra (art. 226, *caput* e §§ 1º e 4º, do RITJSP) relativa à prevenção de uma Câmara que primeiro julgar um feito recursal em relação aos recursos subseqüentes conexos à mesma demanda falimentar."[13]

Jurisprudência

Eis um julgado pertinente:

[STJ] Processo no STJ – Falência – Verificação e classificação dos créditos – Habilitações – *Prevenção do Relator, reconhecida por lhe já ter sido distribuído feito atinente a uma habilitação* – Aplicação do art. 71 do Regimento – Agravo regimental não provido. [*3ª Turma, AgR na Pet 530-GO, rel. Min. Nilson Naves, j. 19.10.1993, DJU 22.11.1993, p. 24.945*]

Art. 190. Todas as vezes que esta Lei se referir a devedor ou falido, compreender-se-á que a disposição também se aplica aos sócios ilimitadamente responsáveis.[1.039-1.040-1.041]

LEGISLAÇÃO ANTERIOR

Artigo sem correspondência no Decreto-lei 7.661/1945.

COMENTÁRIOS

1.039. Classificação dos tipos societários quanto à responsabilidade dos sócios

organizou um sistema recursal próprio, que não deve nem pode ser aplicado por invocação subsidiária do processo comum. Em matéria de recursos, a Lei de Falências é auto-suficiente, e a exaure em suas previsões. Não cabe, pois, ampliar os recursos nela previstos" (*Comentários à Nova Lei de Falências e de Recuperação de Empresas*, São Paulo, Saraiva, 2005, p. 416).

10. Súmula 307 do STJ: "É irrecorrível o ato judicial que apenas manda processar a concordata preventiva".

11. Súmula 88 do STJ: "São admissíveis embargos infringentes em processo falimentar".

12. Marcelo Vieira von Adamek destaca: "Especificamente quanto aos requisitos extrínsecos de admissibilidade dos recursos civis, têm plena incidência as regras processuais sobre a *regularidade formal* dos vários processos cabíveis, razão pela qual a parte sempre deverá, na petição de interposição, declinar as razões de sua inconformidade e formular pedido de nova decisão. O *preparo* deverá ser comprovado no ato da interposição (CPC, art. 511). A *tempestividade*, por evidente, é aferida pela apresentação do recurso dentro de prazo fixado na lei processual para cada espécie recursal (já que a LRF não fixa prazo especial, contado da intimação das partes – CPC, arts. 242 e 506), sendo que o Ministério Público deve ser intimado pessoalmente (CPC, arts. 83, I, e 236, § 2º) e goza de prazo dobro para recorrer (CPC, art. 188). As regras sobre aquiescência à decisão, pela prática de ato incompatível com o desejo de recorrer, sobre o reconhecimento jurídico do pedido, renúncia e desistência do recurso (CPC, arts. 501, 502 e 503), têm aplicação aos processos regulados pela Lei 11.101/2005, porém sempre com a necessária análise da disponibilidade dos direitos em discussão, da capacidade da parte que praticou o ato impeditivo ou extintivo do direito de recorrer e dos poderes outorgados ao advogado" ("Comentários aos arts. 189 ao 192", cit., in Francisco Satiro de Sousa Jr. e Antônio Sérgio Altieri de Moraes Pitombo (coords.), *Comentários à Lei de Recuperação de Empresas e Falência: Lei 11.101/2005*, pp. 569-570).

13. Fredie Didier Jr. e Leandro Aragão, "Comentários aos arts. 189 ao 192", cit., in Osmar Brina Corrêa-Lima e Sérgio Mourão Corrêa-Lima (coords.), *Comentários à Nova Lei de Falência e Recuperação de Empresas: Lei 11.101, de 9.2.2005*, p. 1.245.

perante terceiros – Os tipos societários,[14] quanto à responsabilidade dos sócios perante terceiros, são classificados em:

1) *Sociedades ilimitadas*:

• todos os sócios da sociedade em nome coletivo (arts. 1.039-1.044 do CC);

• os sócios comanditados na sociedade em comandita simples (arts. 1.045-1.051 do CC);

• os acionistas diretores na sociedade em comandita por ações (arts. 280-284 da Lei 6.404/1976);

• os sócios da sociedade não personificada em comum (arts. 986-990 do CC).

2) *Sociedades limitadas*:

• sociedade por quotas de responsabilidade limitada (arts. 1.052-1.087 do CC);

• sociedade anônima (arts. 1º-279 e 285-300 da Lei 6.404/1976).

1.040. "Sócios ilimitadamente responsáveis" – Após a classificação retromencionada, dessome-se que o texto do art. 190, ao se referir aos "sócios ilimitadamente responsáveis", está abrangendo: todos os sócios da sociedade em nome coletivo (art. 1.039 do CC), os sócios comanditados da sociedade em comandita simples (art. 1.045 do CC), os acionistas diretores da sociedade em comandita por ações (art. 282 da Lei das S/A) e os sócios da sociedade não personificada em comum (art. 990 do CC).

A regra do art. 190 aplica-se aos sócios das sociedades limitadas e das sociedades anônimas que deixaram de integralizar o capital subscrito? Respondem, adequadamente, Fredie Didier Jr. e Leandro Aragão: "A solução, aqui, é pela inaplicabilidade do art. 190 do texto do novo diploma falimentar, uma vez que, para os casos de descumprimento de obrigação de integralização de parcela do capital social subscrita e não-integralizada nos tipos societários acima mencionados, a solução legal está posta na ação de responsabilidade pessoal dos sócios de responsabilidade limitada do art. 82 da Lei Falimentar de 2005, demanda processada sob o rito ordinário no próprio juízo da falência".[15]

Ressalte-se que o art. 81 prescreve: "*Art. 81.* A decisão que decreta a falência da sociedade com sócios ilimitadamente responsáveis também acarreta a falência destes, que ficam sujeitos aos mesmos efeitos jurídicos produzidos em relação à sociedade falida e, por isso, deverão ser citados para apresentarem contestação, se assim o desejarem".

1.041. "Sócios limitadamente responsáveis" – Quanto aos sócios de responsabilidade limitada, dispõe o art. 82: "*Art. 82.* A responsabilidade pessoal dos sócios de responsabilidade limitada, dos controladores e dos administradores da sociedade falida, estabelecida nas respectivas leis, será apurada no próprio juízo da falência, independentemente da realização do ativo e da prova da sua insuficiência para cobrir o passivo, observado o procedimento ordinário previsto no Código de Processo Civil".

Art. 191. Ressalvadas as disposições específicas desta Lei, as publicações ordenadas serão feitas preferencialmente na Imprensa Oficial[1.042-1.043] e, se o devedor ou a massa falida comportar, em jornal ou revista de circulação regional ou nacional,[1.044] bem como em quaisquer outros periódicos que circulem em todo o País.[1.045]

Parágrafo único. As publicações ordenadas nesta Lei conterão a epígrafe "Recuperação Judicial de", "Recuperação Extrajudicial de" ou "Falência de".[1.046]

LEGISLAÇÃO ANTERIOR

Lei de Falências (DL 7.661/1945): *Art. 205.* A publicação dos editais, avisos, anúncios e quadro geral dos credores será feita por duas vezes, no órgão oficial, da União ou dos Estados, e, quando for o caso, nos

14. Sobre a classificação dos tipos societários, v. nossos comentários ao art. 1º.

15. Fredie Didier Jr. e Leandro Aragão, "Comentários aos arts. 189 ao 192", cit., in Osmar Brina Corrêa-Lima e Sérgio Mourão Corrêa-Lima (coords.), *Comentários à Nova Lei de Falência e Recuperação de Empresas: Lei 11.101, de 9.2.2005*, Rio de Janeiro, Forense, 2009, p. 1.252.

órgãos oficiais dos Estados em que o devedor tenha filiais ou representantes, indicará o juízo e o cartório, e será precedida das epígrafes "Falência de (...)" ou "Concordata Preventiva de (...)".

§ 1º. O escrivão certificará sempre, nos autos, a data da primeira publicação no órgão oficial.

§ 2º. Nas comarcas que não sejam as das Capitais dos Estados, ou Territórios, além da publicação determinada neste artigo, os editais, avisos, anúncios e quadro geral dos credores serão afixados na sede do juízo; se na comarca houver jornal diário, essas publicações nele serão reproduzidas.

§ 3º. Tratando-se de publicações que exijam larga divulgação, como a de venda dos bens da massa, o síndico pode, se a massa comportar, mandar reproduzi-las em outros jornais do lugar e de fora.

COMENTÁRIOS

1.042. "Preferencialmente". Regra geral. Imprensa Oficial – O advérbio "preferencialmente", inserido no art. 191, é novidade, já que no regime do Decreto-lei 7.661/1945 os editais, avisos, anúncios e quadro geral dos credores deviam ser veiculados no órgão oficial da União (art. 205).[16]

Fredie Didier Jr. e Leandro Aragão ressaltam a divergência doutrinária existente em relação ao alcance do art. 191:

"Cumpre chamar atenção a que parte da doutrina aponta o caráter subsidiário deste art. 191: este só será aplicado se outro meio distintivo de publicização já não estiver previsto em algum artigo específico da LFR.

"Entendemos, todavia, de modo diferente: a ressalva mencionando as disposições específicas da LFR só vale para a primeira parte do art. 191 – vale dizer, para as publicações feitas preferencialmente na Imprensa Oficial, que, na verdade, é o meio imposto para a quase totalidade das previsões de publicização na LFR; ela não alcança, pois, a parte final deste artigo, iniciada no conectivo 'e' e versando sobre a possibilidade de publicação condicionada à existência de recursos livres da massa falida ou do devedor. Esta parte derradeira é sempre aplicável, mesmo nas hipóteses de previsão específica do meio de publicização existente ao longo do texto da nova Lei Falimentar (por exemplo, um artigo da LFR indicando, unicamente, de modo preciso, o órgão oficial como o meio a ser utilizado para publicação)."[17]

1.043. Publicações cumulativas. Exceções – A regra geral mencionada no item anterior – publicação no órgão oficial da União – sofre as seguintes exceções: (1) no âmbito da recuperação judicial, publicação de edital convocatório da assembléia-geral de credores no órgão oficial *e* em jornais de grande circulação nas localidades da sede e filiais (art. 36); (2) no campo da falência, publicação de edital do requerimento de extinção das obrigações do falido no órgão oficial *e* em jornal de grande circulação (art. 159, § 1º); (3) em sede de recuperação extrajudicial, publicação de edital convocatório dos respectivos credores no órgão oficial *e* em jornal de grande circulação nacional ou das localidades da sede e das filiais (art. 164).

Registramos também outra exceção em seara falimentar: publicação de anúncio de realização de alienação de bens em jornal de ampla circulação, facultada a divulgação por outros meios que contribuam para o amplo conhecimento da venda (art. 142, § 1º).

1.044. Publicação em jornal ou revista de circulação regional ou nacional e periódicos que circulem em todo o País – Trata-se de previsão deveras importante, na

16. Marcelo Vieira von Adamek ressalta: "Neste sentido, 'preferencialmente' serve apenas para deixar claro que, não havendo fundos disponíveis, é a publicação pela Imprensa Oficial que deve ser atendida" ("Comentários aos arts. 189 ao 192", in Francisco Satiro de Sousa Jr. e Antônio Sérgio Altieri de Moraes Pitombo (coords.), *Comentários à Lei de Recuperação de Empresas e Falência: Lei 11.101/2005*, São Paulo, Ed. RT, 2005, p. 580).

17. Fredie Didier Jr. e Leandro Aragão, "Comentários aos arts. 189 ao 192", in Osmar Brina Corrêa-Lima e Sérgio Mourão Corrêa-Lima (coords.), *Comentários à Nova Lei de Falência e Recuperação de Empresas: Lei 11.101, de 9.2.2005*, Rio de Janeiro, Forense, 2009, p. 1.256.

medida em que, *ad instar* do que já ocorre no mercado, a divulgação ampla propicia a otimização dos valores da venda.[18]

No tocante aos periódicos, é de ser frisado que somente são admitidos como veículos aqueles de circulação nacional.[19]

Quanto aos âmbitos territoriais dos jornais ("circulação regional ou nacional") e à utilização da mídia eletrônica (Internet), aduzem Fredie Didier Jr. e Leandro Aragão:

"Crê-se, a propósito, que o grande dilema do art. 191, *caput*, da LFR e das demais disposições legais espraiadas ao longo do texto da LFR será verificar, casuisticamente, o que é 'jornal de circulação nacional', 'jornal de circulação regional'. O que seria, por exemplo, 'jornal de circulação regional'? A noção de 'regional' está vinculada à divisão do Estado Brasileiro em regiões de cunho administrativo?

"Interessante é que a lei foi omissa com relação aos *jornais de circulação estadual* ou até mesmo de circulação de menor âmbito geográfico (por exemplo, um jornal que tenha elevada vendagem concentrada em determinada região metropolitana). O critério terá, pois, de ser estabelecido caso a caso, de modo a tornar efetiva a regra de ampla publicidade, podendo servir de critério para verificação da eficiência do alcance da publicação em determinado jornal os dados relativos à circulação e vendagem dos jornais obtidos no Instituto de Verificação de Circulação – IVC (*http://www.ivc.org.br*), órgão da própria iniciativa privada que os audita. (...). A regra da ampla publicidade permite pensar, também, tendo em vista a existência de inúmeros jornais, revistas e periódicos com portais na rede mundial de computadores (Internet), na inexistência de óbice para que as publicações ocorram, de modo complementar, nas versões eletrônicas. Ora, o art. 191, *caput*, da LFR possibilita a publicação em jornais, revistas e periódicos, sem mencionar se esses se referem à mídia impressa (em papel) ou à mídia eletrônica, o que possibilita, dado o avanço tecnológico, a publicação do material gerado na demanda falimentar na rede mundial de computadores. Tal possibilidade é reforçada, inclusive: (i) pela regulação jurídica de cunho probatório das reproduções eletrônicas de coisas ou fatos posta no art. 225 do CC/2002; (ii) pela inserção do parágrafo único no art. 154 do CPC pela Lei federal 11.280, de 16.2.2006, que permitiu a prática e a comunicação oficial dos atos processuais por meios eletrônicos; e, principalmente, (iii) pela edição da Lei federal 11.419, de 19.12.2006, que regulou o denominado 'processo judicial eletrônico'."[20]

1.045. Publicação: uma ou duas vezes? – Frise-se que o art. 205 do Decreto-lei 7.661/1945 prescrevia a publicação por duas vezes. Já, o art. 191 não determina dupla publicação.[21]

1.046. Inserção das epígrafes "Recuperação Judicial de", "Recuperação Extrajudicial de" ou "Falência de" – Assim como

18. No mesmo sentido: Manoel Justino Bezerra Filho, *Nova Lei de Recuperação e de Falências Comentada. Lei 11.101, de 9.2.2005, Comentário Artigo por Artigo*, 3ª ed., São Paulo, Ed. RT, 2005, p. 397.

19. No mesmo sentido, Marcelo Vieira von Adamek: "(...) outros periódicos de circulação nacional – o que implica dizer que, se não se tratar de jornal ou revista, não se admitirá a realização de publicações em outros periódicos de circulação regional, só nacional" ("Comentários aos arts. 189 ao 192", cit., in Francisco Satiro de Sousa Jr. e Antônio Sérgio Altieri de Moraes Pitombo (coords.), *Comentários à Lei de Recuperação de Empresas e Falência: Lei 11.101/2005*, p. 581).

20. Fredie Didier Jr. e Leandro Aragão, "Comentários aos arts. 189 ao 192", cit., in Osmar Brina Corrêa-Lima e Sérgio Mourão Corrêa-Lima (coords.), *Comentários à Nova Lei de Falência e Recuperação de Empresas: Lei 11.101, de 9.2.2005*, pp. 1.257-1.259.

21. Luiz Antônio Soares Hentz explica: "É sabido que as publicações exigidas por lei (chamadas de publicidade legal) têm custo elevado, e por isso a LFRE dispensou-as de serem realizadas em quaisquer outros periódicos que circulem em todo País e em jornal ou revista de circulação regional ou nacional, salvo se o devedor ou a massa falida comportarem o gasto extraordinário" ("Comentários aos arts. 189 ao 196", in Newton de Lucca e Adalberto Simão Filho (coords.), *Comentários à Nova Lei de Recuperação de Empresas e de Falências*, São Paulo, Quartier Latin, 2005, p. 643).

no regime anterior (art. 205 do Decreto-lei 7.661/1945), também no atual regime é obrigatória nas publicações oficiais a inserção das epígrafes referidas.[22]

O art. 69 trata especificamente da inserção da expressão "Em Recuperação Judicial" em todos os atos, contratos e documentos firmados.

Art. 192. Esta Lei não se aplica aos processos de falência ou de concordata ajuizados anteriormente ao início de sua vigência, que serão concluídos nos termos do Decreto-lei n. 7.661, de 21 de junho de 1945.[1.047]

§ 1º. Fica vedada a concessão de concordata suspensiva nos processos de falência em curso, podendo ser promovida a alienação dos bens da massa falida assim que concluída sua arrecadação, independentemente da formação do quadro geral de credores e da conclusão do inquérito judicial.[1.048]

§ 2º. A existência de pedido de concordata anterior à vigência desta Lei não obsta o pedido de recuperação judicial pelo devedor que não houver descumprido obrigação no âmbito da concordata, vedado, contudo, o pedido baseado no plano especial de recuperação judicial para microempresas e empresas de pequeno porte a que se refere a Seção V do Capítulo III desta Lei.[1.048]

§ 3º. No caso do § 2º deste artigo, se deferido o processamento da recuperação judicial, o processo de concordata será extinto e os créditos submetidos à concordata serão inscritos por seu valor original na recuperação judicial, deduzidas as parcelas pagas pelo concordatário.[1.048]

§ 4º. Esta Lei aplica-se às falências decretadas em sua vigência resultantes de convolação de concordatas ou de pedidos de falência anteriores, às quais se aplica, até a decretação, o Decreto-lei n. 7.661, de 21 de junho de 1945, observado, na decisão que decretar a falência, o disposto no art. 99 desta Lei.[1.048]

§ 5º. O juiz poderá autorizar a locação ou arrendamento de bens imóveis ou móveis a fim de evitar a sua deterioração, cujos resultados reverterão em favor da massa.[1.049]

LEGISLAÇÃO ANTERIOR

Lei de Falências (DL 7.661/1945): *Art. 216.* A falência já declarada e a concordata preventiva já requerida, ao entrar em vigor esta Lei, obedecerão, quanto ao seu processo, à lei anterior.

COMENTÁRIOS

1.047. Quando e como surge o conflito de leis no tempo? – Responde Vicente Ráo: "Ao sobrevir uma norma jurídica, nova e diversa, sobre a mesma matéria disciplinada por norma anterior, esta se considera revogada. Mas é muito comum continuarem a produzir-se, sob o domínio das normas supervenientes, os efeitos dos fatos, atos e conseqüentes direitos anteriormente constituídos de acordo com o preceito normativo então em vigor. E é neste caso que a questão surge e nos seguintes termos se apresenta: qual norma aplica-se a esses efeitos? A nova, ou a antiga, já revogada, que disciplinou o nascimento da situação, ou do direito, de que os mesmos efeitos derivam e dependem? Casos existem nos quais particulares disposições de Direito Intertemporal, ou transitório, fixam e declaram limites da aplicação de ambas as normas no tempo, assim prevenindo o seu eventual contraste".[23]

22. A Lei 6.404/1976, no seu art. 212, estabelece: "Em todos os atos ou operações, o liquidante deverá usar a denominação social seguida das palavras 'Em Liquidação'". O CC, no seu art. 1.103, parágrafo único, prescreve: "Em todos os atos, documentos ou publicações, o liquidante empregará a figura ou denominação social sempre seguida da cláusula 'Em Liquidação' e de sua assinatura individual, com a declaração de sua qualidade". A Lei 6.024/1974, no seu art. 17, reza: "Em todos os atos, documentos e publicações de interesse da liquidação, será usada, obrigatoriamente, a expressão 'Em Liquidação Extrajudicial', em seguida à denominação da entidade".

23. Vicente Ráo, *O Direito e a Vida dos Direitos*, 2ª ed., vol. I, t. III, São Paulo, Resenha Universitária, 1976, pp. 354-355.

***1.048. Direito Intertemporal,* in casu** – O legislador, ciente de que, inevitavelmente, se operaria um conflito de leis no tempo, estabeleceu os seguintes critérios de Direito Intertemporal para evitá-lo:[24]

1) *Com relação aos processos de falência ou de concordata ajuizados anteriormente à vigência da Lei 11.101/2005, aplicar-se-á o Decreto-lei 7.661/1945 (art. 192).*

2) *A concordata suspensiva – que era possível no regime do Decreto-lei 7.661/1945 e foi extinta pela Lei 11.101/2005 – não poderá ser convertida nos processos de falência em trâmite (§ 1º), assegurando-se, todavia, a alienação dos bens da massa falida tão-logo concluída a arrecadação.*[25]

3) *Ao concordatário que vem cumprindo suas obrigações legais é facultado formular pedido de recuperação judicial, isto é, pode pedir a conversão da concordata em recuperação judicial,*[26] *exceto se for microempresa ou empresa de pequeno porte (§ 2º).* Se deferida conversão, os créditos serão inscritos na recuperação judicial por seu valor original, deduzidas as parcelas já pagas pelo concordatário (§ 3º).

Trata-se de previsão deveras importante, na medida em que seu objetivo é o de propiciar oportunidade às sociedades mercantis ou comerciais que impetraram concordata para fazer valer o instituto da recuperação de empresa.

4) *Às falências decretadas na vigência da Lei 11.101/2005, sejam resultantes de convolação de concordatas, sejam oriundas de pedidos de falência anteriores, aplica-se a atual lei; entretanto, até a decretação aplica-se o Decreto-lei 7.661/1945 (§ 4º).*[27]

24. Afirma Celso Marcelo de Oliveira: "(...) legislação falimentar prevê a aplicação das novas regras sobre a falência e a recuperação judicial em curso. Em virtude das marcantes diferenças entre o regime atual e o novo regime que se propõe, é imprescindível que traga um critério objetivo de reparação entre eles, a fim de evitar que a superposição das regras cause confusão e leve ao caos os processo já iniciados. Tampouco é de boa técnica permitir a modificação das normas materiais depois de iniciados os processos, devendo-se respeitar a segurança jurídica das partes envolvidas, credores, trabalhadores e o próprio empresário devedor falido que tomaram atitudes e planejaram ações em função do arcabouço jurídico diverso" (*Comentários à Nova Lei de Falências*, São Paulo, IOB-Thomson, 2005, p. 604).

25. Luiz Augusto de Souza Queiroz Ferraz afirma: "Sem dúvida, esta salutar previsão legal, criando condições para mais rápida realização do ativo (...) demonstra de forma cabal a vontade do legislador, atendendo a toda sorte de reclamos, para desde logo realizar-se o ativo, que estará sempre em melhores condições sem deterioração pelo tempo, exatamente o reverso da realidade atual. Esta determinação legal se fez necessária para objetivamente abranger praticamente todas as falências em curso (...) o que para os militantes em processos falimentares representará de imediato que se possa adiantar em anos a finalização das falências existentes (...). Certamente, esta nova e feliz disposição legal será bem e rapidamente aplicada e absorvida por todos, em benefício da coletividade" ("Lei 11.101, de 9.2.2005: arts. 189 e 192 das 'Disposições Transitórias'", in Luiz Fernando Valente de Paiva (coord.), *Direito Falimentar e a Nova Lei de Falências e Recuperação de Empresas*, São Paulo, Quartier Latin, 2005, pp. 656-657).

26. O senador Ramez Tebet, no seu relatório, esclarece: "Especificamente em relação à concordata e à recuperação judicial, esses dois institutos não se equivalem e nem mesmo guardam semelhança entre si, razão pela qual torna-se inexeqüível qualquer disposição que preveja a conversão de uma na outra. No entanto, por se reconhecer que a concordata é ineficiente para a recuperação da empresa e por se entender que os devedores em concordata ainda têm alguma perspectiva de soerguimento, não se veda a possibilidade de que a recuperação judicial seja pleiteada pelo concordatário, desde que haja cumprido regularmente as obrigações assumidas. Com isso, não há superposição de normas, mas tão-somente a previsão de mais um requisito para a concessão de recuperação: o cumprimento das obrigações pelos concordatários" (v. parecer na íntegra: Anexo II desta obra).

27. O senador Ramez Tebet, no seu relatório, afirma que a Emenda 110 do senador César Borges "modifica o § 4º do art. 192, para esclarecer que a nova lei se aplica às falências pedidas anteriormente à sua entrada em vigor mas decretadas somente após o início de sua vigência. (...). A Emenda n. 110 é outra que merece aprovação. O disposto no § 4º do art. 192 do Substitutivo parte da premissa de que, na falência, há duas fases distintas: a que vai do pedido até a decretação e a que inicia com a decretação e vai até o encerramento da falência. O objetivo de evitar a sobreposição das normas da legislação anterior e do novo regime falimentar proposto não fica prejudicado pela aplicação da nova lei à fase que sucede a decretação da falência, desde que a própria decretação seja

Jurisprudência[28]

Eis dois julgados pertinentes:

[TJMG] Agravo de instrumento – Decretação de falência – Não observância do art. 99, III, V e XI, c/c o art. 192, § 4º, da Lei n. 11.101/2005 (nova Lei de Falências) – Nulidade da decisão. *Consideradas as regras de transição contidas na Lei n. 11.101/2005 (nova Lei de Falências), infere-se do art. 192, § 4º, que esse aplica-se às falências decretadas a partir de sua vigência, resultantes de convolação de concordatas ou de pedidos de falências anteriores, sendo que até a decretação aplica-se o Decreto-lei n. 7.661/1945, e a partir daí o processo deverá observar a nova lei, inclusive a sentença declaratória da falência, que será proferida de acordo com as disposições da nova legislação, dentre as quais o disposto no art. 99* – Dar provimento ao agravo para acolher a preliminar de nulidade da sentença declaratória de falência. [*Ag 1.0209.05.047172-8/001, rel. Des. Batista Franco*]

[TJSP] Impugnação à relação de credores – Devedora que estava em concordata preventiva e pede migração para recuperação judicial – Interpretação da expressão "valor original", do art. 192, § 3º, da Lei de Recuperações e Falências. *No caso de pedido de recuperação judicial formulado por devedor em concordata preventiva, o valor do crédito a ser inscrito na recuperação é o original, com atualização monetária até a data do ajuizamento da recuperação judicial* – Inteligência do art. 192, § 3º, da Lei n. 11.101/2005 – Agravo provido. [*Câmara Especial de Falências e Recuperações Judiciais, AI 443.119-4/9-00, de São Paulo, rel. Des. Pereira Calças, j. 30.8.2006, v.u.*][29]

1.049. Autorização judicial para locação ou arrendamento de bens – De acordo com o § 5º, que foi acrescentado pela Lei 11.127, de 28.6.2005, o juiz poderá autorizar a locação ou arrendamento de bens imóveis ou móveis, a fim de evitar sua deterioração, cujos resultados reverterão em favor da massa.

Fredie Didier Jr. e Leandro Aragão sustentam:

"(...) não há razão plausível para permissão de apenas duas figuras contratuais (a locação e o arrendamento). A lei deveria possibilitar a utilização de outras figuras contratuais, permitindo que a riqueza contratual seja explorada quando razões econômicas impuserem-nas. Entendemos que, numa análise sistemático-teleológica, é possível, sim, a celebração de outros negócios jurídicos sob tipos contratuais diversos dos apontados no texto do § 5º do art. 192 (ou mesmo sob negócios jurídicos atípicos), desde que estes tipos contratuais ou negócios atípicos obedeçam às mesmas lógica econômica e racionalidade jurídica presentes na locação e no arrendamento; por exemplo, não pode haver disposição total ou parcial do bem (como está posto no § 1º do art. 114 da LFR).

"Se, todavia, houver possibilidade de alienação imediata do bem arrecadado, por um bom preço, ou seja, por um preço de mercado, mesmo que este seja um preço praticado em razão do bem individualmente considerado, destacado do ativo, sendo razoável, ainda, a existência de um deságio, aferível, quanto à dimensão, segundo as circunstâncias do caso concreto, ela deve ser feita de pronto, em observância do § 1º do art. 192 da LFR. Na avaliação do caso, há de considerar-se, também, a natureza do bem: um bem consumível deve ser imediatamente alienado, bem como um bem de difícil guarda ou conservação, sendo vedados, nestes casos específicos, a locação e o arrendamento, posto serem ineficientes.

"Trata-se de interpretação extensiva, por certo, mas de acordo com o direito fundamental à efetividade, corolário do direito fundamental ao processo jurisdicional devido e do direito fundamental de acesso à Justiça. Trata-se de interpretação que visa a conferir ao magistrado o poder de adequar as regras jurídicas às necessidades do direito

posterior à entrada em vigor. O raciocínio vale tanto para as falências decretadas por convolação de processo de concordata, como dispõe o § 4º do art. 192 do Substitutivo, quanto para processos de falência ajuizados antes da vigência da nova lei, como propõe a Emenda. Assim, nesses casos, aplica-se o Decreto-lei n. 7.661, de 21.6.1945, até a decretação, e a nova lei a partir desse momento, inclusive no que tange aos requisitos da decisão judicial que decreta a falência" (v. parecer na íntegra: Anexo II desta obra).

28. Manoel Justino Bezerra Filho, *Jurisprudência da Nova Lei de Recuperação de Empresas e Falências/Decisões, Ofícios Judiciais, Resoluções, Sentenças, Acórdãos, Dentre Outros Documentos*, São Paulo, Ed. RT, 2006, pp. 390-391.

29. *Boletim da AASP* 2.503/457, 25-31.12.2006.

material em questão, tudo à luz da teoria dos direitos fundamentais."[30]

Lembramos que o art. 114 permite ao administrador judicial alugar ou celebrar outro contrato referente a bens da massa falida, com o objetivo de lhe produzir renda, mediante autorização do comitê de credores.

Art. 193. O disposto nesta Lei não afeta as obrigações assumidas[1.050] no âmbito das câmaras ou prestadoras de serviços de compensação e de liquidação financeira, que serão ultimadas e liquidadas pela câmara ou prestador de serviços, na forma de seus regulamentos.[1.051]

LEGISLAÇÃO ANTERIOR

Artigo sem correspondência no Decreto-lei 7.661/1945.

COMENTÁRIOS

1.050. Não afetação das obrigações assumidas – O art. 193 não traz qualquer inovação, pois seu comando já estava previsto na Lei 10.214/2001.[31]

Os institutos previstos na Lei 11.101/2005 – recuperação extrajudicial, recuperação judicial e falência – não interferem na compensação e liquidação financeira das obrigações respectivas, as quais serão ultimadas na forma dos regulamentos pertinentes.

Em outras palavras, a homologação, deferimento e decretação, respectivamente, da recuperação extrajudicial, da recuperação judicial e da falência em nada afetarão as garantias, títulos, valores mobiliários e quaisquer ativos que se encontrem em câmaras ou prestadoras de serviços de compensação, pois serão realizados e destinados à liquidação das obrigações contraídas.

Francisco Satiro de Sousa Jr. esclarece: "O art. 193 da Lei 11.101/2005 praticamente repete os termos do art. 7º da Lei 10.214/2001. O legislador brasileiro seguiu a tendência mundial de preservar a integridade das operações e garantias celebradas no âmbito de atuação das câmaras de liquidação e compensação mesmo no caso de insolvência (falência) da parte, como meio de assegurar o bom funcionamento dos mercados. É por isso que, mesmo em face da decretação de falência da parte contratante, seu contrato com a câmara de liquidação e compensação simplesmente não se afeta: não será resolvido – nem se assim quiser o administrador judicial –, não terá suas obrigações vencidas antecipadamente, não será arrecadado. Simplesmente será noticiado nos autos da falência, transferindo-se para a massa o resultado da solução da operação. Também em razão disso, a compensação que poderá ter lugar nos termos do regulamento da câmara é respaldada não no conteúdo do art. 122 da LRF, mas na aplicação deste art. 193, em conjunto com as regras aplicáveis às operações sob a égide do SPB".[32]

1.051. Câmaras ou prestadoras de serviços de compensação – Lembramos que o diploma legal que disciplina as bases para o Sistema Brasileiro de Pagamentos/SPB[33] por

30. Fredie Didier Jr. e Leandro Aragão, "Comentários aos arts. 189 ao 192", in Osmar Brina Corrêa-Lima e Sérgio Mourão Corrêa-Lima (coords.), *Comentários à Nova Lei de Falência e Recuperação de Empresas: Lei 11.101, de 9.2.2005*, Rio de Janeiro, Forense, 2009, pp. 1.265-1.266.

31. No mesmo sentido: Jairo Saddi, "Comentários aos arts. 193 e 194", in Osmar Brina Corrêa-Lima e Sérgio Mourão Corrêa-Lima (coords.), *Comentários à Nova Lei de Falência e Recuperação de Empresas: Lei 11.101, de 9.2.2005*, Rio de Janeiro, Forense, 2009, p. 1.282.

32. Francisco Satiro de Sousa Jr., "Comentários ao art. 193", in Francisco Satiro de Sousa Jr. e Antônio Sérgio Altieri de Moraes Pitombo (coords.), *Comentários à Lei de Recuperação de Empresas e Falência: Lei 11.101/2005*, São Paulo, Ed. RT, 2005, p. 595.

33. De conformidade com Francisco Satiro de Sousa Jr.: "São entidades componentes do Sistema Brasileiro de Pagamento, hoje: câmaras de compen-

meio das câmaras ou prestadores de serviços de compensação e de liquidação financeira é a Lei 10.214/2001.

A regulamentação do referido diploma legal está veiculada na Resolução CMN-2.882/2001.

Explica Francisco Satiro de Sousa Jr.: "As câmaras e prestadoras de serviços de compensação e liquidação, também chamadas de *clearing houses* ou simplesmente *clearings*, são entidades ou órgãos criados a fim de aumentar a segurança e agilidade de liquidação de operações realizadas por agentes que operam num determinado sistema ou mercado e que se sujeitam, voluntariamente ou em função de norma, a regras especiais de execução de suas operações".[34]

Art. 194. O produto da realização das garantias prestadas pelo participante das câmaras ou prestadores de serviços de compensação e de liquidação financeira submetidos aos regimes de que trata esta Lei, assim como os títulos, valores mobiliários e quaisquer outros de seus ativos objetos de compensação ou liquidação serão destinados à liquidação das obrigações assumidas no âmbito das câmaras ou prestadoras de serviços.[1.052]

LEGISLAÇÃO ANTERIOR

Artigo sem correspondência no Decreto-lei 7.661/1945.

COMENTÁRIOS

1.052. Destinação do produto da realização das garantias prestadas e outros ativos – O comando deste artigo está em consonância com o disposto no parágrafo único do art. 7º da Lei 10.241/2001, que regula a atuação das câmaras e dos prestadores de serviço de compensação e de liquidação.

Segundo Fábio Ulhoa Coelho: "(...) somente se houver saldo resultante da efetiva compensação e liquidação, ele será entregue à massa falida ou poderá ser objeto de plano de recuperação judicial ou extrajudicial".[35-36-37]

Art. 195. A decretação da falência das concessionárias de serviços públicos[1.053] implica extinção da concessão, na forma da lei.[1.054-1.055-1.056-1.057]

sação e liquidação de câmbio e derivativos da BM&F, a CBLC – Cia. Brasileira de Liquidação e Custódia, ligada à BOVESPA; a CETIP – Câmara de Custódia e Liquidação; o SELIC – Sistema Especial de Liquidação e Custódia; a CIP – Câmara Interbancária de Pagamentos; a TECBAN – Tecnologia Bancária S/A, entre outras" ("Comentários ao art. 193", cit., in Francisco Satiro de Sousa Jr. e Antônio Sérgio Altieri de Moraes Pitombo (coords.), *Comentários à Lei de Recuperação de Empresas e Falência: Lei 11.101/2005*, p. 592).

34. Francisco Satiro de Sousa Jr., "Comentários ao art. 193", cit., in Francisco Satiro de Sousa Jr. e Antônio Sérgio Altieri de Moraes Pitombo (coords.), *Comentários à Lei de Recuperação de Empresas e Falência: Lei 11.101/2005*, p. 591.

35. Fábio Ulhoa Coelho, *Comentários à Nova Lei de Falências e de Recuperação de Empresas*, São Paulo, Saraiva, 2005, p. 421.

36. Francisco Satiro de Sousa Jr. tem o mesmo entendimento: "Simplesmente será noticiado nos autos da falência, transferindo-se para a massa o resultado da solução da operação" ("Comentários ao art. 193", in Francisco Satiro de Sousa Jr. e Antônio Sérgio Altieri de Moraes Pitombo (coords.), *Comentários à Lei de Recuperação de Empresas e Falência: Lei 11.101/2005*, São Paulo, Ed. RT, 2005, p. 591).

37. Já, para Manoel Justino Bezerra Filho: "(...) o que se constata é que a preferência absoluta do crédito trabalhista, até o limite de 150 salários, foi mantida e, desta forma, o produto das garantias será destinado à liquidação das obrigações assumidas nas câmaras de compensação, após serem pagos estes créditos trabalhistas" (*Nova Lei de Recuperação e de Falências Comentada. Lei 11.101, de 9.2.2005, Comentário Artigo por Artigo*, 3ª ed., São Paulo, Ed. RT, 2005, p. 402).

LEGISLAÇÃO ANTERIOR

Lei de Falências (DL 7.661/1945): *Art. 201.* A falência das empresas concessionárias de serviços públicos federais, estaduais e municipais não interrompe esses serviços, nem a construção das obras necessárias constantes dos respectivos contratos.

§ 1º. Se, entretanto, a parte das obras em construção não prejudicar o serviço regular na parte já construída e em funcionamento, o juiz, ouvida a autoridade administrativa competente, o síndico e os representantes da empresa falida e atendendo aos contratos, aos recursos e vantagens da massa e ao benefício público, pode ordenar a suspensão de tais obras.

§ 2º. Declarada a falência de tais empresas, a entidade administrativa concedente será notificada para se fazer representar no processo e nomear o fiscal de que trata o parágrafo seguinte. A falta ou demora da nomeação do fiscal não prejudica o andamento do processo da falência.

§ 3º. Os serviços públicos e as obras prosseguirão sob a direção do síndico, junto ao qual haverá um fiscal nomeado pela entidade administrativa concedente. Esse fiscal será ouvido sobre todos os atos do síndico relativos àqueles serviços e obras, inclusive sobre a sua organização provisória e nomeação do pessoal técnico, e poderá examinar todos os livros, papéis, escrituração e contas da empresa falida e do síndico e requerer o que for a bem dos interesses a seu cargo. A autoridade administrativa concedente dará ao seu fiscal as devidas instruções para a observância dos contratos, e as divergências dele com o síndico serão decididas pelo juiz.

§ 4º. Depende de autorização da autoridade administrativa concedente a transferência da concessão e direitos que dela decorram.

COMENTÁRIOS

1.053. Conceito de "concessão de serviço público" – Segundo Maria Sylvia Zanella Di Pietro: "É o contrato administrativo pelo qual a Administração Pública delega a outrem a execução de um serviço público, para que o execute em seu próprio nome, por sua conta e risco, assegurando a ele remuneração mediante tarifa paga pelo usuário ou outra forma de remuneração decorrente da exploração do serviço".[38]

1.054. Transferência da concessão – Enquanto vigorou o § 4º do art. 201 do Decreto-lei 7.661/1945 a transferência da concessão dependia de autorização da autoridade concedente.

1.055. Lei 8.987/1995, art. 35, VI – Com o advento da Lei 8.987/1995 a falência passou a ser causa de extinção da concessão (art. 35, VI).

Note-se que, uma vez extinta a concessão, "retornam ao poder concedente todos os bens reversíveis, direitos e privilégios transferidos ao concessionário conforme previsto no edital e estabelecido no contrato" (art. 35, § 1º), e o poder concedente assumirá imediatamente o serviço (art. 35, § 2º).

Celso Antônio Bandeira de Mello explica, com acuidade:

"A reversão é a passagem ao poder concedente dos bens do concessionário aplicados ao serviço, uma vez extinta a concessão. (...) (...) é preciso considerar a posição dos credores diante da falência de concessionários, pois, conforme visto, por ocorrência dela opera-se em favor do concedente a reversão dos bens aplicados ao serviço.

"Já por força da reversão, já por força do princípio da continuidade do serviço público – que, aliás, estriba a necessidade de reversão –, fica perceptível a todas as luzes que os credores não se poderiam saciar no acervo requerido para a prestação do serviço. De outro lado, também não poderiam, pelo só fato de a falida ser concessionária, ver simplesmente escamoteados os recursos sobejantes correspondentes à massa.

"Então, desde logo, concorrem aos bens da concessionária não afetados à prestação do serviço, pois no que a estes concerne é estranho o poder concedente. Outrossim, consoante já visto, o concedente assumirá responsabilidade subsidiária integral pelos

38. Maria Sylvia Zanella Di Pietro, *Direito Administrativo*, 12ª ed., São Paulo, Atlas, 2000, p. 270.

prejuízos resultantes da própria execução do serviço."[39]

1.056. Extinção da concessão pela falência – Tendo em vista que a Lei 8.987/1995 já previa a falência como causa de extinção da concessão, o art. 195 não inovou a matéria. Em verdade, apenas ratificou o mesmo comando normativo anterior.

A previsão de extinção da concessão pela falência visa a evitar a descontinuidade dos serviços públicos.[40]

As permissionárias, as empresas que prestam serviços mediante contrato de concessão de obra pública e as parcerias público-privadas estão abrangidas pelo comando do art. 195? Responde positivamente Maria Sylvia Zanella Di Pietro:

"Embora o dispositivo legal somente faça referência às *concessionárias* de serviços públicos, não há dúvida de que abrange todas as empresas que prestam serviços públicos por delegação do Poder Público. É o caso das *permissionárias*, também disciplinadas pela Lei 8.987/1995, e que atuam mediante contrato caracterizado pela precariedade, conforme decorre dos arts. 2º e 40 da mesma lei.

39. Celso Antônio Bandeira de Mello, *Curso de Direito Administrativo*, 26ª ed., São Paulo, Malheiros Editores, 2009, pp. 750 e 752.

40. Complementa Maria Sylvia Zanella Di Pietro: "Pelo menos duas razões podem ser apontadas para a extinção, em caso de falência, dos contratos de concessão (nas várias modalidades apontadas) e de permissão: (1º) tais contratos têm por objeto a prestação de serviços públicos, sempre sujeitos à observância de vários princípios, dentre os quais releva de importância o da continuidade, que impede a interrupção do serviço por iniciativa da empresa, a não ser em hipóteses estritas previstas na Lei de Concessões (...); (2º) a execução de contratos exige habilitação jurídica, qualificação técnica, qualificação econômico-financeira e regularidade fiscal da empresa contratada (...) a razoabilidade exige que, em caso de perda da qualificação durante a execução do contrato, este seja rescindido (...)" ("Comentários ao art. 195", in Osmar Brina Corrêa-Lima e Sérgio Mourão Corrêa-Lima (coords.), *Comentários à Nova Lei de Falência e Recuperação de Empresas: Lei 11.101, de 9.2.2005*, Rio de Janeiro, Forense, 2009, pp. 1.287-1.289).

"Também as empresas que prestam serviços públicos mediante contrato de *concessão de obra pública* (chamado na Lei 8.987/1995 de *concessão de serviço público precedida da execução de obra pública*) são abrangidas pela norma do art. 195 da Lei de Falências, porque têm por objeto também a prestação de serviço público. (...) existem outras formas de concessão de serviços públicos instituídas pela Lei 11.079, de 30.12.2005, como modalidades de parcerias público-privadas. Elas também têm de ser alcançadas pelo art. 195 da Lei de Falências.

"Tal interpretação extensiva a institutos não expressamente referidos no art. 195 da Lei de Falências justifica-se, de um lado, porque, contendo 'na forma da lei', o caminho é a aplicação das leis vigentes sobre concessão, que estabelecem normas sobre extinção do contrato em caso de falência; de outro lado, trata-se de aplicação da norma de exegese segundo a qual, havendo o mesmo fundamento, aplica-se o mesmo dispositivo (*ubi eadem est ratio, eadem est jus dispositio*)."[41]

1.057. Extinção da concessão pela recuperação judicial – A recuperação judicial inclui-se entre as causas da caducidade, ensejando, assim, a extinção da concessão? Responde afirmativamente Marcelo Vieira von Adamek: "Apesar de não haver sido apontada como causa extintiva da concessão na LRF ou na Lei 8.987/1995, a recuperação judicial igualmente implica a faculdade (...) de o poder concedente extinguir a concessão".[42]

Responde negativamente Maria Sylvia Zanella Di Pietro:

41. Maria Sylvia Zanella Di Pietro, "Comentários ao art. 195", cit., in Osmar Brina Corrêa-Lima e Sérgio Mourão Corrêa-Lima (coords.), *Comentários à Nova Lei de Falência e Recuperação de Empresas: Lei 11.101, de 9.2.2005*, pp. 1.288-1.289.

42. Marcelo Vieira von Adamek, "Comentários aos arts. 195 ao 201", in Francisco Satiro de Sousa Jr. e Antônio Sérgio Altieri de Moraes Pitombo (coords.), *Comentários à Lei de Recuperação de Empresas e Falência: Lei 11.101/2005*, São Paulo, Ed. RT, 2005, p. 602.

"O fato de ter a empresa pedido recuperação judicial, na forma dos arts. 47 e ss. da Lei 11.101/2005, não é suficiente para a declaração de caducidade. O objetivo do processo, expresso no art. 47, é precisamente o de 'viabilizar a superação da situação de crise econômico-financeira do devedor, a fim de permitir a manutenção da fonte produtora, do emprego dos trabalhadores e dos interesses dos credores, promovendo, assim, a preservação da empresa, sua função social e o estímulo à atividade econômica'.

"Pode, inclusive, ocorrer que, embora pedida a recuperação judicial, a empresa continue a cumprir o contrato de concessão, hipótese em que faltará um requisito para a declaração de caducidade, que é a inexecução total ou parcial do contrato."[43]

Art. 196. Os Registros Públicos de Empresas[1.058] manterão banco de dados público e gratuito, disponível na rede mundial de computadores, contendo a relação de todos os devedores falidos ou em recuperação judicial.[1.059-1.060]

Parágrafo único. Os Registros Públicos de Empresas deverão promover a integração de seus bancos de dados em âmbito nacional.

LEGISLAÇÃO ANTERIOR

Lei de Falências (DL 7.661/1945): *Art. 15.* (...).

(...).

§ 3º. No Registro do Comércio, em livro especial, serão lançados o nome do falido, o lugar do seu domicílio, o juízo e o cartório em que a falência se processa.

COMENTÁRIOS

1.058. Registro Público de Empresas – A Lei 8.934/1994 dispõe sobre o "Registro Público de Empresas Mercantis e Atividades Afins e dá outras providências".

1.059. Utilidade da previsão de bancos de dados públicos – O banco público de dados contendo a relação dos devedores falidos ou em recuperação judicial será útil tanto aos usuários externos das sociedades empresárias (executivos, investidores, instituições financeiras, Governo, CVM, fornecedores etc.) quanto às Juntas Comerciais, para se desincumbirem de suas atribuições, mormente daquela que as proíbe de arquivar documentos de constituição ou alteração em que figure como titular ou administrador pessoa que esteja condenada pela prática de crime (inclusive falimentar) cuja pena vede o acesso à atividade empresarial (art. 35, II, da Lei 8.934/1994); vale dizer, daquela atribuição para que tome as medidas necessárias para impedir novo registro em nome dos inabilitados (art. 181, I-III e § 2º).

O banco público de dados cumpre, outrossim, o comando constitucional veiculado no inciso XXXIII do art. 5º da CF: "*Art. 5º.* (...): (...) XXXIII – todos têm direito a receber dos órgãos públicos informações de seu interesse particular ou de interesse coletivo ou geral, (...)".

Aliás, o parágrafo único do art. 69 prescreve ao juiz o dever de determinar ao Registro Público de Empresas a anotação da recuperação judicial no registro correspondente; e o inciso VIII do art. 99 estabelece o mesmo dever em relação à anotação da falência.

Quanto aos prazos de manutenção no banco de dados dos nomes dos devedores falidos ou em recuperação, afirma Marcelo Vieira von Adamek: "(...) (a) recuperação judicial – cinco anos contados da sua concessão (art. 48, II, da NFL); (b) recuperação judicial de microempresa ou empresas de pequeno porte – oito anos contados da sua concessão (art. 48, III, da NFL); (c) recuperação extrajudicial – dois anos contados da sua

43. "Comentários ao art. 195", cit., in Osmar Brina Corrêa-Lima e Sérgio Mourão Corrêa-Lima (coords.), *Comentários à Nova Lei de Falência e Recuperação de Empresas: Lei 11.101, de 9.2.2005*, p. 1.292.

homologação (art. 161, § 3º, da NFL); (d) falência – enquanto não sobrevier comunicação judicial sobre a extinção das obrigações do falido".[44]

1.060. Omissão no tocante à relação dos devedores em recuperação extrajudicial – O art. 196 prevê relação de todos os devedores falidos ou em recuperação judicial. No entanto, é omissa quanto aos devedores em recuperação extrajudicial.

Não vislumbramos qualquer razão lógico-jurídica que justifique tal omissão, mesmo porque a recuperação, apesar de ser extrajudicial, é homologada judicialmente e a respectiva sentença constitui título executivo judicial (art. 161, § 6º). Trata-se, s.m.j., de cochilo do legislador.[45]

Art. 197. Enquanto não forem aprovadas as respectivas leis específicas,[1.061] esta Lei aplica-se subsidiariamente,[1.062] no que couber, aos regimes previstos no Decreto-lei n. 73, de 21 de novembro de 1966,[1.062] na Lei n. 6.024, de 13 de março de 1974,[1.062] no Decreto-lei n. 2.321, de 25 de fevereiro de 1987,[1.062] e na Lei n. 9.514, de 20 de novembro de 1997.[1.062]

LEGISLAÇÃO ANTERIOR

Artigo sem correspondência no Decreto-lei 7.661/1945.

COMENTÁRIOS

1.061. "Enquanto não forem aprovadas as respectivas leis específicas" – Tal comando leva o intérprete a deduzir que o legislador pretende modificar a legislação pertinente às sociedades seguradoras, às instituições financeiras e às sociedades integrantes do sistema financeiro imobiliário (Lei 9.514/1997).[46]

1.062. Subsidiariedade da legislação falimentar – A lei ora comentada será aplicada, subsidiariamente, no que couber: (1) ao Decreto-lei 73, de 21.11.1966, que trata do sistema de seguros privados e das operações de seguros e resseguros (sociedades seguradoras);[47] (2) à Lei 6.024, de 13.3.1974, dispõe sobre intervenção e liquidação extrajudicial das instituições financeiras;[48] (3) ao Decreto-lei 2.321, de 25.2.1987, que disciplina o regime de administração especial temporária nas instituições financeiras e públicas;[49] (4) à Lei 9.514, de 20.11.1997, que versa sobre o sistema de financiamento

44. Marcelo Vieira von Adamek, "Comentários aos arts. 195 a 201", in Francisco Satiro de Sousa Jr. e Antônio Sérgio Altieri de Moraes Pitombo (coords.), *Comentários à Lei de Recuperação de Empresas e Falência: Lei 11.101/2005*, São Paulo, Ed. RT, 2005, p. 607.

45. No mesmo sentido, Marcelo Vieira von Adamek: "A Lei 11.101/2005 não se refere neste artigo à inserção de dados relativos a pedidos de recuperação *extrajudicial* no cadastro e nem previu, noutros artigos, a obrigatoriedade de o juiz comunicar aos órgãos do Registro Público de Empresas o requerimento e o deferimento de pedido de homologação do plano de recuperação *extrajudicial*. Conviria, no entanto, que o tivesse feito" ("Comentários aos arts. 195 ao 201", in Francisco Satiro de Sousa Jr. e Antônio Sérgio Altieri de Moraes Pitombo (coords.), *Comentários à Lei de Recuperação de Empresas e Falência: Lei 11.101/2005*, São Paulo, Ed. RT, 2005, p. 604).

46. No mesmo sentido: Fábio Ulhoa Coelho, *Comentários à Nova Lei de Falências e de Recuperação de Empresas*, São Paulo, Saraiva, 2005, p. 422.

47. Os credores da sociedade seguradora não têm legitimidade para requerer sua falência, mas apenas o respectivo liquidante, e desde que frustrada a liquidação extrajudicial. A falência da sociedade seguradora poderá ser decretada caso o ativo não seja suficiente para pagamento, pelo menos, da metade dos credores quirografários, ou quando houver fundados indícios da ocorrência de crime falimentar (art. 26 do Decreto-lei 73/1996).

48. Os credores da instituição financeira também não têm legitimidade para requerer sua falência, mas apenas o respectivo interventor ou liquidante, com prévia autorização do Banco Central do Brasil. A falência da instituição financeira poderá ser decretada caso a liquidação seja infrutífera (arts. 12 e 21 da Lei 6.024/1974).

49. Os credores da instituição financeira submetida ao regime de administração especial temporária, outrossim, não têm legitimidade para requerer sua falência. Diante do relatório ou de proposta do conselho diretor, o Banco Central do Brasil poderá autorizar o requerimento da falência da instituição financeira (art. 21 da Lei 6.024/1974).

imobiliário e a alienação fiduciária em garantia de coisa móvel.[50]

As instituições que se subsomem aos textos normativos supracitados submetem-se a procedimentos administrativos (intervenção e liquidação extrajudiciais); vale dizer: não há intervenção do Poder Judiciário.[51]

Art. 198. Os devedores proibidos de requerer concordata nos termos da legislação específica em vigor na data da publicação desta Lei ficam proibidos de requerer recuperação judicial ou extrajudicial nos termos desta Lei.[1.063-1.064-1.065]

LEGISLAÇÃO ANTERIOR

Artigo sem correspondência no Decreto-lei 7.661/1945.

COMENTÁRIOS

1.063. Quais devedores já estavam proibidos de requerer concordata antes da Lei 11.101/2005? – Os devedores eram os seguintes: (1) companhias aéreas e de infra-estrutura aeronáutica (art. 187 da Lei 7.565/1986); (2) instituições financeiras e equiparadas (art. 53 da Lei 6.024/1974); (3) sociedades de arrendamento mercantil (art. 7º da Lei 6.099/1974); (4) corretoras de câmbio (art. 53 da Lei 6.024/1974); (5) sociedades de distribuição de títulos e valores mobiliários (art. 53 da Lei 6.024/1974); (6) sociedades seguradoras (art. 26 do Decreto-lei 73/1966); (7) entidades de capitalização (art. 4º do Decreto-lei 261/1967); (8) operadoras de planos privados de assistência à saúde (art. 23 da Lei 9.656/1998); (9) entidades fechadas de previdência complementar (art. 47 da Lei Complementar 109/2001); (10) entidades abertas de previdência complementar (art. 77 do Decreto 81.402/1978); (11) devedor com ativo inferior a 50% do passivo quirografário (art. 158, II, do Decreto-lei 7.661/1945); (12) devedor com títulos protestados (art. 158, IV, do Decreto-lei 7.661/1945).

Do ponto de vista estritamente técnico, podemos até concordar com a crítica de Fábio Ulhoa Coelho no sentido de que o art. 198 é redundante, pois o inciso II do art. 2º já havia previsto a exclusão de tais sociedades do âmbito da lei, exceto as companhias aéreas e de infra-estrutura aeronáutica.

No entanto, já que se trata de matéria relevante, a repetição, como efeito pedagógico, é positiva, até porque *quod abundat non nocet*.

1.064. Quais devedores remanesceram proibidos de requerer a homologação de recuperação extrajudicial e o deferimento de recuperação judicial? – Remanesceram proibidos: (1) instituições financeiras; (2) sociedades de distribuição de títulos e valores mobiliários; (3) entidades de capitalização; (4) sociedades seguradoras; (5) operadores de planos privados de assistência à saúde; (6) entidades fechadas de previdência complementar; (7) entidades abertas de previdência complementar.

Lembramos, por oportuno, que os devedores com ativo inferior a 50% do passivo quirografário e com títulos protestados, de conformidade com a lei ora comentada, podem requerer recuperação judicial ou extrajudicial.

Sérgio Mourão Corrêa-Lima e Humberto Lucena Pereira da Fonseca aduzem:

50. Os credores da instituição integrantes do sistema financiamento imobiliário igualmente não têm legitimidade para requerer sua falência, mas apenas o interventor ou liquidante.

51. Paulo Edson de Sousa explica: "(...) por relevantes razões de interesse público ou coletivo, incompatíveis com o direito privado ou individual, as pessoas disciplinadas pelas leis indicadas no art. 197, estando em crise, estão parcialmente excluídas da falência e sujeitas a procedimentos administrativos próprios, sem intervenção judiciária direta – são as denominadas intervenções e liquidações extrajudiciais, tidas como paraconcursais (...)" ("Comentários aos arts. 198 a 201", in Osmar Brina Corrêa-Lima e Sérgio Mourão Corrêa-Lima (coords.), *Comentários à Nova Lei de Falência e Recuperação de Empresas: Lei 11.101, de 9.2.2005*, Rio de Janeiro, Forense, 2009, p. 1.303).

"Ressalte-se, entretanto, que somente ficam excluídas dos novos procedimentos de recuperação as entidades e pessoas que, com base em legislação *específica*, estavam proibidas de pleitear concordata. As hipóteses genéricas previstas no próprio diploma falimentar revogado – e não repetidas na nova legislação – não obstam à recuperação judicial ou extrajudicial, como no caso dos incisos II e IV do art. 158 do Decreto-lei 7.661/1945, que proibiam a concordata de devedores com ativo superior [*sic*] a 50% do passivo quirografário e de devedores com títulos protestados".[52]

1.065. E as companhias aéreas e de infra-estrutura aeronáutica? – Tais companhias foram excluídas da vedação de lançarem mão dos institutos da recuperação judicial e da recuperação extrajudicial por previsão expressa do art. 199, a cujos comentários pedimos vênia para remeter o leitor.[53]

Art. 199. Não se aplica o disposto no art. 198 desta Lei às sociedades a que se refere o art. 187 da Lei n. 7.565, de 19 de dezembro de 1986.[1.066-1.067-1.068-1.069]

§ 1º. Na recuperação judicial e na falência das sociedades de que trata o *caput* deste artigo, em nenhuma hipótese ficará suspenso o exercício de direitos derivados de contratos de locação, arrendamento mercantil ou de qualquer outra modalidade de arrendamento de aeronaves ou de suas partes.[1.070-1.071]

§ 2º. Os créditos decorrentes dos contratos mencionados no § 1º deste artigo não se submeterão aos efeitos da recuperação judicial ou extrajudicial, prevalecendo os direitos de propriedade sobre a coisa e as condições contratuais, não se lhes aplicando a ressalva contida na parte final do § 3º do art. 49 desta Lei.[1.072]

§ 3º. Na hipótese de falência das sociedades de que trata o *caput* deste artigo, prevalecerão os direitos de propriedade sobre a coisa relativos a contratos de locação, de arrendamento mercantil ou de qualquer outra modalidade de arrendamento de aeronaves ou de suas partes.[1.073]

LEGISLAÇÃO ANTERIOR

Artigo sem correspondência no Decreto-lei 7.661/1945.

COMENTÁRIOS

1.066. Art. 198 – Dispõe o artigo 198: "*Art. 198.* Os devedores proibidos de requerer concordata nos termos da legislação específica em vigor na data da publicação desta Lei ficam proibidos de requerer recuperação judicial ou extrajudicial nos termos desta Lei".

1.067. Lei 7.565/1986 (Código Brasileiro de Aeronáutica), art. 187 – Prescreve o art. 187 da Lei 7.565/1986: "*Art. 187.* Não podem impetrar concordata as empresas que, por seus atos constitutivos, tenham por objeto a exploração de serviços aéreos de qualquer natureza ou infra-estrutura aeronáutica".

1.068. Decreto-lei 669/1969, art. 1º – Preceitua o artigo 1º do Decreto-lei 669/1969: "*Art. 1º.* Não podem impetrar concordata as empresas que, pelos seus atos constitutivos,

52. Sérgio Mourão Corrêa-Lima e Humberto Lucena Pereira da Fonseca, "Comentários aos arts. 198 ao 201", in Osmar Brina Corrêa-Lima e Sérgio Mourão Corrêa-Lima (coords.), *Comentários à Nova Lei de Falência e Recuperação de Empresas: Lei 11.101, de 9.2.2005*, Rio de Janeiro, Forense, 2009, p. 1.313.

53. "A exclusão das [*companhias*] aéreas da antiga Lei de Falências deu-se em 1965. Naquele ano o marechal Castello Branco baixou um decreto impedindo as empresas aéreas de entrar em concordata, alegando motivos de segurança nacional. O decreto, porém, foi para impedir a concordata da Panair, empresa que, com 35 anos de história, passava por dificuldades financeiras. Por razões políticas, o Governo Militar cassou a concessão da Panair, levando à sua falência" ("Nova lei pode ser aplicada a empresa com falência decretada", *O Estado de S. Paulo*, ed. de 14.2.2005, "Caderno Negócios", p. 3).

tenham por objeto, exclusivamente ou não, a exploração de serviços aéreos de qualquer natureza ou de infra-estrutura aeronáutica".

1.069. Companhias aéreas e de infra-estrutura aeronáutica – Da mera leitura do art. 198, coadjuvado com o art. 1º do Decreto-lei 669/1969 e o art. 187 da Lei 7.565/1986, poder-se-ia concluir que às sociedades empresárias aéreas (por exemplo: Vasp, Varig e outras) ou às de infra-estrutura aérea (por exemplo: Infraero) remanesce vedado o requerimento da recuperação judicial ou extrajudicial de que trata a lei sob comento, uma vez que elas já estavam proibidas de impetrar concordata.

Tal conclusão, todavia, não pode prevalecer, pois o art. 199, ao excepcionar o comando geral plasmado no art. 198, revogou, *incidenter tantum* e tacitamente, o art. 1º do Decreto-lei 669/1969 e o art. 187 da Lei 7.565/1986. Em outras palavras: as companhias aéreas e as de infra-estrutura aeronáutica passaram a poder requerer a homologação da recuperação extrajudicial e o deferimento da recuperação judicial.

Enquanto alguns doutrinadores formulam críticas quanto à extensão do instituto da recuperação judicial às companhias aéreas e às de infra-estrutura,[54] outros sustentam a necessidade de tal extensão.[55-56-57-58]

1.070. Direitos decorrentes de contratos: locação e arrendamento mercantil de

54. Segundo Manoel Justino Bezerra Filho: "(...) duas empresas aéreas de expressão (Vasp e Varig) encontram-se em situação de crise financeira, tendo sido esta a razão da alteração prevista no art. 199, mais uma vez com a infeliz marca do legislador brasileiro, que historicamente tenta resolver situações emergenciais por meio de leis que deveriam trazer previsões com projeções a longo prazo" (*Nova Lei de Recuperação e de Falência Comentada. Lei 11.101, de 9.2.2005, Comentário Artigo por Artigo*, 3ª ed., São Paulo, Ed. RT, 2005, p. 405).

55. Haroldo Malheiros Duclerc Verçosa afirma: "Nos Estados Unidos da América empresas aéreas em crise têm recorrido ao Capítulo 11 da Lei Falimentar, na busca do seu equilíbrio financeiro, ou seja, de sua recuperação. Esta foi a inspiração da nova lei brasileira, com a finalidade de dar àquele setor a oportunidade de recuperação por um dos institutos correspondentes, o da liquidação extrajudicial e o da liquidação judicial" ("Das pessoas sujeitas e não sujeitas aos regimes de recuperação de empresa e falência", in Luiz Fernando Valente de Paiva (coord.), *Direito Falimentar e a Nova Lei de Falências e Recuperação de Empresas*, São Paulo, Quartier Latin, 2005, p. 95).

56. Marcelo Vieira von Adamek opina: "Trata-se de sensível opção de política legislativa, que traz como lógica contrapartida a assunção de responsabilidade pelos órgãos governamentais, aos quais caberá o dever-poder de fiscalizar, de perto e com redobrada cautela, os aludidos empresários em regime concursal, sem descurar de seus deveres e sem ignorar os riscos próprios da atividade de navegação aérea. Resta saber como o usuário irá reagir à sujeição de uma empresa aérea a procedimento concursal, especificamente se ainda continuará a utilizar seus serviços com a mesma intensidade, ou se o receio de que a manutenção não esteja sendo feita a contento irá levá-lo a se valer dos serviços de concorrente. É forçoso reconhecer que o risco de que as manutenções não estejam sendo realizadas adequadamente existe pelo só estado da crise da empresa, independentemente da submissão do empresário a regime concursal, ordinário ou não. Na realidade, sob a ótica seja preferível, e certamente é mais honesto, que todos fiquem sabendo da crise (e possam assim cobrar das autoridades o fiel cumprimento de suas atribuições) do que escamotear a realidade e sujeitar consumidores incautos aos perigos e aos percalços resultantes da contratação dos serviços de companhias aéreas insolventes: voarem em aeronaves sucateadas ou serem largados à sua própria sorte em aeroportos do País afora (...). Os episódios de nossa recente história, infelizmente, não nos desmentem" ("Comentários aos arts. 195 ao 201", in Francisco Satiro de Sousa Jr. e Antônio Sérgio Altieri de Moraes Pitombo (coords.), *Comentários à Lei de Recuperação de Empresas e Falência: Lei 11.101/2005*, São Paulo, Ed. RT, 2005, p. 617).

57. Sérgio Campinho aduz: "Aquelas sociedades que têm por objeto a exploração de serviços aéreos de qualquer natureza ou de infra-estrutura aeronáutica encontram-se sob a disciplina da Lei 11.101/2005, por serem sociedades empresárias e não estarem excluídas de sua aplicação. Submetem-se, pois, ao regime falimentar da Lei 11.101/2005 em todas as suas dimensões, sem prejuízo, entretanto, da intervenção, de competência do Poder Executivo, da sua liquidação extrajudicial ou da hipótese especial de requerimento de sua falência, previstos no art. 188 da legislação específica, qual seja, a Lei 7.565/1986" (*Falência e Recuperação de Empresa: o Novo Regime da Insolvência Empresarial*, Rio de Janeiro, Renovar, 2006, p. 29).

58. Sérgio Mourão Corrêa-Lima e Humberto Lucena Pereira da Fonseca explicam: "De nossa parte,

aeronaves – Na redação originária da lei sob comento o legislador inseriu apenas um parágrafo único ao art. 199 (cuja redação era a seguinte: "Na recuperação judicial e na falência das sociedades de que trata o *caput* deste artigo, em nenhuma hipótese ficará suspenso o exercício de direitos derivados de contratos de arrendamento mercantil de aeronaves ou de suas partes").

O art. 122 da Lei 11.196, de 21.11.2005, alterou a redação do referido parágrafo único, transformando-o no § 1º, bem como acrescentou ao art. 199 da lei sob comento os §§ 2º e 3º.[59]

Assim sendo, a redação do § 1º passou a ser a seguinte:

"*Art. 199.* (...).

"§ 1º. *Na recuperação judicial e na falência das sociedades de que trata o* caput *deste artigo, em nenhuma hipótese ficará suspenso o exercício de direitos derivados de contratos de* locação, arrendamento mercantil, ou de qualquer outra modalidade de arrendamento, *de aeronaves ou de suas partes*."

Em resumo, nos casos de recuperação judicial e de falência de sociedades empresárias que exploram serviços aéreos de qualquer natureza ou infra-estrutura aeronáutica:

1) *De acordo com a redação originária (parágrafo único do art. 199)*, não haverá suspensão de direitos derivados exclusivamente dos contratos de arrendamento mercantil (*leasing*) de aeronaves ou de suas partes.

2) *De conformidade com a redação do § 1º*, não haverá suspensão de direitos derivados dos contratos de locação, de arrendamento mercantil (*leasing*), ou de qualquer outra modalidade de arrendamento mercantil, de aeronaves ou de suas partes.

Frise-se que, no tocante aos créditos decorrentes de arrendamento mercantil (*leasing*), o § 3º do art. 49 já prevê que eles não se submetem aos efeitos da recuperação judicial, prevalecendo as condições contratuais.

Sérgio Mourão Corrêa Lima e Humberto Lucena Pereira da Fonseca explicam: "A redação original do parágrafo único do art. 199 mencionava apenas contratos de arrendamento mercantil. Com tal teor, não se protegiam outros contratos de fornecimento de equipamentos aéreos, como os de locação, também celebrados com freqüência nesse mercado. As obrigações decorrentes desses contratos poderiam ser afetadas pelo plano de recuperação judicial (...). Além disso, havia a possibilidade de controvérsia jurídica acerca da natureza de determinados contratos de arrendamento, que poderiam ser excluídos da classificação de 'arrendamento mercantil', o que, em interpretação estrita, afastaria o disposto no parágrafo único do art. 199 da Lei 11.101, de 2005".[60]

1.071. Histórico e crítica à inserção do parágrafo único no art. 199 (atual § 1º) – Historia Marcelo Vieira von Adamek: "Preocupadas em preservar os seus privilégios, as sociedades arrendadoras de aeronaves, turbinas e outras partes (sociedades, essas, ligadas a grupos financeiros) mobilizaram-se e conseguiram introduzir, no texto da nova lei concursal, a regra do parágrafo único

vemos como salutar a inovação promovida pelo legislador de 2005. A recuperação judicial foi talhada para empresários e sociedades empresárias com dificuldades momentâneas, com capacidade para se reerguer de crises se puderem, em períodos específicos, contar com condições mais favoráveis para o cumprimento de suas obrigações. Tal cenário parece adequar-se com suficiente justeza às empresa aéreas. (...). O pleito de recuperação judicial pode indicar transparência e disposição da empresa em crise para se reerguer e continuar prestando bons serviços" ("Comentários aos arts. 198 ao 201", in Osmar Brina Corrêa-Lima e Sérgio Mourão Corrêa-Lima (coords.), *Comentários à Nova Lei de Falência e Recuperação de Empresas: Lei 11.101, de 9.2.2005*, Rio de Janeiro, Forense, 2009, pp. 1.316-1.317).

59. "O art. 122 não se aplica aos processos de falência, recuperação judicial ou extrajudicial que estejam em curso na data de publicação desta Lei" (*DOU* 22.11.2005), conforme o art. 123 da Lei 11.196, de 21.11.2005.

60. Sérgio Mourão Corrêa-Lima e Humberto Lucena Pereira da Fonseca, "Comentários aos arts. 198 ao 201", cit., in Osmar Brina Corrêa-Lima e Sérgio Mourão Corrêa-Lima (coords.), *Comentários à Nova Lei de Falência e Recuperação de Empresas: Lei 11.101, de 9.2.2005*, p. 1.318.

[*acrescentamos, atual § 1º*] do art. 199 da LRF, essencialmente para reforçar o entendimento de que os contratos de arrendamento mercantil de tais bens não são atingidos pelos efeitos dos procedimentos concursais regulados pela LRF".[61]

Concordamos parcialmente com Fábio Ulhoa Coelho quanto à sua crítica no sentido de que o parágrafo único (atualmente, § 1º) do art. 199, que está inserido no capítulo das "Disposições Finais e Transitórias", estaria melhor alocado numa das hipóteses veiculadas no art. 119, que trata dos efeitos da decretação da falência sobre as relações contratuais.[62]

A concordância é parcial, por duas razões.

A primeira, porque o aludido jurista critica a localização do parágrafo único (atualmente, § 1º) do art. 199 em razão de ele ser norma de ordem geral, e não transitória. Ora, o Capítulo VIII, no qual dito parágrafo único está sotoposto, também trata das disposições finais, que são de ordem geral.

A segunda, porque o referido autor, ao aduzir que o parágrafo único (atualmente, § 1º) do art. 199 estaria mais bem alocado no desdobramento do art. 119, esquece-se de que dito parágrafo único (atualmente, § 1º) trata tanto da falência quanto da recuperação judicial. Assim sendo, no tocante à falência, sem dúvida, topicamente, o parágrafo único (atualmente, § 1º) do art. 199 poderia constituir um dos incisos do art. 119; todavia, em relação ao instituto da recuperação judicial acreditamos que ele deviria estar inserido no § 3º do art. 49.

1.072. Art. 199, § 2º – Na redação originária do art. 199 inexistia o § 2º, que foi acrescentado pelo art. 122 da Lei 11.196, de 21.11.2005.[63]

O § 1º do art. 299 contemplou, ao lado da falência, o instituto da recuperação judicial.

O § 2º do art. 199 ampliou o alcance do citado § 1º, na medida em que incluiu, ao lado do instituto da recuperação judicial, o instituto da recuperação extrajudicial.

Além disso, o § 2º do art. 199 previu, em relação aos titulares de direitos derivados dos contratos de locação, de arrendamento mercantil (*leasing*) ou de qualquer outra modalidade de arrendamento mercantil de aeronaves ou de suas partes, a não-aplicação da ressalva contida na parte final do § 3º do art. 49.

Vale dizer: os referidos titulares poderão – mesmo durante o prazo de suspensão de 180 dias, aludido no § 4º do art. 6º – vender ou retirar do estabelecimento do devedor aeronaves ou suas partes, ainda que se caracterizem como bens de capital essenciais à sua atividade empresarial.

Ora, o comando do § 2º do art. 199 – *não aplicação da ressalva contida na parte final do § 3º do art. 49 aos titulares de direitos derivados dos contratos de locação, de arrendamento mercantil (*leasing*) ou de qualquer outra modalidade de arrendamento mercantil de aeronaves ou de suas partes* – obstaculiza a recuperação, judicial ou extrajudicial, das sociedades empresárias que exploram serviços aéreos de qualquer natureza ou infra-estrutura aeronáutica.[64-65]

1.073. Art. 199, § 3º – Na redação originária do art. 199 inexistia o § 3º, que foi

61. Marcelo Vieira von Adamek, "Comentários aos arts. 195 ao 201", cit., in Francisco Satiro de Sousa Jr. e Antônio Sérgio Altieri de Moraes Pitombo (coords.), *Comentários à Lei de Recuperação de Empresas e Falência: Lei 11.101/2005*, p. 617.

62. Fábio Ulhoa Coelho, *Comentários à Nova Lei de Falências e de Recuperação de Empresas*, São Paulo, Saraiva, 2005, p. 424.

63. "O art. 122 não se aplica aos processos de falência, recuperação judicial ou extrajudicial que estejam em curso na data de publicação desta Lei" (*DOU* 22.11.2005), conforme o art. 123 da Lei 11.196, de 21.11.2005.

64. Lembra Waldo Fazzio Jr.: "Contudo, *ex vi* do parágrafo único do art.199, às empresas de arrendamento mercantil de aeronaves é assegurado o direito a requerer as aeronaves das empresas com problemas nas suas contas. Daí porque o intento de viabilizar a reestruturação das empresas aéreas pode restar frustrado" (*Nova Lei de Falência e de Recuperação de Empresas*, São Paulo, Atlas, 2005, p. 46).

65. No mesmo sentido: Manoel Justino Bezerra Filho, *Nova Lei de Recuperação e de Falências Comentada. Lei 11.101, de 9.2.2005, Comentário Artigo por Artigo*, cit., 3ª ed., p. 406.

acrescentado pelo art. 122 da Lei 11.196, de 21.11.2005.[66]

Entendemos que dito § 3º, que trata exclusivamente da falência, ratifica o comando plasmado no § 1º do art. 199.

Sérgio Mourão Corrêa Lima e Humberto Lucena Pereira da Fonseca aduzem: "Decretada a falência, independentemente do disposto no § 3º do art. 199, os locadores ou arrendadores poderão retomá-los em processos próprios ou reivindicar aqueles eventualmente arrecadados pelo administrador judicial, manejando o pedido de restituição disciplinado nos arts. 85 a 93 da Lei 11.101, de 2005. Mais uma vez aqui a alteração legal parece ter caráter meramente educativo, servindo apenas para fortalecer argumentos em favor de fornecedores de aeronaves e, assim, reduzir os custos associados ao risco nessas contratações, haja vista o evidente – talvez excessivo – zelo do legislador na blindagem desses contratos contra situações de crise econômico-financeira das empresas aéreas brasileiras".[67]

Art. 200. Ressalvado o disposto no art. 192 desta Lei, ficam revogados o Decreto-lei n. 7.661, de 21 de junho de 1945, e os arts. 503 a 512 do Decreto-lei n. 3.689, de 3 de outubro de 1941 – Código de Processo Penal.[1.074-1.075-1.076-1.077-1.078]

LEGISLAÇÃO ANTERIOR

Lei de Falências (DL 7.661/1945): *Art. 217.* Revogam-se as disposições em contrário.

COMENTÁRIOS

1.074. Antes da Lei Complementar 95/1998 – Quando o Decreto-lei 7.661 veio a lume, em 21.6.1945, inexistia qualquer comando legal que estabelecesse a obrigatoriedade de a norma revogadora mencionar expressamente a norma revogada.

Por isso, bastava a cláusula legal revogadora genérica: "Revogam-se as disposições em contrário".

1.075. Após a edição da Lei Complementar 95/1998 – A Lei Complementar 95/1998, no seu art. 9º, veicula comando no sentido de que na norma revogadora tem de constar expressamente a norma revogada.

Ora, o legislador da Lei 11.101/2005 observou tal comando, na medida em que declinou as normas revogadas: o Decreto-lei 7.661/1945 e os arts. 503 a 512 do Decreto-lei 3.689/1941 (Código de Processo Penal).

1.076. O art. 192 – Frise-se, por oportuno, que, ao tratar da revogação do Decreto-lei 7.661/1945, a Lei 11.101/2005 ressalvou, no art. 192, situações pretéritas relativas às falências e concordatas ajuizadas antes da sua vigência.

1.077. Revogação expressa – Além do Decreto-lei 7.661/1945, o artigo sob comento revogou expressamente os arts. 503 a 512 do CPP, que tratavam do "processo e julgamento dos crimes de falência".[68]

1.078. Revogação tácita – Por fim, lembramos que as eventuais normas que se incompatibilizarem com a Lei 11.101/2005, a despeito de não haverem sido revogadas

66. "O art. 122 não se aplica aos processos de falência, recuperação judicial ou extrajudicial que estejam em curso na data de publicação desta Lei" (*DOU* 22.11.2005), conforme o art. 123 da Lei 11.196, de 21.11.2005.

67. Sérgio Mourão Corrêa-Lima e Humberto Lucena Pereira da Fonseca, "Comentários aos arts. 198 ao 201", cit., in Osmar Brina Corrêa-Lima e Sérgio Mourão Corrêa-Lima (coords.), *Comentários à Nova Lei de Falência e Recuperação de Empresas: Lei 11.101, de 9.2.2005*, p. 1.320.

68. Aduz Manoel Justino Bezerra Filho: "Aliás, estes artigos já não eram sequer observados no regime da lei anterior, pois os processos por crimes falimentares eram processados na forma do rito ordinário do Código de Processo Civil, que sempre traz a mais ampla possibilidade de defesa ao réu" (*Nova Lei de Recuperação e de Falências Comentada. Lei 11.101, de 9.2.2005, Comentário Artigo por Artigo*, 3ª ed., São Paulo, Ed. RT, 2005, p. 406).

expressamente, estão, outrossim, revogadas tacitamente, *ex vi* do disposto no § 1º do art. 2º do Decreto-lei 4.657/1942 (Lei de Introdução ao Código Civil).[69]

Art. 201. Esta Lei entra em vigor 120 (cento e vinte) dias após sua publicação.[1.079-1.080-1.081-1.082]

LEGISLAÇÃO ANTERIOR

Lei de Falências (DL 7.661/1945): *Art. 214.* Esta Lei entrará em vigor no dia 1º de novembro de 1945.

COMENTÁRIOS

1.079. **Vacatio legis** – Quer o legislador atual (Lei 11.101/2005), quer o legislador de 1945 (Decreto-lei 7.661/1945), sensíveis à complexidade e à novidade veiculadas nos textos legais por eles editados, fixaram *vacatio legis*.

A *vacatio legis*, segundo os ensinamentos do saudoso jurista Vicente Ráo, corresponde ao "tempo que começa com a publicação da lei e termina com a sua efetiva entrada em vigor", e tem dupla razão que a justifica, "(...) porque faz a lei mais e melhor conhecida e porque proporciona às autoridades incumbidas de fazê-la executar e às pessoas por ela atingidas a oportunidade de se prepararem para a sua aplicação".[70]

Aliás, a *vacatio legis* reforça a aplicação do art. 3º do Decreto-lei 4.657/1942 (também conhecido por "Lei de Introdução ao Código Civil"), segundo o qual "ninguém se escusa de cumprir a lei, alegando que não a conhece" – vale dizer, *ignorantia legis neminem excusat*.

***1.080. Como se computa a* vacatio legis?** – O cômputo do prazo da *vacatio legis* sempre esteve consubstanciado no brocardo latino *dies a quo non computatur in termino; dies termini computatur in termino*. Vale dizer: para se computar o prazo da *vacatio legis* exclui-se o dia do começo (*dies a quo*) e inclui-se o dia do vencimento (*dies ad quem*).

Tal regra geral vigorou até o advento da Lei Complementar 95/1998, que, aliás, foi alterada pela Lei Complementar 110/2001.

A Lei Complementar 95/1998, no § 1º do seu art. 8º, prescreve: "§ 1º. A contagem do prazo para entrada em vigor das leis que estabeleçam período de vacância far-se-á com a inclusão da data da publicação e do último dia do prazo, entrando em vigor no dia subseqüente à sua consumação integral".

1.081. Qual é a* vacatio legis *da Lei 11.101, de 9.2.2005? – No tocante à fixação da *vacatio legis*, restou definida em 120 dias.[71-72]

69. José da Silva Pacheco dá um exemplo de revogação tácita: "Pelo disposto no art.199 desta lei (...) também se revogou, implicitamente, o disposto no art. 187 do Código Brasileiro do Ar" (*Processo de Recuperação Judicial, Extrajudicial e Falência*, Rio de Janeiro, Forense, 2006, p. 400).

70. Vicente Ráo, *O Direito e a Vida dos Direitos*, 2ª ed., vol. I, t. II, São Paulo, Resenha Universitária, 1976, p. 281.

71. O senador Ramez Tebet, em seu parecer, noticia: "Em relação ao início da vigência da nova lei, reconhecemos e reiteramos que, em razão da complexidade das normas, seria recomendável que os operadores do Direito contassem com mais prazo para adaptar-se às modificações, em cumprimento ao disposto no *caput* do art. 8º da Lei Complementar n. 95, de 26.2.1998. No entanto, temos convicção de que a nova lei trará benefícios à economia do País e, por isso, seria conveniente que entrasse em vigor o mais rápido possível. Desse modo, defendemos a alteração do art. 200 do Substitutivo, para reduzir a *vacatio legis* dos 180 dias previstos no texto da Câmara para 120 dias, prazo que entendemos suficiente para que a sociedade tenha amplo conhecimento dos novos dispositivos" (v. parecer na íntegra: Anexo II desta obra).

72. Manoel Justino Bezerra Filho sustenta ser exíguo o prazo de 120 dias, afirmando: "(...) esta *vacatio* de apenas 120 dias é por demais exígua. Apenas para comparação, observe-se que a lei espanhola (*Ley Orgánica 8/2003, de 9 de julio, para la Reforma Concursal*) foi promulgada em 9.7.2003 para entrar em vigor em 1.9.2004, ou seja, prazo de

1.082. Então, quando entrou em vigor a Lei 11.101, de 9.2.2005? – Essa lei foi publicada na edição extra do *DOU* no dia 9.2.2005.

Ora, incluindo-se o próprio dia da publicação – 9.2.2005 – como início do prazo e incluindo-se também o último dia do prazo de 120 – dia 8.6.2005 –, a Lei 11.101 entrou em vigor no dia subseqüente ao dia da consumação integral, ou seja, no dia 9.6.2005.[73-74-75-76-77]

Jurisprudência[78]

Eis dois julgados pertinentes prolatados à luz do novo regime:

[TJRJ] Falência – Incidência do novo diploma falimentar – Descabimento – *Vigência que se iniciou em 9.6.2005* – Ação distribuída em 8.6.2005 – Expressa determinação do art. 192, § 4º, da Lei n. 11.101/2005 no sentido da aplicação do diploma anterior aos pedidos de falência formulados antes de sua entrada em vigor, como *in casu* – Recurso provido. [*6ª Câmara Cível, ACi 2006.001.08172, rel. Des . Luiz Zveiter, j. 21.3.2006*]

[TJSP] Falência – *Pedido com base em triplicatas que somam R$ 11.434,14, distribuído no dia 9.6.2005, ou seja, no primeiro dia de vigência da nova Lei de Falências, com fundamento no art. 1º do Decreto-lei n. 7.661/1945* – Impossibilidade jurídica (art. 94, I, da Lei n. 11.101/2005) – Extinção do processo argüida em preliminar de contestação (art. 267, VI, do CPC), acolhida pela r. sentença ora hostilizada – Sentença mantida – Apelação não provida. [*6ª Câmara Especial de Falências e Recuperações Judiciais, ACi 426.944-4/9-00, rel. Des. Romeu Ricupero, j. 22.2.2006*]

quase um ano e dois meses (35ª e última das *disposiciones finales* da *ley*). A lei alemã, a *Insolvenzordnung*, ou *InsO* (...) foi publicada em 5.10.1994 para entrar em vigor em 1.1.1999, mais de quatro anos de *vacatio* (...) a demonstrar o tempo necessário para compreensão de uma lei tipo codificação, cuidado que aqui não foi tomado" (*Nova Lei de Recuperação e de Falências Comentada. Lei 11.101, de 9.2.2005, Comentário Artigo por Artigo*, 3ª ed., São Paulo, Ed. RT, 2005, p. 406).

73. No mesmo sentido: José da Silva Pacheco, *Processo de Recuperação Judicial, Extrajudicial e Falência*, Rio de Janeiro, Forense, 2006, p. 400.

74. Para Rubens Approbato Machado: "A data de início da vigência da Lei 11.101, de 9.2.2005, *é o dia 10.6.2005*" ("Visão geral da nova Lei 11.101, de 9.2.2005, que reforma o Decreto-lei 7.661/1945, de 21.6.1945 (Lei de Falências), e cria o instituto da recuperação da empresa", in Rubens Approbato Machado (coord.), *Comentários à Nova Lei de Falências e Recuperação de Empresas*, São Paulo, Quartier Latin, 2005, p. 43).

75. Também sustentando ter sido o dia 10.6.2005 a data da vigência da Lei 11.101, de 9.2.2005, Manoel Justino Bezerra Filho (*Nova Lei de Recuperação e de Falências Comentada. Lei 11.101, de 9.2.2005, Comentário Artigo por Artigo*, cit., 3ª ed., p. 406) e Roberto Senise Lisboa ("Comentários aos arts. 197 ao 201", in Newton de Lucca e Adalberto Simão Filho (coords.), *Comentários à Nova Lei de Recuperação de Empresas e de Falências*, São Paulo, Quartier Latin, 2005, p. 665).

76. Já, para Fábio Ulhoa Coelho: "A vigência da nova Lei de Falências se inicia *em 8.6.2005* (...)" (*Comentários à Nova Lei de Falências e de Recuperação de Empresas*, São Paulo, Saraiva, 2005, p. 425).

77. Há regra específica para vigência dos dispositivos relativos aos delitos? Responde Arthur Migliari Jr.: "Quanto aos delitos, estes entrarão em vigor no dia imediatamente anterior, ou seja, no dia 8.6.2005, computando-se a lei em vigor na conformidade dos arts. 2º e 10 do CPP brasileiro. Assim, se alguém vier a cometer o delito de usar bem da falência, no dia 8.6.2005 já poderá ser preso em flagrante delito, pois já em vigor a Lei 11.101/2005, no que concerne aos crimes falenciais" (in Carlos Henrique Abrão e Paulo Fernando Campos Salles de Toledo (coords.), *Lei de Recuperação de Empresas e Falência*, São Paulo, Saraiva, 2005, pp. 494-495).

78. Manoel Justino Bezerra Filho, *Jurisprudência da Nova Lei de Recuperação de Empresas e Falências/Decisões, Ofícios Judiciais, Resoluções, Sentenças, Acórdãos, Dentre Outros Documentos*. São Paulo, Ed. RT, 2006, p. 399.

ANEXOS

ANEXO I
SÚMULAS EDITADAS NA VIGÊNCIA DO DECRETO-LEI 7.661/1945

SUPREMO TRIBUNAL FEDERAL

Súmula 147. A prescrição de crime falimentar começa a correr da data em que deveria estar encerrada a falência ou do trânsito em julgado da sentença que a encerrar ou que julgar cumprida a concordata.

Súmula 190. O não pagamento de titulo vencido há mais de 30 (trinta) dias sem protesto não impede a concordata preventiva.

Súmula 192. Não se inclui no crédito habilitado em falência a multa fiscal com efeito de pena administrativa.

Súmula 193. Para a restituição prevista no art. 76, § 2º, da Lei de Falências, conta-se o prazo de 15 (quinze) dias da entrega da coisa e não da sua remessa.

Súmula 227. A concordata do empregador não impede a execução de crédito nem a reclamação de empregado na Justiça do Trabalho.

Súmula 417. Pode ser objeto de restituição, na falência, dinheiro em poder do falido, recebido em nome de outrem, ou do qual, por lei ou contrato, não tivesse ele a disponibilidade.

Súmula 495. A restituição em dinheiro da coisa vendida a crédito, entregue nos 15 (quinze) dias anteriores ao pedido de falência ou de concordata, cabe quando, ainda que consumida ou transformada, não faça o devedor prova de haver sido alienada a terceiro.

Súmula 564. A ausência de fundamentação do despacho de recebimento de denúncia por crime falimentar enseja nulidade processual, salvo se já houver sentença condenatória.

Súmula 565. A multa fiscal moratória constitui pena administrativa, não se incluindo no crédito habilitado em falência.

Súmula 592. Nos crimes falimentares, aplicam-se as causas interruptivas da prescrição, previstas no Código Penal.

SUPERIOR TRIBUNAL DE JUSTIÇA

Súmula 8. Aplica-se a correção monetária aos créditos habilitados em concordata preventiva, salvo durante o período compreendido entre as datas de vigência da Lei n. 7.274, de 10 de dezembro de 1984, e do Decreto-lei n. 2.283, de 27 de fevereiro de 1986. **[*DJU* 4.9.1990]**

Súmula 25. Nas ações da Lei de Falências o prazo para a interposição de recurso conta-se da intimação da parte. **[*DJU* 17.4.1991]**

Súmula 29. No pagamento em juízo para elidir falência, são devidos correção monetária, juros e honorários de advogado. **[*DJU* 18.10.1991]**

Súmula 36. A correção monetária integra o valor da restituição, em caso de adiantamento de câmbio, requerida em concordata ou falência. **[*DJU* 17.12.1991]**

Súmula 88. São admissíveis embargos infringentes em processo falimentar.

Súmula 133. A restituição da importância adiantada, a conta de contrato de câmbio, independe de ter sido a antecipação efetuada nos 15 (quinze) dias anteriores ao requerimento da concordata. **[*DJU* 5.5.1995]**

Súmula 219. Os créditos decorrentes de serviços prestados à massa falida, inclusive a remuneração do síndico, gozam dos privilégios próprios dos trabalhistas. **[*DJU* 25.3.1999]**

Súmula 248. Comprovada a prestação dos serviços, a duplicata não aceita, mas protestada, é título hábil para instruir pedido de falência. [*DJU* 5.6.2001]

Súmula 250. É legítima a cobrança de multa fiscal de empresa em regime de concordata. [*DJU* 22.6.2001]

Súmula 264. É irrecorrível o ato judicial que apenas manda processar a concordata preventiva. [*DJU* 20.5.2002]

Súmula 280. O art. 35 do Decreto-lei n. 7.661, de 1945, que estabelece a prisão administrativa, foi revogado pelos incisos LXI e LXVII do art. 5º da CF de 1988. [*DJU* 17.12.2003]

Súmula 305. É descabida a prisão civil do depositário quando, decretada a falência da empresa, sobrevém a arrecadação do bem pelo síndico. [*DJU* 22.11.2004]

Súmula 307. A restituição de adiantamento de contrato de câmbio, na falência, deve ser atendida antes de qualquer crédito. [*DJU* 15.12.2004]

Súmula 361. A notificação do protesto, para requerimento de alência da empresa devedora, exige a identificação da pessoa que a recebeu.

Súmula 400. O encargo de 20% previsto no DL n. 1.025/1969 é exigível na execução fiscal proposta contra a massa falida.

TRIBUNAL SUPERIOR DO TRABALHO

Súmula 86. **Deserção – Massa falida – Empresa em liquidação extrajudicial.** Não ocorre deserção de recurso da massa falida por falta de pagamento de custas ou de depósito do valor da condenação. Esse privilégio, todavia, não se aplica à empresa em liquidação extrajudicial. **[RA 69/1978, *DJU* 26.9.1978 – ex-OJ 31]**

Súmula 388. **Massa falida – Arts. 467 e 477 da CLT – Inaplicabilidade.** A massa falida não se sujeita à penalidade do art. 467 e nem à multa do § 8º do art. 477, ambos da CLT. **[*DJU* 11.8.2003 – ex-OJ 201 e *DJU* 8.11.2000 – ex-OJ 314]**

TRIBUNAL FEDERAL DE RECURSOS (extinto)

Súmula 44. Ajuizada a execução fiscal anteriormente à falência, com penhora realizada antes desta, não ficam os bens penhorados sujeitos à arrecadação no juízo falimentar; proposta a execução fiscal contra a massa falida, a penhora far-se-á no rosto dos autos do processo de quebra, citando-se o síndico.

ANEXO II

PARECER N. 534, DE 2004

Da Comissão de Assuntos Econômicos, sobre o PLC n. 71, de 2003, que regula a recuperação judicial, a extrajudicial e a falência de devedores pessoas físicas e jurídicas que exerçam atividade econômica regida pelas leis comerciais, e dá outras providências

Relator: Senador Ramez Tebet

I – Relatório

Tramita nesta Comissão de Assuntos Econômicos o Projeto de Lei da Câmara n. 71, de 2003, que regula a recuperação judicial, a extrajudicial e a falência de devedores pessoas físicas e jurídicas que exerçam atividade regida pelas leis comerciais, e dá outras providências, que tramitou na Câmara dos Deputados como PL n. 4.376, de 1993.

O Projeto de Lei n. 4.376, de 1993, foi apresentado pelo Poder Executivo durante o governo do Presidente Itamar Franco. Depois de 484 Emendas e 5 Substitutivos, apresentados durante seus 10 anos de tramitação, a matéria foi votada e aprovada pelo Plenário da Câmara dos Deputados, na forma da Subemenda Substitutiva de Plenário apresentada pelo Relator, deputado Osvaldo Biolchi, na sessão deliberativa de 15.10.2003.

O PLC n. 71, de 2003, tem por objetivo ab-rogar e substituir a atual Lei de Falências, posta em vigor pelo quase sexagenário Decreto-lei n. 7.661, de 21.6.1945, que, muito embora tenha, por seus reconhecidos méritos, servido durante tanto tempo à disciplina da matéria, não é mais adequado às necessidades da sociedade e da economia brasileira, dadas as numerosas e profundas alterações que ocorreram nas práticas empresariais no Brasil e no mundo nas últimas seis décadas.

O texto que veio da Câmara compõe-se de 222 artigos, divididos em 11 capítulos: "Disposições Preliminares" (Capítulo I), "Disposições Comuns à Recuperação Judicial e à Falência" (Capítulo II), "Da Recuperação Judicial" (Capítulo III), "Da Recuperação Extrajudicial" (Capítulo IV), "Da Convolação da Recuperação Judicial em Falência" (Capítulo V), "Da Falência" (Capítulo VI), "Do Procedimento Especial da Recuperação Judicial e Falência de Microempresa e Empresa de Pequeno Porte" (Capítulo VII), "Do Procedimento Penal" (Capítulo VIII), "Dos Crimes" (Capítulo IX), "Dos Atos Processuais e Respectivos Prazos" (Capítulo X) e "Disposições Finais e Transitórias" (Capítulo XI).

O Capítulo II, que trata das "Disposições comuns à Recuperação Judicial e à Falência", é subdividido em cinco Seções: "Disposições Gerais" (Seção I), "Da Classificação de Créditos" (Seção II), "Da Verificação de Créditos" (Seção III), "Do Pedido de Restituição" (Seção IV) e "Da Assembléia-Geral de Credores" (Seção V).

O Capítulo III, que disciplina a recuperação judicial, subdivide-se em apenas duas "seções: "Disposições Gerais" (Seção I) e "Do Comitê e do Administrador Judicial na Recuperação Judicial" (Seção II).

O Capítulo VI, "Da Falência", é subdividido em 11 Seções: "Da Decretação da Falência do Devedor" (Seção I), "Disposições Gerais" (Seção II), "Da Falência Requerida pelo Próprio Devedor" (Seção III), "Da Arrecadação e Custódia dos Bens" (Seção IV), "Dos Efeitos da Decretação da Falência" (Seção V), "Dos Efeitos Quanto aos Atos Prejudiciais aos Credores" (Seção VI), "Do Comitê e do Administrador Judicial na Falência" (Seção VII), "Da Realização do Ativo" (Seção VIII), "Do Pagamento aos Credores na Falência" (Seção IX), "Da Extinção das Obrigações" (Seção X) e "Da Reabilitação do Devedor" (Seção XI).

O Capítulo IX, que disciplina os crimes falimentares, subdivide-se em duas seções: "Disposições Especiais" (Seção I) e "Dos Crimes em Espécie" (Seção II).

Ao Projeto em exame foram apresentadas, em um primeiro momento, 81 Emendas, pelos Senadores Paulo Paim (Emenda n. 1), Garibaldi Alves Filho (Emenda n. 2), Antônio Carlos Valadares (Emendas de ns. 3 a 6), Lúcia Vânia (Emendas de ns. 7 a 65), César Borges (Emenda n. 66), Demóstenes Torres (Emendas de ns. 67 a 72), Fernando Bezerra (Emendas de ns. 73 a 75) e Rodolpho Tourinho (Emendas de ns. 76 a 81).

Na reunião desta Comissão de Assuntos Econômicos realizada em 13.4.2004 lemos relatório sobre o Projeto e, com o relatório, oferecemos Substitutivo integral ao texto do PLC n. 71, de 2003, para cuja elaboração foram levadas em consideração as modificações propostas pelas Emendas de ns. 1 a 81. Na mesma reunião foi deferida vista coletiva.

Após a concessão de vista, foram apresentadas outras 49 Emendas, que, por não terem sido examinadas para a elaboração do Substitutivo, passam a ser descritas brevemente. Ao final, analisaremos cada uma delas separadamente.

A Emenda n. 82, da senadora Lúcia Vânia, propõe a alteração do art. 11, incisos II e III, da redação aprovada na Câmara para o PLC n. 71, de 2003, a fim de modificar a ordem de recebimento dos créditos na falência, posicionando os credores com garantia real à frente do crédito tributário.

As Emendas de ns. 83 a 96 foram apresentadas pelo senador Demóstenes Torres e são todas baseadas na redação do PLC n. 71, de 2003, como veio da Câmara. A Emenda n. 83 propõe a modificação do art. 42, para deixar claro que as ações previstas na lei serão processadas pelo juízo da falência. A Emenda n. 84 dá nova redação ao § 1º do art. 6º, prevendo a inexigibilidade, na recuperação judicial e na falência, das multas contratuais e penas pecuniárias por infração das leis penais e administrativas. A Emenda n. 85 prevê a modificação do § 2º do art. 6º, para definir como créditos extraconcursais as multas ambientais e os depósitos do FGTS. A Emenda n. 86 propõe a supressão do § 8º do art. 7º, para determinar a suspensão das execuções tributárias durante a recuperação judicial e a falência. A Emenda n. 87 prevê a possibilidade de pedido de restituição de coisa vendida a crédito e entregue ao devedor nos 15 dias que antecedem não só o requerimento de falência, mas também o de recuperação judicial. A Emenda n. 88 propõe a modificação do § 4º do art. 38, para que o voto dos credores em assembléia-geral seja unitário e nominal, e não proporcional ao valor dos créditos. A Emenda n. 89 elimina a expressão "e as condições contratuais", do § 3º do art. 48, para que não haja tratamento privilegiado, na recuperação judicial, dos contratos de alienação fiduciária, *leasing*, de promessa de compra e venda, inclusive em incorporações imobiliárias, ou em contratos com reserva de domínio pelo credor. A Emenda n. 90 propõe a eliminação da parte final e das alíneas do inciso VI do art. 52, para que não haja tratamento privilegiado, na recuperação judicial, aos credores com penhor sobre direitos creditórios. A Emenda n. 91 prevê a possibilidade de pedido de falência pelo interventor e pelo liquidante de sociedade empresária. A Emenda n. 92 suprime o art. 92, que prevê que a não apresentação de habilitações de crédito implica o encerramento da falência. A Emenda n. 93 suprime o art. 118, para excluir do texto a previsão de que os patrimônios separados para destinação específica prosseguem sua atividade nos termos da legislação respectiva. A Emenda n. 94 modifica o art. 184, para reduzir o prazo máximo da falência de micro e pequenas empresas de cinco para três anos. A Emenda n. 95 restringe-se a corrigir as remissões feitas pelo art. 55. A Emenda n. 96 corrige a redação do art. 81, pois o art. 1º já define o que seja devedor para os fins da nova Lei de Falências. Repita-se que todas essas Emendas dizem respeito a dispositivos do Projeto de Lei tal como veio da Câmara, e não a nova redação dada no Substitutivo que apresentamos.

As Emendas de ns. 97 a 102 foram apresentadas pelo senador Eduardo Suplicy e propõem alterações ao Substitutivo apresentado a esta Comissão. A Emenda n. 97 modifica o § 2º do art. 6º do Substitutivo, para que seja possível, na falência, a execução pela própria Justiça do Trabalho de seus julgados, sem necessidade de habilitação ou de inscrição no quadro geral de credores. A Emenda n. 98 modifica o art. 54 do Substitutivo e reduz o prazo para o pagamento dos créditos trabalhistas vencidos antes do pedido de recuperação judicial, de 1 ano para 3 meses. A Emenda n. 99 modifica o parágrafo único do art. 60, o inciso II do art. 141 e o parágrafo único do art. 166 do Substitutivo, para reintroduzir a sucessão trabalhista na alienação judicial da empresa em processo de falência. A Emenda n. 100 modifica a redação do art. 83, para eliminar o limite da preferência dos créditos trabalhistas e prever a classificação como quirografários dos créditos dos "controladores e administradores" e de seus parentes que excederem 150 salários mínimos. A Emenda n. 101 propõe a supressão do § 5º do art. 83 do Substitutivo, que dispõe que "os créditos trabalhistas cedidos a terceiros serão considerados quirografários". A Emenda n. 102 propõe a supressão do inciso II do art. 86 do Substitutivo, para excluir o direito à restituição das importâncias referentes a adiantamentos a contratos de câmbio (ACCs).

As Emendas de ns. 103 a 110 são de autoria do senador César Borges e referem-se aos dispositivos do Substitutivo apresentado. A Emenda n. 103 aperfeiçoa a redação do art. 1º do Substitutivo, invertendo a ordem das expressões "empresário" e "sociedade empresária", para que haja uniformidade em relação à nova ementa. A Emenda n. 104 propõe a supressão do inciso I do art. 2º do Substitutivo, por não ser necessária a exceção feita às sociedades cooperativas, já classificadas como sociedades simples, e não empresárias, pelo parágrafo único do art. 982 do CC. A Emenda n. 105 prevê a aplicação do disposto no § 2º do art. 6º do Substitutivo não só à falência, mas também à recuperação judicial, para evitar que a execução da sentença trabalhista possa prejudicar a negociação com os trabalhadores. Além disso, a Emenda transforma parte do referido § 2º do art. 6º em parágrafo único do art. 76, para deixar claro que o administrador judicial passa a representar a massa falida em todas as ações, não só as trabalhistas. A Emenda n. 106 acrescenta § 4º ao art. 49 e dá nova redação ao § 1º do art. 39, ao inciso III do art. 52 e ao inciso I do art. 71, todos do Substitutivo, para deixar claro que as importâncias devidas em razão de ACCs não se submetem a recuperação judicial. A Emenda n. 107 visa a dar maior clareza à impossibilidade de venda ou retirada de bens objetos de contratos de alienação fiduciária, *leasing*, de promessa de compra e venda, inclusive em incorporações imobiliárias, ou em contratos com reserva de domínio pelo credor. A Emenda propõe que essa impossibilidade seja restrita a "bens de capital essenciais à atividade empresarial", para que fiquem excluídas as alienações fiduciárias de direitos creditórios e, assim, reduza-se o custo do crédito. A Emenda n. 108 substitui a expressão "síndico", constante do art. 120 do Substitutivo, por "administrador judicial". A Emenda n. 109 corrige a remissão feita pelo art. 166, que se refere ao art. 154 quando o correto seria remeter ao art. 142. A Emenda n. 110 modifica o § 4º do art. 192, para esclarecer que a nova lei se aplica às falências pedidas anteriormente à sua entrada em vigor mas decretadas somente após o início de sua vigência.

As Emendas de ns. 111 a 121 são de autoria da senadora Lúcia Vânia e referem-se ao Substitutivo apresentado. As Emendas de ns. 111 e 112 propõem, respectivamente, a modificação do § 4º do art. 6º e a inserção de um parágrafo ao art. 49 do Substitutivo, para esclarecer que a recuperação judicial não alcança as importâncias relativas a ACCs para exportação. A Emenda n. 113 propõe nova redação ao art. 163 e seu parágrafo único, substituindo a expressão "credores não signatários" por "credores que não aderiram espontaneamente ao plano", eliminando a necessidade de prova do crédito e determinando que, "caso o valor definido no plano para pagamento integral dos pequenos credores seja ínfimo ou ainda desproporcional em relação ao montante do passivo do devedor, o juiz definirá, à luz da situação econômica do devedor, novo limite". A Emenda n. 114 altera a redação do art. 22, III, "e", do Substitutivo, para excluir do relatório do administrador judicial o apontamento da responsabilidade civil e penal dos envolvidos. A Emenda n. 115 visa a aperfeiçoar a redação do art. 40 do Substitutivo, substituindo a oração "não será deferido provimento liminar, de caráter cautelar ou antecipatório dos efeitos da tutela" por "e vedado o deferimento de liminar, de caráter cautelar ou antecipatório dos efeitos da tutela". A Emenda n. 116 prevê que, no § 1º do art. 26, explicite-se que o comitê de credores poderá funcionar com apenas um representante. As Emendas de ns. 117 e 118 aperfeiçoam a redação do parágrafo único do art. 164 do Substitutivo, que passa a fazer menção a "sentença" e não a "decisão" em relação à homologação do plano de recuperação judicial e ao julgamento da improcedência do pedido de falência. A Emenda n. 119 corrige a redação do art. 62 do Substitutivo, eliminando a expressão "durante ou após o período previsto no § 2º". A Emenda n. 120 acrescenta um parágrafo ao art. 71, a fim de que, no caso de plano especial de recuperação judicial para micro e pequenas empresas, exija-se a regularização das obrigações trabalhistas no prazo de 180 dias. A Emenda n. 121 altera a redação do art. 161 do Substitutivo, prevendo que todos os credores deverão ser convocados para a apresentação do plano de recuperação extrajudicial, que vinculará mesmo os que não aderirem, desde que seja aprovado por dois terços dos credores e preveja "pagamento integral aos pequenos credores, cujo valor será definido no próprio plano em vista da razoabilidade e proporcionalidade em relação ao montante do passivo".

A Emenda n. 122, da senadora Lúcia Vânia, propõe a alteração ao art. 49 do Substitutivo, para explicitar a exclusão das importâncias decorrentes de ACCs dos efeitos da recuperação extrajudicial.

As Emendas de ns. 123 e 124, de autoria do senador Rodolpho Tourinho, constituem reiteração respectivamente das Emendas de ns. 79 e 78, adaptadas, porém, ao Substitutivo apresentado. A Emenda n. 123 prevê expressamente que o parcelamento tributário a que se refere o art. 68 do Substitutivo aplica-se às microempresas e às empresas de pequeno porte. A Emenda n. 124 modifica o art. 86, II, do Substitutivo, para retirar a expressão "desde que o prazo total da operação, inclusive eventuais prorrogações, não exceda o previsto nas normas específicas da autoridade competente", o que retira qualquer limitação à restituição de importâncias decorrentes de ACCs.

A Emenda n. 125, de autoria da senadora Lúcia Vânia, propõe o acréscimo de dois parágrafos ao art. 49, para prever a possibilidade de substituição ou renovação de garantias sobre recebíveis caso se vençam ou sejam liquidadas durante a recuperação judicial. Além disso, prevê que, caso a garantia não seja satisfatória, o crédito será tratado como extraconcursal.

As Emendas de ns. 126 a 130, de autoria do senador Eduardo Suplicy, propõem alterações ao Substitutivo apresentado. A Emenda n. 126 restringe-se a modificar a ordem de apresentação do adjunto adverbial do § 5º do art. 6º do Substitutivo. A Emenda n. 127 visa a aprimorar a redação do § 1º do art. 7º do Substitutivo, dispondo expressamente que os credores manifestarão suas divergências "mediante habilitação de crédito". A Emenda n. 128 propõe o acréscimo de um inciso VII ao art. 84, para classificar como crédito extraconcursal as "restituições em dinheiro". A Emenda n. 129 aumenta o prazo para o administrador judicial manifestar-se sobre o cumprimento de contratos bilaterais, de 10 para 30 dias, caso o comitê de credores esteja constituído. A Emenda n. 130 objetiva aprimorar a redação do *caput* art. 186 do Substitutivo, fazendo remissão ao art. 22, III, "e", e substituindo a expressão "exposição" por "relatório".

Durante a reunião desta Comissão realizada em 27.4.2004, o PLC n. 71, de 2003, recebeu mais 12 Emendas, com numeração de ns. 131 a 142, e para as quais foram proferidos pareceres orais, reduzidos a termo ao final deste relatório.

As Emendas de ns. 131 a 134 são de autoria do senador Antônio Carlos Valadares e constituem reiteração, respectivamente, das Emendas de ns. 5, 4, 3 e 6, com redação adaptada ao texto do Substitutivo. A Emenda n. 131 propõe a possibilidade de a Fazenda Pública requerer a falência de empresas com débitos tributários. A Emenda n. 132 prevê o pagamento dos credores trabalhistas tão logo haja disponibilidade de caixa e exige a apresentação de certidão negativa da Justiça do Trabalho juntamente com a petição inicial da recuperação judicial. A Emenda n. 133 elimina o direito de restituição dos ACCs e dos valores entregues ao devedor por credores de boa-fé em operações declaradas ineficazes ou revogadas na falência. A Emenda n. 134 estabelece que os créditos trabalhistas preferem aos créditos extraconcursais.

As Emendas de ns. 135 a 142, de autoria do senador Tasso Jereissati, propõem modificações ao Substitutivo. A Emenda n. 138 dispõe que o trabalhador vota com a classe dos trabalhadores na assembléia-geral de credores, ainda que não possua créditos. As Emendas de ns. 136 e 137 prevêem novo desenho para a recuperação judicial, em que há submissão da minoria à decisão da maioria. A Emenda n. 138 exclui dos efeitos da recuperação judicial os ACCs e os contratos garantidos por direitos creditórios com prazo não superior a 90 dias. A Emenda n. 139 determina que os direitos relativos aos ACCs não ficam sujeitos à suspensão na recuperação judicial. A Emenda n. 140 acrescenta parágrafo ao art. 50 do Substitutivo, dispondo que, "nos contratos em moeda estrangeira, a variação cambial será conservada como parâmetro de indexação da correspondente obrigação". A Emenda n. 141 substitui o leilão por lances orais pelo "leilão pela rede mundial de computadores". A Emenda n. 142 acrescenta ao art. 59 do Substitutivo a expressão "observado o disposto no parágrafo único do art. 50 com relação às garantias reais, que serão mantidas", a fim de deixar claro que a novação das obrigações sujeitas à recuperação judicial não implica perda das garantias.

Além das alterações propostas pelas Emendas acima descritas, identificamos alguns outros pontos que, embora não tenham sido objeto de emenda, merecem ser modificados, para aprimorar o Substitutivo apresentado ao PLC n. 71, de 2003. Assim, a fim de consolidar a matéria a ser votada por esta Comissão de Assuntos Econômicos, repetimos as considerações do relatório lido em 13.4.2004, expomos os pontos modificados após a leitura do relatório e examinamos as Emendas apresentadas.

II – Análise

Considerações introdutórias

A proposição que originou o PLC n. 71, de 2003, foi trazida pelo Executivo à apreciação do Congresso Nacional em razão da relativa obsolescência da Lei de Falências, motivada por profundas alterações ocorridas no panorama econômico desde sua entrada em vigor em 1945. Seria de surpreender que diploma tão longevo ainda fosse capaz de reger a complexa temática da insolvência e da falência.

Talvez seja mais que coincidência o fato de a atual Lei de Falências – o Decreto-lei n. 7.661, de 21.6.1945 – ser contemporânea da Conferência de Bretton Woods, de julho/1944, marco da instauração da ordem mundial capitalista no Pós-Guerra, que vigeu praticamente inalterada até o início dos anos 70.

O Pós-Guerra, do ponto de vista econômico, pode ser caracterizado, em uma abordagem concisa, como um período de previsibilidade e de forte regulação. As características e instituições cruciais do sistema de Bretton Woods eram:

a) a paridade dólar-ouro, cuja extinção por ato unilateral dos Estados Unidos, em 1971, pode ser vista como o réquiem do período;

b) a restrita movimentação internacional de capitais financeiros, condizente com um baixo nível de flutuação das várias moedas internacionais;

c) o Fundo Monetário Internacional, no papel de emprestador internacional de última instância, em casos de grave desequilíbrio no balanço de pagamentos dos países-membros.

Desse mundo quase bucólico, se comparado à tumultuada configuração econômica atual, pode-se dizer que restaram apenas um ou outro traço simbólico.

Em primeiro lugar, as moedas internacionais passaram a flutuar consideravelmente em curtos espaços de tempo. Exemplo é a flutuação do dólar em relação ao euro. Desde que este tornou-se moeda conversível, há mais de 4 anos, já oscilou entre 82 centavos de dólar e 1 dólar e 39 centavos. E notável o contraste com a calmaria do Pós-Guerra, em que as antigas moedas da Comunidade Européia, por acordo, não podiam flutuar mais que 1% em relação às demais, e em que o dólar tinha seu valor fixado a uma dada quantidade de ouro.

Em segundo lugar, as barreiras atuais à movimentação de capitais são tênues se comparadas ao estágio anterior, em que as transações financeiras internacionais eram totalmente controladas e ocorriam em escala e freqüência muito menores.

Por fim, o FMI, em que pese a continuar existindo como instituição, é alvo de críticas vindas de todos os quadrantes do pensamento político e econômico. O leque dos que são contra o modelo tradicional de intervenção do FMI vai da direita republicana nos Estados Unidos até a elite dirigente dos principais Países asiáticos, da Esquerda tradicional aos representantes do que há de mais criativo no pensamento econômico não ortodoxo, como, por exemplo, o professor Joseph Stiglitz.

Mas a mudança incessante, a turbulência e a incerteza não são características apenas da macroeconomia. Na esfera microeconômica – aquela que trata da constituição e interação das empresas e dos agentes individuais – a transformação no panorama é igualmente radical:

a) os arranjos societários são cada vez mais complexos – empresas associam-se em crescente gigantismo, por meio de processos de concentração empresarial, com destaque para as fusões e aquisições;

b) empresas importantes praticamente dispensam a propriedade de ativos físicos e tangíveis, tornando-se meramente centros de decisões mercadológicas, de desenvolvimento de produtos e de logística;

c) relações contratuais mais fluidas que o direito de propriedade passam a reger as relações produtivas. Empresas abandonam, por exemplo, a propriedade do capital fixo, que é substituída por contratos de alienação fiduciária ou de arrendamento mercantil operacional (*leasing* operacional);

d) formas tradicionais de garantia, como a hipoteca e o penhor, perdem gradualmente sua efetividade, à vista da proliferação de novas formas de contratos, como a securitização de recebíveis, a alienação fiduciária de imóveis, a cessão de direitos creditórios e os instrumentos financeiros chamados derivativos.

Isso para não falar do turbilhão que agita as relações de trabalho. A terceirização de mão-de-obra, a multiplicação das cooperativas de trabalho e a expansão da prestação de serviços por firmas individuais são apenas alguns dos sintomas da ruptura dos antigos padrões de emprego.

Há muito considera-se que o interesse social mais frágil é o da classe trabalhadora. Obviamente, há a necessidade de se proteger os trabalhadores, mas, hoje, não podemos deixar de incorporar duas lições históricas. Primeiro, a de que o assalariamento, por si só, não implica hipossuficiência ou desamparo dos trabalhadores. Como comparar o executivo internacional ou o consultor especializado, ainda que recebam apenas salários, com o empacotador dos supermercados, também um assalariado? Igualar essas duas situações seria a vitória do formalismo sobre a inteligência, da simplificação burocrática sobre a justiça. A segunda lição histórica que não se pode negligenciar é a de que o interesse social dos mais fracos não é apenas o dos trabalhadores, dos que têm emprego, mas também dos desempregados, dos subempregados e dos excluídos em geral.

Em resumo, o quadro econômico, político e social mudou dramaticamente. A realidade bem-comportada do Pós-Guerra verdadeiramente explodiu numa miríade de novas estruturas sociais e econômicas cujas fronteiras são imprecisas e de caráter ainda pouco definido.

A realidade sobre a qual se debruçou Trajano de Miranda Valverde para erigir esse verdadeiro monumento do Direito pátrio, que é a Lei de Falências de 1945, não mais existe. Como toda obra humana, a Lei de Falências é histórica, tem lugar em um tempo específico e deve ter sua funcionalidade constantemente avaliada à luz da realidade presente. Tomar outra posição é enveredar pelo caminho do dogmatismo. A modernização das práticas empresariais e as alterações institucionais que moldaram essa nova concepção de economia fizeram necessário adequar o regime falimentar brasileiro à nova realidade.

Nesse sentido, nosso trabalho pautou-se não apenas pelo objetivo de aumento da eficiência econômica – que a lei sempre deve propiciar e incentivar – mas, principalmente, pela missão de dar conteúdo social à legislação. O novo regime falimentar não pode jamais se transformar em *bunker* das instituições financeiras. Pelo contrário, o novo regime falimentar deve ser capaz de permitir a eficiência econômica em ambiente de respeito ao direito dos mais fracos.

É nessa perspectiva que o Projeto traz como grande novidade instrumentos, hoje inexistentes, que permitirão às empresas recuperáveis a superação de conjunturas adversas. Pode haver objetivo mais favorável aos trabalhadores do que esse? O que se pretende é dar condições às empresas viáveis de se manterem ativas. É claro que, muitas vezes, serão necessárias profundas reorganizações administrativas. Mas o importante é que os trabalhadores não sejam vitimados pelo efeito social mais deletério das falências: o desemprego que decorre da desintegração pura e simples de empresas falidas.

Em lugar da atual concordata – um regime ao qual poucas empresas conseguem sobreviver e que tem como desfecho mais freqüente a decretação da falência –, criam-se as opções da recuperação extrajudicial e da recuperação judicial. No primeiro caso, propomos um modelo em que não seja compulsória a participação de todos os credores e em que apenas os mais relevantes sejam chamados a renegociar seus créditos, de forma a permitir a reestruturação da empresa sem comprometimento das características, prazos e valores dos créditos pertencentes aos demais credores. Na recuperação judicial, um processo mais formal e realizado sob controle da Justiça, os credores devem formar maioria em torno de um plano de recuperação. Se o plano não for aprovado ou não atingir suas metas de recuperação, aí, sim, caberá ao juiz decretar a falência.

Ainda antes de iniciar a discussão das mudanças de conteúdo do Substitutivo que propomos, cabem mais algumas outras reflexões introdutórias, essas mais relacionadas ao papel do Direito no desenvolvimento institucional.

A lei deve guardar consonância com a realidade social e econômica da época em que é elaborada, prevendo estímulos a comportamentos desejáveis no futuro. Sobre a tentativa de moldar a sociedade ao desenho da lei deve prevalecer o movimento em sentido oposto: o conhecimento desenvolvido pelas ciências sociais deve ser integrado à lei, servindo-lhe de base. A lei deve espelhar o conhecimento do mundo, ao mesmo tempo que deve infundir, na dinâmica social, os valores sociais prevalecentes. O conhecimento do mundo progride, amplia-se, e não estará nunca limitado ao círculo do conhecimento jurídico momentâneo.

E mais, quando consideramos as ciências sociais, o próprio objeto do conhecimento está em constante mutação. Dessa forma, devemos abandonar velhas crenças e antigos modelos de salvaguarda jurídica e de resolução de conflitos, que podem ter-se tomado obsoletos, a despeito de terem funcionado bem em época anterior.

Se estivermos prontos a aceitar o diálogo com as demais áreas do conhecimento e tivermos a humildade de confrontar nossas certezas doutrinárias com as evidências que nos cercam, estaremos aptos a atingir o objetivo mais elevado do legislador-jurista: fazer da lei um instrumento da sociedade para atingir, com menor esforço e maior justiça, o bem-estar social condizente com a etapa de desenvolvimento em que nos encontramos.

Mudanças de forma e de estrutura no PLC n. 71, de 2003

A fim de conhecer as opiniões dos diversos segmentos da sociedade sobre o assunto e democratizar o debate, esta Comissão promoveu, nos meses de janeiro e fevereiro de 2004, audiências públicas acerca do PLC n. 71, de 2003, em que foram ouvidas centrais sindicais, representantes das associações e confederações comerciais e industriais, das micro e pequenas empresas, dos bancos e do Banco Central, das empresas de construção civil, dos produtores rurais, do Poder Judiciário, do Ministério Público, do Governo Federal, e outros especialistas em direito falimentar. Além disso, recebemos numerosas sugestões por escrito, que também contribuíram para o aprofundamento do debate.

Após cuidadoso estudo dos dispositivos do PLC n. 71, com o exame de todas as informações e sugestões apresentadas, chegamos à conclusão de que há aspectos do PLC n. 71 que merecem reexame pelo Congresso Nacional.

Não se pode deixar de reconhecer os méritos do texto finalmente aprovado na Câmara dos Deputados para disciplinar a recuperação de empresas e a falência no Brasil. Novos institutos são criados, muitas controvérsias são resolvidas, várias disposições têm seu conteúdo e sua redação alterados para fazer frente à evolução dos instrumentos empresariais desenvolvidos pelo mercado depois da edição do Decreto-lei n. 7.661, de 1945. A sociedade clama por um estatuto falimentar mais moderno, e o PLC n. 71, de 2003, vem responder a essa necessidade de reforma da lei.

Sem o trabalho da Câmara – especialmente no que tange à pesquisa e ao desenvolvimento dos mecanismos que vêm inovar o atual sistema, modernizando o processo de falência e extinguindo a concordata para abrir espaço para processos mais eficientes de recuperação – seria impossível a esta Casa Legislativa discutir a questão em período tão curto.

No entanto, não obstante suas beneméritas intenções, detectamos alguns pontos no texto elaborado pela Câmara que merecem aprimoramentos ou modificações.

A Lei de Falências que se analisa tem dupla natureza. Por um lado, traz normas de direito processual, indispensáveis à boa condução das falências e das recuperações de empresas. Por outro, prevê regras de direito material, estabelecendo em que hipóteses e sob que condições as pessoas e as sociedades em dificuldades têm direito à tutela do Estado para se recuperar e, caso isso não seja possível, como deve ser conduzido o processo para que sejam afastadas das atividades empresariais.

Em qualquer caso, as regras estabelecidas não afetam somente as empresas em dificuldades, mas também repercutem sobre o planejamento das empresas em regular funcionamento e das pessoas que com elas negociam, pois têm influência sobre a avaliação de riscos e sobre o conjunto das transações que regem o processo econômico. Trata-se, portanto, de matéria com impacto na segurança jurídica de muitos agentes, aí incluídos os trabalhadores, os fornecedores, os financiadores, os investidores e os clientes das empresas.

Ademais, por ser densamente processual e por incidir sobre tantos interesses, nem sempre convergentes, o Projeto de Lei em análise tem como característica a concatenação e a interdependência entre os seus muitos dispositivos, que devem formar um todo orgânico e internamente consistente, sob pena de levar a contradições processuais e a controvérsias interpretativas incompatíveis com a segurança jurídica e a celeridade que se esperam do sistema jurídico.

Dessa forma, em virtude das modificações a que se visa – apresentadas adiante – e das conseqüências sobre os demais dispositivos do Projeto, entendemos mais adequada a elaboração de Substitutivo ao PLC n. 71, de 2003, mesmo porque, dos 222 artigos constantes do texto original, apenas 8 são integralmente aproveitados na redação que propomos.

A Lei de Falências, para cumprir os objetivos a que se propõe, deve apresentar três características fundamentais: primeiramente, deve ser logicamente estruturada, de forma a que seus dispositivos possam ser bem compreendidos no âmbito dos respectivos institutos que pretendem disciplinar; em segundo lugar, seus dispositivos devem ter coerência interna, ou seja, é indesejável que haja repetições, contradições ou omissões que dificultem a aplicação da lei; finalmente, os dispositivos devem ser claros e tecnicamente precisos, para que se reduza, tanto quanto possível, a possibilidade de que controvérsias interpretativas comprometam a segurança jurídica dos interessados.

Identificamos no texto original do PLC n. 71, de 2003, várias incompatibilidades com as características fundamentais acima enunciadas.

Em relação à estrutura, há seções posicionadas em capítulos errados e dispositivos lançados em seções que não lhes dizem respeito. É o caso das Seções II e IV do Capítulo II, que inserem a "classificação de créditos" e o "pedido de restituição" nas "disposições comuns à recuperação judicial e à falência". Ora, só faz sentido falar em classificação de créditos na falência, visto que não há, na recuperação judicial, venda de ativos para rateio entre credores em obediência a uma ordem legal. As partes têm liberdade para negociar o plano de recuperação e definir a ordem de classificação. O mesmo vale para o pedido de restituição. Dá-se o direito à restituição quando o administrador judicial arrecada bens de terceiros para satisfazer o passivo do falido. Na recuperação judicial não há arrecadação e, portanto, por imperativo lógico, não cabe pedido de restituição.

Outro exemplo é o Capítulo VII, que trata da "recuperação judicial e falência de microempresa e empresa de pequeno porte". Na verdade, os dispositivos desse Capítulo tratam quase exclusivamente da recuperação judicial, sem regular a falência, que, de acordo como o art. 186, segue a regra geral aplicável a qualquer devedor. Assim, esses dispositivos deveriam ser incluídos em uma seção do Capítulo III, mesmo porque, da forma como redigido, o Capítulo VII não define com clareza as normas que se aplicam ou não se aplicam à recuperação judicial de micro e pequenas empresas. Esse ponto será discutido em maior profundidade mais adiante.

Em sentido oposto, há duas seções, uma no capítulo da recuperação judicial e outra no da falência, regulando a atividade do administrador judicial e do comitê de credores. Embora haja diferenças em cada um dos processos, muitas das atribuições do administrador judicial e do comitê de credores são idênticas em ambos, o que faz com que, em sua estrutura atual, o Projeto de Lei repita desnecessariamente muitos dispositivos. Recomenda-se, por isso, que haja uma Seção do Capítulo II sobre as disposições comuns à falência e à recuperação judicial, consolidando a matéria, à semelhança do que ocorre em relação à assembléia-geral de credores.

Vale mencionar, ainda, dispositivos que estão deslocados dos capítulos e seções a que, por lógica, deveriam pertencer. É o caso dos §§ 7º e 9º do art. 7º, que dizem respeito exclusivamente à falência, e, portanto, deveriam localizar-se nas disposições gerais sobre a falência, e não no capítulo das disposições comuns. O mesmo se diga dos arts. 92 e 93, que deveriam estar na seção que trata da arrecadação dos bens do falido, mas encontram-se em suas disposições gerais. Outro exemplo é o art. 82, que trata da compensação. Como somente na falência há o vencimento antecipado das dívidas pendentes, só para essa hipótese faz sentido estabelecer regras especiais de compensação, diferentes das previstas na legislação civil. Assim, o art. 82 teria melhor lugar na seção do pagamento aos credores do que nas disposições gerais sobre a falência e a recuperação judicial. Como último exemplo dessa distorção, os §§ 1º e 2º do art. 159 dizem respeito ao pagamento aos credores, e não à seção dedicada à realização dos ativos, na qual foram inseridos.

Ainda em relação à estrutura, a divisão geral dos capítulos e das seções merece aprimoramentos. O Capítulo III, da recuperação judicial, é dividido em somente duas seções, com a grande maioria das normas concentradas na primeira, intitulada "Das Disposições Gerais". Essa Seção reúne normas muito distintas: umas tratam de conceitos relacionados ao instituto, outras versam sobre os requisitos do pedido, o deferimento do processamento, o procedimento em si, as exigências quanto ao plano de recuperação, entre outras. Entendemos que a falta de subdivisões claras dificulta a compreensão e, assim, prejudica a aplicação da lei. Sugerimos, portanto, sua divisão em cinco seções: "Disposições Gerais"; "Do Pedido e do Processamento da Recuperação Judicial"; "Do Plano de Recuperação Judicial"; "Do Procedimento da Recuperação Judicial"; e "Do Plano Especial para a Recuperação Judicial de Microempresas e de Empresas de Pequeno Porte".

Analogamente, no Capítulo VI, que trata da falência, as duas primeiras seções mesclam uma série de normas de natureza distinta. A Seção I, intitulada "Da Decretação da Falência do Devedor", reúne os elementos caracterizadores da falência e o procedimento para sua decretação. Já, a Seção II, intitulada "Disposições Gerais", traz conceitos (art. 90), normas sobre a arrecadação de bens (art. 93), a lacração de estabelecimento (art. 94), a distribuição dos pedidos de falência e prevenção do juízo (art. 96), a ordem de preferência nos tribunais (art. 97), os deveres do devedor (art. 98), o recurso da sentença que decreta a falência, (art. 100), entre outros. Assim, propomos a reordenação e divisão dessas duas seções em cinco outras: "Disposições Gerais"; "Da Classificação dos Créditos"; "Do Pedido de Restituição"; "Do Procedimento para a Decretação da Falência"; e "Da Inabilitação Empresarial, dos Direitos e dos Deveres do Falido".

No que se refere à coerência interna da lei, verificam-se repetições, contradições e omissões que dificultam a compreensão e prejudicariam a boa aplicação das normas. O art. 52, I, por exemplo, parece estar em contradição com o art. 55, pois o primeiro prevê a convocação da assembléia-geral de credores como requisito da decisão que defere o processamento da recuperação judicial, enquanto o segundo estabelece que a assembléia só será convocada se houver "impugnações" dos credores. O art. 64, em seus incisos I e II, por sua vez, repete o disposto no art. 52, I, no que tange à nomeação do administrador judicial pelo juiz e à convocação da assembléia-geral. Os arts. 148 e 91 contradizem-se de forma ainda mais flagrante, por fixarem prazos de elaboração divergentes para o mesmo relatório. O art. 125 repete o *caput* do art. 7º no que tange à suspensão da prescrição na falência.

Saliente-se também a falta de uniformidade terminológica em alguns pontos da lei. Apesar de o art. 1º definir como "devedor" os empresários, as sociedades empresárias e as sociedades simples, o Projeto só utiliza o termo "empresa" (art. 11, VI, "b", art. 15, II, art. 50, *caput*, e incisos V, XIV e XVI, art. 51, VIII, IX e X, e art. 59, IV, "b", entre outros) para se referir ao devedor. Em relação à falência, na maioria das vezes se fala corretamente em sua decretação, mas os arts. 98, I, e 191 mencionam "sentença declaratória", no art. 217, § 2º, lê-se a expressão "declarada a falência" e no art. 100 fala-se da "sentença que declarar a falência". Na recuperação judicial, o art. 56 fala em deferimento do plano de recuperação judicial, o art. 57 fala em deferimento da recuperação judicial e o art. 59, V, fala em aprovação do plano pelo juiz.

Ademais, o texto do PLC n. 71, de 2003, omite aspectos indispensáveis à sistematização do processo de falência e de recuperação judicial. Muito embora o Projeto preveja as figuras do administrador judicial e do comitê de credores tanto na falência quanto na recuperação, deixa de estabelecer as atribuições do comitê na falência e do administrador na recuperação judicial. Não há menção aos direitos do falido, à sua inabilitação civil para atividades empresariais ou à perda da administração dos bens da massa falida. Tampouco – e este ponto é especialmente grave – há disciplina para o encerramento do processo de falência após a liquidação do ativo.

Também em relação à clareza e à precisão técnico-jurídica, há dificuldades em alguns dos dispositivos do PLC n. 71, de 2003. Já na ementa e no art.1º utilizam-se expressões ultrapassadas em face do novo regime jurídico de direito privado instituído pelo Código Civil de 2002. A ementa fala em atividades "regidas pelas leis comerciais" e o art. 1º, parágrafo único, IV, fala em "sociedade civil", mesmo após o Código Civil ter promovido a unificação das obrigações civis e comerciais e categorizado as sociedades em simples e empresárias, abandonando a centenária dicotomia entre sociedade civil e sociedade comercial, do regime anterior.

O art. 121 e seu parágrafo único confundem contratos de conta corrente entre empresários, que devem ser encerrados por ocasião da falência, com as contas correntes bancárias, depósitos à vista em instituições financeiras. Os arts. 105 e 106 fazem menção a "administradores solidários por lei". Na verdade, malgrado seja possível a responsabilização pessoal dos administradores por determinadas obrigações da sociedade relacionadas a descumprimento de deveres, violação da lei ou dos estatutos, não se pode confundir essa hipótese com a existência de uma categoria de administrador com responsabilidade solidária e ilimitada pelas obrigações sociais, salvo por disposição legal excepcional, como no caso dos administradores de banco (arts. 39 e 40 da Lei n. 6.024, de 1974).

Na recuperação judicial, o art. 57 parece misturar os conceitos de deferimento do processamento da recuperação judicial e de concessão da recuperação judicial, pois prevê o início da contagem do prazo de suspensão das ações e execuções após "deferida a recuperação judicial", quando obviamente essa suspensão – por servir às negociações que precedem a aprovação do plano pela assembléia, após a qual o juiz decide pela concessão – não faz sentido após o início dos efeitos do plano aprovado. Já, o art. 46 prevê balizamentos para a decisão acerca da viabilidade do plano, o que pode gerar controvérsias referentes à liberdade dos credores para aprovar ou rejeitar o plano na assembléia-geral, liberdade, essa, que não deve sofrer limitações, a fim de evitar que dispositivos com excessivo grau de subjetividade causem discussões judiciais que prejudiquem a segurança jurídica e a eficiência do processo.

Falta clareza às normas que regem os pedidos de restituição, especialmente no art. 26, que pode dar a atender que qualquer direito real, inclusive os de garantia, ensejaria o direito à restituição, com privilégio sobre todos os credores. A disciplina da assembléia-geral de credores, principalmente no que tange aos respectivos quóruns de aprovação (arts. 40 a 44), é de difícil compreensão, o que pode inviabilizar sua aplicação prática. Na recuperação judicial utiliza-se o mesmo termo – "impugnação" – tanto para as objeções dos credores ao plano de recuperação quanto para as discordâncias em relação aos créditos habilitados. Além disso, o texto é ambíguo na descrição da recuperação extrajudicial, pois há dispositivos que parecem sugerir que todos os credores devem necessariamente ser convocados para a discussão do plano, como o art. 74, § 2º, enquanto outros sinalizam para a possibilidade de o devedor escolher os credores submetidos ao plano, como o art. 74, § 3º, e o art. 75, § 1º. O art. 85 não deixa claro se a falência só pode ser pedida com base em obrigações de titularidade de terceiro ou se basta que haja protestos registrados a pedido de terceiros para que a falência seja decretada.

Por fim, há institutos que tiveram sua denominação desnecessariamente alterada pelo PLC n. 71, de 2003, como é o caso da habilitação de crédito, que foi rebatizada "declaração de crédito", o que torna obscura a aplicação da doutrina e da jurisprudência sobre o assunto. Não obstante tenham havido modificações na forma de habilitação, parece conveniente que se deixe claro que se trata do mesmo instituto. Por outro lado, foram repetidas redações de dispositivos do Decreto-lei n. 7.661, de 1945, que não mais se adaptam com perfeição à linguagem modernamente utilizada. É o caso, por exemplo, do art. 122, § 2º, que repete o parágrafo único do art. 48 do Decreto-lei n. 7.661, dispondo que, "nos casos de condomínio de que participe o devedor, deduzir-se-á do quinhão a este pertencente o que for devido aos outros condôminos em virtude do estado de falência", quando seria mais claro e direto dizer que, nos casos de condomínio indivisível de que participe o devedor, o bem será vendido e deduzir-se á do valor arrecadado o que for devido aos demais condôminos.

Esperamos, com os exemplos acima apresentados, ter justificado suficientemente a necessidade de um Substitutivo para regular a falência, a recuperação judicial e a recuperação extrajudicial no ordenamento jurídico brasileiro. Passamos, então, à apresentação do Substitutivo proposto.

Princípios adotados na análise do PLC n. 71, de 2003, e nas modificações propostas

1) *Preservação da empresa:* em razão de sua função social, a empresa deve ser preservada sempre que possível, pois gera riqueza econômica e cria emprego e renda, contribuindo para o crescimento e o desenvolvimento social do País. Além disso, a extinção da empresa provoca a perda do agregado econômico representado pelos chamados intangíveis como nome, ponto comercial, reputação, marcas, clientela, rede de fornecedores, *know-how*, treinamento, perspectiva de lucro futuro, entre outros.

2) *Separação dos conceitos de empresa e de empresário:* a empresa é o conjunto organizado de capital e trabalho para a produção ou circulação de bens ou serviços. Não se deve confundir a empresa com a pessoa natural ou jurídica que a controla. Assim, é possível preservar uma empresa, ainda que haja a falência, desde que se logre aliená-la a outro empresário ou sociedade que continue sua atividade em bases eficientes.

3) *Recuperação das sociedades e empresários recuperáveis:* sempre que for possível a manutenção da estrutura organizacional ou societária, ainda que com modificações, o Estado deve dar instrumentos e condições para que a empresa se recupere, estimulando, assim, a atividade empresarial.

4) *Retirada do mercado de sociedades ou empresários não recuperáveis:* caso haja problemas crônicos na atividade ou na administração da empresa, de modo a inviabilizar sua recuperação, o Estado deve promover de forma rápida e eficiente sua retirada do mercado, a fim de evitar a potencialização dos problemas e o agravamento da situação dos que negociam com pessoas ou sociedades com dificuldades insanáveis na condução do negócio.

5) *Proteção aos trabalhadores:* os trabalhadores, por terem como único ou principal bem sua força de trabalho, devem ser protegidos, não só com precedência no recebimento de seus créditos na falência e na recuperação judicial, mas com instrumentos que, por preservarem a empresa, preservem também seus empregos e criem novas oportunidades para a grande massa de desempregados.

6) *Redução do custo do crédito no Brasil:* é necessário conferir segurança jurídica aos detentores de capital, com preservação das garantias e normas precisas sobre a ordem de classificação de créditos na falência, a fim de que se incentive a aplicação de recursos financeiros a custo menor nas atividades produtivas, com o objetivo de estimular o crescimento econômico.

7) *Celeridade e eficiência dos processos judiciais:* é preciso que as normas procedimentais na falência e na recuperação de empresas sejam, na medida do possível, simples, conferindo-se celeridade e eficiência ao processo e reduzindo-se a burocracia que atravanca seu curso.

8) *Segurança jurídica:* deve-se conferir às normas relativas à falência, à recuperação judicial e à recuperação extrajudicial tanta clareza e precisão quanto possível, para evitar que múltiplas possibilidades de interpretação tragam insegurança jurídica aos institutos e, assim, fique prejudicado o planejamento das atividades das empresas e de suas contrapartes.

9) *Participação ativa dos credores:* é desejável que os credores participem ativamente dos processos de falência e de recuperação, a fim de que, diligenciando para a defesa de seus interesses, em especial o recebimento de seu crédito, otimizem os resultados obtidos com o processo, com redução da possibilidade de fraude ou malversação dos recursos da empresa ou da massa falida.

10) *Maximização do valor dos ativos do falido:* a lei deve estabelecer normas e mecanismos que assegurem a obtenção do máximo valor possível pelos ativos do falido, evitando a deterioração provocada pela demora excessiva do processo e priorizando a venda da empresa em bloco, para evitar a perda dos intangíveis. Desse modo, não só se protegem os interesses dos credores de sociedades e empresários insolventes, que têm por isso sua garantia aumentada, mas também diminui-se o risco das transações econômicas, o que gera eficiência e aumento da riqueza geral.

11) *Desburocratização da recuperação de microempresas e empresas de pequeno porte:* a recuperação das micro e pequenas empresas não pode ser inviabilizada pela excessiva onerosidade do procedimento. Portanto, a lei deve prever, em paralelo às regras gerais, mecanismos mais simples e menos onerosos para ampliar o acesso dessas empresas à recuperação.

12) *Rigor na punição de crimes relacionados à falência e à recuperação judicial:* é preciso punir com severidade os crimes falimentares, com o objetivo de coibir as falências fraudulentas, em função do prejuízo social e econômico que cau-

sam. No que tange à recuperação judicial, a maior liberdade conferida ao devedor para apresentar proposta a seus credores precisa necessariamente ser contrabalançada com punição rigorosa aos atos fraudulentos praticados para induzir os credores ou o juízo a erro.

Naturalmente nem sempre é possível a perfeita satisfação de cada um desses enunciados, principalmente quando há conflito entre dois ou mais deles. Nesses casos, é necessário sopesar as possíveis conseqüências sociais e econômicas e buscar o ponto de conciliação, a configuração mais justa e que represente o máximo benefício possível à sociedade.

Feitas essas observações introdutórias, passamos à apresentação das modificações mais relevantes trazidas pelo Substitutivo que propomos, com a convicção de que constituem as mais adequadas aos princípios aqui apresentados.

Redefinição do universo de incidência da lei: o empresário e a sociedade empresária

O art. 1º do PLC n. 71, de 2003, prevê a aplicação da lei à sociedade empresária, à sociedade simples e ao empresário que exerça profissionalmente atividade econômica organizada para a produção ou circulação de bens ou de serviços. O parágrafo único, no entanto, exclui do regime da lei o artesão, o indivíduo que exerce atividade profissional com o trabalho próprio ou da família, para fins de subsistência, o profissional liberal e sua sociedade civil de trabalho.

O art. 966 do novo CC define *empresário* como aquele que "exerce profissionalmente atividade econômica organizada para a produção ou circulação de bens ou de serviços". O parágrafo único do mesmo artigo exclui da definição "quem exerce profissão intelectual, de natureza científica, literária ou artística, ainda que com o concurso de auxiliares ou colaboradores". O art. 971 estende a definição ao produtor rural que requeira sua inscrição como empresário no Registro Público de Empresas Mercantis. Por fim, o art. 982 relaciona a definição de sociedade empresária ao de empresário, remetendo ao art. 966.

Vê-se, portanto, que, muito embora o art. 1º do PLC n. 71, de 2003, preveja a aplicação do regime de falência e de recuperação para as sociedades simples, seu parágrafo único exclui a grande maioria delas, especialmente quando menciona os profissionais liberais e suas sociedades. Dessa forma, parece mais adequado, a fim de evitar interpretações equivocadas, aproveitar a definição do Código Civil, que é mais precisa, para restringir os regimes disciplinados na lei aos empresários e às sociedades empresárias.

Redução da burocracia e da onerosidade da recuperação judicial

O desenho da recuperação judicial no PLC n. 71, de 2003, salvo pequenos ajustes, é adequado às necessidades das empresas brasileiras. Extinguindo a ineficiente concordata – que se limita a uma moratória das dívidas do concordatário, incapaz de soerguer devedores em dificuldade –, o Projeto abre um amplo leque de possibilidades de reorganização e aumenta, assim, as chances de recuperação efetiva das empresas. O Projeto também acerta ao apontar os credores – que participam do mercado em que está inserido o devedor e são, afinal, os maiores interessados no êxito do processo – como as pessoas mais indicadas para decidir acerca da viabilidade do plano de recuperação preparado pelo devedor.

Entretanto, parece-nos que ainda é possível reduzir, sem prejuízo da boa condução do processo e do amplo acesso à informação, a burocracia e a onerosidade do processo de recuperação judicial. A principal modificação está na supressão dos arts. 53 e 54, que prevêem a necessidade de coleta de propostas para a elaboração de laudo econômico-financeiro e de designação de perito para proceder ao laudo de avaliação dos bens do devedor. Entendemos que, como serão os credores que decidirão acerca da aprovação do plano, cabe ao devedor conhecer o grau de sofisticação de seus credores e demonstrar a viabilidade do pedido de recuperação com documentos condizentes com seu nível de exigência.

Naturalmente, devedores de maior porte, com credores mais exigentes, precisariam investir mais na contratação de empresas de consultoria ou de auditoria especializada para convencer seus credores dos benefícios do plano de recuperação. Já, os credores de empresas menores, com passivo mais singelo e menor complexidade organizacional, provavelmente se contentariam com laudos preparados e assinados por contador habilitado. Em suma, igualar o tratamento dado a situações potencialmente distintas implica prejuízo tanto aos grandes quanto aos menores, pois aqueles poderiam ficar impossibilitados de despender quantias maiores na contratação de empresas especializadas e estes teriam que arcar com custo incompatível com suas atividades.

Assim, eliminamos a necessidade de recebimento de propostas pelo juízo e da designação de perito para a avaliação dos bens. Contudo, para garantir aos credores o acesso à informação, previmos como requisito obrigatório do plano "laudo econômico-financeiro e de avaliação dos bens e ativos do devedor, subscrito por contador ou empresa especializada".

Modificamos, ainda, a redação do § 5º do art. 7º do PLC n. 71, de 2003, não só para torná-lo mais objetivo, mas também e principalmente para dar-lhe redação que deixe claro que o prazo de 180 dias de suspensão das ações e execuções na recuperação judicial é absolutamente improrrogável, mesmo que o atraso na aprovação do plano não se dê por responsabilidade do devedor. A suspensão das ações é medida gravíssima em relação aos direitos dos credores, que só se justifica excepcionalmente, pela necessidade de se conceder ao devedor alguma tranqüilidade para negociar sua recuperação. Abrir a mínima possibilidade de que uma decisão judicial, dessintonizada dos objetivos de eficiência econômica da lei, prorrogue a suspensão, em um processo que seja, significa prejudicar a credibilidade e a avaliação do risco de todas as empresas brasileiras, pois jamais se saberia com certeza por quanto tempo essa suspensão de cunho legal poderia arrastar-se. A melhor solução é o estabelecimento de um prazo único, de 180 dias contados do deferimento do processamento da recuperação judicial, findo o qual as ações e execuções voltam a correr normalmente, independentemente de pronunciamento judicial. Dessa maneira, a lei estimula a conduta diligente do devedor, que deverá apresentar a seus credores um plano viável e envidar seus melhores esforços para que seja aprovado em 180 dias, já que, se não o for, as ações e execuções iniciarão ou continuarão seu curso, reabrindo-se a possibilidade de decretação da falência por inadimplemento de obrigações anteriores ao pedido de recuperação.

Demais disso, inserimos a obrigatoriedade de comprovação da regularidade do empresário para o pedido de recuperação judicial, a fim de desestimular o exercício de empresa irregular e reduzir a possibilidade de utilização desse instituto para fraudar credores.

Por fim, vale mencionar que acrescentamos um item à relação dos documentos que devem acompanhar o pedido de recuperação judicial: o relatório gerencial de fluxo de caixa da empresa e sua projeção. Esse documento talvez seja o mais importante para se avaliar a viabilidade do plano, pois espelha a capacidade de pagamento do devedor e permite a avaliação econômica da empresa como um todo.

Plano especial de recuperação judicial para microempresas e empresas de pequeno porte

No PLC n. 71, de 2003, há um capítulo dedicado exclusivamente à falência e à recuperação judicial de microempresa e de empresa de pequeno porte. Já nos manifestamos em relação ao fato de que, na realidade, esse capítulo trata somente da recuperação judicial. Também já apresentamos nossas objeções à falta de clareza a respeito da aplicabilidade dos dispositivos gerais da recuperação judicial ao procedimento especial aplicável à microempresa. Cabe ressaltar, aqui, que a insegurança jurídica causada por essa falta de clareza tem como vítimas as próprias micro e pequenas empresas, que seriam submetidas a um regime jurídico obscuro, com prejuízo ao planejamento de suas atividades e à avaliação de risco feita por suas contrapartes.

Além disso, se se reconhece que, nos moldes atuais, o processo de concordata é ineficiente para a recuperação de empresas em dificuldades, por que não possibilitar às micro e pequenas empresas acesso aos mecanismos mais modernos previstos no Projeto? As micro e pequenas empresas representam a esmagadora maioria dos empreendimentos no Brasil, e excluí-las da nova recuperação judicial seria condenar o regime à aplicação meramente excepcional.

Admite-se, todavia, que o processo de recuperação judicial pode tornar-se excessivamente oneroso para algumas empresas, principalmente no que tange aos custos para a convocação e realização de uma assembléia-geral de credores para deliberar sobre o plano de recuperação. Entendemos indispensável a previsão de um plano simplificado e preestabelecido na lei para a recuperação judicial de micro e pequenas empresas, que dispense a aprovação da assembléia-geral de credores e, assim, reduza a onerosidade do processo.

Dessa forma, propomos um plano especial que, nos moldes da atual concordata, envolva somente credores quirografários, com parcelamento de seus créditos em 36 parcelas mensais e sucessivas, vencendo-se a primeira 180 dias após o pedido de recuperação. Esse prazo é mais longo que os atuais 2 anos concedidos para o pagamento na concordata atualmente em vigor. Ademais, a disciplina do plano especial como seção do capítulo destinado à recuperação judicial deixa claro que todos os dispositivos gerais aplicam-se à recuperação de micro e pequenas empresas, exceto no que tange à realização de assembléia-geral para a aprovação do plano, eliminando-se a insegurança do sistema anterior.

Por não passar pelo crivo da assembléia-geral de credores, que pode, além de analisar a viabilidade do plano, levar em consideração a boa-fé e a seriedade com que o devedor trata suas obrigações, a recuperação judicial com base no plano especial que propomos precisa estar sujeita a limitações e requisitos mais rigorosos, a fim de evitar o abuso pelos devedores. Por isso é que se prevê forma rígida e prazo de oito anos entre uma concessão e a seguinte. Se não houvesse essa previsão, as empresas poderiam, nos termos do art. 47, II, independentemente da concordância dos credores e com o pálio da lei, passar três anos e meio em recuperação judicial e somente um ano e meio em atividade regular, até pedir nova recuperação, em um círculo vicioso nocivo ao processo econômico, agredindo o interesse social por meio do uso oportunista contumaz de um remédio extremo.

Saliente-se, ainda, que a inclusão de créditos não quirografários e a maior flexibilidade nos termos do plano especial, ao contrário do que pode parecer em um exame desatento e ingênuo do assunto, trariam prejuízo, e não benefício, às micro e pequenas empresas, pois o risco envolvido em qualquer negócio realizado com elas seria sobremaneira agravado na avaliação do mercado. Dessa forma, os pequenos teriam o custo do seu crédito aumentado significativamente ou simplesmente perderiam acesso ao financiamento de sua atividade. Portanto, a lei não deve estimular o descumprimento dos termos pactuados entre as partes para o adimplemento das obrigações, pois tal leniência implicaria benefício à minoria incapaz de cumprir seus deveres, em total detrimento da grande maioria, que trabalha regular e eficientemente e que, mesmo assim, estaria condenada ao suplício empresarial.

Impossibilidade de venda ou retirada de bens durante o período de suspensão de ações contra o devedor na recuperação judicial e exclusão do tratamento preferencial dado a credores garantidos com penhor sobre direitos creditórios, títulos e valores mobiliários

A Lei de Falências busca conciliar dois objetivos muitas vezes conflitantes: reduzir os custos financeiros no País, por tornar mais rápidas e efetivas as execuções de garantia, e criar um ambiente favorável para que empresas sólidas, conjunturalmente em dificuldades, possam reestruturar-se economicamente e, com isso, conservar ativos intangíveis e manter empregos.

Segundo as regras estabelecidas para a recuperação judicial, o deferimento de seu processamento implica suspensão das ações e execuções contra o devedor pelo prazo de 180 dias. No entanto, a redação dada ao art. 48, § 3º, do PLC n. 71, de 2003, prevê a prevalência, na recuperação judicial, das condições contratuais originais quanto a créditos garantidos por alienação fiduciária ou decorrentes de arrendamento mercantil (*leasing*). Com isso, faculta-se a esses credores a busca e apreensão de bens de sua propriedade que se encontrem em poder do devedor. Essa situação prejudica as chances de recuperação de empresas que dependam desses bens para a continuação de suas atividades. Tome-se como exemplo uma indústria gráfica que tenha arrendado as máquinas impressoras com as quais trabalha. Se se der o direito ao arrendador de retirar essas máquinas durante o período de suspensão que caracteriza o início da recuperação judicial, fica inviabilizado o soerguimento da empresa, pois nenhum plano de recuperação será viável se a empresa não contar nem mesmo com a maquinaria indispensável à sua produção.

Por outro lado, não se pode negar aos credores proprietários o direito de reaver seus bens, sob pena de se comprometer a segurança que caracteriza esses contratos e, assim, reduzir a efetividade de instrumentos que, reconheça-se, têm proporcionado, nas modalidades de crédito com garantia mais segura, como a alienação fiduciária, taxas de juros bastante inferiores à média praticada no País.

Do ponto de vista prático, essa conciliação de interesses exige do legislador parcimônia na utilização de remédios extremos. No caso da alienação fiduciária e de outras formas de negócio jurídico em que a propriedade não é do devedor, mas do credor, é preciso sopesar a proteção ao direito de propriedade e a exigência social de proporcionar meios efetivos de recuperação às empresas em dificuldades.

Por isso, propomos uma solução de equilíbrio: não se suspendem as ações relativas aos direitos dos credores proprietários, mas elimina-se a possibilidade de venda ou retirada dos bens durante os 180 dias de suspensão, para que haja tempo hábil para a formulação e a aprovação do plano de recuperação judicial. Encerrado o período de suspensão, todos os direitos relativos à propriedade são devolvidos ao seu titular. Como essas obrigações não se sujeitam à recuperação judicial, naturalmente o plano aprovado deverá prever o pagamento desses credores em condições satisfatórias, sob pena de estes exercerem o direito de retirada dos bens e inviabilizarem a empresa. A inspiração para essa solução decorre do disposto no art. 170 da Constituição, que tutela, como princípios da ordem econômica, o direito de propriedade e a sua função social.

Feitas essas considerações sobre a necessária conciliação entre o direito de propriedade e a proteção mínima necessária à eficácia do processo de recuperação judicial, cabe tratar de questão semelhante: a previsão, na recuperação judicial, da continuação das ações e execuções para recebimento de créditos garantidos por penhor sobre créditos. Como no caso precedente, trata-se de conflito de interesses entre credores e entre credores e devedores, embora não esteja em jogo o direito de propriedade, mas a efetividade da garantia real.

No PLC n. 71, de 2003, prevê-se a suspensão de todas as ações e execuções contra o devedor no período de suspensão da recuperação judicial, exceção feita (a) às ações relativas a quantias ilíquidas, (b) às ações de natureza trabalhista e (c) às ações relativas a créditos com garantia pignoratícia sobre títulos de crédito, direitos creditórios, aplicações financeiras e valores mobiliários (art. 52, VI, do PLC n. 70, de 2003). Decidimos eliminar a última exceção, uma vez que o penhor, como garantia real que é, deve ser colocado na mesma condição das demais garantias reais. Não excluída a exceção do texto do PLC n. 71, de 2003, os respectivos credores teriam a prerrogativa de violar o princípio da *par conditio creditorum*, ou seja, poderiam "furar a fila" de recebimentos e ter precedência inclusive sobre os credores tributários, trabalhistas e sobre os demais credores garantidos, o que não parece adequado.

Além de não ter guarida em argumento de caráter social, a prioridade que se concederia a esses créditos também não tem fundamento na racionalidade econômica, mesmo porque a Lei de Falências em vigor não traz semelhante previsão e não foram apresentados elementos capazes de demonstrar a conveniência do reforço dessas garantias em detrimentos dos demais credores.

Exclusão da sucessão tributária e trabalhista

O PLC n. 71, de 2003, em conjunto com o PLC n. 70-Complementar, de 2003, delimitou de forma inovadora e criteriosa os efeitos sobre a sucessão tributária da alienação da empresa ou de suas unidades produtivas nas situações de falência. Definiu-se que não haverá sucessão tributária para o adquirente, como forma de melhor garantir os direitos dos trabalhadores e do Fisco e permitir maior eficiência econômica nesses processos. A razão é que a alienação da empresa em bloco, ou por unidades produtivas nos casos menos favoráveis, mantém a organicidade dessas estruturas e, por isso, preserva o patrimônio intangível.

Ao estabelecer a oferta para a compra da empresa, os interessados evidentemente levam em consideração todos os fatores que possam diminuir o valor do negócio. Se a empresa oferecida leva consigo a carga das obrigações tributárias anteriores à venda, não pode haver dúvidas de que o mercado não negligenciará essa informação, e o valor oferecido naturalmente sofrerá a redução correspondente às obrigações transferidas ao arrematante. No entanto, como essas obrigações estão cercadas de incertezas quanto a seu valor, é bastante comum que a estimativa dessa dívida potencial seja superestimada. Com isso, os valores de venda podem ser sistematicamente rebaixados. Como é a venda dos ativos, em conjunto ou em separado, que garante os créditos trabalhistas e tributários, é do interesse do Fisco e dos trabalhadores que o valor de venda seja maximizado. Assim, embora pareça contrário à intuição, a sucessão não traz vantagens aos cofres públicos ou aos trabalhadores.

Economicamente, poder-se-ia argumentar que a sucessão tributária constitui garantia ao Fisco em razão de os bens que compõem o ativo da empresa serem de difícil ocultação e de pouca liquidez. Se transformados em dinheiro, tais bens seriam facilmente dissipáveis, por expedientes conhecidos e que dispensam explicitação. Nesse caso, as garantias do Fisco poderiam ser reduzidas, já que a sub-rogação do crédito tributário no produto da venda não passaria de uma falácia.

Entretanto, tal argumento, não obstante defensável na hipótese de funcionamento normal da empresa, não se coaduna com a venda em hasta pública no processo de falência. Após a decretação da quebra, os administradores retiram-se da empresa e não mais podem utilizar-se dos mencionados expedientes para dissipar o valor obtido com a alienação. Em vez disso, os valores arrecadados são depositados em conta movimentável somente pelo juízo competente. Assim, ainda que transformados em numerário, a sub-rogação do passivo tributário nos valores apurados seria plenamente eficaz, uma vez que não seria lícito ao juízo violar a ordem de preferência no rateio do produto da arrecadação. Por essa razão, excluiu-se expressamente a sucessão tributária nas alienações judiciais realizadas na falência.

O mesmo raciocínio é aplicável com maior razão à sucessão do arrematante nas obrigações trabalhistas do falido, pois são os trabalhadores os primeiros credores na ordem de recebimento do produto da realização dos ativos do falido. Viabilizando-se a venda e maximizando-se o valor obtido pela empresa pela exclusão da sucessão trabalhista, ganham os trabalhadores, que terão maiores chances de obter o pagamento integral de seus créditos.

Mais ainda, a alienação da empresa como unidade produtiva não beneficia os trabalhadores somente em relação ao recebimento de seu crédito, mas também – e talvez principalmente – no que tange à preservação de seus empregos. Se não for possível a venda em bloco, os bens da massa serão vendidos em separado e, nesse caso, além de o agregado econômico se perder, nenhum dos empregados poderá ser mantido.

O PLC n. 71, de 2003, não prevê expressamente a exclusão da sucessão trabalhista na falência, omitindo- se ao afirmar, no art. 153, § 4º, simplesmente que a alienação "estará livre de qualquer ônus e não acarretará a sucessão do adquirente nas obrigações do devedor". Entendemos necessário, para que a matéria fique absolutamente clara, mencionar expressamente que a venda da empresa em hasta pública não implica sucessão trabalhista e que os empregados do devedor contratados pelo arrematante serão admitidos mediante novos contratos de trabalho.

Benefícios diretos aos trabalhadores

Além das medidas de preservação da empresa, que implicam benefícios indiretos aos trabalhadores, em razão do estímulo à atividade produtiva, com manutenção dos empregos existentes e criação de novas oportunidades de trabalho, o Substitutivo que propomos traz três inovações que representam vantagens diretas aos trabalhadores nos processos de falência e de recuperação judicial: o limite individual para a preferência do crédito trabalhista; a superprioridade das parcelas salariais vencidas nos três meses anteriores à falência ou ao pedido de recuperação judicial; e a votação por cabeça nas deliberações sobre o plano de recuperação.

1) *Limite para a preferência do crédito trabalhista:* o crédito trabalhista é o primeiro na ordem de preferência para recebimento na falência. A criação de um limite para essa preferência dos trabalhadores chegou a ser debatida na tramitação do Projeto na Câmara dos Deputados. No entanto, não se compreendeu, naquela oportunidade, que essa limitação não prejudica os interesses dos trabalhadores, mas, muito ao contrário, pode justamente assegurar sua preferência no recebimento dos seus créditos. Parece-nos, todavia, que a supressão do limite estava mais ligada a interpretações equivocadas, de conteúdo simbólico e ideológico, do que propriamente por seus verdadeiros reflexos sobre os direitos dos trabalhadores brasileiros.

O objetivo da limitação à preferência do crédito trabalhista é evitar abuso freqüente no processo falimentar, pelo qual os administradores das sociedades falidas, grandes responsáveis pela derrocada do empreendimento, pleiteiam – por meio de ações judiciais milionárias e muitas vezes frívolas, em que a massa falida sucumbe em razão da falta de interesse em uma defesa eficiente – o recebimento de altos valores, com preferência sobre todos os outros credores e prejuízo aos ex-empregados que efetivamente deveriam ser protegidos, submetendo-os a rateios com os ex-ocupantes de altos cargos. Tal modificação, longe de piorar a situação dos trabalhadores, garante a eles maior chance de recebimento, pois reduz-se a possibilidade de verem parte significativa do valor que deveriam receber destinada ao pagamento dos altos valores dos quais os ex-administradores afirmam ser credores trabalhistas.

No Senado Federal, porém, a questão foi finalmente esclarecida e, na audiência pública realizada nesta Comissão de Assuntos Econômicos em 5.2.2004, as duas maiores centrais sindicais brasileiras pronunciaram seu apoio à limitação da preferência do crédito trabalhista. Propomos, portanto, a criação de um limite à preferência do crédito trabalhista de 150 salários mínimos por trabalhador. O valor que superar o limite deverá ser inscrito no quadro geral como crédito quirografário. Ressalte-se, para que não restem dúvidas, que não haverá limite para a preferência do crédito decorrente de acidente de trabalho, haja vista a baixa probabilidade de que sirva como instrumento de fraude pelos ex-administradores.

Segundo os dados mais recentes do TST, o número de julgados e conciliações na Justiça do Trabalho no ano de 2002 foi de aproximadamente 1,6 milhões. O mesmo Tribunal estima que o valor nominal dos valores pagos naquele ano nos feitos trabalhistas foi de aproximadamente 4 bilhões de reais. Desse modo, a média dos valores pagos na Justiça do Trabalho foi próxima de R$ 2.400,00. Levando-se em conta o salário mínimo de R$ 200,00 vigente à época, as indenizações, em média, foram de 12 salários mínimos. Considerando-se a estrutura extremamente concentrada da renda no Brasil, o limite superior de 150 salários mínimos (hoje equivalente a R$ 39 mil) afetará número reduzidíssimo de assalariados, entre os quais estarão, exclusiva ou primordialmente, os ocupantes de cargos elevados na hierarquia administrativa das sociedades.

Por fim, saliente-se que a preferência dos trabalhadores tem como fundamento, além da hipossuficiência do proletário, a natureza alimentar de seu crédito. Em outras palavras, garante-se ao trabalhador o recebimento prioritário na falência porque, se não receber, não terá condições de prover o sustento próprio e de sua família. Parece claro que esse fundamento não subsiste em situações em que os valores superem cifra tão elevada.

2) *Superprioridade de créditos trabalhistas de natureza salarial:* a classificação dos créditos na falência posiciona os trabalhadores como os primeiros a receber o produto da realização dos ativos do falido. Isso é verdade tanto na legislação atual quanto no PLC n. 71, de 2003, e no Substitutivo que propomos. Há, contudo, situações em que não se pode deixar de satisfazer outras obrigações antes de proceder ao pagamento dos trabalhadores. É o caso do direito à restituição. Não seria justo nem faria sentido que bens de terceiros que se encontrem no estabelecimento do devedor no momento da falência sejam arrecadados e vendidos para pagamento dos débitos do falido. Assim, dá-se aos proprietários desses bens a prerrogativa de exigir a restituição específica do bem arrecadado indevidamente, antes que se inicie o rateio entre os credores.

No entanto, a lei criou hipóteses em que, por razões lógicas ou em virtude de relevante motivo de ordem social e econômica, prevê-se o direito de restituição em dinheiro, como no caso de o bem de terceiro já ter sido vendido ou no caso dos adiantamentos a contratos de câmbio para exportação. Este último foi um dos pontos mais intensamente debatidos tanto na tramitação do projeto na Câmara quanto no Senado.

No adiantamento a contrato de câmbio para exportação, ou ACC, o exportador, após contratar a venda de seu produto a importador no Exterior, procura o agente financeiro e fecha contrato de câmbio, obtendo em moeda nacional o valor que receberia após a entrega do produto. Entregue o produto no Exterior, o importador paga diretamente ao banco, liquidando-se a operação. Caso o exportador não entregue o produto e sua falência seja decretada, o banco pode pedir a restituição da importância adiantada. O ACC já se encontra disciplinado no art. 75, § 3º, da Lei n. 4.728, de 14.7.1965 (Lei do Mercado de Capitais), e teve sua aplicação reiteradamente confirmada pelo STJ, inclusive no que tange à precedência sobre os trabalhistas.

O ACC, atualmente, é o principal instrumento de financiamento da produção para exportação do Brasil. Os exportadores brasileiros pagam nesse tipo de financiamento juros menores que o Estado Brasileiro paga no lançamento de seus papéis no Exterior. Esse baixo custo relativo do financiamento por ACC decorre do baixo risco e da grande segurança jurídica que o revestem. O atual momento político-econômico brasileiro requer grande estímulo às exportações, com o objetivo de equilibrar o balanço de pagamentos por meio da geração de superávits na balança comercial. Esse objetivo pode ser gravemente ameaçado com o comprometimento do principal instrumento de financiamento das exportações. Inviabilizar o ACC significa reduzir as exportações, causar retração na economia e gerar desemprego, o que não interessa a ninguém, especialmente à classe trabalhadora.

Mais uma vez, aqui, é preciso buscar a solução que melhor harmonize os princípios fundamentais que devem permear a Lei de Falências. De um lado, a necessidade de se proteger os trabalhadores e de garantir-lhes a subsistência. De outro, o imperativo de reduzir o custo do crédito. Ponderar esses efeitos contraditórios não é tarefa simples, mas parece-nos que, no atual momento histórico, nada pode ser mais deletério aos trabalhadores que a eliminação de vagas de trabalho em decorrência do arrefecimento do impulso exportador.

A alternativa que encontramos foi definir um valor até o qual os trabalhadores terão prioridade absoluta de recebimento, inclusive sobre as restituições em dinheiro. Esse valor deve satisfazer às necessidades imediatas dos trabalhadores sem comprometer a eficiência dos ACCs.

Propomos que essa superprioridade seja dada às parcelas de natureza estritamente salarial vencidas nos três meses anteriores à decretação da falência ou à distribuição do pedido de recuperação judicial, no limite de cinco salários mínimos por trabalhador. Além de proteger o crédito trabalhista de caráter mais evidentemente alimentar, essa providência evita que o inadimplemento das obrigações salariais possa servir como estratégia para o planejamento da recuperação judicial ou de falências fraudulentas. Por outro lado, o risco que se acrescentará ao ACC será pequeno e, melhor que isso, completamente mensurável.

3) *Votação por cabeça na classe dos trabalhadores:* a regra geral para a deliberação sobre propostas na assembléia-geral de credores é o voto proporcional ao valor do crédito e a aprovação pela maioria dos presentes, independentemente

da natureza do crédito. Nas deliberações sobre o plano de recuperação judicial, contudo, as deliberações são tomadas por classe, observada a proporção do crédito de cada credor.

Na classe dos trabalhadores, as diferenças entre os credores podem implicar inadmissível detrimento dos pequenos, que têm menor capacidade econômica para aceitar descontos ou diferimentos no recebimento, dado que o caráter alimentar das parcelas trabalhistas é tanto maior quanto menor for o crédito.

Propomos, assim que os votos dos trabalhadores nas votações por classe sejam tomados na proporção de um voto por trabalhador, e não em função do valor do crédito de cada um. Com essa medida, a todos os trabalhadores é dado igual peso na votação, o que protege os mais humildes. Em deliberações outras, que não as referentes ao plano de recuperação, os credores votam independentemente de classes e, nesse caso, não é possível mesclar os critérios de votação por valor do crédito e por cabeça. Assim, nas demais deliberações, e também para fins de verificação de *quorum* de instalação, os trabalhadores são contados e votam como todos os demais credores, ou seja, em função do valor de seu crédito.

Recuperação extrajudicial

O Substitutivo traz substancial alteração nos dispositivos que disciplinam a recuperação extrajudicial. No PLC n. 71, de 2003, a recuperação extrajudicial parecia pressupor a participação de todos os credores e a realização de assembléia para a formação de maioria com o fim de aprovar plano de recuperação. Havia aí dois problemas: um de ordem conceitual e outro de ordem procedimental.

O problema de ordem conceitual consiste na presunção de que a recuperação extrajudicial poderia ser útil em situações extremas, em que a debilidade econômico-financeira teria atingido um estágio tão grave que requereria a participação de todos os credores no esforço de recuperação.

Essa suposição torna muito complexa a rede de possibilidades com que devem lidar o legislador e os aplicadores do Direito. Se a recuperação extrajudicial é uma alternativa prévia à recuperação judicial ou à própria falência, a melhor hipótese é supor que a empresa com perfil para utilizar esse instrumento estaria em situação condizente com a realização de negociação parcial, ou seja, com credores selecionados que sejam relevantes o suficiente para que sua aceitação de novas condições de pagamento permita a solução extrajudicial e simplificada das dificuldades por que passa a empresa solicitante. Essa situação permitiria um modelo de negociação parcial que tornaria desnecessária a participação de todos os credores, e, por isso, desnecessária também a imposição da vontade da maioria sobre a minoria dissidente fora do âmbito do processo judicial.

Nesse ponto, fica clara a razão do surgimento do segundo problema, o procedimental. Se os votos da assembléia são definidos pelo valor dos créditos, a recuperação extrajudicial, paradoxalmente, poderia tomar-se uma arena de disputa judicial, em que a minoria irresignada buscaria remédios jurídicos para obstar ao plano de recuperação. O que deveria constituir solução eficiente e desburocratizada de problemas conjunturais de empresas sólidas tornar-se-ia, possivelmente, imbróglio jurídico.

Se é com certa facilidade que se pode constatar a impropriedade de trazer critérios de maioria e de participação involuntária na recuperação extrajudicial, um pouco mais complexa é a defesa da utilidade da recuperação extrajudicial em bases voluntárias com apenas uma parcela dos credores. Uma primeira indagação seria sobre a eficácia de um mecanismo em que apenas parte dos credores participe, arcando com perda econômica, sem que esse peso seja distribuído entre os demais. Qual seria o incentivo para que essa minoria ativa abrisse mão de parte de seus direitos?

A resposta é que o valor econômico de um crédito depende não apenas de seu valor presente, mas também da probabilidade de não pagamento. Todo haver financeiro carrega uma certa probabilidade de risco. Quanto maior a probabilidade de risco, menor o valor econômico do crédito. Se, em função do peso específico de um determinado credor ou de um determinado grupo de credores, estes possam, por si só, criar condições de recuperação de uma empresa em dificuldades, longe de prática altruística, essa providência ajusta-se à mais estrita racionalidade econômica. A perda relativa em termos de valor nominal de um título pode ser mais que compensada pela diminuição do risco de recebimento.

A existência de assimetria entre as situações dos diversos credores também é um elemento importante na exeqüibilidade da recuperação extrajudicial voluntária e parcial. Em caso de dificuldade econômica de um devedor específico, a perda potencial de cada um dos credores pode ser mais ou menos grave, a depender do peso que esse crédito tenha em relação aos ativos totais ou ao patrimônio total do credor em questão. Um débito de alto valor relativo para um credor específico pode significar pouco para outro. Assim, essa assimetria entre as várias situações de cada um dos credores pode facilmente levar à disposição de minorias de arcar integralmente com eventuais custos de recuperação de empresas em dificuldade.

Além dessas considerações, milita contra o sistema previsto no PLC n. 71, de 2003, o fato de ser muito semelhante à recuperação judicial, não havendo justificativa para a instituição de dois procedimentos tão parecidos. É mais eficiente que a lei preveja dois instrumentos diferentes para devedores em situações diferentes. Assim, a recuperação extrajudicial deve servir a devedores em situação menos calamitosa que a daqueles com necessidade de recuperação judicial. A recuperação judicial deve ser encarada como recurso último dos empresários e sociedades em dificuldades, mesmo porque implica gravíssimas medidas em relação ao direito dos credores, como a submissão até mesmo daqueles que não concordarem com as condições oferecidas pelo devedor no plano de recuperação.

Propomos, portanto, um novo modelo de recuperação extrajudicial, em que o devedor pode selecionar e convocar seus credores para a apresentação de plano, que terá efeitos somente sobre aqueles que a ele expressamente aderirem.

Prevê-se, ainda, a homologação judicial do plano de recuperação extrajudicial, a fim de conferir-lhe maior segurança jurídica. O juiz, para homologar o plano, ouvirá o Ministério Público e os credores não signatários, e verificará se suas cláusulas não contêm atos capazes de ensejar a falência do devedor e se não há a intenção de prejudicar outros credores. Assim, reduz-se a possibilidade de que a maior liberdade concedida na recuperação extrajudicial abra margem a fraudes por parte do devedor e dos credores que selecionar. O plano de recuperação extrajudicial não poderá, por exemplo, implicar o reforço das garantias dos credores que participarem de renegociação, por tratar-se de ato falimentar nos termos do art. 94, III, "e", do Substitutivo.

Disposições penais – Dos crimes em espécie

Em primeira ordem, o Substitutivo cuidou de nominar todas as infrações penais, como, por exemplo, "fraude a credores", "contabilidade paralela", "violação de sigilo empresarial", "divulgação de informações falsas", "indução a erro", "favorecimento de credores", entre outras. Essa estratégia reflete melhor a tradição legislativa brasileira em matéria penal, além de facilitar a interpretação dos respectivos tipos legais de crime.

O crime de fraude a credores ganhou contornos mais precisos, especialmente no que se refere à circunstância de tempo ("antes ou depois da sentença que decretar a falência ou a recuperação judicial"). É que a expressão "credores da massa falida", constante do art. 201 do PLC n. 71, de 2003, limitava a punibilidade aos atos fraudulentos praticados após a decretação da falência.

Por outro lado, as condutas do § 1º do art. 201 do PLC n. 71, de 2003, seriam meramente descritivas, porquanto abrangidas pelo *caput* do dispositivo. No Substitutivo propõe-se a criação de uma nova causa de aumento da pena (de um sexto a um terço), caracterizando especial reprovação quando a conduta criminosa consiste na utilização de determinados expedientes fraudulentos.

A par de outras pequenas alterações técnicas e redacionais nos incisos do § 1º, incluiu-se a destruição, inutilização ou ocultação dos documentos de escrituração contábil obrigatórios, até porque já havia o precedente do inciso VIII do art. 188 do Decreto-lei n. 7.661, de 21.6.1945.

Na parte que trata do "concurso de pessoas" não alcançamos as razões para delimitar a responsabilidade penal de contadores, auditores, técnicos contábeis e de outros profissionais aos incisos I a IV do § 1º do art. 201 do PLC n. 71, de 2003, o que representaria uma regra mais benéfica que a prevista no art. 29 do CP. Com efeito, o Substitutivo estende a responsabilidade dos referidos profissionais a todas as formas de fraude a credores.

Por outro lado, foram acrescidas ao crime de "violação de sigilo empresarial" duas novas modalidades típicas ("explorar" e "divulgar"), pois tais condutas representam formas igualmente reprováveis de uso indevido do referido sigilo.

Quanto ao crime de "gestão fraudulenta" (art. 203 do PLC n. 71, de 2003), entendemos que a conduta foi narrada de forma genérica, ao arrepio da estrita legalidade penal. Como está redigido, poderia, inclusive, acarretar dificuldades de interpretação em relação ao crime de fraude a credores. Sem restar alternativa, o Substitutivo suprimiu a referida conduta típica.

A mesma crítica poderia ser dirigida ao crime previsto no parágrafo único do art. 205 do PLC n. 71, de 2003, isto é, a simples sonegação ou recusa de informações no procedimento de recuperação judicial ou falência levaria à responsabilidade penal objetiva. O Substitutivo, para corrigir essa insuficiência, inseriu as referidas condutas no *caput* do art. 171, passando a exigir o fim de induzir a erro o juiz, o Ministério Público, a assembléia-geral de credores, o comitê ou o administrador judicial.

No parágrafo único do art. 206 do PLC n. 71, de 2003, a referência à expressão "termo legal" inviabilizaria o tipo penal, uma vez que, para a caracterização do dolo, os credores deveriam ter ciência de uma condição futura e incerta. Em troca, o Substitutivo, de modo mais claro, prevê a necessidade de conluio entre o credor e o devedor para prejudicar os demais credores.

O Substitutivo inova, ainda, quanto à previsão do crime de "omissão dos documentos contábeis obrigatórios". Neste caso, não haverá necessidade de caracterização do ânimo de obter vantagem indevida, bastando a omissão dos livros obrigatórios ou sua regular autenticação no órgão do Registro do Comércio. Resta dizer que tal modalidade delituosa é expressamente subsidiária, ou seja, somente será aplicada quando a conduta não constitua crime mais grave.

No que se refere à prescrição penal, o Substitutivo preferiu adotar uma postura mais cautelosa, ou seja, fixar a sentença que decreta a falência ou a recuperação judicial como termo inicial da contagem do prazo prescricional. Ora, se a decisão judicial é condição indispensável para a persecução penal dos referidos crimes, nada mais razoável que a prescrição comece a correr a partir da data da publicação da sentença de falência ou da recuperação judicial.

Parece-nos inconcebível que a contagem do referido prazo inicie-se com a consumação do fato, uma vez que, nesse momento, o Estado ainda não está habilitado a deduzir a pretensão punitiva em juízo. Como se sabe, um dos fundamentos do instituto da prescrição é justamente a demora do Estado em dar vazão ao poder punitivo. O raciocínio é simples: se não há demora, não pode haver prescrição.

A tentativa de ressalvar as hipóteses em que a ocorrência do fato delituoso não é conhecida (art. 190, § 1º, do PLC n. 71, de 2003) apenas torna mais complexa e incerta a contagem do prazo prescricional. Basta ver que, em muitos casos, o problema não é determinar a data da ocorrência do fato, mas admitir que é quase impossível tomar conhecimento dele antes do conflito entre credor e devedor. Assim, a fixação da data da consumação do fato como regra geral de contagem da prescrição abriria as portas da impunidade. Reparando esse equívoco, e fazendo coro à doutrina majoritária, o Substitutivo tratou a sentença que decreta a falência ou a recuperação judicial como "condição objetiva de punibilidade" (e não como simples "condição de procedibilidade").

Disposições penais – Do procedimento penal

Ao contrário da visão acolhida no PLC n. 71, de 2003, julgamos excessiva a acumulação, por parte do juiz da falência, das funções de persecução criminal. Na verdade, nas comarcas que possuem Varas Criminais especializadas, é desejável que estas assumam plenamente o processo penal. É que os objetivos da ação penal e da ação de falência são muito distintos. No primeiro caso o órgão julgador está preocupado em verificar a consistência da acusação, avaliar provas, fazer observar as garantias constitucionais e, se for o caso, condenar. Nos processos de recuperação judicial ou de falência, o juiz, o quanto possível, deve envidar esforços para o soerguimento da empresa e satisfação dos credores habilitados. São lógicas distintas e que, não raro, podem entrar em rota de colisão. Ademais, o comportamento do falido como devedor no processo de falência pode afetar a sua condição de réu, o que favorece toda sorte de prejulgamentos.

De modo correlato, propomos a extinção do "inquérito judicial", forte resquício de inquisitorialismo e que, ademais, burocratiza a investigação dos crimes falimentares. Perguntamos: por que esse modelo apenas em relação aos crimes falimentares? Sobram-nos dúvidas quanto à constitucionalidade da proposta, pois afasta a polícia judiciária da apuração de fatos criminosos (art. 144, § 4º, da CF).

Ademais, a proposta dá a entender que apenas o administrador judicial poderá requerer a abertura do inquérito (art. 191, § 1º, do PLC n. 71, de 2003), cabendo ao Ministério Público, num momento posterior, requerer os meios de prova e as diligências necessárias à apuração dos fatos. A prevalecer essa dinâmica, haveria diminuição da prerrogativa constitucional do órgão ministerial de requisitar a instauração de inquérito policial (art. 129, VIII, da CF).

Numa direção diametralmente oposta, o Substitutivo propõe um modelo que preza pela simplicidade: decretada a falência ou deferida a recuperação judicial (condições de procedibilidade), intima-se o Ministério Público, que, verificando a ocorrência de crime, promoverá a ação penal ou solicitará a abertura de inquérito policial. Com o término deste, o Ministério Público deve observar os prazos para o oferecimento da denúncia disciplinados no art. 46 do CPP. No entanto, para fortalecer sua convicção, o órgão acusador terá a faculdade de aguardar a exposição circunstanciada do administrador judicial (art. 191 do PLC n. 71, de 2003). Quanto ao mais, aplicar-se-ão subsidiariamente as disposições do estatuto processual penal.

Em suma, as alterações propostas têm a finalidade de acelerar e simplificar o processo penal dos crimes falimentares, desonerando o juízo da falência das responsabilidades de persecução criminal.

Não aplicação das novas regras às falências e concordatas em curso

O art. 215 do PLC n. 71, de 2003, prevê a aplicação das novas regras, sobre a falência e a recuperação judicial, aos processos em curso, desde que o devedor interessado assim o requeira e cumpra os requisitos da lei. Entendemos inadequada essa disposição. Em virtude das marcantes diferenças entre o regime atual e o novo regime que se propõe, é imprescindível que haja um critério objetivo de separação entre eles, a fim de evitar que a superposição das regras cause confusão e leve ao caos os processos já iniciados.

Tampouco é de boa técnica jurídica permitir a modificação das normas materiais depois de iniciados os processos, devendo-se respeitar a segurança jurídica das partes envolvidas – credores, trabalhadores e o próprio devedor –, que tomaram atitudes e planejaram ações em função de arcabouço jurídico diverso. Não convém permitir que dispositivos como esse sejam vistos pela sociedade como um sinal de que as regras podem mudar a qualquer momento, sem prévio aviso e sem a salvaguarda das situações pretéritas.

Na hipótese de convolação em falência, depois da vigência da lei, da concordata iniciada anteriormente a essa data, não vemos razão para deixar de aplicar os novos dispositivos falimentares, por haver separação nítida entre o processo antes e depois da decretação.

Especificamente em relação à concordata e à recuperação judicial, esses dois institutos não se equivalem e nem mesmo guardam semelhança entre si, razão pela qual toma-se inexeqüível qualquer disposição que preveja a conversão de uma na outra. No entanto, por se reconhecer que a concordata é ineficiente para a recuperação de empresas e por se entender que os devedores em concordata ainda têm alguma perspectiva de soerguimento, não se veda a possibilidade de que a recuperação judicial seja pleiteada pelo concordatário, desde que este haja cumprido regularmente as obrigações assumidas. Com isso, não há superposição de normas, mas tão-somente a previsão de mais um requisito para a concessão da recuperação: o cumprimento das obrigações pelo concordatário.

Alterações feitas ao Substitutivo após a leitura do relatório

Posteriormente à leitura do relatório apresentado a esta Comissão de Assuntos Econômicos em 13.4.2004, identificamos alguns outros pontos que, embora não tenham sido objeto de emenda, devem ser modificados, para aprimorar o Substitutivo apresentado ao PLC n. 71, de 2003.

Primeiramente, entendemos que as Fazendas Públicas devem ser informadas não só da concessão da recuperação judicial de empresários ou sociedades empresárias, como prevê o art. 59, § 2º, do Substitutivo, mas também da decretação da falência, uma vez que tal fato tem repercussão nos direitos do Fisco. Além disso, na recuperação judicial é mais adequado que o Fisco e o Ministério Público sejam informados do deferimento de seu processamento – e não da sentença de concessão –, para que possam conhecer com maior antecedência a situação do devedor. Dessa forma, é preciso suprimir o § 2º do art. 59 do Substitutivo e transformá-lo em um inciso do art. 52. Deve-se modificar também o inciso XIII do art. 99 do Substitutivo, para estabelecer a comunicação da falência às Fazendas Públicas.

No que tange à recuperação extrajudicial, convém rever o entendimento relativo à exclusão da sucessão tributária na alienação judicial de estabelecimento, se prevista em plano de recuperação extrajudicial. Na falência tal medida é salutar e plenamente justificável, pois o valor obtido com a alienação fica à disposição do juízo para pagamento dos credores. Na recuperação judicial, muito embora não haja essa retenção do valor pago pelo adquirente, o fato de esse instituto consistir em um remédio extremo para as dificuldades das empresas, com o grave risco de decretação da falência no caso de não concessão, associado ao rigoroso controle judicial em todo o processo diminuem a probabilidade de conduta lesiva ao Fisco. Na recuperação extrajudicial, contudo, esses argumentos não cabem, pois a participação do juiz restringe-se à homologação do plano negociado extrajudicialmente e não há conseqüências para a não aceitação ou para a não homologação das condições propostas aos credores. Por isso, amplia-se excessivamente a possibilidade de devedores mal-intencionados valerem-se do instituto com o fito exclusivo de promover a venda de estabelecimentos sem sucessão tributária, o que não é o objetivo da nova lei. Assim, é necessário suprimir o parágrafo único do art. 166 do Substitutivo e, conseqüentemente, também o § 1º do art. 162, uma vez que, afastado o risco ao crédito tributário, não há motivo para exigir certidões negativas para a homologação do plano de recuperação extrajudicial. Com a modificação aqui proposta, deverá ser alterado também o PLC n. 70, de 2003-Complementar, a fim de compatibilizar a redação do Código Tributário Nacional ao novo entendimento.

Em relação ao início da vigência da nova lei, reconhecemos e reiteramos que, em razão da complexidade das normas, seria recomendável que os operadores do Direito contassem com maior prazo para adaptar-se às modificações, em cumprimento ao disposto no *caput* do art. 8º da Lei Complementar n. 95, de 26.2.1998. No entanto, temos convicção de que a nova lei trará benefícios à economia do País, e, por isso, seria conveniente que entrasse em vigor o mais rápido possível. Desse modo, defendemos a alteração do art. 200 do Substitutivo, para reduzir a *vacatio legis* dos 180 dias previstos no texto da Câmara para 120 dias, prazo que entendemos suficiente para que a sociedade tenha amplo conhecimento dos novos dispositivos.

Além disso, em respeito ao disposto nos arts. 3º, III, e 9º da Lei Complementar n. 95, de 1998, incluímos a cláusula de revogação antes da cláusula de vigência da nova lei e renumeramos esta última como art. 201.

Por fim, houve necessidade de pequenas alterações materiais, a fim de aperfeiçoar a redação e preencher lacunas do Substitutivo. Assim é que foram feitos ajustes redacionais nos arts. 27, "c"; 30, § 1º; 32; 49, § 2º; 58, § 2º; 59; 66; 67, parágrafo único; 140, § 4º; 147; 198; e 199, todos do Substitutivo. Acrescentaram-se dois parágrafos ao art. 37, renumerados como §§ 1º e 6º. O primeiro prevê que, nas deliberações em que haja incompatibilidade do administrador judicial, a assembléia será presidida pelo maior credor presente. O segundo estabelece a regra de conversão de créditos em moeda estrangeira para votação na assembléia-geral da recuperação judicial. Substituímos, ainda, a expressão "Registro de Empresas" por "Registro Público de Empresas" em todo o texto (arts. 51, V; 63, V; 69, parágrafo único; 96, VIII; 97, § 1º; 99, VIII; 181, § 2º; e 196, *caput* e parágrafo único), para deixar claro que se trata da mesma entidade a que se referem o art. 967 e outros dispositivos do novo CC.

III – Parecer sobre as Emendas

Para a elaboração do Substitutivo oferecido com o relatório lido nesta Comissão de Assuntos Econômicos em 13.4.2004, as Emendas de ns. 1 a 81, até então apresentadas, foram cuidadosamente examinadas. Algumas tiveram seus preceitos incorporados, total ou parcialmente, ao texto final. Outras ficaram prejudicadas pelas modificações promovidas e outras, ainda, foram rejeitadas, por não serem compatíveis com a configuração que se deseja dar à Lei de Falências.

Assim é que foram incorporados, total ou parcialmente, os preceitos das Emendas de ns. 1, 2, 3, 4, 6,7, 9, 13, 15, 16, 17, 18, 19, 20, 21, 22, 33, 36, 37, 40, 46, 47, 48, 49, 52, 58, 66, 70, 72, 73 e 77. Ficaram prejudicadas as Emendas de ns. 10, 28, 29, 31, 32, 35, 39, 41, 42, 43, 44, 45, 50, 51, 54, 55, 56, 57, 59, 60, 61, 63, 69, 71, 74, 78, 79 e 80. E foram rejeitadas as Emendas de ns. 5, 8, 11, 12, 14, 23, 24, 25, 26, 27, 30, 34, 38, 53, 62, 64, 65, 67, 68, 75, 76 e 81.

As Emendas de ns. 82 a 130, apresentadas entre a leitura do relatório e o dia 26.4.2004, são examinadas abaixo.

O Substitutivo ao PLC n. 71, de 2003, mantinha a regra que veio da Câmara para o tratamento dos créditos com garantia real e dos créditos tributários na falência, ou seja, esses credores concorreriam em igualdade de condições e na proporção de um para um, para recebimento de seus créditos, logo abaixo dos créditos decorrentes da legislação do trabalho.

No entanto, tendo em vista os objetivos da nova Lei de Falências – especialmente a criação de instrumentos para a efetiva recuperação da empresa e a diminuição do custo do crédito –, e considerando que os créditos tributários não serão atingidos pela recuperação judicial ou extrajudicial, entendemos que o Poder Público deve dar sua parcela de contribuição à sobrevivência das empresas brasileiras e à redução do risco a elas relacionado.

É necessário que a garantia real do crédito no Brasil – a exemplo do que ocorre na grande maioria dos Países desenvolvidos – seja efetiva, a fim de que haja estímulo à concessão de financiamentos e, assim, promova-se o investimento dos recursos financeiros na atividade produtiva, a expansão do acesso ao crédito e seu barateamento, com a redução do chamado *spread* bancário.

Por isso, preconizamos a necessidade de modificação da ordem de recebimento na falência, posicionando-se os créditos com garantia real à frente dos créditos tributários. Com isso, entendemos que não há prejuízo ao Fisco, pois, em virtude da dificuldade na venda dos bens, da excessiva burocracia e da morosidade do atual processo falimentar, pouco ou nada é amealhado, a ponto de nem mesmo os créditos trabalhistas e tributários – que hoje têm preferência absoluta – serem pagos na falência. Tanto isso é verdade que, no ano passado, o recebimento de tributos nas falências não superou a casa dos R$ 16 milhões, valor insignificante se comparado ao total arrecadado.

Estamos convictos de que o maior acesso e o menor custo do crédito no Brasil contribuirão para o aquecimento da economia, com impacto positivo sobre emprego, renda e arrecadação tributária.

Dessa forma, somos favoráveis à *Emenda n. 82*, com pequenos ajustes em sua redação. Aplicada ao Substitutivo, a Emenda implica alteração do inciso II do art. 83. Além disso, será necessário suprimir o § 1º do art. 83 e o inciso II do art. 84, adaptar a redação do inciso VII do art. 84, renumerar os demais e corrigir a remissão feita pelo § 5º do art. 108.

A *Emenda n. 83* encontra-se prejudicada, pois seu objetivo já está atendido pelo art. 76 do Substitutivo.

Não concordamos com a inexigibilidade, na recuperação judicial, de multas contratuais, penais ou administrativas, como propõe a *Emenda n. 84*, pois, diferentemente da falência, as atividades do empresário ou da sociedade empresária continuam normalmente no processo de recuperação. Se houve infração legal ou contratual, o responsável deve arcar com o pagamento da multa prevista, caso contrário a recuperação judicial pode servir como expediente para o infrator se livrar de suas obrigações. Além do mais, o argumento segundo o qual não se deve dar tratamento diferenciado à matéria na falência e na recuperação judicial não mais pode prosperar, já que, conforme o art. 83, VI, do Substitutivo, as multas são exigíveis também na falência, logo após os créditos quirografários e à frente dos créditos subordinados.

Analogamente, está prejudicada a *Emenda n. 85*, pois as multas ambientais e os depósitos do FGTS serão exigíveis na falência, já que incluídos na classificação do art. 83 do Substitutivo.

Deve ser rejeitada a *Emenda n. 86*, pois, se os créditos tributários não sofrem os efeitos da recuperação judicial – nem poderiam, pois o Poder Público está vinculado ao princípio da legalidade estrita e não poderia transigir sobre seus créditos na assembléia-geral de credores –, não faz sentido suspender as ações ou execuções tributárias durante o processamento da recuperação.

A *Emenda n. 87* faz confusão em torno do conceito de pedido de restituição, talvez porque a seção a ele relativa se encontrava nas disposições comuns à falência e à recuperação judicial. Na verdade, só faz sentido falar em pedido de restituição na falência, pois não há, na recuperação judicial, arrecadação ou venda de bens pelo administrador judicial. O Substitutivo corrige essa distorção, e, assim, fica prejudicada a Emenda.

A *Emenda n. 88* está prejudicada em razão da apresentação do Substitutivo, mas seu preceito foi parcialmente incorporado no § 2º do art. 45 do Substitutivo, que prevê o voto por cabeça na classe dos trabalhadores, protegendo-se, assim, os mais humildes.

A *Emenda n. 89* deve ser rejeitada, haja vista o voto favorável à Emenda n. 107.

A *Emenda n. 90* está prejudicada, mas teve seu preceito incorporado ao texto do Substitutivo, que, em seu art. 52, III, excluiu a parte final do antigo inciso VI, que era o objetivo da Emenda.

A *Emenda n. 91* merece ser rejeitada, pois a Lei n. 6.024, de 13.3.1974, em seus arts. 12, "d", e 21, "b", já deixa clara a competência do interventor ou do liquidante para requerer a falência de instituições financeiras. Como a nova Lei de Falências, nos termos dos arts. 2º, II, e 197 do Substitutivo, não se aplica a essas sociedades senão subsidiariamente, não é conveniente inserir um dispositivo voltado justamente para esses casos. Em relação às liquidações ordinárias, o liquidante, na qualidade de representante legal do devedor nos termos do art. 1.102, parágrafo único, do CC, tem competência para, em nome do devedor, requerer a falência da sociedade dissolvida.

A *Emenda n. 92* está prejudicada, pois o Substitutivo já incorporou seu preceito, uma vez que não repete a redação do parágrafo único do art. 92 do PLC n. 71, de 2003.

A *Emenda n. 93* deve ser rejeitada, em razão de ser conveniente que as separações patrimoniais para fins específicos, nos casos autorizados pela lei, impliquem efetiva garantia para os interessados, a fim de diminuir o risco desses contratos e assegurar a aplicação desses bens nas finalidades a que se destinam, como, por exemplo, nas incorporações imobiliárias.

A *Emenda n. 94* fica prejudicada, pois ambos os prazos máximos de duração foram retirados do texto do Substitutivo, por não terem utilidade prática. Basta dizer que a atual Lei de Falências, desde 1945, prevê, no § 1º de seu art. 132, que "o processo da falência deverá estar encerrado 2 (dois) anos depois do dia da declaração".

A *Emenda n. 95* fica prejudicada em razão da completa renumeração trazida pelo Substitutivo, que corrige o defeito de que trata a Emenda.

Também prejudicada está a *Emenda n. 96*, pois seu preceito já foi incorporado pelo art. 94 do Substitutivo.

A *Emenda n. 97* não deve prosperar, pois viola a *par conditio creditorum*, princípio fundamental do direito falimentar, segundo o qual os credores de mesma classe devem concorrer em igualdade de condições ao recebimento do valor apurado na falência. Tal princípio, que não se aplica somente à falência, mas a toda execução concursal ou coletiva, existe para evitar que sejam beneficiados os credores que primeiro exigirem seu crédito, o que não constitui um critério adequado de diferenciação entre indivíduos em situação jurídica semelhante. Assim, não se deve permitir que os bens da massa falida sejam penhorados para pagamento de credores trabalhistas específicos que obtiveram mais rapidamente suas sentenças judiciais, por terem contratado melhores advogados ou por terem tido mais sorte no andamento de seu processo. Se prevalecer essa situação, os maiores prejudicados serão os demais trabalhadores, que poderão ver sua perspectiva de recebimento diminuída sobremaneira. Por isso é que, muito embora prevaleça a competência constitucional da Justiça do Trabalho para julgar conflitos derivados da relação de emprego, o juiz que reconhecer o crédito trabalhista deverá determinar sua inscrição no quadro geral de credores da falência, para que não haja tratamento injustificadamente diferenciado entre os empregados da sociedade falida.

A *Emenda n. 98* também deve ser rejeitada, pois a nova Lei de Falências pressupõe que os trabalhadores poderão, por acordo, contribuir para a recuperação das empresas brasileiras. Claro que deve haver uma limitação da possibilidade de postergação do pagamento do passivo trabalhista no plano de recuperação judicial, a fim de se evitarem abusos. No entanto, entendemos que os dois prazos estabelecidos no Substitutivo – 30 dias para pagar os salários vencidos nos 3 meses anteriores ao pedido de recuperação no limite de 5 salários mínimos (art. 54, parágrafo único) e 1 ano para pagar os demais créditos trabalhistas – representam a configuração mais equilibrada para, ao mesmo tempo, proteger os trabalhadores e permitir-lhes participar do esforço de recuperação.

Não concordamos com as modificações propostas pela *Emenda n. 99*, por entendermos estar baseada em uma visão equivocada dos objetivos e dos efeitos da exclusão da sucessão trabalhista na falência. O fato de o adquirente da empresa em processo de falência não suceder o falido nas obrigações trabalhistas não implica prejuízo aos trabalhadores. Muito ao contrário, a exclusão da sucessão torna mais interessante a compra da empresa e tende a estimular maiores ofertas pelos interessados na aquisição, o que aumenta a garantia dos trabalhadores, já que o valor pago ficará à disposição do juízo da falência e será utilizado para pagar prioritariamente os créditos trabalhistas. Além do mais, a venda em bloco da empresa possibilita a continuação da atividade empresarial e preserva empregos. Nada pode ser pior para os trabalhadores que o fracasso na tentativa de vender a empresa, pois, se esta não é vendida, os trabalhadores não recebem seus créditos e ainda perdem seus empregos. Portanto, reiteramos o entendimento adotado na elaboração do Substitutivo, cuja redação julgamos importante manter.

A *Emenda n. 100* deve ser rejeitada, pois a experiência mostra não ser fácil estabelecer, sem ambigüidades ou brechas, a distinção jurídica entre empregados e administradores. É razoável imaginar que parte dos dirigentes possam ser contratados como empregados de salários altíssimos sem que sejam formalmente eleitos diretores ou conselheiros das sociedades empresárias, tudo para fugir a limitações funcionais da preferência de seus créditos. Tal expediente lhes afastaria da definição de administrador dada pelo art. 145 da Lei n. 6.404, de 15.12.1976. Tampouco seria fácil identificar, na Justiça do Trabalho, o empregado controlador nos termos do art. 116 da mesma lei, especialmente no que tange à verificação do "uso efetivo de seu poder para dirigir as atividades sociais e orientar o funcionamento dos órgãos da companhia", indispensável à caracterização do controle acionário. A limitação individual quantitativa da preferência dos créditos trabalhistas é mais eficiente para corrigir essa distorção, e, além do mais, é preciso ressaltar que o limite definido é alto o suficiente para atingir exclusiva ou primordialmente os dirigentes das sociedades, sem prejuízo aos reais trabalhadores. Dessa forma, mantemos nossa posição e reiteramos as considerações tecidas no relatório sobre o assunto.

Não concordamos com a supressão do § 5º do art. 83 do Substitutivo, preconizada pela *Emenda n. 101*. Em nosso entendimento, anda bem o Substitutivo ao tratar como quirografário o crédito trabalhista cedido a terceiro não trabalhador. O fundamento que justifica a preferência dos créditos trabalhistas é exatamente seu caráter alimentar, de ser essencial à subsistência do proletário. Cedido a terceiro, o crédito perde essa característica e, portanto, passa a assemelhar-se a qualquer transação empresarial com objetivo de lucro, não havendo razão para dar-lhe preferência sobre os demais credores.

Também não deve sobreviver a *Emenda n. 102*, pois propõe a exclusão do direito à restituição das importâncias devidas em virtude de adiantamento a contrato de câmbio, o que implica a total exclusão da preferência dos ACCs, porquanto seria classificado como quirografário. O Substitutivo, em seu art. 86, parágrafo único, já garante aos trabalhadores o recebimento de parte de seus créditos à frente dos ACCs, o que representa benefício à classe trabalhadora em relação à legislação atualmente em vigor. Entretanto, como a economia brasileira não pode prescindir do principal instrumento de financiamento das exportações, não podemos admitir que se diminuam as garantias do ACC no grau proposto pela Emenda, sob pena de inviabilizar-se o instituto e, conseqüentemente, ameaçar o desempenho das exportações brasileiras.

A *Emenda n. 103* restringe-se a aperfeiçoar a redação do art. 12 do Substitutivo, e não há motivos para não adotá-la.

A *Emenda n. 104* também merece acolhida. Como o art. 1º do Projeto foi modificado pelo Substitutivo, limitando a aplicação da nova Lei de Falências aos empresários e às sociedades empresárias – excluindo- se, assim, as sociedades simples –, realmente não é necessária a expressa exclusão das sociedades cooperativas no art. 2º, pois são sociedades simples, nos termos do parágrafo único do art. 982 do novo CC.

Concordamos com a modificação proposta pela *Emenda n. 105*, pois, como também há formação de quadro geral de credores na recuperação judicial, não se deve permitir que se levem a cabo as execuções trabalhistas, pois os créditos dos trabalhadores podem estar sujeitos aos efeitos do plano de recuperação e execuções precipitadas podem prejudicar a negociação. No entanto, é preciso acrescentar um parágrafo ao art. 6º, para deixar claro que, transcorridos os 180 dias de suspensão, as execuções trabalhistas poderão ser concluídas normalmente.

Também são consentâneas com os objetivos do Substitutivo as alterações propostas pela *Emenda n. 106*. Reiteramos a conveniência de preservar as garantias que revestem o adiantamento a contrato de câmbio, principal instrumento de financiamento de exportações no Brasil. Assim, muito embora já fosse a intenção do Substitutivo, não parece ter ficado claro que as importâncias devidas por ACC para exportação não se submetem aos efeitos da recuperação judicial.

Em relação à *Emenda n. 107*, entendemos meritória a distinção que faz entre bens em geral e bens de capital. O objetivo da modificação do art. 48, § 3º, do texto aprovado na Câmara foi evitar que a venda das instalações ou a retirada de bens, máquinas ou equipamentos inviabilizasse a recuperação das empresas. Em momento algum se quis diminuir a garantia da alienação fiduciária de créditos, permitida pela Medida Provisória n. 2.160-25, de 23.8.2001, e já utilizada com freqüência pelas instituições financeiras para concessão de crédito a empresas brasileiras. Dessa forma, a redação proposta pela referida Emenda é mais adequada, pois mantém a proteção às instalações, máquinas e equipamentos do devedor em recuperação judicial, mas deixa claro que não há prejuízo à garantia desses contratos, o que contribui para a expansão do crédito e a redução de seu custo no Brasil.

A *Emenda n. 108* corrige erro material que consta do parágrafo único do art. 120 do Substitutivo. O PLC n. 71, de 2003, realmente substitui a figura do síndico, prevista no Decreto-lei n. 7.661, de 21.6.1945, pela do administrador judicial. É preciso corrigir o equívoco, aprovando-se a Emenda.

A *Emenda n. 109* restringe-se a corrigir a remissão feita pelo art. 166 ao art. 154, ambos do Substitutivo. Realmente, a remissão correta seria ao art. 142, razão pela qual deve ser acolhida a Emenda.

A *Emenda n. 110* é outra que merece aprovação. O disposto no § 4º do art. 192 do Substitutivo parte da premissa de que, na falência, há duas fases bem distintas: a que vai do pedido até a decretação e a que se inicia com a decretação e vai até o encerramento da falência. O objetivo de evitar a sobreposição das normas da legislação anterior e do novo regime falimentar proposto não fica prejudicado pela aplicação da nova lei à fase que sucede a decretação da falência, desde que a própria decretação seja posterior à entrada em vigor. O raciocínio vale tanto para as falências decretadas por convolação de processo de concordata, como dispõe o § 4º do art. 192 do Substitutivo, quanto para processos de falência ajuizados antes da vigência da nova lei, como propõe a Emenda. Assim, nesses casos aplica-se o Decreto-lei n. 7.661, de 21.6.1945, até a decisão de decretação, e a nova lei a partir desse momento, inclusive no que tange aos requisitos da decisão judicial que decretar a falência.

As *Emendas de ns. 111 e 112* estão prejudicadas, pois seus objetivos já se encontram atendidos com o acolhimento da Emenda n. 106, que deixa claro que os efeitos da recuperação judicial não se estendem aos adiantamentos a contratos de câmbio.

A *Emenda n. 113* só pode ser entendida em conjunto com a *Emenda n. 121*. As Emendas propõem a restauração do principal fundamento da recuperação extrajudicial proposta no texto aprovado pela Câmara para o PLC n. 71, de 2003: a submissão da minoria à decisão da maioria. Assim, todos os credores deveriam ser convocados para o exame do plano de recuperação apresentado pelo devedor, que, se aprovado por dois terços deles, produziria efeitos em relação a todos. O plano precisaria, contudo, prever o pagamento integral dos "pequenos credores", salvo se esse valor fosse ínfimo ou desproporcional, hipótese em que o juiz poderia definir novo limite.

O sistema proposto seria incompatível com o caráter extrajudicial da recuperação. Primeiramente, a necessidade da convocação de todos os credores exigiria uma fase preliminar de habilitação de créditos, que fatalmente redundaria em processos judiciais capazes de postergar indefinidamente a votação do plano. Outrossim, as limitações baseadas em "pequenos credores", "razoabilidade e proporcionalidade em relação ao montante do passivo e pagamento ínfimo ou desproporcional" são imprecisas. Assim, ainda que aprovado por dois terços dos credores, é razoável prever que os credores dissidentes pudessem questionar judicialmente os requisitos de *quorum* ou de conteúdo do plano, o que comprometeria a segurança jurídica indispensável à eficiência do instituto e, na prática, inviabilizaria todo o processo. Ademais, a modificação das condições contratuais livremente pactuadas sem a concordância das partes interessadas é medida de extrema gravidade jurídica e, por isso, só pode ser admitida como último recurso das empresas em dificuldades, o que não se coaduna com a liberdade e a informalidade da recuperação extrajudicial. Por fim, é preciso ressaltar que, se a submissão da minoria recalcitrante realmente for indispensável à recuperação do devedor, estará à sua disposição o processo de recuperação judicial. Não parece conveniente estabelecer para a recuperação extrajudicial procedimento tão semelhante ao da recuperação judicial. Mais adequado é prever possibilidades distintas para devedores em situações distintas, o que melhora as oportunidades de recuperação das diferentes empresas brasileiras. Portanto, reiteramos as considerações a respeito da matéria e manifestamo-nos pela rejeição das Emendas de ns. 113 e 121.

Não somos favoráveis à proposta da *Emenda n. 114*, pois não há incompatibilidade entre as funções do administrador judicial e a apresentação de relatório contendo a responsabilidade civil e penal dos envolvidos. Ao contrário, por ser a pessoa que acompanha mais de perto e com maior profundidade o processo de falência ou de recuperação judicial, o administrador judicial, constatando a prática de crime ou de ato lesivo que implique responsabilidade civil, é a pessoa mais indicada para relatar esses fatos ao juiz a fim de facilitar a punição ou a responsabilização dos culpados.

A *Emenda n. 115* também deve ser rejeitada, pois não dá melhor redação ao art. 40. Procedemos, contudo, a pequenas alterações para aprimorar a redação desse artigo.

Não vislumbramos a utilidade da alteração proposta pela *Emenda n. 116*. Se o *caput* do art. 26 dispõe que o comitê será constituído por três membros e seu § 1º já prevê que poderá funcionar com número inferior, é dispensável explicitar ser possível que funcione com apenas um representante.

As *Emendas de ns. 117 e 118* devem ser acolhidas, pois aperfeiçoam a redação dos arts. 164, parágrafo único, e 100 do Substitutivo, conferindo maior uniformidade ao texto.

Também a *Emenda n. 119* corrige erro material presente no art. 62, e merece acolhida.

A *Emenda n. 120* deve ser rejeitada, porque o plano especial de recuperação judicial de microempresas e empresas de pequeno porte, por não envolver realização de assembléia-geral de credores, não deve permitir a postergação do pagamento dos créditos trabalhistas. Como o art. 71, I, do Substitutivo prevê expressamente que somente os credores quirografários se submetem aos efeitos do plano especial, os créditos trabalhistas não sofrerão detrimento com a concessão da recuperação judicial, devendo ser pagos normalmente. Não convém, portanto, alterar o dispositivo.

A *Emenda n. 121* foi examinada juntamente com a Emenda n. 113.

A *Emenda n. 122* está prejudicada, pois seu objetivo foi atingido com o acolhimento da Emenda n. 106.

Recomenda-se a rejeição da *Emenda n. 123*, pois as normas especiais relativas às micro e pequenas empresas foram transferidas de um capítulo autônomo (Capítulo VII do PLC n. 71, 2003) para uma seção do capítulo que trata da recuperação judicial (Seção V do Capítulo III do Substitutivo), aplicando-se plenamente o art. 68 a essas empresas. Ressalte-se que foi por essa razão que a Emenda n. 79 foi dada como prejudicada, porquanto seu objetivo – a aplicação do parcelamento às micro e pequenas empresas – já foi atingido pela modificação promovida pelo Substitutivo.

Também deve ser rejeitada a *Emenda n. 124*, pois o art. 86, II, do Substitutivo não está modificando as regras ou as garantias do ACC na falência. O art. 28 do texto da Câmara previa a perda do direito de restituição das importâncias referentes aos ACCs se houver sido "alterada a data de vencimento prevista no momento da contratação". O art. 86, II, do Substitutivo modifica o dispositivo, prevendo que essa perda dar-se-á somente se o prazo total da operação, inclusive eventuais prorrogações, exceder "o previsto nas normas específicas da autoridade competente". Com isso, não se diminui a garantia, mas tão-somente se explicita a exclusão do direito à restituição se for violada a regulamentação do Conselho Monetário Nacional ou do Banco Central do Brasil, como já ocorre no ordenamento em vigor. O objetivo é evitar fraudes, pois, como o ACC prefere aos créditos trabalhistas, é preciso ficar claro que todos os seus requisitos, formais e materiais, devem ser rigorosamente atendidos para que prevaleça essa prioridade.

Em relação à *Emenda n. 125*, apesar de permanecer íntegro o entendimento de que os credores com penhor sobre direitos creditórios não devem ter, na recuperação judicial, tratamento privilegiado em relação aos demais credores com garantia real, cabe um esclarecimento: não se deseja eliminar a garantia real, mas simplesmente submeter os respectivos créditos à mesma suspensão de 180 dias que atinge os demais créditos garantidos. Assim, os recebíveis dados em penhor devem permanecer com os credores ou ser substituídos durante o período de suspensão de ações e, se vencerem e forem pagos, os valores obtidos ficará em conta vinculada, não movimentável por qualquer das partes durante a suspensão. Em momento algum houve a intenção de permitir o desaparecimento da garantia, tanto que o parágrafo único do art. 50 do Substitutivo prevê que, "na alienação de bem objeto de garantia real, a supressão da garantia ou sua substituição somente será admitida mediante aprovação expressa do credor titular da respectiva garantia". Desse modo, para evitar interpretações equivocadas, recomendamos o acolhimento parcial da Emenda n. 125, com ajustes na redação para deixar claro que se trata de penhor de recebíveis e sem a previsão de que a garantia não renovada assume o *status* jurídico de crédito extraconcursal. Essa última condição é essencial para evitar o tratamento desigual em relação aos demais credores garantidos. Ressalte-se, todavia, que não se trata de nova prioridade dada os credores garantidos, mas simples explicitação da regra a ser aplicada ao penhor de recebíveis, a bem da segurança jurídica desses contratos.

A *Emenda n. 126* aprimora a redação do § 1º do art. 7º do Substitutivo, e deve ser acolhida.

É meritória a intenção da *Emenda n. 127*, mas a redação que dá ao § 1º do art. 52 do Substitutivo parece afirmar que as divergências sobre créditos relacionados pelo administrador judicial serão apresentadas na forma de habilitação de créditos, o que não se coaduna com o sentido natural de "habilitação". Assim, propomos alteração ao dispositivo em termos um pouco distintos da Emenda n. 127, que fica prejudicada, mas com o objetivo atendido pelo novo Substitutivo.

A *Emenda n. 128* deve ser rejeitada, pois confunde dois institutos bem diferentes na falência: o direito de restituição e o caráter extraconcursal de certos créditos. Não se devem classificar as restituições, nem mesmo em dinheiro, entre os créditos extraconcursais, pois aquelas têm natureza de devolução de bens, inclusive dinheiro, pertencentes a terceiros.

A *Emenda n. 129* também deve ser rejeitada, pois o administrador judicial poderá analisar a continuação de contratos bilaterais mesmo antes da interpelação da parte interessada, no prazo de 90 dias. Além disso, como o comitê de credores, se existente, é um órgão permanente na falência, não há razões para acreditar que haverá demora em sua manifestação. Por fim, acreditamos que não pode haver interregno excessivo entre a interpelação pelo contratante e a resposta do administrador judicial, sob pena de se causar insegurança jurídica às pessoas que mantiverem relações contratuais com a massa falida.

A *Emenda n. 130* merece acolhimento, com ajustes em sua redação. O objetivo é uniformizar a terminologia e os prazos dos arts. 186 e 22, III, "e", do Substitutivo.

As Emendas de ns. 131 a 142 foram apresentadas durante a sessão desta Comissão de 27.4.2004 e receberam pareceres orais, transcritos abaixo.

A *Emenda n. 131* deve ser rejeitada, pois instituiria um poder-dever à União, aos Estados e aos Municípios para requerer a falência de empresas. Isso causaria uma onda de falências, pois afetaria todas as empresas e empresários inscritos na Dívida Ativa, o que seria completamente incompatível com os objetivos da nova lei, que é a recuperação de empresas.

A *Emenda n. 132* deve ser rejeitada, pois a prioridade absoluta de parte dos créditos trabalhistas já está prevista, com equilíbrio, no art. 151 do Substitutivo. Ademais, a necessidade de certidão negativa da Justiça do Trabalho poderia impossibilitar o pedido de recuperação, pois, na hipótese de haver ações trabalhistas ainda não julgadas, o que não implicaria necessariamente inadimplemento do empregador, a dificuldade em obter o documento poderia obstar ao pedido de recuperação.

A *Emenda n. 133* deve ser rejeitada, porque a modificação que propõe implicaria a perda de preferência dos ACCs, o que prejudicaria sobremaneira o esforço exportador do Brasil, como já exposto.

A *Emenda n. 134* deve ser rejeitada, pois não se deve impossibilitar ou dificultar o pagamento dos créditos extraconcursais, sob pena de não haver caixa para promover o processo de falência e de haver desestímulo à negociação com o devedor em recuperação judicial.

A *Emenda n. 135* deve ser rejeitada, pois entendemos que somente os créditos trabalhistas devem compor a classe dos trabalhadores na assembléia. Se o trabalhador tiver outros créditos, de natureza não trabalhista, deve concorrer na classe respectiva. Se não detiver crédito nenhum, não deve ter direito a voto, por não ter interesse direto no plano de recuperação.

As *Emendas de ns. 136 e 137* devem ser rejeitadas, pelos mesmos fundamentos expostos quando da análise das Emendas de ns. 113 e 121, da senadora Lúcia Vânia.

A *Emenda n. 138* deve ser rejeitada, em razão do acolhimento da Emenda n. 107.

A *Emenda n. 139* está prejudicada pelo acolhimento da Emenda n. 106.

A *Emenda n. 140* deve ser acolhida, com pequenas adaptações em sua redação, pois explicita a regra em relação aos créditos em moeda estrangeira na recuperação judicial. Como a empresa continua em atividade, a conversão antecipada, nos moldes do que ocorre na falência, atentaria contra a segurança jurídica dos contratantes.

A *Emenda n. 141* deve ser rejeitada, pois, apesar da boa intenção, não disciplina de que forma o "leilão pela rede mundial de computadores" se processaria. Para a análise da questão, seria necessário fixar as regras de operação de tais leilões, inclusive sob o aspecto da segurança, para evitar que haja espaço para fraudes ou confusões.

A *Emenda n. 142* está prejudicada, pois seu preceito já foi incorporado pelo Substitutivo ao *caput* de seu art. 59.

IV – Voto

Por todo o exposto, o voto é pela aprovação do PLC n. 71, de 2003, na forma do Substitutivo abaixo apresentado, que incorpora, total ou parcialmente, os preceitos das Emendas de ns. 1, 2, 3, 4, 6, 7, 9, 13, 15, 16, 17, 18, 19, 20, 21, 22, 33, 36, 37, 40, 46, 47, 48, 49, 52, 58, 66, 70, 72, 73, 77, 82, 103, 104, 105, 106, 107, 108, 109, 110, 117, 118, 119, 125, 126, 130 e 140, pela prejudicialidade das Emendas de ns. 10, 28, 29, 31, 32, 35, 39, 41, 42, 43, 44, 45, 50, 51, 54, 55, 56, 57, 59, 60, 61, 63, 69, 71, 74, 78, 79, 80, 83, 85, 87, 88, 90, 92, 94, 95, 96, 111, 112, 122, 127, 139 e 142 e pela rejeição das Emendas de ns. 5, 8, 11, 12, 14, 23, 24, 25, 26, 27, 30, 34, 38, 53, 62, 64, 65, 67, 68, 75, 76, 81, 84, 86, 89, 91, 93, 97, 98, 99, 100, 101, 102, 113, 114, 115, 116, 120, 121, 123, 124, 128, 129, 131, 132, 133, 134, 135, 136, 137, 138 e 141.

ANEXO III

MENSAGEM DE VETO PRESIDENCIAL
Presidência da República
Casa Civil – Subchefia para Assuntos Jurídicos
Mensagem n. 59, de 9 de janeiro de 2005

Sr. Presidente do Senado Federal,

Comunico a V. Exa. que, nos termos do § 1º do art. 66 da Constituição, decidi vetar parcialmente, por contrariedade ao interesse público, o Projeto de Lei n. 4.376, de 1993 (n. 71/2003 no Senado Federal), que "Regula a recuperação judicial, a extrajudicial e a falência do empresário e da sociedade empresária".

Ouvidos, os Ministérios da Justiça e da Fazenda manifestaram-se pelo veto ao seguinte dispositivo:

Art. 4º

"Art. 4º. O representante do Ministério Público intervirá nos processos de recuperação judicial e de falência.

"Parágrafo único. Além das disposições previstas nesta Lei, o representante do Ministério Público intervirá em toda ação proposta pela massa falida ou contra esta."

Razões do veto

"O dispositivo reproduz a atual Lei de Falências – Decreto-lei n. 7.661, de 21 de junho de 1945, que obriga a intervenção do *Parquet* não apenas no processo falimentar, mas também em todas as ações que envolvam a massa falida, ainda que irrelevantes, *e.g.* execuções fiscais, ações de cobrança, mesmo as de pequeno valor, reclamatórias trabalhistas etc., sobrecarregando a Instituição e reduzindo sua importância institucional.

"Importante ressaltar que no autógrafo da nova Lei de Falências enviado ao Presidente da República são previstas hipóteses, absolutamente razoáveis, de intervenção obrigatória do Ministério Público, além daquelas de natureza penal. Se não, veja-se:

"'Art. 52. Estando em termos a documentação exigida no art. 51 desta Lei, o juiz deferirá o processamento da recuperação judicial e, no mesmo ato: (...) V – ordenará a intimação do Ministério Público e a comunicação por carta às Fazendas Públicas Federal e de todos os Estados e Municípios em que o devedor tiver estabelecimento'.

"'Art. 99. A sentença que decretar a falência do devedor, dentre outras determinações: (...) XIII – ordenará a intimação do Ministério Público e a comunicação por carta às Fazendas Públicas Federal e de todos os Estados e Municípios em que o devedor tiver estabelecimento, para que tomem conhecimento da falência.'

"'Art. 142. (...).

"'§ 7º. Em qualquer modalidade de alienação, o Ministério Público será intimado pessoalmente, sob pena de nulidade.'

"'Art. 154. Concluída a realização de todo o ativo, e distribuído o produto entre os credores, o administrador judicial apresentará suas contas ao juiz no prazo de 30 (trinta) dias. (...).

"'§ 3º. Decorrido o prazo do aviso e realizadas as diligências necessárias à apuração dos fatos, o juiz intimará o Ministério Público para manifestar-se no prazo de 5 (cinco) dias, findo o qual o administrador judicial será ouvido se houver impugnação ou parecer contrário do Ministério Público.'

"O Ministério Público é, portanto, comunicado a respeito dos principais atos processuais e nestes terá a possibilidade de intervir. Por isso, é estreme de dúvidas que o representante da Instituição poderá requerer, quando de sua intimação inicial, a intimação dos demais atos do processo, de modo que possa intervir sempre que entender necessário e cabível. A mesma providência poderá ser adotada pelo *Parquet* nos processos em que a massa falida seja parte.

"Pode-se destacar que o Ministério Público é intimado da decretação de falência e do deferimento do processamento da recuperação judicial, ficando claro que sua atuação ocorrerá *pari passu* ao andamento do feito. Ademais, o Projeto de Lei não afasta as disposições dos arts. 82 e 83 do Código de Processo Civil, os quais prevêem a possibilidade de o Ministério Público intervir em qualquer processo no qual entenda haver interesse público, e, neste processo específico, requerer o que entender de direito."

O Ministério da Justiça indicou aposição de veto ao dispositivo a seguir transcrito:

Alínea "c" do inciso I e alínea "a" do inciso II do art. 35

"Art. 35. (...):

"I – (...):

"c) a substituição do administrador judicial e a indicação do substituto;

"II – (...):

"a) a substituição do administrador judicial e a indicação do substituto; (...)."

Razões do veto

"As alíneas 'a' e 'c' atribuem à assembléia-geral de credores, dentre outras competências, a de deliberar sobre a substituição do administrador judicial e a indicação do seu substituto. Todavia, tais disposições conflitam com o art. 52, que estabelece: 'Art. 52. Estando em termos a documentação exigida no art. 51 desta Lei, o juiz deferirá o processamento da recuperação judicial e, no mesmo ato: I – nomeará o administrador judicial, observado o disposto no art. 21 desta Lei; (...)'.

"Verifica-se o conflito, também, no confronto entre esses dispositivos e o parágrafo único do art. 23, que dispõe: 'Parágrafo único. Decorrido o prazo do *caput* deste artigo, o juiz destituirá o administrador judicial e nomeará substituto para elaborar relatórios ou organizar as contas, explicitando as responsabilidades de seu antecessor'.

"Ao que parece, houve um equívoco do legislador ao mencionar o 'administrador judicial', parecendo que pretendeu se referir ao 'gestor judicial', uma vez que, ao prever a convocação da assembléia-geral de credores para deliberar sobre nomes, o projeto refere-se a este último, como se atesta da leitura do art. 65, *verbis*: 'Art. 65. Quando do afastamento do devedor, nas hipóteses previstas no art. 64 desta Lei, o juiz convocará a assembléia-geral de credores para deliberar sobre o nome do gestor judicial que assumirá a administração das atividades do devedor, aplicando-se-lhe, no que couber, todas as normas sobre deveres, impedimentos e remuneração do administrador judicial'.

"Há, portanto, no texto legal, um equívoco que merece ser sanado, elidindo-se a possibilidade de a lei vir a atribuir competências idênticas à assembléia-geral de credores e ao juiz da recuperação judicial ou da falência, o que ensejaria a inaplicabilidade do dispositivo, com inequívocos prejuízos para a sociedade, que almeja a celeridade do processo, e para o próprio Governo Federal, que tem adotado ações que possibilitem alcançar esse desiderato.

"Finalmente, impõe-se registrar que o veto afastará, de plano, a possibilidade de que seja nomeada para o encargo pessoa que não seja da confiança do juízo."

Já, o Ministério do Trabalho e Emprego manifestou-se pelo veto ao seguinte dispositivo:

Inciso II do § 6º do art. 37

"Art. 37. (...).

"§ 6º. (...).

"II – comunicar aos associados por carta que pretende exercer a prerrogativa do § 5º deste artigo."

Razões do veto

"Merece atenção o disposto no art. 37, §§ 5º e 6º, que confere aos sindicatos a legitimidade para representar seus associados titulares de crédito trabalhista na assembléia-geral de credores, desde que apresentem ao administrador judicial a relação dos trabalhadores e comuniquem aos associados por carta que pretendem representá-los. Considerando-se que tal assembléia tem atribuições fundamentais, tais como a deliberação a respeito do plano de recuperação judicial, a constituição do comitê de credores, a eventual substituição do administrador judicial, em caso de falência, os dispositivos citados apresentam problemas.

"Com efeito, a disposição contida no art. 37, § 6º, inciso II, que condiciona a representação sindical à prévia comunicação a seus associados, por carta, da intenção de representá-los, é burocrática e desnecessária, servindo apenas para restringir ainda mais a atuação sindical, uma vez que o § 5º do mesmo artigo determina que o sindicato representará somente os trabalhadores que não comparecerem à assembléia, garantindo, pois, a participação direta daqueles que não desejarem ser representados por sua entidade sindical.

"Ademais, o dispositivo abre perigosa possibilidade de impugnação da legitimidade da representação dos sindicatos e, por conseqüência, da própria assembléia-geral, pois será difícil ter em mão milhares de comprovantes de recebimento ou de postagem para provar que todos os milhares de trabalhadores foram devidamente comunicados por carta de que o sindicato pretende cumprir seu dever de defender os interesses da categoria."

Essas, Sr. Presidente, as razões que me levaram a vetar os dispositivos acima mencionados do Projeto em causa, as quais ora submeto à elevada apreciação dos Srs. Membros do Congresso Nacional.

Brasília, 9 de fevereiro de 2005

Mensagem publicada no *DOU* 9.2.2005 – Edição Extra.

REFERÊNCIAS BIBLIOGRÁFICAS

ABÍLIO NETO. *Código Comercial. Código das Sociedades. Legislação Complementar*. 15ª ed. Coimbra, Ediform, 2002.

ABRÃO, Carlos Henrique. "Comentários aos arts. 70 ao 104". In: ABRÃO, Carlos Henrique, e TOLEDO, Paulo Fernando Campos Salles de (coords.). *Lei de Recuperação de Empresas e Falência*. São Paulo, Saraiva, 2005.

ABRÃO, Carlos Henrique, e TOLEDO, Paulo Fernando Campos Salles de (coords.). *Lei de Recuperação de Empresas e Falência*. São Paulo, Saraiva, 2005.

ABRÃO, Nelson. *Curso de Direito Falimentar*. 5ª ed. São Paulo, Universitária de Direito, 1997.

________. *O Novo Direito Falimentar: Nova Disciplina Jurídica da Crise Econômica da Empresa*. São Paulo, Ed. RT, 1985.

ADAMEK, Marcelo Vieira von. "Comentários aos arts. 189 ao 192" e "Comentários aos arts. 195 ao 201". In: PITOMBO, Antônio Sérgio Altieri de Moraes, e SOUSA JR., Francisco Satiro de (coords.). *Comentários à Lei de Recuperação de Empresas e Falência: Lei 11.101/2005*. São Paulo, Ed. RT, 2005 (pp. 567- 590 e 599-621).

ALMEIDA, Amador Paes de. *Curso de Falência e Concordata*. 10ª ed. São Paulo, Saraiva, 1991.

________. *Curso de Falência e Recuperação de Empresa*. 23ª ed. São Paulo, Saraiva, 2005.

ALMEIDA, Marcus Elidius Michelli de. "A impossibilidade de o credor fiscal requerer falência". *Revista do Advogado* 96/84-91. Ano XXVIII. São Paulo, AASP, março/2008.

________. "Comentários aos arts. 85 ao 93". In: LUCCA, Newton de, e SIMÃO FILHO, Adalberto (coords.). *Comentários à Nova Lei de Recuperação de Empresas e de Falências*. São Paulo, Quartier Latin, 2005 (pp. 378-387).

________. *Nova Lei de Falências e Recuperação de Empresas: Confrontada e Breves Anotações*. São Paulo, Quartier Latin, 2005.

________. "O pedido de restituição e os embargos de terceiros em face da nova Lei de Falências". In: PAIVA, Luiz Fernando Valente de (coord.). *Direito Falimentar e a Nova Lei de Falências e Recuperação de Empresas*. São Paulo, Quartier Latin, 2005 (pp. 307-322).

ALONSO, Manoel. "Comentários ao art. 50". In: LUCCA, Newton de, e SIMÃO FILHO, Adalberto (coords.). *Comentários à Nova Lei de Recuperação de Empresas e de Falências*. São Paulo, Quartier Latin, 2005 (pp. 240-271).

ÁLVARES, Walter T. *Direito Falimentar*. vol. I. São Paulo, Sugestões Literárias, 1966.

ALVES, Marcos Lima. "Encerramento da falência e extinção das obrigações do falido". In: PENALVA SANTOS, Paulo (coord.). *A Nova Lei de Falências e de Recuperação de Empresas: Lei 11.101/2005*. Rio de Janeiro, Forense, 2006 (pp. 351-363).

AMARAL SANTOS, Moacyr. *Primeiras Linhas de Direito Processual Civil Adaptadas ao Novo Código de Processo Civil*. 5ª ed., vol. 1. São Paulo, Saraiva, 1977.

ANDRADE, Ronaldo Alves de. "Comentários aos arts. 35 ao 46". In: LUCCA, Newton de, e SIMÃO FILHO, Adalberto (coords.). *Comentários à Nova Lei de Recuperação de Empresas e de Falências*. São Paulo, Quartier Latin, 2005 (pp. 176-200).

ARAGÃO, Leandro dos Santos de, e CASTRO, Rodrigo R. Monteiro de (coords.). *Direito Societário e a Nova Lei de Falências e Recuperação de Empresas*. São Paulo, Quartier Latin, 2006.

ARAGÃO, Leandro dos Santos de, e DIDIER JR., Fredie. "Comentários aos arts. 189 ao 192". In: CORRÊA-LIMA, Osmar Brina, e CORRÊA-LIMA, Sérgio Mourão (coords.). *Comentários à Nova Lei de Falência e Recuperação de Empresas: Lei 11.101, de 9.2.2005*. Rio de Janeiro, Forense, 2009 (pp. 1.225-1.272).

ARRUDA ALVIM, José Manoel de. *Manual de Direito Processual Civil: Parte Geral*. 9ª ed., vol. 1. São Paulo, Ed. RT, 2005.

ASQUINI, Alberto. "Perfis da empresa" (trad. de Fábio Konder Comparato). *RDM* 104/109-126. Ano 35. São Paulo, Ed. RT, outubro-dezembro/1996.

AZEVEDO, Luís Augusto Roux. "Comentários aos arts. 154 ao 160". In: PITOMBO, Antônio Sérgio Altieri de Moraes, e SOUSA JR., Francisco Satiro de (coords.). *Comentários à Lei de Recuperação de Empresas e Falência: Lei 11.101/2005*. São Paulo, Ed. RT, 2005 (pp. 503-510).

BANDEIRA DE MELLO, Celso Antônio. *Curso de Direito Administrativo*. 26ª ed. São Paulo, Malheiros Editores, 2009.

________. *Elementos de Direito Administrativo*. 3ª ed. São Paulo, Malheiros, 1992.

BAPTISTA, Ézio Carlos S. "Comentários aos arts. 8º ao 34". In: LUCCA, Newton de, e SIMÃO FILHO, Adalberto (coords.). *Comentários à Nova Lei de Recuperação de Empresas e de Falências*. São Paulo, Quartier Latin, 2005 (pp. 152-174).

BARBOSA, Mariana. "Nova lei pode ser aplicada a empresa com falência pedida". In: *O Estado de S. Paulo*. Ed. 14.2. 2005. "Caderno Negócios" (p. B-11).

BARRETO, Marco Aurélio Freire, e NUNES, Marcelo Guedes. "Alguns apontamentos sobre comunhão de credores e viabilidade econômica". In: ARAGÃO, Leandro dos Santos de, e CASTRO, Rodrigo R. Monteiro de (coords.). *Direito Societário e a Nova Lei de Falências e Recuperação de Empresas*. São Paulo, Quartier Latin, 2006 (pp. 309-334).

BATALHA, Wilson de Souza Campos, e BATALHA, Sílvia Maria Labate. *Falências e Concordatas. Comentários à Lei de Falências: Doutrina, Legislação E Jurisprudência*. 2ª ed. São Paulo, LTr, 1996.

BENETTI, Sidnei Agostinho. "O processo de recuperação judicial". In: PAIVA, Luiz Fernando Valente de (coord.). *Direito Falimentar e a Nova Lei de Falências e Recuperação de Empresas*. São Paulo, Quartier Latin, 2005 (pp. 223-243).

BENTO DE FARIA. *Direito Comercial: Falência e Concordatas*. vol. IV. Rio de Janeiro, A. Coelho Branco, 1947.

BERNARDI, Ricardo. "Comentários aos arts. 139 ao 147". In: PITOMBO, Antônio Sérgio Altieri de Moraes, e SOUSA JR., Francisco Satiro de (coords.). *Comentários à Lei de Recuperação de Empresas e Falência: Lei 11.101/2005*. São Paulo, Ed. RT, 2005 (pp. 475-494).

BERTASI, Maria Odete Duque. "Administrador judicial. Comitê de credores e assembléia-geral de credores na Lei de Recuperação de Empresas e Falência". In: MACHADO, Rubens Approbato (coord.). *Comentários à Nova Lei de Falências e Recuperação de Empresas*. São Paulo, Quartier Latin, 2005 (pp. 121-151).

BERTOLDI, Marcelo M., e RIBEIRO, Márcia Carla Pereira. *Curso Avançado de Direito Comercial*. 4ª ed. São Paulo, Ed. RT, RT, 2008.

BESSONE, Darcy. *Instituições de Direito Falimentar*. São Paulo, Saraiva, 1995.

BEZERRA FILHO, Manoel Justino. *Jurisprudência da Nova Lei de Recuperação de Empresas e Falências/Decisões, Ofícios Judiciais, Resoluções, Sentenças, Acórdãos, Dentre Outros Documentos*. São Paulo, Ed. RT, 2006.

________. *Lei de Falências Comentada. Método para Estudo da Lei de Falências. Doutrina. Comentário Artigo por Artigo, com os Julgados Mais Recentes*. São Paulo, Saraiva, 2001.

________. *Nova Lei de Recuperação e de Falências Comentada. Lei 11.101, de 9.2.2005, Comentário Artigo por Artigo*. 3ª ed. São Paulo, Ed. RT, 2005.

BIOLCHI, Oswaldo. "Apresentação". In: ABRÃO, Carlos Henrique, e TOLEDO, Paulo Fernando Campos Salles de (coords.). *Lei de Recuperação de Empresas e Falência*. São Paulo, Saraiva, 2005 (pp. IX-XIX).

BOTTALLO, Eduardo Domingos. "Reflexos tributários da nova Lei de Falências". *Revista do Advogado* 83/3034. Ano XXV. São Paulo, AASP, setembro/2005.

BRINCAS, Paulo Marcondes. "Comentários aos arts. 7º ao 20" e "Comentários aos arts. 154 ao 156". In: LUCCA, Newton de, e SIMÃO FILHO, Adalberto (coords.). *Comentários à Nova Lei de Recuperação de Empresas e de Falências*. São Paulo, Quartier Latin, 2005 (pp. 128-149 e 560-562).

BRUNO, Rachel. "Comentários aos arts. 21 ao 34". In: GUERRA, Érica, e LITRENTO, Maria Cristina Frascari (orgs.). *Nova Lei de Falências: Lei 11.101, de 9.2.2005 – Comen-*

tada. Campinas/SP, LZN Editora, 2005 (pp. 49-66).

BRUNO, Rachel, e SALLES, Andréa. "Comentários aos arts. 7º ao 20". In: GUERRA, Érica, e LITRENTO, Maria Cristina Frascari (orgs.). *Nova Lei de Falências: Lei 11.101, de 9.2.2005 – Comentada*. Campinas/SP, LZN Editora, 2005 (pp. 33-49).

CALÇAS, Manoel de Queiroz Pereira. "Da ineficácia e da revogação dos atos praticados antes da falência". *Revista do Advogado* 83/89-97. Ano XXV. São Paulo, AASP, setembro/2005.

CAMPINHO, Sérgio. *Falência e Recuperação de Empresa: o Novo Regime da Insolvência Empresarial*. Rio de Janeiro, Renovar, 2006.

CARVALHO DE MENDONÇA, J. X. *Tratado de Direito Comercial Brasileiro*. 7ª ed., vol. VII. Rio de Janeiro, Freitas Bastos, 1964.

CARVALHOSA, Modesto, e EIZIRIK, Nelson. *A Nova Lei das Sociedades Anônimas*. São Paulo, Saraiva, 2002.

CASTRO, Rodrigo R. Monteiro de, e ARAGÃO, Leandro dos Santos de (coords.). *Direito Societário e a Nova Lei de Falências e Recuperação de Empresas*. São Paulo, Quartier Latin, 2006.

CASTRO, Rodrigo R. Monteiro de, e GUERRA, Glauco Martins. "Intervenção do Estado no domínio econômico e recuperação judicial". In: ARAGÃO, Leandro dos Santos de, e CASTRO, Rodrigo R. Monteiro de (coords.). *Direito Societário e a Nova Lei de Falências e Recuperação de Empresas*. São Paulo, Quartier Latin, 2006 (pp. 241-268).

CLARO, Carlos Roberto. *Revocatória Falimentar*. 3ª ed. Curitiba, Juruá, 2005.

COELHO, Fábio Ulhoa. *Comentários à Nova Lei de Falências e de Recuperação de Empresas*. São Paulo, Saraiva, 2005.

________. *Curso de Direito Comercial*. vol. 1. São Paulo, Saraiva, 2002; 5ª ed., vol. 3, de acordo com o novo Código Civil e a nova Lei de Falências. São Paulo, Saraiva, 2005.

________. "Impacto da extensão da falência a outras pessoas". *Gazeta Mercantil*, ed. de 6-7.2.2009 (p. A-11).

COLOMBO, Giuliano, e COSTA, Patrícia Barbi. "Da verificação e habilitação de créditos". In: PAIVA, Luiz Fernando Valente de (coord.). *Direito Falimentar e a Nova Lei de Falências e Recuperação de Empresas*. São Paulo, Quartier Latin, 2005 (pp. 139-165).

COMPARATO, Fábio Konder. *Aspectos Jurídicos da Macroempresa*. São Paulo, Ed. RT, 1970.

________. *Direito Empresarial: Estudos e Pareceres*. São Paulo, Saraiva, 1995.

________. *Ensaios e Pareceres de Direito Empresarial*. Rio de Janeiro, Forense, 1978.

CORRÊA-LIMA, Osmar Brina, e CORRÊA-LIMA, Sérgio Mourão (coords.). *Comentários à Nova Lei de Falência e Recuperação de Empresas: Lei 11.101, de 9.2.2005*. Rio de Janeiro, Forense, 2009.

CORRÊA-LIMA, Sérgio Mourão. "Introdução". In: CORRÊA-LIMA, Osmar Brina, e CORRÊA-LIMA, Sérgio Mourão (coords.). *Comentários à Nova Lei de Falência e Recuperação de Empresas: Lei 11.101, de 9.2.2005*. Rio de Janeiro, Forense, 2009 (pp. 1-27).

CORRÊA-LIMA, Sérgio Mourão, e FONSECA, Humberto Lucena Pereira da. "Comentários aos arts. 198 ao 201". In: CORRÊA-LIMA, Osmar Brina, e CORRÊA-LIMA, Sérgio Mourão (coords.). *Comentários à Nova Lei de Falência e Recuperação de Empresas: Lei 11.101, de 9.2.2005*. Rio de Janeiro, Forense, 2009 (pp. 1.311-1.322).

CORRÊA-LIMA, Sérgio Mourão, e NORONHA, João Otávio de. "Comentários aos arts. 5º e 6º". In: CORRÊA-LIMA, Osmar Brina, e CORRÊA-LIMA, Sérgio Mourão (coords.). *Comentários à Nova Lei de Falência e Recuperação de Empresas: Lei 11.101, de 9.2.2005*. Rio de Janeiro, Forense, 2009 (pp. 73-117).

COSTA, Patrícia Barbi, e COLOMBO, Giuliano. "Da verificação e habilitação de créditos". In: PAIVA, Luiz Fernando Valente de (coord.). *Direito Falimentar e a Nova Lei de Falências e Recuperação de Empresas*. São Paulo, Quartier Latin, 2005 (pp. 139-165).

COVAS, Silvânio. "Comentários aos arts. 55 ao 69". In: LUCCA, Newton de, e SIMÃO FILHO, Adalberto (coords.). *Comentários à Nova Lei de Recuperação de Empresas e de Falências*. São Paulo, Quartier Latin, 2005 (pp. 300-327).

DERZI, Misabel de Abreu Machado, e FRATTARI, Raphael. "Dispositivos do Código Tributário Nacional alterados por ocasião da Lei 11.101/2005". In: CORRÊA-LIMA, Osmar Brina, e CORRÊA-LIMA, Sérgio Mourão (coords.). *Comentários à Nova Lei de Falência e Recuperação de Empresas: Lei*

11.101, de 9.2.2005. Rio de Janeiro, Forense, 2009 (pp. 1.323-1.369).

DI PIETRO, Maria Sylvia Zanella. "Comentários ao art. 195". In: CORRÊA-LIMA, Osmar Brina, e CORRÊA-LIMA, Sérgio Mourão (coords.). *Comentários à Nova Lei de Falência e Recuperação de Empresas: Lei 11.101, de 9.2.2005*. Rio de Janeiro, Forense, 2009 (pp. 1.286-1.293).

_______. *Direito Administrativo*. 12ª ed. São Paulo, Atlas, 2000.

DIDIER JR., Fredie, e ARAGÃO, Leandro. "Comentários aos arts. 189 ao 192". In: CORRÊA-LIMA, Osmar Brina, e CORRÊA-LIMA, Sérgio Mourão (coords.). *Comentários à Nova Lei de Falência e Recuperação de Empresas: Lei 11.101, de 9.2.2005*. Rio de Janeiro, Forense, 2009 (pp. 1.225-1.272).

DOMINGUES, Alessandra de Azevedo, e LUCCA, Newton de (coords.). *Direito Recuperacional: Aspetos Práticos e Teóricos*. São Paulo, Quartier Latin, 2009.

EIZIRIK, Nelson, e CARVALHOSA, Modesto. *A Nova Lei das Sociedades Anônimas*. São Paulo, Saraiva, 2002.

FABBRINI, Isidoro. "Inovações contábeis da Lei de Falências". *Gazeta Mercantil*. Ed. de 14.4.2005. "Caderno Legal & Jurisprudência" (p. 1).

FAZZIO JR., Waldo. *Lei de Falências e Concordatas Comentada*. São Paulo, Atlas, 1999.

_______. *Nova Lei de Falência e de Recuperação de Empresas*. São Paulo, Atlas, 2005.

FERNANDES, Wanderley (coord.). *Fundamentos e Princípios dos Contratos Empresariais*. São Paulo, Saraiva, 2007.

FERRAZ, Luiz Augusto de Souza Queiroz. "Da arrecadação, avaliação e realização do ativo". *Revista do Advogado* 83/66-74. Ano XXV. São Paulo, AASP, setembro/2005.

_______. "Lei 11.101, de 9.2.2005: arts. 189 e 192 das 'Disposições Transitórias'". In: PAIVA, Luiz Fernando Valente de (coord.). *Direito Falimentar e a Nova Lei de Falências e Recuperação de Empresas*. São Paulo, Quartier Latin, 2005 (pp. 643-667).

FERRAZ JR., Tércio Sampaio. *Introdução ao Estudo do Direito*. 3ª ed. São Paulo, Atlas, 2001.

FERREIRA, Waldemar Martins. *Instituições de Direito Comercial*. vol. 5. Rio de Janeiro, Freitas Bastos, 1951.

FIGUEIREDO, Lúcia Valle. *Empresas Públicas e Sociedades de Economia Mista*. São Paulo, Ed. RT, 1978.

FONSECA, Humberto Lucena Pereira da, e CORRÊA-LIMA, Sérgio Mourão. "Comentários aos arts. 198 ao 201". In: CORRÊA-LIMA, Osmar Brina, e CORRÊA-LIMA, Sérgio Mourão (coords.). *Comentários à Nova Lei de Falência e Recuperação de Empresas: Lei 11.101, de 9.2.2005*. Rio de Janeiro, Forense, 2009 (pp. 1.311-1.322).

FONTES, Marcos Rolim F. "A arbitragem e a decretação da falência no curso do procedimento arbitral". *Revista do Instituto dos Advogados de São Paulo* 23/297-311. Ano 12. São Paulo, janeiro-junho/2009.

FRANÇA, Erasmo Valladão A. e Novaes. "Comentários aos arts. 35 ao 46". In: PITOMBO, Antônio Sérgio Altieri de Moraes, e SOUSA JR., Francisco Satiro de (coords.). *Comentários à Lei de Recuperação de Empresas e Falência: Lei 11.101/2005*. São Paulo, Ed. RT. 2005 (pp. 187-216).

FRANCO, Vera Helena de Mello. "Comentários aos arts. 94 ao 114". In: PITOMBO, Antônio Sérgio Altieri de Moraes, e SOUSA JR., Francisco Satiro de (coords.). *Comentários à Lei de Recuperação de Empresas e Falência: Lei 11.101/2005*. São Paulo, Ed. RT. 2005 (pp. 392-426).

FRANCO, Vera Helena de Mello, e SZTAJN, Rachel. *Falência e Recuperação da Empresa em Crise: Comparação com as Posições do Direito Europeu*. Rio de Janeiro, Elsevier, 2008.

FRATTARI, Raphael, e DERZI, Misabel de Abreu Machado. "Dispositivos do Código Tributário Nacional alterados por ocasião da Lei 11.101/2005". In: CORRÊA-LIMA, Osmar Brina, e CORRÊA-LIMA, Sérgio Mourão (coords.). *Comentários à Nova Lei de Falência e Recuperação de Empresas: Lei 11.101, de 9.2.2005*. Rio de Janeiro, Forense, 2009 (pp. 1.323-1.369).

FRONTINI, Paulo Salvador. "Comentários aos arts. 115 ao 128". In: PITOMBO, Antônio Sérgio Altieri de Moraes, e SOUSA JR., Francisco Satiro de (coords.). *Comentários à Lei de Recuperação de Empresas e Falência: Lei 11.101/2005*. São Paulo, Ed. RT. 2005 (pp. 427-459).

GOMES, Orlando. *Contratos*. 24ª ed. Rio de Janeiro, Forense, 2001.

GOMES, Orlando, e GOTTSCHALK, Élson. *Curso de Direito do Trabalho*. São Paulo, Atlas, 2001.

GONÇALVES NETO, Alfredo de Assis. "Administração da falência, realização do ativo e pagamento dos credores". In: PENALVA SANTOS, Paulo (coord.). *A Nova Lei de Falências e de Recuperação de Empresas: Lei 11.101/2005*. Rio de Janeiro, Forense, 2006 (pp. 241-280).

________. *Lições de Direito Societário: Regime Vigente e Inovações do Novo Código Civil*. 2ª ed. São Paulo, Juarez de Oliveira, 2004.

GOTTSCHALK, Élson, e GOMES, Orlando. *Curso de Direito do Trabalho*. São Paulo, Atlas, 2001.

GOUVÊA, João Bosco Cascardo de. *Recuperação e Falência: Lei 11.101/2005: Comentários Artigo por Artigo*. Rio de Janeiro, Forense, 2009.

GUERRA, Érica, e LITRENTO, Maria Cristina Frascari (orgs.). *Nova Lei de Falências: Lei 11.101, de 9.2.2005 – Comentada*. Campinas/SP, LZN Editora, 2005.

GUERRA, Glauco Martins, e CASTRO, Rodrigo R. Monteiro de. "Intervenção do Estado no domínio econômico e recuperação judicial". In: ARAGÃO, Leandro dos Santos de, e CASTRO, Rodrigo R. Monteiro de (coords.). *Direito Societário e a Nova Lei de Falências e Recuperação de Empresas*. São Paulo, Quartier Latin, 2006 (pp. 241-268).

GUERREIRO, José Alexandre Tavares. "Comentários aos arts. 7º ao 20". In: PITOMBO, Antônio Sérgio Altieri de Moraes, e SOUSA JR., Francisco Satiro de (coords.). *Comentários à Lei de Recuperação de Empresas e Falência: Lei 11.101/2005*. São Paulo, Ed. RT, 2005 (pp. 144-162).

GUIMARÃES, Leda Maria. "Comentários aos arts. 35 ao 46". In: GUERRA, Érica, e LITRENTO, Maria Cristina Frascari (orgs.). *Nova Lei de Falências: Lei 11.101, de 9.2.2005 – Comentada*. Campinas/ SP, LZN Editora, 2005 (pp. 71-89).

HENTZ, Luiz Antônio Soares. "Comentários aos arts. 115 ao 128" e "Comentários aos arts. 189 ao 196". In: LUCCA, Newton de, e SIMÃO FILHO, Adalberto (coords.). *Comentários à Nova Lei de Recuperação de Empresas e de Falências*. São Paulo, Quartier Latin, 2005 (pp. 486-510 e 640-662).

________. *Manual de Falência e Recuperação de Empresas: Lei 11.101, de 9.2.2005*. São Paulo, Juarez de Oliveira, 2005.

HUSNI, Alexandre. "Comentários aos arts. 139 ao 153". In: LUCCA, Newton de, e SIMÃO FILHO, Adalberto (coords.). *Comentários à Nova Lei de Recuperação de Empresas e de Falências*. São Paulo, Quartier Latin, 2005 (pp. 530-558).

IMHOF, Cristiano. *Lei de Falências e de Recuperação de Empresas e sua Interpretação Jurisprudencial: Anotado Artigo por Artigo*. Florianópolis, Conceito Editorial, 2009.

LAZZARINI, Alexandre Alves. "Considerações sobre a repercussão das recentes alterações do Código de Processo Civil na Lei de Falências e Recuperações Judicial". *Revista do Advogado* 92/129-130. Ano XXVII. São Paulo, AASP, junho/2007.

LEHMANN JR., Rudi Alberto. "Breves considerações acerca da inocorrência de sucessão trabalhista no âmbito da recuperação de empresas". *Revista do Instituto dos Advogados de São Paulo* 24/255-265. Ano 12. São Paulo, julho-dezembro/2009.

LISBOA, Roberto Senise. "Comentários aos arts. 129 ao 138" e "Comentários aos arts. 197 a 201". In: LUCCA, Newton de, e SIMÃO FILHO, Adalberto (coords.). *Comentários à Nova Lei de Recuperação de Empresas e de Falências*. São Paulo, Quartier Latin, 2005 (pp. 512-528 e 664-665).

LITRENTO, Maria Cristina Frascari. "Comentários aos arts. 161 ao 167". In: GUERRA, Érica, e LITRENTO, Maria Cristina Frascari (orgs.). *Nova Lei de Falências: Lei 11.101, de 9.2.2005 – Comentada*. Campinas/SP, LZN Editora, 2005.

LITRENTO, Maria Cristina Frascari, e GUERRA, Érica (orgs.). *Nova Lei de Falências: Lei 11.101, de 9.2.2005 – Comentada*. Campinas/ SP, LZN Editora, 2005.

LOBATO, Moacyr. *Falência e Recuperação*. Belo Horizonte, Del Rey, 2006.

LOBO, Jorge. "Comentários aos arts 35 ao 69". In: ABRÃO, Carlos Henrique, e TOLEDO, Paulo Fernando Campos Salles de (coords.). *Lei de Recuperação de Empresas e Falência*. São Paulo, Saraiva, 2005 (pp. 83-173).

LOPES, Teresa Ancona. "Princípios contratuais". In: FERNANDES, Wanderley (coord.). *Fun-*

damentos e Princípios dos Contratos Empresariais. São Paulo, Saraiva, 2007 (pp. 3-74).

LUCCA, Newton de. "Comentários aos arts. 1º ao 4º". In: CORRÊA-LIMA, Osmar Brina, e CORRÊA-LIMA, Sérgio Mourão (coords.). *Comentários à Nova Lei de Falência e Recuperação de Empresas: Lei 11.101, de 9.2.2005*. Rio de Janeiro, Forense, 2009 (pp. 29-72).

________. "Teoria geral". In: LUCCA, Newton de, e SIMÃO FILHO, Adalberto (coords.). *Comentários à Nova Lei de Recuperação de Empresas e de Falências*. São Paulo, Quartier Latin, 2005 (pp. 11-69).

________. "Comentários aos arts. 1º ao 6º". In: LUCCA, Newton de, e SIMÃO FILHO, Adalberto (coords.). *Comentários à Nova Lei de Recuperação de Empresas e de Falências*. São Paulo, Quartier Latin, 2005 (pp. 72-125).

________. "Comentários ao art. 47". In: LUCCA, Newton de, e SIMÃO FILHO, Adalberto (coords.). *Comentários à Nova Lei de Recuperação de Empresas e de Falências*. São Paulo, Quartier Latin, 2005 (pp. 201-210).

________. "Uma reflexão inicial". In: OLIVEIRA, Fátima Bayma (coord.). *Recuperação de Empresa: uma Múltipla Visão da Nova Lei*. São Paulo, Person Prentice Hall, 2006 (pp. 2-6).

LUCCA, Newton de, e DOMINGUES, Alessandra de Azevedo (coords.). *Direito Recuperacional: Aspetos Práticos e Teóricos*. São Paulo, Quartier Latin, 2009.

LUCCA, Newton de, e SIMÃO FILHO, Adalberto (coords.). *Comentários à Nova Lei de Recuperação de Empresas e de Falências*. São Paulo, Quartier Latin, 2005.

MACHADO, Nelson Marcondes. "A assembléia-geral de credores e seus conflitos com a assembléia-geral de acionistas". In: ARAGÃO, Leandro dos Santos de, e CASTRO, Rodrigo R. Monteiro de (coords.). *Direito Societário e a Nova Lei de Falências e Recuperação de Empresas*. São Paulo, Quartier Latin, 2006 (pp. 147-162).

MACHADO, Rubens Approbato. "Visão geral da nova Lei 11.101, de 9.2.2005, que reforma o Decreto-lei 7.661/1945, de 21.6.1945 (Lei de Falências), e cria o instituto da recuperação da empresa". In: MACHADO, Rubens Approbato (coord.). *Comentários à Nova Lei de Falências e Recuperação de Empresas*. São Paulo, Quartier Latin, 2005 (pp. 21-45).

________ (coord.). *Comentários à Nova Lei de Falências e Recuperação de Empresas*. São Paulo, Quartier Latin, 2005.

MACHADO, Rubens Approbato, *et alii*. "Recuperação da empresa: considerações sobre o Projeto de Lei 71/2003". *Revista do Instituto dos Advogados de São Paulo* 114/22-46. Ano 7. São Paulo, julho-dezembro/2004.

MacNICOL, Donald, e SANNA, Murched Badih. "Plano de recuperação". In: MACHADO, Rubens Approbato (coord.). *Comentários à Nova Lei de Falências e Recuperação de Empresas*. São Paulo, Quartier Latin, 2005 (pp. 165-178).

MALHEIROS, Aristides. "Plano de recuperação – Isso funciona?". *Revista do Advogado* 105/21-28. Ano XXIX. São Paulo, setembro/2009.

MAMEDE, Gladston. *Direito Empresarial Brasileiro: Falência e Recuperação de Empresas*. vol. 4. São Paulo, Atlas, 2006.

MANDEL, Júlio Kahan. "Das disposições comuns". In: PAIVA, Luiz Fernando Valente de (coord.). *Direito Falimentar e a Nova Lei de Falências e Recuperação de Empresas*. São Paulo, Quartier Latin, 2005.

________. *Nova Lei de Falências e Recuperação de Empresas Anotada: Lei 11.101, de 9.2.2005*. São Paulo, Saraiva, 2005.

MANGE, Renato Luiz de Macedo. "Classificação dos créditos na falência". *Revista do Advogado* 83/116-120. Ano XXV. São Paulo, AASP, setembro/2005.

________. "Visão geral da Lei de Falências". In: *Seminário sobre a Lei de Falências*. São Paulo, AASP, 2005.

MARION, José Carlos. *Contabilidade Empresarial*. 11ª ed. São Paulo, Atlas, 2005.

MARQUES, José Frederico. *Instituições de Direito Processual Civil*. vol. 5. Campinas/SP, Millennium, 2000.

MARTIN, Antônio. "Comentários aos arts. 129 ao 137". In: PITOMBO, Antônio Sérgio Altieri de Moraes, e SOUSA JR., Francisco Satiro de (coords.). *Comentários à Lei de Recuperação de Empresas e Falência: Lei 11.101/2005*. São Paulo, Ed. RT, 2005 (pp. 460-474).

MARTINS, Glauco Alves. "Efeitos da decretação da falência sobre as obrigações do devedor". In: PAIVA, Luiz Fernando Valente de (coord.). *Direito Falimentar e a Nova Lei de Falências e Recuperação de Empresas*. São Paulo, Quartier Latin, 2005 (pp. 443-482).

MARTINS, Ives Gandra da Silva, *et alii*. "Comentários à Lei Complementar 118". In: MACHADO, Rubens Approbato (coord.). *Comentários à Nova Lei de Falências e Recuperação de Empresas*. São Paulo, Quartier Latin, 2005 (pp. 321-340).

MARZAGÃO, Lídia Valério. "A recuperação judicial". In: MACHADO, Rubens Approbato (coord.). *Comentários à Nova Lei de Falências e Recuperação de Empresas*. São Paulo, Quartier Latin, 2005 (pp. 75-118).

MIGLIARI JR., Arthur. In: ABRÃO, Carlos Henrique, e TOLEDO, Paulo Fernando Campos Salles de (coords.). *Lei de Recuperação de Empresas e Falência*. São Paulo, Saraiva, 2005.

MILANI, Mario Sergio. *Da Escrituração no Novo Código Civil: Comentários aos Arts. 1.179 a 1.195 do Código Civil Aprovado pela Lei 10.406, de 10.1.2002*. São Paulo, Juarez de Oliveira, 2004.

MILARÉ, Márcia Regina Machado. "A recuperação extrajudicial". In: MACHADO, Rubens Approbato (coord.). *Comentários à Nova Lei de Falências e Recuperação de Empresas*. São Paulo, Quartier Latin, 2005 (pp. 155-162).

MIRABETE, Julio Fabbrini. *Código de Processo Penal Interpretado: Referências Doutrinárias, Indicações Legais, Resenha Jurisprudencial*. 6ª ed. São Paulo, Atlas, 1999.

MOREIRA, Alberto Caminã. "Comentários aos arts. 60 ao 63". In: CORRÊA-LIMA, Osmar Brina, e CORRÊA-LIMA, Sérgio Mourão (coords.). *Comentários à Nova Lei de Falência e Recuperação de Empresas: Lei 11.101, de 9.2.2005*. Rio de Janeiro, Forense, 2009 (pp. 399-427).

MOREIRA NETO, Diogo de Figueiredo. *Curso de Direito Administrativo: Parte Introdutória, Parte Geral e Parte Especial*. Rio de Janeiro, Forense, 2001.

MUNHOZ, Eduardo Secchi. "Comentários aos arts. 55 ao 69". In: PITOMBO, Antônio Sérgio Altieri de Moraes, e SOUSA JR., Francisco Satiro de (coords.). *Comentários à Lei de Recuperação de Empresas e Falência: Lei 11.101/2005*. São Paulo, Ed. RT, 2005 (pp. 267-313).

NEGRÃO, Theotônio. *Código de Processo Civil e Legislação Processual em Vigor*. 31ª ed. São Paulo, Saraiva.

NOGUEIRA, Ricardo José Negrão. *Aspectos Objetivos da Lei de Recuperação de Empresas e Falências: Lei 11.101, de 9.2.2005*. São Paulo, Saraiva, 2005.

________. "Ineficácia e revogação de atos praticados antes da falência". In: PAIVA, Luiz Fernando Valente de (Coord.). *Direito Falimentar e a Nova Lei de Falências e Recuperação de Empresas*. São Paulo, Quartier Latin, 2005 (pp. 485-513).

NORONHA, João Otávio de, e CORRÊA-LIMA, Sérgio Mourão. "Comentários aos arts. 5º e 6º". In: CORRÊA-LIMA, Osmar Brina, e CORRÊA-LIMA, Sérgio Mourão (coords.). *Comentários à Nova Lei de Falência e Recuperação de Empresas: Lei 11.101, de 9.2.2005*. Rio de Janeiro, Forense, 2009 (pp. 73-117).

NOSTRE, Guilherme A. de Moraes. "Comentários aos arts. 168 ao 181". In: PITOMBO, Antônio Sérgio Altieri de Moraes, e SOUSA JR., Francisco Satiro de (coords.). *Comentários à Lei de Recuperação de Empresas e Falência: Lei 11.101/2005*. São Paulo, Ed. RT, 2005 (pp. 537-558).

NUNES, Marcelo Guedes, e BARRETO, Marco Aurélio Freire. "Alguns apontamentos sobre comunhão de credores e viabilidade econômica". In: ARAGÃO, Leandro dos Santos de, e CASTRO, Rodrigo R. Monteiro de (coords.). *Direito Societário e a Nova Lei de Falências e Recuperação de Empresas*. São Paulo, Quartier Latin, 2006 (pp. 309-334).

OLIVEIRA, Celso Marcelo de. *Comentários à Nova Lei de Falências*. São Paulo, IOB-Thomson, 2005.

________. *Direito Falimentar e Recuperação Judicial de Empresas. Nova Lei de Falências e de Recuperação de Empresas: Doutrina, Prática Processual, Legislação, Jurisprudência e Súmulas*. São Paulo, Jurídica Brasileira, 2005.

OLIVEIRA, Fátima Bayma (coord.). *Recuperação de Empresa: uma Múltipla Visão da Nova Lei*. São Paulo, Person Prentice Hall, 2006.

OLIVEIRA, Luiz Ernesto Aceturi de. "Os meios de recuperação judicial: *o trust*". In: ARAGÃO, Leandro dos Santos de, e CASTRO, Rodrigo R. Monteiro de (coords.). *Direito Societário e a Nova Lei de Falências e Recuperação de Empresas*. São Paulo, Quartier Latin, 2006 (pp. 218-239).

PACHECO, José da Silva. In: *Falências e Concordatas. Comentários à Lei de Falências: Doutrina, Legislação e Jurisprudência*. 2ª ed. São Paulo, LTr, 1996.

________. *Processo de Recuperação Judicial, Extrajudicial e Falência*. Rio de Janeiro, Forense, 2006.

PÁDUA, Amélia de. "Comentários aos arts. 51 e 52". In: GUERRA, Érica, e LITRENTO, Maria Cristina Frascari (orgs.). *Nova Lei de Falências: Lei 11.101, de 9.2.2005 – Comentada*. Campinas/SP, LZN Editora, 2005 (pp. 100-113).

PAIVA, Luiz Fernando Valente de. "Da recuperação extrajudicial". In: PAIVA, Luiz Fernando Valente de (coord.). *Direito Falimentar e a Nova Lei de Falências e Recuperação de Empresas*. São Paulo, Quartier Latin, 2005 (pp. 561-594).

________ (coord.). *Direito Falimentar e a Nova Lei de Falências e Recuperação de Empresas*. São Paulo, Quartier Latin, 2005.

PENALVA SANTOS, J. A. *Obrigações e Contratos na Falência*. 2ª ed. Rio de Janeiro, Renovar, 2003.

PENALVA SANTOS, Paulo. "A recuperação extrajudicial na nova Lei de Falências". In: PENALVA SANTOS, Paulo (coord.). *A Nova Lei de Falências e de Recuperação de Empresas: Lei 11.101/2005*. Rio de Janeiro, Forense, 2006 (pp. 365-388).

________ (coord.). *A Nova Lei de Falências e de Recuperação de Empresas: Lei 11.101/2005*. Rio de Janeiro, Forense, 2006.

PENTEADO, Mauro Rodrigues. "Comentários aos arts. 1º ao 6º". In: PITOMBO, Antônio Sérgio Altieri de Moraes, e SOUSA JR., Francisco Satiro de (coords.). *Comentários à Lei de Recuperação de Empresas e Falência: Lei 11.101/2005*. São Paulo, Ed. RT, 2005 (pp. 55-143).

PERIN JR., Écio. "O administrador judicial e o comitê de credores". In: PAIVA, Luiz Fernando Valente de (coord.). *Direito Falimentar e a Nova Lei de Falências e Recuperação de Empresas*. São Paulo, Quartier Latin, 2005 (pp. 169-196).

PITOMBO, Antônio Sérgio Altieri de Moraes. "Comentários aos arts. 169, 170, 174, 176, 178 e 183 ao 188". In: PITOMBO, Antônio Sérgio Altieri de Moraes, e SOUSA JR., Francisco Satiro de (Coords.). *Comentários à Lei de Recuperação de Empresas e Falência: Lei 11.101/2005*. São Paulo, Ed. RT, 2005 (pp. 543-545, 548-550, 551-552 e 559-566).

________. "Contribuição ao estudo dos crimes falimentares". In: PAIVA, Luiz Fernando Valente de (coord.). *Direito Falimentar e a Nova Lei de Falências e Recuperação de Empresas*. São Paulo, Quartier Latin, 2005 (pp. 597-609).

PITOMBO, Antônio Sérgio Altieri de Moraes, e SOUSA JR., Francisco Satiro de (coords.). *Comentários à Lei de Recuperação de Empresas e Falência: Lei 11.101/2005*. São Paulo, Ed. RT, 2005.

PONTES DE MIRANDA, Francisco Cavalcanti. *Tratado de Direito Privado*. t. 29. Rio de Janeiro, Borsói, 1971.

PROENÇA, José Marcelo Martins. "Disposições preliminares – Aplicação da legislação, competência e intervenção do Ministério Público". In: MACHADO, Rubens Approbato (coord.). *Comentários à Nova Lei de Falências e Recuperação de Empresas*. São Paulo, Quartier Latin, 2005 (pp. 49-72).

RANGEL, Paulo. *Direito Processual Penal*. Rio de Janeiro, Lumen Juris, 2005.

RÁO, Vicente. *O Direito e a Vida dos Direitos*. 2ª ed., vol. I, ts. II e III. São Paulo, Resenha Universitária, 1976.

REQUIÃO, Rubens. *Curso de Direito Falimentar*. 16ª ed., vol. 1. São Paulo, Saraiva, 1995.

RESTIFFE, Paulo Sérgio. *Recuperação de Empresas: de Acordo com a Lei 11.101, de 9.2.2005*. São Paulo, Manole, 2008.

RIBEIRO, Márcia Carla Pereira, e BERTOLDI, Marcelo M. *Curso Avançado de Direito Comercial*. 4ª ed. São Paulo, Ed. RT, 2008.

RIBEIRO, Renato Ventura. "O regime de insolvência das empresas estatais". In: ARAGÃO, Leandro dos Santos de, e CASTRO, Rodrigo R. Monteiro de (coords.). *Direito Societário e a Nova Lei de Falências e Recuperação de Empresas*. São Paulo, Quartier Latin, 2006 (pp. 109-127).

RIEGERMANN., Daniele. "Comentários aos arts. 5º ao 7º". In: GUERRA, Érica, e LITRENTO, Maria Cristina Frascari (orgs.). *Nova Lei de Falências: Lei 11.101, de 9.2.2005 – Comentada*. Campinas/SP, LZN Editora, 2005.

ROQUE, Sebastião José. *Direito de Recuperação de Empresas*. São Paulo, Ícone, 2005.

SADDI, Jairo. "Comentários aos arts. 193 e 194". In: CORRÊA-LIMA, Osmar Brina, e CORRÊA-LIMA, Sérgio Mourão (coords.). *Comentários à Nova Lei de Falência e Recuperação de Empresas: Lei 11.101, de 9.2.2005*. Rio de Janeiro, Forense, 2009 (pp. 1.272-1.286).

________. "O comitê e a assembléia-geral de credores na nova Lei Falimentar". In: PAIVA, Luiz Fernando Valente de (coord.). *Direito Falimentar e a Nova Lei de Falências e Recuperação de Empresas*. São Paulo, Quartier Latin, 2005 (pp. 199-219).

________. "Suspensão e invalidação da assembléia de credores na nova Lei de Falências". In: ARAGÃO, Leandro dos Santos de, e CASTRO, Rodrigo R. Monteiro de (coords.). *Direito Societário e a Nova Lei de Falências e Recuperação de Empresas*. São Paulo, Quartier Latin, 2006 (pp. 23-55).

SALLES, Andréa, e BRUNO, Rachel. "Comentários aos arts. 7º ao 20". In: GUERRA, Érica, e LITRENTO, Maria Cristina Frascari (orgs.). *Nova Lei de Falências: Lei 11.101, de 9.2.2005 – Comentada*. Campinas/SP, LZN Editora, 2005 (pp. 33-49).

SALLES, Marcos Paulo de Almeida. "Comentários aos arts. 85 ao 93". In: PITOMBO, Antônio Sérgio Altieri de Moraes, e SOUSA JR., Francisco Satiro de (coords.). *Comentários à Lei de Recuperação de Empresas e Falência: Lei 11.101/2005*. São Paulo, Ed. RT, 2005 (pp. 372-391).

SALOMÃO FILHO, Calixto. "Introdução". In: PITOMBO, Antônio Sérgio Altieri de Moraes, e SOUSA JR., Francisco Satiro de (coords.). *Comentários à Lei de Recuperação de Empresas e Falência: Lei 11.101/2005*. São Paulo, Ed. RT, 2005 (pp. 41-52).

SAMPAIO DE LACERDA, J. C. *Manual de Direito Falimentar*. 10ª ed. Rio de Janeiro, Freitas Bastos, 1978.

SANNA, Murched Badih, e MacNICOL, Donald. "Plano de recuperação". In: MACHADO, Rubens Approbato (coord.). *Comentários à Nova Lei de Falências e Recuperação de Empresas*. São Paulo, Quartier Latin, 2005 (pp. 165-178).

SANTOS, Francisco Cláudio de Almeida. "A ação revocatória na nova Lei de Recuperação de Empresas e de Falências". In: PENALVA SANTOS, Paulo (coord.). *A Nova Lei de Falências e de Recuperação de Empresas: Lei 11.101/2005*. Rio de Janeiro, Forense, 2006 (pp. 333-349).

SANTOS, Gilmara. "Justiça homologa plano de recuperação da Parmalat sem a CND". *Gazeta Mercantil*. Ed. de 3.2.2006. "Legislação" (p. A-9).

SILVA, Antônio Paulo C. O. *Comentários às Disposições Penais da Lei de Recuperação de Empresas e Falências*. São Paulo, Quartier Latin, 2005.

SILVA, Jane. "Comentários aos arts. 168 ao 182". In: CORRÊA-LIMA, Osmar Brina, e CORRÊA-LIMA, Sérgio Mourão (coords.). *Comentários à Nova Lei de Falência e Recuperação de Empresas: Lei 11.101, de 9.2.2005*. Rio de Janeiro, Forense, 2009 (pp. 1.121-1.201).

SIMÃO FILHO, Adalberto. "Comentários aos arts. 94 ao 101" e "Comentários aos arts. 105 ao 114". In: LUCCA, Newton de, e SIMÃO FILHO, Adalberto (coords.). *Comentários à Nova Lei de Recuperação de Empresas e de Falências*. São Paulo, Quartier Latin, 2005 (pp. 390-454 e 466-483).

________. "Fases falencial e pós-falencial – Uma visão generalista". In: PAIVA, Luiz Fernando de (coord.). *Direito Falimentar e a Nova Lei de Falências e de Recuperação de Empresas: Lei 11.101/2005*. São Paulo, Quartier Latin, 2005 (pp. 517-558).

________. "Interesses transindividuais dos credores nas assembléias-gerais e sistemas de aprovação do plano de recuperação judicial". In: LUCCA, Newton de, e DOMINGUES, Alessandra de Azevedo (coords.). *Direito Recuperacional: Aspetos Práticos e Teóricos*. São Paulo, Quartier Latin, 2009 (pp. 32-64).

SIMÃO FILHO, Adalberto, e LUCCA, Newton de (coords.). *Comentários à Nova Lei de Recuperação de Empresas e de Falências*. São Paulo, Quartier Latin, 2005.

SIMIONATO, Frederico Augusto Monte. *Tratado de Direito Falimentar*. Rio de Janeiro, Forense, 2008.

SOUSA, Marcos Andrey de. "Comentários aos arts. 48 e 49", "Comentários aos arts. 51 ao 54" e "Comentários aos arts. 57 ao 167". In: LUCCA, Newton de, e SIMÃO FILHO, Adalberto (coords.). *Comentários à Nova Lei de Recuperação de Empresas e de Falências*. São Paulo, Quartier Latin, 2005 (pp. 212-237, 274-298 e 564-607).

SOUSA, Paulo Edson de. "Comentários aos arts. 196 e 197". In: CORRÊA-LIMA, Osmar Brina, e CORRÊA-LIMA, Sérgio Mourão (coords.). *Comentários à Nova Lei de Falência e Recuperação de Empresas: Lei 11.101, de 9.2.2005*. Rio de Janeiro, Forense, 2009 (pp. 1.293-1.311).

SOUZA, Marcelo Papaléo de. *A Lei de Recuperação e Falência e as suas Conseqüências no Direito e no Processo do Trabalho*. 3ª ed. São Paulo, LTr, 2009.

SOUSA JR., Francisco Satiro de. "Comentários aos arts. 83 e 84" e "Comentários aos arts. 161 ao 165". In: PITOMBO, Antônio Sérgio Altieri de Moraes, e SOUSA JR., Francisco Satiro de (coords.). *Comentários à Lei de Recuperação de Empresas e Falência: Lei 11.101/2005*. São Paulo, Ed. RT, 2005 (pp. 353-371 e 511-530).

SOUSA JR., Francisco Satiro de, e PITOMBO, Antônio Sérgio Altieri de Moraes (coords.). *Comentários à Lei de Recuperação de Empresas e Falência: Lei 11.101/2005*. São Paulo, Ed. RT, 2005.

SZTAJN, Raquel. "Comentários aos arts. 47 ao 54". In: PITOMBO, Antônio Sérgio Altieri de Moraes, e SOUSA JR., Francisco Satiro de (coords.). *Comentários à Lei de Recuperação de Empresas e Falência: Lei 11.101/2005*. São Paulo, Ed. RT, 2005 (pp. 217-268).

________. "Comentários aos arts. 139 ao 167". In: ABRÃO, Carlos Henrique, e TOLEDO, Paulo Fernando Campos Salles de (coords.). *Lei de Recuperação de Empresas e Falência*. São Paulo, Saraiva, 2005 (pp. 371-428).

SZTAJN, Rachel, e FRANCO, Vera Helena de Mello. *Falência e Recuperação da Empresa em Crise: Comparação com as Posições do Direito Europeu*. Rio de Janeiro, Elsevier, 2008.

TARREGA, Maria Cristina Vidotte Blanco. "Comentários aos arts. 70 ao 82" e "Comentários aos arts. 102 ao 104". In: LUCCA, Newton de, e SIMÃO FILHO, Adalberto (coords.). *Comentários à Nova Lei de Recuperação de Empresas e de Falências*. São Paulo, Quartier Latin, 2005 (pp. 330-348 e 456-463).

TEPEDINO, Ricardo. "Comentários aos arts. 105 ao 138". In: ABRÃO, Carlos Henrique, e TOLEDO, Paulo Fernando Campos Salles de (coords.). *Lei de Recuperação de Empresas e Falência*. São Paulo, Saraiva, 2005 (pp. 285-370).

________. "O trespasse para subsidiária (*drop down*)". In: ARAGÃO, Leandro dos Santos de, e CASTRO, Rodrigo R. Monteiro de (coords.). *Direito Societário e a Nova Lei de Falências e Recuperação de Empresas*. São Paulo, Quartier Latin, 2006 (pp. 57-83).

THEODORO JR., Humberto. *Curso de Direito Processual Civil*. 19ª ed., vol. 2. Rio de Janeiro, Forense, 1997; 20ª ed., vols. 1 e 2. Rio de Janeiro: Forense, 1997.

TOLEDO, Paulo Fernando Campos Salles de. "Comentários aos arts. 1º ao 34". In: ABRÃO, Carlos Henrique, e TOLEDO, Paulo Fernando Campos Salles de (coords.). *Lei de Recuperação de Empresas e Falência*. São Paulo, Saraiva, 2005.

TOLEDO, Paulo Fernando Campos Salles de, e ABRÃO, Carlos Henrique (coords.). *Lei de Recuperação de Empresas e Falência*. São Paulo, Saraiva, 2005.

TORRES, Antônio Carlos Esteves. "Disposições Finais e Transitórias". In: PENALVA SANTOS, Paulo (coord.). *A Nova Lei de Falências e de Recuperação de Empresas: Lei 11.101/2005*. Rio de Janeiro, Forense, 2006 (pp. 425-432).

VALLE, Anco Márcio. "A nova bancarrota". In: PENALVA SANTOS, Paulo (coord.). *A Nova Lei de Falências e de Recuperação de Empresas: Lei 11.101/2005*. Rio de Janeiro, Forense, 2006 (pp. 389-423).

VALVERDE, Trajano de Miranda. *Comentários à Lei de Falências*. 2ª ed., vols. I II e III. Rio de Janeiro, Revista Forense, 1955.

VARGAS, Beatriz. "Comentários aos arts. 183 ao 188". In: CORRÊA-LIMA, Osmar Brina, e CORRÊA-LIMA, Sérgio Mourão (coords.). *Comentários à Nova Lei de Falência e Recuperação de Empresas: Lei 11.101, de 9.2.2005*. Rio de Janeiro, Forense, 2009 (pp. 1.201-1.223).

VASCONCELOS, Ronaldo. *Direito Processual Falimentar*. São Paulo, Quartier Latin, 2008.

VERÇOSA, Haroldo Malheiros Duclerc. "Comentários aos arts. 21 ao 34". In: PITOMBO, Antônio Sérgio Altieri de Moraes, e SOUSA JR., Francisco Satiro de (coords.). *Comentários à Lei de Recuperação de Empresas e Falência: Lei 11.101/2005*. São Paulo, Ed. RT, 2005 (pp. 163-186).

________. "Das pessoas sujeitas e não sujeitas aos regimes de recuperação de empresa e falência". In: PAIVA, Luiz Fernando Valente de (coord.). *Direito Falimentar e a Nova Lei de Falências e Recuperação de Empresas*. São Paulo, Quartier Latin, 2005 (pp. 63-118).

________. "Direito de retirada: tratamento legal na falência e na recuperação. Hipóteses de suspensão, possibilidade, ou não, de eliminação do direito de retirada". In: ARAGÃO, Leandro dos Santos de, e CASTRO, Rodrigo R. Monteiro de (coords.). *Direito Societário e a Nova Lei de Falências e Recuperação de Empresas*. São Paulo, Quartier Latin, 2006 (pp. 85-107).

VIGIL NETO, Luiz Inácio. *Teoria Falimentar e Regimes Recuperatórios: Estudos sobre a Lei 11.101/2005*. Porto Alegre, Livraria do Advogado, 2008.

ZANINI, Carlos Klein. "Comentários aos arts. 70 ao 82". In: PITOMBO, Antônio Sérgio Altieri de Moraes, e SOUSA JR., Francisco Satiro de (coords.). *Comentários à Lei de Recuperação de Empresas e Falência: Lei 11.101/2005*. São Paulo, Ed. RT, 2005 (pp. 314-352).

GRÁFICA PAYM
Tel. (011) 4392-3344
paym@terra.com.br